현대유럽정치론

- 정치의 통합과 통합의 정치 -

김 계 동

서울대학교출판문화원

Modern European Politics
Integration of Politics and Politics of Integration

Gye-Dong Kim

Seoul National University Press

서문

유럽은 정치제도, 안보체제, 지역통합 등의 분야에서 선구적이면서 중요한 모델로 인식되고 있지만, 한국에서 유럽에 대한 연구는 별로 활성화되어 있지 않은 실정이다. 이러한 환경에서 유럽에 대한 책을 발간한다는 것은 매우 어려운 일이다. 영국에서 6년간 유학하면서 유럽정치에 대하여 관심을 가지고 많은 공부를 하였으나, 귀국한 이후에는 한국 사회와 학계의 유럽에 대한 관심 부족, 자료 부족, 그리고 학술적인 토론의 장 부족 등으로 열정만 가지고는 유럽에 대하여 포괄적이고 입체적인 연구를 하기가 어려웠다.

다행히 1989년 냉전 종식을 계기로 유럽을 중심으로 한 세계질서가 크게 변화하면서 국내에서 유럽에 대한 연구가 일시적으로 활성화되었다. 1988년에 유학을 끝내고 귀국한 저자는 어쩌면 유럽연구에 있어서는 운이 있었는지 모르겠다. 1989년부터 근무하기 시작한 한국국방연구원에 유럽에서 공부한 연구자가 저자를 제외하고 없었기 때문에 당연히 유럽에 대한 연구를 독점적으로 맡게 되었다. 이에 따라 "유럽의 신질서 형성과 독일의 군사대국화 전망"이라는 주제의 연구를 시작으로 하여 본격적인 유럽에 대한 연구를 수행하였다.

한국의 학계와 사회에서 유럽에 대한 관심이 증폭되면서 각 대학에서도 유럽 관련 과목이 개설되었고, 저자도 1990년부터 유럽 정치론을 연세대, 고려대, 숙명여대, 성신여대에서 거의 매학기 강의하였다. 당시 한국학자들과 일반인들의 유럽에 대한 관심은 유럽에서의 냉전 종식의 배경과 과정, 동유럽 사회주의 체제의 자본주의로의 전환 문제, 독일 통일, 냉전 종식과 독일 통일을 계기로 다시 불붙기 시작한 유럽통합 등에 초점이 맞추어졌다.

이러한 분야들의 연구와 강의를 하면서 유학시절 흥미를 가지고 공부하던 유럽 각국의 국가체제 및 정치제도에 대한 연구를 다시 시작하였고, 유럽정치론 과목에 이 내용을 포함하면서 학생들의 유럽연구에 대한 흥미유발을 배가시킬 수 있었다. 이를 계기로 유럽정치를 비교정치와 국제정치적 측면에서 종합적으로 들여다볼 수 있는 시각을 가지게 되었다. 이러한 이유로 이 책도 유럽의 정치제도와 통합의 두 분야로 나누어지게 되었다.

연구원에서 유럽정치를 연구하고 대학에서 유럽정치론을 강의하면서 유럽정치에 대한 종합적인 책자를 발간하여 유럽에 관심이 있는 전문가, 학생, 일반인들이 지식과 교양을 쌓을 수 있도록 기여를 하겠다는 마음을 가지고 이 책을 준비하기 시작하였다. 다행히 광범위한 내용의 책을 준비하면서 유럽에 대한 연구의 폭을 넓힐 수 있는 기회가 찾아왔다.

2002년 저자는 한국국제정치학회 지역연구분과위원장을 맡고 있으면서, 국제정치학회 명의로 학술진흥재단의 기초학문 인문사회 분야의 연구프로젝트를 연구책임자로 수행할 수 있는 기회를 가지게 되었다. "유럽의 질서와 체제에 대한 다원적 연구"라는 주제로 9명의 전문학자들이 참여하여 3년 동안 수행하는 대형 프로젝트였다. 이 연구에는 많은 학자들이 참여했는데 그 중에서 특히 이 연구에 많은 도움을 준 분들이 있다. 한양대 정외과의 최진우 교수, 노사정위원회의 이호근 박사, 연세대 정외과의 김명섭 교수 등은 공동연구원으로 참여하여 유럽연구에 대한 토의뿐만 아니라 3년 동안 이 대형과제를 이끌어 나가는 데 많은 도움을 주었다. 이 분들 이외에 전임연구원으로 참여하였던 부산대 진시원

교수, 가톨릭대 마상윤 교수, NSC의 이수형 박사 등도 저자의 유럽에 대한 지식을 쌓는 데 많은 도움을 준 분들이다.

이 책을 집필하는 과정에서, 한국에서의 자료부족과 전문가 면담 기회의 부족을 극복하고자 수차례 해외를 방문하여 자료를 구입하고 전문가들과의 면담도 하였다. 2003년 1월 영국 국제전략 연구소(IISS), 독일 맨하임 유럽사회연구센터(MZES), 독일 뮌헨대학 부설 응용정치연구센터를 방문하였다. 2004년 2월에는 이탈리아 피렌체의 유럽대학(EUI: European University Institute), 프랑스 파리의 국제관계연구소(IFRI), 브뤼셀의 유럽연합 집행위원회를 방문하였다.

2005년 3월에는 미국의 텍사스 오스틴에서 개최된 유럽연합학회(EUSA: European Union Studies Association) 학술회의에 참가하였고, 4월에는 중국 북경대 유럽연구소와 중국현대국제관계연구소(CICIR)를 방문하여 중국의 유럽 전문가와 유럽안보 및 아시아와 유럽의 관계에 대하여 토의하였다. 특히 2004년에는 영국 옥스퍼드 대학에서 개최된 영국정치학회 주최 EPOP 학술회의 "선거, 여론과 정당에 관한 학술회의(Conference on Elections, Public Opinion and Parties)"에 참석하여 국내에서는 접할 수 없는 유럽의 정치 및 선거제도 등에 대하여 심층적인 지식을 습득할 수 있었다.

다년간의 연구를 거쳐 이 책이 나오기까지는 동료 학자들뿐만 아니라 저자의 곁에서 헌신적으로 도와 준 조교들도 많은 역할을 하였다. 국제지역연구소의 박선영 연구원은 처음부터 지금까지 자료수집, 번역, 교정 등 모든 일을 거의 도맡아 하고 있으며, 이 외에도 오연정, 김동규, 김회복, 이재환, 신수영, 이상화, 최진웅 조교들도 이 책이 나오는 과정에서 중요한 도움을 주었다. 무엇보다도 오래전에 출판계약을 하고 몇 번 약속을 지키지 못했는데도 참고 기다려 주신 서울대학교출판부 관계자 여러분들께 감사드린다. 인기있는 분야가 아닌데도 열정을 다 바쳐 유럽연구에 매진하는 학자분들께 이 책을 바치고 싶다.

2007년 9월 20일
저자 김 계 동

차례

제2부 통합의 정치

제9장 통합의 전개: 심화과정 — 515

제 1 장 서론

유럽(Europe)이라는 이름은 기원전 8세기 그리스 시인인 헤시오도스의 작품에 최초로 사용되었다. 이후 유럽의 정체성은 지리적 개념, 정치적 개념, 경제적 개념 등의 변화에 따라 여러 가지 의미를 가지며 변해 왔다. 정치적 개념으로서의 유럽의 정체성은 분열과 통합을 거듭하면서 내부적으로는 민주주의 정치의 안정과 경제적 번영을 모색하였고, 대외적으로는 전쟁, 팽창과 정복을 거듭하면서 평화와 공존을 지향하는 진화과정을 겪어 왔다.

지난 몇 세기 동안의 유럽의 역사는 정치가 국가나 지역에 얼마나 중요한지를 보여준다. 이러한 중요성은 극적인 형태를 나타낸다. 1789년 발생한 프랑스 혁명, 19세기 후반 이탈리아와 독일이라는 강대국을 형성한 통일 과정, 두 차례의 세계 대전, 1922년 무솔리니의 "로마 진군"에 이은 1925년 권력 장악, 1936년에 시작한 스페인 시민 전쟁, 1967년 그리스에서 대령들이 주도한 쿠데타, 1989년 베를린 장벽 붕괴 등과 같은 몇몇 사건들을 중요한 예로 들 수 있다. 이러한 사건 중 일부는 기록 영화와 텔레비전 다큐멘터리의 중요한 소재가 되기도 하였다. 그러나 이와 동시에 때때로 중요한 정치적 발전은 진화적이고, 영향력을 확산시켰다. 예를 들어, 정치적 발전은 유럽 공동체(EC: European Community)와 유럽 연합(EU: European Union)을 형성했으며, 다양한 형태의 복지 국가를 창출하였다. 1948~1949년 서독, 1958년 프랑스, 1970년대 중반 프랑코 이후 스페인, 또는 1990년대 이탈리아에서 있었던 가장 적절한 형태의 헌법 고안에 대한 논쟁, 또한 냉전의 종식과 동유럽에서의 공산주의 붕괴도 이러한 진화와 영향력에 포함된다.

이러한 정치적 진화와 발전의 과정에서 유럽정치는 종종 중요한 인물의 영향을 받아왔다. 몇몇 인물들은 국제적으로 잘 알려져 있고, 몇몇 인물들은 거의 신화적인 입지를 얻기도 하였다. 19세기에는 나폴레옹(Napoleon), 가리발디(Garibaldi), 비스마르크(Bismarck), 제2차 대전 이후에는 처칠(Churchill), 드골(de Gaulle), 브란트(Brandt), 대처(Thatcher), 르펭(Lepen) 등이 수많은 나라의 국민들에게 알려졌다. 이는 정치가 단지 혹은 우선적으로 "위대한 남성"이나 "위대한 여성"에 의해 다스려졌다는 것을 의미하지는 않는다. 그러나 이러한 인물들의 정치적 성과는 특출하였고, 그 인물들은 다양한 종류의 정치 프로그램의 상징이 되었다. 그 상징들은 프랑스 운명에 영향을 미친 나폴레옹이나 드골의 정치적 형태에서부터 독일의 유럽 지배를 이끈 히틀러와 브란트의 동방정책의 형태, 보수주의라는 대처(Margaret Thatcher)의 브랜드, 혹은 토니 블레어(Tony Blair)의 사회 민주주의로의 "제3의 길" 접근 방법 등을 포함하였다.

유럽에서 일반적인 정치는 각 국가에 존재하는 정치 구조의 양식과 정치 제도의 형태에 의해 영향을 받는다. 국가 조직 중 연방 형태와 단일 정부 형태의 차이, 정부 조직적 측면에서 의원내각제와 대통령 중심제 간의 분리의 정도, 의원을 선출하는 데 활용되는 선거 제도의 형태, 이익을 대표하는 정치, 정치적 이슈를 국민투표를 통해 일반 국민들이 직접적으로 영향력을 행사하는 정치, 국가의 정체성과 정치제도의 효용성을 좌우하는 헌법과 법제도 등이 유럽정치 분석의 근간이 되고 있다.

좋은 역사책은 유럽 국가와 지역의 정치뿐만 아니라 유럽 국가들 간의 국제관계를 이해할 수 있는 데 유익한 도움을 제공할 수 있다. 개별 인물들과 같이, 국가는 역사의 생산물 또는 역사의 포로이다. 그들의 정치적 행위, 정치적 아젠다와 정책에 있어 일부 측면들은 과거와의 연계 없이는 이해할 수 없다. 더욱이 어떤 국가의 수많은 현재의 정치적 이슈들과 정치 구조 형태의 대부분은 그 국가의 역사에 대한 어느 정도의 지식이 있다면 이해하기가 좀 더 쉬워진다.

유럽이라는 시공간적 개념의 형성과정은 두 가지 측면에서 살펴볼 수 있다. 하나는 유럽 내의 개인, 장원, 도시, 연맹, 국가 등이 상호연관성을 빚어내며 안으로부터 유럽이 만들어지는 과정이다. 다른 하나는 유럽외적 공간과의 상호작용을 통해 유럽의 외적 경계선이 분명하게 그어지고, 타자성(otherness)에 대한 인식을 통해 유럽이라는 시공간이 확정되는 과정이다.[1)]

현재의 유럽 정치 지도를 200년 전의 시대 또는 혁명적인 나폴레옹 시대의 종결에 이은 비엔나 회의 이후 존재하였던 것과 비교해 보면, 확실한 공통적인 특징들이 나타난다. 대영제국과 프랑스, 스페인, 포르투갈, 스웨덴, 덴마크는 18세기 말 이후 점진적으로 변화하였다. 그러나 다른 국가들의 특징들은 매우 달랐다. 아일랜드는 대영제국으로부터 독립한 "새로운" 국가이다. 벨기에는 1830년에 네덜란드로부터 독립하였다. 노르웨이는 1814년에 독립을 선언하였으나, 1905년에야 스웨덴의 통치로부터 분리될 수 있었다. 오스트리아는 제1차 세계대전의 종식 이후 몇몇 국가로 해체된 오스트리아-헝가리 제국의 잔여국이다. 독일과 이탈리아는 19세기 중반에 복잡하고 드라마틱하고 처절한 통일 과정 이후 각기 형성되었다.

19세기와 20세기 초 국가 자결권에 대한 아이디어는 오늘날 유럽의 정치 지도를 만드는 데 영향력을 미쳤다.[2)] 제2차 세계대전이 만들어낸 1930년대와 1940년대 지정학적 전략과 성과들은 "냉전" 기간 유럽 국가들의 관계를 안정된 형태로 유지시켰다. 그 형태는 소련의 패권하에 놓이게 된 중동부유럽국가들과 대립하게 된 서유럽국가들이 미국과 동맹을 맺는 모습으로 나타났다. 이는 서유럽 동맹 체제에 속한 서독과 공산주의 국가인 소련 체제에 속한 동독으로 분리된 독일도 포함하였다. 독일의 구수도인 베를린도 분리되어 특별한 준독립적인 지위를 가졌다.

1989년 베를린 장벽의 붕괴와 혁명적인 사회주의의 자본주의에 대한 도전들에 의해 야기된 많은 변화들은 영토와 공간에 대한 새로운 관심을 불러일으켰다. 정체성의 정치학이 부상하면서 유럽인들은 다음과 같은 질문들을 던졌다.

1) 김계동 · 김명섭, "제1장 서론," 김계동 외, 『유럽질서의 이해: 구조적 변화와 지속』(서울: 오름, 2003), p.16.

2) 제1차 세계대전 이후 평화 정착과정에서 미국의 윌슨(Woodrow Wilson) 대통령이 주창한 민족자결주의 철학은 1920년대와 30년대에 유럽의 민족주의를 발전시키는 데 큰 기여를 하였다.

우리는 누구인가? 우리는 누구의 정체성을 가지는가? 우리는 어떻게 지금까지 오게 되었을까? 사람들과 공간의 내부 상호관계, "우리(us-ness)"와 "타인(otherness)"의 정의, 그리고 정치 공동체의 적절한 형태에 대한 것이 유럽 대륙이 직면한 문제들이며, 이 책에서 다룰 내용들이 바로 이런 문제들이다.

새로운 유럽 질서를 수립한다는 것은 최소한 두 개의 도전에 직면하는 것을 의미한다. 첫 번째는 탈공산주의 국가들의 새로운 분리가 나타나지 않도록 하기 위해 모든 유럽을 통틀어 민주주의 규범들과 과정을 공고히 하는 것이다. 두 번째는 국가(state)와 민족(nation) 간의 관계를 복잡하게 할 수 있다는 점에서, 세계화와 유럽 통합에 독창적이고 적절하게 대응하는 것이다.

질서는 동시대적인 고정된 관념이 아닌 역사적인 과정과 흐름 속에서 다양하게 생성되고 발전되는 개념을 바탕으로 하고 있다. 대체로 광의의 질서는 상호연관성을 가지는 부분 질서들로 구성되어 있다는 점에서 다수준성과 다차원성을 특징으로 하는 일종의 총체적 개념으로 정의되고 있다. 유럽의 역사적 발전을 통하여 볼 수 있는 질서의 개념은 내부적인 갈등과 협력, 대립과 공존, 분열과 통합과정을 거치면서 이루어지는 변화의 과정이라고 할 수 있다. 따라서 유럽의 질서는 일반적인 개념의 질서와 마찬가지로 정체적이 아니라 변화하는 것이며 역동적인 것이라 할 수 있다. 또한 질서는 인위적인 것이 아니라 자연적이고 진화론적으로 이루어지는 것이며, 구조를 만들어 가는 요인과 과정이라 할 수 있다. 따라서 유럽의 질서는 상반되는 개념의 충돌에 의해서 발전되어 왔음을 발견할 수 있는데 곧 대립과 협력, 분열과 통합, 봉건화와 근대화, 발전과 쇠퇴, 독자성과 의존성, 배제와 포용, 집중과 분산, 지방화 · 지역화 · 세계화 등이다.

유럽은 20세기 초반까지 세계 패권지역의 지위를 유지하였으나, 양차 대전 이후 1989년 베를린 장벽의 붕괴 시기까지 미국과 소련이 주도하는 냉전이라는 외부로부터 부과된 질서에 의하여 자신의 정체성과 이해관계가 규정되는 입장에 놓이게 되었으며, 지리적으로는 북해와 흑해를 잇는 경계선으로 축소되었다. 유럽인들은 이렇게 축소된 유럽의 지리적 영토 안에서 1952년 유럽석탄철강공동체(ECSC)를 설립하며 장기적이고 점진적인 유럽통합의 길로 들어섰다.[3]

3) 진시원, "제2장 유럽의 정체성," 김계동 외, 『유럽질서의 이해: 구조적 변화와 지속』(서울: 오름, 2003), p.71.

현재 유럽은 복잡함과 도전의 청사진을 보여준다. 유럽은 더 이상 현대화와 발전의 상징이 아니다. 새로운 세기로 들어서면서 유럽의 정체성을 형성한 수많은 분열들은 끊임없이 심화되고 있다. 이 중 일부는 20세기에 수많은 유혈 투쟁들을 불러일으킨 획일화된 이데올로기에 의해 생성된 것이었다. 가장 영향력 있는 두 가지 이데올로기인 파시즘과 공산주의는 거의 소멸되었고, 더 이상 어느 곳에서도 정치적인 지배를 누릴 수 없게 되었다. 전체적이고 포괄적인 세계관을 주장하는 이데올로기는 유럽 내외에서 정치적 힘으로 작용되고 있다. 반면에 종교로부터의 해방(secularisation), 민주주의와 자유주의적 가치는 좀 더 다원화되었다. 그러나 전체적이고 광범위한 충돌의 가능성은 항상 잠재하고 있다.

20세기 유럽의 형성은 세계사적 역동성과 인간 선택의 불예측성이 생성한 부산물로 평가될 수 있다. 두 차례의 세계대전과 극한 대립의 냉전을 거치면서 영국, 프랑스, 포르투갈, 벨기에, 네덜란드 등 과거 식민지를 보유했던 제국주의 국가들은 보통국가로 회귀하였고, 미국과 소련이 초강대국으로 등장하면서 유럽은 냉전의 중심에 위치하여 세계에서 가장 중무장된 지역으로 자리잡게 되었다. 경쟁적인 이념 체계는 정치 · 경제 · 사회적 차별성을 유발하였고, 이에 따라 서유럽의 민주적 복지국가와 동유럽의 공산계획경제가 확립되었다.

유럽국가들은 서로 독창성을 가지고 있지만, 유사성도 상당히 가지고 있다. 1945년 이후 유럽국가들은 광범위한 분야에서 유사한 경험을 하여 왔다. 그들은 경제재건과 복지국가의 발전, 국제기구의 증가와 연결망의 심화, 1950년대와 60년대의 번영과 풍요 등을 포함한다. 이러한 범주에서는 유사성이 존재하지만, 내부적인 다양성도 무시할 수 없을 정도로 존재하고 있다. 유럽에는 수세기 동안 세계 어느 지역에서도 유례가 없을 정도로 다양성이 복잡하게 존재해 온 것이다.

유럽국가들이 국가별로 독특한 정치구조와 제도의 다양함과 복잡성을 정치적 민주성 통합의 기반으로 하고 있는 반면, 그들이 추구하고 있는 EU의 통합과정은 다양하고 복잡한 국가이익의 관점에서 불안정한 민주성을 지향하고 있는 상황이다. 다시 말해서 유럽의 정치의 통합은 민주성을 지향하고 있는 반면, 통합의 정치는 비민주성을 탈피해야 한다는 복잡하고 어려운 과제를 안고 있는 실정이다.

유럽은 대서양에서 우랄산맥까지라고 그 범위를 정의할 수 있다. 따라서 러시아가 유럽에 속한다고 해서 블라디보스토크와 태평양 지역까지를 유럽이라고 할 수 없다. 유럽은 각 국가가 겪은 역사적 · 문화적 · 정치적 특성이 다르기 때문에 각 국가들을 비교하는 것은 다소 무리라 여겨진다. 하지만 기본적인 것들은 비교가 가능하다. 예를 들어 영국이 자유민주주의 국가라고 할 때 자유민주주의의 기본적 개념을 정의 내리려면 타국의 경우와 비교를 해야 하기 때문이다. 과거에는 서유럽 · 동유럽이 분리되어 있었기 때문에 동등한 위치에서 비교가 불가능했다. 그러나 1989년 동유럽 공산국가들의 민주화 이후 민주주의 실행의 측면에서 서유럽 국가들과의 비교 연구가 가능해졌다.

현대 유럽 정치제도의 차별성과 통합성

유럽 정치제도 간에는 차이가 있고, 이러한 차이는 중요하다. 스위스, 독일, 오스트리아, 벨기에의 연방 제도의 특징과 정치 과정은 영국, 프랑스, 네덜란드와 같이 권력이 집중된 국가들과 상당히 차이가 있다. 프랑스에서 대통령이 행정부를 구성하고, 이 국가의 행정부–입법부 관계는 이탈리아, 아일랜드와 같은 공화국이나 네덜란드, 덴마크, 혹은 영국과 같은 입헌군주제보다 훨씬 복잡한 성격을 갖고 있다. 투표를 통한 국민의 결정에 따라 스위스와 노르웨이는 EU에 가입하지 않았고, EU 회원국들이 누리고 있는 EU와의 정치 · 경제적 관계는 없지만 보다 자율적인 국가정책을 수행하고 있다. 영국의 성문법 부재, 아일랜드에서 적용하고 있는 단기이양식이라는 독특한 선거 제도, 독일 정당 제도에서 녹색당의 지위, 스페인의 지역 권력 등은 각각 "특별한" 방법으로 정치 과정을 수행하고 있는 유럽 국가들의 특징이다.

현대 유럽국가들이 채택하고 있는 민주주의 정치는 권력 집중화와 소수의 손에 권력이 남용되는 것을 막기 위하여 다양한 제도적 장치들을 발전시켜 왔다. 이러한 장치들 중에 중요한 것들은 시민들의 정기적인 선거를 통한 집권 세력들의 교체 기회 확립, 국가의 입법부 · 행정부 · 사법부 사이의 수평적인 권력 분배, 불법적인 권력 사용을 처벌하는 사법부의 권한, 중앙 정부와 지방 및 지역

권력자들 사이의 수직적 권력 분배 등이다.

대부분의 유럽 국가들은 의회정부(parliament government)라는 독특한 정치 제도를 공유하고 있다. 의회정부의 핵심적인 특징은 정부의 입법, 집행기구 간 상호의존, 즉 "융합" 체제라는 것이다. 이 상호의존 기제는 의원과 정부관료의 선출과 해임이라는 과정을 통해 달성된다. 의원과 관료를 선출하는 선거제도의 규칙은 엄격하면서도 어떤 특정 집단에게 유리하게 작용한다는 인상을 주지 않기 위해서 중립성에 기반을 두고 확립되어 왔다. 유럽 민주주의의 발전은 초창기부터 투표 연령 하향 조정, 여성 참정권 확대, 선거구 획정의 관리 및 통제, 선거비용 재정지원 등과 같이 선택의 표현을 강화하는, 오랜 시간에 걸쳐 천천히 이루어지는 과정이었다는 데 그 특징이 있다. 그러나 이러한 유럽 민주주의 발전을 위한 성과에도 불구하고 게임의 법칙에 대한 보편적인 합의는 여전히 갈 길이 멀다는 것으로 인식되고 있다.

일방적이고 독재적인 지배를 포기하고 경쟁을 수용하는 것은 단순히 선거제도의 방식에 대해 동의했다는 것 이상의 의미를 갖는다. 경쟁을 수용함으로써 선거 패배자들은 선거의 결과에 깨끗이 승복하고 다수 통치의 법칙을 존중하게 되었다. 한편, 선거 승리자들도 자신들에게 맞서서 싸웠던 정당들을 포용하고 권력을 자신들의 이익을 위해서만 사용하는 행위를 삼가는 정치문화를 성장시켰다.

민주적 정부형태로서 의회정부는 정부 지도자들의 권위가 주기적 선거과정을 통해 점검되는 것을 골자로 하고 있다. 유럽 의회의원들은 4~5년 간격으로 실시되는 직접선거에 의해 선출된다. 미국과 같은 대통령제하에서 대통령은 직선제로 선출되고, 이를 통해 대통령은 국민으로부터 독립적인 권위와 의무를 부여받게 된다. 그러나 유럽식 의원내각제에서 정부수반인 수상은 국민들의 직접 선거로 선출되지 않고 국민을 대표하는 의회에서 선출된다. 일부 국가에서는 총선거 이후 수상을 결정하기 위하여 공식적인 선발 절차를 실시하기도 한다. 예를 들어 독일의 경우, 하원(Bundestag)은 총리 선출을 위한 투표를 실시한다. 반면 영국에서는 의회 다수당의 수장이 정부를 구성하는 것이 관례이다.

의원내각제를 채택하고 있는 유럽 국가에서 대체로 의회와 정부는 상호 해임의 권한을 가지고 있다. 수상과 내각은 정부의 행위에 대해 의회에 책임을 진다.

만약 수상이나 내각의 통치 능력이 의회에서 신임을 잃게 되면, 의회는 불신임 투표를 통해 이들을 해임 또는 해산할 수 있다. 반대로 수상은 의회 임기가 끝나기 전에 의회를 해산시킬 수 있는 권한을 가지고 있다.

의원내각제에서 입법부와 집행부를 연결시키는 이러한 선출과 해임의 규정은 이 두 기구 사이의 권력 균형을 위해 고안됐다. 유럽에서 이 균형은 정당민주주의에 의해 왜곡되었다. 정당들은 선거에서 의견형성의 통로로 활동하는 이상으로 그들의 영역을 신장시켰다. 이들은 의회 의제와 절차에 대한 통제를 통해 의회의 업무를 통제하게 됐다. 정당은 또한 정부 관리의 충원을 모색한다. 정부는 정책프로그램을 입법화하는 데 정당의 의회에서의 업무 추진에 의존하기 때문에, 집행부는 이러한 정당 충성심 덕분에 의회보다 우위를 점해 왔다.

정당 없이 현대 정치를 상상하기는 어렵다. 사실상 거의 모든 공식적인 정책결정자들은 정당원이다. 더구나 이러한 정책 결정자들은, 물론 궁극적으로 유권자들에게 달려 있지만, 정당의 지지 없이는 공직을 가지지 못한다. 정당은 국민들의 이익과 선호를 정체에 반영하는 주요 연결자이다. 선거 참여율은 대부분 정치 참여의 다른 형태와 비교해 볼 때 상대적으로 유럽에서 높다. 벨기에, 룩셈부르크와 그리스 같은 몇몇 서유럽 국가에서 선거는 의무적이다.[4]

유럽정치를 통찰해 보면 국민들의 이익과 선호들이 각기 단절되어 있는 것이 아니라, 다양한 균열들의 결합체인 것을 알 수 있다. 그리고 이러한 것들은 국가의 정당 제도에 의해 반영된다. 하나의 단일 이슈로 특화되는 대신에, 정당들은 보통 사회와 정치 질서가 어떻게 되어야만 하는지에 대한 일반적인 관점에 의해 영향을 받는 일련의 폭넓은 신뢰와 목적들을 대표한다. 그것은 정당의 중요한 기능 중의 하나가 엄청난 수의 특별한 이슈들을 한데 묶는 것이라는 점을 표현한다. 이러한 관점에서, 정당은 일련의 요구와 주장들을 공동으로 부각시켜, 심사숙고하고 조정하기 위한 중요한 메커니즘이다.

정당들이 정권 획득을 위한 동등한 기회가 제공된다는 규칙의 테두리 안에서

4) Sami Borg, "Electoral Participation," in Jan W. van Deth and Elinor Scargrough (eds.), *The Impact of Values: Beliefs in Government*, Vol. 4 (Oxford: Oxford University Press, 1995), pp.441-460; Dieter Rucht, "Political Participation in Europe," in Richard Sakwa and Anne Stevens (eds.), *Contemporary Europe* (New York: Palgrave, 2000), p.90.

상호 경쟁할 수 있도록 보장해 주는 것은 서유럽 다원적 민주주의의 가장 중요한 특징 중 하나이다. 비록 정당이라는 정치 조직의 발전과 다원적 민주주의 제도의 발전이 항상 조화를 이루어 왔다고 볼 수는 없지만, 현대 민주주의의 핵심적 구성요소라고 볼 수 있는 이 특징은 자유 민주주의의 형성 과정과 밀접하게 연관되어 있다고 볼 수 있다.[5)]

일반적으로 오늘날의 정당들은 지난 세기에 형성되었던 커다란 균열(cleavages)들을 반영한다. 정치 분석가들은 공산당, 사회당과 사회민주당, 자유당, 보수당, 그리고 극우 정당이라는 다섯 개의 중요 "정당 집합체(Party families)"를 분리하였다. 추가적으로 독립된 농민당은 여전히 중요한 농업 분야에 관여하면서 몇몇 나라에서 존재한다. 다른 나라들에서 이 유권자들은 보다 포괄적으로 되어 가는 보수정당들에 흡수되었는데, 이들은 또한 보수적인 종교단체를 대표하기도 하였다. 몇몇 나라들은 또한 중심부와 주변부 혹은 문화적 분열 사이에서 충돌을 야기시키는 인종–지역적인 정당들을 가지고 있다. 마지막으로, 1970년대부터 신좌파 정당과 녹색당이 대부분의 유럽 국가에 설립되었다.

현대 유럽의 현황: 영토, 인구와 자원

대서양에서 우랄산맥까지를 포괄하는 1,000만 평방 킬로미터 또는 400만 평방 마일의 면적을 차지하고 있는 유럽은 지리적으로 다른 대륙보다 매우 다양한 풍경을 과시하고 있다. 아메리카의 대평원, 아프리카, 아시아, 호주의 사막과 같은 단조로움은 유럽에서는 찾아보기가 어렵다. 이러한 지역적 특성은 역사의 진행 과정에서 정치적으로, 경제적으로, 그리고 문화적으로 이해관계를 달리하는 사회들을 형성하는 데 기여했다. 지구의 7개 대륙 중 두 번째로 작은 유럽은 북극지방과 러시아의 평원을 제외하면 온화한 기후대에 위치하고 있는 커다란 이

5) Yves Meny and Andrew Knapp, *Government and Politics in Western Europe: Britain, France, Italy, Germany*, 3rd ed. (Oxford: Oxford University Press, 1998), pp.46-47.

점으로 인해 다른 지역보다 발전이 빨랐다.

현대 유럽의 전체 인구는 약 4억 4,000만 명 정도로, 이는 미국 인구의 한 배 반보다 더 많은 수치이다. 아래 표를 보면, 유럽 연합 지역이 미국보다 약 4배 정도 인구 밀도가 높고, 그 중에서 몰타와 네덜란드가 가장 높다. 더욱이 네덜란드와 북부 독일 주변 지역은 매우 높은 인구 밀집 지역으로, 이곳은 주요 도시들과 산업 시설들이 집중되어 있어 평방 킬로미터당 350명 이상의 인구가 밀집되어 있다. 일부 유럽 지역에는 인구 밀도가 상당히 낮은 곳도 있다. 아일랜드 공화국

현대 유럽의 인구 통계

국가명	수도	총면적 (× 1000 sq.km.)	2005년 총인구 (× 1000명)	2005년 인구밀도 (per sq.km)	가톨릭(%), ca. 1995
오스트리아	비엔나	84	8,174	97	85
벨기에	브뤼셀	31	10,364	334	75
체코 공화국	프라하	79	10,264	130	39
덴마크	코펜하겐	43	5,432	126	1
핀란드	헬싱키	338	5,223	15	1
프랑스	파리	549	60,656	110	83
독일	베를린	357	82,398	230	34
그리스	아테네	132	10,647	80	1
헝가리	부다페스트	93	10,106	109	68
아이슬란드	레이캬빅	103	296	3	1
아일랜드	더블린	70	4,100	58	93
이탈리아	로마	301	58,057	193	95
룩셈부르크	룩셈부르크	3	468	156	87
몰타	발레타	0.3	396	1,320	98
네덜란드	암스테르담	41	16,407	400	31
노르웨이	오슬로	324	4,593	14	1
폴란드	바르샤바	313	38,633	123	95
포르투갈	리스본	92	10,524	114	90
슬로바키아	브라티슬라바	49	5,414	110	60
스페인	마드리드	505	40,287	80	99
스웨덴	스톡홀름	450	9,001	20	2
스위스	베른	41	7,489	183	49
영국	런던	245	60,270	246	11
미국	워싱턴 D.C.	9,372	278,050	30	28

에는 7만 평방 킬로미터 규모의 땅에 약 370만 명의 인구가 살고 있으나, 반면 좀 더 중심에 위치한 네덜란드는 아일랜드의 절반이 조금 넘는 4만 1,000평방 킬로미터의 지역에 아일랜드 인구의 4배 이상인 1,500만 인구가 밀집되어 있다.

지리적 · 통계적 차이는 유럽 국가를 연구하는 데 있어 유용한 기준을 제공한다. 국가들은 영토의 규모에 따라 차이가 있다. 프랑스, 스페인, 독일, 이탈리아, 스웨덴, 노르웨이는 광대한 영토를 가진 국가들이나 베네룩스 국가들, 덴마크, 스위스는 소규모의 영토를 가진 국가들이다. 인구의 규모는 영토의 크기와 상대적으로 항상 일치하지는 않는다. 핀란드는 독일과 비슷한 대규모 영토를 가졌으며 영국보다 더 큰 규모의 국가이지만 스위스나 덴마크보다 인구수는 적다. 벨기에와 네덜란드는 인구가 밀집된 국가이고, 아이슬란드는 가장 낮은 인구 밀집 국가이다. 독일, 프랑스, 영국, 이탈리아는 인구가 가장 많은 국가들이며, 아이슬란드, 룩셈부르크, 아일랜드는 인구가 가장 적은 국가들이다.

도시화의 정도도 차이가 있다. 포르투갈, 아일랜드, 그리스, 오스트리아는 도시 지역에 살고 있는 인구가 가장 적고, 벨기에, 아이슬란드, 네덜란드는 도시 집중화 정도가 가장 심하다. 영토의 크기와 인구 규모 · 집중화는 정부의 효율성을 다루는 데 있어 기본적인 틀이다. 룩셈부르크, 덴마크, 스위스와 같은 영토와 인구를 가진 국가의 정부는 독일과 같은 규모의 국가와는 다른 질서와 체제를 보이고 있다.[6] 프랑스 수도인 파리는 영토와 인구 규모와 관련하여 룩셈부르크가 가지고 있는 문제보다 더 큰 정치적 문제를 가지고 있다.

위치의 중요성은 다양한 방법으로 인식될 수 있다. 냉전시대에 민주주의 정치와 유럽통합의 토대를 구축한 서유럽 지역은 핀란드와 노르웨이에서부터 스페인, 이탈리아까지, 아일랜드에서 오스트리아에 이르기까지 광대한 지역이다. 절대적인 관점에서 지역적 위치는 정치적으로 매우 중요한 의미를 가진다. 예를 들어, 핀란드와 노르웨이의 추운 날씨는 아프리카와 근접한 스페인 같은 국가들과 상이한 정치와 경제적 중요성을 지닌다. 상대적인 관점에서의 중요성도 지니는데, 예를 들어 베네룩스 국가, 북부 프랑스, 상당 지역의 독일, 스위스, 북부

6) 독일의 바바리아주는 벨기에와 네덜란드를 합친 것만큼 크고, Lower Saxony, Baden-Wurttemberg나 North Rhine-Westphalia 지역은 덴마크와 스위스의 규모에 버금간다.

이탈리아와 같은 서유럽에서 인구 밀도도 높고, 상업적이고 산업화된 문화, 행정적인 핵심 지역들과 비교하여 볼 때, 아일랜드, 핀란드, 포르투갈, 그리스의 주변 국가들은 특히 EU의 정책적인 면에서 중요한 정치적 특징을 가지고 있다.

과거 유럽국가들은 부족한 자원을 획득하려고 다른 지역을 식민지화하는 정책을 추구하였지만, 실제로 유럽은 자원이 그리 부족한 지역이 아니라는 평가를 받는다. 노르웨이, 핀란드와 스웨덴은 대규모 숲을 가지고 있다. 프랑스와 스웨덴에는 철광자원이 풍부하다. 영국, 독일, 폴란드와 스페인에 많은 석탄자원이 매장되어 있다. 영국과 스웨덴 사이의 북해에는 석유와 천연가스가 배출되고 있다. 유럽은 수십 년 동안 자급할 분량 이상의 농업 생산을 하고 있다. 반드시 지역적으로 구분되는 것은 아니지만, 북부유럽에 가면 발전된 축산과 낙농업을 볼 수 있고, 남쪽에 가면 올리브와 포도농장을 발견할 수 있다.

부와 자원에 있어 국가들마다 차이가 있는데, 이러한 요소들은 정치의 중요한 틀과 일상적인 정치 아젠다의 중요한 부분을 구성한다. 정치의 중요한 틀은 경제 발전과 자유 민주주의 간의 관계를 확립하는 제도와 구조를 구성한다. 부와 자원이 형성하는 정치 아젠다의 예는 경제 발전 정책, 부의 분배와 세금 문제, 국제 무역과 환율 정책, 여전히 "유로 지역" 밖에 존재하고 있는 회원국을 대상으로 한 공동 유럽 화폐에 대한 논쟁적인 문제를 포함한다.

19세기 영국 · 독일 · 프랑스의 석탄 · 철 자원과 노르웨이, 네덜란드, 영국과 같은 해안 국가들의 북해 석유 발견, 룩셈부르크, 스위스에서의 금융 부분의 구조와 운영, EU 국가들을 위한 제한 쿼터에 따른 어장의 보호와 관련한 논쟁, 스웨덴에서의 수력발전 설비 등과 같은 것들은 관련 국가들에 정치적 영향을 미칠 수 있는 자원의 예이다. EU의 특정 국가나 지역들의 상대적인 빈곤은 지역 정책과 사회 정책에 EU가 신경을 써야 하는 이유이고, 이러한 정책에 적지 않은 금액을 재정으로 조달하는 이유는 EU의 국가나 지역 간의 삶의 기준에 있어 큰 차이는 경제 발전이나 EU 통합으로 해결되지 않을뿐더러 통합에 장애요인으로 등장하기 때문이다.

현대 유럽의 문화적 특성

현대 유럽은 수많은 문화, 종교, 언어의 장벽으로 분리되어 있는 매우 다양한 지역들로 이루어져 있다. 예를 들어, 기독교 문명이 지배적임에도 불구하고, 이 지역에서 문화가 다양한 까닭은 로마 가톨릭과 다양한 프로테스탄트 교파 사이에서 균형이 이루어졌기 때문이다. 남서부 유럽 지역과 폴란드 지역에서는 로마 가톨릭이 압도적으로 많다. 그리스에서는 공식적으로 대다수가 가톨릭교에 가까운 그리스 정교를 믿고 있다. 스칸디나비아 반도 국가들인 덴마크, 핀란드, 아이슬란드, 노르웨이, 스웨덴에서는 인구의 절대 다수가 프로테스탄트의 다양한 교파 중 한 교파를 집중적으로 믿고 있다. 유럽의 중심부인 독일, 네덜란드, 스위스, 이전 체코슬로바키아에서는 상당히 소수 인구로 구성되어 있는 가톨릭과 프로테스탄트 종교가 비교적 균형적으로 분포되어 있다. 이러한 국가에서 가톨릭은 네덜란드 남부 림뷔르흐(Limburg) 혹은 남부 독일의 바바리아(Bavaria)와 같은 가톨릭이 절대 다수를 구성하는 지역에 밀집되어 있다. 가톨릭은 또한 북부 아일랜드에서 상당한 소수 인종을 구성한다. 북부 아일랜드는 영국의 한 부분을 구성하고, 가톨릭과 프로테스탄트 사이에서 시민 전쟁을 30년 이상 지속한 국가이기도 하다.

유럽 사회에서 종교 분열은 여전히 존재하고 있는 반면, 종교생활은 전후 기간 동안 상당히 변화하였다. 현재 유럽의 많은 사람들이 여전히 기독교적 신념을 상당히 유지하고 있고 가톨릭이나 프로테스탄트 교회에 이름을 올리고 있지만, 모임이나 교회 봉사에는 정기적으로 참여하지 않는 의미에서 "비교회인(unchurched)"으로 묘사되기도 한다.[7] 최근 정보에 따르면 영국과 네덜란드 인구의 상당한 부분이 종파를 가지고 있지 않다. 네덜란드는 보기 드물게 인구의 36%가 종교를 가지지 않고 있는데 이는 프로테스탄트와 가톨릭의 비율보다 더 많은 비율이다. 종교 가입의 비율이 일반적으로 높은 수준임에도 불구하고, 전

7) G. David, "God and Caesar: Religion in a Rapidly Changing Europe," in J. Badley (ed.), *Social Europe* (London: Longman, 1992), pp.223-225.

주요국의 소속 종교 비율(2001년)

(단위: %)

국가	가톨릭	프로테스탄트	비국교도[1]	기타 종교	무교	N/A[2]
가톨릭 국가						
벨기에	77	12	0	4	8	0
아일랜드	92	3	0	6	0	0
프랑스	90	2	0	2	6	0
이탈리아	98	0	0	2	0	0
스페인	99	0	0	1	0	0
프로테스탄트 국가						
영국	15	45	3	3	34	0
덴마크	0	97	1	2	0	0
"혼합" 국가						
독일	34	38	0	28	0	0
네덜란드	34	25	0	5	36	0
북아일랜드	38	18	26	7	4	7

1) 비국교도(Non-conf. = Non-conformis), 예를 들어 영국과 북아일랜드의 영국성공회 교회와 네덜란드의 신칼뱅주의 이외의 신교도를 포함한 비주류 신교도.

2) N/A = 무응답.

후 기간 동안 서유럽에서 종교적 활동은 극적으로 감소하고 있다.

위의 표에 나타나 있다시피 종교는 분리의 요인 중 하나이다. 아일랜드를 제외한 북부 국가들의 종교는 주로 프로테스탄트이고, 그리스 정교를 믿는 국가를 제외한 남부 국가들과 프랑스는 대부분이 강한 가톨릭이다.

유럽에는 적어도 225개의 자생적인 토착 언어들이 남아 있으며, 대략 43개의 언어가 사용되고 있다. 여기에는 3개의 문자가 사용되는데, 그들은 페니키아 문자에서 유래된 그리스 알파벳, 그리스 알파벳에서 파생된 라틴 알파벳과 키릴 알파벳이다. 이들은 모두 표의체제가 아닌 표음체제에 기반을 두고 있다. 현대에 새로운 공동체들이 건설되면서 10여 개의 언어로 통합되었다. 거의 모든 현대 유럽 국가들은 모국어를 가지고 있다. 그러나 과거 15개의 유럽연합 회원국에서 적어도 500만 인구가 그들이 살고 있는 나라의 공식적인 언어와 다른 언어를 사용하고 있다.

독일어 사용 국가인 오스트리아, 영어권 국가인 아일랜드, 플라망어(Flemish 혹은 Dutch)를 쓰는 사람이 57%이며 불어를 쓰는 사람이 42%인 벨기에, 불어와 독어 둘 다 사용하는 룩셈부르크, 74%는 독일어를 20%는 불어를 5%는 이탈리아어를 쓰는 스위스와 같은 예외 국가도 존재한다. 자체언어를 사용하는 소수인종을 보유한 국가도 있다. 스페인의 카탈로니아인(Catalan)과 바스크인(Basque) 등의 소수인종, 동부 이탈리아에 있는 독일어를 사용하는 소수인종, 핀란드에 있는 스웨덴어를 사용하는 소수인종, 슬로바키아의 헝가리 소수인종, 영국의 웨일즈인, 아일랜드와 스코틀랜드에 있는 소수의 게일어를 사용하는 종족이 있다. 현대 유럽 전체를 통틀어, 독일어는 9,500만 명이 모국어로 사용하고 있어 가장 넓게 모국어로 사용된다. 다음이 불어(6,400만 명), 영어(6,300만 명), 이탈리아어(5,700만 명), 폴란드어와 스페인어(둘다 4,000만 명 수준)의 순으로 나타나고 있다. 다음은 큰 차이로 네덜란드어를 사용하는 인종이 2,000만 수준이다. 전체 인구 비율로 보면 EU 시민의 24%가 자국어로 독일어를, 17%가 영어를, 17%가 불어를, 16%가 이탈리아어를 사용하고 있다.

유럽사회에서 언어는 명백한 분열의 요인으로 존재해 왔다. 언어학자들이 유럽 언어들 사이의 구조적인 공통점들을 확인해 줄지도 모르지만, 대부분의 사람들은 직접 대화하지 못해 왔고, 지금도 못하고 있다. 총 53%의 EU 시민들이 모국어와 더불어 최소한 하나의 유럽어를 구사할 줄 알고, 41%는 영어를 할 줄 안다. 반면 언어는 통합의 수단으로도 이용되었다. 웨일즈, 스코틀랜드, 아일랜드 등에서는 영어사용이 강요되었는데, 이는 영국이 이 지역을 통합하기 위한 수단으로 활용한 것이다.[8]

인종과 언어를 연계하여 유럽을 구분하면 다음과 같다. 크게 구분하면 북서부 유럽에는 게르만족과 그 일파로서의 노르만족, 남부 유럽에는 라틴족, 그리고 중동부 유럽에는 슬라브족이 거주한다. 게르만어는 유럽 북서부지역의 언어들, 즉 영어, 독어, 네덜란드어, 스칸디나비아어로 구성되며, 라틴어 계통의 로만어는 유럽 남부지역의 언어들, 즉 이탈리아어, 스페인어, 포르투갈어, 프랑스어, 루마니아어로 구성되는 반면, 슬라브어는 러시아, 우크라이나, 벨로루시 등

8) 프레데리크 들루슈 편, 윤승준 역, 『새유럽의 역사』(서울: 까치, 1995), p.13.

의 지역과 함께 중동부 유럽지역 국가들, 즉 유고슬라비아, 크로아티아, 슬로베니아, 불가리아, 마케도니아, 체코, 슬로바키아, 폴란드 등에서 사용되고 있다.

이러한 유럽의 인종적 · 언어적 분류에는 예외적인 상황이 존재하는데 우선 북부 유럽의 핀란드의 핀족과 중동부 유럽의 헝가리의 마자르족은 인종적으로 아시아 계통으로 분류되고, 중동부 유럽 국가인 루마니아에는 라틴족이 거주하는 관계로 로만어가 사용되고 있다. 더욱이 서부 유럽 국가인 프랑스에는 다른 서부 유럽 국가들과는 달리 게르만족이 아닌 라틴족이 거주하고 있고 따라서 로만어가 사용되고 있다. 인종과 언어를 중심으로 게르만족의 북서부 유럽, 라틴족의 남부 유럽, 그리고 슬라브족의 중동부 유럽으로 구분하는 것은 예외를 포함하는 일반적 분류라고 할 수 있다. 더욱이 슬라브족 지역은 중동부 유럽 국가들뿐만 아니라 러시아와 벨로루시 그리고 우크라이나를 함께 포함하고 있다. 이들 세 나라는 현재 유럽이라고 지칭되고 있지는 않기 때문에 슬라브족이 거주하는 지역을 중동부 유럽이라고 지칭하는 것은 논쟁의 여지가 있다.[9)]

서유럽 국가들에는 약 1,540만의 합법적인 외국인 거주자가 있으며, 약 260만이 불법적으로 서유럽에 살고 있다. 합법적 이민자 가운데 800만은 유럽연합 시민이 아니고 430만은 이슬람교도다.[10)] 이전 식민지 관계나 무역 관계에 따른 이민의 전통적 흐름은 여전히 존재한다. 예를 들면, 마그레브(Maghreb)로부터의 이민자들은 프랑스로 유입되는 인구의 상당수를 차지한다.[11)] 터키나 폴란드 사람들은 독일로 많이 유입되고 있으며, 아일랜드, 인도, 미국 사람들은 영국으로 많이 유입되고 있다.

인구구성이 다양화되면서, 사회 내에서 이익충돌이 일어날 가능성이 농후해지고 있다. 서유럽 정부들은 외국인들의 이익과 내국인들의 이익 사이에서 타협점을 찾아야 한다. 1970년대 중반 이후, 대규모 이민에 반대하는 두 가지 논리가 제시되었다. 첫째, 이민자들은 경제에 거의 기여하지 않고 오히려 사회보장제도

9) 진시원, "제2장 유럽의 정체성," 김계동 외, 『유럽질서의 이해: 구조적 변화와 지속』(서울: 오름, 2003), p.83.

10) W. Bohning, "Intergration and Immigration Pressures in Western Europe," *International Labour Review*, Vol. 130, No. 4, 1991, p.449.

11) 마그레브는 리비아, 튀니지, 알제리, 모로코 등 아프리카 북서부 일대를 포함한다.

서유럽 국가들로의 외국인 유입(난민 제외)

(단위: 천 명)

국가	1982	1984	1986	1988	1990	1992	1994	1996	1998	1999
벨기에	36.2	37.2	39.3	38.2	50.5	55.1	56.0	51.9	50.7	57.8
프랑스	144.4	51.4	38.3	44.0	102.4	116.6	91.5	75.5	138.1	104.4
독일	275.5	295.8	378.6	545.4	649.3	1207.6	774.0	708.0	605.5	673.9
룩셈부르크	6.4	6.0	7.4	9.1	10.3	9.8	9.2	9.2	10.7	11.8
네덜란드	3.7	34.7	46.9	50.8	60.1	83.0	68.4	77.2	81.7	78.4
노르웨이	13.9	12.5	13.8	16.4	11.7	17.2	17.9	17.2	26.7	32.2
스웨덴	–	14.1	19.4	24.9	23.9	39.2	74.7	29.3	35.7	34.6
스위스	74.7	58.6	66.8	76.1	101.4	112.1	91.7	74.3	74.9	85.8
영국	53.9	51.0	47.8	49.3	52.4	203.9	193.6	216.4	258.0	276.9

와 주택문제에 부담만 가중시킨다는 것이다. 둘째, 이민은 한 국가의 국가 정체성과 시민 문화를 저해한다는 것이다. 이와 같은 주장으로 이민 국가의 토착 공동체와 이민 공동체 사이에 문화 종교적 차이로 인한 갈등 요인이 증폭됐다. 일부는 특히 이슬람교도를 기독교를 기반으로 한 현대 유럽사회에 대한 위협으로 보고 있다.[12)]

현대 유럽의 경제 현황

제1차 세계대전 전에는 유럽에서 채권국과 채무국을 명확히 구분할 수 있었다. 그러나 시간이 흐르면서 금융 흐름이 교차되어 대출과 차용 관계가 복잡한 그물 구조를 보이게 됨에 따라, 유럽 국가들이 동시에 채권국이자 채무국이 되기에 이르렀다. 제2차 세계대전 이후 유럽 경제에는 대규모 구조 변경이 일어났다. 1960년대 유럽 경제의 제조 부문은 최고조에 달해 하향곡선을 그리기 시작했고, 결국 제3산업인 서비스 부문에 자리를 내주게 됐다. 이러한 변화는 유럽 시장과 생산 공정에 있어서 새로운 기술이 응용됐기에 가능한 것이었다. 제조 과정에서 발생하는 비용은 생산 자동화에 힘입어 감소했다. 제품의 운송비는 더

12) J. Hollifield, *Immigrants, Markets and States: The Political Economy of Postwar Europe* (Cambridge, MA: Harvard University Press, 1992).

욱 싸졌고 더욱 효율적이 됐다. 온라인 상거래(e-commerce)는 국경을 넘나드는 경제 활동을 야기했다. 국제연합 무역개발회의에 따르면, 세계 대규모 기업 중 29개가 국가기업이 아니라 다국적기업이다.[13)]

독일은 현대 유럽 국가들 중 가장 강력한 경제를 유지하고 있다. 일반적으로 유럽 개별 경제는 미국의 경제에 뒤떨어진다. 독일, 프랑스, 이탈리아, 영국 등 4대 주요 경제 대국의 GDP를 합하면, 미국 GDP의 약 70% 정도에 그친다. 인구 한 명당 GDP를 볼 때, 가장 높은 수준의 국가는 덴마크, 룩셈부르크, 노르웨이, 스위스, 아일랜드, 아이슬란드로 미국을 앞선다. 그러나 이러한 수치들은 삶의 실제 수준을 비교하는 데 사용되기 이전에, 각각의 국가에서 삶의 상대적 비용을 비교하여야 한다. 따라서 모든 국가에서 일정한 상품과 서비스를 구입하는 구매력 평가를 해야 한다. 각국의 구매력을 기준으로 평가할 때(PPP: Purchase Power Parity) 미국의 1인당 GDP는 룩셈부르크와 노르웨이를 제외한 모든 유럽국가들보다 높다.

유럽 내 차이들도 주목된다. 2005년 구매력을 고려하여 1인당 GDP 수준을 볼 때, 서유럽에서 높은 수준에 있는 룩셈부르크는 6만 9,800달러, 노르웨이는 4만 2,364달러인 반면, 저수준에 있는 그리스는 2만 2,392달러, 포르투갈은 1만 9,335달러로 상당한 차이를 보이고 있다. 이 수준보다 더 떨어진 국가들은 비교 가능한 데이터가 존재하는 과거 공산권 3개국이다. 체코 공화국은 1만 8,375달러이고, 헝가리는 1만 7,405달러, 폴란드는 1만 2,994달러 수준에 머물렀다.

유럽의 산업구조를 보면, 산업화 이후 제1영역인 농업이 계속 감소하고 있으며, 제2영역인 철강, 조선, 자동차 제조와 같은 제조 산업이 지배하는 현상으로 바뀌어 왔다. 최근 들어서는 전자와 금융과 같은 새로운 경공업과 서비스업을 기반으로 한 제3의 영역으로 대체되고 있다. 모든 국가들이 이러한 형태를 따라가는 현상이 나타나는데, 몇몇 국가들은 느린 속도로 따라가고, 이에 반하여 다른 국가들은 좀 더 발달한 이웃국가를 추월하기 위해 최근 몇 년 동안 빠르게 추진하고 있다. 영국과 독일은 농업에서 제조업을 거쳐 서비스업으로 전환하는 과정을 상대적으로 느리게 추진하고 있다. 프랑스, 이탈리아, 스페인은 경제의 현

13) *Financial Times*, 13 August 2002.

유럽 국가들의 GDP(2005년)

국가	GDP (단위: 억달러)	1인당 GDP (단위: 달러)	1인당 구매력 기준 GDP (단위: 달러)
오스트리아	3,070	37,528	33,615
벨기에	3,720	35,750	31,244
체코공화국	1,236	12,106	18,375
덴마크	2,597	48,000	34,737
핀란드	1,934	37,014	31,208
프랑스	21,058	33,734	29,316
독일	27,973	33,922	30,579
그리스	2,228	20,082	22,392
헝가리	1,094	11,217	17,405
아이슬란드	158	53,472	35,586
아일랜드	1,997	48,351	40,610
이탈리아	17,661	30,450	28,760
룩셈부르크	341	75,130	69,800
몰타	54	13,737	19,739
네덜란드	6,252	38,333	30,862
노르웨이	2,960	64,268	42,364
폴란드	3,005	7,875	12,994
포르투갈	1,834	17,439	19,335
슬로바키아	467	8,647	16,041
스페인	11,265	27,226	26,320
스웨덴	3,588	39,658	29,898
스위스	3,675	50,524	32,571
영국	22,014	36,599	30,470
미국	124,857	42,101	41,399
EU-15	134,460	22,285	21,286

출처: WIKIPEDIA(The Free Encyclopedia), 인터넷 http://en.wikipedia. org/wiki/List_of_countries_by_GDP.

대화를 늦게 시작했으나 급진적으로 추진하고 있다. 스페인의 프랑코(Franco)가 처음으로 그의 자립경제 정책의 원칙을 완화시킨 1960년대와 1980년대 중반 사이에 스페인은 완벽한 경제 발전을 하였다. 그리스에서의 현대화 과정은 매우 늦게 시작되었으나, 최근 발전의 속도가 빨라지고 있다.

유럽의 과거 식민지였던 국가들과 비교하여 보면 유럽의 부가 얼마나 증가하였는지 알 수가 있다. 과거 500년 이상 러시아를 포함한 유럽국가들은 세계 어

주요국의 산업종류별 종사 노동력 비율

(단위: 전체 노동력에 대한 (%))

	1960	1970	1980	1990	2000
영국					
농업	4.7	3.2	2.6	2.1	1.5
제조업	47.7	44.7	37.7	29.0	25.1
서비스업	47.6	52.0	59.7	68.9	73.1
(서)독일					
농업	14.0	8.6	5.3	3.4	2.7
제조업	47.0	48.5	43.7	39.8	33.4
서비스업	39.1	42.9	51.0	56.8	63.9
프랑스					
농업	23.2	13.5	8.7	6.1	3.9
제조업	38.4	39.2	35.9	29.9	24.2
서비스업	38.5	47.2	55.4	64.0	72.0
이탈리아					
농업	32.6	20.2	14.3	9.0	5.4
제조업	33.9	39.5	37.9	32.4	32.4
서비스업	33.5	40.3	47.8	58.6	62.3
스페인					
농업	38.7	27.1	19.3	11.8	6.8
제조업	30.3	35.5	36.1	33.4	30.9
서비스업	31.0	37.4	44.6	54.8	62.3
그리스					
농업	57.1	40.8	30.3	24.5	
제조업	17.4	25.0	30.2	27.4	n/a
서비스업	25.5	34.2	39.5	48.2	

출처: 경제 협력 발전 기구(Organisation for Economics Co-operation and Development), 1985, 1992, 2002.

느 지역이라도 여러 형태로 점령하고 식민지화하였다. 대체로 서유럽 국가들은 개인 구매력(PPP) 기준 연간 GNP가 개인당 2만 달러 이상 수준으로 세계 30대 부국 중에 18개국이 포함되어 있고, 아프리카와 동남아시아의 과거 식민지 국가는 1,000달러 내외로 빈국 30국 중에 27개국이 포함되어 있다.[14)]

유럽 정부들이 계속해서 세계화에 기여해 왔지만, 세계화는 현 정부들에 의해서는 해결될 수 없는 문제점을 드러내고 있다. 세계시장은 종종 국민들의 요구와 대치되기도 하지만, 각국 정부는 세계 시장의 필요에 부응하기 위해 국내 경제와 사회 정책을 조율해야 한다. 유럽 정부의 관점에서 보면, 세계화는 우선 경제 정책에 제한을 준다. 임기를 마친 정부의 경제정책 성공 여부가 다음 선거에서 가장 중요한 정책 문제이기 때문에, 이런 제한은 무시할 수 없는 요소가 된다.

전후 케인스의 신자유주의 경제정책을 향한 경제 관리 접근방식과 동떨어진, Knapp과 Wright이 "이데올로기적 패러다임 전환(ideological paradigm shift)"이라고 칭했던 개념에 수반되어 경제, 기술 발전이 이루어졌다.[15] 케인스 학설은 경제가 요동치는 것을 통제하기 위한 국가의 개입을 옹호했다. 그러나 그러한 접근법은 1973년 이후 유럽 경제를 강타했던 인플레이션을 잡는 데는 효과가 없었다. 대신, 유럽정부들은 규제철폐와 자유무역과 같은 전략을 수립하면서 'Anglo-American' 모델과 연계된 신자유주의 접근법을 채택하기 시작했다. 즉, 외국으로부터 국내 직접투자를 유치하고, 공공지출에 대한 재정 규율과 통제를 엄격히 하면서, 민영화를 추진했다. 또한 기업에 혜택을 주기 위해 세금 제도를 구조 조정하고, 계약직 근로자를 사용하는 것을 포함한 노동시장의 유동성을 증진시키기 위해 노력했다. 이러한 경제 전략은 서로 맞물려 시장의 상호침투성과 생산의 세계화를 강화시켰다. 시장의 상호침투력이 증진됨에 따라, 개별 정부가 신자유주의 방식이 아닌 국가 간섭주의에 기초해 정책을 추진하는 데는 많은 어려움이 따랐다. 따라서 서유럽 정부가 더욱 신자유주의 경제 정책과 관행에 유착되게 됐고, 바로 그 점이 세계화가 가져온 가장 중요한 변화이다.

현대 유럽의 정치발전

현대 유럽정치는 민주주의, 법의 지배, 개인의 자유를 이상으로 하여 발전되

14) Ian Manners, "Europe and the World: The Impact of Globalization," in Richard Sakwa and Anne Stevens (eds.), *Contemporary Europe* (New York: Palgrave, 2000), p.182.

15) A. Knapp and V. Wright, *The Government and Politics of France*, 4th ed. (London and New York: Routledge, 2001), p.32.

현재의 헌법 채택과 민주적 선거 도입시기

국가	현재 헌법채택시기[1]	민주주의 투표권 도입	
		남성	여성
오스트리아	1929	1907	1918
벨기에	1994	1893	1948
덴마크	1953	1849	1908
핀란드	1919	1906	1906
프랑스	1958	1848	1945
독일	1949	1871	1919
그리스	1975	1844	1952
아이슬란드	1944	1915	1915
아일랜드	1937	1923	1923
이탈리아	1948	1912	1945
룩셈부르크	1868	1918	1918
네덜란드	1815	1917	1919
노르웨이	1814	1905	1913
포르투갈	1976	1822	1970
스페인	1978	1869	1931
스웨덴	1975	1919	1919
스위스	2000	1848	1971
영국	–	1918	1918(30세 이상)/ 1928

1) 몇몇 국가들은 현재의 헌법 이전에도 민주적 헌법을 가지고 있었다(예를 들어 벨기에, 프랑스, 독일).

어 왔다. 유럽에 대한 여러 통계를 보면, 현대 유럽은 상당히 독특한 사회적 · 경제적 요인들로 구성된 국가들로 이루어져 있다는 점을 알 수 있다. 이러한 유럽 국가들의 다양한 특성 때문에 서유럽 국가들은 세계의 성공적인 자유민주주의의 거대 집단을 구성하고 있고, 수많은 탈공산화 유럽 국가들도 가능한 한 빨리 이 집단에 참여하기 위해 노력하고 있다. 많은 유럽 국가들의 차이점이 논의되고 있는데, 이러한 차이점들이 현대유럽정치에 대한 연구를 더욱 재미있게 만들고 있다. 그럼에도 불구하고, 이러한 차이점들은 과장되어서는 안 된다. 이것은 유럽 국가들이 강조하는 유사성과 각 국가별로 두드러진 특성을 기본적으로 살펴보면서 유럽 국가들의 정치를 분석하는 것이 당연시되는 이유인 것이다.

서유럽 국가들은 현재의 민주주의 정치와 매우 유사한 형태로 발전하여 왔다.

앞쪽의 표는 현재 헌법의 채택시기와 보통 선거의 채택 시기를 보여주고 있다. 정확한 연대기로 표현된 이러한 표가 경쟁적인 민주주의 정당 체제의 발달, 자유롭고 비판적인 언론의 활성화, 문맹률의 감소, 복잡한 유권자 집단 혹은 이익 집단들의 형성, 시민들의 연대와 다원화된 사회 운동 등과 같은 정치적 발전상을 보여줄 수는 없다. 그러나 이러한 것들은 헌법 구조를 보강하고, 선거 규정을 강화하면서 유럽 자유민주주의 정치 질서를 형성하는 데 큰 기여를 하였다.

자유민주주의에 대한 핵심 아이디어는 정치 제도에 의해 실행되는 정치 권력의 영역을 규정하고 한계를 정할 수 있는 헌법적 질서가 존재해야만 한다는 것이다. 국민들은 법의 지배를 통해 정부 제도의 독단적인 행동으로부터 보호받는 시민권을 보유하게 된다. 정부와 의회는 국민을 대표해야만 하고, 국민들은 대표자 선출에 있어 경쟁적이고 공정한 선거를 통해 정기적으로 참여할 수 있어야만 하는 것이 민주주의 정치의 원리이다.

비록 모든 유럽 국가들이 국가들마다 분명한 특성을 가지고 있지만, 대부분 현대 유럽 국가들의 정치제도는 기본적으로 비슷하고, 미국의 정치제도와는 상당히 다른 성격을 가지고 있다. 이는 현대 유럽 국가들이 거의 모두 정당과 의회 선거에 중요한 역할을 부여하는 제도인 "의회 정부(parliamentary government)"의 원칙에 따라 운영되고 있기 때문이다. 헌법상 이러한 제도는 입법, 사법, 행정부의 관계, 즉 의회, 법원, 정부 간의 관계와 관련이 있고, 국가 원수의 임무와도 관련이 있다.

유럽통합의 과제와 전망

EU는 점차로 국가의 형상을 갖추어 가고 있다. 청색 배경에 금색 별들이 원을 그린 자체 국기를 가지고 있으며, 베토벤 9번 교향곡의 "환희의 송가(Ode to Joy)"를 국가로 지정하고 있다. 브뤼셀은 EU의 새로운 수도가 되었다. EU는 21세기 들어오면서 세계에서 가장 거대한 경제 블록이 되었다. 각국의 화폐를 공용화폐인 유로화로 대체하고 있으며, 미국의 달러, 일본의 엔과 함께 세계에서 가장 중요한 화폐로 발돋움하고 있다. EU의 발전은 미국의 생성 과정과 유사한

면을 보이고 있다. 이질적 식민 국가들이 연합을 이루었다가 1789년에 연방이 된 미국과 유사한 모습을 보이고 있는 것이다. EU는 이러한 과정을 마무리짓기 위한 헌법제정을 하고 개별 국가들의 비준을 기다리고 있다.

EU는 민족 국가가 포함되었다는 측면에서 국제기구(International Organization)라 할 수 있다. 그러나 EU는 기존의 국제 협력 아이디어 이상의 형태로, 다시 말해서 초국가주의(supranationalism)로 나아가고 있다. EU가 추구하는 초국가주의는 다음과 같은 세 가지 형태를 기반으로 한다.[16] 첫째, 연합주의(confederalism)이다. 참여국은 주권을 보유한 상태에서 통치기구에 일부 권한을 제공한다. 1776년부터 1789년까지의 미국, 1789년까지 스위스, 1815년부터 1866년까지 독일도 국가연합체제였다고 할 수 있다. 회원국 정부들은 중요 정책 결정 과정에서 독자적 목소리를 가지려 노력하고 있다. 둘째, 협의주의(consociationalism)이다. 이는 심각한 사회적 · 문화적 · 종교적 · 인종적 · 언어적 차이가 있는 사회를 위하여 제의되는 체제이다. 권한과 자원이 각 집단의 크기에 따라 배분되고 소수 집단이 거부권을 행사할 수 있기 때문에 과도한 대표권을 가지기도 한다. 유럽의 소규모 국가인 벨기에, 스위스, 오스트리아, 네덜란드와 룩셈부르크 같은 나라가 이 제도를 채택하였다. 셋째, 연방주의(Federalism)이다. 참여국이 통치 기구에 주권 전체를 할양하는 체제이지만, 일부 독립적 권한을 보유한다. 미국은 1789년 13개의 식민지역이 미국 헌법과 권리장전(Bill of Rights)에 합의함에 따라 연방국이 되었다. 공동 안보 분야에 있어서는 자발적으로 포기하지만, 지역 정부는 자체법과 많은 부분의 자치권을 보유한다. 예를 들어 자율적 세금 징수, 교육, 경찰, 도로에 대한 권한을 보유하고 있다. 열성적인 유럽 통합주의자들은 유럽합중국(United States of Europe)이라는 연방 국가를 원하고 있다. 이를 위해서는 공동외교안보정책, 유럽 군대, 유럽시민권, 단일화폐가 있어야 한다.

일반적으로 국가들은 다음과 같은 네 가지 이유로 통합을 추진한다. 먼저 나폴레옹이나 히틀러와 같은 독재자에 의하여 강요될 때이고, 두 번째는 공동의

16) John McCormick, The *European Union: Politics and Policies*, 2nd ed. (Colorado: Westview Press, 2000), pp.11-12.

가치와 목표를 공유하고 전체로서 어떻게 통치할지에 대한 합의가 이루어졌을 때이며, 세 번째는 공동의 외부위협에 직면하여 안보에 대한 필요성을 공감할 때이다. 그리고 네 번째 이유는 편의(convenience)와 효율성(efficiency)이다. 1945년 이후 유럽국가들은 뒤의 세 가지(두 번째부터 네 번째 이유) 동기의 영향을 많이 받아 통합을 추진하게 하였다. 인간과 국가는 분리되어 있는 것보다 통합되어 있을 때 경제 발전과 삶의 질의 향상을 보다 빨리 효과적으로 이룰 수 있다는 인식이 바탕이 되었다. 유럽 통합은 경제 통합부터 시작되어 정치통합까지 모색하고 있다. 하스(Ernst Haas)는 "경제통합은 정치적 동기에 기초하는 경우가 있고, 종종 정치적 결과를 생성한다"고 주장하였다.[17)]

유럽통합이라는 주제는 전후 유럽에서 발생한 사건들을 분석하는 데 유용한 틀을 제공하는 반면, 유럽통합에 대한 찬반논쟁은 통합에 참여하는 다양한 국가의 국내정치를 고려하지 않고는 이해할 수가 없다. 특히 통합의 장애요인은 대체로 참여국들의 국민적 지지와 국가이익의 다양성에 기인하였다.

본 연구는 유럽통합과 관련하여 다음과 같은 이슈에 대한 해답을 구하는 데 초점을 맞출 것이다. 첫째, 유럽통합은 누구에 의한 누구를 위한 통합인가의 문제이다. 유럽시민들은 통합을 어떠한 시각으로 보고 있는지, 혹시 정치 엘리트들에 의한 또한 그들을 위한 통합이 아닌지에 대한 의문점이다. 둘째, 초국가주의를 바탕으로 통합이 추진되고 점차 관료화되어 갈 때 유럽통합 과정을 어떻게 민주적으로 관리하는가의 문제이다. 최근 들어 유럽통합 과정의 민주적 결함문제가 많이 제기되는데, 이 문제를 어떻게 해소하느냐의 문제가 유럽통합의 미래와 성공의 관건이라 할 수 있다. 셋째, 유럽통합이 실질적으로 지역간 수준 및 격차를 해소해 가는 과정에서 모든 국가와 지역이 동등한 입장에서 이러한 통합과정에 참여할 수 있을까의 문제이다. 지역격차를 해소하지 못할 경우 이는 통합의 큰 장애요인으로 등장할 가능성이 높다.

유럽 영토에서 주요 핵전쟁의 위협은 냉전 종식 이후 사라졌다. 그러나 탈냉전 시대의 안보 위협은 냉전시기보다 불분명하고, 예측불가능하다. 소련의 단일

17) Ernst B. Haas, *The Uniting of Europe: Political, Social, and Economic Forces, 1950-1957* (Stanford: Stanford University Press, 1958), p.12.

화된 위협이 사라지고 유럽이 더 이상 정치적으로 분리되지 않았지만, 탈냉전시대 안보의 우선순위에 대한 견해는 분열되어 있었다. 가장 큰 안보 위협은 무엇인가? 탈소비에트-러시아인가? 발칸반도인가? 북아프리카, 터키, 혹은 중동인가? 유럽주의자들은 통합의 심화를 통해 이러한 위협을 극복해낼 수 있다고 생각한다. 현실주의자들은 항상 분열된 국가의 재등장으로 인해 지역 기구는 발전되지 않을 것이라고 믿는다. 통합주의자들은 서유럽의 안보와 발전 수준이 EU와 NATO의 확대를 통해 동유럽에 전파될 수 있다고 희망한다. 현실주의자들은 이것을 이루기가 어려울 뿐만 아니라 오히려 확대하려는 시도가 러시아의 고립과 유럽 내의 새로운 분리를 초래한다고 우려한다. 보편주의자들은 안보가 경제발전과 민주주의의 증진을 통해 가장 많이 획득되어진다고 믿는다. 현실주의자들은 안보는 군사적 방법을 통해 계속적으로 유지될 것이라고 믿는다. 그러나 이 모두를 통해 나온 중간 방법이 가장 좋을 것이다. 유럽이 여전히 탈냉전 시대에도 효율적인 군사 능력을 필요로 한다는 증거들이 제시되지만, 구공산주의 국가들을 자유민주주의 국가 공동체에 가입시켜야 할 필요성도 존재한다. 확대로 나아가는 길은 수많은 충돌을 거듭하면서 많은 시간이 걸릴지도 모르지만, 다른 세대에 평화와 안보를 보장하는 데 가장 최고의 희망으로 여전히 남아 있다.

제1부 정치의 통합

제 2 장 현대 유럽질서의 형성

유럽의 질서를 전체적으로 조망해 보았을 때 도출되는 결론은 안정적이고 자기반성적인 중국문명과 비교하여 유럽의 문명은 역동적이고 팽창적인 경향이 있다는 점이다. 유럽의 역동성(dynamism)은 분쟁과 분열로부터 기인하였는데, 이는 부분적으로 지리와 민족적 측면으로부터 야기되었다. 영국과 아일랜드를 제외한 유럽대륙은 대서양에 접하면서, 동부, 북부, 남부로부터의 끊임없는 침입과 이주에 의하여 인구가 형성되었다. 그리고 어느 다른 대륙보다 다양한 민족이 존재하고 있다.

근대 이후 유럽질서는 이념적인 것에서 정체성 정치학으로의 거대한 변화 과정을 겪어 왔다. 현대의 위대한 이데올로기들이 유럽으로 퍼져 갔다. 특히 민족주의 이데올로기는 이탈리아와 독일이라는 새로운 국가들을 탄생시켰고, 유럽의 수많은 "내전"들 중에서 가장 파괴적인 제1차 세계대전을 1914~1918년에 야기시켰다. 제2차 세계대전까지의 전간기 동안 발생한 파시즘은 또 다른 대결의 형태인 1939~1945년의 제2차 세계대전을 불러일으켰다. 이 전쟁은 세계가 경험한 것 중 가장 파괴적이었고, 유럽을 소련지배하에 공산주의를 채택한 중·동부 국가들과 대서양 너머의 미국 보호를 받게 된 서부 대륙으로 양분시키며 전쟁이 종료되었다. 유럽 스스로 일으킨 전쟁에 의하여 미국과 소련이라는 초강대국이 등장함으로써 수세기 동안 세계를 지배하던 유럽이 몰락하게 되었다.

전후 반세기 동안 유럽의 정치질서는 미·소 초강대국, 이들과 연합된 블록,

그리고 그들이 신봉했던 대립된 이데올로기를 근간으로 하여 형성 및 유지되었다. 소비에트 연방의 15개 국가로의 해체를 수반한 1989~1991년의 냉전 종식으로 유럽 내부의 이데올로기를 근간으로 한 투쟁은 종식되었고, 유럽은 자신의 운명을 스스로 결정할 수 있는 기회를 가지게 되었다. 유럽의 정체성과 동학이 새로운 논의의 대상이 되었으며, 국제정치와 국내정치의 역동성이 새로운 관심의 대상으로 부각되었다.[1)]

본 장에서는 제2차 세계대전 이후 유럽의 질서가 어떠한 과정을 거쳐서 형성되었는가를 규명해 보고자 한다. 특히 세계를 분단시킨 냉전의 출발점이었던 유럽에서 냉전이 어떠한 과정으로 전개되었고, 탈냉전 과정에 유럽은 어떠한 역할을 했는지 살펴볼 것이다.

1. 유럽 신질서의 형성: 경쟁과 대립의 양극 냉전체제

오늘날의 유럽은 1989년의 공산주의 붕괴와 중동부 유럽 및 소련 블록이 해체되면서 이루어졌다고 할 수 있다. 그 이전의 주요 변화는 두 차례의 세계대전(1914~1918, 1939~1945)에 의하여 이루어졌는데, 특히 제2차 세계대전 이후 국제질서가 급진적인 변화를 맞게 되었다. 제2차 세계대전은 1939년 9월 1일 독일이 폴란드를 침략하면서 시작되었고, 3,800만의 사상자를 낸 유럽에서의 전쟁은 1945년 5월 8일 종식되었다.[2)] 이후 유럽은 미국, 프랑스, 영국 중심의 자유민주주의인 서방 진영과 소련과 소련의 위성국 중심인 동유럽 공산 진영으로 분리되었다.

제2차 세계대전의 종식 이후 20세기 후반에 맞이한 유럽의 장기 평화의 중요한 원인은 다음 두 가지 요소가 복합적으로 결부되어 나타났다. 첫 번째 요소는

1) 김계동, “제10장 결론,” 김계동 외, 『유럽질서의 이해: 구조적 변화와 지속』(서울: 오름, 2003), pp.381-382.

2) 사망자 가운데는 소련과 독일군이 각각 700만과 350만 명으로 제일 많았다. 영국군과 그의 자치령 군대는 35만 명, 미군은 30만 명의 사망자를 냈다. 동양에서는 중국군과 일본군이 각각 220만 명과 130만 명의 사망자를 냈다.

소련의 외교 정책에 의해 이루어진 서유럽 독립에 대한 위협 인식이었고, 두 번째 요소는 서유럽이 자위할 수 있도록 미국이 제공하는 지원이었다. 전후 미국을 중심으로 한 서유럽 동맹의 목적은 "미국이 유럽 내에 존재하고, 러시아를 축출하고, 독일을 약화시키고, 프랑스를 침묵시키는 것(the Americans in, the Russians out, the German down and the French quiet.)"이었다.[3] 이 목적 중 네 번째는 성공하지 않았지만, 나머지 세 개의 목적들은 상당한 성과를 이룬 것으로 평가되었다. 1945년 이후 유럽 대륙에서 전쟁이 사라지게 된 이유는 다음의 요소들이 결합한 결과이다. 그 요소들은 냉전의 영향, 유럽 통합의 움직임, 서유럽 국가들의 이웃 국가를 지배하려는 욕망의 감소, 주요 유럽 열강들이 전쟁을 하기에 너무 지쳐 있었다는 점 등이다.

미국의 전시 동맹은 세계적 차원에서 전략적 역할을 함께 부담하자는 것이었다. 영국은 지중해와 중동의 감시자로서의 역할을 회복하고, 프랑스는 서유럽 대륙의 지배세력이 되는 것이었으며, 소련은 동유럽에서 영향력 있는 헤게모니를 장악하는 것이었다. 이들 4대 강대국은 독일을 감시하기 위하여 유럽에서 결합하게 되었고, 세계적 차원에서 중국과 함께 UN 내에서 선도적인 역할을 수행하게 되었다.[4]

그러나 제2차 세계대전이 종결된 이후 각국이 새로운 국가이익을 추구하기 시작하면서 새로운 국제질서가 등장하였다. 세계는 자본주의 진영과 공산주의 진영으로 나누어졌고, 미국과 소련을 중심으로 한 동서간의 냉전이 시작된 것이다. 2차 대전 동안 공동의 적을 패망시키기 위하여 미국과 소련은 서로 협력하였지만, 전쟁이 끝나면서 이 두 국가는 서로 다른 체제를 유지하기 위하여 서로의 의도에 대하여 의구심을 품으며 적대적인 관계로 접어들기 시작하였다. 종전 후 두 강대국은 "서로를 의심의 눈초리로 바라보면서 봉쇄하느냐 봉쇄당하느냐, 정복하느냐 정복당하느냐, 멸망시키느냐 멸망당하느냐의 새로운 외교정책"을

3) Philip Thody, *Europe since 1945* (London and New York: Routledge, 2000), p.10; Martin Walker, *The Cold War and the Making of the Modern World* (London: Vintage, 1994), p.98.

4) Derek W. Urwin, *Political History of Western Europe Since 1945*, 5th ed. (London and New York: Longman, 1998), pp.46-47.

추진하기 시작한 것이다.[5)]

1) 전후 유럽 내의 정치적 변화: 사회주의 세력의 부상

전쟁의 영향을 받은 모든 국가들에 있어, 전쟁 종식 이후 정치적으로 가장 시급한 것 중 하나는 대내외적 정통성(legitimacy)을 공고히 하기 위해 가능한 한 빨리 선거를 실시하는 것이었다. 이들 선거는 새로운 사회 형태를 추구하고 있었던 전시 저항 조직 구성원들에게 더 많은 힘을 불어넣어 주었다.

이러한 경향은 1945년 영국 선거에 의해 드러났다. 선거 결과 의회에서 과반수 정당인 보수당은 노동당의 압도적인 승리로 하룻밤 사이에 권력을 잃었다. 유사 이래 처음으로 노동당이 확실한 과반수를 획득하여 단일 정당 정부를 구성할 수 있게 되었다. 영국의 양당정치가 보수당-자유당의 구도 대신 보수당-노동당의 구도로 바뀌게 된 계기였다.

영국의 1945년 선거 결과는 전쟁 직후에 치러진 가장 놀라운 선거 결과였다. 전쟁 지휘관이면서 보수당 지도자였던 처칠(Winston Churchill)은 영국에서 대중적인 인기를 향유하고 있었다. 수많은 유럽인들이 처칠과 동격으로 인식하였던 영국의 전시 정부는 1942년 비버리지 계획 혹은 영국 레지스탕스 헌장(Britain's Resistance charter)이라 불린 계획안에서 자국의 사회 재구축 계획을 논의하였다. 사실 비버리지 계획은 훗날 유럽대륙 레지스탕스 운동이 선언한 프로그램과 헌장의 기초가 되었다. 그리하여 처칠이 패배할 것이라고 생각하는 사람은 거의 없었다.[6)]

신생 노동당 정부의 정책노선은 복지국가의 건설, 즉 사회에 대한 정부개입과 복지정책이었다. 당시 영국사회에는 사회정의, 노동계급의 처우개선, 고통분담, 불로소득의 제거, 직업과 주택마련, 그리고 새로운 공황 유발 가능성의 제거 등을 기대하는 사회주의적인 욕구가 확대되고 있었다. 전쟁기간의 고통분담 경험을 통해 "사회적 평준화(social levelling)"가 상당히 이루어졌기 때문에 중산층

5) Hans J. Morgenthau, *Politics among Nations: The Struggle for Power and Peace* (New York: Alfred A. Knopf, 1949), p.285.

6) Derek W. Urwin, *Political History of Western Europe Since 1945*, 5th ed., p.9.

의 유권자들, 특히 젊은 층의 유권자들은 복지국가의 실현이라는 노동당의 정강을 지지하였다.[7] 영국에서 노동당이 승리한 경우와 유사하게, 좌파로 움직이는 경향은 대부분 다른 유럽 민주주의 국가에서도 나타났다.

프랑스가 제2차 세계대전의 승전국으로 인정받을 수 있었던 것은 독일과 게릴라전을 벌인 레지스탕스(Resistance)의 존재 때문이었다.[8] 승전국의 지위는 획득하였지만, 프랑스 국민들은 전쟁을 거치면서 탈진상태에 빠져 있었고, 영양실조 및 극심한 인플레이션 등 최악의 경제난에 시달리고 있었다. 사용 가능한 철도는 절반도 안 되었고, 공업생산은 전쟁 이전의 3분의 1 수준 정도였다. 해외무역은 사실상 중지된 상태였고, 특히 북부지역이 전쟁으로 심하게 파괴되었다. 이러한 빈곤과 혼란의 시기에 뛰어난 조직능력을 발휘한 공산당은 사회개혁의 청사진을 제시하며 그들이 국가부흥의 책임을 맡을 수 있다는 신뢰감을 제공하였다.

따라서 1945년 10월 실시된 프랑스의 첫 선거에서 공산당은 26%의 지지를 받아 가장 강력한 정당으로 부상하였다. 당시 사회당은 24.5%를 획득하였다. 사회주의자들은 공산당과 통합하여 단일 노동계급 정당 설립을 추진하였으나 블룸(Leon Blum)을 비롯한 당내 온건파의 반대로 통합은 이루어지지 않았다. 기독교민주당(Christian Popular Republican Movement)은 사회당보다 약간 많은 25.5%를 얻었다. 기민당은 1944년 11월 개인의 자유에 대한 보호를 내세우면서 출범하였고, 보수 세력들의 지지를 받았다.

1946년 5월에 작성된 프랑스 새 헌법의 초안은 하원의 권한을 강화하는 공산당과 사회당의 주장이 반영되었으며, 기민당도 결국 의회의 권력 집중에 동의하였다. 그 결과 대통령의 실질적 권한이 거의 없어지게 되자, 이에 불만을 품은 드골은 1947년 1월 대통령 직에서 사임하였다. 드골 사임 후 공산당, 사회당, 기

7) 이주영 · 김성형, 『현대유럽의 역사: 제2차 세계대전부터 현재까지』(서울: 삼지원, 2002), p.50.

8) 레지스탕스에는 두 종류가 있었다. 하나는 프랑스 국내에서 비시 정권과 나치독일에 대항해 투쟁한 사람들이었고, 다른 하나는 국외 독립운동세력으로서, 1940년에 국방부차관이었던 드골(Charles de Gaulle) 장군의 “자유 프랑스” 운동이 중심이 되었다. 이주영 · 김성형, 『현대유럽의 역사: 제2차 세계대전부터 현재까지』, pp.41-42.

민당은 사회당 중심으로 3당 연립정부를 구성하였다. 3당이 협조할 수 있었던 것은 사회보장제도의 확대에 대해 합의할 수 있었기 때문이었다. 결국 제4공화국은 중도 좌파적 또는 온건한 사회주의적인 성향을 띠게 되었다.

연립정부는 일부 산업을 국유화하여 노동조건의 개선과 더불어 나치 독일에 협력한 기업가들을 응징하려는 시도를 하였다. 석탄, 가스, 전력사업, 항공회사, 주요 은행, 보험회사 및 르노 자동차 회사의 국유화가 이루어졌으나, 운송 및 철강 분야의 개인 소유는 유지되었다. 연립정부는 초기에는 정책협력이 원활하게 이루어졌으나, 결국 공산당은 기민당 및 사회당과 대립하게 되었다. 전통적으로 프랑스의 주요 정치 · 사회적 과제였던 3C의 문제, 즉 헌법(constitution), 성직(clericalism), 계급(class)의 문제가 분열의 원인으로 나타났다.

비슷한 세력을 가진 세 개의 정당이 연합한 형태는 1946년 이탈리아에서도 나타났다. 그러나 1921년 이후 첫 번째 자유 선거에서 기민당은 두 경쟁정당인 마르크스주의 정당들을 쉽게 이겼다. 벨기에와 네덜란드에서도 이 세 정당들이 주요 선거에서 세력을 획득하였는데, 공산당은 처음으로 주요 정당의 대열에 합류하였다. 유사한 패턴이 스칸디나비아에서 나타났는데, 덴마크에서는 과거 독일 점령시 연합정부를 이끌었다는 비난을 받은 사민당의 지배적인 지위를 몰락시키며 공산당이 세력을 획득하였다. 노르웨이에서의 변화는 더 결정적이었다. 공산당이 많은 의석 수를 차지하였을 뿐만 아니라 노동당 역시 처음으로 압도적인 의회 과반수를 차지하였다. 중립국인 스웨덴에서도 이러한 일반적인 상황이 나타났다. 집권당인 사민당은 1944년 선거에서 득표가 줄어서 의석을 잃은 반면에, 공산당이 많은 의석을 차지하였으나 이것이 스웨덴 정치에서 사민당의 탁월한 능력에 해가 되는 것은 아니었다.[9)]

제2차 세계대전 전장의 연기가 밝게 개이면서, 레지스탕스의 정신이 크나큰 승리를 한 것처럼 보였다. 더불어 급진적인 사회 개혁 프로그램을 가진 좌파 정당들은 선거에 의한 위임을 받았다고 주장할 수 있게 되었다. 서유럽은 전쟁 이전 체제로의 복귀에 저항하였다. 공산당 및 사회당과 더불어, 새로운 혹은 부활한 가톨릭 사회 운동이 크게 부상하기 시작하였다. 기민당은 변화의 필요성을

9) Derek W. Urwin, *Political History of Western Europe Since 1945*, 5th ed., pp.9-10.

느끼는 많은 자유주의자들과 보수주의자들의 지지를 받았으나, 극단적인 마르크스주의자들의 변화를 따라가기는 어려웠다. 경기 침체와 실업이 한창이었던 전쟁 기간에 연합을 한 자유주의와 보수주의 정당들은 우파의 권위주의적인 성향 때문에 실패자가 되었다.

2) 미 · 소 대립의 시작: 전시(戰時)협력의 종식

냉전은 제2차 세계대전 이후 소련이 세계를 정복하려는 야심을 보이기 시작하였다는 인식을 미국인들이 가지면서 시작되었다. 당시 미국은 소련의 동유럽 공산화에 대하여는 별다른 저항감을 가지고 있지 않았으나 그 이외의 지역으로의 팽창을 우려하고 있었다.

중동부 유럽의 공산주의 체제형성을 서유럽의 방어적 측면에서 보면 소련 중심부와 공격 잠재력이 있는 세력권을 분리시키는 영토 지대를 형성하는 것이었다. 미국과 서유럽의 동맹국들이 인식하는 공격적 측면에서 보면 소련의 중 · 동유럽 점령은 공산주의를 서유럽까지 확대시키는 시도로 해석되었다. 역설적으로 말하면 제2차 세계대전 종식 이후 유럽의 평화가 장기적으로 지속될 수 있었던 이유 중의 하나는 동유럽으로부터의 위협이 존재하여 세력균형이 이루어졌기 때문이었다. 이러한 안정은 1950년부터 1975년까지 유럽의 경제 성장에 큰 기여를 하였다.

(1) 봉쇄정책과 트루먼 독트린

1946년 2월 스탈린(Joseph Stalin)은 "자본주의 진영과의 피할 수 없는 대결"이 예상되므로 제2차 세계대전이 끝났다고 해서 국가는 긴장을 풀 수 없다고 하면서, "조국을 강화하고 방어하기 위하여 배전의 노력"을 기울여야 한다는 연설을 하였다. 이에 대하여 영국의 처칠(Winston Churchill)은 1946년 미국 미주리주 풀톤에서의 연설에서 "철의 장막" 뒤에 있는 동유럽에서 소련이 공산독재체제를 구축하고 있다고 비난하는 등 국제사회를 향한 소련의 공산화 정책에 대해 강한 우려를 내비쳤다.

스탈린의 연설은 주소 미국대사관에 근무하던 케넌(George Kennan)이 본국

정부에게 소련의 팽창정책을 봉쇄하여야 한다는 권고를 하는 데 결정적인 역할을 하였다. 1946년 2월 케넌의 "긴 전문(long telegram)"은 제2차 세계대전 후 타협과 대화의 방법으로 소련과의 국제평화를 위한 협력을 추구하겠다는 미국의 이상주의를 비판하고, 국제정치에 있어서 현실주의를 바탕으로 한 정책추진을 제시하였다. 그는 소련의 전체주의와 팽창주의를 경고하면서 소련과의 대화 불가능성 등에 대한 신념을 바탕으로 미국이 힘을 집중시키는 봉쇄정책을 채택해야 한다고 건의하였다.[10] 결국 냉전 초기 소련은 동유럽 국가들의 위성화에 심혈을 기울였고, 미국은 유럽 전체의 공산화를 막기 위하여 봉쇄정책을 추진하였다. 이 기간 소련의 팽창정책과 미국의 봉쇄정책에 있어서 군사적인 방법에 더하여 정치 · 경제적 수단도 주요 도구로 사용되었다.

냉전의 첫 대립은 그리스와 터키의 공산화를 놓고 벌인 동서 진영의 갈등이었다. 중동지역에의 관문이라고 할 수 있는 양국이 공산화된다면 서방세력이 중동지역에서 힘의 우위를 유지하는 데 어려움을 겪을 것이 확실시되었고, 이에 따라 중동의 석유자원도 소련의 영향권하에 놓일 우려가 생겼다. 당시 그리스 경제는 거의 붕괴상태에 도달해 있었으며, 그리스 공산주의자들은 영국이 지원하는 보수정부에 대하여 게릴라 공격을 일삼고 있었다. 1944년 독일군이 퇴각하였을 때, 그리스의 대부분 지방은 공산주의자들에 의해 지배되어 있었다.

공산주의자들의 집권은 그렇게 간단하지 않았다. 영국은 카이로에 있는 국왕의 망명정부를 지지하였다. 그리고 1944년 10월에는 왕정복귀를 돕기 위해 영국군이 아테네에 진주하였다. 이에 저항하여 1944년 말 공산주의자들은 아테네에서 폭동을 일으켰다. 공산주의자들은 유고슬라비아, 알바니아, 불가리아 공산정부의 지원을 받으며 반정부 게릴라전을 벌임으로써 그리스 내전이 시작되었다. 1946년 내전이 발생하자 약화된 그리스 정부는 영국의 지원을 요청하였다.

실제로 영국의 군사 지원 없이 그리스 정부가 버티기 어려울 것이라는 사실이 곧 드러났다. 그러나 서유럽에서 그나마 세력을 유지하고 있던 영국도 이미 탈진된 상태였다. 1947년 2월 영국정부는 미국의 트루먼(Harry S. Truman) 행정

10) George F. Kennan, *American Diplomacy 1900-1950* (Chicago: University of Chicago Press, 1951), pp.111-118.

부에 전문을 보내 영국은 더 이상 그리스를 공산세력으로부터 지켜낼 경제 · 군사적 능력을 보유하고 있지 않다고 통보하였다.[11] 결국 미국의 트루먼 대통령은 그리스에 대한 책임을 받아들이게 되었다. 트루먼의 결정은 미국이 외교정책을 재평가하기 시작하였다는 점을 상징하였다.

그리스와 터키의 공산화를 좌시할 수 없었던 미국은 공산주의의 팽창을 봉쇄하기 위한 트루먼 독트린을 1947년 3월 발표하였다. "만약 그리스가 무장한 소수에 의하여 지배된다면, 이웃국가인 터키에 대한 영향은 즉각적이고 심각할 것이다. 혼란과 무질서는 중동 전체에 확산될 것이다." 트루먼은 "무장한 소수세력 또는 외부의 압력에 의하여 시도되는 전복(subjugation)에 대항하는 자유국가를 지원하는 것이 미국의 정책이어야 한다"고 단호한 입장을 표명하였다.[12] 미국은 첫 번째 안전보장조치로서 그리스와 터키에 군을 파견하였다. 그리스 정부 군대를 현대화하기 위하여 군장비를 지원하는 동시에 조사 자문단을 파견하여 게릴라에 대한 조직적인 작전을 수행하도록 하였다.

그리스에서 친공산 성향을 가진 소수 무장세력의 반란이 있었던 것은 사실이지만, 이를 스탈린이 사주한 것인지에 대해서는 이견이 있다. 1944년 10월 스탈린은 제2차 세계대전이 끝난 뒤 그리스는 영국의 영향권에 포함될 것이라고 약속하였고, 처칠도 뒤에 스탈린이 이를 지켰다고 하였다. 그러나 트루먼은 마르크스주의의 이름으로 시작되는 모든 혁명은 반드시 모스크바에 의하여 사주되는 것이라고 믿었다. 이러한 인식하에 추진된 트루먼 독트린의 첫 적용은 성공적인 결실을 맺게 되었다. 미국의 군사 및 경제지원으로 그리스의 정세는 즉각적으로 역전되었는데, 미국은 군대를 직접 파견하지 않고도 목적을 달성하는 효과를 거둘 수 있었다.

(2) 마셜계획: 서유럽 공산주의의 경제적 봉쇄

트루먼 독트린은 군사적 지원에 대한 서약이었고, 미국의 유럽 대륙에 대한

11) Wayne C. McWilliams and Harry Piotrowski, *The World since 1945: A History of International Relations,* 3rd ed. (Boulder: Lynne Rienner Publishers, 1993), p.40.

12) Cecil V. Crabb Jr., The *Doctrines of American Foreign Policy: Their Meaning, Role, and Future* (Baton Rouge and London: Louisiana State University Press, 1982), pp.107-152.

정치 관계의 상징이었다. 그러나 그러한 관계는 유럽 민주주의가 국내 불만과 공산주의를 지원하는 잠재적인 근원을 감소시킬 수 있고, 자국 스스로 방어할 군사력을 확보할 수 있는 건전한 경제 기틀이 마련된다면 좀 더 확실한 성공을 할 수 있는 것이었다. 이를 위하여 트루먼 독트린이 발표된 3개월 뒤 미국은 마셜계획(Marshall Plan)이라는 이름으로 유럽을 보호하기 위한 새로운 조치를 강구하였다. 마셜계획은 전쟁으로 황폐화된 유럽의 경제를 복구함은 물론 서유럽 국가들의 경제혼란을 틈타 공산세력이 선거에서 승리하는 것을 막기 위하여 서유럽이 경제회복을 하도록 경제지원을 하는 것이었다.

두 차례에 걸친 세계대전은 유럽을 황폐화시켰다. 유럽의 극소수 지역만이 피해를 입지 않은 상태였고, 어느 지역이든지 처참한 모습만 남게 되었다. 경제 분야의 결과는 상당히 가시적이었다. 유럽 대륙에서 1945년과 1946년의 산업생산이 1938년 수치의 3분의 1 수준으로 하락하였다. 1946년 유럽의 철강생산은 1939년 수준의 절반밖에 되지 않았다. 도시는 심각하게 황폐화하였고, 유럽의 수많은 큰 도시 중심부에서 심각한 주택 부족 현상이 나타났다.

미국의 유럽에 대한 원조의 방법은 새로이 구성된 유엔, 유엔구제부흥기구(UNRRA: United Nations Relief and Recovery Agency)와 같은 기관을 통해 제공되었고, 미국이 특정국가에 직접 지원하는 경우도 있었다. UN의 창설을 예상하면서 UNRRA는 예상된 의식주 부족을 타파하기 위해 1943년에 창설되었으며, 유럽의 자유화 이후 공급 물품을 지원하고, 생활 터전을 잃은 개인을 찾아 정착시키는 데 큰 기여를 하였다. 총체적으로 UNRRA는 미국으로부터 온 2,500만 톤이라는 엄청난 규모의 공급품들을 처리하였다. 그러나 여전히 외국 자산을 소유하고 있는 국가(대부분 서유럽을 의미)는 이러한 프로그램에서 제외되어야 한다고 미국 의회가 주장한 이후부터 UNRRA는 중동부 유럽을 주로 지원하였다.

이러한 상황에서 미국으로부터 대규모의 원조가 제공될 것이 예상되었다. 특히 전쟁 기간 동안 자국의 경제를 엄청나게 팽창시켰던 미국은 결국 자국의 생산품들을 판매할 시장을 확보하기 위하여 서유럽에 대한 원조를 시작해야만 했다. 더욱이 1947년까지 미국은 악화되고 있는 정치 상황과 자국의 전략적 이익에 대한 우려를 하고 있었다. 미국과 소련 간의 적대감과 경쟁은 급속도로 격렬해졌고, 서유럽은 공산주의 확장의 뚜렷한 대상인 듯했다.[13)]

1947년 6월 마셜(George Marshall) 국무장관은 그의 이름을 딴 원조 정책을 구상하였다. 이 원조는 미국의 외교적 목적이 있었음에도 불구하고 인도적 언어로 표현되었다. 즉 마셜 원조는 모든 국가에게 지원되고, "국가나 이념(doctrine)에 대항하는 것이 아니라 기아, 굶주림, 절망, 혼란 등에 대항하여 직접적으로 지원하는 것"이었다. 체코슬로바키아 및 폴란드와 같은 동유럽 국가들도 기본적으로 미국의 이러한 원조의 대상이 되었지만, 소비에트 영향하에 있는 동유럽 대부분 국가들은 그러한 원조를 거부하였다.

미국이 마셜계획을 동유럽과 소련까지 확대하려고 하자, 초기에 동유럽 국가들과 소련은 환영하는 태도를 보였다. 그러나 자금을 지원하는 측이 자금사용을 통제하여야 한다고 미국이 제시한 조건은 미국관리의 소련 및 동유럽에의 주둔을 의미하며 이는 주권침해이므로 받아들일 수 없다고 하며 소련이 거부하였다.[14] 소련의 압력으로 다른 동유럽 국가들도 마셜계획을 거부하였다. 또한 소련은 쌍무적(bilateral) 방식에 의한 경제원조협정을 원하였으나, 미국은 효과의 극대화를 위하여 집단적(collective) 방식에 의한 지원을 원하였다.

대체로 서유럽 국가들은 마셜계획을 환영함으로써, 마셜계획 혹은 공식적인 이름인 유럽부흥계획(European Recovery Programme)은 서유럽에 국한되어 추진되었다. 미국이 부가한 유일한 형식상 조건은 수혜 국가가 최대 효과를 성취할 수 있게 자국의 경제행위를 원조계획에 조화시켜야 한다는 것이었다. 마셜계획의 목표에 가장 적합하게 자금이 운용되는 행정을 위하여 유럽경제협력기구(Organization for European Economic Cooperation: OEEC)가 설립되었다.

마셜 계획의 도입과 이행은, 비록 프로그램 자체에는 어떠한 혁신적인 내용을 포함하고 있지 않았지만, 결과적으로 서유럽과 국제경제를 좀 더 효율적으로 기능할 수 있도록 하는 촉진제였다. 1947년까지 미국은 이미 유럽에 150억 달러 이상을 기부하였다. 마셜계획하에 1948년과 1952년 사이에 130억 달러가 지원되었는데, 그중 영국에 32억 달러, 프랑스에 27억 달러, 14억 달러가 서독에 배당되었다.[15]

13) Derek W. Urwin, *Political History of Western Europe Since 1945*, 5th ed., pp.31-33.

14) Desmond Dinan, *Europe Recast: A History of European Union* (London: Lynne Rienner Publishers, 2004), p.21.

마셜계획은 유럽에 대한 소련의 영향력을 봉쇄하는 효과적인 정치적 무기가 되었으며, 이 계획이 시작된 후 서유럽의 공산세력은 거의 무력하게 되었다. 프랑스, 이탈리아 등 서유럽에 대한 소련의 영향력은 이 국가들 내의 공산당을 통하여 행사되었는데, 서유럽의 공산당들은 초기에 왕성한 활동을 보이다가 1947년 마셜계획의 실시 이후 쇠퇴하였다. 미국은 이 계획으로 유럽을 부흥시켜 자생력을 갖게 하는 동시에, 미국의 유럽에 대한 개입을 유지할 수 있는 발판을 마련하였다.

(3) 군사적 대립의 격화: NATO와 WTO

1940년대 후반 서방국가들은 소련이 서유럽에 대한 공격을 준비하고 있다는 우려를 하고 있었다. 소련의 팽창적인 이미지는 다음과 같은 세 가지 경험에서 도출된 것이었다. 첫째, 소련군은 제2차 세계대전시 유럽 중부까지 진격을 하였다. 둘째, 소련의 이러한 진격은 효율적인 전쟁수행을 위한 것도 있었지만, 전세계적으로 사회주의가 승리하고 있다는 선전을 충족시키기 위한 목적도 있었다. 셋째, 소련과 서방의 견해차이는 급속도로 군사대립의 성격을 가지기 시작하였고, 최악의 상태로 치닫고 있었다. 이러한 인식을 바탕으로 하여 서방진영은 서유럽의 보다 더 확고한 안보를 위하여 미국을 중심으로 한 군사동맹을 추진하였다.

1949년 4월 미국의 주도로 서유럽과 북미의 집단안보를 목적으로 결성된 나토와 같은 군사동맹의 존재는 1945년 이후 새로운 서유럽 역사의 등장을 의미하였는데, 이는 미국의 안보 우산에 서유럽이 전적으로 의존하였다는 것을 의미하였다. 이는 미국 외교정책의 중요한 변화도 가져왔다. 1945년에 미국은 19세기에 걸쳐 자국 외교정책의 특징이었으며, 1920년 1월 20일 의회가 국제연맹의 참여를 거부하였던 고립주의(isolationism)로 다시 돌아가려는 조짐을 보였다. 실제로 1945년 2월 얄타 회담에서 루즈벨트 대통령은 2년 이내에 모든 미군을 유럽에서 철수시키겠다는 의지를 표명한 적이 있다. 그러나 제2차 세계대전 이후 미국은 서유럽 방위에 적극적으로 개입하였다.

15) 프레데리크 들루슈 편, 윤승준 역, 『새 유럽의 역사』(서울: 까치, 1995), p.392.

북대서양 조약기구(NATO: North Atlantic Treaty Organization)

1949년에 창설된 나토는 서방 세계를 방어하는 가장 중요한 국제군사기구로 전시를 대비하여 통합된 군사명령 체제를 수립하였다. 1948년 영국, 프랑스, 네덜란드, 벨기에와 룩셈부르크는 브뤼셀 조약기구(Brussels Treaty Organization)를 창설하였는데, 이는 독일의 재침략 가능성과 소련으로부터의 새로운 위협에 대항한 상호방위기구였다. 이 국가들은 다음해 미국, 캐나다, 이탈리아, 포르투갈, 덴마크, 아이슬란드, 노르웨이와 함께 북대서양조약을 체결하였다. 1951년 터키와 그리스, 1955년 서독, 1982년 스페인이 가입하였다. 1964년 드골은 프랑스의 미국에 대한 안보적 의존을 줄이기 위하여 나토의 통합군사체계로부터 탈퇴하면서, 나토 본부를 프랑스 이외의 지역으로 이전하도록 요구하였다. 미국이 많은 부분에서 비용을 부담하고 있기 때문에 나토는 미군 사령관의 지휘를 받고 있다. 이에 반대되는 동유럽의 군사조직으로 바르샤바 조약기구(WTO)가 창설되었다. 1991년 WTO가 해체되고 소련이 더 이상 위협이 되지 않자 나토는 보다 경량화되고 축소되면서 신속 대응군을 창설하여 역할을 조정하였다. 나토는 냉전 종식 이후 걸프전에 개입하였고 보스니아에서 평화유지 역할을 하였다. 프랑스는 1995년 공식적 연계를 재설정하였다. 냉전 종식 이후 중동부 유럽국가들인 불가리아, 체코, 에스토니아, 헝가리, 라트비아, 리투아니아, 폴란드, 루마니아, 슬로바키아, 슬로베니아 등 10개국이 가입하여 회원국은 26개국이 되었다.

나토 조약은 1948년 3월 영국, 프랑스, 베네룩스 3국 등 5개국이 체결한 브뤼셀 상호방위조약이 모태가 되었다. 1949년 4월 브뤼셀 조약의 5개국과 미국, 캐나다, 덴마크, 아이슬란드, 이탈리아, 포르투갈, 노르웨이 등 12개국이 북대서양 조약을 체결하였다. 이 조약의 핵심 조항인 제5조에 의하면, 미국과 서유럽 국가들은 "유럽과 북아메리카의 [서명국들 중] 하나 또는 이상의 국가에 대한 공격은 [서명국 모두]에 대한 공격으로 간주될 것"이라는 선언을 하였다.[16] 서유럽 국가들의 입장에서 소련 재래식 무기의 우위를 상쇄할 수 있는 방법은, 소련에 대하여 우위의 핵전력을 보유하고 있던 미국을 유럽의 안정과 안전을 보장하도록 유도하는 것이었다.

1949년 나토가 결성되고 서방권에 의한 역공세가 강화되기 시작되자, 소련도

16) Robert E. Osgood, *NATO: The Entangling Alliance* (Chicago: University of Chicago Press, 1962), Chapter 2.

서방진영의 공세에 맞대응할 수 있는 조치들을 강구하기 시작하였다. 마셜계획의 대응으로 1949년 소련의 몰로토프(Viacheslav Molotov) 외상은 코메콘(COMECON: Council of Mutual Economic Aid, 상호경제원조위원회)의 창설을 주도하여 폴란드, 헝가리, 루마니아, 체코슬로바키아 등 동유럽 경제의 소련과의 결속을 추진하였다.

경제기구인 상호경제원조위원회가 동유럽 국가들 간의 경제 협력과 원조를 담당하였다. 공산국가들은 대체로 구상 무역을 하였는데, 예를 들어 소련은 석유를 제공하는 대신 동유럽은 소비재를 도입하였다. 반면 서유럽 국가들은 국제통화기금(IMF: International Monetary Fund)을 설립하여 화폐 유통을 안정시켰다. 국제부흥개발은행(IBRD: International Bank for Reconstruction and Development)에서 공장 또는 도로 건설과 같은 대규모 자본 프로젝트 재원을 마련하며, 관세 및 무역에 관한 일반 협정(GATT: General Agreement on Trade and Tariffs)을 통해 재화나 서비스 수입 관세의 상호 축소를 하는 등 서유럽의 경제를 강화시키는 기구를 설립하여 상호 경제원조 및 협력을 하였다.

동유럽 공산국가들과의 경제협력을 위한 기구를 설립한 데 이어 소련은 서방측의 나토에 대한 대응으로 1955년 바르샤바 조약기구(WTO: Warsaw Treaty

바르샤바 조약기구(WTO: Warsaw Treaty Organization)

1955년 중 · 동유럽의 소련위성국들과 소련이 나토에 대항하여 조인한 바르샤바 조약(Warsaw Pact)에 의해 설립되었다. 이 조약에 의하여 대규모의 소련군이 중 · 동유럽 회원국 영토에 주둔할 수 있게 되었다. 이 기구 창설의 유일한 이유는 아니지만 서독이 나토에 가입한 것이 이 기구 창설의 주요 이유 중의 하나였다. 창설 회원국은 소련, 루마니아, 폴란드, 헝가리, 체코슬로바키아, 불가리아, 알바니아 등이었다. 동독은 1956년에 가입하였다. 알바니아는 1961년부터 참여를 유보하다가 1968년에 공식적으로 탈퇴를 하였고 1956년 헝가리, 1968년에 체코슬로바키아가 탈퇴를 시도하였으나 소련의 개입으로 실패하였다. 소련이 이 기구를 지배하였고 대개의 군사 능력을 제공하였다. 소련은 미국이 나토를 지배한 것보다 더 강력하게 WTO를 장악했다. 소련만이 WTO에서 핵무기를 가진 유일한 국가였고 최고 성능의 무기를 최대규모로 제공했다. WTO는 공식적으로 소련이 붕괴되어 냉전이 종식한 1991년 해체되었다. 군사조직은 1991년 3월 31일 공식적으로 해체되었다.

Organization)를 결성하였다. 이 기구에는 소련, 알바니아, 불가리아, 체코슬로바키아, 동독, 헝가리, 폴란드, 루마니아가 참여하였다.

2. 유럽의 분열

유럽에서 제2차 세계대전의 결과는 유럽의 분할로 나타났다. 전쟁기간 사실상 독일을 패전시킨 승리의 주역은 소련이었고, 이에 대한 보상으로 소련은 중동부 유럽국가들을 위성국으로 공산화시키는 데 성공하였다. 유럽에서의 전쟁에 비교적 늦게 참여한 미국 중심의 자본주의 진영은 서유럽을 비공산화 지역으로 확보하는 데 성공하였다. 1940년대 후반부터 시작된 유럽에서의 냉전은 이러한 세력권 분할을 유지하기 위하여, 즉 상대진영의 팽창을 봉쇄하기 위한 적극적 정책이 대결하여 나타난 것이라 할 수 있다. 패전국인 독일은 이러한 세력분할의 중심지역이 되어 결국 분단국가가 되었다.

이 절에서는 패전국인 독일을 4분할 점령하였던 4대 전승국이 어떠한 과정을 거쳐 독일을 분단시켰는지를 고찰하고, 보다 광역의 개념으로서 유럽이 분열되는 과정을 동유럽 주요국들의 공산화 과정을 중심으로 분석할 것이다.

1) 독일의 분단

1921년 레닌은 "베를린을 장악하는 사람은 독일을 장악한다. 독일을 장악하면 유럽을 장악한다(Whoever holds Berlin, holds Germany. Whoever holds Germany, holds Europe)"라는 언급을 한 적이 있다.[17] 그 정도로 독일은 역사적 · 지리적 · 정치적으로 유럽에서 중요한 국가로 인식되었다. 따라서 제2차 세계대전이 끝난 후 승전국들은 독일 처리에 많은 관심을 기울였고, 그 결과는 독일을 분할 점령하는 것이었다.

미국, 영국, 프랑스, 소련 등 4대 전승국의 분할점령을 받은 지역들은 점령 초

17) John Mander, *Berlin: Bostage for the West* (London: Penguin, 1952).

기에 4개의 독자적인 정치적 단위로 존속할 수밖에 없었으며, 각 점령지역에 시행되는 정책도 점령국의 가치관에 따라 차이가 있었다. 소련의 점령을 받았던 동부지역에는 공산화가 이루어졌으며, 미국의 점령지에서는 자본주의 체제가 강화되었고, 노동당 정부가 통치하던 영국의 점령지에서는 사회민주주의 체제가 장려되었다. 배상금 문제에 있어서도 양 진영의 시각차이가 뚜렷하였다. 전쟁으로 경제가 붕괴 직전에 놓인 소련은 독일로부터 막대한 배상금을 받아 전후 복구에 사용하려고 하였다. 그러나 미국과 영국은 과다한 배상금 부과는 독일경제를 불구로 만들게 되고, 그렇게 되면 미국과 영국이 독일에 대하여 막대한 재정지원을 해야 할 것이기 때문에 독일에 대하여 배상금을 부과하는 것을 반대하였다. 그들은 유럽경제 전체가 위태롭게 되어 공산혁명에 유리한 사회적 분위기가 조성될지도 모른다고 우려하였다.

(1) 소련의 베를린 봉쇄 작전

제2차 세계대전이 끝나면서 철의 장막이 독일 한가운데를 통과하였다. 독일의 분단은 전시 협력의 종식을 의미하는 것이었다. 그리고 독일 내에서 전시 협력의 붕괴에 대한 가장 극적인 예가 소련의 베를린 봉쇄, 그리고 이에 이은 동맹국들의 물자 공수였다. 베를린은 소련 공격에 직면하여 서방측이 단호하게 추진한 봉쇄정책의 상징이 되었다. 베를린 봉쇄는 1945년 미국, 영국, 소련이 유럽의 미래에 대하여 합의한 얄타와 포츠담 체제의 붕괴를 의미하였고, 동서 진영의 처절한 대립을 예고하는 것이었다.[18)]

1947년 3월 개최된 모스크바 외상회의에서 독일에 대한 점령국들의 견해 차이가 본격적으로 드러나기 시작하였다. 프랑스는 중앙집권적인 독일이 아니라 12개 주를 통합하는 연방구조를 원했다. 그러나 소련은 강력한 중앙집권국가를 원했으며 루르 지방의 국제관리를 요구했다. 영국과 미국은 외무, 경제를 관장하는 강력한 연방제를 지지했다. 1947년 11월 개최된 런던회담에서도 결론을 내리지 못하였다.[19)]

18) Desmond Dinan, *Europe Recast: A History of European* Union (London: Lynne Rienner Publishers, 2004), p.19.
19) 프레데리크 들루슈 편, 윤승준 역, 『새 유럽의 역사』(서울: 까치, 1995), p.385.

1948년 3월까지 서방 3개국이 점령했던 지역의 경제는 이 지역에 새로운 단일 통화를 도입할 수 있을 정도로 회복되었다. 서방 3국은 1948년 6월 런던에서 개최된 회담에서 그들의 점령지역을 통합하고 새로운 공통화폐인 도이치 마르크(Deutsche Mark)를 만들기로 결정하였다. 서방측의 이러한 움직임에 대하여 소련은 단일통화 도입은 논리적 타당성이 없고 일방적인 결정이라고 주장하였고, 서독과 서베를린 사이의 육로 연결을 단절함으로써 맞대응하였다. 그들은 베를린에서 통용되는 유일한 통화는 그들이 발행한 것이어야 한다고 생각하였다.[20)]

1948년 6월 시작된 베를린 봉쇄는 부분적으로는 서독을 독립 국가로 탄생시키려는 서방의 결정에 대한 소련의 반응이었고, 한편으로는 소련 점령 지역의 중심에 위치한 서방의 요새를 제거하려던 의지의 표현이기도 하였다. 비록 가까운 미래에 독일의 군사 능력으로 소련을 다시 한번 몰락시킬 수 있는 것이 불가능해 보였지만, 소련의 독일에 대한 두려움도 베를린 봉쇄 결정의 동기가 되었다. 통일된 강력한 독일이 미국 중심으로 모인 동맹국에게 힘을 불어넣어 줄 것이라는 두려움이 컸고, 이는 소련으로 통하는 주요 길목을 감시하는 통로를 미국에게 제공하는 결과가 될 것이라고 우려하였다. 베를린은 양측의 힘을 실험하는 데 선택된 전쟁터였고, 미국이 다른 전쟁에 개입하게 되는 위험을 감수하더라도 유럽에서 군사력을 유지하기로 결정할지를 테스트하는 무대이기도 하였다. 만약 미국이 별다른 조치를 취하지 않는다면, 소련은 독일을 세력권에 편입시키고, 유럽에 대한 영향력을 증대시키는 기회를 포착할 수 있을 것으로 예상되었다.

전술적으로 서방측은 불리한 위치에 있었다. 탱크를 동원하여 소련의 봉쇄를 무력화하는 것은 어렵고 위험한 방법이었다. 1948년 2월 서방 동맹국들은 베를린에 단지 6,500명의 전투병을 보유하고 있었는데, 이에 비하여 소련군은 베를린에 1만 8,000명, 동독에 30만 명이 주둔하고 있었다. 서방측의 군사 개입은 초전에 실패할 가능성이 높았다. 서방측은 원자탄을 사용하지 않고서는 소련과의 전쟁에서 승리할 가능성이 별로 없었으며, 원자탄 보유량도 결정적으로 승리할

20) John and Ann Tusa, *Diplomat Among the Warriors* (London: Collins, 1964), p.140.

수 있을 만큼 충분하지 않았다. 소련은 재반격하기에 충분한 지상군을 보유하고 있었으며, 베를린에의 개입을 서독에 대한 전면전으로 전환시킬 수 있는 능력을 보유하고 있었다.[21)]

그러나 1948년 여름 유럽에서 냉전이 격화되지 않은 것은 1938년 9월 프랑스와 영국이 체코슬로바키아 영토의 3분의 1을 히틀러에게 이양하였던 뮌헨 회의에서의 양보처럼 미국과 동맹국이 양보할 의사를 가지고 있었기 때문은 아니었다. 어느 측도 선제 공격을 시도할 준비가 되어 있지 않았고, 서방 동맹국들이 서베를린에 공중 지원할 수 있을 만큼 기술적으로 우월했기 때문이었다. 1948년 6월 24일과 1949년 5월 12일 사이에 영국공군의 지원을 받아 미공군은 서방 3국이 점령한 베를린 지역에 군인들을 위한 음식, 옷, 군수품을 공수하였을 뿐만 아니라, 서베를린 시민들을 위한 생필품도 공수하였다.

다른 동맹국들도 공수에 참여했지만, 서베를린이 도시로서 기능하는 데 필요한 지원을 할 비행기와 물자의 대부분은 미국이 제공하였다. 거의 1년 동안 공수는 확대되었다. 비록 비용이 엄청났지만, 매 2분마다 한 대의 비율로 도착하는 비행기들은 충분한 식량과 원료, 연료를 공급하였다. 미국과 영국 공군이 20만 대의 비행기를 파견하여 232만 5,808톤의 물자를 공수하였으나, 베를린 주변의 소련 점령 지역 내 거주민들은 이러한 원조를 받을 수 없었다.[22)] 소련은 협정에 의하여 인정된 공중 회랑(air corridors)을 이용하여 이동하는 미국과 영국의 비행기를 요격할 수 없었다. 이는 서방 진영과 소련 양측 다 열전(hot war)을 원하지 않았고, 또한 전쟁에 대하여 두려움을 가지고 있었기 때문이었다.

미국의 공수작전은 서유럽에 엄청난 심리적 후원을 제공하였다. 소련의 봉쇄에도 불구하고 서방측이 베를린으로부터 철수할 가능성은 전혀 보이지 않게 되었다. 미국의 공군과 가공할 만한 핵무기 때문에 지상군의 우위를 활용할 수 없게 된 소련은 패배를 인정하였다. 1949년 5월 12일 소련이 결국 베를린 봉쇄를 포기함으로써 이는 냉전 시대에 있어 서방측의 첫 승리가 되었고, 많은 점에서 중요한 의미를 가졌다. 서방측은 냉전을 맞이하여 적을 격퇴하겠다는 정치적 의

21) Philip Thody, *Europe since 1945* (London and New York: Routledge, 2000), p.27.
22) Derek W. Urwin, *Political History of Western Europe Since 1945*, 5th ed., p.57.

지뿐만 아니라 능력도 보유하고 있다는 점을 확인시켜 줬다.

(2) 동서독 분단체제의 수립

1949년 5월 23일 베를린 봉쇄가 종식되기 6일 전, 서방 3개국의 지배를 받고 있던 지역은 공식적으로 독일연방공화국(FRG: Federal Republic of Germany)으로 합병되었고 10월 7일 러시아 점령지였던 동독지역에는 독일민주공화국(German Democratic Republic)이 설립되었다. 서독은 자본주의, 동독은 사회주의를 채택하면서 동 · 서독은 전적으로 상이한 이데올로기와 정치 원리를 바탕으로 각기 다른 국가를 구성하였다. 이렇게 시작된 독일의 분단은 냉전의 상징이 되었다.

서독은 의원내각제를 채택하였다. 행정수반인 총리(Chancellor)는 하원에서 다수결로 선출되었으며, 총리의 권한은 바이마르 공화국 시절보다 훨씬 더 강해졌다. 예를 들어, 만일 하원이 총리를 퇴진시키려고 불신임 결의를 할 경우에는 그를 대신할 인물을 동시에 제시하여야 하는 "건설적 불신임 투표 제도(constructive vote of no confidence system)"를 채택하였다. 그리고 총리가 하원에서 불신임을 당하게 되면, 그는 조기(早期) 선거를 요구할 수 있게 하였다. 5년 임기로 하원과 상원(주 의회 대표들)에 의해 선출되는 대통령은 국가원수이지만 상징적이고 의례적인 기능만을 담당하였다.

서독의 헌법이라 할 수 있는 기본법은 자유민주주의 체제를 수호하기 위한 보장책으로 헌법재판소(Constitutional Court)를 설치하였다. 이는 정부의 행동이 기본법의 정신과 합치된 것인가를 판정하는 기구였다. 또한 헌법재판소는 반민주적인 정당의 존속을 금지시킬 수 있는 권한도 가졌다. 이 권한은 전쟁 직후에는 나치당의 부활을 막기 위한 것이었으나, 분단의 고착화 이후에는 공산당의 출현을 막는 데 사용되었다.

1950년대 중반 양 독일은 각기 다른 군사동맹에 가담하였다. 1955년 5월 9일 서독은 나토 회원국으로 가입하였고, 동독은 1955년 5월 14일 바르샤바 조약기구의 창립 회원국이 되었다. 서방진영에서 서독의 재무장에 대하여 심각한 논쟁이 있었다. 냉전이 심화될수록 미국은 세계 도처에 개입해야만 했다. 미국의 자원은 풍부했지만, 보다 많은 지역에 배분해야 했기 때문에 심층적인 배분이 어려웠다. 미국은 유럽에서 소련과 군사적 충돌이 발생하면 나토를 통해 확보된 대서양 동맹의 세력만 가지고는 불충분하다는 결론을 내렸다. 미국만이 그러한 불충분한 점에 대한 부담을 질 필요가 없다고 생각하면서, 미국은 나토의 유럽 회원국들이 나토를 강화할 의사가 없거나 능력이 부족하면 서독을 재무장시켜 보완하는 수밖에 없다는 결론을 내렸다. 미국은 서독이 자체 군사력을 가지고 서유럽 방위동맹에 참여해야 한다는 입장을 고수하였다.

서독의 이웃나라들은 히틀러의 군대를 패배시킨 이후 단지 몇 년밖에 지나지 않았기 때문에 독일 군사력에 관하여 여전히 경계심을 가지고 있었다. 그러나 미국이 서독을 재무장하려는 의지를 포기하지 않을 것 같았고, 서유럽은 미국에 깊이 의존하지 않을 수 없는 상황이었다. 미국의 경제와 군사부문의 유럽으로부터의 철수는 유럽을 매우 공격받기 쉬운 곳으로 남길 것으로 인식되었다. 유럽인들은 미국의 제안을 반대하기보다는 미국을 만족시키는 동시에, 되살아날 가능성이 있는 독일 군국주의에 대한 공포를 완화시키는 타협안을 찾는 데 주력하였다.

(3) 베를린 장벽의 건설

1958년 11월 27일 소련은 베를린 문제와 관련하여 프랑스, 영국, 미국에 서신을 보내 냉전시기 첫 번째 최후통첩을 하였다. 그 서신은 1962년 10월 미국이 흐루시초프가 쿠바에 비밀리에 배치하려 했던 핵미사일을 제거하도록 요구한 것 이외에 냉전기간에 있었던 유일한 최후통첩 문서였다.[23)]

소련의 서신은 서유럽 강대국들이 동독과 평화조약을 체결하고, 서베를린이 더 이상 서방의 통제를 받지 않는 "자유도시(free city)"로 전환하는 것을 수용하는 데 6개월의 기한을 주었다. 이 서신은 만약 프랑스, 영국, 미국이 소련이 제시한 그날까지 새로운 협정에 동의하지 않는다면, 소련은 동독과 별도의 평화 조약에 서명할 것이라고 통보하였다. 이는 서베를린에 군대를 주둔시킬 수 있는 서방측의 권한과 베를린으로 접근하는 3개의 육상과 공중 통로를 보장해야 하는 소련의 의무를 종식시키겠다는 것을 의미했다. 그 서신은 서방측이 새로운

23) Philip Thody, *Europe since 1945* (London and New York: Routledge, 2000), p.32.

통로를 확보하려면 1955년 9월 소련이 주권국으로 인정한 동독과 새로운 협상을 해야 한다고 선언하였다.

그 서신은 또한 소련이 여전히 동독에 대하여 조약 의무를 가지고 있고, 동독 영토에 군대를 파견할 권리를 보유하고 있다고 덧붙였다. 1959년 5월 28일 이후 서방은 서베를린에 군을 파견하려 하였으나 소련의 군사력에 의해 제지당하였다. 이것은 흐루시초프가 버릇처럼 서방 세계에 얘기하듯이, 소련이 자신들이 선택한 지역 어디에나 핵탄두를 발사할 수 있는 로켓을 가진 상황에서 미국, 영국, 프랑스가 소련과 전쟁을 하는 것은 현명치 못하다는 점을 확신시켜 주는 것이었다.

서방 열강에 대한 최후통첩은 또한 소련이 중동부 유럽에서 발생한 사건으로 정치적 부담을 느끼고 있을 때 보내진 것이었다. 흐루시초프의 최후통첩이 있기 2년여 전인 1956년 11월 4일, 소련 군대는 바르샤바 조약기구를 탈퇴하여 자체 사회주의를 발전시키려는 헝가리를 저지하기 위해 개입하였다.

서방측의 대응은 단호하였다. 미국, 영국, 프랑스는 베를린 위기 내내 확고부동한 결의와 기지로 대처하였다. 베를린은 세계 전쟁을 모험할 만한 가치가 없는 곳이라는 *The New Statesman*지와 같은 좌파적 시각이나, 침략자인 히틀러 제국의 구수도인 베를린의 주민들을 보호하는 데 영국인들의 희생이 있어서는 안 된다는 *The Daily Express*지와 같은 우파의 시각에도 불구하고, 서방국들은

흐루시초프(Nikita Khrushchev: 1984-1971)

우크라이나 국경지대에 가까운 남부 러시아에서 태어난 흐루시초프는 광산의 정비공으로 일했으며, 1918년 공산당에 가입했다. 1929년에 모스크바로 이주한 이후 당에서 주요 인물로 부각되었고, 제2차 세계대전시 붉은 군대의 정치 장교로서 복무한 후 우크라이나 정부와 당의 지도자가 되었다. 1949년 모스크바로 돌아와 1953년 스탈린 사후 공산당 제1 서기장이 되었으며, 1958년 당과 정부의 수반이 되었다. 1956년 제20회 공산당 회의에서 스탈린을 격하하면서 "탈스탈린화" 과정을 시작하였다. 그는 농업 개혁을 시도하였고, 과학기술의 발전을 촉진하였다. 그의 쿠바 미사일 배치는 1962년 쿠바 미사일 사건이라고 알려진 미국과의 충돌을 야기하였다. 그는 1964년에 공직에서 물러나게 되었으며 1971년 사망할 때까지 사실상 자택 감금하에서 살았다.

소련의 위협에 굴복하지 않았고, 서베를린 주민들은 그들이 원하지 않는 체제에 양도되지도 않았다. 어떠한 전쟁도 발생하지 않았고, 서방 군대는 독일이 통일되기 전까지 베를린에 주둔하였다.

1949년 10월 이후 동독은 국민들이 자유롭게 해외여행을 할 수 없는 닫힌 사회가 되었다. 서방진영의 보호를 받는 서베를린은 공산진영에서 서방세계로 탈출하는 자연적인 통로가 되었으며, 이러한 상황을 변화시키려 한 소련의 시도를 감지한 수많은 동독인들은 더 늦기 전에 서방세계로 탈출을 시도하였다. 하루 2,000명 이상의 이탈자가 발생하자 소련의 지도층은 이로 인해 동독의 경제가 불안해질 것을 우려하였다. 결국 1961년 8월 13일 동독 지도자 울브리히트(Walter Ulbricht)는 모든 동독 주민들이 동서 베를린 경계지점을 건너지 못하도록 폐쇄시켰다.

서방측의 반대에도 불구하고, 소련과 동독 지도자들은 동 · 서 베를린을 분리하는 장벽을 세우기 시작하였다. 베를린 장벽의 설치는 독일인들에게는 큰 충격으로 받아들여졌으나, 다른 세계에서는 합리적인 타협안으로 간주되었다. 서방진영은 서베를린에서의 지위를 유지할 수 있었고, 소련은 동독인들의 대량 탈출을 막아낼 수 있었다. 실제로 1949년 분단 이후 1961년 베를린 장벽이 설치될 때까지 동독인구의 5분의 1인 300만 명이 서베를린으로 탈출하였다. 베를린 장벽은 유럽대륙의 정치적 현상유지를 사실상 인정하는 상징으로 작동하여 유럽의 안정에 기여하기도 하였다.[24]

동 · 서 베를린으로 분리된 1961년 8월 13일과 1989년 11월 9일 사이에 서방국가로 탈출하려고 시도한 동독인들 중 약 200명이 동독 국경 수비대에 의해 살해당하였다. 동독인들이 서방국가로의 탈출로로 서베를린을 이용하자 이를 막기 위해 소련은 서베를린의 지위를 변경하려 하였으나, 베를린 장벽의 설치 이후 이러한 필요성이 감소하였다.

24) Mike Bowker, "European Security," in Richard Sakwa and Anne Stevens (eds.) *Contemporary Europe* (New Youk: Palgrave, 2000), p.203.

2) 동유럽 공산체제의 확립

소련은 제2차 세계대전이 끝나면서 폴란드, 체코슬로바키아, 헝가리, 동독, 루마니아, 불가리아 등 동유럽 국가들에 대한 "위로부터"의 공산화를 모색하기 시작하여 1948년 2월 마지막으로 체코슬로바키아에서 쿠데타에 의한 공산당 일당국가를 수립함으로써 동유럽의 공산화를 마무리지었다. 이 지역 공산화의 첫 단계는 소련이 각국의 연립정부를 지지하는 것으로 시작되었다. 연립정부는 국내 모든 정치세력을 망라한 반(反)파시스트 또는 인민전선(People's Front) 정부의 형태를 띠었다. 공산주의자들은 몇몇 중요한 각료직만을 차지하였지만, 실제로는 군대, 경찰, 정보와 같은 권력기구를 독차지하는 등 정권수립의 기반을 닦았다. 연립정부는 공산주의 계획경제를 도입하였고, 정부는 재산의 국유화 정책을 추진하여 귀족의 사유지를 몰수하여 이들을 소작인과 노동자들에게 분배해 주었으며, 공장과 광산을 국유화하였다. 결국 기존의 비공산 정당들과 전통적인 제도들이 붕괴되었고, 비공산 지도자들은 추방, 투옥 또는 살해되었다. 그리고 공산주의의 지배를 정당화하기 위해 선거가 조작되었다.

이와 같이 공산당은 인민전선 전술에 따라 일단 연립정부에 참여하였다가 숙청과 병합을 사용하여 공산당 단일 체제로 전환하는 방식을 취하였다. 소련도 비공산 세력을 분열시키기 위하여 군소 정당을 허용하였다가 다시 파괴하는 식으로 중동부 유럽에서 공산주의 일당 체제가 확립되는 것을 도왔다. 제2차 세계대전이 끝난 지 2년 내지 3년 만에 중동부 유럽의 공산당은 정치권력을 획득하거나 공고화하는 데 성공하였고, 스탈린도 냉전 상황에서 이들 지역에 대한 소련의 강력한 통제력을 확립할 수 있었다.[25)]

동유럽 공산화의 두 번째 단계는 1947년 9월 국제공산당(Cominform)이 결성되면서 시작되었다. 1949년부터 1953년 사이에 걸쳐 동유럽의 국가들이 이념적으로 그리고 제도적으로 스탈린주의에 동화되어 감에 따라 이 지역에 대한 소련식 공산주의 지배는 더욱 더 강화되었다. 소련파 공산주의자들이 국내파 공산주의자들을 숙청하고 각 나라를 실질적으로 지배하는 데 성공하였다.

25) 홍익표, 『유럽의 민주주의』(서울: 동방미디어, 2000), p.91.

동유럽에서 경제 재건은 서유럽과는 달리 매우 다른 토대에서 시작되었다. 첫째, 전쟁의 승자였지만 전쟁으로 황폐화된 소련은 자국의 재건을 위하여 동유럽의 물자들을 소련으로 운반하였다. 둘째, 소련은 획득한 영토에 대해 정치적 통제를 유지하려고 하였으며, 소련식 모델에 따라 동유럽의 경제를 건설하려 하였다. 강력한 발전지향적인 소련의 경제 형태는 일련의 5개년 계획에 따라 급속한 산업화를 추동하는 방식이었고, 특히 중공업을 강조하였다.[26] 농업의 집단화 역시 그 모델의 일부분이었고, 이에 따라 소작농 종사자들은 자신들의 땅에서 쫓겨나 새로운 공장에 노동력을 제공하게 되었다. 소련 모델의 또 다른 차원은 평등한 사회 계급이었다. 이는 사유 재산의 포기, 산업의 국유화, 그리고 교육과 의료제도와 같은 초기 단계의 사회제도의 개발을 통해 성취되었다.[27]

동유럽 국가들 내에서 공산화에 대한 저항도 만만치 않게 발생하였다. 기준 노동량을 높게 책정한 데 대한 반발로 1953년 6월 동베를린에서 발생한 시위는 공산주의 체제에 대항하는 거대한 항쟁과 폭동으로 이어졌다. 이 폭동은 소련의 영향력을 거부하는 데 성공할 수도 있을 것이라고 생각될 수 있을 정도로 계속되었다. 처음에는 행동을 자제하였던 소련은 권위를 다시 세우기 위해 신속히 군대를 파견했다. 유사하게 1956년 10월 헝가리에서의 시위는 하룻밤 사이에 체제 자체에 대항하는 반란으로 전환되었다. 기존의 강경한 지도자들은 퇴장하였으나, 새로운 지도자들은 공산주의가 잔존하고 있음에도 불구하고 중립국을 건설하겠다는 의도를 너무 명확히 보여주는 우를 범하였다. 소련은 공산주의 체제에 대한 파괴적 도전을 참아낼 준비가 되어 있지 않았기 때문에 반란을 진압하기로 결정했다. 이 두 가지의 실패한 저항은 소련이 유럽에서 사실상 통제하고 있는 지역을 포기할 의사가 없음을 알려주는 것이었다.

(1) 체코슬로바키아의 공산화 과정

체코슬로바키아는 공업의 발달로 부르주아 세력이 강하고 자유민주주의가 발

26) 체코슬로바키아와 폴란드 등 동부 유럽 국가의 경우, 전간기 동안 산업 경제가 이미 발달했으나, 불가리아와 헝가리와 같은 다른 나라들은 기본적으로 농업 사회였다.

27) Robert Ladrech, "Historical Background," in Richard Sakwa and Anne Stevens (eds.), *Contemporary Europe* (New York: Palgrave, 2000), p.34.

달한 지역이었다. 1918년 보헤미아(Bohemia), 모라비아(Moravia), 일부 실레지아(Silesia)와 슬로바키아(Slovakia)의 합병을 통해 독립 국가로 탄생한 체코슬로바키아는 서유럽 변방 지역 중에서 전간기 동안 의회 민주주의 제도를 유지한 몇 안 되는 국가 중 하나였다. 체코슬로바키아의 의회 민주주의 제도는 1938년 독일 침략 때까지 지속되었다.[28)]

1938년 9월 히틀러, 무솔리니(이탈리아 수상), 체임벌린(영국 수상), 달라디에(프랑스 수상)는 뮌헨에서 만났다. 영국과 프랑스가 나치와 파시스트를 회유하기 위해 취했던 유화정책은 사실상 20세기의 가장 비난받을 만한 결정 중에 하나였다. 영국은 유럽에서 파시스트의 진격을 막기 위한 준비가 아직 되어 있지 않았기에 "평화의 시기"를 주장했다. 이 결정의 구체적인 내용 중 하나는 체코슬로바키아 정부에게 독일인이 인구의 대다수를 구성하고 있는 보헤미아와 모라비아 지역 전부를 독일에 할양토록 강요한 것이었다. 체코슬로바키아의 베네스(Eduard Benes) 대통령은 이 결정을 거부하고 사임했으나 그의 후임자는 이 안을 받아들였다. 여러 가지 이유가 복잡하게 얽혀서, 독일뿐만 아니라 헝가리와 폴란드에까지 영토를 빼앗겨 1938년 말 체코슬로바키아의 인구는 거의 3분의 1이 감소했다. 1938년 체코슬로바키아는 사실상 분리되었고, 체코 영토였던 보헤미아, 모라비아–실레지아 땅이 독일 "보호령"으로 흡수되었고, 슬로바키아는 친나치 괴뢰 정부에 의해 지배받게 되었다.[29)]

이후 상황은 훨씬 더 악화되었다. 티소(Josef Tiso) 하에 있었던 슬로바키아 인민당원들은 슬로바키아 독립의 대가로 나치가 체코의 영토를 탈취하는 것을 수용하는 조약을 비밀리에 체결했다. 1939년 3월 슬로바키아 의회가 독립을 표결한 다음날 나치는 체코의 영토를 점령하고 독일 제3공화국의 보호령임을 선언했다.

공산당은 당시 소비에트 블록에 속해 있던 다른 어느 나라보다 체코슬로바키아에서 인기가 더 있었다. 체코와 슬로바키아의 많은 사람들은 여러 가지 이유

28) Michael Gallagher, Michael Laver and Peter Mair, *Representative Government in Modern Europe*, 3rd ed. (New York: McGraw-Hill, 2001), p.423.

29) Leslie Holmes, *Post-Communism: An Introduction* (Durham: Duke University Press, 1977), p.73.

로 소련과 공산주의에 대해 비교적 호의적이었다. 첫째, 소련인들이 영국과 프랑스와 달리 신생 공화국을 쉽게 포기하지 않았기 때문이었다. 둘째, 1941년 참전 이후 소련인들이 독일과의 싸움에서 다른 국가들보다 훨씬 많은 고통을 당했다는 데 있다. 같은 슬라브 민족으로서 많은 체코인과 슬로바키아인들은 러시아인들이 당한 곤경을 동정했다. 공산주의자들이 체코슬로바키아에서 수데텐란트의 독일인을 추방하는 데 주요한 역할을 했다는 사실 또한 하나의 이유이다. 그리고 그들 소유의 재산 대부분이 체코와 슬로바키아로 분배되었다.

전쟁 종식 이후 1946년에 있었던 전후 첫 번째 선거에서 공산당과 사민당의 연합이 근소한 차로 승리하였다. 공산당이 총 투표수의 35%를 차지함으로써 다수당이 되었으며, 공산당의 당수인 고트발트(Clement Gottwald)가 총리직에 취임하였다. 그러나 체코인들의 공산주의에 대한 호의적인 태도는 2년 동안에 급격히 변화했다.[30)]

공산주의자들은 결국 투표를 통해 권력을 공고히 하지 못했다. 이로 인해 한 나라에서 민주적 방법을 통해 공산주의로 가는 것이 가능할 것이라는 기대는 꺾이게 되었다. 여러 가지 원인 중 중요한 이유는 재정지원 문제였다. 미국은 유럽에 대한 마셜계획의 일부로서 상당한 수준의 재건과 개발을 위한 지원을 체코슬로바키아에게 제안했는데, 당시 체코는 소련으로부터의 압력 때문에 이를 거절해야만 했다. 냉전이 심화되면서 많은 체코슬로바키아인들은 공산주의와 서구에 대해 재평가하였으며, 냉혹한 공산주의 정권의 직접적인 경험 또한 중요한 요인이었다.

1947년 9월 이후부터 공산주의자들은 자신들과 손을 잡았던 민주주의 세력들을 공격하고, 급진적인 국유화 정책을 요구하기 시작하였다. 1948년 2월에 공산주의자들은 무혈 쿠데타를 일으켜 정부를 완전히 장악하였고 소비에트 블록 국가로 공식적으로 편입되었다. 소비에트 형태의 헌법이 채택되었고, 공산당의 지도적인 역할이 보장되었다. 곧이어 자유주의자인 외무장관 얀 마사릭이 살해되

30) P. Tigrid, "The Prague Coup of 1948: The Elegant Takeover," in T. Hammond (ed.), *The Anatomy of Communist Takeovers* (New Haven: Yale University Press), pp.399-432; V. Kusin, "Czechoslovakia," in M. McCauley (ed.), *Communist Power in Europe 1944-1949* (London: Macmillan), pp.73-94.

었고 베네스 대통령도 뚜렷한 이유 없이 사망하였다. 그 결과 공산주의자인 고트발트가 체코슬로바키아의 작은 스탈린이 되었다. 결국 1948년에 공산당이 체코슬로바키아에서 권력을 장악하였다. 다른 나라에서와 마찬가지고 음모, 강권, 소련의 지원에 의해 정권장악이 가능하였다. 1948년 5월 채택된 새 헌법은 기존의 헌법에 포함되었던 일부 자유민주주의적 요소를 유지하였지만 이 헌법은 소련의 헌법으로부터 큰 영향을 받았다.[31)]

다른 많은 동유럽 국가들에서처럼 신정부는 산업의 국유화, 농업에서의 집단농장화 그리고 5개년 계획 같은 주요한 개혁을 시작하였다. 스탈린 사망 후 얼마 되지 않은 1953년에 고트발트가 사망하였다. 당의 새 지도자로는 다른 강경한 스탈린주의자인 노보트니(Antonin Novotny)가 추대되었다. 폴란드 및 헝가리와 달리, 체코슬로바키아는 1956년에 큰 불안과 지도자의 변화를 경험하지 않았다. 엄청난 경제성장의 시기였던 1950년대에 비해 1960년대에 체코슬로바키아 경제는 눈에 띄게 침체되었다. 경제문제에 있어서 가장 두드러진 점은 1962년에 3주기째의 5개년 계획을 포기한 것이었다.

체코슬로바키아의 공산주의는 1968년 정치적 변화 요구에 의하여 위기를 맞게 되었다. "프라하의 봄"이라 불리는 이 자유화 운동이 시작되면서 노보트니는 통제력을 상실하게 되었다. 1950년대에 있었던 숙청기간 동안 당에서 제명되었지만 살아남은 후사크와 두브체크가 이 운동의 전면에 나섰다. 그들은 모스크바와 국민들 사이를 중재할 수 있는 해결책을 강구했으나 민중의 요구는 점차 과격해졌다. 정부는 언론의 자유, 종교의 자유, 자유선거를 약속하였으나 이미 때는 늦었고, "2000단어 선언"은 보다 급진적인 개혁을 요구하였다. 결국 1968년 모스크바가 개입하여 루마니아를 제외한 바르샤바 조약기구 회원국들의 탱크가 프라하에 진입하였고 민주화 운동은 평정되었다.

(2) 헝가리의 공산화 과정

헝가리는 오스트리아-헝가리 제국이 제1차 세계대전 종식 때 몰락하면서

31) Michael Gallagher, Michael Laver and Peter Mair, *Representative Government in Modern Europe*, 3rd ed., p.423; S. Wolchik, *Czechoslovakia in Transition* (London: Printer, 1991), p.61.

1918년 독립국가로 등장하였다. 그러나 헝가리는 체코슬로바키아와 달리 민주주의를 정착시키는 데는 실패하였다. 제1차 세계대전 이후 전쟁 포로들이 볼셰비키 혁명사상을 가지고 러시아에서 귀환하여 쿤(Bela Kun)이 주도하는 헝가리 소비에트 공화국을 설립하였다. 이후 133일 동안의 공산주의 폭정을 타도하고 헝가리 국민군 최고사령관인 호르티(Miklos Horthy) 제독의 지도하에 우파 정권을 수립하였다. 호르티의 우익 독재 정권은 제2차 세계대전 기간 독일과 동맹을 유지하였다. 1944년 10월 소련군의 침공으로 호르티 정권은 붕괴하였고, 찰라시(Ferenc Szalasi)를 수반으로 하는 새로운 정부가 탄생하였다.[32]

1945년 2월 소련 군대가 부다페스트로 진격하여 나치 정부를 제거하였고, 데브레센에 있던 임시정부를 헝가리 수도로 이전하는 것을 도왔다. 소련군이 독일군을 격퇴시키자, 헝가리에서는 공산당이 포함된 연립정부가 수립되었다. 헝가리의 첫 번째 자유선거는 1945년 11월에 실시되었는데, 보수 성향의 소작농당(Agrarian Small-holder's Party)이 57%의 과반수를 획득하여 1947년까지 정권을 장악하였다. 소비에트의 지원을 받은 공산당은 17%, 사민당도 17%의 표를 획득하였다.[33]

소작농당은 나약한 보수 세력의 연합체였기 때문에 공산당에 대항하기가 어려웠다. 공산당은 경찰과 행정부를 장악하였고, 1947년 봄에는 군중을 동원하여 소작농당 정부를 위협하였다. 결국 헝가리는 공산당이 점진적으로 영향력을 가지는 4개의 연합정당으로 운영되었다. 공산당은 다른 정당들을 위협하여 소작농당 수상을 1947년 6월에 물러나게 할 정도로 영향력이 커졌다. 공산당은 33만 3,000명을 반민주 행위로 유죄판결하여 투표권을 박탈하였고, 선거과정을 부정으로 진행시킬 수 있을 만큼 정부의 주요 부서를 장악하였다.[34]

공산당은 1947년 8월 선거에서 부정한 방법으로 승리하였고 다른 정당들은 와해되어 갔다. 새 의회 의석분포는 좌파계열이 271석, 반대세력이 240석으로,

32) C. A. Macartney, *Hungary: A Short History* (Edinburgh: Edinburgh University Press, 1962), pp.225-235.

33) Michael Gallagher, Michael Laver and Peter Mair, *Representative Government in Modern Europe,* 3rd ed. (New York: McGraw-Hill, 2001), p.424.

34) 박영신, 『동유럽의 개혁운동: 폴란드와 헝가리의 비교』(서울: 집문당, 1995), p.184.

연립정부가 아닌 좌파의 단독정부가 수립되었다. 다음 해 공산당은 사민당과 합병하여 헝가리 노동당(Hungarian Worker's Party: 후에 헝가리 사회노동당으로 개명하였음)을 설립하였다. 노동당 정권은 다른 모든 정치 조직을 금지하였고, 소비에트 블록의 통제 내에서 헝가리의 공산주의를 공고히 다져나갔다.[35)]

공산당이 반대세력을 "인민의 적"으로 규정하고 탄압을 하는 정치환경에서 1949년 5월 15일 선거가 실시되었다. 공산당이 주도하는 인민전선이 95.6%의 지지율을 획득하였다. 이로써 헝가리의 본격적인 공산화 작업이 추진될 수 있는 기반이 확고하게 조성되었다. 새 정부는 여성과 청소년의 중노동 금지 법률을 폐기하고 강제 노동을 가능하게 하는 새 법안을 통과시켰고, 1949년 말에는 10인 이상 고용한 기업체 전부를 국유화하였다.

유럽의 수많은 다른 국가에서처럼, 헝가리도 매우 강압적이고 폭력적인 공산화 단계로 접어들었는데, 이 과정에서 친소련 공산집단은 라코시(Matyas Rakosi)의 지도하에 민족주의 성향의 공산주의자들을 제거하였다. 라코시는 1952년 당 지도자와 총리의 지위를 동시에 장악함으로써 헝가리의 스탈린이 되었다.

스탈린이 1953년에 사망한 후 탈스탈린주의 캠페인은 동유럽 국가들에게 즉각적인 영향을 미쳤다. 헝가리의 경우 라코시 체제가 약화되기 시작하였고, 지식인들은 체제를 비판하기 시작하였다. 이러한 혼란상황에서 너지(Imre Nagy)가 이끄는 개혁적인 공산주의 정부가 출범하였다. 너지는 소련계였으나 다른 스탈린주의자들과 달리 소비재 생산을 희생시키면서까지 일방적으로 중공업정책을 추진하는 것에 반대하였고, 강제적인 농업의 집단화를 거부하였으며, 교회와 지식인에 대해서도 보다 관용적인 정치노선을 지향하였다. 그러자 라코시는 1955년 4월 너지를 다시 해임하고 당직에서 박탈하였다. 이러한 라코시의 정치행위에 대하여 언론과 지식인들의 비판이 증가하였고, 결국 그의 체제는 붕괴하였다.[36)]

흐루시초프의 지시를 받아 헝가리 정치국 중앙위원회는 1956년 7월 라코시를

35) Leslie Holmes, *Post-Communism: An Introduction*, p.66.
36) 박영신, 『동유럽의 개혁운동: 폴란드와 헝가리의 비교』, pp.189-192.

제거하고 데로(Erno Cero)를 지도자로 교체하였다. 이 모든 것들이 자유주의자인 너지에 의해 고무되어 헝가리 대중들을 좀 더 급진적인 변화로 이끌게 하였다. 내각에 비공산주의자들을 포함시켰을 뿐만 아니라 헝가리를 바르샤바 조약기구에서 탈퇴시키고 중립국의 지위를 얻는 것을 제안하는 데까지 나아가자, 흐루시초프는 이에 반대하여 단호한 제재 조치를 취하였고 이로 말미암아 1956년 10월 봉기가 유발되었다. 부다페스트에 군집한 20만의 군중은 너지의 복직을 요구하며, 라코시의 재판회부, 생산쿼터의 철폐, 소련과의 교역 관계 재협상, 시민권, 언론 · 출판 · 집회의 자유보장, 소련군의 철수 등을 강력히 요구하였다.

그 후 몇 주 동안 매우 복잡한 사건들이 발생하였다. 너지 수상이 권력을 다시 획득하여 1956년 11월 1일 바르샤바 조약기구로부터 철수하겠다는 헝가리의 의지를 선언하는 동시에, UN에 자국의 중립성을 인정해 달라고 요구하였다. 소련은 너지의 선언에 이의를 제기하며 헝가리에 침입했다. 헝가리인들은 저항했고, 그 후 몇 주 동안 2만 명 가까운 사람들이 목숨을 잃었다. 이는 동유럽에서 "첫 번째 반(反)전체주의 혁명"이라 평가받았다.

결국 헝가리인들의 반란은 진압되었고, 공산주의의 이상을 내세워 현실 공산주의 체제에 도전한 너지는 카다르(Janos Kadar)로 교체되었다. "1956년 의거"의 지도자인 너지를 딛고 일어선 민주화 운동의 반역자로 인식되던 카다르는 1960년대 초부터 온건하고 개혁적인 입장을 견지하며 경제개혁을 시도하여 헝가리를 개혁적 공산주의 체제로 이끌어 갔다. 그 후 30년간 카다르는 그의 대중 이미지를 극적으로 향상시켰다. 1980년대까지 그는 동유럽 모든 지도자 중 가장 인기 있는 지도자였을지도 모른다. 그는 1968년 새로운 경제 제도(New Economic Mechanism)의 도입을 시도했는데, 그 개혁은 비록 궁극적으로 대부분 기대했던 것만큼 성공을 거두지는 못했지만, 다른 동유럽 경제 개혁보다 좀 더 급진적으로 추진되었다. 그러나 외교정책의 영역에서 헝가리에 대한 소련의 지도력은 계속되었다.[37]

37) Leslie Holmes, *Post-Communism: An Introduction*, p.67; Michael Gallagher, Michael Laver and Peter Mair, *Representative Government in Modern Europe*, 3rd ed., p.424.

(3) 폴란드의 공산화 과정

몇몇 다른 중동 유럽 국가들처럼, 폴란드인들도 제1차 세계대전 직후 자유민주주의를 경험하였다. 1918년에 독립 공화국을 설립하여 일시적인 민주주의 통치를 경험하였으나 정치적으로 상당히 불안정하였다. 결국 육군 지휘관이었으며 폴란드 사회당의 지도자인 피우수드스키(Jozef Pilsudski)가 1926년 쿠데타를 일으켜 권위주의 정부를 수립하였다. 그 후 1935년 5월 피우수드스키가 사망할 때까지 폴란드에는 민주주의 제도가 사라지고 독재정권이 유지되었다.[38)]

피우수드스키 사후 폴란드에는 정권 투쟁과 혼돈이 지속되었다. 이러한 상황은 독일이 폴란드를 침공한 1939년에 마무리되었다. 그 직전에 소련과 독일은 불가침조약(Molotov-Ribbentrop 조약)을 체결하였다. 이 조약에 의거하여 소련과 독일은 다시 한 번 폴란드를 분할하였다. 1939년 독일이 폴란드를 침략하여 폴란드 서부지역이 나치 독일로 편입되었고, 동부는 1944년 소련 군대의 진격 전까지 나치에 의해 식민지화되었다. 이는 폴란드인들이 소련인들과 소련과 관련된 체제를 증오하게 된 이유가 되었다. 대부분 폴란드인들이 가톨릭을 믿기 때문에 이 증오심은 더욱 강화되었다. 확고한 휴머니즘과 공산주의의 무신론으로 인해, 폴란드에서 공산주의는 결코 대중적 정통성을 확립할 수 없었다.

소련의 폴란드 점령 직후 비에루트(Boleslaw Bierut)라는 강경 노선의 스탈린주의 지도자가 정권을 잡았다. 소련인들은 폴란드의 해방된 지역에 공산주의 연합 정부를 탄생시켰다. 그리고 1945년 공산주의 군대는 폴란드의 남은 지역에서 독일군을 패배시킨 후 새로운 폴란드 정부에서 지배적 입지를 장악하였다. 1947년에 실시된 전후 첫 선거에서 교묘한 조작과정을 거쳐 공산주의 후보자들이 압도적 과반수를 획득하여 "인민 공화국"이 탄생하였다. 1952년에 지배당인 공산당은 소비에트 형태의 헌법을 도입하였고, 그 이후 1956, 1968, 1970년과 1976년에 국민들의 항의와 파업, 시위 등으로 공산당 지도자가 두 번에 걸쳐 교체되는 상황이 전개되었음에도 불구하고 폴란드는 완전히 소비에트 블록 내에

38) Joseph Rothschild, *East Central Europe Between the Two World War* (Seattle: University of Washington Press, 1974), pp.26-72.

흡수되었다.[39)]

1956년 3월 비에루트 사망 이후 폴란드도 탈스탈린주의 캠페인의 영향을 받아 폴란드 공산당 내에서 강경파인 스탈린주의자들이 축출되고, 스탈린에 의해 숙청되었던 민족주의적 성향의 고물카(Wladyslaw Gomulka)가 1956년 10월 임시 정부의 새 지도자로 선출되었다. 그는 스탈린식 통치를 청산하며 당의 민주화를 실현할 것을 선언하였다. 그는 중앙 집권적 경제 체제를 개혁하고 관료주의의 비효율성과 부패를 시정하며 집단 농장을 폐지하겠다고 밝혔다. 1957년 1월 20일의 선거에서 459개의 의석 중 공산당(PZPR)이 239석을 차지하여 고물카 공산당 정권이 유지되었다.

1956년 고물카는 카다르가 헝가리에서 누렸던 것보다 더 많은 대중적 인기를 받았다. 그러나 헝가리 지도자가 시간이 갈수록 많은 사람들이 기대했던 것보다 좀 더 자유주의적인 모습을 보여 인기를 얻은 반면, 고물카는 점차 독재주의자로 변하면서 대중적 인기를 잃어버렸다.[40)]

1960년대 동안 여러 곳에서 불만의 조짐이 나타났고, 1968년에는 특히 학생들의 항의와 시위가 발생하였다. 그러나 대중과 고물카 사이의 가장 심각한 충돌은 고물카가 주요가격 인상을 발표한 1970년 12월에 발생하였다. 가격인상 조치로 경제적 압박을 받게 된 노동자들은 격렬한 저항을 하게 되었다. 고물카는 무력으로 시위자들을 진압하였고, 경찰과 시위대 사이의 충돌로 수백 명의 시위자들이 사살되었고, 수천 명이 부상당하였다.

고물카의 독재정치가 계속되자 그는 대중뿐만 아니라 더 이상 측근을 중요시 여기지 않을 것이라고 느낀 그의 수많은 동료들로부터도 인기를 잃었다. 결국 중앙 위원회는 고물카와 며칠 동안 사회적 불안을 야기한 그의 지지자들을 제거하였다. 새로운 지도자로 등장한 기에렉(Edward Gierek)은 생활 수준을 높여 내부 정통성과 더불어 폭넓은 국제 승인을 모색하여 대외적 정통성도 추구하였다.

39) Michael Gallagher, Michael Laver and Peter Mair, *Representative Government in Modern Europe*, 3rd ed., p.424.

40) Leslie Holmes, *Post-Communism: An Introduction*, pp.69-70.

(4) 유고슬라비아의 독자노선 모색

유고슬라비아는 제1차 세계대전이 끝난 직후 탄생한 비교적 신생국으로, 합스부르크와 오토만제국 붕괴의 결과로서 형성되었다. 1918년 12월 세르비아, 크로아티아, 보스니아, 헤르체고비나, 슬로베니아와 몬테네그로는 세르비아-크로아티아-슬로베니아 왕국으로 알려지면서 세르비아 왕 페타르에 의해 통합되었다. 1929년 10월 "남슬라브족의 나라"의 의미를 가지는 유고슬라비아로 국명을 바꾸었다.

제2차 세계대전 이후 유고슬라비아는 다른 중동 유럽과 마찬가지로 공산화되면서 군주제가 폐지되었다. 소련식의 국유화와 중앙계획경제가 도입되었고 경찰국가가 되었다. 초기부터 유고슬라비아 공산당국은 연방을 구성하는 주 내의 민족적 차이들을 인정하기로 결정했다. 그들은 유고슬라비아의 전통적인 영토 내에 살고 있는 민족들과 규모가 큰 민족의 부분을 구성하면서 유고슬라비아 국경 내에 존속하는 소수민족들로 구분된다. 다섯 개의 주요 슬라브계 민족들(세르비아, 크로아티아, 슬로베니아, 몬테네그로, 마케도니아)은 공화국을 설립하도록 허용되었고, 보스니안 이슬람교도들을 후원하기 위해 구성된 한 혼합 공화국이 6번째가 되었다. 코소보의 알바니아 민족과 보이보디나(Vojvodina)의 헝가리 민족은 세르비아 공화국 안에서 자치적인 행정 단위를 가지도록 승인받았다.

제2차 세계대전 이후 유고슬로비아의 공산화 과정은 다른 국가들과 달랐다. 티토(Josip Broz Tito)를 중심으로 한 국내파 공산주의 빨치산들은 소련의 지원을 받지 않고 나치 독일군을 퇴각시켰다는 자부심을 가지고 있었다. 티토는 자신의 정적이 될 왕당파 민족주의자들과 전시에 독일과 이탈리아에 협력했던 부역자들을 무자비하게 처형하였다.[41]

비록 유고슬라비아의 공산주의자들이 정권을 장악하는 데 소련의 역할은 거의 없었지만, 유고슬라비아는 소비에트 블록의 충실한 회원이었다. 그러나 1948년에 티토와 스탈린 사이의 관계가 급속도로 악화되었다. 티토가 독자외교노선을 추진하자 스탈린은 소련파 공산주의자들로 정부를 수립케 하려는 계획을 구

41) 이주영 · 김성형, 『현대유럽의 역사: 제2차 세계대전부터 현재까지』(서울: 삼지원, 2002), pp.65-66.

상하였다. 이를 불쾌하게 생각한 티토는 소련이 유고슬라비아에게 무역조건과 경제정책을 일방적으로 강요하려는 데 대해 저항하였다. 결국 유고슬라비아는 1948년 6월 "코민포름"에서 추방되었고, 이에 맞서 티토는 1949년 서방의 원조를 받아들였다.

소련과 유고슬라비아 간의 갈등은 기본적으로 여러 가지 이유에서 비롯되었는데, 발칸지역에 공산주의 연방을 건설하려던 스탈린의 열정이 식어버린 점, 티토와 스탈린의 개인성향의 차이, 소련이 코민포름 국가들에게 과도한 획일성을 요구하고 있다는 티토의 신념 등이 그것이다. 더구나 티토는 다른 동유럽 국가들의 지도자들에 비해 스탈린에 대한 공경심이 부족한 편이었다.[42)]

1948년까지 소련과 유고슬라비아가 사실상 단절된 관계에 놓이면서 이 두 국가간에 상당한 긴장감이 조성되었다. 유고슬라비아는 부분적으로 소련의 공산주의 이론과 공산주의의 실천 방식에서 벗어나려는 노력을 하여 점차 자신의 노선을 발전시켰다. 외교정책에 있어서 티토는 비동맹운동의 선구자로서 양 진영에 속하지 않으면서 그 입장을 최대한 활용하여 이득을 취하는 정책을 추구하였으며, 이념적으로 스탈린주의를 배격하였다.[43)]

유고슬라비아의 공산주의 모델과 관련된 중요한 개념은 "자가 운영 방식(self-management)"이다. 본질적으로 이 원리는 매우 중앙집권화되어 있는 소련식 모델보다 정책결정에 있어 지방의 영향력을 더 많이 허용하는 것이었다. 비록 많은 시민들은 자국의 체제를 운영하는 논리에 별 관심을 가지지 않았지만, 대부분 학자들은 유고슬라비아 권력자들이 다른 공산주의 엘리트들보다 좀 더 순수한 노동자의 국가, 즉 프롤레타리아를 지배하는 소련 방식의 독재와는 다른 프롤레타리아의 독재 국가를 육성하는 데에 매우 중요한 노력을 하고 있다고 생각하였다.[44)]

모든 사건에서 보듯이, 유고슬라비아는 1940년대 후반부터 공산주의 세계에

42) D. Rusinow, *The Yugoslav Experiment 1948-1974* (London: Hurst, 1977), pp.22-31.

43) 팀 블래닝 편, 김덕호 · 이영석 역, 『옥스퍼드 유럽현대사』(서울: 한울아카데미, 1996), pp.388-389.

44) D. Rusinow, *The Yugoslav Experiment 1948-1974* (London: Husrt, 1977); H. Lydall, *Yugoslav Socialism* (Oxford: Oxford University Press, 1986).

서 독자적인 노선에 들어섰다. 다른 동유럽 국가들이 소련이 지배하는 경제군사 블록인 코메콘과 바르샤바 조약기구에 합류하는 반면, 유고슬라비아는 공식적으로 어떠한 경제 그룹에도 가입하지 않았고 비동맹운동의 핵심국이 되었다. 또한 동유럽 인접국가들의 사회주의와 공산주의의 건설과는 근본적으로 다른 길을 추구했다. 1950년대 초까지 자주관리제에 대한 유고슬라비아의 개념은 윤곽이 잡히기 시작했고 1950년대와 1960년대 동안에 현저하게 발전하였다.[45)]

3) 서유럽의 부활

1950년부터 1973년까지의 유럽은 "황금시대(golden age)"로 불린다. 1950년대와 60년대의 세계무역은 자유무역과 세계정치에서 미국의 역할 증대로 제1차 세계대전 이전의 수준으로 회복되었다. 마셜계획에 의한 미국의 원조에 힘입어 1960년대에 접어들면서 서유럽의 경제도 회복되기 시작하였고 정치적으로도 안정되었다. 유럽의 제국주의적 역할이 줄어들면서 유럽의 평화와 번영을 향한 전략적 초점은 유럽 내부의 통합으로 모아지고 있었다.

서유럽의 경제는 괄목할 만한 발전을 거듭하여 연평균 성장률 4% 이상을 기록하였다. 인플레이션은 거의 변동이 없는 상태였고, 가끔 3~4% 상승되는 경우만이 있었다. 1950년대 실업률은 3%였고, 60년대에는 2%로 하락하였다.[46)] 서유럽에서 1950년대 동안의 경제 회복은 공식적인 경제 통합으로 발전하면서 보완되었다. 이러한 교훈들은 전간기 동안 있었던 실패 특히 "그대의 동포를 굶기지 마라(beggar thy neighbour)" 정책을 실행한 경제 민족주의에서 얻은 것이었고, 치열한 경쟁보다 협력이 경제 재건을 향상시킬 것이라는 수많은 엘리트들의 믿음으로 나타났다.[47)]

서유럽의 경제부흥은 1950년 한국전쟁이 일어나면서 더욱 더 가속화되었다. 한국전쟁은 국제수요를 늘렸고, 그 결과 1950년대에 서유럽은 전례 없는 번영

45) S. Zukin, *Beyond Marx and Tito* (London: Cambridge University Press, 1975), pp.48-75.

46) Tim Bale, *European Politics: A Comparative Introduction* (London: Palgrave, 2005), p.10.

47) Robert Ladrech, "Historical Background," in Richard Sakwa and Anne Stevens (eds.), *Contemporary Europe* (New York: Palgrave, 2000), pp.29-30.

을 누렸다. 1948년부터 1963년 사이 국내총생산(GDP)의 연간 평균성장률이 유럽의 경제발전을 반영했는데, 특히 서독과 이탈리아가 각각 7.6%와 6%로 가장 높았다. 가장 낮은 영국도 2.5%의 성장률을 보였다. 통합에 참여한 6개국(프랑스, 서독, 이탈리아, 베네룩스 3국)의 GDP 성장률은 평균 5%를 기록하였다.[48)]

이와 같이 제2차 세계대전 이후 서유럽 경제발전의 분위기가 조성된 동기는 다음과 같다. 첫째, 국가들 사이의 관세장벽이 낮아지고 유럽공동시장이나 유럽자유무역연합(EFTA)이 설치됨으로써 거대한 상품시장이 등장한 것이었다. 특히 국가간 긴밀한 경제협력과 극단적 민족주의의 극복이 경제활동을 촉진하였다. 둘째, 각국 정부들이 케인즈의 정부간섭주의 이론을 도입하여 경제문제에 적극 개입하였다. 1930년대의 대공황의 재발생을 우려하여 정부들은 높은 수준의 구매력을 유지하려고 했다. 따라서 유럽 정부들은 조세정책, 금융정책, 소비정책, 정부차입 등의 방법을 통해 적극적으로 수요를 촉진하였다.[49)]

이와 더불어 중도좌파 정부에 의한 계획경제가 도입되어 자유방임적 자본주의의 부작용을 수정하는 데 기여했다. 이는 자본주의 경제의 문제점을 극복하기 위하여 국가의 역할을 확대시키는 것이었다. 이 결과 영국과 프랑스에서는 탄광이 국유화되었고, 이탈리아와 영국에서는 전기가 국가에 의해 관리 통제되었다. 항공, 철도 및 해운도 부분적으로 국유화되었다. 이탈리아와 프랑스 은행의 40%가 국가 소유였고, 이탈리아에서는 선철과 강철의 60%, 프랑스에서는 항공산업의 60%가 국유화되었다.

유럽인들의 생활수준도 크게 향상되었다. 실질소득이 증가하여 이전에는 사치품목이었던 자동차, 세탁기 등이 일반화되었고, 음식에 대한 소비비율이 현격하게 줄어들었다. 100년 전에 독일인은 개인소득의 65%를 음식과 음료 등 식품에 지출하였으나, 1965년에는 36%만을 지출하였다. 1990년 영국, 프랑스, 서독에서 식품지출 비중이 17~22% 수준으로 줄어들었다. 임금수준도 평준화되어, 1953~1965년에 실질임금이 영국에서는 약 35%, 프랑스에서는 58%, 이탈리아에서는 80%, 서독에서는 100%로 증가하였다. 서독의 경우에 시간당 임금은

48) Ian Manners, “Europe and the World: The Impact of Globalizatio,” p.189.

49) 이주영 · 김성형, 『현대유럽의 역사: 제2차 세계대전부터 현재까지』(서울: 삼지원, 2002), pp.113-114.

1948년부터 1963년에 이르는 사이에 3배로 늘어났다.[50)]

주택난도 크게 해소되었다. 건축방법의 합리화와 기계화에 따라 조립식 주택과 시멘트 '패널' 건축이 나오고, 또한 건축자재, 구성요소, 설비의 표준화가 이루어졌다. 주택건축을 촉진하기 위해 서독정부는 세금을 낮추었고, 스위스와 프랑스 정부는 저이자의 융자금을 제공하였다. 그 결과 1960년 개인당 차지하는 평균 방 수는 영국이 1.5개, 서독이 1.1, 프랑스 1, 이탈리아는 0.9개로 늘었다. 생활수준을 측정하는 새로운 척도가 된 전기사용도 크게 증가하였다. 전화, 텔레비전, 라디오, 냉장고, 자동차의 수가 생활수준을 평가하는 중요한 기준이 되었다. 제2차 세계대전 전에는 소수에게 국한되었던 세탁기, 냉장고, 진공청소기가 1950, 60년대에 저소득층까지 확대되었다. 합성섬유의 보급으로 유럽인들의 의복수준도 전쟁 전보다 훨씬 높아졌다.

이와 같은 생활수준의 향상은 사회적 평등화의 효과를 가져왔다. 서유럽과 북유럽에서 일반 대중이 사용하고 있는 물품은 계급과 지위에 상관없이 대체로 통일되었다. 그와 같은 표준화는 특히 젊은 세대에서 두드러졌다. 이에 따라 노동계급이 프롤레타리아 성격에서 벗어나 중산 계급의 성향을 가지게 되었다. 이러한 변화는 여가선용과 오락문화의 발전을 가져왔다. 과거에는 여가와 오락은 소수의 귀족이나 부유층의 전유물이었으나 노동시간이 줄어들고 육체노동의 강도가 줄어들면서, 대중 사이에 여가가 새로운 생활양식으로 등장하였다.[51)]

1973년 당시 총 생산고에서 수출고가 차지하는 비중은 세계 전체적으로 15%였는데, 그 비율이 프랑스에서는 20%, 서독에서는 28%를 기록하였다. 이에 비하여 일본은 13%, 미국은 7% 수준이었다. 이와 같은 지속적인 경제성장에 힘입어 서유럽의 생활수준과 조건에서 괄목할 만한 개선이 이루어지게 되었다. 그리고 이는 복지국가를 설립하는 데 큰 원동력이 되었다.

50) 팀 블래닝 편, 김덕호 · 이영석 역, 『옥스퍼드 유럽현대사』, pp.322-323.

51) 제2차 세계대전 이전 대부분 유럽국가의 주간 노동시간은 48시간이었으나, 1950년대에 44시간 내지 42시간으로 줄었다. 이주영 · 김성형, 『현대유럽의 역사: 제2차 세계대전부터 현재까지』, p.126.

3. 유럽 제국주의의 붕괴

1950년대 이후 유럽은 경제적인 발전과 함께 정치적인 안정이 이룩되고 있었으나, 한편으로는 유럽이 역사적으로 누리던 제국주의적 영화는 점차 사라져 가고 있었으며, 심지어는 과거 식민지역의 독립전쟁을 치러야만 했다. 1955년 반둥에서 개최된 비동맹회의는 탈식민지화를 앞당기고 이를 일반화할 것을 만장일치로 결의하였다. 이어서 미국과 소련은 새 회원국의 UN 가입을 더 이상 제한하지 않기로 결정했는데, 이것이 탈식민지화를 더욱 촉진시키는 요인 중의 하나가 되었다.

19세기 영국, 프랑스, 네덜란드, 벨기에, 포르투갈 등은 많은 식민지를 보유하고 있었다. 영국이 최대 규모의 식민지를 보유했는데 최전성기에는 지구 육지의 4분의 1 정도를 장악한 적도 있었다. 1945년 대영제국의 총인구는 6억이었는데, 이중 오직 5,000만 명만이 영국 본토에 살고 있었다. 프랑스 제국의 총인구는 1억 300만이었는데, 이 중 4,500만 명이 프랑스 본토에 거주하고 있었다. 프랑스는 북 · 서 아프리카의 많은 지역과 베트남을, 네덜란드는 자국 인구의 10배인 인도네시아를 지배했고, 벨기에, 포르투갈은 아프리카의 많은 지역을 점령하였다.

제2차 세계대전 이후 제국주의는 종속국의 민족주의 운동으로 점차 해체되기 시작하였다. 전쟁으로 인하여 쇠퇴한 유럽국들은 더 이상 식민지역을 통제하기가 어려운 상황이 되었다. 특히 강력한 민족주의 운동의 전통이 강했던 중동과 아시아에서는 1940년대 유럽 국가들의 통제력이 이미 약해지거나 유명무실해진 상황이었다. 1948년에 인도와 더불어 미얀마, 팔레스타인이 독립하였다. 1950년대 들어서 식민지의 독립은 가속화되어 50년대 후반까지 거의 모든 식민지역이 독립하였거나 독립을 약속받았다.[52] 제2차 세계대전이 종식된 1945년부터 1962년까지 탈식민지화는 대체로 두 단계에 걸쳐서 이루어졌다. 첫 단계는 1954년까지 근동과 중동, 그리고 동남아시아의 식민지가 독립한 기간이고, 둘째 단계는 1955년 이후 주로 아프리카 국가들이 독립한 기간이다.

52) Derek W. Urwin, *A Political History of Western Europe since 1945*, 5th ed., p.112.

총체적으로 1946년부터 1984년까지 100개 이상의 식민지역이 독립하였다. 이 과정에서 유럽국들은 독립을 갈망하는 세력이 일으키는 게릴라전에 개입되기도 했다. 특히 포르투갈과 프랑스는 장기간 독립운동에 시달려야 했다. 영국은 1947~1948년에 남아시아 식민지에 독립을 부여하였고, 1960년(나이지리아)과 1984년(브루나이) 사이 전 세계에 보유하고 있었던 51개의 식민지 국가에게 독립을 부여하였다. 1997년 영국의 마지막 식민지였던 홍콩이 중국에 반환되었다.

프랑스의 대부분 식민지역의 독립은 1954년(프랑스 인도차이나)에서 1962년(알제리) 사이 이루어졌다. 남아 있던 두 개의 네덜란드 식민지였던 인도네시아와 수리남은 각각 1949년과 1975년에 독립하였다. 네덜란드는 1948~1949년에 인도네시아 독립운동의 진압을 시도하였으나 실패하여 결국 인도네시아를 잃었다. 이탈리아의 식민지였던 리비아와 소말리아는 1951년과 1960년에 독립하였다. 벨기에의 중앙아프리카 식민지였던 콩고, 브루나이, 르완다는 1960~1962년에 자유를 얻었다. 벨기에는 1960년 콩고를 잃고 나서 재정난을 겪었는데 이러한 재정난은 현재까지 계속되고 있다. 유럽 탈식민지화의 마지막 행보는 포르

유럽과 탈식민지화

독립년도	제국	식민지
1946	영국	요르단
1946	프랑스	시리아
1947	영국	인도, 파키스탄, 부탄
1948	영국	미얀마, 스리랑카, 팔레스타인
1949	네덜란드	인도네시아
1951	이탈리아	리비아
1954	프랑스	캄보디아, 라오스, 베트남
1956	프랑스	모로코, 튀니지
	영국	수단
1957	영국	가나, 말레이시아
1958	프랑스	기니
1960	프랑스	서아프리카 16개 식민지
1961~1962	벨기에	중앙아프리카 3개 식민지
1969~1984	영국	전세계 51개 식민지
1974~1975	포르투갈	전세계 7개 해양 식민지

투갈에서 민주주의가 태동함에 따라 1974~1975년에 세계에서 가장 오래된 몇몇 식민지들에게 독립을 부여하기 시작하면서 이루어졌다. 포르투갈은 앙골라와 모잠비크에서 대규모 전쟁을 치르고 결국은 아프리카에서 철수하였다.[53)]

1960년까지 포르투갈을 제외하고 주요 식민지 권력들은 대부분의 이전 해외 점령국들의 독립을 인정하였다. 프랑스의 인도차이나 사례와 같은 경우에는 국내 해방군과 식민지 세력 간의 무력 투쟁 후에야 독립을 얻게 되었다. 영국과 자메이카의 경우와 같이 독립 과정이 상대적으로 순조로운 경우도 있었다. 탈식민지화의 중요한 결과 중 하나는 새로운 독립국가에서 그들의 유럽 "어머니" 국가로 토착민들의 대규모 이주가 있어 인종적 · 민족적 균형이 현저하게 변화되었다는 것이다. 이것은 벨기에와 콩고, 프랑스와 북부 아프리카, 영국과 카리비안과 남아시아, 그리고 네덜란드와 인도네시아의 사례이기도 하다.[54)]

1) 프랑스의 탈제국주의 과정

제2차 세계대전 직후 프랑스인들은 해외 식민지들을 그대로 유지하려 하였다. 식민지제국은 전쟁기간에 인적 · 물질적으로 중요한 기여를 하였으며, 식민지제국의 유지에는 국가적 자존심이 크게 걸려 있었다. 그러므로 프랑스는 식민지들과의 관계를 새로이 수립하려고 하였다. 프랑스가 "문명전파 임무(civilizing mission)"를 수행하면서 식민지인들과 자유, 평등, 우애의 이상을 공동으로 소유하게 된다면, 식민지들은 프랑스 제국 안에 충성스럽게 남아있을 것이라고 믿었다.[55)]

이러한 목적을 위해서 1944년 브라자빌에서 개최된 식민지 총독회의에서 강제노동 종식과 교육개선을 위한 개혁이 결정되었다. 1946년의 헌법은 제국(Empire)을 프랑스 연합(French Union)이라는 명칭으로 바꾸었다. 프랑스 연합은 대등한 지위를 가진 식민지들로 구성되고, 식민지들은 그들의 대표를 연방의

53) Ian Manners, "Europe and the World: The Impact of Globalisation," p.188.

54) Robert Ladrech, "Historical Background," in Richard Sakwa and Anne Stevens (eds.), *Contemporary Europe* (New York: Palgrave, 2000), p.32.

55) 이주영 · 김성형, 『현대유럽의 역사: 제2차 세계대전부터 현재까지』, p.45.

회에 보낼 수 있게 되었다. 제4공화국의 짧은 수명의 정부가 교체되는 동안, 식민지역의 대표들은 의회 내에서 독립을 요구하는 영향력 있는 이익집단이 되었으며, 종종 민족주의 지도자들은 식민지에서의 프랑스의 통치에 대항하여 직접적 행동을 취하기도 했다.

그러나 프랑스의 식민지에 대한 "동화정책(assimilation)"과 중앙집권적 통제는 그대로 유지되었다. "동등한 지위"는 허울에 불과하였고, 파리의 식민지부 장관이 프랑스 연합을 통제하고 있었다. 처음부터 권력을 식민지인들과 나누려는 의도를 가지지 않았던 프랑스인들은 식민지 민족주의자들의 독립요구에 양보할 생각이 전혀 없었던 것이다. 결국 프랑스 정부는 민족해방운동의 저항을 받았으며, 연약한 정부는 프랑스 연합 정책에 대한 저항을 억압하는 식민지역 당국의 행위를 허용해야만 했다. 제국을 유지하기 위한 프랑스의 노력은 결국 제4공화국의 몰락을 가져오는 원인이 되었다.[56)]

식민지역에서의 불만은 알제리 등에서 폭동으로 발전하였다. 1945년 5월의 알제리 폭동은 즉시 군대에 의해 진압되었고, 1947년 3월의 마다가스카르 소요도 진압되었다. 그리고 동남아시아에서 가장 중요한 식민지인 인도차이나의 독립운동에 대해서도 무력진압을 시도하였다.

(1) 인도차이나의 탈식민지화

프랑스의 긴급한 문제는 인도차이나였다. 인도차이나는 비시에 대한 충성심을 갖고 있었던 주요한 식민지였다. 일본이 제2차 세계대전 말기에 이 지역을 점령했으며, 1945년 8월 일본의 패배 이후 호치민은 베트남에서 유일하게 정통성 있는 정부는 베트남민주공화국(Democratic Republis of Vietnam)이라고 선언하였다.[57)]

1945년 8월 14일 프랑스 정부는 다르겐류(Thierry d'Argenlieu) 제독을 프랑

56) Derek W. Urwin, *A Political History of Western Europe since 1945*, 5th ed., pp.115-116.

57) 제2차 세계대전 중 베트남에는 비시 프랑스파, 드골의 자유 프랑스파, 친일파, 공산주의자 등의 복잡한 세력들이 있었다. 종전 후 중도좌파인 프랑스 제4공화국은 강력한 민족주의 세력인 호치민의 공산주의자들에게 독립정부 수립을 맡기기 위하여 호치민을 파리로 초청하여 협상을 시도하였으나, 프랑스 군부의 반발로 독립허용이 이루어지지 않은 상황이었다.

스령 인도차이나 총독으로 임명했다. 프랑스는 1880년대부터 해외 식민지 중에서 중요한 부분을 차지했던 인도차이나에 대한 통치권을 재확인하고자 했던 것이다. 프랑스 행정관리, 농부 및 사업가 4만 명은 2,500만 인도차이나인들을 통치했다. 그 과정에서 프랑스는 인도차이나의 풍부한 광물 자원을 착취하고, 큰 돈벌이가 되는 아편무역을 조직적으로 수행했으며, 프랑스 상품에 대한 보호 시장을 제공했다.[58)]

1946년부터 프랑스령 인도차이나에서는 시민 불복종 운동이 전개되었다. 이 운동은 프랑스가 통킹만(Gulf of Tonkin) 북쪽 연안의 하이퐁(Haipong)을 입출항하는 모든 상품에 부과한 수입 관세 납부를 거부하는 방식으로 나타났다. 1946년 11월 23일 프랑스 해군은 베트남이 관세를 납부하도록 하기 위해서 하이퐁 시의 4분의 1에 해당하는 지역에 포탄 공격을 가하였다. 이 공격으로 민간인 사상자 6,000명이 발생했다. 프랑스 언론은 이 공격이 프랑스인 수천 명이 인도차이나 반군 세력에 의해 살해당한 것에 대한 보복 조치였다면서 프랑스의 군사 행동을 두둔했다. 폭격에 대한 보복으로 베트남 공산주의자들은 12월 하노이 시의 프랑스 민간인들을 학살하였다. 이렇게 유발된 인도차이나 전쟁은 긴 저항의 최초 고리였다.

1949년 중국에서 공산주의가 승리하면서 호치민의 게릴라들은 더욱더 활동 범위를 넓힐 수 있는 기반을 마련하게 되었으며 중국 공산당은 호치민에 대하여 대규모 원조를 하였다. 1950년에는 미국도 프랑스에 대한 원조를 증가시켜, 결국 베트남은 냉전의 각축장이 되었다. 그 결과 1954년까지 프랑스가 승리할 희망이 없었던 정글 전투를 거의 8년이나 지속하였다. 특히 프랑스에게 있어서 이 전쟁은 경제적, 군사적 능력의 저하로 더욱 더 인기 없는 전쟁이 되었다. 정부는 인도차이나에 보낼 군인들을 징집할 수 없었기 때문에 오직 직업 육군부대만을 파견하였다. 이 정책은 많은 군 관리들에게 환영을 받았다. 명성 있는 부대만이 투입될 수 있었고, 이는 1940년에 군이 잃은 긍지를 되찾을 수 있는 좋은 기회였다. 1940년대 후반 프랑스는 인도차이나 지역에 약 18만 명의 군대를 주둔시키고 있었다. 그중에 5만 4,000명의 프랑스 국적 군인, 2만 명의 외인부대, 3만 명

58) Philip Thody, *Europe since 1945* (London: Routledge, 2000), p.238.

의 북아프리카 출신 의용군, 심지어는 7만 명 이상의 베트남 출신 군인들을 포함하였다.[59)]

프랑스를 위한 구제책이 한국전쟁의 발발로 인해 힘을 얻게 되었다. 공산주의에 대항한 동일한 투쟁이 두 개의 전선에서 벌어지게 되면서 인도차이나가 관심의 대상으로 부각된 것이다. 프랑스는 상징적으로 한국전에 1개 대대를 파견하여 미국의 한국전 수행을 지원하였다. 프랑스의 대공산주의 전쟁에 필요한 보급품과 자금 중 78%를 미국이 제공했다. 그러나 그것으로 대세를 돌리기에는 충분치 않았다. 그리고 한국전쟁이 끝났을 때, 미국의 이러한 원조는 끝났다. 결과는 당연한 것이었다.

1946~1954년 인도차이나 전쟁에서 대부분의 전투는 북쪽 지역의 홍강 삼각지대(Red River Delta)에서 발생했다. 1954년 3월 프랑스는 베트남 남쪽 지역에서는 베트밍(Viet Minh) 게릴라 세력의 계속되는 공격에 시달리기 시작했고 북쪽 지역에서조차 게릴라군을 격퇴하지 못한 나머지, 북쪽 지역의 디엔비엔푸(Dien Bien Phu)에 야전사령부 지휘소를 설치하고자 했다. 프랑스는 야전지휘소가 북쪽 지역에 설치되면 적군의 후방에서 전투를 수행하여 베트밍을 격퇴할 수 있을 것이라고 믿었다. 이러한 프랑스의 시도는 성공하지 못했다. 베트밍은 정글을 뚫고 대포를 이동시켜 디엔비엔푸의 프랑스부대 지휘소에 전쟁 물자를 공급하는 역할을 하고 있던 임시활주로에 포탄을 퍼부음으로써 프랑스군을 기습 공격하였다.

1954년 4월이 되자 전투 상황은 프랑스에게 아주 불리하게 되었고, 절박한 상황에 놓인 프랑스는 비도(Georges Bidault) 외무부 장관을 미국으로 보내 덜레스(John Foster Dulles) 미 국무부 장관에게 지원을 요청했다. 덜레스 장관은 원래 베트밍에 대한 미국의 핵무기 사용에 동의했으나 이를 알아차린 이든(Anthony Eden) 영국 외무장관의 신속한 개입과 설득이 있은 후 핵무기 사용 동의를 철회한 것으로 알려지고 있다.[60)]

59) Robert Thompson and John Kegan (eds.), *War in Peace: An Analysis of Wartime from 1945 to the Present Day* (London: Orbis, 1981), p.67.

60) Philip Thody, *Europe since 1945* (London: Routledge, 2000), pp.241-242 ; Louis J. Halle, *The Cold War as History* (London: Chatto & Windus, 1967), p.297.

프랑스 몰락의 상징은 프랑스가 군사력을 엄청나게 쏟아부었던 디엔비엔푸의 함락이었다. 1954년 5월 7일 프랑스가 디엔비엔푸에 설치했던 기지들 중 최후까지 남아있던 기지가 마침내 항복하였다. 그 기지를 점령하고 있던 4개월 동안 프랑스군 7,184명이 목숨을 잃었고 베트남인은 총 2만 명이 사망한 것으로 추정되고 있다. 디엔비엔푸의 몰락이 상징하는 바는 매우 큰 것이었다. 프랑스 정부는 사임했고, 제4공화국의 취약성을 다시금 드러냈다.

디엔비엔푸의 함락 이후 인도차이나에서 평화를 정착시키는 것이 필수적이라고 믿었던 프랑스 정부는 식민지 포기를 결정하였다. 이에 따라 1954년의 제네바 외무장관 회담에서 북위 17도선을 따라 베트남을 두 개의 국가로 분할 독립시키기로 합의되었다. 마침내 북부에서는 호치민의 공산주의자들이 독자적인 정부를 수립하고, 남부에서는 친서방주의자들이 정부를 수립하였다.

(2) 알제리의 내전과 탈식민지화

프랑스 식민정부는 아프리카에서도 도전에 직면했다. 프랑스 제4공화국은 인도차이나를 잃었음에도 불구하고, 아프리카의 식민지 알제리는 그대로 유지하기를 바랐다. 1945년 알제리에서 그리고 1947년 마다가스카르에서의 무장반란에 대한 군대의 무자비한 진압으로 몇 년간 효과적으로 저항을 억제했다. 1950년대에 프랑스는 아프리카에서 두 가지 다른 정책을 펼쳤다. 사하라 북쪽에서는 비타협주의로, 남쪽에서는 민족주의자들의 요구를 받아들이고는 타협을 하였다. 1956년 남쪽의 식민지에게 프랑스 지도하의 대표정부를 허용하였다. 이는 2년 후 제4공화국을 몰락시킨 결정적인 원인이 되었다.

프랑스 정부는 연합(Union)을 대신하여 영연방과 비슷한 새로운 프랑스 공동체(Community)를 설치했다. 식민지들은 공동체 안에서 프랑스 원조하의 자치냐 아니면 프랑스의 지원 없는 완전한 독립이냐의 선택권이 주어졌다. 단지 기니만이 후자의 방법을 선택했다. 그러나 공동체라는 것은 허울뿐이었다. 그것은 연합(commonwealth) 구조의 융통성도 가지고 있지 않았으며, 민족주의 열정도 내포하지 못하였다. 불가피하게 아프리카의 프랑스 식민지들은 공동체 상태로부터 완전한 독립으로 진행해 나갔다.

알제리 분쟁은 크게 두 단계로 나눌 수 있다. 1954년부터 1958년까지의 첫 단계는 프랑스가 질서를 회복하려고 시도했던 단계로, 처음에는 개혁조치에 의존하다가 나중에는 본국의 군대가 파견되어 현지의 부대에 배속되었지만 별 효과를 거두지 못한 단계이다. 1958년부터 1962년까지 두 번째 단계는 전쟁이 국제문제화된 시기로, 프랑스는 유엔 총회에서 규탄의 대상이 되어 아시아–아프리카권의 제재결의안을 모면하여야 하는 치욕을 당하기도 하였다.[61)]

알제리에서는 1954년 가을부터 소요가 계속 늘어나고 있었으며, 독립운동 단체인 민족해방전선(FLN: National Liberation Front)이 프랑스에 대항하는 게릴라 활동을 강화하고 있었다. 그러나 프랑스는 알제리의 중요성 때문에 독립을 허용할 수 없었다. 알제리는 제2차 세계대전 당시 드골 장군의 활동근거지였으며, 냉전기간 소련 군대가 프랑스를 침공해 오는 경우 정부가 후퇴할 수 있는 피난처로 생각되는 곳이었다. 알제리에는 상당량의 석유도 매장되어 있어 경제와 무역 면에서도 무시할 수 없는 지역이었다. 특히 알제리 독립혁명은 프랑스가 인도차이나 전쟁에서 패배한 직후인 1954년 가을에 일어났기 때문에, 프랑스 정부의 태도는 강경하였다. 프랑스는 또 다른 패배를 당할 수 없다는 의지가 강하였기 때문에 무력진압을 결정하였다.

대체로 프랑스 본국의 정치인들이 보기에 알제리는 다른 프랑스의 지방과 아무런 차이가 없어 보였다. 그래서 알제리가 독립을 요구하는 것이 합법적인 요구로 보이지 않았다. 프랑스는 디엔비엔푸의 굴욕 이후 더 퇴각하는 것을 용인할 수 없었다. 군대는 그들의 위신을 회복하고, 아시아에서 경험한 게릴라 전쟁의 교훈을 적용하려 노력했다. 이 전쟁은 점차 양쪽 모두에 의해 잔인한 진압과 고통을 가져왔다. 징집병을 포함한 프랑스 군대가 알제리 전역에 배치되었으나, 그것은 결코 완전한 승리를 얻는 데에는 충분치 않은 것이었다.

알제리 인구의 10% 이상은 백인이었다. 알제리의 프랑스인들은 프랑스에 거주하는 것과 거의 같은 수준의 풍요로운 생활을 누리고 있었다. 약 100만 명의 프랑스인들이 거주하고 있었기 때문에 정부는 알제리를 헌법적으로 프랑스의 하나의 주 또는 대도시로 만들려는 계획을 수립하였다. 그러나 알제리에 정착해 있는 프랑스 주민들과 프랑스 군대는 알제리에서 아랍인들의 소요가 일어나는

61) 프레데리크 들루슈 편, 윤승준 역, 『새 유럽의 역사』(서울: 까치, 1995), pp.387-388.

것은 좌파 성향의 프랑스 정부가 튀니지와 모로코에 대해 관대한 정책을 실시했기 때문이라고 생각하고, 본국 정부에 대해 불만이 많았다. 결국 1956년 2월 기 몰레 총리의 알제리 방문시 프랑스 군중이 그를 공격함으로써 불만이 폭발하였다.[62]

알제리 내전은 제4공화국에서 제2차 세계대전 동안 자유 프랑스 지도자였던 드골 하의 제5공화국으로의 이행을 야기하였다. 알제리 내분은 1954년 11월 벨라(Ben Bella)가 설립한 민족해방전선(FNL)이라는 알제리 민족주의의 반식민 투쟁으로 시작했다. 프랑스계 알제리인 테러리스트들은 100만 명의 프랑스 이주자들에게 지배당한 약 900만 명의 토착 무슬림 알제리인들을 대표하였다. FNL은 반프랑스 투쟁을 하였고, 프랑스 군인과 경찰에 대항한 엄청난 공격을 가하였다. 이러한 충돌이 계속되면서 프랑스는 알제리 주둔 군대를 50만 명으로 늘렸다.

무력충돌이 양측 모두에 대한 학살로 이어지자, 프랑스 군대는 프랑스 이주자들에 대한 동정심을 보였고, 상황을 통제하지 못하는 프랑스 정부의 무능력함에 분노하게 되었다. 1956년 5월 12일 FNL과 휴전을 협상하려는 의도를 가진 새 프랑스 정부가 출범하였다. 다음날 알제리에 주둔한 군대가 세력을 장악하여 군사정부를 수립하고, 공공안전위원회를 설립하는 동시에 드골에게 프랑스계 알제리를 유지할 수 있는 국민정부 수립을 요청하였다. 5월 17일 프랑스 의회는 분쟁을 해결할 수 있도록 정부에 비상권을 부여하였다. 그동안 대항정부가 알제리에 수립되었고, 5월 24일 공공안전위원회가 코르시카(Corsica)의 정권을 장악하였다. 5월 28일 프랑스 코티(Coty) 대통령이 국가 안전 정부(government of national safety)의 형성을 드골에게 요청하였고, 6월 1일 의회는 드골을 수상으로 선출하였으며, 그는 새로운 헌법을 제정할 수 있는 권한을 부여받았다. 1958년 9월 28일 국민투표에서 새 헌법은 투표 참여자의 80% 지지를 받았고, 12월 21일 실시된 선거인단 선거에서 78.5%의 표를 획득하여 제5공화국의 대통령으로 선출되었다.[63]

62) 이주영 · 김성형, 『현대유럽의 역사: 제2차 세계대전부터 현재까지』, p.49.
63) Philip Thody, *Europe since 1945*, p.249.

이후 1958년과 1962년 사이에 FNL과 친 프랑스계 알제리 비밀 군사 조직(OAS: Algerian Secret Army Organisation)에 의해 보복적인 테러 캠페인이 자행되었다. 1958년 알제리 FNL의 공격으로 16명의 프랑스 군인이 살해되자, 이에 대한 보복으로 프랑스 공군은 파리정부의 허가를 받지 않고 게릴라의 거점인 튀니지의 사키엣을 폭격하였다. 프랑스 정부가 국제사회에서의 이미지를 고려하여 분쟁을 조정하자, 우파들은 정부를 비애국적이라고 맹렬히 비난하였다. 알제리에 거주하는 프랑스 군대와 정착민들은 회교도들에게 결코 독립을 허용하려 하지 않았다. 그 때문에 프랑스인 정착민들과 회교도들 사이에 식민지 전쟁이 벌어졌다.

궁극적으로 알제리 분쟁은 프랑스 정부를 크게 약화시켰다. 모든 사건과 정책들은 알제리와 연관되어 판단되었다. 이 분쟁은 또한 프랑스의 재정을 더욱 고갈시켰다. 그 전쟁은 거대한 경제 부담이었고, 결과적으로 모든 부분에 있어서 프랑스에게 잘못된 것으로 인식되었다. 기본적으로 드골은 식민지를 보유하기보다는 장래 프랑스의 이익을 보호해 줄 원주민 지도자를 내세워 독립을 허용하는 정책을 모색하였다. 알제리에서의 전쟁은 정부예산의 10분의 1을 소비하고 50만 명의 군대를 필요로 할 정도로 소모적인 것일뿐더러 드골은 이 전쟁에서 승리할 수 없다고 판단하여 철수를 계획하였다.

마침내 1960년 1월 알제리에서 드골의 계획에 반대하는 프랑스계 주민들의 반란이 일어나 24명이 사망하고 200명의 부상자가 발생하였다. 드골은 강력하게 대처하였고, 군대의 대다수도 그에게 충성을 보였다. 드골은 1961년 초 알제리에 자치정부를 허용하는 국민투표를 실시하여 승리하였다. 그러나 알제리의 일부 군대가 반란을 일으키자, 프랑스 국민들은 알제리 주둔 프랑스 군대가 프랑스 본토로 침공할지도 모른다는 두려움을 가지게 되었다. 그러나 드골은 우익의 지지를 호소하고 군대를 증강하며 외부에 대한 강력한 민족주의적 태도를 강화하였다. 결국 프랑스 정부는 나머지 아프리카 식민국가에 대해 프랑스와 경제적, 군사적, 정치적으로 연계하는 조건으로 독립을 허용하였다.

마침내 4년에 걸친 소모적인 전쟁을 거친 다음, 프랑스의 제5공화국은 1962년에 회교국가 알제리의 독립을 허용하였다. 그에 따라 80만 명의 알제리 거주 프랑스 주민이 프랑스로 되돌아왔다. 1962년 프랑스의 철수와 알제리의 독립을 인정하는 조약이 체결되었고, 국민투표에서 통과되었다. 알제리 전쟁은 프랑스에게는 1만 7,500명, 알제리에게는 20만 명의 인명피해를 가져다 주었다. 그러나 알제리의 독립을 계기로 프랑스의 탈제국주의화가 이루어졌고, 프랑스는 이제 국내와 유럽의 어려운 문제들에 자유롭게 대처할 수 있게 되었다.

2) 영국의 탈제국주의 과정

최대 규모의 식민지를 보유했던 영국은 보다 유연한 접근법을 채택하였고, 따라서 가장 최소의 분쟁을 경험했다. 영국 내의 여론은 분열되었다. 처칠은 그 자신이 제국의 정리를 맡지 않겠다고 선언했다. 그러나 그 문제는 1945년 선거에서 해결되었다. 승리한 노동당은 가능한 한 빠른 자유화를 허용했고 영국을 식민종주국으로부터 팔피시키려는 정책이 즉시 추진되었다. 보수당이 1951년 정권을 재장악할 때까지 그 과정은 순조롭게 진행되었다. 속도가 느렸지만, 저지되거나 되돌아가지는 않았다.[64]

제2차 세계대전 직후 집권한 노동당 정부의 치적 중의 하나는 인도의 독립을 허용해 줄 결정을 빨리 내린 것이다. 광대하고 자원이 풍부한 인도는 영국의 세계 전략에서 중심의 위치에 있을 정도로 중요하였으나, 영국은 인도를 포기하였다. 그 때문에 영국은 프랑스가 당한 많은 어려움을 피할 수 있었으며, 이는 다른 유럽 국가들의 식민지 정책에 교훈이 되었다. 현실적으로 영국이 수억의 인구를 가진 거대한 나라를 통치한다는 것은 불가능하다고 생각한 애틀리(Clement R. Attlee) 수상이 인도 독립 허용에 누구보다 적극적이었다. 인도는 1947년 8월 15일 독립하였고, 그 해에 영국군대는 인도로부터 철수하였다.

영국의 정책은 식민 국가의 민족주의 운동과 타협을 하는 것이었고, 그들을 영연방에 가입시켜 영국의 의회 및 행정 체계를 채택하게 하는 것이었다. 영연방은 식민지들에게는 독립을 보장해 주는 수단이 되었고, 영국에게는 그의 세력을 포기하지 않을 수 있는 수단이 되었다. 영국에서 교육을 받고 훈련을 받은 인사들로 구성된 영연방 정부들은 반공정부가 되었고 영국과 강력한 연계를 유지

64) Derek W. Urwin, *A Political History of Western Europe since 1945*, 5th ed., p.114.

하게 되었다.

1939년 이전에 영국은 이미 독립국인 캐나다, 호주, 뉴질랜드 그리고 남아프리카와 긴밀한 관계를 유지하기 위한 국제조직을 만들었다. 1918년 제국회의(Imperial Conference)때 상황은 바뀌기 시작했다. 과거 대영제국의 식민지였던 국가들은 모두 동등한 지위를 보장받아야 한다는 개념이 발전되기 시작하였다. 그리고 인도에게 자치권을 제공해 주었던 1931년 웨스트민스터법(Statute of Westminster)이 발효되면서 이 개념은 더욱 강화되었고 이와 동시에 "영국제국(British Empire)"은 "영연방(British Commonwealth of Nations)"으로 바뀌었다. 이 연방계획은 식민지배를 연결시키기 위해 고안된 것이었으며, 영국의 정부 모델과 유사한 체제를 영연방국가들이 받아들이도록 했다. 53개의 국가로 이루어진 연방은 라 코뮤나테 프랑세즈(*La Communautê Française*)보다 더 안정되게 존속되었다. 여전히 공식적으로는 영국 여왕이 영연방의 수장이지만, 연방에 속해 있는 모든 국가들이 군주제를 택하고 있는 것은 아니었다. 영연방의 회원국이 되기 위한 조건은 진지한 가입의사와 인권을 존중할 명백한 준비상태를 갖추는 것이었다.[65)]

영국령 골드코스트(Gold Coast)는 1957년 3월 6일 독립하여 가나(Ghana)라는 이름으로 재탄생했다. 영국은 아프리카 서해안에 자리잡고 있는 가나와 더불어 시에라리온(Sierra Leone)도 식민지로 두고 있었는데, 시에라리온의 수도인 프리타운(Free Town)은 1788년에 미국에서 탈출한 노예들의 피난처로 시작된 노예역사의 산실로 알려져 있다. 1808년 시에라리온은 아프리카에서 처음으로 영국제국 식민지가 되었으며, 1961년 4월 27일에 독립했다. 나이지리아는 아프리카에서 인구가 가장 많은 국가로서, 당시 인구는 영국 및 1914년까지 영국의 식민지이자 보호국으로 있었던 카메룬의 인구를 합친 것 보다 많은 약 6,000만 명에 달했다. 나이지리아는 1960년 10월 1일에 독립했다.

그러나 이 국가들 중에서 영국이 식민지의 유산으로 남겨주고자 했던 의회민주주의와 법치주의의 전통이 오랜 세월 유지된 나라는 단 한 군데도 없다. 가나는 독립 후에 사회주의 독재국가가 되었고 1966년에 군사 쿠테타가 있기 전까

65) Philip Thody, *Europe since 1945*, p.277.

지 은크루마(Kwame Nkrumah) 정권의 지배를 받았다. 가나의 독립 후 역사는 불안정한 문민 정부와 군사 쿠테타가 반복되는 양상을 띠고 있다. 다른 제3세계 국가들과 마찬가지로 가나는 국가도산을 겪으면서 IMF로부터 구제 금융을 지원받아야 했다.

케냐는 1895년부터는 영국의 보호국으로, 1920년부터는 영국 식민지로 있었다. 케냐에서 영국은 가장 좋은 토지를 원래의 소유주였던 부족들에게서 뺏어 소위 "백인 농부"들에게 나누어 주는 일이 있었다. 1952년부터 1959년까지 이에 분개한 케냐인들은 마우마우(Mau Mau) 반란을 일으켰고, 이에 영국은 이 반란이 진압되기 전까지는 케냐를 독립시킬 수 없다는 입장을 유지하였다. 1963년 12월에 독립한 케냐는 조모 케냐타(Jomo Kenyatta) 정권하에서 상대적으로 평화를 유지할 수 있었다. 그러나 새롭게 독립한 다른 국가들에서는 주 상품인 커피와 홍차의 가격이 변동함에 따라 경제가 흔들렸고 1995년에 닥친 경제침체는 거의 내전 상태까지 몰고 갔다.

3) 네덜란드, 포르투갈, 벨기에 식민지의 독립

전후 프랑스, 영국, 네덜란드, 포르투갈, 벨기에 등 5개국의 식민열강만이 남게 되었다. 이러한 열강들은 전쟁 초기에 통치력이 약화되었는데, 전후에 이전의 통제력을 회복하기 위해 노력하였다. 그들의 정책과 계획들은 매우 다양하였다. 대체로 영국과 프랑스는 권위와 위신 때문에 보다 현실주의적인 입장을 택하여, 현지 정치운동에 양보하려는 준비가 되어 있었다. 나머지 작은 세 국가들은 비타협적인 경향을 보였다. 그러나 이 국가들은 전후 중요한 문제에 직면했다. 모든 제국주의 국가들이 전후에 당면하였던 문제는 식민통치를 완전하게 유지할 수 있는 군사적 능력을 가졌는가의 문제였다. 처음에 그들은 자신들이 식민통치를 하기에 역부족이라는 점을 받아들이려 하지 않았으나, 점차로 모든 측면에서 부정적인 결론을 내릴 수밖에 없었다.

네덜란드는 해외식민지를 가지고 있었던 서유럽 국가들 중에서 식민지를 해방하는 데 가장 적은 시간을 소비했다. 네덜란드는 1900년을 기준으로 영국과 프랑스 다음으로 세계에서 세 번째로 많은 해외식민제국을 건설했었고 통치 인구는 포르투갈의 식민 통치 인구보다 더 많았다. 1945년 당시 네덜란드 해외식민지는 주로 네덜란드령 동인도에 집중되어 있었는데 이 지역의 인구는 6,500만 명에 달했다.

네덜란드인들은 동인도 지역에서 옛 식민지배의 틀을 회복하고 싶어했는데, 이는 동인도에서의 생산이 네덜란드 경제의 중요한 자산이었기 때문이었다. 그러나 일본군이 전쟁 기간 완전한 지배를 하였을 뿐만 아니라, 민족주의 조직들의 발전을 고무하여 이들이 복귀하는 네덜란드인들에 대하여 무력저항을 하게 되었다. 네덜란드는 반란을 진압하기 위한 군사력을 보유하고 있지 못했으며, 결국 1949년에 인도네시아를 독립시켜 주어야만 했다.[66]

네덜란드는 애초에 인도네시아 내 반군을 진압하기 위해 한두 번 "경찰 공권력"을 사용한 적이 있었다. 그러나 네덜란드의 공권력 사용을 비난하는 전 세계의 여론이 비등하자 (특히 호주와 인도에서) 네덜란드 정부는 1949년 8월에 인도네시아의 미래를 논의하기 위한 헤이그 회의 개최에 동의했다. 이는 네덜란드가 큰 저항 없이 국제 여론의 압력에 굴복한 아주 중요한 사건으로 기억되고 있다. 네덜란드와 달리 프랑스와 포르투갈은 각각 알제리와 모잠비크 식민지와 관련한 비슷한 문제에서 국제적 여론의 압력에 끝까지 굴하지 않았다.

벨기에와 포르투갈은 운이 좋은 편이었다. 두 나라는 교육받은 현지 엘리트들을 훈련하고 동화시키는 노력을 별로 기울이지 않았다. 그들의 아프리카 식민지들은 2차대전의 전장으로부터 멀리 떨어져 있었기 때문에 그들은 1945년 이후까지 식민지 정책을 안정적으로 유지할 수 있었다. 1950년대 말에 이 나라들은 심각한 식민지 반란에 직면하게 되었다. 대부분의 저개발된 포르투갈 식민지들은 아프리카 탈식민화의 마지막 시기인 1970년대가 되어서야 독립을 얻어낼 수가 있었다.

그러나 벨기에는 1960년 콩고를 떠나야만 했다. 그때까지 콩고는 국경선 대부분을 독립 국가들과 맞대고 있었는데, 이들은 반체제 인사들을 고무하고 그들의 도피처가 되었다. 비록 벨기에가 뒤늦게 온화한 태도로 벨기에와 콩고 간의 완전한 연합을 모색하는 방향으로 생각을 바꾸었지만, 콩고의 지도자들은 이 안

66) Derek W. Urwin, *A Political History Of Western Europe since 1945*, 5th ed. p.113.

을 거부하였다. 1959년 무력 충돌이 일어났을 때, 벨기에는 대응할 만한 방어력의 부재로 점진주의를 포기하고 그해가 가기 전에 즉각적인 철수를 선택하였다. 여러 개의 부족으로 복잡하게 구성되어 있던 콩고는 독립 준비가 가장 안 된 나라 중의 하나였다. 이 신생국가는 유혈내전에 의해 국가가 붕괴단계에 접어들었고 이 상황들은 결국 유엔군의 중재를 통해 회복되었다.

포르투갈의 계획은 그들의 식민지를 완전히 자국의 한 부분으로 간주하는 것이었다. 따라서 이론적으로 그들에게는 식민지는 없었고, 독립을 요구하는 것은 반란으로 여겨질 수 있었다. 다른 한편, 포르투갈은 유럽과 아프리카에서 정치적 행동을 규제하는 동일한 정책을 취했다. 그것은 남아프리카의 이웃국가들과 그들의 인종차별정책에도 불구하고, 로마 가톨릭 교회의 역할에 힘입어 인종갈등이 상대적으로 적다는 것을 의미했다. 그러나 모국에서의 독재 지배의 약화와 군부 내에서의 불안, 그리고 대부분이 원주민의 지배하에 있는 아프리카의 상황 등으로 포르투갈은 아프리카 식민지의 독립을 막을 수 없었다.

포르투갈이 결국 아프리카에서 식민지를 포기하도록 만든 전투들이 발생하였다. 기니-비소(Guinea-Bissau)의 경우 1959년 8월, 앙골라의 경우 1961년 2월 4일, 모잠비크의 경우 1964년 9월 25일에 전투가 시작됐다. 이 국가들에서 포르투갈은 기습을 당한 셈이었는데, 이는 포르투갈이 자신의 선전을 지나치게 과신하는 치명적인 실수를 저질렀음을 보여주는 증거라고 볼 수도 있다. 포르투갈은 앙골라에 약 3,000명, 기니-비소에는 주둔 병력이 전혀 없었기 때문에, 1961년 2월 공세에 대한 초기의 대응은 일련의 공습을 하는 것이었다. 이 공습은 1961년 8월부터 9월까지 3만 명의 아프리카인들의 목숨을 앗아갔다. 1970년까지 포르투갈은 총 15만 명의 병력을 투입했다. 1974년 8월에 전쟁이 끝날 즈음에 1만 1,000명 가량의 포르투갈 병사가 목숨을 잃고 3만여 명이 부상당하거나 불구가 되었다. 1974년 11월 10일에 아프리카 식민국가들이 포르투갈로부터 공식적으로 독립하게 되기까지 거의 50만 명의 아프리카인들이 목숨을 잃었다.

4. 데탕트: 냉전대립의 완화와 동 · 서 화해의 모색

1950년대 중반 이후 냉전이 격화되면서 동서 양 진영은 세계 전 지역에 보다 많은 공산주의와 자본주의 국가를 수립하려는 팽창전략을 추진하게 되어 대립이 격화되었다. 또한 핵무기 개발, 생산, 배치의 경쟁으로 힘의 균형(balance of power)이 아니라 위협의 균형(balance of terror)이라는 불안정한 세계질서가 창출되었다. 소모적인 냉전대립이 격화되면서 일부에서는 안정적이고 발전적인 새로운 세계질서 창출의 시도가 시작되었다.

1) 냉전질서의 변화와 새로운 국제환경

1950년대 중반이 지나면서 냉전구도는 소련에게 유리해져 가는 듯이 보였다. 1957년에 소련은 대륙간핵탄도미사일(Inter-Continental Ballistic Missile)을 보유하게 되었고, 1957년 10월 인류 최초의 인공위성 "스푸트니크(Sputnik)"호가 성공적으로 발사되어 소련의 발전된 기술적 업적이 전 세계에 드러나게 되었다. 흐루시초프(Nikita Khrushchev)는 소련의 공산주의 체제가 우월하기 때문에 언젠가는 서방의 자본주의 체제를 능가할 수 있을 것이라는 확신을 가지고 있었다. 소련은 서방 강대국들에 대해 반감을 가지고 있는 제3세계 국가들의 절대적인 지지를 받고 있었다.

이러한 상황에서 미국과 소련이 직접적인 핵 문제로 인하여 대결을 벌인 쿠바 미사일 위기 사건이 발생하였다. 쿠바의 공산화에 고무된 흐루시초프는 미소 간의 미사일 능력차이를 극복하는 방법으로 쿠바를 이용하겠다는 결심을 굳혔다. 그는 쿠바에 소련핵무기를 배치한다면 세 가지 측면에서 유리하다고 판단하였다.

소련이 쿠바에 미사일 기지의 건설을 시작하였을 때 미국이 택할 수 있는 세 가지 선택대안은 쿠바에 건설중인 미사일 기지에 대한 폭격, 쿠바에의 군대파견, 소련의 미사일이 쿠바에 상륙되지 못하도록 하는 쿠바의 해안봉쇄 등이었다. 첫째와 둘째 대안은 전쟁발발의 위험이 높은 이유로 택하기가 어려웠다. 따라서 케네디 정부는 세 번째 대안을 선택하였고 전쟁이 발발하면 소련의 열세가 분명하다는 판단을 한 흐루시초프는 결국 이에 굴복하여 쿠바로부터 미사일을 철수시켰다.[67]

1962년 10월의 쿠바 미사일 위기 이후 소련은 미국과의 군사적 불균형을 시정하기 위하여 군사력 증대작업을 적극적으로 추진하였다. 군비 지출과 군의 발전은 1960년대 후반까지 소련이 군사적 기술과 전문가와 같은 수많은 분야에서 서방 세계를 따라 잡았거나 혹은 훨씬 능가했을지도 모른다는 것을 서방 국가들이 인식하게 만들었다.

1960년대 말까지 미국이 누리던 힘의 우위 시대가 지나가고, 70년대 들어 미국의 힘은 상대적으로 약화되기 시작하였다. 이는 미국 자체의 힘이 약해졌다기보다는 다른 나라들의 국력이 상승하여 미국이 상대적으로 약화된 것이다. 1972년까지 소련은 전략핵무기에 있어서 미국과의 격차를 거의 줄일 수가 있었고, 미국은 소련과의 핵능력이 동등하게 되었다는 사실을 공식적으로 인정하였다.

군사력에 있어서 더 이상 우위를 누릴 수 없게 된 미국은 데탕트를 외교정책의 새로운 목표로 삼게 되었다. 닉슨(Richard Nixon) 대통령과 키신저(Henry A. Kissinger) 국무장관의 주도로 추진된 미국의 데탕트 정책은 강대국의 전략적 균형, 중소분쟁과 미국의 신고립주의를 배경으로 하고 있었다. 소련도 극한적인 군사대결에 의한 강요와 압력보다는 유화적인 태도를 지향함으로써 데탕트를 향한 양 강대국의 이익이 합치되었다. 군사적으로 양극체제가 유지되고 있는 상황에서 전통적 세력균형 개념이 도입되어 이를 바탕으로 한 세계전략이 추진되기 시작한 것이다. 데탕트는 초강대국간의 평화적 관계를 제도화시키는 하나의 전환점이었다.

미국의 데탕트 정책은 대중국 화해로부터 시작되었다. 당시 한창 고조되어 가던 중국과 소련 간의 갈등이 미국으로 하여금 중국과 접근하는 데 유리한 여건

67) Wayne C. McWilliams and Harry Piotrowski, *The World since 1945: A History of International Relations*, 3rd ed. (Boulder: Lynne Rienner Publishers, 1993), p.93; David Horowitz, *The Free World Colossus: A Critique of American Foreign Policy in the Cold War* (New York: Hill and Wang, 1971), pp.342-345; Edgar M. Bottome, *The Balance of Terror: A Guide to the Arms Race* (Boston: Beacon Press, 1971), pp.120-121, pp.158-160.

을 조성해 주었다. 미국은 팽창되어 가는 소련의 힘을 봉쇄하는 데 중소분쟁을 사용한 것이다. 1972년 닉슨의 중국방문 말미에 발표된 "상하이 공동선언"에서 미국과 중국은 아시아에서 어느 강대국도 패권(hegemony)을 장악하는 데 반대한다는 합의를 하였다. 여기서 지칭하는 강대국은 소련이 분명하였다.[68]

미국은 중국과 관계를 개선함으로써 소련을 압박하여 결국은 소련으로 하여금 공세적이고 대결적인 태도를 버리고 유화정책을 채택하도록 하는 정책도 병행하여 추진하였다. 따라서 미국의 대중국 데탕트 추진 정책의 또 다른 목표는 소련과의 데탕트였다. 소련의 입장에서도 1970년대 초반에 접어들어 미국과의 화해가 필요하였다. 소련은 서방, 특히 미국과의 무역, 기술, 신용거래가 필요하였고, 미중화해가 지연되기를 바랐고, 수백만 톤의 미국산 밀이 필요하였다. 급기야 미국과 소련의 관계도 "정상화" 되어 수십 년 만에 처음으로 강대국 간 전쟁발발의 위험이 줄어들게 되었다. 호전적인 관계가 협력적인 관계로 전환되었고, 상호방문, 문화교류, 무역협정 등이 위협, 경고, 대립을 대체하였다.

2) 동 · 서독의 화해

동서진영의 긴장이 완화되고 데탕트가 시작된 배경에는 동서독의 화해가 큰 역할을 하였다. 분단 이후 1960년대 중반까지 서독은 동독을 국가로 인정하지 않고 서독이 독일의 유일합법정부라는 원칙을 견지하고 있었다. 그러나 1960년대 후반 브란트(Willy Brandt) 정권은 동방정책을 추진하며 동유럽공산국들과 외교관계를 가졌고, 동독에 대하여 양보를 기저로 한 접근을 시도하였다. 1971년 3월 동서독 정상회담을 개최하였고 다음 해 동서독 기본조약을 체결하였다. 유럽에서 동서대결의 상징이었던 동서독이 화해와 협력을 시작함에 따라 세계적으로 데탕트가 원활하게 추진될 수 있었다.

1962년과 1979년 사이 NATO와 소련의 관계가 상당히 개선되었다. 데탕트 과정에서 NATO와 소련은 좀 더 영구적이고 안정적인 관계를 설정하기 위하여

68) John Spanier, *American Foreign Policy Since World War Ⅱ*, 11th ed. (Washington D.C: CQ Press, 1988), pp.199-200.

일련의 협정들을 체결하였다. 이들은 독일 사회민주당(SDP: Social Democratic Party) 당수였고, 1969년 10월부터 1974년 5월까지 서독의 수상이었던 브란트에 의해 추구된 동방정책(Ostpolitik)의 산물이었다.[69]

동서독 관계에 대한 브란트의 시각은 이전 기독교민주연합 지도자들의 관점과 기본적으로 달랐다. 독일연방공화국의 설립자인 아데나우어(Konrad Adenauer)와 그의 후계자 에르하르트(Ludwig Erhard)와 달리, 브란트는 동독을 적대세력 또는 받아들일 수 없는 체제로 간주하지 않았다. 브란트가 1969년 10월 수상이 되고 나서 처음으로 실행한 것 중 하나는 할슈타인 독트린을 포기하는 것이었다. 할슈타인 독트린은 1955년에 이 독트린을 공식화한 외무장관인 할슈타인(Walter Hallstein)의 이름을 본따서 지은 것으로, 서독이 소련을 제외하

동방정책(Ostpolitik)

문자 그대로 "동방(동쪽)을 향한 정책"이다. 이 용어는 1969년에 서독에서 하원 선거가 치러지고 난 후에 결성된 사민당(SPD)과 자유민주당(FDP)의 연립정부가 채택한 혁신적인 정책노선을 일컫는 말이다. 동방정책은 브란트가 1966년부터 1969년까지의 대연립 정부 때 외무부 장관으로 있으면서 이룩해 놓은 업적이 공고화된 것으로 볼 수 있다.

동방정책은 중동부 유럽의 공산주의 진영 국가들과의 적대적 관계를 추구하는 정책을 포기하고, 대신 동독과 폴란드를 분할하는 Oder-Neisse 국경으로 대표되는 국가간 경계들에 관하여 현상유지(status quo)를 외교적으로 인정하고, 동독을 법적으로는 아니지만 실제상으로 별개의 국가로 인정하는 것을 골자로 하는 정책이었다. 또한, 동방정책은 평화로운 분위기에서 동구권 국가들과의 무역, 문화교류 그리고 기타 다른 형식의 접촉을 추진하려는 노력을 포함하였다.

동방정책은 성공했다는 평가를 받고 있다. 특히 서독과 동유럽 국가들과의 관계 개선의 기초가 된 4개의 조약은 큰 의의를 갖는다. 1970년 서독이 각각 소련과 폴란드와 맺은 조약, 1971년 프랑스, 영국, 미국, 그리고 소련이 서명한 베를린 지위에 관한 협정, 1972년 서독과 동독이 체결한 조약형식의 기본협정 등 총 4개이다. 이 중 마지막 협정이 조약으로 불리지 못했던 이유는 서독이 동독을 외국으로 인정하는 것을 거부했기 때문이다.

69) 그 전에 브란트는 1957~1966년 사이에 서베를린의 시장이었고, 1958~1962년 위기 동안 서방 열강들과 훌륭한 관계를 유지하였다. 1966년 11월 브란트는 사민당을 보수당인 기독교민주연합(CDU: Christian Democratic Union)과의 대연정에 참여시켰고, 이 정권에서 외상을 맡았다.

고 동독을 외교적으로 승인한 어떤 국가들과도 외교 관계를 가질 수 없다고 선언한 외교원칙이었다.

1970년 동서독은 양측의 관계를 공식적이고 법적으로 규정짓는 일련의 협정을 체결하였다. 이 두 정부는 우편과 전화 통신 협정을 체결하였고, 1970년 3월 19일 브란트는 동독 각료 의장인 스토프(Willi Stoph)와 정상회담을 개최하였다. 1970년 8월 12일 모스크바 조약이 조인되었는데, 이 조약에서 서독은 제2차 세계대전 종료와 함께 소련과 폴란드에 병합된 독일 영토를 사실상(*de facto*) 승인하였다. 12월 7일 조인된 바르샤바 조약은 1945년 폴란드에게 주어진 새로운 국경선에 대하여 불가침을 보장하여 후일 서독이 잃어버린 영토를 회복하려는 시도에 대한 근거를 없애버렸다.

이러한 조약들은 제2차 세계대전 발발 38주년 기념식이 있었던 1971년 9월 3일에 체결된 협정으로 이어졌는데 이 협정은 프랑스, 영국, 미국의 군대가 서베를린에 자유롭게 출입(free access)할 수 있고 주둔할 수 있는 권리를 보장하였다. 결국 서독과 동독 사이의 기본 조약에 의해 양국은 상호 체제가 존재할 권리를 인정하였다.

3) 유럽 다자안보협력체제의 구축

데탕트 기간 동안 가장 핵심적으로 이루어졌던 대화는 군축문제였다. 공산측과의 군비통제 협상에 임하는 서방측의 자세는 소련의 동유럽 지배를 인정하는 것이었다. 나토 국가들은 브레즈네프 독트린에 대하여 별다른 반응을 보이지 않았고, 사실상 이를 수용하였다. 그것은 러시아식 사회주의를 확산시키기 위한 헌장(charter)은 아니었고, 단지 이미 존재하고 있는 사회주의 국가가 혁명으로 전복되지 않도록 보장하는 것일 뿐이었다. 이는 1975년 8월 데탕트가 최고점에 이르도록 한 헬싱키 협정 혹은 최종 의정서에 의해 명백하게 받아들여졌다. 1975년 7월 핀란드 수도에서 나토 회원국과 바르샤바 조약기구 회원국들을 포함한 35개국 대표들이 참석한 회의 결과 헬싱키 협정이 체결되었다.

최종의정서는 세 가지 문제를 다루었다. 첫째는 군사 분야로 기습공격의 위협과 우려를 불식시키기 위한 것이었고, 둘째는 경제 · 정치분야의 협력, 셋째는

헬싱키 협정(Helsingki Agreement)

헬싱키 협정서(혹은 헬싱키 최종의정서라고도 불림)는 1975년 헬싱키 회의에 참가한 35개국이 유럽의 안보, 동서간의 경제 협력과 인권에 대하여 채택한 합의서였다. 이 의정서는 국제 조약의 지위를 가지지 않았으나, 협력의 약속과 정치적 의미를 지닌 성명서였다. 서명한 국가들은 알바니아를 제외한 유럽 모든 국가와 캐나다, 미국을 포함하였다. 헬싱키 회의는 또한 유럽안보협력회의(CSCE: Conference on Security and Cooperation in Europe)를 설립하였는데, CSCE는 1990년까지 유럽의 자본주의 진영과 공산주의 진영, 그리고 미국과 캐나다가 참여하여 공동의 관심사에 관하여 토론하기 위해 설립한 단지 회의체에 불과하였다. 헬싱키 의정서를 염두에 두고 유럽 공동체의 회원국들은 유럽정치협력(EPC: European Political Cooperation)이라는 제도를 통해 외교 정책을 처음으로 조정하였다. 헬싱키 의정서의 인권 조항은 강대국 간의 대화에서 거론되었고, 소련은 이 제도에 이의를 제기하였다. 미국의 카터 대통령은 소련에서의 인권 학대, 특히 반체제 인사를 다루는 것을 비난하는 데 헬싱키 최종의정서를 사용하였다.

인권의 존중에 대하여 다루었다. 또한 유럽안보협력회의(CSCE: Conference on Security and Cooperation in Europe)를 설립하였고, 훗날 이 기구는 냉전대립 완화 및 냉전종식 이후 유고슬라비아 분리 전쟁을 해결하기 위해 수많은 노력을 기울였다. 헬싱키 협정은 유럽의 분단을 인정했을 뿐만 아니라, 유럽대륙 전체에서 인권문제에 대한 개입을 명문화하였다.[70)]

1973년 헬싱키에서 첫 회의를 가진 유럽안보협력회의에는 알바니아를 제외한 유럽 모든 국가와 캐나다, 미국 대표들이 참석하였다. 분단국가로서 동독의 존재를 인정하려는 서독의 의지와 데탕트, 군비축소에 대한 욕구에 의해 만들어진 새로운 환경 속에서 1945년부터 두드러졌던 몇몇 문제들을 해결하고, 경제 관계를 향상시키기 위한 다자협상의 가능성 등을 다루었다. 소련은 특히 전후 국경선 문제를 해결하고 소련의 지위를 국제적으로 공고화시키기 위해 이러한 협상에 상당히 오랫동안 전념하였으며, 따라서 소련은 CSCE를 지지하였다.

회담의 첫 번째 성과는 1975년 8월 세 개의 "배스킷(baskets)"으로 분리된 헬

70) Mike Bowker, "Europe and the World: The Impact of Globalizatio," in Richard Sakwa and Anne Stevens (eds.), *Contemporary Europe* (New York: Palgrave, 2000), pp.203-204.

싱키 의정서를 체결한 것이다. 첫 번째는 전후 설정된 국경선을 재확인하였다. 두 번째는 경제 문제와 관련되었다. 첫 번째, 두 번째 배스킷에서 전후 국경선의 공식적 인정과 경제, 안보의 이점을 얻고자 했던 소련은 공산주의 동맹국들과 함께 인권 항목에 포함된 여러 문제들을 다루는 세 번째 배스킷에도 기꺼이 서명하였다.[71] 이 문서는 법적으로 구속력이 있는 조약은 아니었으며 단지 의지의 표명이었다. 그럼에도 불구하고, 모든 공산국가들이 언론과 이동의 자유, 다른 여러 가지 측면에서의 자유를 보장하기로 약속하는 문서에 서명하여 국민들에게 이 인증된 공식 문서를 제공함으로써 후일 공산주의 체제의 붕괴에 중요한 촉매제 역할을 하였다.

5. 신냉전과 냉전의 종식

냉전은 두 개의 다른 체제가 대립하였던 것이었기 때문에 데탕트에도 불구하고 두 체제가 존속되는 한 냉전의 종식은 불가능하였다. 냉전은 협상이나 절충에 의하여 종식될 수 없는 것이었고, 체제경쟁에서 한 체제가 다른 체제를 붕괴시켰을 경우에만 가능한 것이었다.[72] 결국 데탕트는 와해되었고, 1980년부터 새로운 대립, 즉 신냉전이 시작되었고, 이는 10년 후 냉전의 종식으로 이어졌다.

1) 데탕트의 종식과 신냉전 질서의 형성

데탕트에도 불구하고 1972년 이후 소련의 군사력은 증대되었다. 소련의 국방예산은 매년 3~5% 증액된 반면, 1970년대 미국의 군사비는 1950년 한국전쟁 이전의 수준, 즉 GNP의 5% 이하로 떨어졌다. 미국에 비하여 절반 규모의 경제

71) Vojtech Mastny, "The Helsinki Process and a New Framework of European Security," in Jonathan Story (ed.), *The New Europe* (Oxford: Blackwell, 1993), pp.421-442.

72) Fred Halliday, "Cold War as Inter-Systemic Conflict: Initial Theses," in Mike Bowker and Robin Brown (eds.), *From Cold War to Collapse: Theory and World Politics in the 1980s* (Cambridge: Cambridge University Press, 1993), p.24.

력을 가진 소련의 군사비가 미국을 능가하기 시작하였다. 소련은 유럽에 재래식 전력을 강화하였고, 특히 해공군 수송능력을 향상시켰다. 60년대 말에 핵전력에 있어서 미국과 균형을 이룬 소련은 1970년대 전체 군사력에 있어서 미국을 앞서기 시작한 것으로 평가받았다.[73)]

1978년 나토 회원국들은 소련이 유럽에서 재래식 전력을 증강시키는 것에 대항하기 위하여 국방예산을 매년 3% 증가시키기로 합의하였다. 1970년대 후반 소련의 SS-20s 미사일 배치에 대항하여 나토는 크루즈(Cruise)와 퍼싱 II (Pershing II) 핵 중거리 미사일을 독일, 이탈리아 등지에 배치하려는 계획을 수립하였다. 독일을 비롯한 각지에서 이 결정에 대한 시위가 계속되었고, 이는 반미갈등으로 이어졌으나, 결국 미사일 배치는 이루어졌다.[74)]

궁극적으로 1970년대 초반에 시작된 데탕트는 1970년대 말을 기하여 종식되고 새로운 갈등이 시작되었다. 데탕트 체제가 10년도 버티지 못하고 붕괴된 것은 데탕트 자체가 갈등적인 요소를 함유하고 있었기 때문이었다. 닉슨-키신저는 "소련 봉쇄의 새로운 형식"으로 데탕트를 추구하였고, 소련은 "스스로를 봉쇄"하였다는 평가가 있는가 하면, 키신저는 "기존의 봉쇄정책의 목표를 달성하기 위한 새로운 수단"으로 데탕트를 추구하였다고 하였다.[75)]

데탕트의 절정이었던 1975년 유럽안보협력회의의 계기가 되었던 헬싱키 협정도 위기를 맞게 되었다. 헬싱키 협정의 한 분야에서 서방은 소련 블록이 특히 반체제 인사를 처단하는 것을 금지시킴으로써 인권을 좀 더 중요시 여기기 시작해야만 한다고 주장하였다. 특히 헝가리와 몇몇 국가들이 이러한 협정의 일부를 지킨 반면, 소련과 체코슬로바키아 등 다른 국가들은 비판적인 지식층들을 박해하기 시작하였다. 이는 미국의 카터(Jimmy Carter) 대통령과 같은 서방 지도자들에게는 받아들이기 힘든 것이었다. 특히 그는 상당히 많은 공산주의 국가들이

73) John Lewis Gaddis, *Strategies of Containment: A Critical Appraisal of Postwar American National Security Policy* (Oxford: Oxford University Press, 1982), pp.320-322.

74) Richard Sakwa and Anne Stevens, *Contemporary Europe* (New York: Palgrave Foundations, 2000), p.42.

75) Charles W. Kegley and Eugene R. Wittkopf, *World Politics: Trend and Transformation*, 3rd ed. (London: Macmillan, 1989), p.81.

언론, 집회, 결사, 여행의 자유에 대한 노골적인 무시를 계속하는 동안에는 동-서 관계의 지속적인 향상을 수용하려 하지 않았다.[76)]

1970년대 후반 들어 소련의 1개 전투여단이 쿠바에 주둔하고 있는 사실이 알려졌고, 특히 소련군이 아프가니스탄을 침공하여 그동안 진행되었던 데탕트가 위기를 맞게 되었다. 소련군이 아프가니스탄을 침공하자 서방국가들은 소련의 이러한 행위가 소련의 전세계적 욕심을 나타낸 것이라고 우려하게 되었다. 소련은 특히 아프리카 지역의 공산주의 혁명을 대대적으로 지원하고 있었다. 1975년부터 소련은 앙골라, 소말리아, 에티오피아, 모잠비크 등에 무기를 제공하였고, 쿠바 군인들이 소련 비행기를 이용하여 앙골라와 에티오피아에 입국하여 아프리카 군인들을 훈련시키고 있었다.

당시 미국은 소련의 핵선제공격 능력에 대하여 깊은 우려감을 가지고 있었으며, 군부는 대통령에게 이에 대적할 만한 능력을 미국도 보유하여야 한다는 요구를 하였다. 소련의 입장에서도 미국은 전략적 우위를 확보하기 위하여 새로운 군비경쟁을 시작하였다는 평가를 내리고 있었다. 더욱이 소련은 이웃국가들이 서방의 선동으로 소련과 적대감을 가지고 포위하고 있다는 우려감을 가지고 있었다.[77)]

1980년 1월 카터 대통령은 전해 6월에 브레즈네프와 서명하여 의회에 비준을 위해 제출하였던 SALT Ⅱ 협정안을 철회하였다. 소련에 대한 불신이 미국인들 사이에 깊이 자리잡기 시작하였다. 이러한 인식하에 카터 대통령은 "카터 독트린"을 발표하였는데, 그 내용은 소련이 아프가니스탄에 구축한 기지를 사용하여 중동유전까지 세력권을 확장하려 한다면 미국은 소련에 대하여 무력행사를 할 것이고, 1980년 모스크바 올림픽을 전 세계적으로 거부하도록 하고, 데탕트 기간 동안 증대된 소련에 대한 곡물수출과 양국간의 교역을 중단할 것이라고 선언하였다. 미국은 이와 함께 전 세계 어느 곳에도 개입할 수 있는 군대인 신속대응군

76) Leslie Holmes, *Post-Communism: An Introduction* (Durham: Duke University Press, 1997), p.29.

77) Robin Brown, "Introduction: Towards A New Synthesis of International Relations," in Mike Bowker & Robin Brown (eds.), *From Cold War to Collapse: Theory and World Politics in the 1980s* (Cambridge: Cambridge University Press, 1993), p.1.

(RDF: Rapid Deployment Force)을 창설하였다. 이로써 미국과 소련 간의 적대감이 다시 팽배하게 되었다.

카터 이후 대통령으로 취임한 레이건(Ronald Reagan)은 소련 공산주의를 "현대세계 사악의 중심(focus of evil)"이라고 비난하면서 소련과의 대립을 시작하였다. 소련과의 대결을 선과 악의 차원에서 해석한 레이건은 군사력 증강에 심혈을 기울여, 3년 사이에 미 국방예산을 40%나 증액하였고 핵 및 재래식 무기의 현대화 프로그램을 야심 있게 추진하였다.[78)]

레이건은 군비증강 정책과 더불어 강력한 군비통제 협상도 전개하여, 소련으로부터 되도록 많은 양보를 받아내려는 정책을 추구하였다. SALT가 미국의 국익에 배치된다는 평가를 내린 레이건은 새로운 전략무기감축협상(START: Strategic Arms Reduction Talks)을 시작하고, 소련의 장거리 미사일을 대규모 감축하도록 하는 시도를 하였다.[79)]

2) 냉전종식과 유럽다자안보협력체의 역할

1980년대 들어서 안드로포프-체르넨코로 이어지는 지도층의 변화와 당면한 심각한 경제 침체로 소련은 개혁이 절실히 필요한 상황이었다. 개혁을 추진할 의지와 능력이 부족한 구체제는 새로 등장한 고르바초프 당 서기장의 적극적인 개방 · 개혁 정책을 지지하지 않을 수 없었다. 기성 수구 세력에 대한 반대 세력이 조직되었고, 이들에 의한 대규모 민주화 운동이 전개되었지만, 구 체제는 과거처럼 무력을 사용하여 이들을 진압할 수 없었다. 고르바초프의 개혁 정책은 1987년 1월 공산당 중앙위원회에서 공식 지도 이념으로 채택되었고, 이어 당 협의회에서 당 기관의 임기제와 복수 후보제에 의한 보통선거 실시 등이 결정되었다.

고르바초프는 소련공산당 총서기로 취임한 지 약 한 달 후인 1985년 4월 7일

78) 레이건의 군사비 증액 및 군비증강정책은 Fred Halliday, *The Making of the Second Cold War* (London: Verso, 1983), pp.234-242. 참조.

79) Jeff McMahon, *Reagan and the World: Imperial Policy in the New Cold War* (London: Pluto Press, 1984), pp.45-61.

나토의 중거리핵미사일 배치에 대한 대응전략을 세우지 않을 것이고, SS-20 미사일 배치의 일시적 중지를 선언하였다. 같은 해 8월 고르바초프는 핵실험의 일시적 중단도 일방적으로 선언하였다. 또한 유엔평화유지활동을 적극적으로 지원하겠다는 의사를 표명하고, 국제원자력기구(IAEA: International Atomic Energy Agency)에 협조하기 시작하였으며, 1985년 10월 전략무기감축협상(START)을 재개하였다.[80)]

이러한 소련의 화해정책에 따라 결국 미국과 소련의 지도자들은 1987년 12월 중거리핵무기폐기(INF) 조약을 워싱턴에서 조인하였다. 1988년 발효된 이 조약은 무기제한협정 가운데 가장 광범위한 것이었다. 사정거리 300~3,000마일의 모든 미사일을 유럽에서 철거하도록 결정하였다. 1989년 4월에 체결된 제네바 협정에 의거하여 소련군은 아프가니스탄에서 철수하였다. 또한 쿠바, 베트남, 니카라과 같은 제3세계 동맹국들에 대한 지원도 중단하였다. 이와 더불어 중남미, 아프리카, 인도차이나와 중동에서 장기간 지속되어 온 지역분쟁을 정치적으로 해결하도록 유도하였다.[81)]

1988년 12월 고르바초프는 유엔에서의 연설을 통해 소련의 군사 독트린은 "합리적 충분성(reasonable sufficiency)"과 "방어적 방어(defensive defence)"로 변화할 것이라고 선언하였다. 이러한 군사 독트린의 변화는 유럽과 아시아의 소련군 50만을 일방적으로 감축하는 공약으로 확인되었다. 1989년 동유럽국가들에 의한 바르샤바 조약기구의 해체를 소련은 무력으로 막을 의사와 능력이 없었고, 심지어 소련은 동유럽의 개혁을 고무하는 듯한 태도를 보이기까지 하였다. 서독의 동독흡수 통일을 제지할 수 없었고, 통일독일의 나토 가입도 승인하지 않을 수 없었다.

결국 미 · 소 양 강대국은 핵무기 감축을 시작하였고, 서로를 더 이상 적으로 생각하지 않고 화해와 협력의 시대에 접어들게 되었다. 40여 년간 국제체제를

80) Janice Gross Stein, "Political learning by doing: Gorbachev as uncommitted thinker and motivated learner," *International Organization*, 48, No.2 (Spring, 1994), pp.155-184.

81) Mike Bowker, "Explaining Soviet Foreign Policy Behavior in the 1980s," in Mike Bowker & Robin Brown (eds.), *From Cold War to Collapse: Theory and World Politics in the 1980s* (Cambridge: Cambridge University Press, 1993), p.104.

지탱해 온 냉전체제가 종식되었고, 불안정적이지만 평화적인 미래를 맞이하게 된 것이다. 냉전대결에서 서방측이 공산진영에 대하여 승리한 것으로 평가되었다. 케넌(George Kennan)이 제의한 대소봉쇄정책은 45년 만에 성공을 거둔 것이다.

1989년 11월 9일 베를린 장벽의 붕괴는 냉전의 실질적인 종식을 의미하였다. 1990년 10월 3일 독일은 제2차 세계대전 종식 이후 처음으로 다시 통일되었다. 1991년 4월 1일 바르샤바 조약기구는 공식적으로 해체되었다. 체코슬로바키아가 체코와 슬로바키아로 분리되었고 유고슬라비아가 슬로베니아, 크로아티아, 세르비아, 보스니아, 마케도니아로 분열되었다.

1991년 8월 19일 고르바초프는 자신이 선임했던 강경파 사회주의자들의 공모로 인해 모스크바에서의 권력을 강탈당한 채 크림반도에 있는 별장에 감금당하였다. 미테랑(Francois Mitterrand) 프랑스 대통령만이 쿠데타 주도자들이 수립하고자 했던 정권을 인정한다고 발표하였다. 다른 서구 지도자들은 보리스 옐친이 이틀 만에 쿠데타 세력을 물리치도록 CIA가 비밀리에 지원하고 있는 동안 침묵으로 일관하였다.[82] 1991년 11월 6일 소련에서 공산당이 불법화되었다.

유럽안보협력회의(CSCE)가 1980년대 후반 유럽의 냉전이 종식되는 데 결정적인 기여를 하였다. CSCE가 무엇보다도 1986년 11월 비엔나 회의를 개최하면서 공산주의의 종식에 중요한 역할을 하였다. 비엔나 회의의 결의서는 인권과 시민 사회에 이르는 폭넓은 안건을 제시하였고, 1989년까지 고르바초프는 이것을 받아들였다.

동유럽 공산주의 붕괴 이후 1990년 11월 19부터 21일까지 파리에서 개최된 CSCE 정상회의에서 나토 회원국과 바르샤바 조약기구 회원국들은 재래식무기감축조약(CFE: Treaty on the Reduction of Conventional Forces in Europe)을 체결하였고, 그 조약에서 양 진영은 "더 이상 적이 아니고", "어떠한 국가의 정치적 독립이나 영토 통합에 대하여 무력을 사용하지 않을 것"이라고 선언하였다. 냉전 종식 과정에서 CSCE의 활동 중에 가장 괄목할 만한 분야는 군비통제를 주도한 것이었다.

82) Philip Thody, *Europe since 1945* (London and New York: Routledge, 2000), p.131.

냉전시대에 추진되어 냉전종식의 토대가 되었으며, 탈냉전 시대에도 여전히 유효한 군비통제 협정들은 다음과 같다.

첫째, 1968년에 조인된 핵확산금지조약(NPT: Non-Proliferation Treaty)은 5개의 공식적인 핵국가(미국, 러시아, 영국, 프랑스, 중국)가 다른 국가에게 핵무기를 제공하는 것을 금지하고 모든 다른 국가들은 독립된 핵능력을 가지는 것을 포기하도록 하였다. 둘째, 1987년에 조인된 중거리핵전력페기협정(INF: Intermediate Nuclear Forces Treaty)은 유럽의 모든 지상발사 중거리 핵무기(300~3,000마일 거리)를 폐지하였다. 셋째, 1990년에 조인된 유럽재래식무기감축조약(CFE)은 탱크, 전투차량, 대포, 전투기, 공격용 헬리콥터의 수의 한계(ceiling)를 설정하였다. 넷째, 1991년에 조인된 전략무기감축조약 I (START I : Strategic Arms Reduction Treaty I)은 소련과 미국의 장거리 핵무기를 30% 감소시켰다. 또한 1993년에 조인된 START II 는 러시아와 미국의 장거리 핵무기를 각각 2003년까지 3,000~3,500개로 감축하도록 하였다. 다섯째, 냉전 종식 이후에도 핵무기, 화학무기, 지뢰에 대한 협정이 계속 체결되었다. 1996년의 포괄적 핵실험금지조약(CTBT: Comprehensive Test Ban Treaty)은 모든 핵무기의 실험을 금지하였다. 1998년 164개국에 의해 조인된 화학무기금지조약(Chemical Weapons Convention)은 2003년까지 모든 화학 무기의 폐기를 요구하였다. 1998년의 무인지뢰협정(Anti-Personnel Mine Treaty)은 지뢰의 생산과 수출을 금지하고, 이미 설치되어 있는 지뢰를 제거할 계획을 수립하였다.

1989년 이래 CSCE는 두 가지 중요한 발전을 하게 된다. 첫째, 1994년 부다페스트 정상회의에서 CSCE가 상설기구화되어 유럽안보협력기구(OSCE: Organization on Security and Cooperation in Europe)로 발전하면서 공식적인 조직이 되었다. 또한 CSCE의 활동영역이 강화되었다. 소수민족을 위한 고등판무관(High Commissioner of National Minorities), 민주제도와 인권을 위한 사무국(Office for Democratic Institutions and Human Right), 범유럽의회(Pan-European Assembly) 등을 설치하였고, 신뢰구축 조치의 확대, 영공개방협상, 안보협력포럼(Forum for Security Cooperation), 재래식무기감축협상(CFE) 등의 활동을 전개하였다.

OSCE는 전 유럽 집단안보의 기초가 되었다. 당시 OSCE는 53개 회원국으로 구성되었고, 영토 분쟁을 해결하는 데 있어 OSCE의 역할이 상당히 기대되었다. 그러나 발칸 반도에서의 분쟁은 OSCE의 무력함을 여실히 보여주었다. 무엇보다도 민족 자결권이라는 OSCE의 핵심 원리와 국경선의 불가침 원리 간의 긴장은 여전히 조정해야만 했다. 러시아는 OSCE가 나토를 대신하여 유럽에서의 주요 안보 기구가 되기를 희망하였으나 이러한 열망은 이루어지지 않았다.

3) 동유럽 공산체제의 민주화

공산주의 붕괴를 가져왔던 중요한 요소 중의 하나는 공산주의에 대한 "사회 반대 세력(Societal opposition)"의 등장과 활동이었다. 수십 년간 동유럽 공산권에서 발생한 사건들은 1953년 동독, 1956년 폴란드와 헝가리, 1968년 체코슬로바키아, 1970~71년, 1976년, 1980~81년 폴란드에서, 또한 보다 작은 규모의 반란은 1953년 불가리아와 체코슬로바키아, 1977년과 1987년 루마니아, 1971년과 1981년 유고슬라비아, 1982년 소련 등지에서 발생하였는데, 이러한 수많은 사건에서 보듯이 일반 시민들이 공산주의 정부에 대하여 그들의 불만을 폭발시켜 왔음은 의심할 여지가 없다.[83)]

동유럽 민주화의 외적인 요소는 동유럽 정치체제 변화를 금지시킨 브레즈네프 독트린을 1986년 11월 소련 공산당 정치국이 공식적으로 폐기시킨 것이었다. 이는 인기 없는 동유럽 국가의 정부를 소련이 군사적으로 지원하지 않겠다는 의미였지, 이 지역의 공산주의 종식을 받아들이겠다는 뜻은 아닌 것으로 해석되었다.[84)]

고르바초프는 동유럽 국가들도 소련식의 체제 개혁을 추진하기를 바랐다. 1988년 3월 18일 발표된 신베오그라드 선언에서 고르바초프는 어떠한 국가도 다른 국가의 문제에 대해 명령하거나 심판자 또는 조정자의 역할을 할 수 없으

83) P. Reddaway, "Policy towards Dissent since Khrushchev," in T. H. Rigby, A. Brown and P. Reddaway (eds.), *Authority, Power and Policy in the USSR* (London: Macmillan, 1983), pp.158-191; Leslie Holmes, *Post-Communism: An Introduction*, p.27.

84) Mike Bowker, *Russian Foreign Policy and the End of the Cold War* (Aldershot: Dartmouth, 1997), p.89.

며, 사회주의에는 세계적 모델이 없고, 따라서 모든 사회주의 국가들은 자국의 정치 · 경제 · 사회적 실정에 적합한 발전 노선을 독자적으로 채택할 권리를 가진다고 선언하였다. 이 선언은 소련이 더 이상 사회주의 국가의 내정에 관여하지 않겠다는 사회주의 국가의 자결권을 천명한 것이었다.

그러나 고르바초프가 주창한 급진적인 개혁 정책은 공산당의 권력을 위협하였고, 소련연방 내의 여러 민족들을 동요시켰다. 고르바초프는 동유럽 국가의 개혁 정책에 대한 요구와 내정 불간섭 선언이 얼마나 이들 국가들을 위태롭게 할지 모르고 있었다. 이들 체제는 고르바초프가 생각한 것 이상으로 정통성이 취약하고 국민들로부터 지지를 얻지 못하고 있었다. 결국 고르바초프의 변화에 대한 지지는 불가리아, 루마니아, 동독, 체코슬로바키아에서의 반개혁적 공산당 지도부의 권력을 약화시켰고, 헝가리와 폴란드에서는 반체제 민주화 세력을 고무하였으며, 이들과 새로운 관계를 수립코자 했던 공산당 개혁파의 입지를 강화시켰다.[85] 고르바초프는 체제 내의 개혁을 원하였지만, 체제 밖에서 개혁을 주도하는 세력이 등장하기 시작하였다. 이는 동유럽 사회주의 체제 전체의 파멸을 의미했다.

중동부 유럽에서 설립된 체제는 소련의 관점에서 보면, 1917년 이후 소련의 경제를 현대화시킨 경제 정책을 그대로 답습한 것이었다. 중앙 계획경제 체제는 소비자가 필요로 하는 것보다 중공업에 우선권을 주고, 지방에서 필요로 하는 것은 도시에서 필요로 하는 것에 희생당하였다. 독일의 경우 농업의 집단화가 완성되면서 동독에서 서독으로의 대탈출이 발생하였고, 결국 이는 1961년 8월 13일 베를린 장벽을 설치하는 동인이 되었다. 1976년 6월과 1981년 1월의 폴란드에서의 저항운동은 "연대 운동(solidarity)"으로 발전하였고, 이는 식량가격의 폭등을 초래하였다.[86]

당시 동유럽 국가들도 이념적 갈등과 결속의 약화로 소련과 비슷한 처지에 놓이게 되었다. 그 국가들은 서유럽의 언론매체와 서유럽으로의 여행을 통하여 서유럽의 문화에 접하게 되었고, 체제비교 능력과 체제비판 의식이 고조되었다.

85) 홍익표, 『유럽의 민주주의』(서울: 동방미디어, 2000), p.98.
86) Philip Thody, *Europe since 1945*, pp.103-104.

서유럽과 동유럽의 생활조건의 차이, 동유럽 경제의 낙후성이 확연하게 드러나게 된 것이다. 체제에 대한 불만이 생성되기 시작하였고, 이는 사회불안으로 발전되었다. 특히 폴란드에서 1970년대부터 시작한 자유노조운동은 동유럽 공산체제 붕괴의 도화선이 되었다.[87] 따라서 동유럽의 변화는 소련과 달리 아래로부터의 혁명에 의하여 이루어지기 시작하였다.

(1) 체코슬로바키아의 민주화: "프라하의 봄"의 재현

1970년대부터 체코의 지도자였던 후사크는 경제를 향상시키는 노력을 하였으나, 기대한 결과를 가져오지 못했다. 결국 1987년 12월 정당의 지도자가 후사크에서 야케스(Milos Jakes)로 교체되었지만, 상황은 나아지지 않았다. 고르바초프의 영향력하에서 야케스는 어느 정도의 개혁을 허용했지만 반체제 인사들을 탄압하면서 강압통치를 했다. 결국 체코슬로바키아에서도 반체제 인사들을 중심으로 한 저항이 시작되었다. 1988년 1월 1일 체코 정부는 국민들의 정치적 저항을 약화시키기 위하여 제한된 사유화 프로그램을 시작하였다. 그러나 국민들의 체제저항 의식은 약화되지 않았으며, 1968년 프라하의 봄 20주년 기념식이 대규모 체제저항 시위의 도화선이 되었다. 1989년의 대대적인 시위, 야당인 시민포럼(Civic Forum)의 결성은 정치국원 전부를 사퇴케 하는 결과를 이끌어 냈다.[88]

1989년 2월 체코 작가인 하벨(Vaclav Havel)의 재판과 투옥이 체제 저항의 도화선이 되었다. 하벨은 1월 15일 20년 전 프라하의 봄에 대한 탄압과 소련군의 진주에 대항하여 분신자살한 학생 팔라흐(Jan Palach)의 기념식에 참석한 죄밖에는 없었다. 비록 하벨은 5월에 6개월 일찍 석방되었지만 투옥 자체만으로도 체코 공산정권의 통치가 헝가리나 소련보다도 얼마나 제한된 자유를 허용하는지 드러냈다.

많은 체코슬로바키아 시민들은 정부에 적극적으로 대항했고 바르샤바조약기구의 침략 21주기를 맞아 1989년 8월 거리로 뛰쳐나왔다. 10월 12일 당 중앙위

87) G. Schopflin, "The End of Communism in Eastern Europe," *International Affairs*, Vol.66, No.1 (1990), pp.3-16.

88) Leslie Holmes, *Post-Communism: An Introduction*, pp.75-76.

원회 회의에서 야케스가 체코슬로바키아의 상황을 안정적이라고 주장하였음에도 불구하고, 시위는 10월말경 더 중대한 상황으로 치닫고 있었다. 10월과 11월 중순의 시위는 당국에 의해 잔인하게 진압되었고 이미 달아오른 상황을 더 흥분되게 만들었다. 이러한 상황이 되자 공산당 중앙위원회는 대화를 요구했다. 11월 18일 포괄적인 정치 저항 단체인 시민포럼(Civic Forum)이 조직되었다. 이 기구의 지도자 중 한 명은 하벨이었고 첫 번째 활동은 야케스의 사임을 요구하는 것이었다. 다음날 어림잡아 20만 명의 군중이 프라하의 중심에 있는 광장에서 시위를 가졌다. 주요한 정치 변화를 위한 요구는 더욱 커져 갔다. 이틀 후 두브체크가 슬로바키아 수도인 브라티슬라바(Bratislava)에서 대규모 군중에게 연설했고 그는 중요한 변화를 요구하였다.

마침내 야케스와 중앙위원회 전원은 1989년 11월 24일 사임했고, 같은 날 시민포럼은 당국에 공식 등록했다. 11월 마지막 주에 아다메취(Ladislav Adamec) 수상과 시민포럼 대표 사이의 공식적인 대화가 이루어졌다. 가장 중요하게 논의되었던 이슈는 새 정부의 구성에 관한 것이었다. 이어서 연방의회는 공산당의 지도적 역할을 보장하였던 체코슬로바키아의 헌법 조항을 공식적으로 무효화했다. 11월 24일의 총파업을 계기로 공산당은 권력의 독점을 포기하지 않으면 안 되었다. 그러나 11월 말의 협상에도 불구하고, 12월에 아다메취 총리는 새 정부를 공산주의자들이 지배하도록 구성하려 했다. 그러나 이는 더 큰 규모의 시위를 야기하였다. 몇몇 체코슬로바키아의 지도자들은 만약 그들이 일부 사안에 대한 양보를 한다면 위기를 이겨낼 수 있을 것이라고 믿었던 것으로 보인다. 그러나 이는 그들이 군중들의 분위기를 얼마나 파악하지 못하고 있는지를 반영한 것이었다.[89)]

결국 시위는 1989년 12월 무혈저항 운동인 "벨벳혁명(Velvet Revolution)"으로 이어졌는데, 하벨의 지도하에 이루어졌다. 체코사회 지도층 243명이 서명한 "77헌장(Charter 77)"의 주된 내용은 인권존중에 대한 것이었다. 12월 들어 기존의 모든 지도자들이 사임하고 새 정부가 구성되었다. 새 정부에서 비 공산세력이 근소한 차로 다수를 구성했다. 탈공산주의로의 첫 발걸음을 내디딘 것이었

89) 홍익표, 『유럽의 민주주의: 발전 과정과 현실』, p.104.

다. 12월 28일 1968년 민주화 운동의 주역이었던 두브체크가 체코슬로바키아 의회의 의장이 되었다. 그리고 다음날인 12월 29일에는 77헌장의 주도적인 역할을 한 하벨이 후사크를 이어 대통령으로 선출되었다.

다른 동유럽 국가들과 마찬가지로 체코슬로바키아에도 공산주의 세력으로부터 권력의 이양을 논의하는 원탁회의(Round Table)가 구성되었다. 1990년 1월 초 이 회의는 다원적 민주주의 원칙에 의하여 경쟁을 하는 총선거를 7월 전에 실시하기로 결의했다. 선거는 6월 둘째 주에 실시되었고, 그 결과 시민포럼과 슬로바키아의 "폭력에 대항하는 대중(PAV)"이 승리했고, 공산주의자들은 상·하원에서 각기 14% 정도의 득표에 그쳤다.[90)]

이후 하벨보다는 수상이었던 클라우스(Vaclav Klaus)가 주도적으로 시장경제를 도입하였다. 국가가 소유했던 1,800개의 기업을 1991년 10월부터 3년 동안 사유화하였고, 600만의 체코 국민이 주식보유자가 되었다. 시장경제 도입에 따라 부유한 공업지대인 체코지역과 낙후된 슬로바키아 지역의 불균형이 심화되었고, 결국 양 지역은 1993년 1월 1일 분리되었다. 유고와 달리 체코슬로바키아는 유혈사태 없이 평화적으로 분리되었다.

(2) 폴란드의 민주화: "연대(Solidarity) 운동"의 개가

역사적으로 폴란드에는 다른 동유럽 국가들에 비해 비교적 다원주의적인 시민사회가 존재하였다. 특히 오랜 전통의 가톨릭 교회는 상대적으로 높은 수준의 자유를 향유하고 있었고, 시민사회 내에서 독립적인 사유 농장도 많은 비율을 차지하고 있었다. 이러한 다원적이고 자유주의적인 성향에도 불구하고 냉전 기간에 소련의 물심양면 지원을 받은 공산주의 지배하에서 폴란드는 민주화의 결실을 맺기가 불가능했다.

경제침체와 물가상승에 대한 1976년 대중 폭동 및 파업, 또한 유럽 공산주의에서 첫 번째 자발적인 대중 기구인 자유노조의 설립에 의해 폴란드의 경제발전을 위한 시도는 결과적으로 실패하였다. 이로 인해 전력과 기초적인 생필품의 부족으로 경제문제가 더욱 심각하게 되었다. 경작지는 풍부하였으나 수확은 항

90) Leslie Holmes, *Post-Communism: An Introduction*, p.77.

상 형편없었기 때문에 폴란드는 식량을 수입하여야 했다. 강력한 민족감정과 가톨릭 교회의 옹호를 토대로 한 지식인들의 체제 비판이 거세지고 경제 위기가 심화되면서 폴란드의 저항운동은 노동자-농민층의 지지를 바탕으로 하였다.[91)]

1979~1980년에 폴란드 경제는 마이너스 성장을 기록하였다. 정부는 가격을 인상하고 경제를 합리화하려고 하였으나 실패하였다. 노동자들의 파업은 계속되었고, 그들은 자신들의 의사를 대변할 위원회들을 구성하였다. 그들은 임금인상을 요구했을 뿐만 아니라 한 걸음 더 나아가 정치적 변화를 요구하였다. 1980년 8월에는 그다니스크의 레닌조선소에서 파업이 일어났는데, 노동자들의 요구 가운데는 공산당과 독립된 노동조합을 조직할 권한이 포함되어 있었다. 그리고 그들의 지도자로서 바웬사(Lech Walesa)가 출현하였다. 1980년 9월부터 1981년 후반까지 약 15개월 동안 폴란드 정부는 "연대(Solidarity)"로 불리는 자유노조를 인정하고 노조와 협상하였다. 노조원의 수가 순식간에 1,000만 명으로 늘어나자 정부는 자유노조의 존재를 공식적으로 인정하지 않을 수 없었다.[92)]

자유노조의 인정으로 폴란드의 산업은 어느 정도 안정을 되찾았다. 공산주의 국가에서 공산당이 통제할 수 없는 노동조합의 탄생에 대하여 소련과 다른 동유럽국가의 지도자들은 부정적인 평가를 하였다. 따라서 폴란드에 대한 무력개입의 가능성이 높아졌다. 시간이 흐를수록 공산당의 권위는 계속 무너지고 있었고, 자유노조의 일부 급진세력은 산업의 자율적 경영과 정치의 자유화까지도 요구하고 있었다.

그러나 권력 내부에서 새로운 지도자가 나타나 권위를 회복시켰기 때문에 폴란드는 외부로부터의 무력 개입을 피할 수 있었다. 새 총리로 임명된 야루젤스키(Wojciech Jaruzelski) 장군의 지휘를 받은 폴란드 지도층은 1981년 말부터 소련의 지원을 받아 탄압을 시작하였다. "군사 위원회"를 통해 통치를 한 야루젤스키는 1981년 말 연대운동을 불법화하고 계엄령을 선포하고 1만 명의 자유노

91) 프레데리크 들루슈 편, 윤승준 역, 『새 유럽의 역사』(서울: 까치, 1995), p.409.

92) T. Ash Garton, *The Polish Revolution* (London: Granta, 1991); J. Pakulski, *Social Movement* (Melbourne: Longman Cheshire, 1991), pp.125-157; Leslie Holmes, *Post-Communism: An Introduction*, p.70; 이주영 · 김성형, 『현대유럽의 역사: 제2차 세계대전부터 현재까지』(서울: 삼지원, 2002), p.187.

조원과 지도자들을 체포 · 구속하였다. 1982년 10월 자유노조에 대한 공식적 금지가 이루어진 후 자유노조는 지하로 숨어들었고, 폴란드 국민은 다시 저항하기에는 너무나 지쳐 있었으며, 정부에 의한 보복 또한 두려워하고 있었다. 자유노조가 불법화되자, 마지막으로 전국적인 파업을 선포하였으나 실패하였다. 이에 정부는 자신감을 가지게 되어 1982년 11월에 투옥했던 바웬사를 석방하였다.[93)]

비록 계엄령이 1983년 7월에 해제되었으나, 경제난은 지속되었다. 1985년 소련의 지도자로 등장한 이후 고르바초프는 폴란드의 변화에 대하여 관대한 태도를 보였다. 야루젤스키는 강경정책을 완화해 갈 수밖에 없었다. 고질적인 경제난이 지속되어 소비재는 부족했고, 식품의 질은 형편없었다. 보안군과 공산당을 제외하면, 야루젤스키 정권을 지지하는 세력은 거의 없었다. 경제 개혁에 대한 국민투표가 1987년 11월에 실시되었다. 공산주의 정부는 실질적인 장기 경제 발전과 즉각적인 정치 개혁에 대한 약속의 답례로 단기 경제 긴축 정책에 대한 대중적 지지를 받길 원하였다. 그러나 국민투표에서 충분한 지지를 받지 못하였고, 체제와 국민들 간의 긴장은 더욱 악화되었다. 파업이 증가하여 산업의 불안은 더욱 심화되었고, 파업자들은 자유노조의 재합법화를 요구했다.

지하에 숨어 들었던 자유노조는 1987년부터 공식적인 활동을 시작하였다. 1987년 말 바웬사는 정부대표와 텔레비전 토론을 했고, 그 결과로 공산당은 자유노조의 존재를 인정하지 않을 수 없었다. 1988년 후반 바웬사와 정부 간의 비공식적 대화가 있은 후, 1989년 2월 여전히 법적으로 불법적인 자유노조와 권력자들 간의 공식적인 원탁 회담이 시작되었다. 4월까지 계속된 회의 결과 자유노조의 재합법화를 결정하고, 경제개혁을 도입하기로 합의하였으며, 자유로운 선거를 포함하는 민주주의와 자유의 확대를 허용하기로 하였다.

1947년 이래 동유럽에서 첫 "자유" 선거가 1989년 6월 4일에 실시되었다. 그러나 이 선거는 실제로는 "준-자유(semi-free)"라는 표현이 더 적절하다고 할 수 있는데, 이는 공산주의자들이 중요한 곳에서 그들의 권력을 유지하기 위하여 그들이 할 수 있는 방법을 모두 사용하였기 때문이다. 비록 상원의 순수한 자유 선

93) Richard Sakwa and Anne Stevens, *Contemporary Europe* (New York: Palgrave Foundations, 2000), p.42.

거가 허락되어 자유노조가 100개의 의석 중 99개의 의석을 차지했지만, 공산주의자들은 공산당과 공산당 연합 파트너가 하원(Sejm)에서 의석의 65%를 유지하도록 보장하는 규정을 도입하였다. 전체 의석의 35%만이 경쟁할 수 있는 제한이 있었으나, 경쟁에 부쳐진 161개의 의회의석 중 160석을 연대(Solidarity) 노조운동 측에서 점유하였다.

공산주의자들이 경제에 대한 통제력을 상실하였고 국가운영에 실패하였다는 것이 밝혀졌기 때문에 폴란드의 공산주의 체제는 유지하기가 어렵게 되었다. 이러한 환경에서 야루젤스키는 바웬사의 동료이며 자유노조 신문의 창설자인 마조비에츠키(Tadeusz Mazowiecki)를 1989년 8월 18일 수상으로 임명하였다. 이로써 1945년 이후 처음으로, 그리고 바르샤바 조약 회원국 가운데서 처음으로 비공산주의자가 수상이 되었다. 마조비에츠키가 1989년 9월 그의 새 내각을 발표할 때, 공산주의자들은 새 정부에서 소수에 불과하였다. 폴란드는 동유럽에서 탈공산주의 단계에 도달하는 첫 번째 국가가 되었다.[94]

1990년 11월에는 바웬사가 대통령에 당선되었고, 12월 11일 야루젤스키는 새 체제에 대한 충성을 공식적으로 선언하면서, 1981년 12월 13일 쿠데타 발생과 이후의 탄압정책에 대하여 사과하였다. 첫 직선 대통령인 바웬사는 국영 기업의 80%를 민영화하는 등 대폭적인 경제개혁 조치를 실시하였다. 그 결과 1989년 연간 2000%에 이르던 인플레이션도 많이 내렸고 물자 부족 현상도 완화되었다. 그러나 실업문제와 늘어만 가는 외채(435억 달러)는 계속 폴란드를 괴롭히고 있었다.

정치적으로 폴란드의 자유화 과정은 빠른 속도로 진행되었다. 진정으로 자유롭고 여러 정당이 경쟁하는 선거제도는 아직 도입되지 못하였음에도 불구하고 자유노조는 국회 안에서 공산당의 입법을 좌절시킬 힘을 가지게 되었다. 1991년 10월이 되어서야 마침내 폴란드는 순수하게 경쟁적인 의회 선거를 실시하였다. 그러나 투표율은 약 43%로 낮았다. 많은 사람들이 점진적으로 탈공산주의 체제에 환멸을 느끼면서 정치에 냉담하게 된 것으로 풀이된다.

94) Leslie Holmes, *Post-Communism: An Introduction*, p.71.

(3) 헝가리의 민주화: 위로부터의 변화

1982년 헝가리에서는 농업부문에 있어서 민간기업이 등장할 수 있는 여지가 나타나기 시작하였다. "규제된 시장(regulated market)"이 창출되기 위해서는 경제계획 수립에 대한 중앙의 통제권이 축소되어야 했다. 그리고 이윤이 남지 않은 공장을 폐쇄하고, 중소민간기업을 장려해야만 했다. 1984~1985년 소련으로부터 별로 지원을 받지 못하게 된 헝가리는 서방 자본주의 국가들의 지원으로 경제난을 극복하려 하였다. 서방과의 긴밀한 관계는 농업생산고를 높이고 관광산업을 개발하는 데 도움이 되었다. 그러나 헝가리는 채무가 많았고, 또한 주기적인 물가인상에 시달려야 했다. 경제난을 해소하기 위한 방법의 하나로 정부는 정치개혁을 시도하여 선거에서 여러 명의 후보가 출마할 수 있도록 1983년 말에 선거법을 개정하였다. 이에 따라 1985년의 선거에서는 공산당의 공천을 받지 않은 독립적인 후보들이 상당히 많이 의회에 진출하게 되었다.

고르바초프는 이러한 변화를 호의적으로 보았다. 그리고 1987년 카다르는 국민을 정책결정에 참여시키겠다고 공언하였다. 그러나 심각한 경제난은 공산주의 체제의 사소한 변화만으로는 해결되지 않았다. 따라서 1988년 공산당 임시전당대회에서는 20년 전 체코슬로바키아의 경우에서처럼 공산당원 자신들이 개혁을 옹호하게 되었다. 전당대회에 모인 대표들은 지도부가 제시한 개혁에 실망하였고 지도부의 전면 재편을 요구하였다. 1980년대 후반까지 공산당을 이끌었던 포즈가이(Imre Poszgay)와 같은 공산주의자들은 법적-합리적 정통성을 바탕으로 좀 더 급진적인 개혁을 주장하였다.[95]

공산정부는 경제 문제를 해결하려는 중요한 시도를 하였지만, 그들은 대중의 지지를 받지 못하는 방법을 도입함으로써 문제를 해결하려 하였다. 예를 들어, 큰 폭의 가격 인상이 1989년 1월에 발표되었다. 더 큰 정치적 자유의 환경과 악화되는 경제 상황 속에서, 1980년대 말 헝가리 사회노동당을 비판하는 정치조직이 탄생하기 시작하였다. 가장 중요한 정치적 역할을 한 것은 1988년 9월에 창설된 헝가리민주포럼(HDF: Hungarian Democratic Forum)이었다. 그러한 비공식적 기구의 출현에 대하여 사회당은 1988년 11월 경쟁 정당을 공식적으로

95) Leslie Holmes, *Post-Communism: An Introduction*, p.67.

인정하는 법을 도입하려는 의지를 선포하였고, 헝가리 의회가 1989년 1월에 법을 통과시킴으로써 그 약속은 지켜졌다. 두 달 후, 이러한 급진적인 개혁들은 소련의 공식적인 후원을 받았다. 고르바초프는 헝가리에서 민주주의가 탄생하는 것을 막지 않았다. 오히려 그는 1989년 4월 헝가리로부터 소련군대를 철수시켰다.

급진적 변화는 헝가리에서 추진력을 얻게 되었다. 1989년 4월 정치국원들이 사임을 하고 좀 더 많은 개혁주의자들과 소수의 보수주의자로 교체되었으며, 동유럽 최초로 복수정당제를 도입했다. 1989년 여름 동안 실시된 많은 보궐선거 결과는 합법화된 헝가리민주포럼(HDF)의 지지도가 상승하고 있음을 나타냈다. 결국 공산주의자들은 헝가리 민주화와 관련된 원탁회의에 참가하였다. 이 회의는 1989년 9월에 끝났는데, 첫 번째로 합의된 결과들 중 하나는 국가의 공식 명칭 변경이었다. 1989년 10월 23일 헝가리인민공화국(People's Republic of Hungary)은 헝가리 공화국(Hungarian Republic)이라는 간단한 명칭으로 수정되었다. 동시에 공산당은 스스로 헝가리 사회당(HSP: Hungarian Socialist Party)으로 개명하였고, 공식적으로 마르크스-레닌주의를 포기하였다.

순수하게 경쟁적인 의회 선거가 1990년 3월에 개최되어 HDF는 394석 중 164석을, HSP는 33석만을 차지하게 되었다. 비공산 연합 정부는 새로운 수상인 안탈(Jozsef Antall)에 의해 1990년 5월 조직되었다. 안탈은 1993년까지 GDP 절반이 개인 영역에서 나오는 것을 보장하는 민영화 프로그램을 실시하였다. 그러나 290억 달러에 이르는 외채와 30%의 인플레이션 등 경제불안이 심화되었다. 특히 경제개혁에 따른 과도기적 혼란과 IMF경제안정화 계획에 부응한 긴축정책 등의 부작용으로 1993년까지 마이너스 성장을 기록했다. 그러나 그 후 경제개혁의 성과가 가시화되고 EU 등 서방국과의 관계강화로 1996년부터 1997년까지 3~4%에 달하는 성장을 기록하여 1996년 5월 경제협력개발기구(OECD)에도 가입했다.[96]

헝가리의 탈공산주의 과정은 혼돈을 최소화하면서 진행되었고, 전체 과정은

96) Philip Thody, *Europe since* 1945, p.129; 이주영 · 김성형, 『현대유럽의 역사: 제2차 세계대전부터 현재까지』, p.314.

매우 문명화된 것이었다. 대중의 역할은 주로 간접적이었다. 새로운 정치 집단들의 출현과 공산주의자들에 의해 시작된 주요 개혁, 그리고 결과적으로 순수하게 선거를 겨루도록 하는 결정이 이루어지는 데에는 대중의 불만이 중요한 역할을 하였다. 그러나 동유럽 수많은 다른 국가에서의 상황과 달리, 헝가리 시민들은 그들의 욕구를 충족하기 위해 전체가 거리로 나가 시위를 할 필요를 느끼지 못하였다. 실제로 헝가리 민주화가 별다른 사건없이 이루어졌기 때문에 수많은 관측가들은 혁명 그 자체보다는 과정에 더 관심을 가지게 되었다.[97] 아마 "위로부터의 혁명" 또는 "협상된 혁명(negotiated revolution)"이라는 용어가 좀 더 적절한 용어일 것이다.[98]

(4) 동유럽 민주화의 평가와 그 이후

많은 학자들이 동유럽 민주화의 동인에 대하여 연구하였다. 브라운(J. F. Brown)은 동유럽에서 공산주의 권력의 붕괴를 초래한 6가지 요소를 제시하였다. 첫째, 40년 동안의 정치적 실패, 둘째, 공산주의의 비정통성, 셋째, 사회적 저항, 넷째, 공산주의 지배 엘리트들의 통치 능력에서의 자신감 상실과 지배를 유지하는 방법을 사용하는 데 있어 주저함(unwillingness), 다섯째, 동서 관계의 향상, 여섯째, 고르바초프 하에서 소련 발전의 영향을 들었다.[99] 다렌도프(Ralf Dahrendorf)는 3가지 주요 요소에 초점을 두었는데, 첫째는 고르바초프, 둘째, "공산주의는 절대 작동하지 않았다"라는 사실, 그리고, 서방 세계가 부유해지고, 유럽이 자신감을 다시 얻게 된 "1980년대의 이상한 역사(Strange history of the 1980s)"를 들었다.[100] 케네디(Paul Kennedy)는 소련 체제의 붕괴를 야기한 3가지 요소를 설명하였는데 첫째, 정통성의 위기, 둘째, 경제 생산과 사회 규범

97) J. Simon, "Post-Paternalist Political Culture in Hungary: The Relationship between Citizens and Politics during and after the 'Melancholic Revolution'(1989-1991)," *Communist and Post-Communist Studies*, Vol.26, No.2, pp.226-238.

98) L. Bruszt, "1989: The Negotiated Revolution in Hungary," in A. Bozoki, A. Korosenyi and G. Schopflin (eds.), *Post-Communist Transition* (London: Pinter, 1992), pp.45-59.

99) J. F. Brown, *Surge to Freedom* (Durham: Duke University Press, 1991), pp.2-4.

100) Ralf Dahrendorf, *Reflections on the Revolution in Europe* (London: Chatto and Windus, 1990), pp.13-22.

의 위기, 셋째, 인종과 문화 관계의 위기를 들었다.[101)]

민주화 이후 동유럽 정치가들은 서유럽 스타일의 자본주의와 자유민주주의의 장점뿐만 아니라 단점까지 경험하고 있었다. 체제전환 이후 동유럽은 자본주의 세계 경제 체제의 주변부로 편입되었다. 이에 따라 이 지역 국가들의 부채 의존도는 오히려 더욱 높아졌다. 특히 대외 시장 및 대외 기술에 대한 의존이 심화되었으며, 비공식경제 부문이 팽창되었다. 이 과정에서 구체제의 엘리트들은 자본가로 변화한 반면, 대다수 지식인들과 노동자, 농민들은 주변 계층으로 내몰리면서 사회 경제적 불평등이 급속히 확대되었다.

폴란드의 인플레이션 비율은 1990년도에 연 249%로 뛰어올랐다. 1998년까지 인플레이션을 9.5%로 감소시키는 데 발생하는 주요 결과 두 가지는 실업증대와 이익감소였다. 그러한 대규모의 민영화 프로그램에 의해 발생한 문제는 이전 공산당의 인기를 가져오는 결과를 낳았고, 1994년 12월 선거에서 사회민주운동(Social Democratic Movement)이라는 새 이름하에 공산당은 33석의 의석을 209석으로 늘렸다.

이러한 문제점에도 불구하고 폴란드와 헝가리는 민영화 프로그램, 국가지출삭감, 엄격한 통화정책을 지속하였다. 이는 이 국가들이 EU 회원국의 자격을 얻게 된다면 응당 치러야 할 희생이었다. 시장경제가 자동적으로 모든 국가에 부를 가져다 주지만은 않는다는 점을 상기시켰다. 폴란드와 같은 동유럽 국가에서 과거의 공산당이 서유럽 스타일의 선거에서 승리하는 능력을 보면, 소련이 동유럽국가들에 대한 영향력을 행사하지 않았다면 두브체크가 주장한 "인간의 얼굴을 한 사회주의(socialism with a human face)"가 실제로 가능할 수도 있었다는 논지가 성립된다.

동유럽이 1980년대 후반 들어 국내적으로 불안정하게 된 데에는 두 가지 이유가 있다. 첫째, 소련의 지배가 중요한 요인이었다. 동유럽 국가들은 소련이 제국주의 국가들과 같이 동유럽을 점령하고 있다고 생각하였다. 탈제국주의 시대에 이 지역의 정부들은 소련에의 의존관계를 단절하지 않고서는 대중으로부터

101) Paul Kennedy, *Preparing for the Twenty-First Century* (New York: Random House, 1993), pp.230-231.

정통성을 획득하기가 어려웠으나, 고르바초프 시대 이전에는 이러한 단절이 불가능하였다. 둘째, 1980년대 들어 지역경제의 악화가 동유럽 공산주의 위기의 직접적 원인이 되었다. 경제개혁을 위한 다양한 프로그램을 추진하였지만, 1980년대 초반 모두가 실패로 돌아갔음이 확인되었다. 소련학자들의 주장대로 자본주의는 어디에서나 성공적인 것은 아니었지만, 공산주의는 어디에서도 성공하지 못하였다.

다른 신생 민주국가들과 마찬가지로 동유럽의 국가들도 체제전환 과정에서 계속적인 배움의 과정(process of learning), 혹은 시행착오의 과정을 거쳤다. 이는 정치 엘리트뿐만 아니라 투표자들에게도 적용되는 것이었으며, 이 과정에서 때때로 엄청난 대가를 치르기도 하였다. 이러한 과정을 거치면서 어떤 국가는 보다 바람직한 방향(즉, 정당체계의 공고화, 더 나아가 민주주의의 공고화)으로 움직인 반면, 그렇지 않은 국가도 있었다. 이는 결국 배움으로부터 얻게 되는 교훈(lessons)을 어떻게 받아들이느냐에 따라 결과가 다르게 나타날 수 있다는 점을 보여주는 것이다.[102)]

동유럽의 탈공산주의 전환과정을 볼 때 공산주의 체제의 민주화는 대체로 다음과 같은 여덟 가지의 단계를 거치는 것으로 요약된다.[103)]

- 지도층의 위기와 와해
- 원탁회의: 기존 지배층과 반대세력의 협상
- 공산당의 "지도적 역할(leading role)" 상실
- 반대당의 합법화
- 공산당의 자체적 변화: 당명 변경 또는 이데올로기 포기
- 경쟁적인 의회 선거 실시
- 국가이름의 변경
- 새로운 혁신적 헌법 채택

102) 이충묵, "후기공산주의 동유럽 정당체계의 형성: 체코공화국, 헝가리, 폴란드의 사례연구," 박태규 외, 『유럽의 정치와 경제』(서울: 나남출판, 2002), p.263.

103) Leslie Holmes, *Post-Communism: An Introduction*, pp.127-130.

4) 독일 통일

동독체제의 붕괴는 1989년 5월 동독주민이 서독으로 대규모 탈주하면서 시작되었다. 그해 9월 헝가리가 국경을 개방하자 72시간 내에 1만 2,000명의 동독인들이 탈출하였다. 1989년 5월부터 그해 말까지 34만 명이 동독에서 탈출하였고, 1990년 초기 두 달 동안 12만 명이 탈출을 감행하였다. 동독정부는 초반에 탈출을 통제하였으나 탈출자의 수가 급격히 증가하자 이를 제대로 봉쇄하지 못하였다. 동독 정부가 탈출자를 막을 수 없었고, 탈출자의 수가 증가하게 된 것은 동독 전역에서 항거민중집회가 개최되었기 때문이었다. 동독 체제의 붕괴는 이와 같이 탈출과 시위로부터 시작되었다.

(1) 호네커 정권과 베를린 장벽의 붕괴

1989년 봄부터 시작된 주변 동유럽 국가들의 민주화 운동과 1989년 6월의 중국 천안문 시위는 동독의 민주화 운동에 많은 영향을 미쳤다. 1989년 5월 실시된 자치선거 결과에 대하여 교회를 중심으로 한 시민운동가들은 전면 부인하면서 "노이에스 포럼"을 조직하는 등 민주화 운동을 시작하였다. 이 조직은 공식적으로 인정을 받지 못하였지만, 한 달여 동안 10만 명 이상이 설립지지 청원서에 서명하였고, 심지어는 집권당인 사회주의통일당(SED) 내의 개혁지지자들도 서명을 하였다. 1989년 10월부터 동독정치제도의 민주화를 요구하는 항의집회가 라이프치히에서 시작되어 동독 전 지역으로 확대되었고, 그달 18일 호네커가 실각하였다.

권력을 승계한 크렌츠(Egon Krenz)는 호네커에 버금가는 강경파로서 공산당 비밀정보요원 출신이었다. 위기상황에서 권좌에 오른 크렌츠는 합리적이고 국민들의 지지를 받는 지도자로서의 이미지를 심으려 노력하였으며, 이의 일환으로 자유선거와 해외여행제한 철폐를 약속하였다. 그러나 반정부집회는 계속되어, 1989년 11월 4일 동베를린에서 50만 명 이상이 동독의 개혁을 주장하는 최대 규모 시위에 참여하였고, 이 시위는 동독 대도시에 대규모 시위로 확산되었다. 반정부집단에 대한 회유책으로 1989년 11월 6일 동독정부는 국외여행법안을 발표하였다. 제한 없는 여행, 자유선거, 언론 출판 집회의 자유와 야당의 설립을 허용하였으나, 국가 경제 사회의 완전한 개혁을 요구하는 대규모 시위가 계속되었다. 결국 1989년 11월 9일 크렌츠가 베를린 장벽의 붕괴를 재가함으로써 독일은 통일의 길로 들어서게 되었다.

11월 9일 동독 정부가 "서독으로 가고 싶은 사람" 누구에게나 비자를 발급하겠다고 발표하였다. 결국 국경 수비대는 베를린 장벽을 넘는 모든 사람에게 발포하라는 이전의 명령을 더 이상 수행하지 않게 되었다. 그들 중 다수는 베를린 장벽을 넘어 탈출하는 군중들과 행동을 같이하였고, 나중에는 시민들이 베를린 장벽을 무너뜨리는 데 일조하였다.

(2) 서독의 통일정책

동독의 반정부 집회에 고무된 서독의 콜 수상은 1989년 11월 28일 국가연합 형태의 동서독 통일방안 10개항을 발표하였다. 이 방안은 동독이 제안한 조약공동체 구상을 받아들여, 통일을 위한 과도기적 형태로서 동서독간에 "국가연합구조"를 거쳐, 최종적으로 연방형태의 통일국가 형성을 골자로 하였다.

혼란에 빠진 동독에는 서독의 통일안을 수용할 만한 주도세력이 없는 상태였다. 혼란상황을 제대로 관리하지 못한 크렌츠가 1989년 12월 3일 사임하고, 개혁온건파인 모드로우(Hans Modrow)가 신임수상이 되어 경제 · 사회 개혁을 위해 새로운 연립정부 구성과 새로운 선거법 제정을 약속하였다. 동독공산당(후에 민사당으로 개칭)은 1989년 12월 채택한 새 강령에서 스탈린식 국가사회주의로부터 탈피하여 당의 지도적 우위 포기, 당운영의 비민주적 원칙 포기, 시장경제제도의 도입 등 "제3의 길"을 새로운 노선으로 제시했으나, 어디까지나 당시의 독일 안에서의 동 · 서독 관계와 사회주의 체제를 유지하는 것을 전제로 하였다.

그러나 동독의 정치 · 경제 상황이 점차 악화되면서 동독인들은 부유하고 안정된 서독과 빠른 시일 내에 통합하는 것만이 혼란상태를 해결할 수 있는 유일한 방법이라는 인식을 가지기 시작하였다. 이에 따라 동독 내 반정부 소요가 격화되었으며, 특히 1990년 1월 15일에는 수만의 시위군중이 동베를린의 정보기관인 슈타시 본부를 점령 · 수색하였다. 동독 내 시위가 확대되기 시작하자, 동독정부는 1990년 1월 재야대표와 원탁회의를 개최하고, 재야의 의견을 수용하여 자유 · 민주헌법의 마련과 국민투표 실시, 이 헌법에 따른 조기총선의 실시를

1990년 3월 18일 동독총선 결과

정당	투표자수(천 명)	득표율(%)	의석
독일연합(AFD)	5,525	48.1	193
-CDU	(4,695)	(40.9)	(164)
-DSU	(725)	(6.3)	(25)
-DA	(105)	(0.9)	(4)
사회민주당(PDS)	2,506	21.8	87
민주사회주의당(PDS)	1,874	16.3	65
자유민주동맹(BFD)	606	5.3	21
Pact90	333	2.9	12
민주농민당	251	2.2	9
녹색당 및 독립여성연합	225	2.0	8
기타	155	1.3	5
계	11,475	100.0	400

결의하였다. 국민의 자유선택에 따라 통일문제를 결정하게 된 것이다. 또한 슈타시는 1990년 1월 25일까지 해체하고, 그 대신 "헌법보호청"이라는 조직으로 전환될 것이라는 결정도 내렸다.

1990년 3월 18일 실시된 동독 총선에는 24개 정당의 후보들이 400석의 4년 임기 의원이 되고자 참가하였다. 2월 20일에 채택된 새로운 규정에 의하여 순수 비례대표제를 채택함에 따라 각 당은 대의원 명부를 제출하였고 전국을 15개 지역선거구로 나누었다. 93.4%가 참여한 총선거 결과 기민당(CDU)을 중심으로 한 "독일연합(AFD)"이 승리하였으며, 조속한 서독 귀속 통일방안이 공식화되었다. 서독 자매당들의 지원 속에 치른 선거에서 독일연합이 48%를 획득하였고 경쟁당인 사회민주당(SPD)은 브란트 등 서독 SPD 지도자들의 지원에도 불구하고 22%의 지지밖에 얻지 못하였다.[104)]

총선 이후 1990년 4월 5일 소집된 새로운 동독인민의회는 종전보다 젊은 의원들로 구성되어 대의원들의 평균연령이 45세였으며, 97%가 새로운 인물이었다. 선거에서 승리한 독일연합은 SPD 및 자유민주동맹(BFD)과 연정을 구성하여 새 정부는 의회에서 3분의 2 이상의 절대다수를 형성하였다. 연합정부는 동

104) 사민당 22%, 민사당 16%, 기타 군소정당이 14%를 획득하였다.

독 역사상 처음으로 공산주의자가 없는 내각으로 구성되었다.

(3) 통일추진: 통합조약과 2 + 4회담

1990년 5월 18일 동서독은 제1차 국가조약인 통화 경제 사회통합조약(GEMU 조약)을 조인하고 1,150억 마르크의 통일기금조성을 착수함으로써, 동독을 사회주의 통제 경제체제에서 사회적 시장경제체제로 전환하는 기틀을 마련하게 되었다. 1990년 8월 제2차 국가조약으로 동독총선을 위한 선거협약 및 통합조약을 체결함으로써, 모든 분야에 걸친 양독관계 통합을 위한 최종 법적 구체화 작업이 이루어졌다. 1990년 9월 동서독 의회 통합조약이 비준되었고, 그해 10월 3일 독일통일이 성취되었다.

독일은 제2차 세계대전 이후 국제적인 협약에 따른 분할점령으로 분단되었기 때문에 통일을 위해서는 국제적인 합의가 필요하였다. 또한 독일의 통일은 그 정치 경제적 비중으로 볼 때 유럽의 안보 및 평화문제와 불가분의 함수관계를 갖고 있어 통독 후 군사동맹체 잔류문제, 국제정치적 위상문제, CSCE 문제, 유럽통합 등 향후 유럽질서의 핵심적인 부분에 대한 논의 및 위상설정이 독일통일의 가장 중요한 전제조건이었다.

이러한 문제들을 해결하기 위하여 2 + 4(양독 + 미영불소)협상이 개최되었다. 2 + 4회담은 동서독과 제2차 세계대전 전승 4개국이 전후 독일문제를 종결짓는 수단으로서, 독일과 전승 4개국간의 평화조약이 체결되지 않았기 때문에 채택된 특수한 방식이었다. 1990년 5월 5일 본에서 개최된 제1차 2 + 4회담은 독일민족의 자결권에 입각한 독일통일의 조기실현을 합의하였다. 서방측은 기존 나토전략의 수정과 나토의 정치기능 강화를 조건으로 통일독일의 나토가입을 제안하고, 나토의 틀 안에서 통독문제를 해결해야 하며, 유럽의 안보를 유지해야 한다는 입장을 고수하였다. 소련측은 통일독일의 나토가입을 반대하며, 독일이 양 동맹체로부터 탈퇴하여 중립의 지위를 가져야 한다는 입장을 표명하였다.

제2차 2 + 4회담까지 국제적인 면에서 가장 크게 부각된 문제는 통일독일의 나토가입에 대한 소련의 반대였다. 이 문제를 해결하기 위하여 3차 회담 직전인 1990년 7월 14~17일 고르바초프와 콜이 만나 합의점을 추구하였다. 소련은 안보적 측면에서 거대한 경제력과 잠재력을 가진 독일이 중립화되지 않으면 안 된다는 인식을 바꾸게 되었다. 고르바초프는 나토의 기존 전략을 수정하여 적정규모의 군사력을 가진 비핵국가 독일이 나토 회원국이 되는 것이 소련의 안보이해를 해치지 않는 조건하에서 동독의 나토 가입를 받아들이기로 하였다. 대가로 소련은 내부의 정치 경제개혁을 촉진하기 위해 독일로부터 자본, 고급기술설비, 생필품, 경제전문가, 상품시장화를 비롯한 경제원조를 제공받고 소련군 철수비용을 독일정부가 부담할 것을 약속받았다. 더불어 중부 유럽 지역의 비군사화를 추진함과 동시에 동서간 경제협력체제 형성에 합의하였다.

제3차 2 + 4회담은 독소정상회담 직후인 1990년 7월 17일 파리에서 개최되었는데, 이 회담은 독일–폴란드 국경선을 확정하고 통일독일의 나토 잔류를 결정하였다. 모스크바에서 1990년 9월 12일 개최된 제4차 회담에서 통독 문제 최종합의서가 채택되었다. 최종합의서 내용은 대부분 독소정상회담에서 합의된 내용들로 다음과 같다.

1. 통독국경규정 및 독일의 평화선언
2. 독일의 화생방무기 제조 · 보유 · 사용 포기선언 및 통독군사력 37만으로 감축
3. 통독 후 독일군대 중 나토 소속군대를 포함한 어떤 국가의 군대도 소련군 철수시까지 동독지역 주둔금지 및 군사훈련 금지
4. 통일독일의 동맹가입권리 보장

이로써 2 + 4회담이 개최되는 동안 제2차 세계대전 승전 4개국은 독일, 특히 베를린 지역에 가지고 있던 법적 권리를 포기하였고 독일이 완전주권을 회복하는 법적 절차에 합의하였다. 독일의 국경문제도 별 이의없이 잘 해결되었다. 1990년 7월 17일 폴란드가 2 + 4회담에 참가하여 독일–폴란드 국경문제 등 현안문제들을 해결함으로써 국제 문제가 일단락된 것이다. 독일관련 최종처리에 관한 조약(Treaty of Final Settlement on Germany)이 1990년 9월 12일 모스크바에서 2+4국가들에 의해 공식적으로 서명되었으며, 8일 후 서독의회와 동독인민회의가 이를 인준하였다. 1990년 10월 3일 동서독이 공식적으로 통일을 이룩했으며, 한 달 후인 11월 7일 35개국이 참가한 파리 유럽안보협력회의(CSCE)에서 독일통일에 대한 국제적 승인이 최종적으로 이루어졌다.

독일의 통일방식은 서독헌법 23조에 의거한 흡수통일 방식이었다. 통일과 함께 서독헌법의 모든 조항이 동독으로 확대되었고, 동독의회는 1945년에 폐기되었던 5개의 주를 서독에 복귀시키고 해체되었으며, 동독지역은 서독의 선거제도에 흡수되었다. 통일 직후인 1990년 10월 14일 새로 편입된 동독 5개 주의 선거가 있었다. 1990년 3월의 총선거와 마찬가지로 서독의 직업정치인들이 선거운동을 벌였다. 실제로 기민당(CDU)과 사민당(SPD)의 2대 정당의 후보자 중 40%가 서독인들이었다.

(4) 독일통일의 평가

독일의 분단은 유럽에서 동서간의 힘의 균형에 의한 대립에 따른 부산물로서, 힘의 균형이 깨어질 때 독일의 분단이 종식되는 것은 기정사실이었다. 독일통일의 직접적인 계기는 고르바초프의 개혁정책에 의하여 이루어졌으며, 폴란드의 솔리대리티 운동과 동독 헝가리 국경의 개방이 이를 뒷받침하였다. 통독과정은 스탈린주의적 국가사회주의 체제의 붕괴과정이라고 말할 수 있는바, 분단의 상징으로 여겨지던 베를린 장벽을 붕괴로 이끈 동독의 변혁이 가능했던 배경은 크게 외적 요인과 내적 요인으로 나누어 볼 수 있다.

대외적 요인은 첫째로 유럽안보협력회의(CSCE)를 구심점으로 한 유럽 내 동서진영간 평화공존체제의 정착을 들 수 있다. 1975년 이후 CSCE를 통한 체제간 정치 · 군사적 신뢰구축을 위한 지속적 노력이 이의 밑바탕이 되었다. 이것이 미소정상회담, 유럽재래식군축협상(CFE)의 성공 등으로 이어지면서 유럽에서 긴장이 제거되었다.

두 번째 대외적 요인은 고르바초프의 개혁 · 개방 정책이다. 소련체제가 당면했던 경제위기를 극복하고 인간적인 사회주의를 건설하기 위해 고르바초프는 공산주의 개혁을 시도하였다. 1988년의 신베오그라드 선언으로 표현된 "신사고"에 입각하여 소련은 동구권에 대한 패권전략을 포기하였다. 1989년 12월 2일~3일 몰타에서 개최된 미 · 소 정상회담에서 고르바초프는 "소련은 현재 동독에서 발생하고 있는 일련의 사태를 전환시키기 위해 어떠한 직접적 행동도 취하지 않을 것이라고 밝혔다.

셋째 요인은 폴란드와 헝가리 등 동유럽 내 민중주도 개혁운동의 성공이다.

동유럽의 민주화로 호네커 체제가 자유화 개혁 개방 물결에 반대할 명분을 상실하였고, 동독주민들의 개혁의지가 고조되었다. 헝가리는 동독과의 국경지대에 거주하는 동독주민들에게 국경을 개방하여 동독주민들의 탈출계기를 마련하였다.

넷째, 유럽공동체(EC) 국가들의 경제 정치적 통합을 위한 새로운 모색들이 독일통일에 긍정적 역할을 하였다. 유럽의 냉전구조를 청산하고 새로운 시장을 통해 통합을 달성하려는 유럽 내의 경제 사회적 역동성이 독일 통일에 큰 기여를 하였다. 또한 군사동맹체를 정치동맹체로 전화하여 새로운 유럽안보체제를 구축하고자 한 노력과 고르바초프의 "유럽공동의 집" 구상이 독일통일의 주요한 대외적 요인이 되었다.

독일통일의 대내적 요인의 첫째는 사회주의 경제체제의 실패로 대중의 불만이 증대된 것이다. 서구세계로부터 정보가 유입되고 인적 왕래가 늘면서 동독 대중의 기대수준이 향상되었고, 생산력 향상이 일정한 한계에 직면할 수밖에 없는 경직된 사회주의 경제체제로는 이를 충족시킬 수가 없었다. 중앙집권적 경제구조는 경영을 위한 정보의 획득과 고도의 노동생산성 향상을 위한 노동자들의 동기유발에 실패하여, 고도로 산업화된 현대 국민경제 운영에 있어서는 생산력의 저하로 나타날 수밖에 없었다.

두 번째 내적 요인은 아래로부터의 체제개혁 요구에 대한 공산당의 탄압과 동독 주민들의 자각이다. 대도시 지역에서 정치단체들이 민중운동을 주도하고 동독 시민들이 대거 참여하여 자유 · 민주 · 인권보장 등 정치체제 개혁과 서독과 유사한 생활수준 보장을 요구하였다. 서독으로의 대이주 사태에서 보듯, 동독주민은 의사표현의 자유 제한, 여행자유 제한, 정치적 탄압, 국가에 의한 감시조종 등을 더 이상 거부했고, 미래에 대해 희망을 갖기를 갈구하였다. 그러나 국가보안기구(Stasi)는 지식인을 중심으로 한 "인간의 얼굴을 가진 사회주의" 혹은 "민주적 사회주의" 건설을 요구하는 체제개혁 운동세력을 추방 · 투옥하는 등 조직적으로 탄압하였다. 이로써 동독 체제는 체제 스스로 약점을 보완해 나갈 수 있는 개혁의 기회를 상실하게 되었다.

세 번째 요인은 서독체제의 강한 흡인력이다. 동독 체제개혁 민주화 운동이 애초 동독의 비판적 지식인들이 생각했던 것처럼 진정한 의미의 사회주의 국가 건설이라는 목표추구로 나타나지 않고, 서독으로의 대이주 사태와 서독에의 흡수통일로 이어진 것은 동독 국민에 대한 서독체제의 매력에 있었다. 의회 민주주의와 다원주의에 바탕을 둔 정치적 안정, 사회적 시장경제 제도의 정착을 통한 막강한 경제력, 철저한 사회보장 등이 매력의 원인이었다.

네 번째는 서독의 점진적인 대동독 교류 · 협력 정책과 민족의 동질성 유지노력이다. 서독은 "현상을 변경시키기 위해서는 현상을 인정해야 한다"는 바(Egon Bahr)의 명제에 따라 다른 체제를 가진 상대방의 존재를 인정하였다. 이에 따라 통일을 일회적 행위가 아닌 하나의 긴 과정으로 파악하여 끈질긴 접촉과 교류를 통해 질적 전환 과정을 거치는 "접촉을 통한 변화"정책을 추진하여 궁극적으로 동독이 스스로 변화하도록 유도하였다. 동독 지도부를 자극하지 않은 채 분단으로 고통받는 동독 주민을 돕기 위해 강력한 국력을 바탕으로 하여 다양한 형태의 경제적 지원을 제공하여 동독의 개방과 개혁을 유도한 것이다.

6. 냉전 종식 이후 유럽의 안보질서

40여 년간 지속된 냉전이 종식되면서 유럽의 안보는 새로운 방향으로 전개될 계기를 맞게 되었다. 냉전시대 주적이었던 동유럽과 소련이 사라짐에 따라 군사안보의 개념에서 벗어나 포괄적인 개념의 안보를 지향할 수 있게 되었고, 미국에의 일방적인 의존에서 벗어나 독자적인 안보를 추구할 수 있는 기회도 맞게 되었다.

1) 탈냉전 이후 나토와 미국의 역할

미국은 오랫동안 유럽 안보에 중요한 역할을 담당해 왔고, 유럽과 우호관계를 유지해 왔다. 미국은 냉전 종식 이후 세계에서 유일한 초강대국으로 남게 되었다. 국제 체제에 대한 미국의 지배는 경제력뿐만 아니라 군사력에서도 월등하게 되었다. 소련의 군사적 도전은 사라졌고, 미국은 1991년 국방비의 최고점을 달한 이후에 약 20%까지 국방비를 감소시킬 수 있었다.[105] 미국이 탈냉전 시대에

105) C. W. Kegley and E. R. Wittkopf, *World Politics: Trend and Transformation*, 6th ed. (New York: St. Martin's, 1997), p.383.

서 유일한 강대국으로 인식되기 시작하자, 보스니아에서 북아일랜드까지 이르는 분쟁들은 미국의 개입 없이는 거의 해결될 수 없었다.

미국의 패권적 위치에 대하여서는 의심할 여지가 없지만, 미국이 탈냉전 시대에 전지구적인 역할을 수행할 수 있고, 그러길 원하는지에 대한 의문은 여전히 남아있다. 유럽에서 미국의 군사적 개입은 베를린 장벽 붕괴 이후 점차적으로 감소하였고, 정치적 개입도 약화되었다고 표현되고 있다. 미국과 유럽의 공식적 연계는 나토를 통해서 이루어지고 있는데 소련으로부터 즉각적인 안보 위협이 사라졌기 때문에 나토역할이 줄어들었고 이에 따라 미국의 대유럽 영향력도 축소된 것이 사실이다. 그러나 미국은 적극적인 입장에서 나토의 확대 프로그램을 주도하여 동맹에 대한 개입을 유지하려 하였다. 미국은 동맹 내에서 지배력을 유지하려 하였으며, 역외에 대한 미국의 개입을 확대하였다.

냉전 종식으로 공동적이 사라진 상황에서 나토는 해체되지 않았고, 오히려 나토의 지위는 강화되었다. 스페인이 나토의 통합된 군사적 지휘권에 합류하였고, 프랑스도 군사 위원회에 재합류하였으며, 대서양 동맹은 1999년 4월 구 바르샤바 조약기구에서 유입된 새로운 세 국가를 받아들였으며, 이후 중 · 동유럽 7개국이 추가로 가입하여 냉전 종식 이후 10개국이 늘어나 총 회원국 26개국이 되었다. 왜 나토는 살아 남았는가? 첫째, 모든 안보 문제가 냉전 시대와 함께 사라지지 않았다는 것이 명백히 드러났다는 점이다. 회원국에게 집단방어적 안보를 제공하는 나토와 같은 다국적 군사동맹이 여전히 필요했다. 둘째, 유럽은 여전히 유럽 안보에 큰 역할을 하는 미국을 필요로 했고, 이러한 사실은 보스니아와 코소보 사건으로 인해 유럽 정치가들에게 각인되었다. 계속적인 미국의 개입을 보장받기 위한 최고의 방법은 나토와 통합된 군사 지휘를 통해서였다. 셋째, 냉전시와 같이 안정된 기능을 계속 유지한 나토는 통합된 군사적 지휘를 통해 유럽 각국의 자주 국방력 건설과 새로운 블록 형성의 가능성을 방지할 수 있었다.

나토는 계속 존재할 수 있게 되었지만, 탈냉전 시대의 새로운 도전에 직면하여 계속적인 변화를 추구할 필요가 있다고 인식되었다. 소련의 위협이 사라진 대신에, 미래 나토의 주요 기능은 평화 유지, 위기 관리, 인도적 지원의 제공이라는 것이 명백해졌다. 이러한 새로운 임무는 냉전시기보다는 덜 위협적이지만 예측할 수 없는 안보에 대한 관심을 다룰 만한 작고 유연한 군대를 필요로 하였다. 공동의 안보 위협의 부재는 또한 나토 회원국 간에 합의가 더 어렵게 되었다는 것을 의미하였다. 이러한 문제를 감안하여, 나토는 1994년에 연합합동기동부대(CJTF: Combined Joint Task Force)를 설치하였다. CJTF는 모든 회원국이 나토의 군사행동에 참여하도록 요구되는 것이 아니라, 나토의 군사적 행동이 모든 동맹국으로부터 만장일치의 지지를 받게 되면 나토의 군사력을 활용할 수 있다는 점을 의미하였다.

나토 전략에 있어 다른 주요한 변화는 확대이다. 초기에 나토는 중동 유럽에 안전 보장을 제공하기를 꺼려했다. 그러나 이러한 태도는 1994년 초부터 미국 영향하에 변화되기 시작하였다. 나토의 확대는 구공산주의 국가에 안보를 제공할 뿐만 아니라 이들 국가가 서방 공동체로 재통합될 수 있도록 돕는 의미도 있었다. 구공산주의 국가가 동맹에 참여하기를 원한다면, 원칙적으로 이를 거부하기가 어려웠다. 그러나 나토는 몇몇 조건을 제시하였는데, 첫째는 새로운 회원국은 민주주의 국가여야만 하고, 이들 국가의 군대는 투명하고 민간인 통제하에 있어야만 하고, 이웃국가와 인종적 갈등이나 국경선 분쟁이 없어야 했으며, 대서양 조약에 군사적으로 공헌해야 할 위치에 놓여야만 했다. 1997년 마드리드(Madrid) 정상회담에서 헝가리, 체코 공화국, 폴란드가 이러한 조건에 부합된다고 결정하여 이들 국가들은 창립 50주년이 되는 1999년에 나토 회원국이 되었다.

그러나 나토의 확대 결정은 안보 공동체 내에서 논쟁을 불러일으켰다. 첫째, 많은 사람들이 확대는 필요하지 않다고 믿었다. 중동 유럽으로부터의 위협이 소련의 붕괴 이후부터 점차적으로 감소하거나 사라졌다는 점에 일반적으로 동의하였다. 그런데 왜 확대가 필요한지 의문을 가졌다. 둘째, 나토 회원국에서 제외되는 국가는 자국의 안보를 위해 새로운 동맹을 추구함으로써 유럽의 새로운 분열을 창출할 가능성은 거의 없기 때문에 나토에 가입시키지 않아도 된다는 논리가 있었다. 셋째, 확대는 나토를 약화시킬 수 있다는 우려도 있었다. 나토는 합의의 원칙하에 작동되는데 확대된 나토는 합의를 이루어내기가 힘들고, 결과적으로 위기 발생시 결정적으로 행동하는 데 어려움을 겪게 될 것이라는 주장이 있었다.

그러나 무엇보다도 나토의 확대를 비판하는 자들은 러시아의 반응을 걱정하였다. 왜냐하면 러시아는 나토 확대에 강력하게 반대하고 있었기 때문이었다. 실제로 러시아인들은 배신감을 느끼고 있는 것으로 보였다. 고르바초프가 통일 독일의 나토 가입을 승인할 때, 서방이 나토를 확대하지 않을 것이라고 약속한 것으로 러시아인들은 믿고 있었다. 더욱이 미국 주도로 핵무장한 군사 동맹이 용인될 수 없을 정도로 러시아 국경에 근접하게 이동하고 있는 것처럼 보였다. 이들 비판자들이 주장하는 확대의 가장 큰 위험은 피하려고 했던 최악의 시나리오를 상정하는 것인데, 그것은 공격적이고, 민족적이고, 반서구적 러시아를 만드는 것이었다.

러시아는 확대를 막을 수 없다는 점을 인식하고 있었다. 비록 새로운 회원국에게 나토의 가입 문이 개방되어 있더라도 러시아는 확대가 제한되기를 희망하였다. 특히 발칸국가들처럼 구소련의 공화국이었던 국가들이 나토에 가입하는 데 대하여 매우 민감한 태도를 보였다. 그러나 확대 지지자들은 나토와 러시아 간의 관계가 상당히 긍정적이라는 점을 지적하였다. 1997년 5월 러시아와 나토는 설립 조항(Founding Act)을 체결하여 러시아－나토 상설합동위원회(Permanent Joint Council)를 설립하였다. 이 조직은 러시아가 나토에서 효과적인 목소리를 낼 수 있게끔 하였으나, 이것이 거부권을 부여한 것은 아니었다. 러시아는 또한 핵무기가 새로운 회원국 영토에 배치되지 않을 것이라는 합의서를 받아냈다. 러시아 군대는 보스니아에서 미국의 지휘하에 나토가 주도한 평화유지군의 부분으로서 유용한 역할을 담당하였고, 러시아는 코소보에 평화유지군을 파견하였다.

2) 냉전종식 이후 유럽안보의 이론적 평가

평화와 안정을 유지하기 위한 유럽 안보에 대해서는 두 가지 시각이 존재하고 있다. 자유주의 입장에서 안보를 유지하는 방법은 국제 협력과 통합을 통한 협정과 평화적 발전을 추구하는 것이고, 현실주의 입장에서는 국가간의 그리고 동맹간의 경쟁과 군사력 평형을 추구하는 것이다.[106] 동유럽에 대한 서유럽의 자

106) 보다 구체적인 내용은 Ian Budge, Kenneth Newton, et al., *The Politics of the New Europe*:

유주의적 안보전략은 유럽안보협력회의(CSCE)가 발전되면서 시작되었다. CSCE는 인권문제도 다룬 동·서 유럽을 포함하는 보기 드문 안보기구였다. CSCE는 1970년대 중반 자유주의, 현실주의 양자로부터 전폭적인 환영을 받으며 등장하였다. 자유주의자들은 긴장완화와 문화, 과학, 환경 분야의 협력을 환영하였고, 현실주의자들은 군사 조치에 대하여 환영의 뜻을 밝혔다. 1989년 이래 CSCE의 확대는 자유주의자들에게 매우 중요한 것이었다.

(1) 자유주의 시각

자유주의자들은 냉전 종식 이후 동유럽 공산주의 국가들의 개혁과 독립국가연합(CIS)의 정치·경제적 변화에 의하여 세계가 평화와 안정에 도달하였다는 긍정적인 평가를 하였다. 특히 소련의 개혁과 연방해체는 자유주의자들이 가장 가치를 두는 세계질서 변화의 원동력이 되었다. 소련과 동유럽 등 공산주의 세력권의 실질적 변화는 고르바초프의 페레스트로이카와 글라스노스트 개혁으로부터 시작되었다.

1991년 이후에 집권한 옐친(Boris Yeltsin)은 개혁주의자를 지원하며 등장했는데 가격 자유화 및 경제 사유화에 집중된 경제 개혁을 추진하였다. 옐친은 1993년 4월의 국민 투표에서 그의 경제 정책에 대해 국민들에게서 53%의 지지를 획득하였다. 그러나 공산주의가 지배한 의회의 도전과 1993년 후반 군대의 저항으로 개혁주의자들의 영향력이 크게 위축되었다. 러시아가 1990년대 중반까지 완전한 시장경제 체제를 확립하지는 못하였지만 스탈린 시대의 명령 경제체제로 회귀하기에는 불가능한 상황이 되었다. 러시아는 서유럽 국가들의 전유물인 국제통화기금(IMF), 세계은행(World Bank), 관세 및 무역에 관한 일반협정(GATT)에 가입하여 활동하기 시작하였다.

역사음모이론(conspiracy theory of history)은 냉전이 1917년 이후 소련의 존재를 허용하지 않으려는 미국과 동맹국들의 결정에 따라 시작된 것이라고 평가하였다. 이 이론에 따르면 제2차 세계대전 직후 서방국가들은 소련과의 대립을 강화하여 소련이 군비경쟁에 가담함으로써 이미 약화된 소련의 경제를 더욱 쇠

Atlantic to Urals (London : Longman, 1997), pp.19-25를 참조할 것.

약하게 만드는 데 냉전을 활용하였으며, 서방 전략가들은 이 대립에서 서방측이 승리할 기회가 높다는 것을 인식하고 있었다.[107)]

이 음모이론은 알퍼로비츠(Gar Alperoviz)와 라피버(Walter Lafeber)로 대표되는 미국의 수정주의 역사학자들과 할리데이(Fred Halliday)를 비롯한 영국의 마르크스주의자들의 견해와 일치한다. 이와 관련하여 1967년 미국의 플레밍(D. F. Flemming)은 "처음부터 공격적인 측은 서방이었지 소련이 아니었다"고 주장하였고, 1978년에 테일러(A. J. P. Taylor)는 소련이 1945년 이후로 공격적 의도를 가졌다는 것을 증명하기란 어렵다고 뒷받침하였다. 그는 이 논리를 다음과 같이 부연설명하였다.[108)]

> 전쟁 직후 스탈린은 프랑스와 이탈리아에 공산당이 출현하는 것을 반대하였다. 그의 관심은 소련접경국가들에 대한 안보였지, 공산주의의 확대가 아니었다. 스탈린은 이란이나 그리스 등지에서 안보를 목적으로 한 공격적인 계획을 가지고 있었지만, 저항을 받게 되자 즉시 포기하였다. 소련은 수년 동안 필사적으로 방어태세만 취한 불안정한 열강이었다. 안보 문제와는 별도로, 스탈린의 다른 목적은 독일로부터 배상금을 받아내는 것이었다. 이는 서유럽 동맹들이 이미 독일 통일을 포기하였을 때 스탈린이 독일 통일을 옹호하도록 하였다.

1989년 이후 중동부유럽 특히 폴란드, 헝가리, 체코, 슬로바키아는 자율 화폐제도를 실시하고 시장경제를 채택하였으며 폴란드는 충격 요법(Shock Therapy), 즉 짧은 기간에 급진적 변화를 겪었다. 이러한 변화는 중 · 동유럽의 경제와 정치가 서방 체제에 편입한 것을 의미한다. 특히 자유주의자들은 소련과 동유럽 국가들의 정치발전에 대하여 낙관적 시각을 보였다.

고르바초프는 "경쟁적인 다당제 정치"에 대한 확고한 계획을 가지고 있지는 않았으나 그는 정치 개혁 및 발전을 향한 두 가지 사건으로 전환점을 이루어 냈

107) Philip Thody, *Europe since 1945* (London and New York: Routledge, 2000), p.92.

108) D.F. Flemming, *The Cold War and its Origins*, 2 Vols. Vol.1 (Garden City NY: Doubleday, 1960), p.31; Walter Lafeber, *America, Russia and the Cold War* (New York: Knopf, 1985); Gar Alperovitz, *Atomic Diplomacy: Hiroshima and Potsdam* (London: Penguin, 1985); Joseph M. Siracusa, *New Left Diplomatic Histories and Historians* (Port Washington: Kennikat Press, National University Publication, 1973).

다. 첫째, 1989년의 국가선거이다. 1989, 1990년의 지방 선거 결과 과거 공산당의 신뢰성이 점차 상실되어 갔다. 둘째, 1991년 8월에 발생한 강경 공산주의자들의 쿠데타 실패가 두 가지 발전을 의미하였다. 먼저 소련 연방 공화국들의 독립을 위한 계기를 마련하였다. 고르바초프는 독립을 막으려 노력했으나 효과적이지 못하고 혼란만을 초래했다.

소비에트연방의 해체 이후 소련과 유사한 변화가 독립국가연합과 중부 유럽의 다른 국가에서 일어났다. 그러나 모두가 같은 방식으로 긍정적인 변화가 이루어진 것은 아니었고, 다음과 같은 4가지의 부정적 결과가 나타났다.[109]

첫째, 정치 · 경제분야의 혼란이다. 정치 분야에서는 1989년에 이루어진 정당 간의 연합과 협력이 붕괴되고 정치적 혼란이 발생하여 정당체계가 붕괴되었다. 경제에서는 인플레가 상승하고 대규모 손실이 있었으며, 실업 증대, 금융 문제, 재정 붕괴, 암시장이 성행하였고 물자가 부족하게 되었다.

둘째, 외국을 혐오하는 민족주의 운동의 확산이다. 이는 경제적 어려움과 물자 부족에서 발생한 것으로 과거 공산체제로의 복귀를 원하는 자들은 별로 없었으나 경제 변화에 따라 불이익을 받게 되고 불만을 표시하는 집단이 발생하였다. 그리고 과거 공산당 성격의 정당들이 다시 등장하였다. 특히 서방 자본주의 사상의 유입에 대하여 민족주의로 맞서는 경우가 늘어났다.

셋째, 인종과 소수 민족의 문제이다. 동유럽을 역사적 · 문화적으로 분류를 하면 회교도와 기독교, 로마 가톨릭교와 프로테스탄트, 정교 그리고 동부 가톨릭으로 나뉜다. 민족문제의 대표적 사례는 구 유고슬라비아의 해체이다. 인종적 분쟁은 극단적인 갈등과 폭력을 수반하였다. 최악의 상태로 보스니아 전쟁에서와 같은 "인종 청소"가 이루어지기도 하였다.

네 번째는 구소련 영향권의 재건설이다. 처음부터 CIS는 연합체제로 시작하였지만 혼란한 체제였다. 점차 연방 성격이 짙어갔으며 러시아가 지배하였다. 경제적 지배가 늘어났고, 1991년 12월의 군대와 국경수비대에 관한 협정(Agreement on Armed Forces and Border Troops)에 의거하여 모든 CIS국가

109) Ian Budge, Kenneth Newton, et al., *The politics of the New europe: Atlantic to Urals* (London: Longman, 1997), pp.22-23.

들은 자체 군대를 보유할 수 있었으나 러시아 군대가 월등하게 앞섰다. 전략군 협정(Agreement on Strategic Forces)에 의하여 핵무기 사용 결정을 러시아 연방의 대통령이 내리도록 하였으며 CIS 국가들과 사전 협의를 하도록 되어 있다. 그리고 6개국이 러시아와 동맹조약을 체결하였다. 동유럽에 대한 소련의 영향력은 사라졌지만 러시아가 마음만 먹으면 CIS국가들을 지배할 수 있게 되었다.

그러나 러시아의 CIS 지배는 오래 가지 않았다. CIS 국가들은 과거 소련이 연방 내 공화국들을 지배했던 것과 같은 정도의 통제를 원하지 않았다. 특히 러시아는 과거 소련연방에 속했던 에스토니아, 라트비아, 리투아니아 등 발틱국가들에 대한 통제력을 상실하였고, 결국 이 국가들은 2004년 EU와 나토에 가입하였다.[110)]

(2) 현실주의 시각

유럽 안보에 대한 자유주의에 반대되는 시각은 현실주의이다. 현실주의자들은 힘과 군사력이 국제관계를 결정짓는 중요한 요소라고 간주한다. 일반적으로 현실주의자들은 1989년 이후를 변화보다는 연속성으로 보기 때문에 유럽변화에 대하여 덜 긍정적이다. 소련의 해체는 실제 가능했던 것보다 적은 수의 독립적 권한을 가진 민족국가를 생성시켰으며, 인구와 경제적 측면에서 러시아 연방은 다른 모든 국가들을 압도한다고 주장한다. 가장 중요한 것은 러시아가 군사적 초강대국으로 존속한다는 것이다.

현실주의자들은 민족국가의 내부 정치와 경제구조의 변화에 대하여 별 관심을 가지지 않는다. 따라서 자유주의자들에게 중요한 중동부유럽국가의 자유민주주의화와 시장 경제로의 전환은 별 의미가 없다. 현실주의자들은 1989년 이전에 국제 체제에서 발전되었던 "잠정 협정(*modus vivendi*)"과 "세력균형(balance of power)"이 상실되는 데 대하여 특히 관심을 가진다.

그들에게 있어 중요한 관심사 중 하나는 핵무기 확산에 관한 문제이다. CIS의 설립과 함께 4개의 국가가 핵무기를 보유하게 되었다. 벨라루스와 카자흐스탄

110) Tim Bale, *European Politics: A Comparative Introduction* (London: Palgrave, 2005), p.12.

이 보유한 핵무기는 러시아가 통제하는 것이 용이하게 이루어졌으나 우크라이나의 경우에는 이것이 불가능하였다. 그러나 1994년 러시아, 우크라이나와 미국이 모스크바에서 협상안에 조인을 하였다. 이 협정은 러시아와 미국이 보상하면 우크라이나가 핵무기를 제거할 의사가 있다는 것이었다. 우크라이나가 SALT, START Ⅰ과 START Ⅱ 등 핵무기 감축협정에 비준하지 않았기 때문에 미국에게 있어서 우크라이나의 핵을 통제하는 것이 중요했다.

현실주의자들의 두 번째 관심은 구소련과 위성국가들의 붕괴 이후 발생할 새로운 무력 분쟁의 가능성에 대한 것이었다. 가장 관심을 끈 모델은 구유고슬라비아의 분쟁이었다. 현실주의자들은 동유럽의 구위성국가들의 장래, 특히 서유럽과 CIS 및 러시아와의 관계에 관심을 가졌다. 현실주의적 관점에서 러시아는 유럽국가들 중에서 가장 중요한 국가이기 때문에 서유럽과 러시아 간의 잠정 협정은 매우 중요하게 생각되었다.

탈냉전 이후 동유럽 국가들은 CIS의 영향권에서 벗어날 수 있었다. 그 이유는 러시아가 브레즈네프 독트린을 파기하였고, 바르샤바조약기구가 해체되었고 소련군이 이 지역에서 철수하였기 때문이었다. 그러나 현실주의자들은 서유럽과 구 위성국가들의 관계 발전이 러시아에게 적대적인 성격이 되면 안 된다고 생각하였다. 러시아의 세력권이 재형성되지 않도록 구 위성국가들과 서유럽의 우호관계가 수립되어야 하지만 러시아가 용인할 수 없는 위협을 가하는 내용은 포함되지 말아야 한다는 것이었다.

러시아는 유럽과 세계에서 안정적인 힘 또는 불안정적인 힘을 행사할 수 있는 잠재적인 능력을 가지고 있다. 영토의 크기뿐만 아니라 1억 5,000만에 가까운 인구는 전략적인 가치를 더욱 높여주고 있으며, 미래에 괄목할 만한 경제대국으로 등장할 수 있는 노동력과 자원을 보유하고 있다. 가공할 만한 규모의 핵무기를 보유하고 있는 군사강대국이고, 재래식 전력을 감축하였음에도 불구하고 유럽 최대의 지상군을 보유하고 있다. 전략적 차원에서 러시아는 무시될 수 없는 중요한 세력이다.[111] 이러한 러시아를 무시하거나 무조건 힘을 박탈하면 안 된다는 것이다.

111) Mike Bowker, "European Security," in Richard Sakwa and Anne Stevens (eds.), *Contemporary Europe* (New York: Palgrave, 2000), p.210.

제3장 유럽의 국가체제

국가와 국가를 통치하는 제도에 대한 인식은 변화하고 있다. 세계화의 경제 경쟁, 세계 금융시장의 확대된 역할, 증가하는 다국적 기업의 중요성, 초국가적 사회 운동의 증가, 국경선을 넘어선 지역 협력, 유럽 통합과 증가하는 국제 기구의 중요성과 같은 현상들은 민족국가와 국민 정부의 능력을 유명무실하게 만드는 것처럼 보인다. 초국가 차원의 도전에 더하여, 민족국가와 국민정부는 지역 혹은 특정 언어 혹은 인종 공동체와 같은 하위 국가 차원의 행위자들의 증가하는 요구에 도전받고 있다. 이러한 다양하고 복잡한 도전과 기회의 세계질서 속에서 국가들은 나름대로 생존과 번영을 담보할 수 있는 효율적인 국가와 정치체계를 모색하고 있다.

많은 다른 사항들의 유사성에도 불구하고, 현대 유럽 국가에서 중요한 결정이 이루어지는 수준은 상당한 차이가 있다. 예를 들어, 전통적으로 영국과 아일랜드에서는 가장 중요한 결정들이 국가 수준에서 이루어짐으로써 중앙집권화되어 있다. 반면 다른 나라들, 특히 독일, 오스트리아, 그리고 스위스 등에서는 전통적으로 분권화되어 있다. 그러나 전체적으로 유럽 국가들의 양상을 보면, 최근 수십 년간 정책의 개발과 이행에 있어서 중요한 결정은 지방이나 지역적인 수준으로 옮겨가면서 더욱 분권화되어 가는 경향을 보이고 있다.

이러한 측면에서, 현대 국가의 정책결정 과정은 서로 연관되어 있지만 상이한 두 개의 형태로 이루어진다. 첫째, "연방"과 "단일"국가 사이의 대조이다. 둘째는 지방정부의 시스템과 관련이 있다. 단일국가에서도 지방정부가 강한 시스템을 가질 수 있고, 연방국가에서도 지방정부는 약한 시스템을 가질 수 있다. 연방국가나 단일국가에 상관없이 지방정부 구조는 어떤 형태로든 존재하기 마련이다. 연방국가에서 지방정부의 형태, 재정확보, 권한 등은 지방정부 수준에서 주로 결정되는 문제들이다. 단일국가에서 중앙정부가 지방정부의 구조와 기능을 결정하고 지방정부 재정원의 상당 부분을 중앙정부가 제공하는 것이 일반적이다.

유럽의 모든 국가는 어느 정도 지방(local) 정부 기관 그리고 경우에 따라서는 지역(regional) 정부 기관을 포함하는 다층통치체제(multi-level governance)의 양상을 보이고 있다. 소수의 유럽 국가는 다양한 수준의 정부에 대한 명확한 구분이 헌법 조항에 의해 명시되고 보장되어 있는 연방정치체제를 선택하고 있다. 연방정치체제에는 중앙정부와 하부정부 사이에 다층적 거래와 협상, 자원 분배와 정책 협조로 특징 지워지는 복잡하고도 중요한 과정이 존재하고 있다. 유럽 국가 구조의 실질적 형태는 권력의 중앙 집중이 갖는 장단점에 대한 평가의 결과이다. 서유럽 국가들의 조직의 양상은 상당히 다양하게 나타나고 있다. 국가의 구조는 기본적으로 세 가지 범주, 즉 단일제(unitary), 연방제(federal), 그리고 연합제(confederal)로 구분될 수 있다.[1)]

1. 유럽 단일국가체제의 유형과 성격

단일제 국가의 정부와 연방제 국가의 정부는 외형적 구조에 있어서 명백한 차이를 보인다. 단일제 국가에서 궁극적 주권은 유일한 것이며, 그 주권의 근원지는 중앙정부 기관이 된다. 연방국가에서는 주권이 중앙정부와 여러 지역정부에 분할되어 있다. 유럽에서 이러한 지역을 지칭하는 용어는 다양한데, 스위스에는 캔톤(주: Canton), 독일과 오스트리아에서는 랜더(주: Länder), 벨기에에서는 커

1) Patricia Hogwood and Geoffrey K. Roberts, *European Politics Today*, 2nd ed. (Manchester and New York: Manchester University Press, 2003), p.198.

뮤니티(Community)와 리전(Region)이라고 부른다.

1) 단일국가체제의 중앙-지방정부 관계

정치권력을 행정 · 지역적으로 배분한다는 의미로 볼 때 단일국가(unitary state)는 권력이 중앙정부에 가장 집중된 국가형태이다. 지방정부는 단지 중앙정부의 하위 행정기구들에 지나지 않으며 중앙정부의 편의에 따라서 존재가치를 갖는다. 국민들은 그들의 통치권을 중앙정부에 부여하고 중앙정부는 권한의 일부를 구성정부에 위임하는 형태의 정부이다. 중앙정부의 권한은 하위 정치단위에 부여한 권한에 비해 훨씬 더 포괄적이고 중요하다. 구성 지방정부들은 중앙정부의 동의를 얻었을 때만 주민들에게 그들이 제정한 법을 적용할 수 있도록 되어 있다.[2)]

지방정부의 구체적인 형태는 국가마다 차이가 있다. 그러나 대부분의 국가에서 나타나는 지방정부의 기능은 지방 수준의 서비스를 제공하는 것, 즉 초 · 중등 교육, 쓰레기 처리, 일부 사회보장 서비스, 도서관 및 문화 서비스, 도로 정비, 지방 계획 통제, 일부의 주택 문제와 지방 교통 서비스 등을 포함하고 있다. 이러한 서비스 제공을 위한 재정원은 중앙정부나 지역 정부의 보조금, 지방세, 서비스 요금부과, 그리고 사전에 중앙정부가 지방정부에 제공하기로 결정되어 있는 일부 세금 수입에서 충당된다.[3)]

대체로 행정적 이유 때문에 지방정부에 보다 많은 권한과 기능을 부여할 필요가 생겼다. 보건 · 산업과 도시 계획, 주거와 환경 문제는 점차 중요하고 복잡하게 되었고, 중앙정부는 사회봉사 분야에 있어서 너무 과중한 임무를 행사하고 있었다. 결국 많은 기능을 지방 정부에 이양하고 자율권도 어느 정도 허용하였다.

지방 정부의 권한이 강화됨에 따라 지방 정치가 활성화되었다. 제2차 세계대전 이후 유럽정치에 있어서 일반화된 경향은 지방정부가 점차 정치화되었다는

2) Arend Lijphart, "Non-Majoritarian Democracy: A Comparison of Federal and Consociational Themes," *Publius: The Journal of Federalism*, Vol.15, No.2, Spring 1985.

3) Patricia Hogwood and Geoffrey K. Roberts, *European Politics Today*, 2nd ed., p.211.

점이다. 이는 두 가지 결과를 초래하였다. 첫째, 중앙 정치인과 균형을 이룰 수 있는 지방 정치인들이 양성되어 국가 문제와 지방 문제에 대한 정치적 관심의 평형을 이룰 수 있게 되었다. 둘째, 지방 선거는 중간선거 역할을 하게 되었다. 지방선거는 대체로 중앙선거와 다른 시기에 실시된다. 중앙정부에 대한 국민지지가 하락하였을 때 지방선거가 실시되면 야당이 승리하는 경우가 있다. 이 경우 중앙정부와 지방정부의 갈등이 생성되고 차후 중앙선거에서 야당이 승리할 수 있는 계기가 마련될 수도 있다. 이러한 갈등이 생겼을 경우 이탈리아와 독일은 타협에 의하여 해결하지만 영국이나 러시아는 다양한 법적 · 행정적 방안을 강구하여 야당이 지배하는 지방 정부를 굴복시키려고 노력한다.[4)]

2) 프랑스의 지방분권화

전통적인 프랑스 제도는 중앙정부에서 지방 정부의 장(長)인 지사를 임명하는 것인데, 그는 중앙정부의 관료이고 임무는 중앙 정부의 정책을 집행하는 것이다. 이 제도의 명분은 프랑스 국민이 어느 지역에 거주하든지 간에 동일한 권리와 의무를 향유해야 한다는 것이다.

1960년대 이후 프랑스의 지사 선임제도는 변화하게 되었다. 그리스를 제외하고 이 제도를 택하고 있는 다른 국가들도 제도의 변화를 시행하였다. 이 제도의 수정은 세 가지 발전에 의하여 이루어졌다. 첫째, 과거 지사에 의하여 관리되던 지역보다 큰 규모의 지역에서 경제계획을 할 필요가 생겼다. 둘째, 지방 정치인들이 보다 직업화되고 강력하게 되었다. 셋째, 지역거주자들 특히 소수 인종과 지역 민족주의자들이 지방 정부 기능을 자체적으로 통제하는 데 대한 대중의 관심이 늘어났다.

본격적인 프랑스의 지방분권화는 1982년 3월 2일 지방분권법을 제정 · 공포하면서 시작되었다. 200년간 지속되어 온 전통적인 중앙집권적 정치 · 행정구조에 대한 급진적인 개혁이 이루어진 것이다. 프랑스 지방분권법의 특징은 다음과

4) Ian Budge, Kenneth Newton, et al., *The Politics of the New Europe: Atlantic to Urals* (London: Longmanm 1997), pp.292-293.

프랑스 지방정부 고유사무

구분	시, 읍, 면(commune)	도(department)	광역도(region)
주거 · 주택	영세민 주거계획 수립, 지방주택 건설계획, 건축허가	영세민을 위한 주택정책 입안, 주거지를 위한 정책수립, 주택정책위원회 운영	주거자 우선사업 결정, 국가의 주택정책에 대한 보충적 지원
교육	탁아소, 유치원, 초등학교의 건설 및 관리	중학교 건설 및 관리	고등학교, 특수학교, 해양전문학교 지원 및 관리
보건 · 사회복지	방역활동, 위생보건 의료서비스, 공적부조 요청자 서류관리	사회복지 비용부담 및 규정수립, 사회 · 의료서비스 계획의 수립 및 공포, 최저생계비 지급대상자에 대한 재정지원	
직업훈련			26세 미만 성인을 위한 직업교육 실시, 광역권 직업교육 연례계획 수립
교통 · 해양	도시 대중교통 운송체계 수립, 도시이동 교통망 계획안 수립		교통계획 수립, 공항 신설, 국철과 계약, 운하시설 및 강변항구 관리
국토 · 토지개발	도시개발계획, 토지이용계획의 입안 및 인가, 지역개발을 위한 기초자치단체간 개발헌장 수립 및 승인	농촌지역 대중운송 도로망관리, 해양 · 항구관리, 국철과 협약 체결, 농촌설비 보조계획안 작성	국가 · 광역도간 국토개발 계약에 따른 지역개발계획안 작성
환경, 문화재 관리 · 보존	가정용 쓰레기 수거처리, 유물 및 유적지 보호, 음악 · 무용 · 미술교육	도립도서관, 박물관 조성 재정지원, 고문서 보존, 고문서 관리국 재정지원	산업용 쓰레기 처분을 위한 계획안 입안, 박물관 조성과 재정지원, 고문서 보존

같다. 첫째, 광역도 레지옹(Region)을 지방자치단체로 승격하고 법인격을 부여한다. 둘째, 중앙에서 임명한 관선지사가 지방자치단체의 지방행정을 통제하던 방식을 사전통제에서 사후통제로 전환한다. 셋째, 지방의회 및 지방정부 기관은 주민직선제에 의하여 구성하고, 관선지사의 지방행정 결정권한을 민선 지방의회 의장에게 전폭적으로 이양한다. 이 법은 전국 자치단위 행정구역을 코뮌, 데

파르트망, 광역자치단체 등 3구역으로 확정하였다. 특히 광역도시인 레지옹이 자치단체로서의 법인격을 확보하고 광역자치단체로 탄생한 것이 특징이었다.[5)]

프랑스는 1982년의 지방분권법과 더불어 1983년에 중앙행정권한의 지방이양법을 제정하여 중앙정부와 지방자치단체, 그리고 지방자치단체 간의 행정배분을 명확히 하였다. 이 법은 상위 지방자치단체가 하위 지방자치단체에 대한 행정적 · 재정적 감독권을 금지하는 동시에, 오직 중앙정부만이 코뮌, 데파르트망, 레지옹에게 의무를 부과하도록 규정했다. 지방자치단체 상호간에는 상위조직이 존재하지 않으며, 업무배분만이 이루어지고 있다.

프랑스 중앙정부의 지방자치단체에 대한 통제는 합법적 통제와 예산집행 통제로 구분된다. 중앙정부가 지방자치단체를 통제하는 방식은 다음과 같다. 첫째, 중앙정부에 의해 임명된 관선지사는 지방의회 및 집행부의 결정사안이 국가의 이익 및 지방이익에 배치된다고 판단할 때 행정재판소에 소를 제기하여 지방의회의 결정을 취소할 수 있다. 둘째, 중앙정부는 지방의회가 기능수행이 불가능하다고 판단될 때 각료회의의 의결을 거친 정부령을 공포하여 지방의회를 해산할 수 있다. 셋째, 관선지사는 지방의회의 예산안 결정에 대해 사후심사를 한다. 지사는 지방의회에서 결정된 예산을 통보 받으면 이를 심사한 후, 예산책정과 집행이 법률에 저촉될 경우 행정재판소에 소를 제기해 적법성을 판단한다.

3) 영국의 단일국가체제

영국의 중앙–지방간 관계는 각 지역에 따라 매우 다양하고 복잡할 뿐 아니라 통치권자가 누구냐에 따라서도 크게 영향을 받고 있다. 1970년부터 현재에 이르기까지 영국의 중앙–지방간 관계는 시기별로 크게 다섯 단계로 구분할 수 있다.[6)] 제1단계(1970~1978년)는 파트너십(Partnership) 내지는 협상관계 시기, 제2단계(1979~1983년)는 상의하달식 명령(Direction) 시기, 제3단계(1984~1987년)는 갈등관계 시기, 제4단계(1987~1996년)는 갈등완화 시기, 제5단계(1997~

5) 윤기석, "제8장 프랑스 지방분권제의 정치적 함의와 현황," 유럽정치연구회 편, 『유럽정치』(서울: 백산서당, 2004), p.201.

6) 이남국, 『영국의 중앙정부조직』, 한국행정연구소, 2001년, pp.39–43 참조.

현재)는 파트너십 복원 시기이다.

영국의 중앙-지방관계를 보는 다양한 틀과 견해가 존재하는데, 대행(agency), 공조(partnership), 주종(stewardship), 권력(power-dependent) 등의 관계로 보는 시각이 있는가 하면, 이러한 틀이 영국적 현실을 설명하는 데 불충분하며 따라서 보다 통합적인 시각이 필요하다는 주장도 있다. 무엇보다 영국정치에서 정당은 중앙-지방관계의 중추적 연결고리 역할을 한다. 지방정치 수준에서 지역주민이 자신의 이해를 정치화시킬 수 있는 유일한 조직기반은 정당이며, 지방정치의 정당정치화 역시 지속되어 온 현상이다. 예컨대 지방의회 진출을 위해서는 정당의 추천이 거의 필수적이며, 카운티 의원의 98%, 디스트릭트 의원의 93%가 정당에 소속되어 있다.[7)]

영국의 지방행정구조는 잉글랜드 지역을 제외한 전지역에서 단층제를 체택하여 운영하고 있으며 지방정부의 기능은 정권에 따라 약간의 차이가 있지만, 대체로 주요 기능은 다음과 같다. ① 교육, 개인복지 및 사회복지, 주택 등의 기초서비스, ② 경찰, 소방, 소비자 보호 등의 보호서비스, ③ 도로의 건설 및 관리, 청소, 도시계획, 환경보호 등의 생활쾌적서비스, ④ 도서관, 박물관, 레포츠 시설 등 생활편의 서비스 등을 제공하고 있다.[8)]

영국 지방정부의 모든 권력은 원칙적으로 중앙의 의회로부터 나온다. 영국정치에서 중앙의회의 입법은 지방정부의 정책방향을 설정해 주고, 중앙정부로부터의 재정지원은 지방정부의 자율성을 제약하는 요인으로 작용한다. 실제로 1997년 당시 영국 지방재정의 80% 이상은 중앙의 예산으로부터 충당되었다. 1979년 보수당의 대처 행정부가 들어서면서부터 지방정부에 대한 보다 체계적이고 광범위한 통제가 시작되었다.

대처 정부가 사회복지예산과 지방 예산을 축소시키는 정책을 펼치자 노동당

7) John Kingdom, *Local Government and Politics in Britain* (London: Philip Allan, 1991), pp.239-242; David Wilson and Chris Game, *Local Government in the United Kingdom* (London: Macmillan, 1994), pp.105-114; 조명래, "영국의 중앙-지방정부 관계," 『지방자치』, 104호(1997년 4월), p.76.

8) 김상인, 『영국지방정부론: 영국 지방정부의 어제, 오늘, 그리고 내일』(서울: 성지각, 1999), p.19.

과 자유당이 장악한 지방정부가 반대 입장을 보였다. 이에 대하여 중앙 정부는 여러 가지 조치를 취하여 지방 정부의 자율성과 권한을 축소시키려 하였다. 이 조치들은 다음과 같았다.

① 지방 예산과 지출의 축소. 대개의 유럽 국가들의 지방정부는 세금 징수와 사용의 자율권을 가지고 있다. 그러나 대처 정부는 지방정부의 수입과 지출을 철저히 통제하였다. 중앙정부가 지방정부의 수입과 지출 규모를 정해 주고 만약 지방정부의 수입이 정해진 액수를 초과하게 되면 그 초과분만큼 중앙 정부의 지원금을 축소하였다.
② 지방 선거에서 선출된 기구의 기능을 제한시키고, 중앙 정부에서 임명한 기구에 많은 기능을 맡겼다. 특히 기획, 주거, 교육 관련 분야에서 이러한 기능 강화를 하였다.
③ 일부 서비스 기능을 점진적으로 중앙화시켰다. 예를 들어 경찰을 실질적으로 내무장관의 통제하에 두었고 교육 커리큘럼을 교육부로 가져왔다.
④ 지방정부로 하여금 주택 등 소유 재산을 매각하도록 하고 일부 서비스를 민영화시키는 법안을 통과시켰다.[9)]

당시 다른 유럽정부들은 지방분권화의 방향으로 나아갔으나, 영국은 오히려 권력을 중앙으로 집중시키고 있었다. 1997년 5월 블레어(Tony Blair)가 이끄는 노동당은 지방정부의 부활을 기치로 재집권에 성공하였으나, 영국의 중앙정부는 통제와 지배에 익숙해 있었으며, 지방세 인상 등을 통한 지방정부의 권한 확대 문제에 관해서도 민감한 반응을 보였다.

영국의 지방정부는 교육, 도로, 주택뿐 아니라 박물관, 도서관, 화랑, 그리고 쓰레기의 수거와 처리를 포함한 각종 사회복지 서비스의 제공을 실질적으로 담당하고 있다. 650여 명의 웨스트민스터 의원에 비해 2만 6,000명의 지방의회 의원이 전국적으로 존재한다는 사실도 지방정부의 정당성과 관련하여 매우 중요

9) Ian Budge, Kenneth Newton, et al., *The Politics of the New Europe: Atlantic to Urals* (London: Longmanm 1997), p.294.

한 의미를 함축하고 있다. 더욱이 영국 지방정치는 중앙 정치인의 충원을 위한 보급소의 역할을 충실히 해오고 있다. 지난 1997년 5월 총선의 경우 웨스트민스터에 진출한 초선의원 259명 가운데 62% 그리고 전체 하원의원의 60%가 지방정치나 지방행정의 경험이 있었다. 지방자치의 위기가 거론되는 상황에서도 영국의 지방정부는 정치적 충원의 통로로서 막중한 역할을 맡고 있는 것이다.[10)]그러나 영국의 지방정치가 아직 이데올로기와 재정충당 등에서 중앙정치에 많이 의존하고 있는 것은 부인할 수 없는 사실이다. 그러나 동시에 영국의 중앙정치 또한 당내 민주주의의 절차와 지방의 이해를 중앙당 수준에서 반영할 수 있는 다양한 제도적 장치를 통하여 일정하게 견제되고 있다.

단일국가체제의 대표로서 프랑스와 영국의 경우를 살펴봤다. 이 사례로 볼 때 가장 큰 특징은 지방정부의 권한과 역할, 그리고 중앙-지방정부의 관계를 중앙정부가 통제할 수 있다는 점이다. 단일국가 체제를 유지하고 있는 유럽의 거의 모든 국가들도 이러한 특성을 지니고 있다.

2. 유럽의 연방국가체제

연방국가체제는 민주적 정당성을 가진다. 사회공동체 내에 공존하고 있는 지역적 · 종교적 · 문화적 · 인종적 다양성을 최대한 존중함으로써 민주주의의 원리 중의 하나인 "소수 보호"에 가장 적합한 구조적 특성을 지니고 있다. 북미의 캐나다 · 미국, 중남미의 멕시코, 브라질 · 베네수엘라 · 아르헨티나, 유럽의 스위스 · 독일 · 오스트리아 · 벨기에 · 스페인, 러시아, 아시아의 인도 · 파키스탄 · 말레이시아, 아프리카의 나이지리아 · 에티오피아 · 남아공 그리고 오세아니아주의 호주 등은 공식적으로 연방국가를 표방한다.[11)] 이와 같은 국가들만 합해도 이미 세계 인구의 약 40%가 공식적으로 연방제를 채택한 정치체제에서 살고 있는 셈이다. 더구나 나머지 인구 중 3분의 1도 어떤 방식으로든 연방주의를

10) John Kingdom, *Local Government and Politics in Britain*, pp.1-2; 김상인, 『영국지방정부론: 영국 지방정부의 어제, 오늘, 그리고 내일』, p.23.

11) Andrew Heywood, *Politics* (New York: Palgrave, 2002), pp.160-161.

부분적으로 수용한 국가에서 살고 있다.[12)]

연방제는 "정치권력이 정부간에 배분되고, 각기 부여받은 권한의 범위 내에서 법적인 독립성을 유지하는 정부형태"를 기본으로 한다. 즉, 연방제는 헌법이 중앙정부와 하급단위정부인 지방정부에 권한을 각기 배분하는 방식으로 국가권력을 조직화하는 제도를 의미한다.[13)] 현대정치에서 연방국가의 구조는 두 가지 측면에서 권력분립의 효과를 발휘한다. 하나는 연방정부와 지방정부 간의 "수직적 권력분립"의 효과이고, 다른 하나는 양자간의 "수평적 권력분립"의 효과이다. 대부분의 국가정책이 연방정부와 지방정부의 공동작업에 의하여 결정 및 집행되기 때문에 연방정부와 지방정부의 대표로 구성되는 연방상원의 수평적 관계가 큰 의미를 가지게 된다. 연방정부와 연방상원을 지배하는 정치세력이 다를 경우 이는 단일국가의 입법 · 행정 · 사법권을 분리하는 권력분립 이상의 실효성을 지니게 된다.[14)]

국가형태를 분류할 때 연방국가에 대하여 정확한 정의를 내리는 것은 매우 어렵다. 유럽에서 연방국가의 주요 사례라 할 수 있는 스위스, 독일, 오스트리아 그리고 1993년 이후의 벨기에 등은 제도적으로 매우 다양할 뿐만 아니라, 미국, 캐나다, 호주 등과 같은 비유럽 연방국가와도 핵심적인 관점에서 차이점이 있다. 중앙집권국가의 상징이었던 스페인이나 영국과 같은 정부가 실질적인 힘을 가진 강한 지방 행정부와 의회를 설립하려는 방향으로 움직이고 있다는 사실을 고려하면 문제는 더욱 복잡해진다. 그 국가들은 예전보다 "연방적"인 성향을 보이고 있다.[15)]

연방국가에서 주권의 분할은 성문 헌법에 명시되어 있다. 주권의 성문헌법 명

12) 공용득, 『북한연방제연구: 중앙과 지방정부의 관계를 중심으로』(서울: 청목출판사, 2004), p.63.

13) Michael Burgess and Alain-G. Gagon (eds.), *Comparative Federalism and Federation: Competing Traditions and Future Directions* (Toronto: Toronto University Press, 1993), p.5; J. Blondel, *Comparative Government* (London: Cambridge University Press, 1995), p.234.

14) 법무부, 『독일과 미국의 연방제』(2000), pp.11-12.

15) Michael Gallagher, Michael Laver and Peter Mair, *Representative Government in Modern Europe*, 3rd ed. (New York: McGraw-Hill, 2001), p.145.

시는 필연적으로 몇 가지 결과를 양산하고 있다. 첫째, 연방국가는 반드시 입헌정체(constitutional regime)를 선택해야 하며 법치국가 정신을 수호해야 한다. 둘째, 주권의 분할이 분명치 않고 그러한 이유로 합법적 결정 권한이 의심과 도전을 받는 상황에서는 권위적이고 법적 구속력을 가진 판결을 내려 줄 수 있는 헌법재판소와 같은 제도적 기관이 반드시 있어야 한다. 지금까지 설명한 두 가지 연방국가의 필수조건은 대부분의 자유민주주의 단일국가에서도 적용되는 조건이다. 셋째, 중앙과 지방 수준의 정책 형성을 협조할 수 있는 기제가 반드시 있어야 한다. 예를 들어, 경제 정책 전략이 중앙 정부와 지방 정부 모두를 위해 조화를 이루도록 하기 위한 제도적 장치가 필요하다. 주권의 원천이 유일한 단일국가의 경우, 권한은 지방정부에 분산될 수도 있지만, 중앙정부는 의지에 따라 이를 수정하거나 철회할 수도 있다.[16)]

연방국가에서 연방정부와 지방정부의 권한을 구분하는 것은 쉬운 일이 아니다. 지방정부와 연방정부 권한을 헌법에서 명확히 구분한다 하더라도 실제로 이 구분은 매우 모호하다. 특히 유럽 국가들에 있어서 양 정부 권한의 구분이 명확하지 않다. 유럽에서 미국에서와 같이 연방정부와 지방정부 간의 법적인 충돌은 일어나지 않지만, 소수 인종이 개입되어 있을 때 충돌이 생기는 경우가 있다.

독일과 스위스 연방에서 지방단위(länder와 canton)는 이론적 · 실제적으로 연방정부와의 관계에 있어서 동일한 입지를 가지고 있다. 지방 단위가 하나의 도시 또는 보다 광범위한 지역을 의미하더라도 법적인 권한과 지위는 동일하다. 지역의 크기와 전통은 별다른 차이점을 발생시키지 않으며, 단지 인구의 차이는 연방의회에의 대표권 차원에서 차이를 가질 뿐이다. 독일과 스위스에서 주정부들은 모든 분야의 행정을 담당한다. 법안이 연방차원 또는 주차원에서 결정되었든 간에 지방의 공무원과 행정기구가 이를 수행한다. 스위스와 독일의 주들이 가지는 지역 행정역할과 균일한 법적 지위는 지역 자치를 주장하기 위한 것보다는 중앙정부에 대한 행정적 편의를 도모하기 위한 것으로 평가된다.

16) Patricia Hogwood and Geoffrey K. Roberts, *European Politics Today*, 2nd ed. (Manchester and New York: Manchester University Press, 2003), p.200.

연방주의(Federalism), 지역주의(Regionalism), 권한위임(Devolution), 보조성(Subsidiarity)

연방 국가에서 권력은 중앙정부(대개 연방정부로 알려진)와 국가 내 지역권위체(주로 주, 지방, 지역 등)에 분배되어 있다. 각 단위체의 정부는 주어진 영토 내에서 자율적 권리를 가지고, 그 기능을 실행하기 위해서 자체적인 정부의 기구들을 유지한다. 다시 말해서 권력은 단일국가와 같이 중앙정부의 지배에 집중되어 있지 않고, 다양한 수준으로 분산되어 있다. 연방정부 형태는 다원화된 사회에 특히 유용한데, 그 이유는 이 형태가 상이한 인종, 종교, 언어집단에 자율권을 부여하기 때문이다.

지역주의(Regionalism)는 연방주의와 비슷한 의미를 가진 느슨한 개념이지만, 또한 중앙과 하위 정부 사이가 보다 더 가까운 관계를 의미하기도 한다.

권한위임(Devolution)은 중앙정부에서 하위정부 차원으로 권력이 위임되고 분산되는 과정을 지칭한다. 어떤 경우에 이것은 특별한 지역적·종교적·인종적·언어적 문제를 해소하는 방편이 되기도 한다. 스페인의 카탈로니아(Catalonia)와 영국의 북아일랜드가 이에 해당된다. 또 다른 경우에 그것은 지역 민주주의와 권력 분산의 결과를 가져오기도 한다. 다른 경우에 정부의 행정적 효율성을 증진시키는 기능도 한다.

보조성(Subsidiarity)은 대개 유럽연합 내 권한의 분리 차원에서 사용되는 용어이지만, 그것은 모든 정부제도에 적용된다. 이는 정부 결정이 가능한 가장 낮은 지역적 차원에서 이루어져야 하는 것을 의미한다. EU 차원에서 어떤 결정들은 정부의 가장 높은 수준에서 이루어지고, 일부는 전통적인 주 차원에서, 일부는 지역 차원에서, 또 일부는 지방이나 공동체 차원에서 결정이 이루어진다. 물론 어떤 종류의 결정이 어떤 차원에서 이루어져야 하는가의 문제는 논쟁의 대상이 되고 있는데, 그 이유는 모든 정부들이 자체적인 경쟁력을 강화시키려 하기 때문이다.

1) 스위스의 연방국가체제

스위스는 역사적으로 다문화 사회의 갈등구조를 보유하고 있으며 이러한 갈등을 해소하기 위해 여러 정치적 전통이 형성되어 왔다. 스위스 국가체제가 주는 가장 귀중한 교훈은 상이하고 갈등적인 종교 · 언어 민족의 문화적 정체성을 파괴하지 않으면서 오히려 문화의 이질성과 다양성을 정치적으로 통합하고 발전의 원동력으로 승화시킨 것이다. 비례성(proportionality), 국민적 동의(popular consent), 연방주의(federalism), 그리고 중립성(neutrality) 등은 스위스 민주정치의 전통을 표현하는 주요 개념이다.[17)]

신 · 구교도들 간 갈등의 역사[18]를 겪었고 네 개의 상이한 언어들을 사용하면서도 고도의 국민통합을 이룩한 스위스는 산업화 과정에서 등장한 계급 갈등에 직면해서도 분열되지 않았고, 유럽이 전쟁과 전체주의의 비극적 상황으로 치닫는 과정에서도 연방체제를 유지하며 민주주의 정치의 정체성을 지켜 냈다. 스위스가 다문화사회의 끊임없는 갈등을 화합적으로 해결하고 고도의 국민통합을 이룩하는 데 성공한 비결은 하나의 종교 · 언어 · 민족으로 이루어진 단일국가를 이루겠다는 꿈을 포기하고, 이질적 정치세력들이 협상으로 갈등을 해결하고 권력을 공유해서 공동이익과 목표를 달성할 기회를 만들어 낸 데 있다.

언어는 사회의 의사교환 구조를 결정하기 때문에 스위스에서 언어 그룹의 분포는 중앙 집권화의 과정에 장애요소가 되어 왔다. 이에 따라 채택된 복수언어주의(multilingualism)는 문화적 소수들을 스위스 사회에 통합시킨 중요한 요인 중의 하나이다. 스위스 국민의 75%는 독일어, 20%는 프랑스어, 4%는 이탈리아어, 1%는 레토-로만어를 사용하고 있다.[19]

스위스는 언어적 소수들을 융화시키는 제도적 장치를 갖추고 있다. 첫째, 연방주의는 프랑스어, 이탈리아어, 레토-로만어를 사용하는 소수들이 캔톤의 문화적 보호막 속에서 차별의식이나 소외감을 느끼지 않고 살 수 있도록 보호하고, 심지어는 소수인종이 연방정부의 의사결정에서 일부 정치적 발언권을 행사한다. 오늘날까지 하원의원 좌석이 언어권별로 배정되어 있다는 사실이 이를 상징한다. 둘째, 언어적 소수들은 법적으로 언어자치권을 향유한다. 캔톤들은 영토성 원칙(territoriality principle)에 따라 관할권 내 지역들에서 사용되는 고유

17) W. Linder, *Swiss Democracy: Possible Solutions to Conflict in Multicultural Societies,* 2nd ed. (Lodon: Macmillan press, 1998), p.12; Henry H. Kerr, "The Swiss Party System: Steadfast and Changing," in Hans Daalder (ed.), *Party Systems in Denmark, Austria, Switzerland, the Netherlands and Belgium* (London: Frances Pinter Publishers, 1987), pp.109-112.

18) 스위스 지방단위인 캔톤은 거의가 프로테스탄트 또는 로마 가톨릭으로 분류되는데, 이는 종교개혁에 대하여 캔톤이 동화되었느냐, 아니면 저항하였느냐는 역사적 역할의 유산이다. 조직화된 종교는 언어만큼이나 강력한 네트워크를 제공하기 때문에 이러한 종교적 소속감의 지역적 패턴은 캔톤이 사회활동과 정치활동의 중심으로 형성될 수 있도록 하였다.

19) 주로 라틴어에서 유래된 레토-로만어는 스위스 남동쪽 알프스 일부지역에서 사용되고 있다.

스위스의 언어권별 비례대표성

(단위: %)

구분	독일어권	불어권	이탈리아어권
인구(외국인 제외)	74.5	20.1	4.0
연방행정기관			
–전체 공무원	76.5	15.4	5.2
–고급 공무원	73.6	20.9	3.5
–최고관리층	78.8	19.0	3.5
전문가위원회	76.9	20.0	3.1
연방의회 위원회 위원장	76.0	20.0	3.1

언어들을 보호해야 할 법적 의무를 가지기 때문에 소수 언어들도 국어로 인정되고 있다. 셋째, 공직의 정치적 배분에서 비례성 원칙이 철저히 지켜지고 있다. 스위스에는 불문율로 7명의 연방각료들 중 2명은 프랑스어권 출신, 1명은 이탈리아어권 출신에서 선출된다.[20]

스위스 연방정부의 이미지는 1291년의 스위스 동맹까지 거슬러 올라간다. 당시 알프스 산악지대에 우리, 운터발덴, 슈비츠의 3개 공동체가 연방으로 결성되었는데, 그 이후 연방은 14~16세기 동안 계속 확장되면서 미미한 변화를 제외하고 당시의 영토 경계가 오늘날까지 이어지고 있다.[21] 이때의 연방은 주 또는 캔톤(canton)이라고 불린 고대지방의 느슨한 연합체로서 묘사되는데, 그곳에서는 주민들 사이에 강렬한 충성심이 생겨났고 스위스 중앙정부에 제한된 힘을 양도할 뿐이었다.

연방주의 정치체제의 수립은 1848년 제정된 헌법에 의해 공식적으로 채택되었는데, 이는 종교적으로 분열된 집단적 갈등을 해소하기 위한 노력에서 비롯되었다. 독일의 연방조직과 마찬가지로, 스위스의 연방은 단일국가를 형성하려는 독립된 지역들 간의 역사적 차이를 조화시키는 형태로 시작되었다. 이러한 연방제 방안의 초점은 중앙정부에 최소한의 권한을 부여하고 지방의 주정부 단위에 최대한의 자율권을 부여함으로써 실질적인 통합 효과를 발휘하고, 집단적 갈등

20) 안성호, 『스위스연방 민주주의 연구』(서울: 대수문화사, 2001), pp.66-68.
21) 강명세 · 고상두 외, 『현대유럽정치』(서울: 동성출판사, 2002), pp.149-150.

을 순기능적으로 해소시켜 주는 것이었다.

스위스는 국제관계에서 전통적으로 중립성을 유지해 왔고, 스위스에서는 외교 문제보다는 국내 정책이 더 중요한 문제로 자리잡아 왔다. 국내문제는 대체로 지방의 이익과 관련되기 때문에 캔톤의 정치적 영향력이 강화되어 왔다. 스위스 국민은 각자가 속한 주의 주민으로서 정체성을 인식하는 강한 지방색을 가지고 있다. 이러한 지방색은 독일 국민이 주에 대해 느끼는 정체성보다 더 강력한 것이다. 스위스에서는 문제들이 발생하면 이를 해결하기 위해서 주 투표 또는 국민 투표를 실시하고 있는데, 이는 캔톤 단위와 지방의 정치적 구조와 조직의 중요성을 보존하는 데 도움이 되고 있다. 예를 들어 1992년 12월 6일 실시된 스위스의 유럽경제지역(European Economic Area) 가입 여부에 대한 국민투표가 부결된 사건은 연방정부의 정책과 관련하여 국민투표 장치와 캔톤의 거부권이 가지는 중요성을 시사해 준다.[22)]

(1) 스위스 연방정부의 구조와 특성

스위스의 연방체제는 미국식 연방체제에 전국적 직접 민주주의를 접목한 형태로 정의되고 있다. 각 행정조직의 독자성이 극대화되어 있기 때문에 연방정부의 활동영역이 다른 연방국가와 비교할 때 상당히 축소되어 있다는 평을 받고 있다.[23)]

스위스의 국가권력은 연방(Bund), 26개의 주 또는 캔톤(Canton), 그리고 3,060개의 코뮌(Gemeinde 또는 Commune)의 3단계로 분산 위임되어 있다. 주정부 역할을 하는 캔톤은 20개의 캔톤과 6개의 반(半)캔톤(semi-canton)으로 구분된다. 20개의 캔톤은 취리히, 베른, 루체른, 우리, 슈비츠, 글라루스, 주그, 프라이부르그, 솔로돈, 샤프하우젠, 장크트 갈렌, 그라우뷘덴, 이르가우, 두루가우, 티치노, 보, 발레, 네샤텔, 베니바와 주라 등이고, 6개의 반캔톤은 옵발덴과 니드발덴, 도시바젤과 농촌바젤, 아펜젤 내곽과 아펜젤 외곽 등이다.[24)]

22) Patricia Hogwood and Geoffrey K. Roberts, *European Politics Today*, 2nd ed. (Manchester and New York: Manchester University Press, 2003), p.205.

23) 이옥연, "다층구조 거버넌스로서의 연방 체제," 『한국정치학회보』, 37집 5호(2003년 겨울), p.403.

각 주정부는 독자적인 행정부, 의회, 법원을 구성하여 운영하고 있다. 연방정부는 안전보장, 외교관계, 조세, 체신, 금융, 병역 등의 업무를 조정 감독하고, 주정부는 연방정부의 결정사항을 시행한다. 단 공공재산, 학교, 경찰, 소방, 보건, 민방위 운영 등의 분야에 대해서는 캔톤 정부가 전권을 행사하면서 지방의 자율성을 최대한 보장받고 있다.

스위스는 동맹체에서 연방국가로 발전된 나라이다. 스위스는 연방국가가 되기 전 캔톤의 주권을 크게 손상시키지 않으면서 공동목적을 추구하기 위하여 협정을 맺은 캔톤들의 연맹체였다. 1848년 연방헌법의 제정으로 스위스는 특정 부문에서만 연방의 제한과 관리를 받는 주권적 캔톤들로 구성된 연합국가(confederation)의 성격을 가진 연방국가로 전환되었다. 캔톤의 문화적 다양성과 자치권 요구는 연방의 권한을 협소하게 만들었다. 스위스연방 창설 당시 연방의 권력은 대외관계의 유지, 군대를 통한 스위스의 독립수호, 캔톤들 간의 평화보장, 우편서비스 제공, 공동통화와 화폐주조의 관리, 캔톤 관세의 폐지 등에 한정되었다. 그러나 세월이 흐르면서 연방정부의 권한은 조금씩 증대되었다.[25)]

스위스의 독특한 연방원칙이 미친 영향은 연방정부의 구조에서 나타난다. 스위스 연방의회는 하원과 상원의 양원제로 구성된다. 200명의 하원의원은 각 캔톤을 하나의 선거구로 하는 26개 선거구에서 선출된다. 상원인 주위원회(Staendrat)는 각 캔톤으로부터 지명 받은 대표 46명으로 구성되는데, 보통 캔톤에서 2명씩 반(半)캔톤에서 1명씩 선출한다. 연방의회는 최고 통치기관으로서 다수의 횡포를 방지해야 하며 소수의 견해가 묵살되는 것을 방지해야 하기 때문에 연방의회의 구성은 각 캔톤의 인구비례에 의한 것이 아니라 각 주 단위의 등가성(parity)을 바탕으로 한다. 선거 방식과 임기는 각 캔톤의 결정방식에 따른다. 연방정부 역할을 하는 연방위원회(Bundesrat)는 내각과 같은 기능을 하는데, 이는 총 7명으로 구성되어 있고, 각 캔톤에서 추천한 후보들을 상/하원 합동

24) 연방을 구성하는 26개의 캔톤 중에서 주라(Jura)는 1980년 베른(Berne)의 한 부분이 독립된 것이지만, 나머지 25개의 캔톤은 상당히 오래된 것이다. C. Hughes, "Cantonalism: Federation and Confederacy in the Golden Epoch of Switzerland," in M. Burgess and A. G. Gagnon (eds.), *Comparative Federalism and Federation: Competing Traditions and Future Directions* (Hemel Hampstead: Harvester Wheatsheaf, 1993), pp.154-167.

25) 안성호, 『스위스연방 민주주의 연구』, pp.235-236.

회의에서 선출한다.[26)]

스위스 정부모델은 일련의 독특한 특성들로 인해 서유럽에서 단연 돋보인다. 기본적으로 스위스는 다른 유럽국가들과 마찬가지로 의원내각제 형태를 유지하고 있다. 그러나 연방의회는 연방위원회를 불신임 투표를 통해 해산시킬 수 있는 권한을 가지고 있지 않다. 연방의회와 연방위원회의 회기는 동일하게 4년이다. 연방위원회 구성원 7명은 은퇴할 때까지 재선되는 것이 보통이다. 결과적으로 위원회가 실질적으로 의회보다 더 오래 지속되게 된다. 연방위원회는 4개 정당의 상임 연합체로 구성이 된다. 위원의 임명은 다양한 언어, 종교 공동체인 캔톤을 대표로 하여 정해진 절차에 따라 이루어진다. 위원회 구성원들은 동등한 지위와 권력을 누리게 되고, 위원회 내에서의 의결과정은 집단적 의견 수렴을 거쳐 이루어진다.

스위스는 거대내각을 원칙으로 하고 있으며, 내각은 상하원의 합동회의에서 선출되고 내각 전원이 동등한 대우를 받으면서 임기 4년을 보장받는다. 이는 의회의 결의나 국민투표에 의해 정부안이나 프로그램이 부결되는 경우 내각 전원이 책임을 진다는 의미이다. 비례대표의 원칙이 내각 구성에도 적용됨으로써 내각의 안정을 가능하게 하지만, 능력보다는 출신배경 위주로 등용되는 폐단을 안고 있다.[27)]

이러한 스위스의 독특한 정부모델은 정부의 장기적인 안정성을 유지하는 데 기여했고, 결국 서유럽 다른 나라들의 정부형태와 확연히 비교가 되는 정부형태를 만들어냈다. 특히 스위스의 독특한 정부형태는 정부 운영의 당파적 경쟁을 효과적으로 억제했다. 정부 외부에는 작은 집단들만 존재하기 때문에 스위스 연방 의회에서는 이렇다 할 반대세력이 없다. 국민들이 국민투표를 통해 입법 절차에 직접 참여할 수 있기 때문에 의회 반대파는 어떤 경우에서든 불필요해 보인다. 연방 위원회가 정당과 의회의 압력으로부터 비교적 자유로운 반면, 조직화된 이익집단의 요구를 대변해야 하기 때문에 많은 제약을 받고 있다. 이익집단 세력은 국민 여론을 국민투표지지 쪽으로 몰아가는 데 무척 탁월하기 때문에

26) Patricia Hogwood and Geoffrey K. Roberts, *European Politics Today*, 2nd ed., p.206.
27) 이옥연, "다층구조 거버넌스로서의 연방체계," p.404.

정부에 비교적 큰 영향력을 행사하고 있다. 이런 이유로 연방 위원회는 긴요한 정책들을 개발하고 실행하는 정당정부로서의 역할에서 멀어지고, 오히려 서로 대립하는 이익집단들의 요구를 처리하는 행정적 스타일의 정부로서 역할을 하게 된다.[28)]

이미 언급한 바와 같이 스위스연방 민주주의는 다문화사회의 갈등해결에 유력한 모형이라 할 수 있는데, 이 모형은 다수결 민주주의와 구별이 되는 협의민주주의(consociational democracy) 제도를 뜻한다. 협의민주주의는 일차적으로 "정치적 의사결정으로부터 영향을 받는 모든 사람들이 그 의사결정에 직 · 간접적으로 참여"하는 것을 의미한다. 이 개념에 따르면 선거에 패배한 집단들을 정책형성과정에서 제외시키는 것은 민주주의 원칙을 위반하는 것이다. 협의민주주의는 반대보다는 합의, 배제보다는 수용, 그리고 다수에 대한 견제를 통한 소수의 보호를 핵심으로 하는 권력공유제도를 마련한다.[29)] 스위스 정치에는 다양한 권력공유 요소들이 결합되어 독특한 협의민주주의가 발달하였다.

협의주의는 종교, 언어, 문화 등 분야별로 "분열된(segmented)" 사회를 통치하기 위한 방식이다. 협의주의에는 4대 원칙이 있는데, 그들은 대연합시 분야에 따른 집행권의 공유, 국가운영시 각 분야별 높은 수준의 자율성 인정, 대의 및 정책결정기구에 있어서 분야별 비례대표, 정책결정시 각 분야에 거부권 인정 등이다. 협의주의 요소들은 오스트리아, 벨기에, 네덜란드, 스위스 등의 정치 제도에서 찾아볼 수 있다.

라이파트는 22개 국가들의 정치체제를 다수결 민주주의와 협의 민주주의로 구별하고 두 민주주의 모형의 특징을 정리하였다. 다수결 민주주의(웨스트민스터) 모형의 특징은 집행권의 집중, 권력융합, 단원제 또는 비대칭적 양원제, 양당제, 일원적 정당제, 다수선거제, 중앙집권적 단방정부, 불문헌법과 의회주권, 대의민주제 등이다. 반면 협의 민주주의 모형은 집행권의 공유, 공식적 · 비공식적 권력분립, 상원과 하원의 대칭적 양원제와 소수대표제, 다원적 정당제, 비례대표제, 영토적 · 비영토적 연방주의와 지방분권, 성문헌법과 소수의 거부권을

28) Patricia Hogwood and Geoffrey K. Roberts, *European Politics Today*, 2nd ed., p.127.
29) 안성호, 『스위스연방 민주주의 연구』, pp.5-6.

특징으로 한다.[30]

(2) 스위스 연방정부와 주정부의 권한과 기능

연방주의는 헌법과 더불어 사회구조의 지지 속에서 존속된다. 스위스 국민들은 스위스 국가보다 캔톤에 더 정치적 소속감을 느낄 정도로 주에 대한 전통적인 충성심을 보이고 있다. 스위스 민주주의의 원리는 바로 캔톤의 주민이기 이전에 코뮌의 군민(郡民)이며, 연방의 국민이기 이전에 캔톤의 주민(州民)이라는 의식에 기반하고 있다. 역사적인 충성심보다 더 중요한 것은 스위스 내부의 강력한 민족적 구분이다. 이는 크게 언어와 종교로 나뉘어져 있는데, 같은 언어를 쓰는 사람들이 같은 종교를 가지고 있는 것은 아니며 반대의 경우에도 마찬가지이고, 언어와 종교의 경계는 주의 경계와 거의 유사하게 분리되고 있다.[31]

상이한 문화들을 공존하게 만들고 소수 집단들을 보호한 스위스의 연방주의는 연방과 캔톤들 간에 권력을 공유하게 만들었다. 연방과 캔톤들 간의 권력공유를 통해 캔톤들에게 최대한의 자치권이 허용되었고, 이들의 민족적 · 문화적 특수성이 인정되었다. 1848년 제정된 스위스연방헌법이 연방보다 캔톤들에게 더 많은 권한을 부여한 것은 보수적 구교 소수에게 진보세력이 양보했음을 의미한다.[32]

연방제는 획일성을 거부하고 서로의 차별성이 존재하도록 하는 원리이다. 연방제의 운영원리에는 각 캔톤의 자치권 행사와 중앙권력을 중심으로 한 단합의 필요성이라는 두 가지 개념이 서로 상충된다. 특히 모든 연방권력의 수준에서 불평등한 조건의 평등이 보장되어 있다. 예를 들면 각 캔톤은 인구 1만 3,500명(아펜젤이너호덴)에서 115만 명(취리히)까지 인구에서 큰 차이를 보이는 등 그 인구비중이 상이하지만 연방권력에 미치는 영향력은 동일한 평등권이 부여되어 있다.[33]

---

30) A. Lijphart, *Democracy in Plural Societies* (New Haven: Yale University Press, 1984), pp.1-36.

31) Michael Gallagher, Michael Laver, and Peter Mair, *Representative Government in Modern Europe*, 3rd ed. (New York: McGraw-Hill, 2001), p.146.

32) 안성호, 『스위스연방 민주주의 연구』, pp.61-62.

스위스 헌법이 연방정부에 부여하는 기능은 매우 제한적이다. 스위스 캔톤들의 문화적 다양성, 정치적 권력, 자치권 요구는 연방의 권한을 축소시켰다. 연방정부의 기능은 외교, 국방정책, 은행 및 동전발행, 철도, 이민 등에 국한되어 있다.[34] 상기 열거된 연방정부의 기능을 제외한 모든 기능은 캔톤 정부의 책임사항으로, 지방 정부, 지방 교통, 교육, 여행, 문화, 환경 보호, 계획 등을 포함하고 있다. 모든 캔톤은 캔톤마다 고유의 헌법, 선거로 선출된 입법부, 정부 그리고 재판소를 갖추고 있으며, 캔톤의 재정원은 연방정부의 결정과 상관없이 독립적으로 보호되고 있다. 독일의 주와 마찬가지로 스위스에서도 연방정부의 많은 정책을 집행하는 책임은 캔톤에 있다.

연방정부는 캔톤과 코뮌을 국정의 동반자로 간주하고 이들과 협의한다. 연방정부는 캔톤들이 제안한 법안에 대해 만족하지 않을 경우 만족할 만한 대안을 찾을 때까지 계속 수정한다. 그리고 스위스 연방법원은 캔톤과 코뮌의 자치권이 손상되지 않도록 의사결정에 개입하는 것을 극도로 자제한다. 연방 · 캔톤 · 코뮌 간의 이런 타협과 상호조정 과정은 법률로 규정되기도 하지만 대부분 비공식적 관행으로 굳어져 스위스 정치문화를 형성하고 있다.

연방주의는 캔톤들을 국가정책결정의 중요한 동반자로 만들었다. 캔톤은 연방헌법 제45조에 의거하여 국정참여권이 보장된다. 첫째, 캔톤은 연방상원에 대표자를 진출시킨다. 하원의원은 1인 1표 선거 방식으로 선출이 되고, 상원은 지역정부에서 선출되는데 캔톤은 2명, 반캔톤은 1명을 연방상원의원으로 선출한다. 각 캔톤이 대표자를 선출하는 방법을 자체적으로 정하도록 했는데, 최근에는 대체로 직접선거와 과반수 당선 원칙을 따르고 있다. 둘째, 캔톤은 연방의회에 의안을 제출할 수 있다. 상원과 하원 모두가 법안을 통과시켜야 입법이 된다. 상원이나 하원이 절대 다수에 의해 다른 측의 투표를 전복시킬 수 있는 조항은 없다. 이는 스위스의 중앙정부에 대한 캔톤의 자치가 독일 연방주의 자치보다 어느 정도는 더 보호받고 있는 것을 의미한다.[35] 셋째, 캔톤은 연방 수준의

33) 강명세 · 고상두 외, 『현대유럽정치』, pp.154-155.

34) 스위스는 본국 출생 국민 대비 외국인 주민의 비율이 유럽에서 가장 높은 나라 중에 하나이고 이민자들이 가장 선호하는 국가이다.

35) Michael Gallagher, Michael Laver and Peter Mair, *Representative Government in Modern*

시민투표와 시민발의 과정에 영향력을 행사한다. 연방 수준의 시민투표에 회부된 사안이 통과되기 위해서는 투표자들의 과반수 지지와 함께 캔톤들의 과반수 지지가 요구된다. 연방 수준의 시민투표 유형에는 연방헌법 개정, 집단안전보장 기구 또는 초국가 공동체 가입, 연방헌법의 전면개정에 관한 시민발의 등의 경우에 실시되는 "의무적 시민투표", 그리고 연방법률이나 연방헌법 또는 법률이 규정한 연방결의 등에 대해서 5만 명의 유권자와 8개 캔톤들이 요구한 경우에 실시되는 "선택적 시민투표"가 있다. 연방과 캔톤 간 권한배분 상태를 주요 기능별로 간략히 정리하면 아래 표와 같다.[36)]

스위스 정치의 가장 기본적이고 본질적인 단위인 코뮌은 단순한 행정구역 이상의 역할을 하고 있다. 현재 스위스에는 3,000여 개의 코뮌들이 있다. 코뮌의 규모는 주민 20명에 불과한 산간 마을부터 35만 명에 달하는 취리히 시까지 천

연방과 캔톤의 주요 권한

주요기능	연방 고유 입법권	연방입법권/ 캔톤 집행권	연방과 캔톤의 입법권 공유	캔톤 고유 입법권
외교관계	○			
국방	○			
관세 · 통화 · 화폐제도	○			
우편 · 통신 · 다중매체	○			
철도 · 항공 · 핵에너지	○			
수력의 활용			○	
도로			○	
무역 · 산업 · 노동법			○	
농업		○		
민법 · 형법	○	○		
경찰				○
교회				○
교육				○
조세		○		
사회보장 · 보험	○	○		
환경보호		○		

Europe, 3rd ed., p.147.

36) 안성호, 『스위스연방 민주주의 연구』(서울: 대수문화사, 2001), pp.87-88, 243-244.

차만별이다. 코뮌의 평균 인구는 2,200명으로 우리나라 면(面) 인구의 절반에 불과하다.

코뮌은 여느 나라의 기초정부보다 크기는 작지만 큰 권한을 행사한다. 코뮌은 캔톤이 연방 내에서 누리는 권한과 거의 유사한 수준의 준주권성(semi-sovereignty)을 캔톤 내에서 누린다. 캔톤 법률에 의해 보장된 코뮌의 권한에는 선거 · 시민투표 · 시민발의 등의 정치적 권리를 비롯하여 학교 · 복지 · 지방도로 · 공공교통체계 · 경찰 · 가스 · 전기 · 상수도 · 하수도 · 도시계획 등의 사무를 처리하는 권한과 광범위한 과세권이 포함된다. 일반적으로 독일어권 코뮌이 프랑스어권 코뮌보다 더 큰 자치권을 행사한다.

코뮌의 중요성은 코뮌정부가 캔톤 · 연방정부와 비슷한 수준의 세금을 거두어들인다는 사실에 의하여 증명된다. 19세기에는 연방 · 캔톤 · 코뮌 간의 권한이 비교적 명백히 구분되었지만, 점차 세 정부가 권한을 공유하고 협동하는 관계로 발전하여 최근에는 "협동적 연방주의"가 스위스 정체의 중요한 특징이 되었다. "협동적 연방주의"를 특징으로 하는 스위스연방의 내부관계를 구체적으로 파악하기 위한 하나의 방법은 연방 · 캔톤 · 코뮌이 수행하는 기능에 따라 부담하는 경비의 백분비를 파악하는 것이다.[37)]

스위스의 연방제적 전통은 국민들의 자율적 권한을 최대한 부여하는 제도이며, 캔톤의 자치적 결정은 연방정부의 법안을 주민 발의와 직접투표를 통해 거부할 수 있는 수준으로까지 확대되었다. 캔톤들이 합의하거나 국민들이 국민투표를 통하여 지지한 경우에만 연방정부에 새로운 권한이 주어진다. 따라서 국가의 중대한 의사결정시 국민들의 과반수 동의가 없거나 과반수가 넘는 캔톤의 동의가 없으면 안건이 통과될 수 없다. 연방헌법의 개정은 국민 다수와 캔톤들 다수가 동시에 찬성하는 경우에만 가능하도록 했다.

이러한 국민적 동의 산출은 민주주의의 고전적 결정방식인 다수의 지배법칙을 적용한 것이 아니라, 소수의 지배법칙을 도입한 것이라고 할 수 있다. 중요한 의사결정은 국민투표뿐 아니라 26개 캔톤의 과반수 지지를 얻어야 채택되는 이중과반수득표제(Double Majority)를 통해 이루어진다. 이 제도는 연방정부의 권

37) 안성호, 『스위스연방 민주주의 연구』(서울: 대수문화사, 2001), pp.88-89.

연방 · 캔톤 · 코뮌이 수행하는 기능별 경비부담 백분비

(단위: %)

구분	연방	캔톤	코뮌
연방이 중요한 역할을 수행하는 기능			
외교	100	0	0
국방	90	4	6
농업	83	14	3
교통 · 에너지	51	24	25
사회보장	48	30	22
캔톤이 중요한 역할을 수행하는 기능			
사법	11	72	17
보건	1	64	35
경찰 · 소방	3	63	34
교육 · 연구	16	51	33
코뮌이 중요한 역할을 수행하는 기능			
위생	6	16	78
문화 · 여가 · 스포츠	8	26	66

력 강화를 명백히 제한한다.

스위스 중앙정부의 힘은 원로정치인이 1년 단위로 돌아가면서 대통령을 맡았던 오랜 관습에 의해 더욱 약화되었다. 왜냐하면 이는 대다수 스위스 국민들이 누가 그들의 대통령인지 모르는 결과를 낳았기 때문이다. 따라서 일반적으로 스위스 연방정부의 특징은 스위스 국가 정치인들의 시야가 다른 현대 유럽 국가의 정치인들보다 더 낮다는 것을 의미한다.

시민의 지방정부에 대한 개별적 충성이 명백하게 나타나고 있지만, 스위스에서는 보다 더 중앙집권화되는 경향이 있다는 시각도 존재한다. 연방정부에게 명시적으로 할당된 기능의 리스트는 길고 더욱 길어지고 있다. 스웨덴과 덴마크 같은 "단일국가" 체제에서 지방 위원회는 스위스의 캔톤보다 더 많은 기능을 가진다. 더욱이 전통적인 중립국으로서의 지위를 위협하는 냉전의 종식과 스위스의 EU 가입 가능성은 스위스 연방 정부에 보다 더 정치적인 무게의 중심을 두게 될 것이다.

스위스 연방은 차별성을 존중함으로써 다양한 인종, 종교, 문화, 언어집단의 갈등을 하나의 공동체 내에서 해소하였고, 이를 통해 단일하지만 다양한 하나의

공동체를 만들었다. 스위스 연방에서 가장 중요시되는 것은 화합의 필요성, 즉 서로 다름의 조화이다. 스위스에서 연방주의의 존속여부나 장단점 등은 정치적 논쟁거리가 되지 못한다. 최근에 중앙의 힘이 강화되고 있는 것은 사실이지만, 사회, 문화, 정치적 구성이 매우 다른 캔톤을 두고 있는 스위스에서는 연방주의가 국가라는 형태 속에서 정책을 실행하는 가장 적절하고, 가장 민주적이고, 가장 효과적인 방법으로 인식되고 있기 때문이다.

2) 독일의 연방정부

독일연방제의 전통은 1806년 라인연합 및 1815년의 독일연합에서 유래된다. 당시 38개의 지방국으로 구성된 국가연합이 결성되었다. 이후 통일국가 형성의 토대가 되었던 1849년 프랑크푸르트 제국헌법 성립과정에 39개국이 참여하였다. 이를 토대로 1866년에는 22개 지방국으로 구성된 북독일연방이 결성되었다. 북독일연방은 1870년 헌법연합으로 발전되었고, 북독일연합 · 바이에른 · 뷔르템베르크 · 바덴 · 헷센이 그 구성국이 되었다. 1871년에는 프로이센의 재상인 비스마르크(O. Von Bismark)의 주도로 25개 지방국으로 구성된 독일제국(Deutsches Reich)이 탄생하였다.

제1차 세계대전 이후 1919년 출범한 바이마르 공화국(Weimar Republik)은 프로이센의 헤게모니를 해체하고 제국의 몇몇 지방에서 발생한 분리주의를 막기 위해 단일 국가적 요소를 강화하여 중앙권력을 실질화시켰다. 이로 인해 바이마르공화국은 탈중앙집권화된 단일국가의 형태를 띤 연방국가가 되었다. 바이마르 공화국은 통일연방제를 강조하면서 중앙권력의 효과적인 강화를 시도하였으나 연방국가도 아니고 중앙집권적 단일국가도 아닌 탈중앙집권화된 단일국가 형태여서 나치 정권은 쉽게 중앙집권적 단일국가로 전환될 수 있었다. 나치 정권은 독일 역사상 처음으로 연방주의를 지양하고 중앙집권적 단일국가를 채택하였다.

(1) 독일 연방정부의 등장 과정

제2차 세계대전 종식 이후 미국, 영국, 프랑스, 소련은 1945년 8월 30일 4개국의 군사령관으로 패전국인 독일에 분할 통치관리위원회를 설치하였다. 이에 따라 1946년 12월 1일 헷센, 12월 2일 바이에른에서 주헌법을 제정한 이후 각 주들은 잇달아 주헌법을 제정하였다. 1947년 점령 4개국 외상회담은 전후 독일의 국가형태에 대해 논의를 하였다. 당시 중앙집권적 단일국가의 수립을 주장하는 소련과 지방분권적 국가의 건설을 주장하는 영국, 미국, 프랑스 3개국의 견해가 팽팽히 대립하였다. 1948년 2월 23일 영국, 미국, 프랑스 3개국은 런던에서 회의를 하여 논의한 결과 1948년 6월 런던협정을 체결하였다. 런던협정에서 영국, 미국, 프랑스와 베네룩스 3국은 이들이 점령한 서부독일을 통합하여 새로운 헌법의 제정을 합의하였다.[38)]

제2차 세계대전 후 의회위원회(Parliamentary Council)는 세 가지 이유에서 서독을 연방국가로 출범시켰다.[39)] 첫째, 근대 독일국가는 1871년에 처음 구성된 이래로 독일 제3공화국에 의해 중앙집권적인 독재 유일당 국가로 바뀌기 전까지 연방주의 체제로 유지되어 왔다. 독일은 이러한 연방주의의 씨앗이 있었기 때문에 전후에도 그러한 전통을 쉽게 계승할 수 있었다.

둘째, 독일을 점령한 2차 대전 승전 연합국들, 그 중 특히 연방주의를 채택했던 미국은 서독이 연방주의 형태의 국가가 되는 것을 선호했고, 이를 통해 서독이 권위주의 국가가 아닌 민주주의 국가로 거듭나는 한편 나치주의가 다시는 권력을 찬탈하지 못하도록 방지하는 안전장치로서 역할을 해주기를 원했다. 실제로 제3제국의 나치 정권은 모든 제도를 “나치화”하는 과정을 통해 극도의 중앙집권적 국가 체계를 구축했었다. 승전국들은 비스마르크의 프로이센(Prussia)과 히틀러의 제3공화국에서 경험한 강한 중앙집권 국가의 유형이 출현하는 것을 방지하기 위해 연방이라는 구조를 사용하였다. 사실 독일을 분권화하려던 서방국들은 이미 1945년 말부터 지방정부 체계를 확대시키고 있었다.

셋째, 의회위원회는 그 자체가 기존의 주의 입법부에서 차출된 대표들로 구성되어 있었다. 물론 일부 주들은 당시 독일을 점령하고 있던 연합군 정권이 인위적으로 만들어 낸 것으로 이러한 주들은 연방주의 전통을 갖추고 있지는 못했지

38) 법무부, 『독일과 미국의 연방제』(2000), p.31.
39) Patricia Hogwood and Geoffrey K. Roberts, *European Politics Today*, 2nd ed., p.202.

만, 위원회 구성원들은 전반적으로 각자가 귀속된 주의 존속과 자율성을 유지하려는 경향이 있었다.

바이에른(Bavaria)과 같은 서독의 일부 주(Lander)들은 오랜 역사적 전통을 가지고 있었으나, 많은 주들이 미국, 영국, 프랑스의 점령지로부터 분할되어 모아지기도 하였으며, 주의 크기도 매우 다양했다. 브레멘(Bremen)과 같은 몇몇 주는 중간 크기의 도시 수준이고, 라인 북부의 베스트팔리아(Westphalia)는 일부 유럽 국가들보다 크다.[40]

1949년 5월 23일 "독일연방공화국 기본법"이 공포됨으로써 독일연방공화국이 수립되었다. 기본법은 선거에서 선출된 국민의 대표에 의해 제정된 것이 아니라 주 정부가 선출한 대표로 구성된 평의회에 의해서 만들어졌다. 때문에 의식적으로 헌법이라는 명칭을 피하고 기본법이라는 명칭을 사용하였다.[41] 기본법에 의한 독일의 연방 방식은 많은 부분에서 미국의 경험을 빌려 왔다. 더구나 당시 서방 연합국은 독일 재기를 우려해서 기본법의 20조 79항을 통해 연방구조에 대한 "영원한 보증"을 약속했다. 기본법 제20조에 의하여 서독은 연방국가로 정의되었고, 제79조 3항에 의하여 연방국가의 원리는 변경될 수 없는 사항으로 선언되었다. 독일에서 연방 구조의 폐지는 사실 헌법 전체를 변경해야 하는 혁명을 필요로 하였다.

독일의 주 정부는 연방상원(Bundestrat)에 대표를 선임할 수 있고, 상원은 주의 행정에 영향을 미칠 수 있는 모든 법안에 거부권을 행사할 수 있다. 연방헌법에 의하면 독일의 국가질서는 다음과 같은 원칙들에 기반을 두고 있다. 동질성 추구, 친연방적 행위, 주에 대한 연방의 영향력 발휘(감시, 강요, 간섭), 주법에 대한 연방법의 우위, 연방법 제정에 주의 참여, 연방과 주의 권능분담이 그것으로 이들 원칙들은 대체적으로 연방이 주에 비해 높은 위상을 차지하고 있음을 보여준다.

1990년 10월 독일이 통일되면서 동독의 다섯 주에 살고 있는 1,600만 명의 국

40) Michael Gallagher, Michael Laver, and Peter Mair, *Representative Government in Modern Europe*, 3rd ed., p.148.

41) 제정된 장소인 본(Bonn)의 이름을 따서 '본 기본법'이라고도 불린다. 기본법은 1990년 통일까지 약 40년간 35차례 개정을 거치면서 서독의 헌법으로 통용되었다.

민이 흡수되어, 통일 독일에는 16개의 주가 존재하게 되었다. 통일 전 기본법 제23조는 베를린, 함부르크, 브레멘, 바덴-뷔르템베르크, 바이에른, 헷센, 니더-작센, 노르트라인-베스트팔렌, 라인란트-팔츠, 슐레스비히-홀슈타인을 서독의 적용 영역으로 밝히고 독일의 다른 영역은 그 가맹 후 효력을 발생한다고 함으로써 통일 후 구동독지역, 브란덴부르크, 메클렌부르크-포르포메른, 작센-안할트, 튀링겐의 5개 주가 독일연방에 가입해 16개 주로 구성된 통일국가를 건설하였다. 1995년 베를린과 브란덴부르크 주를 병합하기 위하여 양측 주정부들이 시도하였지만, 1996년 국민투표에서 부결되었다. 따라서 통일 이후의 주체제는 일부 조정은 필요하지만, 기본법을 바탕으로 연방국가의 기본구조는 그대로 유지될 것으로 보인다.[42]

(2) 독일 연방정부와 주정부의 역할과 관계

독일은 연방정부와 주정부의 이중적인 국가 연방체제로 구성되어 있다. 국가 전체의 이익과 통일을 위한 것은 연방정부가 책임을 지며, 나머지 모든 사항은 주정부에 위임한다. 기본법 제30조는 "국가적 기능과 과제의 수행은 독일연방공화국 기본법이 다른 규정을 두지 않거나 허용하지 않는 한 주의 직무"로 규정하고 있다. 그러므로 연방을 구성하는 주들은 연방정부의 단순한 부분이나 하위기관이 아니라, 국가의 권력을 연방정부와 주정부 간에 동등하게 분담하고 상호 협력을 한다. 기본법 제31조는 "연방법률은 주법률에 우선한다"는 규정을 통해 연방정부의 주정부에 대한 우위의 원칙을 천명하면서도 연방정부와 주정부 간의 국정관리 내지 운영 면에서 동등성 · 형평성의 기본원칙에 입각하여 상호 균등한 관계를 정립하고 있다.[43]

독일의 기본법은 연방주의를 절대로 수정불가한 헌법의 핵심적 원칙으로 삼

42) Thomas Brauninger and Thomas Konig, "The Checks and Balances of Party Federalism: German Federal Government in a Divided Legislature," *European Journal of Political Research*, Vol.36, 1999, pp.207-234.

43) 박응격, "독일연방공화국의 기본법적 구성원리," 박응격 편, 『독일연방정부론』(서울: 백산자료원, 2001), pp.50-53; 공용득, 『북한연방제연구: 중앙과 지방정부의 관계를 중심으로』(서울: 청목출판사, 2004), p.95.

고 있다. 이 기본법은 연방 정부가 행사할 수 있는 권한을 명시하고 있다. 연방 정부의 관할 사항은 국방, 외교, 국가예산, 사회보장, 국제무역, 그리고 고속도로망 등 일부 교통 관련 사항을 포함하고 있다. 이와 더불어, 이 기본법에는 연방을 구성하는 각 주의 권한이 열거되어 있는데, 이에는 지방정부, 경찰, 교육, 방송, 지방교통, 산업 개발 정책 등이 포함되어 있다. 물론, 정책적 표준의 일관성 유지 및 계속적으로 늘어나고 있는 유럽연합의 규정 사항 준수 의무 때문에 이러한 정책 분야에서 주가 임의로 독립적인 행동을 취할 수 있는 재량은 거의 없어졌다. 그러나 기본법에 구체적으로 언급되어 있지 않은 책임 영역은 주의 권한 사항으로 간주되고 있다. 각 주가 부담해야 하는 국가 총수입 분담 몫과 각 주의 자율적인 재정원 등에 관련된 구체적인 장치 및 상대적으로 부유한 주의 수입을 상대적으로 가난한 주에 이전하는 것과 관련된 기제도 구축되어 있다. 권한과 책임사항에 대한 연방과 주, 주와 주 그리고 국민과 연방정부 또는 국민과 주정부 사이의 분쟁은 연방헌법재판소에서 해결하도록 되어 있다.[44)]

연방정부의 책임사항으로 되어 있는 정책의 경우에 정책의 집행이 지방 정부에 위임되는 경우도 있다. 이러한 권한 위임은 연방과 주 사이의 협조를 강화시켜 주고 있다. 대학 계획, 재정 계획과 협조 등 연방정부와 주정부의 공동 책임사항으로 규정되어 있는 문제에 관해서는 이와 관련된 연방과 주 정부들이 모두 서명한 협정에 따라서 합동위원회가 구성되어 있다. 이외 덜 공식적인 협력 문제들에 대해서는 이와 관련하여 책임 있는 연방정부와 주정부의 장관들로 구성된 위원회를 통해서 협조가 이루어진다. 예를 들어, 환경, 교육, 범죄(극단주의와의 전쟁 등) 그리고 교통 문제들이 이에 속한다. 각 주는 수도 베를린에 각 주를 대표하는 "대사관(embassy)"을 두고 있다. 이 대사관은 협조 업무를 담당하고 주를 대표하는 기관으로서 연방정부와 관련된 업무를 담당하고 있는 주정부의 장관의 지침을 받아 임무를 수행한다.

독일의 연방정부는 입법권을 가지고 있고, 주는 행정권을 각기 우선적으로 보유하고 있다. 연방정부, 주정부 및 지방자치정부는 수평적으로 조직되어 있으

44) Patricia Hogwood and Geoffrey K. Roberts, *European Politics Today*, 2nd ed. (Manchester and New York: Manchester University Press, 2003), pp.202-203.

연방정부와 주정부의 국가권력 기능 분담

구분	연방 정부	주정부
입법권	• 거의 전역에 걸친 입법권 (고유 경쟁영역)	• 일부 고유입법권(경찰 · 문화 · 지방자치) • 연방의 결정에 대한 동의 및 이의 제기권 보유
행정권	• 고유의 행정능력을 갖고 있지 못함 • 집행시 주로 법률적 감독권 소유	• 거의 전역에 걸친 행정권 • 거의 모든 법의 집행권
사법권	• 최고연방법원	• 절대다수 주법과 주재판소에 의존

며, 서로 독립되어 있으면서도 중첩되어 있다. 국가정책을 담당하는 행정권은 연방정부의 위임을 받아 주정부가 수행하게 되어 있다. 이와 같이 독일의 연방주의는 중앙과 지방의 행정적 상호의존성과 지방의 독자적 권한을 인정하는 것에 그 기초를 두고 있다.

연방헌법에 의하면 연방과 주의 입법영역은 크게 3가지 유형으로 구분된다. 첫째, 배타적으로 연방만이 법을 제정할 수 있는 영역이 있다. 외교와 방위, 국적, 통화, 도량(度量)과 시간 확정, 국경수비, 철도, 항공, 통계 등은 연방 고유의 입법사항이다.

둘째, 연방과 주가 경쟁적으로 입법할 수 있는 영역이 있다. 그러나 주는 연방이 입법권한을 행사하지 않을 경우, 또는 행사하지 않은 범위 내에서 법을 제정할 수 있다. 환경 보호, 핵 에너지 통제, 고용법 및 산업 규제 등과 같은 정책은 연방과 주가 모두 권한을 행사할 수 있는 분야이다.

셋째, 연방은 범주만 정하고 구체적인 사항은 주에 이양된 영역이 있다. 연방의 입법권한이 주에 비하여 훨씬 크지만 연방법의 집행, 즉 행정은 연방재정, 연방철도, 연방우편, 외교업무, 국방 등의 소수 분야를 제외하고는 주행정의 업무영역에 속한다. 주가 보유한 독자적 입법권한은 문화분야, 주헌법제정권, 경찰권, 지방자치권 등에 한정되어 있다. 문화분야는 학교, 예술과 학문, 언론, 방송, TV에 관한 사항이 포함된다. 특히 기본법은 세 분야에서 주정부의 중심적 권한을 인정하고 있는데, ① 교육, 치안, 법률집행, 언론에 관한 업무, ② 연방법의 집행과 대부분의 세금 징수, ③ 상원(Bundesrat)을 통한 주 이익의 직접적 대변을 그 내용으로 한다.

독일의 연방제에서 연방과 주정부 간의 정책권한은 수직적으로 분할되기보다는 많은 정책영역에서 연방과 주정부 간 입법과 집행의 기능적 분화가 이루어져 있다. 이런 점에서 독일의 연방제는 연방과 주의 고유한 정책 영역을 분명하게 나누고 각각 자기의 영역에서 입법과 집행을 모두 담당하는 미국의 연방제와 차이점이 있다. 독일의 연방제는 다른 연방제와 마찬가지로 상위정부는 꼭 필요한 기능만 수행하고 나머지는 모두 하위정부가 담당하는 "보충성의 원칙"에 입각하고 있다. 연방이론의 기본원리인 보충성의 원칙에 따르면 연방제는 단순히 2개의 층으로 구성된 정부형태가 아니라, 구성단위들의 정체성과 존속이 헌법에 의해 보장되는 체제이다. 따라서 연방제를 구성하는 상위정부와 하위정부 간 계약의 기본 정신은 하위정부의 정체성과 존속 및 자율성을 최대한 보장하는 것이다.[45)]

중앙과 지방이 정책의 결정과 집행에 있어 상호의존적 관계를 유지하고 있다는 의미에서 독일식 연방제도는 단일적 연방주의(unitary federalism) 또는 협력적 연방주의(cooperative federalism)라 불린다. 그리고 이러한 특징은 헌법에 의해 보장을 받고 있는데, 기본법 제70조 1항에 따라 주정부는 상당한 정치적 책임과 권한을 부여받고 있다. 이러한 의미에서 독일의 협력적 연방주의는 중앙과 지방 그리고 지방 간의 협력을 가능하게 해주는 균형적이고 유연한 제도로 정의될 수 있다. 연방과 주 또는 주 상호간의 협력은 연방과 주의 정부수반합동회의, 부장관합동회의, 연방 · 주 합동위원회 등을 통하여 이루어진다.[46)]

독일에서 주와 연방정부 사이의 책임 분화는 양쪽의 권한을 배분하는 리스트에 의하여 이루어졌는데, 1994년 주의 힘이 보다 강화되었다. 연방정부와 주정부 양자가 법안을 통과시키는 공동의 영역이 광범위하게 존재하지만, 공동의 영역에 있어서 지방법보다 연방법이 우선이다. 연방정부는 방위, 국제 무역 그리고 거시경제 정책의 주요한 제도를 담당한다. 교육과 매스미디어에 대해서는 주

45) William H. Riker, "European Federalism: The Lesson of Past Experience," in Joachim Jens Hesse and Vincent Wright (eds.), *Federalizing Europe? The Costs, Benefits and Preconditions of Federal Political System* (Oxford: Oxford University Press, 1997), pp.9-10.

46) 김영태, "제2장 독일의 정치제도와 정치과정," 유럽정치연구회 편, 『유럽정치』(서울: 백산서당, 2004), p.53.

연방과 주의 권한 구분

구분	권한 내용
연방권한	외교, 군사, 국가예산, 통화, 철도, 항공, 우편, 전신, 전화
주 권한	교육, 경찰, 치안, 자연환경, 건축, 지역경제개발, 방송 미디어
공유권한	민사, 형사, 경제법, 노동법, 외국인법, 주택, 교통, 환경

가 영향력을 지니고 있지만, 기본법의 30항은 연방정부의 영역으로 명시되지 않은 사항에 대해 주가 입법할 수 있도록 허용하였다.[47)]

(3) 독일의 상원과 하원의 역할과 관계

독일은 상하 양원제 국가로 상원은 69석, 하원은 601석으로 구성되어 있다. 독일의 상원은 주를 대표하지만 주의 기관이 아니라 연방기관이다. 연방상원은 주헌법이 아니라 연방헌법에 의하여 창설되는 헌법기관으로서의 지위를 갖는다. 기본법 제50조에 따르면 "주들은 연방의 입법과 행정에 상원을 통해 참여해야 한다". 연방상원은 연방의 입법 및 집행과정에서 중요한 역할을 담당한다. 그리고 연방상원의 구성은 모든 주가 기본법 제51조 제2항과 제3항에 의거하여 인구수에 따라 연방상원에서 3~6표를 가지고 있으며, 이에 따라 각 주는 3~6명의 구성원을 연방상원에 보낼 수 있다. 상원의원은 주헌법에 의하여 결정되는데, 통상적으로 주정부의 수반과 각료로 이루어진다. 주정부가 해산되면 상원의원도 자동적으로 의원의 지위를 상실하게 된다. 따라서 독일의 연방상원은 미국, 스위스 또는 오스트리아와 같이 상원의원을 직간접 선거에 의하여 선출하는 제도와 상이하며, 실질적으로 의회로 간주되기 어렵다는 평을 받기도 한다.[48)]

정치적으로 상원은 연방의 수준에서 주를 대표한다. 따라서 독일의 상원은 종종 "주의 추기경(conclave of states)"이라고 불린다. 주의 대표자들은 전형적으로 주 내각의 일원이기 때문에 주 정부의 지시에 따라 투표한다. 상원은 하원(Bundestag)에서 통과한 의안에 대하여 거부권을 행사할 수 있다. 만약 한 의안

47) Michael Gallagher, Michael Laver, and Peter Mair, *Representative Government in Modern Europe*, 3rd ed., p.148.

48) 김영태, "제2장 독일의 정치제도와 정치과정," p.54; 공용득, 『북한연방제연구: 중앙과 지방정부의 관계를 중심으로』, pp.104-105.

이 상원에서 일반 과반수에 의해 좌절된다면, 이 거부권은 하원에서 일반 과반수에 의해 전복될 수 있다. 만약 한 의안이 상원에서 3분의 2의 다수로 부결된다면 하원은 이 비토를 거부하기 위해 3분의 2의 다수가 필요하다. 그리고 만약 한 의안이 주의 헌법적 지위에 영향을 미치거나 연방정부와 주 사이의 세금 균형에 영향을 미친다면 상원은 절대적인 거부권을 가진다.[49]

두 의회가 충돌할 경우 "중재위원회(meditation committee)"에 의하여 해결된다. 중재위원회는 상원과 하원의원 각 16인으로 구성되며, 이 위원회의 결정사항에 대해 하원이나 상원은 단지 승인 또는 폐기의 결정만 가능하다. 상원과 하원이 다른 정당에 의해 지배될 때 잠재적인 대립과 입법정체의 가능성을 야기할 수 있다. 더욱이 주의 선거는 연방 선거와 동시에 실시되지 않고, 선거 형태도 연방 수준의 형태와 다르기 때문에 상원과 하원은 다른 형태의 정치적 성향을 가지기 쉽다.[50]

연방과 주 정부 사이의 법적 힘의 균형은 연방헌법재판소(FCC: Federal Constitutional Court)에 의해 조정된다. 주 정부가 연방정부와 공개적인 갈등상황에 놓이는 경우와 각 주가 다른 곳에서 무슨 일이 일어나든 상관하지 않고 자체 정책만 추구하는 경우를 조정하기 위하여 임시위원회(ad hoc committees)제도가 광범위하게 활용된다. 이 임시위원회는 잠재적인 갈등이 명백해지기 전에 해결하고, 주 상호간의 협력을 유도하고, 주 전체에 걸친 공공정책의 결속된 발전을 모색하기 위해 만들어진다.

독일의 각 주는 주마다 헌법을 가지고 있다. 각 주의 헌법은 내용에 있어서는 기본법과 상당히 유사하고 세부사항에서만 차이가 난다. 각 주는 주마다 행정부, 사법부, 입법부를 두고 있다. 대부분 주에서 입법부는 4년마다 선거를 통해 구성된다. 노르트라인-베스트팔렌 주와 자르란트 주를 포함한 몇몇 주의 입법부는 5년마다 바뀐다. 주 입법부 선거제도는 연방하원 선거시 사용되는 방식을 조금씩 바꾼 것이 대부분이다. 그러나 일부 주에서는 1투표 비례대표제도(single-vote proportional representation system)를 사용하고 있다. 주의 정당

49) Patricia Hogwood and Geoffrey K. Roberts, *European Politics Today*, 2nd ed., p.203.

50) Michael Gallagher, Michael Laver, and Peter Mair, *Representative Government in Modern Europe*, 3rd ed., pp.148-149.

제도는 연방공화국의 정당 제도와 전반적으로 매우 유사하나 정당의 상대적인 영향력은 주마다 상이하게 나타날 수 있다.[51)]

(4) 독일 연방주의의 평가

독일 연방주의는 명확하고 강력한 헌법에 의해 규정되었고, 많은 주의 시민들이 역사적으로 강한 연대감을 가지지 않았다는 사실에도 불구하고 효과적으로 작동되는 것으로 평가된다. 또한 견고한 로마 가톨릭 교도들이 중심인 바이에른(Bavaria) 주를 제외하고 주 국경은 인종적, 종교적 또는 언어적 집단의 영향을 거의 받지 않는다. 본질적으로 독일의 연방주의는 문화적이기보다는 정치적이고 헌법적 현상이다.

한편, 영토와 인구의 차이 그리고 재정원의 차이는 독일 연방주의의 문제점으로 대두되고 있다. 도시가 한 주를 이루고 있는 브레멘 주와 함부르크 주는, 이 주들과 크기가 비슷하지만 독립적인 주의 지위가 부여되어 있지 않은 뮌헨 및 쾰른과 같은 대도시를 포함하고 있는 노르트라인-베스트팔렌 주, 바덴-뷔르템베르크 주, 그리고 바이에른 주와 동일한 기능을 수행해야 한다. 이 주들은 브레멘이나 함부르크보다 상대적으로 부유하고 영토의 규모도 크고 인구도 더 많은 주이다.

통일 이후 상대적으로 빈곤한 구 동독의 주들이 새로 포함되면서 이러한 상황은 더욱 악화되고 있다. 이러한 문제를 극복하고자 기존의 주를 재조정해야 한다는 논의가 제기되어 왔다.

베를린 주와 브란덴부르크 주를 통합하여야 한다는 주장이 계속 있어 왔다. 이 두 주의 병합은 원래 통일 당시 이루어질 것이라고 기대되었으나 달성되지 못했고, 1996년에 두 주 병합에 대한 국민투표를 실시하였으나 실패했다. 통일이 되면서 독일의 연방구조를 재조정할 수 있는 기회가 생겼지만 이것이 실패한 진짜 이유는 1990년 당시의 시대적인 압력과 그러한 구조 조정을 하게 되면 정체성에 있어서 영향을 받게 될 몇몇 주들의 반대 때문이었다.

1980년대 중반 이후 유럽통합이 본격화되고 독일의 유럽정책 결정에 있어 중

51) Patricia Hogwood and Geoffrey K. Roberts, *European Politics Today*, 2nd ed., p.203.

앙의 권한은 점점 증가하는 반면 상대적으로 지방의 영향력은 축소되어 가면서 지방정부는 이에 적극적인 대응을 하고 있다. 국내정책과 더불어 유럽정책의 결정에 있어 보다 큰 영향력을 행사하고 적극적으로 참여하려는 주정부의 노력이 중앙과 갈등을 빚기도 한다. 유럽통합이 심화되어 감에 따라 입법, 행정, 사법 등 거의 모든 분야에서 주정부의 자율성은 축소되었고, 특히 유럽공동체법이 국내법과 동일한 효력을 갖게 되면서 입법권의 상당 부분이 침해되는 결과를 가져왔다. 이러한 경향이 점점 가속화되면서 독일 연방주의는 주정부가 중앙정부의 단순한 행정기구로 전락하는 행정적 연방주의(administrative federalism)로 변질되었고 유럽통합은 독일의 연방주의를 위협하는 존재로 등장하였다.[52] 유럽연합의 활동영역이 팽창함에 따라 특별히 영향받고 있는 주정부의 고유 업무분야는 지역경제정책 결정권, 직업훈련을 포함한 교육정책과 문화정책의 결정 등이다.

이는 독일 연방주의가 정치적 환경에 따라 변화할 것이라는 점을 의미한다. 특히 통일과 EU의 회원국 지위는 독일 연방주의에 중요한 함의를 가지는데, 양자가 모두 중앙집권적 경향을 보인다는 점이다. 통일 이후 동독으로부터 편입된 5개의 주들의 수준을 향상시키기 위해 공공적이고 개인적인 서비스 정책들이 시행되었다. 이런 정책들의 내용은 연방정부를 통하여 서독 주들의 거대한 자금을 동독의 주들로 이동시키는 것이었다. 여기서 연방정부의 역할이 증대되었다. 또한 EU도 독일의 주의 역할을 약화시키고 있다. EU가 회원국으로부터 많은 권한을 이양받고 있는데, 독일의 경우 주의 공식적인 동의 없이 독일이라는 회원국 이름하에 주의 권한 일부가 EU로 이양되고 있다. 주권을 이양하는 보상으로 회원국들은 각료이사회를 통하여 EU의 정책결정과정에 참여하고 있다. 독일의 경우 EU 정책결정 과정에의 권한은 연방정부가 행사하고 있다. 이 결과 주정부의 권한이 약화되고 연방정부의 권한이 강화되고 있는 것이다.[53]

52) G. Smith, *Politics in Western Europe*. 3rd ed. (London: Heinemann, 1980), pp.212-215.

53) Michael Burgess and F. Gress, "The Quest for a Federal Future: German Unity and European Union," in M. Burgess and A. -G. Gagnon (eds.), *Comparative Federalism and Federation: Competing Traditions and Future Directions* (Hemel Hampstead: Harvester Wheatsheaf, 1993), pp.168-186.

3) 변형 모델

유럽 연방의 변형적인 모델은 소수민족을 봉쇄하고 분산시키기 위하여 디자인되었다. 이 경우 각 지역이 가지는 권한과 자치성은 동일하지 않다. 역사적 특성과 언어, 종교적 전통을 유지하고 있는 지역의 권한은 강하고, 그렇지 않은 지역은 약하다. 특정 지역에 대한 자율성은 다른 지역에 비해 높기 때문에 이러한 성격의 연방은 미국이나 독일식의 연방과 차이점을 보이고 있다.

이러한 변형적인 연방주의 모델을 사용하고 있는 대표적인 국가는 러시아와 스페인이다. 러시아는 수백년 전부터 영토를 팽창하는 방법으로 수많은 소수민족을 정복하고 동화시키는 작업을 활용하였다. 소련 연방이 해체된 이후 많은 민족들은 독립을 하였으나 일부는 러시아인들과 혼합해 있었기 때문에 또는 러시아에 지리적으로 둘러싸여 있었기 때문에 독립이 불가능하였다. 러시아는 공화국들에게 자치권을 주고 자원 및 권한의 분배를 약속하였으나 잘 지켜지지 않았고 일부 공화국들은 독립을 기도하였다. 대표적인 예가 체첸(Chechen) 공화국이고 러시아는 체첸의 독립을 봉쇄하기 위하여 군사적 개입을 시도하였다.

체첸 이외에 나머지 러시아의 공화국들은 러시아의 지배에 적지 않은 불만을 가지고 있었으나 독립을 하기 위하여 러시아에 도전하기보다는 러시아와 협상하는 방식을 택하였다. 이러한 방법을 사용하여 소수민족들은 과거보다 그들의 이익을 더 충족시킬 수 있는 합의를 이끌어 낼 수 있었다.

수백 년 동안 유럽에서 가장 중앙집중적 단일국가 중 하나였던 스페인은 1970년대 후반 새로운 민주주의를 시작하면서 소수민족 문제를 겪게 되었다. 1978년의 새 헌법은 17개 자치 공동체를 설립하도록 하였고, 그들은 자체 의회와 정부를 보유하게 되었다. 1979년 중앙정부는 망명중인 카타란 정부(Catalan administration)와 조약을 체결하면서 소수민족 문제 해결을 모색하였다. 스페인 북서부의 바스크 족과도 협정을 체결하였고 카타란과 바스크의 영토가 갈리시아(Galicia)와 안다루시아(Andalussia)로 팽창하였으나 아무런 저항도 없었다. 이어서 발리아릭(Baliaric) 열도, 발렌시아(Valencia) 및 아라곤(Aragon)도 확대된 권한을 부여받았다. 지방 공동체가 국가와 체결한 협정에 따라 각 공동체는 국가 중심의 권한인 외교, 국방, 주요 사회안전, 거시경제 정책을 제외한 이슈에

대하여 폭넓은 권한을 행사할 수 있게 되었다.[54)]

그러나 스페인의 모든 공동체가 동등한 수준의 자율권을 행사하는 것은 아니었다. 스페인에는 상이한 유형의 지역정부가 존재하고 상이한 권한을 향유하고 있다. 강한 지역 민족주의 때문에 카탈루냐(Catalunya)와 바스크(Basque)가 특별한 지위를 누리고 있다. 이러한 이유로 스페인의 국가체제는 "차별적(differentiated)" 또는 "비대칭적(asymmetrical)" 연방이라는 평을 받고 있다. 이러한 혼합체제의 성격 때문에 스페인은 아직도 단일국가적인 성격을 보유하고 있다. 일부 학자들은 스페인의 일부 지역 공동체가 향유하고 있는 권한은 헌법에 의하여 보장된 것이 아니기 때문에 이론적으로 스페인은 연방국가가 아니라는 주장을 한다.

오스트리아 역시 형태상 연방국가이고, 1938년에 히틀러에 의해 독일로 합병되기 전까지 연방국가를 유지해 왔다. 국가 구조와 관련하여 오스트리아 연방 모델은 독일 연방 모델과 유사하다. 즉, 오스트리아도 연방을 구성하는 9개의 주가 있고, 상원의 역할을 하고 있는 분데스라트(Bundesrat)는 각 주를 대표한다. 그러나 오스트리아는 실제로는 독일이나 스위스식 연방주의 모델과 비슷하다기보다는 강한 지방 분권적 성격을 보이는 단일주의 국가와 더 유사하다고 볼 수 있다. 특히 헌법상으로 주에도 권력이 분산되어 있으나, 실제로 보면 대부분의 권한은 연방정부가 가지고 있고 주는 연방정부의 정책을 집행하고 이행하는 단위로서 존재하고 있다. 연방하원에서 통과시킨 법을 거부하거나 지연할 수 있는 연방상원의 권한 또한 독일 연방상원의 권한보다 훨씬 약하다.[55)]

54) Tim Bale, *European Politics: A Comparative Introduction* (New York: Palgrave, 2005), p.39.

55) Patricia Hogwood and Geoffrey K. Roberts, *European Politics Today*, 2nd ed., p.205.

제4장 유럽의 정부체계와 구조

비록 모든 유럽 국가들이 국가들마다 분명한 특성을 가지고 있지만, 대부분 현대 유럽 국가들의 정치제도는 기본적으로 비슷하고, 미국의 정치제도와는 상당히 다른 성격을 가지고 있다. 이는 현대 유럽 국가들이 거의 모두 정당과 의회 선거에 중요한 역할을 부여하는 제도인 "의회정부(parliamentary government)"의 원칙에 따라 운영되고 있기 때문이다. 헌법상 이러한 제도는 입법, 사법, 행정부의 관계, 즉 의회, 법원, 행정부 간의 관계와 관련이 있고, 국가 원수의 임무와도 관련이 있다.

유럽에서 대부분 현대 민주주의는 국민 스스로에 의해 직접적으로 통치가 되지 않는 것은 명백하다. 그 이유는 수많은 시민들이 시간, 전문성, 경험이 부족하고, 스스로 복잡한 문제에 대하여 정치적인 결정을 할 수 있는 정치적 판단이 부족하기 때문이다. 다른 모든 조직에서와 같이 정치에서도 선출된 정치가나 공무원 등 전문가에게 권력을 위임하는 것이 시민들에게 상당히 효율적일 수 있다. 비록 민주주의간에 상당한 다양성이 존재하지만, 단지 일부분의 유럽 헌법만이 공공정책을 결정하는 데 있어 국민투표 형태로 국민이 직접적으로 그리고 계속적으로 참여할 수 있도록 하였다. 모든 유럽 민주주의들은 선출된 공직자가 국민의 이익을 대표하는 "대리인"으로 활동하는 대의민주주의를 택하고 있다. "대의정부(representative government)"에서 정책 결정은 유권자를 대표하여 활동하도록 선출된 정치가에 의해 이루어진다.'[1)]

유럽의 입법부-행정부 관계의 분류

의원내각제	대통령중심제	준대통령제 (premier-presidential)	대통령-의원내각제 (president-parliamentary)	의회독립제 (assembly independent)
벨기에	벨라루스	오스트리아	아르메니아	스위스
불가리아	사이프러스	핀란드	크로아티아	
덴마크	그루지아	프랑스	러시아	
독일		아이슬란드	우크라이나	
그리스		리투아니아		
아일랜드		마케도니아		
이탈리아		몰도바		
룩셈부르크		폴란드		
몰타		포르투갈		
네덜란드		루마니아		
노르웨이				
슬로베니아				
스페인				
스웨덴				
영국				

출처: M. S. Shugart and J. M. Carey, *Presidents and Assemblies: Constitutional Design and Electiral Dynamics* (Cambridge: Cambridge University Press, 1992), p.42; Ian Budge, et al., *The Politics of the New Europe: Atlantic to Urals* (London and New York: Longman, 1997), p.241.

권력 행사의 측면에서 살펴볼 때 민주주의의 특징은 권력분립에 기초하고 있다는 점이다. 권력분립이란 정치의 기능을 입법, 행정, 사법의 3개 부문으로 분류하여 이들을 각 독립된 기관에 분담시키고, 이들 상호간에 견제와 균형(check and balance)의 원칙을 보유케 하여 정치권력의 절대화를 방지하고, 정치권력으로부터 개인의 자유를 확보하려는 제도인 것이다.

대부분의 유럽 국가들은 의회정부라는 정치제도를 공유하고 있다. 의회정부의 핵심적인 특징은 정부의 입법, 집행기구 간 상호의존, 즉 "융합" 체제라는 데 있다. 이 상호의존 기제는 의원과 정부관료의 선출과 해임이라는 과정을 통해 달성된다. 따라서 이 제도는 권력분립에 의한 견제와 균형보다는 권력의 융합을

1) R. Hague, M. Harrop, and S. Breslin, *Comparative Government and Politics: An Introduction* (Basingstoke: Macmillan, 1998), p.22.

통한 정부의 효율성 제고를 목표로 하고 있다.

민주적 정부형태는 정부 지도자들의 권위가 주기적 선거과정을 통해 점검되는 것을 골자로 하고 있다. 유럽의회 의원들은 최대 4~5년 간격으로 실시되는 직접선거에 의해 선출된다. 미국과 같은 대통령제하에서는 대통령이나 행정수반 역시 직선제로 선출되고, 이를 통해 대통령은 국민으로부터 독립적인 권위와 의무를 부여받게 된다. 그러나 유럽의 의원내각제에서는 정부수반인 수상이 국민들의 직접 선거로 선출되지 않고 국민을 대표하는 의회에서 선출된다. 일부 국가에서는 총선거 이후 수상을 결정하기 위하여 공식적인 선발 절차를 실시하기도 한다. 예를 들어 독일의 경우, 하원(Bundestag)은 총리선발을 위한 투표를 실시한다. 반면 영국에서는 의회 다수당의 수장이 정부를 구성하는 것이 관례이다.[2)]

앞의 표는 유럽의 정부구조를 분류한 표이다. 이 표에 명시되어 있는 33개의 국가 중 순수 의원내각제의 모델에 적합한 것은 단지 15개 국가이고, 순수 대통령중심제 모델은 3개국에 불과하다. 나머지 15개국은 의원내각제 또는 대통령제라는 전통적 분류로 잘 나타나지 않는다. 이들 국가 중 대부분이 국민투표로 선출된 비교적 강력한 대통령이 있으며 내각과 의회가 신뢰 관계를 가지는 혼합형이다.[3)]

1. 유럽의 국가원수: 대통령과 국왕

유럽의회민주주의의 가장 두드러진 특징 중의 하나는 행정부 최고 지도자가 국민들에 의하여 직접적으로 선출되지 않고, 간접적으로 입법부에 의해 선출된다는 것이다. 일부 국가에서는 왕이 국가원수의 직위를 유지한다. 이와 관련하여 국가원수는, 프랑스 등 몇 나라를 제외하고, 대개의 경우 행정부 수장을 겸하지 않는다. 국가 원수는 일상적인 정치보다 "상위"의 위치를 점하는 인물이다.

2) Patricia Hogwood and Geoffrey K. Roberts, *European Politics Today*, 2nd ed. (Manchester and New York: Manchester University Press, 2003), p.125.

3) Thomas Saalfeld, "Government and Politics," in Richard Sakwa and Anne Stevens (eds.), *Contemporary Europe* (New York: Palgrave, 2000), p.118.

비록 일부 절차상인 외교적 역할을 수행함에도 불구하고, 국가의 상징적인 대표이다.

유럽 국가들은 미국과 같이 입법부와 행정부 사이의 확실하고 공식적인 권력 분립이 되어 있지 않다. 그러나 유럽의회 민주주의에서 정치적 행정부 수반과 헌법상 국가 원수 사이의 확실한 권력 분립은 존재하고 있다. 이는 전통적 독재 군주국가에서 오늘날의 민주주의 국가로 변화한 수많은 유럽 국가들이 진화하는 과정에서 생성된 역사적 산물이다. 많은 현대 유럽 국가들은 여전히 군주국가이다. 벨기에, 영국, 덴마크, 네덜란드, 노르웨이, 스페인, 스웨덴은 "입헌군주국가"를 채택하고 있다. 또한 유럽의 공화국들은 대통령을 선출하여, 입헌군주의 역할과 유사한 국가원수 역할을 맡기고 있다.

1) 대통령

대통령에는 크게 입헌적 대통령과 집행적 대통령이 있다. 입헌적 대통령은 의원내각제의 대통령으로 대체로 상징적이고 의전적인 역할만 하고, 집행권은 수상과 내각에 의해 장악된다. 집행적 대통령은 국가수장이라는 공식적 역할과 최고 행정관이라는 정치적 권한을 보유하고 있다. 대통령제에서 대통령은 국가수장, 최고행정관, 군 최고사령관과 최고외교관으로 임명되고, 광범위한 임명권과 법령을 거부할 권리를 보장받는다.

유럽 국가 중 단지 3국가에서만 찾아볼 수 있는 순수한 대통령제는 다음의 주요 특성들을 가지고 있다.

- 대개 대통령이라 불리는 정부의 원수는 국민투표로 선출된다. 다시 말해 유권자가 정부를 다스리는 사람을 직접 선출할 결정권을 가진다. 미국 같은 국가에서는 선거인단에 의한 간접선거로 선출한다.
- 대통령은 "입법부의 정당 구성에 상관없이 항상 헌법상 국가의 원수이다." 대통령은 정부의 각료를 임명하고 지휘 감독하며, 헌법적으로 입법권도 보유한다. 예를 들면, 입법이나 입법 거부권을 행사할 권리, 즉 의회의 입법 제안을 거부할 권리를 행사할 수 있다.

유럽의 국가원수

국가	국가 원수의 헌법적 지위	선출 방법
오스트리아	대통령	직접 선거
벨기에	군주	세습
덴마크	군주	세습
핀란드	대통령	직접 선거
프랑스	대통령	직접 선거
독일	대통령	의회에 의한 선출
그리스	대통령	의회에 의한 선출
아이슬란드	대통령	직접 선거
아일랜드	대통령	직접 선거
이탈리아	대통령	의회에 의한 선출
룩셈부르크	군주	세습
몰타	대통령	의회에 의한 선출
네덜란드	군주	세습
노르웨이	군주	세습
포르투갈	대통령	직접 선거
스페인	군주	세습
스웨덴	군주	세습
스위스	대통령	의회에 의한 선출
영국	군주	세습
불가리아	대통령	직접 선거
사이프러스	대통령	직접 선거
리투아니아	대통령	직접 선거
폴란드	대통령	직접 선거
루마니아	대통령	직접 선거
슬로바키아	대통령	직접 선거
슬로베니아	대통령	직접 선거

- 대통령과 입법부 모두 독립적으로 상호간에 헌법상으로 규정된 고정 임기로 선출된다.[4]

의원내각제와 비교하여 순수 대통령제의 대통령은 직선을 통해서 선출되고 의회의 정당 분포에 상관없이 헌법상 정부의 장이 된다. 입법, 사법, 행정부로

4) Thomas Saalfeld, "Government and Politics," p.6.

권력이 분립되어 어느 쪽도 상대의 임기를 줄일 수 없다. 대통령제를 이해하기 위해서는 두 가지 차원에 대한 논의가 필요하다.[5)]

첫째, 대통령의 내각에 대한 권한의 문제이다. 수상과 장관을 의회가 배타적으로 임명할 때 대통령은 극소의 권한을 가지고, 대통령이 원하는 사람 아무나 장관으로 임명하고 언제든지 해임할 수 있을 때 대통령은 최대의 권한을 가진다. 그러나 중간 제도를 택한 국가들도 있다. 예를 들어 오스트리아에서 대통령이 수상을 임명할 때 의회의 승인을 받아야 하고, 벨라루시에서는 대통령이 장관들을 임명할 때 의회의 동의를 받아야 한다.

두 번째 차원은 대통령과 의회가 서로 독립적으로 존립할 수 있는가의 문제이다. 임기가 확정되어 있는 경우와 서로 임기를 줄일 수 있는 경우의 차이이다. 극단적인 예는 의회가 불신임 투표에 의하여 언제든지 내각을 해체할 수 있고 선출된 대통령이 의회를 해산할 수 있는 경우이다. 또 다른 극단적인 예는 확고한 임기를 가지고 있기 때문에 서로 임기를 축소할 수 없는 경우이다. 이 양자의 중간 제도도 있다. 예를 들어 프랑스에서 대통령은 의회 해산권을 1년에 한 번만 행사할 수 있다.

(1) 프랑스 이원집정제의 대통령

프랑스의 준대통령제도 (premier-presidential 또는 semi-presidential 제도)는 혼합제도이며 이원집정제로 불리기도 한다. 프랑스 제도는 대부분 유럽 국가들에서 실행되고 있는 의회주의를 기반으로 한 내각책임제와 미국의 대통령 중심제가 혼합되어 있는 제도인 셈이다. 프랑스 이외에 핀란드와 오스트리아 등이 이 제도를 채택하고 있다. 국민의 직선에 의해 선출된 대통령이 집행권을 보유하며, 의원내각제에서처럼 의회의 다수당으로부터 수상이 임명되고 내각이 구성된다. 대체로 대통령은 대외 및 안보문제와 더 광범위한 헌법적 문제들을 다루고, 수상과 내각은 국내문제와 경제정책에 대해 책임을 진다.[6)]

5) Ian Budge, Kenneth Newton, et al., *The Politics of the New Europe: Atlantic to Urals* (London: Longman, 1997), p.239.

6) Robert Elgie, "The Politics of Semi-Presidentialism," in Robert Elgie (ed.), *Semi-Presidentialism in Europe* (Oxford: Oxford University Press, 1999), pp.1-21.

프랑스 대통령의 권력

프랑스는 직접 선거로 선출된 강력한 대통령이 있어 유럽에서 독특한 행정부 구조를 가졌다. 행정부 권력은 대통령과 내각(각료 회의)에 합동적으로 부여된다. 단일정당에 의한 행정부이건, 연합정부이건, 대통령은 자신의 정당 출신 원로의원에게 내각의 장이 되도록 요구한다. 대통령 출신당과 다른 정당이 의회를 지배하였을 때, 대통령은 12개월 이내에 한 번 의회를 해산할 수 있다. 이는 대통령 선거에서 승리한 정당이 이후 총선거에서 승리하여 정부를 구성할 것이라는 배경적 논리를 기초로 하고 있다. 그러나 1986년 이후 세 번에 걸쳐 프랑스 대통령은 정당이 다른 수상과 함께 "동거 정부"를 수립하였다. 이러한 상황에서 프랑스 대통령의 권력이 일부 손상되었다.

프랑스 대통령은 다른 유럽국가들의 대통령에 비해서 막강한 권력을 보유하고 있다. 우선 일반적인 대통령과 같이 조약체결권을 포함한 외교권, 군통수권, 사면복권의 권한, 모든 법안의 최종서명권을 가지며, 동시에 프랑스 대통령만이 가지는 특수한 권한도 가지고 있다. 구체적으로 프랑스 대통령은 정치 · 제도적 갈등의 조정자이며 국가의 안정과 미래를 책임지는 수호자 역할을 한다. 이의 일환으로 프랑스 대통령은 국회 해산권을 가지며 비상계엄(헌법 36조) 비상대권(헌법 16조)을 선포할 수 있는 권한을 갖고 있다.[7)]

1958년 프랑스의 새 헌법이 도입된 이후 오랫동안 대통령이 소속된 정당은 의회에서 다수 의석을 차지하였고, 대통령의 권위는 도전받지 않았다. 대통령의 권력은 의회와 대통령직을 동일정당이 지배함으로써 더 분명하고 우월하게 유지될 수 있었다. 그러나 1986년 이후 수차례 대통령과 수상의 소속 정당이 다른 상황이 발생되었다. 이러한 관계를 동거정부(co-habitation)로 부르며, 이러한 이원집정제에서 내각은 의회에만 책임을 지고 의회 다수당이 내각을 구성한다.

1986년과 1988년 사이, 그리고 1993년과 1995년 사이 사회주의자인 미테랑(Francois Mitterrand) 대통령은 우파 정당에 의해 통제 받는 의회와 대립하였다. 1986년 다른 후보자들이 의회에서 거부당했기 때문에 미테랑은 우익 지도자인

7) 장훈, "제5장 프랑스의 정치제도와 정치과정," 유럽정치연구회 편, 『유럽정치』(서울: 백산서당, 2004), p.148.

동거정부

대통령과 수상이 반대 정당에서 나온 프랑스 제5공화국의 행정부 형태를 의미한다. 이러한 형태는 세 번 발생하였는데, 미테랑(사회당)이 드골주의자 수상(1986년 쉬락, 1983년 발라뒤르)을 임명한 두 번의 경우와 1997년 시라크(드골주의자 대통령)가 조스팽(사회당)을 임명하였던 한 번의 경우가 있다. 이러한 상황은 표면적으로는 제5공화국 헌법이 대통령은 수상을 지명할 수 있다고 인정하였기 때문에 비롯된 것이지만 사실 수상이 예산과 입법안을 통과시키기 위해서는 의회 과반수의 지지를 필요로 하였다. 헌법은 조금 모호하지만 각각 대통령과 수상에게 분리되고 자율적인 책임의 영역을 부과하였다. 대통령과 수상이 같은 정당이나 유사한 정당에서 배출되었을 때는 문제가 없지만, 대통령과 의회가 각각 다른 시기에 선출되기 때문에(2001년까지 대통령은 7년마다 뽑혔고, 의회는 5년마다 바뀌었다), 유권자들의 표심의 변화가 대통령에 반대하는 의회 다수당을 생산해 낼 수 있는 상황이 벌어질 수 있다. 대통령은 의회 해산권을 가지고 있어서 만약 대통령이 대통령 반대 다수당이 의회를 장악한 시기에 선출되었다면, 해산권은 대통령이 공무를 시작한 이후 즉시 발효될 수 있다.

시라크(Jacques Chirac)를 수상으로 채택하지 않을 수 없었다. 이러한 동거 정부는 미테랑 대통령이 1988년 대통령 선거에서 쉬락을 패배시키면서 끝났다.[8)]

프랑스 대통령의 공식 임기는 7년으로 상당히 긴 편이다. 그래서 미테랑 대통령은 1993년 동거 정부를 재형성하는 경험을 다시 하였다. 1993년 우파가 의회 선거에서 완벽하게 승리하고 의회를 지배하게 되었다. 미테랑은 즉각 우파 수상을 지명하도록 강요받았고, 그때 발라뒤르(Edouard Balladur)가 수상이 되어 다시 동거 정부가 시작되었다. 당시 동거 정부는 좀 더 조화롭게 화합되었는데, 그 이유는 노쇠하여 정치적 은퇴기에 접어든 미테랑이 발라뒤르를 라이벌로 보지 않았기 때문이었다. 발라뒤르 자신도 1995년 대통령 선거에서 후보자로 입후보할 야망이 있었으나 그는 미테랑과 경쟁하게 되지 않을 것이라는 점을 알고 있었다. 이러한 동거 정부 기간은 자크 시라크가 드골주의자들의 힘을 업고 대통령 선거에서 승리하게 되자 끝나게 되었다. 시라크는 또 다른 드골주의자 주페(Alain Juppe)를 수상으로 임명하였고 모든 공식 지위는 같은 정당에서 차지

8) Michael Gallagher, Michael Laver and Peter Mair, *Representative Government in Modern Europe,* 3rd ed. (New York: McGraw-Hill, 2001), p.43.

하게 되었다.

1997년에 실시된 선거는 좌파의 승리로 끝났고, 1997년 6월 2일에 시라크는 사회주의 당 지도자인 조스팽(Lionel Jospin)을 수상으로 임명하였다. 조스팽은 즉시 공산주의자와 녹색당을 포함한 연합 정부를 형성하였다. 마침내 대통령직과 수상직 사이의 당파적 분열이 급진화하였으며, 프랑스 대통령의 권력은 다른 정당의 수상과 동거하게 될 때 상당히 약화된다는 점이 밝혀졌다.[9] 이러한 상황을 볼 때 프랑스 대통령의 권력은 공식적 헌법 규정과 실제 정당정치 사이의 복잡한 상호관계의 산물이라 할 수 있다.

앞서 살펴본 바와 같이 프랑스 제5공화국은 대통령제와 의회내각제의 중간형태라 할 수 있다. 그러나 라이파트(Arend Lijphart)는 대통령제와 의회내각제의 정확한 중간형태는 없다고 주장하였다. 그는 프랑스의 경우 전통적인 대통령제가 때때로 의회주의의 개입을 받는 형태라고 하였다.[10] 대통령이 의회의 절대다수정당에 소속될 경우 대통령제의 성향이 나타나고, 동거 정부가 이루어질 경우 대통령은 단지 고유한 정책분야에 대해서만 영향력을 행사하고 전반적인 정치와 행정은 의회 다수당이 이끄는 내각제의 형태로 운영되는 체제이다.[11]

(2) 일반 유럽국가들의 대통령

대통령을 국민이 직접 선출하는 국가는 6개국이다. 프랑스 외에 핀란드, 오스트리아, 아이슬란드, 아일랜드, 포르투갈이 여기에 해당된다. 이 중 핀란드는 과거에 "준대통령제"에 가장 가까운 성격의 제도를 택했었다. 핀란드 헌법은 대통령에게 외교정책의 핵심 역할을 부여하였고, 냉전기간 핀란드가 구소련과 국경을 접한 환경 때문에 이 권한이 매우 중요하게 되었다. 핀란드 대통령은 또한 국내정책에서 상당한 영향력을 행사할 수 있었다. 정책 결정의 주도권이 정부에 주어

9) Robert Elgie, "France," in Robert Elgie (ed.), *Semi-Presidentialism in Europe* (Oxford: Oxford University Press, 1999), pp.67-85.

10) Arend Lijphart, "Presidentialism and majoritarian democracy: theoretical observations," in Juan J. Linz and A. Valenzuela (eds.), *The Failure of Presidential Democracy* (Baltimore: Johns Hopkins University Press, 1994), pp.94-95.

11) 프랑스의 이러한 혼합된 형태의 제도는 냉전 종식 이후 민주화된 동유럽 국가들의 헌법 제정 시 많은 관심이 집중되었다.

졌다. 소련의 붕괴와 냉전의 종식 이후 1990년대에 이루어진 일련의 헌법 개정은 핀란드 대통령의 권력을 상당히 축소시켰다. 대통령의 임기를 2회, 12년으로 제한하였다. 그리고 의회에서 불신임을 받지 않았는데도 정부를 해체할 수 있는 권리와 의회를 해산하고 새로운 총선거를 실시할 수 있는 권리도 제거되었다.[12]

오스트리아와 아이슬란드, 아일랜드, 포르투갈에서 대통령은 특수 상황에서 일정 책임을 행사하지만, 사실상 일상적인 정치에는 관여하지 않는다. 예를 들어 아일랜드에서 대통령의 정치적 역할은 헌법에 의해 명백하게 제한된다. 그러나 아일랜드 대통령은 특별한 상황에서 정치적으로 중요성을 지니는 두 가지 권한을 보유하고 있다. 첫째, 의회에서 통과된 법안의 합헌성을 검증받기 위해 대법원에 의뢰하는 권한인데, 이 권한은 12번 사용되었다. 둘째, 수상이 의회에서 신임을 잃게 되어 의회를 해산하고 새로운 총선거를 하려는 시도를 대통령이 거부하는 권한이다. 이 권한은 아일랜드에서 공식적으로 사용된 적은 없고, 의회해산이 요구되면 항상 승인을 받았다.[13]

독일, 그리스, 이탈리아, 스위스 등의 대통령은 간접적으로 선출되는데, 대개 의회에서 선출된다. 독일과 이탈리아에서는 국가 의회와 지방 의회 의원들로 구성된 선거인단에 의하여 대통령이 선출된다. 독일의 국가원수, 즉 연방 대통령의 권력은 유럽에서 가장 약하다. 총선거 이후 대통령은 연방 수상을 지명하지만, 거의 모든 대통령의 행위는 수상이 부서한다. 결과적으로 대통령의 역할은 영국의 군주와 같이 의식적인 것에 불과하나, 이론적으로 수석 행정관이 요구하는 선거를 거절할 수 있다. 그러나 이는 결코 일어나지 않았다. 의회가 행정부를 교체하기 위해서는 불신임 투표를 거쳐야 하는데, 이를 위해서는 의회 내에서 이에 대한 합의가 이루어져야 한다. 그러한 투표는 1972년과 1982년 등 두 번 제안되었고, 1982년 한 번만 성공하였다.

선거인단에 의하여 대통령을 선출하는 제도의 단점은 대통령의 국가전체를 대표하는 능력을 약화시킬지도 모르는 당파적 갈등의 영향을 너무 많이 받는다

12) David Arter, "Finland," in Robert Elgie (ed.), *Semi-Presidentialism in Europe* (Oxford: Oxford University Press, 1999), pp.48-66.

13) Michael Gallagher, Michael Laver and Peter Mair, *Representative Government in Modern Europe*, 3rd ed., p.45.

는 점이다. 대통령 선거시 그리스, 헝가리, 이탈리아는 3분의 2 이상을, 슬로바키아는 5분의 3 이상을 받아야 하는데 대개가 결선투표를 시행하고 있다. 그리스와 터키에서 필요한 표를 획득한 후보자가 없을 경우 의회는 해산되고 새 의회가 대통령을 선출한다. 이러한 방식으로 선출하는 국가 중 어느 국가도 대통령의 정치적 역할이 특별히 두드러지지 않는다.

이탈리아의 대통령은 입법부의 양원과 58명의 지방 의회 대표자들로 구성된 선거인단에 의해 간접적으로 선출되는데, 3분의 2를 획득한 후보가 당선된다. 그러나 3분의 2 득표는 거의 불가능하기 때문에 3차 투표 이후에는 과반수의 득표자가 당선된다. 3차 투표에서도 결정이 나지 않는 경우가 빈발하여 심지어는 21차 투표까지 간 경우도 있었다. 임기 7년인 대통령의 피선거권은 만 50세 이상이며 관례상 재선은 불가능하다.

아탈리아의 대통령은 입법, 사법, 행정 권한을 가지고 있다. 입법 권한은 법률 선포권 및 거부권, 의회해산권을 포함한다. 대통령은 해당 의회 의장의 의견을 들은 후 양원 또는 일원을 해산할 수 있다. 그러나 의회 임기의 최종 6개월간은 이 권한을 행사할 수 없다. 행정권한은 수상 및 각료 임명권, 외교사절단 접수 및 파견권, 조약비준권, 군통수권, 전쟁선포권을 내용으로 한다. 대통령은 정당들과 타협하여 의원 누구나 수상에 임명할 수 있으며, 반드시 정당 대표를 수상으로 임명하지 않아도 된다. 사법권은 사면권과 헌법재판소 5명의 재판관 임명권을 포함한다.

의원내각제에서 대통령의 권한은 상징적이고 형식적이기 때문에 이탈리아의 대통령은 정치적 책임을 지지 않으며 모든 정책의 결정과 집행은 수상 및 각 부서의 장관에 의하여 이루어진다. 대통령은 임기 후 평생 상원의원으로 추대되며, 군대의 최고통수권자, 최고국방회의 의장, 최고사법회의 의장 등을 맡으나 실권은 크게 제한되어 있다. 이러한 점에서 상징적인 독일의 대통령보다는 권한이 강하나 행정권을 지니는 프랑스의 대통령보다는 약하다고 볼 수 있다. 이탈리아의 대통령은 정부의 위기, 즉 내각의 힘이 약화될 때 대통령의 역할이 강화되므로 내각과 대통령의 권한은 반비례하는 특성이 있다.[14)]

14) 김시홍, "이탈리아의 선거제도," 『국제지역연구』, 제3권 2호(1999년 여름), pp.36-37; 진영

조각권과 의회 해산권 이외에 일부 대통령은 입법권을 소유하고 있다. 일부 국가의 대통령은 의회 과반수의 의사를 존중해야 하지만 다른 국가의 대통령은 입법권을 행사하기도 한다. 러시아 헌법은 공산주의에서 시장경제로 전환되는 과정에서 법이 존재하지 않는 지역에 대통령이 법의 효과를 가지는 명령(decree)을 내릴 수 있게 하고 있다.

일반적으로 대통령은 의회 입법권에 대하여 거부권(veto)을 가진다. 거부권 행사 방법은 다양하다. 일부 의회는 과반수 의결로 대통령의 거부권 행사를 무효화한다. 하지만 벨라루스, 폴란드와 러시아는 3분의 2, 그루지아는 5분의 3이 되어야 무효화된다. 이원집정제에서 대통령은 약한 거부권을 가지고 있는데, 의회는 다수결의 결의에 의하여 대통령 거부권을 무효화시킨다. 리투아니아와 포르투갈도 이러한 제도를 보유하고 있다. 폴란드에서는 선거법, 군사 및 외교 관련 법은 3분의 2 이상이며 리투아니아는 헌법 관련 사항은 5분의 3이 넘어야 한다.

대통령은 4년에서 7년에 걸친 고정 임기를 갖는다. 스위스에서는 예외적으로 연방위원회 의원들이 매년 돌아가면서 대통령직을 맡는다. 이렇듯 스위스의 대통령은 윤번제로 선출되고 짧은 임기를 갖기 때문에 그만큼 대통령으로서의 개인적 지위가 제한된다. 이러한 점이 평등 조직체로서의 스위스 정부의 특색을 잘 보여준다. 대통령의 임기는 보통 의회선거의 편균 주기보다는 긴 것을 원칙으로 하고 있다. 따라서 과반수에 의하여 선출된 대통령은 다음 의회에서는 소수의 지지만 받을 수 있다. 그러한 원칙이 대통령에게 정부의 해산과 임명에 연관된 절차상의 업무를 처리하는 데 필요한 독립성을 보장하게 된다.

일부 국가들은 대통령의 재임 횟수에 제한을 두고 있다. 예를 들어 독일 대통령은 기본법 제54조에 의거하여 2회 재임까지만 허용된다. 다른 나라에서는 정규적으로 선거를 실시함으로써 대통령의 권한에 적절한 제재를 가하고 있다. 1992년에 아이슬란드에서 대중적 인기를 모았던 핀보가도티르(Vigdis Finnbogadottir) 대통령은 4년 임기의 네 번째 선거에서 재선되는 데 성공했다.[15] 그리스 대통령은 두 번 이상 할 수 없고, 체코공화국, 에스토니아, 이스라

재 · 노정호, "제13장 이탈리아의 정치제도와 정치과정," 유럽정치연구회 편, 『유럽정치』(서울: 백산서당, 2004), p.343.

15) Patricia Hogwood and Geoffrey K. Roberts, *European Politics Today*, 2nd ed., p.135.

엘은 중임으로 제한하고 터키는 단임을 택하고 있다. 과반수 득표로 당선되고 의회보다 임기가 긴 것과 재선을 제한한 것들은 대통령이 일상적인 의회 문제로부터 독립을 하도록 하기 위한 것이다.

의회에서 당선된 대통령은 직선에 의하여 당선된 대통령보다 독립성이 떨어진다. 그러나 더 중요한 역할을 할 수 있다. 대통령의 능력은 누가 선출했느냐도 중요하지만, 헌법이 어떠한 권한을 부여하고 있느냐에 더 좌우되기 때문이다. 일부 의회에서 당선된 대통령은 수상이나 각료를 선임하는 데 상당한 권한을 행사한다. 예를 들어 체코, 이탈리아, 라트비아, 슬로바키아와 터키의 수상은 대통령이 임명한다. 물론 수상과 수상이 구성하는 내각은 의회의 신임을 받아야 하는 제한이 있다. 독일, 에스토니아, 헝가리는 대통령이 의회가 승인하는 수상을 임명하고 이 수상이 내각을 구성한다. 그리스 대통령은 유럽에서 유일하게 수상을 지명할 헌법적 권한이 없다.

대개의 대통령은 내각 구성에 개입할 권리도 가지고 있다. 독일, 헝가리, 이스라엘을 제외하고, 의회 선출 대통령은 대체로 수상이 장관을 임명하는 데 대하여 거부권을 보유하고 있다. 에스토니아, 슬로바키아, 터키의 대통령은 수상이 각료를 해임하는 데 대한 거부권도 보유하고 있다. 이탈리아 대통령은 의회를 해산할 권리도 보유한다.

의원내각제에서 대통령이 정치적 논쟁에 참여하는 경우도 있다. 체코 공화국의 하벨(Vaclav Havel) 대통령은 확실히 상징적인 것만은 아니었다. 이탈리아, 슬로바키아, 터키 대통령은 정부 구성에 더 많은 권한을 행사할 수 있으므로 결정적인 시기에 적극적 정치 활동을 한다. 단임제인 터키 대통령은 재선되는 데 신경을 쓰지 않아도 되기 때문에 완전한 대통령의 권한을 행사한다. 따라서 터키 제도는 순수한 의회제도라기보다는 혼합 제도에 속한다. 이에 비하여 이탈리아 제도는 비록 대통령은 상당한 헌법적 권한을 가지고 있지만 의원내각제로 분류된다.

(3) 동유럽 탈공산주의 국가들의 대통령

많은 사람들은 대통령제가 신생 민주국에서는 독재의 위험이 있고, 자유민주주의가 공고화된 국가에서는 의사결정을 지연시키거나 지나치게 타협적으로 만들 가능성을 갖고 있다고 주장한다. 탈공산주의 국가들은 의사결정이 지연되거나 지나치게 타협적으로 되는 것을 받아들일 수 없다고 생각하면서도, 다른 한편으로는 독재의 가능성을 두려워하였다. 한편 의원내각제의 경우는 잘 조직된 정당제와 비교적 고도의 당 규율이 존재할 때에만 잘 운영될 수 있다. 이러한 이유로 탈공산주의 국가들은 새로운 정치제도를 택하는 데 어려움을 겪었다.

결국 탈공산주의 국가들의 정치과정에서 준대통령제가 적합한 모델로 등장하였다. 실제로 의원내각제를 채택하자는 많은 요구들이 있었음에도 그 실행과정에 있어서는 준대통령제의 요소가 나타났다. 이를 원활히 실행하기 위해서 먼저 대통령 선출에 있어 직접 선거제를 도입하고, 정부는 대통령과 의회 모두에 책임을 지도록 명문화하였다.[16)]

준대통령제는 특히 과도기 사회에 적절한 것으로 보이며 그 중에서도 탈공산주의 국가들에게 유용한 제도였다. 그러나 이 모델 역시 단점이 있었다. 정부는 대통령과 의회, 양자 모두에게 책임이 있기 때문에 양측에 중요한 충돌이 발생하였을 경우 정국에 혼선이 빚어질 수 있었다. 그 결과 정책결정은 교착상태에 놓일 우려가 있었다. 실제로 많은 탈공산주의 국가들에서 수상은 상당한 권력을 갖고 있고 정통성은 별로 없는 반면, 대통령은 상당한 대중적 정통성을 갖고 있으나 실제 권력은 약한 편이었다. 이것은 곧 갈등의 가능성을 증가시킬 수 있는 구조적 요인이 존재함을 의미하였다.[17)]

1992년 10월에 제정된 폴란드 헌법은 의회가 아니라 대통령에게 수상과 각료를 임명하고 의회를 해산할 권한을 부여하는 등 의회보다 정부의 권한을 강화하였다.[18)] 그러나 초대 대통령인 바웬사(Walesa)는 의회 다수당 출신의 대통령이 아니라서 외교와 국방정책에 제한된 권한만을 행사하였다. 1995년에는 의회 다수당에서 대통령이 나왔기 때문에 프랑스 대통령과 유사한 권한을 행사할 수 있

16) Leslie Holmes, *Post-Communism: An Introduction* (Durham: Duke University Press, 1997), p.174.

17) T. Baylis, "Presidents versus Prime Ministers: Shaping Executive Authority in Eastern Europe," *World Politics*, Vol.48, No.3, 1996, pp.297-323

18) Michael L. Mezey, "Parliament in the New Europe," in Jack Hayward, et al. (eds.), *Governing the New Europe* (Durham: Duke University Press, 1995), p.203.

게 되었다.

헝가리의 경우 1990년 개헌 이후 대통령이 직선되지 않고 의회에서 선출되었다. 대통령은 명목상 대표 이상의 권한을 가지지만, 실질적 힘은 수상과 내각에 부여된다. 민주화 이후 정부의 힘을 강화하기 위한 조치가 실시되었다. 대통령은 수상을 지명하지만 의회의 절대다수 지지를 받아야 한다. 수상은 각료들을 임명하는 데 의회의 동의절차가 필요없다.

1993년 12월 제정된 러시아의 새로운 헌법도 주요 권한을 의회에서 대통령으로 이양하여 대통령의 권한을 보장하고 있다. 정부는 대통령에 의해 구성되고 그에 대하여 책임을 진다. 이러한 강력한 대통령의 권한 형태는 정당과 의회의 연약한 힘에 기인한 것이며, 이 경우 정당의 약화와 분열이 지속되고 의회주의가 약화되는 경향이 있다. 유사한 모델이 중부유럽 국가들에 도입되었으나, 수상과 선출된 대통령과의 세력균형은 다양한 형태로 나타났다. 슬로베니아, 에스토니아와 불가리아의 경우 의회가 보다 강력한 힘을 가졌다.

2) 군주

의원내각제는 왕정과 공화국이라는 두 가지 유형을 가진다. 유럽에서 왕정을 채택한 국가는 7개국으로 벨기에, 네덜란드, 덴마크, 노르웨이, 스페인, 스웨덴, 영국이고, 스페인을 제외하고 왕은 입법부나 내각 구성에 권한이 없는 형식적 국가원수이다.[19] 국왕은 실권은 없지만 국가통합과 권위의 상징이다. 형식적으로 볼 때 통치의 주체는 의회가 아니라 국왕이 의회를 통해 통치하는 것이다.

많은 유럽 왕정국가 제도들은 매우 오래된 제도이지만, 왕들은 21세기에 와서 시대에 뒤떨어진 인물로 여겨지기도 한다. 그러나 비록 왕이 전형적으로 대통령에 의해 이루어지는 역할보다 정당 정치에서 그다지 큰 역할을 차지하지 않음에도 불구하고, 국가를 운영하는 데 여전히 중요한 역할을 담당하고 있다.

과거에 몇몇 왕들은 그들의 권력과 지위를 이용하여 특정 정당에 대하여 선호

19) 불가리아와 루마니아 같은 동유럽 국가에서 탈냉전 이후 왕정복고가 논의되었으나 실현되지는 않았다.

도를 보이며 정치적으로 개입하려고 시도하였다. 이는 왕정에 대한 반대세력을 연합하게 하였다. 특히 그리스와 이탈리아에서 군주국가를 폐지하게 만든 국민투표의 배경이 되는 중요한 요소가 되었고, 벨기에 군주국가는 1950년 투표에서 간신히 승리하여 겨우 존재하게 되었다. 정치와 거리를 두고 있는 왕실은 생존할 수 있는 능력을 가지게 되었고, 정치가에 대한 대중의 냉소반응이 높게 나타나면서 왕이나 여왕은 선출된 지도자들보다 더 많은 존경을 누리기도 하였다.

대통령이나 왕이 국가의 결속이나 정통성을 제공하고 정치적 재량권을 현명하게 행사하는 능력은 전적으로 당사자의 자질에 달려 있다. 그렇다면 어떠한 방식으로 이러한 국가의 의전적인 지도자를 선발해야 할까? 입헌군주국에서 국가원수의 선발 과정은 생각할 여지도 없이 세습에 의하여 이루어진다. 세습에 의한 선발이 바람직하지 않다는 비판이 자주 대두되고 있다. 물론 왕가에서 제공하는 많은 교육과 엄격한 수련이 가장 훌륭한 지도자를 양성할 수도 있다. 그러나 이를 확실히 보장할 수 없다는 데 한계가 있다. 한번 선출된 왕은 남은 생애 동안 계속해서 그 권력을 유지할 것이고, 결국은 세습군주제하에서 국가수반의 지위가 점차 취약해지는 가능성 또한 배제할 수 없다.

또한 세습에 의해 지위를 획득한 권력자가 국가 정책 사안에 개입한다는 것은 현대 민주주의에서는 적절치 못하다는 주장도 있다. 일부 군주는 매우 모양새를 잘 갖춘 헌법적 권력을 가지고 있다. 영국정부는 “여왕폐하의 정부(Her Majesty's government)”로 불리는데, 이는 영국정부가 국왕의 이름으로 통치한다는 것을 의미한다. 영국 내각은 실질적으로 의회에 정치적 책임을 지지만, 공식적으로는 국왕에 책임을 지도록 되어 있다. 영국에서 왕은 형식적으로 수상과 각료의 임명, 의회의 소집과 해산, 의회에서 제정된 법률의 승인 등의 권한을 가진다. 그러나 유럽에서 고대의 전통을 잇고 있는 몇몇을 제외한 다른 국가들에서 대개 그렇듯, 영국 왕이 이러한 절차상의 업무를 수행하는 데 독립적인 판단을 한다는 것은 이제 생각할 수도 없는 일이다.

영국국왕은 법적으로 행정부의 수장이자 입법부와 불가분의 구성부분이며, 사법부의 총수인 동시에 군 총사령관이자 영국교회의 수장이다. 그러나 1215년 대헌장(Magna Carta) 이래 계속된 권한의 의회로의 이양으로 현재는 “군림하나 통치하지는 않는 존재”가 되었다. 즉 국왕은 정부 각료의 조언에 따라 행정에 임

하며 실질적인 권한은 수상과 내각에게 주어져 있다.[20)]

네덜란드 헌법은 의원 내각제 정부에 대한 어떠한 언급도 없이 군주에게 행정 권한을 부여하여 그의 의사대로 각료를 임명하고 해임할 권한을 부여하고 있다. 사실 네덜란드에서 여왕이 여전히 정부 형성에 적극적인 역할을 담당하고 있지만, 기본적으로 네덜란드는 의원내각제 체제가 발달한 국가이다. 선거나 정부 사퇴 이후에 여왕은 모든 정당의 지도자에게 의견을 묻고, 정부 형성 교섭을 이끌어내기 위해 임시 과도정부 수반으로서 원로 정치가를 지명한다. 이러한 통치 프로그램에 대한 협약을 포함한 교섭은 6개월의 시간이 걸릴 만큼 오랜 시간이 걸린다. 일단 수상 지명자는 다른 정당과 연합정부 수립에 합의하였더라도, 여왕은 수상의 건의에 따라 장관들을 임명한다.

스페인의 경우 1978년 헌법 제97조에 의하여 행정부의 권한은 수상이 이끄는 내각에게 부여되었다. 국왕은 수상으로 지명할 사람을 제안하고, 후보자는 의회의 절대 과반수에 의해 선출된다. 민주주의 전환과정에서 행한 적극적 역할로 인해 국왕은 국민들로부터 높은 명성을 획득하였다. 그러나 스페인의 선거결과는 매우 명료하기 때문에 국왕은 정부구성에 개입할 여지를 거의 가지지 못한다.

다른 유럽 국가들과 달리, 리히텐슈타인에서는 아직도 군주가 헌법적으로 막강한 영향력을 행사하고 있다. 1993년 아담(Heinz Adam) 국왕은 25명의 의원으로 의회를 구성하고자 하는 자신의 뜻을 관철시켰다. 그러나 의회가 불신임투표를 통해 수상을 경질하자 이에 분개한 아담 왕은 곧 의회를 해산했고 같은 해 재선거를 실시했다. 현재 리히텐슈타인은 정부를 현대화하기 위해 전면적으로 헌법을 재검토하고 있으며, 이 과정에서 군주제와 정부제도 관계가 주요 이슈로 다뤄진다.

군주제 국가에서 왕이 정치에 직접적으로 개입하려는 시도는 매우 위험한 발상일 수 있다. 그리스(1974)와 이탈리아(1946)에서 국민투표에 의해 왕정이 폐지된 것은 왕이 정치적 사안들을 잘못 처리한 데 대해 민중이 반발했기 때문이다. 1940년에 벨기에의 레오폴드 3세는 장군들의 충고를 무시하고 독일에 항복

20) 이남국, 『영국의 중앙정부조직』, 한국행정연구원, 2001, pp.7-16.

했다. 전쟁이 끝난 후 벨기에의 군주제는 가까스로 국민투표에서 살아남을 수는 있었으나, 불명예스런 레오폴드의 복위 문제는 왕정주의자와 반왕정주의자들 사이에서 심각한 사회적 분쟁을 야기했다. 레오폴드는 복위를 포기하고 자신의 아들 보두앵(Baudauin)에게 권좌를 물려줬는데, 그는 42년간 권좌에 있는 동안 벨기에의 군주제를 어느 정도 궤도에 올려놓는 데 성공했다.

세습 군주제의 국가들은 대통령제를 채택한 국가들에 비해 몇 가지 이점을 가지고 있다. 군주제하에서 공식 권력자들은 적어도 국민들 일부로부터 우선적인 존경의 대상이 될 수 있다. 반면 대통령제의 권력자들은 국민들로부터 존경받기 위해 스스로 노력해야 한다. 세습에 의해 군주를 선발하는 오랜 관습은 군주들을 국가 전통의 일부로 편입시키기에 이르렀다. 즉, 왕들은 국가의 존속을 상징하게 되는 것이다. 군주제는 또한 당파정치 세력으로부터 자유로울 수 있다는 장점이 있다. 왕은 어떠한 정당과도 연계되어 있지 않고 정당 정치의 절차에 의해 선출된 것도 아니다. 이러한 점들이 왕이 일상적 정치행태를 초월할 수 있게끔 해주고, 그것은 국가수반으로서의 상징적인 기능을 수행하는 데에 상당히 유리한 점으로 작용할 수 있다.

2. 유럽 의원내각제의 정부와 수상

유럽에서 정부의 집행부서는 고위 정당정치인으로 구성된 내각 또는 위원회로 조직되어 있다. 대부분의 각료들은 정부 한 부처의 장관이 되지만, 일부 국가에서 각료는 어느 부처도 맡지 않고 단지 내각의 일원이 되는 경우도 있다. 내각은 대통령이 각료위원회(Council of Ministers)를 주재하는 프랑스의 경우를 제외하고, 주로 수상이 의장직을 맡는다. 대부분 유럽 국가들의 정치적 지도자는 분명히 국가의 유명무실한 원수가 아니고 정치적인 수석 행정관이다. 내각 정부는 집단 내각 책임과 개별 각료 책임의 두 가지 원칙을 따른다.

집단 내각 책임은 집행부와 입법부 사이의 관계에 관련된 것이다. 즉, 수상과 내각은 그들의 임기 중에 행한 결정과 활동에 대하여 국민들이 선출한 대표들에게 집단적으로 최종 책임을 져야 한다. 일단 내각이 결정을 내리게 되면, 개별적으로 각료들은 국민들에게 그 결정안에 대해 설득할 준비가 되어 있어야 하고 그렇지 않으면 사임해야 한다. 만약 수상이 반대표나 불신임 투표에 의해 사임해야 한다면, 전체 내각 역시 물러나야 한다. 정부 내 어떤 측면에서든지 잘못된 정책을 수행했을 시에는 해당 수상과 내각은 정권에서 물러나게 된다. 특히 경제문제는 내각의 집단적 책임이 시험받는 주요 분야 중의 하나이다. 피나게일(Fine Gael) 당의 지도자 피츠제럴드(Garret Fitzgerald)는 1981~1982년 그리고 1982~1987년, 두 차례에 걸쳐 아일랜드의 총리를 지냈는데 두 차례 모두 예산 문제로 내각이 반대세력에 의해 붕괴되었다.[21)]

순수한 의원내각제에서 정부 수반의 지위는 여러 가지 명칭으로 불린다. 오스트리아와 독일에서는 "chancellor"로 불리고, 영어로는 "prime minister"로 불리며, 네덜란드에서는 "minister-president"로 부른다. 수상과 내각은 입법부의 신임에 의존하고, 입법부의 불신임 투표나 불신임 결의에 의해 공직에서 해임될 수 있다. 의원내각제 국가에서는 수상이 실질적 정치 권력을 가지며, 직접선거로 선출된 대통령은 존재하지 않는다. 일부 유럽 민주주의에서, 군주가 여전히 국가의 상징적인 원수이나 다른 지역에서의 이러한 기능은 의회나 선거인단에 의해 선출된 대통령에 의해 행사되고 있다.[22)] 정부의 장은 입법부에서 선택되는데, 라이파트(Arend Lijphart)는 "선출된(elected)"이라는 용어보다 "선택된(selected)"이라는 용어를 사용하였다. 왜냐하면 선택의 과정은 "공식적인 선거로부터 의회에서의 협상에 의한 비공식적 등장"까지의 방식이 있기 때문이다.[23)]

1) 수상의 권한과 역할

유럽 수상은 전형적으로 수석 행정관일 뿐만 아니라 의회 다수당의 당수이기

21) Patricia Hogwood and Geoffrey K. Roberts, *European Politics Today*, 2nd ed., pp.135-136.

22) Ian Budge, et al., *The Politics of the New Europe: Atlantic to Ulars* (London and New York: Longman, 1997), p.238.

23) Arend Lijphart, ed., *Parliamentary versus Presidential Government* (Oxford: Oxford University Press, 1992), p.3.

도 하다. 이러한 역할들의 조화는 미국의 대통령 지위보다 더 큰 권력의 지위를 가질 수 있게 한다. 이러한 권력은 특히 과반수 의석을 가진 단일정당이 정부를 구성한 국가에서는 더욱 그러하다. 이 국가들에서 수상의 권력에 유일하게 도전할 수 있는 세력은 집권 정당의 내부에서 나온다. 유럽의 전형적인 연합정부 체제에서도 수상은 의회에서 강력한 교섭권을 가지고 있기 때문에 강력한 지위를 유지할 수 있다.[24)]

유럽 수상의 공식 권력은 전형적으로 헌법하에 놓여 있는 반면, 실질 권력은 중요한 실제 정치에서 파생된다. 수상은 의회의 승인을 받아야 임명이 되고, 의회의 의원들은 수상과 정부에 충성을 보여야 각료가 되는, 상호의존 관계를 유지하고 있다. 수상의 권력에서 중요한 점은 수상이 정부의 정치 수장으로 입법부에 의해 승인받는 인물이라는 사실이다. 수상은 개별 각료에 대하여 특권을 누리고, 각료를 임명하고 해임할 수 있는 권리 혹은 각각의 각료를 구속하는 정부 전체의 일반적인 정책 지침을 공식화할 권리를 누리고 있다.[25)]

전형적인 유럽 수상의 중요한 권력은 국가 수장으로서의 역할도 일부 수행한다는 점에서 나온다. 이원집정제의 프랑스와 과거 핀란드를 제외하고, 거의 모든 유럽 국가에서 수상은 국가 최고의 정치적 인물이고, 대부분 국내 · 외 업무 모두에서 정부의 가장 중요한 인물이다. 영국의 대처 수상과 같이 대중적 정치 이미지와 국제 미디어 정치에서 강력한 수상은 국가의 정부를 상징한다.

영국, 아일랜드, 그리고 독일을 포함한 일부 국가에서는 수상이 상당한 행정적 리더십을 갖는 것이 전통이다. 영국의 통치체제와 정부조직 형태는 성문헌법에 의해 형성된 것이 아니라 오랜 역사적 관례와 사건들을 통하여 조금씩 변화하거나 새롭게 형성되어 왔다. 명예혁명 이후 18세기 초부터 내각제가 점차 오늘날과 같은 형태의 행정조직체로 발전하게 되었으며, 19세기 말부터는 하원의 다수 의석을 차지한 정당의 지도자가 수상에 임명되었다. 이로 인해 수상은 내각을 조직하여 행정권을 행사할 뿐 아니라 하원의 입법기능을 실질적으로 좌우

24) Michael Gallagher, Michael Laver and Peter Mair, *Representative Government in Modern Europe*, 3rd ed., p.49.

25) Thomas Saalfeld, "Government and Politics," in Richard Sakwa and Anne Stevens (eds.), *Contemporary Europe* (New York: Palgrave, 2000), p.122.

할 만큼 막대한 영향력을 행사하게 되었다. 즉 내각과 의회의 지도적 위치에서 행정적 · 입법적 권한을 동시에 행사할 수 있는 강력한 권한을 보유하게 된 것이다.

독일에서는 수상이 각 부서를 책임지고 있는 정부 장관들의 업무에 개입하지는 않지만, 정부 정책 프로그램의 노선을 결정하는 헌법적 권한을 갖는다. 궁극적으로 독일 수상은 각료들과의 책임의 균형에서 우위를 차지한다. 왜냐하면 수상이 자신의 뜻을 관철시키기 위해 내각을 개편할 수 있기 때문이다. 이와는 대조적으로, 이탈리아에서는 정치 엘리트나 일반 대중 어느 누구도 수상이 정부 내에서 지배세력이 되는 것을 기대하지 않는다. 베네룩스와 스칸디나비아 국가들에서는 전통적으로 내각 전체가 집행권을 행사하고, 수상이 이의 의장 역할을 한다. 스칸디나비아 국가들의 수상은 정부의 정책 지도자라기보다는 정책 집행을 통합하고 조정하는 고리로서의 역할을 해왔다. 수상이 조정자의 역할을 하는 나라에서는 수상직이 생기기 오래 전에 이미 내각정부가 수립된 경우가 종종 있다. 네덜란드에서는 수상의 집무실이 제1차 세계대전이 끝난 후에야 생겼다. 벨기에에서는 수상이라는 단어가 1918년이 돼서야 공식적으로 사용되기 시작했다.[26)]

대체로 수상의 권한은 정치적 임명을 할 수 있는 권위 정도에 달려 있다. 수상은 전형적으로 자신의 내각 장관들을 지명할 공식적인 권한을 갖고 있다.[27)] 그러나 수상이 보유한 선택권은 여러 가지 방식으로 제한될 수 있다. 몇몇 경우에 있어서 법적 제한이 가해진다. 벨기에의 수상은 법에 의해서 내각 내 프랑스어를 사용하는 장관과 플라망어(Flemish)를 사용하는 장관의 수를 50 대 50으로 유지해야 한다. 배제당한 당파로부터 나중에 있을 수 있는 도전을 피하기 위해 수상은 내각 내에 서로 경쟁관계에 있는 정당 계파들을 모두 포함해야 한다. 연립 내각이 대세를 이루고 있는 몇몇 국가에서 각 당들은 할당받은 내각의 자리

26) David Arter, *The Nordic Parliaments: A Comparative Analysis* (London: Hurst, 1984), p.115; A. King, "'Chief executives' in Western Europe," in Ian Budge and D. McKay (eds.), *Developing Democracy* (London: Sage, 1994), pp.160-161.

27) 스위스와 네덜란드는 예외이다. 스위스에서는 연방위원회의 7명 위원 모두가 연방의회에 의해 직접 선출된다.

를 임명하기 위하여 자체적인 지명을 한다. 이 경우 내각을 실질적으로 결정하는 것은 수상이 아니라 내각의 정당들이다.

스칸디나비아 국가들과 같은 "조합주의(corporatist)" 체제에서는 경제 이익집단이 정부의 정책결정에 긴밀하게 개입한다. 이런 국가들에서 내각 임명은 조직화된 주요 이익집단의 암묵적 승인을 받아야 한다. 이러한 요소들은 수상이 내각 구성원들에게 행사할 수 있는 재량권을 제약한다. 노르웨이의 수상이 언급하였듯이 만약 필요한 관리들을 얻을 수 없으면, 지금 있는 관리들에 만족해야 하는 것이다.

유럽 국가들은 정부의 폭넓은 제도적 틀 안에서 수상직을 형성하는 구체적인 규율과 전통을 개발해 왔다. 영국 수상은 내각각료, 하위 장관과 차관 등 100여 개의 직위를 총괄하고 있다. 수상이 내각을 개편할 수 있는 권한은 수상의 내각 구성원 통제 권한을 더욱 확대시켜 준다. 영국 수상은 상대적으로 내각 개편 권리를 자주 사용한다.[28] 그러나 네덜란드에서는 일단 임명이 되면 정부의 임기가 끝나기 전에 수상이 임의로 내각 구성원을 축출하거나 내각을 개편할 수 없다. 일부 국가의 수상들은 자신의 선택에 따라 정부 부처를 조직하고 재조직할 수 있는 권한을 보유하고 있다. 노르웨이의 수상은 내각 임명에 거의 권한이 없고 정부 부처를 개편할 수도 없으며 국회를 해산할 수도 없다.[29] 이로부터 비롯되

정부 내 영향력의 정도에 따른 수상의 등급

높음	보통	낮음
독일	오스트리아	이탈리아
영국	벨기에	네덜란드
그리스	덴마크	노르웨이
아일랜드	스웨덴	
포르투갈		
스페인		

*프랑스, 핀란드, 스위스의 정부체계는 의회정부 모델에 완벽히 맞아떨어지지 않기 때문에 이들 국가의 수상들은 제외했다.

28) 영국에서는 수상에게 조기 선거를 할 수 있는 권한도 부여하여, 정부가 선거 캠페인을 벌일 수 있는 최적의 시기를 선택할 수 있게 해준다.

29) 노르웨이 의회는 스투르팅(Storting)이라 불리며 변형된 단원제를 택하고 있다. 165명의 의원

는 융통성은 정부의 효율성을 증진시킬 수 있지만, 임명권에 대한 재평가를 하도록 한다. 수상은 충직한 지지자를 위해 또는 당내 반대파 혹은 연립 파트너의 지지를 받기 위해 새 장관직을 마련할 수 있기 때문이다.[30)]

능력을 상실하고 국민의 지지를 더 이상 받지 못하는 수상은 3가지 기본 방법을 통해 물러나게 된다. 첫째, 선거에 의해서 물러난다. 더 이상 정부를 유지하지 못하게 된 수상은 그의 정당이 선거에서 많은 의석을 잃게 되어 의회에 의한 임명이 철회되어 면직된다. 여기서 중요한 점은 거의 모든 유럽 국가에서 만약 수상이 하나 또는 몇 가지 이유로 의회에서 지지를 잃게 된다면, 수상의 반대파들은 빨리 선거를 실시하자고 강요하고 수상이 면직되도록 한다는 점이다.

수상을 면직시키는 두 번째 방식은 정부를 구성한 의회 내의 연합을 변경함으로써 가능하다. 의회 내에서 과반수를 차지하는 정치인들이 협력하여 수상을 교체하는 것이다. 만약 수상이 이를 받아들이지 않고 사임을 거부할 경우 의회에서 투표에 의하여 이를 실행한다. 벨기에, 핀란드, 프랑스, 이탈리아와 같은 몇몇 유럽 국가들에서 수상이 선거를 실시하지 않고 입법부 내 정치의 결과로 바뀌는 것이 일반적으로 가능하다. 이탈리아에서 이러한 현상이 가장 빈번하게 나타났다. 벨기에에서는 1979년 4월과 1981년 11월 사이에 선거를 치르지 않고 5개의 정부가 형성되고 사라졌다. 유사하게 프랑스에서도 1988년 7월과 1993년 3월 사이에 3명의 수상이 총선거 없이 교체되었다.

수상을 해임시키는 세 번째 방법은 수상이 소속된 정당 내부의 움직임에 의한 것이다. 수상은 필수적이지는 않지만 전형적으로 주요 정당의 지도자이다. 자신이 소속된 정당에서 지도력을 잃게 된다면 수상의 정치적 지위는 자연 소멸된다.

보편적으로 의원내각제 국가에서 의회는 정부를 해산할 수 있는 권한을 가진다. 특히 하원의 신임을 받지 못하는 정부는 사임해야만 한다. 그러나 사임 관련 법규는 국가마다 다양하다. 덴마크, 스웨덴, 핀란드, 아일랜드에서 정부는 대개 주요 법안이 받아들여지지 않을 경우 사직하는데, 이는 헌법상 의무사항은 아니고 헌법상 관례의 결과이다. 영국에서 정부해산에 관한 관례와 법규는 좀더 엄

중 4분의 1은 상원에 해당하는 러그팅(Lagting)이고, 나머지는 하원 역할을 하는 오델스팅(Odelsting)으로 구성된다.

30) A. King, "'Chief executives' in Western Europe," pp.153, 155.

건설적 불신임 투표(Constructive Vote of no Confidence)

독일 연방공화국의 기본법 제67조에 포함되어 있는 이 제도는 하원이 과반수의 찬성으로 후임 총리를 선출하는 경우에만 현재의 총리를 해임할 수 있도록 하원의 권한을 제한하는 제도이다. 건설적 불신임 투표는 총리에 대한 불신임 투표가 후임 총리의 지명과 함께 시작되는 것을 요구한다. 만약 이러한 요구가 과반수 찬성으로 받아들여진다면, 총리는 지명된 후임을 위해 사임을 해야 한다. 연방 공화국 역사에서 두 번의 경우가 있었는데, 1972년 브란트 정부가 일부 하원들이 반대당으로 옮기는 바람에 과반수를 얻는 데 실패하였고, 1982년 자유민주당이 사민당(SPD)과의 연합을 포기하고 기민당의 콜(Kohl)을 총리로 지명하는 것을 지지하기로 하면서 성공한 사례가 있다. 이 제도는 바이마르 공화국 시절 불신임 투표가 총리에 반대하기 위해 자주 사용되면서 정국을 지나치게 불안정하게 만든다는 비판에 따라 "단순한" 불신임 투표를 좀 더 신중하게 시행하기 위해 발전시킨 제도이다.

격하여, 정부는 좀더 강력히 보호된다. 즉 정부는 중요한 법안이 통과되지 않을 때 사임하는데, 이 경우 이 법안에 대한 투표가 신임과 연계되었다는 주장을 명백히 하였을 때에만 효력이 발생한다. 독일, 스페인, 1995년 이후 벨기에의 법규는 좀 더 엄격하다. 이들은 건설적 불신임제도를 채택하고 있는데, 이 제도는 절대적인 과반수 정당이 대체 정부를 선출한 후에야 정부가 해산될 수 있는 제도이다.[31] 독일의 경우 바이마르 공화국의 역사적 경험이 건설적 불신임 제도를 도입하게 했는데, 계속되는 불신임 결의 이후 새로운 정부를 구성할 수 없어 정부의 안정성을 도모하기 위하여 도입한 제도이다.[32]

이와 같이, 비록 대부분 유럽 수상들이 강력한 수석 행정관일지라도, 그들의 지위는 갑작스레 그리고 때때로 잔인하게 빼앗길 수 있다. 수상의 권력과 제한사항은 공식적인 게임의 규칙에 명문화되어 있지만, 정치체제의 중심부에 위치한 수상의 지위는 실질정치에 있어서 그의 능력에 크게 의존되고 있다.

31) Thomas Saalfeld, "Government and Politics," in Richard Sakwa and Anne Stevens (eds.), *Contemporary Europe*, pp.129-130.

32) 김영태, "제2장 독일의 정치제도와 정치과정," 유럽정치연구회 편, 『유럽정치』(서울: 백산서당, 2004), p.45.

2) 유럽 정부의 구성과 유형

유럽 국가들은 거의 전부가 자유선거에 기반한 민주주의를 택하고 있다. 대체로 유럽의 의회선거는 어느 정당 또는 정당들이 대중의 지지를 받으며 정부를 구성할 자격을 가지느냐를 결정한다. 의회의 지지를 받아 구성된 정부가 정책 채택 또는 변화를 결정한다. 이것을 의회 중심의 대의민주주의 또는 정당 민주주의라 일컫는다.

투표자가 정당을 선택하는 여부는 집권하면 어떠한 프로그램을 추진할 것이냐로 결정된다. 따라서 정당들은 강령(manifesto)과 행동계획(action plan)을 발표하고 선거시 이에 대한 많은 토론이 이루어진다. 일반적으로 투표자들은 일부 정책에 대하여 불만이 있더라도 강령 전체를 보고 투표를 한다.

(1) 유럽의 정부구성 방법: 단일 정당 정부와 다수 정당 연합

유럽 국가의 대부분에서 정부는 의회에 의존한다. 투표 결과에 따라 정당이 의회의석을 차지한다는 점은 대중적 선호를 반영하는 것이다. 정당간 의석 비율에 따라 정부가 구성되는데 그 유형은 다음과 같다. 첫째, 단일 정당이 의회 의석의 과반수를 획득하거나 거의 과반수를 획득했을 경우 지배 정당은 단일 정당 정부를 구성한다. 이러한 정부의 수명은 길고 다음 선거에 의하여 임기가 종료된다. 영국이 대표적이고 스페인, 몰타, 알바니아, 그리스, 세르비아, 루마니아도 이러한 체제를 선택하고 있다. 거의 과반수를 획득해서 정부를 구성한 국가는 스웨덴과 노르웨이 사회민주당이다.

둘째, 단일 정당 정부와 다수 정당 연합의 중간 형태이다. 좌익 또는 우익 정당들은 진영간의 대결을 하여 선거에서 승리하면 정부를 구성할 것이라는 의사를 명확히 보인다. 어떤 경우에는 선거 동맹을 맺어 선거에서 승리하여 정부를 구성하면 취할 공동 프로그램을 발표하는 경우도 있다. 프랑스는 4개의 큰 정당들이 좌 · 우익 진영을 형성하여 대통령 선거와 의회 선거에 임한다. 대체로 이념적 동질성에 의하여 선거 동맹을 하는데 중도 정당도 좌익 또는 우익 정당들과 동맹하는 경우도 있다.

셋째, 유럽에서 가장 일반적인 형태로 어느 정당이나 진영이 의회를 지배하지 못하고 비교적 비슷한 크기의 정당들이 의석을 차지할 경우 정부를 구성하기 위하여 정당들이 연합을 하는데, 대체로 50% 이상의 의석을 차지하기 위하여 연합을 한다. 덴마크는 대체적으로 소수 정부(minority government)를 구성하지만, 협상에 의하여 연합을 하기도 한다. 아일랜드, 폴란드, 핀란드, 이탈리아 등은 선거 이후에 정당간의 협상에 의하여 연합한다. 네덜란드 같은 나라는 연합하는 데 많은 시간이 걸리는데, 1977년 연합을 결정하는 데 무려 6개월이나 걸렸다. 연합을 할 경우 대체로 구체적인 문서 합의를 하고 이를 공개한다.

독일 · 네덜란드 등은 두 정당이 연합하는 데 비하여 이탈리아나 핀란드는 여러 정당이 연합하기 때문에 합의하는 데 어려움을 겪는다. 폴란드는 1991~1993년에 다수 정당이 연합하였는데 국내적 불안과 위기가 자주 닥쳤으나, 이후 두 개의 사회주의–농민 정당이 연합을 한 후에는 상대적으로 안정되었다.

하나의 정당을 중심으로 연합이 이루어진 정부는 대체로 안정적이다. 연합을 구성하기에 충분한 의석을 보유한 정당은 주축 역할(pivotal position)을 하는데 이 정당은 대체로 좌우익이 아닌 중도적인 성향을 가진 정당이다. 서유럽 국가에서 주축 역할을 하는 기독교 민주당(Christian Democrats)은 사회주의자들과 같이 강한 사회복지를 옹호할 뿐만 아니라 우익 정당 성향의 사유재산과 전통적 윤리적 가치를 옹호한다.

연합 정부에 참여하는 정당들은 정부에서 일정 할당량을 받기를 기대한다. 특히 내각 장관직은 연립 내각 거래에서 화폐와 같이 취급된다. 즉, 장관직은 그 수여자에게 내각 구성원이라는 지위와 정부의 특정 부문 정책에 영향력을 행사할 수 있는 기회를 제공한다. 연합 협상은 내각 장관직의 배분을 다루고 미래 정부의 정책에 대한 특정 사안의 사전 동의를 포함하기도 한다.[33)]

내각 장관직은 연합 정부를 구성하는 정당들 사이에서 어떻게 배분되어야 할까? 통상적으로 각 당들은 의회에서 과반수에 넘도록 기여하는 비율에 준해서 장관직을 분배받게 된다. 때로는 큰 정당이 연합 정부를 지속시키기 위해 특정 정당에 과도하게 의존하기 때문에 그 정당이 자기 몫의 의석보다 더 많은 수를 요구하는 경우도 있다. 서독에서는 기민당과 사민당 모두 정부의 다수당 지위를

33) Patricia Hogwood and Geoffrey K. Roberts, *European Politics Today*, 2nd ed. p.143.

유지하기 위해 작지만 중요한 정당인 자유당에 의존하고 각각 이런 목적에서 자유당에 기꺼이 더 많은 보상을 했다. 최근에는 노르웨이의 연합에 참여한 작은 정당들이 장관직 할당에서 과다한 몫을 차지하기도 했다.

어느 정당이 어느 부처를 장악하는가의 문제는 쉽게 풀리지 않는다. 첫째, 일부 부처들이 다른 부처들보다 본질적으로 더 중요하게 여겨지고 있다. 세금, 예산 통제, 국내 안보와 관련된 장관 직위가 주요 지위이다. 일반적으로 정부를 형성하는 협상을 주도하는 정당은 최고로 중요한 장관직을 장악함으로써 연합 정부 내 지도적인 지위를 강화하려 할 것이다. 또한 정당들은 자체의 성격과 목적에 의해 결정된 선호도가 있다. 예를 들어 농민당은 농업과 관련된 장관직을 원한다. 사회당이나 사회민주당은 보건, 사회안전, 복지정책과 관련된 부처, 녹색당은 환경과 관련된 부처의 장관직을 원하는 경향이 있다. 이러한 경우 조직의 경직화 현상이 나타날 우려가 있다. 기존의 이익단체를 중심으로 정책이 형성될 가능성이 높기 때문에 새 정부 구성에 따른 새로운 사고의 인센티브가 나타나기 어렵다.[34]

(2) 유럽 정부의 유형

유럽의 정부형태 중 가장 흔한 것은 연합 정부이다. 여러 정당이 연합 정부를 구성할 경우 시간도 오래 걸리고 절차도 복잡하다. 이탈리아와 네덜란드의 경우 총선거 이후 정부를 구성하는 데 수주일 또는 수개월이 걸린다. 일단 연합 내각이 구성되었을 때 권력을 장악하여 유지하는 정부의 능력은 결정적으로 정당 지도자들 사이의 계속되는 협상과 거래의 과정에 의존하게 된다. 정부를 구성하기 위한 거래(deals)는 그다지 쉽게 이루어지지 않는다. 적절한 시점에, 다양한 정치적 변수들이 정치가들로 하여금 특정 정부를 구성하도록 고무한다. 만약 이러한 변수들이 예측하지 않았던 방향으로 변화한다면, 정치가들은 그들이 기존에 수립하였던 정부를 붕괴시키는 선택을 할 것이다.[35]

34) Tim Bale, *European Politics: A Comparative Introduction* (New York: Palgrave, 2005), p.89.

35) Michael Gallagher, Michael Laver and Peter Mair, *Representative Government in Modern Europe*, 3rd ed., p.340.

1945~1998년 현대 유럽에서의 정부 형태

(단위: 횟수)

국가	단일과반수 정당(single-party majority)	최소승리연합 (Minimal winning coalition)	잉여과반수 연합(Surplus majority coalition)	과반수미달 단일정당(single-party minority)	과반수 미달 연합(Minority coalition)
오스트리아	4	15	1	1	
벨기에	3	24	5	1	2
덴마크		4		14	12
핀란드		6	21	4	7
프랑스		7	39	4	5
독일		16	5	1	
아이슬란드		19	1	2	
아일랜드	7	7		4	3
이탈리아		2	29	11	9
룩셈부르크		16	1		
네덜란드		8	9		
노르웨이	6	3		12	5
스웨덴	3	5		15	2
영국	19			1	
합계	42	132	111	70	45
퍼센트	11	33	28	18	11

따라서 연합 정부는 이론상 한 명 혹은 그 이상의 의회 지지자들의 변심으로 언제든지 사라질 수 있다. 그리고 비례대표 선거제도를 반대하는 사람들도 전형적으로 "비례대표제는 다당제를 유발하고, 이는 연합 정부를 창출시켜 정국을 불안정하게 만든다"는 의견을 가지고 있다. 연합 정부는 결국 단일 정당 정부만큼 오래 지속되지 않는 경향이 있다. 그러나 동시에 전후 세계에서 가장 경제적으로 성공하고, 정치적으로 안정된 정부들은 독일, 스위스, 룩셈부르크, 오스트리아의 연합 정부이다.

위의 표는 유럽 정부형태의 다양함을 보여준다. 전체의 11%만이 단일 정당 과반수 행정부로, 이 범주에 들어가는 대부분의 사례는 영국, 아일랜드, 노르웨이이다. 분석된 정부 중 약 3분의 1은 최소 승리 연합(minimal winning coalition)이었고, 이러한 정부의 형태는 모든 유럽 국가에서 사실상 발견될 수 있다. 이 두 가지 형태의 정부는 의회의 과반수를 통제하지만, 여기에 불필요한 "잉여" 의원은 포함되지 않는다. 반대로, 분석된 정부의 절반 이상이 과반수를 통제하기에 부족한 정당이거나, 필요보다 과잉된 정당들로 구성되어 있다.[36)]

영국은 전형적인 "과반수 제도(majoritarian system)"를 가지고 있다. 계층 분화가 지배적인 영국에서는 대부분의 표가 보수당과 노동당 두 주요 정당에 집중된다. 단순다수제 선거제도에 의해서 노동당 또는 보수당이 의회에서 분명한 과반수 정당이 되고, 이에 따라 정부의 선택은 선거에 의하여 결정된다. 정부 스타일은 행정적이라기보다는 당파적이고, 합의적이라기보다는 대립적이다. 수상은 과반수 정당의 지도자이고 다른 서유럽 국가에 비해 더 강력한 지위를 갖는다. 정부가 의회에서 과반수를 점유하지 못하는 경우, 평화시 공식적인 연합 내각을 구성하여 다른 정당을 불러들이는 것을 선호하지 않는 경향이 있다. 대신에 입법안들의 의회 통과는 다른 정당들의 지지에 의존해서 치러지게 된다. 예를 들면, 1977년에서 1978년에 걸친 노동당-자유당 제휴 협정하에서 양당은 의회에서 협력하기로 합의했다. 그러나 자유당은 내각 장관직을 전혀 확보하지 못했다. 이런 식으로 영국은 적어도 단일 정당 정부의 면모를 유지해 왔다.

과반수 연합 정부는 그 정부를 구성하는 당들의 계속적인 지지에 의존하고 있다. 만약 이 정당들 중 한 개 혹은 그 이상의 정당이 지지를 거두게 된다면, 그 연합 정부는 의회에서 과반수의 입지를 잃을 수 있다. 주어진 상황과 각 나라의 규정에 따라 그 정부를 대신할 새 정부를 세우기 위해 총선거를 치러야 할 수도 있다. 아니면 그 연합 정부에서 남은 정당들이 소수 내각으로 계속 정부를 이어나갈 수도 있다. 의회 내 정당 그룹들이 대체 연합을 세우는 데 동의를 할 수도 있다. 선거 없이 정부를 중도에 바꾸는 것은 이탈리아나 독일과 같은 나라에서는 가끔 있는 일이다. 일부 국가에서는 이런 관행이 유권자들의 정부선택 권리를 박탈할 수 있다는 이유로 불합리한 것으로 인식되고 있다. 1963년에서 1967년 사이 매우 다른 성향의 당파로 이루어진 세 연합 정부가 네덜란드를 지배했다. 그 중 첫 번째 연합 정부만이 선거에 의해 구성된 것이었다. 그 후 새로운 정

36) Michael Gallagher, Michael Laver and Peter Mair, *Representative Government in Modern Europe*, 3rd ed., p.356.

부는 선거를 거쳐서 그 선거 결과를 반영해 구성되어야 한다는 것이 관습으로 받아들여지게 됐다.

전후 유럽 내각 중 약 30%는 소수 행정부였다. 앞의 표는 소수 정부가 스칸디나비아 반도와 이탈리아와 같은 특정 국가에서 일반적인 경향이 있다는 것을 보여준다. 단일 정당 소수 정부는 소수 연합보다 훨씬 일반적이다. 소수 정부는 "강력한" 특정 정당을 중심으로 구성되고, 정당제도 내에서 이 강력한 정당들의 지위는 비록 그들 스스로 과반수를 지배하지 않더라도 정부를 구성하기 위해 연합 파트너를 찾을 필요가 없다는 것을 의미한다. 소수 정부 형태는 덴마크에서 찾아볼 수 있다. 덴마크에서는 1945년 이래 정부의 거의 90%가 소수 정부였다. 같은 기간 동안 이탈리아에서는 소수 정부가 거의 50%를 차지했고, 노르웨이나 스웨덴에서도 매우 흔한 정부형태였다.

소수 정부 개념은 의회정부 제도에서는 잘 맞지 않을지 모른다. 정부가 의회 과반수 의원의 지지를 받지 못할 때 어떻게 의회의 신임을 얻을 수 있겠는가? 중요한 점은 의회 과반수가 정부를 구성하지 않은 정당을 지지하지만, 이 과반수 의원들의 견해가 통합되지 않는다는 점이다. 이들은 정부를 전폭적으로 지지하지 않을지 모르지만, 그렇다고 모두가 선호하는 대안정부에 대한 합의도 없는 실정이다. 따라서 정부는 최악의 경우를 피한 선택을 한 것이고, 또 다른 선택의 여지가 없기 때문에 의회의 신임을 받을 수도 있다. 의회 내에서 자신들의 정책에 대한 전반적 지지가 부족한 소수 정부는 각각의 정책에 대해서 서로 다른 의회 정당들과 개별적 합의를 위해 협상을 할 것이다. 이런 방식으로 정부를 지지하는 다수파가 각각의 입법안에 따라 변동하게 된다.

잉여과반수 정부(surplus majority government)는 핀란드, 프랑스, 이탈리아와 같은 몇 안 되는 국가들에서 탄생되는 경향이 있지만, 또한 현대 유럽에서 일반적이라는 것을 보여준다. 내각의 30% 이하가 과반수에 필요한 것보다 많은 의원을 포함한 과대(oversized) 내각이다. 프랑스의 제4공화국에서 과대정부가 탄생되곤 하였는데, 당시 정당 규율은 상당히 빈약하였고, 정부는 통치를 위한 폭넓은 입법적 안전망이 필요하였다.

앞의 표가 의미하는 바는, 비록 내각이 의회 민주주의에서 통치하는 데 입법부 과반수의 지지가 필요할지라도, 집권한 정당들은 반드시 과반수 의석을 통제할 필요가 없다는 매우 명백한 메시지를 제공한다. 과대 내각과 소수 내각 모두 현대 유럽에서 정부 형성의 매우 일반적인 결과이다. 입법부의 과반수 의석보다 적은 수로 안정적인 내각구성을 할 수도 있다. 과반수를 통과한 이후에도 정부는 인센티브 확보를 위해 추가 의원을 영입하기도 한다. 무엇보다도 소수 정부나 잉여과반수 정부가 형성된다고 해서, 그것이 정치과정에서 일종의 실패의 결과로 비추어질 필요는 없다.

의원내각제의 연합 정부에 대해서 1962년 라이커(William Riker)는 연합이론(theory of coalition)을 세우기 위한 시도를 하였고, 뒤이어 돗(Lawrence Dodd), 벗지(Ian Budge)와 팔리(Dennis Farlie) 등이 이에 동참했다.[37] 주로 연합의 크기 그리고 이데올로기의 차이 및 채택된 정책의 유형에 근거하여 세운 이 연합이론은 현존하고 있는 모든 종류의 연합을 포괄하는 만족스러운 설명은 결코 아니다. 왜냐하면 이들이 내세운 이론은 합리적인 행동을 이론의 근간으로 하고 있거나 그들이 제시한 예측의 기초 또한 특별히 뛰어난 것도 아니기 때문이다. 예를 들어, 라이커가 말하는 최소 승리 연합(minimal winning coalition)은 절대 과반수를 구성하기 위해서 반드시 필요한 정당 이외의 다른 모든 정당은 배제하는 방식으로 연합이 구성됨을 상정하고 있는데, 실제로 이러한 가정은 오직 일부 몇몇 경우에만 들어맞는 설명이다. 게다가 최소 승리 연합은 소수정부, 또는 1966년부터 1969년까지 서독의 집권당이었던 기민-기사-사민(CDU-CSU-SPD) 대연합과 같이 과반수 정당이 되기 위해 산술적으로 필요한 것보다 훨씬 더 큰 규모로 구성된 연합을 제대로 설명하지 못하였다.

대연정

연합 중에는 의회 내 권력의 균형이라는 관점에서 볼 때 반드시 필요한 수준의 연합보다 의도적으로 더 큰 규모의 집단들이 모여서 연합을 구성하는 경우도

37) William Riker, *The Theory of Political Coalitions* (New Haven, Conn.: Yale University Press, 1962); Lawrence Dodd, *Coalitions in Parliamentary Government* (Princeton, NJ: Princeton University Press, 1976); Ian Budge and Dennis Farlie, *Explaining and Predicting Elections: Party Strategies and Issues. Outcomes in Twenty-Three Democracies* (London: Allen and Unwin, 1983).

있고 이미 하나의 정당이 이미 차지한 의석만으로 과반수 정당이 되었음에도 불구하고 소수 정당과 연합을 모색하는 경우도 있다. 그 좋은 예로 서독의 대연합이 있고, 이 외에도 1960년대 이탈리아에서 여러 번 나타난 중도와 좌파의 연합, 1983년부터 1989년까지의 기민당과 사민당을 중심으로 한 5개 정당의 연합(Penta-partito) 등이 있다. 1983년에 이탈리아에서 과반수 정당이 되기 위해서 필요한 의석수는 316석이었지만, 실제로 집권 과반수 정당의 의석은 366석에 달했고 나머지 정당들은 29(PRI), 23(PSDI), 16(PLI)석을 차지했다. 이론적으로 보면 이 과반수 정당은 다른 정당 중에서 1개 또는 두 개의 정당 없이도 집권 여당이 될 수 있었고 숫자만 놓고 보더라도 라이커가 주장한 "최소 승리 연합"의 요건을 충족시켰다.[38]

디 가스페리(De Gasperi)도 1948년 5월부터 1953년까지 집권한 기간 동안 이와 유사한 행보를 선택했다. 즉, 기민당이 전체 의석의 과반수 이상을 차지했지만 연정을 구성했던 것이다. 프랑스에서도 드골당은 역사상 최초로 의회에서 과반수 의석을 차지한 정당이었음에도 불구하고 1968년부터 1973년까지 드골당의 동맹이었던 독립공화당(Independent Republican)을 집권정부에 포함시켰다.

그러면 어떠한 경우에 대연정이 이루어지는가? 첫째, 심각한 위기가 발생하는 기간 중에 대규모의 연정이 구성되는 경향이 있다. 연정을 통해서 국가의 정체성이 통합된 정부를 창출하고자 하는 의도가 내재되어 있는 것이다. 특히 국내적인 혼란과 심각한 경제 위기를 집권 세력이 해결하기에 능력이 부족한 경우 대연정을 모색한다.

둘째, 근소한 차이로 과반수를 확보한 정당은 이론적으로 볼 때에는 정부의 목적을 달성할 수 있는 능력이 있다고 볼 수도 있지만 근소한 차이의 과반수 때문에 오히려 "야당이 승리한 것으로 평가되는(quasi-victory)" 경우, 이로 인해 나타나는 결과 때문에 집권당의 정당성이 위협을 받을 경우 대연정을 시도한다. 숫자상의 과반수와 진정한 의미의 정당성 간에 차이가 나타나는 경우, 집권세력

38) Yves Meny and Andrew Knapp, *Government and Politics in Western Europe: Britain, France, Italy, Germany*, 3rd ed. (Oxford: Oxford University Press, 1998), pp.112-113.

은 정치적인 정당성의 확보를 위하여 숫자를 확대한다.

셋째, 이데올로기적 근접성 그리고 선거 연대를 고려하여 연합을 하는 정당들 간의 관계를 설명할 수 있다. 필요에 의해 연합을 하지만, 적대적이고 경쟁적인 성격을 보이는 정당들은 집권 연정을 구성하여 권력을 잡는 것이 서로에게 더 큰 이익을 가져다줄 수도 있다. 지배 정당은 그 정당에게 덜 위험이 되는 정당을 포섭하여 집권 연정에 포함시킨다. 예를 들어 미테랑의 사회당은 1981년부터 1984년까지 프랑스 공산당(PCF)을 이러한 방식으로 집권 연정에 포함시켰다. 한편, 소수정당의 입장에서 보면 한 정당이 이미 과반수 의석을 차지하여 절대 과반수를 만들어 내는 데 기여하는 경우가 아니더라도 집권 여당의 연정 파트너로 참여하는 것이 정치적 이익을 가져다줄 수 있다. 이탈리아의 5개당 연합(Penta-partito)이 좋은 예이다.

(3) 유럽 주요국의 내각 형태

영국의 단순다수제 선거제도는 대개 단일 정당이 의회 과반수를 일정하게 유지하고, 제2차 세계대전 이후 노동당과 보수당이 정권을 번갈아 차지했다. 전후 유일하게 어느 정당도 과반수 의석을 차지하지 못한 1974년 2월 선거 이후 소수정당인 노동당이 자유당의 지원에 힘입어 정권을 잡았고, 이 정권은 같은 해 10월까지 지속되었다. 1976년부터 1979년까지 캘러헌(James Callaghan) 하의 노동당 내각은 보궐선거의 패배 결과로 과반수에 미달하게 되어 소수 의석으로 1979년 선거에서 패배하기 전까지 처음에는 자유당의 지원을, 다음에는 민족주의자들의 지원을 받으면서 정권을 유지하였다. 1979년 보수당의 장기간의 지배가 시작된 이후, 블레어(Tony Blair) 하의 '신' 노동당이 1997년 선거에서 압도적인 승리를 하였다. 새 정부는 영국에서도 연합정부가 탄생할 수 있는 방식의 선거 개혁에 대한 가능성을 조사하였으나, 노동당의 두 번째 승리 이후 어떠한 개혁도 실시될 가능성은 없어졌다. 비례대표제를 실시하는 스코틀랜드 의회는 1999년 노동당과 자민당이 최소 승리 연합을 결성하여 스코틀랜드 행정부를 장악하였다.

프랑스에서 정부 구성은 의회를 해산시키고 수상을 임명하는 권한을 보유한 강력한 대통령 역할 때문에 복잡하다. 프랑스는 제5공화국이 출범한 1958년부터 1981년까지 우파 연합이 통치하였다. 의회 과반수에 미달한 적도 가끔 있었으나, 좌파가 분열되었기 때문에 우파의 통치가 가능하였다. 때때로 정부는 최소 승리 연합이었고, 때때로 잉여과반수 정부가 지배하기도 하였다. 1981년 이후 프랑스에서는 우파 연합과 좌파 사회주의 정부가 교체되었다. 후자는 때때로 공산주의자와 중도파로부터 지원을 필요로 하는 소수 내각이었다.

전후 기간 대부분 독일 정치는 세 개의 정당을 중심으로 이루어졌는데, 이 세 정당 중 두 정당이 최소 승리 연합을 이루곤 하였다. 전후 초기 단계에는 기민당이 스스로 입법부의 과반수를 획득하였음에도 불구하고, 다른 정당을 잉여과반수 정부로 영입하였다. 1957년부터 1966년 사이에 거대한 기민당과 군소 정당인 자유당 간에 연합이 형성되었고, 이후 독일의 거대 두 정당인 기민당과 사민당이 "대연정"을 형성하게 되었다. 이는 사민당과 자유당 간의 연합으로 이어졌다. 자유당과 기민당 간의 연합은 1990년 통일 이후 첫 번째 총선에서 형성되어 1998년까지 지속되었다. 1998년 사민당과 녹색당 간에 이루어진 "적록(red-green)" 연합은 전후 유럽에서 가장 안정적인 정당의 조화 중의 하나가 되었다. 현대 독일에서 압도적인 정당 기준은 최소 승리 연합이다.

전후 이탈리아 정치의 가장 두드러진 특징 중 하나는 기민당이 1993년 스캔들 사건으로 해체되기 이전까지 정권에서 물러난 적이 없다는 것이었다. 때때로 기민당은 잉여과반수 연합을 형성하기도 하였고, 때때로 단일 정당 소수 정부를 구성하기도 하였다. 스캔들 사건 이후 도입된 새로운 선거 제도는 연합 정당이 선거에서 승리하여 정권을 잡는 데 필요한 강력한 인센티브를 제공하였다. 1993년 이후 선거에서 승리하기 위해 구성된 선거동맹은 그것이 좌파든지 또는 우파든지 간에 정권을 장악하였다. 그러나 선거 이후 의회 정치는 선거 당시 연합한 정당들이 동거할 수 있는 인센티브를 제거하였고, 의원들의 정당간 이동도 상당히 빈번하게 이루어졌다.

표면적으로 네덜란드에서 정부의 구성은 네덜란드 입법부에 수많은 정당이 공존하기 때문에 많은 연합의 가능성을 내포하고 있으나, 사실 이들 정당 중 극히 몇몇 정당만이 실제 협상 능력을 가지고 있다. 대체로 정부 구성은 4개의 중요 정당인 노동당(PvdA: Labor Party), 자유당(VVD: Liberals), 기민당(CDA: Christian Democrats), 1994년부터는 민주66(D66: Democrats' 66)당을 중심으로 이루어졌다. 1994년까지 기민당은 좌파 또는 우파와의 파트너십을 교체하면서 전후 네덜란드의 모든 정권을 지배하였다. 기민당은 1994년 좌파인 노동당, 중도파인 민주66, 우파인 자유당이 구성한 '자주색(purple)' 연합에 처음으로 정권을 내주었다. 상당히 이질적인 정당들이 결합하였지만, 이들의 결합은 안정적인 정부를 구성하였고, 1998년 선거에서 또 다시 승리하였다.

프랑코 정권 이후 스페인은 과반수 초과 또는 미달 상태의 단일 정당 정부의 특성을 가지게 되었다. 이 중 초기 다섯 번은 우파인 중앙민주연맹(Union of Democratic Center)에 의해 통제받는 비교적 단명한 단일 정당 소수 정권이었다. 이 정권은 의회 과반수에 조금 미달하는 상태로 1976년부터 1982년까지 정권을 잡았다. 1982년부터 사회당(PSOE)이 의회의 과반수를 차지하였고, 1993년까지 스페인은 곤잘레스(Felipe Gonzalez)가 이끄는 단일 정당 다수파인 사회주의 내각에 의해 통치되었다. 1993년 선거 이후 사회당은 과반수 의석을 획득하지 못하였고, 곤잘레스는 소수 정권을 이끌어가게 되었다. 사회주의 단일 정당 운영체제의 기나긴 시대는 1996년 5월 선거에서 끝이 났다. 사회당은 이 선거에서 패배하였고, 국민당(Popular Party)의 아즈나르(Jose Aznar)가 이끄는 우파 소수 단일 정당 정부가 형성되었다.

전후 시대 대부분 스웨덴 정치는 사민당이 지배하였다. 사민당은 전형적으로 선거에서 과반수 의석을 차지하지는 못하였으나 극좌파 공산당 혹은 중도파인 중도당(Center Party) 등의 지원을 받아 안정적인 소수 내각을 형성할 수 있었다. 1976년 이후 몇 번의 정권 교체가 있었는데, 중도당이 대체로 연합의 중심이 되었다. 중도 우파 연합이 1976년부터 1982년까지 형성되었는데, 가끔은 의회의 과반수 의석에 상당히 미달되기도 하였다. 단일 정당 소수 사민당 정부가 1982년 이후에 권력을 잡았다. 1991년에 중도 우파당의 "부르주아 연합"이 이루어졌으나 사민당은 1994년에 통치권을 다시 장악하였다.

(4) 유럽 정부의 안정성

일부 유럽 국가들은 다른 나라에 비해 상당히 안정적인 정부를 보유하고 있다. 정부 안정성의 측정을 위해서는 내각의 평균 수명을 알아보는 것이 유용하다. 다음의 표를 보면 룩셈부르크, 영국, 오스트리아, 아일랜드의 정부가 안정적이고, 이탈리아, 프랑스, 벨기에 등의 내각은 불안정적이라는 점을 알 수가 있다. 안정적인 내각은 평균 3년 동안 지속되고, 불안정한 내각은 1년 남짓 혹은 그 미만의 기간만을 유지한다.[39)]

단일 정당 정부가 연합 정부보다 더 오래 지속되고, 과반수 정부는 소수 정부보다 오래 지속되는 경향이 있다. 전체 유럽을 통틀어 평균적으로 단일 정당 과반수 정부는 최소 승리 연합 정권보다 약 6개월 이상 지속되고, 단일 정당 소수 정부보다 약 1년 이상 지속되며, 소수 연합 정부보다 두 배 정도 더 지속된다. 최소 승리 연합 정부는 소수 정부 혹은 잉여과반수 정부보다 상당히 오랜 기간 지속된다. 단일 정당 소수 정부는 평균적으로 소수 연합 내각 혹은 잉여과반수 연합 내각보다 더 오래 지속된다.

단일 정당 과반수 정부의 안정성과 최소 승리 연합 정부의 안정성을 비교하는

1945~1998년 유럽 정부 형태의 평균 지속 일수

국가	단일과반수 정부	최소승리 연합	잉여과반수 연합	과반수 미달 단일정부	과반수미달 연합	평균기간
룩셈부르크		1,180	466			1,136
영국	1,038			227		995
오스트리아	1,424	763	1420	548		933
아일랜드	861	1,006		872	732	901
네덜란드		1,200	942			879
아이슬란드		876	1,202	247		830
노르웨이	965	960		777	235	757
스웨덴	493	708		816	802	752
독일		815	703	501		660
덴마크		807		567	674	641
벨기에	464	644	316	134	35	511
핀란드		507	548	494	140	404
프랑스		363	323	585	303	334
이탈리아		347	360	285	351	331
평균 기간	953	814	462	601	410	

39) Michael Gallagher, Michael Laver and Peter Mair, *Representative Government in Modern Europe*, 3rd ed., p.366.

것은 의미가 있다. 오스트리아를 제외하고, 최소 승리 연합 정부가 덜 안정적이라는 증거는 없다. 실제로 모든 정부의 형태를 경험해 본 국가에서 최소 승리 연합 정부가 단일 정당 과반수 정부만큼 안정적이라는 조사결과가 나왔다.

연합 내각을 실시하고 있는 국가간의 정책 차이는 정부의 안정성에 큰 영향을 미친다. 이는 워릭(Paul Warwick)에 의하여 가장 분명하게 밝혀졌는데, 그는 세 가지 중요한 정책적 차원에서 연합 내각의 이데올로기적 다양성을 측정하였다. 세 가지 차원은 전통적 좌우파의 차원, 종교적 또는 비종교적 이념을 비교하는 차원, 정당정책의 "반체제적" 성향의 정도 등이다. 워릭은 이 세 가지 차원 중 어느 하나에 대한 내각의 다양성 증가는 내각의 수명 기대치를 감소시키는데, 그 주된 이유는 정책 갈등이 증가할 가능성 때문이라고 보았다.[40)]

그러나 정부의 불안정성 모두가 내각의 형태로부터 기인하는 것은 아니다. 같은 형태를 유지하는 정부 내에서도 정부의 지속기간은 큰 차이를 보이고 있다. 예를 들어 소수 정부는 아일랜드, 스웨덴, 노르웨이에서 이탈리아, 벨기에보다 상당히 안정적이다. 최소 승리 연합 정부는 아일랜드, 네덜란드에서보다 룩셈부르크, 프랑스, 이탈리아에서 더 안정적이다.

유럽 주요 정부의 안정성

영국 정부는 유럽에서 가장 오랫동안 지속되는 정부 중의 하나이다. 단일 정당 과반수 정부는 법으로 정해진 선거 실시 기간의 임기를 대체로 채운다. 그러나 그 정부는 새로운 선거일자가 다가오면서 여론조사의 추이를 자세히 분석하며, 그들이 가장 유효한 표를 최대화할 수 있는 시기를 택하여 선거를 실시한다.

유명할 정도로 극도의 불안정적인 정부였던 프랑스 제4공화국 정부는 평균 1년도 지속되지 못하였는데, 이는 1958년 제5공화국을 탄생시킨 헌법개정 이유 중의 하나가 되었다. 그 이후 프랑스 내각은 상당혀 안정적으로 되었다. 그러나 대통령이 수상과 다른 정당에 소속된 사람이 선출될 때, 이는 즉각적인 입법부의 해산을 초래한다. 그리고 대통령은 같은 정치적 성향을 가진 수상을 지명하

40) Paul Warwick, *Government Survival in Parliamentary Democracies* (Cambridge: Cambridge University Press, 1994).

기를 원하지만, 실패하면 동거정부가 형성된다.

독일의 연합 내각은 의회의 전 임기 동안 생존할 정도로 상당히 안정적이다. 유일하게 1982년에 선거에 의하지 않고 내각이 붕괴된 사례가 있다. 독일 내각의 평균 존속기간은 약 3년 내외로 이는 영국과 같이 단일 정당 과반수 내각으로 되어 있는 국가들의 존속기간과 거의 동일하다.

이탈리아는 유럽에서 가장 불안정한 연합 내각을 가진 고전적 예로서 종종 다루어진다. 실제로 이탈리아 내각의 평균 유지 기간은 유럽에서 가장 낮은 1년 미만이다. 특히 소수 정부는 그 임기가 매우 짧다. 그러나 종종 동일한 핵심 인물이 내각을 교차하며 동일한 핵심 장관직을 채우기도 한다. 이같은 내각 장관들의 낮은 교체율은 이탈리아 정치가 단순 내각 기간이 제시하는 것보다 더 안정적이라는 점을 의미한다. 최근의 선거 개혁은 많은 사람들이 희망하는 대로 내각존속기간을 늘리기보다는 내각의 교체율을 증가시켰다.

네덜란드 내각의 평균 유지 기간은, 보다 영구적인 정부를 구성하기 위한 협상 동안의 단명하고 과도적인 임시내각을 제외하고, 유럽 대륙 지역의 연합 제도에서 상당히 긴 편이다. 전형적으로 협상기간이 길면 연합 내각은 유럽에서 상당히 안정적인 형태를 취하게 된다. 이러한 안정성은 네덜란드 의회에 수많은 정당이 진출한다는 점에서 상당히 놀라운 일이다.

스페인의 경우 프랑코의 독재 시대 직후 불안정적인 소수 우파 내각이 수차례 형성되었다가 사라졌다. 사회당이 1982년에 단일 정당 과반수를 획득하여 스페인 정부는 매우 공고하게 되었고, 선거 사이의 전 기간 동안 유지되었다. 이러한 안정성은 사회주의 정부 시대가 끝나고 나서 형성한 소수 우파정권으로 이어졌다.

비록 스웨덴에는 수많은 소수 정부가 존재해 왔지만, 내각의 평균 지속기간은 유럽 대륙에서 연합제도를 채택하고 있는 나라 중 매우 전형적인 입지를 보여준다. 특히 공산주의자들의 지지를 받는 소수 사민당 정부가 다른 정부 형태보다 안정적이었다. 그래서 스웨덴의 경우 소수 정부가 다른 정부보다 견고하게 내실을 다진다면 더 불안정적이 아니라는 점을 나타내주고 있다.

3) 중동부 유럽 탈공산주의 국가의 정부형태

냉전종식 이후 폴란드, 헝가리, 체코슬로바키아 3국이 채택할 수 있는 대안은 행정부가 의회와 상관없이 선출되고 유지되는 미국식의 대통령 중심제를 채택해야 할지, 행정부가 의회에 의하여 선출되고 의회에 책임을 지는 의원내각제를 택해야 하는지를 결정하는 것이었다. 결과적으로 이들 국가들은 모두 의원 내각제를 선택하였고, 폴란드가 프랑스 모델에 가까운 제도를 채택하여, 의회에 의하여 구성된 행정부는 독립적으로 선출되고 상당한 권력을 가진 대통령과 행정권을 공유하게 되었다. 더불어 1998년 슬로바키아 헌법은 대통령의 직접 선거를 채택하도록 헌법을 개정하였으나 대통령의 권한은 절대적이라기보다는 의존적 성향이 짙었다.

이들 국가들이 직면한 또 다른 중요한 선택은 어떻게 새로운 민주주의 제도를 건설하는지에 대한 것이었다. 첫 번째 단계는 상대적으로 쉬웠는데, 경쟁적인 다원적 선거에 공산주의자들의 참여를 제한하는 것이었다. 이는 새 정당의 출현에 자금을 제공한다는 약속에 의하여 이루어졌다. 다음 문제는 새 정권을 위해 새로운 헌법을 만들어야 하는지, 그렇지 않으면 이미 존재하는 공산당 헌법에 일련의 개정을 해야 하는지에 대한 것이었다. 체코와 슬로바키아 공화국 모두 전자의 전략을 선택하였는데, 연방 해체 직후 그들은 주어진 시간 내에 새로운 규율을 고안하였다.[41)]

사실 이들 국가들은 제기된 문제에 대해 상당히 적은 선택권을 가지고 있었다. 체코슬로바키아는 정권이 공산주의에서 민주주의 제도로 교체되는 것은 차치하고라도, 국가 형태가 연방국에서 각기 다른 두 개의 공화국으로 분리되어야 하는 문제에 직면하였다. 단순히 존재하는 헌법을 수정하는 것은 부적절하였다. 반면 헝가리, 폴란드에서는 개혁이 몇 단계에 걸쳐 진행되었다. 폴란드는 초기에 존재하고 있는 규율을 수정하여 국정운영을 하였고, 1997년에 새 헌법을 완전히 채택하기 전까지 "작은 헌법(Little Constitution)"이라고 알려졌던 새롭고,

41) Peter Kopecky, *Growing Apart? The Institutionalization of the Czech and Slovak Parliament* (Aldershot: Ashgate, 2000).

제한적인 규율을 채택하였다.[42] 헝가리는 이미 존재하고 있는 규율들을 개정함으로써 민주주의를 건설하였다.[43]

(1) 헝가리

공산주의 정권의 붕괴 이후 구축된 헝가리 정치제도는 강력한 행정부와 여전히 상대적으로 강력하고 독립적인 의회를 가진 순수 의회제도였다. 헌법 자체는 1990년 첫 번째 다당제 선거 전후 의회에 의해 통과된 공산주의 헌법을 수차례 수정한 것이었다. 이 선거 이전에 헌법 수정은 의회에서 3분의 2 과반수 찬성을 요구하였고, 선거 직후 야당인 자유민주주의연맹(SZDSZ: Alliance of Free Democrats)의 지도자는 향후 헌법수정을 하는 데 3분의 2 원칙만 유지된다면 헌법 변화에 대하여 저항하지 않겠다고 새 정부와 약속하였다. 의회가 국가원수인 대통령을 선출하였는데, 자유민주주의연맹은 개혁된 공산당인 헝가리 사회당(MSZP: Hungarian Socialist Party)의 후보가 대통령으로 선출될지도 모른다는 점을 우려하였다. 다행히 1990년 8월 의회는 자유연맹의 의원인 곤츠(Arpad Goncz)를 헝가리 첫 번째 탈공산주의 대통령으로 선출하였다.[44]

의회는 단원제이고 수상을 선출하는 책임이 있었다. 수상은 단지 "건설적 불신임 투표(constructive vote of no confidence)"를 통해 의회에 의해 해임될 수 있었다.[45] 수상은 내각 구성원들을 임명하고, 내각 구성원들은 만약 의회가 수상을 먼저 해임하지 않는다면 의회에 의해 해임될 수 없도록 하였다. 따라서 그들은 유일하게 수상에게 책임을 지게 하였다.

이러한 조항들은 행정부가 입법부로부터 독립적으로 작동될 수 있다는 점을

42) Ania van der Meer Krok-Paszowska, *Shaping the Democratic Order: The Institutionalisation of Parliament in Poland*, Ph.D. thesis in Leiden University, 2000.

43) Andras Korosenyi, *Government and Politics in Hungary* (Budapest: Central European University Press, 1999).

44) Michael Gallagher, Michael Laver and Peter Mair, *Representative Government in Modern Europe*, 3rd ed., p.426.

45) 이 제도에 의하여 불신임 투표는 후임자를 선출하는 선거에 대한 동의가 이루어진 후에 실시되어야 한다. 이는 행정부의 안정성을 보장하도록 하기 위해 1949년 독일 기본법을 모델로 한 방법이다. 그리고 1970년대 스페인의 민주화 이후 새로운 스페인 헌법에 채택된 제도이다.

보여주고 있지만, 사실상 제도는 의회의 독립적인 권한에 비중을 두고 있다. 행정부 권위는 첫째로 '3분의 2' 규율에 의해 제한되고 있는데, 주요 결정이 의회의 3분의 2 이상의 동의가 있어야만 한다. 둘째, 의회를 해산하고 새로운 선거를 요구할 수 있는 수상의 권력을 부정함으로써 행정부를 제한한다. 의회는 자체로 해산될 수는 있으나, 정부에 의해 해산될 수는 없다.

의회에서 선출된 대통령도 공식적 권한을 크게 누릴 수 없다. 대통령은 의회의 해산을 명령할 수 있는데, 단지 의회가 연속적으로 정부에 대한 불신임을 하였을 경우에만 할 수 있다. 그리고 대통령에게 거부권이 부여되지 않고, 단지 법안의 재고를 위하여 의회에 송부할 수 있을 뿐이다. 부가적으로 대통령은 헌법재판소에 법안을 송부할 수 있는데, 헌법재판소는 의회의 3분의 2 이상의 찬성에 의해 선출되고 9년 동안 임기를 행사하는 10명의 판사들로 구성된다. 헝가리의 제도는 상당히 이원적인 의회제도라는 평을 받고 있는데, 이는 의회와 행정부 모두 각기 상당히 독립적으로 운영되고 있으나 이 둘은 안정된 정부를 유지하기 위해 협력해야만 한다는 의미이다.[46)]

(2) 폴란드

동유럽에서 다수의 새로운 민주주의 국가들은 의회 제도의 설립에 있어 전통적인 서유럽 형태를 답습하는 경향이 있다.[47)] 폴란드의 경우에는 프랑스 제도를 참고한 것으로 보인다. 국가원수인 폴란드의 대통령은 프랑스처럼 국민투표에 의해 선출되고, 의회 입법 행위에 대하여 거부권을 행사한다. 그와 동시에 폴란드는 강력한 수상과 내각 정부 제도를 채택하였는데, 대통령의 수상 지명은 하원(Sejm)에서 과반수 투표에 의해 거부될 수 있다. 폴란드는 비록 대통령이 의회를 쉽게 해산하고 새로운 선거를 요청할 수 없더라도 프랑스의 준대통령 정부

46) Andras Korosenyu, *Government and Politics in Hungary* (Budapest: Central European University, 1999), pp.157-169.

47) Christian Lucky, "A Comparative Chart of Presidential Powers in Eastern Europe," *East European Constitutional Review*, double issue, Vol.2, Fall 1993, Vol.3, Winter 1994, pp.81-94; Alexander Lukashak, et al., "Survey of Presidential Powers in Eastern Europe," *East European Constitutional Review*, double issue, Vol.2, Fall 1993, Vol.3, Winter 1994, pp.58-81.

모델에 가깝다고 말할 수 있다.

헝가리와 마찬가지로 초기에 폴란드 민주주의는 이전에 존재하는 공산주의 헌법에 일련의 수정을 거치면서 시도되었다. 1992년 의회는 소위 "작은 헌법"을 채택하였는데, 이는 포괄적인 새 헌법이 제정될 때까지 작동되도록 하였다. 이 헌법의 규정은 또한 행정부와 입법부 사이의 관계를 정의하는 데 한정되었다.[48] 예를 들어 새로운 헌법재판소를 위한 규정을 만들지 않았고, 이전에 존재하였던 헌법재판소의 지도하에 민주주의를 발전시켰다. 이 재판소는 1982년 공산주의 규율하에 설립되었고, 12명의 판사들은 8년의 임기를 보장받으며 하원에 의해 선출되었다.

작은 헌법에 의하여, 폴란드는 양원제 의회를 유지하였고, 상하 양원은 1993년 선거를 위하여 채택된 선거제도에 의하여 4년의 임기를 보장받으며 선출되었다. 비록 대부분 입법권은 460명의 의원으로 구성된 하원에 주어졌지만, 법안들은 또한 100명의 상원의 승인을 받아야만 했다. 법안의 수정은 하원에서 3분의 2 찬성으로 되돌릴 수 있었다. 내각의 입지도 강화되었는데, 의회의 교착상태가 지속될 경우 정부의 명령(decree)만으로 통치를 할 수 있도록 하였다. 헌법은 또한 건설적 불신임 투표 제도를 도입함으로써, 하원이 정부 불신임 투표를 통과시키는 동시에 새로운 수상을 선출했다면 대통령은 결과를 승인해야만 하게 만들었다. 반면에 만약 불신임 투표가 새로운 수상의 선출 없이 통과된다면, 대통령은 의회를 해산하고 새로운 선거를 실시하거나 새로운 정부를 구성하도록 정당에게 요청할 수 있는 기회를 가지도록 하였다.[49]

국민투표에서 선출된 대통령은 5년의 임기가 주어지는데, 대통령은 제한된 권력이지만 중요한 의미를 부여받았다. 대통령은 수상을 지명할 수 있는 권한을 가지지만 하원의 승인을 받아야만 했다. 하원은 대통령이 지명한 수상을 거부할 수 있고, 대통령의 승인을 구하지 않고 하원 자체의 후보자를 지명할 수 있었다. 국방, 내무, 외무장관을 임명하기 위해서는 대통령과의 사전 협의가 필요했고,

48) Ania van der Meer Krok-Paszowska, *Shaping the Democratic Order: Institutionalisation of Parliament in Poland*, Ph.D. thesis, Leiden University, 2000.

49) Leszek Lech Garlicki, "The Presidency in the New Polish Constitution," *East European Constitutional Review*, Vol.6, Spring/Summer 1997, p.84.

대통령은 다른 모든 각료 임명을 승인해야 했다. 대통령은 또한 특별한 상황에서 하원을 해산할 수 있게 하였다. 이는 의회가 국가 예산을 승인할 수 없는 상황이나, 의회가 후임 수상에 대한 합의를 하지 못한 채로 수상에 대한 불신임 투표안을 통과시킬 때 가능하였다. 대통령은 의회에서 통과된 법안을 거부할 권한이 있지만, 이러한 거부권은 하원에서 3분의 2 이상의 찬성으로 무효화될 수 있게 하였다.[50)]

새로운 포괄적 헌법이 1997년 5월 25일 유권자 중 43%가 참여한 국민투표에서 54%의 지지로 통과되었다. 새 헌법은 몇 번의 수정을 거쳐서 수많은 핵심적인 제도적 특징을 유지하게 되었다. 하원은 현재 3분의 2 이상이 아니라 과반수 제도를 채택하여 상원을 압도하고 있다. 하원은 또한 3분의 2보다 5분의 3의 찬성으로 대통령 거부권을 무력화시킬 수 있으며, 대통령 거부권은 예산에 관하여서는 사용될 수 없다. 더구나 대통령은 새 헌법에서 안보, 국방, 외교와 관련하여 어떠한 특별 역할도 주어지지 않았다. 반대급부로 행정부에서 수상의 역할이 강화되었다. 일반적으로 새로운 헌법의 주요 효과는 작은 헌법하에서 권력의 분산을 둘러싼 모호함을 가려내는 것이고, 하원과 대통령에 대한 수상과 내각의 지위를 강화시키는 것이었다.

(3) 체코와 슬로바키아

체코슬로바키아의 경우 공산주의의 붕괴 과정에서 연방 두 지역 사이의 긴장이 상승되기 시작하였는데, 체코 지도자는 연방에 집착하는 태도를 보였고, 슬로바키아 지도자는 더 많은 지역 자치권을 요구하고 헌법 문제가 포괄적으로 해결될 때까지 경제 사회 개혁을 봉쇄하려는 시도를 하였다. 슬로바키아는 연방에서 덜 부유한 지역이었고, 중공업과 무기산업에 의존하고 있었다. 슬로바키아는 전체 인구의 3분의 1만을 포함한 소국이고, 헝가리 소수민족(슬로바키아 인구의 11%)을 포함하고 있었는데, 그들은 슬로바키아가 독립하면 이를 그들의 권리를 확보할 기회로 삼으려 하였다.

50) Michael Gallagher, Michael Laver and Peter Mair, *Representative Government in Modern Europe*, 3rd ed., pp.428-429.

연방제하에서 체코와 슬로바키아 두 공화국은 각기 국가 위원회(National Council)를 두었는데, 이는 두 공화국이 각기 다른 단원제 의회를 보유한다는 의미로 체코 위원회는 200명의 위원을, 슬로바키아 위원회는 150명의 위원을 두었다. 그리고 이 두 공화국은 각기 정부를 가졌다. 연방 의회는 150명의 인민의회(House of People: 대략 3분의 2가 체코인임)와 각 지역에서 75명씩 대표하는 민족의회(House of Nations)라는 두 개의 의회로 분리되었다. 헌법을 개정하기 위해서는 인민의회와 민족의회에서 3분의 2 이상의 찬성이 필요하였기 때문에 슬로바키아의 소수 대표도 개정을 봉쇄하는 것이 가능하였다.[51]

연방은 결국 1992년 말에 해체되었고 두 공화국은 새로운 헌법을 채택하였다. 새로운 체코 헌법은 1992년 12월 16일 국가 위원회에 의해 승인되었고, 양원제를 채택하여 하원(Chamber of Deputies)이 4년 임기로 200명을 선출하고, 상원(Senate)은 6년 임기로 81명이 선출되는데 이 중 3분의 1은 2년마다 선출되었다.

국민의 직접 선거를 통해 선출되는 대통령제를 제안한 첫 안건은 권력의 집중을 가져온다는 우려 때문에 거부되었다. 대통령은 제한적 상황(정부가 불신임 투표에서 패배하였을 경우)에서 의회를 해산할 권리를 부여받았다. 그리고 법안을 거부하지는 못하나 지연시킬 수 있는 권리를 부여받았고, 하원의 승인을 받아야 하지만 수상과 각료들을 지명할 권리를 보유하였다. 대통령은 또한 상원의 동의를 받아 임기 10년의 헌법 재판소 판사 15명을 지명할 권리를 가졌다. 헌법은 하원 전체 인원의 60% 투표와 투표에 참석한 상원의 60%의 승인을 받아야 개정이 가능하도록 하였다.

슬로바키아에서 새 공화국의 헌법은 1992년 9월 1일 슬로바키아 국가위원회에 의해 승인되었다. 150명의 하원의원 중 5분의 3 이상의 찬성으로 선출되는 대통령이 존재하는 의회제도가 채택되었다.[52] 슬로바키아 의회는 단원제이고, 4년의 임기가 주어진다. 또한 임기 7년의 헌법재판소 판사 10명은 대통령에 의

51) Michael Gallagher, Michael Laver and Peter Mair, *Representative Government in Modern Europe,* 3rd ed. (New York: McGraw-Hill, 2001), p.430.

52) 수상이 선호하는 수명의 대통령 후보가 의회의 승인을 받지 못한 후, 결국 1993년 2월 15일 "민주 슬로바키아를 위한 운동(HZDS: Movement for a Democratic Slovakia)"의 Michael Kovac가 슬로바키아 초대 대통령으로 선출되었다.

하여 임명되는데, 첫 판사들은 수상이 임명하였다. 특별한 상황하에서 대통령은 의회를 해산할 수 있는데, 특히 선거 이후 6개월 이내에 의회가 정부의 프로그램을 동의하는 데 3번 실패하면 의회를 해산할 수 있도록 하였다.

1990년대에 슬로바키아에서 정치인들 간에 상당히 심각한 갈등이 지속되었다. 이 갈등이 너무 심각해서 외부 관측가들은 슬로바키아에 실제로 민주주의가 정착될 수 있을지에 대하여 의문을 가졌다.

3. 입법부(의회)

유럽의회는 중세시대에서 그 기원을 찾을 수 있다. 의회는 세금을 부과하거나 전쟁을 치르기 위해 귀족을 규합해야 했을 때 왕이 소집한 회의체에서 유래했다. 이러한 임시 회의는 제도화되기에 이르렀고, 왕과 영향력 있는 지방 세력들 간에 의사소통을 할 수 있는 포럼 역할을 하면서 왕의 행정 권한에 대한 규제로서 작용하기 위해 정기적으로 모임을 갖게 됐다. 군주들의 권위가 쇠하고 현대 정부 제도가 발달하면서, 의회가 그 명맥을 유지하고 새 환경에 적응하기 시작했다. 19세기에 국회는 벨기에, 독일, 스위스, 이탈리아와 같은 국민국가들에서 국가 독립성의 주된 상징적 의미를 갖게 되었다. 유럽 전역에 걸쳐 자유 민주주의 원칙을 수용하는 것은 정부 제도로서 의회의 입지를 더욱 공고히 했다. 직접 선거에 의해 구성된 의회는 국민의 주권을 대표하게 되었다. 선거권이 일반 민중에게 확대되면서 의회의 상징적 지위는 더욱 향상되었다.

1) 유럽의회의 구성과 기능

이론적으로 입법부는 법을 제정하고, 헌법개정을 제안하고, 조약을 비준하고, 국가세입을 통제하고, 정부활동을 감독한다. 현대 유럽을 특성화하는 의원내각제 제도에서 의회는 독립적인 정부를 견제하는 것보다는 선출한 정부를 통해 권력을 행사한다고 평가하는 것이 더 옳을 것이다. 이는 많은 나라의 경우에서도 살펴볼 수 있듯이 대다수 정부의 각료가 의회 의원으로 구성되어 있다는 점에서 논리적 타당성을 가진다.[53] 그러한 경우에 정부는 의회가 어떠한 전문적인 임무를 위임한 위원회 중 하나로 보여지기도 한다. "정부 대 의회" 구조가 유럽의회를 분석하는 데 있어 그다지 도움이 되지 못하는 이유는 정부와 의회 모두가 강력하고 잘 조직된 정당에 의해 지배받고 있기 때문이다.

의회는 토의를 하기 위한 규정을 가지고 있다. 구체적으로 회의 시 발언시간을 제한하거나 누가 언제 무엇을 발언하는가, 상임위에 어떻게 배정을 하는가, 회의 내용을 방송할 것인가 등에 관한 규정을 하고 있다. 거의 모든 절차 규정은 19세기 중반 영국 의회 규정을 모태로 하고 있다. 여 · 야간의 이견을 해소하고 절차를 관리하기 위하여 거의 모든 의회는 의장 또는 의장단을 둔다. 의장은 정당의석에 따라 정당 추천으로 선임되고 정치적 논쟁에 참여하지 않는 인사 또는 정치적 욕심을 가지지 않은 인사를 선임한다.

때로는 의회 지도자 선택 역시 선발 관습에 따라 이뤄지기도 한다. 예를 들어, 독일 하원(Bundestag)의 대표는 그 정당이 현재 정부에 있건 없건 가장 큰 정당의 의원 가운데에서 선발된다. 프랑스 상원의장은 공화국 대통령을 헌법적으로 대신할 수 있다. 대통령이 사망하거나 사임하게 되면, 상원의장이 새 대통령 선거가 있을 때까지 일시적으로 국가수반의 임무를 수행하게 된다. 포허(Alain Poher) 상원의장은 이와 같은 잠정적인 관리자로서의 역할을 두 번이나 수행하였다. 그는 1969년 드골 대통령이 하야했을 때 처음으로 대통령 권한대행이 됐다. 그리고 1974년에 드골 대통령의 후임으로 선발된 퐁피두(Georges Pompidou)가 임기 중 사망했을 때 다시 한 번 대통령 권한대행의 임무를 수행했다.

의원들은 지역구를 위하여 많은 시간을 보낸다. 참모들은 지역구 주민들의 편지에 답장을 쓰고 지역구 주민들의 요구사항을 처리하는 업무를 수행한다. 의원들은 때때로 지역구 활동에 너무 바빠서 입법에 별로 신경을 쓰지 못한다. 이러한 행태에 대하여 의원은 국가 전체의 발전과 공동선의 활동에 초점을 맞추어야 한다는 측면에서 신랄한 비판을 받는다. 지역 활동의 목적 중의 하나는 재선을

53) 의원들은 유럽 등지에서 다른 이름을 가진다. 그들은 "deputy", "member of parliament", "MP", "parliamentarian" 등이다.

위한 것이다. 따라서 지역구를 자주 방문하여 지역 문제를 청취하고 정부의 지원을 모색하기도 한다.

대부분 유럽인들이 의회 선거를 할 때, 개인보다는 정당을 보고 투표하는 경향이 있다.[54] 왜냐하면 유권자들은 그들의 표가 정부를 구성하는 데 영향을 미칠 것이라는 인식을 가지기 때문이다. 정부가 공공정책을 결정하는 데 주도권을 가지기 때문에, 투표자들은 후보자의 개인 능력보다는 정당이 정부를 통제할 것이라는 점에 관심을 가진다. 따라서 투표자들은 대안정부 중에서, 또는 연합을 위한 타협과정에서 정부의 형태를 변경할 힘을 가진 정당블록 중에서 지지정당을 선택하는 경향이 있다. 이러한 정당 중심의 투표 성향으로 인해 균형을 이룬 상황을 제외하고, 정당 소속이 되어 있지 않은 의원들은 유럽 입법부의 가장 중요한 역할인 정부의 형성과 유지에 영향을 많이 미치지 못한다.

대개의 경우 경험이 풍부한 사람들이 의원으로 당선된다. 연령으로 보더라도 당선자 대부분은 40대에서 60대의 분포를 보이고 있다. 독일 의원 중 40%는 45세 이하이고, 45%는 45세에서 55세 사이이다. 프랑스의 경우 1978년과 1981년의 당선의원 평균연령은 51세와 49세였다. 당시 후보자 전체의 평균 나이는 46세와 48세였다. 영국에는 보수당과 노동당 의원들의 평균 연령의 차이가 꽤 난다. 보다 특권층의 생활을 하다가 의원에 당선된 보수당 의원들의 평균연령은 노동당 의원들의 평균연령보다 7살이나 젊다.[55]

모든 의회는 전문분야별로 위원회를 구성한다. 의회의 위원회는 대체로 다음 세 가지 기능 중의 하나를 행한다. 첫째, 위원회는 입법안과 예산안에 대하여 토의를 한다. 이는 주로 상임위원회에 의하여 이루어진다. 둘째, 위원회는 정부행정을 조사하고 집행권의 행사를 감독한다. 이러한 위원회는 고도의 지식과 전문성을 가지고 집행부와 경쟁하여야 하기 때문에 영구적이고 전문화되어 있다. 셋째, 공적인 문제를 조사하는데, 이는 임시위원회(ad hoc committee)를 만들어

54) 투표자들이 정당보다 개인을 선택하는 것을 소중하게 생각하는 몇 개의 국가에서도 정당을 피하여 무소속으로 출마하는 뛰어나고 색깔 있는 후보자들은 종국에는 정당 이름만을 사용한 후보에게 패배하게 된다. 따라서 대부분의 유럽의회에서 특출한 개인의 무소속보다는 정당의 후보가 되는 것을 더 원하고 있다.

55) Yves Meny and Andrew Knapp, *Government and Politics in Western Europe*, 3rd ed. (Oxford: Oxford University Press, 1998), p.172.

행한다.[56)]

대체로 유럽국가들은 상 · 하 양원제를 채택하고 있는데, 하원이 상원보다 중요하다. 하원은 세 분야의 역할을 담당한다. 첫 번째는 정부의 창설, 유지, 종결과 관련되어 있고, 두 번째는 입법을 하는 것이고, 세 번째는 정부의 행위를 감시 하는 것이다.

의회는 제안된 법률들을 공개적으로 토론하고 논의하는 장이며, 토의 결과에 따라 법을 제정하는 기구이다. 그러나 의회는 입법권한을 별로 행사하지 못한다. 입법 제안과 프로그램은 주로 집행부로부터 나온다. 유럽에서 의회가 입법권을 제대로 행사하지 못하는 이유는 거의 모든 유럽 정부가 의회 과반수의 지지로 형성되어 있기 때문이다. 하지만 예외도 존재하는데 의회에 별다른 기반이 없는 정부 체제는 의회의 지지투표를 기대하기 어렵다. 러시아 하원(Duma)은 1990년대 중반 정부의 입법안을 거의 받아들이지 않았다. 러시아 대통령은 광범위한 권력을 보유하고 있었기 때문에 의회의 비협조를 구실로 긴급조치와 명령을 자주 발동하였다.

노르딕 국가들의 의회는 입법과정에 있어서 정당의 통제를 다른 국가들보다 덜 받는다. 일반 의원들도 법안을 제의할 수 있다. 만약 이 법률안이 의회의 관련 위원회를 통과하게 되면 관련 집단과의 협의를 위하여 특별위원회가 설치된다. 이 위원회의 보고서는 정부가 지원하는 의안의 기초가 되어 중요한 법률로 채택된다.

정부각료가 의원직을 보유하고 있는지의 여부는 의회의 입법권이 자유롭게 행사되느냐의 척도가 될 수 있다. 아일랜드와 영국에서는 각료가 될 경우 의원직에서 사퇴를 하고 프랑스는 의원 중에서 각료를 선임하고 러시아는 외부 인사로만 각료를 임명한다.

유일하게 스위스 의회를 제외하고 유럽의회는 미국에 비해 강력한 권력을 가지고 있지 않지만 정부를 교체시킬 수 있는 권력을 가지고 있다. 만약 의회가 정부에 대한 불신임 투표를 통과시킨다면, 정부는 두 개의 선택권을 가진다. 하나

56) 앤드류 헤이우드, 조현수 옮김, 『정치학: 현대정치의 이론과 실천』(서울: 성균관대학교 출판부, 2003), pp.595-596.

는 정부 스스로 사임하고 의회로 하여금 새로운 정부를 선출하도록 하거나, 두 번째는 의회를 해산시키고 총선거를 실시하는 것이다. 이러한 범주에서 제외되는 국가가 노르웨이인데, 노르웨이에서 의회의 생존기간은 4년으로 고정되어 있고, 조기 총선거를 허용하지 않는다. 벨기에, 독일, 스페인 세 국가는 '건설적 불신임 투표(constructive vote of no confidence)' 를 실시한다.[57]

실제로 유럽의회는 이러한 불신임 투표 권한을 좀처럼 행사하지 않는다. 정부 교체가 잦은 핀란드나 이탈리아에서도 정부가 불신임을 받는 경우는 드물다. 핀란드에서는 1918년 이후 단 4번의 불신임의 기회가 있었고, 이탈리아 정부는 프로디(Romano Prodi)의 중도좌파 연합이 1998년 10월 투표에 의해 의회의 불신임을 당하기 전까지 어떠한 불신임 투표도 없었다. 의회는 그러한 불신임 투표 권력을 사용할 필요가 없기 때문에 이 권력을 거의 사용하지 않는다. 정부가 의회의 신뢰를 잃어 불신임을 당할 것을 인식하게 되었을 때, 정부는 부득이하게 스스로 해산하는 길을 택하게 된다. 중요한 것은 의회가 그 권한을 얼마나 자주 사용해 왔는가가 아니라 그 권한을 가지고 있다는 사실이다. 왜냐하면 정부는 그들이 의회에 의해 언제라도 관직을 박탈당할 수 있다는 것을 알고 있기 때문에, 의회의 중요성에 대하여 민감하게 되는 것이다.

의회는 정부의 업무를 감시하는 역할도 하고 있다. 의회의 입법적, 대의적 역할은 대체로 쇠퇴하고 있는 반면, 집행부의 권한을 억제하고 견제하는 의회의 능력은 더욱 강화되고 있다. 의회는 점점 더 국정조사기관으로 변모하고 있는데, 조사기관으로서 의회가 행하는 주요한 역할은 책임 있는 정부를 구현하는 것이다. 이러한 감시 혹은 감사 기능은 유럽 전 지역을 통해 의회마다 다른 효율성을 보유하고 있으며, 다양한 방법으로 이러한 역할을 수행한다. 말할 나위도 없이 야당 의원들은 여당 의원들보다 의회라는 제도적 장치를 통해 정부를 좀 더 많이 감시하기를 원한다.

의회가 정부의 행동을 감시하는 가장 효율적인 방법은 정부 부처를 감시하는 위원회 제도를 설립하는 것이다. 위원회는 관련 장관들을 소환하여 그들의 행위

57) Michael Gallagher, Michael Laver and Peter Mair, *Representative Government in Modern Europe*, 3rd ed., pp.71-72.

유럽의회의 강약 구분

강한 의회	약한 의회
(의회의 입법제안, 강한 위원회 제도)	(정부의 입법제안, 약한 위원회)
독일, 스웨덴, 이탈리아, 폴란드, 네덜란드, 체코공화국, 영국, 스페인, 프랑스	

를 설명하게 하고, 장관들이 정책결정을 할 때 바탕이 되었던 정보를 위원회에 제출하도록 요구할 수 있는 권한을 가지고 있다. 위원회를 통한 의회의 정부 감시는 독일, 영국, 덴마크 등지에서 상당히 효율적이나, 스웨덴, 그리스, 프랑스, 이탈리아와 같은 국가의 의회는 별로 강하지 못하다. 위원회가 중요하게 될 때, 이익 집단이 그들을 "지배"하려 하고, 그래서 농부에 의해 지배받는 농업 위원회, 교사들에 의해 지배받는 교육 위원회가 되는 경향이 있다. 이러한 현상은 벨기에와 독일을 포함한 여러 지역에서 나타난다.[58]

2) 유럽의회의 유형: 단원제 또는 양원제

의회가 단원제 혹은 양원제여야 한다는 논의는 의회를 설립할 때 문제시되는 중요한 질문 중의 하나이다.[59] "양원제(bicameralism)"를 찬성하는 사람들의 주된 논지는 하원에서 한 정당이 압도적으로 다수의석을 차지하였을 때 제2의회(상원)가 이를 견제하는 역할을 할 수 있고, 정당에 치우치지 않는 전문성을 가지고 고도로 정치화된 하원보다 신중한 방식으로 정책 제안을 토론할 수 있다는 것이다. 이와 더불어 제2의회의 역할은 특정 소수 민족의 권리를 침해하는 입법안을 수정 또는 거부하는 것이다. 제2의회는 19세기 강력한 대중정당에 의하여 지배되는 하원이 재산과 기존의 이익을 위협할 것이라는 인식에서 시작되었다.

58) Thomas Saalfeld, "Germany: Bundestag and Interest Groups in a Party Democracy," in Philip Norton (ed.), *Parliaments and Pressure Groups in Western Europe* (London: Frank Cass, 1999), pp.57-61; Lieven de Winter, "Belgium: Insider Pressure Groups in an Outsider Parliament," in Philip Norton (ed.), *Parliaments and Pressure Groups in Western Europe*, pp.95-97.

59) 양원제 이상의 의회를 보유한 국가도 있었다. 유고슬라비아는 한때 오원제(five-chamber) 의회제를 채택하였고, 1984년부터 1994년까지 남아프리카는 삼원제를 활용한 적이 있다.

제2의회는 정당간 관계가 아니라 입법안에 대하여 전문적 검토를 하는 기능을 가지는 경우도 있다. 전문가들이 영입되고 정당의 토론보다 더 사려 깊고 장기적 측면의 토의를 진행한다. 제2의회도 하원과 마찬가지로 장(長)과 전문위원회를 둘 수 있다.

(1) 단원제와 양원제의 제도와 구조

양원제는 중앙정부와 지방정부가 주권을 공유하는 연방제 국가에서 활용도가 높다. 전 세계 16개 연방국가들은 모두 양원제를 채택하고 있으며, 이 가운데 14개 연방국가의 상원은 지방 혹은 주를 대표한다. 오스트레일리아, 스위스, 미국 등에서는 지방 혹은 주가 상원에서 동등한 대표성을 누리지만, 오스트리아와 독일 등에서는 지방이나 주의 주민수에 따라 대표된다. 비연방국가인 프랑스와 네덜란드 등의 상원은 지역적 차이를 해결하기 위해 사용되었으며, 프랑스 상원의원 대부분과 네덜란드의 모든 상원의원은 지방정부를 경유하여 간접적으로 선출된다.[60]

대개의 유럽국가들은 양원제를 택하고 있다. 단원제를 택하고 있는 국가는 스칸디나비아 국가들과 불가리아, 몰타, 터키, 그리스, 슬로바키아, 포르투갈, 마케도니아 등이다. 양원제를 반대하는 주요 논쟁은 시예스(Abbe Sieyes)가 200여 년 전에 "만약 제2의회가 하원의 견해에 동의한다면 제2의회는 불필요하고, 만약 동의하지 않는다면 유해한 것이다"는 말로 함축된다.[61]

양원제의 영향력은 주로 제2의회의 구성과 힘에 의존한다. 어떤 한 국가가 양원제인지 아닌지에 따라 강력한 영향력을 가지고 있는 것처럼 보이는 두 요소는 규모와 중앙 집권화의 정도이다. 다음의 표를 볼 때 제2의회가 없는 9개의 국가들은 작고 단일정부 국가들이다. 상원을 가진 10개 국가 중에서 두 개의 국가(아일랜드, 네덜란드)만이 작고 단일정부 국가들이고, 나머지는 연방국(오스트리아, 벨기에, 스위스)이거나 규모가 큰 국가(프랑스, 이탈리아, 스페인, 영국)이며, 연방국가이면서 규모도 큰 국가(독일)이다.

60) 앤드류 헤이우드, 조현수 옮김, 『정치학 : 현대정치의 이론과 실천』, p.592.

61) Michael Gallagher, Michael Laver and Peter Mair, *Representative Government in Modern Europe*, 3rd ed., p.87.

유럽의 의회

국가	하원(제1의회)			상원(제2의회)			
	이름	의석수	임기	이름	의석수	임기	설명
오스트리아	Nationalrat	183	4년	Bundesrat	64	5~6년	의회에 의해 선출
벨기에	Chambre des Representants	150	4년	Senate(Senat)	71	4년	직선 40: 간접 선출 21: 호선(co-opted) 10
덴마크	Folketing	179	4년	–	–		상원 제도 1953년 폐지
핀란드	Eduskunta	200	4년	–	–		거대 의회위원회가 준-상원으로 활동
프랑스	Assemblee Nationale	577	5년	Senate(Senat)	321	9년	주로 지역 의원에 의해 선출
독일	Bundestag	598	4년	Bundesrat	69	다양	주정부 의원으로 구성
그리스	Vouli ton Ellinon	300	4년	–	–		
아이슬란드	Althingi	63	4년	–	–		
아일랜드	Dail Eireann	166	5년	Senate (Seanad Eireann)	60	5년	직선 43: 수상임명 11: 대학졸업생들(university graduate)에 의해 선출 6
이탈리아	Camera dei Deputati	630	5년	Senate	326	5년	직선 315
룩셈부르크	Chambre des Deputes	60	5년	–	–		주위원회 위원 21명이 상원과 동일한 역할 수행
네덜란드	Tweede Kamer	150	4년	First Chamber(Eerste Kamer)	75	6년	12개 주 위원회에 의한 간접 선출
노르웨이	Storting	165	4년	–	–		직선된 의회가 양원으로 분리됨
포르투갈	Assembleia da Republica	230	4년	–	–		거대 의회위원회가 준 상원으로 행동
스페인	Congreso de los Diputados	350	4년	Senate(Senado)	257	4년	직선 208: 나머지 49명 간선
스웨덴	Riksdag	349	4년	–	–		1970년에 상원 제도 폐지
스위스	Nationalrat	200	4년	Council of States (Standerat)	46	4년	거의 모두 직선
영국	House of Commons	659	5년	House of Lords	670	종신 또는 임기제	정부 지명과 세습귀족에게 부여

라이파트(Arend Lijphart)는 "합의제 민주주의(consensus democracy)" 모델의 중요한 특징으로 "강력한 양원제(strong bicameralism)"를 주장하였다. 강력한 양원제의 조건은 첫째, 상원은 하원과 동일한 방식으로 선출되지 않고, 둘째, 상원은 "실제 권력"을 가지고 있어야 한다는 것이다. 라이파트는 서유럽에서 스위스와 독일의 제도만이 강력한 양원제에 부합한다고 언급하였다.[62)]

양원제의 가장 큰 결점 중의 하나는 양원 간에 생길 수 있는 갈등이다. 특히 양원이 동등한 권력을 보유할 때 차이점을 해결하고 정치적 마비를 극복하기 위해 제도적 장치가 요구된다. 미국의 경우 상, 하 양원 출신의 원로들로 구성된 특별합동의회위원회가 타협적인 동의를 만들어 내는 권한을 가지고 있다. 독일의 하원과 상원이 충돌할 경우, 이 분쟁은 상 · 하원 합동조정위원회가 맡는데, 이 위원회의 위원은 동등한 비율의 상 · 하 양원 의원으로 구성된다.

덴마크, 핀란드, 그리스, 아이슬란드, 몰타, 노르웨이, 포르투갈, 스웨덴, 불가리아, 슬로바키아, 마케도니아 등은 단원제를 택하고 있다. 이들 중 일부 국가에서는 제2의회를 만들기 위한 연구를 하고 있다. 엄밀하게 말해서 단원제이지만, 노르웨이 의회 스투르팅(Storting)은 내부적 조직 방식에서 양원제 의회를 닮았다. 선거가 끝난 후 스투르팅은 입법과정 검토를 위해서 국회의원 4분의 1로 구성된 러그팅(Lagting)과 나머지 4분의 3으로 구성된 오델스팅(Odelsting) 두 개의 파트로 나누어지게 된다. 두 파트로 나누어졌지만 업무의 80%가 모두 참석한 본 회의에서 실행된다. 핀란드와 포르투갈에서 의회는 "소형 의회(mini-parliament)" 혹은 "내부적인(internal) 제2의회"의 역할을 하는 하나의 대규모 위원회를 포함한다.[63)]

62) Arend Lijphart, *Patterns of Democracy: Government Forms and Performance in Thirty-Six Contries* (New Haven and London: Yale University Press, 1999), pp.39, 212.

63) Hilmar Rommetvedt, "Norway: From Consensual Majority Parliamentarianism to Dissensual Minority Parliamentarianism," in Erik Damgaard (ed.), *Parliamentary Change in the Nordic Countries* (Oslo: Scandinavian University Press, 1992), p.80; Dag Anckar, "Finland: Dualism and Consensual Rule," in Erik Damagaard (ed.), *Parliamentary Changes in the Nordic Countries*, p.188; Manuel Braga da Cruz and Miguel Lobo Antunes, "Revolutionary Transition and Problems of Parliamentary Institutionalization: The Case of the Portuguese National Assembly," in Ulrike Liebert and Mairizio Cotta (eds.),

반면, 상원의 역할에 대한 계속된 논란을 고려하여 현존하는 양원제 국가의 일부는 상원을 폐지하고 단원제의 길로 접어들 움직임을 보이고 있다. 실제로 일부국가는 양원제를 선택하였다가 단원제로 전환하였다. 덴마크는 1953년, 스웨덴은 1969년, 그리고 아이슬란드는 1991년에 단원제를 채택하였다. 비교적 작은 규모의 국가이고 단일화된 사회인 이 국가들은 영토적, 민족적 차이점을 해소하기 위한 상원을 필요로 하지 않았다.[64] 특히 작고 응집적인 사회의 요구에 부응한다는 측면에서 단원제 의회가 양원제보다 좀더 능률적이며 효과적이라는 평을 받고 있다.

의회를 단원과 양원 중 어떤 형태로 구성해야 할지에 대한 정답은 없다. 역사적 선례를 살펴보아도 문제없이 완벽한 제도는 없다. 체코슬로바키아는 1969년 이래로 양원제였다. 국가가 분리되었을 때 슬로바키아는 단원제를 채택한 반면 체코는 형식적으로 양원제를 선호하였고(비록 1996년 후반까지는 상원을 도입하지 않았지만), 이는 곧 체코슬로바키아 말기에 체결된 협정을 파기하는 결과를 낳았다. 양원제를 채택한 공산국가에서는 이 방식을 서구의 전통적인 광범위한 경쟁과 힘의 분배의 또 다른 방안으로 인식하였다. 상원의 채택은 하원에게 또 다른 견제책으로 작용하였다. 공산주의 시절에 소련, 유고슬라비아, 체코슬로바키아와 같은 연방국가들의 양원제는 민족을 대표하기 위해 입안되었다. 이러한 인식은 다민족 국가의 해체에도 불구하고 러시아와 유고슬라비아, 세르비아, 몬테네그로의 잔존체제들에서 부분적으로 유지되어 왔다.

1990년대 초반 인민대표회의 형식의 대형 의회와 소비에트 최고회의 형태의 소형 의회를 소유한 러시아의 체제는 오래 유지되지 않을 것처럼 보였다. 사실 1993년 9월에는 옐친의 의회 폐쇄로 그러한 시스템 자체가 붕괴되었다. 1994년 1월 러시아는 연방회의(Federation council)와 국가두마(State Duma)로 구성된 양원제의 연방의회를 구성하였다. 연방회의는 인종구분 행정단위인 89개의 공화국 대표로 구성되는데, 각 공화국은 2명의 대표를 파견한다. 국가두마는 총의

Parliament and Democratic Consolidation in Southern Europe: Greece, Italy, Spain and Turkey (London: Pinter, 1990), p.166.

64) Patricia Hogwood and Geoffrey K. Roberts, *European Politics Today*, 2nd ed., pp.154, 158.

석수 450석 중 절반은 정당명부제(봉쇄조항 5%), 나머지 절반은 소선거구-다수대표제 방식에 입각한 이원선출방식으로 구성된다.[65]

(2) 상원과 하원의 역할과 관계

보편적으로 하원은 대중 민주주의 이념의 수용과 참정권의 확대로 힘을 얻게 되었다. 대체로 하원은 보통선거를 통해 직선되고 상원에 비해 더욱 활동적이고 정치적으로 중요한 의미를 갖는다. 상원은 대중 참정권 시대의 도래와 함께 사실상 유명무실해지는 경향이 나타나고 있다. 많은 사람들이 상원의 존재 목적 자체에 의구심을 품게 되었다. 지금까지 명맥을 유지해 오고 있는 상원은 입법과정에서 일정 역할을 하고 일부는 지역 이익을 대변하는 데 있어서 특별한 역할을 담당하고 있다.

원래 상원은 귀족들을 대표하고 하원은 평민을 대표했다. 현재 상원이 가진 힘과 역할은 하원에 미치지 못하고 있다. 프랑스 상원이 그렇고 영국의 상원인 귀족원(House of Lords)은 더욱 그렇다. 이탈리아의 경우는 예외인데, 양원의 권한은 동일하고 선출방식도 유사하다. 따라서 어느 편이 더 대표성이 있고 민주적이라는 표현을 하기가 어렵다. 미국의 경우는 더욱 예외적인데, 오히려 상원의 힘이 더 강하다고 할 수 있다. 상원은 외교문제와 고위직 임명에 대하여 배타적인 권한을 행사한다. 하원은 예산에 관한 권한을 가지고 있다.[66]

입법 과정에서 직접선거에 의해 선출되는 하원이 상원보다 더 높은 지위를 누린다. 이런 현상은 특별한 상황이나 특히 중요한 입법안이 통과되어야 할 때 더욱 분명해진다. 예를 들어 프랑스에서는 상하원이 특정 법안을 통과시켜야 법제화된다. 만약 상하원 사이에 교착상태가 발생하면, 정부가 개입해서 하원이 마지막 결정을 내리게 한다. 또한 재정 문제를 다룬 법안들은 하원에 반드시 제시되어야 한다. 오스트리아에서는 하원(Nationalrat)이 예산에 관한 한 독보적인 영향력을 가지고 있다.

65) Leslie Holmes, *Post-Communism: An Introduction* (Durham: Duke University Press, 1997), pp.169, 171.

66) Yves Meny and Andrew Knapp, *Government and Politics in Western Europe*, 3rd ed. (Oxford: Oxford University Press, 1998), p.183.

이탈리아 상원과 하원의 공통점과 차이점

		상원	하원
공통점		① 권한과 기능 ② 75%의 소선거구제와 25%의 비례대표제에 의해 선출 ③ 5년 임기 (일부 상원의원은 종신직)	
차이점	선거권 획득 연령	만 25세	만 18세
	피선거권 획득 연령	만 40세	만 25세
	구성원의 성격	민선, 대통령 임명, 전직 대통령의 종신직 임명	전부 민선으로 구성
	소선거구제	232석의 '과반수제'	475석의 '단순다수제'
	비례대표제	20개의 주단위로 83석 선출	26개의 비례선거구 단위로 155석 선출(4% 봉쇄조항)
	의장선출 의결정족수	과반수	3분의 2 이상

전반적으로 양원제 의회에서 상원의 주된 입법적 역할은 그 법안이 통과되기 전에 마지막 견해를 제시하는 것이다. 이 마지막 견해가 하원 내에서 과반수 정부에 대한 규제로 작용한다. 이 임무가 중요하게 보이지만 전통적 형태의 상원이 그런 임무를 맡을 필요가 있다는 데에 대한 합의가 이뤄진 바는 없다. 상원은 입법에 대한 역할이 너무 약하거나 혹은 너무 강하다는 이유로 자주 비난을 받는다. 일부 상원은 입법 과정을 봉쇄하기보다는 지연시킬 수 있을 뿐이다. 예를 들어, 영국 상원은 하원에서 통과된 법안을 1년가량 지연시킬 수 있다. 이탈리아 상원과 같이 보다 힘 있는 상원은 부여된 권한을 사용하려다가 입법 진행을 방해한다는 이유로 종종 비난을 받기도 한다. 단원제를 채택하고 있는 덴마크와 스웨덴은 입법안 통과를 규제하는 대안으로서 제도적 · 절차적 규제를 도입하여 상원의 부재를 매우 성공적으로 대신해 왔다. 또한 여러 국가에서 법원이 입법안의 사법적 검토 역할을 대신 수행하면서 상원의 전통적인 수정 역할을 점차적으로 대신해 왔다.

상원이 하원이나 정부를 견제하는 지위를 좀처럼 가지지 못하자, 유럽에서 제2의회는 종종 중요하지 않은 것으로 생각되어졌다. 그러나 양원제가 국가 정책에 있어 매우 중요한 역할을 한다고 주장하는 측은 상원이 어느 정도의 권한을 가지게 되면, 특별한 분쟁이 발생하였을 때 양원이 각기 보유한 협상능력에 의하여 효율적인 위기관리가 가능하다고 한다.

상원으로 진출할 수 있는 가장 공통적인 방법은 간접선거 혹은 지역이나 주 위원회에 의해 임명되는 것이다. 간접선거에 의하여 선출된 상원은 직접선거에 의하여 선출된 하원이나 단원제 의회보다 보수적인 성향을 가지고 있다. 네덜란드에서 제2의회 의원은 12개의 주 위원회 위원들에 의해 선출되고, 오스트리아의 상원은 주 의회에 의해 선출된다. 프랑스 상원의원은 주로 지역 의원으로 구성된 선거인단에 의해 선출되어 9년 임기를 가지는데, 그들 중 3분의 1은 매 3년마다 선출된다. 선거인단 구성은 지방에 편중되어 있기 때문에, 우파정당이 상원에서 거의 영구적으로 다수의석을 확보하고 있다. 독일에서 상원은 수상과 주 정부 위원으로 구성되어 있다. 국가차원에서 권력을 장악하지 못한 정당이 상원의원을 선출하는 지방 조직들을 지배할 수 있다. 따라서 상원은 정부를 견제하는 중요한 견제자로서 행동할 수 있다.[67]

대체로 상원은 하원보다 권력이 약하다. 대부분의 상원은 헌법적, 정치적으로 하원에 종속적이며, 하원은 대체로 대중적 권위에 의하여 구성된다. 이 점은 특히 의원내각제에 해당되는데, 의원내각제에서 정부는 일반적으로 하원에 책임을 지며, 거의가 하원에 의하여 구성된다. 상원이 하원보다 정치적 대표성을 제공하지 못하도록 고안되어졌다는 것은 상원 의원을 직선으로 선출하는 4개 국가에는 해당되지 않는 논쟁이다. 이는 이탈리아에서 가장 분명하게 드러나는데, 이탈리아는 단지 소수의 상원의원만 제외하고 모든 상원의원들은 하원의원 선거와 같은 시기에 보통선거에 의해 선출된다. 이탈리아의 상원은 하원과 정확하게 동일한 권력을 가지고 있다. 그래서 모든 법안은 법률이 되기 위해 상 · 하원 모두를 통과해야만 하고, 내각은 상 · 하원 모두에게 대답할 수 있어야 한다. 벨기에, 스페인, 스위스에서 대부분의 상원의원은 직접 선출되는데, 이러한 경우에 상원의 역할은 지역이나 주의 이익을 보호하는 것이다. 일부 국가의 상원의원은 혼합된 방식에 의하여 선출되기도 한다. 혼합된 방식은 직접선거, 간접선거, 임명 등을 포함한다.[68]

67) Michael Gallagher, Michael Laver and Peter Mair, *Representative Government in Modern Europe*, 3rd ed. (New York: McGraw-Hill, 2001), pp.88-89.

68) Tim Bale, *European Politics: A Comparative Introduction* (New York: Palgrave, 2005), p.95; Patricia Hogwood and Geoffrey K. *Roberts, European Politics Today*, 2nd ed., pp.90,

전형적으로 상원은 하원에 의해 통과된 입법을 지연시키거나 거부권을 행사할 수 있다. 독일에서 상원은 주 권력에 영향을 미치는 입법에 거부권을 행사하고, 만약 상원이 3분의 2 이상의 찬성으로 법률을 거부한다면, 하원의 3분의 2 이상의 표결이 있어야 이를 무효화할 수 있다. 영국의 상원은 제한된 범위의 입법기능을 한다. 즉 조세 및 재정지출관계 법안을 제외한 모든 법률안은 원칙적으로 상 · 하 양원을 통과하여야 하나 실제에 있어 상원은 주로 법안을 수정하거나 지연시키는 기능만을 하고 있다. 하원은 국가의 존립 및 정부운영과 관련된 각종 법률을 제정하는 기능을 담당한다. 법안은 보통 정부에 의해 의회에 제출되지만 의원들이 개별적으로 제출할 수도 있다. 또한 하원은 정부의 정책수행을 비롯한 제반 정부활동을 감독할 뿐만 아니라 정부정책 결정에 직 · 간접적인 영향력을 행사한다.

영국 상원은 19세기에는 법안을 거부할 수 있었으나 계속적인 개혁으로 상원의 권력은 약화되었고, 상원은 법안을 1년 지연만 시킬 수 있었다. 총선거가 1년 이내에 시행되는 시점에 상원이 정부의 법안을 지연시킨다면 이는 그 법안을 폐기시키는 것과 같은 효과를 가진다. 하원은 선거 이전에 법을 통과시키려고 상원이 제안한 내용의 일부를 받아들이는 타협에 도달할 가능성이 있다. 이러한 상황에서 하원의 "조급함(impatience)"을 알고 있는 상원은 유리한 협상을 끌어내려고 할 것이다.

1999년 11월 개혁 이전에 세습 귀족의 우위는 상원이 노동당 정권보다 보수당 정권에 좀 더 편파적이라는 것을 의미하였다. 그러나 1979년에서 1997년까지 보수당의 장기 집권에도 불구하고, 상원은 정부 정책을 때때로 거부하였다. 예를 들어 1986년 일요일에도 장사를 허가하는 법안과 1997년 경찰력을 강화하려는 시도 등에 대하여 상원은 동의하지 않았다.[69)]

아일랜드 상원은 단지 90일간만 법안을 지연시킬 수 있다. 프랑스 상원은 프랑스 하원보다 더 약하지만, 상원은 하원이 제시한 법안을 거부할 수 있고, 결과적으로 정부 계획을 방해하기도 한다.[70)]

---

pp.90, 151.

69) Ian Budge, Ivor Crewe, David McKay, and Ken Newton, *The New British Politics* (Harlow: Addison Wesley Longman, 1998), p.420.

3) 의회와 정부의 관계

대부분의 유럽 국가들은 비례대표제를 실시하는데 그 제도는 과반수 득표를 획득하지 못하고 승리하는 정당에게 "인위적인" 과반수 의석을 주지 않기 때문에 대부분 유럽 정부들은 그들의 생존을 여러 정당으로 구성된 "의회 연합(legislative coalitions)"에 의존하고 있다. 이는 만약 정부를 지지하는 의회 연합이 어떠한 이유로 붕괴된다면, 행정부는 의회에서 신임 투표에서 패배하지 않고도 갑작스럽게 실각할 수 있다. 이에 따라 핀란드와 이탈리아의 고전적인 예처럼 일부 국가에서 의회 내의 정치적 변화에 따라 선거기간 이전에 정부가 교체되는 경우가 빈번한데, 이때 유권자의 판단은 물어보지도 않은 채 정권변화가 이루어진다. 물론 이러한 의회의 권력은 언제든지 입법부를 해산시키고, 선거를 실시하게 하는 정부의 헌법적 권위에 의해 균형을 이룬다.

과반수 의석을 점유한 정부는 의회를 통하여 정책을 반영시키려는 정당정치에 의존하게 된다. 더욱이 정부는 입법을 계획하고 집행하는 중요한 역할을 하는 공무원을 통제한다. 정부의 제안은 대개 의회에 의해 채택되는데, 뒤집어 말하면 대부분 국가에서 정부에 의해 제안되지 않은 의견들은 거의 받아들여지지 않는다. 대부분 의회는 의원 개인이나 의회집단이 법안을 제안할 수 있는 규정을 보유하고 있지만, 정부가 반대의 태도를 보이면 대체로 통과될 수 없다.[71] 입법부라는 표준 범주에서 보면, 유럽의 의회는 '적극적(active)' 이라기보다 '대응적(reactive)' 이다.

따라서 대개의 유럽 국가에서 입법부보다는 행정부에 관심이 더 집중된다. 의회는 단순히 행정부가 하는 업무에 대한 반응을 보일 뿐이라는 시각이 주류를 이룬다. 이는 러시아와 같은 강력한 대통령제의 경우에 적용이 된다. 정부가 대통령이 아니라 의회에 의존하는 경우도 나타나는데 특히 단일 정당 과반수 정부

70) William Safran, *The French Polity*, 5th ed. (New York and Harlow: Longman, 1998), pp.230-234.

71) Ingvar Mattson and Kaare Strom, "Parliamentary Committees," in Herbert Doring (ed.), *Parliaments and Majority Rule in Western Europe* (Frankfurt and New York: Campus Verlag and St Martin'd Press, 1995), pp.249-307.

일 경우 나타나는 경향이다. 영국은 강한 단일 정당 정부가 완전한 자율권을 가지고 있다. 하원에 대한 정부의 영향력이 강하며 하나의 주요 야당이 존재하기 때문에 의회는 정당을 기준으로 분열된다. 이러한 상황에서 의회는 야당 지도자들이 정부의 정책을 비판하는 포럼일 뿐이라고 인식된다.

아일랜드와 노르웨이, 스웨덴에서 가끔 탄생하는 소수정부에서 정부는 의회에서 법률을 통과시킬 수 있는 투표 결과를 얻기 위하여 정당간 자유투표 협정(Cross-Party Agreement)을 체결하고, 법률안에 대하여 의회 내부 또는 외부에서 오랜 시간 토의를 한다. 북유럽 국가들의 정당간 자유투표 의회 위원회(Cross-Party Parliamentary Commissions)는 공청회를 개최하고 관련 이익에 대하여 협의한다. 소수 정부로 운영되는 덴마크 정부의 수명은 평균 2년이며, 장기집권하기 위하여 정부는 다양한 정책에 대하여 의회 내 집단들과 합의를 해야 한다.

덴마크의 사회민주당 정부는 좌익 사회주의자들의 급진적 평화 운동에 반대하고 서구 군사 동맹을 지지하기 위하여 보수적인 "부르주아(bourgeois)" 정당들과 동맹을 맺기도 하며, 복지 정책을 유지하기 위하여 우익이 아니라 좌익 사회주의자들과 연합을 한다. 다시 말해서 사안별로 분리된 연합을 형성하는 것이다. 정당간의 타협이 이루어져야 하기 때문에 덴마크 의회에서의 토의는 매우 중요하다. 소수정부에서 문제 발생을 막기 위하여 어렵고 중요한 정책 결정은 의회의 위원회에 위임을 한다. 덴마크 의회에서 가장 중요한 위원회는 유럽연합에 관련된 위원회이다. EU에 대한 국가정책을 수립하고 브뤼셀에 파견된 덴마크 대표는 정부가 아니라 의회에 보고서를 제출한다.

이와 같이 덴마크에서는 의회가 정부에 의존하는 것이 아니라 정부가 의회에 더 의존하고 있다. 이는 유럽 정치제도에 있어서 보편적인 것은 아니다. 연합이 약하고 내부 갈등이 있을 경우, 입법부 투표에서 승리하기 위하여 의회와의 협상이 매우 중요하다. 정부가 그 정부를 수립한 정당의 지지를 받지 못하는 경우 의회의 동의를 얻기 위하여 광범위한 노력을 기울인다. 연합에 참여하지 않은 정당까지 접근한다. 이는 주로 정당 내부 결속력이 약하고 계파가 존재하는 이탈리아에서 나타나는 현상이다. 헝가리는 과반수 정당인데도 단일 정당 정부를 수립하지 않고 65~70% 의석을 차지하기 위하여 소수 정당과 연합을 모색하고 있다.

정부가 강하면 의회는 약하다. 의회가 강력한 과반수를 점유한 정부에 의하여 통제를 받는 국가는 그리스, 몰타, 프랑스, 스페인, 영국, 헝가리와 루마니아이고, 의회가 아니라 대통령에 의존하는 정부는 구 소련국가들을 들 수 있다. 그렇다고 해서 약한 정부를 가진 국가의 의회가 반드시 강한 것은 아니다. 약하고 비효율적인 정부와 의회가 공존하는 경우가 있다. 이탈리아가 최적의 예이며 벨기에도 이 범주에 속한다. 강한 의회가 유리한 위상을 점하는 국가는 노르딕 국가들이다.

서유럽에서는 의회민주주의가 제2차 세계대전 이후 안정적으로 유지되었으나 일부 국가에서는 1970년대까지 독재정부가 존속되다가 민주화된 경험을 하였다. 1974년 그리스는 7년에 걸친 군사독재를 끝내고 의원내각제 정부로 돌아갔다. 곧 이어서 포르투갈과 스페인도 오랜 기간의 우익독재에서 중립적인 의회민주국가로 돌아갔다. 오늘날 이 세 국가들은 안정적인 의회민주주의를 유지하고 있다. 1988년 소련 제국이 붕괴되기 시작하면서 구소련국가들과 동유럽국가들은 새로운 의회제도를 가지게 되었다. 새로운 의회는 새로운 민주주의를 정착시키고 시장경제를 수용하는 데 결정적 역할을 하였다. 덴마크, 스웨덴, 노르웨이 등은 제2차 세계대전 이후 대체로 연합정부를 유지하여 왔으나, 최근 들어서는 연합정부가 해체되고 소수정부가 등장하여 이것이 일반화되었다. 이에 따라 의회의 힘은 보다 강력해졌고, 정부에 대한 의존도도 많이 줄었다.

(1) 의회와 정부의 상호 해산권

대체로 의회와 정부는 상호 해임의 권한을 가지고 있다. 수상과 내각은 정부의 행위에 대해 의회에 책임을 진다. 만약 의회가 수상이나 내각의 통치 능력에 대한 신임을 잃게 되면, 의회는 불신임 투표를 통해 이들을 해임 또는 해산할 수 있다. 반대로 수상은 의회 임기가 끝나기 전에 의회를 해산시킬 수 있는 권한을 가진다. 의원내각제에서 입법부와 집행부를 연결시키는 이러한 선출과 해임의 규정은 이 두 기구 사이의 권력 균형을 위해 고안됐다. 서유럽에서는 이 균형이 정당민주주의에 의해 왜곡되었다. 정당들은 선거에서 의견형성의 통로로 활동하는 이상으로 자신들의 영역을 신장시켰다. 이들은 의회 의제와 절차에 대한 통제를 통해 의회의 업무를 통제하게 됐다. 정당은 또한 정부 관리의 충원을 모색한다. 정부는 정책프로그램을 입법화하는데 정당의 의회에서의 업무 추진에 의존하기 때문에, 집행부는 이러한 정당의 역할 덕분에 의회보다 우위를 점해왔다.[72]

의원내각제를 채택한 많은 국가에서 입법부와 집행부의 상호관계에 대한 다양한 형태가 존재한다. 예를 들면, 독일, 노르웨이, 스웨덴, 스위스에서는 입법부를 해산할 수 있는 집행부의 권한을 제한하는 법적, 실질적 제한 규정이 있다. 독일에서는 정부가 하원을 해산할 공식적 권한이 없고, 대통령 역시 헌법에 명백히 명시된 상황에서만 의회를 해산할 수 있다. 그러나 의회 조기해산은 1972년과 1982년 두 차례에 걸쳐 정부에 대한 의회 신임 관련 조항에 의거하여 현실화될 위기에 처했었다.[73]

스위스 정부는 조기 선거를 요구함으로써 의회를 해산할 수 있지만, 이 경우 스위스 헌법이 정규 선거 사이에 추가 선거를 실시하도록 명시하고 있기 때문에 실질적으로 의회조기 해산은 현실화되기 어렵다. 스위스 헌법은 3년을 주기로 열리는 정규 선거만을 고려하고 있기 때문에 의회가 조기 해산되면 차기 정부의 최장임기는 그만큼 제한되게 된다. 1994년에 정규 선거 주기가 3년에서 4년으로 바뀌었다. 프랑스와 핀란드가 채택하고 있는 준대통령제하에서는 의회 해산권은 대통령의 권한이다. 프랑스 헌법 제12조는 의회해산권은 일 년에 한 차례에 한해 행사될 수 있음을 명시하고 있다.

정부의 생존에 도전하는 기회를 가진 의회의 절차적 방안은 "불신임 투표(vote of no confidence)"이다. 반대파들은 현재 정부에 신뢰가 없다는 선언을 한다. 만약 이러한 투표가 이행된다면 정부는 의회의 신뢰를 잃게 되고, 헌법에 따라 해체된다. 이와 같이 의원 과반수가 원하면 의회는 언제나 행정부를 불신임에 의하여 교체할 수 있다. 불신임의 압력하에 있는 정부는 스스로 "신임 투표(vote of confidence)"를 제안하거나, 반대파들의 불신임안을 신임안으로 전환시킨다. 만약 신임안의 통과가 실패한다면, 정부는 해산되어야만 한다. 수많은 유럽 헌법에서 정부의 연간 예산에 대한 주요 투표를 신임 투표로 취급한다. 신

72) Patricia Hogwood and Geoffrey K. Roberts, *European Politics Today*, 2nd ed. (Manchester and New York: Manchester University Press, 2003), p.126.

73) W. Paterson and D. Southern, *Governing Germany* (Oxford: Blackwell, 1991), pp.85-89.

임 투표에서 실패한 정부는 해산되어야 하는데, 스위스는 이러한 과정이 제외된 유일한 국가이다. 스위스 정부는 일단 형성되면 입법부의 신임투표 대상이 되지 않는다. 이러한 제도적 차이로 스위스의 제도를 전형적인 "의회정부(parliamentary government)" 제도로 보지 않는다.[74)]

신임 투표가 의회정부 제도에서 정부의 생사를 결정한다는 중요한 사실은, 유럽 행정부가 임기를 가지는 것이 아니라 입법부에 의해 언제나 대체될 수 있다는 것을 의미한다. 그래서 유럽의 의원들은 비록 법을 통과시키거나 특정 정책에 대하여 영향을 미치려 할 때 특별히 강한 힘을 가지고 있지 않지만, 그들은 집단적으로 행동함으로써 정부를 만들거나 해체시키는 권력을 가진다.

국가들마다 차이가 있지만, 유럽 국가들의 각료들은 대체로 의원들이다. 제2차 세계대전 종료 이후 1984년까지 서유럽 국가들의 각료 중 75%가 의원 중에서 임명되었다. 프랑스, 노르웨이, 네덜란드 등 일부 국가에서 각료는 내각에 임명되면 의원직을 사퇴해야 한다. 영국과 아일랜드 같은 국가에서 95%의 각료가 의원 중에서 임명되며, 거의가 의원직을 겸한다. 다른 예로 내각 각료의 2분의 1과 3분의 2 사이의 인원이 과거 혹은 현재 의원으로 구성되는 국가도 있다. 이 범주에 들어가는 국가가 오스트리아, 네덜란드, 프랑스, 핀란드, 노르웨이, 스웨덴이다. 네덜란드의 경우 의원이 각료로 임명되어 의원직을 사퇴하면 이 의원직은 사임한 의원과 같은 정당출신 인사로 보충되게 하여 의회 내 정당간 세력변화가 없도록 한다.[75)] 영국의 각료들은 임명되기 이전에 평균 12년의 의원직을 경험하지만, 네덜란드, 프랑스, 독일 등은 7~8년의 의원직 유지 후 각료로 임명된다.[76)]

내각 각료직을 의원으로 충원하지 않을 때, 가장 좋은 대안은 공무원이다. 네

74) Michael Gallagher, Michael Laver and Peter Mair, *Representative Government in Modern Europe*, 3rd ed., p.57.

75) Tim Bale, *European Politics: A Comprehensive Introduction* (New York: Palgrave, 2005), p.84.

76) Thomas Saalfeld, "Government and Politics," in Richard Sakwa and Anne Stevens (eds.), *Contemporary Europe* (New York: Palgrave, 2000), p.126; L. de Winter, "Parliamentary and Party Pathways to the Cabinet," in Blondel and Thiebault (eds.), *The Profession of Government Minister in Western Europe* (London: Macmillan, 1991).

정부 운명 주기에 대한 헌법적 요소

	정부형성시 국가원수 역할은 적극적인가?	공식적 임명 투표가 필요한가?	신임투표에서 지면, 정부는 해체되는가?	정부는 의회를 해산할 수 있는가?	의회는 의회를 해산할 수 있는가?	선거간 최대기간
오스트리아	아니오	아니오	예	예	예	4년
벨기에	아니오	예	예	예	아니오	4년
덴마크	아니오	아니오	예	예	아니오	4년
핀란드	예	아니오	아니오	아니오	아니오	4년
프랑스	예	아니오	예	예	아니오	5년
독일	아니오	아니오	예	예	아니오	4년
그리스	아니오	예	예	예	아니오	4년
아이슬란드	아니오	아니오	예	예	아니오	4년
아일랜드	아니오	예	예	예	아니오	5년
이탈리아	예	예	예	예	아니오	5년
룩셈부르크	아니오	아니오	예	예	아니오	5년
몰타	아니오	아니오	예	예	아니오	5년
네덜란드	예	아니오	예	예	아니오	4년
노르웨이	아니오	아니오	예	아니오	아니오	4년
포르투갈	예	예	예	예	아니오	4년
스페인	예	예	예	예	아니오	4년
스웨덴	아니오	예	예	예	아니오	3년
스위스	아니오	예	아니오	아니오	아니오	4년
영국	아니오	아니오	아니오	예	아니오	5년

출처: Michael Laver and Norman Schofield, *Multiparty Government: The Politics of Coalition in Europe* (Ann Arbor: University of Michigan Press, 1998).

덜란드, 스웨덴, 핀란드, 노르웨이, 프랑스에서는 모든 내각 각료의 약 4분의 1이 과거 공무원이었다. 내각 각료로 고위 공무원을 채용하는 것은 정부 부처 운영 방법을 잘 알고 있는 인사를 고용하는 의미를 가진다. 내각에 공무원들을 지명하는 것을 고려하는 중요한 요소는 그들이 정치적 설득력이 있기 때문이다. 공무원이 명백한 정치적 견해를 유지하는 것은 프랑스를 비롯한 일부 유럽 국가에서 가능하다. 영국 같은 나라에서는 금지되어 있다. 그러나 공무원들을 각료로 임명할 때, 임명권자는 임명하려는 자들이 어떠한 정치적 성향을 가지고 있는지에 대하여 고려하지 않을 수 없다. 이와 같이 공무원들을 각료로 임명하면, 고위 공무원들이 정치화되는 경향이 있다.[77]

그러나 그들의 배경이 무엇이든지 일단 공무원들이 각료로 임명되면, 각료들은 정부부처를 운영하면서, 국가의 집단적 통치에 참여하고, 가장 최고위 결정과정에 정당의 견해를 대표하는 정치가가 된다. 이것이 바로 정부를 정당으로, 궁극적으로 국가로 결속시키는 "내각의 정치화"라 할 수 있다. 만약 국가가 정당 제도와 공유하지 않는 강력한 내각에 의해 운영된다면, "관료 독재(bureaucratic dictatorship)"로 빠져들게 될 것이다.

(2) 입법부 쇠퇴론

일반적인 견해에 따르면, 의회는 지난 세기에 쇠퇴하였다. 의회가 기대했던 만큼 작동하지 못하고 있다는 인식이 대두되기 시작했다. 정부가 책임지는 영역이 전통적인 의회의 영역을 압도하고, 정부가 의회정당을 통해 입법 과정을 지배하고, 의원들이 무기력하게 되고, 국정질문과 같은 주요 의회 제도가 비효율적이 되고 있다는 평을 받았다.[78] 로크의 기대와 달리 입법부는 집행부에 권력을 잃고 있는 듯이 보였다. 대개의 정치학자들은 이러한 경향이 계속 심화되고 있다는 데 동의하게 되었다. 그러나 일부는 로크의 기대가 너무 컸고, 의회는 집행부를 효과적으로 견제하고 있다는 주장을 하였다.

의회가 점차 쇠퇴하고 있다는 주장이 나오게 된 이유 중의 하나는 의회 자체가 조직적인 결함을 가지고 있다는 논리 때문이다. 의회체제에서 정당의 규율이 매우 강하고, 의원들은 정당의 원내총무에게 복종해야 하기 때문에 의회가 정당에서 독립하여 자율적인 행위를 하기가 어렵다는 점이다. 이에 덧붙여, 유럽의회제의 경우 정부를 구성한 세력이 의회의 과반수 의석을 차지하고 있기 때문에 정부에 이로운 안건이면 대부분 의회에서 통과된다. 그러한 제도에서 의원 개인은 할 일이 별로 없고 언론이나 여론의 흥미도 끌지 못한다. 단지 연합이 붕괴될 경우 또는 어느 정당 소속의원들이 정당정책에 반기를 들 경우에만 관심의 대상이 된다. 유럽의회는 미국 의회보다 합리적이고 효율적일지 몰라도 권한은 취약

77) J. L. Thiebault, "The Social Background of Western European Cabinet Minister," in Blondel and Thiebault (eds.), *The Profession of Government Minister in Western Europe* (London: Macmillan, 1991).

78) Thomas Saalfeld, "Government and Politics," p.125.

하고 별 흥미도 끌지 못한다.

의회에는 집행부에 비하여 전문가가 부족한 편이다. 의원 중에 기술, 군사, 경제 및 사회 문제 전문가는 별로 없다. 미국의 535명의 상, 하원 의원 중 반수는 법률가들이다. 유럽의회 의원에서 법률가 비율은 미국보다 낮지만, 그 대신 교사, 언론인, 정당원들이 많다. 그러나 선출된 의원 중에는 핵발전, 의료, 국제금융과 환경오염에 대한 전문가는 별로 없다. 따라서 의원들은 주로 집행부 관련 부서의 전문가에 의존해야 한다. 수많은 입법이 이 전문가들로부터 발원이 되고, 그들은 상임위원회에서 증언을 하도록 요청을 받는다. 이러한 이유로 집행부 전문가들은 법률을 적용하는 데 상당한 재량권을 향유하게 된다. 입법안 거의가 집행부로부터 제시되기 때문에 의회는 "고무도장(rubber stamp)" 또는 "발언상점(talking shops)"으로 풍자되기도 한다.[79]

의원들 자체가 의회의 회의 등 자체 업무에 대하여 적극적이지 못한 점이 의회 약화의 한 원인이 되고 있다. 회기 중 국회에 가보면 의사당이 거의 비어 있는 것에 실망하게 된다. 의원들은 반드시 회의에 참석할 의무가 없기 때문에 불참하는 경우가 많다. 의원들은 할 일이 많다. 지역구를 방문하고 돌봐야 하며, 이익집단과 대화를 해야 하고, 위원회에 참석해야 한다. 그들은 회의에서 어떠한 발언이 나올지 알고 있으며, 회의는 단지 매스미디어를 위한 것일 뿐이다.

대개의 의회민주주의 국가에서 의회 의원들은 의원직을 평생직업으로 생각하고 있다. 한 번 선출되면 계속 선출되고 싶은 마음을 가지게 된다. 이는 새로운 아이디어를 가진 참신하고 젊은 피가 의회에 수혈되는 데 장애가 되고 의원들의 평균 연령은 50세가 넘어 고령화된다. 미 하원에서 대개의 의원들은 재출마하고, 거의가 승리한다. 재출마하는 의원들은 많은 이점을 가진다. 인지도, 지역구에의 공헌, 방송보도 기회 확대, 선거자금 집중 등의 이득을 볼 수 있다. 스캔들에 연루되지 않으면 대체로 재선출된다. 한 의원이 별다른 능력도 없는데 의원직을 평생 유지한다면 의회가 혁신할 수 있는 능력이나 새로운 여론에 대응할 수 있는 능력을 상실한 것을 의미한다. 비례대표제 선거제도를 채택하고 있는

79) Tim Bale, *European Politics: A Comparative Introduction*, p.95.

나라에서는 새로운 군소정당의 출현이 새로운 인사와 새로운 아이디어가 의회에 진출할 수 있는 기회를 제공한다.

19세기 황금시대 이래 의회가 쇠퇴하였다는 주장이 종종 제기되었다. 참정권의 확대가 있은 후, 영향력 있는 비판가들은 조직화된 정당과 이익집단이 의회의 독립성과 위엄을 저해하고 있다고 느꼈다. 정부의 다양한 지도자와 제도가 의회의 권위를 침해한다는 비난을 받게 되었는데, 그들은 대중에 의해 선발된 대통령과 관료제도 내 정책 전문가, 군부지도자와 헌법재판소를 포함한다. 또한, 최근까지도 의회가 정책결정에 대한 영향력에 의해서만 평가를 받는 것이 흔한 일이었다. 20세기에는 정부의 정책을 입안하고 결정하는 능력이 정부에 충성하는 의회 정당의 발전을 통해 증대되기에 이르렀다. 이와 같이 의회를 단일한 기준으로 평가한다면, 의회의 발전은 의회의 쇠퇴이론을 확인시켜 주는 것처럼 보인다. 그렇지만 의회가 하는 활동의 전 범위를 통해 평가된다면, 의회가 민주 정부에 있어 중요한 업무를 계속 수행한다는 점이 분명해진다. 일부 국가에서는 의회가 최근 몇 년 사이 매우 중요한 의미를 갖게 되었다.[80]

대체로 유럽 국가에서 최근까지 의회는 존재하지 않았거나 체제를 지원하는 고무도장에 불과하였고, 무비판적으로 찬성하는 역할밖에 하지 못하였다. 최근 들어 "의회의 쇠퇴"를 많이 논하고 있지만, 의회가 하는 일에 비해서 그 이상의 권한을 가진 지금과 같은 황금기는 거의 없었다. 영국 정부는 항상 의회의 의사를 거의 장악하였다. 정부가 의회에 거의 완전하게 의존했던 예는 프랑스의 제3 · 4 공화국의 의회였다. 위기 상황의 지속, 단명한 정부의 붕괴가 반복되었다. 대개의 유럽 국가에서 비록 의회의 권한과 주도권은 제한되어 있지만 과거보다 확대되고 있는 것이다.

4. 유럽의 법제도와 사법부

시민 사회의 역할에 대한 가치와 개념의 변화는 정부가 단순히 사회 전체 또

80) Patricia Hogwood and Geoffrey K. Roberts, *European Politics Today*, 2nd ed. (Manchester and New York: Manchester University Press, 2003), pp.150-151.

는 사회 내의 특정 집단뿐만 아니라 시민 개개인에 대해서도 책임을 져야 한다는 강한 믿음을 만들어 냈다. 이에 유럽 국가들은 정부의 권한을 제약할 수 있는 독립적인 힘의 필요성과 국민 개개인의 권리와 시민권을 적극적으로 보호해야 할 필요성에 대해 모두 공감하게 되었다. 이와 더불어, 입헌주의 이데올로기에 대한 수용도 증가해 왔다. 입헌정치는 모든 정부가 입헌민주주의 정체에서 정당성 있는 정부로 인정받기 위해서 입헌법률을 반드시 준수해야 한다는 믿음에 기반하고 있다.[81]

1) 유럽 헌법

19세기와 20세기 전반기 유럽의 정치적 혼란은 대부분의 유럽 국가들이 지난 200년 동안 하나의 헌법을 제정하여 이를 수호하는 것이 아니라 그 이상의 헌법을 채택했기 때문이었다. 헌법을 제정하는 계기에 있어서는 다양한 흐름이 있어 왔다. 하나는 나폴레옹 전쟁 종식으로 독립을 다시 쟁취한 국가들 사이에서 일어난 것이고, 두 번째는 1848년 산업혁명 이후에 등장한 것이다. 제1차 세계대전 이후 수많은 국가들, 특히 오스트로-헝가리 제국을 계승한 국가들은 새로운 헌법을 제정하였다. 그러나 이렇게 생성된 헌법들은 존속하는 데 실패하였다.[82]

(1) 인권선언: 헌법의 토대

국가와 시민의 관계를 규제하려는 최초의 시도들은 정부가 개별 시민들에게 임의적인 행위를 하지 못하도록 방지하는 원칙들로부터 시작되었다. 1789년의 프랑스 인권 선언(French Declaration of the Rights of Man and the Citizen)과

81) A. Stone, “Governing with Judges: The New Constitutionalism,” in Hayward and E. Page (eds.), *Governing the New Europe* (Cambridge: Polity Press, 1995), p.307.

82) Vernon Bogdanor, “Conclusion,” in Vernon Bogdanor (ed.), *Constitutions in Democratic Politics* (Aldershot: Gower, 1998), pp.380-386; Nevil Johnson, “Constitutionalism in Europe since 1945: Reconstruction and Reappraisal,” in Douglas Greenberg, Stanley N. Katz, Melanie Beth Oliviero, and Steven C. Wheatley (eds.), *Constitutionalism and Democracy: Transitions in the Contemporary World* (New York and Oxford: Oxford University Press, 1993), pp.26-45.

1791년 미국의 권리장전(American Bill of Rights)은 이와 같은 시민의 다양한 자유를 규정하였고 그 이후에도 서유럽의 헌법에 지속적으로 영향을 미친 많은 원칙을 수립하는 데 기여했다. 여기에는 공정한 형사 재판의 권리와 언론, 표현 및 결사의 자유 등이 포함되어 있었다. 양차 세계대전의 전간기 그리고 그 이후의 기간 중 유럽에 도입된 헌법들에는 이러한 개인의 자유들이 사회 및 경제 영역과 연계되기 시작했다. 짧은 기간 존재했던 독일 바이마르 공화국의 1919년 헌법에는 "개인", "사회생활", "교육", 그리고 사회보장을 포함한 "경제 생활"과 관련된 56개의 법 조항이 포함되어 있었다.[83)]

전간기에 등장한 전체주의 정권들은 이러한 원칙들을 공공연하게 무시했다. 제2차 세계대전 이후 점령지로부터 독립한 국가들이 새로운 헌법을 채택한 결과 좀 더 영구적인 헌법들이 공포되었는데, 어떠한 경우는 전쟁 이전 헌법을 수정한 것에 불과하였다. 그러나 전후 초창기에 유럽에서는 인권과 관련된 보편적인 표준을 수립하기 위한 운동이 일어났고 이에 서유럽 국가들의 헌법 조항은 그 전에 비하여 상당히 표준화되기에 이르렀다.

제2차 세계대전 이후의 각종 기본권 선언은 세계적으로 초국가적인 수준에서 성문화되기 시작했다. 1945년과 1948년에는 각각 유엔헌장과 세계인권선언문(Universal Declaration of Human Rights)이 선포되었다. 가장 획기적인 기본권 선언은 1953년에 효력이 발생한 인권 및 기본 자유권의 보호를 위한 유럽 협약(European Convention for the Protection of Human Rights and Fundamental Freedoms)의 체결이었다. 이 협약의 조항들은 각 개인의 "개인으로서의(individual *per se*) 본질적인 권리(personal rights: 개인권)와 더 큰 의미의 사회 구성원으로서의 개인의 권리(social rights: 사회권)"를 포괄하고 있다. 이 협약에 포함된 기본적인 권리로는 생존권, 개인의 자유권 및 안전권, 사상, 양심, 종교 및 표현의 자유, 결사의 자유, 노동조합 조직 및 가입의 자유, 고문 금지, 비인도적이고 치욕적인 대우 및 강제 노동의 금지, 민사 및 형사 소송에서 공정한 재판을 받을 권리 등이 있다. 이 협약은 이러한 권리들과 자유들이 해당 시민의 성

83) Patricia Hogwood and Geoffrey K. Roberts, *European Politics Today*, 2nd ed. (Manchester and New York: Manchester University Press, 2003), p.186.

별, 인종, 종교 또는 정치적인 의견에 상관없이 그 시민이 인간이라는 사실 자체만으로 보장되어야 함을 강조하고 있다.

이러한 선언문들은 국가-시민 관계에 대한 국제적 기준을 제시하였고, 제2차 세계대전 후 많은 국가들은 선언문을 그대로 옮기지는 않았으나 헌법에 그 정신을 반영하였다. 서유럽에서는 이러한 기본 원칙들이 고수되어 왔는데, 이는 유럽인권위원회의 활동과 더불어 유럽인권재판소가 내린 법적 제약성을 부여한 판결이 있었기 때문에 가능했다. 또한 유럽인권위원회와 유럽인권재판소는 유럽인권협약에 의거하여 판결을 내리고 있다.

(2) 헌법 제정의 배경과 목적

헌법은 종종 정치 체제의 변화 혹은 국가 독립 쟁취 시 "새로운 시작"의 의미로 채택된다. 미국이 1787년에 새로운 헌법을 만든 것과 같이, 1919년 핀란드, 1922년 아일랜드가 독립국가 지위를 얻어냈을 때 헌법을 고안해야 했다. 패전과 민주화 등 극적인 체제 변화로 인하여 1948년 이탈리아, 1949년 독일, 1976년 포르투갈, 1978년 스페인에서 새 헌법이 만들어졌다. 어떤 경우 새 헌법은 기존의 자유민주주의 체제를 개혁하기 위해 채택되었다. 예를 들어, 1958년 프랑스, 1973년 덴마크, 1974년 스웨덴, 1989년 벨기에 등이 여기에 해당된다. 1990년대 정치적 격동기를 경험하면서 이탈리아에는 정치제도를 고치기 위하여 헌법의 기본틀을 개정해야 한다는 공감대가 이루어졌다. 그러나 정확히 어떤 부분을 어떻게 고쳐야 하는지에 대해서는 의견일치가 이루어지지 않았다.[84] 개괄적으로 최근 새로운 헌법들은 독재정부 형태에서 민주주의 형태로 전환한 정부 즉, 1970년대 그리스, 포르투갈, 스페인, 1980년대 후반과 1990년대 초기에 중동유럽의 탈 공산체제국가들이 민주주의 형태로 체제전환하면서 채택되었다.

만약 한 국가의 역사에서 극적인 사건이 일어나지 않는다면, 새 헌법도 필요하지 않을 것이다. 이는 영국에 "헌법"이라 불리는 어떠한 문서도 존재하지 않는 이유 중 하나이다. 영국은 몇 세기 동안 침략받지 않았고, 1688년 이후 체제

84) Carlo Fusaro, "The Politics of Constitutional Reform in Italy: A Framework for Analysis," *South European Society and Politics*, Vol.3, No.2, 1998, pp.45-74.

변화도 경험하지 않았다. 그 이후 과거와의 어떠한 확실한 단절이 없이 연속적으로 발전을 거듭해 왔기 때문에 헌법의 필요성을 누구도 느끼지 못했다.

주요한 정치 변화가 새로운 헌법을 이끌어 내지 못하는 경우도 있다. 1949년 제정된 독일의 헌법인 "기본법"은 서독에게만 적용된 헌법으로 재통일 후 새 헌법이 선택될 때 포기되어야 한다는 내용이 있었다. 146조에 의하면 기본법은 "독일 국민들의 자유 결정에 의해 채택된 새 헌법의 효력이 발생하는 날 이 법의 효력이 중지된다"고 언급하고 있다. 그러나 1990년의 독일 통일은 기본법 제23조하에 시행되었고, 이 법에 따라 새로이 통일된 공동체는 연방 공화국으로 구성되었다. 초기에 기본법은 통일되기 전까지의 임시 문서로 보았으나, 통일 이후 다른 법으로 대체되어야 한다는 어떠한 대중의 요구도 없이 여전히 효력을 유지하였다.[85)]

헌법은 나라마다 다양하지만, 거의 보편적인 특징이 있다. 자유 민주주의 국가들의 정치 체제는 헌법의 규정에 의존한다. 헌법은 국가의 목표를 표현하고, 체제가 형성되는 데 필요한 조건을 제시하며, 또한 아직 국가로 편입되지 않은 국경선 밖의 영토를 통합하는 선언을 하기도 한다. 헌법은 각 나라의 정부 조직을 구성하는데, 예를 들어 정부가 내각제인지 대통령 중심제인지에 대한 것을 결정하고, 입법부가 행정부를 견제하기 위해서는 어떠한 힘을 가져야 하고, 사법부는 어떠한 역할을 해야 하는지, 그리고 국가기관과 지방정부 사이에 어떻게 권력이 배분되는지를 결정한다.[86)]

연방국가의 헌법은 연방정부와 지방정부의 권한과 기능을 식별한다. 헌법은 정부 제도, 구조, 권력을 만들어 내고, 또한 그러한 권력이 어떻게 제한되는지를 보여준다. 이는 정치 구조 내 다른 기관의 견제와 균형에 따라 이루어진다. 헌법

85) Arthur Benz, "A Forum of Constitutional Deliberation? A Critical Analysis of the Joint Constitutional Commission," in Klaus H. Goetz and Peter J. Cullen (eds.), *Constitutional Policy in Unified Germany* (London: Frank Cass, 1995), pp.99-117.

86) S. E. Finer, Vernon Bogdanor and Bernard Rudden (eds.), *Comparing Constitutions* (Oxford: Clarendon Press, 1995); Walter Murphy, "Constitutions, Constitutionalism and Democracy," in Couglas Greenberg, Stanley N. Katz, Melanie Beth Oliviero and Steven C. Wheatley (eds.), *Constitutionalism and Democracy: Transitions in the Contemporary World* (Oxford: Oxford University Press, 1993), pp.3-25.

은 또한 만약 시민이 다른 사람, 정부 또는 비정부기구에 대항할 권리를 주장할 필요가 생기면, 법의 집행에 앞서 헌법에 호소할 수 있도록 하는 시민권도 포함하고 있다.

효율적인 헌법이라면 다른 법보다 상위에 놓일 필요가 있다. 만약 그렇지 않으면 정부는 의회 과반수를 이용해 헌법을 개정하여 정부의 입지를 쉽게 강화할 수 있게 된다. 예를 들어 정부는 선거 기간을 늘려 임기를 연장할 수 있을 것이다. 같은 방법으로 의회 다수의석을 이용하여 세율이나 자동차 안전성 규제 등을 바꿀 수도 있을 것이다. "최상위의 법"으로서 헌법이 가지는 특징 중 중요한 한 가지는 헌법의 수정이 일반 다른 법들을 수정하는 것보다 더 복잡한 과정을 거쳐야만 한다는 것이다. 그래서 헌법에는 수정이 불가능한 부분이 있다. 독일 연방 공화국의 기본법에서 연방의 원칙은 개정할 수 없다. 헌법이 개정되기 위해서는 보통 의회의석의 3분의 2 또는 국민투표를 실시하여 유권자의 승인을 받도록 하고 있다.

덴마크, 아일랜드, 스위스, 이탈리아의 헌법은 국민투표에 의해 채택되었고, 개정하려면 국민투표 과정을 거쳐야 한다. 오스트리아, 아이슬란드, 몰타, 스페인과 같은 국가들에서 헌법의 작은 개정은 의회에서 결정되지만, 주요한 개정은 국민투표를 통한 국민의 동의를 요구한다. 독일에서 헌법 개정은 하원과 상원의 3분의 2 찬성에 의해 통과되어야만 한다. 따라서 어떠한 헌법 개정도 정부와 의회의 반대세력 간의 합의가 필요할 뿐만 아니라, 주 정부의 동의도 필요하다. 또한 국가의 연방주의와 민주주의 본성과 같은 조항들은 수정할 수가 없다.

(3) 유럽 주요국의 헌법

어떠한 유럽 헌법도 미국인들이 자국 헌법에 대하여 느끼는 경의와 같은 것을 불러일으키지 못하는 경향이 있다. 많은 유럽인들은 자국 헌법을 본 적이 없고, 단지 헌법에 포함된 관념만을 인식하고 있다. 유럽인들은 헌법을 실용적이고 도구적인 측면에서 평가하고 있으며, 적절하다고 생각되는 행위에 저해요인이 된다면 서슴지 않고 개정하거나 대체한다. 부분적으로 이러한 이유 때문에 미국에서는 상당히 광범위하게 연구되는 입법주의와 민주주의의 관계가 유럽에서는 덜 고려되고 있다.[87)]

헌법은 보통 특정일에 채택된 단일 문서 형태로 되어 있다. 성문헌법을 기초로 하는 자유민주주의의 이념은 비교적 새로운 것이기 때문에, 서유럽 국가들의 현재 헌법은 비교적 근대에 만들어졌다고 할 수 있다. 영국은 매우 예외적으로 헌법으로 정의될 수 있는 단일 문서를 가지고 있지 않다. 대신 헌법의 역할을 하는 문서들로 1689년 권리 선언(Bill of Right), 1701년 이주법(Act of Settlement), 1911년 귀족 상원의 권력을 제한하는 의회법(Parliament Act) 등이 있다. 이러한 규범들이 제2차 세계대전 이후 만들어진 수많은 서유럽 헌법의 기원과 비교하여 볼 때 상대적으로 역사가 깊은 것으로 평가될 수 있다. 영국 헌법의 특징은 "불문율"의 원칙으로, 관습, 전통, 특정 판례, 협약, 전문가들의 의견 등으로 구성되어 있다.

영국에 헌법이 없다는 주장은 네 가지 근거에 기초한다. 첫째, 영국에는 다른 법을 대체하거나 무효로 하는 '최상의 법'이 없다. 둘째, 정부가 헌법과 마찰을 일으킬 행동이 발생할 때 그것을 방지할 헌법재판소가 없다. 셋째, 의회법 또는 의회의 최대 임기를 규정하는 조항과 같은 헌법적인 법률은 다른 법률을 수정하는 방식과 동일한 과정을 거쳐 수정될 수 있다. 마지막으로, 헌법에는 정확하게 무엇이 포함되어 있고, 무엇이 없는지에 대하여 전문가의 견해가 일치하지 않는다.

영국에 헌법이라 불리는 문서가 존재하지 않는다고 해서 기록되어 있지 않다는 것은 아니다. 일부 중요 부분은 의회의 법령에 포함되어 있고, 그들 중 일부는 수세기의 역사를 가진 것도 있다. 의회 주권의 원칙은 강력하고, 비록 최근에 정부와 의회 권력을 제한하기 위해 공식적인 헌법의 채택을 요구하고 있지만, 그러한 개혁의 시도는 별로 진전이 없는 상황이다.

'의회의 최고권' 원리는 영국 의회에서 적절한 절차를 통해 통과된 법률보다

87) Richard Bellamy (ed.), *Constitutionalism, Democracy and Sovereignty: American and European Perspectives* (Aldershot: Avebury, 1996); Stephen Holmes, "Pre-Commitment and the Paradox of Democracy," in Jon Elster and Rune Slagstad (eds.) *Constitutionalism and Democracy* (Cambridge: Cambridge University Press, 1988), pp.195-240; Donald P. Kommers, "The Federal Constitutional Court in the German Political System," *Comparative Political Studies*, Vol.26, No.4, 1994, p.488.

상위에 있는 성문 헌법이 존재할 수 없다는 것을 의미한다. 반면에, 정치가와 정치 해석가들은 종종 '영국 헌법'을 언급하면서, 정치가들의 행동을 제한하기 위해 헌법이 존재하는 것처럼 행동하기도 한다. 분명히 법의 지배와 같은 헌법적 정부의 주요 원리는 영국 정치 제도에서 발견되고 있다.

프랑스는 지난 20년 동안 수많은 유형의 헌법을 보유했다. 현재 프랑스 헌법은 제5공화국 헌법으로, 이는 국민투표에 의해 승인받은 1958년부터 존재했다. 프랑스 헌법은 두 가지 방법 중 한 방법으로 개정될 수 있다. 제89조는 헌법 개정을 위해서는 의회 상하원 모두의 동의가 필요한 절차를 강조한다. 상하원 합동회의가 60%의 투표로 헌법 개정의 제안을 승인하면, 다음은 국민투표를 실시한다. 제11조는 정부가 헌법 개정을 제안할 수 있고, 이 경우 대통령이 직접 국민투표에 부칠 수 있다고 규정하고 있다.[88] 일부 헌법 개정은 의회 통과로 이루어졌으나, 1962년 대통령 직선제를 선택하는 헌법 개정과 같은 중요한 문제들은 국민 투표에 의해 결정되었다. 이는 프랑스 정치문화가 특정 헌법의 가치보다 선거인의 권한에 더 무게를 두고 있음을 보여준다.

기본법(Basic Law)으로 알려진 독일 헌법은 1949년에 만들어졌다. 독일 헌법은 상하원 3분의 2 이상의 동의가 있어야 개정될 수 있다. 그래서 사실상 헌법 개정은 야당과 대부분 주 정부의 동의가 필요하다. 1949년의 기본법이 통일 이후 새로운 헌법으로 대체될 것이라고 생각되었으나, 독일 통일은 기본법의 테두리 안에서 이루어졌다. 기본법은 독일 국민, 특히 서독 주민들의 존경을 받았다.

이탈리아 헌법은 1948년에 공포되었다. 무솔리니(Mussolini)의 독재에 대한 반작용으로 탄생하였기 때문에, 정부가 효율적인 업무를 수행하지 못할 정도로 견제와 균형을 중요시하였다. 1990년대의 정치적 격변은 해로운 헌법 혹은 존재하고 있는 헌법의 근본적인 수정을 요구하였으나, 정치 엘리트들은 어떻게 개

88) Guy Carcassonne, "The Constraints on Constitutional Change in France," in Joachim Jens Hesse and Nevil Johnson (eds.), *Constitutional Policy and Change in Europe* (Oxford: Oxford University Press, 1995), pp.152-177; Laurence Morel, "France: Towards a Less Controversial Use of the Referendum?," in Michael Gallagher and Pier Vincenzo Uleri (eds.), *The Referendum Experience in Europe* (Basingstoke: Macmillan, 1996), pp.66-85.

정을 해야 하는지에 대하여 합의를 도출할 수 없었고, 결국 별다른 수정을 할 수 없었다.

1848년과 1983년을 비롯하여 수차에 걸친 재검토가 있었지만, 네덜란드 헌법은 1814년 제정된 이래 지속되고 있다. 대부분 국가에서 헌법은 일반법보다 우위를 점하는 기본법으로 생각되고 있으나, 네덜란드 헌법은 이러한 위치를 점하고 있지 않다. 대부분 헌법과 달리, 네덜란드 헌법은 명백하게 법원이 의회의 행동에 대한 합헌성을 조사할 수 없고, 의회의 행동에 실제 강제력을 행사하지 않는다고 언급되어 있다.

프랑코(Franco)의 장기 독재 이후, 스페인의 새 헌법은 1978년 작성되어 국민투표에서 92%의 투표를 받으면서 국민들의 승인을 받았다. 그 헌법은 스페인의 입헌군주국과 다민족 특성을 인정함과 동시에 국가의 통합성도 강조하였다. 비록 스페인 헌법은 모호성 혹은 막연함으로 비난을 받고 있지만, 결과적으로 성공적인 민주주의로 전환하는 데 기본틀을 제공하였다.

현재의 스웨덴 헌법은 1974년에 채택되었다. 이전의 헌법은 군주의 중요성을 강조하였으나, 이번 헌법은 공공권력이 '국민' 으로부터 나온다는 점을 강조하였다. 헌법 개정은 의회의 단순다수결에 의하여 이루어지는데, 두 번의 투표를 거쳐야 한다. 한 번은 총선거 이전에, 다른 한 번은 총선거 이후에 이루어져야 한다.

2) 위헌심사와 헌법재판소

일반 법률의 위헌요소를 판정하기 위한 제도를 명문화하고 있는 국가들이 있다. 석시(Markku Suksi)는 전 세계의 160개 헌법 중 75개의 헌법이 그러한 규정을 포함한다고 주장한다.[89] 여기에는 두 가지 모델이 있다. 첫 번째 모델은 일반법원과 분리하여 자체적인 헌법재판소를 설치하는 것으로 오스트리아 법학자인 켈젠(Hans Kelsen)에 의해 고안된 모델이다. 그러한 헌법재판소는 독일, 이탈리

89) Markku Suksi, *Bringing in the People: A Comparison of the Constitutional Forms and Practices of the Referendum* (Dordrecht: Martinus Nijhoff, 1993), p.135.

아, 오스트리아, 몰타, 포르투갈, 스페인 등지에 존재하고 있으며 최근들어 폴란드와 체코도 헌법재판소를 설치하였다. 프랑스의 헌법위원회(Constitutional Council)도 유사한 기능을 수행한다. 헌법재판소를 설치한 국가들은 대체로 독재를 경험한 국가들로서 권위주의로의 회귀를 방지하기 위하여 이 제도를 설치한 것으로 분석되고 있다.[90] 중동부 유럽 국가들의 '새로운 민주주의'가 1980년대 후반과 1990년대 초반에 소련 및 동유럽 공산주의 붕괴 이후 새로운 헌법을 제정할 당시, 불가리아, 크로아티아, 에스토니아, 리투아니아, 루마니아, 슬로베니아 등의 국가들은 헌법재판소를 설립하였다.

두 번째 모델은 일반 사법제도에 이러한 권력을 행사할 수 있도록 하는 것이다. 이는 미국과 아일랜드에서 실시된다.

(1) 헌법재판소의 설치 목적과 배경

전통적으로 서유럽에서 사법부가 정부 내에서 차지하는 비중은 상대적으로 작은 편이다. 법 제정은 국민들에 의해 선출된 대표들로 구성된 의회의 배타적인 영역으로 인식되어 왔다. 판사들의 역할은 제정된 법을 단순히 해석하고 집행하는 것에 불과했다. 실제로 정치적 기능과 사법적 기능이 완전히 분리되어 있지 않았던 것이다. 제2차 세계대전 이후 헌법 수호의 필요성이 보다 우선순위를 차지하게 되었고, 이는 필연적으로 정치인들과 사법부 간의 더 긴밀한 접촉을 가져왔다. 일부 국가들은 전통적 개념의 삼권 분립에서 벗어나, 헌법을 수호하는 특별헌법재판소를 설치하였다. 헌법재판소의 성공은 수많은 요소에 의해 결정되어 왔다. 이러한 결정 요소로는 헌법재판소에 부여된 권한, 헌법재판소가 사법적 제약의 역할에만 머무르느냐 아니면 적극적 행동주의를 선택했느냐의 여부, 헌법재판소가 얼마나 많은 권한을 행사하느냐, 그리고 정부 내 다른 제도적 기구들의 상대적 힘이 강했냐 아니면 약했냐 등이 있다.

헌법 위반 여부에 대한 문제를 제도적으로 해결하는 가장 보편적인 방법은 사법부의 역할을 강화하는 것이다. 헌법재판소가 없는 경우, 국가들은 집행권의

90) Tim Bale, *European Politics: A Comparative Introduction* (New York: Palgrave, 2005), p.75.

남용을 견제하기 위한 자체적인 견제 방법을 고안하기도 했다. 일부 국가들은 공공기관과 분쟁 중인 시민을 대표하도록 특별 선임된 의회 감사위원(Parliamentary Commissioner) 제도나 옴부즈맨 제도 등을 도입 또는 발전시키기도 했다. 스웨덴은 원로 법관들로 구성된 "입법위원회(Council on Legislation)"를 설립하여 정부의 정책제안에 대한 심사를 하도록 하였다.

일부 다른 국가들은 유권자들이 어떤 사안들에 대해 결정할 수 있는 권리를 직접 투표를 통해 행사할 수 있도록 보장하기 위해 국민투표 제도를 도입하기도 했다. 이러한 일부 혁신적인 발상이 고통을 전혀 수반하지 않은 것은 아니었다. 대의 민주주의 제도들의 적절한 역할에 대한 확고한 신념들이 위협을 받은 경우도 있었고, 정치 엘리트들과 사법부 엘리트들의 권력을 제한하겠다는 공약이 나오기도 했다. 이러한 새로운 제도들이 실제로 행정부의 의사결정과 행동을 견제하는 안전장치로서 얼마나 효과적이었느냐에 대해서는 국가마다 상당한 차이를 보여 왔다.

헌법재판소 제도는 오스트리아(1945년에 부활), 서독(1951년), 이탈리아(1956년), 룩셈부르크, 포르투갈(1982년), 스페인(1981년)에 도입되었다.[91] 프랑스는 1959년부터 헌법위원회를 두고 있는데, 이는 헌법재판소가 일반적으로 보유하고 있는 기능의 일부를 행사하는 독특한 기구이다. 1984년에 최초 설치된 벨기에의 조정재판소(Court of Arbitration)는 새롭게 출범한 벨기에 연방 체제 내에서 수행해야 할 역할을 개발하는 데 역점을 두고 있으며, 사법재판소가 수행하던 임무를 점진적으로 맡아서 수행하고 있다. 새로운 헌법재판소들은 임무와 역할이 애매모호하고 종종 어려운 입장에 놓여 왔다.

메니(Yves Meny)는 이러한 헌법재판소들을 사법적 기능과 정치적 기능이 혼합된 제도로 설명하고 있다.[92] 헌법재판소들은 최고 수준의 법인 헌법을 토대로 한 사법적인 기구로서의 기능을 수행하는 동시에, 정부 내의 다른 제도적 기구

91) 괄호 안에 명시된 연도는 헌법재판소가 활동을 개시한 연도를 기준으로 한 것이다. 룩셈부르크는 새로운 헌법재판소 설치를 위해 1996년 7월 12일에 헌법을 개정하였다. 이 새로운 재판소의 권한은 헌법에는 명시되어 있지 않았으나, 법률의 관할 대상이 되었다.

92) Y. Meny and A. Knapp, *Government and Politics in Western Europe*, 2nd ed. (Oxford: Oxford University Press, 1993), pp.342-343.

들이 자신들의 권한을 넘어서는 일을 하거나 권한을 남용하는 일이 없도록 해야 한다. 이 과정에서 헌법재판소들은 조정자로서 매우 정치적인 역할을 수행한다. 더 나아가 헌법재판소들은 서유럽의 법 전통과 민주주의 전통에서는 생소한 위헌심사라는 기능을 수행하는 제도적 기구로서, 입법부, 행정부, 그리고 기존의 재판소들과 같은 전통적인 제도적 기구들로부터 신뢰를 받아야만 한다. 초창기에 혼합적 성격의 헌법재판소들은, 위헌심사권을 가진 헌법재판소가 입법과 정책에 실제로 영향을 미칠 수 있음을 깨달은 기성 재판관들과 정치인들의 저항에 시달렸다. 예를 들어, 이탈리아에서 1948년 헌법에 보장되었던 헌법재판소가 1956년 이후에야 기능을 발휘한 것은 정치권의 저항 때문이었다. 1956년 당시에도 이탈리아의 헌법재판소는 처음에는 기존 재판소들의 수석 재판관들의 적대적인 태도 때문에 주어진 권한을 매우 조심스럽게 사용했다.

(2) 헌법재판소의 권한과 임무

제2차 세계대전 이후 서유럽 국가들은 정치의 사법화(Judicialization)를 경험하였다. 정치의 사법화는 정치적 토론과 의사결정이 법적 규범과 법원의 판결에 영향을 받게 되는 상황이 증가함을 의미한다. 이러한 상황이 발생한 데는 실제적 이유와 규범적 이유가 상존하고 있다. 정부 규제와 개입의 대폭적인 강화는 정부 행동의 범위를 확대시켜 왔고, 이러한 정부의 행동은 민주주의 국가에서라면 당연히 감독을 받고 누군가가 책임을 져야 하는 것이다. 이와 동시에, 정당이 행정부와 입법부의 업무를 조정할 수 있는 능력이 증가함에 따라 행정부에 대한 독립적인 견제를 담당하는 의회의 힘이 감소되어 왔다. 헌법전문가들은 사법부가 이러한 "책임 결핍(accountability deficit)"을 충족시키는 임무를 수행해야 하는데, 이는 정부가 합리적이고 합헌적으로 권한을 행사하는지 위헌심사를 통하여 이루어질 수 있다고 주장하고 있다.[93)]

헌법재판소에 부여된 권한은 국가마다 차이가 있다. 모든 국가의 헌법재판소는 위헌심사를 담당한다. 헌법재판소의 위헌법률심사는 어떤 법률이나 기타 조

93) M. Elliot, *The Constitutional Foundations of Judicial Review* (Oxford and Portland, Oregon: Hart, 2001), pp.1-3, p.197.

치가 헌법에 위배되기 때문에 무효임을 선포하는 권한을 의미한다. 위헌심사는 크게 두 가지 범주, 즉 구체적 심사와 추상적 심사로 구분된다. 구체적 위헌심사는 특정한 법정소송이 진행되는 도중 또는 그 이후에 기존의 법률에 대해 이의가 제기되는 경우 발생한다. 이의가 제기되면 헌법재판소는 그 법률의 합헌 여부에 대한 판결을 내린다. 구체적 위헌심사는 기본적으로 소급하는 성격의 심사로서 사후에 발생한다. 이와 달리 추상적 위헌심사에서는 어떤 법률의 합헌 여부를 특정한 법정소송에 근거하여 검토되지 않고, 순전히 헌법의 원칙에 의거하여 제기할 수 있다. 그러므로 추상적 위헌심사는 사후에 이루어지기도 한다. 이러한 경우에 법률은 그 법률이 제정된 이후에 헌법재판소에 회부된다. 일부 국가에서는 추상적 위헌심사가 사전에 이루어지기도 하는데, 이는 의회에 의해 최종적으로 채택된 법률이 법률로서 선포되기 이전에 헌법재판소가 위헌심사 권한을 행사하는 경우이다.

헙법재판소는 구체적 위헌심사 권한을 행사하는 과정에서 사법부와 같은 기능을 한다고 볼 수 있다. 헌법재판소의 소급적 소송별 위헌심사는 서유럽 국가들의 로마법 전통과 일맥상통하는 부분이 있다. 추상적 위헌심사 권한을 도입하는 문제는 추상적 위헌심사가 정치와 법 사이의 전통적인 경계를 약화시키고 헌법재판소에 정치적인 역할을 부여할 수 있기 때문에 이와 관련해서 서유럽에서 많은 논란이 있어 왔다. 추상적 위헌심사는 정치인들이 제기하는 것으로서, 헌법재판소는 논란이 되고 있는 법안이나 법률에 대해 최종적인 '판단'을 내려야 하고, 이를 통해 위헌심사 요구가 없었다면 이미 법적 절차가 종결되었을 사안에 대해 법적 절차를 실제로 연장하는 기능을 한다.[94]

헌법재판소는 헌법에 명시된 국가기구들 간의 균형을 수호하기 위해 정부 기구들 간의 분쟁을 판결할 책임이 있다. 헌법에 국가의 영토적 구조가 명시되어 있는 국가들에서는 헌법재판소가 중앙 정부와 지방 정부를 포함한 국가 내 모든 수준의 정부들 사이에 갈등이 발생할 경우 이에 대한 판결을 내린다. 이는 독일, 오스트리아, 벨기에와 같은 연방국가 그리고 스페인과 이탈리아의 지방주

94) A. Stone, *The Birth of Judicial Politics in France: The Constitutional Council in Comparative Perspective* (Oxford: Oxford University Press, 1992a), p.231.

(regions)에도 적용된다. 헌법재판소의 역할 중에서 그 중요성이 커지고 있는 부분은 기본권과 관련한 국가와 국민 사이의 갈등에 대한 판결이다. 더 나아가 헌법재판소는 해당 국가의 필요에 따라 그에 부합하는 "감시견 (watchdog)" 임무를 맡기도 한다. 예를 들어 오스트리아, 독일, 그리고 이탈리아의 헌법재판소는 탄핵 재판에 관여할 수도 있다. 1953년부터 이탈리아의 헌법재판소는 국민투표 제안의 합법성을 결정하는 권한을 보유하고 있다. 비록 헌법재판소가 이러한 감시견 역할을 실제로 수행하도록 요구받는 일은 거의 없지만, 헌법재판소에 그러한 권한이 부여되어 있다는 사실은 헌법재판소의 정치적 중요성을 강화시켜 주고 있다.

일반적으로 헌법재판소는 자의적으로 행동하는 것이 아니라, 중앙 정부 혹은 지방 정부 또는 의회 정당과 같은 다른 기관의 요구가 있을 때에만 행동을 개시한다. 다시 말하면, 헌법재판소는 다른 기관들이 회부한 사안들만을 다룬다. 이러한 사실에 비추어 볼 때, 헌법재판소가 판결을 통해 일관성 있게 정책형성을 통제할 수 있는 가능성은 거의 없다. 그러나 헌법재판소 재판관들이 법률의 내용을 해석하고 자신들의 권한을 더욱 더 완전하게 사용하고자 하는 의도가 증대됨에 따라, 헌법재판소는 입법과 정책 형성에 중요한 영향을 미치기 시작했다. 헌법재판소가 내리는 판단은 모든 재판소뿐만 아니라 정부 내 입법부와 집행부가 장차 내릴 수 있는 결정에 대한 선례로 남게 된다. 이러한 중요한 기능에 의거하여, 헌법재판소는 법률을 단순히 무효선언할 뿐만 아니라, 헌법을 단지 한 가지의 해석만이 적용될 수 있다는 전제하에 집행을 하기 위한 구체적 지침을 발하기도 한다. 이 경우 헌법재판소가 내린 지침은 현재와 장차 등장할 의회의 모든 결정들을 구속하게 된다.

(3) 유럽 헌법재판소의 유형

독일연방헌법재판소(FCC: Federal Constitutional Court)는 전 세계에서 가장 강력한 권한을 가진 헌법재판소로서, 정부의 구성요소 중 하나인 제도적 기구가 정치적 위상과 힘에 있어서 얼마나 강력해질 수 있는지를 보여주는 실례이다. 독일연방헌법재판소장은 독일연방공화국에서 연방대통령, 연방수상, 상 · 하 양원의장들 다음으로 높은 관직 서열 제5위에 위치하고 있다. 1968년에 독일 기본법이 수정됨에 따라 그 어느 누구도 국가 비상사태를 포함한 어떠한 경우에도 독일연방헌법재판소와 재판관들의 업무에 관여할 수 없게 되었다. 독일연방헌법재판소는 다른 국가에서는 찾아볼 수 없을 정도로 매우 광범위한 권한을 누리고 있기 때문에 정치적으로도 높은 지명도를 유지하고 있다.[95)]

독일의 헌법재판소는 구체적인 위헌소송을 판결하는 미국의 헌법재판소와 달리 매우 광범위한 권한을 향유하고 있다. 구체적으로 독일의 연방헌법재판소는 크게 두 가지 권한을 가지는데, 하나는 헌법기관 및 연방 · 주 사이에서 나타나는 권한해석에 대한 헌법적 판결권이며, 또다른 하나는 헌법을 수호하기 위해 '자유민주주의 기본질서' 원칙에 위배되는 행위나 조직에 대한 제재권이다. 이러한 광범위한 권한을 바탕으로 하여 사법적 판단을 초월하여 실제 정치에 개입하는 경우도 있다. 특히 야당이나 군소정당에 의해 제기된 헌법소원에 기초하여 연방정부를 견제하기도 한다.[96)]

독일 기본법 제21조 제21항에 의거하여 독일연방헌법재판소는 자유민주주의의 기본질서를 해치거나 파괴하려고 시도하거나 독일연방공화국의 존립을 위협하려고 시도하는 모든 정당들을 위헌 정당으로 판결할 수 있는 권한을 포함하고 있다. 1950년대 두 개의 정당이 이러한 이유로 정당 활동이 금지되었다. 1952년 신나치사회주의제국정당(SRP: Neo-Nazi Socialist Reich Party)과 1956년 독일공산당(KPD: Communist Party of Germany)이 이에 해당하는 두 정당이었다. 1990년 독일 통일 이후에는 다른 극우 및 극좌 정당들의 활동을 금지하라는 압력이 증대되었다. 독일연방정부는 2002년 1월 이 정당의 활동을 금지시켜 달라는 신청서를 독일연방헌법재판소에 제출했고, 3월 29일 상원과 하원도 극우 성향의 민족민주당(NPD: National Democratic Party)의 폭력 조장과 나치즘과의 "명백한 관계"를 근거로 이 당의 정당 활동을 금지시켜줄 것을 연방헌법재판소에 신청했다. 이렇게 세 개의 다른 기관에서 신청서를 제출한 것은 민족민주당을 위법으로 만들기 위해 정치 엘리트들이 공통 노선을 택했음을 공공연히 보여

95) D. Kommers, *The Constitutional Jurisprudence of the Federal Republic of Germany*, 2nd ed. (Durham: Duke University Press, 1997).

96) 김영태, "제2장 독일의 정치제도와 정치과정," 유럽정치연구회 편, 『유럽정치』(서울: 백산서당, 2004), p.44.

주기 위함이었다.

프랑스와 독일에서는 헌법을 해석하고 헌법에 따른 행위를 하는 지침이 포함된 헌법재판소의 결정이 점진적으로 증가 추세를 보이고 있고, 이탈리아에서는 그 비율이 1980년 후반 이후에 급속하게 증가하고 있다. 독일에서는 지침을 포함한 헌법재판소의 결정이 입법부의 중요한 결정에 불균형적으로 영향을 미쳐 왔다. 이러한 상황에서 정부는 단순히 의안제출권을 포기하거나 지침을 회피하는 대신에 헌법재판소의 지침을 준수함으로써 법률을 회복하고자 노력해 왔다.[97)]

많은 유럽 국가들은 독립적인 헌법재판소를 가지고 있지 않다. 이들 국가에서는 정부의 책임을 강화하기 위해 사법부를 다양한 방식으로 사용하고 있다. 입법부와 행정부의 조치와 의사결정을 견제하기 위한 권한이 일반항소법원에 부여된 경우도 있다. 그리고 일부 유럽 국가에서는 법안에 대한 위헌심사를 모든 단위의 법원들에게 허용하고 있다.

그리스, 아일랜드 그리고 대부분의 스칸디나비아 국가들이 이러한 "분산(diffuse)" 시스템을 실행하고 있다.[98)] 1975년 그리스 헌법 제93조 제4항은 "그리스의 모든 법원은 그리스 헌법에 위배하는 내용을 포함하고 있는 법률을 절대로 적용해서는 안 된다"고 명시하고 있다. 이러한 시스템 때문에 그리스의 법률은 합헌성에 관한 해석 논쟁에 휘말리는 경우가 있고 이러한 문제의 해결은 특별최고재판소(Special Supreme Tribunal)가 담당하고 있다.

스칸디나비아 국가들의 위헌심사 절차는 복잡하고 매우 제한적이지만, 공통의 일반적 경향을 가지고 있다. 이 국가들에서는 모든 수준의 재판관들이 위헌

---

97) C. Landfriend, "Judicial policy-making in Germany: The Federal Constitutional Court," *West European Politics*, Vol.15, No.3, 1992. p.52.; A. Stone, "Governing With Judges: The New Constitutionalism," in J. Hayward and E. Page (eds.), *Governing the New Europe* (Cambridge: Polity Press, 1995), p.299; H. Helms, "The Federal Consitutional Court: Institutionalising Judicial Review in a Semisovereign Democracy," in L. Helms (eds.), *Institutions and Institutional Change in the Federal Republic of Germany* (Basingstoke: Macmilan, 2000), p.91; S. Sweet, "Consitutional Courts and Parliamentary Democracy," *West European Politics*, Vol.25, No.1, 2002, pp.94-95.

98) A. Brewer-Carias, *Judicial Review in Comparative Law* (Cambridge: Cambridge University Press, 1989), p.91.

심사의 권한을 보유하고 있다. 합헌성 통제의 임무를 부여받은 특별 재판소가 없고, 법률의 합헌성 여부에 대한 문제 제기는 반드시 일반 민사, 형사 또는 행정 소송을 통해서 이루어져야 한다. 합헌성 문제는 구체적인 사건의 해결에 반드시 필요한 경우에만 결정된다. 그리고 사법결정의 효과는 해당 사건에만 적용되고 재판관은 그 법률 자체를 무효화시킬 수 없다.

스웨덴의 경우 위헌심사에 대한 헌법 조항이 있음에도 불구하고 재판관들은 자신들에게 부여된 권한을 완전히 사용하지 않고 있다. 스웨덴에서 위헌심사는 낮은 수준의 행정적 규제나 지방 조례에 국한되어 왔고, 판결은 최고행정재판소(Supreme Administrative Court)에서 담당해 왔다. 스웨덴의 최고재판소에서 위헌이라고 판결한 법은 단 하나도 없다.[99] 포르투갈의 경우 위헌심사에 관련하여 특이할 정도로 많은 조항이 있다. 분산 시스템의 공통적인 특성으로서, 포르투갈의 일반법원은 어떤 법에 대하여 구체적인 소송사건의 맥락에서 무효라고 판결할 수 있다. 포르투갈의 헌법재판소는 법안 및 제정된 법에 대해서 위헌심사를 할 수 있다. 스위스는 "혼합(mixed)" 시스템을 갖추고 있는데, 스위스의 일반법원은 연방최고법원과 함께 위헌심사권을 가지고 있다. 그러나 연방법이 아니라 주법만이 위헌심사의 대상이 된다.[100]

다른 국가들은 의회의 주권 보장 개념을 충실히 따르고 있기 때문에 의회가 통과시킨 법에 대해서 법원이 심사할 수 있는 권한을 허용하고 있지 않다. 이러한 특징을 보이는 국가로는 영국, 네덜란드 등이 있다. 벨기에와 룩셈부르크도 이러한 법 전통을 따르는 국가에 속하지만, 이 두 국가는 최근에 기존 시스템에 변화를 주었다. 위헌심사가 전혀 허용되지 않거나 허용은 되나 실제로 거의 실현되지 않고 있는 국가들은 정부와 의회가 책임감 있게 입법 과정을 수행하고 자신들이 내린 결정들에 대해 책임질 수 있도록 하기 위해서 다른 많은 제도와 절차상의 조치들을 채택해 왔다.

99) J. Board, "Judical activism in Sweden," in K. Holland (ed.), *Judical Activism in Comparative Perspective* (Basingstoke: Macmilan, 1991), pp.179-180.

100) C. Rothmayr, "Towards the judicialisation of Swiss Politics?," *West European Politics*, Vol.15, No.2, 2001, p.77.

3) 유럽 법원의 재판관

판사들이 정치 행위자를 규제하는 중요하고 강력한 권력을 가질 때, 누가 판사를 임명하는지에 대한 의문이 특히 남게 된다. 사법부와 행정부, 입법부가 상호 견제작용을 할 때 이 문제가 분명히 제기된다. 비록 법 실행이 각 나라마다 다양함에도 불구하고, 대부분 국가들에서 판사는 민주적 통제 아래 임명된다. 여기서는 첫 번째로 헌법재판소의 재판관에 대하여 살펴볼 것이고, 그 후 일반 판사들의 임무와 역할에 대해 알아볼 것이다.

(1) 헌법재판소의 재판관

헌법재판소가 기존의 정치권과 사법부의 신뢰를 받아야 할 필요성은 헌법재판소의 구성원을 선출하는 절차에 반영되어 있다. 다음 표에서 볼 수 있듯이, 헌법재판소의 재판관들을 선출하는 과정을 주도하는 것은 정치권이다.

프랑스에서 헌법위원회의 구성원으로 임명되기 위한 중요한 자격 조건은 정당에 소속되어야 하는 것이고, 실제로 대부분은 전직 장관 혹은 의원 출신이 헌법위원회를 이루고 있다. 헌법위원회의 모든 구성원들은 선출되는 것이 아니라 임명되고 있다. 이러한 임명 방식은 헌법재판소의 모든 재판관들이 선출로 정해지는 독일, 그리고 일부는 임명되고 일부는 선출되는 방식을 취하는 스페인이나 이탈리아와 구별되는 프랑스만의 특징이다.

독일, 스페인, 그리고 이탈리아에서 헌법재판소 재판관이 되기 위해서는 가중다수결(Qualified Majority) 지지를 반드시 받아야 한다. 이는 어느 특정 정당의 전폭적인 지지를 받아 출마한 후보가 선출되는 가능성을 줄이기 위해서이다. 예를 들어, 스페인에서는 헌법재판소 재판관으로 선출되기 위해서는 5분의 3의 지지가 필요하다. 흥미로운 것은 강한 삼권 분립을 수호하는 법적 전통을 가지고 있는 룩셈부르크에서 새롭게 설립된 헌법재판소의 모든 재판관들이 전적으로 사법부에 의해서 선출된다는 점이다.

헌법재판소의 구성원들은 주로 정치 권력자들에 의해 임명되지만, 임명권이 실행되는 방식은 다양하다. 프랑스에서 헌법 위원회의 위원을 임명하는 권리는 권력을 장악한 정당에 의해 독점된다. 헌법 위원회는 9명의 위원으로 구성되고,

헌법재판소 재판관 선출

	인원	정치기관에 의한 선출	사법기관에 의한 선출
오스트리아	14	내각 (8) 하원 (3) 상원 (3)	
독일	16	하원 (8) 상원 (8)	
프랑스	9	대통령 (3) 국회의장 (3) 상원의장 (3)	
이탈리아	15	대통령 (5) 의회 (5)	대법원 (3) 국가위원회 (1) 감사원 (1)
룩셈부르크	9		최고재판소 소장 행정재판소 소장 대법원 대법관 2명 최고재판소 및 행정재판소 (5)
포르투갈	13	의회 (10)	헌법재판소 (3)
스페인	12	의회 (4) 상원 (4) 내각 (2)	일반사법위원회 (2)
폴란드	15	전체를 의회에서 선출	
체코	15	대통령과 의회	

각 위원은 9년의 임기를 맡는다. 대통령, 하원 의장과 상원 의장은 매 3년마다 한 명의 위원을 임명한다. 위원회의 위원이 되기 위한 공식적인 법적 자격이나 다른 요구조건들은 없고, 임명에 필요한 가장 중요하면서도 단순한 기준은 '정치적 관계'로 1958년과 1988년 사이에 임명된 위원들의 59%가 이전 정부의 각료나 의회 의원 출신이었다.[101]

정치적 임명의 폐해도 있다. 1986년 미테랑 대통령의 사회당이 의회 선거에

101) Alec Stone, *The Birth of Judicial Politics in France: The Constitutional Council in Comparative Perspective* (Oxford: Oxford University Press, 1992), p.50.

서 패배하자, 미테랑은 법무장관을 헌법위원회 위원장으로 임명하였다. 정치적 임명에 대한 비판에도 불구하고, 대부분 임명은 나름대로 장점이 있다는 이유로 정당화된다. 일반적으로 '자질(quality)이 정치적 충성(political allegiance)을 압도' 한다는 논리로 정치적 임명을 옹호한다.

위원들의 나이와 임기가 문제되기도 한다. 임명자들은 대개 그들의 직업에서 쇠퇴기에 접어든 정치가들이다. 그래서 비록 1990년대에는 그 연령이 64세로 떨어졌으나, 1980년대 위원들의 평균 나이는 74세였다.[102] 위원회 위원들의 교체는 정부의 교체보다 늦기 때문에, 새로운 정부는 정치적 반대파에 의하여 지배된 위원회와 만날 가능성도 있다.

독일, 오스트리아, 이탈리아, 스페인에서 의회는 헌법재판소 재판관을 전체 혹은 부분 임명을 할 수 있으나, 이를 둘러싸고 정치적 갈등이 심하지는 않다. 이는 이들 나라의 경우 프랑스와 같이 재판소가 정치적 투쟁의 장소가 아니라는 점을 의미한다. 독일에서 연방헌법재판소의 16명 중 절반인 8명은 연방 의회의 하원에 의해 임명되고, 나머지는 지방 정부를 대표하는 상원에 의해 임명된다. 정당은 누구를 임명하는지를 결정하는 데 중요한 역할을 하고, 의회의 세력분포에 따라 후보자 리스트를 균형적으로 만든다.[103]

이탈리아에서는 주요 정당이 각각 비례적으로 분배하여 임명하는 방식으로 운영한다. 스페인에서는 헌법재판소의 12명 중 4명은 하원에 의해 임명되고, 4명은 상원에 의해 임명된다. 이들이 임명되기 위해서는 5분의 3의 찬성이 필요한데, 이는 정당간의 합의가 필요함을 의미한다. 이들 국가의 헌법 재판관들은 프랑스와 달리 강력한 법적 자격을 가져야만 하고 재판관이 될 수 있는 필수조건을 충족시켜야 한다.[104]

102) John Bell, *French Constitutional Law* (Oxford: Clarendon Press, 1992), pp.37, 54.

103) Kenneth M. Holland, "The Courts in the Federal Republic of Germany," in Jerold L. Waltman and Kenneth M. Holland (eds.), *The Political Role of Law Courts in Modern Democracies* (Basingstoke: Macmillan, 1988), p.93; Donald Kommers, *The Constitutional Jurisprudence of the Federal Republic of Germany*, 2nd ed. (Durham: Duke University Press, 1997), pp.21-22.

104) Allan R. Brewer-Carias, *Judicial Review in Comparative Law* (Cambridge and New York: Cambridge University Press, 1989), p.227.

오늘날 대부분 국가에서 정부는 판사의 임명과 진급을 결정하는 중요한 역할을 하고, 판사는 의회에서 과반수 표결로 공직을 박탈당할 수 있다. 이에 따라 유럽에서 판사 임명 과정에서 정치성이 심화되는 경향이 자주 언급되고 있으며, 재판관 임명 시 정치권과 재판소 사이의 상호관계는 국가마다 다양하게 나타난다.[105] 정부가 선호하는 인사에 대한 임명과 진급과정에서 비중 있는 역할을 하더라도, 법관들을 지속적으로 속박할 수는 없다는 점이 충분히 인식되고 있다. 스칸디나비아에서는 사법부를 정치화하려는 시도에 대항하는 정치문화가 강하다. 예를 들어, 스웨덴에서 "정당의 압력과 변화로부터 독립된 사법부의 오래되고 깊은 철저한 전통"이 존재하고 있다.[106]

(2) 사법제도의 유형과 일반 재판관: 보통법과 시민법

모든 사법 제도하에서 재판관들은 법을 적용하지만, 몇몇 사법 제도하에서 재판관은 법을 만들 수도 있다. 법을 만드는 법원의 역할은 사법 제도의 일반적인 두 가지 타입인 보통법(Common Law)과 시민법(Civil law) 사이의 전통적 차이에서 비롯된다. 보통법 제도는 대체로 영국과 영어를 사용하는 영국의 과거 식민지 국가들이 사용한다. 유럽에서는 단지 영국과 아일랜드가 보통법 국가에 속한다. 유럽 외의 국가 중에서 보통법을 따르는 국가는 미국, 캐나다, 오스트레일리아, 뉴질랜드가 있다. 대부분 유럽 국가는 시민법 전통을 따른다. 시민법은 현재는 포괄적인 규범 제도로 변형된 "로마법"이라는 대륙 전통에서 기인한 것이다.

구체적으로 살펴보면 보통법 제도는 의회에서 제정한 "법률"에 덜 의지하고, 판사에 의한 결정, 해석, 정의에 의해 구축된 판례에 중점을 두는 제도이다. 따라서 "판례법(case law)"이라 불리기도 한다. 특히 언론 · 결사의 자유와 같은 시민의 자유권이나 경찰 등 공공기관의 활동과 관련된 사례에 대해서 판례가 중요

105) Mary L. Volcansek, "Judges, Courts and Policy-Making in Western Europe," in Mary L. Volcansek (ed.), *Judicial Politics and Policy-Making in Western Europe* (London: Frank Cass, 1992), p.5; Garry Sturgess and Philip Chubb, *Judging the World: Law and Politics in the World's Leading Courts* (Sydney: Butterworths, 1988), pp.122-151.

106) Joseph B. Board, "The Courts in Sweden," in Jerold L. Waltman and Kenneth M. Holland (eds.), *The Political Role of Law Courts in Modern Democracies* (Basingstoke: Macmillan, 1988), p.186.

한 역할을 한다.

보통법 전통에 중심을 두는 것은 '*stare decisis*(let the decision stand)' 원칙인데, 이는 재판관이 판결을 내릴 때 과거의 비슷한 사례를 참작하는 것이다. 주요 법 원리들과 규칙들은 입법부에 의해서 만들어진 법령(statutes)이 아니라 사법부의 재판관들에 의해 만들어진 것이다. 영국, 아일랜드, 미국 법원에서 어떠한 사례의 판결을 내릴 때 전례가 사용된다면, 이 전례가 곧 법이다. 판사는 의회에서 만든 법을 기계적으로 적용하지는 않고, 다른 재판관들이 법을 해석할 때 의존하게 될 판결을 함으로써 법을 만드는 역할을 한다. 보통은 '실용적이고 즉흥적인 방법'으로 분쟁을 해결할 것이다. 특히 영국에서의 법령(statutes)은 존재하는 판례법을 분류하거나 만들기 위해 부분적으로 제정된다.[107]

반면 성문화된 법 제도의 본질적인 특성은 법의 기초는 포괄적이고 권위적인 법적 규약(legal code)이라는 것이다. 이러한 기초 위에는 입법부에 의해 제정된 법규의 상부구조가 있다. 모든 법 결정은 원칙적으로 법적 규약과 그 다음으로 제정된 법률로부터 추론된다. 기존의 판례법을 참고로 할 필요가 없다. 현대 성문법에서 첫 번째로 그리고 가장 영향력 있는 것은 나폴레옹 법전으로 이는 프랑스 혁명 이후 새로운 질서가 형성되면서 한 부분으로 나타났다.[108] 비록 원래의 법전은 종종 개정되어 변화되어 갔지만, 이후의 입법은 이를 기초로 하여 만들어졌다. 나폴레옹 법전의 영향력은 벨기에, 룩셈부르크, 네덜란드, 이탈리아, 스페인, 포르투갈 등지의 법률 제도에서 분명하게 나타난다. 5개의 스칸디나비아 국가들인 노르웨이, 스웨덴, 덴마크, 핀란드, 아이슬란드는 대개 역사적이고 문화적인 원인으로 이러한 범주에 속한다.

시민법을 채택하고 있는 국가에서 재판관들은 어떠한 점에서도 법을 만드는 역할을 하지 않는다. 그들은 단지 의회에서 만들어진 법을 적용할 뿐이다. 재판관들은 단지 법적 기술자로 그들의 결정은 적절한 규칙과 특정 사례의 요소들이

107) Peter de Cruz, *Comparative Law in a Changing World* (London: Cavendish, 1995), p.105.

108) 프랑스 법률이 아직까지 의존하고 있는 5개의 기본 법은 Civil Code (1804), Code of Civil Procedure (1806), Code of Commerce (1808), Code of Criminal Procedure (1811)와 Penal Code (1811)이다.

공급되는 컴퓨터와 같이 이론상 매우 정확하게 이루어질 수 있다. 이러한 점 때문에, 판사들은 전형적으로 보통법을 채택하고 있는 국가의 판사들보다 더 낮은 신분(종종 법조계 교수들의 지위보다 상당히 더 낮다)을 가진다. 시민법을 채택하고 있는 국가의 판사들은 대개 상위 변호사들 중에서 임명된다. 시민법을 채택하는 국가에서 법학도들은 대개 그들의 연구를 끝내기 전에 개인 변호사가 될 것인지, 검사가 될 것인지, 판사가 될 것인지 우선 결정해야만 한다.[109] 따라서 시민법 적용 판사들은 때때로 보통법을 시행하는 국가들의 판사들보다 상당히 더 높은 정도의 관료적 태도를 가지는 것처럼 보인다. 예를 들어, 스웨덴에서 판사들은 그들 스스로를 "행정관"처럼 취급하는 경향이 있다. 판사나 행정관들 모두 관료정치에 속하고, 때때로 판사와 행정관 사이에서 서로 이동이 가능하다.[110]

사법부와 의회의 역할은 시민법과 보통법을 채택하는 국가마다 다양할 수 있다. 시민법을 채택하는 국가에서 사법부는 적어도 이론상 의회보다 덜 중요하다. 사법부는 단지 입법자들에 의해 만들어진 법률만을 채택하기 때문이다. 더욱이 프랑스와 기타 다른 대륙의 체제에서, 의회 토의, 위원회 보고서와 법률을 통과시키는 것과 관련있는 공공 성명은 의회가 법률을 통과시킬 때 법안에 대한 법률적 의견의 출처로서 사용될 수 있다. 이는 영국과 같이 보통법을 사용하는 국가에서는 배제되는 제도인데, 이들 국가에서는 입안되는 법률의 텍스트만이 입법 작업의 전체이다. 그래서 보통법을 채택하는 국가에서 입법부와 사법부 사이 충돌의 잠재성은 높은 편이다. 왜냐하면 판사들이 법을 '만들' 수 있을 때, 그들이 만든 법은 입법자의 선호와 일치하지 않을 수도 있기 때문이다.

일부에서는 법과 관련하여 문제가 발생하면 법원들로 하여금 이를 심사하게 하는 방법 대신, 앞으로 발생할지도 모를 잘못에 대비한 '사전 법률 심사(preview)'를 선택한 국가들도 있다. 예를 들어, 스웨덴에서는 새로운 법의 초안을 작성하기 전에 법원에 자문을 구할 수 있다. 핀란드에서는 최고법원이 제안

109) Kenneth M. Holland, "Introduction," in Kenneth M. Holland (ed.), *Judicial Activism in Comparative Perspective* (Basingstoke: Macmillan, 1991), p.8.

110) Joseph B. Board, "Judicial Activism in Sweden," in Kenneth M. Holland (ed.), *Judicial Activism in Comparative Perspective,* p.185.

된 법안의 합헌성에 대해 의견을 제시할 수 있다. 전통적으로 핀란드의 대통령은 최고법원이 결격사유가 있다고 판단한 법에 대한 승인을 거부함으로써, 핀란드 최고법원의 효과적인 거부권을 보장해 주고 있다. 베네룩스 3국에는 국가위원회(Coucil of State)라고 불리는 조직이 법에 대한 견제 기능을 수행하고 있다. 이 국가위원회는 법안이 의회에 제출되기 전에 해당 법안의 합헌성에 관한 의견을 제시함으로써 졸속 행정이라는 비판이 제기된 사안들에 대해 심사하는 역할을 하고 있다.

시민법 전통과 보통법 전통 사이에는 확연한 차이가 있지만 이 차이는 급속도로 줄어들고 있는 것으로 평가되고 있다. 드크루즈(Peter de Cruz)의 말에 따르면, "최근 보통법과 시민법 체계가 사례와 법령을 함께 사용함으로써 점차 가까워진다."[111] 영국과 아일랜드에서 법률은 계속적으로 법령에 기초한다. 많은 양의 입법이 확대되고 있고, 판례와 법령이 각기 다른 결정을 초래할 경우 판사들은 법령에 우선권을 주어야만 한다. 더욱이 영국 법원은 법률 일부분의 의미를 뚜렷하게 밝히기 위해 의회의 토의를 경청한다.[112]

시민법을 채택하는 국가에서도 판례는 점차 중요하게 되고 있다. 항상 중요하게 생각되었기 때문에 판사의 판결문에 판례가 없으면 잘못된 것이라는 인상을 받기도 한다. 샤피로(Martin Shapiro)는 프랑스 성문법(legal code)이 모든 사례에 대답을 정해 놓은 세밀한 규칙으로 구성되어 있지는 않으며, 오히려 그것은 판사들이 해석해야만 하는 원칙들을 구성할 뿐이고 재판은 판례를 많이 따르고 있다고 주장한다.[113]

111) Peter de Cruz, *Comparative Law in a Changing World* (London: Cavendish, 1995), p.36.

112) Dawn Oliver, "Peter v. Hart: A Suitable Case for Reference to Hansard?" *Public Law*, Spring 1993, pp.5-13.

113) Martin Shapiro, *Courts: A Comparative and Political Analysis* (Chicago and London: University of Chicago Press, 1981), pp.134-135.

제5장 유럽의 정치이념과 정치문화

근대 이후 유럽의 정치이념은 민주주의를 근간으로 하고 있다. 민주주의 정부는 국민에 대하여 책임지고 국민을 고려하는 정부이다. 하지만 민주주의의 한계는 다수의 횡포가 발생할 수 있다는 점이다. 지배와 피지배의 유럽 정치사를 보면 유럽에서 지배적인 인종은 정부가 소수 인종을 억압하기를 원했다. 이를 방지하는 방법은 보통 · 자유 · 평등 선거를 시행하는 것이었고 이러한 선거를 유지하기 위해서 언론, 통신, 회합의 자유를 확대시키려는 시도가 계속되어 왔다.

1945년 제2차 세계대전 종식 이후 동유럽의 정치체제는 공산주의 경제를 바탕으로 한 전체주의 체제가 지속되었으나, 결국 내부적인 모순점에 의하여 냉전 종식과 함께 자유민주주의를 채택하기에 이르렀다. 자유민주주의 정치체제를 택하였던 서유럽의 경우에는 평등과 공정분배 실현에 한계가 있는 자본주의의 모순점을 극복하기 위하여 사회주의적 요소를 받아들이면서 복지국가의 실현을 모색하였다.

1. 유럽 민주주의의 특징과 변화

오늘날 모든 유럽 국가들은 자유민주주의라는 동일한 레짐 형태를 공유한다. 물론 국가들 간에 중요한 차이는 존재한다. 예를 들어 국가 원수의 정치권력, 투표라는 방식으로 국민의 직접적 참여가 규정되어 있는지의 정도, 선거 제도의 형태, 제2입법부(상원)의 역할 등이 국가마다 다양하다. 유럽 개별 국가들에서 발견되는 자유민주주의의 기본 특징은 다음과 같다.

첫째, 대의 정부의 원칙이다. 이는 정부가 대표성뿐만 아니라 국민의 요구에 즉각적으로 반응하는 것을 의미한다. 선거는 국민의 대표자를 선출하기 위해 실시되고, 이러한 선거는 정부 구성에 영향을 미친다.[1] 그러한 선거들은 정기적으로 실시되고, 경쟁적이며, 비밀 투표와 평등 투표를 보장하는 원칙하에서 실시된다. 자유민주주의 체제하에서 정부를 선택하고 변화시킬 수 있는 이러한 권리는 정부의 변화와 독립하여 정기적으로 행사되는 권리로 헌법과 법 조항의 보호를 받는다.

둘째, 권력 분립의 원칙이다. 헌법 조항과 정치 과정의 관례에 의존한 견제와 균형의 제도들은 법안을 결정할 입법권, 제안, 행정, 법집행권, 위법을 판결할 사법권으로써 구별된다. 임기 동안에도 정부는 모든 정치행위에 있어 절대적인 권력자가 아니다. 일부 정부는 처음 출범할 때 입법부에 의해 명시적 또는 암묵적인 승인을 얻어야 하고, 새로운 법을 도입하고, 예산을 통과시키기 위해 입법부에서 주기적인 투표를 실시해야 한다. 정부는 정부의 행동이 위헌으로 제기될 때마다 헌법재판소 혹은 동등한 제도에서 답변을 해야 한다. 견제와 균형의 또 다른 예는 입법부의 상하원 간에 서로의 권력을 제한하는 관계에서도 보여진다.

셋째, 자유민주주의는 여론과 의사 표현 자유의 원칙을 가지고 있다. 주기적인 경쟁 선거, 대의 정부, 권력의 분립과 합법적인 견제와 균형의 제도 등이 검열, 의사 표현의 통제, 정부나 정치체제에 대한 비판적 발언의 처벌 등에 의하여 중요성을 잃을 가능성이 있다. 문제는 의사 표현이 보호를 받아야만 하는 정도와 범위에 관련되어 발생한다. 반민주주의 독트린의 확산, 종교나 인종 차별의 증가, 정치가들에 대한 비방적인 저작물 등은 대부분 자유 민주주의 체제에서 금지되어야 할 사항들이다. 그러나 이러한 사항에 대한 금지는 주의깊고 신중한 고려 이후에 채택되어야 하고, 법원의 판결에 따라야 하고, 선택적이 아니라 보

1) 그러나 많은 국가에서 선거결과가 반드시 정부 구성을 결정하지는 않는다. 왜냐하면 선거 이후에 연합정부 구성 협상이 이루어지기 때문이다. 따라서 선거에서 가장 적은 표를 획득한 세력이 정부수립에 참여하기도 한다.

편적으로 적용되어야 한다.

자유민주주의의 네 번째 원칙은 법의 지배 원칙이다. 정부의 결정은 헌법과 헌법에 기초하여 구성되어 있는 법률, 의회와 정부에서 만들어진 규칙에 의한 절차에 따라 이루어진다. 그러한 절차들은 정부가 법을 제정하여 개인이나 집단을 악의로 혹은 자의적으로 불리하게 적용할 수 없도록 만든다. 법은 모두에게 적용되도록 제정되고, 모든 사람들은 법의 지배를 받는다. 따라서 정치가나 지지자들은 그들의 지위와 권력을 이용한 부당한 특권을 누릴 수 없다. 권위주의나 전체주의의 독재와는 달리 자유민주주의에서 적합한 절차를 통하지 않고 다른 방법으로 이루어진 정부의 결정에 대하여 사법부에서 이의를 제기할 수 있다. 이 경우 재판은 이념적인 판단의 기초나 정치적 지지자들을 만족시킬 필요보다는 법의 정신에 따라 정부로부터 독립된 재판관에 의해 결정된다. 법의 지배는 가장 최고의 법인 헌법의 존재에 의존한다. 다시 말해, 이는 헌법이 존재하지만 효력을 발생하지 못하는 권위주의 체제와 비교되는 것이다.

1) 유럽 정치의 분화와 발전과정

정치학에서 "균열(cleavages)"이라는 용어는 서로 반대되는 집단들이 정체성의 기반을 형성하고, 집단 이익을 보호하고 증진시키기 위하여 사회를 양분화하는 심각한 갈등상태를 의미한다. 립셋(Lipset)과 로칸(Rokkan)은 대중의 투표권 확대로 인해 사회 내 균열이 폭력화하지 않고 정당제도로 표출되었다고 주장하였다.[2] 가장 중요하거나 '돌출적인' 서유럽 국가의 균열은 계급, 종교, 지역이었다. 수십 년의 전쟁을 겪을 만큼 갈등을 겪으며 결국 이 균열이 정치적으로 적극적인 이익 집단과 정당을 통해 표출되었다. 그리고 정당을 통해 표출된 균열이 결빙(freezing)되면서 각기 균열을 반영하고 그 해결책을 제도화하는 정당체제를 만들어냈다.[3]

2) S. Lipset and S. Rokkan (eds.), *Party System and Voter Alignments* (New York: Free Press, 1967).

3) Patricia Hogwood and Geoffrey K. Roberts, *European politics today*, 2nd ed. (Manchester and New York: Manchester University Press, 2003), p.39.

민주주의가 시작된 초창기 유럽에서 대중의 참정권 부여에 앞서, 정당은 규모가 작았고, 부유하고, 교육받은 유권자들을 대표하였다. 유럽 유권자들 내에서 사회적 · 물질적인 환경의 커다란 차이는 없었다. 예를 들어, 영국에서 1832년 참정권을 확대하려는 첫 번째 움직임에 앞서, 하원을 선출하는 유권자들은 성인 남성 5% 이하로 구성되었다.[4] 당시 정당은 경쟁적인 사회분열을 대표하지는 못했으며, 소규모의 응집적 엘리트들이 정치적 영향력을 발휘하는 수단으로 활용되었다.

참정권이 확대되면서 새로운 정당들이 의회에서 발언권이 없는 시민들의 이익을 증진시키기 위해 나타났다. 이러한 정당들은 새롭고 급진적인 이데올로기를 대표했다. 더욱이 그들은 이러한 이데올로기를 국민들의 분야별 이익이 차별성이 있다는 점과 연계시켰다. 예를 들어, 사회주의 이념은 산업 노동자 계급의 이익을 대변하였다. 공식적인 대의제도의 채널로서 새 정당의 형성은 집단적인 정체성에 대한 대중의 인식을 증가시켰다. 노동자들은 그들의 개인 이익과 임금에 대한 문제, 노동 환경, 주택 문제들을 다른 노동자들도 공유하고 있다는 것을 알게 되었다. 집단 정체성의 강화로 정당은 유권자들로부터 안정적인 지지를 획득할 수 있게 되었다. 각 국가에서 이러한 발전은 대중의 참정권 부여시기에 맞춰 사회적 차이를 반영하는 형태로 새로운 정당 제도를 "공고화"시켰다.

균열은 대중의 참정권 부여시 가장 중요한 요인이 되었다. 립셋과 로칸은 두 번의 "혁명" 시기가 각각의 국가 발전에 특히 중요했다고 주장하였다. 첫 번째는 국가 혁명으로 국가의 권위가 자국의 영토 내에서 공고화되는 것이었다. 두 번째는 산업혁명으로 이는 산업화와 도시화를 촉발시켰다. 결과적으로 이러한 두 종류의 혁명은 서유럽 도처에서 발생하였다. 그러나 대중의 참정권 부여는 이 두 주요 사회변혁의 발전의 다른 단계에서 이루어졌고, 그 결과 국가마다 상이한 형태의 분열이 발생하였다.

립셋과 로칸은 대중을 동원하는 잠재력을 가진 충돌의 4가지 기본 요소를 식별하였다. 첫 번째는 지배(dominant) 문화와 신민(subject) 문화 간의 분열인데

4) D. Kavanagh, *British Politics: Continuities and Change* (Oxford: Oxford University Press, 1985), p.4.

최근에는 대체로 중심–주변부 간의 분열로 언급되고 있다. 두 번째는 교회와 국가의 분열이고, 세 번째는 중심(primary) 경제와 부차적인(secondary) 경제 간의 분열인데 도시와 지방의 분열의 의미도 갖는다. 네 번째는 계급 간의 분열이다. 첫 번째와 두 번째는 서유럽 국가에서 국가 혁명의 직접적인 산물이고, 세 번째, 네 번째는 산업혁명에 의해 촉진된 것이었다. 국가혁명과 산업 혁명의 공통된 경험은 서유럽 국가에 4가지 기본적인 분열에 있어 발전의 잠재성을 창출시켰다. 그러나 각국의 특수한 환경에 따라 일부 충돌은 정치적 경쟁으로 연계될 만큼 현저하지 못하였고, 일부는 해소되었으며, 일부는 더 긴박한 충돌 때문에 별 관심을 끌지 못하였다.[5]

2) 유럽국가들의 민주화 과정

많은 문제점이 등장했음에도 불구하고, 정부의 원칙과 체계로서의 민주주의는 지난 200년에 걸쳐 유럽 전역에서 입지를 공고히 해왔다. 민주주의를 향해 진일보한 일도 있고 후퇴한 일도 있었다. 그러나 제2차 세계대전 이후 모든 서유럽 국가들은 민주주의 체제를 규합해 왔다. 그 예로 전후 오스트리아, 서독, 이탈리아에서 연합국 점령에 의해 민주주의가 재확립된 것을 들 수 있다.

제2차 세계대전에서 승리한 서유럽 연합국들은 서독과 이탈리아의 민주화 과도기 초기에 그들을 지원하고 긴밀하게 감독했다. 냉전이 시작되면서 이 국가들이 서유럽과 제휴할 필요가 있었다. 이탈리아는 지중해에서 전략적으로 중요한 위치를 차지하고 있었고 서독은 소련이 통제하는 독일민주공화국과 국경을 맞대고 있었다. 미국과 소련이 1947년에서 48년에 걸쳐 이탈리아 정치에 간섭하면서 좌익과 우익 정치 세력 사이의 관계를 악화시켰고, 후일 이탈리아의 안정에 악재로 작용했던 냉전 심리를 지속시켰다. 미국은 기민당에게 경제 원조를 해줌으로써 이탈리아를 서방세력 동맹으로 규합하는 데 성공했다. 이로 인해 이탈리아 정치에서 중도 우파가 영속적으로 주도권을 유지하게 됐다. 공산 좌파에

5) S. Lipset and S. Rokkan (eds.), *Party System and Voter Alignments* (New York: Free Press, 1967).

대한 대중적 지지가 상당했음에도 불구하고, 이들은 이탈리아 정치체계의 부정적 요소가 될 가능성이 높았기 때문에 공산주의 세력이 정부의 대안이 될 수는 없었다. 세계대전 직후에, 유럽 국가들의 주된 관심사는 안정과 안보였다. 서독과 이탈리아와 같이 민감한 지역이, 만약 그 당시에 외부 개입이나 재정 원조를 받지 못했다면, 어떤 문제를 겪었을지 알 수 없는 일이다.

이탈리아는 이후에도 국민의 존경을 받는 제 기능을 다하는 민주제도를 구축하는 데 어려움을 겪고 있다. 이탈리아 경우에 있어서 문제가 되는 것은 민주주의 원칙 자체가 아니라 현 제도의 정통성이다. 남유럽의 스페인, 포르투갈, 그리스는 제2차 세계대전 이후 권위주의적인 통치를 경험했고 1970년대 중반 이후에야 민주 정권을 수립할 수 있었다.

남유럽의 민주화: 스페인 포르투갈, 그리스

자유민주주의와 자본주의의 두 축으로 구성된 서유럽 국가들과 달리 포르투갈, 그리스, 스페인 등 남유럽 국가들은 제2차 세계대전 이후 오랫동안 군사독재정권의 지배를 받았다. 1970년대부터 이 국가들에서 민주화로의 이행이 시작되는데, 헌팅턴은 최초의 서유럽 민주국가 수립과 제2차 세계대전 직후의 민주화 물결에 이어 이 국가들이 "제3의 민주화 물결"을 선도하였다고 주장하였다. 제3의 민주화를 동시에 주도한 동유럽과 남미에 비하여 남유럽 국가들이 가장 먼저 안정되고 공고화된 민주주의를 성공적으로 확립한 것으로 평가되었다.

그리스, 스페인, 포르투갈 3국의 민주주의의 공고화 진입 기간은 서로 다르게 나타났다. 그리스는 1974년부터 1981년까지 7년간의 민주화 이행기를 거쳤고, 스페인은 1976년에서 1982년까지 6년, 포르투갈은 1974년에서 1986년까지 무려 12년의 기간을 소요하였다. 이 차이는 이들 국가의 민주화 과정에서 경제위기가 도래한 시기의 차이와 거의 일치한다.[6]

스페인은 1939년 프랑코(Francisco Franco)의 집권 이후 그가 사망하는 1975년까지 독재정치가 계속되었다. 프랑코 정권은 대중 운동과 정당의 부재, 2차적 지위를 갖는 군부의 존재, 반파시스트적인 프랑코의 성향, 교육에서의 종교 우

6) 박태규, "유럽의 정치, 경제, 사회의 변화와 지속," 박태규 외, 『유럽의 정치와 경제』(서울: 나남출판, 2002), pp.31-32.

위 등을 통해 볼 때, 파시스트라기보다는 일종의 '안정된 권위주의 정권'으로 평가되었다. 프랑코 정권은 국민군, 팔랑헤(Falange)당, 가톨릭 교회를 정권의 세 기둥으로 하면서 사회의 모든 부문에 침투하고 있는 공식적 조직체가 계급 갈등, 시장의 흐름, 사회 통합을 중재하는 조합주의적인 지배 체제였다.[7)]

프랑코 사망 이후 후안 카를로스 왕자가 국왕으로 추대되었고 나발로 수상은 개혁정책을 추진하였으나 국민들의 지지를 별로 받지 못하였다. 따라서 카를로스 국왕의 칙령에 의해 1977년 40년 만에 처음으로 민주적인 총선거가 실시되었고, 민주헌법이 제헌의회의 승인을 거친 후 국민투표에서 통과됨으로써 입헌군주제가 이루어졌다.[8)]

제2차 세계대전 이후 그리스의 정치 체제는 국왕, 군부, 의회 내 우파 세력이 지배하는 삼두정치 체제를 특징으로 하였다. 이 체제는 1944-1945년, 1946-1949년 두 차례의 시민 전쟁을 거치면서 이후 법적 · 제도적 측면에서 그리스의 국가 · 사회 관계들을 지배하게 되었다.[9)]

1975년 그리스는 민주헌법을 제정하여 민주화의 길로 접어들었고 프랑스와 독일의 절충형태인 대통령제에 의원내각제를 가미한 정부형태를 채택했다. 1974년 보수우파인 신민당이 집권하여 보수 성향의 통치를 하였으나, 1981년의 선거에서 저소득층, 청소년, 진보적 인사들의 지지를 받은 사회당이 집권해 최초로 사회당 정권이 수립되었다. 이후 사회당 정권은 경제정책의 실패와 정치적 스캔들로 인해 1990년 정권을 잃었으나 1996년 재집권에 성공하였다. 그리스의 민주화 과정은 스페인과 포르투갈에 비해 정치적 혼란을 경험하지 않고 비교적 안정적으로 이루어져 민주주의를 정착하는 데 있어 성공적이라는 평가를 받고 있다.[10)]

포르투갈의 독재정치는 1932년 살라자르(Antonio de Oliveira Salazar)가 창안한 일종의 조합주의 정권인 신국가(Estado Novo)로부터 시작되었다. 정치적 후원주의와 온정주의를 특징으로 하는 신국가는 조합주의적 사회통제와 대중들

7) 홍익표, 『유럽의 민주주의』(서울: 동방미디어, 2000), p.50.
8) 박태규, "유럽의 정치, 경제, 사회의 변화와 지속," pp.32-33.
9) 홍익표, 『유럽의 민주주의』, p.51.
10) 박태규, "유럽의 정치, 경제, 사회의 변화와 지속," p.33.

의 정치적 무관심을 이용하여 사회 집단들의 이익표명을 제한하고 대중 동원을 억지하였다. 살라자르는 정권의 지지 기반을 과두적 지배층과 국가 관료, 그리고 가톨릭 교회 및 군부에 두고 있었다.[11)]

카네이션 혁명으로 불리는 1974년 젊은 장교들에 의한 쿠데타로 신국가가 무너지고 혁명위원회에 의한 군부정권이 등장하는 등 정치적 혼란기를 거쳤다. 그러나 1976년 대통령 선거에서 사회당, 민중민주당, 그리고 중도사회민주당의 지지를 받은 예네스 장군이 절대적 지지로 대통령으로 선출되어 어느 정도 혼란을 줄일 수 있었으나, 4년 동안 6차례의 정부가 들어서는 불안정한 상황은 지속되었다. 1980년 선거에서 예네스 대통령이 재선에 성공했으나 집권당인 사회민주당과 민주연맹 간의 정치적 갈등으로 정치적 혼란이 있었다. 정치적 어려움에 처한 예네스 대통령은 의회 해산과 조기 총선을 시행했고, 이 결과 사회당과 사회민주당이 연합정부를 구성하였다. 결국 1970년대와 1980년에 민주화된 정부가 들어섰으나 극좌와 극우의 대립, 그리고 경제적 어려움으로 인해 포르투갈 사회는 혼란을 겪었고 1983년 소아레스 대통령의 당선과 더불어 정치적 안정이 이루어졌다.[12)]

남유럽 국가들의 민주화 과정을 살펴보면 스페인은 독재정권의 지배가 중단되지 않는 상태에서 개혁을 통해 변화를 모색한 데 반해, 그리스와 포르투갈은 권위주의 정권이 종식되고 다른 제도권 내 지배자들은 잔여 권력의 조건을 협상할 능력이 없거나 선택하지 못해 붕괴상태에 빠지면서 변화가 일어났다. 스페인 권위주의 정권의 주요 엘리트들은 전면적인 민주화에 대한 지지를 보였는 데 비해, 그리스와 포르투갈의 정치 엘리트들은 민주화에 반대하는 태도를 보였다.[13)]

1988년 이래 중동부 유럽 국가들도 민주주의로의 전환을 시작했다. 이는 민주주의의 이상이 점차 넓게 수용되고 있다는 것을 증명했지만, 민주 사회와 민주 정부 시스템을 구축하는 것은 길고 힘든 과정이었다. 또한 성공할 것이란 보장도 없었다. 전쟁 직후와 1970년대 서유럽 국가들이 민주주의를 수용하는 과정에서 겪은 것보다 중동 유럽 국가들이 더 많은 어려움을 겪을 것이라는 예측

11) 홍익표, 『유럽의 민주주의』, p.51.

12) 박태규, "유럽의 정치, 경제, 사회의 변화와 지속," pp.33-34.

13) 홍익표, 『유럽의 민주주의』, p.60.

이 있었다. 동유럽 국가들이 체제전환을 하면서 당면할지도 모르는 문제점들은 시장경제에의 적응, 새로운 체제에 대한 국민들의 수용, 문화적 적응, 그리고 서유럽 국가들이 민주화 과정으로 인도하는 잘못되었을지 모르는 방향 등을 포함하였다. 이 문제들은 제2차 세계대전 이후 민주주의에 의지해 온 서유럽 국가들이 직면했던 문제와 유사한 것으로 평가되었다.

과거 서독이 패전 후 민주주의를 도입 · 강화하는 데 성공한 것은 경제의 빠른 회복 때문에 가능한 것이었다. 경제회복과 사회주의 시장 경제(social market economy)라는 경제 정책을 위해 제공된 국제 원조는 곧 국민들의 지지를 얻었다. 그 결과에 따른 경제 성장은 새로운 연방국가 정치 구조를 합법화하는 데 일조했다. 과도기 정권에게 대중의 무관심은 매우 위험할 수 있다. 왜냐하면 대중의 무관심은 새 정권에 대한 저항으로 이어질 수 있기 때문이다. 동유럽의 경우에서와 같이, 소수의 보수회귀론자들이 계속 활동하고 동시에 민주화 과정의 방향성이 없을 때는 특히 위험하다.

스페인의 경우 민주적 목표에 대하여 비교적 분명한 주관을 갖고 있었지만 민주적 통치를 통합하는 와중에 많은 쿠데타 시도로 와해되었다. 미국과 서유럽 민주국가들은 전 유럽의 민주화에 상당한 관심을 가지고 있었다. 먼저 서유럽에서, 그 이후에는 중 · 동유럽 국가들의 민주화에 큰 관심을 가졌다. 냉전 시대에 민주화에 대한 관심은 부분적으로 합의된 민주주의의 기본 가치를 세우고자 하는 바탕에서 시작됐다. 그들의 이익의 수준과 민주화 개입의 정도는 관련 전략, 안보 이해관계에 따라 달라진다. 민주화 과정을 거치고 있는 국가들의 입장에서 보면, 민주화를 후원해 주려는 외부의 노력은 이득이 될 수도 있지만 해가 될 수도 있다.

3) 유럽 민주주의의 적응과 수용

일부 유럽 국가들이 전후에 민주주의로의 전환과정을 겪었지만, 이미 민주주의가 확립돼 있었던 국가들도 극적인 변화를 경험했다. 민주주의 내 변화 가운데 가장 주목할 만한 것 중 하나는 벨기에가 단일 탈중심국가(unitary decentralised state)에서 연방국가로 단계적 변화를 거쳤다는 것이다. 1970년에 시작해서 1993년에 끝난 이 과정은 벨기에의 주요 언어공동체인, 플라망(Flemish)과 왈론(Walloon) 공동체 사이의 비등하는 갈등에 대응해 이루어진 헌법적 개혁이었다.[14] 공동체 내에서의 깊은 감정의 골과 벨기에 정당 정치의 파편적 성격을 고려해 보면, 새로운 헌법적 합의를 통해 분쟁을 평화적으로 해결한 것은 상당한 성과였다.

1988년 이후 공산권 붕괴와 함께 독일은 통일과정을 겪으면서 제2차 세계대전 이래 유럽에서 가장 이례적인 변화를 겪은 나라가 됐다. 당시 통일 과정은 여러 측면에서 미래 신독일의 사회, 정치 안정에 좋은 징조로 작용하지 않았다. 동등한 세력이 합병된 것이 아니었기 때문이다. 1989년에서 1990년에 걸친 과정을 살펴보면, 독일통일은 서독이 정한 조건에 따라 서독이 동독을 흡수하는 형태로 이루어졌다. 연방 내 새로운 동부 주들은 서부 주들에 비해 심각하게 빈곤했다. 동부 독일인들이 서부 독일인과 동등한 삶의 질을 누리기 위해 얼마나 오랫동안 기다려야 하는지조차 불분명했다. 동독인은 사실상 하루아침에 사회주의 사회와 경제체제에서 서구 시스템에 적응해야 했다. 이러한 점 때문에 통일 초기에는 동독인이 이류 시민이라고 인식되기도 했다.

이와 같은 문제에도 불구하고, 통일독일은 별다른 사회, 정치적 혼란 없이 체제통합을 이루어냈다. 기본법은 독일민주공화국의 이전 영역까지 확대 적용되었고, 동독과 서독 사이의 평등 약속을 실현하기 위한 노력이 진행됐다. 개혁을 거친 과거 동독의 공산당인 신 민사당(PDS)을 제외하고 서유럽에서 발달한 정당 시스템은 사실상 통일독일에서도 그대로 남아 있었고, 힘든 변혁의 시기를 안정시키는 데 일조했다. 일부 우익 극단주의자들의 활동이 근심을 자아냈지만, 연방 차원의 정당 정치로 편입되지는 않았다.[15]

이상에서 논의된 난제에도 불구하고, 민주주의는 서유럽 국가에서 적용 가능한 정부 시스템으로 판명됐다. 민주주의의 가장 큰 강점은 대응과 진화 능력일 것이다. 이탈리아와 벨기에의 엄청난 부패 스캔들이 발생했을 당시 대중은 민주적 질서를 대안 정치체제로 바꾸자고 주장한 것이 아니라, 민주주의를 새롭게

14) A. Alen and R. Ergec, *Federal Belgium after the Fourth State Reform of 1993* (Brussels: Ministry of Foreign Affairs, 1994).

15) Patricia Hogwood and Geoffrey K. Roberts, *European Politics Today*, 2nd ed., p.266.

하자고 요구했다. 민주주의의 폐해에 직면해 이탈리아와 벨기에의 국민들은 더 나은, 더 정직한 민주주의를 요구하고 나섰다. 따라서 지금까지 서유럽의 자유민주주의는 서유럽 고유의 입헌주의, 다원주의, 대의주의의 특성을 잃지 않으면서 적응해 나아갈 수 있다는 것이 증명됐다.

4) 유럽 민주주의의 위기

제2차 세계대전의 상흔에서 벗어난 서유럽은 20세기 중반 이후 괄목할 만한 풍요, 평화, 정치적 안정을 누렸지만, 일부 정치이론가들이 전망했던 것과 같이 민주주의의 위기, 재앙, 모순을 경험하기도 하였다. 동시에 1950년 이후 일부 정치학자들은 다음과 같이 서유럽 민주주의의 시대별 위기를 평가하였다.[16)]

첫째, 1960년대 초반 대중사회 이론에 따르면 사회와 경제의 급진적 변화는 국가의 원자화, 획일화, 소외, 몰가치의 현상을 초래하였으며, 1960대 후반과 70년대 초반 정통성의 위기를 맞게 되었다. 후기 자본주의의 모순점을 해결하는데 실패함에 따라 정부 체계에 대한 신뢰가 무너지기 시작하였다. 또한 정부가 약속한 것과 정부가 제공할 수 있는 것의 차이로 말미암아 대중은 다원적 민주주의에 대한 각성 및 회의감을 갖기 시작하였다.

1968년에 일어난 가장 두드러진 두 사건이 프랑스와 체코슬로바키아에서 발생하였다. 이 각각의 나라에서, 정치적 현상유지(status quo)는 학생들과 노동자들, 지식층이 포함된 대규모 시위에 의해 직접적으로 도전받았다. 프랑스에서 드골 정부의 교육 정책에 반대하는 학생들의 시위는 노동조합의 가세로 대규모의 파업으로 이어졌다. 결국 1968년 5월 프랑스 제5공화국과 대통령의 정당성이 위기를 맞게 되었다.

체코슬로바키아에서는 개혁 공산주의자인 두브체크(Alexander Dubcek)가 당의 지도자가 되었고, 집회와 결사의 자유와 같은 정치 과정을 개방하려는 개혁과 더불어, 소련과 주변 공산 국가들에게 만연한 정통적인 공산주의를 타파하

16) Ian Budge, Kenneth Newton, et al., *The Politics of the New Europe: Atlantic to Urals* (London : Longman, 1997), pp.122-123.

는 조치들에 착수하였다. 이러한 "프라하의 봄"은 다른 공산주의 국가의 지도자들에게는 도전으로 여겨졌는데, 이들은 체코슬로바키아의 변화가 자국으로 확대되어 자신들의 권력에 도전한다고 보았다. 1968년 8월 후반 소련의 주도하에 바르샤바 조약기구의 군대는 두브체크 정권을 축출하였고, "인간의 얼굴을 한 사회주의(Socialism with a human face)"의 실험은 실패하였다.[17)]

둘째, 1980년대 초반 녹색운동, 여성운동, 소수집단, 반핵운동, 민족주의, 종교운동 등 새로운 이념과 사회운동은 기존의 정치 질서에 새롭게 도전하기 시작하였다. 후기 현대주의 정치 이론가들은 정부가 사회의 변화하는 요구에 대하여 적절히 대응하지 못하기 때문에 국민들이 그들의 욕구를 충족시킬 수 있는 정부의 능력에 대한 믿음을 상실하기 시작했다고 하였다. 또한 나쁜 뉴스를 많이 게재한 신문이 더 많이 팔리기 때문에 언론은 대중의 관심을 끄는 데 도움이 되는 부정부패, 잔인한 사건들 위주로 보도하였고, 이는 현대 민주주의에 대한 신뢰를 저해하게 만든다고 주장하였다.

셋째, 1990년대 냉전종식 이후 중동부 유럽은 자유 민주주의를 채택하였으나 이를 발전시키는 데에는 많은 어려움을 겪었다. 경제적 어려움이 민주주의로의 평화적 전환에 가장 큰 장애물이었다. 이에 따라 중동부 유럽은 민주주의 확립과 경제 발전이라는 두 가지 도전에 직면하게 되었다. 이 지역의 국민들은 경제개혁에 소요되는 많은 비용 때문에 권위주의 또는 전체주의 정치가 부활될까 우려하였다. 효과적인 체제전환이 이루어지기 위해 경제 개혁은 급진적이어야 하고, 이는 일부에게는 고통으로 받아들여지기 때문에 부정적 요소가 등장할 수 있다고 인식하게 된 것이다.

그러나 이러한 우려는 공산주의에 대한 반발과 혁명으로 불식시킬 수 있었다. 특히 냉전기간에 일어났던 반공산주의 혁명시도가 큰 경험이 되었다. 1956년 헝가리, 1968년 프라하, 1977년 체코슬로바키아의 77헌장(Charter 77)의 형성, 1980년대 초반 폴란드의 "연대노조(Solidarity)" 운동에 소련의 군대가 개입했지만 독재자들은 민중들의 자유와 민주주의에 대한 갈구를 진압할 수 없다는 점을

17) Robert Ladrech, "Historical Background," in Richard Sakwa and Anne Stevens (eds.), *Contemporary Europe* (New York: Palgrave, 2000), p.36.

인식하고 있었다.

1970년대와 1980년대에 헝가리와 폴란드는 정치 · 경제 개혁을 시작하였다. 더욱이 민주주의는 중동부 유럽 일부지역에서 전혀 새로운 것이 아니었다. 헝가리, 폴란드, 체코슬로바키아는 제2차 세계대전 이전에 의회제도의 경험을 가지고 있었다. 러시아와 동독 등에서 정부가 정치체제를 지배 및 통제한다고 해서 국민들이 정부의 가치를 무조건 받아들인다는 것을 의미하지 않았다. 동유럽 공산국가들은 국민들을 완전하게 세뇌시키는 데 실패하였고, 결국 1990년대 민주화의 방향으로 나아가게 되었다.

중동부 유럽의 민주화에 대하여 초기에는 회의적인 시각이 존재하고 있었지만, 겨우 발걸음을 시작한 동유럽의 민주주의를 서유럽의 민주주의 척도를 가지고 비교하는 것은 올바른 분석법이 아니라는 반론도 제기되었다. 1945년의 서유럽 민주주의와 비교해야만 옳다는 논리이다. 1945년 서유럽은 외세의 점령과 반민주주의 정부, 경제적 문제를 경험했기 때문에 오히려 1990년대 동유럽의 민주주의보다 저평가를 받을 수도 있다. 1995년 중동부 유럽을 1995년 덴마크나 노르웨이에 비교하면 형편없지만 1950년의 독일 또는 이탈리아와 비교하면 전혀 다른 그림이 그려진다. 1945년 독일정치에 있어서 민주주의 기초는 자리를 잡지 못하였고 경제적 안정과 정치적 결속이 이루어진 후에야 민주주의가 가능했다.

5) 유럽의 사회민주주의

20세기 이후 서유럽 국가 중 프랑스와 영국이 제도적으로 사회주의 정권을 상대적으로 긴 기간에 걸쳐 경험하였다. 프랑스에서 1936년 5월에 공식적으로 출범한 인민전선(Popular Front) 정부는 1937년 6월까지 1년 남짓 권력을 잡았다. 좌파는 1945년 이후 약 18개월이라는 짧은 기간 동안 다시 정권을 잡았으며, 한참 뒤인 1981년 6월에서 1986년 3월까지, 다시 1988년 6월부터 1993년 3월까지 권력을 장악하였으며, 1997년 6월 이후부터 재차 정권을 장악하였다. 1945년 이후 프랑스의 좌파는 약 12년간 프랑스를 통치하였다.

영국에서는 노동당이 1924년과 1929~1931년에 맥도널드(Ramsay MacDonald)

에 의해 두 차례 공식적으로 정권을 장악하였다. 제2차 세계대전 직후 있었던 1945년 7월 총선거에서 노동당은 146석의 과반수를 차지하며 승리하였고 1951년 11월까지 권력을 유지하였다. 1964년 10월 선거에서 간신히 승리하기 전까지 13년이라는 기간을 기다렸고, 1966년 2월 절대 과반수를 차지하며 정권을 유지하였다. 1970년 5월 선거에서 패배하였으며, 1974년 2월에 승리하여 1979년 5월까지 집권하였다. 1979년 보수당의 대처 정권이 들어선 이후 1997년까지 20년 가까이 집권을 하지 못하다가 1997년 블레어(Tony Blair) 수상이 집권하여 현재에 이르고 있다. 전부 합쳐 보면, 1945년 이후 노동당은 25년 이상 정권을 장악하였다.

프랑스와 영국의 민주 좌파의 운명에는 유사점이 있다. 양국의 사회주의 정당들은 제한된 기간 집권한 후 권력을 포기하도록 요구되어지는 경우가 많았고, 목표에 있어서도 환경변화에 따라 상당한 변화를 경험하고 있다. 예를 들어 프랑스 미테랑의 사회당이 1981년 정권을 잡았을 때, 국유화와 국가 통제 정책은 경제를 운영하는 최고의 방법처럼 보였다. 그러나 1990년대 후반 프랑스에서 조스팽(Lionel Jospin)이 이끄는 정당은 국가 경제 문제를 해결하는 방법으로 위와 같은 국유화와 국가통제정책을 포기하였다.

1945년 이후 서유럽에 사회주의가 등장하면서 분명하게 된 것은 현대국가 권력이 모든 시민의 이익을 위해 사용될 수 있고, 더 많은 사회 평등을 창출하는데 사용될 수 있다는 것이었다. 그러나 이러한 평등은 사실 모든 사회주의 정당이 요구하는 속도대로 성장하지 못하였다. 예를 들어 영국에서는 국가 부의 43%가 인구의 10%에 의해 소유되었고, 이 10% 중 1.5%는 영국 전체 토지의 40%와 주식의 48%를 소유하고 있는 인구이다. 1966년에는 영국 가족 중 17%가 빈곤 계층이었는데, 이는 스페인과 동일한 수준이었고 그리스와 이탈리아보다는 조금 앞선 수준이었다.[18)]

그리스를 제외하고 유럽연합 내 어떤 국가보다도 사회적 불균형이 심한 프랑스에서는 인구 중 1%에 부의 20%가 편중되어 있으며, 인구의 10%가 부의 50%를 공유하고 있다.[19)] 부의 공평 분배를 기대하는 좌파는 아직 그들의 목표가 이

18) David Childs, *Britain Since 1945* (London: Routledge, 1997), p.298.

루어졌다는 평가를 하지 않는다. 그러나 프랑스의 사회당과 영국 노동당의 근본적인 성격 변화는 이러한 목표의 달성을 불가능하게 하고 있다.

19세기와 20세기 전반기의 형태를 보면, 사회주의는 대체적으로 가난한 사회의 부산물이었다. 최근 들어 이러한 가난은 더 이상 확대되지 않았고, 결국 사회주의 아이디어에 대한 열정적 지지가 사라지고 있는 것은 당연한 것으로 인식되고 있다. 자본주의가 인구의 상층 3분의 2를 위해서 상품을 생산하는 것처럼 보일 때, 자본주의를 폐지하려는 정당은 선거에서 승리할 기회가 줄어드는 것이다.

영국 노동당은 1918년 당의 강령에 제4조를 추가했는데, 그 내용은 마르크스주의 개념을 기반으로 하여 "생산, 분배와 교환 수단의 공동 소유"를 내용으로 하고 있었으며, 이는 당의 이미지가 변한 1989년까지 공식정책으로 남았다. 이는 1945~1951년의 노동당 정부에 의해 운영된 정책의 바탕이 되었고, 영국은행(Bank of England), 민간항공, 석탄 광산, 철강산업과 철도, 그리고 전기와 가스 산업의 국유화를 포함하였다.

1960년대와 1970년대에도 국유화는 지속되었고, 이러한 노동당의 국유화 정책은 경제 영역에서 효율적인 결과를 가져오지 못하였다. 그 사례로 1980년까지 영국 철강 공업은 매 초당 30파운드를 손실하였고, 일반적으로 영국 경제는 1966년 11월 18일 파운드가 미국 달러 2.80$에서 2.40$로 14.3% 평가절하되자 더 이상 세계 시장에서 경쟁할 수 없는 상황에 처하게 되었다.[20]

19세기에 차지한 우위를 유지하려 했던 영국경제가 20세기 중반이 넘어서 왜 실패하였는지에 대해서 많은 의문점들이 있다. 이러한 퇴보는 1870년 영국 경제가 GDP와 소위 "인류 발전 지수(Human Development Indices)"에서 오스트리아, 벨기에, 덴마크, 핀란드, 프랑스, 독일, 이탈리아, 네덜란드, 노르웨이, 스웨덴, 스위스보다 앞섰으나, 1992년에는 12번째로 그 위치가 떨어진 것으로 반영되었다.[21] 이것은 영국이 산업혁명을 처음으로 시작하였고, 그래서 다른 국가

19) Malcolm Cook and Grace Davie, *Modern France: A Society in Transition* (London: Routledge, 1999), p.22.

20) Peter Pugh, *Thatcher for Beginners* (Icon Kooks, 1997), p.118.

21) Max-Stephan Schulze, *Western Europe: Economic and Social Change since 1945* (London: Longman, 1999), p.384. 1999년 6월 8일자 *The Times*의 한 기사는 영국의 상대적인 지위가

들의 추월을 받을 운명에 놓여 있었기 때문이라고 보기는 어렵다. 그것은 제2차 세계대전에서 문명을 지키는 데 경제를 소비했기 때문도 아니다. 독일인들은 자국의 경제 구조 전체가 완벽하게 파괴되었다는 이유로 1945년을 "영점의 해(Stunde Null)"라고 불렀다. 그러나 1959년 독일은 스위스를 제외하고 서유럽에서 가장 부유한 국가가 되었다. 세계대전 당시 완전히 파괴되었던 또 다른 국가인 프랑스도 독일과 비슷한 수준으로 발전하였다.

좀 더 설득력 있는 설명은 영국에는 여전히 국가를 지배하는 계층과 피지배층 사이의 간격이 상당히 큰 계급사회가 지속되고 있다는 점이다. 또한 영국 노동자들과 마찬가지로 영국 경영자들이 세계 수준에 비해 열악한 교육을 받았다는 사실이다. 이는 18세기 후반과 19세기 초반의 산업혁명이 기계공들과 고등교육을 받지 않은 기업가들에 의해 수행되었다는 점이 이를 입증한다.[22)]

영국에서는 세대변화와 더불어 노동당과 보수당 양대 정당간 이념 대결은 사실상 거의 사라져갔다. 정책면에서 보수당과 노동당의 구분이 힘들게 되었고 그 대신 경제 번영과 관련하여 시장문제가 우선순위로 떠오르게 되었다. 1990년 5월 4일 "미래의 관찰(Looking to the Future)"이라는 제목으로 노동당이 발간한 문서는 1980년대의 보수당 대처 정권에 의해 민영화되었던 산업들을 재국유화하려는 공약을 포기하였다. 그리고 더 중요한 것은 노동조합의 권한을 제한하는 보수당의 법률을 폐지하겠다는 이전의 약속도 더 이상 언급하지 않았다. 노동당은 또한 중앙정부가 상업과 산업에 대한 개입을 해야만 한다는 생각을 포기하였고, 해외자본을 소유한 영국 시민들이 즉시 귀국해야 한다는 요구를 중지하였다. 비록 메이저(John Major) 수상이 승리하였던 1992년 4월 선거에서 노동당은 패배하였지만, 이런 변화에 힘입어 1997년 5월 1일 블레어(Tony Blair) 하의 노

향상될지도 모른다고 언급하였다. 만약 영국의 연간 GDP가 100이라고 보면, 프랑스는 1960년에 85, 1970년에는 115, 1980년과 1990년은 123, 1984년에는 131로 계속 증가하였으나 1998년에는 105에 머물렀다. 독일의 연간 GDP는 1960년에는 113, 1970년에는 167, 1980년에는 169, 1994년에는 201, 1998년에는 157이었다. 이탈리아는 1960년 56에서 1970년에는 86이었고, 1980년에는 84, 1990년에는 112, 1994년에는 영국의 GDP와 정확하게 같은 100이었으나 지금은 단지 86에 머무르고 있다. 바꾸어 말하면, 영국은 유럽의 세 주요 지역의 경제와 관련하여 자국의 지위를 조금 개선한 것으로 평가되었다.

22) Philip Thody, *Europe since 1945*, pp.141-142.

동당이 다수당으로 권력을 다시 장악하였다.

블레어 수상은 "생산수단의 국가소유"를 규정한 노동당 당헌 제4조를 수정하고 보수당의 대처 전 총리의 정책을 계승하겠다고 나섰다. 그는 "대처리즘"의 상속자임을 표방함으로써 시장경제의 현실을 더 이상 부인하지 않았다. 그는 자신이 사회주의자가 아니라 사회적 민주주의자라는 점을 강조하고 기술의 진보, 새로운 경쟁력 확보, 기업구조의 재조정을 주장하였다. 그는 교육기회 확대, 보건 서비스 재건 등 복지향상에 관한 노동당의 전통적인 공약의 실천은 물론, 적극적인 정부개입정책을 통해 역동적이고 진취적인 경제건설 등 실용적인 정책을 시행해 나갈 것이라고 약속했다. 그러면서도 전반적으로 공공지출 억제라는 과거 보수당 정권의 정책기조를 그대로 유지하려고 하였다. 특히 개인에 대한 세금도 인상하지 않겠다는 입장이었다.

비슷한 시기에 독일에서도 좌파 정부가 탄생하였다. 1997년 9월 실시된 독일 총선에서 게하르트 슈뢰더 사민당(SPD) 후보가 승리한 것은 유럽을 휩쓸고 있던 좌파정권 도미노가 마침내 통합유럽의 중심부인 독일에까지 도달한 것을 보여주는 역사적인 사건이었다. 독일에서 좌파정권이 출범함으로써 당시 유럽연합 15개 회원국 중 스페인과 아일랜드를 제외한 13개국 정부가 좌파 단독정권 혹은 연합정권이 되었다. 프랑스, 영국에 이어 독일에까지 좌파정부가 들어섬에 따라 유럽은 미국 주도의 세계질서에 대항해 좌파이념으로 맞설 수 있는 공통의 기반을 갖게 되었다. 유럽 좌파정부들은 유럽의 화폐통합을 위해 유럽연합 회원국들에게 강요되던 물가안정과 긴축 재정정책을 버리고 정부주도의 고용과 경제성장 정책을 시행함으로써 미국 주도의 신자유주의 정책에 반기를 들었다.

유럽연합 좌파 11개국 정부의 재무장관들은 "새로운 유럽의 길: 유럽통화동맹(EMU)의 기본 틀과 경제개혁"이란 성명에서 유럽좌파 정당의 중심 목표는 완전고용의 실현이라고 강조했다. 재무장관들은 또 유럽중앙은행(ECB) 및 각국 중앙은행들에게 경제성장을 위해 금리를 인하할 것을 촉구했다.

슈뢰더 수상의 등장으로 전통적인 독일-프랑스 주축의 유럽 외교에도 변화가 예상되었다. 슈뢰더는 블레어의 "제3의 길"에 상응한 "새로운 중도"를 기치로 내세우고 취임 직후 영국을 방문하여 정책공조에 합의하는 등 영국을 통합유럽

내로 끌어들이려는 노력을 보여주었다. 이처럼 통합된 유럽이 독일-프랑스-영국의 3각 구도로 자리잡혀감에 따라, 냉전시대에 설정된 미-유럽 관계에 변화가 오게 되었다. 그리고 유럽이 독자적인 목소리를 낼 수 있는 여지가 확대될 것으로 전망되었다.

2. 유럽의 복지국가정책

제2차 세계대전이 끝난 후 서유럽에는 사회보장제도를 토대로 한 복지국가가 출현하였다. 복지국가는 역사적으로 인류를 괴롭혀 온 굶주림에 대한 두려움을 없애려는 의도에서 출발하였다. 대체로 유럽에서의 복지정책이 자리잡는 과정에서 좌파정부가 많은 기여를 하였으며, 이후 국민복지는 좌파정부뿐만 아니라 유럽 전체에 확대되기 시작하였는데, 사회보장제도의 범위, 우선순위, 자금조달, 운영방법 등 복지국가를 실현하는 방법은 각 국가마다 차이가 있다. 유럽의 복지국가들은 다양한 형태와 규모로 존재해 왔고 이에 따라 그들이 직면한 도전들도 다양하게 나타났다. 시장의 국제화, 인구 구조의 변화, 고실업률의 지속, 가족 구조의 변화, 복지에 대한 대중의 기대 증대 등이다.

유럽에서 복지국가의 등장과 발전은 기본적으로 자유와 평등, 공동체의 협력과 갈등, 사회구조의 계층화와 통합과 같은 상호 모순적이면서도 보편적인 개념들을 토대로 하여 시작되었다. 따라서 복지국가의 탄생과 발전에 대해서도 다양한 견해가 존재한다. 복지국가의 생성을 산업화와 산업사회의 논리로 설명하고자 하는 시도도 있고, 산업화 과정에서 완전한 시민권을 획득하기 위한 정치적 동원의 산물로 이해하는 경향도 있다. 또 다른 학자들은 자본주의를 점진적으로 변형시키려는 사회민주주의의 성공적인 정치적 노력이 케인즈 경제학의 수용과 더불어 복지국가의 도래를 가능케 했다고 주장한다. 마르크스주의자들은 복지국가를 한편으로는 계급지배의 한 표현으로서 자본주의의 유지 및 재생산 수단이면서 동시에 다른 한편으로는 노동자 계급의 복리 및 계급투쟁의 기초를 마련하기 위한 반자본적 투쟁수단으로 이해한다. 요컨대, 복지국가는 자유주의 진영으로부터는 시장경제 체제의 자율성과 생산성을 저해하는 강압적 제도장치로,

마르크스주의로부터는 자본주의적 생산관계를 유지 · 존속시키기 위한 시장경제질서의 대리인으로 평가되고 있다.

일반적으로 복지국가의 황금기로 일컬어지는 제2차 세계대전 이후부터 1970년대 중반까지 유럽의 거의 모든 선진국가들은 높은 수준의 경제성장을 안정적으로 구가하면서 국가-자본-노동간 화해의 정치구조를 지속할 수 있었으며, 이를 바탕으로 복지국가의 제도적 차원을 보다 강화시켜 나갈 수 있었다. 따라서 근대에서 현대사회로의 이행과정에서 부각된 유럽에서의 복지국가는 자유주의 국가(liberal state)와 민주주의 국가(democratic state)의 타협의 산물이자 불평등을 바탕으로 하는 자본주의 경제와 평등을 모색하는 정치적 결단의 결합이라 할 수 있다.[23)]

복지국가정책은 국가마다 차이가 있다. 복지정책은 그리스보다 스칸디나비아 반도에서 더 발전하였고, 실업 및 의료수당은 영국보다는 프랑스와 독일에서 더 혜택이 크다. 그리고 육아 보조금(child allowance)은 다른 어떤 국가보다 프랑스가 뛰어나다. 프랑스는 가족수당과 건강보험 분야에서 다른 나라들보다 앞섰다. 영국의 사회보장제도는 국가에 의해 운영되는 데 비해, 스웨덴을 제외한 스칸디나비아 국가들의 실업보험과 건강보험은 정부와 관계가 없는 기관에 의해 운영된다. 독일, 프랑스, 이탈리아의 보험기금은 거의 고용주와 피고용인의 납부금으로 운영되다가 최근에야 국가 기여금이 중요한 역할을 하게 되었다. 이러한 차이점에도 불구하고, EU 회원국간, 그리고 서유럽과 미국 등 선진국 사이에 복지정책의 기본 조항은 유사성을 가지고 있다는 점이 여러 측면에서 입증되고 있다.[24)]

1) 복지국가의 기원

복지국가의 건설과 발전은 마르크스가 '공산주의 선언'에서 주장한 "현대국

23) 박호성, 『평등론: 자유민주주의 · 사회민주주의 · 마르크스주의의 이론과 현실』(서울: 창작과 비평사, 2002), p.259; 이수형, "제8장 유럽 사회질서의 변화와 지속," 김계동 외, 『유럽질서의 이해: 구조적 변화와 지속』(서울: 오름, 2003), p.321.

24) Philip Thody, *Europe since 1945* (London and New York: Routledge, 2000), p.135.

가의 행정부는 부르주아 계급의 공공 문제를 취급하는 위원회"에 불과하다는 논리가 거짓임을 밝혀냈다. 역사적으로 사회보장의 목표 대상은 빈곤계층과 노동계층이었고, 활동은 빈민구제로부터 시작되었다. 한편으로는 자본주의 경제의 출현과 급속한 인구증가, 농촌의 실업증가, 다른 한편으로는 국가기구의 강화에 따라 최소한 16세기 이후 국가는 복지에 관심을 두기 시작하였다. 현대의 복지국가는 유럽에서 고안된 것이고 제도적 차원에서 시작되었다. 현대적 개념의 복지국가는 19세기 말 산재, 질병, 노령화로부터 시작하여 실업에까지 확대된 "사회보험"이 도입되면서 이루어졌다. 국가차원의 포괄적 사회보험은 1883년 강제보험, 노령연금, 건강보험과 같은 사회입법을 처음으로 추진한 독일의 비스마르크(Bismark)시절까지 거슬러 올라간다.[25)]

사회보험 제도는 기능적 전문화와 관료제화, 그리고 그 동태적인 성격에서 예전의 빈민구제법과 다른 것이었다. 빈민구제는 그 제공 정도와 포괄되는 인구 차원에서 제한된 범위의 것이었으나 사회보장은 전 인구를 포괄하는 제도였다. 유럽에서의 사회보장의 범위는 20세기로 들어서면서 지속적으로 확대되었다. 특히 스칸디나비아에서 '포괄적 국민 보험(comprehensive people's insurance)'이라는 개념이 등장하였다. 대공황에서 제2차 세계대전 말에 이르는 시기에도 사회보장 정책은 정체되거나 축소되지 않았다.[26)] 1920년 이전에 유럽 전체로 전파된 사회보장에 대한 이상은 전간기에 전 세계로 퍼져 나갔다. 초기의 사회보험 정책은 자유, 평등과 안전의 가치들을 조화시키는 시도를 바탕으로 하였다.

논리적으로 본다면, 사회보험은 자선(charity)과 사회의 극빈자에 대한 최소한의 선택적인 안전망이라는 빅토리아의 교훈에 근접하고 있다. 1945년 이후에 시작된 개혁은 단지 이미 존재하는 제도의 확대와 적용을 의미했다. 그러나 그들 제도의 내면을 들여다보면 특징과 보편성이라는 점에서 차별성이 나타난다. 현재 전 세계적으로 광범위하게 채택되어 있는 사회보장 제도는 산업재해, 노인과 연금문제, 실업보험 제도를 포함한다.

25) Derek W. Urwin, *A Political History Of Western Europe since 1945*, 5th ed. (London: Longman, 1997), p.130.

26) 피터 플로라(Peter Flora), "제1장 유럽정치사 개관: 로칸의 거시모형," 김수진 외(편역), 『비교정치강의 3』(서울: 한울아카데미, 2000), pp.43-44.

1945년 이후 실시된 사회정책은 두 가지 새로운 요구에 기반하여 나타났다. 첫째, 케인즈의 포용정책은 완전고용이라는 사회목표가 최상의 상태로 받아들여지는 것을 의미했기 때문에, 사회경제정책이 상호 연관된 것으로 간주되는 것을 의미했다. 즉 사회적인 소비가 완전고용이라는 경제목표와 더 많은 투자와 생산, 그리고 안정적인 통화를 보장하는 데 도움을 준다고 믿었다. 둘째, 기회평등, 건강, 교육 그리고 연금에 대한 신념이었다. 그러므로 사회정책은 공공선(common good)을 추구해야 하고, 사회의 가난한 자들만이 정책의 목표가 되어서는 안 된다고 논의되었다. 전후 사회정책의 규모와 범위는 서유럽국가의 본질을 변경시킬 정도로 많은 영향을 미쳤다.

사회보장제도는 두 가지 차원에서 새로운 특성을 보였다. 첫째, 산업화의 과정에서 사회적으로 경영자들을 보호하던 전통적 개념을 파기하고 근로자들의 보호에 관심을 기울이기 시작한 것이다. 둘째, 사회보장제도는 민주화와 동반되는 개념이다. 특히 정의와 평등의 정치적 요구에 대한 반응이라 할 수 있다. 사회보장제도 발전 초기에 논의의 초점은 국가의 사회적 역할의 기본원칙이 무엇이 되어야 하느냐에 맞추어졌다. 국가마다 상이한 산업화, 민주화, 민주자본주의적 발전을 하고 있지만, 국가가 일정 역할을 하여야 한다는 아이디어에는 거의가 긍정적인 반응을 보였다.

각 국가들은 복지국가에 대한 나름대로의 견해를 가지고 있었으며, 사회보장의 필요와 문제점들에 대한 대응책을 서로 다른 방식으로 접근하였다. 재정정책, 범위, 구조, 우선순위, 그리고 정부의 직접운영의 범위가 상당히 다양했다. 그러나 모든 경우 사회정책의 목표는 개인에 대한 현금지급수단, 세금감면 등의 간접지원, 국가에 의한 서비스의 직접혜택 등의 결합에 의하여 이루어지게 되었다.

복지국가 발전에 있어서 주요한 장애요인은 경제개발의 수준이었다. 스페인, 포르투갈, 그리스 그리고 아일랜드와 같은 가난한 국가들의 복지정책은 실제로 더 많은 제한을 받았다. 가장 발전한 복지국가는 영국과 스웨덴이었는데, 각 국가마다 구별되는 특징이 있었다. 특히 일반 연금은 서독과 벨기에가 높고, 프랑스는 가족수당과 의료혜택의 수준이 높았다.

유럽의 사회보장제도 발전에는 크게 두 가지 흐름이 있어 왔다. 첫째, 스칸디

제2차 세계대전 이후 유럽의 사회복지제도

독일 모델	스칸디나비아 모델	영국 모델	공산주의 모델
고용관련제도와 수당 –노인 연금 –장애인 연금 –병환수당 –실업 수당 –의료 서비스	최저 임금보장과 평생고용 사회 시민권 –최저 연금 –의료 서비스 고용/수입 관련 수당 –노인/장애인 –병환 –실업	최저 임금 보장 사회 시민권 –최저 연금 –고정 수당 –의료 서비스	국가는 사회전체에 대하여 물질적 복지보장 국가 의료서비스 작업과 공로에 따른 사회보장 수당 완전고용 실업수당 존재하지 않음

나비아–영국 제도로서 사회시민권에 강한 기반을 두고, 비교적 획일적이고, 통합된 제도를 시행한다. 둘째, 대륙제도는 보다 단편적으로 작은 규모의 시민조직을 기반으로 한다. 두 제도의 차이는 "국가화(stateness)"와 "보편화(universalism)"로 구분된다. 국가화는 다양한 복지제도를 국가 또는 중앙정부가 통제하는 것이고, 보편화는 복지제도가 인구 전체 또는 특정 집단에 적용되는 것이다.[27] 제2차 세계대전 이후 유럽의 사회복지제도는 위의 표와 같이 4개의 모델로 구분되어 발전하여 왔다. 이 중 공산주의 모델은 1989년 공산체제 붕괴 이후 사라졌다.

2) 복지국가의 성장과 발전

1945년부터 1980년까지 사회보장의 전례 없는 확대는 지속적인 경제 성장 때문에 가능했는데, 그 외에도 가족 수당과 출산 수당과 같은 새로운 제도의 개발, 여러 가지 연금제도에 수입관련 요소의 도입, 인구의 변화, 일반적인 복지기금의 확대가 전반적인 사회보장 제도의 확대 요인으로 작용하였다. 그러나 1945년 이후 복지국가가 지속적으로 발전된 것은 아니다. 실제로 복지국가는 1970

27) Ian Budge, Kenneth Newton, et al., *The Politics of the New Europe: Atlantic to Urals,* p.345.

년대 중반 전후로 위기에 처한 바 있다. 특히 1970년대의 심각한 경제적 위기는 서유럽 각국의 재정적 위기를 낳았으며 이는 복지국가의 다양한 프로그램들을 집행하기 위한 예산상의 위기를 낳았다. 또한 복지국가의 재정위기는 복지국가의 이념적 위기로 발전하면서 정치와 경제, 자본과 노동 간의 타협의 장치로서의 복지국가의 이념적 정당성 자체가 의심받기에 이르렀다.[28)]

영국의 경우 약화된 파운드화의 가치를 회복시키기 위해 1976년 국제통화기금으로부터 금융지원을 받으면서 경제 침체가 더욱 악화되었다. 영국은 폭넓은 복지정책을 수행하고 적극적인 고용정책을 시도하면서 재정지출이 크게 증대했다. 과다한 공공부문의 지출과 공기업의 낮은 생산성은 무역적자와 실업률의 상승을 가져왔다. 영국의 경제위기를 가져온 가장 큰 원인은 정부의 정책적 능력이 약화된 데 기인하였다. 영국은 재정지출 면에서 큰 정부를 유지했으나 정책을 수행하는 과정에서 국민경제의 활성화를 위해 필요한 재원의 동원과 배분 능력을 결여하게 되었다.[29)]

경제위기를 계기로 보수당 정권이 집권하면서 기존의 가부장적인 복지정책과 총수요 관리정책으로부터 신자유주의로의 전환점을 맞이하게 되었다. 대처정부의 신자유주의 정책은 기존 복지제도의 지원보다 자조의 원칙에 근거해 재편하는 한편, 정부의 산업에 대한 간섭과 규제를 배제해 자율적이고 경쟁적인 환경을 만드는 동시에 정부규모를 축소했다. 또한 노동조합에 대한 정부의 통솔력을 높여 노동시장의 유연성을 확보하는 데 주력하였다. 보수당 정권은 과거의 정부와는 달리 산업에 대한 간섭과 규제, 그리고 보조를 폐지하는 대신 자율적인 경쟁을 통해 산업의 생산성을 제고할 수 있는 환경을 조성했다는 점에서, 그리고 가부장적인 복지제도에서 벗어남으로써 공공부문의 재정지출의 규모를 축소했다는 측면에서 보았을 때 정부의 역할이 줄어들었다고 할 수 있다. 그러나 실제로는 시장에서의 경쟁을 촉진하기 위해 공정한 거래질서가 유지될 수 있도록 시

28) 장훈, “복지국가의 위기와 신보수주의적 대응의 결정요인,” 한림대학교 사회복지 연구소, 『복지국가의 위기와 사회정책의 전망』(서울: 한울, 1996), pp.31-57; 이수형, “제8장 유럽 사회질서의 변화와 지속,” 김계동 외, 『유럽질서의 이해: 구조적 변화와 지속』, p.323.

29) 박태규, “유럽의 정치, 경제, 사회의 변화와 지속,” 박태규 외, 『유럽의 정치와 경제』(서울: 나남출판, 2002), p.17.

장을 감독하는 규제권한을 강화했다.

대처 1기 정부는 1979년 "공공부문 지출의 확대는 사적 부문의 성장을 더 이상 앞서지 말아야 하고 사적 부분의 성장을 막아서도 안 된다"고 선언하였다.[30] 국가와 개인활동의 관계, 복지와 번영의 정책, 자신에 대한 책임과 타인에 대한 책임의 개념에 대한 새로운 인식이 등장하기 시작하였다. 고비용 저효율의 복지국가 이미지가 유포되었고, 이에 따라 공공부문은 더 이상 성장할 수 없다는 아이디어도 등장하였다. 그러나 이러한 복지국가에 대한 비판적 인식의 증대에도 불구하고 국가의 사회보장 예산은 줄어들지 않았다. 수당의 수준과 수혜자를 통제하였지만 전체 복지 예산에 영향을 미치지 못하였다.

1989년 동유럽의 공산주의 체제가 붕괴되고 자본주의화와 민주화가 이루어지면서 새로운 복지체제가 건설되었다. 또한 동 · 서 유럽에서의 인구 변동에 따라 사회보장 예산이 확대되는 현상이 나타났다. 1991년 유럽공동체 국가들의 GDP 대비 사회보장 예산은 평균 26%에 달하였는데, 네덜란드가 32.4%로 가장 높았고, 그리스를 제외하고 포르투갈이 19.4%로 가장 낮았다. 1980년의 평균은 24%였고 1985년의 평균은 1991년과 동일하였다. 중 · 동부 유럽 국가들의 통계자료는 불확실하지만 1986년과 1991년 사이 불가리아, 체코슬로바키아, 헝가리, 폴란드의 GDP 대비 사회보장 예산의 비율은 상당히 증가되었다.[31] 실업의 증가와 노인의 증가에 따라 사회보장제도의 혜택을 받는 인구도 늘어났다. 많은 국가가 병자, 노인, 실업자에 대한 수당의 수준을 낮추었음에도 불구하고 사회보장 예산은 줄어들지 않았다.

유럽연합은 각 국가의 복지정책에 직접적인 영향을 미치려는 시도를 한 바는 없지만, 유럽연합이 복지에 대한 최소한의 기준을 설정한 것은 상당한 정치적 의미를 보여준다. 기준에 미치지 못하는 복지정책을 시행하거나 복지정책 자체가 없는 국가들에게는 압력 요소로 작용할 것이고, 보다 발전된 복지체제를 시행하고 있는 국가들은 유럽의 평균 수준으로 복지예산을 줄이도록 압력을 받거

30) Alan Walker, "The Future of the British Welfare State: Privatization or Socialization?," in Adalbert Evers, et al. (eds.), *The Changing Face of Welfare* (Aldershot: Gower, 1986).

31) Ian Budge, Kenneth Newton, et al., *The Politics of the New Europe: Atlantic to Urals*, p.348.

나 줄일 수 있게 되었다. 이 국가들은 복지 예산을 삭감하는 데 유럽연합을 정치적 명분으로 활용할 것으로 예상되었다.

그러나 각국의 정부와 의회가 복지 예산의 증가를 억제하고 복지의 범위를 줄이려는 의욕을 가지고 있더라도 실제로는 이의 실현이 거의 불가능한 것으로 나타났다. 1975년부터 1985년까지 유럽, 북미, 일본의 복지 정책의 변화를 살펴보면, 복지 프로그램의 축소에도 불구하고 복지 예산은 경제 생산보다 빠르게 증가하고 있다. 유럽의 복지, 특히 서유럽의 복지는 다른 지역에 비하여 상대적으로 발달되어 있다. 시민들이 누리고 있는 복지 관련 권리와 자격은 쉽게 박탈당하지 않았다.

복지정책은 안정화되어 있고 성장하고 있으나, 노인이 증가함에 따라 연금 수혜자격을 제한하는 정치적 조치를 취하지 않으면 사회복지 예산 특히 연금예산은 지속적으로 증가할 것으로 예상되고 있다. 1990년 12개 유럽공동체 국가의 투표인 중에서 55세 이상이 33%였으나, 2020년에는 42%가 될 것으로 전망된다.[32] 이 문제로 유럽의 복지는 많은 시련에 부딪치고 있다. 연금 지출이 증가하였고 보건 등 사회 서비스에 대한 요구가 늘어났다. 사회복지가 발전되는 시대를 겪은 노년층의 투표자들은 현재의 젊은 세대들보다 사회복지에 대한 요구를 더 할 것으로 예상되고 있다.

그러나 인구구조의 변화에 대한 행태적이고 제도적인 적응이 이루어질 수 있는 가능성이 없는 것은 아니다. 과거보다 덜 힘든 육체적 노동이 주어지기 때문에 노인들은 미래에 더 많은 비상근 직업을 가질 수 있을 것이고, 이는 세금 수입에 기여할 것이다. 미래의 연금 수혜자들은 현재의 수혜자보다 왕성한 활동을 할 것이고, 현재는 세금으로 유지되는 여러 서비스에 직접적인 기여를 할 수 있을 것이다.

유럽 전체를 조망해 볼 때 중 · 동부 유럽이 EU나 EEA 경제 체제에 편입되지 않는다면 EU 내부와 외부 간의 불평등은 크게 증대될 것으로 예상되었다. 그러한 불평등은 국가 복지 체계에 대한 새로운 도전이 될 것이 분명하다. 고실업이

32) Gail Wilson, "The Challenge of an Ageing Electorate: Change in the Formation of Social Policy in Europe," *Journal of European Social Policy*, Vol.3, 1993, pp.91-105.

지속될 것이고 새로운 형태의 빈곤과 사회적 소외가 발생할 것이다. 다행히 주요 중동부 유럽국가들이 EU에 가입하였으며 기타 국가들도 가입할 것으로 예상되기 때문에 이러한 문제는 발생하지 않을 것으로 보인다.

대체로 유럽의 시민들은 국가의 사회복지 프로그램을 상당히 지지해 왔다. 정부가 계획을 축소하더라도 정통성의 위기나 큰 비난 없이 시민들의 사회복지에 대한 기대는 높은 수준을 유지하고 있다. EU 국가들의 시민은 국가가 강력한 역할을 해 주기를 원하고 있다. 일반적으로 남부 유럽 국가 시민들의 국가의 역할에 대한 기대가 북부 유럽보다 높은 편이다. 유럽 모든 국가의 대중들은 그들이 세금과 기여금을 더 부담하더라도 '최소한의(minimalist)' 접근보다는 '최대한의(maximalist)' 접근을 원하고 있다.

유럽인들의 사회복지에 대한 인식은 미국인들과 큰 차이를 보이고 있다. 유럽인들 중 국가가 개인의 기본 수입에 책임을 져야 한다고 생각하는 사람은 60%에 달하고, 수입 불평등을 줄이는 데 국가가 책임을 져야 한다고 생각하는 사람은 68%에 달한다. 같은 항목에 대한 미국인들의 대답은 각기 20%, 27%에 불과하다.[33] 강한 복지국가에 대한 유럽인들의 지지가 미국인들보다 강하다. 유럽 복지국가의 발전은 역사적 독특성을 가지고 있으며 복지국가 개념은 유럽 정치문화의 중요한 요소로 자리잡고 있다.

3) 분야별 복지정책

복지국가의 핵심은 보건정책일 것이다. 어느 나라에서도 의료비가 무상은 아니었으나 국가들은 개인들에 의해 직접 충당되는 비용을 최소수준으로 유지했다. 1950년대에 영국, 이탈리아, 독일에서는 무상치료가 제공되었으나, 프랑스, 스칸디나비아 국가들, 벨기에, 스위스에서는 환자가 10~25%의 비용을 부담했다. 노령연금은 거의 모든 나라에서 남성 65세, 여성 60세부터 해당되었으나, 스웨덴과 노르웨이는 각각 67세, 70세부터 지급한다.[34]

33) Peter Flora, "The National Welfare States and European Integration," in Luis Moreno (ed.), *Social Exchange and Welfare Development* (Madrid: Consejo Superior de Investigaciones Cientificas, 1993).

유럽의 보건은 보건 서비스의 확대와 의학지식의 진보에 의해 크게 개선되었다. 유아 사망률은 급격히 감소하였고, 평균 예상수명은 꾸준히 증가했다. 생활수준이 향상되고 의료서비스 대상이 전체 국민으로 확대됨에 따라, 유럽인들의 평균수명은 크게 늘었다. 가장 무서운 병이었던 결핵은 이제 주요 사망원인이 아니며, 교통사고가 사망의 주 원인으로 나타났다. 1950년대의 서유럽은 1930년대보다 보건복지에 400% 이상의 예산을 더 사용했다. 영국의 의료보험 비용은 1950년부터 1960년 사이에 GNP의 4%였으나 1990년에 12.5%로 크게 늘어났다. 프랑스와 서독은 14%와 18%로 영국보다 더 높았다.

의료복지 혜택이 모든 사람들에게 돌아가야 한다는 데에 대하여 정치적인 반대는 없었으나, 시간이 갈수록 미래의 의료보조 예상비용에 대한 우려가 나타나기 시작했다. 의학의 발전은 끊임없이 의학지식을 국경 밖으로 확산시켰고, 이는 이전에 치료할 수 없었던 불치병들과 질병들에 대한 치료를 가능케 했다. 새로운 약품과 장비, 그리고 치료법은 비용의 증가를 피할 수 없게 했다. 게다가 더 길어진 예상 수명과 확대된 연금정책은 국가에 의존하는 인구의 증가를 가져왔다. 1950년대 말 베이비붐이 끝날 무렵, 미래에 대한 암시가 사람들을 더욱 불안케 했다.[35)]

교육의 기회균등도 복지국가의 기본적인 개념이다. 서유럽과 북유럽의 국가들에서 고등교육은 완전히 아니면 거의 무상이다. 1953년 영국 학생의 70%가 국가로부터 장학금을 받았고, 나중에는 모든 학생에게 확대되었다. 프랑스에서도 공립학교 교육은 무상이다. 스칸디나비아와 네덜란드에서는 수업료가 아예 없거나 장기간에 걸쳐 상환하는 국고 융자가 있다.

국민총생산(GNP)에서 교육비가 차지하는 비율이 빠르게 상승하여, 1938년부터 1956년 사이 스웨덴에서는 2.7%에서 4.2%로 늘었다. 영국도 그와 비슷한 비율을 보였다. 또한 사회복지비가 차지하는 비율도 크게 늘어나 그 비율은 1967년에 독일에서는 거의 17%로 최고에 이르렀고, 프랑스, 스웨덴, 벨기에, 이탈리

34) 이주영 · 김성형, 『현대유럽의 역사: 제2차 세계대전부터 현재까지』(서울: 삼지원, 2002), p.123.

35) Derek W. Urwin, *A Political History of Western Europe since 1945*, 5th ed. (London: Longman, 1997), p.131.

아, 네덜란드에서는 14~15%, 영국은 11%였다. 1980년에 이르러 주요 유럽 국가들은 GNP의 40~50%를 사회 보호에 사용할 정도로 확대되었다.

복지국가의 유지를 위해 정부의 공공지출이 매년 증가하자, 이에 대한 비판의 소리도 등장하였다. 자유방임주의자들은 복지국가가 개인을 완전히 국가에 의존하도록 만들고 게으름을 조장함으로써 스스로의 노력을 파괴하고 있다고 주장하였다. 그들은 국민들이 자유의사에 따라 국민건강보험(National Health Service)에서 탈퇴할 수 있어야 한다고 주장하였다. 사회에서 개인의 자발성이 더욱 확대되고 세금부담이 줄어야 개인의 자선활동과 사회기여 활동이 커질 것이라고 주장하였다. 그러나 이와 같은 비판자들은 소수였고, 대부분은 복지국가를 필수 불가결한 것으로 받아들였다.

3. 정치참여: 정치적 태도, 국민투표와 폭력행위

참여(participation)는 개입된 사람들의 일부 또는 전부의 일정한 행동을 필요로 하는 집단적 노력을 의미한다. 정치 참여는 정치에 관심을 가지고 있는 국민의 요구와 의견을 분명히 표현하고, 궁극적으로 전체 사회 혹은 더 큰 집단을 위해 중요한 결과물을 만들어 내는 정책결정 과정에 영향을 미치도록 노력함으로써 정치의 장에서 중요한 역할을 한다는 것을 의미한다.[36]

수백 명이 있는 이웃, 수만 명이 살고 있는 도시, 수백만 명이 존재하는 국가,

36) 정치참여에 대하여는 다음을 참고할 것. Donald W. Keim, "Participation in Contemporary Democratic Theories," in J. Roland Penncock and John W. Chapman (eds.), *Participation in Politics* (New York: Lieber, Atherton, 1975), pp.1-38; Lester Milbrath, *Political Participation: How and Why do People Get Involved in Politics?* (Chicago: Rand McNally, 1965); Sidney Verba, Norman Nie and Jae-on Kim, *Participation and Political Equality: A Seven-Nation Comparison* (Cambridge: Cambridge University Press, 1978); Carole Peteman, *Participation and Democratic Theory* (London: Cambridge University Press, 1970); Geraint Parry, George Moyer and Neil Day, *Political Participation and Democracy in Britain* (Cambridge: Cambridge University Press, 1992); Jan van Deth (ed.), *Private Groups and Public Life: Social Participation and Political Involvement in Representative Democracies* (London: Routledge, 1997).

유럽 연합과 같이 대규모 공동체에 소속되어 있는 수억만 명의 시민들이 단 한 명과 같이 행동한다면 이는 개인의 영향력이 지극히 미약하다는 것을 의미한다. 사람들은 개인의 의사와 영향력을 표현하기 위하여 많은 형태로, 그리고 상당한 비용을 들이면서까지 정치에 참여한다.[37)]

참여는 제도화될 수도 비제도화될 수도 있다. 전자의 경우, 참여는 사람이나 제도 중 어느 것에 중점을 두어 어떠한 채널을 사용함으로써 누가 자격이 주어지는가를 밝히는 가장 포괄적으로 명시된 규정에 의해 정의된다. 이러한 규정들은, 예를 들어 정치 조직체의 선거, 국민투표, 행정 소송이나 헌법 소원, 더 낮은 단계로는 공청회나 청문회의 참여를 위해 존재한다.

다른 사례로 참여는 권리로서만 정의된다. 예를 들어, 대부분 현대 헌법들은 장소나 특정 형식에 관계없이 자유로운 연설이나 공공 집회의 권리를 보장한다. 몇몇 나라에서 공공장소에서의 집회와 시위 행진은 미리 지방 당국에 알려야만 하고, 허가는 특정 요구 조건들을 준수하는 여부에 달려 있다.[38)] 유사하게, 몇몇 나라에서는 전문적이고 상대적으로 계속적인 로비가 공식적으로 등록된 단체들에 한해서만 허락되어 있다.

마지막으로 완전히 비공식적인 정치 참여의 형태도 있는데, 그 이유는 공식적인 규정이 불필요하다고 인식되거나, 행위의 형태가 불법적이어서 규정으로 만들기 어렵기 때문이다. 전자의 예는 시민 단체가 정부에게 보내는 공개 서신이나, 인종 차별 제도를 가지고 있는 국가와 무역을 하는 기업에 대한 소비자의 불매운동이다. 정치 참여의 불법적인 형태의 예는 정치적인 동기에 의한 불법적인 파업이나 환경주의자들에 의한 교통 봉쇄 등이다.[39)]

참여의 제도적이거나 비제도적인 형태의 측면과 밀접하게 관련된 것은 참여가 일어나는 특별한 환경이나 장소이다. 일반적으로 참여는 상당히 제도화되어 있으나, 집단적인 서명에서 폭력 행동에 항의하는 집회에 이르기까지 수많은 참

37) Dieter Rucht, "Political Participation in Europe," in Richard Sakwa and Anne Stevens (eds.), *Contemporary Europe* (New York: Palgrave, 2000), p.86.

38) Donatella della Porta and Herbert Reiter (eds.), *Policing Protest: The Control of Mass Demonstrations in Western Democracies* (Minneapolis and London: University of Minnesota Press, 1998).

39) Dieter Rucht, "Political Participation in Europe," pp.86-87.

여는 거리나 다른 공공장소들에서 이루어진다. 대중 매체는 전체 국민에게 도달할 수 있기 때문에 정치 참여를 위한 중요한 포럼을 제공한다.

1) 정치적 태도와 정치적 신뢰

국민의 정치에 대한 믿음과 태도는 민주주의의 척도로 평가된다. 이는 곧 정부기관이나 사기관에 대한 지지도의 차이가 나타내주고 있다. 대체로 공기관에 대한 신뢰가 사설기관에 대한 신뢰보다 높은 편이다.

정치 이론가들은 직접적 정치참여의 방법으로 정의롭지 않다고 생각되는 법

정치문화와 정치 체제

▲ 정치문화(Political Culture)는 일정한 사람들이 정치적 권위와 정부, 법 등에 대하여 공유하는 태도이다. 정치문화를 구성하는 요소로는 가치, 신조, 정신적 태도 등이 있다.

▲ 정치공동체(Political Community)는 상호 조화, 충성, 정체성에 기반을 둔 집단이다. 공동정치 구조 내에서 그리고 공동정치 목적을 위한 참여에 의하여 함께 접근하는 사람들로 구성된다.

▲ 정치체제(Political Regime)는 특정 정치원리에 입각한 정치권력이 사회의 광범위한 복종을 확보하여 안정된 지배질서를 유지해 가는 정치제도나 조직의 총체를 의미한다. 따라서 정치체제는 헌법적 질서와 구조, 그리고 그것들이 기초로 하는 근본적 가치들로 되어 있다.

▲ 정치 권위체(Political Authority)는 정치체제(대통령, 수상, 국회의원, 판사, 고위관료 등) 내에서 중요한 위치를 담당하는 사람들이다.

공동체, 체제, 권위 사이의 차이는 시민들이 특정 수상이나 대통령에 대한 신뢰와 충성을 잃더라도 여전히 국가나 정부 체제를 강하게 지지할 수도 있기 때문에 중요하다. 민주주의 체제에서 이러한 차이는 정부 조직의 변화 없이 정부를 바꿀 수 있다는 것을 의미한다. 만약 시민들이 정치 체제에 대한 신뢰를 잃는다면 헌법 질서를 변경해야 하는 압력을 받을 것이다. 하지만 공동체는 여전히 굳건히 유지될 수 있다. 그러나 만약 공동체에 대한 지지가 실패한다면 정치체제는 영토 분할이라는 방식으로 분할될 수도 있다.

유럽 민주주의에서 권위체들은 종종 지지력을 잃지만 체제에 대한 일반적 지지는 높게 유지되고 공동체에 대한 지지도 일반적으로 강하다. 이것은 유럽 정부 체제에 확고하고 안정된 기반을 제공한다.

이나 정책에 대하여 비폭력적으로 불복종할 수 있는 시민의 권리를 예시한다. 유럽의 경우에도 이러한 적극적 행동이 증가하고 있고, 파업, 농성, 항의, 시위, 점거, 도로봉쇄, 보이콧, 폭력사용까지 이루어진다. 이 횟수는 점차 증가하지만 실제로 참여하는 사람은 극소수이다. EU시민 중 1%만이 지난 10년 동안 2회 이상 불복종 운동에 참여한 것을 보면 알 수 있다. 하지만 비폭력적인 합법적 행위 즉 항의나 집회, 시위, 보이콧, 정치적 파업 등은 계속적으로 증가하고 있다.

유럽인 대다수는 민주주의가 통치의 정통적 수단이라는 데 믿음을 가지고 있다. EU 시민 중 93%가 이러한 시각을 보이고 있다. 그러나 자기 나라가 정말로 민주주의를 시행하는지에 대한 회의와 민주주의가 약속했던 것을 제공하는 데 만족하지 못하여 민주주의에 대한 믿음이 상실되기도 한다. 1976년 이후 50~60%가 자국의 민주주의에 매우 만족, 상당히 만족한다는 표시를 하였다. 덴마크, 노르웨이, 서독, 룩셈부르크, 네덜란드에서는 3분의 2~7분의 6 정도가 만족을 하고, 이탈리아는 4분의 1~3분의 1 정도가 만족을 느끼며 30~40%가 대체로 불만족하거나 매우 불만족을 느끼고 있다.

서유럽에서 정부기구에 대한 신뢰는 노르웨이가 70%, 이탈리아가 45%이며 사설기관에 대한 신뢰는 아일랜드가 52%, 영국이 33%를 나타내고 있다.[40] 의회나 공무원보다 경찰이나 교육체계에 대한 신뢰도가 높은 편인데, 이는 시민들의 중앙 정부에 대한 신뢰도가 낮다는 것을 의미한다.

일반적으로 서유럽 사회에서 주요기구에 대한 국민의 신뢰는 계속 유지되고 있다. 서유럽 시민들의 정치에의 적극적 참여는 낮은 수준이지만 참여도는 점차 증가하는 추세이다. 민주화 직후 동유럽에서는 공기관이든 사설기관이든 기관에 대한 신뢰도는 낮은 편이었다. 사설기관에서 새로운 노조나 개인기업은 별 지지를 받지 못하였고 교회가 가장 많은 지지를 받았다. 기관에 대한 신뢰도의 경우, 군대에 대한 존경심이 가장 높았고, 그 다음으로 법원과 경찰이 뒤따랐다. 이러한 점이 민간정부를 수립하는 데 어려운 요인으로 작용하였다.[41]

정치 · 경제 · 사회적 환경의 다양성 때문에 중동부 유럽에서 국가별로 정부와

40) 사설기관은 교회, 대기업, 노동조합, 언론을 포함한다.

41) Ian Budge, Kenneth Neaton, et al., *The Politics of the New Europe: Atlantic to Urals* (London: Longman, 1997), pp.136-137.

동유럽(1995), 서유럽(1994)에서의 민주주의에 대한 만족도

서유럽(% 민주주의 실행에 대한 만족도)		동유럽(% 민주주의의 발전에 대한 만족도)	
덴마크	78	체코공화국	44
룩셈부르크	72	알바니아	33
아일랜드	65	에스토니아	33
네덜란드	65	슬로베니아	32
포르투갈	55	리투아니아	31
벨기에	53	루마니아	31
독일	52	라트비아	26
영국	49	헝가리	23
프랑스	47	폴란드	23
그리스	32	그루지아	18
스페인	29	슬로바키아	17
이탈리아	19	우크라이나	16
		유럽 러시아(1993)	15
		카자흐스탄	12
		벨라루스	11
		아르메니아	9
		불가리아	4
EC12개국의 평균	44		

출처: *Central and East European Eurobarometer*, No.5, March 1995; Ian Budge, et al., *The Politics of the New Europe*, p.135 인용.

정치에 대한 견해가 다른 것은 당연하다. 심지어 한 국가 내에서 연도별로 차이가 나기도 한다. 따라서 이 지역 전체를 일반화하기 어렵다. 그럼에도 불구하고 일부 패턴이 나타나고 있다.

동유럽의 민주화 직후 "당신국가에서 일어나고 있는 일들이 잘되고 있다고 생각하는가, 잘못되고 있다고 생각하는가?"에 대한 물음에 대체로 부정적인 견해가 많았다. 8분의 3이 잘되고 있다, 8분의 5가 잘못되고 있다는 의견을 보였다. 그러나 이 불만족이 공산주의 시절로 돌아가자는 것은 아니었다. 헝가리, 폴란드, 불가리아, 체코 공화국과 러시아의 대다수(65~80%)는 시장경제 채택은 잘된 것으로 생각하였으나, 대부분은 경제개혁이 너무 빠르거나 늦다고 생각하였다.

체제붕괴 직후 동유럽에서는 실업에 대한 우려가 팽배하였고, 대개는 단기간

에 가정경제와 국가경제가 침체할 것이라고 걱정하였다. 단기적 미래가 아닌 5년 후의 국가의 장래를 물어보면 대개가 낙관적인 대답을 하였다.

동유럽 변화 이후 이 지역에는 체제변화에 대한 두 가지 시각이 존재하였다. 민주주의자들(Democrats)은 새 체제를 선호하고 구체제를 반대하는 반면, 보수주의자들(Reactionaries)은 구체제를 선호하고 신체제를 반대하였다. 1994년의 조사에 의하면 동유럽의 10개 국가 중 7개 국가에서 민주주의자들이 보수주의자들을 압도하였다. 이 7개 국가는 체코공화국, 폴란드, 루마니아, 슬로베니아, 크로아티아, 불가리아, 슬로바키아 순이다. 체코공화국의 경우 민주주의자들이 64%인 데 비해 보수주의자들은 8%에 불과하다. 전체 평균은 민주주의자 32%이고 보수주의자들은 23%로 민주주의적 성향이 더 높은 것으로 조사되었다.[42)]

보수주의자들은 신체제를 선호하지는 않지만 과거 체제와의 연계에 대해서는 미온적이었다. 이들이 옹호하는 것은 반다원주의, 반혼합경제(1980년대 헝가리 시스템)이고 개혁된 공산 노동조합에 충성하고 새로운 형태의 공산당에 투표를 하는 것이었다. 보수주의자들은 새로운 체제에 대한 지지는 유보하지만 구체제로 돌아가기를 원하는 것은 아니었다. 즉, 이러한 현상은 보수주의자들과 민주주의자들 간의 극한적 대립이 아니라, 보수주의자들이 민주주의자들에 비해 새로운 체제를 받아들이는 데 단지 몇 년 늦었을 뿐이다.

2) 국민투표

대부분 유럽 민주주의는 공공 정책 문제에 대한 직접적인 국민 참여를 허용한다. 이 경우 사례는 매우 다양하다. 공공정책에 대한 국민의 참여는 국민투표(referendum)와 국민발의(popular initiative) 등 다양한 형태들이 존재한다.

현대사회에서 국민들이 정치에 직접적으로 참여하는 보편적인 방법은 국민투표를 실시하는 것이다. 국민투표는 공직자 선출에 전적으로 의존하고 있는 대의정부 제도가 국민의 의지를 정부 행동으로 전환하기에는 불완전한 방법이라는

42) Ian Budge, Kenneth Newton, et al., *The Politics of the New Europe*, pp.134-135.

국민투표와 국민발의

국민투표와 국민발의는 유권자가 공공정책 결정에 있어 직접적으로 참여할 수 있고, 정책대안과 제안 사이에 선택을 할 수 있도록 하는 가장 중요한 제도이다. 국민투표에서 유권자에게 질문을 하는 주도권은 유권자 스스로에게 부여되어 있지 않다.

국민투표는

· 정부나 의회의 다수정당에 의해 발의되고

· 헌법적으로 지정된 의회 소수 정당에 의해 발의되거나

· 헌법 개정이나 주요 국제조약과 같은 특정 문제들에 대한 위임을 한다.

국민발의의 경우, 지정된 수많은 유권자들이 공공정책의 문제를 국민들의 투표로 발의할 수 있는 권리이다. 일정기간 내에 유권자들로부터 일정한 숫자 또는 퍼센트의 서명을 받은 이슈는 투표에 제출된다. 만약 투표의 결과가 정부를 속박하게 된다면, 국민투표와 국민 발의는 "결정적"인 효력을 가진다. 그러나 정부 또는 의회 과반수가 국민 의사의 수용 여부를 결정한다면 국민투표 결과는 "권고"의 성격을 가진다.

일부 민주주의 이론가의 신념에 의하여 창시된 제도이다. 루소는 한 사람의 생각이 다른 사람의 마음을 거쳐 나오는 경우에 들어가는 것과 나오는 것은 항상 다르게 되기 때문에, 어떤 형태의 대표이든 여론을 어느 정도 왜곡할 수밖에 없다고 주장한다. 이러한 이유로 공직에 대한 선거만이 국민들이 원하는 것이 무엇인가를 찾아내는 유일한 방법이 되어서는 안 된다고 루소는 주장하였다. 최소한 선거는 국민의 의지를 직접적으로 그리고 어떤 제3자에 의한 해석이나 수정 없이 표현할 수 있는 장치에 의해 보완되어야 한다는 것이 국민투표의 필요성이라 할 수 있다.[43] 다시 말해서 대의정치는 국민투표와 같은 장치에 의해서 보완되어야 한다는 것이다.

국민투표는 원래 소규모의 지역사회에서 직접 민주주의를 실현하기 위한 도구로서 시작되었으나, 의회 민주주의의 필요에 맞추어 변형되어 왔다. 국민투표에서 유권자는 특정 사안에 대해 투표한다. 일반적으로 국민투표는 상호 배타적인 두 가지 대안을 제시하는데, 이 때문에 둘 중에서 하나의 대안은 절대적인 다

43) 오스틴 래니, 권만학 외 역, 『현대 정치학』(서울: 을유문화사, 1994), p.275.

수의 지지를 얻게 된다. 그러나 경우에 따라서는 세 가지의 대안이 제시된 국민투표가 실시되는 경우도 있다.

(1) 국민투표의 의미와 사용절차

지금까지 실시된 국민투표는 다음과 같은 네 가지 유형으로 구분할 수 있다. 첫째, '정부통제형 국민투표' 이다. 정부—입법부와 행정부를 통제하는 정당이나 정당 연합의 지도자들—가 국민투표의 시기 · 쟁점 · 문구를 독자적으로 통제하는 국민투표이다. 대부분의 국가에서 이 유형의 국민투표를 실시한다.

둘째, '헌정적 국민투표' 이다. 일부 국가의 헌법은 헌법개정을 비롯한 특정문제에 대하여 국민들이 직접투표를 통해 최종적인 결정권을 행사해야 한다고 명시하고 있다. 정부가 수정안의 문구를 결정하지만, 법으로 발효되기 위해서는 국민들의 승인을 받아야 한다.

셋째, '국민청원에 의한 국민투표' 이다. 이탈리아, 스위스, 미국의 일부 주의 경우 일반 유권자들로 하여금 국민투표를 요구하는 청원을 함으로써 입법부가 만든 법안에 도전할 수 있도록 허용하고 있다. 청원에 필요한 수의 청원을 받아내면 국민투표가 실시되어야 한다. 만약 국민투표에서 부결되면 정부가 그 법안을 원하더라도 그 법안은 폐기된다.

넷째, '국민발의' 이다. 스위스와 미국의 일부 주는 정부가 채택하지 않는 특정 정책에 대해 유권자의 의사를 묻도록 요구하는 청원을 할 수 있는 권리를 인정하고 있다. 국민투표에 부칠 제안 내용의 문구는 정부가 아니라 청원을 제출하는 사람들이 결정하고, 국민투표에서 과반수를 획득하게 되면 정부의 의사와 관계없이 그 청원은 법이 된다.

국민투표에 대한 법 조항은 오스트리아, 덴마크, 핀란드, 프랑스, 그리스, 아이슬란드, 아일랜드, 이탈리아, 리히텐슈타인, 룩셈부르크, 포르투갈, 스페인, 스웨덴, 스위스와 같은 국가들의 헌법 등에 명시되어 있다. 영국에서도 국민투표가 사용되어 왔다. 순수한 의미에서 국민투표는 국민들이 정부의 의사결정을 견제하는 수단의 의미를 가진다. 그러나 어떤 사안에 대해서 정식 의사결정 경로를 거치지 않기 위해 행정부와 야당 또는 이익집단들이 그 사안에 대한 국민의 요구를 고의적으로 조성하는 방식으로 국민투표를 이용하는 경우도 있다. 어떤 국가에서 국민투표가 발휘할 수 있는 기능은 국민투표의 사용을 결정하는 규정에 크게 의존한다. 이는 대체로 어떤 개인 또는 조직이 국민투표를 발의하고 문제를 조성하는가, 국민투표가 임시로 사용되는가 아니면 정기적으로 사용되는가, 그리고 국민투표가 결정적인 성격의 것인가 아니면 의견수렴의 성격인가 등의 문제에 크게 좌우된다.[44)]

국민투표의 시행은 서유럽 등지에서 매우 다양하게 나타난다. 이탈리아, 스위스는 정기적인 정책 투표를 실시하는 직접 민주주의를 실현하고 있다. 이 정책들의 주요 이슈는 이혼, 낙태, 교통정책, 경제 등의 다방면적이고 국민에 의한 직접적 정책 결정을 하고 있다. 역사적으로 국민투표는 스위스에서 가장 많이 시행되었고, 이탈리아, 아일랜드, 덴마크에서도 상대적으로 보편적이다. 반면에, 독일과 네덜란드는 전국적인 국민투표를 실시한 경험이 없다. 벨기에와 핀란드, 영국은 각각 한 번씩, 그리고 오스트리아와 노르웨이에서는 단지 두 번만 전국적인 국민투표를 시행했을 뿐이다.[45)]

1993년까지 전 세계에서 실시된 799번의 국민투표 중 절반 이상인 414번이 스위스에서 실시되었다. 역시 스위스가 직접민주주의를 가장 빈번하게 활용했음을 알 수 있다. 스위스 이외의 유럽국가들에서 149번, 근동에서 93번, 오스트랄라시아에서 64번, 남북아메리카에서 49번, 아시아에서 30번 국민투표가 실시되었다. 다음의 표를 보면, 국민투표의 활용빈도가 1970년대 이후 부쩍 늘어난 것을 알 수 있다. 1993년까지 실시된 799번의 국민투표들 중 1970년대 이후에 실시된 국민투표가 395번에 달해 거의 절반을 차지한다.

스위스, 이탈리아 그리고 리히텐슈타인을 제외한 국가들에서 국민투표 시 유권자의 역할은 이들 국가들보다 덜 역동적이지만, 여전히 매우 중요한 의미를 지니고 있다. 아일랜드와 덴마크의 헌법은 특별한 경우에 한해 법률과 헌법에 대한 국민투표를 실시할 수 있도록 헌법 조문에 명시하고 있다. 덴마크에서는

44) Patricia Hogwood and Geoffrey K. Roberts, *European Politics Today*, 2nd ed. (Manchester and New York: Manchester University Press, 2003), pp.190-191.

45) Michael Gallagher, "Conclusion," in Michael Gallagher and Pier Vincenzo Uleri (eds.), *The Referendum Experience in Europe* (Basingstoke: Macmillan and St. Martin's Press, 1996), p.231.

1993년까지 전 세계에서 실시된 국민투표

	스위스	기타 유럽	근 동	아시아	아메리카	오스트랄라시아	계
1900년 이전	57	11	–	–	3	–	71
1910~1910	12	2	–	–	–	4	18
1911~1920	15	6	–	–	3	5	29
1921~1930	28	8	1	–	2	6	45
1931~1940	23	17	–	–	7	6	53
1941~1950	21	15	1	1	3	11	52
1951~1960	32	6	8	5	3	5	59
1961~1970	30	14	18	4	4	7	77
1971~1980	87	18	36	14	8	14	177
1981~1990	76	33	24	6	10	4	13
1991~1993	33	19	5	–	6	2	65
계	414	149	93	30	49	64	799

자료: D. Butler, & A. Ranny, *Referendums around the World: The Growing Use of Direct Democracy* (Lodon: Macmillan, 1998), p.5.

이러한 국민투표가 일반적인 정당화 기능을 가지고 있고 의회와 사회 내 소수의 권익을 보호하는 것으로 받아들여지고 있다. 좀 더 구체적으로 언급하자면, 과거에 상원에서 수행했던 견제 기능에 대한 대안으로서 국민투표가 사용되고 있다고 볼 수 있는데, 덴마크 상원은 1953년에 폐지되었다. 아일랜드의 경우 EU의 니스 조약이 2001년 6월 비준을 위한 국민투표에서 부결되어 주변의 다른 유럽 국가들에게 막대한 영향을 끼쳤고, 이로 인해 유럽연합의 제도적 개혁 과정이 봉착상태에 빠지기도 했다.

이 외의 다른 국가에서 정기적인 국민투표를 실시하는 나라는 별로 없고, 주로 정당이 정상적인 의회 경로를 통해서 해결하기를 꺼리는 갈등적인 사안들에 대한 의사결정을 위해 사용되어 왔다. 상황에 따라 다르지만, 국민투표는 논쟁의 여지가 있는 결정에 대해 정부가 책임을 회피하고자 할 때, 정당 또는 연합정부가 분열되는 것을 피하고자 할 때, 또는 선거 캠페인을 시작하기 전에 선거인의 지지를 규합하고자 할 때 실시되는 경우도 있다.

보편적으로 국민투표 이슈는 정당의 정강을 초월한다. 대체로 사회경제적인 문제는 좌우파 스펙트럼을 기본으로 하고 있는 정당제도에 의하여 결정되기 때문에 국민투표에 의해 결정되지 않는다. 그 대신 국가 주권 혹은 윤리 문제와 관련된 문제들이 국민투표의 적절한 주제로 간주된다. 주권과 관련하여 7개국은 유럽연합에 가입하기 위해 국민투표를 실시하였다. 오스트리아, 덴마크, 핀란드, 아일랜드, 스웨덴 등은 가입하기 이전에 국민투표를 실시하였고, 영국은 가입한 지 2년 뒤인 1975년에 회원국 철회에 대한 국민투표를 실시하였다. 노르웨이는 1972년과 1994년 두 차례에 걸쳐 EU 가입 문제로 국민투표를 실시하였는데, 모두 부결되었다. 덴마크와 아일랜드는 유럽 통합의 단계에서 국가 주권을 초국가 제도로 이양해야 하는지에 대한 국민투표를 실시하였다. 아이슬란드와 노르웨이는 독립에 대한 국민투표를 실시하였으며, 벨기에, 그리스, 이탈리아는 군주정을 선택할 것인지 공화정을 선택할 것인지에 대한 투표를 실시하였는데, 유일하게 벨기에만이 국민투표를 통해 군주정을 실시하게 되었다.[46)]

윤리관련 이슈들도 국민투표의 안건으로 채택된다. 1970년 이탈리아 의회가 이혼을 합법화하자, 이에 반대하는 사람들은 1974년에 이혼법을 없애자고 국민투표를 시행하였고, 이혼법을 유지하자는 국민의 의견은 이탈리아 사회에서 자유주의 경향을 공고화시켰다. 아일랜드에서 역시 이혼을 합법화하기 위해서는 국민투표를 통한 국민의 승인을 필요로 하였다. 1986년의 투표에서 반대 결과가 나왔으나 1995년에 다시 시행하였을 때는 과반수를 겨우 통과하여 이혼을 합법화하게 되었다. 이탈리아와 아일랜드는 또한 낙태에 대한 국민투표도 실시하였다.[47)]

다음의 표는 1993년까지 전 세계에서 실시된 국민투표를 주제별로 분류한 것이다. 스위스에서는 국민투표가 거의 모두 헌법개정이나 법률 또는 정책의 승인을 위해 사용되었다. 그리고 오스트랄라시아가 유일하게 스위스의 패턴을 따랐다. 그러나 스위스와 오스트랄라시아를 제외한 국가들에서는 국민투표가 주로

46) Vernon Bogdanor, "Western Europe," in David Butler and Austin Ranney (eds.), *Referendums around the World: The Growing Use of Direct Democracy* (Basingstoke and New York: Macmillan and St. Martin's Press, 1994), pp.91-95.

47) Michael Gallagher, Michael Laver and Peter Mair, *Representative Government in Modern Europe*, 3rd ed., p.331.

1993년까지 주제별 국민투표의 실시 횟수

지역	새 정체 또는 새 헌법의 승인(%)	헌법 개정 (%)	법률 · 정책 승인(%)	영토문제(%)	계(%)
스위스	1	66	32	1	100
스위스 외 유럽	28	27	29	16	100
아프리카와 중동	92	0	0	8	100
아시아	100	0	0	0	100
아메리카	87	0	13	0	100
오스트랄라시아	0	82	18	0	100

자료: W. Linder, *Swiss Democracy: Possible Solutions to Conflict in Multicultural Societies*, 2nd ed. (Lodon: Macmillan press, 1998), p.138.

새 정체나 헌법의 승인을 받기 위해 실시되었다.[48]

(2) 주요국의 국민투표 유형

근대 민족국가가 등장한 이래 스위스가 국민투표를 가장 많이 사용한 국가이다. 스위스는 1848년부터 1993년 중반 사이에 총 403회의 국민투표를 실시했다.[49] 스위스의 정기적인 국민투표의 사용이 '정상적' 인 의회 정부의 발전을 가로막아 온 측면이 있다. 스위스는 세계에서 유일하게 입법 과정에 국민투표가 중요한 역할을 하고 있다. 스위스 유권자의 국민투표 발의 권한은 매우 특이하게 큰 데 반해, 이와 관련된 정부의 권한은 지나칠 정도로 제한되어 있다. 정해진 서명인 숫자만 채우면 스위스 국민들은 연방법에 이의를 제기하는 탄원서(petition) 혹은 헌법 수정을 제안하는 탄원서를 제출할 수 있다. 이를 "발의(initiative)"라고 한다.[50]

이탈리아에서 투표자들 스스로가 의회나, 정부, 정당의 동의를 필요로 하지 않고, 국민 발의권에 의해 국민투표를 실시할 수 있다. 이는 압력단체가 그들 자신의 문제를 상정할 수 있도록 보장하고 있는 제도이다. 1974년에 이탈리아인

48) 안성호, 『스위스연방 민주주의 연구』(서울: 대수문화사, 2001), pp.195-196.

49) 다음으로 많이 실시한 나라는 오스트리아 45번, 이탈리아 22번, 프랑스 21번, 덴마크 14번, 아일랜드가 13번 실시하였다.

50) Patricia Hogwood and Geoffrey K. Roberts, *European Politics Today*, 2nd ed., p.191.

들은 이혼을 인정하는 법을 유지하기 위해 투표를 하였으나, 가톨릭 교회와 보수단체들이 국민투표에 의해 이혼법을 폐지하기를 희망하였고, 1990년대 초에는 선거 제도를 개혁하려는 투표가 타락하고 비틀거리고 있는 정치권에 결정타를 가하였다.

프랑스의 국민투표는 1793년으로 거슬러 올라가 오랜 역사를 가지고 있다. 1945년 이전 국민투표는 권위적인 통치자의 지위를 정당화하기 위한 수단으로 사용됨으로써 민주주의 제도로서의 의미가 별로 없었다. 제3공화국에서 제4공화국으로의 전환은 1940년대 중반 국민투표에 의해 이루어졌고, 1958년 제5공화국의 탄생도 국민투표에 의하여 승인되었다. 1962년 드골은 대통령 직접선거에 대한 국민투표를 실시함으로써 원로 정치엘리트들을 제거하였다. 이에 대한 국민들의 승인은 제5공화국의 특성에 큰 영향력을 미쳤다. 1969년의 국민투표는 드골의 실각을 가져다주었다. 드골은 행정부 개혁안의 성공여부에 그의 정권 유지의 운명을 결정하도록 하였으나, 국민들이 이를 거부하여 결국 사임하였다. 이후 20세기 말까지 단지 3번의 국민투표가 추가 시행되었다.

독일에서는 1920년대 바이마르 공화국하에서 두 번의 국민투표가 실시되었고, 1930년대 나치 통치하에서 네 번 시행되었다. 마지막 네 번째는 민주주의적인 방식이 전혀 아니었고, 히틀러의 국민투표 악용은 독일에서 이 제도에 대한 부정적인 평가가 나오게 하였다. 국가차원의 어떠한 국민투표도 1938년 이후 시행되지 않았다.

영국은 국민투표를 단 한 번 시행하였다. 1975년에 국민들은 1973년에 가입한 유럽공동체 내에 잔류할지의 여부에 대한 투표를 하였다. 국민투표는 영국의 하부 지역에서도 사용되었다. 1979년과 1997년에 스코틀랜드와 웨일즈에서 권력을 이전하는 데 국민투표가 사용되었는데, 각 지역에서 1979년 제안은 충분한 지지를 받지 못하였으나 1997년 제안은 충분한 지지를 받아 스코틀랜드 의회와 웨일즈 의회가 설립되었다.

스페인에서 국민투표 제도는 그다지 많이 사용되지 않았다. 두 번의 비민주적인 국민투표가 권위주의 프랑코 체제하에서 시행되었고, 1975년의 프랑코 사후 두 번의 국민투표가 실시되었는데 1976년 정치개혁 프로그램과 1978년 새 헌법을 승인하여 민주정치로의 전환에 기여하였다. 그 이후 유일한 전국 차원의 국민투표는 1986년에 실시되었는데, 이 투표는 스페인의 나토 잔류를 겨우 통과시켰다.

네덜란드는 서유럽에서 전국적 차원의 국민투표를 결코 시행하지 않는 유일한 국가이다. 그럼에도 불구하고, 혹은 그 이유 때문에, 국민투표가 민주주의에 도움이 되는지 또는 해가 되는지에 대하여 다른 어떤 국가에서보다 네덜란드에서 집중적으로 논의되고 있다. 국민투표를 경험하기 위하여 지역 차원에서 투표가 수차례 시행되었고, 1990년대 후반에는 전국 차원의 국민투표를 허용하는 법을 도입하려는 움직임이 있었다.

3) 사회운동과 폭력적 정치행위

유럽에서는 다양한 집단이 정치 갈등을 해결하기 위해 사회운동을 전개하고, 자신들의 요구가 수용되지 않을 경우 극단적 폭력방식인 테러를 사용해 왔다. 테러행위는 다른 사람을 위협하기 위해 신체적 또는 심리적 폭력을 고의에 의해서 체계적으로 사용하는 것을 의미한다. 소수의 사람만이 테러에 의지해 문제를 해결하려 하지만, 때로는 시민들의 사회생활을 완전히 불가능하게 만들기도 한다.

(1) 사회운동

사회운동은 사회 가치의 변화를 추구하고 이 새로운 가치가 국가 정치에 반영되도록 하려는 의식적인 시도, 또 일부 대중적 지지를 이끌어낼 수 있는 시도이다. 역사적으로 사회운동은 사회 격변과 정치적 엘리트에 대항한 반란의 시기에 나타나는 경향이 있었고, 합의가 되면 사라졌다. 사회운동의 요구사항은 합의제도를 통해 수용되기도 했고 때로는 무시되기도 했다.

때때로 사회운동은 체제변화에 기여하였다. 동독에서 1989년에 있었던 평화혁명이 좋은 예이다. 시민의 권리를 옹호하는 독립행동 단체는 대중적 지지를 모았고, 그 지지는 공산주의 국가의 가치와 구조에 대항한 반란으로 이어졌다. 독일 통일과 함께 합의제가 부활됐다. 시민 권리 옹호자들의 요구사항은 인정되었지만 부분적으로 다른 통일 문제에 가려 빛을 보지 못하였는데, 그 이후 그들은 동독 정계에서 비교적 주변적 역할만을 하면서 세가 꺾이게 됐다.

1960년대 후반에서 1980년대 초에 이르는 시기에 걸쳐, 사회운동은 서유럽 전역에서 특히 활발해졌다. 저항 운동을 촉발시킨 이데올로기와 사회문제는 페미니즘, 핵폐기, 평화, 환경문제를 포함한다. 이렇듯 새로운 사회운동은 자유민주주의 국가에 다른 방식으로 도전장을 내밀었다. 사회운동이 한창이던 시기에 사회운동은 자유로운 저항 전술을 통해 공공질서에 도전했다. 테러분자들이 사용한 전술과는 달리, 사회운동의 전술은 파괴, 위협을 목적으로 했다기보다는 혼란을 야기하고 관심을 끄는 데 주 목적을 두었다.

요컨대 사회운동들은 서유럽 민주주의 가치에 대한 공격과 비슷한 수준의 공동 목표를 공유하고 있었다. 특히 사회운동은 민주주의를 새롭게 해석할 것을 요구했다. 사회운동은 종종 투표에 의한 제한되고 관습적인 정치 행위 대신에 정치 의사 결정에서 개개인의 참여를 증진시키기를 원했다. 이러한 의도는 대의민주주의 입장의 근간을 뒤흔드는 것이었다. 대의민주주의는 정당과 의회를 통해 이미 완성된 대표제에 그 기초를 두고 있었기 때문이다.

서유럽의 자유민주주의가 1960년대에서 1980년대에 신사회운동의 주요 요구사항에 일부 양보를 한 반면, 이 운동이 옹호했던 새로운 가치가 수용된 경우는 비교적 제한되어 있었다. 이는 사회운동이 낙태권, 환경오염 대책과 같은 실질적인 목표가 있는 사안에서는 통일된 목소리를 내놓았지만 정치적인 문제에 있어서는 대중과 뜻을 같이하지 못했기 때문이다. 더구나 '신정치(new politics)'의 가치는 자유민주주의 이론이나 관습에 대립하는 것이었다. 환경주의자들이 주장하는 삶의 질은 보수당이 주장해온 지속적인 경제발전과 맞서는 부분이 있었다.

풀뿌리 민주주의를 주장하는 측과 참여 민주주의를 주장하는 측 사이에서도 같은 문제가 불거져 나왔다. 기득권 정당과 정치 단체는 대중의 정치 참여로부터 이득을 보려 하지 않았다. 서유럽 정부는 엘리트주의 시각에서의 민주주의에 기초하고 있다. 즉, 제한된 정치 지도자만이 정부 정책과정에 적극적으로 참여하고, 대중의 정치 참여는 사회 불안정으로 이어질 것이라는 전제를 바탕으로 하고 있다. 만약 사회운동의 대표 일부가 정치제도 안에서 일하기로 결정하거나 더욱 급진적인 대표들이 자기들만의 소규모 집단을 형성하게 되면 현재의 사회

운동은 분열된다. 사실상, 정치적 기득권 층은 이러한 사회운동에 의해 촉발된 반제도적 위협을 완화하는 역할을 해왔다.

최근에는 새로운 사회운동이 반세계화나 반자본주의 문제와 관련해서 나타났다. 이 사회운동은 주류 운동과 관계가 끊긴 무정부주의 주변단체뿐만 아니라 많은 국내 시민 단체, 소비자 단체, 환경론자, 인권운동가로 구성되어 있다. 이 단체들의 공동 관심사는 무분별한 세계화가 촉발할 수 있는 위협들이다. 그들은 세계화 과정을 지지하는 신자유 이데올로기 가치에 의문을 제기한다. 그들은 무역 제도를 비민주적이라고 보고, 자유 시장은 사회적으로 무책임하고 잠재적으로 환경에 해악을 끼칠 수 있다고 본다. 반세계화 운동은 이익의 관점, 목적, 커뮤니케이션과 행위의 방식에서 이전 사회운동보다 더욱 국제적이라고 할 수 있다.

(2) 테러의 동기와 유형

사회운동이 급진화하여 폭력으로 이어지는 형태 중의 하나가 테러 행위라 할 수 있다. 다양한 불만이 국가를 상대로 한 테러 행위를 촉발시키는데, 특히 좌우 극단 이데올로기, 중심과 주변 간 갈등, 단일쟁점 갈등이라는 세 가지 분야는 전후 유럽 사회에 큰 영향을 미쳤다. 테러 폭력을 불러온 단일쟁점 문제의 대표적인 예로, 동물해방전선(ALF)에 의해 영국에서 시작된 동물 권리를 위한 캠페인을 들 수 있다. 이 세 가지 갈등에 있어서 관련 국가의 내부 반대론자들에 의해 테러 행위가 끊이지 않았고, 심지어 외부로부터 재정적 지원을 받기도 했다.

유럽에 영향을 미친 더욱 과격한 테러 행위는 중동 테러 집단들에 의해 이루어졌다. 이 중동 집단들은 종종 리비아, 시리아, 이란, 이라크 등으로부터 지원을 받았다. 유럽은 다른 지역에서 발발한 분쟁을 해결하기 위한 테러의 대체 전장이 되기도 했다. 과거 테러 단체들의 공격은 유럽 국가 정부나 정권을 겨냥했다기보다는 반대 집단을 타깃으로 행해졌다. 2001년 9월 11일 뉴욕 세계무역센터(WTC) 테러가 있기 전까지, 외부 위협은 내부 위협에 비해 일반 대중의 눈에는 사소한 것이었다. 그러나 9 · 11 이후, 미국의 대테러전쟁에 동조했던 국가들을 상대로 한 보복테러가 우려되었고, 이런 우려가 유럽에서도 대중의 안전을 위협하는 요소가 되고 있다.

극단 이데올로기, 중심/주변, 단일쟁점과 같이 내부적으로 발생한 모든 갈등에 대해 관련 국가의 정당과 압력 단체가 초점을 맞추고 있다. 테러 행위를 규정하는 것은 그 갈등 자체만이 아니라 폭력적 위협의 방식이다. 테러 행위는 방화, 폭발, 납치, 강탈, 살인 등을 포함한다. 세계무역센터에 대한 공격은 앞으로 유럽에서도 자살폭탄이 테러 방식으로 사용될 수 있다는 가능성을 열어 놓았다. 목표를 달성하기 위해 테러를 수단으로 사용하는 것은 자유민주주의의 가장 근본적인 원칙에 위배된다. 테러는 임의적이지 않은 방식으로 분쟁을 해결하는 시도를 규제하기 위해 제정된 문제해결의 원칙을 무시하는 것이다. 테러는 법치주의, 압력 단체와 정당의 보편적 대의주의, 다수에 의한 통치 원칙을 무시하는 것이다. 게다가 테러분자들은 희생자들의 기본적인 인권을 존중할 의무도 저버리고 있다.

유럽 국가에서 1970년대 중반에서 1980년대 중반까지는 극좌파, 극우파 이념 집단과 그 집단이 속해 있는 국가들 사이의 갈등으로 얼룩진 기간이었다. 그 이래로 극단적 행위는 미약하게나마 계속됐다. 극좌파의 행위는 1970년대와 1980년대의 이념적으로 촉발된 테러의 일환으로 볼 수 있다. 마르크스 · 레닌주의 테러 집단들은 1970년대 이래 벨기에, 프랑스, 독일, 그리스, 이탈리아, 스페인, 포르투갈에서 활동했다. 이 공산주의 투쟁집단은 1977~1981년, 1985~1986년 두 기간에 걸쳐 가장 활동적이었다. 이 단체의 궁극적 목적은 각 국가의 자유민주주의 정권을 축출하고 마르크스주의 혁명을 시작하는 것이었다. 그들은 서유럽의 전통적 공산정당이 실패했다고 믿었다. 그들의 관점에서, 자본주의의 억압을 드러내고 궁극적으로 자본주의적이고 제국주의적인 체제를 붕괴시키기 위해서는 프롤레타리아 사이에서 혁명 의식을 고취시킬 필요가 있었고, 이를 위해서는 급진적 행동이 필요했다. 민중을 교육하고 민중으로부터 계속해서 지지를 받기 위해 공산주의 투쟁단체는 성명을 발표하고 전단을 돌리면서 그들의 활동을 선전했다.

1980년대 중반에 그 단체들은 그들이 제국주의적인 정권이라고 믿었던 유럽 정권과 싸우기 위해 국경을 초월해서 동맹을 형성하기 시작했다. 1980년대 대규모 경찰간 협력이 주요 단체들의 일부를 무력화시키는 데 성공하면서 유럽 내 테러 위협에 대한 우려는 현저하게 줄어들었다. 그러나 일부 단체들은 계속해서 다른 단체와 소규모로 협력하며 활동하고 있다.

현대 유럽 정치를 규정하는 데 도움을 주는 중심과 주변 갈등은 경기침체, 사회 현대화, 문화 부활이란 맥락에서 1970년대에 다시 나타났다. 이 갈등은 주로 지역 정당의 법적 활동을 통해 해결의 가닥을 잡아 나갔다. 그러나 일부 국가에서는 테러 행위를 통해 돌파구를 찾기도 했다. 지역 테러주의와 연계한 단체들은 그들의 국가로부터 완전한 독립을 추구하는 분리주의자들이다. 그들은 자신들을 외부 지배로부터 자기 영토를 해방시키는 사람들이라고 본다. 이러한 논리로 그들은 국가 통일에 대항한다.

지역 테러주의에 가장 많은 영향을 받은 국가는 영국(북부 아일랜드로부터), 프랑스(코르시카로부터), 스페인(바스크로부터)이다. 이 국가들을 상대로 한 테러에 가담하고자 하는 분리주의 단체 중 가장 심각한 단체는 아일랜드공화국군(IRA), 코르시카민족해방전선(FLNC), 자유조국 바스크(ETA)이다. 아일랜드공화국군과 자유조국 바스크는 각각의 국가에서 합법 정당인 신페인당(Sinn Fein)과 대중통합당(Herri Batasuna: Popular Unity)으로부터 지지를 받아왔다. 이러한 지지에 힘입어, 합법 정당의 정치적 지지를 받지 못하는 다른 기구들보다 이들 단체가 선전적, 조직적 우위를 차지할 수 있었다. 분리주의 단체들은 그들의 영토를 점령했다고 간주되는 국가의 경찰과 군대를 타깃으로 삼아 왔다. 그들의 공격은 주로 해방시키려는 지역과 런던, 파리, 마드리드와 같은 국가 수도에서 자행되었다.

서유럽 정부는 테러를 범죄행위로 다루고 있다. 그리고 테러를 주로 공공질서 문제로 다루었다. 테러 행위가 극성을 부리던 시절, 정부는 특별 부처를 신설하고, 반테러군과 새로운 안보 절차를 마련하면서 중앙집권화된 대응 정책을 채택하려 했다.[51] 그러나 이 방식은 감옥에서 생성된 네트워크에 기반하고 있는, 비슷한 이념을 공유하는 신생 테러 단체들을 저지하는 데 한계를 드러내기도 했다. 또한 일부 비판가들은 강화된 보안과 정찰 정책이 일반 대중을 보호하기보다는 그들의 민주적 자유를 침해해 왔다는 점을 들어 경찰의 행위에 의구심을 드러냈다.

정부는 때때로 한 단체의 주요 요구사항에 일부 양보하면서, 국가가 원하는

51) P. Allum, *State and Society in Western Europe* (Cambridge: Polity Press, 1995), p.521.

조건하에서 분쟁을 해결하기 위해, 극단주의자들과 신중하게, 그리고 대체로 은밀하게 협상을 벌여왔다. 정부 입장에서는 어떻게 상황을 통제하는가가 이 해결방식의 주된 문제점이다. 정부는 테러분자들의 위협에 직접적으로 대응하는 것처럼 보이는 것을 피하면서 양보안을 제시하는 방식을 고안한다. 이런 이유로 타협은 대개 '휴전' 을 수반하는 경우가 많다. 다른 문제점은 일부 극단주의 단체들이 타협을 전적으로 거부하는 데 있다. 최근에는 독일적군파(RAF: Rote Armee Fraktion), 아일랜드 공화국군(IRA: Irish Republican Army), 스페인 바스크 분리주의 조직(ETA: Euzhadi Ta Azkatasuna)을 포함한 유럽의 가장 악명 높은 테러집단들이 적대적 행위를 끝내기 위한 타협에 임할 준비가 되어 있다는 신호를 보내왔다. 그러나 현재까지 타협 과정은 지지부진 쉽지 않았고, ETA의 경우에는 타협이 결렬됐다.

제6장 유럽의 선거제도

선거는 국민의 의사를 대표기구의 구성으로 전환시키는 수단이며, 선거제도는 유권자의 선호가 표로서 나타나는 과정과 선호를 나타낸 표가 의석으로 전환되는 과정을 규정하는 규칙들의 집합으로 이루어진다. 실제에 있어서 선거제도는 불완전한 현실적 제약하에서 다양하게 분포된 선거인의 의사를 대표기구의 구성에 충실하게 반영하여야 하는 공평성의 이상을 실현하는 어려운 선택이 강요된다.

국민에 의하여 선출된 대표는 일반 국민들보다 국무를 잘 처리할 수 있는 능력을 가지고 있다. 일반 국민 모두가 국무 처리를 담당하게 되면 민주주의는 제대로 이행되기 어려울 것이다. 이 장에서는 민주정치에서 선거가 왜 중요하고, 선거의 유래와 기능 및 역할을 분석하고, 유럽에 존재하는 다양한 선거제도의 내용을 살펴보면서 각 제도의 장단점도 아울러 분석할 것이다.

1. 공식 선거제도의 중요성

국가 차원에서 선거는 대의민주주의 제도하에서 국민들이 정치에 참여하는 기본 요소이다. 대체로 서구민주주의에 있어서 현재의 선거제도, 특히 비밀선거제도가 이룩된 것은 19세기 말 또는 20세기 초이다. 미국에서 비밀투표는 1888

년 이후 각 주별로 점진적으로 이루어졌고, 이탈리아는 제1차 세계대전 이후, 영국은 1872년, 프랑스는 1913~1914년에야 성취될 수 있었다. 독일에서의 비밀투표는 1919년부터 시행되었다.[1)]

1) 선거의 필요성과 시기의 중요성

선거는 대의 민주주의의 필수적이고 탁월한 특징이다. 선거 과정은 누구를 그들의 대표자로 선택할지에 관해 투표자들의 의사가 전달되는 방법이다. 정도의 차이는 있지만, 이 선거 과정은 국민들의 선택이 어떻게 대표자 선출로 전환되는지 누구나 알 수 있도록 하는 투명성에 기반하고 있으며, 이러한 과정을 통하여 선출된 대표와 정부는 정통성을 가지게 된다. 요컨대, 선거는 유권자들의 정치적 선호가 정치 과정에 직접 투입될 수 있게 하는 방법이고, 민주주의에서 정부와 입법부를 구성하는 정치적 선택에 영향을 미친다.[2)]

선거제도에 있어서 선거를 언제 실시하는가의 문제는 정치적 중요성을 가진다. 대부분 국가에서 법이나 헌법은 선거 사이에 최대 기간을 정해놓고 있을 뿐, 최단 기간을 정해 놓고 있지 않다. 대부분 유럽국가에서 최대 기간은 4년이고, 일부 국가는 5년 이내로 정하고 있다. 반면 노르웨이, 스웨덴, 스위스 의회는 4년이라는 고정 임기를 정해 놓고 있다.

이러한 규칙 내에서 의회 선거 기간은 적어도 문서상으로는 정부의 재량이다. 정확하게 말하면, 정부나 특별한 경우에는 수상이 전형적으로 국가 원수에게 의회 해산을 건의할 권한을 가지고 있으며, 국가 원수는 거의 반드시 이를 받아들여야 한다. 프랑스에서 의회 선거를 실시하는 권한을 가진 사람은 대통령이고, 다른 정당이 정부를 구성하여 반대의견을 가지더라도 대통령은 선거를 실시할 수 있다.

대부분 정부는 선거주기 내에서 선거를 실시할 수 있는 완벽한 자유를 가지기

1) Yves Meny and Andrew Knapp, *Government and Politics in Western Europe*, 3rd ed. (Oxford: Oxford University Press, 1998), p.154.

2) Patricia Hogwood and Geoffrey K. Roberts, *European Politics Today*, 2nd ed. (Manchester and New York: Manchester University Press, 2003), pp.62-63.

유럽국가들의 투표율

(단위: %)

	이탈리아	네덜란드	스웨덴	독일	체코	영국	프랑스	스페인	폴란드
1950년대	94	96	79	87	–	80	80	–	–
1960년대	93	95	86	87	–	77	77	–	–
1970년대	91	84	90	91	–	75	76	73	–
1980년대	89	84	89	87	–	74	72	77	–
1990년대	85	76	85	80	83	75	69	78	48
2000년대	81	80	80	79	58	59	60	73	46
평균	90	87	86	85	78	75	75	74	47

때문에, 정부가 다음 선거에서 좋은 결과를 기대하는 시기에 의회 해산을 선택할 것이라고 예측된다. 오스트리아, 덴마크, 프랑스, 그리스, 아일랜드, 이탈리아, 몰타, 스페인, 영국에서는 정부가 원하면 언제든지 선거를 실시할 수 있다. 그 외의 국가들은 좀 더 안정적인 선거 주기, 특히 노르웨이, 스웨덴처럼 법률에 의해 고정시키거나 관습에 의해 실시하고 있다. 예를 들어, 룩셈부르크에서는 선거가 매 5년마다 실시되는데, 유럽의회 선거와 같은 날 실시된다. 당파적으로 유리한 고지를 점하기 위해 조기에 의회를 해산시키는 정부는 '너무 조급'하고, 정치 문화적 규범을 침해하는 것처럼 보인다는 평을 받는다.

선거시기가 일단 결정되면 후보자 등록과 함께 유권자 등록이 시작된다. 유럽에서 투표자 명부는 국가에서 작성하기 때문에 투표자 개인이 개별적으로 등록하는 미국 방식보다 유권자 관리가 훨씬 더 정확하다. 선거 연령 인구의 투표참여 비율은 미국보다 유럽에서 높은 경향이 있다. 대부분 국가들의 투표율은 70~80% 사이에 이르고 있는데, 예외적으로 스위스의 투표자 비율이 전쟁 이후 50% 이하로 떨어졌다. 이탈리아, 벨기에, 네덜란드, 룩셈부르크, 오스트리아에서는 의무적으로 투표를 해야 한다. 이러한 국가들에서 전쟁 이후 수많은 선거에서 투표자 비율은 90%에 도달하였거나 초과하였다. 그러나 1970년대 후반 이후 투표비율은 유럽 전 지역에서 감소하고 있는 경향을 보이고 있다.[3)]

3) Michael Gallagher, Michael Laver and Peter Mair, *Representative Government in Modern Europe*, 3rd ed. (New York: McGraw-Hill, 2001), p.302.

1961년부터 1999년까지의 통계를 보면 투표율이 85% 이상의 유럽국가들은 벨기에, 이탈리아, 오스트리아, 아이슬란드, 룩셈부르크, 스웨덴, 덴마크, 몰타 등이고, 80~84%에 해당하는 국가는 독일, 체코, 그리스, 네덜란드, 노르웨이 등이다. 75~79% 국가들은 포르투갈, 루마니아, 핀란드, 영국, 프랑스 등이고, 70~74%는 스페인, 불가리아 아일랜드 등이다. 60%대 이하의 국가들은 에스토니아, 헝가리, 스위스, 폴란드, 리투아니아 등이다.[4)]

2) 선거양식과 선거구

라이(Douglas Rae)는 선거제도의 세 가지 주요 요소를 구분하였는데, 선거구크기(district magnitude), 선거양식(electoral formula), 투표구조(ballot structure) 등이다.[5)] 이 중 선거양식은 득표를 어떻게 의석으로 전환시키는가의 의석 할당방식을 의미한다. 의석 할당방식은 투표가 의석으로 바뀌게 되는 특별한 수학적 절차이며, 의석 분배 비율이 투표 방법과 연관되어 어떻게 되는지를 결정하는 하나의 요소이다. 전통적으로 영국의 보통 투표에서 사용되었던 것처럼 소선거구에서는 어떠한 복잡한 공식을 필요로 하지 않는다. 다수의 표를 획득한 후보가 의석을 차지한다. 중 · 대선거구에서는 특별한 수학적 공식이 사용된다.[6)] 특히 의석 할당방법은 선거구 규모와 상호 작용하여 전체적인 배분에 영향을 미치기 때문에 둘을 같이 분석할 필요가 있다.

투표구조는 유권자들이 어떻게 표를 행사하느냐를 결정한다. 크게 나누어서 두 가지 범주가 있는데, 첫째는 미국이나 영국에서와 같이 단순히 여러 후보 중에서 한 명을 고르는 제도이다. 둘째는 당선에 필요한 표를 제외하고 잉여표는 다른 후보에게 이양하는 단기이양식(STV)을 사용하는 아일랜드나 몰타에서처럼 여러 후보에 대하여 선호도에 따라 순번을 정하여 투표하는 방식이다.

---

4) Tim Bale, *European Politics: A Comparative Introduction* (New York: Palgrave, 2005), p.142.

5) Douglas Rae, *The Political Consequences of Electoral Laws* (New Haven, Conn.: Yale University Press, 1967).

6) 이에 대한 설명은 Arend Lijphart, *Electoral Systems and Party Systems: A Study of Twenty-Seven Democracies, 1945~1990* (Oxford: Oxford University Press, 1994) 참고.

비례제도와 비비례제도의 결과 비교(1983년)

	정당	득표(%)	의석(%)	차이(%)
영국	보수당	42.4	61.1	+18.7
	노동당	27.6	32.2	+4.6
	사민/자유당연합	25.4	3.5	−21.9
독일	기민당	38.2	38.4	+0.2
	사민당	38.2	38.8	+0.6
	자민당	7.0	6.8	−0.2

패럴(David M. Farrell)은 의석 할당방식에 따라 선거제도를 다수제(plurality system), 절대다수제 (majority system), 비례대표제(proportional system), 혼합제(mixed system)로 구분하고, 인구 200만이 넘고 민주화가 이루어져 있다고 평가받은 59개국을 선정하여 선거제도를 분류하였다.[7] 다수제를 택하고 있는 국가는 11개국(18.6%)이었고, 인구는 미국과 인도가 포함되어 59개국 전체 인구의 52.8%를 차지하였다.[8] 절대다수제를 택하고 있는 국가는 호주, 프랑스, 말리 등 3개국으로 인구로는 2.9%를 차지하였다. 비례대표제를 채택하고 있는 국가는 29개국으로 전체 국가의 49.2%를 차지하였고, 인구로는 18.4%만을 차지하였다.[9] 혼합제를 채택한 국가는 16개국으로 국가로는 27.1%, 인구로는 25.8%를 차지한다.[10]

유권자들이 행사한 표를 의석으로 전환시키는 것이 선거제도의 가장 중요한 기능이다. 선거제도는 각 국가마다 다르기 때문에 투표가 의석으로 전환되는 결과도 비례적으로 되는 국가가 있는가 하면 비비례적인 결과가 나타나는 국가도

7) David M. Farrell, *Electoral Systems: A Comparative Introduction*, pp.7-10.

8) 다수제를 택하고 있는 11개국은 방글라데시, 캐나다, 인도, 자마이카, 말라위, 몽골, 네팔, 파푸아 뉴기니, 태국, 영국, 미국 등이다.

9) 비례대표제를 사용하는 국가는 아르헨티나, 오스트리아, 벨기에, 베닌, 브라질, 불가리아, 칠레, 콜롬비아, 코스타리카, 체코공화국, 덴마크, 핀란드, 그리스, 아일랜드, 이스라엘, 라트비아, 마다가스카르, 모잠비크, 네덜란드, 노르웨이, 폴란드, 포르투갈, 슬로바키아, 슬로베니아, 남아프리카공화국, 스페인, 스웨덴, 스위스, 우루과이 등이다.

10) 혼합제를 채택한 국가는 볼리비아, 에콰도르, 독일, 헝가리, 이탈리아, 일본, 리투아니아, 멕시코, 뉴질랜드, 파나마, 필리핀, 러시아, 한국, 대만, 우크라이나, 베네수엘라 등이다.

있다. 비례대표제도를 활용하는 국가는 득표와 의석 배분과의 왜곡되는 현상을 줄이는 데 초점을 맞추고, 비비례제도를 채택한 국가는 어느 한 정당이 과반수 세력을 획득하도록 하는 데 초점을 맞추고 있다.

위의 표는 비비례 제도를 사용하는 영국의 선거 결과와 혼합제도를 활용하는 독일의 선거결과를 비교한 것이다.[11] 이 결과의 가장 큰 특징은 영국의 사민/자유당연합은 25.4%를 득표하였으면서도 단지 3.9%의 의석을 차지한 반면, 독일의 자민당은 득표비율과 거의 비슷한 의석을 차지하였다. 영국은 단순다수제를 채택하고 있으며, 독일은 반은 단순다수제, 반은 비례대표제를 채택한 혼합 선거제도를 활용하고 있다.

영국 선거 결과는 몇 번에 걸쳐 극단적인 예를 보여주고 있다. 1951년 하원 총선에서 보수당은 48%의 득표율을 기록하고도 의석의 51.4%를 획득하여 다수당이 되었으나, 노동당은 득표율에서 보수당보다 0.8%를 앞서고도 47.2%의 의석을 얻어 소수당으로 전락하였다. 1974년 2월 총선에서는 노동당이 득표율에서 보수당에 0.7% 뒤지는 37.2%에 그치고도 의석점유율은 47.4%로 보수당에 0.6% 앞서는 결과가 발생하였다. 이러한 왜곡된 현상이 나타나지만 영국의 양대 정당제도는 강하고 결속되고 안정된 정부를 유지한다는 평가를 받고 있다.

독일의 정당들이 실제 득표보다 의석을 더 차지한 이유는 최소조건 또는 봉쇄조항(threshold) 때문이다. 이 제도는 정당이 의회 의석을 얻기 위해 받아야만 하는 최소 득표수 또는 비율을 정한 것이다.[12] 봉쇄조항은 정당의 난립을 막기 위하여 실시되는 선거제도 중 하나로, 기준 이하의 득표를 한 군소정당들을 배제시켜 비례성을 감소시킨다. 봉쇄조항은 작은 분파 정당들과 지역 정당들을 배제시킴으로써 의회에서 정당 제도의 분열을 방지하기 위해 만든 것이다. 이 제도는 알바니아, 불가리아, 크로아티아, 체코 공화국, 덴마크, 에스토니아, 독일, 그리스, 헝가리, 이탈리아, 라트비아, 리투아니아, 몰도바, 네덜란드, 노르웨이, 폴란드, 루마니아, 러시아, 슬로바키아, 스페인, 스웨덴 등 비례대표 선거제도를 채택하고 있는 많은 유럽 국가에서 사용하고 있다. 네덜란드의 최소조건은

---

11) David M. Farrell, *Electoral Systems: A Comparative Introduction*, pp.4-5.

12) 독일의 경우 지역구에서 3석, 정당투표에서 5% 이상을 획득한 정당에게만 의석이 배분된다.

0.67%로 거의 무의미하고, 스웨덴은 전국에서 4%, 또는 단일 지역구에서 12% 이상의 표를 획득하도록 독특한 규정을 두고 있다.[13] 폴란드의 경우 높은 최소조건을 사용하여 정당을 24개에서 6개로 줄이는 데 성공하였다.

선거구

선거구는 대표(의원)를 선출하는 지역단위이다. 의석수와 투표수가 가장 근접하도록 하는 제일 중요한 요소는 선거구의 규모이다. 선거구 규모는 한 지역구 내에 할당된 의석의 숫자를 뜻한다. 선거구의 종류는 최소단위인 1개 선거구 1개 의석에서 최대단위인 전국 단일 선거구까지 다양하다. 의원정수 1석의 지역 선거구를 소선거구라 하고, 2석 이상의 지역선거구를 중 · 대 선거구, 그리고 전국을 단일 선거구로 하는 것을 전국선거구라 한다. 일반적으로 2석 이상 5석 이내를 중선거구, 5석 이상을 대선거구로 구분한다. 이 외에도 소선거구와 중 · 대 선거구를 혼합해서 사용하는 혼합선거구제가 있다.[14]

선거구의 크기에 따라 의석 배분의 비율이 틀려질 수 있다. 일반적으로 선거구가 클수록 더 비례적인 선거제도가 되는 경향이 있다.[15] 만약 평균 선거구 크기가 작다면, 선거 결과는 어떠한 할당 방식을 사용하더라도 높은 비율을 가져오지 못한다. 작은 선거구가 많아질수록 의석배분에 사용되지 않는 사표가 증가하기 때문이다. 프랑스가 1986년 비례대표제를 도입했을 때, 평균 6명의 하원의원을 한 선거구에서 선출하는 방식을 사용하였다. 그 결과 프랑스의 단일 후보 선거구 제도하에서 있었던 선거 결과보다 균형을 이룰 수 있었다. 핀란드, 포르투갈, 룩셈부르크 등에서는 평균 12개 의석 이상을 가지는 더 큰 선거구를 사용하고 있다.[16]

13) Ian Budge, et al., *The Politics of the New Europe: Atlantic to Ulars* (London and New York: Longman, 1997), p.236.

14) 김광수, 『선거와 선거제도』(서울: 박영사, 1997), p.63.

15) 선거구가 클수록 선거결과가 비례적이 된다는 논리는 비례대표제도를 활용할 경우에만 해당된다. 다수제나 절대다수제를 사용할 경우에는 선거구가 클수록 더 비비례적이 되는 경향이 있다. David M. Farrell, *Electoral Systems: A Comparative Introduction*, pp.21-22.

16) Michael Gallagher, Michael Laver and Peter Mair, *Representative Government in Modern Europe*, 3rd ed. (New York: McGraw-Hill, 2001), p.311.

선거구가 너무 클 경우 투표자가 의원들로부터 거리감을 느낄 수 있게 만드는 문제점이 있다는 비판을 받는다. 네덜란드나 이스라엘과 같이 전국을 하나의 선거구로 정할 경우 정당은 보다 많은 표를 획득하기 위하여 인구가 밀집한 지역에서만 선거운동을 하여 인구가 적은 지역은 소외되는 경향이 있다. 이러한 문제점을 해결하기 위하여 선거구는 하나이더라도 명부를 작성할 때 지역별로 배분하여 작성하는 방법을 활용하기도 한다.[17)]

소선거구 제도는 단순다수제도(single plurality system)와 함께 사용되며 영국이 택하고 있는 제도이며, 지역구에서 가장 많은 표를 획득한 자가 의석을 차지하는 것이다. 승자가 몇 퍼센트를 받았는지 중요하지 않고, 다수 정당체제에서는 과반수에 못 미치는 자가 승리할 수도 있다. 폴란드나 러시아 상원에서는 한 지역구에 다수 의석을 할당하는 제도인 중선거구제를 채택하는데 이 경우 복수투표제를 사용한다. 투표인은 그 지역구에 할당된 의석 수만큼 투표를 한다. 일부 소선거구제에서 과반수를 획득한 후보가 없을 경우 결선투표(run-off) 제도를 채택한다. 대개의 경우 1차 투표에서 다수를 획득한 2명을 결선투표하여 과반수 획득한 후보를 당선자로 결정한다. 그러나 프랑스나 헝가리의 경우에는 2명 이상의 후보로 결선 투표를 시행하고, 2차 투표에서 다수제를 적용한다.

소선거구 제도를 채택할 때 발생하는 득표와 의석의 불균형을 해소하는 방법 중의 하나는 선거구 차원의 할당에 더하여 두 번째 할당 차원을 갖는 것이다. 일부 국가에서 전체 의석의 일정 비율을 이러한 목적을 위해 남기는데, 덴마크 약 20%, 아이슬란드 20%, 이탈리아 25%, 노르웨이 5%, 스웨덴 11%, 독일 50%이다. '상위층' 의석은 지역 선거구에서 정당이 획득한 의석에 더하여 비례성 원칙에 의하여 정당이 추가적으로 보상받을 수 있는 수의 의석을 할당하는 것이다. 오스트리아, 벨기에, 그리스 등에서 상위 의석 수는 미리 고정되어 있지 않으나 효과는 동일하다. 각 정당이 선거구에서 버려진 표, 다시 말해 의석을 획득하는 데 사용되지 못한 표는 국가 혹은 지역적 차원에서 활용되고, 할당되지 못한 의석의 분배는 각 정당의 사용하지 않은 전체 투표수에 따라서 이루어진다. 이는 정당이 획득한 표들이 가장 적게 낭비되게 하는 것이다.[18)]

17) David M. Farrell, *Electoral Systems: A Comparative Introduction*, pp.79-80.

18) Rein Taagepera and Mattew Soberg Shugart, *Seats and Votes: The Effects and*

독일의 경우 하위선거구는 1인의 소선거구 다수대표제를 택하고 상위선거구는 주 단위의 비례대표제 방식의 조정의석제를 두는 혼합선거구제를 채택하고 있다. 복합선거구는 하위선거구가 상위선거구보다 작은 것이 일반적이다. 복합선거구제를 택하는 대개의 국가들은 독일과 같이 지역선거구는 의원정수 1명의 소선거구이며 상위선거구는 보다 넓은 지역을 선거구로 하는 광역선거구, 또는 전국을 하나의 단위로 하는 전국구를 채택하고 있다.[19)]

3) 유럽 선거제도의 특성과 변화

일반적으로 선거제도는 크게 분류해서 지역구선거제도와 비례대표제로 나눌 수 있다. 지역구선거제도는 대체로 다수대표제를 채택하고 있는데, 득표를 의석으로 전환시키는 데 다득표자 또는 다수결 득표자가 의석을 차지하는 방식이며, 득표율과 의석수가 불일치하는 현상이 나타나는 경우가 많다.[20)] 그러나 단일정당에 의석을 집중시켜 정부구성의 효율화를 모색하는 제도이다. 다수대표제는 군소정당의 난립을 방지하고 양당제도의 확립에 기여하기 때문에 안정된 다수의석을 확보한 정부의 구성이 용이하다. 다수대표제를 세분하면 영국식의 다수득표자 당선제(FPTP: first-past-the-post), 프랑스식의 과반수 득표자가 선출되도록 하는 절대다수 결선투표제(majority run-off election system), 그리고 호주에서 시행하고 있는 대안투표제도(alternative voting system) 등으로 분류된다.

19세기에 거의 모든 유럽국가들은 다수제를 선거제도로 선택하여 사용하였으나, 주로 대표성의 문제 때문에 오히려 20세기에 들어서서는 거의 모든 국가들이 다양한 형태의 비례대표제를 채택하였다. 비례대표제는 대체로 정당명부제

Determinations of Electoral Systems (New Haven and London: Yale University Press, 1989), pp.126-133; Michael Gallagher, Michael Laver and Peter Mair, *Representative Government in Modern Europe*, 3rd ed., p.311.

19) 김광수, 『선거와 선거제도』, pp.67-68.

20) 비례대표제를 사용한다고 해서 결과가 반드시 비례적으로 되는 것은 아니다. 패럴에 따르면 정당 명부식 비례대표제를 사용하는 그리스나 스페인의 선거결과는 미국이나 영국같이 비비례 선거제도를 채택하고 있는 국가들보다 비비례적이라고 한다. David M. Farrell, *Electoral Systems: A Comparative Introduction*, p.5.

와 함께 활용되는데 투표자는 정당에 대한 투표를 하고 정당이 받은 표의 비율에 의해 정당이 작성한 명부의 순서로 의석이 결정된다. 그러나 일부 제도는 투표자가 정당이 작성한 명부의 순서를 바꾸는 투표를 할 수 있는 방안을 채택하고 있다. 비례대표제의 최대 목표는 투표율과 의석수 비율의 근접점을 찾는 것인데, 선거구의 수가 적을수록 비례성이 높고, 따라서 전국을 한 개의 선거구로 할 경우 가장 비례성이 높은 결과가 도출된다.

비례대표제의 유형으로는 정당 명부식(list system), 독일의 혼합비례대표제(two-vote system), 일본, 이탈리아, 러시아 등에서 시행중인 지역구와 비례대표제를 병용하는 변형혼합비례대표제, 아일랜드의 단기이양식 선거제도(STV: single transferable voting system) 등으로 세분된다.

선거 결과 투표수에서 승리한 정당과 의석수에서 승리한 정당이 가장 근접하게 조화를 이루는 국가가 벨기에와 스위스이고, 일부 정당이 획득한 표보다 의석을 적게 차지하는 선거체제를 가진 국가는 폴란드, 슬로바키아, 루마니아, 체코 공화국, 에스토니아, 프랑스 등이다. 냉전 종식 이후 동유럽국가들의 민주화 과정에서 받은 득표수에 비례하여 의석을 배분하는 비례대표제를 폴란드, 루마니아, 에스토니아, 슬로바키아가 수용하였다. 또한 정당 수를 감소시키고 의석을 갖지 못한 정당을 퇴출시키는 제도도 채택하였는데 이 퇴출 정당들은 다른 정당과 다시 연합을 하게 되었다.[21] 서유럽의 선거제도도 변화하였는데, 대표적으로 프랑스의 경우 절대다수 결선 투표제를 비례대표제로 변경하였다가 다시 1986년에 결선 투표로 바꾸었다.

선거제도는 득표율과 의석수의 최대접점, 즉 투표자의 의사가 가장 근접하게 의석에 반영되는 것을 목표로 하여 개선안이 나오는 경우가 많지만, 정치세력들 간의 타협에 의하여, 그리고 각 정파의 이익에 따라 일부 세력에게만 유리한 중립적이지 못한 제도가 채택되기도 한다. 1956년 그리스의 우파 집권당은 좌파

21) 1990년대 초반 동유럽 공산주의 붕괴 후 민주화 과정에서 혼란스러운 면도 있었지만, 대개의 중 · 동유럽의 국가에서 공개된 경쟁선거가 치러졌고 민주헌법이 만들어지거나 과거의 것을 보완하였다. 동유럽 국가들이 민주화되면서 정당이 난립하게 되자 다양한 선거제도를 도입하여 정당난립을 막으려는 정책이 모색되었다. 두 차례 이상의 자유선거를 가진 구공산국가 가운데 체코, 슬로바키아와 헝가리만이 동일한 선거제도를 유지하고 있다.

유럽 각국의 선거제도

국가	기본 범주	하원의 원 수	최대 임기	선거 구수	1945년 이후 중요한 변경*
오스트리아	비례대표제(명부식)	183	4년	43†	1992년 제3의회의 도입, 9개에서 43개의 지역구로 증가, 선호 투표에 대한 효율성의 최소 확대
벨기에	비례대표제(명부식)	150	4년	20†	없음
덴마크	비례대표제(명부식)	175	4년	18†	1953년 DH에서 MSL 방식으로 변경
핀란드	비례대표제(명부식)	200	4년	15	없음
프랑스	다수제(결선투표제)	577	5년	577	많은 변경
독일	혼합(추가의석제)	656	4년	329†	1953, 1956, 1984, 1990년에 최소 변경
그리스	비례대표제(명부식)	300	4년	56†	집권정부가 유리한 방향으로 수차례 변경
아이슬란드	비례대표제(명부식)	63	4년	9†	1987년에 최소 변경
아일랜드	비례대표제(STV)	166	5년	41	없음
이탈리아	준비례대표제/추가의석제	630	5년	476†	1993년에 이전의 비례대표제 포기
룩셈부르크	비례대표제(명부식)	60	5년	4	없음
몰타	비례대표제(STV)	65	5년	13	1987년 이후 선거 승리당에 과반수 의석 보장
네덜란드	비례대표제(명부식)	150	4년	1	1998년에 선호 투표의 효율성에서 최소 증가
노르웨이	비례대표제(명부식)	165	4년	20†	1953년에 DH 방식에서 MSL 방식으로 변경; 1989년 선거 이전에 8개의 국가 단위 의석 추가
포르투갈	비례대표제(명부식)	230	4년	20	1975년에 첫 번째 민주주의 선거
스페인	비례대표제(명부식)	350	4년	52	1977년에 전후 첫 번째 민주주의 선거
스웨덴	비례대표제(명부식)	349	4년	29†	1952년에 DH 방식에서 MSL 방식으로 변경; 1970년에 higher tier 의석 도입; 1998년에 의미있는 선호 투표 도입
스위스	비례대표제(명부제)	200	4년	26	없음
영국	다수제	659	5년	659	없음

*약어 DH: d'hondt(동트식); MSL: Modified Sainte-Lague(수정 생 라그 방식); STV: Single Transferable Vote(단기이양식 투표)

† "복잡한 선거구"를 가진다. 하위 선거구의 모순을 해결하기 위해 상위 선거구 설치.

출처: Patricia Hogwood and Geoffrey K. Roberts, *European Politics Today*, 2nd ed. (Manchester: Manchester University Press, 2003), p.68.

정당에게 불리한 제도를 채택하였는데, 집권당의 당세가 강한 농촌에서는 다수제를, 당세가 약한 농촌에서는 비례대표제를 실시하였다. 그 결과 우파 집권당은 득표율로는 좌파 야당에 47% 대 48%로 뒤졌지만, 55%의 의석을 차지하는 승리를 거두었다.[22)]

프랑스의 드골은 공산당 출신이 대통령에 당선될 수 없도록 결선투표제를 도입하였다. 결선 라운드에서 비공산당표가 결집되기 때문에 공산당 후보가 과반수 득표를 하기가 사실상 불가능하다는 계산 아래 실질적 의미의 최소조건을 활용하였다. 비례대표제를 사용하는 국가에서 높은 법적 최소조건(legal threshold)을 통해 의도적으로 특정 정치세력의 의회 진출을 봉쇄하는 경우도 있다. 1939년 리히텐슈타인(Liechtenstein)은 18%의 최소조건을 채택하여 나치당의 의회 진출을 저지하였다.[23)]

정당의 수는 단일 정당이 정부를 구성하는지, 아니면 연합정부를 구성하는지, 또한 국가가 정치적으로 얼마나 분열되어 있는지를 나타낸다. 1980년대와 90년대 사이에 한 나라가 두 번 선거를 한 결과를 보면 정당 수에 있어서 서유럽과 동유럽의 차이점이 나타난다. 투표에서 효과적인 승리를 한 정당 수를 유럽 국가간 비교를 하면 탈공산주의 체제가 서유럽보다 분열되었다는 점을 볼 수 다.[24)]

동유럽에서 5개 이상의 정당이 의회에 진출한 국가는 10국가 중에서 7개를 차지하고 서유럽의 경우 5개 이상의 정당이 있는 나라가 10국가 중 4개로 나타난다. 더구나 러시아와 우크라이나는 많은 수의 후보가 무소속으로 출마하기 때문에 이들은 정당 숫자에 포함되지 않았다. 두 국가의 정당은 15개 정도이다. 러시아의 경우 선거에서 유효한 의석을 차지한 정당은 14.1개인데 이는 세계 기록이라 할 수 있을 정도로 많은 것이다.

---

22) Martin Harrop and William L. Miller, *Elections and Voters: A Comparative Introduction* (New York: New Amsterdam Books, 1987), p.61.

23) David M. Farrell, *Comparing Electral System*, pp.10-11; 안순철, 『선거체제비교: 제도적 효과와 정치적 영향』(서울: 법문사, 1998), pp.62-63.

24) Ian Budge, Kenneth Newton, et. al., *The Politics of the New Europe: Atlantic to Urals* (London: Longman, 1997), pp.229-230.

1980년대 · 1990년대 유럽 선거에서 승리한 정당의 수

서유럽/지중해	정당수	동유럽/유라시아
	2.2	알바니아(1991, 1991)
오스트리아(1983, 1986), 그리스(1990, 1993)	2.6	
포르투갈(1987, 1991)	3.0	
독일(1990), 영국(1987, 1992)	3.1	
	3.5	불가리아(1990, 1991)
아일랜드(1989, 1992)	3.6	
	3.8	몰도바
스페인(1989, 1993)	3.9	
스웨덴(1988, 1991)	4.3	
터키(1987, 1991)	4.4	
네덜란드(1986, 1989), 노르웨이(1989, 1993)	4.8	
이스라엘(1988, 1992)	5.0	
프랑스(1988, 1993)	5.1	
	5.3	슬로바키아(1992)
덴마크(1987, 1988)	5.8	
핀란드(1987, 1991)	6.0	
	6.1	체코공화국(1992), 헝가리(1990, 1994)
이탈리아(1987, 1992, 1994)	6.2	라트비아(1993)
스위스(1987, 1991)	7.1	
	8.2	슬로베니아(1992)
	8.9	에스토니아(1992)
벨기에(1987, 1991)	9.0	
	10.9	그루지아(1992)
	15 이상	러시아, 우크라니아

2. 다수대표 선거제도

다수대표 선거제도에는 세 가지 주요 형태가 있는데, 첫 번째는 단순다수제, 두 번째는 결선투표제, 세 번째는 대안투표제이다. 다수제는 종종 소규모 정당에게 불공평하다거나, 특정 선거구에 지지가 집중되어 있는 정당이 이득을 보게 된다는 비판을 받는다. 반면 긍정적인 측면에서, 다수제는 군소 정당의 난립을

막고, 한 정당이 과반수를 점유하는 양당제의 발전을 도모하여 안정된 정부 구성에 효과적인 역할을 담당한다. 이것이 두 주요 정당간의 정권 교체를 가능케 하여 안정된 정부를 유지시키는 방안으로 평가되고 있다.[25)]

1) 단순다수제

단순다수제 또는 1위 대표제는 "FPTP(first-past-the-post system)"라고 불리기도 하는데, 이는 선거를 경마에 견주어 결승점 표주(winning post)를 넘어서는 1등이 당선된다는 것을 의미한다. 후보자가 몇 명이든, 승리 득표율이 저조하든 다른 후보자보다 한 표라도 더 획득하면 선거에서 승리하는 제도이다. 따라서 세 명이 경쟁할 경우 전체 유효 투표수의 3분의 1 이상을 획득하면 승리한다. 유효투표의 '절대다수(50% + 1)'를 얻을 필요가 없다는 뜻에서 '상대다수제(relative majority)'로 불리기도 하는데, 일반적으로는 단순다수제(SMP: Single Member Plurality)로 불리고 있다.[26)]

1위 대표제는 후보자에 대한 제1선호만을 묻는 '범주형(範疇型: categorical)' 투표를 기본으로 한다. 통상적으로 단순 다수제는 소선거구제와 유기적 관계를 가지고 있으며 이들을 묶어서 '단일 의석 단순다수제(SMSPS: Single Member, Simple Plurality System)'로 부른다. 유럽에서는 영국에서 사용되고 유럽 이외 지역에서는 미국과 캐나다가 채택하고 있다.

(1) 영국의 단순다수제

영국은 전국을 659개의 선거구로 나누고, 각 선거구에서 1명의 하원의원을 선출하는 제도를 택하고 있다. 후보자가 투표의 절대 다수(예를 들어 50% 이상)를 획득해야만 하는 요구조건은 없다. 선거는 이전 선거로부터 5년 이내에 실시되어야 한다. 만약 정부가 과반수 의석을 겨우 넘겼다면, 선거는 이전 선거로부터 1년 혹은 2년 내에 개최될 수도 있다. 예를 들어 1950년과 1951년, 1964년과

25) Thomas Saalfeld, "Government and Politics," in Richard Sakwa and Anne Stevens (eds.), *Contemporary Europe* (New York: Palgrave, 2000), pp.115-116.

26) Patricia Hogwood and Geoffrey K. Roberts, *European Politics Today*, 2nd ed., p.67.

영국의 선거제도

영국은 단순다수제도를 채택하고 있다. 전국은 659개의 선거구로 분리되어, 각 선거구에서 한 명의 하원 의원을 선출하도록 하고 있다. 각 선거구 내에서 후보자는 가장 많은 득표를 한 사람이 승리하게 되고, 과반수가 아니어도 다수표만 얻으면 의원이 된다. 영국 내 다른 조직체들은 비례대표제 형태에 의해 대부분 선출되는데, 추가 의석 제도(스코틀랜드와 웨일즈에서 사용되는 제도), 단기이양식(북아일랜드 의회), 비례 명부 제도(영국, 스코틀랜드, 웨일즈를 대표하는 유럽의회 의원 선출)를 사용하고 있다.

1966년, 그리고 1974년에는 두 번의 선거가 시행되었다. 보통 선거 기간 사이에 무슨 이유에서건 공백이 생기는 의석은 보궐 선거로 채워진다. 후보자들은 대개 정당을 대표하지만 무소속으로도 출마할 수 있다.

단순다수제에서는 '소수대표' 와 '근소표차' 의 극단 현상이 일어나, 결국은 득표율과 의석 점유율의 차이가 심하게 날 가능성이 높다. 단 한표 차이로 당선될 수 있기 때문에 많은 선거구에 지지자들이 고르게 분포되어 있는 정당은 전체득표율에서 과반수에 미달하는 지지를 받았는데도 절대 다수의석을 차지하는 것이 가능하다. 지지세력이 고르게 분포되어 있는 정당은 다수 선거구에서 근소한 차이로 많은 당선자를 내기 때문에 사표(死票)를 최소화하는 반면에, 지지세력이 특정지역에 집중되어 있거나 전 지역에 소규모로 분산되어 있는 군소정당은 자기 지역에서는 불필요하게 압도적인 표차로 당선하여 표를 낭비하고, 기타 지역에서는 2, 3등에 머물기 때문에 득표율에 훨씬 못 미치는 의석을 차지하게 된다. 역사적으로 보면 영국의 보수 · 노동 양대 정당 가운데서 노동당이 단순다수제에 의하여 보다 많은 불이익을 당하였다. 광산지대와 대도시 공업지역에서 노동당은 압승하면서 과다득표에 의한 다수의 사표를 발생시켰기 때문이다.

제2차 세계대전 이후 영국 총선거의 평균 후보자 수는 3명이었으며, 1979년 총선거 당시의 평균은 4명이었다. 이와 같이 2명 이상의 후보가 경쟁할 경우 과반수 이상의 득표로 당선될 가능성은 작아진다. 다수 의원들이 총선거에서 과반수 미만의 득표로 당선된다는 사실은 결국 절대다수 의석을 차지하고 있는 집권당이 절대다수의 선거인들로부터 지지를 받지 못하였다는 점을 의미한다. 1948

50% 미만의 득표로 당선된 하원의원 현황: 영국(1918~1997년)

연도	당선 의원수	당선비율
1918	97	14.5
1922	173	30.0
1923	203	35.2
1924	124	21.5
1929	310	53.8
1931	34	5.9
1935	58	10.1
1945	174	29.0
1950	187	29.9
1951	39	6.2
1955	37	5.9
1959	80	12.7
1964	232	36.8
1966	185	29.4
1970	124	19.7
1974(2월)	408	64.3
1974(10월)	380	59.8
1979	207	32.6
1983	334	51.4
1987	283	43.5
1992	258	39.6
1997	310	47.1

년 선거에서 40%의 표를 획득한 노동당이 61.4%의 의석을 획득하였다. 1951년에 노동당은 48.8%, 보수당은 48%의 득표를 하였으나 보수당이 51.3%의 의석을 점유하였다. 1974년 2월 총선거에서 노동당은 전체 득표율이 보수당보다 2.7% 적은 37.2%였으나 의석수에서는 보수당을 누르고 집권당이 되었다.

이 제도에서는 제3당의 출현이 매우 어렵다. 1959년의 선거에서 자유당은 5.9%의 득표를 하였으나 단지 1%의 의석을 차지하였다. 1974년 총선에서 자유당은 19.3%의 지지를 받았으나 의석은 635석 중 14석만을 차지하였다. 1983년 선거에서도 비슷한 상황이 전개되었다. 사민 · 자유당 연합은 25.4%를 득표하였으나 의석은 3.5%(23석)만을 차지하였다. 당시 보수당은 42.4%의 득표로

영국 하원 선거결과

(단위: %)

	보수당			노동당			자유/자민		
	득표	의석	차이	득표	의석	차이	득표	의석	차이
1945	36.8	31.3	−5.7	48.0	61.4	+13.4	9.0	1.9	−7.1
1950	43.4	47.7	+4.3	46.1	50.4	+4.3	9.1	1.4	−7.7
1951	48.0	51.4	+3.4	48.8	47.2	−1.6	2.6	1.0	−1.6
1955	49.7	54.8	+5.1	46.4	44.0	−2.4	2.7	1.0	−1.7
1959	49.4	57.9	+8.5	43.8	41.0	−2.8	5.9	1.0	−4.9
1964	43.4	48.3	+4.9	44.1	50.3	+6.2	11.2	1.4	−9.8
1966	41.9	40.2	−1.7	48.0	57.8	+9.8	8.5	1.9	−6.6
1970	46.4	52.4	+6.0	43.1	45.7	+2.6	7.5	1.0	−6.5
1974(2월)	37.9	46.8	+8.9	37.2	47.4	+10.3	19.3	2.2	−17.1
1974(10월)	35.8	43.6	+7.8	39.3	50.2	+10.9	18.3	2.0	−16.3
1979	43.9	53.4	+9.5	36.9	42.4	+5.5	13.8	1.7	−12.1
1983	42.4	61.1	+18.7	27.6	32.2	+4.6	25.4	3.5	−21.9
1987	42.3	57.8	+15.5	30.8	35.2	+4.4	22.6	3.4	−19.2
1992	41.9	51.6	+9.7	34.4	41.6	+7.2	17.8	3.1	−14.7
1997	30.7	25.0	−5.7	43.2	63.4	+20.2	16.8	7.0	−9.8
2001	31.7	25.2	−6.5	40.7	62.5	+21.8	18.3	7.9	−10.4
2005	30.1	32.3	+1.8	35.3	55.1	+19.8	22.1	9.6	−12.5

61.1%(397석)의 의석을 차지하였고, 노동당은 27.6%의 득표로 32.2%(209석)의 의석을 차지하였다. 실제로 영국은 1935년 이래 과반수 이상을 득표한 정당이 집권한 적이 없다.[27)]

양당이 경쟁할 경우와 다수당이 경쟁할 경우 결과가 큰 편차를 보일 수 있다. 영국의 경우 1945년부터 1970년까지 전체적으로 대표성 부족은 그리 큰 문제가 되지 않았으나, 1970년대 이후 제3당의 출현 이후에는 표의 분산과 득표율이 의석으로 전환되지 않아 비비례성이 상당히 높아졌다.[28)] 제3당의 지지도가 높아

27) Yves Meny and Andrew Knapp, *Government and Politics in Western Europe* (Oxford: Oxford University Press, 1998), pp.165-166; 백상기, 『비교정치제도』(서울: 형설출판사, 1994), p.78; 김광수, 『선거와 선거제도』(서울: 박영사, 1997), pp.193-196.

28) 제3당은 1974년부터 1979년까지 자유당, 1983년부터 1987년까지 자유당-사민당 연합, 1992년부터 1997년까지 자민당이 존속하였다.

질수록 비비례성이 심화되는 경향이 나타났다. 이 경우 제3당이 가장 큰 희생을 받게 된다. 1997년 하원 선거결과를 보면 전 국민의 57%가 노동당을 선택하지 않았는데도, 이 당은 전체의석의 63.6%나 차지하게 되는, 선거제도에 의하여 '제조' 된 결과가 발생하는 것이다.[29)]

앞 표를 보면 알 수 있다시피 영국 선거제도는 제3당에게 특히 불리한 제도이다. 가장 놀라운 결과는 1983년 선거에서 노동당은 27.6%, 사민/자유연합은 25.4%의 지지를 받아 득표율에서는 2.2%의 차이가 났는데, 의석은 노동당 32.2%, 사민/자유연합은 단지 3.5%의 의석을 획득하여 의석에서는 28.7%의 차이가 났다. 당시 보수당은 42.4%라는 과반수 이하의 지지를 받았으나 의석은 61.1%를 차지하였다. 지지자에 따른 대표성의 측면에서 살펴보면 보수당 의원 1인은 평균 3만 2,777명을 대표하였고, 노동당 의원은 4만 464명, 사민/자유연합은 33만 8,302명을 대표하였다.

자민당이 획득한 표에 상응하는 의석을 가지지 못한 이유 중의 하나는 이 당이 전국적으로 미약한 지지를 받았기 때문이다. 보수당과 노동당은 지역적으로 확고한 지지기반을 누리고 있는데, 보수당은 대체로 잉글랜드 남부에서 지지를 받고 있으며, 노동당의 지지층은 북부, 그리고 스코틀랜드와 웨일즈를 중심으로 분포되어 있다.

(2) 영국 선거제도의 장단점과 개혁 논의

영국의 단순다수제는 4가지 측면에서 유용하다. 첫째, 단순다수제는 양당제와 과반수 의석점유 정당의 출현을 가능케 하여 안정된 정부 구성을 촉진한다. 이 정당은 새로운 총선거를 원하는 시기(5년 한도)까지 정부를 구성하여 통치할 수 있고, 정당 정강을 토대로 한 정책을 수립할 수 있고, 연합을 하기 위하여 다른 정당과 복잡한 협상을 하지 않아도 된다. 둘째, 의석의 상당수를 제2정당에게 주는 경향이 있는데, 이는 주류 야당을 인정하고 다음 선거에서 대안적인 정부를 수립할 수도 있다는 점을 인정하는 것이다. 셋째, 이해하기 쉽고 작동하기

29) Michael Gallagher, Michael Laver and Peter Mair, *Representative Government in Modern Europe*, 3rd ed. (New York: McGraw-Hill, 2001), pp.305-306.

쉽다는 점이다. 투표자나 개표종사자들에게 간단하고 쉽기 때문에 선거비용이 적게 들고 선거관리가 용이하다. 마지막으로 지역대표성을 보장하여 선거구 유권자들과 선출된 의원 간의 친밀도를 높여 주고, 의원에게는 지역 베이스를 준다는 점이다. 한 지역구에서 한 명의 의원이 선출되기 때문에 의원의 지역구에 대한 책임이 한 지역구에서 여러 명의 의원이 선출되는 제도보다 높다고 할 수 있다.

이 제도의 단점에 대한 비판도 많은 편이다. 가장 큰 문제점은 총 투표수의 50% 이하의 지지를 받은 정당이 승리하여 정부를 구성할 수 있다는 점이다. 따라서 군소 정당 지지자들의 표가 사표(死票)가 될 가능성이 높다. 큰 정당에게 부당하게 유리하기 때문에 작은 정당은 득표율에 의하여 배당되어야 할 의석보다 적은 의석을 차지하게 된다. 이는 '평등선거의 원칙에 위배' 되고, 불균형적인 선거 결과를 도출한다는 평을 받고 있다. 궁극적으로 비비례성과 '만들어진 다수' 가 형성될 가능성이 높다. 영국선거에서 제3당인 자민당을 가장 지지하고 차선으로 노동당 후보를 선호하는 투표자가 자민당 후보를 찍을 경우 '표의 분산' 의 우려 때문에 가장 지지하지 않는 보수당 후보의 선출을 막기 위해 노동당 후보를 찍게 된다. 따라서 이 제도에서는 가장 대표성이 있는 후보가 당선되는 것이 아니라, 가장 싫어하는 후보가 선출되는 것을 막기 위한 투표자의 전략에 따른 인위적인 결과가 도출될 우려가 있다.[30] 영국 선거제도의 또 다른 단점은 의원들이 국가의 이익보다는 지역 서비스 위주의 활동을 하게 되고, 여성과 정치적 소수 그룹의 대표성이 낮으며, 선거구 책정을 하는 과정에서 게리맨더링의 가능성이 높다는 것이다.

비록 단순다수제가 영국에서 매우 공고히 유지되고 있지만, 최근 많은 도전을 받고 있다. 더욱이 지금 영국은 총선거가 아닌 다른 선거에서는 다양한 제도를 채택하고 있다. 스코틀랜드 의회와 웨일즈 의회가 1999년에 실시한 선거에서 두 개의 표를 행사하는 추가/보상 선거제도를 실시하였다. 이는 독일에서 사용되고 있는 혼합 선거제도의 방식과 비슷하다. 북아일랜드 의회의 1998년 선거

30) Michael Gallagher, Michael Laver and Peter Mair, *Representative Government in Modern Europe*, 3rd ed., p.305.

는 단기이양식 투표(single transferable vote)를 사용하였고, 이 방식은 아일랜드 의회선거에서 사용되고 있다. 1999년 84명의 영국의원을 선출한 유럽의회 선거는 스페인 의회 선거에서 사용하는 제도와 유사하게 국가를 11개 선거구로 나누는 폐쇄 명부제도를 사용하였다. 북아일랜드를 대표하는 3명의 유럽의회 의원은 단기이양식 투표로 선출되었다.

역사적으로 영국의 선거제도를 개선하기 위하여 다양한 대안 제도가 고려되었고, 제안되었다. 처음으로 논쟁이 벌어진 시기는 19세기 중반부터 1930년대 초반까지이다. 1867년, 1884년, 1910년, 1917년, 1931년에 하원의원 선거방식을 개정하자는 논의가 있었는데, 이는 민주주의와 정당정치의 발전과도 맥을 같이하고 있다. 세 가지 방식이 논의되었는데, 바로 제한선거(limited vote), 대안투표(alternative vote), 단기이양식(single transferable vote) 투표제도였다. 변화를 주도하는 측이 가장 관심을 가진 방식은 단기이양식 제도였다.[31)]

1974년의 두 번에 걸친 총선거에서 어느 정당도 과반수 의석을 획득하지 못하게 되고, 특히 자유당에 불공평한 결과가 초래되자, 선거제도 개혁에 대한 주장이 다시 나오기 시작하였다. 1975년 한자드 협회(Hansard Society)는 선거개혁위원회(Commission on Electoral Reform)를 설립하였다. 이 위원회는 1976년 제도의 결점을 분석하면서 독일에서 사용되는 제도와 유사한 혼합 선거제도를 제안하였다. 하원의원의 4분의 3은 소선거구에서 단순다수제로 선출하고, 나머지는 지역명부에 의한 비례대표제에 의해 선출하자는 내용이 보고서의 골자였다. 노동당은 대안 선거 제도의 장 · 단점을 조사하는 위원회(Plant Committee)를 만들었으나 후속 조치가 따르지 못했다.

1980년대에 들어서도 선거개혁에 대한 논의가 계속되었으나, 노동당 등 대정당의 호응을 얻지 못하여 별 진전을 볼 수 없었다. 주로 소규모 정당이나 큰 정당의 소수세력만이 선거제도 개혁에 적극적인 관심을 가지고 있었다. 보수당이나 노동당의 지휘계층은 자신의 당이 과반수 의석을 획득하여 단독 정부를 구성할 기회를 상실할 우려가 있다는 생각에 선거개혁에 앞장서지 못하는 상황이었다. 그러나 1980년대 후반까지 노동당이 3번 연속 패배함에 따라 선거개혁 논

31) David M. Farrell, *Electoral Systems: A Comparative Introduction*, p.32.

의에 불을 지피기 시작하였다. 단독으로 대처의 보수당을 패배시킬 능력이 부재한 상황에서 보수당을 이길 수 있는 방법은 제3당과 연합하여 정부를 구성하는 방법 외에는 다른 대안을 강구하기가 어려웠다. 이에 따라 노동당은 비례대표 선거제도 도입을 주장하는 자유민주당과 연합하여 선거제도 개혁을 주장하였다.[32)]

1997년 선거에서 승리한 이후, 신임 노동당 정부는 젠킨스(Roy Jenkins: 전임 노동당 장관이면서 현직 자민당 소속)가 통솔하는 선거 개혁 독립 위원회(Independent Commission on Electoral Reform)를 설립하여 새로운 선거 제도를 연구하고 국민투표를 실시하려는 계획을 수립하였다. 이 위원회는 스코틀랜드 의회와 웨일즈 의회 선거에서 사용하는 방식인 지역구 대표와 정당 명부에 근거한 대표를 혼합한 제도에 기반한 비례대표제를 도입하려 하였다. 의원 80~85%를 소선거 지역구에서 선출하고, 나머지는 정당대표의 비례성을 높이기 위해 지역명부에서 선출하는 선거 형식을 권고하였다. 그러나 지역구 의석은 비비례선호제도(각 선거구에서 1명만 선출하는 점 이외에는 STV 제도와 유사)에 의하여 선출하고, '보충의석'의 비율이 매우 적다는 점 때문에, 이 제도는 자유민주당에 특히 유리하다는 평가를 받게 되었다. 노동당이 1997년과 2001년 총선거에서 큰 승리를 거두자 자유민주당의 요구를 노동당이 반대하게 됨으로써 선거제도 개혁은 무산되었다.[33)]

2) 결선투표제

다수의 후보가 경쟁할 경우 그 후보를 반대하는 투표가 과반수를 넘는데도 불구하고 당선되는 불합리한 경우가 발생한다. 이러한 문제점을 해소하기 위하여 과반수 이상의 지지를 받는 후보가 당선되도록 하는 '절대다수 대표제(absolute

32) David M. Farrell, *Electoral Systems: A Comparative Introduction*, p.36.

33) Patrick Dunleavy and Helen Margetts, "Mixed Electoral Systems in Britain and the Jenkins Commission in Electoral Reform," *British Journal of Politics and International Relations*, Vol.1, No.1, 1999, pp.235-239; Patricia Hogwood and Geoffrey K. Roberts, *European Politics Today*, 2nd ed., p.79.

majoritarian system)' 를 고안하였다. 이 제도는 총 유효표의 50% 이상을 획득하여야 당선되는 제도, 또는 기본적으로 이러한 절대다수를 지향하는 제도를 일컫는다.[34] 단순다수제와 절대다수제는 둘 다 비비례 제도로서 1석 선거구에서 주로 사용된다.[35]

단순다수제를 실시할 경우 후보자수에 관계없이 당선자의 득표수가 낙선자의 득표수 합계보다 많게 하는 선거제도의 확립은 거의 불가능하다. 차선책으로 후보자 수를 줄이면 과반수 이상의 지지를 받은 후보가 당선될 확률이 높아진다. 후보자 일부를 사퇴시키는 방안으로 고안된 것이 결선투표제이다. 첫 번째 라운드에서 압도적 다수 즉 50% + 1을 획득하면 당선되는데, 이에 실패할 경우 첫 라운드 강자들 간에 2번째 선거인 결선투표를 실시한다. 결선투표는 투표 횟수를 2회 또는 3~4회로 제한한다. 투표 횟수를 2회로 제한할 경우 1차 투표결과 상위득표자 2인을 대상으로 투표를 실시하기 때문에 과반수 득표자가 당선자로 결정된다. 그러나 수차에 걸친 결선투표를 실시하는 경우 2인 이상이 결선투표 후보가 되며, 마지막 투표에서도 과반수 득표자가 없을 경우 최다득표자를 당선자로 결정한다.

(1) 프랑스의 결선투표제

결선투표제는 '프랑스식' 이라고 불릴 만큼 프랑스의 대통령 선거와 의회선거에서 활용되고 있다.[36] 프랑스 제5공화국은 1958년 출범과 함께 하원의원 선출방법으로 결선투표제를 채택하였다. 이 제도는 1차 투표 결과 1, 2위 득표자를 상대로 한 결선투표가 아니라 1라운드에서 일정한 득표율 이상을 기록한 후보를 모두 참여시켜 결선투표를 시행하는 제도이다. 투표는 단기투표제로 하는데, 1차 투표에서는 유효투표 총수의 과반수이면서 유권자 총수의 4분의 1 이상을 획득한 후보가 당선자로 확정되는 절대다수제를 실시한다. 따라서 1라운드 선

34) 이 제도는 영어로 "run-off," "two-ballot," "second ballot" system 등 다양하게 불린다.

35) Thomas Saalfeld, "Government and Politics," in Richard Sakwa and Anne Stevens (eds.), *Contemporary Europe* (New York: Palgrave, 2000), p.114.

36) 영국 노동조합의 선거에서도 결선투표제를 활용하고 있다. 과반수 득표자가 없는 경우에 최소득표자를 탈락시키는 방법으로 후보자의 숫자를 줄여서 최고득표자가 과반수 득표를 할 때까지 투표를 계속한다.

프랑스의 선거제도

프랑스는 비례대표제 방식을 사용하지 않는다. 대신에 2라운드제, 혹은 "결선 투표"를 사용한다. 프랑스는 555개의 소선거 지역구로 나뉜다. 각 선거구 내에서 이어지는 일요일에 두 번의 선거가 시행된다. 만약 한 후보가 첫 번째 라운드에서 과반수 이상의 표를 얻어 승리하면, 그 후보자는 하원의원으로 선출된다. 그러나 이러한 경우는 거의 드물다. 대개의 선거구에서 어떠한 후보도 첫 번째 라운드에서 과반수 이상의 표를 얻어 승리하는 사람이 없고, 그래서 두 번째 라운드가 일주일 후에 시행되는 것이다. 첫 번째 라운드에서 득표의 12.5%를 초과한 사람은 두 번째 라운드에 참여할 수 있게 된다. 만약 12.5% 이상을 받은 후보자가 2명 이하일 경우 상위 득표자 2명이 결선 투표에 진출한다. 결선 투표에서 과반수 득표 여부에 상관없이 다수 득표자가 당선된다.

거의 1위가 승리를 위한 '최소조건(threshold)'은 50% + 1이며, 이는 '과반수'라는 민주주의적 정당성에 부합되기 때문에 가장 보편적으로 사용되는 조건이다. 즉 1라운드에서 50% + 1표를 획득한 후보는 1명 이상 존재할 수 없고 따라서 당선자로 확정된다.[37)]

1차 투표에서 당선자가 없는 경우 1주일 후에 2차 투표에 들어가게 되는데 2차 투표에는 유효한 투표수가 아니라 등록된 유권자 총수의 12.5% 이상의 지지를 얻은 후보가 입후보할 수 있다. 2차 투표에서는 가장 많은 득표를 한 후보를 당선자로 하는 상대다수제를 채택하고 있다. 따라서 결선투표 진출자가 3명 이상일 경우 절대다수 이하의 득표율로 당선될 수 있다. 이러한 점에서 프랑스 제도는 절대다수제보다는 단순다수제에 가깝다고 할 수 있다. 왜냐하면 당선되기 위해서는 반드시 과반수가 필요한 것은 아니기 때문이다.[38)]

유권자의 12.5% 득표라는 자격 기준은 이론적으로는 7명 이상이 결선에 진출할 수 있다는 것을 의미한다. 그러나 실제로는 선거구 내에서 또는 선거구간에

37) 1988년 프랑스 의회 선거에서 22%, 1993년에는 12%의 지역선거구에서 1라운드만으로 절대다수 당선자가 확정되었다.

38) 일부 학자들은 프랑스 하원 선거체제가 진정한 의미의 절대다수제가 아니라고 주장하고, 일부는 이 12.5% 규칙이 정치적 '거래의 형성(formation of bargains)'에 도움을 주기 위한 것으로 설명한다. 안순철, 『선거체제비교: 제도적 효과와 정치적 영향』(서울: 법문사, 1998), p.131에서 재인용.

정당간 거래가 이루어지기 때문에 대개 결승은 좌파와 우파에서 1명씩 2명의 후보간에 이루어지는 것이 보통이다. 1988년의 프랑스 의회선거의 경우 9개 선거구에서 3명의 후보간 결선투표 경쟁이 있었고, 1993년에는 총 선거구 수의 약 3%에 해당하는 15개 선거구에서 3명의 후보간 결승이 있었다. 대체로 1차 투표에서 한 후보가 과반수를 획득하는 경우는 5%밖에 없으므로 거의가 2차 투표로 간다고 할 수 있다. 1997년 선거결과를 보면 1차 투표에서 12.5%를 받지 못하여 배제되는 후보는 19%에 달하였다.[39]

5년 임기의 프랑스 대통령선거도 결선투표제를 택하고 있으나 의원선거와 다른 점은 1차투표의 상위 득표자 두 명만 2주일 후에 실시되는 결선투표에 진출할 수 있다는 점이다. 결국 2라운드의 승자는 반드시 절대다수를 획득하게 된다. 따라서 이 제도는 단순다수제의 '소수대표' 문제를 극복할 수 있다. 결선투표 제도는 2차 투표에서 군소정당 후보를 배제시킴으로써 프랑스 정치의 양극화에 크게 기여하였다. 극좌 내지는 극우의 군소정당이나 연합세력을 결성하지 못하는 정당을 '과소대표' 하고, 반면에 다수 의석 확보에 성공한 정파 연합 및 각 연합체 내에서의 지배정당을 '과대대표' 하는 효과를 창출하였다.[40]

1965년 이후 대통령 선거 1차 투표에서 과반수를 얻은 후보가 없었기 때문에 예외 없이 결선투표가 시행되었다. 결선투표에 진출한 2명의 후보는 2002년의 선거를 제외하고 좌파와 우파에서 한 명씩 진출하였다. 2002년의 선거에서는 우파인 드골파와 극우파가 결선투표에 진출하여 드골파 후보가 당선되었다.[41]

39) David M. Farrell, *Electoral Systems: A Comparative Introduction*, p.52; Michael Gallagher, Michael Laver and Peter Mair, *Representative Government in Modern Europe*, 3rd ed., p.307.

40) 예를 들면, 1958년 선거에서 공산당은 1차 투표에서 19.2%를 득표하였으나 의석은 총 561석 중 10석(1.78%)을 확보하는 데 그친 반면에, 드골주의자(UNR, CRR 등)는 20.5% 득표에 207석(36.9%)을 확보하였다. 특히 과대대표의 경우, 1968년 총선에서 드골주의자와 독립 공화주의자는 44% 득표로 72.7%(354/487석)의 의석을, 1981년 6월 14~21일 총선에서 사회당 및 극좌파는 37.5% 득표로 58%(285/491석)의 의석을 확보하기도 하였다. 변해철, "프랑스 헌법상의 선거제도: 하원선거를 중심으로," 『국제지역연구』, 제3권 2호, 1999년 여름, pp.11-13.

41) 장훈, "제6장 프랑스의 정치제도와 정치과정," 유럽정치연구회 편, 『유럽정치』(서울: 백산서당, 2004), pp.156-157.

프랑스 대통령 선거 결과

(단위: % (괄호 안은 1차 투표 결과))

	좌파		우파			
	공산당	사회당	중도우파	온건우파	드골파	극우파
1965		45.5(32.2)	(15.8)		54.5(43.7)	
1969	(21.5)		42.4(23.4)		57.6(43.9)	
1974		49.2(43.2)		50.8(32.6)	(15.1)	
1981	(15)	51.8(25.8)		48.2(28.3)	(17.9)	
1988	(6.8)	54(34.1)		16.5	46(19.9)	
1995		47.3(23.2)		(18.5)	52.6(20.7)	(15.3)
2002		(16.1)			82.2(19.9)	17.8(16.8)

(2) 프랑스 결선투표제의 평가

결선투표제는 다차원의 이념으로 분화되어 있었던 제4공화국 당시의 정당체제를 좌우 양대 블록으로 구조적 안정을 이루는 데 긍정적 영향을 끼쳤다는 평가를 받고 있다. 1965년 제5공화국 대통령 선거에서도 결선투표제를 사용하면서 다차원의 이념적 혼돈상태가 사회경제적 차원으로 통합되었고, 진보와 보수의 좌우 두 이념 블록 내에서 정당체제가 공고화되었다. 대통령 선거보다는 결선투표제에 의한 의회 선거에서 정당의 연합 형성을 공고히 하여 두 블록 경쟁체제가 안정되는 데 더 큰 영향을 끼쳤다. 한편 결선투표제의 2라운드는 '구심적(centripetal)' 투표성향을 촉진하여, 극좌와 극우 정당인 프랑스 공산당과 민족전선 등이 결선투표제가 가지는 비비례적 특성의 최대 피해를 보고 있다. 1993년 선거 1라운드에서 12.7%를 얻었던 민족전선이 궁극적으로 단 1석도 획득하지 못하는 결과가 발생하였다. 투표자는 1차 투표에서는 진실로 선호하는 정당의 후보에게 투표를 하고, 2차 투표에서는 전술적인 선택을 한다.[42)]

프랑스의 2라운드 선거 제도는 단순다수제와 마찬가지로 의원과 지역선거구 주민들 간의 유대가 깊다는 장점을 가지고 있으며, 이 외에도 이 제도는 영국제도보다 상당한 장점을 가지고 있다. 그것은 첫 번째 라운드에서 실패한 후보자

42) David M. Farrell, *Comparing Electoral Systems* (Hemel Hempstead, GB: Harvester Wheatsheaf, 1997), p.51; Patricia Hogwood and Geoffrey K. Roberts, *European Politics Today*, 2nd ed., p.71.

의 지지자들이 경쟁자 중 한 명에게 그들의 지지를 전환할 수 있는 기회를 제공한다. 2라운드 선거 방식 중 첫 번째 라운드는 주요 두 블록간의 "준 예비선거(quasi-primacies)"처럼 사용될 수 있으나, 우파정당 공화국연합(RPR)과 프랑스 민주연합(UDF)은 일반적으로 첫 번째 라운드 이전에 단일 후보를 내기로 합의한다. 그래서 1997년에 첫 번째 선거에서 555개의 프랑스 선거구 중 550개에서 우파는 1명의 후보자만 등록시켰다. 반면 좌파의 사회당과 공산당 주요 두 개의 정당은 대개 첫 번째 선거를 위해 모든 선거구에서 각각 후보자를 지명하고, 1차 투표에서 적은 표를 획득한 후보가 사퇴하여 강한 후보가 2차 투표에 진출하도록 한다. 몇 년 이상 이것은 계속적으로 공산당보다는 사회당에 유리하였고, 공산당의 첫 번째 라운드 투표는 거의 실패하였고, 많은 공산당 후보들이 사회당 후보에게 양보하여 사퇴하였다.[43)]

다양한 선거제도 중 유일하게 두 번의 기회를 주는 체제인 절대다수제의 가장 큰 장점으로는 "선택의 명시성"이 높다는 점이다. 절대다수제는 단순다수제에 비하여 유권자들에게 좀 더 폭넓은 선택을 할 수 있는 기회를 주는 잠재성이 있지만, 영국처럼 프랑스 제도는 비비례성의 한계를 극복하지 못하였다. 예를 들어, 1968년에 드골주의자들은 44%의 득표를 하였으나 60%의 의석을 차지하였고, 1981년에는 사회주의자들이 38%의 득표를 하고 56%의 의석을 할당받았다. 가장 폭이 큰 비비례성은 1993년 3월 선거에 의해 증명되었는데, 우파 정당이 첫 번째 라운드 투표에서 38%의 득표를 획득하였음에도 불구하고, 의회에서 577석 중 460석을 획득하였다. '순수' 비례 대표제가 실시되었다면 우파정당은 단지 221석을 획득할 수 있었다.

프랑스의 결선투표제도의 결과는 영국의 단순다수제 결과와 큰 차이가 없는 것으로 나타났다. 영국 제도와 같이 프랑스 선거제도는 대정당에게 유리하고, 군소 정당에게는 불리하게 적용되었다. 그러나 단일 정당 과반수 정부는 보기 드물다. 1958년 프랑스 제5공화국 이후 1968년 드골당과 1981년 사회당 등 단지 두 번에 걸쳐 한 정당이 과반수 의석을 차지하였다. 프랑스 제도에 의해 나타

43) D. B. Goldey, "The French General Election of 25 May-1 June 1997," *Electoral Studies*, Vol.17, No.4, 1998, pp.536-555.

2002년 프랑스 하원의원 선거 결과

	정당명	의석수(명)	의석비율(%)	득표율(%)
우파	국민운동연합(UMP)	375	64.99	47.26
	프랑스민주연합(UDF)	24	4.15	3.92
좌파	사회당(PS)	153	26.51	35.26
	공산당(PCF)	23	3.99	3.26
	녹색당	2	0.37	3.19
	합계	577		

나는 비비례성의 주요 수혜자는 중도 또는 중도우파정당(RPR, UDF)이고, 보다 적은 규모에서는 사회당이다. 따라서 중도우파 또는 중도좌파 연합이 자연스럽게 이루어진다. 결선투표제는 프랑스 정치가 '중도'의 방향으로 나아가게 하는 데 중요한 역할을 하였다. 이 제도로부터 최대의 이익을 획득하기 위하여 프랑스 정당들은 협력과 결속을 하지 않을 수 없었다.

결선투표제도에 의하여 주로 손해 보는 세력은 군소정당과 더불어 극좌의 공산당과 극우파의 국민전선(FN)이다. 이 정당들의 후보자들이 두 번째 라운드에 진출하더라도 중도정당 후보자들에 대항하여 결선투표에서 승리할 가능성이 거의 없다. 따라서 그들은 득표율보다 낮은 비율의 의석을 차지하게 된다. 극우 국민전선은 일반적으로 다른 정당에 의해 이단자로 취급받고, 단지 몇 개의 의석을 차지하거나 의석을 전혀 획득하지 못하는 경우가 많다. 예를 들어 1997년에 국민전선은 15.1%의 득표를 하였으나 577개 의석 중 단 하나의 의석만을 차지하였다.[44)]

국민운동연합(UMP)은 2002년 총선 이전에는 공화국연합(RPR)으로 존재하다가, 총선을 앞두고 우파의 정권 획득을 위하여 시라크 대통령의 제안으로 우파연합을 결성하게 되었다. 2002년 총선의 특징은 전반적으로 좌파가 득표율보다 의석을 덜 차지하였고, 특히 녹색당의 득표율은 공산당에 대하여 0.07%밖에 차

44) Giovanni Sartori, *Comparative Constitutional Engineering: An Inquiry into Structure, Incentives and Outcomes*, 2nd ed. (Basingstoke: Macmillan, 1997), p.67; David M. Farrell, *Electoral Systems: A Comparative Introduction*, p.63.

이가 나지 않았으나 의석은 21석이나 차이가 났다.

결선투표제의 단점 중의 하나는 제2라운드의 투표율이 낮아지고 무효표의 비율이 증가할 가능성이 있다는 점이다. 관심도가 상대적으로 낮은 의회 선거의 경우 지지하는 후보가 2라운드에 진출하지 못했을 때 투표를 포기하는 유권자가 증가하는 것이 일반적인 현상이다. 1969년 선거의 경우 1라운드 투표율은 77.6%였으나 2라운드 투표율은 65.5%로 하락하였다. 또한 선택의 대상이 제한된 상황에서 범주형 투표를 해야 하는 투표자는 무효표로서 불만을 표시하는 경우도 증가한다.

새로운 투표가 시작될 때마다 이탈하는 투표자가 발생하기 때문에 최종 당선자가 오히려 1차 투표 시보다 적은 득표를 하는 경우도 발생한다. 물론 선거가 치열한 접전의 양상이 될 경우 결선투표율은 오히려 1라운드보다 높아질 수도 있다.[45] 1라운드에서 박빙의 결과가 나왔을 경우 '선거의 불확실성'의 분위기를 조장하고, 제도의 불안정성이라는 부정적인 효과를 가져온다.[46]

결선투표제의 또 다른 결점은 당선 가능성이 높은 후보들이 2라운드에서 역전패할 가능성이 있다는 점이다. 1라운드에서 1위를 하였지만 절대다수의 지지를 받지 못한 후보를 반대하는 투표자들이 '차선'의 선택으로 결집하면 2위를 한 후보의 당선이 가능하다.

3) 대안투표제

미국 매사추세츠 공대(MIT)의 웨어(W. R. Ware) 교수가 1870년대에 고안한 대안투표제(alternative vote system)는 투표자가 가장 선호하는 후보를 표시하는 범주형 투표와 달리 차선호 '대안'을 기록하는 제도이다. 선호순서를 표시한다는 의미에서 선호투표제(preferential vote system), 또는 절대다수제의 변형이라는 의미에서 절대다수-선호투표제(majority-preferential vote system)로 불

45) 참고로 1995년 프랑스 대통령 선거의 경우 2라운드 투표율이 1.3% 높아진 반면, 무효투표율은 3.2%나 증가해 2라운드의 무효투표율은 6%에 달했다.

46) David M. Farrell, *Electoral Systems: A Comparative Introduction*, p.64; 안순철, 『선거체제 비교: 제도적 효과와 정치적 영향』, pp.134-136.

리기도 한다. 대안투표제는 특별히 오스트레일리아 식이라 불릴 정도로 오스트레일리아 하원 선거에서 1918년부터 사용되어 온 선거제도이다.[47]

이 제도는 결선투표제의 취지와 마찬가지로 다수제의 약점인 소수대표 현상을 극복하기 위하여 고안된 방안으로 유효득표의 과반수 득표를 당선요건으로 한다. 이 제도는 결선투표제도의 변형으로서 투표자가 생각하는 후보가 과반수 득표를 못하는 경우를 위하여 차선 후보의 표시를 하게 함으로써 다시 투표장에 나가서 투표해야 하는 번거로움을 피할 수 있게 하였다.

투표자는 자신의 선호에 따라 1번, 2번 등 순위를 기록하여 투표를 하고, 제1선호 계표를 하여 과반수를 초과한 후보가 있을 때 그의 당선이 확정된다. 제1선호 계표에서 과반수 득표자가 없을 경우 가장 적은 득표를 한 후보를 제거하고, 그 후보가 받은 제2선호 기표수를 나머지 후보에게 이양시켜 합산한다. 이양된 표를 합산하여 과반수 득표자가 나오면 당선자가 결정된다. 이러한 방법을 사용했으나 당선자가 없게 되면 과반수 득표자가 나올 때까지 동일한 방식으로 이양을 계속한다.[48]

아래의 표를 사용하여 당선자 확정 과정을 살펴보면 다음과 같다. 우선 각 후보가 1번으로 선호된 유효표를 계산한다. 이 계표에서 절대다수를 획득한 후보가 있으면 그 후보가 당선된다. 과반수 득표를 한 후보가 없을 경우, 가장 적은

대안투표제 당선 확정 과정

	계산 1	다음계산	계산 2	다음계산	계산3	다음계산	계산4
홍길동	3,000	+600	3,600	탈락			
임꺽정	2,000	탈락					
이순신	30,000	+500	30,500	+1,000	31,500	+6,800	38,300
손오공	15,000	+200	15,200	+600	15,800	탈락	
박찬호	27,000	+700	27,700	+2,000	29,700	+9,000	38,700(당선)

47) 안순철, 『선거체제비교: 제도적 효과와 정치적 영향』, p.144.

48) Thomas Saalfeld, "Government and Politics," in Richard Sakwa and Anne Stevens (eds.), *Contemporary Europe* (New York: Palgrave, 2000), p.114; 김광수, 『선거와 선거제도』(서울: 박영사, 1997), pp.223-224.

표를 얻은 임꺽정의 표를 제거하면서 이 표에 표시된 2번 선호 후보별로 이양한다. 임꺽정에 1선호 투표를 한 용지의 제2선호를 계산한 결과 홍길동 600표, 이순신 500표, 손오공 200표, 박찬호 700표를 이양하게 된다. 1차 이양 후에도 절대다수를 득표한 후보가 없기 때문에 다시 가장 적은 득표를 한 홍길동의 표를 제거하여 그 표를 차선호 후보별로 이양한다. 홍길동을 1순위 기록한 3,000표는 2차 선호 후보에게, 임꺽정으로부터 이양받은 600표는 3차 선호 후보에게 이양된다. 이 과정을 반복하여 손오공의 표를 제거한 후 이양한다. 손오공을 1번으로 선택한 표(15,000)는 2차 선호 후보에게, 이미 제거된 임꺽정과 홍길동으로부터 이양받았던 표들은 3차 또는 4차 선호 후보별로 이양한다. 계속 절대다수 득표자가 없을 경우 두 명의 후보만 남을 때까지 이 과정을 반복하여 결국 과반수 득표자인 박찬호가 당선된다. 그 결과 1차 선호 개표시 선두였던 이순신이 탈락하고 2위였던 박찬호가 당선되는 결과가 초래되었다.

대안투표제가 실시될 경우 특정문제에 대하여 견해를 같이하는 두 정당이 단일후보를 추천하기 위하여 한 정당이 공천을 포기하지 않고서도 공동의 목표를 위한 연합이 가능하다.

대안투표제의 장점은 투표자의 선호도를 최대한 반영하여 단순다수제 등에서 나타나는 소수대표 현상을 극복하면서도 단순다수제의 장점인 지역대표성 및 지역 선거구민과의 높은 친밀도를 유지할 수 있다는 점이다. 따라서 이 제도는 영국 등 단순다수제를 사용하는 국가에서 채택할 가능성이 높은 현실적 대안이다. 결선투표제에 비하여 시간과 비용 면에서 높은 효율성을 가지며, 투표자의 선호도를 파악함으로써 정당의 전략과 정책 수립이 가능하다.

반면에 대안투표제는 최하위 후보 지지자들의 2순위 기표, 즉 선거에 있어서 비중이 비교적 작은 표에 의하여 선거결과가 좌우된다는 모순을 안고 있다. 또한 다수제의 득표와 의석배분의 불균형관계를 개선하지 못하고 큰 정당의 과다대표 현상 등 비비례성이 그대로 나타난다. 또한 정당이 선거전에 전략적 투표를 유도할 위험성이 있고, 무효표가 증가하는 단점을 지니고 있다.[49]

49) 안순철, 『선거체제비교: 제도적 효과와 정치적 영향』(서울: 법문사, 1998), pp.148-150.

3. 정당명부식 비례대표 선거제도

비례대표제는 득표를 의석으로 전환하는 과정에서 투표자의 의사가 과다 또는 과소 대표되는 다수제의 부정적인 측면을 지양하고, 투표수에 비례하여 의석을 분배함으로써 투표의 가치를 최대한 반영하기 위한 제도이다. 비례대표제의 목적은 어떠한 표도 사표가 되지 않고 득표역량의 정확한 비례에 따라 의석을 확보하도록 기회를 제공하는 것이다.[50] 비례대표제를 실시할 경우 각 정당이 획득한 투표수에 비례해서 의석이 반영되기 때문에 소수의 표를 획득한 정당이 다수의석을 차지하는 것은 불가능하다.

비례대표제는 의석 배분에 있어서 단순다수제와 큰 차이를 보인다. 1997년 영국 총선거에서 노동당 43.2%, 보수당 30.7%, 자민당 16.8%의 득표율을 보였는데, 이를 비례대표제로 환산하면 대체로 노동당 285석, 보수당 202석, 자민당 111석을 차지하게 된다. 그러나 단순다수제에 의한 당선자의 집계는 노동당 418석(63.4%), 보수당 165석(25.0%), 자민당 46석(7.0%)으로 나왔다. 비례대표제로 의석을 배분했을 때보다 노동당은 20%의 의석을 더 획득하였고, 나머지 정당은 5~10% 정도의 의석을 잃는 왜곡된 현상이 나타나게 되었다.

다수대표제의 경우 1석 선거구에서 1명을 선출하지만, 비례대표제는 비례적 배분이라는 성격상 한 선거구에서 2명 이상의 대표를 뽑는 중 · 대 선거구를 원칙으로 한다. 선거구가 클수록, 즉 한 선거구에 배분된 의원수가 많을수록 선거결과가 더 비례적으로 된다. 지역적으로도 광역에 걸치는 것이 보통이다. 정확성을 위해 선거구는 가능한 한 큰 것이 좋다는 의미인 것이다.[51] 비례대표제를 실시하는 대부분의 유럽국가들은 의원정수 6~20명의 중 · 대선거구를 채택하

50) 비례대표제를 택하였다고 해서 선거결과가 반드시 비례적으로 되는 것은 아니다. 정당명부식 비례대표제를 활용하는 그리스나 스페인의 경우 비비례대표 선거제도를 채택하고 있는 영국보다 덜 비례적인 결과가 나오곤 한다. David M. Farrell, *Electoral Systems: A Comparative Introduction*, p.5.

51) 이는 비례대표제가 시행될 경우에만 해당된다. 단순다수제나 절대다수제에서 중 · 대선거구를 채택할 경우 결과는 오히려 덜 비례적이 될 가능성이 높다.

고 있으며, 네덜란드와 이스라엘은 전국을 하나의 선거구로 하고 있다.[52)]

유럽국가들은 기존의 선거제도가 불합리하다는 판단하에 19세기 후반부터 선거제도의 개혁을 위한 연구를 시작하였다. 이에 따라 비례대표제는 1855년 덴마크에서 부분적으로 실시된 이래 이론적으로 많이 발전하였고, 현재는 다수제를 사용하는 영국, 프랑스를 제외하고 대부분의 유럽국가들은 비례대표제를 사용하며, 독일 등 일부국가는 다수제와 비례대표제를 혼합하여 사용하고 있다.

스위스, 벨기에 등 민족, 언어, 종교 등 사회적 갈등을 내포하고 있던 국가에서는 비례제를 관철시키기 위한 협회가 결성되기에 이르렀다. 1880년대 이들 협회를 중심으로 '비례성'을 전제로 한 선거제도 연구가 활발해지면서 영국의 헤어(Thomas Hare), 스위스의 하겐바흐-비숍(Eduard Hagenbach-Bischoff), 벨기에의 동트(Victor d'Hondt), 프랑스의 생 라그(A. Sainte-Lague) 등의 학자들에 의해 비례제 의석 배분 방식들이 창안되었다. 이들이 개발한 주요 제도는 모두 이들의 이름이 제도의 이름으로 채택되었다. 비례대표 선거제도는 대의민주주의의 발전, 특히 참정권 확대와 대중정당의 발전과 궤를 같이했다.[53)]

1899년 벨기에가 처음으로 자국의 법학자 동트가 고안한 제도를 기본으로 하는 비례대표제를 채택하였다. 뒤이어 핀란드와 스웨덴이 각각 1906년과 1907년에 명부식 비례대표제를 채택하였고, 1919년 스위스에 이르기까지 대다수 유럽국가들은 비례대표 선거체제로 전환하였다. 따라서 이들 유럽국가들이 채택한 비례대표제의 의석 배분 방식은 다양한 형태를 보였고, 이후에도 명부식 비례대표제라는 틀 안에서 많은 변형체제가 창안되었다. 명부식 비례대표제는 라틴 아메리카에서도 지배적으로 사용되고 있으며, 아프리카의 신생 민주국가에서도 많이 활용되고 있다.[54)]

52) Michael Gallagher, Michael Laver and Peter Mair, *Representative Government in Modern Europe*, 3rd ed. (New York: McGraw-Hill, 2001), pp.308-309; Rein Taagepera, "The Effect of District Magnitude and Properties of Two-Seat Districts," in Arend Lijphart and Bernard Groafman (eds.), *Choosing and Electoral System* (Westport, Conneticut: Praeger, 1984), pp.91-101.

53) David M. Farrell, *Electoral Systems: A Comparative Introduction*, p.70.

54) 안순철, 『선거체제비교: 제도적 효과와 정치적 영향』, pp.158-159; David M. Farrell, *Electoral Systems: A Comparative Introduction*, p.68.

1) 나눔수제(divisor system)

나눔수제란 미리 정해진 일련의 나눔수(divisor)로 각 정당의 득표수(v)를 나누어 몫(a)이 큰 순서대로 의석을 배분하는 방식이다.

$$a = \frac{v}{s+1} \quad (a\text{는 몫, } v\text{는 득표수, } s\text{는 배분된 의석수})$$

나눔수는 총 의석수에 1(동트식의 경우)을 더한 것이고, 몫(a)은 의석을 획득하는 데 필요한 평균 득표수의 의미를 가진다. 이 때문에 나눔수제라는 용어 대신 최고 평균제(highest average system)로 부르기도 한다.

(1) 동트식

의석배정이 시작되는 첫 단계에서는 아직 어느 정당도 의석을 배정받지 않았기 때문에 각 정당의 득표수를 1로 나누어 산출한다. 이 첫 번째 비교수치가 가장 큰 정당이 제1의석을 배분받는다. 일단 의석을 배정받게 되면 추가의석을 배정받기 이전에 그 정당에 대한 득표비율은 다시 계산되어야 한다. 이 경우 1개 의석을 배정받았기 때문에 득표수는 2(s + 1)로 나누어진다. 다른 정당들은 득표수를 1로 나눈 수치를 의석을 차지할 때까지 그대로 보유하기 때문에 다음 의석배정시 유리한 입장에 서게 된다. 그러나 제2당이 의석을 배정받게 되면 제3석 배정을 위한 득표비율 계산시 제1당과 제2당의 득표수를 2로 나누게 되어 제1당이 제2당보다 유리한 위치를 점하게 된다. 제3당이 존재하지만 제3당이 획득한 득표가 제1당의 득표수의 2분의 1보다 적을 경우 제3석은 제1당에게 돌아간다.

위의 식은 가장 흔히 쓰이고 있는 나눔수 방식으로 벨기에 법학자 동트(Viktor d'Hondt)의 이름을 따 동트식이라 부른다.[55] 동트식의 나눔수열은 의석수 0, 1, 2, 3, 4, …에 1을 더한 1, 2, 3, 4, 5, …의 자연수열이 된다. 이 제도에서 의석배

55) 동트식은 1801년부터 1809년까지 재임한 미국의 제3대 대통령이었던 제퍼슨(Thomas Jefferson; 1743~1826)의 이름을 붙여 제퍼슨식(Jefferson rule)이라고도 한다. 동트식이 사용되기 이전에 제퍼슨이 미국 하원 의석을 각 주별로 배분할 때 이미 동트식과 같은 방법을 사용했다는 이유 때문이다.

동트 방식

나눔수	A당	B당	C당	D당
1	48,000(1)	25,000(2)	19,000(4)	8,000
2	24,000(3)	12,500(6)	9,500(9)	
3	16,000(5)	8,333(10)	6,3333	
4	12,000(7)	6,250		
5	9,600(8)			

분을 위한 나눗셈은 모든 의석이 전부 배분될 때까지 계속된다. 이 제도는 핀란드, 네덜란드, 스위스, 이스라엘, 포르투갈, 스페인, 룩셈부르크, 불가리아 등의 국가에서 사용되고 있다.[56] 동트제도는 이론상 총 유효표를 총 의석수로 나눈 몫으로 각 당의 의석을 배분하고, 나머지가 가장 큰 당에게 의석을 배분하는 최대잔여표제도(largest remainder system)보다는 덜 하지만, 단순다수제나 절대다수제보다는 훨씬 더 대의적이라는 평을 받고 있다.

위의 표는 총 의석수가 10석이면서 득표수는 100,000표인 선거구에서 A, B, C, D 4개 정당의 당선자를 확정하기 위해 동트식을 사용한 예이다. 각 정당의 득표수(A당 48,000표, B당 25,000표, C당 19,000표, D당 8,000표)를 동트 분모수열에 의해 나눈 후, 그 몫의 크기를 비교해 순서대로 의석을 배분하였다. A당은 1, 3, 5, 7, 8번째 5개 의석, B당은 2, 6, 10번째 3개 의석, C당은 4, 9번째 의석을 배정받았고, D당은 8%의 득표에도 불구하고 한 석도 배정받지 못하였다. 득표비율과 의석수를 비교해 보면 A당 48% 득표에 5석(50%), B당 25%에 3석(30%), C당 19%에 2석을 확보하여 득표비율과 의석비율이 비교적 근접하였다.

동트제도가 최대잔여표제도보다 덜 대의적이라는 단점은 지역구의 대단위화와 정당간의 카르텔(cartel) 또는 아빠항뜨망(apparentement)이라 불리는 '선거연합'을 통해 어느 정도 보완 내지는 보상할 수 있다. 명부식 비례대표제를 사용하는 국가들이 대체로 허용하는 선거연합은 단독으로는 의석의 확보가 어려운 비슷한 성향의 작은 당들이 의석확보를 목적으로 선거 전에 전략적 제휴를 공식적으로 천명하고 공동으로 선거에 나서고 득표를 합산해 의석을 배정받는 제도

56) 유럽 이외의 국가로는 아르헨티나, 브라질, 우루과이, 모잠비크 등에서 사용하고 있다.

이다. 네덜란드, 스위스, 이스라엘 등 동트식을 사용하는 국가에서 선거연합을 허용하는 경우가 많은 것은 동트식이 다른 의석배정 방식에 비해 상대적으로 비례성이 낮기 때문이다. 특히 네덜란드는 전국을 단일 선거구로 하고 있으며 명부연합이 활성화되어 있다는 점에서 대의성의 확보가 큰 문제로 인식되고 있지 않다는 평을 받고 있다.[57]

동트식을 사용하는 대표적 국가인 네덜란드는 임기 4년의 150명 하원(Tweede Kamer)의 의석을 할당할 때 전국을 하나의 선거구로 활용한다. 지방선거구가 없기 때문에 시민들의 사회복지 문제를 다루는 제도적 장치가 없고, 지역 대표를 가지지 못한다는 비판을 받을 수 있다. 이러한 문제점을 해결하기 위하여 네덜란드는 개인 후보를 선택할 수 있도록 선호투표제와 같은 '개별 투표'의 도입을 추진하였고, 1998년 선거제도의 변화는 개별투표를 보다 가능하도록 하였다.

선거시 각 정당은 후보의 리스트를 만들고, 정당은 그들이 받은 표에 비례하여 동트 방식으로 의석을 할당받는다. 전체 투표의 1%의 3분의 2(약 0.67%)보다 적게 받은 정당은 어떠한 의석을 받을 자격도 주어지지 않는다. 이는 서유럽 국가 중 가장 낮은 봉쇄조항이다. 투표자는 정당 명부에서 후보자를 위한 선호 투표를 할 수 있으나 사실상 네덜란드에서 선호 투표는 의회 구성에 별 영향을 미치지 못한다. 정부는 1990년대 중반에 독일에서 사용되는 것과 비슷한 방식의 제도로 바꾸려 하였으나 군소 정당들의 반대로 철회되었다. 군소 정당 지도자들은 그러한 제도를 채택하면 그들이 의회에 진출할 기회가 줄어들 것이라고 우려하였다.

1970년까지 투표는 의무적이었으나, 1970년 강제조항을 없앤 이후에도 네덜란드의 투표율은 80~90%에 도달하는 높은 비율을 보이고 있다. 네덜란드 선거제도의 장점은 비교적 단순하고, 의석과 투표의 비율이 근접하다는 점이고, 단점은 많은 수의 정당이 난립한다는 점이다. 그러나 주요 정당들이 70~90%의 득표를 하기 때문에 네덜란드의 제도는 '구조적'이고 안정적이라는 평가를 받는다. 다른 한편 네덜란드 제도는 신생정당이 의회에 쉽게 등장할 수 있는 특징도

57) 장봉익, "네덜란드의 선거제도," 『국제지역연구』, 제3권 제2호, 1999년 여름호, pp.54-55.

갖고 있다.[58)]

(2) 생 라그 방식

나눔수의 수열을 1, 1 + 1d, 1 + 2d, 1 + 3d, …라 할 때 동트식은 d = 1이지만, d = 2로 하면 수열은 1, 3, 5, 7, …의 순이 된다. 이 나눔수열을 사용하는 제도는 이를 고안한 프랑스인 생 라그(Sainte-Lague)의 이름을 붙여 생 라그식이라 부른다.[59)] 배분 받는 의석이 증가함에 따라 득표수는 3, 5, 7, 9 등의 홀수로 계속해서 나누어지기 때문에 이를 조정홀수방법(adjusted odd-number method)으로 부르기도 한다.[60)] 이 방식은 최근 들어 뉴질랜드에서 혼합제도의 한 부분으로 활용하고 있다.

생 라그는 동트식의 불비례성을 최소화하기 위하여 분모수열 간격을 늘리는 방식을 고안하였다. 분모수열의 간격을 넓히게 되면 의석이 추가될수록 의석의 득표비율이 높아지기 때문에 최다득표 정당에 유리하게 적용되는 최대평균법의 이점을 제한할 수 있다.

이 방식들은 득표수와 의석수의 차이를 줄이는 데 기여를 하였다. 각 정당의 득표비율은 A정당 45%, B정당 25%, C정당 19%, D정당 8%이며, 각 정당이 차지한 의석은 득표율과 비슷하게 A정당 5석, B정당 2석, C정당 2석, D정당 1석이다. 동트식과 비교하여 d가 커질수록 작은 정당이 유리해진다. B당과 D당을 비교해 보면 동트식의 경우 B당은 25% 득표에 3석을 배정받았으나 D당은 8%의 득표에도 불구하고 한 석도 배정받지 못하였다. 생 라그 방식에 의하여 B당은 2석을 배정받은 반면 D당은 1석을 배정받았다. 동트식이 대정당을 유리하게 하는 반면, 생 라그식의 d = 2는 소정당에게 대정당과 동등한 기회를 부여한다.[61)] 즉 동트식과 비교해 생 라그식은 소정당이 상대적으로 빨리 첫 번째 의석

58) Patricia Hogwood and Geoffrey K. Roberts, *European Politics Today*, 2nd ed. (Manchester: Manchester Universtiy Press, 2003), p.72.

59) 미국에서는 이미 미국의 정치인이었던 웹스터(Daniel Webster)가 이 방식을 미국 하원의 주별 의석배정에 사용했기 때문에 웹스터 방식으로 부르고 있다.

60) 박노호, "스웨덴의 선거제도," 『국제지역연구』, 제3권 제2호, 1999년 여름호, pp.80-81.

61) Arend Lijphart, *Electoral Systems and Party Systems: A Study of Twenty-Seven Domocracies*, 1945-1990 (Oxford: Oxford University Press, 1994), pp.96-97.

생 라그 방식

나눔수	A당	B당	C당	D당
1	48,000(1)	25,000(2)	19,000(3)	8,000(7)
3	16,000(4)	8,333(6)	6,333(9)	2,666
5	9,600(5)	5,000	3,800	
7	6,857(8)	3,571	2,714	
9	5,333(10)			

을 차지할 수 있는 기회를 제공한다고 할 수 있다.

(3) 수정 생 라그 방식

수정 생 라그(modified Sainte-Lague) 방식은 생 라그 방식을 다시 변형시킨 것으로, 생 라그식 수열의 첫째 수 1 대신 1.4를 사용하고 있다. 이 방식은 최초 분모가 1.4로서 소수득표 정당의 의석배정을 제한하여 군소정당의 난립을 방지하는 효과가 있다.

수정 생 라그 방식의 경우 소정당이 비교적 일찍 의석을 확보하는 기회를 없애는 한편, 중간 크기 정당을 유리하게 하는 경향을 나타내는데 실제로 이러한 정략적 목적에서 덴마크, 스웨덴, 노르웨이 등 스칸디나비아 국가들이 이 방식을 채택하였다. 이 국가들은 이 방식을 택하여 사민당의 과다대표 현상을 방지하고 비사회주의 중간 정당들의 세력을 강화시켜 정당의 분열과 신당의 출현을 억지할 수 있었다.[62]

1952년 스웨덴의 사민당은 연립정부 파트너인 농민당(Agrarian Party)을 희생시키지 않으면서 공산당의 의석을 줄이기 위해 중간 크기 정당에 유리한 '수정 생 라그' 방식을 채택하였다. 결국 다음 총선에서 공산당은 3석을 잃은 반면, 사민당과 농민당은 각각 2석과 4석을 추가하여 소기의 목적을 달성하였다.[63]

동트 방식, 생 라그 방식, 수정 생 라그 방식 모두가 득표수를 공정하게 의석과 연결시키는 목적으로 개발된 선거방식이다. 이 방식들은 단지 공정함에 대한

62) Douglas W. Rae, *The Political Consequences of Electoral Laws* (New Haven: Yale University Press, 1971), pp.33-34.

63) 안순철, 『선거체제비교: 제도적 효과와 정치적 영향』(서울: 법문사, 1998), p.63.

수정 생 라그 방식

나눔수	A당	B당	C당	D당
1.4	34,286(1)	17,857(2)	13,571(4)	5,714(9)
3	16,000(3)	8,333(6)	6,333(8)	2,666
5	9,600(5)	5,000	3,800	
7	6,857(7)	3,571		
9	5,333(10)			

개념적 차이에서 다양성을 보이고 있다. 비례성의 원칙을 보장한다는 측면에서는 공통점이 있지만, 기본적으로 비례화하는 방식에서 차이가 존재한다.[64]

2) 쿼터제도

당선표준수법(當選標準數法)으로도 불리는 쿼터제에서 쿼터(quota)는 '1석을 배정 받는 데 필요한 득표수(율)' 를 의미한다. 쿼터제 방식은 먼저 쿼터를 구한 후, 각 정당의 득표수를 쿼터로 나누어 그 몫과 나머지를 구한 후 몫의 수만큼 정당에 의석을 배분하는 방식이다. 몫으로 배분하고 남은 의석들은 각 정당의 나머지 표의 크기에 따라 순서대로 배분한다. 이러한 나머지 의석 배분 방식을 최대잔여투표제(LRS: Largest Remainder System)라 부른다.[65] 이 제도는 오스트리아, 벨기에, 덴마크(상원), 그리스, 아이슬란드와 체코공화국에서 사용하고 있다.[66]

쿼터제의 기본형식은 헤어식인데, 영국의 공법학자인 헤어(Thomas Hare)가 고안한 방식이다. 헤어 쿼터는 선거구의 총 유효표를 단순히 선거구의 의석수로 나누어 쿼터를 구하는 방식으로 "단순 쿼터(simple quota)"로 불리기도 한다.

개표과정의 제1단계에서 쿼터를 넘은 A당과 B당이 각기 1개의 의석을 차지한

64) Michael Gallagher, "Proportionality, Disproportionality and Electoral Systems," *Electoral Studies*, Vol.10, No.1, 1991, pp.33-51.

65) 실제 쿼터제와 LRS를 채택한 국가들은 하위 선거구의 미배정 잔여의석을 모아 광역 또는 전국적으로 상위 선거구를 형성하고, 잔여표를 정당별로 집계해 다시 배정하는 '2층 선거구 제도 (two-tier districting system)' 를 사용하기도 한다.

66) David M. Farrell, *Electoral Systems: A Comparative Introduction,* p.71.

최대잔여투표제의 개표 방식

총유효표: 1,000
의석: 5
헤어쿼터(1000/5) = 200

	개표 결과	헤어쿼터	1차 획득의석	잔여표	2차 획득의석	총의석
A당	360	200	1	160	1	2
B당	310	200	1	110	0	1
C당	150		0	150	1	1
D당	120		0	120	1	1
E당	60		0	60	0	0

다. 양당이 획득한 득표수에서 이미 사용된 쿼터를 제외하면 A당 160표, B당 110표가 남게 되어, 쿼터에 도달하지 못한 다른 세 개의 정당과 나머지 세 석을 놓고 경합하게 된다. 결국 나머지가 많은 당에게 배분이 되어 A당, C당, D당이 1석씩 획득하게 된다. 따라서 마지막 결과는 A당 2석, B, C, D당 각 1석을 가지게 되고 E당은 배분을 받지 못하게 된다.

이 제도의 문제점은 B당과 D당의 사례에서 나타나듯이 실제 획득표는 190표나 차이가 나는데 이 차이가 쿼터의 수준을 넘지 않기 때문에 획득의석은 동일하게 된다는 점이다. 따라서 헤어 쿼터 제도는 표를 적게 획득한 정당에게 대체로 유리한 제도이다. 배분 이후 남는 나머지의 중요성은 낮은 쿼터를 사용하면 줄어들게 될 것이다. 이를 위하여 드룹(Droop) 쿼터와 임페리알리(Imperiali) 쿼터가 고안되었다.

드룹 쿼터는 총 유효표를 선거구의 의석수에 1을 더한 수로 나눈 결과에 다시 1을 더하고 소수점 이하가 있으면 버림으로써 다음 작은 정수를 취하는 방

드룹 쿼터 배정방식

	개표 결과	드룹 쿼터	1차 획득의석	잔여표	2차 획득의석	총의석
A당	360	167	2	26	0	2
B당	310		1	143	1	2
C당	150		0	150	1	1
D당	120		0	120	0	0
E당	60		0	60	0	0

임페리알리 쿼터 배정방식

	개표 결과	드룹 쿼터	1차 획득의석	잔여표	2차 획득의석	총의석
A당	360	143	2	74	0	2
B당	310	143	2	24	0	2
C당	150	143	1	7	0	1
D당	120		0	120	0	0
E당	60		0	60	0	0

법으로 구한다. 드룹 쿼터는 하겐바흐-비숍(Hagenbach-Bischoff) 쿼터로도 불리며, 그리스, 남아프리카공화국, 체코공화국에서 사용되고 있으며, 뒤에 설명할 단기이양식(single transferable vote system)에서 기초 배분방식으로 활용된다. 임페리알리 쿼터는 이탈리아에서 1993년 선거제도 전환 이전에 사용하던 것으로 총 유효표를 선거구의 의석수에 2를 더한 수로 나눈 후 다음 정수를 취해 구한다.

헤어 쿼터	유효표 ÷ 의석수	1000 ÷ 5 = 200
드룹 쿼터	[유효표 ÷ (의석수 + 1)] + 1	[1000 ÷ (5 + 1)] + 1 =167
임페리알리 쿼터	유효표 ÷ (의석수 + 2)	1000 ÷ (5 + 2) = 143

앞의 사례를 드룹 쿼터나 임페리알리 쿼터에 의한 의석 배분을 하게 되면 두 방식의 결과는 모두 A당 2석, B당 2석, C당 1석을 획득하게 된다. 헤어 쿼터에서 1석을 차지하였던 D당은 의석을 보유하지 못하는 결과가 나온다. 더구나 임페리알리 방식에 의하면 나머지에 상관없이 1차 배분 시 5석이 모두 배분된다.

지금까지 6가지 종류의 정당명부식 비례대표제도를 살펴보았다. 그들은 동트 방식, 생 라그 방식, 수정 생 라그 방식, 헤어 쿼터, 드룹 쿼터, 임페리알리 쿼터 등이다. 라이파트는 이들 중에서 가장 비례성이 높은 제도는 헤어 쿼터와 수정 생 라그 방식이고, 가장 최악의 비례를 가져다 주는 제도는 동트 방식과 임페리알리쿼터 방식이라고 주장하였다.[67]

67) Arend Lijphart, "Degrees of Proportionality of Proportional Representation Formula," in Bernard Grofman and Arend Lijphart (eds.), *Electoral Laws and Their Political*

3) 최소조건

비례대표제의 의석 배분 방식에 흔히 활용되는 최소조건(threshold) 또는 봉쇄조항은 선거에 참여한 정당이 의석 배분 대상이 되기 위해 획득해야 하는 최소의 조건을 의미한다. 최소 조건은 비례대표제가 비례성을 보장하는 과정에서 부작용으로 나타나는 군소정당의 난립을 방지하는 것을 목표로 하여 창안되었다. 그러나 이 제도는 군소정당의 희생 대신 대정당의 의석을 증가시켜 주는 새로운 비비례성과 왜곡현상을 초래한다. 이러한 비비례성과 왜곡현상에도 불구하고 대정당에게 유리한 제도를 택하는 이유는 군소정당이 의회에 많이 진출하면 안정된 정부를 구성하기 어렵기 때문이다.

최소조건의 운용 방법은 다양하다. 최소조건을 적용시키는 데 있어서 득표율이 가장 많이 사용되고, 그 외에 득표수, 쿼터 대비 득표율, 소선거구 단순다수제 의석수 등도 활용된다. 가장 낮은 최소조건의 예는 전국 득표 0.67%를 적용하는 네덜란드와 노르웨이인데 이들 국가에서는 실제로 최소조건의 제한을 받는 경우가 드물다. 가장 높은 최소조건은 그리스의 1981년과 1985년의 선거로 1차 의석 배분에서는 전국 득표 17% 정당, 2, 3차 의석 배분에서 3당 연합에 30%를 적용한 바 있다. 리히텐슈타인은 1939년 선거에서 나치 정당의 의석 획득을 저지하기 위해 전국 18% 규정을 적용시킨 바 있다.[68]

최소조건은 지역 선거구 규정과 전국 규정이 있는데, 전국 규정이 더 일반적이다. 전국 규정을 적용하는 사례로는 네덜란드와 그리스 외에 이스라엘(1%), 덴마크(2%), 스웨덴(4%), 독일(5%), 체코(5%), 폴란드(7%) 등이 있다. 스웨덴의 전국 4% 규정은 상위 비례의석 선거구 의석배분의 최소조건이자 하위 지역 선거구에도 적용된다. 단 이 4% 최소조건을 만족시키지 못했지만 지역 선거구 득표율이 12% 이상이면 해당 지역 선거구에서 의석 배분 대상이 된다. 체코의 전국 최소조건은 특이한 형태인데, 정당 연합의 경우 연합에 참여한 정당수에 따

Consequences (New York: Agathon Press, 1986); Arend Lijphart, *Electoral Systems and Party Systems: A Study of Twenty-Seven Democracies, 1945-1990* (Oxford: Oxford University Press, 1994).

68) 안순철, 『선거체제비교: 제도적 효과와 정치적 영향』(서울: 법문사, 1998), p.170.

유럽선거에서 사용하는 법적 최소조건

서유럽/지중해	%	동유럽/유라시아
네덜란드, 노르웨이	0.67	
이스라엘 (1992년 전)	1	
이스라엘	1.5	
덴마크	2	
그리스, 스페인	3	크로아티아, 루마니아
이탈리아(의회), 스웨덴	4	알바니아, 불가리아, 헝가리, 라트비아, 리투아니아
프랑스(1986)	5	체코공화국, 체코슬로바키아, 에스토니아, 폴란드, 러시아
	6	슬로바키아, 몰도바, 폴란드
터키	10	
스웨덴	12	

라 최소조건을 다르게 적용하고 있다. 두 정당이 연합한 경우 최소 조건은 7%이고, 이후 연합에 참여하는 정당이 추가되면 한 정당마다 2%를 더한 최소조건을 적용한다.[69]

지역 규정의 대표적인 예로는 1977년 이후 스페인이 적용하는 지역 선거구 내 3% 규정을 들 수 있으나, 이 규정은 바르셀로나 또는 마드리드 등 대도시를 제외하면 대부분의 지역 선거구 의석수가 많지 않기 때문에 별 효과가 없다. 프랑스도 비례대표제로 실시된 1986년 선거에서 5% 지역 선거구 최소조건을 둔 바 있으나, 파리를 제외한 소규모 지역 선거구에서는 실효를 거두지 못하였다.[70]

독일의 경우 3개의 선거구에서 의석을 차지하거나 두 번째 투표에서 적어도 5%를 획득하는 정당이 국가차원의 명부 할당을 분배받게 된다. 1987년 선거에서 녹색당은 8.3%의 표를 획득하여 42석을 차지하였으나, 1990년 선거에서는

69) 안순철, 『선거체제비교: 제도적 효과와 정치적 영향』, p.171; David M. Farrell, *Electoral Systems: A Comparative Introduction*, p.82.

70) 안순철, 『선거체제비교: 제도적 효과와 정치적 영향』, p.171.

4.8%의 득표를 하여 하나의 의석도 배분받지 못한 사례가 있다.[71] 통일 이전 서독에서 기민/기사당연합(CDU/CSU)과 사민당(SPD) 등 두 거대 정당 이외의 다른 정당이 지역 선거구의 의석을 차지하는 것은 매우 드문 일이었으나, 1994년 구 공산당 (PDS)은 동베를린에서 그들의 강세로 인해 명부 의석을 할당받게 되었다. 오스트리아에서는 최소조건이 낮은 편인데, 전국 비례대표 의석을 받기 위해 정당은 43개의 지역 선거구에서 한 개의 의석만 차지하거나 국가 전체 표수의 4%만 획득하면 된다.[72]

최소조건은 대개 달성된 비례성 정도를 제한하기 위해 도입되었고, 만약 너무 높게 상정되었다면, 선거 결과를 왜곡할 수도 있다. 앞서 언급하였던 바와 같이 1981년과 1985년 그리스 선거에서 국가 투표의 17%를 얻은 정당에게만 의석할당이 제한되었는데, 이는 거대 정당에게만 유리하게 작용하였고 군소 정당에는 불이익을 초래하여 그 결과 영국 선거처럼 비비례적으로 되었다. 이러한 제도를 '강화된 비례제도(reinforced PR)' 라 부르지만, 사실상 비례적이 아니라 거대 정당의 힘의 강화이다. 1985년에 가장 큰 거대정당인 PASOK은 투표의 46%를 획득하여 54%의 의석을 차지하였으나 군소 정당들은 13%의 표를 얻어 4%의 의석을 차지하였다. 이러한 차별적인 특성은 1989년의 첫 번째 선거 이전에 개선되었고, 다음 세 번의 선거(1989년에 두 번, 1990년에 한 번)는 좀 더 전통적인 비례대표제하에서 실시되었다. 투표의 3%를 획득한 정당이 의석을 획득할 수 있도록 제도가 다시 개선되었다.[73]

스웨덴 선거제도의 특징 중의 하나는 소수 정당의 난립을 방지하기 위한 4% 원칙과 사표방지를 위한 12% 원칙이 적용된다는 점이다. 한 정당이 국회의원 선거 또는 유럽의회 선거 이후 의석을 배분받기 위해서는 전국 총투표수의 4% 이상을 획득해야 한다. 그러나 한 정당이 이 4% 장벽을 넘지 못했더라도 한 선

71) David M. Farrell, *Electoral Systems: A Comparative Introduction*, p.81.

72) Michael Gallagher, Michael Laver and Peter Mair, *Representative Government in Modern Europe*, 3rd ed. (New York: McGraw-Hill, 2001), p.313.

73) Panayote Elias Dimitras, "Electiral Systems in Greece," in Stuart Nagel (ed.), *Eastern Europe Development and Public Policy* (Basingstoke: Macmillan, 1994), p.160; Panayote Elias Dimitras, "The Greek Parliamentary Election of October 1993," *Electoral Studies*, Vol.13, No.3, 1994, pp.235-239.

거구에서 총투표수의 12% 이상을 획득했다면 그 정당은 당해 선거구의 고정의석의 배분에 참여할 수 있는 권리를 가지게 된다. 그러나 이 경우 항상 의석 배분이 보장되는 것은 아니다. 의석배분에의 참여와 의석의 배분은 상이한 개념이기 때문이다. 이 12% 보상조치는 전국적인 지지는 미미하지만 한 선거구에서의 지지율이 두드러질 경우 여기서 발생되는 사표를 방지하기 위한 장치이다.[74)]

4) 정당명부 작성과 의원 선출 방법

다양한 방식에 의하여 각 정당의 의석수가 결정되면, 다음에는 각 정당명부에 있는 후보자 중에서 누가 당선되느냐를 결정해야 한다. 이 당선자 결정은 투표와 입후보 방법에 따라 달라지는데 크게 두 가지 형태로 나누어 살펴볼 수 있다. 첫째는 당선 순위가 이미 결정된 각 정당의 후보명부를 대상으로 정당에 투표하는 '비선호(nonpreferential)' 또는 '폐쇄형 명부제(closed or blocked list system)' 이다. 정당이 제시한 후보자의 당선순위는 고정되어 있고, 투표자는 이 순서를 바꿀 수 없다. 둘째는 당선 순위의 결정에 투표자들의 선호도가 반영되는 '선호(preferential)' 또는 "개방형 명부제(open or unblocked list system)"이다. 이 제도에서는 투표자가 당선될 후보자를 결정할 수 있기 때문에, 정당 내부에서 후보자들 간에 당선되기 위한 경쟁이 이루어진다. 이 두 제도 사이에 중간 제도로서 정당의 명부는 고정된 것으로 제시되지만, 충분한 표가 모아지면 이를 뒤집을 수 있는 제도가 있다.[75)]

정당명부를 완전히 폐쇄형으로 하는 국가는 별로 많지 않으며 대개가 신생 민주국가들이다. 독일, 이탈리아, 포르투갈, 스페인, 터키 등이 이 제도를 채택하고 있다. 1986년에 비례대표제를 도입했던 프랑스도 폐쇄형 명부제를 활용하였다.[76)] 이 모든 국가에서 리스트에 올리는 후보자들의 순서는 정당이 결정하며,

74) 박노호, "스웨덴의 선거제도," 『국제지역연구』, 제3권 제2호, 1999년 여름호, pp.79-80.

75) Michael Marsh, "The Voters Decide? Preferential Voting in European List Systems," *European Journal of Political Research*, Vol.13, No.4, 1985, pp.365-378; Richard S. Katz, "Intraparty Preference Voting," in Bernard Grofman and Arend Lijphart (eds.), *Electoral Laws and Their Political Consequences* (New York: Agathon Press, 1986).

투표자들은 이 순서를 바꿀 수 없다. 따라서 정당에서 후보자의 순위를 결정하는 작업은 의원을 선정하는 작업과 같은 의미를 가진다. 따라서 이 제도를 채택한 국가의 후보자 선정작업이 정치충원과정에서 가장 중요한 역할을 한다.

정당명부 비례대표제를 채택한 국가들은 대체로 유연한 개방형 체제를 사용하고 있다. 개방형의 경우 정당의 후보 선정자들은 특정 순서에 따라 후보자 명부를 만들고, 투표자는 이 순서를 바꿀 수 있는 크고 작은 힘을 가지게 된다. 대개 투표자들은 정당에 의해 제시된 순서에 기표를 하는 명부식 투표, 혹은 명부에 있는 후보자 개인에 대한 '개별 투표'를 할 수 있다. 이러한 개별 투표가 어떠한 다른 결과를 가져오는지가 변수이다.

(1) 최소개방형 명부 제도

최소개방형은 벨기에의 제도가 대표적 사례라 할 수 있는데, 벨기에의 유권자는 폐쇄형에서와 같이 여러 정당명부 중 하나를 선택하여 투표할 수도 있지만, 선호하는 특정 후보의 당선 순위를 상승시키기 위해 그 후보에 대하여 투표할 수도 있다. 이 방식은 이론적으로 선호하는 후보에게 투표하여 순위를 상승시켜 당선시킬 수 있으나, 실제로 아래 순위에 있는 후보를 당선순위까지 올리기에는 많은 표가 필요하기 때문에 거의 불가능한 것으로 인식되고 있다. 이를 위해서는 투표자들 간의 협력이 이루어져야 하는데 이는 거의 불가능하다. 정당에 던져진 표는 상위 순위자들을 선호하는 표이기 때문에 처음에 정당명부의 상위 순위에 배치되는 후보가 당선되기에 유리한 위치에 놓이게 되는 것이다.[77]

벨기에식 최소개방형은 일단 유권자들이 정당 명부를 선택한 표와 정당 후보를 선택한 표를 합쳐 각 정당의 총득표수를 정하고, 이에 따라 정당이 차지하는 의석수를 정한다. 다음에는 각 정당이 획득한 의석수의 한도 내에서 당선 순위에 따라 당선자를 확정하는데, 이를 위하여 각 정당별로 정당 내 후보자의 당선

76) 유럽 이외의 국가로는 아르헨티나, 콜롬비아, 코스타리카, 이스라엘, 우루과이 등이 이 제도를 사용하고 있다. David M. Farrell, *Electoral Systems: A Comparative Introduction*, pp.82-83.

77) Guido van den Berghe, "Belgium," in G. Hand, J. Georgel and C. Sasse (eds.), *European Electoral Systems Handbook* (London: Butterworth, 1979).

쿼터를 계산하게 된다. 쿼터는 각 정당의 총득표수를 이미 각 정당에 배분된 의석수에 1을 더한 수로 나누어 얻는다.

명부에 있는 당선자를 결정하는 과정에서 특기할 점은 정당 명부에 던져진 표를 일단 명부 1번에 올라있는 후보의 표로 간주하여 계산하는 것이다. 1번 후보가 당선 쿼터에 다다르면 남은 정당표는 명부상의 다음 순위인 2번 후보의 표로 승계하는 과정을 되풀이한다. 벨기에 투표자의 약 반수가 정당 명부에 투표하기 때문에 명부상 낮은 순위의 후보가 높은 순위의 후보를 추월하여 당선되는 경우는 거의 없다. 1919년 이래 벨기에에서 단지 0.6%만이 이 제도에 의하여 의석 변경이 이루어졌다. 벨기에와 거의 같은 방법을 적용하는 사례로는 네덜란드를 들 수 있다. 한 가지 특기할 점은 네덜란드의 경우 특정 후보에게 던져진 표도 당선 쿼터를 넘는 잉여표가 생기면 정당 투표와 마찬가지로 명부상의 순위에 따라 이양된다는 것이다. 벨기에와 네덜란드 이외에 오스트리아, 노르웨이, 스웨덴도 명부의 순위가 반영되는 방법에서 약간의 차이가 있지만 최소개방형 명부제도를 사용하고 있다.[78)]

1998년 이후 스웨덴 선거법은 소속 정당 득표수의 8% 이상을 획득한 후보자는 명부에서 상위에 있지만, 그 후보자보다 적은 득표를 한 후보를 뛰어넘어 당선될 수 있도록 허용하였다. 1998년 투표자의 약 40%가 개별 투표를 선택하였고, 349명의 의원 중 16명은 그들이 받은 개별 투표 덕분으로 선거에서 승리하였다.[79)] 덴마크 선거제도도 비슷하나 정당은 정당 명부를 어떻게 제시할지를 선택할 수 있다. 일부 형태는 투표자에게 상당한 선택권을 주지만, 다른 형태들은 그러한 선택권을 제한한다. 투표자 선택의 정도는 정당마다, 그리고 선거구마다 틀려질 수 있다.[80)]

78) Patricia Hogwood and Geoffrey K. Roberts, *European Politics Today*, 2nd ed., pp.71-72; Richard S. Katz, "Intraparty Preference Voting," in Bernard Grofman and Arend Lijphart (eds.), *Electoral Laws and Their Political Consequences* (New York: Agathon Press, 1986), p.90; Rein Taagepera and Mattew Soberg Shugart, *Seats and Votes: The Effects and Determinants of Electoral System* (New York: Yale University Press, 1989), p.25; 안순철, 『선거체제비교: 제도적 효과와 정치적 영향』, pp.177-179.

79) David Arter, "The Swedish General Election of 20th September 1998: A Victory for Values over Policies?," *Electoral Studies*, Vol.18, No.2, 1999, p.299.

스웨덴의 선거제도

스웨덴 하원(Riksdag)의 정원은 349명이고 두 가지 배분제도로 구성된 비례대표제에 의해 선출된다. 하위배분은 국가를 29개 선거구로 구분하고, 거기에서 310명의 의원을 선출한다. 일반적으로 1개 주가 하나의 선거구를 형성하게 되는데, 스톡홀름(Stockholm) 주는 2개, 스코네(Skane) 주는 4개, 그리고 베스트라 고트란드(Vastra Gotland) 주는 5개의 선거구로 나뉜다. 남은 39개의 의석은 소위 '균등의석(Utajamningsmandat)'으로 두 번째 배분에 할당된다. 각 정당이 차지한 전체 의석수가 투표율과 비례성을 가지도록 상위제도에서 이를 보상한다. 그러나 봉쇄조항은 군소정당에게 불리하게 적용되고 있다. 국가투표의 4%보다 적게 받은 정당은 39개의 상위배분 의석 중 한 석도 받을 수 없다. 정당명부에서 개인 후보자를 위한 선호를 표시하는 투표자를 위한 조항도 있다. 최근까지 투표자들은 사실상 각 정당의 명부를 거의 변경시키지 못하였으나, 1998년부터 규칙 변경에 따라 선호 투표가 최종결과에 사실상 영향을 미치도록 하였다. 1994년 선거 이후 한 선거구당 평균 의석수는 12명이며, 최대 선거구인 스톡홀름의 경우 36명이, 그리고 최소 선거구인 고트란드의 경우 2개 의석이 배분되었다.

벨기에와 유사한 제도를 채택하여 활용하고 있는 노르웨이의 경우 선호투표가 당선자를 변경한 사례는 한 번도 없었다. 오스트리아는 1971년 선호투표제를 도입하였으나, 극히 제한되어 있어서 20년 동안 단지 한 명의 후보만이 이 제도에 의하여 당선되었을 뿐이다. 다음 선거에서 선호투표제가 보다 효율적으로 활용되도록 1992년 선거법을 개정하였으나, 1994년과 1995년에는 한 명도 당선되지 않았고, 1999년에야 한 명이 당선되었다.[81)]

(2) 중간개방형 명부 제도

중간개방형 명부제도는 핀란드와 그리스가 대표적으로 사용하고 있고, 1990년 이전 이탈리아도 이 제도를 활용하였다. 이 제도는 투표자들이 한 후보에게

80) Jorgen Elklit, "Simpler than Its Reputation: The Electoral System in Denmark Since 1920," *Electoral Studies*, Vol.12, No.1, 1993, pp.41-57.

81) Olof Peterson, *The Government and Politics of the Nordic Countries* (Stockholm: Publica, 1994), p.56; Wolfgang C. Muller and Fritz Plasser, "Austria: The 1990 Campaign," in Shaun Bowler and David M. Farrell (eds.), *Electoral Strategies and Political Marketing* (Basingstoke: Macmillan, 1992), pp.24-42.

선호투표를 할 수 있도록 하고, 가장 선호투표를 많이 받은 후보가 의석을 차지하게 된다. 핀란드 선거에 대한 조사결과에 따르면 투표자들 중 40% 이상이 정당선택보다 후보선택에 더 중점을 두고 있다. 1991년 선거 당시 신문에 게재된 선거광고 중 88%가 개별후보에 관한 것이었고, 정당에 관한 광고는 12%에 불과할 정도로 정당내부 후보자들 간의 경쟁이 치열한 것으로 분석되었다.[82)]

핀란드의 경우 선거 전에 명부의 순위가 결정되는 것이 아니라, 선거 이후 동트 방식에 의한 의석 배정 이전에 각 정당이나 연합 내에서 개인 후보별 다득표순으로 명부를 작성한다. 이런 이유에서 '준(準)명부식 비례제(quasi-list PR)'로 불리기도 한다. 이렇게 특정 후보에게 던져진 표를 모두 합쳐 각 정당 또는 정당연합의 총득표수를 정하고 이에 따라 의석을 배정한다.[83)]

그리스나 과거 이탈리아 선거제도에서 투표자는 일단 정당을 선택한 후, 원할 경우 선택한 정당 명부상의 후보 중 선호하는 후보 이름이나 기호를 표시하도록 하였다. 선호투표할 수 있는 후보자의 수는 지역 선거구의 의석수에 따라 다르게 정하고 있다. 과거 이탈리아 선거제도는 지역구 의석수에 따라 3명 또는 4명까지 선택할 수 있도록 하였고, 그리스 역시 의석수에 따라 1명 또는 2명까지 선택할 수 있도록 하고 있다. 정당 득표수에 의거하여 정당 의석이 결정되면, 정당 내 당선자 확정은 핀란드와 마찬가지로 개인 후보별 득표순에 따른다.

중간 개방형은 유권자에게 개인 후보에 대하여 선호투표할 기회를 제공하고 있으며, 각 후보가 획득한 표가 당선 결정의 최대 변수가 된다. 따라서 정당에서 작성하는 명부에 의한 비례대표 선거제도이지만 결과적으로 유권자에게 정당명부 순서를 결정하는 권리를 제공하고 있다고 볼 수 있다. 이러한 이유로 같은 정당 내 후보들 간의 경쟁이 심화되고, 정당보다는 파벌과 인물 중심의 정치문화가 강조되는 경향이 나타날 가능성도 높다.[84)]

82) Pertti Pesonen, "The Voter's Choice of Candidate," in Sami Borg and Risto Sankaiho (eds.), *The Finnish Voters* (Helsinki: Finnish Political Science Association, 1995), pp.116, 122.

83) Pertti Pesonen, "The Voter's Choice of Candidate," in Sami Borg and Risto Sankaiho (eds.), *The Finnish Voters* (Helsinki: Finnish Political Science Association, 1995), pp.116, 122; Kimmo Kuusela, "The Finnish Electoral System: Basic Features and Developmental Tendencies", in ibid., pp.23-44.

이와 같이 인물이나 파벌 중심의 폐해가 심화된 예로 흔히 과거 이탈리아의 정치적 경험을 드는 경우가 많다. 특히 기민당 내에서 다양한 파벌과 관련된 이익단체들은 그들의 특정 후보에게 선호투표를 행사하도록 유권자들을 동원하였다. 이러한 제도적 맹점 때문에 다양한 형태의 '매표행위(vote-buying)' 를 위한 정치적 부패가 생성되었다는 판단하에 1993년 정치개혁을 실시하였다.

(3) 최대개방형 명부 제도

가장 폭넓은 선택의 기회를 누릴 수 있는 최대개방형 명부 제도는 룩셈부르크와 스위스에서 사용되고 있다. 룩셈부르크의 유권자는 비례선거구의 의석수만큼 '명부투표(list vote)' 를 할 수 있다. 정당 명부에 투표를 하게 되면 선택된 정당 명부의 후보는 모두 똑같이 1표를 받게 된다. 또한 유권자는 개인 후보에게 1표 또는 2표를 행사할 수 있다. 2표로 제한되지만 일종의 '집적투표(集積投票; cumulative vote)' 라 할 수 있다. 집적투표제는 투표자에게 선거구 의석수의 한도 내에서 '선호하는 강도' 를 투표수로 표시할 수 있도록 하는 제도이다.

투표자는 반드시 한 정당 명부 내의 후보만을 선택할 필요는 없고, 정당에 구분없이 개인 후보에 대해 선호도를 표시할 수 있다. 이 제도를 프랑스어로 '빠나샤즈(panachage)' 라고 부르는데 '혼합(mix in)' 이라는 개념이다. 룩셈부르크와 스위스의 제도는 비례대표제의 틀 안에서 운용되는 투표방법 중 유권자의 선호도를 가장 많이 반영하는 제도이다.[85)]

최대개방형 명부 제도의 경우 후보별 득표수를 모두 합산하여 정당별 총득표수가 산출되면 동트 방식으로 정당별 의석을 배정한 후, 후보별 득표순에 따라 당선자를 확정한다. 빠나샤즈가 허용됨에 따라 유권자는 자신의 표가 비례선거구 전체의 의원 구성에 반영된다는 측면에서 투표의 효율성을 느끼게 된다. 반면 비례대표제라는 이름에 어울리지 않을 만큼 정당 내외의 후보들 간 경쟁이 심화되고 인물 중심의 정치문화가 두드러지게 나타나는 경향이 있다.[86)]

84) 안순철, 『선거체제비교: 제도적 효과와 정치적 영향』, pp.179-181.

85) Michael Gallagher, Michael Laver and Peter Mair, *Representative Government in Modern Europe*, 3rd ed., p.315; Michael Marsh, "The Voters Decide? Preferential Voting in European List Systems," *European Journal of Political Research*, Vol.13, p.369.

5) 비례대표제의 평가

선거 결과의 비례성은 다수제하에서보다 비례대표제에서 더욱 두드러지는 경향이 있는데, 비례대표제 사이에도 다양성이 존재한다. 가장 비례적인 결과는 대선거구를 사용하는 오스트리아, 덴마크, 네덜란드, 스웨덴에서 나타난다. 또한 한 선거구에서 5명의 의원을 선출하는 비교적 소규모의 선거구임에도 불구하고 몰타에서도 비례적인 선거 결과를 보여준다. 비례성을 결정하는 데 있어 중요한 요소는 선거구 규모와 봉쇄조항의 수준이다. 가장 최악의 비례성은 그리스와 스페인에서처럼 봉쇄조항과 선거구 크기가 거대 정당에게 유리하고, 군소 정당에게 불리한 비례대표제에서 초래되었다.[87]

비례대표제의 가장 큰 장점은 높은 비례성을 통해 국민들의 의사를 왜곡되지 않게 의회에 반영할 수 있다는 점이다. 특히 군소정당, 여성과 소수 집단의 대표성을 보장하여 새로운 정치과정을 형성하는 데 용이하다. 또한 타협과 협상의 정치 문화를 촉진하여 다양한 세력이 참여하는 연립정부를 구성할 수 있으며, 극단적 지역 정당의 등장을 배제할 수 있다. 따라서 비례대표제는 정당 정치의 활성화와 정책의 일관성을 유지함으로써 정치적 안정을 이룩할 수 있다.

비례대표제에는 무시할 수 없는 단점도 존재한다. 정부를 선택하고 바꾸는 유권자의 권리가 제한될 가능성이 높은데, 그 이유로는 정치적 거래와 흥정을 통해 정부가 구성되고 작은 정당에 과도한 정치 권력이 부여될 우려 때문이다. 군소 정당이 난립하여 정치적 불안정이 야기되고 비효율적인 연립정부가 구성될 가능성도 높다. 명부를 작성할 권한을 가진 정당 핵심 리더십의 권력이 비대해져 정당의 비민주화가 될 우려가 있고, 지역구에서의 인물중심 선거가 아니기 때문에 유권자와 의원 간의 친밀도가 약한 것도 단점의 하나이다.

다른 제도들에 비해서 정당명부식 비례대표 선거제도는 월등한 장점을 지니고 있기 때문에 많은 국가들이 선택하고 있다. 많은 신생 민주국가들이 선택하고 있으며 유럽에서 지배적으로 사용하는 선거제도가 되어 가고 있다. 이 제도

86) 안순철, 『선거체제비교: 제도적 효과와 정치적 영향』, pp.181-183.

87) Carsten Anckar, "Determinants of Disproportionality and Wasted Votes," *Electoral Studies*, Vol.16, No.4, 1997, pp.501-515.

를 선택하여 사용하기 시작한 국가들 중에 다른 제도로 바꾼 경우는 거의 없다. 머지 않아 모든 국가들이 이 제도를 사용하게 될 것이라는 전망도 나오고 있다. 선거제도 변천사를 살펴보면 단순다수제를 사용하던 국가들은 일단 절대다수제를 채택하였다가 궁극적으로 정당명부식 비례대표제로 전환하고 있음을 알 수 있다.

그러나 1990년대 이후 선거제도의 개혁 실태를 살펴보면 새로운 패턴이 나타나고 있다. 그 새로운 경향은 정당명부식 비례대표제와 직접 후보를 선출하는 단순다수제를 혼합한 선거제도를 채택하는 것이다. 이는 지역 유권자와 선출된 의원 간의 친밀도가 약한 정당명부식 비례대표제의 단점을 보완하기 위한 것으로 생각된다.

4. 단기이양식 투표제도

단기이양식 또는 단순이양식(STV: Single Transferable Votes) 제도는 의석 산정에 기여하지 못한 표, 즉 잉여표 또는 사표를 투표자가 표시한 선호도의 순서에 따라 이양함으로써 유권자의 의지를 선거결과에 최대한 반영하고자 하는 선거제도이다. 선호도를 표시하는 선거제도이기 때문에 1지역구에서 2명 이상을 선출하는 제도와 병행 사용된다. 이 제도를 사용하는 아일랜드의 경우 한 지역구에서 3~5명의 의원을 선출한다.

이 제도의 가장 큰 특징은 투표자가 후보에 대하여 순서를 정하여 투표를 한다는 것이다. 투표자는 투표용지에 나열되어 있는 후보 전체에 대하여 순서를 정할 수도 있고 일부에 대해서만 순서를 정하여 투표할 권리를 보유한다. 아일랜드의 경우 1명에 대한 투표도 허용하고 있다. 그러나 최종선거 결과에 자기 표의 영향력을 극대화시키려면 되도록 많은 후보자에 대하여 투표하는 것이 바람직한 것으로 인식되고 있다.[88)]

투표자는 다수의 후보자에 대하여 정당소속과 무관하게 자기가 선호하는 순서

88) David M. Farrell, *Electional Systems: A Comparative Introduction*, pp.126-127.

대로 기표를 하여 두 번째, 세 번째 그리고 그 뒤로 선호하는 후보자의 득표가 고려될 수 있도록 한다. 당선가능성이 없는 후보에게 던져진 사표는 다음 선호를 반영하고, 쿼터(quota) 이상 득표한 후보에게 던져진 잉여표 역시 다음으로 선호하는 후보에게 이양함으로써 던져진 표의 의미를 최대한 찾고자 하는 것이다.

만약 제일 선호하는 표를 가장 많이 획득한 후보자가 다른 의석이 채워지기 전에 할당량(droop quota)을 초과하게 되면, 그때부터 다음의 선호지지를 받은 후보자의 표를 계산한다. 만약 첫 번째 지지를 한 후보가 당선권에서 탈락하게 되면 그 투표자가 두 번째로 지지를 한 후보의 표를 계산하고 이 방식으로 최후까지 계산한다. 이 방식의 경우 제1선호를 군소 정당을 택한 투표자는 제2선호로 다른 정당을 택함으로써 '사표' 를 줄이고 선거 연합의 중요성을 부각시킨다.

단기이양식은 순수한 비례대표제가 아니라는 평가를 받기도 하고, 준비례대표제(semi-proportional system)로 불리기도 한다. 비례대표제는 기본적으로 정당의 득표율에 비례하여 의석수를 배분하는 제도이지만, 단기이양식 투표에서 선거인은 정당에 관계없이 후보자 개인을 상대로 투표하도록 되어 있다. 따라서 정당의 득표는 집계되지도 않고 의석 배분과정에서 고려의 대상이 되지도 않는다. 그러나 단기이양식은 의석배분 과정에서 공정성과 비례성이 높기 때문에 비례대표제의 대표적인 방식으로 인식되기도 한다.

단기이양식은 19세기 중반 영국에서 고안되었으며, 영어를 사용하는 국가에서 주로 사용되어 왔다. 1920년 이래 아일랜드의 모든 선거에 적용되고 있으며, 북아일랜드의 선거에서도 가톨릭 소수당을 보호하려는 영국의회의 정책에 따라 이 방식을 사용하고 있다. 몰타의 의회선거에서도 이 방식을 사용하고 있으며, 1990년 에스토니아 의회선거에서도 이 방식을 채택하였다. 아일랜드의 최대정당인 Fianna Fail은 영국의 단순다수제가 더 공정하다는 판단하에 1959년과 1968년, 두 번에 걸쳐 단기이양식 선거제도를 영국제도로 전환하려 하였으나 국민투표에서 부결되었다.[89] 아일랜드 하원의 경우 전국 41개의 지역구 선거를 통해 총 166명의 의원을 선출한다. 이 41개 지역구 중 3석 지역구가 12개,

89) David M. Farrell, *Electional Systems: A Comparative Introduction*, Ch.6; Richard Sinnott, "The Electoral System," in John Coakley and Michael Gallagher (eds.), *Politics in the Republic of Ireland*, 3rd ed. (London: Routledge, 1999), pp.104-113.

4석 지역구가 15개, 5석 지역구가 14개이다. 즉 2석 이하 선거구와 6석 이상의 선거구를 허용하지 않는다. 몰타의 경우도 아일랜드와 마찬가지로 3석 내지 5석 지역구를 유지하고 있다.[90)]

1) 단기이양 제도의 당선자 확정 과정

투표자는 선호 순으로 한 표씩 행사하는데, 이 표는 이양이 가능하다. 당선표준수를 초과하거나 미달한 득표를 차선의 후보자에게 이양할 수 있도록 하기 위하여 선거인은 투표용지에 기재된 후보자들에게 1, 2, 3, …으로 순위를 부여하는 방식으로 투표한다.[91)]

개표절차는 먼저 투표자들의 제1선호도를 집계하여 기준수 이상 획득자가 당선이 된다. 당선자의 잉여표 즉 기준수 이상 초과한 득표수는 2순위로 기표된 후보자에게 이양을 한다. 기준수는 드룹 방식, 즉 총유효득표수/(의석수 + 1) + 1로 구한다. 이양시 전체 제1선호도 투표 중 어느 것을 이양하는가에 따라 제2선호도 기표 후보자별 분포가 달라진다. 따라서 제2선호도 기표 투표 가치 선정은 총득표수에서 기준수를 빼고 남은 숫자를 총득표수로 나누고 여기에 다시 2선호 득표수를 곱하는 방식으로 산정하여 이양한다.[92)]

기준수를 초과한 득표를 이양한 후에도 당선자가 없으면, 최하위 득표자를 탈락시켜 그의 득표를 제2선호 기표 후보자에게 이양을 한다. 기준수에 도달하여 당선이 선언된 후보자와 탈락을 모면한 후보자가 의원정수와 동수가 될 때까지 탈락과 이양의 과정이 반복된다.[93)] 이 제도의 특징은 사표의 염려가 거의 없고 중간 수준의 비례성 효과를 가지나 시간 소요가 많고 복잡하다는 것이다.

---

90) Rein Taagepera and Mattew Soberg Shugart, *Seats and Votes: The Effects and Determinants of Electoral System* (New York, CT: Yale University Press, 1989), p.27.

91) Patricia Hogwood and Geoffrey K. Roberts, *European Politics Today*, 2nd ed. (Manchester: Manchester Universtiy Press, 2003), p.75.

92) 박찬욱 편, 『비례대표 선거제도』(서울: 박영사, 2000), pp.13-14; 김광수, 『선거와 선거제도』(서울: 박영사, 1997), p.249.

93) Michael Gallagher, Michael Laver and Peter Mair, *Representative Government in Modern Europe*, 3rd ed. (New York: McGraw-Hill, 2001), p.318.

당선자 확정 과정

후보자	개표1	2 파워의 잉여표 1,924	3 브랙킨의 표 709	4 맥그리비 잉여표 208	5 스테그의 표 2,975	6 미레이의 표 3,229	7 버밍햄의 잉여표 92	8 러럴의 표 4,964	9 더칸의 잉여표 644
파워 (공화당)	9,768 (당선)								
맥그리비 (공화당)	7,053	+999 8,052 (당선)							
버밍햄 (노동당)	5,803	+96 5,899	+123 6,022	+8 6,030	+1,906 7,936 (당선)				
더칸 (통일당)	5,612	+28 5,640	+53 5,693	+2 5,695	+437 6,132	+58 6,190	+43 6,233	+2,555 8,488 (당선)	
듀키스 (통일당)	4,762	+23 4,785	+52 4,837	+1 4,838	+77 4,915	+94 5009	+15 5,024	+2,039 7,063	+622 7,685 (당선)
러럴 (통일당)	4,469	+55 4,524	+56 4,580	+6 4,586	+177 4,736	+180 4,943	+21 4,964 (탈락)	비잉여표 450	
브래디 (공화당)	3,584	+196 3,780	+134 3,914	+90 4,004	+196 4,211	+2,204 6,404	+13 6,417	+220 6,637	+22 6,659
스테그 (노동당)	2,832	+35 2,867	+105 2,972	+3 2,975 (탈락)	비이양표 97				
미레이 (공화당)	2,479	+481 2,960	+86 3,046	+98 3,144	+85 3,229 (탈락)	비이양표 693			
브랙킨 (무소속)	698	+11 709 (탈락)	비이양표 100						

이 선거제도의 당선자 확정 방식은 매우 복잡하게 보이지만, 실제로는 쿼터에 이른 당선자의 잉여표와 최하위 후보의 제거표를 이양하는 과정이 여러 차례 반복될 뿐이다. 아일랜드 총선시 한 지역선거구의 예를 통해 쿼터 산정에서 당선자 확정에 이르는 전 과정을 단계별로 직접 검토해 보고자 한다.[94] 5석 선거구에 10명이 입후보하였고, 총유효투표수는 47,060표로 집계되었다.

아일랜드가 다수대표제를 사용하였다면, 제1선호를 개표한 결과 단순하게 한 표라도 더 획득한 5명의 후보인 파워, 맥그리비, 버밍햄, 더칸, 듀키스가 당선되었을 것이다. 단기이양식의 절차에 따라 개표한 결과도 마찬가지로 이 다섯 후보가 당선되었다. 그 절차는 아래와 같다.

① 우선 드룹 쿼터를 산정한다.: [47,060/(5 + 1)] + 1 = 7,844표

② 각 후보의 제1선호표를 집계

③ 파워가 9,768표로 드룹 쿼터 7,844표를 초과했으므로 우선 당선이 확정된다.

④ 파워의 잉여표 1,924표를 제2선호에 따라 나머지 9명의 후보에게 이양

  * 잉여표 이양 방식

  ㉠ 파워의 9,768표를 제2선호 후보별로 집계

  ㉡ 파워를 제1선호, 맥그리비를 제2선호 후보로 선택한 표가 표로 집계될 경우: 9,768표 중 51.9%인 5,070표가 맥그리비로 이양될 수 있는 표이므로 1,924표의 51.9%인 999표를 이양

  ㉢ 다른 후보에게도 같은 방식으로 이양

⑤ 잉여표 이양 후 맥그리비가 총 8,052표로 쿼터 7,844표를 208표 초과했으므로 당선이 확정된다. 다음 당선자를 결정하기 위하여 최하위 후보인 브랙킨의 709표를 제거하고 나머지 후보에게 이양

  * 제거표 이양 규칙

  ㉠ 브랙킨을 제1선호한 698표는 제2선호에 따라 나머지 후보에게 이양

  ㉡ 파워로부터 이양된 11표(파워가 제1선호, 브랙킨이 제2선호표)는 제3

94) 장훈, "제9장 아일랜드," 박찬욱 편, 『비례대표 선거제도』(서울: 박영사, 2000), pp.220-222.

선호 후보에게 이양

ⓒ 이 방식으로 비이양표 100표를 제외한 609표를 다른 후보에게 이양 (비이양표는 투표용지가 훼손되거나, 더 이상의 선호가 표시되지 않거나, 이미 당선된 후보자를 선호한 표 등이다.)

⑥ 최하위 후보표 이양 후에도 쿼터에 다다른 후보가 없으므로 2차로 당선된 맥그리비의 잉여표 208표를 다른 후보에게 이양

⑦ 맥그리비의 잉여표 이양 이후에도 당선자가 나오지 않으므로 최하위 후보인 스태그를 탈락시키고 이 표를 나머지 후보에게 이양

⑧ 이러한 방식을 5명의 후보가 당선될 때까지 반복: 최하위 후보의 표를 제거하여 이양하여도 쿼터를 초과하여 당선자가 나올 가능성이 없을 경우 2명 또는 3명의 하위후보자를 동시에 제거

2) 단기이양 제도의 장단점

비례대표제와 비교할 때 단기이양식은 무엇이 다른가? STV 지지자들은 몇 가지 사항을 지적하고 있다. 첫째, STV는 투표자들에게 그들의 선호에 대하여 의사를 표시할 수 있는 기회를 제공한다는 것이다. 투표자의 선호도를 최대한 반영하여 투표자의 정치적 힘을 강화할 수 있는 기회를 제공한다. 거의 모든 제도 하에서 투표자들은 "예" 혹은 "아니오"라는 형태로 표현할 수 있도록 제한되어 있는 반면에, STV 하에서 투표자들은 선호에 따라 모든 후보자들의 순서를 매길 수 있다. 투표자는 후보자에 대한 순위를 부여하여 투표하기 때문에 자신의 표가 사표로 전락할지도 모른다는 염려를 하지 않아도 된다.

둘째, 후보자의 순서를 정할 때, 투표자들은 정당에 의해 강요받지 않는다. 투표자들은 정당이 아닌 후보자를 보고 투표를 한다. 따라서 STV는 반당파적 선거로 매우 완벽하게 작동하고 있다. 정당이 아니라 후보자에 대한 투표를 하기 때문에 투표자의 정치적 선별력이 배양될 수 있다. 또한 투표자에 대한 후보 또는 의원의 책임의식이 증진될 수 있다.

STV를 선호하는 세 번째 주장은 투표자들이 그들의 투표가 사용되는 방식을 통제할 수 있다는 것이다. 명부식 제도는 투표자가 정당의 한 후보자를 선호하

여 투표하게 되면 투표자가 선호하지 않는 그 정당의 다른 후보를 지원하는 결과가 초래될 수도 있다. STV 하에서 투표자들은 그들의 첫 번째 선택 이후에 선호를 계속 표현할 수 있다.

넷째, STV는 투표자들에게 정당의 정책과 활동에 대한 의견을 표현할 수 있는 기회를 제공한다. 만약 정당 내에서 당파 혹은 어떠한 분열이 발생한다면, 투표자들은 선호하는 후보자들에게 높은 선호표를 줌으로써 의회 구성에 영향을 줄 수 있다. 따라서 다수의 지지를 받은 후보자들을 중심으로 정부를 구성할 수 있다. STV는 선호 명부 제도와 미국의 예비선거 방식을 포함한다.

다섯째, STV는 투표자들이 진지하게 투표할 수 있도록 한다. 만약 첫 번째 선택 후보가 인기가 없더라도 표는 버려지지 않는다. 그것은 투표자가 투표 용지에 기재한 두 번째 선호자에게 그 표가 이양될 수 있기 때문이다. 대체로 투표자는 자신이 가장 선호하는 후보의 당선 가능성이 희박하다고 생각하는 경우에도 일단 그에게 1순위 투표를 하고 당선가능성 위주로 제2순위 기표를 하는 식으로 투표를 한다.[95)]

STV의 단점은 다음과 같다. 첫째, 정당의 내부 결속을 약화시키고, 응집적이지 못하게 만드는 경향이 있다.[96)] 선거에서 정당의 후보자들은 정당 정책을 선전하는 데 집중하기보다 다른 정당의 지지자들로부터 낮은 선호를 받을 가능성에 민감하게 되는 경향이 있다. 따라서 정치적 고객주의와 지역서비스 위주의 의원 활동에 집중하는 경향이 있다. STV에 대한 비판은 현대 민주정치 특히 의회 제도에서 제대로 활동하려면 강력하고 응집된 정당이 필요한데, 정당보다는 후보자를 보고 투표하는 것이 의회 선거에서 적합하지 않다고 주장한다. STV가 너무 적은 국가에서 시행되어 정당을 약하게 만드는 경향이 있는지 없는지에 대한 논의를 할 수 없기 때문에 이러한 주장에 대한 평가를 내리기는 어렵다. 아일랜드나 몰타의 정당들이 다른 국가들의 정당들보다 덜 결속되어 있고 훈련이 덜 되어 있다는 증거는 없다. 아일랜드 정치에서 두 주요 정당인 공화당(Fianna

95) Michael Gallagher, Michael Laver and Peter Mair, *Representative Government in Modern Europe*, 3rd ed. (New York: McGraw-Hill, 2001), pp.318-320.

96) STV 제도하에서 정당 후보간의 경쟁 심화는 STV제에 대한 정치인들의 선호도가 낮은 이유 중의 하나이다.

Fail)과 통일당(Fine Gael) 사이에는 특정한 정책적 차이가 없이 합의 정치를 유지하고 있으나, 몰타의 경우에는 반대이다. 노동당과 국민당 사이의 심각한 경쟁은 폭력 사태로 발전하는 경우도 있다.

둘째, 아일랜드의 경우를 보면 연합정부 또는 소수정부가 이루어지는데 대체로 안정적이지 못하다. 특히 최근 들어 이 경향이 심해지고 있다. 1932년부터 1969년 사이에 4번의 정권 변화가 있었다. 공화당이 집권하거나 통일당과 노동당이 연합하는 형태가 이어졌다. 이에 비하여 1973년 이후 1997년까지 9번의 선거 결과 항상 정권이 교체되거나 연합의 파트너가 변경되었다. 특히 1981년과 1982년 사이에 불안정한 상황이 전개되었는데, 18개월 동안 세 번의 총선거가 실시되었다. 1980년대 후반에는 과거에 생각할 수 없는 상황이 벌어졌는데, 전에는 단독으로 정부를 구성하던 공화당이 연합을 하게 된 것이다. 1989년에는 진보민주당(Progressive Democrats)과, 1992년에는 노동당과 연합정부를 형성하였다. 1980년대 중반까지는 2.5정당체계였으나(공화당, 통일당과 소규모 노동당), 이후에는 노동당, 진보민주당, 녹색당이 의회에 진출하여 다당체계로 전환되었다.[97)]

세 번째 비판은 STV가 현실적으로 비교적 작은 선거구에서만 사용될 수 있다는 것이다. 따라서 비비례성이 증가되는 경향이 있다. 예를 들어, STV는 선거구에서 약 10개의 의석보다 큰 선거구에서 활용되기가 어렵다. 왜냐하면 선거 용지가 30개에서 40개의 이름을 적을 수는 있으나 대부분 투표자의 선호가 처음에 기재된 6명 정도 이후에는 의미없는 것으로 되기 때문이다. 아일랜드와 몰타에서 사용되는 가장 큰 선거구 규모는 5개의 의석이다. 투표자들은 정당보다는 후보자를 보고 투표를 한다고 가정되어 있기 때문에, 비록 몰타가 그러한 할당을 남겨두고 있지만 STV가 기본으로 하고 있는 원칙에 모순되지 않고 상위선거구 의석 할당(독일에서처럼 제2투표방식을 사용하지 않고)을 하는 것은 불가능하다. 그러나 사실상 아일랜드와 몰타에서 선거 결과는 다른 비례대표제의 결과

97) David M. Farrell, *Electoral Systems: A Comparative Introduction*, p.144. 아일랜드에는 연합정부와 소수정부가 수적으로는 많이 이루어졌지만, 대개의 경우 장기간 유지되었기 때문에 안정적이었다는 평가도 있다. 아일랜드 정부는 평균 3~4년 유지되었다. 특히 공화당은 1932~1948년과 1957~1973년 등 두 번에 걸쳐서 각기 16년간 집권하였다.

와 유사한 비례성을 가지고 있기 때문에 비비례성의 가능성은 별 문제가 되지 않는다.

넷째, STV를 비난하는 사람들은 STV가 무소속 후보자를 유리하게 한다고 주장한다. 무소속 후보자들은 과반수를 획득하지 못한 정부에 대하여 과도한 권력을 휘두를 수 있는 가능성이 있다. 중도정당 후보자와 같이 무소속 후보자들은 투표자들이 번호 선택을 하는 선거 제도에서 유리하다. 왜냐하면 그들은 정당 소속이 아니어서 다른 후보자를 배제시키지 못하기 때문에, 투표자들의 두 번째 선택을 기대하게 된다. 서유럽에 무소속 의원은 거의 없지만 아일랜드에서는 상당히 보편적인 것이 사실이다. 아일랜드에서 소수 정부의 통치 기간에, 몇몇 무소속 의원들은 지역 문제에서 정부로부터 특혜를 받아낼 수 있었다. 시노트(Richard Sinnott)는 STV가 "무소속 의원이 비비례적인 권력을 휘두르고, 정부의 안정성에 심각한 위협을 창출할" 가능성 있는 환경을 만든다고 주장한다.[98] 반면에 STV를 사용하는 국가인 몰타에서는 1964년 독립 이래 무소속 의원이 한 명도 선출되지 않았다.

마지막으로 절차문제에 있어서 STV는 선거제도가 복잡할 뿐만 아니라 이양 과정에 우연성이 개입될 소지가 많다는 단점도 보유하고 있다.

5. 혼합형 선거제도

단순다수제와 정당명부식 비례대표제의 단점을 보완하기 위하여 사용되는 혼합형 선거제도는 혼합형 비례제(mixed member PR), 보충형 비례제(compensatory PR), 인물 중심 비례제(personalized PR), 부가형 선거제(additional member system), 2표제(two-vote system) 등 그 표현이 다양하다. 가장 많이 활용되는 2표 혼합제는 유권자가 단순다수제 선거에서 1표로 후보자를 선택하고 비례대표제 선거에서 정당을 선택하는 1표를 행사하는 것으로, 실

98) Richard Sinnott, "The Electoral System," in John Coakley and Michael Gallagher (eds.), *Politics in the Republic of Ireland*, 3rd ed. (London: Routledge, 1999), p.120.

질적으로 유권자는 2표를 행사하는 제도이다. 혼합제도를 사용하는 대표국가는 독일인데, 1990년대 이를 채택한 국가가 증가하여 현재 세계적으로 적어도 29개 이상의 국가가 이 제도를 사용하고 있으며, 이는 전 세계 인구의 5분의 1을 차지한다.[99] 헝가리의 경우는 상당히 복잡한 '백화점식' 3층화된 선거제도를 채택하여 사용하고 있다.

1) 독일의 혼합형 선거제도

독일의 제도는 완전히 반반 혼합했다기보다는 정당 명부식에 더 가깝다고 할 수 있다. 독일의 제2투표에 의한 의석 배분은 헤어-니마이어(Hare-Niemeyer)의 비례대표제를 사용하고 있는데, 1985년 3월 연방선거법 개정 이전에는 당선 표준수의 산출방법을 동트식으로 하다가, 이 방식이 대정당에게 유리하다는 약점을 보완하기 위하여 독일의 수학자 니마이어에 의하여 고안된 헤어-니마이어 방식을 사용하고 있다. 헤어-니마이어 방식은 전체적인 비례성을 좀 더 높이고

독일의 선거제도

독일의 하원의원 선거제도에서 투표자는 선거 부스에 들어가기 전에 두 개의 선거 용지를 받게 된다. 하나는 소선거 지역구 의원을 선출하는 용지인데, 전체 598명의 의원 중 절반이 영국과 같은 단순다수제에 의하여 지역구에서 선출된다. 두 번째 선거 용지는 명부식 선거 용지로 의원의 나머지 절반은 정당 명부에서 선출된다. 정당이 할당받는 전체 의석은 정당 명부식에 의해 결정된다. 각 정당은 명부식으로 할당된 의석의 비율에 따라 전체 의석(지역구+명부식)을 할당받게 된다. 그러나 정당은 만약 선거 득표의 5% 또는, 세 개의 선거구에서 의석을 할당받지 못하면 어떠한 명부식 의석도 받지 못한다. 만약 정당이 정당 명부 득표에서 받은 비율보다 지역 선거구인 주에서 의석수를 많이 받게 된다면, 추가 의석을 받을 수 있게 되고, 하원의원의 수는 결과적으로 증가하게 된다. 1998년 10월 선거에서 13개의 추가 의석이, 2002년 선거에서는 5석이 발생하였다.

99) David M. Farrell, *Electoral Systems: A Comparative Introduction* (New York: McMillan, 2000), Ch.5; Louis Massicotte and Andre Blais, "Mixed Electoral Systems: A Conceptual and Empirical Survey," *Electoral Studies*, Vol.18, No.3, 1999, pp.341-366.

자 고안된 방식으로 앞에서 설명한 헤어(Hare) 쿼터-최대잔여투표제(LRS)와 같은 방법이라 할 수 있다. 헤어-니마이어식은 쿼터를 계산하는 과정과 쿼터로 정당의 유효득표수를 나누는 과정을 단지 합쳐 놓았을 뿐이다.

(1) 독일 선거제도의 특성

독일의 2표제는 각 정당의 의석수 비율이 정당에 행해지는 제2투표의 득표율에 비례하도록 한다. 제1투표는 지역구 단순다수제 선거에 던지는 것이고, 제2투표는 정당명부 중에 하나를 선택하는데, 유권자는 두 표를 동시에 행사한다. 현재 독일 하원은 598석인데 이중 50%가 299개 1석 지역구에서 선출되고, 나머지는 16개 주 단위 정당명부에서 선출된다.[100)]

1인 2표제에서는 제1투표와 제2투표를 다른 정당에 행사하는 분할투표가 가능하다. 투표자 중 15~20%가 1, 2차 투표에서 다른 정당을 선택한다. 사민당이나 기민/기사당과 같은 대정당 지지자의 경우 90%가 제2투표로 선택한 정당 소속의 지역구 후보자에게 투표를 한다. 이와 달리 제2투표에서 자민당을 선택한 유권자 중 제1투표에서 자민당 후보를 지지한 유권자는 50%에 미치지 못하고, 자민당 소속 후보보다 오히려 기민당 후보에게 제1투표를 한 유권자가 다수를 차지하는 경우도 있다. 특히 자민당 후보가 승리할 가능성이 적을 경우 이러한 선택을 한다. 이러한 현상은 녹색당이나 민사당 등 군소정당을 지지하는 유권자들에게서 나타나는 투표행태이며, 이는 무엇보다 군소 정당 후보자가 단순다수결로 당선될 가능성이 낮다는 점에서 기인한다.[101)]

다수제인 제1투표의 개표를 먼저 하고 정당에 대한 두 번째 투표를 개표한다. 제2투표의 전국 득표수 및 비율을 집계하여 헤어-니마이어 방식으로 정당별로 의석을 배분한다. 이것이 정당이 획득하는 전체 의석수가 된다. 따라서 제1투표는 정당의 의석수와 무관하게 누가 의회에 진출할 것인가를 결정하는 데 이용될 뿐이다. 그 다음에 독일 주의 수가 16개이므로 전체 의석을 16개로 재분배를 한

100) 통일 이전에는 496석이었으나, 통일 이후 656석으로 확대되었다가 2002년 9월 선거부터 598석으로 줄어들었다.

101) 김영태, "독일연방의회 선거체계의 제도적 효과," 『국제정치논총』, 제41집 3호, 2001, pp.283-284.

다. 여기서도 헤어-니마이어 방식을 적용한다. 각 정당이 확보할 전체 의석수에서 1인 선거구에서 당선된 의석수를 빼고 남은 수만큼 의석을 해당 정당의 명부에 의거하여 비례 대표제 후보자 당선을 결정한다. 이 제도는 단순다수제 선거에서 나타나는 왜곡 현상을 보완하기 위하여 선택된 제도이며, 비례대표제에 더 가까운 성격을 가졌다는 평을 받고 있다.

독일 선거에 있어서 최소조건은 연방차원의 제2투표에서 5% 이상의 지지를 받거나 단순다수로 선출되는 지역구에서 3석 이상을 차지하여야 한다. 그렇게 강한 조건은 아니지만 이 최소조건은 정당의 운명을 바꾼 적도 있다. 난민당(Refugee Party)은 하원에서 27석을 점유하고 있었으나 1957년 선거에서 4.6%를 획득하여 의석확보에 실패하였다. 1969년 선거에서는 극우정당인 국가민주당(NPD)이 4.3%의 지지를 받아 같은 운명에 처하게 되었다. 반면 1983년 녹색당은 5.6%의 지지율로 27석이나 차지하였다.[102] 1993년 통일 직후 실시된 선거에서만은 연방헌법재판소의 결정에 따라 선거의 특성상 구서독과 동독 지역을 분리해 5% 최소조건을 적용하였다.[103]

독일 하원은 공석이 생기더라도 보궐선거(by-election)를 치르지 않는다. 은퇴, 사망 등에 따른 공백은 그 주의 선거 당시 명부의 다음 순서 후보가 승계하도록 하였다. 특히 1석 선거구에서 당선된 의원의 공백 역시 명부상의 후보가 승계하도록 하여 명부의 중요성을 강화하였다. 이에 따라 의원의 유고가 발생하더라도 정당 세력의 변화는 없고, 의원이 당적을 옮길 때에만 정당세력의 변화

102) Yves Meny and Andrew Knapp, *Government and Politics in Western Europe* (Oxford: Oxford University Press, 1998), p.159.

103) 5% 최소조건이 40여 년 동안 전혀 다른 정당체제를 가졌던 구 동독지역까지 확대 적용할 경우 구 서독의 군소정당과 구 동독의 정당들에게 의회 진출에 불리한 조건을 부과함으로써 정당간의 기회 균등을 해친다는 이유로 위헌 판결이 내려졌다. 허영, 『독일 통일의 법적 조명』(서울: 박영사, 1994), pp.89-90. 1990년 선거에서 구 서독의 녹색당은 4.8%의 득표율로 최소조건을 극복하지 못한 반면 구 동독의 녹색당은 6%의 득표율을 얻어 대조를 이루었다. 흥미로운 것은 동 · 서독을 분리해 최소조건을 적용하지 않았다면 녹색당은 정확히 5%의 전국 득표율로 통과가 가능했던 반면, 구 동독지역에서만 11.1%의 득표율로 선전한 구 동독 공산당(PDS: East German Communist Party)은 크게 혜택을 보았다는 점이다. David M. Farrell, *Comparing Electoral Reform* (Hemel Hempstead: Harverster Wheatsheaf, 1997), p.89.

가 이루어진다. 보궐선거가 시행되지 않는다는 것은 과반수 의석을 확보한 정부가 만약 연합이 지속된다면, 그 임기 동안 무사히 통치할 수 있다는 것을 의미한다. 이와 더불어 정당명부에 기재된 후보가 지역구에도 출마할 수 있다. 따라서 지역구 선거에서 낙선하더라도 명부를 통해 당선될 수 있다.[104)]

독일 제도의 특색 중에 하나는 하원 총의석에 추가되는 '초과의석(surplus seats)'을 허용한 점이다. 비례대표에 의하여 할당된 의석수보다 지역구에서 획득한 의석수가 많을 경우 지역구 획득 의석수를 추가적으로 인정하는 제도이다. 따라서 A정당이 베를린 지역에서 8석을 비례대표제에 따라 배정을 받았는데, 그 지역에서 A당이 1석 선거구 의석 10석을 획득하였다면 2석의 초과의석을 획득하도록 허용한다.[105)]

지금까지 14회에 걸쳐 실시된 의회선거에서 모두 10회에 걸쳐 초과의석이 발생했다. 지난 1994년 선거에서 초과의석은 무려 16석이었는데 그중에 12석은 기민연(CDU)이, 나머지 4석은 사민당(SPD)이 획득하였다. 그리고 1998년에는 13석의 초과의석이 발생하였는데 모두 사민당이 획득한 의석이었다. 1953년에 독일당이 획득한 1석의 초과의석을 제외하고 모든 초과의석이 기민당과 사민당이라는 양대 정당에 배정되었다. 규모 면에서 1960년대를 경과하면서 1990년 통일 이전까지 감소하다가 통일 이후 다시 급격히 확대되었다. 마지막으로 초과의석은 브레멘, 슐레스비히, 함부르크, 잘란트 등의 서독지역과 함께 통일 이후에는 동독지역에서 집중적으로 나타나고 있다.[106)]

(2) 독일 선거제도의 의석배정 방식

의석 배분방식은 전체 598석을 헤어-니마이어(Hare-Niemeyer)식에 따라 우선 각 정당별로 배정하고, 다시 같은 방식을 사용해 각 정당이 각 주에서 획득하

104) Patricia Hogwood and Geoffrey K. Roberts, *European Politics Today*, 2nd ed., p.74; 김영태, "제2장 독일의 정치제도와 정치과정", 유럽정치연구회 편, 『유럽정치』(서울: 백산서당, 2004), p.56.

105) Patricia Hogwood and Geoffrey K. Roberts, *European Politics Today*, 2nd ed., pp.82-83.

106) 김영태, "독일연방의회 선거체계의 제도적 효과", 『국제정치논총』, 제41집 3호, 2001, p.289; David M. Farrell, *Electoral Systems: A Comparative Introduction*, p.105.

는 의석을 배분한다. 아래 계산은 A정당과 B주의 예를 들어 의석수를 산정한 예이다. 하원 총 의석수인 598석에 A정당이 전국에서 획득한 제2투표수를 곱한 결과를 최소조건(5% 또는 1석 선거구 3석)을 통과한 정당들이 얻은 총 제2투표수로 나눈 결과가 A정당이 획득하는 하원 의석수가 된다(제①의 계산).

다음으로 A정당이 획득한 의석을 차지할 의원을 정하기 위해 다시 각 주별로 의석수를 배정해야 하는데, 이때도 역시 같은 계산 방식을 사용한다. A정당의 B주에서의 의석수는 우선 A정당이 획득한 총 의석수에 B주에서 A정당이 획득한 제2투표수를 곱하고, 다시 그 결과를 A정당이 전국적으로 얻은 제2투표수로 나누어 구한다(제②의 계산). 마지막으로 A정당의 B주에서의 총 의석수에서, A정당이 B주의 1석 선거구에서 차지한 의석수를 빼고 남은 수가 B주의 A정당 명부에서 당선될 비례의석수이다.

$$① \text{ A정당의 총의석수} = \frac{\text{총의석수(598)} \times \text{A정당 총 제2투표수}}{\text{총 제2투표수(최소조건 통과한 정당)}}$$

$$② \text{ B주의 A정당 의석수} = \frac{\text{A정당의 총의석수} \times \text{B주에서 획득한 A정당 제2투표수}}{\text{A정당 총제2투표수}}$$

아래 표들은 가상의 선거 결과를 가지고 직접 의석 배분을 한 결과이다. 표 ①은 총 의석수를 80석으로 하고, A, B, C정당이 L, M, N, O, P, Q주에서 획득한 정당명부 득표의 총계가 2만 5,000표인 선거를 가정한 예이다. 표 ②와 표 ③은 헤어-니마이어식 계산 방식으로 의석을 배정한 결과이며, 아래 ⓐ에서 ⓓ까지의 과정은 계산과정을 단계별로 설명한 것이다.

① 각 정당의 주별 정당명부 득표

정당	각 주별 정당명부 득표수						
	L주	M주	N주	O주	P주	Q주	총유효득표수
A당	2,500	2,800	2,200	2,100	1,900	1,900	13,400
B당	1,200	1,350	1,200	1,050	1,500	900	7,200
C당	800	850	800	650	600	700	4,400
계	4,500	5,000	4,200	3,800	4,000	3,500	25,000

② 정당별 의석 배분

정당	명부득표수	H-N식 계산 결과[1)]	배분의석수	LRS[2)]	의석 합계
A당	13,400	42.88	42	+1	43
B당	7,200	23.04	23		23
C당	4,400	14.08	14		14
계	25,000	80.00	79	1	80

1) 헤어-니마이어식 계산 = $\frac{\text{명부득표} \times \text{의석수(80)}}{\text{총투표수(25,000)}}$

2) LRS는 최대잔여투표순을 의미

③ A당의 주별 의석 배분

정당	명부득표수	H-N식 계산 결과[1)]	배분의석수	LRS	의석 합계
L주	2,500	8.022	8		8
M주	2,800	8.985	8	+1	9
N주	2,200	7.060	7		7
O주	2,100	6.739	6	+1	7
P주	1,900	6.097	6		6
Q주	1,900	6.097	6		6
계	13,400	43.000	41	2	43

1) A당 L주 의석수 = $\frac{\text{A당 L주의 명부득표수(2,500)} \times \text{A당의 의석수(43)}}{\text{A당의 총명부득표수(13,400)}}$

ⓐ A정당은 6개 주에 총 1만 3,400표를 득표하여 총의석 80석 중 우선 42석을 차지한다.

$$\frac{80 \times 13{,}400}{25{,}000} = 42.88$$

ⓑ LRS에 의해 1석을 더 배정받아 결과적으로 총 43석을 획득한다.

ⓒ 이 43석을 동일한 계산방식으로 각 주별로 배분한다.

A당은 L주의 경우 2,500표를 얻어 43석 중 8석을 배정받는다.

$$\frac{43 \times 2{,}500}{13{,}400} = 8.022$$

독일의 1998년 하원 선거 결과

정당	명부(2번째) 투표 퍼센트	비례 의석 할당	전체 획득 의석	지역구 획득 의석	명부 획득 의석
SPD	40.9	268	298	212	86
CDU-CSU	35.4	232	245	112	133
녹색당	6.7	44	47	0	47
FDP	6.2	41	43	0	43
PDS	5.1	33	36	4	32
기타	5.7	0	0	0	0
전체	100	618	669	328	341

ⓓ 만약 L주 1석 선거구에서 A당이 이미 5석을 획득했다면, A당 L주 명부의 1, 2, 3번 순위 후보가 비례의석을 배정받게 된다.

위의 표는 1998년 독일의 하원의원 선거 결과이다. 최소조건을 통과하지 못한 정당의 득표에 의한 의석을 제외하면 618석이 할당되고, 남아있는 38석은 군소 정당들의 몫이다(당시 총의석은 656석이었다). 그러나 이들 정당들은 정당명부식 투표에서 5%를 받지 못하였기 때문에 할당받을 자격이 없다. 결과적으로 자격이 주어진 정당들은 추가 할당 의석인 38석도 받게 되어, 비율에 의한 할당보다 많은 의석을 차지하게 되었다.

(3) 독일 선거제도의 평가

제2차 세계대전 이후 채택된 독일의 선거제도는 종종 세계에서 가장 훌륭한 제도라는 평을 받는다. 선거 결과는 상당히 비례적이고, 정부의 불안정에 대한 어떠한 문제도 없다. 정당이 명부 의석을 획득할 자격을 가지기 위해 도달해야 하는 봉쇄조항은 다수의 군소정당이 권력을 가지게 되는 상황을 방지한다. 1960년대와 1970년대 동안 단지 세 정당(SPD, CDU/CSU, FDP)만이 서독 하원에 진출하였고, 1980년대에는 녹색당이 합류하였다. 녹색당은 1990년 총선거에서 봉쇄조항 이하로 떨어지면서 대표 자격을 상실하였지만, 1994년과 1998년 선거에서 그들의 지위를 회복하였다. 5번째 정당인 PDS(이전 동독 공산당)는 1990년대 선거에서 봉쇄조항을 간신히 통과하였다.

독일 선거제도의 특징은 영국 선거제도와 같은 형식의 지역구 대표와 비교적 정확한 정당 비례 대표를 결합한다는 것이다. 그러나 유권자들은 그들의 지역구 대표자의 이름을 거의 알지 못한다. 1998년 연방선거 이후 실시된 조사에 따르면 응답자 가운데 약 58%가 자신의 선거구에서 출마한 후보의 이름을 단 1명도 알고 있지 못했으며, 42%만이 1명 이상의 후보자 이름을 올바르게 언급했다. 비록 이러한 출마후보자에 대한 인지도는 폐쇄형 명부만을 이용하는 다른 국가들에 비해 높은 편이지만, 단순다수제를 채택하고 있는 영국(1명 이상 올바르게 응답 60.5%)이나 미국(1명 이상 올바르게 응답 52.0%)보다 상대적으로 낮은 수준이다.[107)]

독일의 선거 제도는 정당 명부식 의석을 확보할 수 있는 최소조건 5%를 넘어야 한다는 의미에서 군소 정당의 대표자에게는 불리하고, 안정적인 정부 구성을 하기 위해 대개 두 개 정당의 연합이 이루어진다. 독일식 1인 2투표제는 기본적으로 선거의 정당정치 성격을 강화하는 역할을 한다. 따라서 1인 2표제하에서는 무소속 후보의 당선이 거의 불가능하다. 지역구에 무소속 후보가 출마하기 위해서는 단지 200명의 유권자의 서명을 받으면 가능하지만, 주 단위 명부는 정당만이 제출할 수 있다. 이와 같이 정당이 명부후보를 독점한 상태에서 인물에 대한 지역구의 투표에서도 결국 유권자들이 정당후보에게 투표하는 경향을 강화시키는 효과를 가져왔다. 독일식 1인 2표제의 경우 총의석수가 정당에 대한 제2투표에 의해 결정되기 때문에 제1투표의 경우도 대체로 큰 정당에 표가 집중된다. 실제로 1인 2표제가 도입된 1953년 이후 무소속 후보가 당선된 경우는 없으며, 자민당이나 녹색당 역시 단 한 명의 1인 선거구 당선자를 배출하지 못하였다.

독일 선거제도의 단점 중의 하나는 제도의 복잡성 때문에 유권자들이 선거체계를 제대로 이해하지 못하고 있다는 점이다. 1998년 실시된 여론조사 결과에 의하면 응답자 가운데 단지 51.6%만이 의석배분 과정을 정확히 파악하고 있었으며, 48.4%는 제1투표에 의해 의석수가 결정된다거나 양자가 동시에 고려된다고 응답하여 자기 나라의 선거제도를 제대로 이해하지 못하고 있었다. 즉 반수에 가까운 유권자들이 후보자에 대한 투표가 총의석수에 영향을 미친다고 판단

107) 김영태, “독일연방의회 선거체계의 제도적 효과”, 『국제정치논총』, 제41집 3호, 2001, p.282.

하고 지역구 선거에 정치적 선호를 표명하는 것이다. 이러한 무관심과 무지로부터 야기되는 '의도하지 않은 유권자의 선호왜곡' 이 나타날 가능성이 높다.[108]

2) 이탈리아의 선거제도

이탈리아에서는 1860년대에 근대적 의미의 선거가 최초로 실시된 이후 1993년까지 9차례에 걸쳐 선거제도의 개정이 있었다. 1948년 이후 내각책임제하에서 극단적인 비례대표제를 실시한 결과 다당난립과 연립정권의 잦은 붕괴 등 만성적인 정치불안 현상이 나타났다. 1993년 이전 선거 제도는 높은 비례성을 보장하였고, 그 결과 수많은 소수 정당들이 의회에 진출하였다. 투표자들이 정당명부상의 개별 후보자들에게 선호도를 표시할 수 있게 되면서 선거기간 또는 선거 사이 기간에 정당 내부의 경쟁을 불러일으켰다. 특히 이는 기민당 내에서 표출되었고, 정당의 당파적인 성격을 강화시켰다.

국민투표에서 95%의 지지를 얻어 개정된 1993년의 선거법은 이러한 문제점을 해결하고 점진적인 양당제를 추구하기 위하여 전체 의석수의 4분의 3은 소선거구제를 통한 다수대표제에 의해 선출하고, 4분의 1은 정당명부에 기초한 비례대표제로 선출하도록 하였다.[109] 새로운 선거법을 통해 시행된 1994년과 1996년의 총선에서는 양당제가 기대했던 만큼 정착되지는 못하였으나 부분적인 성공을 거둔 것으로 평가받고 있다.[110]

이탈리아의 정치체계는 내각의 평균 수명이 11개월에 불과할 정도로 불안하지만, 연속성의 측면에서 보면 서유럽에서 안정된 형태 중의 하나로 평가할 수 있다. 제2차 세계대전 이후 수십 차례의 정부구성에도 불구하고 진정한 의미에서 대안의 정권교체가 이어지지 않았다. 내각은 자주 붕괴하였으나, 새롭게 구성되는 내각의 축에는 항상 다수당인 기민당(DC: Democrazia Cristiana)이 자리잡고 있었기 때문에 정책적인 연속성이 이어졌다. 기민당은 1945년 이후의 선

108) 김영태, "독일연방의회 선거체계의 제도적 효과," p.283.

109) 이탈리아의 하원의 정원은 630명, 상원은 315명으로 모두 임기는 5년이다. 비례대표 선발 시 하원은 전국적 명부를, 상원은 주 단위 명부를 사용하도록 하였다.

110) 김시홍, "이탈리아의 선거제도," 『국제지역연구』, 제3권 2호, 1999년 여름, pp.34-35.

이탈리아의 선거제도

제2차 세계대전 종식부터 1993년까지, 이탈리아는 매우 비례적인 형태인 비례대표제를 실시하고 있었다. 의석은 대선거구에서 배분되고(평균 선거구 크기는 30의석 정도), 상위배분제도는 선거구에서 "공정한 분배"보다 적게 받은 정당에게 의석을 분배하여 균형을 맞추었다. 명부제도는 비례대표제의 선호 형식이었는데, 다시 말해 정당에 투표하는 사람들은 정당 명부에 기재되어 있는 특정 후보에게 선호를 표시할 수 있게 하였다. 그래서 동일 정당의 후보자 사이에서 선호 투표의 경쟁이 발생하였다. 1990년대 초중반 기존 정치에 대한 혁명은 이탈리아 정치 부패의 주 원인으로 지목된 선거제도에 초점이 맞추어졌고, 1993년 근본적인 개혁이 단행되었다. 새 제도는 영국의 단순 다수제를 채택하기를 원하는 사람과 비례대표제를 여전히 고수하기를 원하는 사람들 사이에서 타협을 이루었다. 의원의 4분의 3(630명 중 475명)은 소선거구 내에서 선출이 된다. 나머지 155석은 전국 명부에서 채워지고, 선거구 의석에서 비례적인 분배를 받지 못한 정당에게 부여된다. 그러나 이 조건도 투표의 4% 봉쇄조항을 통과해야만 가능한 것이다. 순수한 다수제로의 움직임을 원하는 압력이 있었고, 1999년과 2000년 이를 달성하려고 국민투표를 하였지만 투표 참여율이 50% 수준도 미치지 못하여 실패하고 말았다.

거에서 절대다수를 차지해 본 적은 없으나 정부구성에서 제외된 적이 한 번도 없었다. 다당제하에서 정부구성 시 파트너 정당만 교체되곤 하였다.

독일의 선거제도가 비례대표의 형태를 분명히 가지고 있는 반면, 4분의 3을 비비례 방식인 다수제로 선출하고 나머지를 명부식 비례대표제로 선출하는 이탈리아 방식은 어떠한 방식이라고 명확하게 규정하기는 어렵다.[111] 만약 지역 선거구에서 의석 결과가 너무 불균형적이지 않다면, 명부 의석은 총 결과를 적절한 비례성을 맞추게 하는 효과를 가질 것이다. 반면에, 만약 선거구 투표 결과 일부 정당은 득표율보다 과도하게 많은 의석을 차지하고 다른 정당은 반대로 과소의석을 차지하게 되면, 155개의 명부 의석은 비비례성을 해소하기에는 너무 적은 의석으로 판명될 것이다. 따라서 이 제도하에서 실시된 선거 결과가 얼마나 균형적인지 결정되는 것은 다수제 선거구에서 475석이 어떻게 배분되는지에

111) Richard S. Katz, "Electoral Reform and the Transformation of Party Politics in Italy," *Party Politics*, Vol.2, No.1, 1996, pp.31-53.

달려 있다.[112)]

새로운 선거제도는 의회에서 정당수가 감소되도록 기대되고 있지만, 정당 숫자는 사실상 증가하고 있다. 왜냐하면 주요 정당들이 자기 당과 정치적 스펙트럼이 유사한 군소정당들을 다수결 원칙에 의하여 분쇄시키기보다는 그들과 타협하는 것을 선호하기 때문이다.

1994년 3월 새 제도하에서 첫 번째 선거가 실시되었는데, 베를루스코니(Silvio Berlusconi)가 이끌던 우파 연합은 소선거구 475 의석의 63%를 차지하여 선거구 차원에서의 불균형을 초래하였다. 그 결과 명부 할당 의석은 비례적인 역할을 하지 못하였다. 우파 연합은 비례 투표에서 43%를 획득하여 의회에서 58%의 의석을 차지하는 데 성공하였다. 1996년에 있었던 두 번째 선거에서, 전체적인 결과는 좀 더 비례성을 가지게 되었다. 1996년에 중도 좌파(Olive Tree 블록과 공산당 RC)는 단일 후보 선거구 투표에서 45%의 표를 획득하였고, 명부식 투표에서 43%를 획득하여 전체 의석수의 51%를 차지하며 승리하였다.[113)]

이탈리아에서 여전히 존재하는 정당 난립의 이유 때문에 선거제도에 대한 불만은 여전히 존재하고 있다. 그래서 1999년 4월에 제2투표와 의석의 4분의 1을 채우는 명부의 사용을 폐지하기 위한 국민투표를 실시하였다. 비록 투표자의 90% 이상이 이러한 변화에 호응하였지만, 투표율이 50%에 미달하여 구속력 있는 결과를 창출하지 못하였다. 그래서 기존의 제도가 지속되고 있다. 2002년 5월에 있었던 동일한 제안에 대한 다른 국민투표에서도 동일한 결과가 있었다. 이때 투표자의 82%가 변화에 대하여 긍정적인 반응을 보였으나, 선거에 참여한 사람은 단지 32%에 불과하여, 투표는 무효가 되었다.

이탈리아의 구체적인 선거방법은 다음과 같다. 상원선거의 경우 소선거구제

112) Michael Gallagher, Michael Laver and Peter Mair, *Representative Government in Modern Europe*, 3rd ed., p.312.

113) Roberto D'Alimonte and Stefano Bartolini, "How to Lose a Majority: The Competition in Single-Member Districts," in Roberto D'Alimonte (ed.), *The Italian Elections of 1996: Competition and Transition, Special Issue of the European Journal of Political Research*, Vol.34, No.1, 1998, pp.66-67; Roberto D'Alimonte (ed.), *The Italian Elections of 1996: Competition and Transition, Special Issue of the European Journal of Political Research*, Vol.34, No.1, 1998.

에 의하여 당선된 4분의 3을 제외한 4분의 1인 83석은 비례대표제에 의해 선출되는데 주(regione) 단위로 의석이 배정된다. 소선거구제에 출마하였으나 당선되지 못한 후보들의 득표수를 주단위로 계산하는데, 모든 후보의 득표수는 정치집단 단위로 고려한다. 정치 집단을 구성하기 위해서는 한 주에서 적어도 3개 지역구 이상에 후보를 내는 것이 필수적이기 때문에 다수의 후보자를 내지 못한 정당이나 정치 집단은 상원의 비례대표제에서 의석을 획득할 수 없게 된다. 비례대표 득표 산정 시 다수대표제에서 당선된 후보의 득표수는 투표권의 중복행사를 방지하기 위하여 비례대표제의 계산에서 제외하는데 이를 '부분수용(lo scorporo)조항' 으로 부른다.

하원의원 선거는 두 장의 투표용지를 사용한다. 적색 용지는 소선거구 방식으로 선출하는 데 사용되고, 회색용지는 전체 의석의 4분의 1인 155석을 전국단위 비례대표제 방식으로 선출하는 데 활용된다. 따라서 적색용지에는 후보자를 선택하고, 회색용지에는 정당 또는 정치집단에 투표한다. 회색용지 투표 시 유권자는 해당 선거도(여러 선거구를 편의상 하나로 묶은 단위로 대략 행정상의 주보다 약간 작은 개념인데 전국을 27개의 선거도로 나누었음)의 정당별 선거인명부를 보고 그중 하나를 선택한다.

3) 헝가리의 백화점식 선거제도

1989년 채택된 헝가리의 선거제도는 '세계에서 가장 복잡한 총선체제' 라 불릴 정도로 전 세계에서 활용되는 선거제도의 다양한 요소들을 거의 모두 포함하고 있다. 서유럽 대륙의 비례대표 및 정당 명부식 제도와 미국, 영국, 프랑스 스타일의 소선거구제를 혼합하고 있는 기본적으로 복잡한 제도의 형태를 보이고 있는 것이다.[114] 구체적으로 다층화된 선거구(multilayered electoral districts), 소선거구 결선투표제, 드룹 쿼터-LRS 명부비례제, 사용되지 않은 파편표(破片票; fraction votes)의 재활용, 동트식 명부비례제, 5% 최소조건 등이 총망라된

114) Andras Korosenyi, *Government and Politics in Hungary* (Budapest: Central European University, 1999), pp.117-132; Kenneth Benoit, "Hungary's Two-Vote Electoral System," *Representation*, Vol.33, 1996, pp.162-170.

'백화점' 선거체제라 할 수 있다.[115)]

헝가리의 선거제도는 기본적으로 '3층화(層化) 체제' 라 할 수 있는데, 단원 의회의 386석은 세 그룹으로 분리되었다. 선거 시 18세 이상의 투표자들은 2표를 던지는데 1표는 소선거구 후보를, 다른 1표는 정당의 지역비례명부를 선택한다.

첫 번째 그룹은 소선거구제이면서 프랑스와 같이 결선투표제에 의하여 선출되는 176명(45.6%)으로 구성되어 있다. 한 후보가 첫 번째 투표에서 투표자의 50% 이상을 득표하여 절대과반수를 차지한다면, 그 후보자가 당선된다. 만약 어떠한 후보자도 절대과반수를 획득하지 못하면, 2주 후에 결선투표가 치러지는데, 그 투표는 1라운드 상위 3후보와 15% 이상을 받은 후보자들로 제한된다. 결선투표의 투표율이 25%를 넘게 되면 두 번째 투표에서 가장 많은 표를 획득한 자가 승리하게 된다.[116)] 투표율 규정을 적용하여 1라운드와 2라운드 선거가 각각 50% + 1과 25% + 1 이상의 투표율일 때 유효한 선거로 인정한다. 이와 같은 투표율 규정은 상당수의 탈공산주의 선거 제도에서 공통적으로 사용되고 있다.[117)]

두 번째 그룹은 아주 작은 지역에서는 4개의 의석을 받는 선거구부터 가장 큰 지역에서는 28개의 의석을 할당받는 중선거구 20개 지역에서 선출하는 최대 152개의 의석으로 구성된다. 우선 정당이 획득한 표를 계산하여 쿼터가 허용하는 의석을 배정한 후 LRS(최대잔여투표순)에 따라 잔여의석을 배정한다. 그러나 잔여 투표가 쿼터의 3분의 2 미만일 경우에는 잔여의석을 배정하지 않고, 이 의석들은 전국비례구(NL)로 옮겨 배정한다. 전국유효 투표의 4%를 얻지 못한 정당이나, 지역 투표율이 50%를 넘지 못한 지역에는 의석 배분이 되지 않는다.[118)]

마지막으로 소선거구와 중선거구에서 후보자를 뽑는 데 활용되지 않은 표, 즉 '사표', '잉여표', 혹은 '파편표' 에 의하여 전국 정당명부에 할당하는 최소 58명

115) 안순철, 『선거체제비교: 제도적 효과와 정치적 영향』(서울: 법문사, 1998), p.251.

116) 1990년 선거에서 176석 중 5석만이, 1994년 선거의 경우 2석만이 1라운드에서 절대다수득표로 당선되었다.

117) Michael Gallagher, Michael Laver and Peter Mair, *Representative Government in Modern Europe*, 3rd ed., p.433.

118) Leslie Holmes, *Post-Communism: An Introduction* (Durham: Duke University Press, 1997), p.152.

의 ‘전국구 의석’이 있다. 절대다수제 선거에서 낙선한 후보 중 전국구 의석 배정에 참가가 가능한 정당이 공천한 후보가 1라운드에서 득표한 표와, 지역비례 명부 배정 시 ‘3분의 2’ 규정에 따라 사용되지 않은 정당 투표의 잔여표를 합하여 의석배정을 한다. 이 경우 의석배정은 동트식을 사용하기 때문에 더 이상의 잔여의석은 발생하지 않고 남아있는 의석들은 전국구 의석에서 채워진다.[119)]

이 세 차례의 과정에 ‘최소조건’ 규정이 적용된다. 첫째, 소선거구 출마 후보는 750명 이상의 등록 유권자의 추천을 받아야 한다. 둘째, 지역비례 명부는 그 지역 내 소선거구 총수의 4분의 1(최소 2개) 선거구에서 후보를 공천한 정당만 제출할 수 있다. 셋째, 전국비례 명부는 최소 7개의 지역비례 명부를 제출한 정당만이 제출할 수 있다. 의석배정을 위한 최소조건은 20개 지역에서 각 정당이 획득한 정당투표가 전국적으로 4% 이상일 경우에만 지역 또는 전국비례 명부 의석배정 대상이 될 수 있다.[120)]

4) 혼합형 선거제도의 장단점

혼합형 선거제도는 다음과 같은 장점을 지니고 있다. 첫째, 혼합형이기 때문에 각 제도의 장점이 결합되어 있다. 즉, 지역선거구 대표성을 유지하면서 비례성을 높이는 제도이다. 둘째, 특히 독일의 제도에서 나타나듯이 비교적 강하고 안정된 연립정부를 구성할 수 있는 제도이다. 셋째, 유권자가 두 표를 행사함으로써 정치적 영향력을 확대할 수 있다. 넷째, 다수제나 비례대표제에서 나타나는 극단적인 최악의 결과를 피하는 중도적 안전책으로서 활용될 수 있다.

혼합형 선거제도에는 무시 못할 단점도 있다. 첫째, 혼합형이기 때문에 각 제도의 단점들이 종합적으로 나타날 수 있다. 즉, 다수제의 단점과 비례대표제의 단점이 그대로 유지될 수 있다. 둘째, 의원을 두 집단으로 나누기 때문에 나타나

119) T. Melia, “Hungary — March 25, 1990,” in L. Garber and E. Bjornlund, *The New Democratic Frontier* (Washington D. C.: National Democratic Institute for International Affairs, 1992), p.53.

120) 헝가리의 경우 중복 입후보를 허용하고 있기 때문에, 한 후보가 소선거구, 지역비례 명부, 전국비례 명부 모두에 입후보할 수 있다. 따라서 정당의 지도층은 대체로 중복 입후보하여 안전하게 의회에 진출하게 된다.

는 이질성 문제가 있다. 셋째, 정당의 지도층이 지역구 공천과 비례명부 작성에 독점적 권한을 행사하게 되면 정당의 비민주성이 나타날 수 있다.[121]

6. 동유럽 민주화 이후 선거제도

새로운 탈공산주의 민주주의 국가들에서 헌법 제정자들이 직면하였던 가장 어렵고 중요한 문제 중의 하나는 어떠한 선거제도를 채택해야 하는가에 관련된 것이었다. 특히 이들 국가들이 프랑스, 영국, 미국과 같은 단순다수 혹은 다수결주의를 채택할 것인지, 아니면 대부분 서유럽 국가들처럼 비례대표제를 실시해야 하는지에 대한 결정이었다. 더욱이 만약 비례대표제도가 채택된다면, 문제는 정확히 얼마만큼의 비율로 결정되어져야 하는지에 대한 문제가 생겼고, 군소 정당들이 의회에서 난립하는 것을 막는 봉쇄조항을 어떻게 해야 하는지도 결정해야 했다. 체코와 슬로바키아 공화국뿐만 아니라 폴란드는 비례선거제도를 채택함으로써 지배적인 서유럽 형태를 따랐다. 그러나 앞 절에서 설명한 바와 같이 복잡한 헝가리 선거 제도는 이러한 형태에서 일부 다른 예외를 보였다.

탈공산주의 동유럽국가들이 새로운 선거제도를 도입하는 데 있어서 몇 가지 원칙과 특성이 나타났다. 첫째, 모든 탈공산주의 국가들은 새로운 선거제도가 공산주의자들에게 이익을 주지 않도록 하는 데 힘을 기울였다. 둘째, 탈공산화 운동을 추진한 많은 개혁세력들의 다양한 견해를 수렴해야 했기 때문에 완성된 제도는 단순하다기보다는 복잡한 성격을 가지게 되었다. 셋째, 대개의 동유럽 국가들은 새로운 선거제도를 만들기 위한 모델로 독일의 선거제도를 설정하고, 독일 선거제도를 연구하였기 때문에 혼합적 성격을 가진 선거제도를 선호하였다.[122] 물론 헝가리 같은 국가는 프랑스의 결선투표제 모델도 함께 받아들이기도 하였다.

121) 안순철, 『선거체제비교: 제도적 효과와 정치적 영향』(서울: 법문사, 1998), p.262.

122) Leslie Holmes, *Post-Communism: An Introduction* (Durham: Duke University Press, 1997), p.152.

1) 폴란드

일부에서는 소선거구 선거제도를 지지하였음에도 불구하고, 1991년 폴란드 하원(Sejm)의 선거를 위하여 채택된 첫 번째 민주적 선거제도는 비례대표제였다. 460개 의석 중 391개 의석은 각각 37개의 중선거구에서 획득한 투표 비율에 따라 정당에게 분배되는 것이었는데, 이 경우 어떠한 공식적인 봉쇄조항도 적용되지 않았다. 남아있는 69개의 의석은 전국 명부를 등록하고, 전국 투표의 5% 이상을 받거나 5개 이상의 선거구에서 의석을 확보한 정당이 전국적으로 획득한 표의 비율에 따라 배분되었다. 이 봉쇄조항은 게르만소수당(German Minority Party)과 같은 소수민족 정당에는 적용되지 않았다. 상원 선거는 2~3명을 뽑는 선거구에서 단순다수제로 이루어졌다.[123)]

391석을 선출하는 1차 의석배정 제도에 봉쇄조항을 적용하지 않았기 때문에 62개의 정당이 선거에 참여하여 29개의 정당이 하원에 진출하였다. 가장 인기가 있는 정당인 민주연합(Democratic Union)과 민주좌파동맹(Democratic Left Alliance)은 각기 12%의 의석을 차지하는 데 그쳤다. 만약 4%의 봉쇄조항을 적용시켰다면 단지 9개의 정당만이 하원에 의석을 차지할 수 있었다.[124)]

1991년 선거에서 경험한 극도의 분열의 재현을 피하기 위한 노력으로, 1993년 4월 의회는 391개 선거구 의석의 분배에서 5%의 전국적인 봉쇄조항을 개별 정당에 적용하고, 선거 연합 시 8%의 봉쇄조항을 포함하는 새로운 선거법을 승인하였다. 69개 전국구 의석은 전체 지역구의 반 이상에서 명부를 등록하고, 전국 투표의 7% 이상을 획득한 정당 또는 연합에 분배하도록 되었다. 더욱이 1991년에 전국적인 차원에서 등록하기를 원하였던 정당들은 단지 5개의 지역구에서 서명을 받도록 하였으나, 새로운 법은 각 정당이 26개의 선거구에서 서명을 받도록 요구하였다. 그러나 이미 15개 지역에서 의석을 확보한 정당은 여기서 제외하도록 하였다. 1991년처럼 소수 민족 정당들은 이러한 봉쇄조항에서 면제되

123) Michael Gallagher, Michael Laver and Peter Mair, *Representative Government in Modern Europe*, 3rd ed., p.434.

124) M. Roskin, "The Emerging Party Systems of Central and Eastern Europe," *East European Quarterly*, Vol.27, No.1, pp.47-63.

었다. 상원의원 선출을 위한 선거제도는 변하지 않았다.

결과적으로, 새로운 제도는 보다 소수의 선거 명부와 단지 6개의 정당이 승리하는 등 원하던 효과를 가져왔다. 그러나 동시에 대의제라는 개념에 있어서는 부정적인 결과를 초래했는데, 전체 투표의 35% 정도가 봉쇄조항 때문에 의석획득에 실패한 여러 정당에 행사되어 의회에서 배제되는 결과가 나타났다. 이들 실패한 정당들은 두 개의 종교 정당인 가톨릭 선거 행동(ZChN: Catholic Electoral Action)과 기독교 민주당(PChD: Party of Christian Democrats)도 포함되었는데, 새로운 봉쇄조항을 우려하여 이들 정당들은 선거 연합을 형성하여 가톨릭 선거위원회 "조국"(Catholic Electoral Committee "Fatherland")이라는 정당을 만들었다. 그러나 새롭게 형성된 연합은 단지 6.4%의 득표를 하여, 정당 연합시 필요한 8% 봉쇄조항에 미치지 못하여 의석획득에 실패하였다.

이러한 선거 규율은 선거의 비례 원칙을 강조한 1997년의 새로운 헌법에 포함되지 않았다. 정당에 대한 새로운 법에 따르면 정당 등록에 필요한 최소 회원수를 15명에서 1,000명으로 올려 그해 6월에 하원에 의해 채택되었다. 동시에, 새로운 법은 전국 투표에서 3%를 획득한 모든 정당들에게 선거 캠페인 지출 비용을 공적자금에서 지원하는 규정을 만들었다.[125)]

2) 체코와 슬로바키아 공화국

1990년 체코슬로바키아 연방에서 있었던 첫 번째 탈공산주의 선거인 비례선거제도에 봉쇄조항(최소조건)이 적용되었고, 이는 1992년 두 번째 선거에서 강화되었다. 연방의회 의석을 획득하기 위하여 개별 정당들은 체코 또는 슬로바키아 영토에서 5% 이상의 득표를 하도록 요구되었다. 이러한 5% 봉쇄조항은 국가위원회(National Council) 선거에도 적용되었다.[126)] 1993년 폴란드에서와 같이, 선거 연합의 경우에 더 높은 봉쇄조항이 연방의회와 슬로바키아 의회 선거에 적

125) Krzysztof Jasoewicz and Stanislaw Gebethner, "Poland," *European Journal of Political Research*, Vol.34, Nos. 3-4 [*Political Data Yearbook*], 1998, pp.81-89.

126) 이는 3% 봉쇄조항을 적용한 Slovak National Council을 제외하고 1990년 선거에서도 적용되었다.

용되었는데, 둘 혹은 세 개의 정당 연합은 7%의 득표를, 4개 이상의 정당 연합은 10%의 표를 획득하도록 요구되었다. 체코 국가위원회의 경우 두 개의 정당 연합은 7%의 득표를 필요로 하였고, 세 개의 정당 연합은 9%, 4개 이상의 정당 연합은 11%의 득표를 필요로 하였다.[127)]

봉쇄조항의 적용 결과 1993년 폴란드에서와 같이 상당한 군소 정당들이 의회의 대표권을 얻는 데 실패하였고, 결국 수많은 투표자들이 정책결정 과정에서 배제되는 결과가 야기되었다. 체코 정당인 체코민주연맹(ODA: Czech Democrats Alliance)은 의회선거에서 단지 1,009표를 획득하여 5% 봉쇄조항에 미치지 못하였다. 만약 이 정당이 부가적인 지원을 받아 봉쇄조항을 통과하였다면, 이 정당은 아마도 6~7개의 의석을 차지하였을 것이나 결과적으로 봉쇄조항에 미치지 못하여 어떠한 의석도 획득하지 못하였다. 일반적으로 1992년 의회선거에서 26%의 체코 투표와 27%의 슬로바키아 투표가 봉쇄조항을 통과하는 데 실패한 정당에 행사되었다. 후에 국가 의회가 된 국가위원회 선거에서의 수치는 각각 20%와 25%에 근접하였다.[128)]

이러한 체코슬로바키아 선거 제도와 봉쇄조항은 국가위원회가 새로운 독립 공화국의 의회(체코의 경우 하원)가 된 이후에도 유지되었다. 그러나 그 이후로 여러 가지 개혁들이 논의되고 제안되었다. 예를 들어 체코 공화국에서 1998년까지 정권을 잡았던 시민민주당(ODS: Civic Democratic Party)은 소선거구와 단순다수제의 채택을 제안하였는데, 이는 의회에서 정당 난립을 감소시키고자 하는 의도가 컸으며, 자신의 당을 좀더 강력하게 만들기 위한 목적도 있었다. 다른 제안은 선거 연합을 증가시키기 위해 개별 정당을 위한 최소 봉쇄조항을 5%에서 10%까지 상승시키는 것이었다.[129)] 1999년 5월, 시민당과 당시 정권을 잡

127) Gordon Wightman, "The Czechoslovak Election of 1992," *Electoral Studies*, Vol.12, No.1, 1993, pp.83-86.

128) Michael Gallagher, Michael Laver and Peter Mair, *Representative Government in Modern Europe*, 3rd ed., pp.436-438.

129) 민주화 이후 1992년 6월, 1996년 6월, 1998년 6월, 2002년 6월 등 네 차례의 총선이 실시되었다. 1992년과 1996년에는 시민민주당 주도하의 우파연정이 이루어졌고, 1998년에는 사민당 중심의 중도 좌파 연합이 이루어졌다가, 2002년 6월의 선거 결과 제2기 사민당 연합이 구성되었다.

고 있었던 사민당(CSSD: Social Democrats)은 25명의 의원을 보유한 8개의 지역구를 각각 5~6명의 의원을 가진 36개의 지역구로 수를 늘리자는 제안을 포함하여 거대 정당에 유리한 변화를 고려하는 데 동의하였다. 그리하여 사실상 지역구 봉쇄조항은 20%로 상승하게 되었다.

슬로바키아에서도 개혁안이 제시되었는데, 이는 메치아르(Meciar) 수상의 지위를 특히 강화하려는 노력의 일환이었다. 1998년 선거 4개월 이전에 이루어진 개혁은 군소 정당들과 반대파들을 약화시키기 위한 것이었다. 정부에 의하여 추진된 개혁안에 의하면 후보자를 내세우거나 선거 동맹에 참여하는 각각의 정당들은 10,000명의 당원을 가지고 있다는 확인서를 제출하도록 강요되었다. 더욱이 선거에서 경쟁할 때 개별 정당에게 적용되는 5% 봉쇄조항은 선거 연합에 참가하는 정당에게도 적용되었다. 그리하여 이전에는 두 개의 연합 정당이 연합을 형성하여 선거에서 승리하는 데 단지 7%만이 필요했던 것과는 달리 1998년 선거에서는 각 정당이 5%를 획득하도록 요구하였다. 마지막으로 정당들은 민영방송에서 광고 등을 통한 방법으로 캠페인을 할 수 없고, 국영 또는 정부가 지배한 방송에서만 하도록 규정하였다.[130)]

3) 그루지아

그루지아는 아주 독특한 제도를 사용하는데, 84명은 소선거구제에 할당하고 148명을 비례대표에 할당한다. 비례대표제에 의하면 투표자는 일반 후보가 아니라 정당 명부 후보자에게 3명까지 순위별로 투표한다. 개표 시 1순위에는 5점, 2순위에는 3점, 3순위에는 1점을 가산하여 합계를 내어 당선자를 결정한다.

130) Darina Malova, "Slovakia," *European Journal of Political Research*, Vol.36, Nos. 3-4, [*Political Data Yearbook*], 1999.

7. 유럽 선거제도의 평가

서유럽 정치제도를 분석해 보면 민주적 정치 제도의 두 가지 중요한 특징이 나타나는데, 이들은 효과적인 정당 숫자, 그리고 득표율과 의석수 사이의 비례성이고 이 두 가지 특징은 역관계를 이루고 있다. 소선거구 제도와 봉쇄조항과 같은 장치들이 군소 정당의 수를 점점 감소시키고, 그 결과 투표자들의 의사가 왜곡된 결과로 나타날 수 있다. 그러나 효과적인 정당 숫자와 비례성이 역관계를 가진다는 것은 정확한 표현이 아니라는 주장도 있다. 선거제도가 군소정당에게 보다 불리하도록 한다는 의미는 대정당에게 승리의 기회를 보다 많이 주면서 군소정당은 경쟁에서 탈락할 가능성을 높인다는 것을 뜻한다. 그리하여 거대 정당만 남게 되어, 그 결과 정당수가 줄어들기 때문에 미래 선거에는 비례성이 높아지는 결과를 가져오게 된다.

독일은 이러한 제도가 어떻게 활용되고 있는지 좋은 예를 보여주고 있다. 1949년에는 의석과 투표율 사이에 나타난 차이가 8.2%였으나, 봉쇄조항 통과가 불가능한 정당들이 1965년까지 도태되면서, 이러한 불일치는 4% 이하로 줄어들었고, 1987년의 선거에서는 그 비율이 1.4%로 줄게 되었다. 효과적인 전국적 보상을 지닌 제도에서의 오차는 봉쇄조항을 넘는 데 실패한 정당에 표를 던진 투표비율로 나타난다.

의석 할당 방법은 의석 분배 비율이 투표 방법과 연관되어 어떻게 되는지를 결정하는 하나의 요소이다. 두 번째 혹은 좀 더 중요한 요소는 선거구 크기이다. 만약 평균 선거구 크기가 작다면, 선거 결과는 어떠한 할당 방식을 사용하더라도 높은 비율을 가져오지 못한다. 프랑스가 1986년 비례대표제를 도입했을 때, 평균적으로 6명의 하원 의원을 한 선거구에서 선출하는 동트 방식을 사용하였다. 그 결과 프랑스의 단일후보 선거구 제도하에서 있었던 선거결과보다 좀 더 균형을 이루었으나, 대부분의 비례대표제하에서보다 덜 균형적인 비율의 결과가 나왔다.

이 문제를 극복하는 한 가지 방법은 핀란드, 포르투갈, 룩셈부르크에서와 같이 평균적으로 12개 의석 이상을 가지는 더 큰 선거구를 사용하는 것이다. 이는

유럽 선거제도의 특징

국가	선거구 차원 의석 할당 방식	상위층 의석 할당 방식	상위층 의석 분배에 참여하기 위한 최소조건(봉쇄조항)	정당 내에서 후보자의 선택
〈비례 명부 제도〉				
오스트리아	LR	예(DH)	의석 1석 또는 전국투표 4%	예, 그러나 비효율적
벨기에	LR	예(DH)	없음	예, 그러나 비효율적
덴마크	MSL	예(LR)	의회 대표를 위해 2% 최소조건	예
핀란드	DH	아니오	–	예
독일	다수제	예(LR)	5% 최소조건 혹은 3개의 선거구 의석	아니오
그리스	DH	예(LR)	의회 대표를 위한 3% 최소조건	예
아이슬란드	LR	예(DH)	5% 최소조건	예, 그러나 비효율적
이탈리아	다수제	예(LR)	4% 최소조건	아니오
룩셈부르크	DH	아니오	–	예
네덜란드	DH	아니오†	의석을 받기 위한 0.67% 최소조건	예, 그러나 비효율적
노르웨이	MSL	예(MSL)	4% 최소조건	예, 그러나 비효율적
포르투갈	DH	아니오	–	아니오
스페인	DH	아니오	–	아니오
스웨덴	MSL	예(MSL)	전국에서 4% 또는 선거구에서 12%	예
스위스	DH	아니오	–	예
〈다른 비례대표제〉				
아일랜드	STV	아니오	–	예
몰타	STV	예		예
〈비비례대표제〉				
프랑스	2라운드선거제	아니오	–	아니오
영국	다수제	아니오	–	아니오

* 공식: DH–동트(d`Hondt); LR–최대잔여제(Largest remainders); MSL–수정 생 라그(Modified Saint-Lague); STV–단기이양식(Single transferable vote).

† 유일하게 한 개의 선거구.

때때로 선거구가 너무 커서 투표자가 그들이 선출한 의원들로부터 거리감을 느낄 수 있게 만든다는 비판을 받는다. 다른 방법은 선거구 차원에서 발생하는 불균형이 해소될 수 있는 두 번째 할당 차원을 갖는 것이다.

일부 국가에서 의석의 특정 비율이 이러한 목적을 위해 처음부터 남겨진다. 덴마크 약 20%, 아이슬란드 20%, 이탈리아 25%, 노르웨이 5%, 스웨덴 11%, 독일 50%이다. '상위층' 의석은 선거구에서 정당이 승리하여 획득할 수 있는 의석 중 부족한 의석을 정당이 보상받을 수 있도록 적절한 수의 의석을 할당하는 것이다. 가능하면 완벽한 비례성을 이루기 위해 이러한 방식의 의석배분을 한다. 오스트리아, 벨기에, 그리스 등에서 상위 의석 수는 미리 고정되어 있지 않으나 효과는 동일하다. 각 정당이 선거구에서 버려진 표, 다시 말해 의석을 획득하는 데 사용되지 못한 표는 국가 혹은 지역적 차원에서 활용되고, 할당되지 못한 의석의 분배는 각 정당의 사용하지 않은 전체 투표수에 따라서 이루어진다. 이는 정당이 획득한 표들이 가장 적게 낭비되게 하는 것이다.

제 7 장 유럽의 정당: 체계와 유형

현대 자유민주주의의 기본적 요소라 할 수 있는 정당은 선거나 다른 수단을 통해 정부권력을 획득하고자 하는 목적을 가지고 조직된 사람의 집단이다. 정당의 중요성은 정치적 이익의 다원화, 그리고 지도자와 정책을 선택하는 정치적 경쟁의 개념에 기초하고 있다. 근본적으로 정당은 정치의식의 발전으로부터 정책의 수립과 집행에 이르기까지 모든 정치과정을 통제하고 있다.

1. 정당의 일반적 논의: 기능과 체계

정당이 존재해야 하는 이유 또는 목적에 대해서는 학자들 사이에 일치된 견해가 없다. 대체로 두 가지 견해가 있는데, 그 하나는 버크가 1770년대에 말한 바와 같이, 정당의 목적을 "공동의 노력으로써 국민의 이익을 증진시키는 것"에 두는 견해이다. 이러한 입장에 대해서는, 정당만이 국민 내지 국가이익을 실현시키려는 집단이 아니라 다른 많은 사회단체들도 국가이익의 추진을 목적으로 하고 있으므로, 이와 같은 목적이 다른 단체와 구별되는 정당의 본질적인 목적이 될 수 없다는 반론이 나온다. 정당의 목적에 대한 다른 견해는 "정치권력의 획득과 유지"가 정당의 본질적인 목적이라는 견해이다. 샤트슈나이더(Schattschneider)는 "정당은 무엇보다 먼저 권력을 획득하기 위한 조직적인 기도이며, 여기서 말하는 권력이란 정치의 통제력을 의미"한다고 말함으로써 정당의 본질적 목적이 정치권력의 획득에 있음을 명백히 하였다. 정당의 목적에 대한 두 가지 견해를 절충하여 종합해 보면, 국민적 이익을 증진시키려면 정치권력을 장악하여야만 가장 유효하게 그 목적을 실현시킬 수 있을 것이고, 또 정치권력의 목적은, 권력 자체에 있는 것이 아니라 국민적 이익을 증진시키는 데 있지 않으면 안 된다는 것이다.[1)]

1) 정당의 기능

정당은 다수 집단의 요구를 집합시키는 기능을 하는데, 이를 위하여 다양한 이해관계 세력을 하나의 응집적인 전체로 유도하여 경쟁적인 이해관계 세력들 상호간에 균형을 유지하게 한다. 입헌정당은 선거경쟁을 통하여 이 기능을 수행한다. 정당은 선거경쟁뿐만 아니라 내부의 논의와 토의를 거쳐서 정치교육과 사회화의 역할을 담당한다.[2)] 민주주의 정체에서 정당은 기본적으로 다섯 가지의 기능을 수행한다.

첫째, 정당은 정치 영역 내에서 다양한 이익을 집합하고 사회집단을 대표한다. 예를 들어, 사회당 같은 경우는 노동자 계급, 농업 정당 같은 경우는 농부, 보수당 같은 경우는 중산층과 생산자의 이익, 그리고 환경당 또는 민족주의 정당 같은 경우에는 특별한 신념을 공유하는 집단 등이 고객에 포함될 수 있다.

둘째, 대부분의 정당은 정부에 참여하기 위해 단독으로든지 아니면 연립을 구성하여 선거에서 충분한 지지를 확보하고자 노력한다. 선거권이 대중에게 부여된 이후 공직 선거나 정책의 형성에 있어서 대중을 조직화할 필요가 생겼다. 19세기와 20세기 초에는 무소속으로 출마하여 당선되는 경우가 상당히 있었으나, 현대 정치에서는 정당에 소속되지 않고 선거에서 승리할 가능성은 점점 줄어들

1) E. F. Schattschneider, *Party Government* (New York: Holt Rinehart & Company, Inc., 1942), p.35; 김우태, 『정치학』(서울: 영운출판사, 1983), pp.242-243; 백상기, 『비교정치제도』(서울: 영운출판사, 1994). p.87.

2) 앤드류 헤이우드, 조현수 옮김, 『정치학: 현대정치의 이론과 실천』(서울: 성균관대학교 출판부, 2003), p.473.

고 있다.[3)]

대부분의 유럽 민주주의 국가의 정부는 "정당 정부(party government)"인데, 정당은 정당 강령과 프로그램을 통해(연립정부인 경우에는 연정 이전에 정당 간 협상을 통해) 정부에 일관성과 지침을 제공하고 정국 운영시 정책 결정에 대해서 책임을 진다. 이러한 "정당정부"를 추구하는 경향은 20세기 이래 발전되어 왔다.

셋째, 정당은 정치 지도자를 충원하는 채널로서 역할을 수행하고, 모집된 정치엘리트들을 사회화시킨다. 유럽에서 의원이 되기 위해서는 우선 개인이 선거 후보자로서 정당에 의해 선출되어야 하는 것이 필수이다. 마찬가지로, 대개 유럽 각국에서 정부의 수상 및 각료가 되기를 원하는 사람은 정당의 고위직을 가져야 한다.

넷째, 정당은 대중이 정치 참여를 실현할 수 있는 가장 중요한 채널이다. 실제로, 정당 명부의 안전한 최상위 후보들의 경우에는 최상위 명부에 오른 것만으로 당선이 어느 정도 보장되기 때문에 후보로 선정되는 것 자체가 입법부 또는 지방 의회 의원에 선출되는 것을 의미하게 된다.

마지막으로, 정당은 지배자와 피지배자, 대중과 정부 제도, 시민사회와 국가 사이의 양방향 커뮤니케이션 채널을 제공한다. 양 방향에서 정보의 흐름을 제공함으로써 유권자들을 정치세계로 연결하는 주요 메커니즘을 구성한다. 정당은 대중의 요구와 의견, 그중 특히, 정당에 소속되어 있는 당원들과 지지자들의 요구와 의견을 입법부, 장관, 시의회 의원, 행정관료들에게 전달하는 '투입' 기능을 한다. 정당은 또한 "피드백(feedback)" 기능도 하여 복잡한 정부 정책을 정당화하거나 비판하고 변경하는 일도 한다.[4)]

3) Yves Meny and Andrew Knapp, *Government and Politics in Western Europe*, 3rd ed. (Oxford: Oxford University Press, 1998) p.117.

4) Yves Meny and Andrew Knapp, *Government and Politics in Western Europe*, 3rd ed. (Oxford: Oxford University Press, 1998) p.119.

2) 정당체계

"정당체계"라는 용어는 국가의 정치체계 속에서 존재하는 다수의 정당과 이들 정당 간의 상호관계를 의미한다. 정당체계는 선거를 통한 정치적 경쟁을 조직화하고, 이를 통해 유권자는 투표할 때 확실하고 의미 있는 선택을 할 수 있게 된다. 정당체계는 사회계급, 종교, 언어집단, 그리고 특별한 정치적 의미가 있다고 판단되는 사회경제적 이익 집단들이 일관성 있고 투명한 방식으로 정치에 참여할 수 있도록 해준다.

정당체계는 계층이익 간의 대립을 반영한 좌 · 우파 간의 대치구도가 기본적 핵심이며, 따라서 정당체계 내에는 유사성보다 차별성이 두드러지게 나타난다. 예컨대, 스웨덴과 영국의 자유당들은 좌파와 우파 사이에 존재하고, 보수당보다 좀 더 중산층의 입장을 대변한다. 반면, 네덜란드와 독일에서의 전통적인 자유주의는 보수주의에서 연원하고 있으며, 주로 우파에 속해 있다. 스웨덴과 영국에서는 계급간 대립이 가장 중요한 정치적 쟁점이며, 특히 스웨덴에서는 농업과 종교적 이익의 부차적인 역할 때문에 더 복합적인 양상을 보이고 있다. 반면 이탈리아, 네덜란드, 독일 등지에서 정당간 정쟁의 주요 논점은 전통적으로 종교에 의한 것이다.

정당체계의 차별성은 정부형태에 영향을 미친다. 프랑스, 스페인, 독일, 스웨덴 그리고 영국의 좌파 정당은 독자적인 통치를 원한다. 네덜란드의 좌파는 오랜 기간 동안 취약했고 이탈리아의 경우는 제2공화국의 경우를 제외하고는 좌파가 심각하게 분열되어 왔다. 이들 국가의 경우 좌파는 우파나 중도파 정당과의 연합이 불가피하였다. 결국, 독일, 네덜란드, 스웨덴, 영국이 견고한 정당체계를 구성하고 있는 반면, 프랑스나 정도는 덜하지만 스페인 등지는 정당들의 연합 시 결속과 훈련이 결여되어 있는 느슨하고 분열되기 쉬운 연합을 맺는다.[5)]

정치적 '시장'이 상대적으로 균등한 방식으로 균형이 잡혀 있는 다원주의적 정당 체계와 한 개의 정치적 집단이 우월한 지위를 점령하는 다원주의적 정당

5) Michael Gallagher, Michael Laver and Peter Mair, *Representative Government in Modern Europe*, 3rd ed., p.195.

체계의 차이는 현대 유럽 정당체계의 중요한 함의를 제시하고 있다. 사르토리(Giovanni Sartori)가 분류한 구심적 다원주의와 분극화된 다원주의 중 구심적 다원주의 체계는 기본적으로 다음의 세 가지 특징을 가지고 있다. 첫째, 주요 정당들 간에 이데올로기적 차이가 약하다. 둘째, 서로 상이한 프로그램을 선호하더라도, 이 정당들은 연대하려는 강한 경향을 보인다. 셋째, 본질적으로 구심적(centripetal) 경쟁이 이루어진다. 이와 반대로 분극화된 다원주의적 모델은 다음과 같은 특징이 있다. 첫째, 정당들 간의 이데올로기적 차이가 크다. 둘째, 반체계(anti-system) 정당이 존재한다. 셋째, 원심적(centrifugal) 경쟁이 이루어진다.[6)]

구심적 모델에 가장 근접한 민주주의 국가는 협의주의 정치체계를 사용하고 있는 스위스나 네덜란드 그리고 벨기에와 같은 나라들이라고 판단하기 쉽다. 이들 국가에서 지역정당과 연방주의를 신봉하는 정당이 등장하기 전까지는 그렇게 판단하는 것이 큰 무리가 아니었다. 그러나 협의주의 모델을 구심적 다원주의 모델과 동일시하는 것은 지나친 접근 방법이라고 볼 수 있다. 왜냐하면 협의주의 모델에서는 종교 및 인종적 분열이 정치 문화의 본질적인 부분인 데 반해, 구심적 다원주의 모델은 그러한 특징이 결여되어 있기 때문이다. 오히려 구심적 다원주의 모델은 우파와 좌파의 모순 관계와 차별성 때문에 정당 간의 경쟁이 중간 지점에서 이루어지는 국가에서 구현되는 것으로 볼 수 있다. 이 경우 중도의 역할은 원래 중도 자체가 가지고 있는 강점 때문이 아니라 우파와 좌파의 약점 때문에 상당히 중요하다. 이러한 정치 체계가 역동성을 갖는 이유는 중간 지점에서 연립을 구성하는 것을 목표로 하는 모든 정당들이 상호 경쟁하기 때문이며 그러한 경쟁이 발생하는 이유는 계속적으로 야당으로 남아 있음으로써 치러야 하는 대가가 연립 형태로 여당에 참여했을 때보다 훨씬 더 크기 때문이라고 지적되고 있다.

이러한 특징을 놓고 볼 때, 프랑스 제5공화국은 구심적 다원주의 체계에 속하는 국가라고 볼 수 있다. 사르토리는 이탈리아의 공산당의 성격에 대해서 강한

6) Giovanni Sartori, *Parties and Party Systems* (Cambridge: Cambridge University Press, 1976).

회의를 가지고 있었기 때문에 이탈리아가 구심적 다원주의 정당 체계 범주에 속한다고 보지 않았다. 그는 오히려 이탈리아를 원심적이고 반체계적인 정당들이 이탈리아 사회운동(MSI: Movimento Sociale Italiano) 그리고 공산당의 형태로 나타난 분극화된 복수주의 정당을 갖춘 정치체계라고 설명했다.

사르토리의 유럽 정당체계 분류

사르토리는 정당 체계 속에 존재하는 일정 규모 수준의 정당의 숫자, 정당 간 이데올로기의 거리(ideological distance) 및 이념의 강도(ideological intensity), 정당 간 경합의 형태, 정권교대축의 수와 위치 등을 기준으로 정당체계를 분류하였다. 그는 유럽의 정당 체계를 세 가지 범주로 식별하였다.[7)]

온건 양당체계(moderate two-party system)는 두 개의 강력한 정당이 서로 번갈아 가면서 정권을 차지하되, 한 정당이 과반수 정부를 설립하기 위하여 다른 정당을 필요로 하지 않을 정도로 의회에서 과반수 의석을 차지하는 경우이다. 정당 간의 좌우 성격차이가 별로 크지 않은 체계이다. 제2차 세계대전이 끝난 이후의 영국은 이러한 양당체계를 보여주는 명백한 예이다. 영국의 노동당과 보수당은 번갈아 가면서 정부를 구성해 왔고, 이 두 정당 중에서 과반수 정당이 나오지 않은 경우는 매우 드물었다. 연립이 필요하지 않았던 것이다. 영국의 자유민주당은 언젠가는 이 두 거대정당과 정치적 협상을 하여 가능하다면 더 나아가 연립정부를 구성하는 정당이 되는 것까지를 목표로 하고 있다. 그러나 대대적으로 선거 제도가 개혁되지 않는 한, 그러한 기회는 주어지지 않을 것이다.

프랑스도 최소한 대통령 선출과 관련해서 보면 이러한 양당 범주에 속한다고 논증할 수 있다. 이는 프랑스의 대통령 선거 제도가 두 명의 상위 대통령 후보자들 간의, 보통 좌파와 우파 후보자들 간의 결선투표를 채택하고 있기 때문이다. 그러나 국가하위 수준의 선거에서의 지지와 대표의 관점에서 보면, 프랑스는 최소한 6개의 정당, 즉 좌파 진영의 공산당과 사회당, 우파 진영의 녹색당, 공화당, 드골당, 그리고 극우 성향의 민족전선으로 구성되는 다당체계로 분류된다.[8)]

---

7) Giovanni Sartori, *Parties and Party Systems* (Cambridge: Cambridge University Press, 1976).

8) A. Knapp and V. Wright, *The Government and Politics of France*, 4th ed. (London and

다음의 형태는 독일, 스웨덴, 체코공화국, 스페인으로 대표되는 온건 다당체계(moderate multi-party system)이다. 이러한 정당 체계에서는 보통 적게는 셋 그리고 많게는 여섯 개의 정당이 존재하고 정부는 둘 또는 세 개의 정당이 연합하여 구성된다. 이러한 경우, 득표를 위한 경쟁은 정치 스펙트럼 중에서 중도에 집중된다. 독일은 이러한 정당 체계를 보여주는 좋은 실례이다. 1961년부터 녹색당이 의회에 진출한 1983년까지 독일에서는 오직 세 개의 정당만이 독일 하원에서 의석을 획득했었다. 어느 정당도 과반수 의석을 독자적으로 확보하지 못했기 때문에 이 시기에는 연립이 필요했다. 보통 이 당시에는 소수 정당인 자민당(FDP)이 두 거대 정당, 기민연–기사연(CDU-CSU) 또는 사민당(SPD)과 연립하였다. 물론, 1966년부터 1969년까지 CDU-CSU와 SPD가 '대연정'을 실시하여 FDP가 야당이 된 경우도 있었다. 1990년 통일 이후 녹색당이 하원에 진출하고 이와 더불어 극좌파인 민사당(PDS)이 통독 이후에 의석정당으로 추가되었음에도 불구하고, 2개 정당 연립에는 큰 변화가 없다. 이는 두 개의 거대 정당인 사민당(1969~1982 그리고 1998~2002)과 기민당(1982~1998)이 소규모의 제3정당(FDP 또는 1998년의 경우 녹색당)과 연립하여 하원에서 과반수 의석을 확보함으로써 정부를 구성할 수 있었기 때문이다.

전후 서유럽에서 종종 볼 수 있는 세 번째 형태의 정당 체계는 분극화된 다당체계(polarised multi-party system)이다. 이 체계는 6~8개의 정당으로 구성되며 다음과 같은 특징을 가지고 있다. 첫째, 정당 간 이데올로기의 거리가 크다. 둘째, 양극단에 상호 배타적인 두 개의 야당세력 그리고 중앙에 집권당(혹은 연합)이 포진함으로써 정권교대 축이 다극적이다. 셋째, 정당의 경합형태는 '원심적(centrifugal)' 경향을 띤다. 이 경우 중앙의 정당은 양극단의 정당세력으로부터 지지세력을 침식당할 가능성이 높다. 넷째, 정권장악 가능성이 희박한 반대세력은 무책임한 야당으로 전환되기 쉬우며, 공정한 경쟁보다는 '과잉공약의 정치(politics of outbidding)'로 전락될 위험이 크다.[9)]

폴란드, 프랑스, 네덜란드, 이탈리아로 대표되는 이 정당체계에는 기존의 정

New York: Routledge, 2001), pp.250-251.

9) 이충묵, "후기공산주의 동유럽 정당체계의 형성: 체코공화국, 헝가리, 폴란드의 사례연구," 박태규 외, 『유럽의 정치와 경제』(서울: 나남출판, 2002), p.244.

치 체제를 다른 형태로 교체하고자 하는 한두 개의 '반체계적' 정당이 존재한다. 연립정부는 집권을 위해 셋 내지 네 개의 정당으로 구성되는 경향이 있다. 그리고 정치적 경쟁은 정치적 스펙트럼을 놓고 볼 때 우익과 좌익으로 분극화되고, 중도에는 집중되지 않는 경향이 있다. 이탈리아가 이러한 경우로 간주되고 있다. 집권연립은 종종 넷 또는 다섯 개의 정당으로 구성되며, 공산당과 극우정당도 의회에서 의석을 차지하기도 한다. 이탈리아 정당체계에서 나타난 최근의 급진적 변화로 인해 이탈리아를 온건 다당체계의 범주에 귀속시켜야 한다는 주장이 일부 있지만, 대중적 우익정당이 우파 정당들 간의 동맹 결속에 중요한 역할을 하는 이상 이탈리아를 온건 다당체계로 간주하기는 어려울 것으로 보인다. 핀란드와 프랑스는 분극화된 다당체계 범주에 포함될 수 있는 다른 후보 국가로 지목되어 왔다.[10] 전쟁 이전 독일의 바이마르 공화국은 이러한 정치체계를 보여주는 명백한 예이다. 프랑스의 제4공화국 또한 전형적인 분극화된 다당체계였다.

정당체계는 한 사회의 역사와 동질성 정도를 반영한다. 종교, 인종 또는 언어 등의 이유로 사회 균열이 심각한 경우, 그 사회의 정당체계는 그러한 균열을 반드시 반영하기 마련이다. 역사적인 경험, 예를 들어, 전시에 적에 의한 점령 및 점령에 대한 항거(이탈리아, 프랑스), 내전(스페인, 아일랜드), 종교적 분열과 반성직주의(프랑스), 또는 독재정권 타도(스페인, 그리스, 포르투갈)와 같은 경험은 정당체계에 반영되어 나타날 수 있다. 그러나 이 외에도 정당체계 형성에 영향을 미치는 다른 요소들도 있다. 법은 특정 형태의 정당을 금지할 수 있다. 예를 들어, 1952년과 1956년 사이에 독일연방공화국에서는 두 개의 정당이 반민주적이고, 그렇기 때문에 위헌적이라는 이유로 정당 활동이 금지되었다. 극우파 민족민주당(NPD: National Democratic Party)도 같은 이유로 독일 정부와 의회에 의해 2001년에 헌법재판소 위헌심사에 회부된 적이 있다.

선거제도 때문에 소규모 정당이 생존하거나 새로운 정당이 기반을 구축하는 것이 극히 어려운 경우도 있다. 영국의 단순다수제, 독일과 일부 스칸디나비아

10) H. Keman, "The search for the centre: pivot parties in west European party systems," *West European Politics*, Vol.17, No.4, 1995, pp.127-128.

국가의 비례대표 관련 제한사항 등이 이에 포함된다. 국내 또는 국제적 상황이 정당의 형성, 성공 또는 생존에 영향을 미치는 경우도 있다. 환경 인식의 제고, 그리고 '새로운 정치' 운동의 등장은 녹색당 결성을 촉진시켰다. 냉전의 종식으로 서유럽의 공산당은 불필요하게 되거나 최소한 정당운영 자금 지원이 끊겼고, 그리하여 1989년 이후에는 급속도로 쇠락하기에 이르렀다.[11]

2. 유럽 정당의 특징과 유형

대부분의 유럽국가에서 반복되는 갈등은 정치구조 내에서 좌 우파의 역할에 관계된 것이다. "좌(left)", "우(right)"라는 용어는 유럽 내에서 일반적인 정치적 통용의 한 부분으로 광범위하게 수용되어졌다. 좌파가 된다는 것은 전통적으로 노동계급의 이익을 대변하면서 공산당이나 사회주의 정당을 지지하거나 주장하는 것을 의미하며, 유럽 국가들에는 예외 없이 이러한 좌파정당들이 존재한다.

중도파와 우파는 공산당이나 사회주의 정당을 반대하는 쪽을 말한다. 그러나 중도우파는 유럽에서 소수에 불과하다. 몇몇 나라에서의 우파정당은 명백히 종교적인 원리에 근거하고 있지만 세속적인 경우도 있다. 일부 국가의 우파정당은 전통적으로 지방이나 농업에 관련된 이익을 대변하지만 한편으로는 특정한 문화나 언어의 하위문화를 대표하기도 한다. 유럽 정당정치의 두드러진 특징 중의 하나는 전통적으로 좌파는 공산당과 사회당 등 대부분 동질적인 두 정당을 통해 대변되어 왔지만, 우파의 경우는 종교적, 세속적, 농업주의, 민족주의 등을 포함하여 좀 더 분열된 양상을 보인다.

전통적으로 특정정당에 의하여 대표되는 계급이익의 관점에서 좌파와 우파를 묘사하는 것은 사실의 일부분을 설명하는 것이다. 또한 어떠한 정당이 정치적 스펙트럼에서 좌파적 또는 우파적 프로그램을 가지고 있다고 말할 수 있을 정도로 이데올로기의 구분도 명확하다. 여기서 발생하는 문제점은, 특정 사회이익을

11) M. Bull and P. Heywood (eds.), *West European Communist Parties and the Revolutions of 1989* (Basingstoke: Macmillan, 1994).

보호하기 위하여 집단화된 정당은 구분하기 쉽지만, 순수한 이데올로기 차원에서 좌파 또는 우파를 분간하는 것은 쉽지 않다는 것이다.

유럽에서 정당 집단 간의 노선은 희미해졌다. 예를 들어 보수당은 현재 노동계급의 이익을 대변한다고 주장하는 반면, 사회민주당은 더 이상 노동계급에만 초점을 두지 않고 있다. 이와 같은 '포괄적 정당(catch-all party)' 으로의 경향은 정당 연합의 형성을 촉진할 뿐만 아니라, 유권자들의 선거 제휴를 봉쇄하기도 한다. 선거는 지위와 계급에 의한 영향을 점점 덜 받게 되었다.[12)]

문제는 정당의 실제행위에 의해 더 복잡해진다. 예를 들면, 1970~1980년대 초 영국, 덴마크 그리고 네덜란드의 주요 사회민주주의 정당들은 그들 정당 내에서 좀 더 우익성향을 가진 대안조직이 성립하여 분열되어 나간 경험이 있다. 네덜란드의 사회민주주의 70'(Democratic Socialists 70'), 덴마크의 중도 민주당(Center Democrats), 영국의 사민당(Social Democratic Party) 등이 그것이다. 이익을 추구하는 측면에서 보면, 이들은 노동계급과의 정치적 제휴로부터 이익을 모색하였기 때문에 좌파라 불릴 수 있다. 그러나 이념적 측면에서 이들 정당은 좌파라 하기 어렵고, 종종 그들은 전통적인 우익정당이라고 강조한다.[13)]

비슷한 문제가 전통적인 우파와 관련해서도 발생한다. 예를 들면 1950년대 중반 이탈리아의 전통적으로 우익정당인 자유당이 분열되어 급진당(Radical Party)이 설립되는 결과가 초래되었다. 이는 사회당과 공산당의 연합을 자극하는 동기가 되기도 했지만, 이탈리아의 급진당은 빠르게 이데올로기적으로 좌익성향을 띤 정당 중의 하나로 발전하게 되었다. 비슷한 분열은 1960년대 중반 네덜란드의 자유당에서도 발생하였다. 그 결과 '민주주의 66(Democrats 66)' 이라는 새로운 정당이 탄생하였고 당연히 이데올로기적으로는 좌파로 탈바꿈하였다. 이러한 모든 경우에서 신생정당들의 '사회적(sociological)', 혹은 '조직적

12) Otto Kirchheimer, "The Transformation of Western European Party System," in Joseph La Palombara and Myron Weiner (eds.), *Political Parties and Political Development* (Princeton, NJ: Princeton University Press, 1996); Ivor Crewe and David Denver (eds.), *Electoral Change in Western Democracies: Patterns and Sources of Electoral Volatility* (London: Croom Helm, 1985).

13) Michael Gallagher, Michael Laver and Peter Mair, *Representative Government in Modern Europe*, 3rd ed., p.196.

(organizational)' 인 제휴는 그들의 기존 이념적 성향과는 반대의 방향으로 발전되었다.

한 국가 내에 사회당과 공산당 같은 전통적인 좌파성향의 정당들이 둘 또는 그 이상 존재할 때 그들이 공동목표를 실현하기 위해 제휴할 것이라고 예상하지만 그러한 경우는 흔치 않다. 이탈리아에서 사회주의 정당은 전통적으로 기독민주당 그리고 군소 우익정당들과 연합했으며, 이념적으로 이웃이라 할 수 있는 공산당과 연합을 고려하라는 요구를 거부했다. 프랑스에서는 공산당과 사회주의 정당과의 관계가 심각한 긴장상태에 놓였던 적도 있다. 결국 두 정당은 연합하여 1981년 대선에서 전례 없는 좌익의 승리를 이끌었고, 이러한 승리는 1988년 대선과 1989년 총선에서도 재현되었다. 이러한 역사적 계기가 마련되기 이전, 프랑스 사회당은 이웃 공산당과 공동입장이 되는 것을 피하고 중도 또는 우익정당과의 연합을 모색하였다.

새로운 혼란은 유럽에서 비교적 최근에 등장한 환경단체나 '녹색(green)' 정당에 대한 관심에서 비롯되었다. 이러한 현상은 비교적 새로운 것이지만 좌도 우도 아닌 조직체 자체에서 유래하였다는데 중요성이 있고 확대되는 추세에 있다. 이러한 정당들은 때때로 전적으로 '새로운(new)' 정치를 표방하며 사회적 지지나 조직적인 형태에 있어 전통적인 정당들의 질서에 도전을 한다. 그러나 점차적으로 이들 신생정당들은 급진적인 경제개혁과 새로운 형태의 사회정의를 요구할 때는 정치적 스펙트럼에서 이데올로기적으로 좌파성향으로 나아가는 것처럼 보이며, 이의 이행을 위해 종종 이 정당들은 사회민주주의 정당과 연합한다. 이러한 점 때문에 역시 조직적이고 사회적인 면에서 내리는 좌 또는 우에 대한 정의는 쉽지 않다.

1996년 이탈리아, 1997년 프랑스, 1998년 독일, 1999년 벨기에 등 최근에 유럽의 사회주의 정당들은 새로운 녹색당과의 연합을 통하여 연립정부를 수립하였는데, 유럽 내에서 녹색당의 출현으로 인해 무엇보다 중요한 결과 중의 하나는 녹색당과의 연합을 통해 세력을 강화한 좌파가 오랜 기간 동안 집권해온 중도우파 정권을 대신하여 정권을 장악했다는 점이다. 1999년 말 사회주의 정당들은 — 단독이든지 녹색당이나 중도파와의 연합이든지 간에 — 유럽연합 내 15개 회원국 중에 3개국(스페인, 룩셈부르크, 아일랜드)만 제외하고 정권을 장악했고, 동시에 전후 역사상 최초로 서유럽의 주요 4개국(프랑스, 독일, 이탈리아, 영국)에서 좌파정당이 다수당이 되었다.

우파연합을 유지하는 것은 특히 최근 극우파의 등장 이래 더 많은 문제점이 지적되었다. 많은 극우 신생정당 — 예컨대 이탈리아의 민족동맹(National Alliance)과 북부연맹(Northern League), 프랑스의 민족전선(National Front), 벨기에의 플래미쉬 연합(Flamish Block), 또는 덴마크와 노르웨이의 진보당 — 들은 보다 온건한 우파정당과 많은 연관을 맺을 수도 있지만, 이들 정당들의 지나친 극단주의는 종종 이웃 정당과의 협력을 어렵게 한다.

이념적으로 분극화된 정당체계 내에서 중도우파 정당들은 우익보다는 중도좌파와의 공조가 더 용이하다. 이는 오스트리아의 경우에서 확실히 증명되었다. 우익정당인 자유당(Freedom Party)은 하이더(Jörg Haider)의 지도하에 점차 극우화되어 갔고, 이 결과 1990년대 연합정부 수립에서 제외되곤 하였다. 하이더는 연정에서 제외된 후 소외자로서 기존정당들의 통치에 도전하였다. 결국 자유당의 소외는 2000년에 종결되었다. 1999년의 선거에서 크게 성공한 자유당은 중도우파인 인민당(People's Party)과 새로운 연립정부를 구성하였기 때문이다. 새 오스트리아 정부 구성에 하이더의 정당이 포함된 것은 국 · 내외로부터 광범위한 항의를 불러일으켰으며, 동시에 다른 유럽연합 회원국 중 많은 수가 오스트리아와의 쌍무적(bilateral) 관계를 단절하겠다고 위협했다. 이러한 항의들이 실질적인 효과는 별로 거두지 못했지만 전 유럽에 걸쳐 극우정당들이 정부구성에 포함될 가능성에 대한 우려를 경각시켰다.

이상에서 언급된 국가들과 기타 유럽 국가들에서 정치에 대한 환멸감과 '반정당주의(anti-party)' 혹은 '반제도주의(anti-establishment)'와 같은 저항운동이 증가하고 있다. 이러한 저항의 근원은 다양하다. 지속적인 경제문제는 사회적 불평등과 마찬가지로 불만족을 지속시키며, 인종 문제는 해결하기 어려운 새로운 긴장감을 조성한다. 유럽연합 내 주권국가들의 통합과 경제의 세계화로 인해 많은 유권자들은 그들 국가 정부가 아직 책임감을 느끼고 있는지, 그렇다면 어떠한 책임이 있는지에 대해 궁금해한다. 유럽의 유권자들은 정치가들이 단지 자신들의 이익에만 관심이 있다는 인식을 가지고 있다.

이러한 모든 요소들이 한편으로는 극우정당, 다른 한편으로는 좌파정당의 '새로운 정치(new politics)' 에 대한 지지상승을 설명하는 데 도움을 준다. 그러한 요인들은 또한 반짝 정당(flash parties) — 선거과정에서 갑자기 부상했다가 갑자기 사라지는 — 에 대한 지지율이 증가하는 이유를 설명하는 데도 도움이 된다. 이러한 정당들은 모두 전통적인 틀 안에 맞지 않고 전통적인 좌—우 구도뿐만 아니라 각각의 내부의 분리구도에 도전하는 것이다. 물론 지금까지는 그러한 반 정당주의 정당들(anti-party parties)은 유럽 민주주의의 투표에서 소수의 표만을 획득하고 있으며, 이러한 측면에서 여전히 전통적인 좌—우 구도가 정치세계를 점유한다. 그러나 동시에 좌 · 우파의 강력한 유럽정당들 중 몇몇 정당들이 감지하는 취약성은 부정할 수 없다.

이데올로기의 역할이 갖는 중요성은 정치 체계에 따라 상이하게 나타난다. 이데올로기 스펙트럼의 경우, 프랑스와 이탈리아가 독일이나 영국에 비해 훨씬 더 다양하다. 이데올로기의 강도도 시기에 따라 달리 나타난다. 1990년대 초반 많은 사람들은 '이데올로기의 종말'을 이야기했지만, 실제로 그 이후에 발생한 많은 사건들을 종합해 보면 이데올로기의 종말이라기보다는 재조정(realignment)이라고 보는 것이 더 옳을 것이다.[14)]

'좌' – '우' 라는 용어가 폭넓게 사용되어 여러 국가의 정당정치를 묘사하는 데 편리함을 제공함에도 불구하고 피상적인 유사성들은 오해의 소지가 있다. 더욱이 '제3의 길(third way)' 이나 '신중도(new middle)' 라는 새로운 중도주의 정책이 폭넓은 지지를 얻고 있는 것처럼 좌 · 우라는 용어의 사용은 점차 의미를 잃고 있다. 유럽의 상이한 정당체계에서 발견되는 다양성이 존재한다는 사실에 대한 대안은, 모든 국가는 상이하기 때문에 각 국가별로 살펴봐야 한다는 점이다. 그러나 각각의 국가들이 명확히 구분되기는 하지만, 각 국가들은 다른 곳에서도 발견될 수 있는 요소를 포함하는 하나의 유형을 대표한다.

유럽 정당의 모자이크 구조를 특징짓는 획일성과 다원성의 조합을 개괄하는 가장 편리한 방법 중의 하나는 정당집단을 설명하는 것이다. 즉 여러 국가에 있는 "기독 민주주의 정당들(Christian democratic parties)" 간에 차이점들이 존재

14) Yves Meny and Andrew Knapp, *Government and Politics in Western Europe: Britain, France, Italy, Germany*, 3rd ed. (Oxford: Oxford University Press, 1998), p.56.

하기는 하지만 단순히 명칭과 종교적인 연관성을 초월하는 놀라울 만큼의 유사성도 존재한다. 그러한 정당들은 정당체계 내에서 중도우파에 위치하는 경향도 있고, 사회민주주의나 기타 우익정당의 어느 쪽도 아닌 입장에 서 있는 경향, 연립정부의 심장부에 위치하는 경향 등 여러 입장을 견지한다.

다양하고 복잡한 요소들이 유럽 정당체계의 공고화에 영향을 미침에도 불구하고, 유럽 국가들의 정당들은 상당한 유사성을 보이고 있다. 특히, 정당의 수많은 이데올로기적 집단은 사회 분열에 대응하면서 다른 방향으로 발전하였다. 이러한 것들은 자유주의, 보수주의, 기독 민주주의, 사회 민주주의, 공산주의를 포함하였다. 각각의 국가에서 각각의 이데올로기 집단에 관련된 정당들은 유권자들의 특별한 요구에 따라 자신들의 우선권을 발전시켰다. 그럼에도 불구하고, 유럽에서 이데올로기를 공유하는 집단들은 국경선을 넘어 결속하였다.

1) 좌파 정당

19세기에 등장한 유럽의 사회주의는 노동자 계급이라는 특정계급을 위해 활동하였고, 부르주아 제도에 대한 투쟁을 하면서 국제적인 조직을 모색하였다. 사회주의자들은 기존의 질서를 타파하려는 "혁명주의자"의 태도를 보였다. 20세기 전환기에 사회주의자들은 기존 집단과 가치 체계에 주로 반대하면서, 자유주의와 급진주의를 대신하는 세력으로 등장하였다. 사회당은 유산 계급과 기업가 계층의 이익을 반대하고 오로지 노동 계층의 이익을 대변하도록 형성되었다.

출발부터 사회주의 운동은 충돌되는 이데올로기 대립으로 분열되었다. 정당형성에 관련한 핵심 분열은 1848년 마르크스의 공산당 선언과 1917년의 러시아 볼셰비키 혁명에 의해 발생되었다. 소련과 동유럽 국가들의 공식 이데올로기였던 마르크스-레닌주의는 서유럽 사회주의자들을 두 개의 그룹으로 분리시켰다. 첫 번째는 자유 민주주의 틀 내에서 활동하는 개혁적 사회주의이고, 두 번째는 부르주아 민주주의의 파괴를 목표로 하는 공산주의이다.

서유럽 정당체계에서는 정치적 스펙트럼의 왼쪽에 속하는 4개의 정당집단이 존재한다. 사회민주당은 좌파에서뿐만 아니라 유럽 정당들 중에서도 가장 강하고 지속력 있는 정당이다. 공산당은 이데올로기가 매우 명확한 집단이며, 1917

년 러시아 혁명 때 사회민주당에서 친소경향으로 분리된 정당들로 이루어져 시작되었다. 좌파의 세 번째, 네 번째 집단은 '신좌파'와 녹색당이며 이들은 보다 최근에 형성된 정당들의 다양한 집합을 대표하며, '좌파-자유주의정당(left-libertarian party)'으로 분류되곤 한다.[15] 이 모든 네 가지 집단은 현대 유럽 정치의 좌파를 대표하고 있다. 그러나 그들은 이데올로기와 이해관계에 있어서 상호간에 현격한 차이를 보이고 있다.

(1) 사회당과 사회민주당

사회당은 19세기 후반 경영자와 노동자의 갈등 사이에서 투표권을 비롯한 노동자의 정치권력을 옹호하고, 소수가 아니라 다수의 경제 · 사회적 이익을 구현하는 데 목적을 두었다. 거의 모든 사회당들은 노동조합과 연맹함으로써 세력을 점차 강화하기 시작하였다. 1917년 러시아 혁명 이후 급진세력이 공산당으로 이탈한 이후 사회주의 세력은 자본주의를 전복시키려는 것이 아니라 '온건화(mitigate)'와 '활성화(dynamize)'를 목적으로 하게 되었다.[16]

사회주의자들은 주요 산업의 국유화를 통해 생산수단의 공공 소유를 시도하였다. 제2차 세계대전 이후 그들은 교육, 복지, 실업, 연금과 같은 영역을 포함하는 복지 국가의 확대를 모색하였다. 이러한 초기 성과 이후 그들은 좀 더 온건하고 실용적인 '사회 민주주의' 그룹이 되었다. 자본주의의 파괴, 혹은 대규모의 산업 국유화 때문에 서유럽에서는 대중적인 지원을 못 받게 되자, 사회주의자들과 사회 민주주의자들은 자본주의와 자유 시장 경제의 구조적 틀 내에서 자원의 좀 더 평등한 분배에 대한 캠페인을 시도하였다.[17]

---

15) Herbert P. Kitschelt, "Left-Libertarian Parties: Explaining Innovation in Competitive Party System," *World Politics*, Vol.40, No.2, 1988, pp.194-234.

16) Tim Bale, *European Politics: A Comparative Introduction* (New York: Palgrave, 2005), p.110.

17) 사회민주주의에 대하여는 Rene Cuperus and Johannes Kandel, *European Social Democracy: Transformation in Progress* (Amsterdam: Friedrich Ebert Stifung/ Wiardi Beckman Stichting, 1998); Richard Gillespie and William E. Paterson (ed.), *Rethinking Social Democracy in Western Europe* (London: Cass, 1993); Herbert P. Kitschelt, *The Transformation of European Social Democracy* (Cambridge: Cambridge University Press,

체계화된 사회민주주의는 유럽에서 가장 오래된 정치세력 중의 하나이다. 심지어 냉전이 종식된 이후인 1990년대에도 사회민주당은 당대 정치에서 가장 중요한 집단으로 남아있다. 사민당의 과반수는 1870년대부터 선거정치에 참여하였고, 성장하고 있던 노동계층의 정치적 이해를 대표하여 노동조합 운동과 움직임을 같이하였다. 영국 등의 경우에 사민당은 의회에서 그들의 이해를 대표하기 위하여 노동조합에 의해서 만들어지기도 하였다. 네덜란드 등의 경우에는 정당이 먼저 스스로 만들어진 후에 노동조합과 관계를 맺기도 하였다.[18)]

현대 유럽에서 강력한 사회민주주의가 발달한 나라는 오스트리아, 덴마크, 몰타, 노르웨이, 스웨덴과 영국 등인데, 이들 나라에서 1990년대에 평균 35% 이상의 지지를 받았다. 사회민주주의는 또한 그리스, 포르투갈, 스페인에서도 영향력 있는 정치세력을 형성하고 있는데, 특히 이 나라들에서 전체주의 통치가 끝난 1970년대에 민주주의가 재정립되었으며 사회민주주의는 1990년대에 약 40%의 지지를 받았다.

사회민주주의의 선거 지지율은 제2차 세계대전 이후 점점 줄어들고 있는데, 1950년대의 약 34%에서 1990년대 30%를 약간 못 미치는 정도로 감소하였다. 이러한 감소는 벨기에, 룩셈부르크, 노르웨이, 그리고 1980년대에 영국에서도 나타났다. 그러나 지속적인 사회민주주의에 대한 지지율 감소는 모든 곳에서 나타난 것은 아니다. 독일, 아일랜드와 이탈리아에서 사회민주주의에 대한 지지는 1950년대보다 1990년대에 높게 나타났다. 덧붙여서 덴마크, 아이슬란드와 영국에서는 사회민주당에 대한 지지율이 1980년대보다 1990년대에 더 높았다. 반면 프랑스에서는 1980년대에 사회민주주의 정당에 대한 지지율이 최정상에 달하였다.[19)]

1994); Stephen Padgett and William E. Paterson, *History of Social Democracy in Postwar Europe* (London: Longman, 1991); William E. Paterson and Alastair H. Thomas (eds.), *Social Democratic Parties in Western Europe* (London: Croom Helm, 1977)을 참고할 것.

18) Stefano Bartolini, *The Class Cleavage* (Cambridge: Cambridge University Press, 2000); Donald Sassoon, *One Hundred Years of Socialism: The West European Left in the Twentieth Century* (London: Tauris, 1996).

사회민주당의 포괄정당화

초기 사회민주당들은 기본적으로 마르크스주의를 채택하였고, 궁극적으로 자본주의를 순수한 사회주의 질서로 교체하는 것을 목표로 하였다. 투표권이 노동계층으로 확대된 기간 동안 사민당은 정치적 권리의 완전한 신장과 노동자와 실업자의 이익을 보호하기 위한 사회 정책의 도입을 추구하였다. 그러나 시간이 지나면서 사회민주주의의 최초의 급진적 경향은 약화되기 시작하였다. 선거에서 승리하여야 한다는 긴박감 때문에 전문적인 조직 기술자가 필요했고, 이는 결국 정치적 순수성을 훼손하였다. 온건화로의 압력은 1917년 러시아 혁명이 사회주의 운동의 분리를 재촉했을 때 일어났다. 공산당의 출현 결과 많은 수의 급진주의자들이 사회주의 정당을 떠났다.

따라서 사민당의 입장에서도 그들 자신을 급진 좌파와 분리하기를 희망하였고, 이에 따라 마르크스주의도 부정하는 결과가 야기되었다. 사회민주당이 온건화된 동기의 일부는 그들의 자체적 성공의 산물이었다. 사회민주당 정책의 성공적인 수행 — 완전한 정치적 권리 획득과 대부분 유럽국가에서의 복지정책 실시 — 의 결과로 초기 급진주의는 대부분 약화되었다. 사민당의 온건화는 사민당의 내분을 야기하였는데 특히 1950년대 영국 노동당 내부의 좌우 갈등이 심각하였다. 1951년 애트리(Attlee) 노동당 정부가 보건복지정책보다 국방정책에 우선을 두고 한국전쟁에 파병을 결정하자 3명의 좌파 장관이 사임하였다. 노르웨이 노동당은 1949년부터 노르웨이의 나토참여를 반대해 오던 집단에 대해 수차례에 걸쳐 경고를 한 이후 마침내 1957년 제명하였다.[20]

독일 사민당도 예외는 아니었다. 사민당 내에는 베를린 시장인 브란트(Willy Brandt)를 중심으로 '수정주의적 시각'이 강해졌다. 친서방주의자인 동시에 반소주의자였던 브란트는 서독경제의 운영에 자본주의적인 요소를 받아들일 용의가 있었다. 사민당 내 수정주의자들은 1959년에 소집된 임시전당대회에서 발표

---

19) Michael Gallagher, Michael Laver and Peter Mair, *Representative Government in Modern Europe*, 3rd ed., pp.204-205.

20) 노동당에서 제명당한 후 이들은 사회인민당(Socialist People's Party)을 설립하였으나, 1961년 총선거에서 단지 두 석만을 확보하였다. Derek W. Urwin, *A Political History of Western Europe since 1945*, pp.135-136.

된 바드 고데스베르그(Bad Godesberg) 정강은 민주주의적 사회주의를 최종적 목표가 아니라 지속적으로 달성해 나가야 하는 과제로 규정하였다. 사회민주당의 지지기반을 노동계급으로부터 일반대중으로 확대해 나가는 동시에, 시장경제의 경쟁원칙을 최대한 수용하고 계획경제는 필요에 따라 제한적으로 허용하는 원칙을 수립하였다. 이는 전통적인 마르크스주의에의 의존을 포기하였음을 의미하였다. 치켜 올린 주먹이나 붉은 깃발 같은 상징을 없애고, 그 대신 기독교 윤리를 내세웠다. 국가계획을 내세우면서도, 기독교민주당의 '사회시장'과 자유방임의 성공도 인정하였다. 사민당은 마르크스주의 노동자당, 계급정당의 단순한 이미지에서 탈피하려 노력하였고, 개방적이고 다원주의적인 정당으로 변모하여 명분 유지 대신 정권을 잡기 위한 구체적인 정책 수립에 목표를 두게 되었다. 사민당은 대외정책에서도 현실을 인정하여 나토 가입이나 유럽공동체 가입과 같은 아데나워의 기본 정책에도 찬성하였다.[21)]

이 결과 사회민주당은 혼합경제의 운영에 기반을 둔 정치적 역할을 확립하였다. 선거에서 빠르게 성장한 중산층, 특히 국가 부분으로 급격히 확대된 중산노동 계층의 지지율을 높여나가, 결과적으로 포괄적인 정당이 되었다. 이런 온건화로의 표류가 1990년대에는 더욱 촉진되었고, 유럽 전체의 사회민주당들은 세계 경제의 요구에 의하여 정립된 국가개입의 제한에 대하여 타협하게 되었다. 유럽 연합의 통합이 심화되면서 이러한 제한은 보다 명백하게 되었다.[22)] 냉전종식과 동유럽 사회주의 국가들의 붕괴 이후인 1990년대에 유럽의 사회민주당은 위기를 맞았으나, 놀랍게도 1990년대 후반 거의 모든 서유럽 국가에서 사회민주당이 정권을 장악하는 쾌거를 거두었다.

1990년대 후반 독일에서 사민당의 집권은 독일식 '제3의 길'을 표방하면서 이루어졌다. 독일에서 사민당의 정치적 위상은 냉전이 종식되고 통일이 이루어진 1990년대 전반기에 약세를 면치 못했다. 그 이유는 현대 사회의 구조변화가

21) 김영태, "제2장 독일의 정치제도와 정치과정," 유럽정치연구회 편, 『유럽정치』(서울: 백산서당, 2004), p.59; 이주영 · 김성형, 『현대유럽의 역사: 제2차 세계대전부터 현재까지』(서울: 삼지원, 2002), p.71

22) Fritz Scharpf, *Governing in Europe: Effective and Democratic?* (Oxford: Oxford University Press, 1999).

진보정당인 사민당에게 불리한 환경을 제공한 것과, 사민당은 시대의 변화에 따른 차별화된 정책 프로그램을 개발하지 못하는 등의 정책적 능력의 부재에서 찾을 수 있었다. 사민당은 통일 이후 구 동독의 노동세력을 정치적인 후원자로 끌어들이지 못하고 구 공산당의 후신인 민사당에도 뒤지는 형세였다. 그러나 1998년 선거에서 사민당은 이중 선거전략에 의한 신중도 노선을 표방하여 승리할 수 있었다. 통일 이후 집권당인 기민/기사당은 통일의 후유증에 시달리면서 경제적으로는 높은 실업률, 그리고 미래에 대한 불안감 등으로 인해 정치적 지지를 잃게 되었다. 이에 비해 사민당은 진보성향과 보수성향의 유권자들 모두에게 이중적인 노선을 선택하였다. 즉 진보성향의 '전통주의자' 들과 우파성향의 중산층 '혁신주의자' 들을 모두 만족시킬 수 있는 신중도의 노선을 수립하고 노동계층과 사무직 중산계층을 포괄하는 정당을 표방하여 집권에 성공하였다.[23)]

사회민주당은 점차 온건화하여 가지만, 복지주의와 평등주의에 대한 정책적 강조는 그대로 유지하고 있다. 그러나 일반경제 행위에 대한 통제와 규범화에 대한 강조는 점차 줄어드는 경향이 있다. 사회민주당의 강령은 더 이상 서유럽 자본주의에 대한 직접적인 이데올로기적 도전을 의미하지 않는다. 사회민주당의 전통적인 급진주의는 공산당으로 전이되었거나, 1980년대에 화려하게 등장한 신좌파(new left)와 녹색당으로 옮겨졌다.

(2) 공산당

공산당은 경쟁하는 사회민주당보다는 적은 나라에 존재하고, 지지율도 상대적으로 낮은 편이다. 더구나 1989년 동유럽국가와 소련 사회주의의 몰락 이후 서유럽에 남아 있는 공산당은 개혁을 진행하면서 이데올로기의 전환을 한다든가(핀란드와 스웨덴), 아니면 독립된 세력으로서의 위치를 잃었다(네덜란드와 노르웨이). 아일랜드, 몰타와 영국에는 공산당이 원래 존재하지 않았으며, 오스트리아, 벨기에, 덴마크, 노르웨이와 스위스에서는 사회적으로 거의 무시되고 있다. 비록 공산당은 그리스, 스페인, 포르투갈 등 남유럽 신생민주주의 국가에

23) 박태규, "유럽의 정치, 경제, 사회의 변화와 지속," 박태규 외, 『유럽의 정치와 경제』(서울: 나남출판, 2002), p.20.

서 강력한 경쟁력을 가지고 있었지만, 최근에 이 국가들에서도 지지도가 침체되고 있다. 스페인에서와 같이 선거에서 승리하기 위해서는 다른 좌익정당들과 선거동맹을 맺는 것이 필요한 실정이다. 대체로 전후 시대 공산당의 평균 지지율은 1950년대의 8%대에서 1990년대에 4% 이하로 떨어졌다.[24)]

유럽 공산당의 대부분은 1917년 러시아혁명 직후에 형성되었으며 레닌의 원칙과 사회주의로의 혁명을 지지하고 있다. 그들은 사회민주주의가 채택하고 있는 의회주의의 급진적 대안으로 자신들을 정립시켜 놓고 있다. 이 정당들은 소련 공산당과 제휴하고 또한 그들의 지도를 받아들이고 따랐다. 이러한 소련 공산당의 리더십은 1919년부터 1943년까지 존속한 코민테른(Communist International)으로부터 유래되었다. 특히 반체제 공산당은 제2차 세계대전 동안 레지스탕스 운동으로 서유럽에서 상당히 증가하였다. 그들은 정부에게 급진적인 변화를 요구하였고, 몇몇 국가들 특히 프랑스와 이탈리아에서는 거대 정당으로 성장하였다.

그러나 그들의 소련과의 연대는 전후 정당 체계로의 통합을 방해하였고, 현대화에 대한 소극적 태도는 산업 노동자 계급과 일부 지식인층 유권자들을 잃게 만들었다. 따라서 소련과의 연합과 공산당들의 급진화 때문에 그들은 반체제적 반대주의자들로 간주되었고, 결국 그들이 소속하여 활동하는 정당체계의 분열을 야기하였다.

지지율 하락에 대한 대답의 한 부분으로, 즉 그들의 정치적 고립을 벗어나기 위한 방편의 하나로 많은 서유럽의 공산당은 전후에 소련과 거리를 두기 시작하였다. 이러한 변화는 이탈리아, 프랑스, 스페인 정당들이 정치적 권력을 획득하는 데 비소련(non-Soviet) 전략을 사용하게 하는 1970년대의 '유럽공산주의(Eurocommunism)' 의 등장을 예고했다. 그러나 이러한 전략은 그들의 희망대로 되지 않았고 1980년대에 지지율은 더 하락하게 되었다. 1989년 동유럽의 혁명과 소련의 붕괴는 서유럽 공산당으로 하여금 그들의 존재 근거를 잃게 하였다. 그들은 유권자들에게 좀 더 현대적인 이미지를 보여주려는 프로그램을 계속

24) Michael Gallagher, Michael Laver and Peter Mair, *Representative Government in Modern Europe*, 3rd ed., pp.206-207.

해서 수정하고 있다.[25)]

유럽공산주의 전략의 결과로 공산당의 정책적 강조점은 1980년대 중반 사회민주당과 크게 다르지 않게 되었고, 그들도 복지, 사회 정의, 민주적 의사결정의 필요성에 대하여 강조하기 시작했다. 그들이 여전히 사회민주당과 달랐던 점은 경제에 대한 국가의 개입을 강조하고, 자유시장에 대하여 보다 비판적이었다는 점이다. 그들은 공공소유와 더불어 계획경제의 필요성에 대하여 역설하였고, 유럽통합의 이점에 대하여 보다 비판적이 되었다. 그들은 또한 사회민주주의의 포괄적인 선거공약들에 비하여 훨씬 노동자계층과 노동조합의 특정 이익을 대표한다는 주장을 명백히 하였다.[26)]

(3) 녹색당

1970년대와 1980년대에 수많은 사회 운동이 서유럽 국가의 '새로운 정치' 이데올로기에 기반하여 폭넓게 발전하였다. 이 운동들은 페미니즘, 핵무기 해체, 평화, 환경과 같은 단일 이슈를 대표하는 이익집단들에 의해 이루어졌다. 그들의 주요 캠페인은 성장 지향의 경제발전이 가지는 환경파괴적이고 착취적 경향에 대한 내용으로 구성되었다. 그들의 슬로건은 인간의 삶의 질을 강조하는 '탈물질주의' 에 기반하고 있었고, 동시에 반군사주의와 반차별주의, 개발국가들의 결속, 사회적 평등과 정의 등을 포함하였다.[27)]

이러한 '새로운 사회 운동' 은 기존의 정당을 기반으로 하는 '구(舊) 정치' 를 비판하면서 등장하였다. 구정치의 가치는 제2차 세계대전 직후 시대가 만들어 낸 산물이었다. 구정치는 물질적인 욕구와 경제 성장을 통해 국가의 안정과 안보를 달성할 수 있다는 믿음에 바탕을 둔다. 구정치의 주요 가치는 법과 질서, 엄격한 국가 안보, 전통, 가족에 기반한 생활 양식을 포함한다. 반면에, '새로운 정치' 의 가치는 환경의 질, 사회적 평등, 변화하는 생활 양식, 소수민족의 인권, 정치 결정과정에의 직접적이고 개별적인 참여 등을 포함하고 있다. 이러한 가치

25) Patricia Hogwood and Geoffrey K. Roberts, *European politics today*, 2nd ed., p.45.

26) Martin J. Bull and Paul Heywood (eds.), *West European Communist Parties after the Revolutions of 1989* (Basingstoke: Macmillan, 1994).

27) Tim Bale, *European Politics: A Comparative Introduction*, p.116.

의 우선 순위는 제2차 세계대전 이후 탄생하여 물질적 결핍으로부터 보호받게 된 세대와 전후 유럽에서 향상된 교육을 받은 세대에 의해 두드러지게 확산되었다.[28)]

특히 산업이 발전하면서 공기와 물의 오염 때문에 환경에 대한 중요성이 부각되었다. 자동차, 공장, 발전소에서 배출되는 질소와 유황, 그리고 산성비와 방사능 때문에 유럽 여러 곳에서는 공기가 숨쉬기에 부적합할 정도였다. 물은 안심하고 마실 수 없게 되었을 뿐만 아니라 수많은 강, 호수, 숲이 죽어가고 있었으며, 그에 따라 많은 야생동물들이 사라져가고 있었다. 특히 알프스 지역과 동유럽이 심각하였다. 폴란드와 체코슬로바키아에서는 삼림의 약 4분의 1이 황폐화되어 가고 있었다. 서독과 핀란드의 상황은 더 심각하였다. 다뉴브강, 라인강, 비스툴라강, 볼가강은 너무 오염되어 공업용수로도 부적합하게 되었다. 북해, 발트해, 지중해는 인산염, 질소, 금속으로 오염되어 있었다.[29)]

녹색 운동은 정치적 영향력을 확대하기 위해 조직화하며 국가적 차원으로 확대되었다. 이는 녹색 운동가들의 조직 단체 형성으로 시작되었다. 1971년 프랑스에 '지구의 친구들(Amis de la Terre)' 그룹이 형성되었고, 1972년 서독에 BBU(Bundesverband Burgerinitiativen Umweltschutz)가 형성되었다. 핵에너지 사용에 대한 우려는 녹색 운동을 더욱 공고하게 만들었다. 1970년대의 석유위기 이후 수많은 유럽 정부들은 핵에너지 프로그램을 확대하기로 결정하였다. 1970년대 후반, 중거리 핵무기에 대한 나토의 이중 트랙(dual-track) 결정은 사실상 서유럽에 크루즈 미사일과 퍼싱Ⅱ의 배치를 가져왔다. 수많은 국가에서 평화 운동가들과 환경주의자들은 핵무기에 반대하였고, 이 운동은 다른 국가들로까지 확대되었다. 이 운동의 규모와 조직은 캠페인을 하면서 주요 순간에 상당한 대중적 지지를 받게 되었다.

1980년대 초 대부분 녹색 운동은 그들의 제안을 이슈화하기 위해 의회의 사회주의 혹은 사민당을 설득하려 하였다. 사회당 내에서 핵 반대운동가들과 환경주의자들은 이들의 이슈와 관련된 목소리를 낼 수가 있었지만, 녹색운동가들의

28) Patricia Hogwood and Geoffrey K. Roberts, *European politics today*, 2nd ed., p.56.

29) 이주영 · 김성형, 『현대유럽의 역사: 제2차 세계대전부터 현재까지』(서울: 삼지원, 2002), p.228.

좀더 급진적인 요구는 다른 정당이나 사회주의자들 간에 공감을 얻지 못하였다. 환경안보를 위하여 유럽 국가들이 경제 성장을 제한할 준비가 되어 있어야 한다는 것이 녹색운동 집단의 주장이었다. 기존 정당들은 국민들의 삶의 질을 향상시키고 이것으로 인해 선거에서 이들의 지지를 유지하게 하는 핵심인 경제 성장을 계속하였다. 자신들의 노력이 방해받게 되자, 수많은 유럽 녹색 운동은 그들의 이익을 추구하는 자체 정당을 설립하기로 결정하였다.

녹색운동의 정치세력화: 녹색당의 설립

평화, 환경, 여성 등 다양한 분야에서 새 정치 운동을 전개하던 분권화된 조직들 중 일부가 집단적으로 정치세력화하면서, 환경운동가와 평화운동가 및 좌파 정치인들이 연대하여 '녹색당'을 설립하였다. 1970년대 네덜란드와 벨기에를 시작으로 서독과 오스트리아, 스위스 등에서 설립된 녹색당은 1990년대에는 스웨덴과 프랑스에서 비약적인 발전을 이뤘고 영국에서의 지지도 상당한 수준으로 상승하였다. 녹색당은 '신정치 정당' 혹은 '좌파–자유주의 정당'으로도 불린다. 신정치 정당으로 불리는 이유는 녹색당이 특정한 이데올로기를 추종하고 있고, 참여적인 정당 구조를 선호하며, 기성 정당의 지지자들과는 상당히 다른 그들 나름의 유사한 특성을 지닌 유권자들로부터 지지를 받고 있기 때문이다. 녹색당은 또한 시장, 사적 투자, 성취윤리에 대한 불신과 평등주의적 재분배에 대한 헌신을 전통적인 사회주의와 공유한다는 점에서 좌파이고, 개인적·집합적 행위를 규제하는 사적·공적 관료제의 권위를 부정한다는 점에서 자유주의적이라는 평을 받는다. 녹색당들은 국가별로 차이는 있지만 대체로 '탈물질적 가치' 지지자들을 기반으로 하고 있다. 이들 탈물질주의자들은 중요한 쟁점에서는 구좌파의 입장에 가깝지만 탈근대적 쟁점에 관련해서는 전통적인 노동 계급 지지자들의 이해와 상충되는 경우도 흔히 발견된다.[30)]

1980년대 동안 새로운 정당 집단은 서유럽 정당 체계에서 한 자리를 획득하

30) Ronald Inglehart, *Modernization and Postmodernization, Cultural, Economic, and Political Change in 43 Societies* (Princeton: Princeton University Press, 1997), pp.243-246; 홍익표, "제5장 유럽의 정치질서," 김계동 외, 『유럽질서의 이해: 구조적 변화와 지속』 (서울: 오름, 2003), pp.213-215.

였다. 그들은 환경이 파괴되지 않는 사회를 만들기 위하여 계속되고 있는 경제 성장이 중단되거나 반대로 되돌아가야 한다고 주장을 하며 다른 모든 기존 정당들에게 도전하였다. 그들은 핵 발전 시설의 감소 혹은 폐쇄를 주장하였다. 정치적인 측면에서 녹색당은 사회에서의 소수 집단의 평등권을 강력하게 주장하였다. 제3세계와 연대하여 평등에 대한 지구적 이해를 도모하였다. 또한 부유한 국가와 빈곤한 국가 간의 부의 분배와 자급자족 경제를 발전시키기 위한 원조를 강조하였다.

녹색당은 좀 더 개별주의적이고 자기 실현적이며, 자결적이며, 탈물질주의이며, 때로는 가족 단위를 덜 강조하는 대안적인 삶의 양식을 선호하였다. 그들은 정치 엘리트의 형성을 가져오는 대의 민주주의보다는 참여 민주주의 원칙을 지지하였다. 서유럽의 녹색당은 두 가지 성격으로 분리된다. 하나는 급진적이며 근본주의자들이고, 다른 편은 온건하고 실용적인 집단이다. 선거에서 녹색당이 의석을 차지하게 되면서, 좀 더 온건한 당파들이 의회 정당을 지배하게 되었다.[31)]

녹색당의 중요성이 가장 강하게 제기된 시기는 1980년대 중후반이다. 당시 환경보전의 중요성과 긴박성은 빠른 속도로 대중의 의식 속으로 파고들었다. 대부분의 국가에서는 내각 안에 환경부가 설치되었고, 1987년은 '유럽환경보전의 해'로 선포되었다. 1986년에 일어난 소련의 체르노빌 방사능누출 참사는 1987년 스위스의 바젤에서 독극물을 라인강으로 배출한 사건 등과 더불어, 환경보전에 대한 일반의 인식을 강화하였다.

녹색당은 좌파에 속하는가, 아니면 우파에 속하는가? 녹색당은 일반적으로 스스로를 좌파 또는 우파 어디에도 속하지 않는다고 답변한다. 그러나 일반적으로 녹색당은 우파의 자유시장 이데올로기를 멀리하는 경향을 보이고 있다. 그리고 냉전의 마지막 극한대립 기간 중에 녹색당이 보여준 외교와 국방 문제에 대한 태도는 녹색당이 좌파 편이었다고 보기에 충분하며, 서유럽을 휩쓸고 간 핵무기 반대 시위에서는 심지어 공산당과 이념을 같이하였다는 평가도 받고 있다.

31) F. Muller-Rommel (ed.), *New Politics in Western Europe* (London: Westview Press, 1989), pp.175-194; Patricia Hogwood and Geoffrey K. Roberts, *European politics today*, 2nd ed. (Manchester and New York: Manchester University Press, 2003), pp.57-58.

비도시 지역의 자연보호를 강조하는 보수주의적 녹색당이 존재하고 있지만 이는 흔하지 않다. 보수주의 정치인들이 녹색 정치에서 열성적인 활동을 보이는 경우는 있지만 이러한 정치인들이 유명한 지도자급 정치인이 되는 경우는 거의 없다.[32)]

녹색당의 이데올로기적 목표가 지구적인 반면, 그들의 요구는 국지적인 측면이 있다. 녹색당은 공공 영역에서 일하기를 원하는 대학 교육을 받은 젊은 유권자들로 구성된 새로운 중산층 내에서 뚜렷한 사회적 기반을 얻으려고 한다. 1980년대에 녹색당의 이슈에 관심을 가졌던 대중들은 현재는 관심을 덜 가지게 되었다. 녹색당은 이미 환경 보호를 위해 국내 정치에서 인식을 확고히 함으로써 더 이상 시민의 요구가 필요 없게 되었다. 1986년 키예프(Kiev)의 체르노빌(Chernobyl) 원자로 폭발사건이 인류의 뇌리에서 점차 잊혀져 가면서, 핵발전소를 반대하는 캠페인에 대한 대중적 지지를 잃게 되었다. 핵전쟁에 대한 두려움은 1980년대 후반 소비에트 블록의 붕괴와 함께 냉전이 종식되면서 가라앉았다.

일부 녹색당들은 심각한 내부 분열로 스스로 신뢰성을 저하시키는 한편 비효율적인 정당이 되었다. 또한 경기 불황의 재발은 유럽 국민들의 관심이 미래의 삶의 질보다는 현재의 물질적 관심에 다시 초점을 맞추게끔 하였다. 이러한 상황에서 녹색당은 정치세력화하면서 환경문제와 별로 관련이 없는 여성해방, 반전운동, 이민노동자와 망명자의 인권보호와 같은 다양한 주장을 내세우는 세력들과 연결되어 성장하는 경우가 많았다. 그리고 녹색운동의 대부분은 좌파 의식을 가지는 것이 보통이었다.

녹색당의 역할과 발전

녹색당 가운데서 가장 성공한 것은 독일의 녹색당이었다. 처음에는 시민들의 자발적인 운동으로 시작하였다가 1979년에 정당이 되었고, 1983년 처음으로 의회에 진출하였고 1998년 이후 사민당과 연합정권을 구성하였다. 통일 이후 녹색당은 동독 시민운동단체의 연합조직인 '연합90'과 1993년 통합하여 공식적으로 '연합90/녹색'이라는 당명을 사용하고 있다. 이념적으로 녹색당은 상이한

32) Yves Meny and Andrew Knapp, *Government and Politics in Western Europe: Britain, France, Italy, Germany*, 3rd ed. (Oxford: Oxford University Press, 1998), p.83.

단체들로 구성되어 있다. 대의민주주의를 인정하면서 연정참여에 긍정적인 실용주의 노선 그룹과 체제 비판적 입장에서 시민민주주의의 극복을 주장하면서 연정참여에 부정적인 근본주의 노선으로 구성되어 있다. 이러한 이념적 갈등에도 불구하고 환경, 사회복지, 여성문제, 비폭력 · 평화 등 탈물질주의적 가치를 효율적으로 구현하고 있다.[33)]

스웨덴, 스위스 및 오스트리아에서도 녹색당은 상당히 성공하였다. 노르웨이, 영국, 프랑스, 몰타 등에서는 의회진출에 실패하였지만, 지역단위에서 무시할 수 없는 세력으로 성장하였다. 1973년에 설립된 영국 녹색당은 1989년 유럽의회의 직접선거에서 거의 15%를 차지하였다. 이는 녹색당이 차지한 역대 최대득표이지만, 영국 선거제도의 문제점 때문에 그들은 한 석도 차지하지 못했다. 반대로 득표율은 낮았지만, 스코틀랜드의 녹색당은 1999년 스코틀랜드 의회 대표를 차지할 수 있었다. 비록 1989년 그리스에서, 1987년 포르투갈에서 녹색당 의원이 선출되기는 했지만, 녹색당이 남유럽의 신민주주의에는 큰 영향을 미치지는 못했다.[34)]

동유럽의 경우, 동독과 체코슬로바키아의 환경보전주의자들은 1989년 공산체제를 붕괴시키는 데에도 기여할 정도로 그 힘이 강하였다. 1980년대에 폴란드의 크라코우 등의 대도시에서 오염반대 시위가 발생하였고, 체코슬로바키아의 '77인 헌장'에도 환경위기에 대처하기 위한 정강이 주요항목으로 나타났다. 헝가리에서는 다뉴브 써클(Danube Circle)이 반정부 여론을 동원하였으며, 동독의 녹색당은 역청탄을 사용하는 화력발전소 건설에 반대하기 위해 여론을 동원하였다. 소련에서는 시베리아 강들의 흐름 변경과 바이칼호의 오염문제가 주요한 정치적 문제로 되었다.[35)]

녹색당은 대개 적은 지지율을 획득하고 있다. 그럼에도 불구하고 그들의 최근 성장은 정당을 연구하는 전문가들 사이에서 상당한 관심을 불러일으키고 있다.

33) 김영태, "제2장 독일의 정치제도와 정치과정," 유럽정치연구회 편, 『유럽정치』(서울: 백산서당, 2004), p.61.

34) Michael Gallagher, Michael Laver and Peter Mair, *Representative Government in Modern Europe*, 3rd ed., pp.211-213.

35) 이주영 · 김성형, 『현대유럽의 역사: 제2차 세계대전부터 현재까지』(서울: 삼지원, 2002), pp.228-229.

1990년대에 서유럽국가에서 녹색당은 괄목할 만한 선거지지율을 획득했으나, 대규모 정당들과 비교해 볼 때 대안의 정당으로는 역부족이었다. 서유럽에서 1980년대에는 평균 2% 정도, 1990년대에는 5% 미만의 득표율을 차지하였다. 그럼에도 불구하고 녹색당의 등장과 점증하는 인기는 새롭게 성장하는 현상이며, 최근의 선거에서 그들에 대한 지지도는 계속 늘어가고 있다. 국가마다 녹색당은 상당히 다양한 형태를 보이고 있다. 예를 들면, 벨기에에서 녹색당의 지지율은 1990년대에 10%를 상회하였다. 오스트리아, 핀란드, 프랑스, 독일, 룩셈부르크, 스위스에서는 평균적으로 6 내지 9%의 득표율을 획득했다. 네덜란드에서도 녹색당은 비슷한 수준의 지지율을 받았지만, 대안 정당이 되기 위해서는 신좌파 정당이나 구 공산당과 선거 동맹을 하여 경쟁하여야 하는 과제를 안고 있다.

비록 유럽에서 녹색당이 비약적 발전을 하지는 못했지만, 다른 관점에서 그들은 1990년대 후반 벨기에, 핀란드, 프랑스, 독일 그리고 이탈리아에서 새로운 정부연합에 참가함으로써 정치적 성공을 시도하였다. 룩셈부르크, 네덜란드, 스위스에서도 곧 이런 성공이 이루어질 것으로 예상되고 있다. 결국 중도좌파 정부를 수립하는데 녹색당 없이는 어렵다는 점이 녹색당이 기여할 수 있는 가장 큰 부분이다. 예를 들어 1990년대 후반 프랑스, 독일, 이탈리아에서 녹색당 없이는 어떤 좌파연합도 중도우파 정부를 대체할 수 없을 것으로 인식되었다.

녹색당의 정책적 강조는 환경을 지키고자 하는 욕구에 자긍심을 불어넣어 주는 것이다. 이는 경제발전에 장애가 되고 산업과 상업활동에 제약을 주게 된다. 녹색당의 강령은 또한 제3세계에 대한 원조의 양을 늘리고 평화를 위한 군축을 실시할 것 등을 강조하고 있다. 그들은 사회 정의, 여성평등과 소수민족에 대한 동등한 취급 등을 강조한다. 녹색당은 또한 참여민주주의를 강조하고, 심지어 자신의 조직에서 최대의 풀뿌리 민주주의가 이루어질 수 있도록 조직적 변화를 모색하고 있다. 마지막으로, 좌파의 다른 작은 정당들과 마찬가지로 그들은 유럽통합의 가치에 대하여 의문을 갖곤 한다. 녹색당에 의하여 제기되는 이슈들이 중요한 이슈로 부각되고, 이 이슈들은 좌파 모든 정당의 정책 안건에 있어서 상위에 랭크되어 있다는 점은 녹색당의 성공을 판단케 하는 중요한 요소이다.[36)]

36) Ferdinand Muller-Rommel (ed.), *New Politics in Western Europe: The Rise and Success of Green Parties* (Boulder, Colo.: Westview Press, 1989).

(4) 주요국의 좌파정당

프랑스 내의 좌파활동에 있어서 가장 주목할 만한 일은 친소공산당(PCF)의 약화와 미테랑(Francois Mitterrand) 하에서 사회당의 부상이다. 프랑스에서 좌파는 1950년대 이래 1980년대에 가장 강한 세력을 보유했으나, 좌파를 지배하고 있는 사회당 세력은 1990년대에 다시 약화되었다. 좌파의 약화와 더불어 녹색당이 세를 불려 나가기 시작하였고, 1997년에 그들은 사회당 및 공산당과 연합하여 정부에 참여하게 되었다. 사회당 후보였던 미테랑은 1981년과 1988년에 계속 당선됐으나, 1995년 사회당 후보였던 조스팽(Lionel Jospin)은 낙선하였다.

서유럽에서 전통적인 좌파에 가장 큰 도전을 한 것이 바로 독일에서의 녹색당의 움직임이었다. 사민당은 오랜 기간 좌파를 효과적으로 지배해 왔는데, 이는 나치즘의 경험에 의한 극단주의에 대한 우려와 공산당의 금지가 큰 이유였다. 현재는 녹색당의 성공적인 등장과 동독 공산당의 예상치 못한 성공으로 인하여 사민당의 독점은 붕괴된 상태이다. 그러나 녹색당과의 새로운 연합으로 인하여 16년 만에 처음으로 사민당은 정부내각에 참여할 수 있게 되었다.

노동당이 1980년대 내내 야당을 벗어나지 못했지만 영국은 한 정당이 좌파를 계속 독점하고 있었다는 점에서 독특하다 할 수 있다. 일부 공산주의 지도자들이 노동조합 운동 내에서 명성을 얻고 있지만 공산당은 1945년 10만 표를 획득하여 두 명의 의원을 배출한 바 있다. 최근 선거에서 어떤 신좌파나 녹색당도 두드러진 활약을 보여주고 있지는 못하며, 1997년에 노동당은 블레어(Tony Blair)의 리더십을 앞세워 18년 만에 집권에 성공하게 되었다. 블레어의 '신' 노동당은 블레어 자신이 부르는 '제3의 길'을 지지하면서 사회와 헌법을 개혁하기 위한 대규모 프로그램을 시작하였다.

동유럽과 구소련의 붕괴 이후 서유럽에서 가장 큰 이탈리아의 공산당은 두 가지 방향으로 분리되었다. 첫째는 민주적 좌파로 불리는 사회민주당이 되었고, 둘째는 더 작고 전통적인 재건공산당이 된 것이다. 이탈리아에서 좌파는 늘 분열상을 보였다. 공산당은 정부 구성 시 항상 배제되었고, 사회당(PSI)과 중도사민당(PSDI)은 1980년대 전반에 걸쳐 기민당이 중심이 되어 정부를 구성한 5개 연합정당 중에 기본적인 역할을 하였다. 1996년 좌파연합이 처음으로 성공하였고, 이러한 연합은 좌파 민주당(Democratic Left), 녹색당, 좌파 경향을 보이는 구기민당 등을 포함하고 있었다. 그러나 이러한 연합이 지속될 수 있을지는 의문으로 남아 있다.

네덜란드에서 기민당(CDA)과 자유민주당(VVD)이 항상 의회의 과반수를 차지하였기 때문에 좌파는 항상 정부에서 배제되어 왔다. 실제로 1958년과 1989년 사이 정권을 주도하던 기민당이 파트너였던 자유당을 제거하고, 다른 당을 파트너로 삼게 되면서 노동당(PvdA)은 단지 세 번, 총 7년에 걸쳐 정부에 참여하였다. 노동당에 대한 지지는 1990년대 초에 증가하여 1994년 중도좌파 연합의 지배정당이 되었다. 노동당보다 좌파 성향이 강한 녹색좌파정당(Green Left)과 사회당은 1998년의 선거에서 지지율을 향상시켰다.

사회당(PSOE)은 스페인에서 오랫동안 가장 성공적인 정당이었으며, 1982년, 1986년, 1989년과 1993년 선거에서 성공하여 단일과반수 정당으로 정부를 구성하였다. 1998년에는 보수성향인 인민당(People's Party)에게 패배하였다. 사회당은 유럽의 사회주의 정당들 가운데 가장 온건노선을 걷는 정당 중에 하나이며, 이러한 성향이 중도우파의 성공을 지연시키는 요인이 되었다. 민주화 직후의 희망에도 불구하고 공산당(PCE)은 정치에 큰 영향을 미치는 데 실패하였고, 사회당과 함께 좌파 연합의 일원으로 참여하고 있다. 그리스나 포르투갈처럼 스페인은 신좌파나 녹색당의 출현을 경험하지는 않았으나, 다른 좌파세력들은 다양한 민족주의와 지역주의 내에서 활동하고 있다.

스웨덴은 급진적 사회민주주의의 모델로 여겨지듯이, 서유럽에서 가장 성공적인 사회민주당(SAP)을 오랫동안 유지하고 있다. 이 정당은 1932년부터 1976년까지 40년이 넘게 집권하고 있으며, 유럽에서 가장 발전된 복지국가를 만들고 유지시키고 있을 뿐만 아니라 가장 잘 통제된 국가이기도 하다. 그러나 선거와 정책 면에서의 성공에도 불구하고, 사민당은 최근에 형성된 환경 정당을 포함한 좌파의 도전으로부터 결코 자유로울 수는 없었다. 공산당은 비교적 작은 규모이지만 선거에서 꾸준한 지지율을 보여왔다. 그러나 최근 들어서는 이웃정당인 거대 사회당을 반대만 하기보다는 협력하려는 모습을 보이고 있으며, 1994년 이후 소수 단일정당인 사민당이 구성한 정부를 지지하려 하고 있다.

2) 중도 및 우파정당 집단

우파 정당집단들은 좌파 정당집단보다 좀 이질적이고, 상대적으로 높은 지지를 받는 경향을 보였다. 이러한 우파 정당집단에는 종교적 가치를 보호하는 보수주의가 주류를 이루는 기독교 민주당(Christian Democrats) 집단, 조직화된 종교와 전통적으로 연결되지 않고 반사회주의적인 성향을 보이는 보수당 집단, 중도 정당의 성격인 영국의 자유당과 우익정당인 네덜란드 자유당을 포함한 자유당 집단으로 이루어졌다. 다양한 농업 이익을 수호하려고 조직된 농민당 혹은 중도 정당 집단도 있다. 마지막으로 인종차별주의를 강화하고 외국인 혐오증을 특징으로 하는 극우정당집단들도 있다.

(1) 기독교 민주당

기독교 민주당은 수많은 독특한 요소로 구성되어 있다. 역사 깊은 로마 가톨릭을 기원으로 하고, 19세기 후반에 등장하기 시작하였고 지금은 서유럽에서 가장 강력한 집단인 기독교 정당으로 되어 있다. 오스트리아, 벨기에, 이탈리아, 룩셈부르크, 스위스의 기독교 민주당은 이러한 특성을 지니고 있다. 그러나 스위스 정당은 또한 프로테스탄트 유권자들의 지지를 받고 있기도 하다.

전후 기간 대부분 기민당은 서유럽 정치의 중도우파 중에서 가장 거대한 단일 정당을 유지하였다. 이 정당집단은 대개의 서유럽 민주국가들에 존재하고 있으나, 아이슬란드, 몰타, 영국 등에는 없다. 또한 포르투갈과 스페인에서는 정치권력과 큰 관련 없이 등장하였다.

제2차 세계대전 이후 기민당은 유럽 정당 체계에서 중요한 역할을 했다. 아마도 기독교 민주주의의 가장 두드러진 특징은 그것의 통합적 성격과 다원주의에 대한 믿음일 것이다. 기독교 민주주의는 노동 계층의 지지를 주로 받기 시작하였으나 점차 중산층 계층까지 확대되었다.

현재 유럽에 있는 기독교 민주당들은 정도의 차이는 있지만 가톨릭과 프로테스탄트 유권자로부터 상당한 지지를 받고 있다. 독일 기독교민주연합(CDU: Christian Democratic Union)과 기독교사회연합(CSU: Christian Social Union)은 모두 전후 재건 기간인 1945년에 형성되었다. 그들은 독일의 나치 체제 이전

시절의 지배 정당 중 하나였던 구가톨릭 중앙정당(Catholic Center Party)을 승계하였다. 그러나 전쟁 이전 기간에 분명히 나타났던 분열을 해소하려는 노력으로 새 CDU는 1945년 가톨릭과 프로테스탄트 연합의 지지를 얻기 위해 노력하였다. 이러한 종파간의 유대는 동독이 프로테스탄트 유권자들을 상당히 높은 비율로 포함하고 있었기 때문에 독일 통일 이후 적극 추진되었다.

기독교 민주당 간의 유대관계 형성은 네덜란드 기독교 민주연합(CDA: Dutch Christian Democratic Appeal)이 대표적이다. 원래 가톨릭 인민당(Catholic People's Party)과 두 개의 작은 프로테스탄트 정당인 반혁명정당(ARP: Anti-Revolutionary Party)과 기독교 역사연합(CHU: Christian Historical Union) 등 세 개의 정당으로 분리되어 있었다. 이들은 1975년에 연맹을 만들었고, 1980년에 단일 정당으로 병합되었다.

보다 최근에 프로테스탄트 정당들이 등장하였다. 이들 중에는 제2차 세계대전 이후 선거에 처음 참여한 정당들도 있다. 덴마크, 노르웨이, 스웨덴의 기독교 민주당이 대표적이고, 네덜란드와 스위스의 덜 복음적이고 개혁적인 프로테스탄트 정당도 포함한다. 스웨덴의 기독교 정당은 1990년대 선거에서 지지도가 급상승하여 1990년대 중반 스웨덴 중도우파 연합정부에 동참하게 되었다. 노르웨이의 기독교 인민당(Christian People's Party)은 1997년에 거의 14% 지지를 받는 등 1990년대의 성공적인 지지 획득으로, 사회민주당의 소수정부를 중도우파 소수연합으로 대체하는 데 있어서 상위 파트너가 되었다.[37)]

기독교민주당 이데올로기의 두드러진 특징 중 하나는 자본주의와 마르크스주의의 극단주의적인 사상을 전면적으로 거부한다는 데 있다. 자본주의와 마르크스주의가 내세우는 물질주의는 교회의 대부분의 가르침에 반하는 것이다. 이러한 물질주의의 두 유형으로 나타난 자본주의 및 마르크스주의와 거리를 두자는 취지에서 독일의 기민당은 1947년 당이 내세운 프로그램의 이름을 '기민당, 자본주의와 마르크스주의를 모두 능가하는 정당'으로 선택했다. 이탈리아의 기민당과 프랑스의 인민공화운동당(MRP: Movement Republican Populaire)이 발표

37) Michael Gallagher, Michael Laver and Peter Mair, *Representative Government in Modern Europe*, 3rd ed., p.215.

한 1945~1946년 프로그램도 이와 유사한 불신으로부터 영감을 받은 것이라고 볼 수 있다. 이 두 정당이 채택한 정치적 입장은 교회교리에서 영감을 받은 기독교 민주주의 가치관의 위계서열을 반영한 것이었다. 즉, 영적인 것이 물질적인 것에 우선하므로 경제는 인류에 봉사해야 한다는 생각이다.

이러한 기초 아래 기독교민주당은 경제가 사회적 이익보다 우선한다고 보는 보수주의와 결별을 선언했다. 이러한 기독교민주당의 우선순위 서열화는 여러 번에 걸쳐 구체적인 정치적 결과를 불러왔다. 특히, 제2차 세계대전 이후 프랑스에서는 가족과 경제 계획을 선호하는 정책이 등장하였고, 이탈리아에서는 기능공, 상점주인, 영세 농민에 대한 지원이 제공되었다. 또한 독일에서의 광업과 철강 산업 부문의 공동경영정책은 이러한 인도주의적인 사회적 신념의 산물들이었다.

그러나 자본주의 및 공산주의와 등거리를 유지하겠다는 기민당의 정치적 입장은 그리 오래가지는 못했다. 전후 기민당이 성공할 수 있었던 것은 새로운 정치집단 그 자체에 대해 국민들이 본능적인 호감을 가지고 있었다는 사실뿐만 아니라, 이에 못지 않게 권위주의 정권이 이탈리아, 프랑스 그리고 독일 등지에서 물러나면서 전통적인 우파 정당이 몰락했다는 데에서도 그 원인을 찾아볼 수 있다. 기민당이 그리스도 교인들을 위한 정당이었음에는 틀림없지만 온건 우파의 이익을 대변했다는 사실을 간과해서는 안 될 것이다.

기민당은 애초부터 한편으로는 우파와 차별되는 자신들만의 교리와 다른 한편으로는 정당 지도자들보다는 좀 더 보수적인 색채를 띠는 유권자들 사이에서 갈등하는 형국이었다. 유권자의 정치적 성향보다는 기민당 자체의 정치적 이상에 좀 더 충실하고자 했던 프랑스의 MRP와 같은 정당들은 그러한 자신들의 선택에 대한 대가를 치러야 했다. 우선 이 정당들은 세력이 약화되어 결국에는 붕괴되었다.

이와는 대조적으로 냉전 분위기 속에서 반공산주의 성향의 유권자들은 기민당에 표를 몰아 주었고 이러한 바람을 잘 이용한 독일의 CDU-CSU와 이탈리아의 기민당은 그들이 최초에 표방했던 반자본주의를 부인하고 시장경제로 전향하는 데 성공했다. 기민당은 경제 자유주의의 열렬한 신봉자였던 에르하르트(Ludwig Erhard)가 이끌던 서독에서 자신들의 이러한 전향을 "사회주의적 시장

경제"라고 재명명했다.[38)]

이데올로기의 용어로서 기독교 민주주의는 폭넓은 도덕적 구조와 기독교 원칙에 자유주의와 보수주의, 사회주의가 가지고 있는 수많은 관점들을 포함해 왔다. 자유주의와의 공통점에서, 기독교 민주주의는 인권(사유권 포함)과 개인의 창의 가치를 주장하였다. 그러나 기독교 민주주의자들은 자유적 세속주의를 비판하고, 사회적 · 종교적 공동체의 일부로서 개인을 평가하는 자유주의보다 덜 '개인주의자' 들이다. 기독교 민주주의자들은 사회의 진화론적인 발전을 주장하는 보수주의자들과 공동의 견해를 공유하고 있으나 변화를 반대할 만큼 '전통주의자' 들도 아니다. 보수주의와 함께, 그들은 공산주의를 강력하게 반대한다. 사회주의자들과 공통적으로 기독교 민주주의자들은 사회 연대를 강조하지만, 사회의 특정 영역보다 전체로서 사회의 행동을 강조한다. 그들은 국가가 사회의 가장 약한 부분에 대하여 책임을 져야만 하고 경제를 도모해야 한다고 믿었으나, 국가의 과도한 개입을 지지하지는 않았다. 분명히, 제2차 세계대전 종료 직후 사회연대와 사회복지에 대한 그들의 아이디어는 공동체의 정신적인 복지(spiritual welfare)가 어떠한 계층이나 개인의 이익을 만족시키는 물질적 이익보다 우선해야 한다는 믿음에 기반한 것이었다.

제2차 세계대전의 경험은 이러한 가치들을 뒷받침해 주었고, 기민당의 대중적인 지지가 급상승하였다. 이들 정당들은 전쟁 이후 유럽 석탄철강공동체(ECSC: European Coal and Steel Community)와 EEC 같은 유럽의 초국가 기구를 통한 화해를 유도하였고, EU에 대한 확고한 지지를 유지하였다. 전후 기간, 이들 정당들의 기독교적 정체성은 변질되었고, 그들은 중도 우파나 중도 좌파 유권자들의 대표로 남게 되었다. 그러나 특정 이슈들은 여전히 그들의 근본 정신을 반영하였다. 기민당은 피임, 낙태, 이혼에 대한 문제들은 개개인이 판단하도록 해야만 한다는 것을 점차적으로 수용했지만, 그들은 여전히 '임신중절반대(pro-family)' 태도를 여전히 유지하고 있다. 또한 그들은 교육의 통제에 대한 교회와 국가와의 장기간 충돌 속에서 교회 학교(church school)에 대한 주장을 확

38) Yves Meny and Andrew Knapp, *Government and Politics in Western Europe: Britain, France, Italy, Germany*, 3rd ed. (Oxford: Oxford University Press, 1998), p.71.

고히 할 수 있었다.[39)]

기독교 민주당은 탈냉전기에 들어서면서 상당한 침체를 겪었는데, 1950년대에 거의 평균 21%의 지지를 받았던 것이 1990년대에 들어서는 15% 수준으로 떨어졌다. 가장 극적인 감소는 네덜란드에서 나타났는데 다양한 기독교 정당들이 1950년대 선거에서 절반 이상의 지지를 받았으나 1990년대에 있었던 선거에서는 4분의 1도 채 안 되는 득표를 하였을 뿐이다. 1994년에 지배 정당인 기독교 정당은 선거에서 18%를 조금 웃도는 득표를 하여 최악의 결과를 기록하였다. 또한 인접국인 벨기에에서 기록한 지지율 감소도 살펴볼 수 있는데, 벨기에 가톨릭 정당(하나는 Flemish 쪽, 하나는 Wallon 쪽)은 그들의 지지율 절반 이상을 잃었고, 결국 정부에서 실각하게 되었다.[40)]

기독교 정당은 그들의 대중적 기반, 사회 관심, 사회 충돌을 일으키는 정책에 대한 저항이 항상 그들을 보다 중도적이고, 복지국가 옹호 프로그램을 추진하도록 만들기 때문에 보수 정당과 쉽게 구별이 된다. 또한 전후 유럽에서 복지국가의 발전 뒤에 숨은 동기는 사회 민주주의에서 나왔다기보다는 가톨릭 집단의 압력으로부터 발생한 것이다. 이는 특히 벨기에, 네덜란드, 이탈리아에서 나타났는데, 이 지역에서 사회 민주주의는 항상 상대적으로 약했다.[41)] 요컨대, 기독교 민주당은 전통적으로 국가 중심적인 정당이고, '신자유주의적(neoliberal), 자유주의적(libertarian), 개인주의적(individualistic)인 정책'에 반대하는 사회 민주주의와 의견을 공유하였다. 작은 규모의 프로테스탄트 정당 일부와 별개로, 기독교 정당들은 유럽 통합에 대한 가장 강력한 옹호자들이기도 하다.[42)]

---

39) Patricia Hogwood and Geoffrey K. Roberts, *European politics today*, 2nd ed., p.44.

40) Michael Gallagher, Michael Laver and Peter Mair, *Representative Government in Modern Europe*, 3rd ed., p.215.

41) Kees van Kersbergen, *Social Capitalism* (London: Routledge, 1995); Harold L. Wilensky, "Leftism, Catholicism and Democratic Corporatism: The Role of Political Parties in Recent Welfare State Development," in Peter Flora and Arnold Heidenheimer (eds.), *The Development of Welfare States in Europe and America* (London: Transaction Books, 1981), pp.345-382.

42) 기독교 민주당에 대하여는 Stathis N. Kalyvas, *The Rise of Christian Democracy in Europe* (Ithaca: Cornell University Press, 1996); Mario Caciagli, et al., *Christian Democracy in Europe* (Barcelona: Institut de Ciencies Politiques i sociales, 1992); David Hanley (ed.),

(2) 보수당

보수주의는 프랑스혁명과 자유주의적 급진주의 이념에 반대하면서 19세기 초반에 등장하였다. 보수주의 이데올로기는 각 국가의 기원에 강하게 연계돼 있는 동시에 자국의 전통을 보호하고 이익을 증진시키는 것에 목적을 둔다. 국가에 대한 애착이 보수주의에 의해 공유되는 반면, 보수주의는 국가마다 다른 방식으로 존재한다. 이는 보수주의의 본질을 매우 어렵게 만든다. 그러나 민족주의에 더하여, 보수주의를 이데올로기 집단으로 통합하는 몇 가지 공통의 요인이 존재한다. 첫째는 개인의 부와 민간 기업을 보호하는 것이다. 전후, 이러한 입장은 경제 분야에서의 국가 개입주의에 반대를 촉구하였다. 보수주의가 복지국가의 원칙과 조화를 이루는 반면, 좀 더 급진적인 집단들과 정당들은 '국가의 회귀(rolling back the state)' 를 주장하였다. 인간 본성에 대한 심오한 비관주의는 보수주의가 권위와 법과 질서의 원칙을 지지하도록 유도하였다.[43]

보수주의의 특징은 사유재산과 권위의 원칙 옹호, 만인에게 부여되는 참정권에 대한 거부감으로 대별된다. 보수주의는 참정권의 발전 과정을 놓고 볼 때 몇 번의 예외(디스라엘리의 1867년 개혁법이 가장 좋은 예임)를 제외하고 20세기 초까지 만인에게 참정권이 부여되는 것을 방해하거나 지연시키기 위해 노력했다. 또한 기본적으로 보수주의자들은 국가의 개입에 분명히 적대적인 태도를 취하고 재산권 보호를 위해서 최선의 노력을 기울였다. 그러나 이러한 보수주의의 원칙으로 인해 유럽의 보수 정당들이 복지 사회가 요구하는 바에 적응하는 것을 포기한 것은 아니었다. 유럽 민주주의 국가들은 국민총생산의 35% 내지 50%를 공공지출에 사용하고 있는데, 이러한 상황은 오로지 사회주의자들 또는 사회민주주의 정책 운영에 의한 결과는 아니었다.[44]

일반적으로 서유럽 전체에서 보수당은 기독교 민주당보다 많은 지지를 받아왔다. 1950년대에 평균 18%에 근접하였던 것이 1990년대에는 18% 겨우 넘은

The Christian Democratic Parties: A Comparative Perspective (London: Pinter, 1994); Kees van Kersbergen, *Social Capitalism* (London: Routledge, 1995)을 참고할 것.

43) Patricia Hogwood and Geoffrey K. Roberts, *European Politics Today*, 2nd ed., p.43.

44) Yves Meny and Andrew Knapp, *Government and Politics in Western Europe: Britain, France, Italy, Germany*, 3rd ed., pp.63-64.

것을 보면 기독교 민주당에 대한 지지가 유동적이었던 반면, 보수당에 대한 지지는 고정적이었다는 평을 받고 있다. 보수당이 매우 성공적으로 존재하고 있는 국가는 프랑스, 아이슬란드, 아일랜드, 영국으로 1990년대에 약 40% 정도의 지지율을 받아 선거에서 승리하였다.

자유당과 기독교 민주당 집단처럼 서유럽에서 보수주의 내에 존재하는 몇 가지 특징이 있다. 한 가지 중요한 특징은 보수당이 '국가' 정당으로 간주되고 있다는 것이고, 국가 이익의 추구를 강조하여 보수적인 사회경제와 연계를 맺는 것이다. 이러한 특징은 아이슬란드의 독립당(Independence Party), 아일랜드의 집권정당인 공화당(Fianna Fail), 프랑스의 드골당, 영국의 보수당에서 찾아볼 수 있다. 이 4개 국가들의 보수당은 국가 관습의 중요성을 강조하고, 분파적인 혹은 계급정치의 '반 국가적' 성격을 비난한다. 이탈리아의 새로운 전진이탈리아당(Forza Italia)은 이 그룹에 속하기를 희망하고 있다. 유럽 보수주의의 두 번째 특징은 덴마크, 핀란드, 노르웨이, 스웨덴의 전통적인 보수당에서 찾아볼 수 있다. 이 국가의 보수당들은 국가의 개입에 적정 수준으로 반대를 하고, 정책형성에 있어 합의적 접근을 이행하는 것을 특징으로 한다.[45]

보수당의 정책 우선순위는 상당히 특이하다. 비록 보수당이 다른 정당들과 함께 복지에 대한 일정선을 약속하고 있으나, 이는 다른 우파 정당들의 프로그램에 비해 보수당 프로그램에서 낮은 순위를 차지하고 있다. 오히려 보수당은 사기업에 대한 지원의 필요성을 강조하고, 긴축 재정을 강조한다. 또한 정부의 효율성뿐만 아니라 법과 질서를 강조한다. 그리고 수많은 국가에서 보수당은 전통적 국가 가치의 중요성을 강조하고, 때때로 유럽 통합에 대하여 모호한 태도를 보인다.[46]

어떤 고정된 교리가 없는 상황에서 보수주의는 기회주의적인 태도를 취하는 경향이 있고 상황의 지배적 분위기와 순간적 이익의 추구라는 견지에서 보수주의에 유용하다고 판단되는 것은 누구든지 혹은 무엇이든지 수용하는 태도를 보

45) Michael Gallagher, Michael Laver and Peter Mair, *Representative Government in Modern Europe*, 3rd ed., pp.217-218.

46) Brian Girvin (ed.), *The Transformation of Contemporary Conservatism* (Beverly Hills: Sage, 1988).

인다. 자유주의자와 보수주의자의 연대와 같이 19세기에는 감히 상상조차도 할 수 없었던 일이 오늘날에는 매우 보편화되었다. 그리고 연립정부 구성이 빈번하게 발생함에 따라, 크게 보자면 일반 정당의 이데올로기적 교리 그리고 작게 보자면 보수주의 정당을 더 유약하고 유동적인 것으로 만드는 결과가 나타나고 있다.

1950년대 영국의 실용주의는 버츠켈리즘(Butskellism)으로 통했다.[47] 그러나 1970년대와 80년대에 들어서 영국 보수주의는 신우파의 영향을 받아 이데올로기의 회귀로 대체되었다. 신보수주의는 레이건(Ronald Reagan)과 대처(Margaret Thatcher)가 주창한 이래 전 세계 많은 국가로 확산되었다. 예를 들어, 프랑스의 시라크(Jacques Chirac)는 1976년에 자신은 "프랑스식 노동당"을 표방하고 자신이 이끄는 드골당은 프랑스 정치에서 "사회-민주적 경향"을 대변한다고 주장하기까지 했다.

신보수주의자들의 공통점은 모든 일에 간섭할 수 있는 국가에 대한 비판에서 시작한다. 그러나 이들이 국가를 상대로 한 전투는 전면전이었다기보다는 국가의 특정 부문 특히, 경제 영역과 사회 문제에 개입하는 부문을 상대로 한 것이었다고 보는 것이 옳을 것이다. 이와 대조적으로 이들은 대내외적 안보라는 미명하에 국가의 정책 기능 부분은 과거 그 어느 때보다 강화할 것을 요구하고 있다. 이러한 전통적 보수주의 원칙으로의 회귀 현상은 행동 차원의 문제라기보다는 수사학 차원의 문제로 볼 수 있다. 그럼에도 불구하고 이러한 현상은 복지국가의 역할 및 위치와 관련해서 서구 사회가 어떠한 이데올로기 변화 과정을 겪었는지를 반영한다는 점에서 시사하는 바가 크다.[48]

(3) 자유당

유럽은 자랑스러운 자유주의(Liberalism)의 역사를 가지고 있고, 이러한 자유주의 정신은 서구 민주주의의 철학적, 제도적인 발전에 크게 기여하였다. 그러

47) 이 용어는 영국 보수당 지도자 R. A. Butler와 노동당 지도자 Hugh Gaitskell을 합성하여 만든 용어이다.

48) Yves Meny and Andrew Knapp, *Government and Politics in Western Europe: Britain, France, Italy, Germany*, 3rd ed., pp.64-65.

나 자유주의자들은 사회적 지지 기반을 확장시키지 못한 채 자유주의 신념의 본질적 측면만을 개발하는 데 열중하였다. 그 결과 자유주의 철학이 제도권과 심지어는 다른 사조를 가진 정치세력의 프로그램에 침투되었음에도 불구하고 자유주의자에 대한 유권자의 지지는 상당히 약화되었다. 자유주의자들은 강한 영향력을 가지고 있지만 정치적 힘은 미약해진, 정치권에서 갖는 위치를 규정하기 어려운 정치집단이 되었다.

19세기 초 스페인에서 처음 등장한 이 자유주의라는 용어는 당시에는 1812년 카디스(Cadiz) 헌법을 옹호했던 사람들을 지칭하는 말로 사용되었다. 이 말이 나중에는 영국(벤담의 저작물들을 통하여)과 프랑스로 전파되어 벤자민 콘스탄틴(Benjamin Constant)과 샤토브리앙(Chateaubriand)을 포함한 많은 사람들의 인간 자유에 대한 활발한 논의에 불을 붙였다. 그러나 실제로 자유주의자라는 말이 알려진 계기는 영국의 휘그(Whigs) 당이 자유당(Liberal Party)이라고 당명을 개칭하면서부터이다. 자유당은 제1차 세계대전까지만 해도 영국에서 매우 강력한 정당이었다. 프랑스에서는 7월 군주정(July Monarchy)하에서 그리고 제3공화정 때 자유주의자들이 강력한 영향력을 행사했다. 또한 이탈리아에서 자유주의자들은 이탈리아 통일국가 건설에 중추적인 역할을 했다.[49]

자유주의는 19세기 중반 무렵부터 강력한 힘을 가지고 있었다. 이 시기에 그들의 목표는 절대 군주정에 대항하고 입헌 정부의 촉진, 개인의 자유와 재산의 보호, 참정권의 확대를 포함하였다. 자유주의는 철저한 세속주의를 지향했는데, 특히 프랑스나 이탈리아에서 강력한 교회의 반발에 직면하였다. 오늘날 자유민주주의자들의 주장이 급진적이라고 규정하기는 어려운데, 왜냐하면 그들이 현대 자유민주주의 정부의 원칙들로 확고하게 자리잡았기 때문이다. 실제로 자유주의자들은 서유럽의 철학과 정치제도에 영향을 미치는 데 있어서 어떠한 다른 이데올로기 집단보다 성공적이라는 평을 받고 있다.[50]

현대 정치에서 자유주의자들은 그들 자신의 성공으로 인하여 희생되었다. 그들의 아이디어는 헌법질서 내에, 그리고 다른 정당들로 폭넓게 수용되었기 때문

49) Yves Meny and Andrew Knapp, *Government and Politics in Western Europe: Britain, France, Italy, Germany*, 3rd ed., p57.

50) Patricia Hogwood and Geoffrey K. Roberts, *European Politics Today*, 2nd ed., p.43.

에 그들은 더 이상 독립적인 입지를 가질 수 없었다. 더욱이, 많은 자유주의 정당들은 확실한 유권자의 지지층을 유지할 수 없었다. 자유주의가 개인의 자유와 재산을 보호하는 것을 중요시하게 되면서, 이 두 원칙이 서로 충돌할 경우 어느 쪽에 우선권을 부여해야 하는가에 대하여 파벌적 분열이 발생하였다.

19세기에 모든 자유주의자들은 절대군주에 대해 강한 반감을 가지고 있었고, 개개인의 자유들은 보호되어야 하며, 참정권의 범위는 확대되어야 한다는 공통된 입장을 견지했다. 다시 말하면, 온건하고 균형적인 정치 체계의 틀 속에서 개인의 다양한 자유와 재산을 보호해 주는, 헌법에 기초한 정부 체계를 선호했다.

그러나 자유주의자들은 이러한 기본적인 원칙들에 대해서는 공동의 합의가 있었지만 개혁의 방법, 범위 그리고 속도에 대해서는 의견이 분분했다. 우선, 부르주아 계층을 대변하고 이들의 이익을 보호하는 데 급급했던 "보수주의적" 자유주의자가 있었고(예를 들어, 프랑스의 오르레아니스트: Orleanists), 프랑스와 이탈리아의 공화당 운동에서 발전하여 어떤 형태의 군주제에도 반대한 '급진적' 자유주의자가 있었다. 또한, 프랑스와 이탈리아에서처럼 교회가 가장 반동적인 세력으로 인식되었던 국가들에서는 '반성직자' 자유주의가 등장했다. 영국의 경우, 자유주의자들이 비순응적 조류를 타고 영국 국교회에 속하지 않는 교회들을 영국국교회와 평등하게 만들기 위한 투쟁을 전개하였다.

단일한 정치적 형태든지 아니면 다른 이름을 가진 여러 개의 정당으로 분열되었든지 간에 자유주의 운동은 변화(자유, 참정권)냐, 아니면 보수주의(재산)냐의 사이에서 내부 분열 때문에 약화되어 왔다. '왼쪽에는 마음을 오른쪽에는 지갑을' 이라는 헤리엇(Herriot)의 설명은 자유주의자들이 공통적으로 가지고 있는 딜레마이자 자유주의자들의 지지세력인 부르주아 계급의 모순을 적절하게 요약해 묘사하고 있다고 평가할 수 있다. 오늘날 유럽의 자유주의 정당들은 그들의 사회적 지지기반을 복원하고 새로운 사회 계층의 지지를 얻는 데 실패한 상황에서 내부 분열과 세력 약화를 경험하고 있다. 그러나 그렇다고 해서 자유주의자들이 미치는 영향력이 무시할 만큼 경미한 수준이라고 봐서는 안 된다.

서유럽에서 자유당에 대한 유권자들의 지지는 전후 기간에 증가되었고, 1990년대 총선거에서 거의 평균 10% 이상을 획득하였고 계속 확대되고 있다. 아이슬란드와 몰타는 민주주의를 확립한 유럽국가들 중에서 자유당이 존재하지 않는 국가들이고, 이에 반하여 포괄적인 의미에서 자유당은 포르투갈, 스페인에서 출현하였다. 아일랜드에는 1980년대에 진보민주당(Progressive Democrats)이라는 자유당이 등장하였다. 이 정당은 1987년 첫 번째 선거에서 11%의 득표를 하였고, 비록 득표율이 그 이후로 감소되었지만 공화당(Fianna Fail)과 함께 두 번이나 연합 정부를 형성하는 데 성공하였다.

자유당이 거의 모든 국가에 존재하고 있다는 사실에도 불구하고, 그 힘은 국가마다 다양하다. 예를 들어 1990년대 동안 벨기에, 룩셈부르크, 네덜란드, 스위스 등지에서 협의 민주주의로 알려진 집단에 소속된 자유당은 평균 20% 이상을 득표하여 선거에서 승리하였다.[51] 네덜란드의 경우 비록 지금은 좌경화된 민주66(Democrats 66)과 좀 더 보수적인 자유당이라는 두 정당으로 나누어져 있으나, 1950년대에 10% 미만에서 1990년에 35%까지 거의 4배 가까이 성장하였다. 반면, 좀 더 중도파에 편승된 복지를 강조하는 스칸디나비아 국가들의 자유당은 전후 선거에서 급속도로 표를 잃고 있다. 예외가 영국인데, 좌파 경향의 자유당은 노동당의 지지를 희생시키며 1980년대에 상당한 지지를 얻어냈고 1990년대에 평균 17% 이상의 표를 획득하였다.

역사적으로 자유당은 참정권의 확대, 개인 권리의 증진, 정치에 대한 성직자의 영향력 거부를 주장해 왔다. 사회 민주주의 출현 이전에 자유당은 보수당과 우파에 반대하는 첫 번째 정당으로 구성되었다. 비록 감소하고 있긴 하지만 교권반대주의와 개인 권리의 강조에 대한 관심이 아직 지속되고 있으며, 모든 유럽 자유당에 공통점을 부여하고 있다. 시간이 지나면서 자유당의 다른 관심사들은 변화하고 있으나, 유럽 자유주의의 분명한 두 가지 특성은 지금도 존재하고 있다.

첫 번째 특징으로 개인 인권에 대한 강조는 긴축 재정에 대한 관심을 이끌어 냈고, 경제에서 국가의 최소 개입에도 반대하는 것이다. 이러한 자유주의자들의 우파적 성향은 오스트리아에서 특히 중요한데, 오스트리아 자유당은 유럽 자유당 중 가장 우파적인 정당으로 간주되곤 하였으며 지금은 극우파 부류에 속한다

51) Arend Lijphart, *Democracy in Plural Societies* (New Haven: Yale University Press, 1977); Richar Luther and Kris Deschouwer (eds.), *Party Elites in Divided Societies: Political Parties in Consociational Democracy* (London: Routledge, 1999).

고 할 수 있다. 우파적 성향은 벨기에, 독일, 이탈리아, 룩셈부르크, 네덜란드, 스위스 등지에서도 나타났다. 자유주의에 대한 이러한 낙인은 강력한 기독교 민주당이 존재하여 자유주의자들의 반교권 개입주의가 중요한 논쟁점으로 부각되는 국가에서 발생하였다. 실제로 이 국가들에서 반교권 개입주의는 두 가지 경향으로 나타나는데, 사회당 또는 공산당 등 좌파와 비종교적인 자유당의 우파에서 나타난다.

유럽자유당의 두 번째 특징은 중도적인 입장을 보이는 것이다. 이 입장에서는 개인의 권리와 진보정치에 대한 관심이 사회정의와 평등에 대한 강조로 발전하게 된다. 이 두 번째 성향은 반개입의 자유주의를 받아들이고 반교권 개입주의에 대하여 별로 개의치 않는 보수당이 주요 우파정당인 국가에서 나타난다. 이러한 특징은 덴마크, 노르웨이, 스웨덴, 영국에서 나타나고, 네덜란드에서는 민주 66(Democrats 66)이 대표하고 있다.

자유당은 사회당과 보수당의 분열 속에서 중도적인 입장을 취하고 있기 때문에 유연한 정책을 취할 수 있고, 궁극적으로 연합정부를 구성하는 데 유리한 입지를 확보할 수 있다. 좌, 우파의 온건한 정당들과 함께할 수 있기 때문에 자유당은 모호한 태도에도 불구하고 의회정치에 적극 참여가 가능하다.

자유주의 이데올로기와 자유당 전략은 다양하기 때문에 자유당 정책에 대한 일관된 평가와 서술은 매우 어렵다. 영국, 노르웨이, 스웨덴의 좌경 자유당이 전통적으로 경제를 통제할 필요성을 주로 강조하였지만, 이러한 강조는 오스트리아, 네덜란드, 이탈리아 자유당 프로그램에서는 사라지기 시작하였다. 그러나 대부분 다른 정당들과 유사하게 모든 자유당은 복지주의로의 이행을 강조하고, 좌파와 농민당과 같이 환경 보호에 대한 필요도 강조하고 있다.

모든 자유당에 대한 특징으로 간주할 수 있는 것은 개인의 권리와 자유, 그리고 독재정치의 거부에 대한 지속적이고 광범위한 관심을 계속 가짐으로써 자유, 민주주의, 지방분권화와 사회정의를 강조하는 것이다. 그래서 자유당은 신좌파와 전통 우파 모두가 강조하는 일련의 정치적 호소를 반영하는 이상한 모습을 보이고 있다. 이는 중산층 유권자들을 겨냥한 이 세 집단들의 공유된 목표에서 기인한 것이다.[52]

주요국의 자유주의 정당

바이마르 공화국 당시 좌파와 우파 분열의 타협안으로 등장한 독일의 자유당은 비록 규모는 작지만 중요한 역할을 하였다. 1948년 독일 내 모든 자유주의 세력의 연합으로 창당된 자유민주당은 이념적으로 진보적 자유주의자와 보수적 자유주의 세력의 대립을 특징으로 하였다. 당내 이념적 균열에도 불구하고 자민당은 1970년대 이전까지 신자유주의 경제노선을 추구했으며, 외교적으로 유럽통합에 적극적인 기민연의 정책을 지지했다. 이러한 노선을 바탕으로 이 당은 기민-기사연합(CDU-CSU)이 절대 과반수 의석을 차지한 1957년부터 1961년까지, 그리고 사민-기민-기사(SPD-CDU-CSU)가 대연정을 구성한 1966년부터 1969년까지 두 번의 경우를 제외하고는 지금까지 계속적으로 집권 여당 구성에 포함되어 왔다. 자민당은 1971년 프라이부르크 강령을 채택하여 사회적 자유주의와 자유의 사회적 구속력을 강조하는 방향으로 노선을 변경하였다. 이러한 노선을 바탕으로 1982년까지 사민당과 연합정권을 지속할 수 있었으며, 이를 계기로 자민당의 지지계층이 구중산층에서 신중산층으로 이동하게 되었다.[53]

이탈리아에서는 1992년 정치적 대지각 변동이 있기 전에 자유주의자들의 입지는 별로 낙관적이지 못했다. 파시즘 시대와 제2차 세계대전이 끝난 후에 이탈리아 자유주의자들은 좌파와 기독민주당 사이에서 만족스러운 정치적 지위를 찾지 못하고 있었다. 이탈리아에서 정당이 등장한 배경, 구체적으로 말하자면 교황이 가톨릭 신도들로 하여금 정치적 책임을 지는 것을 1919년까지 금지했던 상황은 이탈리아에서 부르주아 세력의 이익을 대변해 줄 수 있는 대규모의 자유주의 정당이나 보수주의 정당의 등장을 방해했다. 더구나 이탈리아 자유주의자들은 자유당(PLI)과 공화당(PRI) 두 정당으로 분열하여 소수 정당으로 전락했다. 여기에 정당이름은 사회주의 색채가 강하지만 실제는 민주주의 이념을 내세운 정당인 사회민주당(PSDI)이 등장하면서 같은 성향의 유권자를 놓고 세 정당이

---

52) Emil J. Kirchner (ed.), *Liberal Parties in Western Europe* (England Cambridge: Cambridege University Press, 1988).

53) Yves Meny and Andrew Knapp, *Government and Politics in Western Europe: Britain, France, Italy, Germany*, 3rd ed., p.57; 김영태, "제2장 독일의 정치제도와 정치과정," 유럽정치연구회 편, 『유럽정치』(서울: 백산서당, 2004), p.60.

싸우는 상황이 전개되었고 이로 인해 이탈리아 자유주의 진영의 분열은 더욱 심화되었다. '세속적 중도주의(Secular Center)'를 표방한 이 세 정당은 득표수를 다 합해도 1948년부터 1992년까지 단 한 번도 14.5% 이상 득표한 적이 없었고 9% 내지 10% 정도 득표하는 게 보통이었다. 정당별로 보면 이 정당들은 만일 5% 또는 6%를 득표하면 선전했다고 말할 수 있는 수준이었다.

프랑스에서도 자유주의 진영이 분열되기는 마찬가지였다. 자유주의자들은 프랑스 제3공화국의 특색이었던 선거를 위한 느슨한 연대와 의회 파벌 형성에 동참하면서 응집력을 발휘하지 못했다. 프랑스 자유주의자들은 최근에 자유시장을 옹호하는 우파와 동일시되고 있는데, 다른 어느 국가보다도 프랑스에서 가장 두드러지게 나타나고 있는 이 현상은 자유주의를 반대하는 세력의 전유물만은 아니었다.

지스카르 데스탱(Valery Giscard d'Estaing)은 1974년 대통령에 당선된 직후 '선진 자유주의 사회(Advanced Liberal Society)' 건설을 요구했지만 실제로는 중도주의를 자처했고 실제로 경제위기 시에는 이에 대한 대응책으로 국가 개입을 주도했다. 그러나 미테랑 대통령과 사회주의 정부에 반대한 우파성향의 야당은 앵글로-아메리칸 신(新) 우파 사상이 프랑스에도 영향력이 강해짐에 따라 1980년대 초 · 중반에 국가를 회귀시키는 '자유주의적' 신뢰와 책임을 회복하게 되었다.

오늘날 대부분의 프랑스 자유주의자들은 민주자유당(Democratie Liberale: 공화당(Parti Republican)이 전신임) 소속으로서, 이들은 지스카르 데스탱에 의해 창설된 민주프랑스연합(UDF: Union pour la Democratie Francaise)에서 가장 큰 부분을 차지하고 있다. 민주자유당의 의장인 마드랭(Alain Madelin)은 쥐페(Juppe) 정부에서 일하는 동안 자유시장 경제에 대한 자신의 입장을 공공연히 표방하고 특히 공무원의 대규모 감축을 요구했다가 1995년에 자리에서 물러난 적이 있다. 그러나 민주자유당에 속한 모든 의원들이 이러한 의견에 동조하는 것은 아니고, 자유주의자들은 다른 정당에도 존재하고 있다.

영국 자유당은 원래 유럽의 자유주의 정당 중에서 가장 영향력 있는 정당이었다. 현재 영국 자유민주당은 유럽의 자유당 중에서는 득표수에 있어서는 가장 선전하고 있지만 예전과 동일한 수준이 아니다. 1905년부터 1915년까지 영국 자유당은 단독으로 정권을 장악하였다. 1915년부터 1945까지는 이 기간 중 거의 절반에 가까운 기간 동안 연립정부를 구성하는 정당으로서 정부에 참여했다. 자유당 출신의 마지막 수상이었던 로이드 조지(David Lloyd George)는 1922년 10월에 수상직을 마쳤다. 1945년 이후 자유당 출신의 수상은 한 명도 나오지 않았다.

당내 갈등으로 어려움을 겪었던 영국 자유당은 결정적으로 1918년 참정권 확대, 계급 정치의 강화, 그리고 그 결과로 나타난 보수당 반대 세력으로서 노동당의 급부상 등의 사건으로 인해 정치적으로 심한 타격을 입었다. 1935년부터 1959년까지 자유당은 영국 선거에서 득표율 9% 이상을 기록한 적이 없었고 1951년에는 득표율이 2.5%로 하락했다. 1960년대 이후 자유당은 낮은 지지율에서 회복하여 1964년에는 11.2%, 1974년 2월 선거에서는 19.3% 그리고 1983년에는 사회민주당과 연합하여 25.4%를 득표하였다. 그러나 자유당 지지율 회복은 부침이 있어서 상승과 하락이 번갈아 나타났는데, 1970년에는 7.5%, 1979년에는 13.8%, 1987년에는 22.5%, 1992년에는 17.8%(자유민주당), 1997년에는 17.2%의 득표율을 기록했다.

무엇보다도 중요한 사실은 영국의 자유당이 유럽 대륙 대부분의 국가들이 채택하고 있는 비례대표 선거제도하에서는 상당히 많은 의석을 기대할 수 있을텐데, 영국은 단순다수제를 택하고 있어 의회 진출의 길이 차단되고 있다는 점이다. 영국 자유당은 단독으로든 아니면 연립한 경우든 지난 1945년부터 1992년 사이에 의회에서 25석 이상을 차지한 적이 한 번도 없다. 이러한 점에서 지난 1997년 선거에서 영국 자유당이 46석을 획득했을 때 이는 비록 노동당의 텃밭에서 자유민주당 지지세력이 노동당을 지지해 주는 대가로, 자유민주당이 전통적으로 강세를 보인 지역구에서 노동당 지지세력이 자유민주당을 지지하는 선거 전술에 기인한 것이었지만 자유당의 승리로 큰 환영을 받았다.

유럽의 자유당들은 국가마다 대변하는 이익과 정치적 운명이 다르지만 이러한 다양성에도 불구하고 몇 가지 사상적 기반을 공유하고 있다. 유럽의 자유당들은 개인의 자유와 사유재산 보호, '큰 정부' 와 개입주의에 대한 반감, 세계의 다른 국가와의 개방적인 관계 추구, 그중 특히 유럽 국가들과의 개방적 관계를 도모하는 경향이 있다. 그리고 유럽의 자유당들은 아직은 과반수 정당으로 부상하지는 못했지만 정권을 잡은 경우나 야당으로 남아 있는 경우에 상관없이 그 정치적 영향력은 유권자에게 미치는 영향력보다 훨씬 더 강력하다. 비록 자유주의 성향을 공유하는 정당들은 새로운 사회적 기반을 구축하는 데는 성공하지 못했지만, 서방 정치세계에서 중요한 위치를 점하게 되었다. 이는 권력 공유를 통하여, 또한 다른 정당들이 이미 구축해 놓은 이념적 유산의 보호를 통하여 이루어지고 있다.

(4) 극우정당

극우정당들은 러시아의 공산주의 혁명과 제1차 세계대전 이후 경제적 어려움에 대한 민족주의, 보수주의, 군국주의적 대응으로 탄생하였다. 제1차 세계대전 이후 독일과 이탈리아를 비롯한 몇 개의 유럽국가에서 극우세력이 집권하였다. 이 체제들은 호전적이면서 팽창주의적인 정책, 민주주의와 인권에 대한 노골적인 무시, 민족 우월성에 기초한 학살정책 등을 적극 모색하였다.

1930년대 말까지만 해도 유럽에서 민주주의를 채택하고 있었던 국가는 영국, 스칸디아비아 국가, 프랑스, 베네룩스 3국, 체코슬로바키아, 독일, 이탈리아, 이베리아 반도의 스페인과 포르투갈 정도였다. 서유럽을 제외하고 대부분의 중부, 동부, 남동부 유럽의 국가들은 파시스트 정권 아니면 권위주의적 우파 정권의 통치하에 있었다. 그리고 이 국가들 대부분은 제2차 세계대전을 겪는 와중에 그리고 그 전쟁에서 연합군이 승리하게 되면서 공산주의자들의 통치하에 놓이게 되었다. 전후 유럽에서는 이들 국가와 이베리아 반도의 권위주의 우파 정권, 그리고 1967년부터 시작된 그리스 권위주의 정부를 제외하고는 모든 국가들이 민주주의를 실천하고 있었다. 1970년대 말 남부 유럽의 3국 스페인, 포르투갈 그리고 그리스의 독재주의 정권은 민주주의로 전환되었고 이로 인해 권위주의 통치는 유럽의 지도에서 완전히 사라졌다. 더욱 중요한 것은 수십만 명의 당원이 등록되어 있고 선거에서 전체 투표 중 4.5% 내지 8.5%를 정기적으로 득표하는 사회운동당((MSI-DN: Sociale Italiano-Destra Nazionale)이 있는 이탈리아를 제외하고는 파시즘과 극우파는 대체적으로 약화되었다는 사실이다. 그러나 극우파 정당들은 냉전이 종식되고 사회주의 국가들이 붕괴한 1990년대부터 세력을 점차적으로 회복하고 있다.

실질적으로 최근 몇십 년 동안 우파 정치에서 가장 충격적인 발전은 극우정당의 성장이다. 그러한 정당이 1950년대에 이탈리아, 프랑스, 드물게 독일에서만 존재하였으나, 지금은 오스트리아, 벨기에, 덴마크, 프랑스, 이탈리아, 노르웨이, 스위스에서 다소 강력한 경쟁을 하고 있다. 그러나 이러한 정당들은 아이슬란드, 아일랜드, 몰타, 영국에서는 별다른 경쟁을 하지 못하고 있으며, 그리스, 포르투갈, 스페인에서는 존재조차 하지 않는다. 그들에 대한 지지율은 1980년대에 평균 2%에 지나지 않았던 것이 1990년에는 6%를 상회하기 시작하며 성장하였고, 녹색당보다 많은 지지를 얻는 등 지난 수십 년간 3배의 지지율을 확보하였다.[54]

특히 1980년대 이후 새로운 극우정당들의 등장으로 과거에 익숙했던 이데올로기가 몇몇 국가에서 기반을 얻기 시작했다. 새로운 극우파 '인민(populist)' 당들은 과거 권위주의적 독재정권을 이끌어 왔던 비민주적 이데올로기로부터, 그리고 극단적 지지자들의 폭력 행위 모두로부터 그들 스스로 차별성을 보이려고 노력했다. 그럼에도 불구하고, 이들의 재출현은 서유럽 도처에서 우려의 대상이 되었고, 주류 정당으로부터 배제당하였다. 현재 극우정당들은 주류 정당들을 비효율적이라 폄하하고, 현대 사회의 전형적인 문제점들을 해결하기 위해 강력한 방안(종종 극단적으로 단순화하여)을 약속하였다. 그들은 극도의 국수주의자이며, 반외세주의자들이다. 전형적으로, 극우정당들은 그들 국가의 도덕성을 파괴하고, 범죄를 저지르고, 실업, 주택 문제의 원인을 제공하는 것은 이민자라고 주장하고 있다. 그들은 경찰력을 강화하여 법과 질서를 회복하겠다고 약속한다. 이데올로기적 차원에서, 그들의 목적은 국가와 사회를 이전의 신화적인 천국으로 회복시키는 것이다. 이들은 외국인을 불신함에 따라, EU와 같은 국제적 동맹을 거부한다. 새로운 인민당은 구시대의 조합주의적 경제 자립 국가(corporatist autarky)보다 새로운 자유 시장 경제를 지지하고 있다.[55]

제2차 세계대전 이후 우파–좌파 연정이 장기적인 대량 실업, 주택 공급의 부

54) Michael Gallagher, Michael Laver and Peter Mair, *Representative Government in Modern Europe*, 3rd ed., p.224.

55) Patricia Hogwood and Geoffrey K. Roberts, *European Politics Today*, 2nd ed. (Manchester and New York: Manchester University Press, 2003), p.55.

족과 질적 악화에서 비롯된 주택 시장의 위기, 그리고 범죄율 증가 등의 사회 문제를 성공적으로 해결하지 못함으로써 프랑스 극우주의가 부활하였다. 극우파는 앞에서 언급한 세 가지 사회문제는 이민 때문이라고 비난하였다. 도시화의 부작용으로 나타나는 이러한 사회 현상들을 이용하여 프랑스 내 몇몇 극우정당들은 노동자 계급에 침투하고, 그중 특히 젊은 백인 프랑스인들에게 강력하게 호소할 수 있었다.[56)]

전후 선거 정치에 침투한 서유럽의 첫 번째 극우정당인 프랑스 국민전선(FN: French National Front)은 1986년까지 10% 내외의 지지도를 유지하였다. 지난 서유럽 선거의 순환을 볼 때 극우정당들은 선거 득표수도 증가하였을 뿐만 아니라 불과 몇 년 전만 해도 용납될 수 없었던 주류 정당들과의 협력도 도모하였다. 1999년 이후 오스트리아 의회 선거 결과 단독 정부 출범이 실패하였고, 오스트리아 국민당(OVP: Austrian People's Party)이 극우 오스트리아 자유당(FPO: Freedom Party of Austria)과 결국 연합을 형성하였다. 내각 12명 중 6명의 자유당원으로 구성된 정부를 형성한 결과 국제적 비난이 야기되었고, EU 제재가 결정되었다. 덴마크에서는 자유당과 보수 국민당으로 구성된 새로운 소수 정부가 우파 덴마크 국민당(DF: Danish Peoples Party)의 지원에 힘입어 출범하게 되었다. 국민당의 영향력은 정부 정책에서도 극명히 드러났고, 2002년 4월 덴마크 정부는 새로운 강경한 이민 규율을 제시하여 국제적인 압력을 받게 되었다.[57)]

극우파의 주역은 프랑스의 국민전선, 이탈리아의 국민 연합(National Alliance)과 북부연맹(Northern League), 스위스의 국민활동당(National Action), 오스트리아의 자유당, 벨기에의 플라망 블럭(Flemish Block)을 포함한다. 추가적으로 덴마크와 노르웨이의 진보당(Progress Party)도 극우정당의 숫자를 늘리는 데 일조하였다. 이러한 정당들은 세금에 저항하는 정당으로 시작되었으나, 정치적 스펙트럼에서 우파쪽으로 더 다가가면서 상당히 공고하게 정착되었다. 비록 독일에서 공화당(Republican Party)과 독일국민연합(German People's Union)이 아직 국가 차원에서 의미있는 행위자가 아니지만, 지방 차원

56) Yves Meny and Andrew Knapp, *Government and Politics in Western Europe: Britain, France, Italy, Germany*, 3rd ed., pp.66-67.

57) Patricia Hogwood and Geoffrey K. Roberts, *European Politics Today*, 2nd ed., pp.55-56.

에서 드물게 일어나는 성공은 이들의 가치가 줄어들지 않았다는 것을 보여준다.

극우파 또는 국수주의자들의 정당은 양차 대전 사이에 본격화된 파시스트와 반체제 우파 운동의 계승자들이다. 새로운 극우파들을 특징짓는 두 가지 요소가 있다.[58] 첫 번째는 거의 예외없이, 그들은 이민을 반대하고, 다문화주의를 촉진하는 정책에 반대하면서 시작되었다. 이들은 민족 또는 인종정당이며, 때때로 유럽 통합을 반대하는 중심역할을 하기도 한다. 두 번째 '아웃사이더(outsider)' 정당으로서, 그들은 정치 제도 설립과 정치 계급이 자체적으로 운영되는 특징으로 보이는 것을 반대하면서 시작하였다. 이 점에서 그들은 현재 서유럽 정치에서 통용되고 있는 정치 부패와 수많은 유럽 유권자들을 특정짓는 경향이 있는 일반화된 무관심과 환멸에 대한 비판을 존재 근거로 하여 지탱되고 있다.[59] 이들 정당은 상당히 극단적이기 때문에, 기존 정당들은 연합을 하기에 적당한 정당이라는 점에 대하여 주저한다. 그리고 그들이 정부 형성 과정에서 배제되면 될수록, 기존체제에 반대하면서 대중적인 호소를 계속하게 된다.

일반적으로 극우정당의 상대적 성공은 정치 스펙트럼에서 왼쪽에서 주장하는 좌파 자유주의와 녹색당의 저항이 고조되는 것과 연관이 있다. 즉 최근 들어 극우정당의 출현은 다른 편의 '새로운 정치'가 분열된 것을 반영하는데, 이는 새로운 좌파와 녹색당에 대한 지지의 증가가 새로운 우파를 향한 전환에 의하여 평형을 이루었다는 주장이다. 탈산업주의에 의하여 이익을 획득하는 쪽은 그렇지 않은 쪽의 이익을 대표하는 쪽과 균형을 이룬다는 논리이다.[60] 예를 들어, 프랑스와 오스트리아에서 놀랍게도 우파의 새로운 정당들은 사회민주당과 공산당의 전통적인 노동계층 선거구에 침투하는 양상이 나타나고 있다.[61]

58) Cas Mudde, *The Ideology of the Extreme Right* (Manchester: Manchester University Press, 2000); Hans-Georg Betz, *Radical Right-Wing Populism in Western Europe* (New York: St. Martin's Press); Paul Taggart, "New Populist Parties in Western Europe," *West European Politics*, Vol.18, No.1, 1995, pp.34-51.

59) Paul Heywood, "Political Corruption: Problems and Perspective," *Political Studies*, Vol.45, No.3, 1997, pp.417-435.

60) Ferdinand Muller-Rommel (ed.), "The New Challengers: Greens and Right-Wing Populist Parties in Western Europe," *European Review*, Vol.6, No.2, 1998, pp.191-202.

61) 극우파에 대해서는 Hans-Georg Betz, *Radical Right-Wing Populism in Western Europe* (New York: St. Martin's Press); Hans-Georg Betz and Stefan Immerfall (eds.), *The New*

(5) 농민당 혹은 중도 정당

비록 농민당(Agrarian Party)이 서유럽 국가들에 모두 존재하지는 않지만, 이러한 정당이 존재하는 곳에서 농민당은 상당히 대규모인 경향이 있다. 농민당은 아일랜드와 네덜란드, 그리고 덴마크, 핀란드, 아이슬란드, 노르웨이, 스웨덴 등 스칸디나비아 반도에서 강력한 세력을 가지고 있다. 스위스에 존재하는 농민당은 소작농민당(peasant party)과 두 개의 상당히 다른 정당과의 연립 정당이다. 서유럽을 벗어나, 농민당은 현재 수많은 탈공산주의 국가에서 경쟁하고 있다.

정당 이름이 의미하듯이 농민당은 특정 이익 정당이었다. 농민당은 19세기 말과 20세기 초에 농부들의 특정 관심과 농업 부분을 대표하기 위해 설립되기 시작하였다. 그러나 시간이 지나면서 농업 인구와 경제 생산력이 떨어지면서, 농민당은 도시의 중산층 유권자들에 대한 호소를 확대하기 시작하였다. 이러한 전환은 1957년 스웨덴, 1959년 노르웨이, 1965년 핀란드에서 중도 정당(Center Party)으로 이름을 변경함으로써 시작되었다. 이러한 전략은 스웨덴에서 성공하였고, 핀란드의 중앙당(KESK: Keskusta)은 1970년대 선거에서 22%의 지지율을 얻으며 성장하였고, 2003년에는 25%에 가까운 지지를 받았다. 최근에 농민당은 덴마크와 노르웨이에서 그들의 지지 수준을 상당히 증가시키고 있다.[62]

요즘 농민당 혹은 중도 정당은 사회민주당과 와해된 부르주아 반대당 사이의 격차를 이어주는 순수한 중도 정당의 역할을 하려고 시도하고 있다. 이러한 의미에서 요즘에는 그들을 정통 자유당과 구분하는 것이 어렵게 되었다. 특히 덴마크에서 살펴볼 수 있듯이, 정당 이름이 여러 가지로 사용되어 혼잡한 상황을 보이면서 더욱 구별이 어렵게 되었다.[63] 실제로 이러한 집단 사이의 유사성은 가장 강력한 농민당은 자유당이 약하거나 존재하지 않는 지역(스칸디나비아 반

Politics of the Right: Neo-Populist Parties and Movements in Established Democracies (New York: St. Martin's Press, 1998); Cas Mudde, *The Ideology of the Extreme Right* (Manchester: Manchester University Press, 2000); Piero Ignazi and Colette Ysmal (eds.), "Extreme Right-Wing Parties in Europe," *Special issue of the European Journal of Political Research*, Vol.22, No.1, 1992을 참조할 것.

62) Tim Bale, *European Politics: A Comparative Introduction*, pp.121-122.

63) 덴마크 자유당의 영어식 이름은 사회 자유당(Social Liberals)이고, 농민/중도당은 자유당으로 알려져 있다.

도 국가)에 출현한다는 사실에 의해 강조되고 있으며, 가장 강력한 자유당은 농민당이 부재한 국가에서 발견되는 경향이 있다.[64] 일반적으로 농민당은 시간이 지나면서 좌파에서 우파쪽으로 이동하는 것으로 보인다. 좀처럼 드문 상황인데, 그들이 정부를 구성하게 되었을 때, 부르주아 연합과 동맹을 맺을 가능성도 있다.[65]

(6) 주요국의 중도 및 우파 정당

영국에서 중도정당과 우파정당은 상호간에 우호적이지 못하다. 보수당은 1979년부터 1997년까지 정권을 장악하여 대처(Margaret Thatcher)의 역동적인 지도하에 놓이게 되었다. 그 결과 중도정당 지지자들은 보수주의 정책에 반대하는 노동당과 뜻을 같이했다. 1980년대 초 구자유당과 신생 사회민주당이 형성한 중도세력은 영국정치에서 큰 힘을 가질 수 있는 가능성을 보였다. 그러나 득표율을 의석에 제대로 반영하지 못하는 선거제도 때문에 도전은 실패로 돌아가고 말았다. 사민당은 정당을 해산하였고, 의원의 다수는 자유당과 합병하여 새로운 자유민주당을 형성하였다. 1997년 선거에서 크나큰 패배로 정권을 잃자, 보수당은 계속적으로 유럽회의론을 강조하였다. 반면, 자유당은 블레어(Tony Blair)의 새 노동당 정부와 근접하여 활동하기 시작하였다.

1980년대와 90년대는 프랑스 중도우파 내에서 계속적인 분리와 동요를 살펴볼 수 있다. 전통적인 드골주의자(RPR)들의 지배는 데스탱(Giscard d'Estaing)이 이끄는 프랑스 민주연합(UDF)이라는 '중도 자유주의 기독교 보수연합(centrist liberal-Christian-conservative alliance)' 의 성장으로 도전받았다. 드골주의자들의 문제는 최근 주로 이민 문제를 캠페인화하고 있는 극우정당인 르펭(Jean Marie Le Pen)의 국민전선(National Front)이 선거에서 승리하여 좀 더 혼란스럽

64) Michael Steed and Peter Humphreys, "Identifying Liberal Parties," in Emil J. Kirchner (ed.), *Liberal Parties in Western Europe* (England Cambridge: Cambridge University Press, 1998).

65) 농민당과 중도당에 대하여는 Neil Elder and R. Gooderham, "The Centre Parties of Norway and Sweden," *Government and Opposition*, Vol.13, No.2, 1978, pp.218-235; Derek W. Urwin, *From Ploughshare to Ballotbox: The Politics of Agrarian Defense in Europe* (Oslo: Universitetsforlaget, 1980)을 참고할 것.

게 되었다. 1981년 제5공화국 역사상 처음으로 중도우파는 사회당 후보인 미테랑(Francois Mitterrand)에게 대통령직을 내주었다. 그들은 1988년 선거에서 다시 실패하였으나 시라크(Jacques Chirac)가 1995년 선거에서 승리하여 공식자리를 회복하였다. 중도우파는 1999년 유럽 의회 선거에서 반유럽 파벌인 공화국연합(RPR)이 상당한 지지를 얻어 승리함에 따라 유럽에 대한 갈등으로 분열상을 보였다.

독일에서 중도우파는 1980년대 전체와 1990년대 상당한 기간에 지배정당이 되었다. 1982년 소규모이면서 보수적인 자유당(FDP: Liberal Party)은 사회민주당과의 13년간 지속했던 연립을 철회하고, 콜(Helmut Kohl) 하에 있던 기민–기사연합(CDU/CSU)과 협력하였다. 이러한 연합은 사민당과 녹색당의 연합에 의해 대체되는 1998년까지 정권을 유지하였다. 특히 기민연은 독일 통일을 완성시키는 데 있어 비용과 어려움에 대한 대중적 불만 때문에 지지율의 손실을 겪었다. 비록 극우정당이 최근 선거에서 지지율의 상승을 보이고 있으나, 그들은 여전히 5% 봉쇄조항을 통과하지 못하고 있다.

전후 기간 대부분 이탈리아에서 중도우파가 정치권력을 지배하였고, 기독교민주당은 전후 50명의 수상을 전부 배출하는 등 이탈리아의 모든 정부의 지배적 역할을 해왔다. 이렇게 강력한 위치에 놓였음에도 불구하고, 기민당은 두 개의 중도정당인 자유당과 공화당, 이후에 중도좌파 사회당 등 소규모 정당들의 지지에 의존하고 있다. 1990년대 중반에 정치적 부패 스캔들과 오래된 정당 체제의 붕괴가 잇달아 일어나자, 기민당은 거의 사라졌고, 1994년 선거에서 새 정부는 북부연맹(Northern League), 신파시스트 계승자인 이탈리아사회운동(MSI: Movimento Sociale Italiano)으로 구성된 국민연합(National Alliance)과 새로이 형성된 보수 전진이탈리아당(Forza Italia)으로 구성된 우파 연립 내각에 의해 형성되었다. 그러나 일 년도 채 안 되어 연립내각은 붕괴되었다. 기민당의 붕괴는 수많은 작은 후속 정당들의 형성을 가져왔다.

네덜란드에서 전통적으로 지배정당인 기민당(CDA: Christian Democratic Appeal)은, 가톨릭 국민당(KVP: Catholic People's Party)이 두 개의 작은 프로테스탄트 정당인 반혁명당(ARP)과 기독교역사연합당(CHU)을 합병하여 1980년부터 공식적으로 시작된 젊은 정당이다. 기민당은 1994년까지 정권을 유지하였고, 상대적으로 보수적인 자유당(VVD)과 1989년 이후에는 노동당(PvdA: Labour Party)과 연합하였다. 1994년에 기민당의 지지가 급속도로 감소하여 처음으로 정부 구성에서 배제되었다. 기민당의 쇠퇴에 대한 대안은 자유당을 지지하여 성장시키는 것이었다. 1994년 이후 좌파 편향적인 민주66(Democrats 66)과 함께 자유당은 노동당이 형성한 '자주빛 연합(purple coalition)' 의 한편이 되었다. 극우파 일부가 의회에서 때때로 의석을 얻는 데 성공하였지만, 그들의 지지는 매우 제한되어 있었다.

'민주주의 중도연합(UCD: Union of the Democracy Center)' 의 초기 단명한 성공 이후 스페인의 중도우파는 약화되고 분열되었다. 최근에 중도우파의 지배세력은 연합과 분열을 내포한 어려운 역사로부터 기인하고, 보수적, 자유주의적, 기독교적 요소들을 전부 가지고 있는 보수성향의 국민당(PP: People's Party)이 되었다. 1993년에 국민당은 사회당(PSOE)보다 4% 적은 35%를 득표하여 사상 초유의 가장 큰 성공을 기록했고, 1996년에 사회당을 앞서서 거대정당이 되었다. 2000년 의회 선거에서는 과반수 의석을 차지하여 승리하였다. 비록 극우파는 국민통합운동(National Unity Movement)과 같이 스페인 정당 체계에 존재하고 있으나, 선거에서 의미 있는 지지를 받지 못하고 있다.

스웨덴에서 분열된 중도우파의 지배정당은 보수적인 온건통합당(Moderate Unity Party)이다. 이 정당은 두 개의 다른 중도우파 정당인 중도정당(Center Party) 및 자유당(Liberal Party)과 함께 1976년부터 1978년까지와 1979년부터 1981년까지 정부를 형성하였다. 1978~1979년에 자유당 단독으로 소수 정부를 구성하였고, 1981~1982년에 중도정당과 힘을 합하여 다시 소수정부가 되었다. 1991년부터 1994년까지 새로운 중도우파 연합은 1990년대 선거에서 상당한 지지를 획득한 기민당과 연합하여 정부를 구성하였다. 또한 1990년대에 극우파인 신민주당(New Democratic Party)이 매우 짧은 시기에 급상승하는 것도 경험하였다.

3) 동유럽 탈공산주의 정당체계

탈공산주의 체제 초기의 주요 정당들 중, 공식적 명칭에 '당' 이라는 용어를 사용하는 경우는 거의 없었다. 예를 들면 체코슬로바키아의 시민 포럼(CF-체코: Civic Forum)과 폭력에 대항하는 민중(PAV-슬로바키아: Public Against Violence), 헝가리의 헝가리 민주포럼(HDF: Hungarian Democratic Forum)과 자유민주주의자들의 동맹(AFD: Alliance Of Free Democrats), 루마니아의 구국전선(NSF: National Salvation Front), 불가리아의 민주세력연맹(UDF: Union of Democratic Forces) 등이 그것이다. 여기에는 집단의 특수성을 반영하는 몇 가지 이유가 있다.[66]

첫째, 일부 단체들은 당을 형성하는 것이 불법이었던 공산주의 시대 말엽에 창설되었다. 따라서 이러한 단체들은 스스로를 당이라 칭하지 않음으로써 공산주의자들이 자신들을 탄압할 수 있는 명분을 줄이고자 위와 같은 명칭들을 선호하였다. 슬로베니아가 그 좋은 예로서, '독립적 단체' 들은 비교적 이른 1987년 초에 합법화되기 시작한 반면 스스로를 명백히 정당이라고 밝혔던 단체들은 1990년까지 합법화되지 못하였다.[67] 많은 단체들이 이미 기존의 명칭으로 긍정적 이미지를 발전시켜 왔기 때문에, 정당설립이 합법화된 후에도 자신들의 본래 명칭을 사용하기로 결정한 경우도 있다.

둘째, 많은 당들은 사실 여러 개의 작은 단체들이 연합한 것이었다. 1990년 6월 불가리아의 선거에서 민주세력연맹(UDF)은 17개나 되는 정당과 집단들이 모여 구성되었다.[68]

셋째, 사람들이 당이라는 말을 특히 공산당과 연결지어 생각하기 때문에 일부 단체들은 당이라는 용어의 사용을 기피하였다. 체코슬로바키아에 대한 글을 쓴 카나한(Carnahan)과 콜리(Corley)는 "어떤 캠페인 포스터는 다음과 같이 공포함으로써 공산주의가 '당' 이라는 말을 얼마나 철저히 더럽혔는지 증명하고 있다.

66) Leslie Holmes, *Post-Communism: An Introduction* (Durham: Duke University Press, 1997), pp. 142-143.

67) E. McMahon, "Slovenia – April 7 and 21, 1990," in L. Garber and E. Bjornlund (eds.), *The New Democratic Frontier* (Washington D.C.: National Democratic Institute for International Affairs, 1992), pp.65-74.

68) L. Garber, "Bulgaria – June 10, 1990," in L. Garber and E. Bjornlund (eds.), *The New Democratic Frontier* (Washington D.C.: National Democratic Institute for International Affairs, 1992), pp.138-139.

'정당은 당원을 위한 것이다. 시민포럼은 모두를 위한 것이다'"라고 말한다.[69] 많은 정치지도자들이 자신들의 단체를 공산주의와 연결시키는 그 어떤 것도 꺼려했음이 명백하다.

초기에는 많은 신생단체들이 당이라 칭하는 것을 꺼려했음에도 불구하고 일부 탈공산국가의 선거법은 오직 당(또는 당의 연합) 또는 개인만이 선거에 참여할 수 있음을 명문화하였다. 부분적으로는 제도적 기반이 미약한 신생정당이 노동조합(trade union)처럼 과거 공산주의와 연계되었고 잘 정비된 단체들과 경쟁하는 상황을 방지하자는 이유도 존재하였다.

어떤 면에서 보면 고도로 조직화되고 노련한 공산당을 금지하거나 재정적으로 무력화시키는 것은 다른 당에게 이익이 되었다. 그러나 일부 국가에서 이러한 어부지리는 서서히 사라졌다. 공산당이 금지에 대항하여 이름을 바꾸고 개혁을 하거나 또는 대통령과 의회에 대한 판결을 뒤집은 법원에 의해 합법적으로 인정되었기 때문이다. 러시아는 후자의 경우에 해당한다. 러시아 헌법재판소가 판결을 내린 1992년 11월로부터 얼마 지나지 않은 1993년 2월, 새로운 러시아연방공산당(CPRF: Communist Party of the Russian Federation)이 제1차 당 대회를 개최하였고 당원의 상당수는 전 소련공산당(CPSU)의 당원들이었다. 러시아연방공산당은 러시아에서 가장 규모가 큰 정당으로 부상하여 당원수 60만 명을 자랑하였으며 1995년 12월 선거에서는 가장 인기 있는 정당이었다.[70]

민주화 직후 동유럽 국가들의 정당체계는 대체로 불안정한 측면을 보여주었는데, 그 이유는 여러 차원에서 설명될 수 있다. 첫째, 시장경제로의 이행 과정에서 정치 · 경제 · 사회적으로 발생하는 많은 변화와 어려움을 사회구성원과 집단들이 이해할 수 없었기 때문이다. 둘째, 시장경제 이행과정에서 해결해야 할 과제들이 너무 많았기 때문에 우선 순위를 선정하기가 어려웠고, 이를 해결할 수 있는 정치적 역량이 결여되어 있었다. 셋째, 장기간의 국가사회주의 유산으로 인해 시민과 정당을 연계하는 중개집단이 결여되었고 공산당 일당독재 지배

69) R. Carnahan and J. Corley, "Czechoslovakia – June 8 and 9, 1990," L. Gaber and E. Bjornlund (eds.), *The New Democratic Frontier* (Washington D.C.: National Democratic Institute for International Affairs, 1992), p.123.

70) Leslie Holmes, *Post-Communism: An Introduction*, pp.143-145.

로 인해 정당을 불신하는 반정치 문화가 정당정치의 안정성을 저해하였다.[71]

일부 정당(대부분 과거 공산당의 계승정당들)은 비교적 큰 규모를 갖고 있었지만 탈공산세계의 대부분 정당은 당원수가 적었고 그들 중 상당수는 선거전을 치르기에 역부족이었다. 적은 당원수는 선거전에서 우위를 점할 수 없는 결정적 요인으로서, 실례로 소수의 당원을 가진 정당은 당 신문을 발간하기 위한 자원조차 기대할 수 없었다. 정당의 소규모화는 다양한 단체들의 폭발적 증가에 일부 기인하였다.

체코, 헝가리, 폴란드 등 동유럽 3개국의 정당체계의 특성은 국가마다 차이가 있다. 헝가리의 정당체계는 온건다당제로 고착화될 가능성이 가장 크다. 정당간 이데올로기의 거리가 가깝다는 점, 정당간 경합의 형태가 구심적이라는 점, 그리고 연립형성의 축이 안정적이라는 점이 이를 뒷받침한다. 체코의 경우는 연립형성의 축이 헝가리보다 덜 견고하지만, 점차 분극적 다당제에서 온건다당제로 이동하는 모습을 보이고 있다. 폴란드는 세 나라 중 가장 불안정한 형태의 정당체계를 갖고 있다. 1997년 선거결과 폴란드의 정당체계는 외관상 온건다당제의 형태를 취하기는 했지만, 실제로는 연립형성의 축이 매우 유동적이고 불안하기 때문에 상황에 따라 분극적 다당제 혹은 지금보다 더 파편화된 정당체계로 전환될 가능성이 크다. 또한 헝가리와 체코의 주요 정당들은 비교적 일관된 이념 및 정책 그리고 점차 안정된 지지기반을 확보하고 있으며, 정당체계도 차츰 공고화되고 있다.

4) 유럽 정당별 지지도

주요정당 간에는 다양한 관계가 이루어지는 것처럼 보이지만, 실제로는 정형화된 패턴이 존재한다. 사회민주당은 공산당과 거의 합치될 수 없고, 농민당은 자유당과 경쟁을 하지 않고, 보수당과 기민당은 같은 국가의 정당체계에서 같이 지도정당이 되는 경우는 거의 없다. 사민당, 자유당, 기민당, 보수당이 유럽에서

71) 박태규, "유럽의 정치, 경제, 사회의 변화와 지속," 박태규 외, 『유럽의 정치와 경제』(서울: 나남출판, 2002), p.29.

1990년대 주요 정당 집단에 대한 유권자들의 지지율 평균치

국가	공산당	신좌파	녹색당	사민당	농민/중도당	자유당	기민당	보수당	극우파
오스트리아	0.4	–	6.6	37.2	–	5.0	28.7	–	22.0
벨기에	0.2	–	10.9	23.8	–	22.6	23.1	–	9.7
덴마크	–	7.7	2.2	36.0	21.0	4.0	2.2	13.3	7.5
핀란드	10.7	–	7.0	24.4	24.6	1.7	3.4	19.5	0.3
프랑스	12.6	–	8.4	24.4	–	–	–	39.7	14.2
독일	4.0	–	6.4	36.9	–	8.0	40.1	–	2.5
아이슬란드	9.6	7.4	3.1	20.3	20.2	1.8	0.2	38.8	–
아일랜드	–	3.2	2.1	14.9	–	4.7	26.3	39.2	–
이탈리아	6.7	–	2.7	25.7	–	5.8	17.8	13.9	20.9
룩셈부르크	2.8	–	9.3	24.8	–	20.7	30.3	–	1.2
몰타	–	–	1.5	48.1	–	–	–	50.5	–
네덜란드	–	2.4	5.6	26.5	–	34.6	23.3	–	1.8
노르웨이	–	8.4	0.1	36.0	12.3	4.1	10.8	15.7	10.8
스웨덴	7.6	–	4.3	39.8	7.0	7.0	7.7	22.3	2.6
스위스	1.1	0.3	6.3	21.0	16.5	24.8	18.8	1.2	7.6
영국	–	–	0.3	38.9	–	17.3	–	36.3	–
평균(N = 16)	3.5	1.8	4.8	29.9	6.4	10.1	14.5	18.2	6.3
그리스	9.5	–	0.6	43.8	–	–	–	44.0	–
포르투갈	9.7	–	0.3	39.4	–	39.4	7.3	–	–
스페인	9.9	–	1.0	39.4	–	3.2	–	33.3	–
평균(N = 19)	4.5	1.5	4.1	31.6	5.3	10.8	12.6	16.7	5.3

주요 정당의 위치를 점하는데, 이중에서 사민당이 가장 강한 대안으로 자리잡고 있다.

1990년 이후 정치 분열 형태는 위의 표와 같이 나타났다. 이 표를 통하여 19개 민주주의 국가들의 지도정당 집단의 주요 위치를 알 수 있다. 사회주의자들은 투표에서 거의 34%를 획득하며 가장 강력한 정치 집단으로 나타났다. 사회당 다음은 보수당 17%, 기민당 13%, 자유당 11% 순이다. 다음의 가장 큰 집단은 농민/중도정당과 극우정당이다. 이 모두 평균 5%를 상회하고 있고, 다음은 공산당이 5% 미만이고, 녹색당도 단지 4%의 지지율을 받았을 뿐이다. 신생 민주국가인 그리스, 포르투갈, 스페인에서 정당 집단의 상대적인 힘과 색채가 강

하게 나타나고 있다.[72)]

이 표를 음미하면 전체적으로 균형이 존재함을 알 수 있다. 보수당과 기민당은 서로 한 번도 충돌하지 않았다는 점을 감안하여 볼 때, 이 두 정당이 서유럽 전체에서 1990년에 거의 30%의 선거 지지율을 받았다고 볼 수 있다. 이러한 수치는 좌파 대안정당이 획득한 비율에 거의 근접한다. 중도와 우파를 합친 정당 집단은 51% 지지율을 획득하였는데, 극우파를 제외한다면 45%를 상회하는 지지율을 기록하였다. 반면에 좌파의 4개 집단은 합계 42%를 받았다. 따라서 중도와 우파가 유리하지만 그 차이는 크지 않다.

반면에 통치의 측면에서 살펴볼 때, 새로운 세기의 시작과 동시에 평균을 상회하고 있는 것은 좌파이다. 2000년대 초반 사회민주당이 지배 정당이 되었고, 이 정당은 18개 서유럽 민주주의 국가(수상이 없는 스위스를 제외하고) 중 11개 국가에서 수상을 배출하였다. 동시에 정당집단 간의 차이가 과거보다 중요하지 않게 되었다는 점을 일부 정부구성을 보면 알 수 있다. 예를 들어, 핀란드에서 넓은 범위의 연립내각은 사민당, 구 공산당, 녹색당, 보수당을 포함한다. 오스트리아, 이탈리아와 스위스에서의 연합은 사민당과 기민당 모두를 포함하였다. 반면 네덜란드에서 사민당은 매우 보수적인 자유당과 연합하고 있다.

5) 유럽 정당 조직

다른 지역의 정당들에 비해서 유럽의 정당들은 상대적으로 이념적으로 응집된 뚜렷한 조직을 가지고 있다. 일반적으로 정당들은 전문성이 강한 조직들에 기반을 두고 있으며, 또한 상당한 수의 자원 봉사자들도 포함한다. 전체적으로 정당들은 정치 참여의 중요한 포럼이며, 국민들이 다양한 정도로 개입하여 적극적인 역할을 수행할 수 있는 수많은 가능성을 제공한다. 정당 정치는 점차로 전문가들, 특히 정당 조직의 핵심 인사들의 지배를 받게 되기 때문에, 평당원들의 지휘부 통제가 매우 중요한 의미를 가진다. 이것이 불가능하다면, 미켈스

72) Michael Gallagher, Michael Laver and Peter Mair, *Representative Government in Modern Europe*, 3rd ed., p.229.

(Robert Michels)가 예측한 것처럼 정당 정치는 완전히 과두정치화할 것이다.[73]

(1) 집행부 구성과 정당조직

의원내각제에서는 의원내각제의 전통에 따라 의원들 중에서 내각의 장관들이 선발되기 때문에 정당이 집행부의 요직을 독점하다시피 한다. 정당은 집행부의 고위직에 침투할 수 있기 때문에 정치적 독점권을 행사한다. 또한 집권 정당은 직접 또는 간접적으로 국가 기관의 관료 임명 시 막강한 영향력을 발휘한다. 정당의 임명 대상은 사법부(헌법재판소), 행정부, 공사 혹은 정부가 부분적으로 소유하고 있는 기업체, 공립 혹은 정부 재원을 받는 극장, 박물관, 재단 등의 문화시설, 보건 시설 등으로 상당히 광범위하다.[74]

권력을 행사하거나 향후에 권력을 행사하기 위한 기회를 갖기 위해서 정당은 유권자들에게 프로그램과 정책을 제시해야 하고 집권정당이 되면 그러한 공약된 프로그램과 정책을 실행해야 한다. 집권하여 정책을 실현해야 하는 정당의 운신의 폭은 정당이 제시하는 이데올로기의 범위보다 훨씬 제한되는 경우가 허다하다. 유럽 사회당은 지금까지 발전해 오는 과정에서 이러한 사실을 교훈으로 얻었고 자기 당의 희망사항을 실현시키는 데 많은 제약요소가 있음을 깨닫게 되었다. 그러나 무엇보다도 정당이 혼자서 정치 게임 대부분을 통제한다손 치더라도 경제, 정치, 행정 등 각자의 고유 영역에서 정당보다 더 막강한 권력을 가진 기관들과 맞닥뜨리게 되는 경우가 있다. 공장과 직장을 세계 곳곳으로 마음대로 움직일 수 있는 대기업과 자본을 마음대로 이동시킬 수 있는 금융기관들은 막강한 권력을 가진 기관들의 좋은 본보기이다.

이러한 제약요소에도 불구하고 전반적으로 유럽 민주주의 국가들의 정당 운영 틀은 상당히 유사하다. 유럽 정당들은 선거 게임의 조직 방식과 일반적인 정치 생활에서 거의 독점적 지위를 유지하고 있다는 공통점이 있다. 물론 이러한

73) Robert Michels, *Political Parties* (New York: Free Press, 1962); Dieter Rucht, "Political Participation in Europe," in Richard Sakwa and Anne Stevens (eds.), *Contemporary Europe* (New York: Palgrave, 2000), p.91.

74) Yves Meny and Andrew Knapp, *Government and Politics in Western Europe: Britain, France, Italy, Germany*, 3rd ed. (Oxford: Oxford University Press, 1998), p.118.

정당의 독점 현상은 종종 논란거리가 되기도 한다. 그러나 정당은 대체적으로 정책결정 과정을 통해 정당이 내세운 약속을 이행하고 그 이행과정에서만큼은 상당히 다원주의적이고 훨씬 더 경쟁적인 모습을 나타낸다.

정당은 보조 조직을 가질 수도 있다. 이러한 보조 조직은 정당과 정식으로 연계되어 있거나 아니면 정당을 보조하는 두 가지 경우가 있는데, 이 둘 모두 독립적인 조직의 성격을 띠고 있다. 예를 들어, 어떤 정당들은 청년 조직을 가지고 있는데, 이 조직은 젊은이들, 그중 특히 바로 투표 연령에 이른 젊은이들을 정당과 연결시켜 주는 역할을 하지만, 조직 구조는 지나치게 관료적인 모 조직인 정당보다는 보다 젊은이들의 성향에 맞추고 있다. 이러한 청년 조직들은 종종 정당 내에서 급진적인 영향력으로 자리매김하여 미래의 지도자 인재를 배출하는 양성소로서의 역할을 할 수 있다.

이탈리아의 전 사회당 출신 총리인 크락씨, 스페인의 전 사회당 출신 총리인 곤잘레스, 독일의 전 사회당 당수 슈아르핑, 독일의 전 기민당 당수이자 수상을 역임한 콜, 그리고 독일의 전 자유민주당 당수 베스터밸레 등은 이러한 청년 조직에서 직업적 정치인으로서 첫발을 내디딘 사람들이다. 어떤 정당들은, 비록 요즘에 와서는 페미니스트에 대한 의식과 성별 할당 때문이기도 하지만, 별도의 여성 조직을 운영하기도 한다. 그러나 일각에서는 그러한 별도의 조직들이 점점 더 선심성 조직이거나 불필요한 조직이라는 지적이 일고 있다.

다양한 이익 집단들이 정당과 공식적인 조직 관계를 갖는 경우도 있다. 영국과 아일랜드의 노동당 그리고 덴마크의 사회당에 노동조합이 가입하는 것은 이러한 공식적인 관계를 보여주는 가장 명백한 예이다. 그러나, 대부분의 좌파 정당들은 노동조합과 긴밀한 관계를 유지하고 있고, 이들 중 대다수는 오히려 정당과 관계를 맺고 있는 노동조합에 당원들이 가입하는 것을 의무로 하고 있다. 이와 마찬가지로, 기독민주 정당들은 가톨릭 교회와 관계를 맺고 있다. 농부, 전문직, 연금 수령자, 인종집단 등도 서유럽에서 정당과 조직적인 관계를 맺고 있는 이익집단이다.[75)]

이상적인 정치과정에서라면, 정당은 정당의 조직 구조를 이용하여 다양한 기

75) Patricia Hogwood and Geoffrey K. Roberts, *European Politics Today*, 2nd ed., pp.98-99.

능을 수행하고자 할 것이다. 그러나 정당은 단일 행위자로서 국가와 지역(subnational) 정치에 관여하고 있을 뿐만 아니라, 정당 내부의 정치적 갈등의 문제도 안고 있다. 1980년대 영국에서 야당이었던 노동당, 1990년대 여당이었다가 야당이 되었던 보수당은 모두 그러한 당 내부의 정파적 문제를 겪은 정당들이다. 독일의 녹색당은 하원 진출에 실패한 1990년의 선거 이후 정책과 전략이 상이한 원리주의자(Fundis)와 현실주의자(Realos) 간의 정파 싸움으로 분열되었다. 프랑스 사회당의 당원들은 다양한 정파를 구성해 왔다.

1980년대 서유럽의 일부 공산당은 보통 두 개의 파벌, 즉, 절대 변경할 수 없는 마르크스와 레닌의 이데올로기적 유산을 보호하고자 하는 전통주의자와 고르바초프가 소련 공산당을 변화시키고자 했던 것처럼 변화와 현대화를 추구하고자 하는 개혁주의자로 분열되었다. 독일의 급진적 우익 색채의 공화당과 프랑스의 국민전선은 전술과 정책을 놓고 내부적 정쟁에 시달려야 했다. 어떤 경우에는 파벌주의에 휩쓸려 정당 내 한 집단이 통째로 원래 정당을 떠나서 새로운 정당을 구성하기도 했다. 제1차 세계대전 기간 중에 독일에 존재했던 독립사회당 (Independent Socialists: 이들은 나중에 바이마르 공화국에서 독일공산당을 구성했다), 1981년 영국의 노동당에서 이탈한 사회민주당, 그리고 1993년 자유당에서 탈퇴한 한 집단이 구성한 오스트리아 자유포럼 등이 그러한 예이다.

(2) 정당원

유럽의 정당은 몇 가지 위협 요인을 안고 있는 것처럼 보인다. 그중 하나는 당원 사이에서 정당의 인기가 떨어지고 있고, 정당이 새로운 당원을 충원하지 못하고 있다는 점이다. 유럽 내 대다수의 국가에서 정당 가입률은 낮아지고 있다. 정당에 남아있는 당원들조차도 과거와 비교했을 때 적극적으로 활동하지 않는 경향이 있다. 특히, 젊은 당원의 충원이 점점 더 어려워지고 있어서(녹색 정당들과 일부 극우정당은 예외지만), 그 결과 당원들의 평균 연령은 높아지고 있다. 정치활동 참여를 원하는 많은 사람들은 다른 형태, 즉 좀 더 집중된 형태의 정치적 참여를 선호하고 있다. 예를 들어, 운동(movement), 이익집단, 단일 목적의 정치적 활동(특정 고속도로 점거, 영국에서 살아있는 동물의 유럽 대륙으로의 수출 방해, 독일 내 핵폐기물 수송 방해) 등이 있다. 이러한 경향은 정당이 자원을 잃고 있음을 의미한다. 기금 모금과 선거 캠페인을 지원해 주거나, 정당 내 직책을 맡아서 일하고자 하는 활동적인 운동원이 줄어들고 있고, 당원들의 회비와 기부금에서 파생되는 수입 또한 감소하고 있는 실정이다.

대부분의 유럽 국가들의 정당들은 많은 수의 당원을 보유하고 있으나, 소수의 당원만이 적극적인 정당 활동을 한다. 일반적으로 정당원의 숫자는 서유럽 전 국가에서 감소하고 있다. 1970년대 중반 이전에 권위주의 체제가 존재했었던 그리스, 포르투갈, 스페인을 제외하고, 1980년에서 1990년대 후기 사이에 서유럽 전 지역에서 정당원 숫자가 감소하였다. 서유럽 16개국의 정당원은 1980년 평균 8.2%였으나, 1990년대 후반에는 5.6%로 줄었다.[76)]

영국 정당원은 1950년대 이후 눈에 띄게 감소하고 있다. 영국의 보수당은 1960년대에 200만 명의 당원을, 노동당은 1952년 100만 명의 당원을 보유하였으나, 보수당은 1994년 75만 명을, 노동당은 1998년 약 40만 명의 당원을 보유하였다. 2001년에 양당은 30만 수준의 당원을 보유하게 되었는데, 이는 유권자의 2~3%에 불과하였다. 당원의 연령도 올라갔는데, 1998년 영국 보수당원의 평균 연령은 63세였다.[77)]

전후 독일에서 정당의 당원들은 다소 기복이 있으나 일반 서유럽 기준에 비해 일관되게 낮게 나타난다. 사민당은 1990년대 이전에 수많은 당원을 보유한 거대 정당이었지만, 기민당과 기사당 두 정당의 결합된 힘에 거대 정당의 자리를 물려주었다. 전통적으로 기민당은 당원 모집에 우선권을 두지 않았으나, 1969년에 정권을 잃은 이후 사회당의 지배에 도전하기 위해 조직을 강화하여 야당 13년 동안 당원수는 배로 증가하였다. 1990년대 중반 독일의 사민당은 81만

76) Richard S. Katz, Peter Mair, et al., "The Membership of Political Parties in European Democracies, 1960-1990," *European Journal of Political Research*, 22, 1992, pp.329-345; Peter Mair and Ingrid van Biezen, "Trends in Enrolment in Political Parties in European Polities, with Particular Reference to Youth Enrolment," paper presented to the conference on Youth and Democracy, International IDEA, Stockholm, 17-19 June, 1999.

77) Patrick Seyd and Paul Whiteley, *Labour's Grass Roots: The Politics of Party Membership* (Oxford: Oxford University Press, 2000). p. 16; Paul Whiteley, Patrick Seyd and Jeremy Richardson, *True Blues: The Politics of Conservative Party Membership* (Oxford: Oxford University Press, 1994), pp.22-25.

8,000명, CDU/CSU는 83만 7,000명의 당원을 보유하였으나 2001년에는 60~70만의 당원으로 줄어들었다. 자민당(FDP)은 당원이 상당히 적고, 녹색당은 더 작은 정당이다. 1990년 통일 이후 모든 정당은 구 동독에서 당원들을 영입할 목적으로 확대하려 하였으나, 단지 자민당만이 당원 확대에 성공하였을 뿐이다.

프랑스의 당원에 대하여 신뢰할 만한 수치는 찾기 어렵지만, 대개의 평가는 유권자들의 낮은 투표 참여 비율을 나타내는 수치와 일치할 만큼 평가가 낮다. 드골주의 정당인 공화국연합(RPR)은 상당히 오랫동안 많은 정당원들을 보유하고 있었으나, 15만 명 당원들은 1997년 의회 선거에서 RPR에 투표한 사람의 3.5%만을 대표하였다. 두 번째 주요 우파정당인 프랑스 민주연합(UDF)은 수많은 작은 그룹과 정당의 집합체였으나 RPR만큼 많은 정당원은 보유하지 못하였다. 사회당 또한 RPR보다 적은 당원을 보유하였고, 사회당을 지지한 유권자 중 2% 미만이 당원이다. 공산당은 RPR과 사회당을 합친 것보다 많은 당원을 보유하고 있다고 자체적으로 주장하지만, 지난 20년 동안 지지율이 감소한 것을 감안할 때, 이러한 주장은 신빙성이 없다.

전후 이탈리아에서 가장 많은 당원을 보유한 정당은 공산당(PCI)이었다. 냉전 종식 이후 공산당은 좌파 민주당(PDS: Democratic Party of the Left)으로 다시 태어났고, 공산당보다 상당히 적은 당원을 보유하게 되었다. 1980년대에 정부를 구성한 양대 정당인 기민당(DC)과 사회당(PSI)은 200만 명 이상의 당원을 보유하고 있었으나 이러한 정당들은 1990년대 초에 이탈리아 정치를 와해시킨 스캔들의 결과로 분열되었고, 이에 따라 대부분 당원들이 정치로부터 멀어지게 되었다. 최근 당원뿐만 아니라 선거에서도 높은 성장을 보여주는 유일한 정당은 극우파인 국민동맹(AN: Alleanza Nazional)이다. 전진이탈리아당(Forza Italia)은 미디어의 대부인 베르루스코니(Silvio Berlusconi)가 설립한 정당으로, 실제 뚜렷한 조직 없이 극히 적은 회원을 보유하여 "가상의 정당(virtual party)"으로 묘사되고 있으나, 선거에서 20% 이상의 지지를 받았고, 1994년에서 1995년까지 정부에서 주도적인 역할을 수행하였다.

지난 40년 이상 네덜란드 정당원들도 감소추세에 있다. 그러한 감소는 종교정당 사이에서 가장 현저하게 나타났는데, 기민당은 1950년에 약 50만 명 정도에서 1990년대에는 9만 명 정도도 안 되는 인원으로 감소하였다. 사회주의(PvdA)

당원은 1980년대 초에서 1990년대 후반까지 절반으로 감소하였다. 대부분 정당에서 청년운동과 여성 단체와 같은 영역의 활동이 감소하였다.

스페인 정당은 1970년대 후반에 민주주의로 전환한 이후 예외적으로 적은 당원을 가지고 있었으나 대부분 유럽 정당과 달리 그때부터 당원이 감소하기보다는 증가하였다. 우파 국민당은 1990년대 동안 당원이 두 배로 증가하였고, 사회당(PSOE)은 또한 계속적으로 증가하는 양상을 보여주었다. 그럼에도 불구하고 전체적으로 당원수는 적은 수준을 유지하고 있다. 정당원 수가 적은 현상을 설명하는 근거로 독재의 유산이 제시되는데, 그 이유는 독재정치가 국민들로 하여금 적극적인 정치참여를 제한하는 정치문화를 생성시켰기 때문이다.

당원 비율은 가장 유명한 신 조합주의 구조를 띤 오스트리아와 스웨덴의 두 나라에서 특히 높은 경향을 보였다. 심지어 1980년대에 이 두 나라의 전체 유권자의 5분의 1 이상이 당원이었다. 덴마크에서 1960년대 초반에 등록된 투표자 중 20%가 정당원이었으나, 1995년 5%의 유권자만이 정당에 소속되었다. 서독, 영국, 그리고 네덜란드의 당원 비율은 각각 2~4%로 상대적으로 낮은 편이다.[78)]

스웨덴은 최근 당원들이 다른 나라에서보다 덜 극적으로 감소하고 있지만, 감소하는 형태는 비슷한 양상을 보이고 있다. 가장 큰 정당인 사민당은 정당과 연계된 노동조합의 회원이기 때문에 정당원으로 간주되는 '간접적 당원' 을 보유하고 있었으나 이러한 관행은 1990년대에 끝났다. 당원의 가장 많은 감소는 자민당(FP)에서 일어났고, 사민당 당원은 그런대로 유지되었다. 1990년대 후반에 스웨덴 당원 거의 절반이 사민당에 소속되어 있었다.

동유럽 국가들의 정당에 대한 믿을 만한 자료는 거의 없다. 일반적으로 구공산당과 공산당을 직접적으로 계승한 정당들은 당원의 감소를 겪었으며, 반면에 새로운 정당들이 출현하였으나, 이들은 공산당이 손실한 당원의 숫자를 능가하기에는 부족하였다. 예를 들면, 동독 공산당 SED는 1989년 이전에 202만 명의 당원을 보유하였으나, 이 당을 계승한 PDS는 10년 후에 겨우 약 10만 명의 당원만을 보유하였다.[79)]

78) Patricia Hogwood and Geoffrey K. Roberts, *European Politics Today*, 2nd ed., p.31.

79) Dieter Rucht, "Political Participation in Europe," in Richard Sakwa and Anne Stevens (eds.), *Contemporary Europe* (New York: Palgrave, 2000), p.92.

유럽의 정당원 현황

	전체 정당원(명)	유권자에 대한 비율 (%)
스웨덴	366,000	5.5
이탈리아	1,1974,000	4.0
체코	320,000	3.9
스페인	1,131,000	3.4
독일	1,780,000	2.9
네덜란드	294,000	2.5
영국	840,000	1.9
프랑스	615,000	1.6
폴란드	326,000	1.1
유럽*	11,671,000	5.0

*유럽은 표에 예시된 국가와 오스트리아, 벨기에, 덴마크, 핀란드, 그리스, 헝가리, 아일랜드, 노르웨이, 포르투갈, 슬로바키아, 스위스를 추가로 포함하였다.

출처: Tim Bale, *European Politics: A Comparative Introduction* (New York: Palgrave, 2005), p.127.

정당원의 감소는 국민들이 정당에 참여하는 이유를 분석하면 알 수가 있다. 클락(Clark)과 윌슨(Wilson)이 1960년대에 국민이 정당에 참여하도록 이끄는 주요 3가지 동기를 제시하였다.[80] 첫 번째 요소는 물질적인 것으로서, 정당에 의해 통제되는 관직이나 공공 자원과 같은 보상을 받으려는 기대이다. 이는 오스트리아, 벨기에, 이탈리아와 같은 몇몇 유럽 국가에서 중요하게 여겨졌다. 스페인에서도 또한 "관직 소유자와 관직을 구하는 사람들은 정당 당원의 상당수를 차지한다."[81] 두 번째 동기는 사회 관계와 동지의식에 대한 기대와 관련되는 결속(solidarity)이다. 세 번째 요소는 특정 목표를 달성하려는 목적성을 가지고 정당에 참여하는 것이다. 그러나 특별한 이슈를 촉진시키기 위해 정당에 참여하는 동기는 사회 운동, 단일 문제에 관심을 둔 압력단체와 공동체 행동 단체들에 의해 약화되고 있다. 예를 들어, 덴마크의 경우 지난 몇십 년간 정당 회원의 감소가 정당 밖에서의 정치적 행동이 급속도로 상승하는 것에 의해 기인하였다. 그들은

80) Alan Ware, *Political Parties and Party Systems* (Oxford: Oxford University Press, 1996), pp.68-78; Peter B. Clark and James Q. Wilson, "Incentive System: A Theory of Organization," *Administrative Science Quarterly*, Vol.6, 1961, pp.129-166.

81) Josep M. Colomer, "Spain and Portugal: Rule by Party Leadership," in Josep M. Colomer (ed.), *Political Institutions in Europe* (London: Routledge, 1996), p.180.

교육받은 중산층으로 비정당 정치 운동에 참여하려는 경향을 가지고 있었다.[82)]

비록 당원들이 늘어나기보다는 줄어들고 있고, 명목적으로 대부분 당원이 조직 내에서 적극적인 역할을 하지 않고 있지만, 상당수의 소수 인구들이 정당 정치에 지속적으로 연관되어 있다는 점은 확실하다. 그들 중 많은 사람들이 많은 시간과 에너지를 정당과 그들의 폭넓은 정치적인 신념들을 지지하는 데 헌신하고 있다. 지방과 지역 의회에서 선출되고, 대부분을 그들 개인의 이익을 위해서가 아니라 정당, 더 일반적으로 말해서 시민들의 공동체를 위해 일하고 있는 수만 명의 당원들은 반드시 존재하고 있다.[83)]

대부분 정당의 당원 중 10%만이 지부 회의에 정규적으로 참석하고, 정당 내부 일에 참여하는 적극적인 행동주의자로 분류된다. 영국에서 노동당원의 36%와 보수당 당원의 68%가 1년간 어떠한 정당 회의에도 참여하지 않았다는 것을 보여주었다.[84)] 다른 나라에서도 사정은 비슷하다.

20세기 초에 정당에 소속되는 것은 사회에서 분리된 하위문화 내에 소속되는 것을 의미하였다. 이는 특히 독일의 사민당과 같이 대규모의 당원들을 보유하고 있는 좌파 정당에 해당되는 것이었다. 독일에서 사민당에 소속되는 것은 생활방식의 일부분이었다. 정당은 자신의 신문을 가지고서 당원들이 그 신문을 사서 읽고, 다른 사람과 토론하게 하였다. 정당 지부는 우표수집 클럽과 스포츠 팀을 운영하고, 야유회를 조직하는 등 당원들의 사회 활동의 핵심이었다. 또한 정당 지부는 건강 보험안을 통해 자체 건강 서비스를 운영하고, 당원과 그들의 부양가족들이 요람에서 무덤까지 평생 보살핌을 받을 수 있도록 노력하였다. 1906년에 정당은 베를린에 당원들의 정치교육을 위한 교육원을 설립하였고, 가장 헌신적인 당원으로 상근할 당원들을 양성하였다.

82) Lise Togeby, "The Nature of Declining Party Membership in Denmark: Causes and Consequences," *Scandinavian Political Studies*, Vol.15, No.1, 1992, pp.5-8.

83) Dieter Rucht, "Political Participation in Europe," in Richard Sakwa and Anne Stevens (eds.), *Contemporary Europe* (New York: Palgrave, 2000), pp.92-93.

84) Patrick Seyd and Paul Whiteley, *Labour's Grass Roots: The Politics of Party Membership* (Oxford: Clarendon, 1992), p.89; Paul Whiteley, Patrick Seyd and Jeremy Ruchardson, *True Blues: The Politics of Conservative Party Membership* (Oxford: Oxford University Press, 1994), p.68.

그러나 거대 정당의 전성기에도 불구하고, 20세기 전반기 유럽 정당들은 당원들의 삶에 침투하는 데 거의 성공하지 못하였다. 이미 살펴보았듯이 수많은 당원들이 일반적으로 감소되었을 뿐만 아니라, 당원들의 결속력도 점점 약해졌다. 대체적으로 20세기 전체에 걸쳐 정당원들의 활동은 점차 축소되었다.[85)]

(3) 정당 지도자와 의원 입후보자 선출

정당의 지도자를 선출하는 방식은 국가마다 다양하다. 오스트리아, 핀란드, 독일, 노르웨이, 스웨덴과 같은 나라에서는 전당대회에서 지도자를 선출한다. 좀 더 보편적인 모델은 전 당원이 직접 선거를 실시하는 것으로, 벨기에, 프랑스, 영국의 몇몇 정당들이 이를 시행한다. 어떠한 경우에도 정당의 지도자가 그 정당 소속 의원들의 신임을 받지 못한다면, 그는 업무를 추진하기 매우 어려워지기 때문에 의원들의 역할은 중대하다. 예를 들어 영국에서 노동당의 지도자가 되려면, 노동당 의원의 12.5%의 추천을 받아야 한다. 어떠한 방식을 선택하든지, 지도자들의 임기는 점차로 덜 보장되는 방향으로 나아가고 있다.[86)]

의원 입후보자 선정은 정치 충원 과정에서 중요한 단계이며, 정당 내부의 갈등과 권력 투쟁이 표출 또는 조절되는 과정이다. 후보자 선출이 의회구성에 영향을 준다는 중요성에도 불구하고 후보자 선출 과정은 몇몇 국가들에서만 법률에 의해 규정되어 있다. 핀란드 정당들은 모든 당원들의 직접 투표를 통해 후보자를 선출하는 과정을 개방하도록 법적으로 정해져 있다. 독일과 노르웨이에서 후보자가 지역 정당 조직에 의해 선출되도록 법률이 규정하고 있으며, 중앙당 조직은 결정을 번복시킬 권한을 보유하고 있지 않다. 다른 모든 국가에서 정당들은 사조직으로 간주되고 그들이 의회 후보를 채택할 때 그들이 바라는 무슨 조치든지 취할 수 있다.

85) Susan Scarrow, Paul Webb and David M. Farrell, "From Social Integration to Electoral Contestation: The Changing Distribution of Political Power within Political Parties," in Russell Dalton and Martin Wattenberg (eds.), *Parties Without Partisans* (Oxford: Oxford University Press, 2000), pp.181-194.

86) Michael Marsh, "Introduction: Selecting the Party Leader," *European Journal of Political Research*, Vol.24, No.3, 1993, p.231.

미국 정당과 달리 유럽 정당들은 입후보자를 직접 선정할 수 있는 권한을 가지고 있으며, 정당 내에서 누가 이 권한을 가지는가에 대하여는 다양한 제도가 존재한다. 대체로 많이 활용되는 유형은 예비선거를 통하여 후보자를 선출하는 제도이다. 예비선거에는 일반 예비선거(primary)와 정당 예비선거(party primary)가 있다. 일반 예비선거는 주로 미국의 정당이 사용하는 유형으로 일반 대중이 후보자 선정과정에 참여하는 개방형이다. 후보자 선정 과정의 분권화(decentralization)와 민주적 참여 정치문화의 형성을 기본으로 한다. 당원뿐만 아니라 일반 투표자가 예비선거에 참가할 수 있도록 개방성을 유지한다. 정당 예비선거는 정당의 책임성이라는 측면에서 일반 유권자의 참여를 배제하고, 당원만이 참가하여 후보를 선정하는 유형이다. 다수의 지원자 중에서 정당조직이 예비심사를 통해 소수의 인원으로 압축한 다음, 회비를 납부하는 당원이 예비선거에 참가하여 후보를 선출한다. 이는 유럽의 이념정당이 많이 사용하는 유형이며, 특히 프랑스와 벨기에에서 주로 사용되고 있다.

원하는 사람은 누구나 참여할 수 있는 미국 스타일의 개방된 예비선거를 채택한 유일한 국가는 아이슬란드로 이 국가에서 예비선거는 1914년부터 실행되었고, 1970년대 초반 이후 광범위하게 시행되었다. 1983년 선거에서 투표자의 29%가 예비선거에 참여하였고, 46%가 그들의 인생에서 예비선거에 참여한 적이 있다고 조사되었다. 1987년에 당원의 57%와 비당원 11%가 선거 기간에 후보자를 선출하기 위한 예비선거에 참여하였다.[87)]

보편적으로 후보자 선출은 중앙당과 지부조직의 상호작용이며, 이들의 균형은 경우에 따라 차이가 있다. 많은 정당에서 후보자들은 당 대회를 통해 지방에서 선택된다. 각각의 선거구에서 당원들은 후보자를 선출하는 전당회의로 알려진 지역 전당회의에 출석하는 대표자를 선출한다. 이와 같이 지구당에서 선출하는 유형은 유럽에서 가장 대중화된 유형으로서 지역 선거구 위원회나 대의원이 참여하는 지역 선거구의 당원조직이 후보를 선정하는 유형이다. 다수대표제를 사용하는 국가의 정당들이 이 유형으로 후보를 선정하는 경우가 많으며, 이 방

87) Olafur Hardarson, *Parties and Voters in Iceland: A Study of the 1983 and 1987 Althingi Elections* (Reykjavik: University of Iceland, Social Science Research Institute, 1995), pp.156-165.

식을 채택하고 있는 대표적인 정당으로는 영국의 노동당과 보수당, 프랑스의 사회당 등이 있다.

대부분 사례에서 정당의 중앙집행부는 지역에서 선출된 후보를 거부하고 새로운 후보를 임명할 권한을 가지고 있지만 거의 사용하지 않고 있다. 만약 중앙조직이 지역의 선출 과정에 특별한 이익을 가지고 있다면, 예를 들어, 특정 개인을 선출시키거나 제외시키고 싶을 때, 선출 이후에 거부권을 사용하는 것보다 설득을 통해 미리 개별적으로 주요 지역 당원에 영향을 미치도록 노력한다. 일부 정당에서 후보자 선출은 정당의 지역 위원회에서 이루어지고, 전당대회는 이 결정을 공식적으로 비준하는 권한만 가지고 있다.

일부 정당에서 균형은 다르게 나타난다. 궁극적인 결정들은 중앙당에서 다루며, 지역조직은 결과에 영향을 미치려고 노력만 할 뿐이다. 프랑스에서는 주요 우파정당에서 중앙당에 의하여 설립된 작은 집단들이 후보자들을 내세우고 있다. 유럽에서 현재 감소하고 있는 추세인 공산당도 정당의 중앙집권화 성격을 부여하면서 결정권을 가진다. 영국 보수당은 중앙 정부와 지역 조직 간의 상호작용에 의해 결정되는 재미있는 사례를 제공한다. 정당의 본부는 후보 지원자를 심사하는 중요한 역할을 담당한다. 모든 후보 지원자들을 조사하고, 한 가지 이유나 다른 이유로 수많은 후보자들을 제거하고, 현직 의회 의원이 아닌 적절한 약 800명 정도의 인물 리스트를 작성한다. 지역 정당 조직은 자신의 선거구 후보의 선출을 위하여 리스트에서 약 25명의 인물을 인터뷰를 위하여 선정한다. 여기서 단지 2~3명 정도로 다시 줄여나가고 전체 지역 정당원들이 최종 결정을 내리게 된다.[88] 영국에서는 후보자가 선출되고 싶어하는 지역구에 뿌리를 갖고 있거나 연관이 있어야 하는 것이 별로 중요하지 않기 때문에 이 정도의 중앙집권화가 가능한 것이다.

(4) 유럽 정당의 변화와 생존

회원권에 덜 의존하는 새로운 형태의 정당 조직, 즉, 재정, 선거활동 또는 정

88) Pippa Norris, "May's Law of Curvilinear Disparity Revisited: Leaders, Officers, Members and Voters in British Political Parties," *Party Politics*, Vol.1, No.1, 1995, pp.29-47.

책개발을 위한 새로운 정당 조직을 개발하자는 논의가 진행되어 왔다. 이러한 새로운 형태의 정당 조직 중 한 가지로서 포괄적 정당(catch-all party)이 제시되었다.[89] 이러한 정당은 사회 모든 영역의 유권자들의 표를 확보하고자 전통적인 집단적 유권자 개념을 넘어서고 있다. 이렇게 하기 위해서, 이 정당은 정당의 성향을 특징지워 주는 이데올로기를 포기해야 한다. 이러한 과정을 보여주는 모범적인 예는 독일의 사민당으로서, 이 정당은 기존의 마르크스식 사회주의 원칙들을 버리고 좀 더 실용적인 정책과 태도를 수용한 고데스베르그(Godesberg) 프로그램을 도입하였다.

1980년대 풋(Michael Foot)과 벤(Tony Ben)이 이끄는 급진적 좌익의 성향에서 1990년대 블레어 수상의 주도하에 악명 높은 노동당 강령 제4조를 삭제하고 국유기업의 사유화를 수용하는 것을 골자로 하는 '새로운 노동당' 으로 변모한 영국의 노동당은 좀 더 최근의 예라고 할 수 있겠다. 영국노동당의 새로운 특징은 이 외에도 당수의 지배력 강화, 당원 회비를 보충하기 위해 당 외부로부터 재정 자원 충당 등을 도입하는 것을 포함하고 있다. 프랑스 드골당과 미테랑 대통령 집권 기간 중 사회당, 곤잘레스 집권 기간 중 스페인 사회당, 그리고 콜 총리 집권 기간 중 독일의 기민당은 포괄정당 방향으로 발전한 정당들의 예이다.[90]

가장 최근에 많은 분석가들이 새로운 형태의 정치 조직을 발견했다는 주장을 하고 있는데, 일부에서는 이 정치 조직을 '카르텔 정당' 이라고 명명하고 있다.[91] 이러한 정당들은 당원의 회비가 아니라 정부의 재정지원 또는 부유한 당 지지자들이 제공하는 기부금에 점차로 더 많이 의존하고 있다. 이 정당들은 다른 정당들과 연합하여 그 국가 내 정당들의 지배력에 도움이 되는 법안을 제정하기도 하고 후견인 관계를 이용하여 입지를 강화하기도 한다.

카르텔 정당들은 정책 프로그램의 견지에서 점점 더 상호 유사성을 보이게 됨

89) O. Kirchmeier, "The Transformation of West European Party Systems," in J. Lapalombara and M. Weiner (eds.), *Political Parties and Political Development* (Princeton: Princeton University Press, 1966), pp.177-200.

90) Patricia Hogwood and Geoffrey K. Roberts, *European Politics Today*, 2nd ed., p.100.

91) R. Katz and P. Mair, "Party Organization, Party Democracy and the Emergence of the Cartel Party," *Party Politics*, Vol.3. No.6, 1995, pp.5-28.

으로써, 선거는 유사한 팀들 간의 경쟁이 되고 선거 결과는 명확한 정책적 차별성에 의거한다기보다는 정당 지도자들의 인기도, '신뢰' 나 '역동성' 과 같은 애매모호한 가치, 그리고 '제3의 길' 과 같은 슬로건에 의해 좌지우지된다. 영국의 새로운 노동당과 보수당의 유사성,[92] 그리고 독일과 스칸디나비아 국가들의 경우 주요 정당들이 상호 혹은 다른 제3의 정당과 연합하는 것이 쉬워졌다는 점 등은 이러한 카르텔 정당의 유사화 경향을 강조해 주는 예이다.

정당들이 동질화됨에 따라 유권자들이 보인 반응 중에 하나는 특색 있는 정당들, 비록 그 정당들이 극단주의적 성향을 보일지라도, 그러한 정당들에 대한 지지가 증가한 것이다. 2000년 오스트리아 선거에서 나타난 하이더가 이끄는 자유당에 대한 지지 또는 2002년 프랑스 대선에서 나타난 르펭(Le Pen)에 대한 지지, 영국과 스페인의 경우 지역 정당에 대한 지지, 독일의 경우 민사당(PDS)과 함부르크 선거에서 나타난 STATT 정당과 '법과 질서 공세정당(Law and Order Offensive Party)' 에 대한 지지, 2001년 덴마크 선거에서 나타난 덴마크 인민당(Danish People's Party)에 대한 지지는 이러한 현상을 설명해 주는 예이다. 그러나 유권자들의 반응은 이 외에도 투표하지 않거나 정당 정치에 참여하지 않는 방식으로 나타나기도 한다.

유럽 민주주의 국가들의 정치체계 속에서 정당은 애매모호한 위상을 차지하고 있다. 정당의 존재가 의회, 사법부 또는 행정부 등 국가의 다른 제도들처럼 헌법을 통해 공식적으로 인정되는 경우는 별로 많지 않다. 프랑스, 그리스, 이탈리아의 헌법은 정당을 언급하고 있다. 오스트리아, 독일, 포르투갈, 스페인과 같은 일부 국가에서는 정당과 관련된 구체적인 법을 '정당법' 이라는 형태로 제정하여 갖추고 있다. 영국은 현재 정당등록법을 보유하고 있는데, 이는 2000년에 효력이 발생한 '정당, 선거, 국민투표법(Politcal Parties, Elections and Referendum Act)' 이다. 현대 민주주의는 정당이 수행하는 기능에 의존하고 있다. 실제로 다수 국가들은 정당이 고유의 기능을 수행할 수 있도록 지원하기 위해서 국민이 낸 세금의 일부를 정당에 제공하고 있다. 예를 들어, 오스트리아는 1975년부터, 벨

92) 특히 이러한 유사성은 보수당이 2001년 선거에서 패배한 이후 당의 정책을 수정하기로 결정한 이후 뚜렷해졌다.

기에는 1989년부터, 덴마크는 1987년부터, 핀란드와 독일은 1967년부터, 노르웨이는 1970년부터 이러한 정책을 시행하고 있다.[93]

민주주의 사회에서 정당은 정치과정에서 필수불가결한 존재이지만 최근 들어 정당의 쇠퇴론이 자주 언급되고 있다. 정당의 시민사회와의 연결이 약화되고 있고, '현지 정당'으로서의 위치가 약화되고 있기 때문에 유럽정당의 쇠퇴론이 나오고 있으나, 유럽에서 '정당의 쇠퇴'에 대해 언급하는 것은 극도로 단순화시킨 것이고, 그릇된 것이라는 주장도 있다. 정당은 사회로부터 '철수하고(withdrawing)' 있으나, 다른 방법에서 그들은 상당히 적극적이라는 논리이다. 정부와 의회에서의 정당조직인 '공공기관으로서의 정당(party in public office)'과 정당 본부와 중앙 조직을 의미하는 '중앙기관으로서의 정당(party in central office)'은 쇠퇴하지 않고 있다. 더욱이 많은 유럽 정당의 이러한 측면이 더욱 더 강력해지고 있다는 상당한 증거가 있다고 한다.[94]

카츠와 메어(Richard S. Katz and Peter Mair)는 간부, 대중, 다목적인 모델과 같은 정당 조직의 초기 형태가 그들이 용어화시킨 "카르텔 정당"에 의해 대체되거나 도전받게 되었다고 주장하였다.[95] 따라서 정당 특히 국가예산을 정당자금으로 사용하는 데 공모하게 되어, 정당이 시민사회와 국가를 연결시키는 행위자가 아니라 국가의 한 부분이 되어 버렸다는 평을 받게 되었다.[96]

영국의 경우, 정권을 잡지 못한 야당은 의회에서 집권 여당에 대한 조사 및 비판 임무를 수행하는 데 필요한 자금을 제공받고 있다. 그러나 사무실과 직원들을 유지하고, 정당 대회를 조직하고, 전문가를 고용하고, 여론 조사를 의뢰하는

93) 독일연방국의 경우, 정당은 1967년 이전까지는 국가로부터 재정적 보조를 받았지만 정부의 그러한 정당 보조금 지급 근거는 독일 헌법재판소로부터 위헌 판결을 받았다. 1967년 정당법에서는 선거 캠페인 비용에 대한 국가의 재정적 지원 원칙을 도입했다. 이 정당법이 도입된 후에도 그러한 재정적 지원과 관련된 세부적인 지급 형식, 그리고 당비와 개인 및 기업이 제공한 기부금에 대한 세금 감면 등의 사항은 몇 번에 걸쳐 수정되었다.

94) Peter Mair, *Party System Change: Approaches and Interpretations* (Oxford: Clarendon Press, 1997), pp.120-154.

95) Richard S. Katz and Peter Mair (eds.), *Party Organizations: A Data Handbook* (London and Newbury Park: Sage, 1992).

96) 카르텔 정당 모델에 대한 비판은 Ruud Koole, "Cadre, Catch-all or Cartel? A Comment on the Notion of the Cartel Party," *Party Politics*, Vol.2, No.4, 1996, pp.507-523.

막대한 비용, 그리고 날로 값이 솟고 있는 선거 캠페인에 들어가는 정기적인 지출 때문에 많은 정당들이 재정적인 어려움에 직면해 있다. 당원들이 내는 당비 수익은 일정하거나 감소하고 있고, 정부 보조금(정부가 이를 제공하는 국가의 경우)은 제한적이고, 재력가 또는 사업 이익집단들도 경기 침체를 겪고 있는 시기에는 예전처럼 기부금을 선뜻 제공하지 못하는 경우도 있다. 좌파 정당의 경우에는 계속적인 감소 추세를 보이고 있는 노동조합 가입률로 인한 기부금과 당비의 감소로 정당 재정 충당원이 줄어들고 있는 실정이다.

정치학자들에 따르면, 정당 정치의 미래에 대한 논쟁은 계속될 것이라 한다. 한 학자는 현재의 이 변화들은 정당과 유권자들의 결집이 약화되는 '이탈(dealignment)' 현상이라고 주장하였다. 계속되는 이탈은 정치적 분열과 쇠퇴를 의미하고, 정치적 충돌을 해결하고 연결하는 장치로서 정당의 역할이 크게 축소되는 의미를 함유한다. 대안적인 의미에서 살펴보면, '이탈'은 '재편(realignment)' 과정의 선도적 단계가 될 수 있는데, 재편의 의미는 유권자들의 구 정당에 대한 충성심을 약화시키고 재교육시켜 새로운 정당을 지지하고 연합하게 하는 것이다.[97] 이 경우 정당 재편은 정당들을 완전히 대체하기보다는 구 정당의 분열을 보완하면서 이루어질 것이다.

유럽 정당은 사라지거나 감소하는 것보다는 적응하고 있다는 표현이 어울릴지도 모른다. 그들은 유럽 정치에서 대의제도의 핵심조직으로 유지되고 있으며, 정당원들의 가치와 사회적 태도가 대의정부의 과정을 왜곡시킬 정도로 심각하지 않다는 것이 중론이다. 유럽 정당들은 그들이 후보자 선출을 통제하는 한 기본적으로 미국의 정당들과 상당히 다르고, 그들의 특권을 포기하는 것을 기대하지 않는다. 유럽에서의 선거는 후보자보다는 정당에 계속적으로 집중될 것이고, 의석은 정당별로 배정될 것이다.

유럽 국가들은 점차로 정당의 범위와 수를 넓혀 가는 경향이 있지만, 동유럽 공산주의 체제의 몰락은 정당들이 우후죽순 늘어가도록 하였다. 이러한 정당들은 극좌파에서 극우파까지 전체 범위를 대표할 뿐만 아니라 아주 특별한 사회

97) R. Dalton, S. Flanagan and P. Beck, *Electoral Change in Advanced Industrial Democracies: Realignment or Dealignment?* (Princeton N. J.: Princeton University Press, 1984).

집단들까지도 대변한다. 평균적으로 동유럽의 정당수는 서유럽보다 훨씬 많다.[98] 전환기 이후 이러한 정당들 중 몇몇은 사라졌고, 반면 다른 정당들은 통합되어 서유럽에서와 비슷한 정당의 스펙트럼을 형성하는 집중화 과정을 거치고 있다.

98) Ian Budge, et al., *The Politics of New Europe: Atlantic to Urals* (London and New York: Longman, 1997), p.231; J. D. Nagle and A. Mahr, *Democracy and Democratization* (London: Sage, 1999).

제2부 통합의 정치

제 8 장 통합이론

지역통합은 지난 50년 동안 사회과학의 한 분야로서 심층적인 이론 연구와 방법론적인 논쟁의 대상이 되어 왔다. 유럽통합을 연구하는 대부분의 학자들은 통합의 과정, 기구, 정책을 이론적으로 분석하는 노력을 하여 왔다. 그들은 통합과정과 목표에 대한 연구를 하면서 견해차이를 극복하기 위하여 통합이론을 만들기도 하고 상호 비판하는 논쟁을 벌이기도 하였다.

통합의 초보적 개념은 흩어져 있는 인간 집단이 하나의 공동체를 만들어 가는 과정 또는 공동체가 일체감을 유지하기 위한 조건이 충족된 상태라 할 수 있다. 부족국가에서 민족국가에 이르기까지 정치통합과정은 하나의 역사적 흐름이었다. 그러나 초국가적 통합은 단순한 자연발생적인 역사의 흐름이 아니라, 폭력을 제거하려는 전 인류적 열망이 낳은 학문적 관심이 다시 정치 지도자들의 행위결정으로 연결된 인위적인 흐름의 성격이 강하다. 통합의 주된 관심은 전쟁의 공포로부터의 해방에 있다. 국가차원의 비폭력적인 법질서를 초국가적 차원으로 확대하여 안전공동체를 만들려는 인간의 소망을 바탕으로 한 적극적 평화론도 통합이론의 하나의 축을 이루고 있다.

이와 같이 역사적으로 정치적이고 안보적인 관점에서의 통합은 기술이 발전하고 세계화가 진행되어 국가간 경제적 상호 거래, 무역, 문화가 발전되고 활성화되면서 진일보하여 경제적 · 사회적 · 문화적인 전 방면에 걸쳐서 진행되고 있다. 통합은 국제관계의 현상을 변화시키는 움직임들 중의 하나라 할 수 있다. 따라서 국가간의 통합은 세계질서 변화의 틀과 직접적인 연관을 가지고 있다. 넓은 의미에서 세계질서의 변화는 기존의 국제관계 패턴으로부터 새롭게 적응하고 대응하는 과정이라 정의할 수 있으며, 지역통합은 통합에 참여한 국가들이 국제체제의 요소들을 재편성하려고 시도하는 일방적인 움직임이라 할 수 있다.

통합은 국가간에 이루어지는 것이기 때문에 통합 초기에는 국제정치적 시각이 주류를 이루었으나, 통합이 발전하면서 통합기구, 정책결정체계 등에 대한 비교정치적 시각도 등장하였다. 따라서 유럽통합에 대한 이론적 논쟁의 시발점은 국제관계 이론과 비교정치 이론 중 어느 것이 통합의 배경, 과정, 결과를 적실성 있게 설명할 수 있는가에 대한 논의이다. 국제관계 이론 중 현실주의는 세계가 이익을 추구하는 독립국가로 구성되어 있다는 논리하에 통합을 국제적인 활동으로 인식하면서 부(wealth)와 힘(power)을 극대화하려는 국가간 협상의 결과로 개념화하고 있다. 따라서 국제관계 이론가들은 유럽통합 과정에 국가가 중요한 역할을 한다는 국가중심주의(state-centrism)를 옹호한다.[1] 반면 비교정치를 중시하는 학자들은 EU가 독립적인 기구이고, 국제관계이론으로는 EU의 공식적인 기구와 정책적 결과의 변화에 대한 설명을 할 수 없다고 말한다. 특히 이들은 유럽통합을 정확히 설명하기 위해서는 EU 역사의 여러 단계에 대한 "종적인 비교(longitudinal comparison)"가 필요하다고 주장한다.[2]

현대적 의미의 통합 개념과 이론은 주로 국가간 통합, 특히 1950년대부터 시작된 서유럽국가들의 통합을 연구하면서 시작되었다. 유럽통합에 있어서 통합에 참여한 국가들의 국가이익, 국가간의 관계, 정치적 고려, 국민적 합의 등은 통합의 촉진요인이 되기도 했지만 동시에 억제요인이 되기도 하였다. 이에 따라 통합에 참여한 국가의 일부는 각 국가가 주권을 보유한 상태에서 연합만 하기를 원하였는가 하면, 일부는 단일국가로 통합하여 연방국가를 형성하자는 주장을 하기도 하였다. 이러한 국가들의 견해차, 추진과정 등을 분석하여 이론으로 제시한 것이 통합이론이며, 각 국가 또는 전문가의 견해가 다양하기 때문에 통합

1) Paul Pierson, "The Path to European Integration: A Historical Institutionalist Ananysis," *Comparative Political Studies*, Vol.29, No.2, 1996, p.124.

2) Jeffrey J. Anderson, "The State of the (European) Union: From the Single Market to Maastricht, from Singular Events to General Theories," *World Politics*, Vol.47, No.3, 1995.

이론 역시 다양하게 제시되었다. 따라서 통합이론은 많은 제약하에 상이한 분석 수준에서 연구되고 있으며, 결과적으로 통합이론 자체가 통합되어 있지 않고 다양한 가설들로 구성되어 있다는 평가를 받고 있다.[3)]

이 장은 이러한 논쟁을 기초로 하여 유럽통합에 대한 다양한 이론을 체계적으로 분석하는 것을 목적으로 한다. 우선 통합이론의 기초적인 큰 틀로서 초국가주의와 정부간주의를 다룰 것이다. 다음으로는 고전적인 이론으로서 기능주의, 신기능주의, 상호거래주의, 연방주의 등에 대한 다각적인 분석이 이루어질 것이다. 이미 진행되고 있는 유럽통합에는 상이한 국가이익과 목적을 가진 25개국이 참여하고 있기 때문에 다양한 시각과 이론이 제시되고 있다. 최근 EU라는 초국가기구와 회원국의 국내정치 및 지방정치를 함께 분석하는 다층통치체제(Multi-Level Governance) 분석도 이 연구의 범주에 포함된다.

1. 통합의 개념

국제정치학에서 통용되는 통합은 체제가 변화해 가는 하나의 과정(process)으로 파악되고 있으며, "여러 부분들을 하나의 전체로 구성하게 하는 것, 또는 상호의존(interdependence)을 산출"하는 것으로 정의된다. 많은 학자들이 주장하는 통합의 개념을 종합하여 보면 통합은 "기존의 국제질서와 현존하는 권위적 통치구조 양자를 급진적으로 재구성하는 것"으로서, 국제정치적 시각과 비교정치적 시각을 모두 포함하고 있다.[4)]

하스(Ernst Haas)는 정치구조적 측면에서 통합이란 "몇 개 국가의 정치행위자들이 그들의 충성심, 기대 및 정치적 행위를 명백히 구분되는 몇 개의 국가적 장(setting)에서 새로운 중심으로 전환하도록 설득되는 과정"으로 정의하였다.[5)] 이

3) Robert J. Lieber, *Theory and World Politics* (Cambridge, Mass.: Wintrop Publishers Inc., 1972), p.65.

4) Joseph S. Nye, "Comparative Regional Integration: Concept and Measurement," *International Organization*, Vol.22, No.4, 1968, pp.855-880; Ben Rosamond, *Theories of European Integration* (New York: St. Martin's Press, 2000), p.12.

러한 하스의 개념을 이어받아 린드버그(Leon N. Lindberg)는 통합의 개념을 ① 국가들이 외교정책과 주요 국내정책을 독자적으로 추진하는 의지와 능력을 유보하고, 그 대신 공동의 정책을 수립하거나 정책결정체계를 새로운 중앙기구로 위임하도록 하는 과정, ② 다양한 분야에 있어서 정치적 행위자들이 그들의 기대와 정치적 활동을 새로운 중심으로 이전하도록 설득되는 과정이라고 주장하였다.[6] 따라서 국제적 차원에서의 통합은 둘 또는 그 이상 국가에 의한 정치적 과정의 제도화로 개념화될 수 있다. 다시 말해서 통합은 지역 또는 기능적으로 과거보다 포괄적인 체계의 차원에서 새로운 구조와 기능을 발전시키는 과정에 대한 개념으로 정의된다.

그러나 일부 학자들은 통합을 과정이라기보다는 조건을 성취한 상태로 인식하였다. 에치오니(Amita Etzioni)는 정치공동체를 세 가지 통합을 이룩한 공동체로 설명하였다. 첫째 폭력수단의 사용에 대한 효과적인 통제권을 보유하고, 둘째 자원과 보상을 분배할 수 있는 결정적 영향력을 지녔으며, 셋째 정치적 의식이 있는 대다수 시민들이 갖는 정치적 일체감의 지배적인 중심이라고 주장하였다. 도이치(Karl W. Deutsch)도 통합을 과정으로 보지 않고 조건이 이루어지는 상태로 인식하였다. 그는 통합의 개념은 "한 집단의 사람들이 일정 영역 내의 문제들에 대하여 평화적인 해결이 가능하다고 확신하기에 충분할 만한 공동체 의식과 기구 및 관행을 갖게 되는 상태의 조건"이라고 주장하였다.[7]

통합은 분야에 따라 정치통합, 경제통합, 사회통합의 유형으로 분류할 수 있다. 경제통합은 국가에 속한 경제단위간의 차별을 없애는 것이며, 그 단계는 차례로 자유무역지역, 관세동맹, 경제동맹, 전면적 경제통합이다. 사회통합은 국경을 초월하는 커뮤니케이션과 상호거래가 증가하여 최고조에 달하여 범국가적 사회가 형성되는 것을 말한다. 통상적으로 타국의 사회에서 발생한 변화에 대하여 자국의 사회가 동조적인 민감성을 보일 때 사회통합이 나타난다고 할 수 있

5) Ernest B. Haas, *The Uniting of Europe: Political, Social and Economic Forces 1950-1957*, 2nd edn. (Stanford: Stanford University Press, 1968), p.16.

6) Leon N. Lindberg, *The Political Dynamics of European Economic Integration* (Stanford: Stanford University Press, 1963), p.6.

7) Karl W. Deutsch, et al., *Political Community and the North Atlantic Area* (Princeton: Princeton University Press, 1957), p.58.

다. 정치통합은 2개 이상의 정치단위가 하나의 정치단위로 합쳐지는 것을 말한다.[8)]

일반적으로 통합이라고 할 때 정치통합을 의미하는 경우가 많으며, 정치통합이 이루어져야 완전한 통합을 이루었다고 할 수 있다. 헛지즈(Michael Hodges)는 통합을 "현재까지 분리되어 있는 정치체제들을 새로운 정치체제로 형성하는 것"으로 개념화하였다.[9)] 따라서 정치통합은 분야별 통합 중에서도 가장 어려운 것으로 인식된다. 나이(Joseph S. Nye)는 정치통합이 이루어지기 위해서는 최소한 초보적인 기구가 갖추어져야 하고, 정책형성과정에서 상호의존적이어야 하며, 상호 동일체 의식과 공동의 의무감이 필요하다고 주장하였다.[10)]

이와 같이 통합의 고전적 의미는 정치통합에 치중되었으나, 최근의 통합은 보다 넓게 정의되고 있다. 월리스(William Wallace)는 통합을 "이전에는 자율성을 가졌던 단위들이 상호작용(interaction)을 하는 강력하고 다양한 패턴을 창조하고 유지시키는 것"으로 정의하였다. 그는 '공식적' 또는 '비공식적' 통합을 구분하였다. 전자는 의도적인 정치행위의 결과로 나타나는 제도, 정책, 법률 등을 포함하였고, 후자는 공식적이고 권위적인 개입이 없이 진전되는 과정을 의미하였다.[11)] 양자는 모두 정치경제와 연관을 가지고 있으며, 이는 변화를 형성하는 정치적 그리고 경제적 절차간의 관계를 의미하였다. 자본동원능력, 무역량 확대, 생산과정의 변경과 같은 비공식적 경제영역의 변화는 정치행위자들의 활동을 구성하기도 하고 제한하기도 한다. 별다른 대안이 없는 정부들은 경제 과정을 통제할 목적으로 정치기구를 설립하여 보다 긴밀한 협력을 추구한다. 따라서 지역정치통합은 지역경제통합의 결과이다. 반대의 논리를 전개하면, 비공식적

8) 이상우, 『국제관계이론: 국가간의 갈등원인과 질서유지』(서울: 박영사, 1989), pp.224-225.

9) Michael Hodges, "Introduction," in Michael Hodges (ed.), *European Integration* (Harmondsworth: Penguin, 1972), p.13.

10) Joseph S. Nye, *Peace in Parts: Integration and Conflict in Regioanl Organization* (Boston: Little Brown, 1971), pp.36-37.

11) 히곳(Richard Higgot)은 "사실상 구조적 지역화(de facto structural regionalization)"와 "법률상 제도적 경제협력(de jure institutional economic cooperation)"으로 구분하였다. Richard Higgott, "De Facto and De Jure Regionalism: The Double Discourse of Regionalism in the Asia Pacific," *Global Security*, Vol.11, No.2, 1997.

변화는 정부의 의도적인 재가가 있어야 가능하다. 따라서 경제통합은 국가가 비공식적인 월경(越境) 경제활동을 증대시키는 정책을 수립할 때에 가능한 것이다.[12)]

종합적으로 분석해 보면, 통합이란 제도적 또는 정치적 측면에서 하나의 정치적 공동체를 창설하기 위한 과정이라 할 수 있다. 따라서 통합의 연구는 국가 또는 집단들 간의 갈등을 해소시키기 위한 방안을 강구함과 동시에 주권 또는 기득권을 포기하면서 어떻게 그리고 왜 다른 국가 또는 집단과 융합 · 병합하는가를 설명하는 것이다. 각 개체들의 이익이 충족되면 통합이 구체적으로 추진되는데, 통합은 궁극적으로 주권과 기득권을 포기해야 하기 때문에 신중하게 추구된다. 갈등 상황에서 준비 없이 급진적으로 전면적인 통합을 실현하려는 절대적 접근방식은 현실적으로 파국을 초래할 위험이 있는 융통성 없는 방안으로 평가된다. 둘 이상의 상이한 체제가 새로운 형태의 국가를 형성하기 위해서는 일단 공존하면서 다차원적 접근방식을 사용하여야 한다. 물론 체제와 이념의 동질성이 확보될 경우, 그리고 국가이익과 목표의 공통성이 존재할 경우 통합을 앞당기기 위하여 급진적인 통합방식이 유용할 수도 있다.

2. 통합이론의 기본 틀: 초국가주의와 정부간주의

정부간주의(intergovernmentalism)와 초국가주의(supranationalism)의 논쟁은 EU가 서로 파트너로서 연결되는 정부들에 의하여 조정되는 기구인가 아니면 자체 권위와 자율성을 가진 조직이냐에 대한 논쟁이다. 즉, 얼마만큼의 권한과 주권이 각국의 정부로부터 통합기구에 할양되어야 하느냐에 대한 논쟁인 것이다.[13)]

12) William Wallace, "Introduction: The Dynamics of European Integration," in William Wallace (ed.), *The Dynamics of European Integration* (London: Pinter/RIIA, 1990), pp.8-12.

13) 국가별로도 이에 대한 의견이 상반되게 나타났다. 벨기에인과 룩셈부르크인들은 기꺼이 주권을 상위 권위체에 전이하는 데 동의하였으나, 영국인들과 덴마크인, 때로는 프랑스인들까지도 연방주의 또는 초국가주의 경향에 대하여 저항하였다.

일부 정치학자들은 다음과 같은 가정에 대하여 의문을 제기한다. 정부간주의와 초국가주의는 극단적으로 반대되는 것이고 제로섬적인 측면이 있다. 초국가주의는 주권의 상실을 의미하지만, EU와 회원국들은 상호간에 자율적인 활동을 하고 있기 때문에 정부간주의의 측면도 나타나고 있다.[14] 이 절에서는 이러한 논점을 중심으로 양 접근법을 설명한다.

1) 초국가주의

초국가주의에 의한 통합을 주장하는 학자들은 통합이라는 개념을 "민족국가를 초월하는 새로운 권력중심을 향해 충성과 기대와 정치활동을 이전시키는 활동"이라고 정의하였다. 그들에게 있어서 권력중심은 유럽공동체 또는 유럽연합과 같은 초국가적인 기구를 의미하였다. 이들은 민족국가에게 있어서 가장 적합한 정치공동체는 초국가주의에 기초한 공동체이기 때문에 통합현상의 귀결점 또는 최종단계는 초국가주의의 형상을 보일 것이라고 주장한다.

초국가주의 통합 방식은 국가가 서로 합의하여 국가보다 상위개념의 기구를 설립한 다음 그 기구를 중심으로 하여 통합을 전개하는 방식이다. 이러한 초국가주의는 통치의 권위적 기구의 발전과 정책결정 행동 네트워크가 국가 위에서 진행되고 있는 것이다. 따라서 초국가주의는 초국가적 기구가 통합과정에서 통치와 규칙을 제공할 수 있다는 논리에 중점을 두고 있다. 궁극적으로 초국가주의의 목적은 회원국의 국경선을 넘어서 정책분야에 대한 통치능력(governance capacity)의 통제를 중심화하는 것이다. 학자들은 초국가적 규율의 성장과 통치체제로서 중앙기구의 능력증대는 통합을 위한 상호거래의 비용을 감소시킨다고 주장한다.[15]

초국가적 기구는 정부간기구보다 제도화의 차원에서 더 효율적인 측면이 있다는 평을 받는다. 초국가적 기구의 탄생은 국내외적으로 다음과 같은 효과를

14) John McCormick, *The European Union: Politics and Policies*, 2nd ed. (Colorado: Westview Press, 2000), p.14.

15) Ben Rosamond, *Theories of European Intergration* (New York: St. Martin's Press, 2000), pp.126-128, 204.

낳는다고 한다. 첫째, 국내에서 초국가기구에 의한 효율적 임무 수행은 대중적 충성과정을 낳는다. 둘째, 국가간의 마찰을 감소시킨다. 초국가적 정부에 대한 이성적 접근과 기술중심주의적 지원은 평화 체제를 구축하기 때문이다

초국가주의에 의한 통합의 경우 주권을 초국가기구에 이양하지만 이는 통합과정에서 주권을 포기하는 것이 아니라 공동관리하기 위하여 출자하는 것이라는 논리에 대하여 많은 학자들이 동의하고 있다. 미트라니(David Mitrany)는 정부는 필요에 따라 협력을 하는 것은 '주권의 포기'가 아니라 특정 임무에 대한 공동 활동을 할 수 있을 만큼 공동 부담하는 것일 뿐이라고 했다.[16] 코헤인(Robert Keohane)과 호프먼(Stanley Hoffman)은 EU는 주권을 공동출자하는 경험이지 국가가 주권을 초국가기구에 할양하는 것은 아니라고 하였다.[17] 린드버그(Leon Lindberg)와 샤인골드(Stuart Scheingold)는 유럽 차원에서 능력을 확보하는 것을 반드시 국가 차원에서 능력을 상실하는 의미로 가정하는 것은 잘못된 견해라고 하였다. EU와 회원국들의 관계는 경쟁적이라기보다는 공생적이라는 것이다.[18] 그리고 하스는 초국가주의는 EU의 기구들이 각국의 정부에 대하여 권위를 행사하는 것이 아니라, 정책결정의 과정 또는 스타일이라고 하였다. 또한 그는 참여국들은 제안에 대하여 거부할 수 있는 권리를 무조건 박탈당하는 것이 아니라 공동 이익을 증진시키기 위하여 타협 수단에 의하여 합의를 도출한다고 하였다.[19] 요컨대 초국가주의는 국가의 주권 대부분을 중앙통합기구에 할양하는 것이라기보다는 주권의 일부를 제한적으로 중앙기구에 '출자'하여 통합을 추진하는 접근법으로 이해할 수 있다.

---

16) David Mitrany, "The Functional Approach to World Organisation," in Carol A. Cosgrove and Kenneth J. Twitchett (eds.), *The New International Actor: The UN and the EEC* (London: Macmillan, 1970).

17) Robert O. Keohane and Stanley Hoffman, "Conclusions: Community Politics and Institutional Change," in William Wallace (ed.), *The Dynamics of European Integration* (London: Royal Institute of International Affairs, 1990), p.277.

18) Leon N. Lindberg and Stuart A. Scheingold, *Europe's Would-Be Polity: Pattern of Change in the European Community* (Englewood Cliffs, N.J.: Prentice-Hall, 1970), pp.94-95.

19) Ernst B. Haas, "Technocracy, Pluralism and the new Europe," in Stephen R. Graubard (ed.), *A New Europe?* (Boston: Houghton Mifflin, 1964), p.66.

2) 정부간주의

정부간주의는 회원국이 주권을 보유하면서 국가간의 거래나 무역 같은 영역의 교류 및 협력을 통하여 통합을 추진해 나가는 것을 의미한다. EU를 초국가기구가 아니라 국제기구로 이해하는 학자들의 논리이다. 전통적인 관념에 의한 국제기구는 정부간기구이며, 그 목적은 국가간 협상에 의한 조화를 이루어 영구적 평화를 획득하는 것이다. 정부간 협상론을 제시한 호프먼은 유럽연합의 정책결정과정과 제도화는 유럽의 초국가기구가 주도하는 것이 아니라 회원국의 정부들이 주도한다고 주장했다. 유럽통합의 진전은 초국가기구나 비국가행위자가 아니라 국가들이 자국의 이익을 추구하며 상호 작용한 결과물이라는 논리이다.[20)]

정부간주의는 통합을 국가들의 정책적 선호도의 수렴에 의하여 발생되는 "국가간 협상의 결과"이며, 통합 참여국의 부(wealth)와 힘(power)을 극대화하기 위한 것으로 개념화하고 있다.[21)] 따라서 정부간주의는 국가중심주의(state-centrism)를 근본으로 하며, 국가가 국제정치에 있어서 기본단위라고 간주하는 현실주의의 주장과 궤를 같이하고 있다. 현실주의는 국제정치를 무정부적 국제사회에서 이익을 추구하는 국가들 간의 상호관계로 규정하고, 따라서 세계적 차원에서 질서를 유지하는 중심적 권위체의 존재를 부정하고 국가를 가장 중요한 행위자로 인식하고 있다. 국가는 국제체제 내에서 자국의 위치를 평가하면서 국익을 추구하는 합리적인 행위자로 인식된다. 고전적 현실주의에서 국가이익은 안보와 군사력에 관련된 국가간의 정치로부터 비롯되는 생존의 차원에서 정의된다. 따라서 합리적인 국가정책은 위험(risk)을 최소화하면서 이득(benefit)을 최대화하는 것이다.

현실주의자들은 EU를 독립된 국가들의 집단으로 보고 있으며, 회원국의 요구를 충족시킬 때는 권력(power)을 EU 기구에 할양하지만, 회원국들은 언제든지 권력을 회수할 권한을 가지고 있다는 인식을 하고 있다. 따라서 EU는 회원국들

20) Stanley Hoffman, "Europe's Identity Crisis: Between the Past and America," *Daedelus*, Vol.93, 1964, p.1276.

21) Walter Mattli, *The Logic of Regional Integration: Europe and Beyond* (Cambridge: Cambridge University Press, 1999), p.19.

의 최선의 이익을 충족시킬 경우에만 존재한다고 한다. 현실주의자들은 유럽통합이 "점진적이고 단선적인 방법"으로 진행되는 것이 아니라, "특정한 시기에 획기적인 발전을 하고 오랫동안 정체되어 있거나 퇴보하였다가 다시 발전을 위한 조건이 모아지면 전진을 하는 단계적 과정"을 거치고 있다고 주장한다. 현실주의자들은 '통합'이라는 용어보다 '협력'이라는 용어를 선호하고, 국가간의 협력이 제도화되어 유럽공동체나 유럽연합이라는 높은 단계에 이르렀다고 주장한다.[22)]

현실주의는 1940년대부터 1960년대까지 국제관계 연구를 지배하였고, 반면 1970년대와 1980년대는 신현실주의의 대두로 인해 기구의 의도(intention)보다는 구조(structure)에 중요성을 두었다.신현실주의는 구조가 국제관계의 기본틀이 되고, 국가이익은 국가가 국제체제에서 차지하는 위상에 따라 결정된다는 논리를 편다. 국제체제는 공식적이고 기능적으로 동등한 국가들로 구성되어 있는데, 중요한 변수는 국가들 사이의 "권력배분(distribution of power)"이다. 국가의 행위는 권력배분에 따라 다양하게 나타날 것이고, 구조적 변화는 갈등과 협력의 패턴을 변화시킬 것이다. 무정부상태는 질서를 창출할 수 있지만, 국가간의 관계는 근본적으로 경쟁적인 성격을 가지고 있기 때문에 국가간의 효율적이고 장기적인 협력에 의해서 이루어질 것이다. 동맹의 결성 또는 협력의 방식은 생존을 위한 매우 적절하고 합리적인 방식이고, 이러한 균형적인 행위의 특질은 '상대적인 능력(relative capability)'과 밀접한 관계가 있다. 가장 강한 국가의 이익과 행위가 체제의 성격을 구성할 것이고, 권력의 분배를 변화시키는 것은 국가행위의 변화를 가져올 것이다.

현실주의나 신현실주의는 국가를 국제체제에서 중요한 행위자로 보며, 국가간 협력과 갈등이 국가의 생존과 밀접한 관련이 있다는 측면에서 정부간주의와 논리적 맥을 같이한다고 할 수 있다. 유럽통합과 연결시켜 본다면, 신현실주의자들이 보는 EU는 양극적 세계질서가 시작되면서 서유럽국가들이 생존을 위해 추진한 국가간 협력의 제도적 장치였으며, 특히 이 게임에 참여한 가장 강력한 국가들의 선호도(preferences)에 의하여 주도되었다. 국가의 선호도는 국내정치

22) 조홍식, 『유럽 통합의 이론』, 세종연구소 연구논문 98-02, pp.38-39.

가 국가이익을 결정한다는 의미이다. 국내정치의 중요성을 부각시키는 국가선호도 형성론은 국제협력과 통합에 있어서 국가의 역할을 더욱 강화하는 논리를 전개한다.

정부간주의를 지지하는 학자들은 통합이 '사회화(socialization), 협력(cooperation), 형식화(formalization)' 의 3단계에 의하여 이루어진다고 하였다.

> 사회화를 통한 통합은 충분한 신뢰의 수준을 위한 전제조건이 된다. 신뢰의 수준은 공동이익을 증대시키는 협력을 유도하고, 이는 궁극적으로 범위와 수준에서 보다 고도의 형식화가 이루어질 수 있는 플랫폼을 창조한다.[23)]

유럽통합 과정을 살펴보면 EU 게임은 고차원적 정상회담과 활발한 막후협상의 혼합체로서 정부간주의의 원칙에 의하여 작동되고 있으며, 핵심기구인 각료이사회는 국가이익간의 교환과 타협을 위한 포럼이다. 따라서 국가중심주의를 옹호하는 학자들은 통합의 결과를 이익의 상호작용의 결과로 간주하고, 이는 EU 기구에 의하여 조정된다고 한다.

유럽통합의 경우, 정부간주의는 유럽연합 회원국이 내린 의사결정과 조치에 근거하여 통합과정의 방향과 속도를 설명하고 있다. 국가 내부에서 또는 외부에서 활동하는 국가정부 이외의 다른 행위자들은 발전 과정에 어느 정도 영향력을 행사할 수 있지만, 이러한 행위자들은 매우 중요하거나 지배적인 영향력은 행사할 수 없다고 한다. 정부간주의 학자들은 국가 중심주의, 그리고 이와 관련하여 국가가 국익, 특히 외교, 안보 및 국방과 같은 상위정치 영역의 국익을 강력하게 수호한다는 인식이 팽배해지면서 호프먼(Stanley Hoffman)이 주장한 바와 같은 '통합의 논리' 보다는 '다양성의 논리' 를 강조하는 경향을 보여 왔다.[24)]

정부간주의를 가장 논리적으로 정리한 학자 중의 대표라 할 수 있는 호프먼은

23) Jacob Ohrgaard, "Less than Supranational, More than Intergovernmental: European Political Cooperation and the Dynamics of Intergovernmental Integration," *Millennium: Journal of International Studies*, Vol.26, No.1, 1997, p.18.

24) Stanley Hoffman, "Obstacle or Obsolete: The Fate of the National State and the Case of Western Europe," *Daedelus*, Vol.95, 1966, pp.719-746.

경제통합과 정치통합을 분리해서 접근하고 있다. 경제통합을 통해 참여국들이 항구적 이익을 얻게 된다면 경제통합은 지속될 수 있으나, 정치분야의 통합은 불가능하다고 주장했다. 정치통합이 어려운 이유는 국가가 국제정치경제 체제에서 서로 다른 위상을 가지고 있기 때문에 서로의 이해관계가 상이하고, 초국가기구의 강화는 국가에 위협으로 작용해 국가가 통합 거부를 추진하기 때문이라는 것이다.[25)]

수십 년 동안 호프먼은 유럽 통합의 정부간주의적 해석을 가장 강력하게 옹호한 선구자 중에 한 명으로 인식되어 왔다. 그러나 최근에는 모랍칙(Andrew Moravcsik: 1991[26)], 1993[27)], 1995[28)], 1998[29)])이 정부간주의를 옹호하는 선두주자로 자리매김하고 있다. 트란홀름-미켈슨(Tranholm-Mikkelsen)과 다른 학자들이 초기 신기능주의에 기반하여 좀 더 고차원적인 이론적 틀을 발전시켰던 것처럼 모랍칙 또한 유사한 방식으로 정부간주의를 발전시켰다. 그는 자신이 고안안 이론틀을 자유주의적 정부간주의(liberal intergovernmentalism)로 명명했다. 모랍칙 이외에 정부간주의 옹호자로는 가레트(Garrett: 1992[30)], 1993[31)]) 그리고 그리코(Grieco: 1995[32)]) 등이 있다.

25) 진시원, "제3장 유럽연합체제에 대한 이론적 고찰," 김계동 외, 『유럽연합체제의 이해』(서울: 백산서당, 2005), p.70.

26) A. Moravcsik, "Negotiating the Single European Act: National Interests and Conventional Statecraft in the European Community," *International Organization*, Vol.45, No.1, 1991, pp.19-56.

27) A. Moravcsik, "Preferences and Power in the European Community: A Liberal Intergovernmental Approach," *Journal of Common Market Studies*, Vol.3, No.4, 1993, pp.473-524.

28) A. Moravscik, "Liberal Intergovernmentalism and Integration: A Rejoinder," *Journal of Common Market Studies*, Vol.33, No.4, 1995, pp.611-628.

29) A. Moravcsik, *The Choice for Europe: Social Purpose and State Power from Messina to Maastricht* (Ithaca, NY: Cornell University Press, 1998).

30) G. Garrett, "International Cooperation and Institutional Choice: The European Community's Internal Market," *International Organization*, Vol.49, 1992, pp.533-560.

31) G. Garrett, "The Politics of Maastricht," *Economics and Politics*, Vol.5, No.2, 1993, pp.105-124.

32) J. M. Grieco, "The Maastricht Treaty, Economic and Monetary Union and the Neo-realist Research Programme," *Review of International Studies*, Vol.2, 1995, pp.21-40.

자유주의적 정부간주의

자유주의적 정부간주의를 주창한 모랍칙은 국가의 선호가 내생적으로 형성되는 국내정치 영역을 국가간 통합이론에 도입했는데, 이는 자유주의적 정부간 협상론의 이론적 배경이 되었다.[33] 이는 국내정치 영역을 통한 국가선호의 형성과정을 다룬다는 측면에서 자유주의적이고, 국가간 통합을 목표로 한 전략적 협상을 주도한다는 측면에서 정부간주의적이라는 평을 받았다. 이 경우 국가는 국가 내부의 이해관계와 권력관계, 그리고 유럽연합의 정책결정과정과 제도 사이에서 중재자 역할을 수행하는 것으로 이해된다. 유럽연합의 정책결정과정과 제도화는 회원국의 국가선호와 회원국의 협상능력, 그리고 다른 주요한 이슈와의 연계 가능성에 따라 결정적 영향을 받는다는 것이 자유주의적 정부간주의의 핵심 논리이다.[34]

자유주의적 정부간주의의 주요 구성요소는 다음과 같다. 첫째, 자유주의적 정부간주의는 국가가 합리적 행동을 한다는 가정에 기초하고 있다. 이 가정에 따르면 국가의 행위는 국가의 목표를 달성하기에 가장 적합한 수단이라고 판단되는 것을 활용한다. 둘째, 국가선호형성이라는 자유주의적 이론이 내재되어 있다. 이 이론은 국가의 목표가 국내의 압력과 상호작용에 의해 어떠한 방식으로 형성되어, 이것이 다시 경제적 상호의존성에 기인하는 제약사항과 기회에 의해서 어떻게 조건지워지는가를 설명하는 국내정치에 관련된 이론 접근법이다. 셋째, 자유주의적 정부간주의는 국가간 관계(inter-state relations)를 정부간주의 관점에서 해석하는 틀을 가지고 있다. 이 해석틀은 국가들 간의 관계를 결정하는 데 있어서 정부의 역할을 강조하고 정부들 간의 협상의 결과는 본질적으로 협정을 체결하면서 발생하는 상대적인 협상력(bargaining power)과 이득에 의해서 결정된다고 보고 있다.[35]

33) Andrew Moravcsik, "Preferences and Power in the European Community: A Liberal Intergovernmentalist Approach," *Journal of Common Market Studies*, Vol.31, No.4, 1993, pp.473-524; Andrew Moravcsik, *The Choices for Europe: Social Purpose and State Power from Messina to Maastricht* (Ithaca, NY: Cornell University Press, 1998).

34) 진시원, "제3장 유럽연합체제에 대한 이론적 고찰," 김계동 외, 『유럽연합체제의 이해』(서울: 백산서당, 2005), pp.72-73.

35) Neill Nugent, *The Government and Politics of the European Union*, 5th ed. (Durham:

자유주의적 정부간주의는 EU의 정책결정과정을 고전적 통합이론에 기초하여 두 단계로 설정하였다. 첫 단계는 국내 경제 및 사회 행위자로부터 EU 정책에 '요구(demand)' 하는 단계이다. 신기능주의 또는 국제정치 자유주의 이론에서와 같이, 이 행위자들은 경제적 이해관계를 가지고 국가정부를 통하여 EU 정책결정과정에서 경쟁하게 된다. 둘째 단계는 조약 개정과 예산합의 등 정부간 협상에 의하여 EU 정책이 '공급(supply)' 되는 단계이다. 정부간주의에서와 마찬가지로 국가는 단일 행위자로 취급되며, 초국가기구들은 최종 산출에 대하여 별다른 영향을 주지 못한다.

그러나 모랍칙은 고전적인 국제정치의 현실주의와 달리 국가의 선호는 지정학적 이익보다는 경제적 이익에 의하여 추동되며, 국가 선호는 고정되어 있는 것이 아니라 이슈에 따라 다양하게 나타난다고 주장하였다. 따라서 회원국은 어떠한 정책 분야에는 EU의 개입을 원하고 다른 분야에서는 원하지 않는 모습을 보여준다고 한다. 국가간 협상은 제로섬보다는 포지티브섬 결과를 가져온다고 한다. 자유주의적 정부간주의에서 회원국 정부들은 EU 정치체계에서 주된 행위자이고, 일상적인 정책 산출은 국가들 간의 힘겨운 협상에 의하여 이루어진다.[36]

모랍칙의 자유주의적 정부간주의는 국제정치의 현실주의 이론을 유럽통합에 연계시킨 업적을 이루었지만, 여러 측면에서 비판을 받기도 하였다. 첫째, 국가의 선호형성 과정을 단순화하여 국가의 선호를 국내 정치의 이해관계와 역학관계를 단순하게 수동적으로 반영하였다는 비판을 받았다. 둘째, 모랍칙은 유럽통합 참여가 국가자율성을 강화한다고 주장했으나, 이 주장은 국내적 이해관계와 권력관계가 국가의 선호를 규정한다는 그의 다른 주장과 모순된다는 것이다. 국가의 선호가 국내정치의 반영이라는 것은 국가가 국내정치에 종속돼 있고 국가 자율성 또한 제약받고 있다는 것을 의미하기 때문이다. 셋째, 모랍칙이 국가와 이익집단 간의 상호작용을 무시하였기 때문에 국가의 선호와 국내 정치세력의 선호를 구분해 내기 어렵다는 비판이다. 넷째, 기존에 존재해 온 유럽통합의 초국가적 조건이 국가간 협상이 발생하는 환경과 정도를 미리 규정할 수 있다는

Duke University Press, 2003), p.482.

36) Simon Hix, *The Political System of the European Union*, 2nd ed. (New York: Palgrave, 2005), p.16.

점을 묵과하였기 때문에 모랍칙이 유럽연합 제도의 영향력을 너무 과소평가하였다는 비판이다.[37)]

3) 초국가주의와 정부간주의 논쟁의 평가

초국가주의와 정부간주의 논쟁은 "주권(sovereignty)"에 대한 논의로부터 시작되었다. 주권은 절대적인 것이고, 국가들은 자결할 수 있고 동등한 실체(entity)라는 관점에서 주권은 국가에게 있어서 가장 중요한 요소이다. 법적인 측면에서 국가는 주권을 가지고 있으나, 실질적인 측면에서 국가의 권위(authority)에 도전하는 사례는 다양하고, EU도 그 한 예이다. 법적인 주권과 실질적인 권위의 불일치는 주권이라는 개념보다는 '자율성(autonomy)' 이라는 개념을 선호하게 하였다. 자율성은 "융통성 있는 개념이고, 국내사회, 경제 및 국제적 압력에 직면하여 국가행위의 자유를 제공"한다.[38)] 자율성이라는 개념을 사용하게 되면 주권적 권위를 전환시키는 공식적인 움직임이 없는 상태에서 국가의 권력이 어떻게 제한되는지 파악할 수 있게 한다. 따라서 자율성에 대한 논의는 주권과 통합은 제로섬적 게임이라는 인식을 불식시켜 준다.[39)] 이러한 측면에서 볼 때 정부간주의와 초국가주의는 서로 상반되는 접근법이라기보다는 상호보완적인 접근방식이라는 결론을 내리게 된다.

초국가주의와 정부간주의는 국제관계에 있어서 상이한 접근법을 기초로 하고 있지만, 반드시 융화되기 어려운 것은 아니다. 양자를 경쟁하는 모델로 보지 않고, 분석의 상이한 차원으로 본다면, 유럽통합의 역동성에 대하여 보다 완성된 그림으로 융합될 수 있을 것이다. 특히 1980년대 중반 이후 급진적인 통합추진이 재개되는 상황을 분석해 보면 유럽통합은 초국가적 성격과 정부간 성격 모두를 지니고 있음을 알 수 있게 된다. 초국가적인 성격의 권위체들과 복합적인 네

37) 진시원, "제3장 유럽연합체제에 대한 이론적 고찰," pp.72-73.

38) Hussein Kassim and Anand Menon, "The European Union and State Autonomy," in Hussein Kassim and Anand Menon (eds.), *The European Union and National Industrial Policy* (London: Routledge, 1996), p.3.

39) Ben Rosamond, *Theories of European Integration*, p.155.

트워크를 가지고 있으며, 참여국들은 '공동이익(common interests)"을 증진시키기 위한 합의를 추구하고 있다. 모든 협상과 연합형성은 정부들 간의 합의에 기초하고 있다는 측면에서 정부간주의의 성격도 가지고 있다.

정부간주의와 초국가주의가 순환된다는 변증법적 통합론도 있다. 회원국의 주도적 역할이 강조되는 정체기를 지나면 초국가기관과 세력의 역할이 강화되는 발전기가 온다는 논리이다. 이러한 통합의 발전과 침체는 우연히 일어나는 것이 아니라 정체현상이 또 다른 발전의 원동력으로 활용된다. 발전이 회원국들의 반발을 초래하여 다시 통합의 정체로 연결된다는 이 이론만이 역사적 경험과 이론적 논리를 모두 충족시킨다고 한다.[40]

3. 접근방법론적 통합이론: 기능주의, 신기능주의, 상호거래주의, 연방주의

통합이론은 통합을 해석하는 데 있어서 다음과 같은 두 가지 측면을 바탕으로 하여 발전되어 왔다. 첫째, 통합을 추진하는 국가들이 공통된 가치를 가지고 단일체제에 대한 합의를 이루는 등 결속력을 유지한다는 측면에 초점을 둔 통합이론이다. 단일체제는 ① 절차적 합의(쟁점들을 해결할 수 있는 정치적 틀과 법적 절차에 대한 일반적인 합의), ② 본질적 합의(정치체제가 풀어야 하는 문제들에 대한 해결책에 대한 합의) 등 두 가지 합의에 기초하여 형성된다. 따라서 절차적, 본질적 합의가 잘 될수록 정치체제의 통합도 수월하게 진전된다. 둘째, 정치체제는 외부 힘의 존재나 위협 때문에 결속한다는 논리이다. 국제정치학 연구에 있어서 세계정부 지지자들은 폭력을 줄이기 위해서는 국제적 차원에서 힘을 독점하여야 한다는 인식을 가지고 있다. 세계질서의 영역, 목표, 통제에 대한 세계적 차원의 합의의 발전 없이는 세계정부가 창설되고 유지될 수 없다는 논리가 니버(Reinhold Niebuhr)나 모겐소(Hans J. Morgenthau) 같은 현실주의자들의 주장이다.[41] 이 두 가지 논리를 종합분석해 보면, 통합에는 참여국들이 통합에

40) 조홍식, 『유럽 통합의 이론』, 세종연구소 연구논문 98-02, p.67에서 인용.

참여하도록 하는 동기가 있어야 하고 통합절차나 통합 이후 체제에 대한 합의가 있어야 한다는 점을 알 수 있다.

통합과정은 매우 복합적이고 수많은 단계를 거치기 때문에 이에 대해 다양한 이론이 존재하지만, 개념적으로 볼 때 통합이론은 각 민족국가가 민족국가를 초월하는 공동체 또는 기구를 형성하고, 이를 통하여 민족 또는 국가의 이익과 세계적인 협력 및 평화를 추구하기 위한 국가적 노력을 이론화한 것이다. 따라서 통합이론은 "둘 또는 그 이상으로 분리되었던 국가가 어떠한 환경에서, 무슨 조건으로, 어떠한 과정을 거쳐서 새로운 초국가기구를 건설하는가"라는 질문에 대한 답을 얻기 위하여 연구된 결과라고 할 수 있다.

이 절에서는 통합이 이루어지는 과정에 대한 분석을 토대로 한 다양한 이론들을 소개하고자 한다. 특히 여기에서 언급되는 이론들은 유럽 통합 과정에서 많이 언급된 고전적 이론들이면서도, 실제로 많이 사용된 이론들이라 할 수 있다. 경제와 같이 비정치적 부분에서의 통합이 전체의 통합으로 자동적으로 퍼진다는 기능주의 이론, 기능주의 이론의 문제점을 지적하면서 파급효과(spillover)의 개념을 활용하여 적극적인 통합을 추진하여 정치적인 통합체로의 파급을 목표로 하는 신기능주의, 국가들의 상호거래의 증진을 도모하면서 점차 통합을 이루려 하는 상호거래주의 등이 여기에 속한다 할 수 있다. 이 이론들보다 비교적 급진적인 연방주의는 통합을 이루기 전에 먼저 초국가기구를 건설한 후 통합을 추진하는 방식을 취하고 있다.

1) 기능주의

미트라니(David Mitrany)에 의하여 통합이론으로 발표된 기능주의(Functionalism) 이론은 사회학에서 통용되는 구조-기능주의 또는 생물학의 기능주의와 전혀 유사성이 없지만 이름이 같아서 혼동될 우려가 있는데, 통합이론으로서의 기능주의 이론은 상호의존이론, 연계이론, 레짐이론 등 국제정치에서

41) Reinhold Niebuhr, "The Illusion of World Government," *Bulletin of the Atomic Scientists*, Vol.5, October 1949, pp.289-292; Hans J. Morgenthau, *Politics Among Nations* (New York: Knopf, 1978), pp.499-507.

현실주의와 기능주의의 비교

	현실주의	기능주의
행위자들의 주요 목표	군사안보	평화와 번영
국가정책 수단	군사력과 경제수단	경제수단과 정치적 행위
통합추진의 힘	세력균형과 안보위협의 잠재적 변화	상호편의성과 부분통합의 확대논리
정책적 이슈	안보와 군사 같은 상위정치에 대한 강조	초기단계에서 경제와 사회 같은 하위정치에 대한 강조
국제기구의 역할	부차적: 국가권력과 군사력의 중요성에 의한 제한을 받음	중요함: 새롭고 기능적인 국제기구들은 정책을 수립할 뿐만 아니라, 점차적으로 집행의 책임도 짐

사용되는 이론의 효시를 이루었다.[42] 기능주의 학자들은 칸트와 윌슨(Woodrow Wilson)으로부터 기원을 찾을 수 있는 국제관계의 자유주의적 · 이상주의적 전통으로부터 영향을 받았다. 기능주의는 국제기구와 비정부기구(non-governmental organizations) 연구의 중심요소를 이루고 있으며, 국제정치이론 중 국가중심의 "힘의 정치"를 강조하는 현실주의와 일맥상통하는 부분이 있다.[43]

기능주의와 현실주의는 국가를 중요 행위자로 보는 차원에서는 유사한 점이 있으나 내용에 있어서는 대비된다. 현실주의자들은 경쟁과 갈등을 논하는 반면 기능주의자들은 협력적인 공동 이익을 논한다. 기능주의와 현실주의의 보다 구체적인 차이점은 위의 표에 잘 나타나 있다.

기능주의자들은 통합은 자체의 논리와 내부적 역동성을 가지고 있으며, 회원권은 이론적으로 파기 가능한 계약으로 이루어졌지만 실제로 거스를 수 없는 권위를 가지고 있다고 한다. 통합이 시작되면 통합을 추진하는 주체세력은 통합 구조망(fabric)의 부분이 되며, 분리될 경우 통합을 지속하는 것보다 더 많은 비용을 지출해야 하기 때문에 통합은 지속된다고 주장한다.[44]

42) 기능주의 이론에 대한 대표적인 저술로는 David Mitrany, *A Working Peace System* (Chicago: Quadrangle Books, 1966); A. J. R. Groom and Paul Taylor, *Functionalism: Theory and Practice in International Relations* (London: University of London Press, 1975) 등이 있음.

43) Ben Rosamond, *Theories of European Integration*, p.31.

미트라니가 처음 기능주의를 주창한 이유는 세계적인 평화체제를 만들기 위하여 국가간의 파트너십이 필요하며, 이 방안이 국제정치에서 전쟁을 피할 수 있는 가장 유효한 방안이라고 생각하였기 때문이다. 국가간의 갈등과 대립을 줄여 전쟁을 방지하기 위해서는 다국가체제를 단일화하여야 한다는 연방주의 이론과 비교되는 기능주의 이론은, 각 민족국가는 주권을 향유하고 있으며 이 주권을 단일화된 초국가기구에 쉽게 포기하지 않을 것이라는 전제하에 제시된 통합이론이다. 미트라니는 "우리 시대의 문제점은 국가들이 어떻게 평화적으로 분리되어 지내는가가 아니라, 어떻게 적극적으로 함께 하도록 하는가이다"라고 주장하였다. 평화는 '공존(coexistence)' 하는 것보다 '공동활동(coactivity)' 에 의하여 이루어지는 것이 이상적이라 하였다.[45)]

전쟁은 가난(poverty), 불행(misery), 절망(despair)으로부터 기원한다고 주장하는 기능주의에 의하면 전쟁을 피하는 방안에는 두 가지가 있다. 첫째, 공동과업을 수행하기 위한 목적으로 국가들이 상호접촉을 하다 보면 우호관계를 가질 수 있고 협력적인 방향으로 나갈 수 있다. 둘째, 경제 · 기술 · 복지 분야에서의 국가간 상호의존의 확대는 정부간의 망(enmeshment)을 형성한다. 상호의존에 의하여 망이 형성되면 각 정부는 전쟁에 의하여 소모되는 비용이 망을 형성하는 비용보다 더 크다는 것을 인식하고 전쟁을 회피하게 된다.[46)]

상호의존 관계는 공동이익을 창출하고 이 공동이익은 둘 이상의 사회를 불가분의 관계로 만들기 때문에 상호의존이 통합의 촉진요인으로 등장한다. 이와 같이 한 차원에서 이루어진 기능적 협조관계는 다른 차원에서의 협조관계를 유도하여 결국 하나의 공동체가 이루어진다. 기능주의자들은 통합이 자체의 내부적 역동성을 가지고 있다고 주장하였다. 만약 국가들이 어떠한 제한적인 분야에서 협력하여 그 협력을 포괄하는 분위기가 조성되면 통합의 "보이지 않는 손

44) John McCormick, *The European Union : Politics and Policies*, 2nd ed. (Colorado: Westview Press, 2000), pp.13-14.

45) David Mitrany, *A Working Peace System*, pp.25, 92.

46) Paul Taylor, "Functionalism: the approach of David Mitrany," in A. J. R. Groom and Paul Taylor (eds.), *Frameworks for International Co-Operation* (London: Pinter Publishers, 1990), p.130.

(invisible hand)"에 의해 다른 분야까지 협력을 하게 된다는 논리이다.

기능주의 이론에 따르면, 통합을 효율적으로 추진하기 위해서는 경제 · 과학 등 기술적 또는 비정치 분야에서의 협력부터 시작하여야 하며, 비정치 분야의 교류 · 협력을 하게 되면 자동적으로 정치부문의 통합을 이룰 수 있다. 따라서 기능주의는 한 부문에서의 기능적 통합이 부분통합(sectoral integration)을 거쳐 전체통합으로 발전하게 되는 '자동성(automaticity)'을 강조한다. 즉 기능적 통합을 보다 효율적으로 추진하기 위해서는 초기에 쉬운 분야의 교류와 협력부터 시작해야 한다. 초기에 한 가지 문제를 해결하면 다른 협력을 고무하기 때문에 우선적으로 처음 당면한 문제를 해결하는 것이 중요하다.[47]

기능주의자들은 경제나 국방정책과 같은 주요 이슈에 대해 협력하기 위한 노력보다는 비교적 논쟁점이 적은 분야, 즉 우편사업, 특정 산업 분야, 또는 측량과 같은 기술 협력 분야의 통합을 추진함으로써 평화에 접근해 가는 것이 중요하다고 믿는다.[48] 미트라니는 이데올로기를 배제하면서 비정치적 분야에서의 기능적인 협력이 발전 · 확산되면, 정치분야까지를 포함하는 타 분야의 협력을 조장하게 된다고 주장하였다. 직업 외교관보다 비정치적 분야의 전문가들이 제시하고 유포시키는 전문적 지식이 국가간의 관계를 더욱 긴밀하게 만들 수 있다는 주장이다. 직업외교관들은 인간의 이익(human interests)을 무시하고 이기적인 국가이익만을 추구하기 때문이다. 기능주의 이론은 정치의 동기가 권력의 유지와 획득에서 나오는 것이기 때문에 '정치는 불결한 것(politics is dirty)'이라는 가정으로부터 시작된다.[49]

루마니아 태생으로 영국의 사회과학자인 미트라니가 설명하는 기능주의 접근

47) 기능주의는 지역통합에서 중요시되는 영토적 접근을 반대한다. 지역주의는 국가 체제의 오류를 증대시키는 방법이며, 영토적 논리의 전개는 지역간 잠재적 적개심을 만든다고 미트라니는 주장한다. David Mitrany, "The Prospect of Integration: Federal or Functional," in A. J. R. Groom and P. Taylor (eds.), *Functionalism: Theory and Practice in International Relations* (London: University of London Press, 1975), pp.53-78.

48) Leon N. Lindberg and Stuart A. Scheingold, *Regional Integration: Theory and Research* (Cambridge: Harvard University Press, 1971), p.6.

49) Charles W. Kegley, Jr., and Eugene R. Wittkopf, *World Politics: Trend and Transformation*, 3rd edn. (London: Macmillan, 1989), p.487.

은 "권위와 특정지역을 연결시키는 전통적 방식에서 벗어나 권위와 특정 행위를 연결"시키는 시도라고 할 수 있다.[50] 평화는 '지역통일(regional unification)' 에 의해 성취될 수 없다. 왜냐하면 이는 국제 긴장을 지역의 긴장으로 대체할 뿐이기 때문이다. 평화는 세계정부에 의해서도 이루어질 수 없다. 왜냐하면 이는 인간의 자유를 위협하기 때문이다. 미트라니는 안보, 교통, 통신과 같은 기능적으로 특정분야의 권위체로서 분리된 국제기구가 조직되어야 한다고 주장하였다. 이 조직은 자율적인 임무와 권한을 가진 집행기구여야 하고, 국가의 정부와 수준은 다르지만 같은 업무를 수행해야 한다고 주장하였다. 이러한 특정기능에 초점을 맞추면 "거대한 제스처(grand gesture)"보다 국제 협력을 보다 빨리, 효율적으로 고무할 수 있을 것이라고 강조하였다.[51]

미트라니는 이러한 기능적 조직들은 일단 형성되면 스스로 협력하는 작업을 해나간다고 주장하였다. 철도, 도로와 항공 기구들은 기술적 협력(예를 들어 시간표)과 기능적 협력(예를 들어 손님과 비행횟수 빈도의 차이 조정)을 필요로 할 것이다. 기능적 조직의 상이한 집단들은 함께 작업해야 할 것이고 이는 국제 계획을 협력하도록 유도할 것이다. 이는 새로운 체제를 만드는 것보다 자발적인 선택과 발전을 통하여 기존의 체제를 합리화시키게 된다. 국가는 어떠한 기능에 참여하거나 이탈하거나 잔류하게 된다. 또는 그들 자신의 정치적이고 사회적인 시험(experiment)을 시도해 본다. 요컨대 그들은 그들이 책임을 공유할 때만 권한을 공유하도록 허용될 것이다. 이는 궁극적으로 "완성된 정치체제"로 유도될 것이다. 이에 따라 기능적 접근 방법은 분야별 "연방의 조직적 요소"로 간주될 수 있을 것이라고 한다.[52]

국가에게 있어서 중요한 부분, 즉 정치 외교 군사 등에 대한 통합을 초기단계에서 배제하기 때문에 기능주의 통합과정에서 국가의 생존과 정체성은 그대로 유지된다. 따라서 통합을 위한 기능주의적 접근방법은 통합의 마지막 단계 이전까지 국가의 주권과 행동할 수 있는 법적 권리를 보존한 채 추진될 수 있다. 교류와 협력이 순조롭게 진행되면, 국가간의 결속은 증대되고 결국 국가간의 긴밀

50) David Mitrany, *A Working Peace System*, p.27.

51) David Mitrany, *A Working Peace System*, pp.27-31, 72.

52) David Mitrany, *A Working Peace System*, pp.73-84.

한 협력은 최후의 순간에 국가들이 보유한 주권을 초국가기구에 전환시킴으로써 통합이 완성된다.

기능주의는 국제정치와 국제기구 연구에 있어서 기존의 방식을 뛰어넘는 혁신적이고 특별한 접근법을 제공한 것으로 평가되었다. 기능주의는 세계우편연합(Universal Postal Union) 같은 1800년대의 국제기구 창설로부터 시작하여 20세기에 이르기까지 국제기구의 창설에 이론적 밑바탕이 되었다. 정부간기구(IGO)와 국제비정부기구(INGO)의 설립과 성장에도 이론적으로 지대한 공헌을 하였는데, 특히 INGO가 비정치적 기술적 문제를 해결하기 위한 초국가적 협력을 증진시킴으로써 IGO를 지원하는 역할을 하는 데 이론적 기여를 하였다. 비록 다국적기업(MNC)의 초창기 형성에 기능주의 이론이 관련된 부분은 거의 없지만, MNC가 세계정치질서를 변화시킨 형상은 기능주의 논리와 맥을 같이하고 있다.[53)]

EU의 창시자로 묘사되는 모네(Jean Monnet)와 슈망(Robert Schuman)은 석탄과 철강 산업과 같은 특정 분야에 대한 통합을 시작하였다는 점에서 기능주의자로 분류할 수 있다. 그들은 이 분야에의 통합이 다른 분야의 통합까지 고무할 것이라고 주장했다. 슈망은 "유럽은 단순한 계획에 의하여 만들어질 수 없다. 사실상의 결속이 이뤄진 후 구체적인 절차에 의해 만들어질 것"이라고 말했다.[54)] 그러나 연방주의자들은 절차를 줄일수록 통합이 쉽게 이루어진다고 한다.

세계 평화와 질서 수립에 지대한 공헌을 하였지만 기능주의는 몇 가지 비판을 받았다. 미트라니는 철도, 해운, 항공 사업의 적절한 행정 형태를 확정짓는 데에는 어려움을 가지지 않았으나, 생산, 무역과 분배와 같은 분야의 협력은 그 분야들의 경쟁성 때문에 보다 어렵고 복합적이라는 점을 스스로 인정하였다.[55)] 경쟁이 이루어지고 승자와 패자가 확연히 구분되는 시장경제의 정상적인 조건하에

53) Charles W. Kegley, Jr., and Eugene R. Wittkopf, *World Politics: Trend and Transformation*, pp.487-488.

54) Robert Schuman, "Declaration of 9 May 1950," in David Weigall and Peter Stirk (eds.), *The Origins and Development of the European Community* (London: Pinter, 1992), pp.58-59.

55) David Mitrany, *A Working Peace System*, p.71.

서는 기능주의 논리가 어떻게 작동할 것인가를 예상하는 것은 어렵다는 데 대하여 많은 학자들이 동의하였다.

기능주의는 중요한 정치현실을 거의 고려하지 않은 점에 대하여도 부정적인 지적을 받았다. 기능주의자들은 기능만을 중요시하는 나머지 법, 제도 및 권위체를 경시하고, 국가간의 갈등을 유발시킬 위험성이 큰 정치문제를 등한시한다는 지적을 받았다. 특히 기능주의는 정치와 비정치 분야를 구분한 점에 대하여 비판을 받았다. 그러한 구분은 비현실적이며 이와 같이 구분한 상태에서 통합은 지연될 수밖에 없다는 것이다. 또한 비정치 분야에서의 통합 경험은 다른 분야의 통합에 별다른 역동성을 제공하지 못하고 상위정치(high politics)를 변화시키지 못한다는 것이다. 오히려 비정치적인 분야가 정치적인 영향을 받는 경우가 더 많다고 한다. 더구나 1970년대 이후 국제경제가 국제정치의 중요한 부분으로 등장하면서 정치 분야와 경제를 포함하는 비정치 분야를 구분하기 어려워졌다는 평을 받았다. 특히 상위정치에 속하는 안보 분야에 있어서 군사적 위협뿐이 아니라 경제문제도 안보위협의 요소가 되기 때문에 정치와 비정치의 구분이 더 어려워졌다는 것이다. 실제로 경제와 사회문제는 정치적 고려 없이 해결되기 어렵다.

그러나 기능주의가 유럽통합의 실질전개나 통합이론에 기여한 공로는 지대하다. 기능주의자들은 유럽통합은 자체의 논리를 가지고 있으며, 회원권은 이론적으로 파기 가능한 계약으로 이루어졌지만, 실제는 거의 거스를 수 없는 권위를 가지고 있다고 한다. 통합은 서유럽 사회의 '구조망(fabric)' 의 부분이 되었으며, 통합을 지속하는 것보다 분리되었을 때 더 많은 비용을 지출해야 할 것이라고 주장했다. 유럽통합을 연구하는 현세의 학자들 대부분은 기능주의와의 연관성을 부인하지만, 최근에 이루어진 유럽통합에 대한 연구는 거의가 기능주의의 항목을 내포하고 있다. 심지어 한 학자는 기능주의가 "EC의 기술적 특징(technical nature)을 이해하는 데 가장 훌륭한 이론적 틀"을 제공하였다고 주장하였다.[56]

56) M. Forsyth. "The Political Theory of Federalism: the Relevance of Classical Approaches," in J. J. Hesse and V. Wright (eds.), *Federalizing Europe? The Costs, Benefits, and Preconditions of Federal Political Systems* (Oxford: Oxford University Press, 1996), p.29.

2) 신기능주의

신기능주의(Neo-functionalism)는 기능주의 이론을 바탕으로 하여 제시된 이론이다. 따라서 많은 신기능주의자들은 기능주의의 창시자인 미트라니를 '직접적 지적 조상(direct intellectual ancestor)'으로 부른다. 보다 더 심오하고 오래 지속될 수 있는 평화를 위한 기술적 분야의 접촉에 대한 강조와 신기능주의에서 강조하는 '파급효과(spillover)'는 상당한 연계성(linkage)을 가지고 있다. 그러나 기능주의는 기능적 협력이 확대되면 정치적 통합이 자동적으로 이루어질 것이라고 보는 반면, 신기능주의는 기능적 협력과 정치적 협력을 분리할 수 없다고 보는 점에서 다르다. 신기능주의는 기능적인 통합행위를 통해 접근하고 있지만, 기능주의보다 훨씬 제도화된 통합 목표를 달성하려 한다는 점에서 연방주의에 가깝다. 따라서 미트라니는 신기능주의가 EC 창설자들의 '준연방전략(quasi-federalist strategy)'과 연계되어 있음을 우려하며 기능주의와 신기능주의가 연관되어 있다는 데 대하여 불편한 입장을 보였다.[57] 1950년 프랑스의 슈망(Robert Schuman)이 유럽석탄철강공동체(ECSC: European Coal and Steel Community) 설립계획을 발표했을 때, 이 슈망 플랜은 유럽대륙의 연방주의적 시각을 신기능주의로 전환시키는 계기가 되었다. 이들의 접근은 연방주의 움직임의 이상주의적 측면에 대한 직접적인 도전이었다.

실천적인 측면에서 1958년 하스(Ernst Haas)의 유럽석탄철강공동체에 대한 연구와 1963년 린드버그(Leon Lindberg)의 유럽경제공동체(EEC: European Economic Community)에 대한 연구는 미트라니의 연구를 수정하여 신기능주의로 부활시켰다. 이들은 통합이 이뤄지기 이전에 선행조건이 필요하다고 주장하였다. 강하지 않은 민족주의, 국가간의 협력을 지지하는 여론, 이타주의적 이유보다는 실용주의적 이유로 통합을 추진하고자 하는 엘리트들의 욕구, 새로운 초국가주의 권위체에 실질적인 권한의 위임이 그 선행조건이다.

신기능주의는 통합에 대한 분석의 초점을 평화체제라는 목적론(teleology)으로부터 기능적 방법론의 실용적 차원으로 전환하였다.[58] 신기능주의는 정치문

57) Ben Rosamond, *Theories of European Integration*, pp.38-39.

제에 대해서 기능주의와 전혀 견해를 달리하고 있다. 기능주의는 정치문제를 해결하기 위한 비정치적인 접근 방법이라고 할 수 있는 반면, 신기능주의는 통합에 있어서 정치적 요소를 중요시한다. 정치적인 논쟁을 불러일으킬 가능성이 큰 분야를 배제하고 비정치 분야의 교류와 협력을 추진하는 것이 아니라, 정치분야의 협력에 강조점을 두고 있는 것이다.

신기능주의의 주장에 따르면 궁극적으로 정치공동체를 이룰 수 있는 동기는 기능주의가 제시한 기술적 '자동성(automaticity)'이 아니라 자체 이익을 추구하는 목표지향형의 행위자들이 추진하고 모색하는 것이라고 주장한다. 행위자들과 그들 간의 상호작용에 대한 강조는 신기능주의가 결과(outcome)보다는 과정(process)을 중시한다는 점을 나타낸다. 여기서 의미하는 '과정'은 다원적인 정치환경에서 행위자들이 그들의 이익을 추구하기 위하여 복합적으로 얽히게 되는 것으로 정의된다.[59]

신 기능주의는 다음과 같은 기본 가설을 전제로 한다.

(1) 파급효과(spillover) 가설: 당초에는 특정한 목적을 위해 형성되었던 기능적 조직이 점차로 그 기능분야를 확대하는 동시에 정책결정의 권한도 강화해 간다.
(2) 점진적 정치화(gradual politicalization) 가설: 침투확산과정의 발전에 의해 경제적 기능을 중심으로 한 정책 결정의 범위가 확대되어 최종적으로 정치 수준에까지 도달한다.
(3) 외부화(externalization) 가설: 침투확산과정이 진전됨에 따라 참가국은 제3국에 대하여 공동의 정책행동을 취하게 된다.

통합의 과정을 설명하는 신기능주의의 핵심적 개념은 '파급효과(spillover)'이다. 이는 통합이 추진되는 분야간의 상호의존에 의하여 한 분야에서 시작된 통합이 다른 분야로 전파되어 가는 과정을 설명한다. 따라서 신기능주의의 핵심은 기능주의에 의한 비정치적인 분야에서의 점진적 교류 · 협력이 자동적으로 정치

58) Walter Mattli, *The Logic of Regional Integration: Europe and Beyond* (Cambridge: Cambridge University Press, 1999), p.23.

59) Ben Rosamond, *Theories of European Integration*, p.55.

적 통합으로 확산되지 않기 때문에 기능적 교류 · 협력과 정치적 통합을 연결시키는 '파급효과의 정치화'로 기능적 · 정치적 통합을 이룰 수 있다는 이론이다. 국가간의 협력과정에 내재하고 있는 정치적 장애를 제거함으로써 향후 정치연합의 회원국이 될 모든 국가에게 공동으로 이득이 될 수 있는 점을 보여줘야 한다는 것이다. 따라서 신기능주의 이론은 기능주의의 소극성을 벗어나기 위하여 제시되었다고 할 수 있다.

매우 복잡한 개념인 '파급효과'는 세부적으로 다음과 같이 3개의 카테고리로 구분할 수 있다.[60] 첫째, 기능적(functional) 파급효과이다. 현대 경제의 상호연결적 (interconnected) 특성 때문에 통합은 단순히 특정한 경제 영역들에만 국한될 수 없다는 설명이다. 만약 국가들이 경제 한 분야의 통합을 한다면, 다른 분야로부터 경제의 한 분야를 분리시킬 수 없기 때문에 다른 분야의 통합도 함께 이루어진다.[61] 이 접근법에 따르면, 오히려 한 영역의 통합이 주변 영역 및 관련 영역의 통합에 압력을 가하는 요소로 작용한다는 것이다. 많은 기능적 정부간기구들이 이 과정을 관리하기 위하여 설립되어야 할 것이고, 국가들 간의 간격을 잇기 위하여 많은 다리들이 만들어지고, 국가 정부의 상대적인 권력은 점차 축소되고 간격은 더 이상 존재하기 않게 된다. 궁극적으로 완전한 경제와 정치적 연합이 이루어진다.[62]

둘째, 정치적(political) 파급효과이다. 이는 전반적으로 경제적 통합에서 발전하여 다양한 차원으로 나타난다. 예를 들어, 국가의 엘리트들이 초국가적 수준의 활동과 의사결정에 관심을 기울이는 것, 이러한 엘리트들이 통합과정과 공동의 이익을 증진시키는 데 우호적인 태도를 취하는 것, 국가와 정부의 행위자들

60) John McCormick, *The European Union : Politics and Policies*, p.17; Neil Nugent, *The Government and Politics of the European Union*, 5th ed. (Durham: Duke University Press, 2003), pp.479-480.

61) Stephen George, *Politics and Policy in the European Community*, 3rd ed. (Oxford: Oxford University Press, 196), p.24.

62) 기능적 파급효과에 대한 설명의 사례로 가장 많이 인용되는 것이 유럽단일시장(SEM: Single European Market)이다. 유럽단일시장의 경우, 시장 단일화를 완성하기 위한 원래의 "필요조건(requirement)"이 점차적으로 사회적 차원, 단일통화, 그리고 재정정책 조화의 기준 등의 사안들로 확대되는 양상을 보였다.

의 영향력은 감소하는 가운데 초국가적 제도와 비정부 행위자들이 통합과정에 미치는 영향력이 증대되는 것, 그리고 통합의 중요성이 증대되면서 초국가수준에서의 정치적 통제와 책임에 대한 압력과 요구가 증대되는 것 등이 정치적 파급효과에 포함될 수 있다.[63] 다른 기능 분야가 통합되면, 기업 로비와 노동 조합과 같은 이익집단은 국가의 정부에 영향을 미치려는 노력을 하는 동시에 새로운 지역기구(regional institutions)에 영향을 미치도록 전환된다. 이 집단들은 통합으로부터의 이득을 선호하고 통합이 후퇴되는 데 대한 장애물이 된다. 그리고 정치는 국가차원보다는 지역 차원에서 이루어진다.[64]

셋째, 기술적(technical) 파급효과이다. 국가들 간의 상이한 기준의 차이는 국가들이 엄격한 규정을 준수하도록 요구한다. 예를 들어 그리스와 포르투갈같이 가난한 EU 국가들은 환경 규제가 그들의 경제 발전을 더디게 하여 부유한 파트너를 따라가기 어렵게 한다고 주장한다. 그러나 EU의 결정과정은 독일과 스웨덴 수준의 가장 강력한 환경법을 채택하도록 요구하여 가난한 국가들도 강력한 규제 정책을 수용하도록 고무한다.

나이(Joseph Nye)는 파급효과를 '기능적 상호의존 또는 임무의 본질적인 연계(inherent linkages of tasks) 과정에서 생성된 불균형들이 정치행위자들로 하여금 그들의 공통 임무를 재정의하도록 하는 현상'으로 표현하였다.[65] 다시 말해 한 분야에서의 협력 행위는 다른 분야에서 협력 행위를 하도록 압력을 증가시키는 '새로운 요구, 긴장과 문제(new needs, tensions and problems)'를 발생시킨다. 예를 들어서 인간 이동의 자유는 경찰의 협력이 있을 때, 연금의 자유로운 이동이 가능할 때, 동등한 수준의 취업 근무 조건이 있을 때, 재화 이동에

63) Neil Nugent, *The Government and Politics of the European Union*, 5th ed. pp.479-480.

64) 정치적 파급효과에 대한 설명에 있어서는 1980년대 이후 계속되어 온 초국가적 의사결정 권한의 강화가 가장 많이 언급된다. 특히 집행위원회의 "자동차 엔진으로서의 역할(motor role)", 각료이사회(Council) 내 가중다수결원칙(QMV)의 보편적 적용, 그리고 통합주의자의 입지를 강화시켜 주는 유럽사법재판소의 판결 등은 신기능주의 정치적 파급효과의 틀에 들어맞는 현상이라고 볼 수 있다.

65) Joseph S. Nye, "Comparing Common Markets: A revised Neofunctionalist Model," in Lindberg and Scheingold, *Regional Integration: Theory and Research* (Cambidge: Harvard University Press, 1971), p.200.

대한 제한이 없을 때, 교육 수준에 대한 상호 인정이 있을 때 등에만 가능할 것이다.[66]

슈미터(Philippe Schmitter)는 파급효과에 관련된 다양한 용어에 대한 정의를 내렸다.[67] '지체 효과(spill-around)'는 권위나 권한의 확대 없이 정부간기구에 의하여 기능의 범위가 확대되는 것이다. 예를 들어 EU 회원국 정부들은 EU의 집행위원회(Commission)가 새로운 정책 분야에 개입하는 것을 허용하지만, EU 예산의 규모를 제한함으로써 너무 많은 권한을 가지지는 못하도록 한다. 지체효과는 기능의 폭은 넓히지만 권위의 깊이는 그대로 유지하게 한다. 반면 '심화(buildup)'는 분야의 범위를 넓히지 않고 기구의 권위 또는 권한을 증가시키는 것이다. 나이(Joseph Nye)는 '상호거래증가(rising transaction)'를 논하면서 "통합의 범위를 넓힐 필요는 없고, 특정 업무를 취급하는 중앙기구의 능력을 강화하는 것"이 필요하다고 주장하였다.[68] '축소(retrenchment)'는 기구의 권한과 권위를 줄이는 대신 회원국들 간의 조정 능력의 수준을 높이는 것으로, 이는 EU의 외환 위기 때 발생하였다. 단일화폐를 도입하는 전주곡으로 1970년대와 90년대 초반 환율 안정의 시도를 포기했던 것이다. '역류효과(spill-back)'는 기구의 범위와 깊이 모두의 축소를 의미한다. EU의 경우에는 나타나지 않았으나, 정책 결정에 대한 유럽집행위원회의 권위는 유럽의회와 유럽이사회(European Council)가 성장함에 따라 상대적으로 약화되었다.

신기능주의 학자들은 파급효과에 정치적 타결이 따르지 않을 경우 역류효과 또는 지체효과의 위험이 있다고 경고한다. 따라서 신기능주의는 파급효과의 자동성(automaticity)이라는 기능주의의 가설을 부정하고 파급을 이끌어내기 위한 파급효과의 정치화(politicization), 즉 관료의 역할, 조직 이데올로기, 정치 · 행정 엘리트의 창조적 창출을 중시한다. 슈미터는 교류의 범위가 확대될수록, 그리고 집단적 결정을 내리는 수준이 높을수록 정치적 공동체로의 파급효과는 커

66) John McCormick, *The European Union: Politics and Policies*, 2nd ed., p.16.

67) Philippe Schmitter, "A Revised Theory of Regional Integration," in Lindberg and Scheingold, *Regional Integration*, p.242.

68) Joseph S. Nye, *Peace in Parts: Integration and Conflict in Regional Organisation* (Boston: Little Brown, 1971), p.67.

진다고 하였다.[69] 나이는 관료와 엘리트들이 국가통제의 상실을 우려하여 통합에 대하여 부정적인 견해를 가질 가능성이 있기 때문에, 관료와 엘리트의 사회화(socialization)를 통하여 통합을 지지하도록 하여야 한다고 주장하였다.[70]

신기능주의의 창시자인 하스(Ernst Haas)는 통합에 대한 찬성과 반대는 통합될 단위체 내 주요집단의 득과 실에 대한 기대에 의존한다고 주장하였다. 따라서 통합은 '이익과 가치(interests and values)'의 관점에서 결정된다고 한다.[71] 결국 통합은 통합을 이타적(altruistic) 이유에서가 아니라 실용적(pragmatic)인 차원에서 지지하는 정부나 민간부문의 관련 엘리트에 의하여 진행된다. 초국가조직 틀에서 활동함으로써 이득을 얻을 수 있다고 기대하는 엘리트들은 비슷한 인식을 하고 있는 타국의 엘리트들을 찾아 나섬으로써 국제통합을 추진하게 된다.

신기능주의 통합은 우선 경제부문부터 시작된다. 경제 이외의 다른 분야, 즉 교육, 사회정책, 국방 분야의 협력 가능성도 존재하지만, 신기능주의 이론에 따르면 경제분야가 가장 활성화되어 있고 융통성있는 분야이기 때문에 통합이 가장 손쉽게 진전될 수 있는 분야로 인식되고 있다. 통합 초기단계에 정치단체나 정치 엘리트가 참여하여야 한다는 점은 매우 중요하다. 이들이 참여하려면 통합으로 인하여 국가의 핵심적 이익이 영향을 받지 않을 것이라는 점이 명확해야 한다. 그렇지 않으면 정치 엘리트들은 그들이 향유하고 있는 권력과 기존 이익이 위협받을 것이라는 인식하에 통합에 반대할 것이기 때문이다. 그러나 통합이 진행되는 과정에서 정치 엘리트들은 긴장(strain)과 왜곡(distortion)을 느끼지 않을 수 없을 것이며, 결국 통합에 영향을 받는 층은 적응(adjustment)과정을 거쳐야 할 필요성을 느끼게 된다. 그러한 적응은 통합을 다른 분야에까지 진전시키는 방법으로 성취될 수 있다.[72] 신기능주의자들은 통합을 추진하는 주체가 득이 된다고 판단할 경우 공동체를 구성하여 초국가주의 접근방법을 통한 통합을 추

69) Philippe Schmitter, "Three Neo-Functional Hypotheses About International Integration," *International Organization*, Vol.23, No.1, 1969.

70) Joseph Nye, *Peace in Parts: Integration and Conflict in Regional Organization*, pp.69-70.

71) Ernst Haas, *The Uniting of Europe* (Stanford: Stanford University Press, 1958), p.16.

72) R. J. Harrison, "Neo-functionalism," in A. J. R. Groom and Paul Taylor (eds.), *Frameworks for International Co-operation* (London: Pinter Publishers, 1990), p.141.

진한다고도 주장한다.

그러나 1957년 이후 서유럽통합을 사례로 연구한 하스는 경제적 이득 같은 실용적 관점에 바탕을 둔 이익은 '단명(ephemeral)' 한데, 그 이유는 이러한 이익이 "심오한 이념적 또는 철학적 관점에서 강화된 것이 아니기 때문"이라고 한다. 따라서 실용적 이익에 의하여 구축되고 추진되는 정치적 과정은 '유약한 과정(frail process)' 이며 반전될 가능성이 높다.[73] 이러한 이유로 하스는 점진주의적 접근방법이라든가 기능적 파급효과에 대하여 유보적인 입장을 보이게 되었다.

린드버그는 신기능주의의 가설을 정치통합 과정까지 나아갈 수 있는 조건으로 발전시켰다. 첫째, 중심적인 제도와 정책이 존재해야 한다. 둘째, 이 제도들은 사회화 및 경제화 과정을 주도할 수 있는 능력을 가짐으로써 국제기구가 일반적으로 위임받는 이상의 역할을 하도록 해야 한다. 셋째, 새로운 제도에 부여되는 임무는 본질적으로 통합을 확대시키는 것이어야 한다. 넷째, 참여하는 국가들은 그들의 이익이 새로운 제도 및 공동정책의 프로젝트와 일치한다는 인식을 가질 필요가 있다.[74] 이 마지막 조건은 신기능주의자들이 이익추구를 통합과정의 핵심으로 생각하고 있다는 점을 나타내는 동시에 신기능주의는 국가정부가 통합과정에 어떻게 개입되는지에 대하여 아무런 고려도 하지 않는다는 비판을 반박하는 역할을 하였다.

파급효과 아이디어는 지역통합 과정을 촉진하는 '제도적 장치(mechanism)'로 묘사된다. 하스에 의하면 파급효과는 자동적으로 이루어지는 것이 아니다. 한 가지 경제분야에서 통합이 시작되고 심화되면 이는 그 분야의 내외 측면에서 경제통합을 확대시키는 압력을 창출하는 것이다.[75] 예를 들어 관세동맹은 환율의 안정을 위한 협력을 필요로 하고, 환율협력은 보다 폭넓은 통화정책의 협력을 필요로 한다. 파급효과는 이와 같이 통합을 확대한다는 의미 이외에 심화시

73) Ernst Haas, "The 'Uniting of Europe' and the Uniting of Latin America," *Journal of Common Market Studies*, Vol.5, June 1967, pp.323-325.

74) Leon L. Lindberg, *The Political Dynamics of European Economic Integration* (Stanford: Stanford University Press, 1963), pp.7-8.

75) Ernst Haas, *The Uniting of Europe: Political, Social and Economic Forces 1950-1957*, 2nd edn. (Stanford: Stanford University Press, 1968), pp.283-317.

키는 논리도 가지고 있다. 경제통합부터 시작되어 파급효과를 통하여 통합이 이루어지는 단계는 다음과 같다.

1. 둘 또는 그 이상의 국가가 무역에 방해되는 국내적 장벽(관세와 국경선의 제한)을 제거하여 자유무역지대를 설치하는 동시에 비회원국에 대한 관세는 그대로 유지한다.
2. 내부적 자유무역의 발전은 회원국들로 하여금 공동외부관세(Common external tariff)를 설치해야 한다는 압력을 증가시킨다. 이러한 조치를 하지 않으면 외부로부터 자유무역지대로 들어오는 물품은 가장 관세가 싼 지역을 통하여 수입될 것이다. 공동 외부관세에 대한 합의는 관세동맹을 형성한다.
3. 내부 무역장벽의 제거는 농업, 공업과 서비스업에 필요한 시장의 규모를 확대시키고, 이 분야들은 활동범위를 관세동맹의 다른 회원국으로 확대시킨다. 이는 그 국가들에 대한 투자를 증대시키고 재화와 노동의 이동을 위한 장벽의 제거 또는 축소를 요구하게 된다. 이에 따라 공동시장(common market) 또는 단일시장(single market)이 형성된다.
4. 공동시장 내에서 시민들이 자유롭게 이동함에 따라 교육, 재훈련계획, 실업수당, 연금, 보건 제도와 다른 서비스에 대한 정책의 협력을 위한 압력이 증대된다. 이는 이자에 대한 협력, 안정적 환율, 인플레이션에 대한 공동정책, 그리고 궁극적으로 단일화폐까지 추진하게 된다. 이에 따라 경제 통합이 이루어진다.
5. 경제 통합의 필요성은 회원국들의 정부들이 보다 근접하여 자주 회합하여 활동함에 따라 정치 통합으로 나아가게 된다. 모든 분야에 있어서 공동 정책을 위한 압력이 증대되고, 공동 외교 및 국방 정책을 포함한다. 궁극적으로 정치 통합으로 나아가게 된다.[76)]

슈미터는 부분통합에 참여한 국가들이 통합 추진시 합의하였던 목표를 이루는 데 만족하지 못할 경우, 이 불만족을 해결하기 위하여 상호협력의 '범위(scope)'를 확대하여 관련된 분야까지의 통합을 추가적으로 추진하거나, 상호협

76) NAFTA는 제1단계에 머물러 있으며, EU는 제4단계에서 제5단계로 나아가는 과정에 있다. John McCormick, *The European Union: Politics and Policies*, 2nd ed. (Colorado: Westview Press, 2000), p.18.

력의 '수준(level)'을 제고하여 원래 추진하던 분야에 대한 통합을 심화한다고 주장하였다.[77] 이와 같이 신기능주의는 이익을 추구하기 위한 통합의 심화를 의도적으로 추진하는 것을 기본전제로 한다. 경제통합의 심화는 초국가적 접근을 필요로 하고, 경제분야에서 파급효과의 자동화는 정치행위를 필요로 한다. 통합의 기능적 파급효과의 과정이 올바른 방향으로 나아가기 위해서는 상위 권위체(High Authority)의 지휘와 협력이 필요하다.

정치적 파급효과를 성취하기 위해서는 충성의 전이(loyalty transference) 과정이 필요하다. 하스에게 있어서 정치통합은 정치적 행위자들이 그들의 충성, 기대와 정치적 행위를 국가차원에서 새로운 중앙으로 전이하도록 설득되는 과정이다. 따라서 정치공동체는 "특정 집단과 개인이 특정의 기간 그리고 특정의 지리적 공간에서 다른 정치적 권위체보다 중앙정치제도에 충성을 더 보이는 조건"으로 정의된다.[78] 이에 따라 신기능주의에 있어서 과정(process)과 결과(outcome)는 같이 발생하는 것이고, 결과는 '다원적 정치공동체(pluralist political community)'로 정의된다.

신기능주의 논리에 따르면 통합은 다음과 같은 과정에 의하여 이루어진다. 둘 또는 그 이상의 국가들이 'a' 분야의 경제통합 작업을 하기로 합의한다. 이를 효과적으로 추진하기 위하여 통합작업을 감독할 초국가적 관료, 즉 '상위 권위체(high authority)'를 임명하기로 합의한다. 'a' 분야를 통합함으로써 일부 이득을 취할 수 있지만, 통합의 완전한 이익은 유사한 경제분야들이 통합과정에 포함되기 이전에는 획득하기 어렵다. 이에 따라 기능적으로 관련된 'b'와 'c' 분야도 통합에 연계시켜야 한다는 압력이 가해진다. 신기능주의 모델에서는 두 가지 정도의 자동적 과정이 이루어진다. 첫째, 경제통합시 통합지역 내 국가들 간의 상호거래 증가가 자동적으로 이루어진다. 둘째, 정치의 집단적 특징 때문에 지역차원에서 새로운 이익집단을 설립하려는 경향이 나타난다. 특히 고용자 단체 또는 노동조합 같은 생산자집단의 이익이 새로운 차원의 통합으로 전환된다. 그동안 상위 권위체가 통합전개의 핵심적 스폰서가 되어 경제통합 심화의 두 가

77) Phillippe Schmitter, "Three Neo-Functional Hypothesis about European Integration," p.162.

78) Ernst Haas, *The Uniting of Europe*, pp.5, 16.

지 목표를 성취하기 위한 전략을 수립한다. 두 가지 목표는 경제분야의 확대와 권위체의 제도화(institutionalization)의 심화이다. 상위 권위체는 통합으로부터 획득되는 이익과 'a', 'b', 'c' 간에 존재하는 관계를 지속적으로 강조함으로써 통합을 진전시킨다. 따라서 신기능주의적 통합절차에는 기능적 자동성의 과정과 의도적인 통합추진 기구의 활동이 혼재한다.[79)]

신기능주의에 의한 통합을 정치적 측면과 정책결정 차원에서 살펴보면 다음과 같은 과정을 거치면서 이루어진다. 첫째, 정치화(politicization) 과정이다. 여기서 통합에 연관되어 나타나는 문제점들과 이익의 충돌이 해결되고, 통합의 결과로 얻게 될 이득에의 기대가 통합에 대한 지지를 확고하게 할 수 있도록 확대된다. 둘째, 재분배의 과정이다. 통합이 추진되면서 통합에 참여한 국가들의 지위, 권한, 경제적 이익이 통합체 내에서 재조정되는 과정을 겪게 된다. 이러한 재분배 과정에서 파생될지도 모르는 불이익은 통합 이후 통합체 전체의 이익이 증대됨에 따라 보상받게 된다. 셋째, 통합이 진전되면서 정책결정자들은 통합의 차원과 범위를 확대시키라는 압력을 받게 된다. 넷째, 외부와의 관계설정(externalization) 과정을 겪게 된다. 통합에 참여하는 국가들은 비참여국들과의 문제에 대하여 공동입장을 발전시키게 된다. 특히 비참여국들의 통합에 대한 반발 또는 적대감을 해소해야 하는 문제에 직면하게 된다.[80)]

많은 이론가들, 특히 린드버그(Leon Lindberg)는 통합이 다차원적인 현상으로 이해되어야 한다고 주장한다. 이론가들은 통합을 위한 경제적 · 사회적 압력을 정치적 압력과 구분하기는 어렵다고 주장한다. EU 회원국 정부들은 기술 · 사회 · 경제적 권한을 포기할지 몰라도, 정치적 권한은 쉽게 포기하려 하지 않는다. 그러나 신기능주의자들은 통합을 위한 압력이 커짐에 따라 이런 현상이 일어날 수 있다고 주장한다. EU의 경험을 보면 기능적이고 기술적인 압력보다는 정치적 행위 때문에 통합이 발전된다는 사실을 알 수 있다. 이에 따라 다음과 같은 세 가지 의문점이 제기된다. 어느 정도의 압력, 이타주의, 실용주의적 고려에 의하여 통합이 추진되는가? 어느 정도 자율성을 가지는가? 어느 정도의 내부적 동

79) Ben Rosamond, *Theories of European Integration*, pp.58-59.

80) Joseph Nye, *Peace in Parts: Integration and Conflict in Regional Organization* (Boston: Little Brown, 1971), p.93.

기가 압력을 행사하는가?

정부간주의를 신봉하는 코헤인(Robert O. Keohane)과 호프먼(Stanley Hoffman)은 파급효과가 중요한 개념이지만 다른 광범위한 영향과 압력으로부터 분리하여 보면 안 된다고 주장한다. 그들은 통합의 성격에 대하여 세 가지 핵심적인 주장을 펴고 있다. 첫째, 파급효과는 자동적인 것이 아니며 이의 성공은 정부간 사전 협상에 의존한다. 협상이 이루어지면 EU의 통합 작업은 기능주의 이론이 예견한 방향으로 이루어질 수 있다. 예를 들어 1986년의 단일유럽의정서(SEA: Single European Act)는 정부들이 합의한 후에야 채택될 수 있었다. 둘째, EU의 제도적 변화는 세계경제의 압력에 대한 적응의 형태로 봐야 한다. 일본과 미국으로부터의 점증하는 경제적 경쟁 또는 1970년대 세계 화폐시장의 혼란에 대한 유럽의 대응이 그것이다. SEA는 파급효과의 내부적 논리보다는 유럽 외부 세계 경제에 의한 영향을 강하게 받았다. 셋째, '선호-수렴 가설(Preference-Convergence Hypothesis)' 논리이다. 대규모의 사회변화는 때때로 관련되지 않은 사건 때문에 일어나는데, EU의 정책과 정책결정 구조의 변화는 내부 또는 외부 압력보다는 정부의 선호가 수렴되어 일어나는 경우가 있다.[81] 단일유럽의정서(SEA), 마스트리트, 암스테르담 조약 모두는 이러한 선호의 수렴의 결과로 이루어졌다고 할 수 있다.

신기능주의 접근방법은 정치분야를 축으로 하여 통합을 이루는 방식이지만, 정치는 갈등이 가장 쉽게 조장될 수 있는 분야이기 때문에 정치가 신기능주의 통합의 장애요인이 될 가능성도 있다. 신기능주의 방식에 의한 통합에 있어서 이러한 잠재적인 장애요인에도 불구하고 통합이 추진되기 위해서는 다음과 같은 조건들이 필요하다.[82] 첫째, 단위체들 간의 균형, 특히 경제적 균형이 필요하다. 특히 저개발국들의 통합의 경우 이에 참여하는 국가들의 GNP 규모는 통합을 추진하는 데 있어서 중요 사항으로 등장한다. 둘째, 통합 참여국 엘리트간 가

81) Robert O. Keohane and Stanley Hoffman, "Institutional Change in Europe in the 1980s," in Keohane and Hoffman (eds.), *The New European Community: Decisionmaking and Institutional Change* (Boulder: Westview Press, 1991), pp.18-25.

82) Joseph S. Nye, "Comparing Common Markets: A Revised Neofunctionalist Model," in Lindberg and Scheingold, *Regional Integration: Theory and Research* (Cambridge: Harvard University Press, 1971), pp.208-214.

치관의 차이가 많이 나지 않아야 한다. 통합에 참여하는 국가들의 엘리트간 생각하는 바가 유사할수록 통합이 용이하게 진전될 수 있기 때문이다. 셋째, 다원주의(pluralism)에 대한 지지가 있어야 한다. 통합은 여러 민족 또는 여러 국가가 하나로 합쳐지는 것이기 때문에 다원주의를 지지하는 단체들이 많이 존재하고 있어야만 통합을 위한 제도적 장치를 마련하기가 용이하다. 넷째, 참여국들의 적응력과 책임감이 높아야 한다. 다시 말해서 국내정치적으로 안정이 되어 있고, 정치단체들의 요구를 받아들일 수 있는 능력이 있는 정부만이 통합에 적극적으로 참여할 수 있다.

이러한 점에 있어서 EU는 NAFTA와 같은 다른 지역 협력에 비하여 상대적으로 높은 통합의 잠재력을 가지고 있다. 미국과 캐나다는 통합을 향한 강한 동기를 가지고 있지만, 그들은 개인과 국가 차원에서 멕시코보다 훨씬 부유하다. 멕시코의 이익집단들은 미국과 캐나다인들보다 시장에 대한 국가 개입을 선호한다. 미국의 노동조합은 NAFTA를 강하게 비판하고 있으며, 멕시코의 여론은 미국과 캐나다에 비해 엄하게 통제되고 있다. NAFTA는 격차를 줄이고, 통합의 잠재력을 높이고, 북미 단일시장의 장애를 제거할 것이지만 많은 장애물들은 그대로 남을 것이다.[83)]

3) 상호거래주의

국가간의 관계에서 볼 때 통합은 국가간의 상호의존(interdependence)의 관점에서 분석되고 있다.[84)] 상호의존은 국가들이 '국가이익'의 차원에서 다른 국가들과 공동의 입장을 가지도록 전환하는 것을 뜻한다. 따라서 상호의존이론은 공동의 발전을 위하여 '협조(collaboration)'를 모색하는 국가간의 노력을 설명하는 데 중점을 둔다. 이 이론을 옹호하는 학자들은 이 이론이 국가간 협력관계를 이론화시키는 데 가장 적절하다고 주장한다.

83) John McCormick, *The European Union : Politics and Policies*, 2nd ed., pp.19-20.

84) 상호의존이론에 관하여는 Robert O. Keohane and Joseph S. Nye, *Power and Interdependence: World Politics in Transition* (Boston: Little Brown and Co., 1977)을 참조할 것.

상호의존은 부분적으로 국가들 간의 긴밀한 결속의 동기를 제공하는 국제기구의 발전에 의하여 이루어지기도 하는 한편, 국가들은 대체적으로 상호의존의 과정에 의하여 공동으로 처한 문제들을 공동으로 해결할 수 있는 기회를 가지게 된다. 상호의존이론은 구체적으로 과학, 기술과 교통통신 수단의 발달에 의하여 시장규모가 확대되면서 국가들 간의 상호의존도가 심화되어 지역통합이라는 형태가 나타난다고 주장한다. 그러나 상호의존이론이 통합이론과 다른 점은 '결과(outcome)'를 명확하게 제시하지 않는다는 점이다.[85] 상호거래주의(transactionalism)는 상호의존이론을 바탕으로 하여 제시된 것이지만 국가간의 통합을 설명하는 데에 있어서도 많이 활용되고 있기 때문에 통합이론의 하나로 포함하기도 한다.

기능주의, 신기능주의, 연방주의 등 통합이론들은 민족국가를 초월하거나 봉쇄하는 바탕, 또는 민족국가 체제의 안정을 위한 조건들을 이론화한다. 이러한 점에서 만약 상위 권위체 또는 국제기구가 존재한다면, 이는 민족국가 체제의 균형상태를 형성하고 유지시키는 조건들을 제공하게 된다. 그 결과는 경제, 사회, 문화의 모든 과정을 통한 국제적 상호작용에서 비롯된다. 국제정치에서 이와 연관되는 주요 의제는 전쟁 문제이다. 이러한 시각에서 통합은 지역에서 안전을 확보하는 방안으로 인식된다. 전쟁은 국제적 견해차이를 해소하는 방안으로 적합하지 않으며, 민족국가를 해체하는 데에도 유용한 수단은 아니다.

이러한 광범위한 관점을 가장 잘 보여주는 상호거래주의는 도이치(Karl Deutsch)가 가장 적절하게 해설하고 있다. 도이치는 국제정치와 민족건설 양자에 정통한 학자였다. 이 양자에 대한 연구는 여러 방식으로 도이치의 통합에 대한 분석에 수렴되었다. 그는 초기 저술에서 민족주의와 민족공동체의 통합에 관한 연구는 초국가주의적 통합의 연구와 일맥상통한다고 주장하였다.[86] 민족공동체 통합을 기본 틀로 한 국제통합은 지역 내에서 또는 국가들 사이에서 안전을 성취하는 것을 의미한다. 따라서 성공적인 통합은 국가들이 갈등을 줄이기 위하여 무력을 사용할 가능성을 급진적으로 축소하는 것을 의미한다.

85) Ben Rosamond, *Theories of European Integration*, pp.95-96.

86) Karl Deutsch, *Nationalism and Social Communication*, 2nd ed. (Cambridge, M.A.: MIT Press, 1966), pp.7-14.

도이치는 통합의 의미를 갈등의 비폭력적인 해결과 평화적인 사회변화가 기대되는 '안전공동체(security community)'의 조건과 연계시켰다. 통합은 단순히 주민단위나 정부들이 하나의 단위체로 합쳐진 상태를 의미하는 것이 아니라 안전공동체가 되어야 한다는 것이다. 도이치는 안전공동체를 전쟁이 더 이상 분쟁을 해결하는 수단이 되지 않는 국가들의 집단으로 정의하였다. 이러한 의미를 함유한 안전공동체는 미국처럼 독립적인 정치 단위체들이 공통의 한 정부를 가지고 단일의 정치단위를 형성하는 "융합적 안전공동체(amalgamated security community)", 그리고 각각의 정부가 법적으로 독립성을 유지하면서 공동의 목표를 달성하는 '다원적 안전공동체(pluralistic security community)'의 두 가지로 분류되었다. 융합적 안전공동체는 제도적 합병(institutional fusion)을 통하여 국가를 포함한 분리된 단위체를 보다 큰 단위로 공식적으로 통합하는 것이다. 다원적 안전공동체는 여기에 포함된 정부들이 분리된 법적 정체성을 유지하고, 제도적 합병이나 초월적 권위체를 만들지 않을 때 나타난다. 융합적 안전공동체나 다원적 안전공동체를 형성하는 데 있어서 가장 기본적인 조건은 '가치의 호환성'이라고 주장하였다.[87]

도이치는 두 번째 모델을 선호하였다. 융합된 공동체는 여러 가지의 잠재적 불안정 요소 때문에 취약하다. 이 요소들은 군사적 부담의 증가, 구성 단위체에 대한 정치적 개입의 증가, 행정능력의 퇴보, 사회적 기대와 정부활동의 부조화 등을 포함한다. 다원적 공동체가 존재하기 위해서는 세 가지 조건을 필요로 한다. 즉, 단위체들 간의 주요 가치의 일치성, 정치적으로 관련된 단체들이 서로의 자극에 대하여 폭력을 수반하지 않은 대응을 할 수 있는 능력, 그리고 서로의 정치적 · 경제적 · 사회적 행태에 대한 상호 예측성 등이다.[88]

도이치의 안전공동체의 개념을 기초로 한 상호거래주의의 통합에 대한 가설에 따르면 국가들 간의 공동체적 의식이 국가간 커뮤니케이션의 수준을 결정하

87) Karl Deutsch, et. al., "Political Community and the North Atlantic Community," in Anchor Anthology, *International Political Communities* (New York: Doubleday, 1966), pp.80-91; Karl Deutsch, *The Analysis of International Relations* (Englewood Cliffs, NJ: Prentice Hall, 1968), pp.193-195.

88) Karl Deutsch, *The Analysis of International Relations*, pp.195-196.

는 기능이 된다. 국제통합의 경로는 상호거래의 네트워크를 설립하는 것이다. 국가들 간에 상호작용(interaction)이 많으면 많을수록 국가들이 상호간에 느끼는 중요성은 더 강화된다. 상호작용은 이득을 가져다줄 것이라는 인식은 국가간의 신뢰(trust)를 증대시킨다. 이 신뢰는 상호작용을 더 고무한다.

통합의 잠재력은 고도의 국제적 상호거래의 상황에서 발생하고, 실질적 통합은 '상호 반응성(mutual responsiveness)'이 팽배할 때 이루어진다. 반응성은 '허용되는 시간의 제한 속에서 적절한 반응을 할 수 있는 가능성'으로 개념화되었다.[89] 반응성은 단순히 행위자들이 상호작용을 하려는 의지의 결과는 아니고, 행위자들이 상호작용을 할 수 있는 실질적 능력을 보유할 때 가능한 것이다. 따라서 통합이 이루어지기 위해서는 요구를 충족시키기 위한 능력이 필요한 것이다. 상호거래주의는 통합에 필요한 요구를 강조하는 측면에서 기능주의와 연관성이 제시되기도 한다. 그러나 도이치는 기능주의 논리의 특정 부분을 비판하였다. 그는 특히 기능적 국제기구가 수행한 커뮤니케이션의 수준은 대중들로부터 필요한 충성심을 유발하는 데 불충분하고, 따라서 영원한 평화를 획득하는 데에도 불충분하다고 주장하였다.

1950년대부터 1960년대 중반에 걸쳐 발전된 상호거래주의의 '통합'에 대한 시각은 신기능주의와 같은 경쟁이론과 비교하여 독특성을 가지고 있었다. 유럽통합에 대한 시각에 있어서 유럽공동체를 다른 분야보다 덜 중요하게 취급한 것이다. 그 이유는 국가집단이 안전공동체를 형성하는 것은 초국가주의적 제도에 의존할 필요가 없다는 인식이 있었기 때문이다.[90]

신기능주의 학자들과 달리 도이치는 유럽통합을 관찰하여 이론을 정립하려는 의지는 별로 가지고 있지 않았다. 도이치의 관심은 유럽통합 자체보다는 나토와 범대서양 '안전공동체'에 집중되어 있었다.[91] 1950년대 유럽석탄철강공동체

89) Karl Deutsch, "Communication Theory and Political Integration," in P. E. Jacob and J. V. Toscano (eds.), *The Integration of Political Communities* (Philadelphia: J. P. Lippencott and Co., 1964), pp.54, 69.

90) Ben Rosamond, *Theories of European Integration*, p.170.

91) Thomas Diez and Antje Wiener, "Introduction the Mosaic of Integration Theory," in Antje Wiener and Thomas Diez (eds.), *European Integration Theory* (Oxford: Oxford University Press, 2004), p.11.

(ECSC)의 경험을 토대로 이론화된 신기능주의와 달리 상호거래주의는 안전공동체를 모색하는 일반 통합이론이었다. 따라서 상호거래주의는 안전공동체를 설립하려는 여러 가지의 역사적 경험을 연구하는 데 초점을 맞추었다.

4) 연방주의

연방주의자들의 논리에 따르면, 국가들은 폐쇄적이고 획일적이며 서로 적대적인 정치공동체로서 상호의존 현상이 점차 강화되는 현대사회에 적합하지 못하기 때문에, 권한을 상위개념의 정부에 이양하여 상호간에 일종의 헌법적 차원의 해결책을 모색할 때, 평화를 획득할 수 있다고 한다. EU에 참여한 국가들의 다양성을 고려할 때, 유럽통합 연구의 방법론으로 연방주의는 상당히 매력적인 것이다. 그러나 분명한 유럽 연방주의 학파가 존재하지 않으며, 다른 이론을 주도한 대표적 학자들인 도이치(Karl Deutsch), 미트라니(David Mitrany), 하스(Ernst Haas)와 같이 유럽통합 분석에 연방주의를 대입시키려는 주도적 학자도 없다.

연방주의(Federalism) 아이디어는 고대로부터 기원하고 있지만, 연방주의의 개념은 현대에 들어서 정립되었다. 초기의 아이디어는 세계연방정부의 차원에서 논의되었는데, 주로 유럽 '문명' 국가의 통합에 대한 관심이 주류를 이루고 있었다. 연방주의 정치체제를 채택한 미국의 경험은 연방주의를 이론화하는 데 초석이 되었고, 스위스의 연방주의 경험은 연방주의의 장점을 부각시키는 데 많은 기여를 하였다. 제2차 세계대전을 전후해 세계평화 문제를 해결하는 과정에서 연방주의가 하나의 모델로 제시되었다. 컬버스톤(Ely Culberstone)은 국제경찰의 중요성을 강조하였고, 리브스(Cord Reves)는 국가주권이 보다 더 큰 단위체에 전이되면 전쟁을 막을 수 있다고 하였고, 메이어(Cord Meyer)는 세계연방주의자연합(United World Federalists)의 창설을 제의하였다.[92] 1950년대 이후 연방주의 논의는 주로 유럽통합에 초점을 맞추어 추진되었다.

92) Ely Culberstone, *Total Peace: What Makes Wars and How to Organize Peace* (Garden City, NY: Doubleday, Doran, 1943); Cord Meyer, Jr., Peace Anarchy (Boston: Little, Brown, 1947); Emery Reves, *The Anatomy of Peace* (New York: Harper & Brown, 1945).

연방주의에 입각한 통합은 연방주의 이론 자체의 장단점을 떠나서 다음과 같은 가설을 바탕으로 하여 추진된다. 첫째, 민족국가 체계로는 국제폭력의 통제와 같은 인류의 안전에 핵심이 되는 임무를 수행할 수 없다. 둘째, 인류가 창조한 정부가 초국가적 권위에 순응할 수 있어야 한다. 셋째, 연방주의 접근 시 나타나는 부문간 견해 차이의 보호는 유익하고 바람직하다. 넷째, 연방주의적 접근은 통치체제의 혁명적 변화를 필요로 하고 이 변화를 추구하려는 인간의 합리성에 강하게 의존한다.[93)]

연방주의가 제시하는 정치체제는 중앙정부와 지방정부 사이에 권한이 분산되어 있는 것이다. 연방제는 여러 개의 독립적인 단위들이 하나의 국가 내에 함께 결합되어 있는 정부 형태이다. 연방제에서는 한 국가 내에서의 다양성을 제도적으로 받아들이며, 이러한 다양성은 국가의 안정과 정통성을 결정하는 것으로 인식된다. 연방제를 다른 형태의 국가와 구별하는 것은 연방제가 분권화된 정치체제로서 성문헌법에 의거해 중앙정부와 지역정부들 사이에 권력이 분리되어 있다는 점이다. 따라서 연방제에서 핵심적인 것은 중앙정부와 지역정부 각자가 헌법상으로 자율성을 가지고 있다는 점이다. 연방을 구성하는 단위들이 정치적, 경제적, 문화적으로 존속해 나갈 수 있는 핵심적 이유는 이들이 헌법에 의해 보장되고 있기 때문이다. 연방제에서는 하나의 중앙정부와 여러 개의 지역정부들 사이에 정부의 권한이 어떤 영역에서는 분리되어 있으며 나머지 영역에서는 공유되어 있다.

연방체제의 구체적인 성격은 아래와 같다.

- 권력은 중앙 정책결정기구와 지방 정책결정기구 간에 분산되어 있다.
- 권력분산의 성격은 헌법에 명시되어 있으며, 헌법에 의하여 보호받는다. 권력분산에 대한 갈등이 발생하였을 경우 국가의 최고재판소가 판결한다.
- 중앙과 지방 수준의 권력분산은 중요한 공공정책에 대하여 양자 모두 책임을 가지고 있다는 점에서 균형을 이룬다. 그러나 이러한 책임은 반드시 배타적이지 않다.

93) George A. Codding Jr., "World Federalism: The Conceptual Setting," in A. J. R. Groom and Paul Taylor, *Frameworks for International Co-Operation* (London: Pinter Publishers, 1990), pp.217-218.

- 현실적으로 권력분산은 과도하게 경직될 필요는 없다. 일부 정책에 대한 책임은 필연적으로 중복되고 얽히게 된다. 요컨대 현대세계에 있어서 가장 바람직한 연방주의는 협력적 연방주의이다.
- 권력분산의 정책적 함의는 다양하지만, 많은 정책분야는 주로 중앙정부의 책임에 놓이게 되는데 그 이유는 중앙정부가 전체 체제의 정체성, 결속, 보호에 더 많은 관심을 가지기 때문이다. 이에 연관되는 정책분야는 외교, 안보와 국방, 국가화폐의 관리 및 운영, 시민권의 보호 등을 포함한다.[94)]

연방주의 통합의 전제조건은 "연방수준의 정부와 지역수준의 정부의 수립이 필수적이며 이 두 차원의 정부는 분리되지만 협력적"이어야 한다는 것이다.[95)] 연방체제는 보편적으로 지역단위들 간의 계약에 의한 역사적 타협으로부터 시작된 것으로 이해되고 있다. 이 지역단위들은 '권위의 척도(measure of authority)'를 중앙기구에 양도하고, 그 대신 '자율의 척도(measure of autonomy)'를 보유한다. 따라서 연방체제의 형태는 '단일(unity)'과 '다양(diversity)'의 혼합된 성격을 가진다. 연방정부 형태를 지지하는 학자들은 이 체제가 구성단위들로 하여금 권력분산과 자율성을 최대화하면서 최대의 효율성을 가지고 공동과업(common task)을 추진토록 한다고 주장한다.[96)]

연방은 연합(confederation)과 비교된다. 연합은 구성 회원국이 주권과 정책결정 권한을 유지한 상태이고, 연방은 보다 중앙화(centralization)되고 정책결정 권한이 상층부로 이전되어 있는 체제이다. 연합과 연방의 차이는 다음과 같다.

① 국제법의 주체: 연방국가는 그 자체가 국제법상의 주체이지만 그 구성국은 그렇지 않다. 그러나 연합의 경우는 그 자체가 국제법상의 주체가 아니라 그 구성국이 국제법상의 주체이다.

② 결합의 근거: 연방국가의 결합 근거는 국내법인 연방국가의 헌법인 데 반하여, 국가연합의 결합근거는 구성국간의 체결된 국제법인 조약에 의하여 이

94) Neill Nugent, *The Government and Politics of the European Union*, 5th ed., pp.468-469.

95) Paul Taylor, *International Organization in the Modern World: The Regional and the Global Process* (London: Pinter, 1993), p.90.

96) K. C. Wheare, *Federal Government*, 4th ed. (London: Oxford University Press/Royal Institute of International Affairs, 1963).

루어진다.

③ 권한 행사: 연방국가의 중앙정부는 구성국가들에 대해서뿐만 아니라 그들의 시민에 대해서도 직접 권한을 행사할 수 있는 데 반해, 국가연합의 정부 당국은 그 회원국들에 대해서만 권한을 미칠 수 있을 뿐이며, 그 국민에게 직접 적용되는 법을 제정할 권한은 갖고 있지 못하다.[97]

④ 대내적 통치권의 소재: 연방국가의 경우는 연방국가와 그 구성국 모두 대내적 통치권을 갖지만, 국가연합의 경우에는 그 구성국만 대내적 통치권을 갖는다.

⑤ 대외적 통치권의 소재: 연방국가의 경우에는 전쟁의 선언, 강화, 외교사절의 파견 접수, 조약의 체결 등 대외적 통치권은 연방정부가 보유하며, 연방구성

연합과 연방의 비교

<table>
<tr><th rowspan="2">구분</th><th colspan="2">연합</th><th colspan="2">연방</th></tr>
<tr><th>국가연합</th><th>구성국</th><th>연방국가</th><th>구성국</th></tr>
<tr><td>주권보유</td><td>×</td><td>○</td><td>○</td><td>×</td></tr>
<tr><td>국제법인격</td><td>×</td><td>○</td><td>○</td><td>×</td></tr>
<tr><td rowspan="2">대내적 통치(1):
주민 통치권 및 과세권</td><td rowspan="2">×</td><td rowspan="2">○</td><td>○</td><td>○</td></tr>
<tr><td colspan="2">*양자간 권한배분문제 발생</td></tr>
<tr><td>대내적 통치(2):
군사권 및 통화발행권</td><td>×</td><td>○</td><td>○</td><td>×</td></tr>
<tr><td rowspan="2">대외적 통치권</td><td>△</td><td>○</td><td>○</td><td>×</td></tr>
<tr><td colspan="2">*국가연합도 제한적인 외교권 행사 및 군사적인 통일행동 가능</td><td colspan="2">*조약체결의 경우 예외 존재
(미국, 독일 등)</td></tr>
<tr><td>국제 책임</td><td>×</td><td>○</td><td>○</td><td>×</td></tr>
<tr><td>결합 근거</td><td colspan="2">조약(국제법)</td><td colspan="2">연방헌법(국내법)</td></tr>
<tr><td>존속의 안정성</td><td colspan="2">한시적 · 잠정적 · 과도적 결합</td><td colspan="2">영구적 또는 반영구적 결합</td></tr>
<tr><td>주민의 국적</td><td colspan="2">구성국의 개별국적 보유</td><td colspan="2">연방국가의 단일국적 보유</td></tr>
<tr><td>구성국간 무력충돌</td><td colspan="2">전쟁</td><td colspan="2">내란</td></tr>
</table>

97) 김대순, 『국제법론』, 제7판(서울: 삼영사, 2002), p.165.

국은 대외적 통치권을 갖지 않는다. 그러나 국가연합의 경우는 그 구성국이 대외적 통치권을 행사하며 특별한 경우에 한하여 국가연합이 갖는다.

⑥ 병력의 보유: 연방국가의 구성국은 자체의 병력을 보유하지 않고 연방정부만이 자체병력을 보유하지만, 국가연합의 경우는 그 구성국이 자체의 병력을 보유하며 국가연합 구성국간 무력 투쟁은 전쟁이 된다.

연방주의는 한편으로는 경쟁적이고 상이한 차원의 권위의 균형, 다른 한편으로 효율성과 민주성의 균형에 의하여 유지된다고 한다. 연방주의자들은 공동목표를 추구하는 데 있어서 단위체의 자율성과 단위체들의 포괄적인 조화가 부합될 수 있다고 예견한다. 이들에 따르면 연방체제의 확립은 전통적인 외교적 수단에 의해서가 아니라 헌법적 절차에 의하여 이루어져야 한다. 이들은 연방체제가 추구하는 장기적 공동목표가 개별적 단위체의 활동 또는 국제동맹의 건설에 의하여 획득될 수 없다고 주장한다.[98] 연방주의자들이 주장하는 연방주의의 장점에는 크게 두 가지가 있다. 첫째, 어느 한 집단이 체제를 장악하는 것을 막을 수 있다. 연방주의는 독점적 지배를 허용하지 않기 때문에 호전적이고 전체주의적인 정치행태를 방지할 수 있다고 한다. 둘째, 연방주의 국가는 외부 위협에 직면하여 보다 강력한 대응을 할 수 있다고 한다.[99]

연방주의의 접근은 두 가지 차원으로 분류할 수 있다. 첫째, 범세계적으로 전쟁을 줄이고 평화와 안보를 유지하는 차원이다. 이 경우 전쟁을 방지하는 데 필수적인 국가기능만 초국가기구에 할양하고, 나머지 분야에서는 국가들이 독립적인 활동을 할 수 있도록 허용한다. 이때 제시되는 초국가기구는 국제무역, 이민 등의 국제문제와 국내정치에 개입하지 않는다.[100] 이 논리에 대한 비판적인

98) Altiero Spinelli, "The Growth of the European Movement since the Second World War," in M. Hodges (ed.), *European Integration* (Harmondsworth: Penguin, 1972); W. H. Riker, "European Federalism: The Lessons of Past Experience," in J. J. Hesse and V. Wright (eds.), *Federalizing Europe? The Costs, Benefits, and Preconditions of Federal Political Systems* (Oxford: Oxford University Press, 1996).

99) Ben Rosamond, *Theories of European Integration*, pp.26-27.

100) Grenville Clark and Louis B. Sohn, *World Peace Through World Law* (Cambridge, Mass.: Harvard University Press, 1966), pp.36-37.

시각도 존재하고 있다. 경쟁 또는 대립하고 있는 둘 이상의 국가가 국가의 모든 주요기능, 즉 정치 외교 군사력 등을 초국가기구에 전환시켜야만 무력사용을 규제하고 전쟁 가능성을 줄임으로써 지역 또는 세계평화를 유지할 수 있다는 주장이다. 즉, 대립과 갈등이 지속적으로 전개되는 다국가체제를 단일화해야 전쟁을 방지할 수 있다는 논리이다.[101)]

둘째, 분열된 또는 공통의 이익을 가진 두 개 이상의 국가를 통합하는 방법론으로서의 연방주의적 접근이다. 유럽통합과 독일 같은 분단국의 통일이 대표적인 예라고 할 수 있다. 국가나 집단 간의 거시적인 규제의 틀이 형성되어 있지 않은 상황에서의 기능적 교류 및 협력은 상호협조와 이익을 담보할 수 없기 때문에, 연방을 형성하여 상부구조의 통합을 먼저 이룩한 후 이를 기능적인 통합으로 역확산시켜야 진정한 통합을 이룩할 수 있다는 이론이다. 즉, 각 개체가 주권을 포기하고 제3의 조직인 '연방'이라는 초국가적 권위체(supranational authority)를 형성하여 통합이라는 공동선(public goods)을 성취하는 것이 연방주의 통합론의 핵심이다. 연방은 각 개체를 효과적으로 통제하고 자원을 배분할 수 있는 결정에 관한 권력을 위임받음으로써, 각 개체가 무임승차자(free-rider)의 길로 가는 것을 제재하고 통합 또는 통일이라는 공동선으로 이동하도록 강제할 수 있다. 그러므로 연방주의적 접근에서는 연방의 문제에 관해 자치권을 포기하는 정치적 협약의 과정을 중시한다.

둘 이상의 국가가 연방국가로 통합하는 방법론에 있어서 제기되는 문제는, 어떠한 과정을 거치고 어느 정도의 시간을 들여 통합을 이루는가에 대한 문제이다. 앞서 설명한 기능주의나 신기능주의적 접근방법은 점진적인 통합방법이기 때문에 반드시 교류 · 협력 등 몇 가지 과정을 거쳐야 하며 상당기간의 시간을 요구하지만 연방주의적 접근방법은 통합에 참여하는 국가들의 합의가 있으면 즉각적으로 완성할 수 있다. 그러나 연방의 경우에도 점진적이고 장기적인 과정과 시간을 거친 이후의 국가형성이 과연 가능한 것인가, 효율적인가의 문제가 제기되고 있다. 일반적으로 몇 개의 국가가 연방국가로 통합되는 데는 몇 가지 과정을 거칠 수 있으며 시간적인 제한도 없다는 것이 통념이기 때문이다.

101) Stringfellow Barr, *Citizens of the World* (Garden City, N.Y.: Doubleday, 1953).

연방주의를 지지하는 전문가들은 온건론과 급진론자로 분류될 수 있다. 온건론자들은 점진적이고 진화론적인 접근방법을 사용하며, 정치기구를 설립하는 데 있어 주어진 모든 기회를 사용한다. 온건론의 첫 단계에서 의회는 연방을 구성하기 위해 산업, 통상, 농업 등 모든 단체로부터 관심과 지지를 이끌어 낸다. 두 번째 단계에서는 직접투표에 의하여 의회를 구성하기 위한 합의를 유도한다. 마지막 단계에서 의회는 연방조약의 초안을 작성하고 각 회원국으로부터 비준을 받는다. 이에 반하여 급진론자들은 보다 더 과격한 수단을 사용한다. 이들은 첫 단계에서 민족국가의 무용론을 주창하고 이에 대한 대안을 마련해야 한다는 점을 각 단체와 지도자들에게 확신시키기 위하여 강력한 국제적 캠페인을 벌인다. 두 번째 단계에서 연방조약의 초안을 마련하고 각국으로 하여금 비준토록 하는 입헌의회를 구성하도록 한다. 일부 급진론자들은 대중적 지지를 획득하기 위하여 위기감을 조성하기도 한다.[102)]

유럽이 연방주의를 기초로 한 통합을 모색하여야 한다는 주장을 하는 학자들은 다음과 같은 세 가지 측면에서 연방주의의 적실성을 강조한다. 첫째, 칸트(Immanuel Kant)부터 시작된 평화의 아이디어이다. 연방을 확대하는 것이 전쟁의 위협을 막을 수 있는 가장 적절한 헌법적 보호책이라는 것이다. 둘째, 민주주의 정치이론의 근본요소로서의 권위가 국민들에게 가장 근접할 수 있는 민주적 통치체제의 확립이 가능하다는 주장이다. 셋째, 유럽통합의 목적, 배경, 조건 등을 살펴볼 때 결국 연방화하는 것이 가장 적절하고, 그 방향으로 귀결될 것이라는 학문적 연구결과이다.[103)]

연방주의자들은 유럽통합의 단일시장 프로그램이 부분적으로 연방주의 이론의 부활을 가져왔다고 주장하였다. 과거의 급진적인 헌법적 해결방식에서 한 걸음 물러난 신연방주의(neo-federalism)는 점진적인 연방주의적 접근을 제시하였다. 기존의 연방주의는 유럽합중국(United States of Europe)을 건설하기 위한

102) Reginald J. Harrison, *Europe in Question: Theories of Regional International Integration* (London: Allen & Unwin, 1974), p.52.

103) Murray Forsyth, "The Political Theory of Federalism: the Relevance of Classical Approaches," in J. J. Hesse and V. Wright (eds.), *Federalizing Europe? The Costs, Benefits, and Preconditions of Federal Political Systems* (Oxford: Oxford University Press, 1996), pp.33-35.

강력한 유럽의회의 설립을 강조하였으나, 신연방주의는 경제와 정치를 연계하여 통합력을 증진시키는 점진적인 전략을 채택하였다. 신연방주의는 통합의 최종목표를 연방체제의 형성보다는 '연방적 연합(federal union)' 에 더 무게를 두었다.[104] 따라서 1980년대 중반 이후 유럽통합의 연방주의적 접근은 미합중국과 같은 연방국가 모델을 복제하기보다는 통합을 심화시킬 수 있는 '제도의 창조성(institutional creativity)' 을 강조하였다. 이러한 의미에서 신연방주의는 연방주의와 정부간주의가 극한적으로 대립되는 이론이라는 점을 부인하고 양 이론간의 시각차이를 좁히기 위해 노력하였다는 평가를 할 수 있다.[105]

5) 통합이론의 평가와 논쟁

유럽통합은 많은 국가들에 의해 오랜 세월을 거쳐 다양한 시각을 바탕으로 추진되어 왔기 때문에, 그 전개 방향에 대한 학자나 전문가들의 논쟁이 끊이지 않았고, 그 결과 비교적 다양하고 정교한 통합이론들이 제시되었다. 1970년대와 80년대 전반기는 유럽통합과 통합이론의 침체기였다. 특히 고전적이면서 상당한 적실성을 인정받았던 신기능주의가 논거를 잃게 되었는데, 주요 이유는 파급효과가 나타나지 않았기 때문이었다.

기능주의, 신기능주의, 상호거래주의, 연방주의 등 고전적 통합이론이 위기를 맞게 되었고, 1980년대 중반 단일유럽의정서가 추진되면서 새로운 접근법 또는 이론들이 등장하기 시작하였다. 예를 들어 레짐이론, 정부간 제도주의(intergovernmental institutionalism), 자유주의적 정부간주의(liberal intergovernmentalism), 초국가적 제도주의(supranational institutionalism), 다층통치체제(multi-level governance) 등이다.[106] 이 중에서 레짐이론은 일반적

104) John Pinder, *European Community: The Building of a Union* (Oxford: Oxford University Press, 1991), pp.213-218.

105) Alberta Sbragia, "Thinking about the European Future: The Uses of Comparison," in Alberta Sbragia (ed.), *Euro-Politics* (Washington D.C.: Brookings Institution, 1992), pp.261, 279.

106) 통합과 레짐이론의 관련성은 Ernst B. Haas, "Turbulent Fields and the Theory of Regional Integration," *International Organization*, Vol.30, No.2, Spring 1976, pp.173-212; Robert

인 국제정치이론으로 등장하여 통합과 유사한 면을 찾으려 노력하였으나 뚜렷할 만한 공통점을 찾기 어려웠다. 다층통치체제를 제외하고 다른 이론들은 기존의 이론을 새로운 시각에서 재구성하거나 변형시킨 것들이며, 1980년대 후반부터 신기능주의와 정부간주의의 대립으로 이 변형된 이론들은 논쟁을 지원하는 역할을 하였으나 별로 큰 관심을 끌지 못하였다.

1980년대 중반 이후 유럽통합을 둘러싼 이론적 논쟁은 신기능주의와 정부간주의의 대립으로 점철되었다. 1980년대 중반 유럽통합의 활성화는 EC가 초국가적 기구의 틀을 활용하여 추진되어야 한다는 견해로부터 시작되었다. 더욱이 신기능주의자들은 단일시장의 논리가 기능적 파급효과(functional spillover)에 이론적 근거를 두고 있다고 주장하였다. 반면 정부간주의 옹호론자들은 새로운 유럽통합은 국가가 주도하는 과정을 중심으로 이루어져야 한다고 주장하였다. 이들은 신기능주의가 유럽통합의 모든 것을 설명할 수 없다면서, 통합과정은 정부간주의나 상호의존이론에 의하여 더 적절히 취급될 수 있는 요소들을 포함하며, 단일유럽의정서(SEA)의 완성도 정부간 협상과 회원국의 비준에 의하여 이루어졌다고 강조하였다. 또한 유럽정치협력(EPC: European Political Cooperation)의 과정에서 신기능주의 제도가 한 역할은 거의 없고, 정부간 제도의 역동성에 의하여 추진되었다고 주장하였다. 유럽시민권의 규정, 안보협력 강화, 결정체계의 개혁을 논의하기 위하여 1990년 12월부터 시작된 정부간회의(IGC: Intergovernmental Conference)는 정부간주의자들의 입장을 강화시켜 주었다.

이에 반해 코헤인(Robert O. Keohane)과 호프먼(Stanley Hoffman)은 SEA는 초국가기구에 의한 통합추진의 계기가 이루어진 것이 아니라, 단지 가중다수결

O. Keohane and Joseph S. Nye, *Power and Interdependence: World Politics in Transition* (Boston: Little Brown and Co., 1977)을 참조할 것. 정부간 제도주의는 Andrew Moravcsik, "Negitiating the Single European Act: National Interests and Conventional Statecraft in the European Community," *International Organization*, Vol.45, No.1, Winter 1991을 참조할 것. 자유주의적 정부간주의는 Andrew Moravcsik, "Preferences and Power in the European Community: A Liberal Intergovernmentalist Approach," in Simon Bulmer and Andrew Scott (ed.), *Economic and Political Integration in Europe: Internal Dynamics and Global Context* (Oxford: Blackwell Publishers, 1994)을 참조할 것. 초국가적 제도주의는 W. Sandholtz and J. Zysman, "1992: Recasting the European Bargain," *World Politics*, Vol.42, No.1, 1989, pp.95-128을 참조할 것.

제와 같은 초국가적 결정체계만 이루었다고 반박하였다. 또한 신기능주의자인 하스(Ernst Haas)가 주장한 회원국의 충성(loyalty)이 초국가기구인 집행위원회에 전이된 것이 아니라, 단지 정책결정의 중앙화(centralization)만 이루어졌다는 논리를 전개하였다. 파급효과는 정부간 사전합의를 필요로 하고, 이 타협이 SEA가 가능하도록 했다고 주장하였다. 파급효과가 SEA를 가능하도록 했다면, 이 파급효과는 그 이전에 발생했어야 했다는 것이다.[107] 이러한 신기능주의와 정부간주의 논쟁의 중심에서 유럽통합은 "근본적으로 혼합적(endemically syncretic)"이라는 주장도 나왔다.[108] 다른 표현에 의하면 최근 EU에 대한 연구의 대부분은 "이론적 절충주의(theoretical eclecticism)"에 의하여 이루어진다는 것이다.

마스트리트 조약의 체결도 앞서 제시한 여러 가지 이론에 의하여 아전인수격으로 해석되었다. 신기능주의를 옹호하는 학자들은 유럽이 단일시장을 형성한 이후 마스트리트 조약을 통해 경제통화동맹을 추진한 것을 파급효과의 실현으로 분석하고, 경제통합이 정치통합으로 나아가게 된 것도 정치적 파급효과가 이루어진 것으로 해석한다. 그러나 이 논리를 반박하는 학자들은 1992년 EU 조약은 파급효과에 의해서 이루어진 것이 아니라, 유럽 외부의 세계정치경제의 영향을 받은 것이라고 주장한다. 특히 '국제경쟁(international competitiveness)'의 압력이 주요 역할을 하였다고 한다.[109]

마스트리트 조약 체결을 '경제적 결정론'에 따른 연방주의로 분석하기도 한다. 1950년대 유럽방위공동체(EDC) 같은 연방주의 시도가 실패한 것은 회원국에게 연방을 형성하는 비용이 이득을 초과하였기 때문인데, 마스트리트에서는 이득이 비용을 초과하기 때문에 합의가 가능했다는 주장이다. 주된 이유는 경제환경의 변화인데, 세계경제의 구조적 변화로 인해 물가상승과 통화불안정이 계

107) Robert O. Keohane and Stanley Hoffman, "Institutional Change in Europe in the 1980s," in Brent F. Nelsen and Alexander C-G. Stubb (eds.), *The European Union: Readings on the Theory and Practice of European Integration* (London: Lynne Rienner Publishers, 1994), pp.246, 249.

108) Michael O'Neill, *The Politics of European Integration: A Reader* (London: Routledge, 1996), p.144.

109) Robert O. Keohane and Stanley Hoffman, "Institutional Change in Europe in the 1980s," p.249.

속되어 회원국들은 이를 극복하기 위하여 경제통화통합을 추진하게 되었다는 논리이다. 과거의 방위 및 안보를 중시하던 연방화 전략이 '거시경제정책'으로 관심을 돌리게 되었다는 논리이다.[110)]

통합이론은 오랜 기간에 걸친 유럽통합의 복잡한 과정에서 태어난 부산물이다. 특히 유럽통합과 같이 점진적이고 단계적 통합을 대표적으로 해설하는 핵심적 이론이라 할 수 있는 신기능주의는 기능주의를 유럽통합에 적절하도록 발전시켰고, 보다 정교한 실용적 틀을 제공한 이론이라는 평가를 받기도 한다. 그러면 이 이론은 다른 지역의 통합에도 적용시킬 수 있는가의 문제가 제기된다. 신기능주의 창시자인 하스는 성공적인 통합을 이루기 위한 세 가지 환경적 조건, 즉 다원적 사회구조, 경제와 산업의 현저한 발전, 참여단위의 이념적 동질성을 제시하였다.[111)] 서유럽에는 이러한 조건들이 모두 존재하고 있었기 때문에 통합이 발전적으로 전개될 수 있었다. 유럽의 경험은 이러한 조건을 기본으로 하고 공동이익을 증대시킬 수 있는 임무를 부여받은 초국가적 기구가 존재할 때 통합의 계기가 마련되고 통합이 이루어질 수 있다는 점을 보여 주었다.

따라서 유럽통합에서 나온 통합이론의 다른 지역 통합에의 적용 가능성에 대하여는 부정적인 시각이 많다.[112)] 하스는 다른 지역의 통합은 유럽통합과 비교하여 앞서지 못할 것이라고 예상하였다. "유럽통합은 다른 지역의 통합보다 빠른 속도로 진행될 것이다. 더욱이 다른 지역들은 다양한 환경적 요소들을 가지고 있기 때문에 유럽통합을 성공적으로 모방하기도 어려울 것"이라고 주장하였다.[113)] 그러나 세계의 각 지역은 나름대로의 특성을 지니고 있으며, 따라서 유럽과 다른 환경적 요소가 오히려 통합을 더욱 적극적으로 추진할 가능성도 있다.

110) 조홍식, 『유럽 통합의 이론』, 세종연구소 연구논문 98-02, pp.20-21.

111) Ernst Haas, "International Integration: The European and the Universal Process," *International Organization*, Vol.15, 1961, pp.377-378.

112) 조홍식 박사는 유럽통합의 경험을 통해서 나타난 지역통합의 전제조건으로 자유민주주의의 실행, 시장경제 채택, 지도자 · 관료 · 국민의 열망, 참여국간의 세력균형, 문명적 일체성을 제시하였다. 그는 동북아에는 이러한 조건이 충족되어 있지 않기 때문에 통합이 불가능하다는 결론을 내렸다. 조홍식, 『유럽 통합의 이론』, 세종연구소 연구논문 98-02, pp.74-80.

113) Ernst Haas, "International Integration: The European and the Universal Process," *International Organization*, Vol.15, 1961, p.389.

지도자들의 통합을 향한 이익추구가 강할 때 통합은 더욱 빠르게 진행될 수 있다. 세계에는 여러 가지의 통합이 있는데, 특히 분단국의 통일도 통합의 한 가지 모델이라 볼 수 있으며, 이 모델은 유럽통합과 범위, 수준 및 과정의 측면에서 상당히 다르게 진행될 것으로 보인다. 다만 유럽통합은 세계사적으로 통합의 중요한 모델이기 때문에 다른 통합의 경우에도 유럽통합을 사례로 하여 연구된 통합이론의 틀에서 완전히 벗어나기는 어려울 것이다.

유럽통합 이론을 극단적으로 비판하는 학자들은 EU를 연구하여 통합이론을 만드는 작업 자체를 무의미하고 무가치한 것이라고 비판한다. 유럽통합은 역사적으로 독특한 사례이고 EU는 독특한 조직이기 때문에 일반적으로 적용될 수 있는 이론을 만들기 어렵다는 논리이다. 그것은 국가정치체제 또는 국제기구와 상당히 다른 제도적이고 법적인 구축물이기 때문에 체계적인 이론의 일반화가 어렵다는 주장이다. 비판론자들은 아시아-태평양과 같은 새로운 지역블록을 주도하는 지도자들에게 EU는 "잘못된 경험(bad practice)"으로 받아들여질 위험성이 존재한다고 한다.[114)]

비판론자는 다음과 같은 질문을 한다. "미국 또는 독일정치에 대한 일반이론이 없는 상황에서 EU에 대한 일반이론이 왜 필요한 것인가?"[115)] 유럽통합과 EU에 대한 일반이론을 모색하는 것은 어리석은 노력이라 할 수 있으나, 사회과학의 이론화에 기여하는 EU 연구의 잠재력은 상당한 것이다. 미국과 독일의 정치는 자체의 이론은 없지만, 정치학 이론의 여러 분야 이를테면 다원주의, 연방주의, 이익단체 자유주의, 공동체 권력구조, 규제국가 등의 발전에 중요한 사례가 되고 있다. 같은 논리로 광범위한 개념의 통합이론은 매우 중요하다. 그 이유는 통합이론이 EU의 발전상황 또는 지역화의 과정을 알려줄 뿐만 아니라, 정치학의 개념적이고 이론적인 발전에 높은 경험적 가치를 제공하기 때문이다.

114) Ben Rosamond, *Theories of European Integration*, pp.16-17.

115) Simon Hix, "CP, IR and the EU! A Rejoinder to Hurrell and Menon," *West European Politics*, Vol.19, No.4, 1996, p.804.

4. 새로운 분석 틀: 다층통치체제 접근[116)]

최근 들어 EU에 대한 연구는 정치학에 초점을 맞추는 경험적 방법론으로 취급되어야 한다는 주장이 크게 대두되고 있다. 다시 말해서, EU 연구의 목적은 EU 자체에 대하여 일련의 특별한 주장을 발전시키는 것이라기보다는 정치현상 또는 통치체제에 대한 일반적인 분석을 하는 것이어야 한다는 것이다. EU 연구에서 '통치체제로의 관심변화(governance turn)'는 "EU는 무엇의 사례인가?"라는 오래된 질문에 대한 대안적 답변일 수도 있다. 비교정치와 정책분석을 사용하여 EU를 연구하더라도, EU는 민족국가 내에서의 정치적 과정과 반드시 같은 것은 아니라는 관측은 그대로 남는다. 실제로 EU는 혼합된 형태로 불려지고 있다. 정치체제도 아니고 국제기구도 아닌, 이 둘 사이의 형태라는 것이다.

최근에 이러한 "획일적이고 도식적"으로 보는 시각에서 벗어나, EU를 정책결정과정이라는 특수한 차원에서 분석하려는 시도가 이루어졌는데, 이는 '다층통치체제(MLG: multi-level governance)'라는 개념을 탄생시켰다. 다층통치체제는 세계화에 의하여 추동된 하나의 현상이라는 평을 받고 있다. 통치체제를 독점하고 있던 기존의 민족국가의 영향력이 세계화와 지역통합으로 인하여 약화되고 있는 상황에서 다음과 같은 몇 가지 새로운 통치체제들이 등장하였다. 그들은 국가 하위구조의 통치체제(지방자치정부와 분리주의 운동에 기반한 통치체제), 초국가적 통치체제(지역기구와 국제기구에 의한 통치체제), 시장화된 통치체제(예를 들어 국제신용평가기구), 그리고 세계 사회운동에 기반한 통치체제(국제 NGO 활동에 기반한 시민들의 자발적이고 직접적인 영향력의 행사) 등으로 구분된다.[117)]

116) 다층통치체제 접근법은 최근 들어 유럽통합 이론을 설명할 때 거의 빠짐없이 등장하지만 이를 이론으로 인정하지 않는 학자들도 있다. 그들은 신기능주의 등 다른 통합이론들과 달리 다층통치체제 접근법은 EU에 내재하고 있는 '통합의 역동성(integration dynamics)'을 분명하게 그려내지 못하는 이유를 제시한다. Morten Kelstrup, "Regime Theory and European Integration," Paper prepared for the 17th World Congress of the International Political Science Association (IPSA), Seoul, Korea, 17-21 August 1997, p.16.

117) 김명섭, 조성대, 진시원, 『세계의 정치와 경제』(서울: 한국방송통신대학교 출판부, 2003),

유럽에서의 다층통치체제의 등장은 세계화에 의해 추동되는 현상이기도 하지만 유럽연합이 초국가기구와 정부간기구의 중간 정도의 성격을 가지고 있는 구조적인 특성에 기반하기도 하며, 유럽통합과정과 의사결정과정이 민주주의를 결핍하고 있다는 비판에 대한 대응 차원에서 추진된 것이라는 주장도 있다. 세계화에 의하여 추동된 주권국가의 약화과정과 새로운 통치체제의 등장이 유럽통합과 맞물림으로써 더욱 가속화되었고, 그 결과 유럽은 다양한 통치체제가 복합적으로 운영되고 있는 가장 극명한 지역이라는 평을 받고 있다.[118] 요컨대 유럽연합의 다층통치체제는 민족주의에 기반한 과거지향의 유럽정체성과 유럽통합 및 세계화가 촉발시킨 새로운 유럽정체성 사이의 상호배타적이고 경쟁적인 공간에 자리잡고 있는 독특한 통치체제라고 평가할 수 있다.

이 접근법은 유럽통합을 "부문별로 거미줄과 같이 수많은 정책망들이 형성되어 가는 과정"으로 보았다.[119] 다층통치체제 접근의 기본논리는 통합이 추진되면서 기존의 국가정부가 보유하였던 권위(authority)가 초국가기구뿐만 아니라 '국가하위기구'에도 분산된다는 것이다. 이러한 권위의 분산은 각 계층간의 정치적 커뮤니케이션과 영향력을 위한 채널을 형성한다고 주장한다.[120]

1) 다층통치체제 접근의 개념과 방법론

다층통치체제 접근은 두 가지 문제점을 극복하기 위하여 시도되었다. 하나는 국가중심주의(state-centrism)에 대한 문제점이다. 국가중심 모델은 국가의 집행부를 너무 단순하게 상위의 행위자와 정책결정자로만 본다는 비판을 받는다. 다른 하나는 EU가 집행위원회와 유럽의회라는 초국가기구적인 수준에서만 작동한다는 인식을 극복하기 위해서이다. 따라서 이 연구는 EU뿐만 아니라 다른 국

p.216.

118) 진시원, "제2장 유럽의 정체성," 김계동 외, 『유럽질서의 이해: 구조적 변화와 지속』(서울: 오름, 2003), pp.71-72.

119) 조홍식, 『유럽 통합의 이론』, 세종연구소 연구논문 98-02, p.68.

120) Gary Marks, "An Actor-Centered Approach to Multilevel Governance," Paper prepared for the Annual Conference of the American Political Science Association, San Francisco, 1996, p.18.

제협력에 있어서도 정책결정과정에 많은 층의 행위자들(actors)이 존재한다는 시각을 수용한다.[121)]

이 시각에 의하면 정부는 국가 이외에도 다양한 행위자들을 포함하고 있으며, 국가와 비국가 행위자 사이의 관계는 덜 계급적이면서 더 큰 상호관계를 가지는 성향이 있다. 현대 정부의 기본적인 업무는 자원의 재분배보다는 공공활동을 관리 및 통제하는 경향으로 흐르고 있다. 이러한 새로운 거버넌스의 개념으로 살펴볼 때 EU는 "유럽과 국가차원의 정치와 정부를 다층적이고, 비계급적이며, 신중하고, 정치와 관련이 없는 거버넌스로 전환시키고 있다. 이러한 전환은 공적/사적 네트워크의 복잡한 연결망과 준자율적 집행기구를 통하여 이루어지는데, 이들은 주로 시장의 규제완화(deregulation)와 재규제(reregulation)에 관심을 갖는다."[122)]

다층통치체제(MLG) 주창자들은 EU를 정체(polity) 또는 만들어지고 있는 정체로 파악하고, 이 정체의 다양한 층에서 권력과 영향력이 행사된다고 한다. EU의 장에서 국민국가의 집행부는 매우 중요한 행위자이지만, 많은 국가중심주의자들이 주장하는 국가의 준독점적인 지위(quasi-monopolistic position)는 단호하게 거부한다.[123)] 다층통치체제 접근의 출발점은 정부 내 다층간의 중복되는 경쟁의 존재와 이 다층을 넘나드는 정치행위자들의 상호작용이다. 회원국 정부는 일견 강력할지 모르지만, 유럽의 정체성 내에서 다양한 행위자 중 단지 하나일 뿐이다. EU에 있어서 국가는 국내 정치와 정부간 협상을 배타적으로 연결하는 것은 아니다. 국가중심주의자들이 채택한 양면게임(two level game) 가설 대신에, MLG 이론가들은 포괄적이고, 다층적 정책 네트워크를 제시한다.[124)]

121) Neill Nugent, *The Government and Politics of the European Union*, 5th ed., p.473; Morten Kelstrup, "Regime Theory and European Integration," p.13.

122) Simon Hix, "The Study of the European Union Ⅱ: The 'New Governance' Agenda and its Rival," *Journal of European Public Policy*, Vol.5, No.1, p.54.

123) Neill Nugent, *The Government and Politics of the European Union*, 5th ed., p.474.

124) Gary Marks, F. Nielsen, James L. Ray, and J. Salk, "Competencies, Cracks and Conflicts: Regional Mobilization in the European Union," in Gary Marks, et al., *Governance in the European Union* (London: Sage, 1996), p.41; 조홍식 박사는 다층통치체제론이 "현실주의의 영향을 받은 삼면게임이론, 신기능주의의 전통이 반영된 제도주의, 국제정치경제학적인 시각을 표현하는 규제국가론"이라는 세 가지로 구성되어 있다고 주장하였다. 조홍식, 『유

MLG이론에 따르면 회원국 정부는 통합과정에서 권위적 통제력을 상실하였고, EU의 중요한 초국가 기구인 의회, 집행위원회, 사법법원 등이 중요한 영향력을 가진다.[125] 이러한 측면에서 EU의 세 가지 특징이 강조된다. 첫째, 국가는 중요한 행위자이지만, 정책결정권을 더 이상 독점하지 못하고 다른 층의 정체들과 공유하고 있다. 특히 집행위원회, 의회, 사법법원 등은 정책결정 과정에 독립적인 영향을 미친다. 국가하위체제인 지방이나 지역정부도 정책 관련 행위를 하는데, 국가의 정부가 통제하지 못하는 경우가 대부분이다. 둘째, EU에서 정부들이 공동결정을 하게 됨에 따라 개별 정부의 통제력이 상실되었고, 이는 국가주권에도 심각한 영향을 미쳤다. 국가가 정책결정의 최종권한을 보유하고 있다는 정부간주의자들의 주장은 논거를 잃게 되었다. 셋째, 정치의 장(political arena)들은 "상호연결(interconnected)"되어 있다. 초국가기구와 국가하위체(substate)의 직접적 관계의 확대는 정부의 통제력을 더욱 약화시킬 것이다. 국가는 EU의 통합적이고 강력한 부분이지만, 초국가기구와 국가하위체를 연결시키는 고리는 아니며, 각 지역에서 행해지는 행위에 대한 통제를 독점적으로 행사하는 것이 아니라 서로 공유하고 있다.[126]

유럽통합의 과정에 대한 MLG 접근론자들의 기본논리는 지역간 격차의 심화는 EU 내의 균형적 발전을 어렵게 하고 유럽연합의 번영과 안정에 부정적인 영향을 미칠 우려가 있기 때문에, 국가라는 상층부의 통합뿐만 아니라 그 하위단위인 지역간의 통합을 동시에 추구해야 한다는 것이다. EU의 지역정책과 이에 따른 하부단위 정부의 활성화로 인하여 유럽연합 회원국의 국민들은 민족국가와 더불어 초국가기구와 국가하위의 정치체인 지방정부의 통치를 동시에 받게 되는 다층통치체제가 이루어졌다는 주장이다.[127] 지역 문제, 특히 지역간의 균

럽 통합의 이론』, 세종연구소 연구논문 98-02, p.64.

125) Gary Marks, L. Hooghe, and K. Blank, "European Integration from the 1980s: State-Centric v. Multi Level Governance," *Journal of Common Market Studies*, Vol.34, No.3, 1996, p.342.

126) Morten Kelstrup, "Regime Theory and European Integration," p.14; Neill Nugent, *The Government and Politics of the European Union*, 5th ed., pp.473-474.

127) 강원택, "유럽통합과 다층 통치체제: 지역의 유럽 혹은 국가의 유럽?," 『국제정치논총』, 제40집 1호, 2000년, p.122.

형이 통합에 중요한 문제로 대두되면서 EU라는 초국가기구나 민족 국가의 역할만을 강조하고 중요시해 오다가 지역이라는 하부 구조에 눈을 돌리기 시작한 것이다.

자유민주주의의 특징과 장점 중의 하나는 권한을 지방으로 분산시키는 것이다. 권력이 중앙에 집중되는 경우는 대체로 전쟁이 발생하거나 민족주의가 팽배해졌을 경우이다. 유럽에서는 지난 50여 년간 전쟁이 없었기 때문에 중앙정부의 권한이 민주주의의 압력에 의하여 혹은 자동적으로 분산되어 왔다.[128)] 중앙정부가 하위정부에 통치권한을 이양하는 이유는 다양하다. 정책수행의 효율성, 중앙정부 업무의 과부하(overload), 재정적 압박, 세금에 대한 책임회피, 지역경제 경쟁력의 상승 등이다. 이러한 조건들이 충족되었을 때 지방정부는 중앙정부에 대하여 스스로 통치할 수 있는 권한을 요구하게 된다. 지방정부가 통치권한의 요구를 증대시키는 경우는 인종적-영토적 격차가 심화되었거나, 경제적 박탈감의 심화 등으로 지역 자율성이 필요하거나, 중앙정부의 정통성이 약화된 경우이다.[129)] 행위자중심접근(Actor-Centered Approach)에 따르면 정부 지도자들은 협상력을 증대시키기 위하여 권한을 초국가기구나 국가하위기구에 이양한다고 주장한다. 국내정치에서 협상의 이익을 추구하기 위하여 국제개입을 활용하고, 국내의 압력을 국제협상에 이용한다는 것이다.[130)]

2) 다층통치체제와 균형적 지역정책

MLG는 지역격차를 해소하기 위한 정책을 개발 · 추진하면서 유럽통합에 대한 분석틀로 자리잡았다.[131)] EU의 집행위원회는 지역격차를 줄이기 위한 구체

128) Gary Marks, “An Actor-Centered Approach to Multilevel Governance,” p.14.

129) Udo Bullman, Michael Goldsmith and Edward Page, “Subnational Government Autonomy and Political Authority: Regions, Localities and the Shifting Balance of Authority in Europe,” Paper prepared for Annual Conference of the American Political Science Association, New York, 1994.

130) Gary Marks, “An Actor-Centered Approach to Multilevel Governance,” p.11.

131) 특히 경제격차의 해소가 가장 관심을 가지고 추진한 정책이었다. 1960년대 중반 당시 EC 내에서 최빈국과 최부유국의 1인당 GNP의 차이는 약 4:1이었다. 70년대에 3:1로 줄었다가

적인 정책을 1968년 제안하였는데, 그 내용은 "개별국가의 지역정책과 유럽공동체 차원의 지역 관련 정책 간의 협력 조정과 유럽지역개발기금(ERDF: European Regional Development Fund)의 설립"이었다. 이러한 정책을 추진하면서 집행위원회의 권한이 상대적으로 강화되었다. 집행위는 회원국의 중앙정부, 지방정부와 3자간의 '파트너십' 에 의거하여 지역정책의 입안에 참여할 수 있게 되었다. 이와 같은 '기능적 지위' 가 격상되어 지방정부와 함께 그동안 지역정책 결정과정을 독점해 온 회원국 중앙정부에 "잠재적인 경쟁자"가 된 것이다.[132)]

MLG가 등장하게 된 또 다른 배경으로 "보충성(subsidiarity)의 원칙"을 들 수 있다. 이 원칙은 마스트리트 조약 3B에 규정된 것으로 "하위체에 의해 만족할 만하게 추구될 수 있는 기능의 수행을 상위체가 담당해서는 안 되며, 반면에 하위체는 그가 충분히 만족시킬 수 없는 기능의 수행에 있어 상위체의 도움을 받는다"는 것이다. 상위체와 하위체를 구체적으로 명기하지 않았기 때문에 두 가지로 해석이 되고 있다. 첫째, 상위체는 유럽연합기구이며 하위체는 회원국을 의미한다는 해석이고, 둘째, 해석에 따르면 상위체는 국가이고 하위체는 지방정부를 뜻한다는 것이다.[133)]

MLG 분석에 따르면, EU의 권위는 하나의 중심에 축적되어 있는 것이 아니라 통치수준과 행위자들 사이에서 분산된 정체이고, 통치패턴에 있어서 중요한 분야별 변수들이 존재한다. 이를테면 "수직적이면서 수평적인 비대칭적 협상 체제"의 과정이라는 것이다.[134)] 다시 말해서 과거와 같이 우월적인 회원국의 중앙정부가 정책결정 과정에 독점적 영향력을 가지는 것이 아니라 EU의 집행위원회, 의회, 법원 등 초국가기구나 지방정부 등과 공동권한을 가지며, 개별국가 역시 통합된 단일의 행위자가 아니라 국가 내 지방정부 및 기업들은 국경을 넘어

77년에 다시 4:1로 늘어났고, 그리스 가입 이후에는 5:1로 확대되었다. 강원택, "유럽통합과 다층 통치체제: 지역의 유럽 혹은 국가의 유럽?," 『국제정치논총』, 제40집 1호, 2000년, p.122.

132) 강원택, "유럽통합과 다층 통치체제: 지역의 유럽 혹은 국가의 유럽?," pp.122-125.

133) 강원택, "유럽통합과 다층 통치체제: 지역의 유럽 혹은 국가의 유럽?," p.126.

134) Thomas Christiansen, "Reconstructing European Space: From Territorial Politics to Multilevel Governance," in K. E. Jorgensen (ed.), *Reflective Approaches to European Governance* (Basingstoke: Macmillan, 1997), p.65.

서 다른 국가의 동일한 이해관계를 가지는 사람들과의 협력을 모색한다고 한다.[135] 베셀즈(Wolfgang Wessels)는 EU를 "복잡하고, 다층적이고, 지리학적으로 중복되는 정부와 비정부의 엘리트들로 구성되는 조직체"로 묘사한다.[136]

정책결정에 참여할 수 있게 된 지방정부는 국가에 따라, 또한 지방에 따라 차이가 나는 정치적 자원을 보호하기 위하여 여러 가지 책략을 모색한다. 국가와 유럽차원에서 동원(mobilization)의 범위와 강도를 증대하고, 첩보를 효과적으로 수집하여 외생(exogenous)의 사건에 대하여 대응할 수 있는 능력을 향상시킨다. 또한 국경선 내부 또는 외부에서 잠재적으로 동맹을 맺을 수 있는 지역을 찾아내어 지역간 협력을 위한 능력을 계발하며, 마지막으로 국가적 또는 EU의 차원에서 정치적 기회를 추구하여 활용한다. 이러한 기본적 전략을 바탕으로 하여 지방정부들이 EU에서 추진하는 구체적 정책들은 다음과 같다. ① 지역차원에서의 EU 협력단위체 설립, ② 공통된 지리적 · 경제적 방향을 가지고 있는 지역, 공통된 정책적 문제를 가지고 있는 지역, EU의 재정지원을 받는 지역들을 포괄하는 지역간 협의 네트워크를 가능하도록 하는 자율적 사무국 설치, ③ EU 조직 프로그램을 형성 · 집행 · 감시하는 활동에 광범위한 참여 요구, ④ 각료이사회, 집행위원회의 분과위원회, 이사회의 실무그룹의 대표들과 직접적 채널 구성, ⑤ 조약작성 작업에 지역대표를 포함시킴으로써 조약협상에 있어서 중앙정부의 행동의 자유 제한, ⑥ 지방정부에 정통성을 부여하고, 보호하고, 권한을 제공하는 방향으로의 EU 조약 개정 요구, ⑦ 중앙정부를 거치지 않고 EU, 특히 집행위원회를 접촉할 수 있는 권한 보장 등이다. 초국가기구의 행위자들은 중앙정부의 독점에 대한 균형을 맞추기 위하여 지방정부의 이러한 요구를 대체로 수용한다고 한다.[137]

초국가기구와 지방정부의 권한강화를 주 내용으로 하는 MLG의 논의는 국가쇠퇴론에 대한 논쟁을 불러일으켰다. 기존의 정치적 통치단위였던 민족국가가 EU라는 초국가기구에 상당한 권한을 이양하여 국가는 쇠퇴하고, 국가의 하부단

135) 강원택, "유럽통합과 다층 통치체제: 지역의 유럽 혹은 국가의 유럽?", p.128.

136) Wolfgang Wessels, "An Ever Closer Fusion A Dynamic Macropolitical View on Intergration Processes," *Journal of Common Market Studies*, Vol.35, No.2, 1997, p.292.

137) Gary Marks, "An Actor-Centered Approach to Multilevel Governance," pp.20-21.

위였던 지방이 초국가 내에서 정치적 활동의 주체로 그 영향력을 점차 확대해 간다는 주장이다. 그러나 다층통치체제에 대한 비판가들은 초국가 수준과 국가하위 수준이 그들이 가지고 있다는 권력과 영향을 실제로 보유하고 있는지에 대하여 특히 의문을 가진다. 국가중심주의자들의 주장에 따르면 초국가기구들은 주로 각료이사회를 통한 국가수준의 통제에 의존하고 있으며, 국가하위체는 정책결정에 중요한 영향을 줄 수 있는 능력이나 잠재력을 가지지 못한다는 주장을 한다.[138)]

MLG와 관련된 분석가들은 국가가 중요하지 않다고 주장하지는 않는다. 이들은 우선 다층통치의 구조가 상호균등한 정치적 영향력 행사를 의미하는 것은 아니라고 지적한다. 집행위원회나 지방정부의 역할이 확대되는 것은 사실이지만, 이는 통합의 심화에 따라 발생하는 통치구조상의 변화이지 집행위원회나 지방정부가 국민국가의 중앙정부를 배제한 채 정책을 결정할 수 있는 권한을 갖게 된 것은 아니라고 강조한다. 이들은 모든 결정에 있어서 국가가 최종 결정권을 가지고 있다는 점에서 '불균형한 힘의 배분' 이 이루어지고 있다고 주장한다. EU 집행위원회와 지방정부의 참여와 영향력이 증대되었지만, 이는 정책결정이 아닌 정책수행의 영역에 국한되어 있다고 강조한다.[139)] 실제로 MLG는 국가를 상이한 안건, 아이디어와 이익이 경쟁하는 무대로 생각하는 다원적 조직으로 간주한다. 자율과 통제에 대한 문제는 남아 있지만, 국가는 여전히 상당히 중요하고, 국가는 "지도자와 다수의 국가 하부조직과 초국가 행위자의 행위에 의해 다층적 정치체제로 융합된다."[140)]

138) Neill Nugent, *The Government and Politics of the European Union*, 5th ed., p.474.

139) 1994년부터 1999년까지 구조기금의 사용액을 보면 개별국가에서 추진한 개발계획에 사용한 금액이 90% 정도로, 국가를 배제한 지역수준과 초국가수준의 사업은 아직 현실적으로 어렵다는 점을 보여주고 있다고 주장한다. 강원택, "유럽통합과 다층 통치체제: 지역의 유럽 혹은 국가의 유럽?," pp.129-131.

140) Gary Marks, L. Hooghe and K. Blank, "European Integration from the 1980s: State-Centric v. Multi-Level Governance," *Journal of Common Market Studies*, Vol.34, No.3, 1996, p.371.

3) 다층통치체제와 정책 네트워크

다층통치체제에 대한 연구는 정책 네트워크 분석에 유용한 틀을 제공하였다. "다층(multi-levelness)"의 인식은 복합적인 유럽정체를 이론적으로 질서 있게 분석하는 시도를 이끌어 냈다. 예를 들어 피터슨(John Peterson)은 유럽통합을 상이한 수준으로 분리하여 연구하는 가능성을 제시하였다.[141)]

피터슨은 각 수준은 상이한 결정 형태의 특징을 가지고 있으며, 각각에서 상이한 종류의 합리성이 작동한다고 주장한다. 상위 체계수준(super-systemic level)은 EU가 통치 체계로서 작동한다는 점을 설명하는 '역사만들기(history-making)'의 영역이다.[142)] 중요한 것은 이 수준이 유럽 통합의 영역이라는 것이다. 그러나 다른 수준은 유럽 정책결정(policy-making) 수준인데, 더 정확히 말해서 정책수립(policy-setting: systemic level)과 정책형성(policy-shaping: meso level)의 영역인 셈이다. 이것은 실현될 수 있는 것이라기보다는 특정이론에 잠재적인 함의를 갖고 자유주의적 정부간주의와 신기능주의 같은 이론들의 한계성을 제시한다.

전통적 정책분석 학자인 리차드슨(Jeremy Richardson)이 제시한 대안은 정책과정을 명확한 단계로 구분하였다. 정책결정의 단계별로 활용되는 이론적 도구

Peterson의 접근법

수준	결정적 변수	최고의 모델
상위체계 (Super-systemic)	더욱 폭넓은 정치/경제 환경에서 변화	"거시적 이론" (정부간주의, 신기능주의)
체계 (Systemic)	제도적 변화	신제도주의
중간수준 (Meso level)	자원 종속	정책 네트워크, 분석

141) John Peterson, "Decision-making in the European Union: Towards a Framework for Analysis," *Journal of European Politics*, Vol.18, No.2, 1995.

142) John Peterson and E. Bomberg, *Decision-making in the European Union* (Basingstoke: Macmillan, 1999).

Richardson의 접근법

정책 과정 단계	이론적 도구
안건 수립	지식적 공동체
정책 형성	정책 공동체/네트워크
정책 결정	제도적 분석
정책 실행	조직간(interorganizational)/행태적 분석

들은 상이하다.[143)]

양 이론은 EU 연구에는 대안적 이론들이 공존할 수 있다고 가정한다. EU 연구라는 '케이크'를 조각내어서 들여다보기 때문에 상이점이 존재한다. 피터슨은 하부 분야(sub-discipline)를 다른 분석 차원으로 분리하여 EU의 넓은 궤도에 제도적 변화의 역동성과 정책의 세부분야에 대한 분석을 더하여 논의하였다.[144)] 반면 리차드슨은 특정정책 분야의 지도를 그릴 수 있는 방법을 제공하였다. 양자는 기존의 이론적 접근이 가지는 유용성의 한계를 나타내고자 하였다. 피터슨의 주장은 신기능주의를 '상위체계'의 분석 방법론으로 제한하였으며, 이에 따라 초국가적 행동주의와 기능적 파급효과가 지구환경의 결정적 변화를 가장 잘 설명할 수 있다는 것이다. 이는 다른 이론의 유용성과 타당성에 대한 의문을 갖게 한다. 이는 이론을 종합하는 데 있어서 문제가 되고, 합쳐져야 할 관점들이 존재론적이고 인식론적으로 호환성이 있는지의 문제와도 관련되어 있다. 이 문제는 두 모델 중에서 리차드슨에게 더 큰 도전이 되었다. 피터슨의 제안은 EU 연구를 나름대로 '표준과학(normal science)'이 가지고 있는 여러 가지의 하부 분야로 세분화하려는 시도이다. 반면 리차드슨의 주장은 분야별 입법과정과 유럽차원의 정책결정 능력을 체계화하기 위하여 다양한 이론적 도구에 의존한다. 리차드슨의 제안은 정치를 초월하여 순수하게 이익을 추구하는 과정을 고려한

143) Jeremy Richardson, "Policy-making in the EU: Interests, Ideas and Garbage Cans of Primeval Soup," in J. Richardson (ed.), *European Union: Power and Policy-Making* (London: Routledge, 1996).

144) Barry Buzan, "The Level of Analysis Problem in International Relations Reconsider," in Ken Booth and Steve Smith (eds.), *International Relations Theory Today* (New York: Columbia University, 1995).

'행위자를 기초로 한 모델(actor-based model)'을 제시하기 위한 것이다.[145] 그가 제시하는 아이디어와 지식은 그가 검증하는 모든 접근법의 핵심을 이루고 있다. 그러나 이 자체는 사회현실에 대한 구조주의적 관념과 연계된 존재론적이고 인식론적인 최소조건과 반대 방향으로 나아갈 수 있다.

MLG는 하나의 분석틀이지 "거대한 이론화(grand theorizing)"를 하기는 어려울 것으로 보인다. MLG 연구자들은 다양한 층의 통치체제(유럽, 국가, 지방 등) 사이의 구분이 불분명해질 것이라는 인식 이상으로 유럽정체의 역동성에 대하여 특정한 기대를 하지 않는다고 인정한다. 정치적 충성심이 중앙 정부로 이양되지 않는 한 다층통치체제는 새로운 형태의 정치체의 등장이 아니라 행정 기능 또는 정책 집행 기능이 다층화되었음을 나타낼 뿐이라는 것이다. 또한 유럽연합의 통치가 유럽 시민들의 정치적 위임 과정을 갖지 못한다는 비민주성은 그 통치가 관료적 통제라는 비판을 받을 수 있다. 어쨌든 MLG는 EU 정체형태의 '복합성(complexity)'을 묘사하려는 시도이고, EU 정체의 변환성(variability), 불예측성(unpredictability)과 다층적 행위성(multi-actorness)에 대한 강조는 정부간주의에 대한 반대적 접근에 집착하는 경향을 보이게 하였다. MLG에서 표현되는 '다층적 권위(tiers of authority)'라는 용어는 연방주의자들의 사고를 반영한 것처럼 보이지만, MLG는 권력이 헌법적 규칙에 의하여 행사되는 정치형태를 모색하는 것은 아니다.

145) Jeremy Richardson, "Actor-based Models of National and EU Policy Making," in H. Kassin and A. Menon(eds.), *The European Union: Power and Policy-Making* (London: Routledge, 1996); "Policy-making in the EU: Interests, Ideas and Garbage Cans of Primeval Soup," in Jeremy Richardson (ed.), *European Union: Power and Policy-Making* (London: Routledge, 1996).

제9장 통합의 전개: 심화과정

1950년대 초반부터 시작된 유럽통합은 수많은 장애요인의 등장에도 불구하고 대체로 성공적인 통합을 추진하고 있는 것으로 평가되고 있다. 유럽통합을 추진하는 국가들은 상호간의 긴밀한 네트워크 형성을 발전의 원동력으로 삼고 있다. 특히 EU 내 무역량의 증가는 EU 참여국들이 통합을 이룸으로써 받게 되는 이득의 중요한 부분으로 평가되고 있다. 통합 초기 석탄철강공동체(ECSC)를 창설한 6개국 간의 교역량은 전체 무역량의 30%를 차지하였으나, 점차 증가하여 1970년에 50%에 이르렀고, 최근에는 70%에 달하고 있다. 2001년 EU의 총생산은 8조 6,000억 달러였으며, 대외 무역량은 13.9%로 미국에 이어 두 번째이다.

이 장에서는 1950년대 초반 ECSC로부터 시작하여 현재까지 유럽통합이 어떠한 과정을 거쳐 발전해 왔는지를 분석하고자 한다. 또한 EU 통합의 성공적 요인 이외에도 현재 어떠한 문제점과 장애요인이 존재하고 있는지도 함께 다룰 것이다.

1. 유럽 통합의 기원

제1차 세계대전이 종식된 후 1920년대에 활발하게 논의됐던 유럽의 통합운동은 파시즘의 등장과 제2차 세계대전의 발발로 진전되기 어려웠다. 파시즘이 유럽 전체의 지배를 모색할 때 이에 대한 저항주의자들은 유럽위기의 원인을 왜곡된 민족주의로 인식하고, 이를 극복하기 위해 민족 또는 국민국가로 구성된 유럽체제를 재구성해야 한다고 생각하였다. 파시즘에 대항한 각국의 저항운동가들은 유럽연방만이 유럽의 자유를 보호하고 경제 부흥을 가능케 할 것이라고 보았다.

양차 대전 사이에 등장한 유럽통합의 구체적인 정책은 내부적으로는 평화체제의 구축을, 외부적으로 유럽의 위상제고를 목적으로 하였다. 저항운동에 참여하였던 정치세력이 전후 각국에서 집권세력으로 등장하면서 통합을 실현하기 위한 기본 조건이 마련됐다. 그러나 전쟁 직후 유럽의 모든 국가는 국가재건과 전쟁피해 극복에 전념해야 했기에 유럽통합이라는 초국가적인 문제를 해결할 여력이 없었다. 제2차 세계대전 후 미국과 소련을 중심으로 한 전후처리 과정에서 유럽은 동서로 분단되어 냉전대립을 겪게 되는 운명에 처하게 되었다. 그 결과 자유민주주의와 자본주의를 지향하는 서유럽만이 정치적으로 공산주의 침투를 봉쇄하고, 경제 부흥을 목적으로 다자간 무역정책 실현을 위한 통합이 추진됐다.

1) 제2차 세계대전 종식과 유럽통합의 기원

제2차 세계대전이 끝나자, 승전국들은 제1차 세계대전 처리 과정의 실패를 되풀이하지 않기 위하여 여러 가지 아이디어를 제시했다. 세계대전 원인의 장본인이었던 독일이 봉쇄되고 독일의 힘이 파괴적 목적보다는 건설적 목적에 사용되기 이전에는 평화가 어려울 것이라는 시각이 팽배했다. 독일의 경제와 정치 체제는 유럽의 안보를 위협하지 않는 방향으로 건설되어야 한다는 주장이 지배적이었으며, 프랑스가 이 문제에 대하여 특히 열성적이었다.

전후 유럽에 대한 외부 위협은 미국과 소련이라는 초강대국 간의 냉전 대립으로부터 기원하였으며, 결국 유럽은 이 냉전적 적대감의 포로가 되었다. 서유럽을 소련의 팽창으로부터 지켜야 한다는 명제가 있었지만, 서유럽과 미국이 어느 정도 공동 전선을 펼칠 수 있을지, 서유럽이 미국의 보호막에 어느 정도 의존할 수 있을지에 대한 의문이 제기되었다. 유럽은 자신의 안보를 스스로 지키는 것이 더 나을 것이라는 견해도 있었다. 그러나 이는 유럽이 당시까지 성취하지 못했던 상당한 결속과 공동의 목표를 필요로 하였다.

동유럽으로 공산주의가 확대되기 시작하자 세 가지 측면에서 범유럽통합의 필요성이 제기되었다. 첫째, 유럽에서 민족주의를 극복하고 평화를 실현하기 위하여, 둘째, 소련의 공산주의 팽창으로부터 서양의 헬레니즘과 기독교 문화를 수호하고, 셋째, 미국 물질문명의 공세로부터 서유럽을 보호하기 위하여 유럽의 통합이 필요하다고 했다. 당시의 국제적 현실을 반영한 이 아이디어는 지식인들 사이에서만 논의되었던 통합운동을 현실정치가들에게도 확산시키는 역할을 하였다.[1)]

처칠(Winston Churchill)이 유럽 통합 주장의 선봉자였다. 그는 1940년 프랑스의 붕괴 직전에 영 · 불 연합을 제의하였고, 1943년 '유럽 위원회(Council of Europe)' 하에 '유럽 합중국(United States of Europe)' 을 창설하자는 제안을 하였다. 이 제안은 무역장벽을 축소하고, 인간의 자유이동, 공동 군사, 분쟁을 판결하기 위한 고등 법원 설치를 포함하였다.[2)]

1946년 9월 19일 취리히(Zurich) 대학 연설에서 처칠은 현대 정치에서 선의의 의지를 가진 인간의 불변의 목적은 "UN 기구를 발전시키고 강화하는 것"이고, "유럽이 평화롭고 안정되며 자유로운 사회로 재생하기 위해서는 유럽합중국의 건설이 필요하다"는 언급을 하였다. 그러나 처칠은 이는 프랑스와 독일이 주도해야 하고 영국은 여기에 포함될 필요는 없다고 했다. 전쟁 이전 그는 영국은 "보다 부유하고, 자유롭고, 만족스러운 유럽의 공동체 내에서 선과 희망만을 볼 수 있을 것이다. 하지만 우리는 우리만의 꿈과 임무를 가지고 있다. 영국은 유럽과 함께 있지만 속하지는 않는다(with Europe but not of it). 영국은 이해 관계가 있고 연합은 되어 있지만, 소속되어 있지는 않다"고 주장하였다. 이후 처칠은 1952년 1월 "나는 프랑스와 벨기에를 좋아하나 우리는 그 국가들의 수준으로 우리들의 가치를 떨어뜨려서는 안 된다"라고 하였다.[3)]

1) 박래식, "제2장 유럽체제의 역사와 특징," 김계동 외, 『유럽연합체제의 이해』(서울: 백산서당, 2005), p.44.

2) Michael Palmer, et al., *European Unity: A Survey of European Organizations* (London: George Allen and Unwin, 1968), p.111.

3) Arnold J. Zurcher, *The Struggle to Unite Europe 1940-58* (New York: New York University Press, 1958), p.6; Alfred Grosser, *The Western Alliance: European-American relations since 1945* (Basingstoke: Macmillan, 1980), p.121.

처칠은 '유럽 속의 영국'에는 근본적으로 관심을 가지고 있지 않았으나 "영국과 유럽"에 대해서는 그렇지 않았다. 많은 영국 정치가들처럼 그는 유럽통합을 가치 있는 이상으로 생각하였지만 영국은 그 연합의 부분이 될 수 없고 단지 연관되었을 뿐이라는 신념을 가지고 있었다. 최소한 1960년대까지 영국의 위치는 이처럼 비타협적인 것이었다.[4)]

이와 같이 영국은 전통적으로 자국의 정체성을 유럽과는 별개의 것으로 이해해 오고 있다. 즉, 영국인들에게 유럽은 '대륙'이라는 개념과 동일시되어 사용되고 있으며 이에 따라 섬나라 영국은 유럽의 일부가 아니라 유럽의 타자라고 인식하는 것이다. 이러한 인식은 19세기와 20세기 초까지 영국이 세계의 패권을 행사했던 역사적인 자부심에서도 기인하지만 현재의 패권국가인 미국과 함께 대서양공동체를 구성하고 있는 상황에도 기인한다. 따라서 영국인들에게 유럽은 "영국이라는 독자적인 국가정체성에 의하여 세력균형이 이뤄지거나 아니면 주도되어야 하는 타자의 지역"이라는 의식이 강하게 배태되어 있다고 볼 수 있다.[5)]

처칠의 지도하에 다양한 기구들이 1947년 12월에 유럽단일화운동 국제위원회(International Committee of the Movements for European Unity)의 설립을 합의했다. 이 위원회의 임무는 연합에 관심을 보이는 모든 국가들 간의 협의체를 만들고, 그들의 관심사인 핵심적이고 실용적인 유럽 단일화의 동기를 제공하는 것이었다. 유럽의 민족국가들은 결속을 과시하기 위하여 1948년 5월 헤이그에서 유럽회의(Congress of Europe)를 결성하였다. 16개국에서 750명 이상의 대표단을 보냈고 미국과 캐나다는 참관단을 보냈다. 유럽회의는 광범위한 이익이 표출되는 모임이었으며, 유럽의회, 유럽재판소와 연계되는 인권헌장, 공동시장과 통화동맹을 추진하기 위한 몇 가지 결의안이 통과되었다. 영향력있는 정치지도자들은 별로 참석하지 않았으나, 공산주의를 제외한 다양한 정치적 신념들이 제시되었다.[6)]

4) Derek W. Urwin, *A Political History Of Western Europe since 1945*, 5th ed. (London: Longman, 1997), p.74.

5) 진시원, "제2장 유럽의 정체성," 김계동 외, 『유럽질서의 이해: 구조적 변화와 지속』(서울: 오름, 2003), pp.79-80.

유럽의회, 유럽재판소, 인권헌장을 위한 다양한 요구가 있었으나 실질적 결과는 각국의 민족단체가 참여하는 유럽운동(European Movement)의 창설이었다. 이 운동은 유럽의회(European Assembly)의 아이디어를 받아들였고, 1948년 8월 브뤼셀에서 창립되었다. 처칠, 프랑스 사회주의자 브룸(Leon Blum), 벨기에의 스팍(Paul Henri Spaak) 수상과 이탈리아의 가스페리(Alcide de Gasperi) 수상과 같은 영향력 있는 유럽주의자들이 공동의장을 맡았다. 유럽운동은 많은 기대를 가지고 설립되었지만, 헌법위원회를 구성하자는 연방주의자들과 단순한 협의기구를 만들자는 반연방주의자들의 대립으로 효과적인 정책을 수립하기가 어려웠다.[7]

2) 유럽통합의 제도와 모색: 유럽평의회와 경제협력기구

프랑스, 영국, 이탈리아, 벨기에, 네덜란드, 룩셈부르크, 덴마크, 노르웨이, 스웨덴, 아일랜드 등 10개국은 1949년 1월 각료위원회(Committee of Ministers)와 협의회의(Consultative Assembly)의 설치를 합의하였는데, 이는 후에 설립된 유럽평의회(Council of Europe)의 기초가 되었다. 프랑스와 이탈리아는 유럽 연합(European Union)이라는 이름을 원하였으나, 보다 모호하고 덜 개입적인 이름인 유럽평의회(Council of Europe)를 고집한 영국의 뜻이 받아들여졌다. 유럽위원회는 1949년 5월 런던에서 창설되었으며, 10개 국가가 헌장(Statute)에 서명하였다. 유럽에서 유사한 의지를 가진 국가들의 결속으로, 경제, 사회, 문화, 과학, 법과 행정 문제에 있어서의 공동활동을 하는 것이 목적이었으나 방어(defence)의 개념은 리스트에서 제외되었다.

헌장의 제1조항에는 다음과 같은 내용이 포함되었다.

> (a) 유럽평의회의 목적은 회원국들의 공동유산인 이상과 원칙을 보호하고 실현할 목적으로, 그리고 경제와 사회의 발전을 목적으로 회원국들 간의 대단결

---

6) Derek W. Urwin, *A Political History Of Western Europe since 1945*, 5th ed., p.74.

7) Desmond Dinan, *Europe Recast: A History of European Union* (Boulder: Lynne Rienner Publishers, 2004), pp.23-24.

을 성취하는 것이다.

(b) 이러한 목적은 공동 관심사에 대한 토론에 의해, 그리고 경제, 사회, 문화, 과학, 법률, 행정적 문제, 그리고 인권과 근본적 자유에 대한 보존과 실현에 대한 합의와 공동행동에 의해 평의회의 기구들을 통하여 이행될 것이다.[8)]

본부는 프랑스의 스트라스부르그(Strasbourg)에 설치하였고, 각국이 한 개의 투표권을 갖는 각료위원회(Governing Committee of Ministers)와 각국의 입법기관이 지명한 대표들로 구성되는 147명의 협의회의(Consultative Assembly)를 구성하였다. 각료위원회는 일 년에 한 번 또는 두 번 회합을 하고, 초기에는 회원국의 외무장관이 참석하였으나 후에는 차관이 참석하였다. 협의회의는 각료위원회에 대하여 거의 권한이 없었다. 비록 유럽평의회의 회원권은 확대되었으나, 느슨한 정부간기구 조직의 수준을 벗어나지 못하였다. 인권, 문화 이슈와 제한된 범위의 경제 협력에 있어서는 발전하였지만, 이는 유럽의 연방주의자들이 원하던 그러한 조직은 아니었다.

1949년 8월 스트라스부르그에서 첫 유럽평의회 협력회의(Consultative Assembly)가 열렸다. 열렬한 연방주의자들은 헌장에서 제시된 것보다 더 효율적인 연합기구를 만들기 위한 작업에 즉시 착수했다. 그들에게는 두 가지 목표가 있었는데 바로 초국가기구의 발전과 각료위원회와 경쟁하는 협의회의의 권한 강화였다. 군사문제는 제외되었는데, 그 이유는 당시 논의되고 있던 대서양동맹과 두 중립국인 아일랜드와 스웨덴이 창립 멤버로 참여하는 문제가 논란의 여지를 지니고 있었기 때문이었다. 따라서 유럽평의회는 초국가주의 또는 연방주의의 미래로 스스로 이행할 수 없었다.[9)]

결국 유럽평의회가 새로운 서유럽 국가체제를 위한 초석으로서의 역할을 다할 것이라고 희망했던 국가들의 기대는 어긋났다. 목적이 너무 모호하다는 것이 일부 문제였고, 의사결정구조가 본질적으로 정부간기구적이었고 그렇기 때문에 약하다는 것이 또 다른 문제였다. 그러나 가장 심각한 문제는 영국 등 참여한 몇

8) A. H. Robertson, *The Council of Europe: Its Structure, Functions and Achievements*, (London: Stevens)

9) Derek W. Urwin, *A Political History of Western Europe since 1945*, 5th ed., p.77.

몇 국가들이 제한적이고 자발적인 협력 이상의 그 어떤 것에도 관심이 없다는 사실이었다.

제2차 세계대전 직후 미국도 유럽 통합을 적극 지지하였다. 1947년 4월의 국무성 안은 '서유럽 연방(Western European Federation)'을 만드는 것이었다. 이에 따라 1947년 7월 16개의 유럽국가들이 파리에 모여서 유럽경제협력위원회(Committee on European Economic Cooperation)를 설립하였다. 그들은 필요한 리스트를 만들고 미국에 290억 달러의 원조를 요구했는데 이는 미국이 예상했던 것보다 많은 액수였다.

미국정부는 이를 기초로 하여 의회의 승인하에 '유럽 회복 프로그램(European Recovery Program: Marshall Plan)'을 작성하고 1948년부터 51년까지 125억 달러를 유럽에 지원하였다. 1948년 4월 16개 국가는 유럽경제협력기구(OEEC: Organization for European Economic Cooperation)를 마셜계획의 시행 협력과 관세 감면 목적을 가지고 설립하였다. 전후에 처음으로 설립된 중요한 서유럽의 경제기구인 OEEC는 파리에 본부를 두고 각국에서 1명씩 파견하여 이루어진 각료이사회에 의하여 운영되었다. 유럽경제협력기구의 단기과제는 미국의 원조를 관리하고, 무역과 지불의 제한을 축소하고, 무역 관세를 낮추고, 공동의 경제정책을 추진하고, 무역장벽을 제거하는 것이었다. 장기적 목적은 "회원국들의 협력을 통한 건강한 유럽경제"를 만드는 것이었다.[10] 설립 초기에 유럽국가들의 유동성 부족을 타개하기 위하여 1950년 OEEC 산하에 유럽지불동맹(EPU: European Pay Union)이 설치되었다.[11] OEEC는 유럽 합중국을 만들려는 시도의 일환으로 미국의 요구에 의하여 설립되었으나, 영국, 프랑스, 노르웨이의 반대로 인해 초국가기구가 아닌 정부간 협력 포럼으로 남게 되었다.

마셜계획은 미국의 서유럽 국가에 대한 투자였지만 유럽 통합에 중요한 영향을 미쳤다. 특히 OEEC는 서유럽의 첫 번째 상설 경제협력기구로서 유럽이 공동작업을 하고 유럽인들이 얼마나 그들의 경제가 상호 의존적인가를 인식하게 하였다. OEEC는 경제성장과 발전을 위한 장기적인 계획을 세우지 못하고 단기적

10) Michael J. Hogan, *The Marshall Plan: America, Britain, and the Reconstruction of Western Europe, 1947~1952* (New York: Cambridge University Press, 1987), p.36.

11) 이종원, 『새유럽통합론』(서울: 해냄, 2004), p.9.

인 경제 문제만 다루었지만, 유럽 내부의 협력과 결속을 추진함으로써 추후 ECSC와 EEC를 창설하는 데 많은 경험적 기여를 했다고 할 수 있다.

OEEC가 수행한 가치 있는 일들 중 가장 주목할 만한 것은 아마도 1940년대와 1950년대에 회원국들 간의 무역을 늘리는 지불계획을 세운 것일 것이다. 그러나 OEEC는 더 큰 발전을 이루지는 못했다. 유럽위원회와 같이 다소 이질적인 회원국 구성과 더불어 의사결정 구조의 엄격한 정부간주의 성격으로 인해 야심찬 제안들이 항상 거부되었다. 이러한 결과와 모든 산업화된 국가들 간의 상호의존에 따라 1960년 12월 OEEC는 경제협력개발기구(OECD: Organization for Economic Cooperation and Development)로 바뀌었다. OECD는 회원자격이 비유럽국가에도 열려있도록 만들었는데, 이것은 더 넓고 변화하는 이익을 반영하는 커다란 목표를 위한 것이었다.[12]

OEEC는 평범함과 특이함이 섞인 전후 환경 속에서 생겨났다. 말하자면, 전쟁으로 야기된 서유럽 국가들 간의 경제협력과 같은 태도는 전쟁의 결과가 요구한 특수한 필요에 의해 그 방향이 세워졌다. 불과 3년 후에 일반적인 필요와 특정의 촉진요인들이 혼합되어 최초의 유럽공동체가 만들어졌는데, 그것이 바로 유럽석탄철강공동체(ECSC)이다.

2. 유럽 통합의 시작: 유럽석탄철강공동체(ECSC)

OEEC와 유럽평의회는 유럽인들이 더불어 생각하고 일할 수 있는 기회를 제공하였다. 그러나 영국과 스칸디나비아의 반연방주의자들의 반대로 어느 조직도 지역 통합으로 발전되기 어려웠다. 이러한 분위기에서 두 프랑스인이 유럽통합에 대하여 적극적인 태도를 보였다. 모네(Jean Monnet, 1888~1979)와 슈망(Robert Schuman, 1880~1979)은 적극적인 유럽주의자들로 유럽평의회와 같은 형식적인 조직을 벗어나 실질적인 방향에서의 통합조직을 원하였고, 계속되는

12) Neill Nugent, *The Government and Politics of the European Union*, 5th ed. (Durham: Duke University Press, 2003), pp.15-16.

프랑스-독일의 갈등과 대립을 줄일 수 있는 조치를 원하였다.

1950년까지 많은 사람들은 서독이 서유럽에서 유용한 역할을 할 수 있다면 서독의 재건을 허용해야 한다고 생각하였다. 이웃 국가들에게 위협이 되지 않게 독일의 산업이 재건설되도록 허용하는 방법 중의 하나는 초국가기구하에서 재건설을 하는 것이었다. 특히 루르(Ruhr) 지방의 자원을 보다 넓은 유럽 건설 과정에 포함시키려 하였다. 너무 큰 야망을 시작하기보다는 작지만 의미있는 것부터 시작하는 것이 중요하였다.

1) 슈망선언

1949년 초 유럽운동회의(Congress of the European Movement)는 석탄과 철강 산업이 유럽 공동 기구의 기초가 된다고 주장하였다. 그 이유는 첫째, 석탄과 철강은 산업의 기초가 되고 철강은 카르텔을 형성하는 경향이 있다. 협력을 하게 되면 낭비와 중복을 막을 수 있고, 카르텔을 방지하며, 석탄과 철강 생산을 더 효율적이고 경쟁력을 가지게 하고, 궁극적으로 산업을 발전시킬 수 있다는 것이다. 둘째, 루르 지방의 중공업은 전통적으로 독일 힘의 근원이고, 프랑스와 독일은 알자스-로렌(Alsace-Lorraine) 지방의 석탄 비축 때문에 갈등을 겪어 왔다. 모네는 "석탄과 철강이 경제력의 핵심이 될 수 있고 전쟁을 위한 무기의 원자재가 될 수 있다"고 주장하였다. 초국가적 방법에 의한 석탄과 철강 산업의 규제는 독일의 힘을 봉쇄하는 데 기여할 것으로 인식되었다. 셋째, 석탄과 철강의 통합은 독일로 하여금 유럽국들과의 교역에 의존하게 할 것이다. 이에 따라 독일 경제재건을 통제할 수 있고, 프랑스는 독일 산업의 지배에 대한 우려를 줄일 수 있을 것이다.[13)]

프랑스 경제계획위원장이었던 모네는 프랑스가 즉각적으로 활동하지 않으면 미국이 소련 진영에 반대한 새로운 범대서양 동맹의 주도권을 잡을 것이고, 독일의 경제적 · 군사적 성장을 통제할 수 없었으며, 영국은 미국과 더욱 가까운 관계를 가질 것이고, 프랑스는 '쇠퇴(eclipse)' 하게 될 것이라고 경고하였다.[14)]

13) Jean Monnet, *Memoirs* (Garden City, N.Y.: Doubleday, 1978), pp.292-293.

14) 전후 프랑스 국가 정책의 핵심은 독일을 봉쇄하는 것과 경제 성장을 도모하는 것이었다.

모네(Jean Monnet: 1888~1979)

프랑스 경제학자, 정치가이자 "유럽의 아버지". 제1차 세계대전 중에 프랑스-영국의 전쟁 물자를 공급하는 직업에 종사하였고, 이후에는 국제연맹의 사무총장으로 임명되었다. 제2차 세계대전 동안에 그는 미국에서 전쟁 물자를 구입하는 영국 세출 위원회(British Supply Council)의 고관으로 활동하였고, 1943년에 프랑스 국가해방위원회(Committee of National Liberation) 형성에 기여하였다. 1946년 드골의 후원으로, 모네는 프랑스 경제를 재건하는 5개년 투자와 현대화 계획을 출범시켰다. 1950년에는 프랑스 외상인 슈망(Robert Schuman)과 함께 유럽 석탄철강공동체와 유럽경제공동체(EEC: European Economic Community)를 연이어 발전시키기 위한 슈망 계획을 실행하였다. 모네는 1952년부터 1955까지 ECSC 고등 관청(High Authority)의 의장을 역임했고, 유럽 통일의 목적으로 정당과 노조 지도자들을 회합하기 위해 '유럽 합중국을 위한 행동 위원회(ACUSE: Action Committee for the United States of Europe)'를 설립하였다.

모네는 효과적인 경제계획은 단일국가가 계획을 세우는 범주를 넘어서야 한다고 생각하였다. 정부간기구보다는 초국가기구를 건설해야 한다고 생각한 것이다.

슈망은 모네, 그리고 서독의 아데나우어(Konrad Adenauer) 수상과 회담 후 1950년 5월 9일 슈망 선언(Schuman Declaration)을 발표하였다. 이 선언은 유럽이 즉시 그리고 단일 계획에 따라 건설될 수 있는 것이 아니며, 구체적 계획을 통하여 이룩되는 것이라고 하였다.

> 유럽 국가들이 결속하기 위해서는 프랑스와 독일의 해묵은 갈등을 해소시키는 것이 필요하다. …… 이러한 목표하에 프랑스 정부는 즉각적으로 제한되지만 결정적인 활동을 취해야 한다는 제의를 한다. 프랑스와 독일의 석탄과 철 생산 전체가 공동고위권위체(Common High Authority)하에 놓여야 한다. 이 조직의 틀은 유럽의 다른 국가들이 참여하도록 개방되어야 한다.[15]

15) Robert Schuman, "Declatation of 9 May 1950," in David Weigall and Peter Stirk (eds.), *The Origins and Development of the European Community* (Leicester: Leicester University Press, 1992), pp.58-59.

슈망은 이는 '유럽 연방의 첫 단계'가 될 것이고, 프랑스와 독일 간의 전쟁을 상상할 수 없게 할뿐더러 물질적으로 불가능하게 할 것이라고 강조하였다. 1945년 이래 프랑스 외교 정책의 주요 부분은 독일을 약화시키고 프랑스 하에 종속시키는 것이었다. 그러나 이 전략은 1948년 서독 국가 수립 결정과 함께 끝나고 말았다. 이러한 상황에서 제시된 슈망 계획은 독일에 대하여 프랑스의 영향력을 행사할 수 있는 방안으로 선택된 것이었다.[16)]

슈망의 제안은 프랑스가 과거의 경쟁을 끝내고 새로운 유럽의 평화를 건설하는 새로운 초국가기구를 설립하기 위하여 국가주권의 일부를 희생할 각오를 하는 혁명적인 제안이었다. 슈망 계획은 별로 새롭거나 특이하지 못하였다는 평을 받기도 하였다. 왜냐하면 경제연합은 당시 빈번하게 논의되는 내용이었고, 실제로 베네룩스에서 경험을 하고 있었기 때문이었다.

이 제안에 열성적 태도를 보인 나라는 별로 없었다. 단지 네 나라, 이탈리아와 베네룩스 3국만이 호응을 보였다. 이탈리아는 유럽 중추국으로서의 체면과 경제적 · 정치적 안정을 목적으로 유럽통합에 참여하였다. 이탈리아는 다른 서유럽국가들과 친밀한 관계를 맺어야 할 많은 이유를 가지고 있었다. 첫째, 20년 이상의 파시스트 지배 이후 유럽통합은 새로운 출발의 전망과 발전의 기반을 제공했다. 둘째, 프랑스에서처럼 1947년 5월 공산당이 정부구성에서 제외되었고, 그 후 수년 동안 내부 혁명이 동요될 것처럼 보였다. 다른 서유럽국가 정부들의 명백한 반공노선은 이탈리아의 불안한 기민당 집권정부에게는 안정된 것처럼 보였다. 셋째, 이탈리아는 실업과 인플레이션, 수지 불균형, 통화 불안정 그리고 남부의 빈곤이라는 경제적 난관에 봉착했다. 새로운 시장 개척과 경제성장을 가능하게 할 거의 대부분의 계획들은 환영받았다.[17)]

베네룩스 국가들은 작고 침략받을 가능성이 높았기 때문에 — 실제로 그들은 독일의 침략을 두 번 받았다 — 슈망의 아이디어에 적극적이었다. 베네룩스 국가들은 국가간 협력 체제에 참여하는 것이 세계문제에 발언권을 가지는 유일한 방법이고, 그들의 안보는 보다 큰 단위의 부분이라 생각하였다. 작은 규모의 국

16) Derek W. Urwin, *A Political History of Western Europe Since 1945*, 5th ed., p.83.
17) Neill Nugent, *The Government and Politics of the European Union*, 5th ed., p.23.

베네룩스(Benelux)

1946년 제2차 세계대전 이후 경제 회복을 촉진시키기 위해 벨기에, 룩셈부르크, 네덜란드는 베네룩스 경제 연합으로 알려진 공동체 조약을 체결하였다. 사실 이 조약은 현존하고 있는 제도의 공식적인 인정이었다. 이 세 국가 간의 관세동맹 계획은 1944년에 작성되었고, 1948년 시행되었다. 1956년까지 이 국가들 간의 모든 무역은 비관세였다. 베네룩스 연합은 회원국 간의 사람, 상품, 서비스, 자본 이동을 자유롭게 하였고, 국가 경제정책의 협력, 역외국에 대한 공동 무역 정책을 실시하였다. 베네룩스 모델은 1958년에 설립된 유럽 경제공동체에 강력하게 영향을 끼쳤다.

가들인 베네룩스 국가들은 주변의 강대국인 프랑스 및 독일과 우호적인 관계를 유지하여야 했고, 따라서 베네룩스 중 어느 한 국가도 독일-프랑스의 경제통합 주도를 무시할 만큼 강한 입지를 보유하고 있지 않았다. 1921년에 경제연합을 이룬 벨기에와 룩셈부르크는 1944년 네덜란드와 베네룩스 관세동맹을 결성하기로 합의하였다. 실제로 1948년에 관세동맹이 실현되어 3국간 거래에 대한 관세를 철폐하고 대외관세를 통일하였다.[18)]

다른 유럽 국가들은 여러 가지 다른 이유로 슈망이 제의한 권위체에 불참하였다. 동유럽 국가들은 냉전으로 인하여 제외되었고, 독재국이었던 스페인, 포르투갈은 국제협력에 무관심했으며, 덴마크, 노르웨이는 독일 점령의 기억이 너무 생생하여 참여하지 않았으며, 오스트리아, 스웨덴, 핀란드는 중립국으로 남기를 희망했다. 대체로 스칸디나비아 국가들은 초국가주의적 접근에 반대 태도를 보이고 있었다. 아일랜드는 농업국가로 영국에 경제적으로 예속되어 있었고, 영국은 유럽 밖에 남기를 원하였으며, 서유럽에 철강을 소량인 연간 4~6%만을 수출하고 있었다. 새 노동당 정부는 석탄과 철강 산업을 국유화하였고 슈망이 제안한 구속적인 초국가주의 성격을 선호하지 않았다.[19)]

18) Desmond Dinan, *Europe Recast: A History of European Union* (London: Lynne Rienner Publishers, 2004), p.27.

19) John McCormick, *The European Union: Politics and Policies*, 2nd ed. (Colorado: Westview Press, 2000), p.48.

2) 파리조약 체결과 ECSC의 설립

약 1년간의 협상을 거친 끝에 1951년 4월 18일 6개국은 파리조약(유럽석탄철강공동체 설립에 관한 조약)에 서명하고, 유럽석탄철강공동체(ECSC: European Coal and Steel Community)를 결성하였다. 이 공동체는 1951년 8월 10일 정식으로 발족하였고, 임시본부를 룩셈부르크에 두었다.[20] ECSC는 "공동시장, 공동목표, 공동기구"에 기초하여 운용되도록 하였으며, 가입국들은 이 기구의 "초국가적 성격"을 무조건 수용하였다.[21]

ECSC 조약은 두 가지 원칙에서 새로운 근거를 마련했다. 첫째, 매우 의욕적인 정책목표들을 통해 자유무역지대를 만들었을 뿐 아니라, 또한 석탄, 코크스, 철강, 철광석과 같이 어떤 산업사회에서도 기본적으로 필요한 자원들의 공동시장의 기반을 만들었다. 모든 회원국들에게 공급을 보장하고, 생산의 확대와 현대화를 이룩하게 하여 산업현장의 환경과 삶을 개선시키는 것이 ECSC의 바람이었다. 둘째, 이것은 최초의 초국가적 특징을 가진 유럽 국가간의 기구였다.[22]

ECSC는 고등관청(High Authority), 특별각료이사회(Special Council of Ministers), 공동의회(Common Assembly)와 재판소(Court of Justice)로 구성되어 종합적인 국제기구의 성격을 가지고 있었다.[23]

각료이사회에 참여하는 정부의 권한은 상당한 제한을 받았는데, 그 이유는 ECSC의 재정은 거의 고등관청에서 책임졌기 때문이다. 고등관청은 석탄과 철강의 생산 현장에서 직접 세금을 징수하였다.[24]

새로운 기구는 각국의 비준을 받아 1952년 8월부터 업무를 시작하였다. ECSC는 아주 작은 첫 걸음에 불과하였지만, 유럽 정부들이 초국가적 기구에 중요한

20) Clive Archer and Fiona Buttler, *The European Community: Structure and Process* (New York: St. Martin's Press, 1992), pp.10-12.

21) ECSC는 설립조약 제97조에 따라 발효 후 50년 동안, 즉 2002년까지 존속토록 되어 있었다.

22) Neill Nugent, *The Government and Politics of the European Union*, 5th ed., p.35.

23) 외무부, 『구주연합의 조직과 운영』(1995), p.21.

24) Derek W. Urwin, *A Political History of Western Europe since 1945*, 5th ed., p.100.

유럽석탄철강공동체의 주요기구

1. 고등관청(High Authority)은 9명의 추천된 회원으로 구성되며, 각 회원국에서 1명 내지 2명을 추천한다. 위원의 임기는 6년으로, 석탄 · 철강의 자유로운 이동에 방해되는 모든 장벽을 제거하는 일을 한다. ECSC와 관련된 결정에 있어서 완전한 독립성이 부여되고 구속력 있는 결정과 권고를 발표하는 권력을 가진다. 그들은 자국의 대표자로 행동할 수 없고, 단지 ECSC의 공동이익만을 대표할 뿐이다. 모네가 첫 번째 의장이었다.
2. 특별각료이사회(Special Council of Minister)는 각 회원국의 관련 장관으로 구성된다. 이사회는 거대 3국의 권한을 우려하는 베네룩스 국가들의 요구로 설치되었는데, 고등관청의 권한과 균형을 이루고, 독일과 프랑스가 지나치게 많은 권한을 가지는 것을 방지하고, 회원국의 이익을 대표하기 위해 고안되었다.
3. 공동의회(Common Assembly)는 각국 의회에서 선출된 78명의 의원으로 구성되었다. 그 수는 인구비례에 따라 배분되었는데 거대 3국으로부터 각 18명, 벨기에, 네덜란드에서 10명, 룩셈부르크에서 4명을 뽑았다. 의회는 유럽에서 법이 보장하는 권한을 가진 첫 국제의회이다.
4. 사법재판소(Court of Justice)는 7명의 판사 즉 각 국가에서 1명씩 뽑고 그리고 7번째는 임시로 놔두었다. 재판소의 임무는 국가나 국가의 산업체로부터 불평이 있을 경우 국가와 고등관청의 법적 결정 사이의 분쟁을 해결하는 것이었다. 이 외에도 회원국 사이의, 공동체 조직 사이의, 회원국과 공동체 조직 사이의 마찰을 해결하였다.

   6개국이 ECSC를 단일 위치에 설치하는 것에 합의하지 못하여, 고등관청, 이사회, 재판소는 잠정적으로 룩셈부르크에 위치하였고, 의회는 프랑스의 스트라스부르그(Strasbourg)에 설치하였다.

권한을 할양한 첫 번째 사례였다. 국내적인 반대가 있었으나 베네룩스 관세동맹의 경험 덕분으로 설립작업을 쉽게 진척시킬 수 있었다.

ECSC는 경제적으로 성공하였다고 인정받았다. ECSC의 즉각적인 목표는 여기에 참가하는 6개국 사이의 석탄과 철강의 판매에 있어 관세장벽을 제거하는 것이었고, 이는 1951년 4월의 파리조약이 과도기간으로 설정한 1958년까지 6개국간의 철강과 석탄 무역을 급증시키는 등 경제 자유주의 측면에서 상당한 효율성을 보였다. 이 기간 동안 6개국간의 철강 무역은 151%, 석탄은 21%, 그리고 철광석 무역은 25% 증가하였다.[25] 1950년대 GDP 실질성장률은 독일 7.8%, 이탈리아 6.4%, 프랑스와 네덜란드 4.5%, 영국 2.6%를 기록하였다.[26]

6개국 사이의 관세와 쿼터는 폐지되었고, 무역에 있어서 비관세장벽의 제거라는 진보를 이룩했다. 또한 산업이 재구성되었고, 회원국들의 정치인들과 공무원들은 서로 함께 일하는 것에 익숙해지게 되었다. 무엇보다도, 생산량과 정부간 무역이 증가하였다. 많은 경제학자들이 이 증가가 ECSC로 인한 것인지에 의문을 갖고 있었음에도 불구하고 급속히 증가하였다.[27] 결국 ECSC는 목표의 많은 부분, 특히 석탄과 철강의 단일시장을 성취하지는 못하였지만, 통합을 위한 길을 개척하였다는 평가를 받고 있다.

이론적 측면에서 ECSC는 신기능주의의 주요연구 대상이었다. '부분 통합의 확대된 논리' 를 포함한다고 주장한 하스(Ernst Haas)는 이 원리의 기원을 ECSC에서 찾았다. ECSC는 부분적으로 프랑스-독일의 협력을 고무하기 위한 기대와 같은 단기적 목표를 성취하기 위하여 설립되었으나, 정치 통합으로 인도하기 위한 과정의 첫 번째 단계로 인식되었다. 하스는 파급효과의 과정은 자동적인 것이 아니라고 주장하여 초기에는 매우 적은 사람만이 ECSC 아이디어를 강하게 지지하였음을 발견하였다. 그러나 몇 년 후 노동조합과 정당들이 더욱 열성적으로 되었는데, 그 이유는 그들이 이를 통하여 이득을 챙길 수 있었고 다른 분야에의 통합에 대한 압력이 증대되었기 때문이었다.

어윈(Derek Urwin)은 ECSC의 분야별 접근은 별로 바람직하지 않다고 주장했는데, 그 이유는 "복잡한 산업 경제의 한 부분만의 통합을 추진하는 데 있어 다른 경제 분야로부터 분리하여 목표를 추구하는 것은 불가능하기 때문"이라고 했다. 이러한 이유로 ECSC가 창설된 지 채 6년도 지나지 않아 회원국들이 EEC와 같은 확대된 경제 통합을 추진하는 합의를 하게 되었다.[28]

어떤 면에서 ECSC는 기민당(Christian Democrats)의 업적이었다. 조약에 서명한 6개국 장관들이 모두 기민당 소속이었기 때문이다. 어쨌든 ECSC의 창설은 유럽연합으로의 중요한 첫 걸음을 의미했다. 그것은 단순한 자문기구나 정부간

25) Philip Thody, *Europe since 1945* (London and New York: Routledge, 2000), p.170.

26) 팀 블래닝 편, 김덕호 · 이명식 역, 『옥스퍼드 유럽현대사』(서울: 한울 아카데미, 2003), p.266.

27) Neill Nugent, *The Government and Politics of the European Union*, 5th ed., pp.37-38.

28) John McCormick, *The European Union: Politics and Policies*, 2nd ed., p.17.

기구 이상으로의 이행이었다. 모네는 이것은 유럽 탄생의 첫 번째 표현이라며 환영했다. 이는 미래 서유럽의 분열이라는 논쟁의 여지를 남김과 동시에 결과적으로 유럽공동체의 탄생을 야기할 수 있는 여파를 남겼다.

3) 유럽방위공동체와 정치공동체의 설립 추진과 실패

ECSC는 경제 면에서 제한적인 성공을 거두었지만 통합주의자들은 더욱 더 규모가 크고, 더 야심차며, 한편으로는 성급했던 두 가지 실험에서 참담한 실패를 경험하였다. 첫째는 유럽방위공동체(EDC: European Defence Community)의 설립시도였다. 이 기구는 방어에 대한 서유럽 국가들의 협력을 증진하고 동시에 유럽 방어 체제에 서독을 포함시켜 구속하기 위한 목적을 가지고 추진되었다.

독일의 아데나우어(Konrad Adenauer) 수상이 1949년 처음으로 이 아이디어를 제시하였고, 1950년 6월 25일 한국전쟁 발발 이후 미국이 서독을 재무장하려는 계획을 발표함에 따라 급진전되었다. EDC는 1950년 8월 영국 처칠 수상의 통합유럽 방위군 창설 제의와 그해 10월 플레방(Rene Pleven) 프랑스 수상의 유럽방위공동체 창설 제의를 모멘텀으로 삼아 더욱 강력히 추진되었다. 국회에서 플레방은 프랑스 정부가 "우리의 공동방어를 위하여 단일 유럽의 정치제도하에 유럽군(European Army)의 창설을 제안"한다고 선언하였다.[29)]

모네(Jean Monnet)는 독일 재무장에 대하여 민감한 관심을 가지고 이를 약화시키기 위하여 EDC 계획의 초안을 만들었다. 이 초안은 공동 방위를 기본틀로 하고 통합된 유럽의 정치기구에 속하는 유럽 군대를 창설하고 유럽 국방장관을 임명하는 것을 골자로 하였다. 1952년 2월 프랑스, 서독, 이탈리아, 벨기에, 룩셈부르크 등 5개국이 수차례의 회동을 거쳐 단일 지휘권하의 통합 방위군 보유, 모든 회원국에 동등한 권리 부여, 외부 무력침공에 대한 모든 회원국의 공동 대응을 원칙으로 하는 '유럽방위공동체 창설 계획안'을 합의 · 발표하였다. ECSC의 6개 회원국이 1952년 5월 EDC 조약 초안에 서명하였다. EDC의 제도적 구조

29) A. G. Harryvan and J. der Harst, *Documents on European Union* (Basingstoke: Macmillan, 1997).

유럽방위공동체(EDC: European Defence Community)

제2차 세계대전 직후 공동 군대 및 공동 유럽정치기구인 유럽정치공동체(EPC)와 함께 서유럽방어조직으로서 유럽방위공동체를 창설하려는 시도가 있었다. 이 계획은 1950년 10월 24일 유럽에서 소련의 재래식 전력의 우위가 주는 위협을 대처하기 위하여 프랑스 수상인 플레방(Rene Pleven)에 의해 제안되었다. EDC는 1952년 파리에서 벨기에, 프랑스, 이탈리아, 룩셈부르크, 네덜란드, 서독이 조인한 조약에 의해 시작되었다. 영국은 EDC를 지지하였으나 유럽 외부지역에 개입하여야 할지 모른다는 우려로 가입을 거부하였다. 또한 덴마크와 노르웨이도 이 프로젝트에 반대하였다. 그러자 당시 서유럽 지도자들은 완전한 정치적 · 방어적 통합의 필요에 대하여 덜 확신하게 되었고, 공동군대의 창설에 대한 대립으로 EDC의 발전이 더디게 되었다. EDC의 설립작업은 프랑스 국회가 1954년 8월 파리조약 비준을 거부함으로써 중단되었다. 당시 유럽에서 소련의 위협이 감소하기 시작하였다. 스탈린이 사망하였고, 한국전쟁이 끝났으며, 소련이 그들의 위성국 통치를 공고화하는 것에 만족하는 것처럼 보였다. 1955년 대다수 유럽 국가들은 EDC보다 덜 통합된 방위협력 기구인 서유럽동맹(WEU: Western European Union)을 형성하였다. 서독 군사력은 NATO로 편입되었다.

는 ECSC의 구조와 유사하게 연합방위위원회, 각료이사회, 자문의회와 법원을 설치하였다.

유럽에는 이미 북대서양조약기구가 존재하고 있었기 때문에 양 제도의 관계를 설정할 필요가 있었다. 이에 따라 양자간의 상호관계와 관련해 다음과 같은 합의가 이루어졌다. 첫째, 어느 한 회원국의 요청시 양 기구는 공동회담을 통해 긴밀하게 협조한다. 둘째, 브뤼셀 조약에 이미 약정된 한 회원국에 대한 외부 침략시 자동적으로 상호원조한다는 조항을 서독과 이탈리아를 포함한 유럽방위공동체 가맹국들로 확대한다.

야심차게 시작한 EDC는 각 국가의 비준을 받는 과정에서, 특히 프랑스와 이탈리아에서 문제가 생겼다. 세계평화와 안보를 위태롭게 하던 한국전쟁과 인도차이나 전쟁의 종전 이후 프랑스의 분위기는 EDC 구상이 처음 제기되었던 1950년 전쟁 발발 직후의 상황과는 거리가 있었다. 세계대전의 발발 가능성에 대한 공포가 사라지자 유럽방위공동체에 반대하는 프랑스인들이 늘어난 것이다. 국내정치적으로 1953년에 들어 국민주권을 강조하는 국민연합이 최대 의석을 장

악하게 된 것도 유럽방위공동체 조약의 비준을 불가능하게 하였다.[30)]

또한 프랑스인들은 전쟁이 끝나고 얼마 지나지도 않았는데 독일이 재무장하는 데 대하여 불안한 태도를 보였고, 독일군에 대한 통제를 포기하려 하지 않았으며, 통합군의 효율성에 대한 의문도 가지고 있었다. 더욱이 아직 유럽에서 막강한 군사력을 보유하고 있던 영국이 포함되지 않는 것은 의미가 없다는 생각을 가지고 있었다. 또한 아데나우어는 공동외교정책이 없는 공동군사정책은 작동하지 않을 것이라고 주장하였다. 결국 1954년 8월 프랑스 의회가 찬성 264, 반대 319, 기권 43으로 비준을 거부함에 따라 유럽의 집단안보를 목적으로 한 EDC는 설립되지 못하고 실패로 돌아갔다. 한국전쟁 종식과 스탈린 사망 이후 EDC의 필요성은 처음 제의될 때보다 많이 줄어들어 있었다.[31)]

유럽방위공동체 설립의 실패는 서유럽방위체제를 위한 계획을 수포로 돌아가게 했음은 물론 더욱 통합된 유럽을 위한 바람과 야망을 좌절시켰다. 미국은 서유럽방어의 개념이 서독의 기여에 기초하여야 한다는 생각을 가지고 있었다. EDC에 관한 다른 대안이 탐색되어야만 했다. 그러한 탐색은 매우 간단했다. 다른 모든 방안이 실패한다면, 영국의 주장대로 서유럽은 영국과 EDC를 제안했던 4개국에 의해 서명된 방위조약인 1948년 브뤼셀 조약으로 돌아가는 것이었다.

영국은 처음부터 몇 가지 이유로 EDC 제안을 거절했다. 대서양 공동체의 넓은 의미를 고려할 때, EDC는 NATO 내의 성공적인 통합을 거스르게 될 것이라고 느꼈다. 영국은 또한 제안과 실행 사이의 시간 격차가 독일의 안보적 기여의 즉각적 필요성을 충족시키지 못할 것이라고 주장하였다. 더욱 중요한 것은 영국이 연방주의 유럽의 압력을 받고 있고, 미국이 책임감을 경감하려고 하기 때문에 영국이 유럽방위의 책임을 져야 할지도 모른다는 의혹을 가지고 있었다.[32)]

요컨대 EDC개념은 실질적으로 이루어질 것이라는 희망을 가지기에는 너무나 이상적이었다. 유럽통합과 관련하여 EDC는 역설적인 존재였다. 이상적으로, 방위와 관련한 민감한 부분은 통합경험과 상호 신뢰의 확실한 배경을 필요로 하

30) 김명섭, 『대서양 문명사: 팽창 · 침탈 · 헤게모니』(서울: 한길사, 2001), pp.633, 635.

31) Derek W. Urwin, *Community of Europe*, 2nd ed. (Harlow, Essex: Longman, 1995), p.130.

32) Derek W. Urwin, *A Political History of Western Europe since 1945*, 5th ed., pp.94-95.

며, 각 국가의 주권을 포기하는 최후의 분야 중 하나이다. 현실적으로 EDC는 슈망과 모네에 의해 구상되어진 일련의 공동체 중 나중에 제의되었어야 했다. EDC의 실패가 유럽통합의 진전에 부정적 영향을 준 것은 부정할 수 없는 사실이었다.

EDC 계획이 실패함에 따라 대안적이고 전체적으로 덜 부담이 되는 접근법으로 서유럽 방어에 대한 서독의 공헌이라는 아직까지 미결된 문제가 집중 논의되었다. 이것은 1948년 베네룩스 3국과 프랑스와 영국이 경제, 사회, 문화, 집단방위의 협력을 위해 조인한 브뤼셀 조약의 재생과 확장이라는 형식을 취한 것이었다. 1954년 가을 런던에서 열린 회의에서 독일과 이탈리아는 브뤼셀 조약에 가입하기로 했고, 7개국 모두는 새로운 조약에 의해 서유럽동맹(WEU: Western European Union)을 설치하는 데 동의하였다. WEU는 1955년 5월에 느슨한 조직을 가진, 주로 방위에 관련된 협의기구로 탄생하였으며, 무엇보다도 그동안 여러 방식의 제한을 받아 온 서독의 재무장을 허용하였다.[33)]

WEU의 성공과 동시에 EDC의 실패는 통합주의자들의 제안이 너무 빠르게 진행된 나머지 어려움이 있었다는 점을 드러냈다. 특히 준연방주의자들의 접근은 정치적으로 민감한 영역들에서 저항에 직면할 것으로 보였다. 그러나 동시에 EDC와 같은 야심찬 계획이 거의 채택될 수 있었던 점은 그러한 시도가 성공할 수도 있다는 점을 보여주었는데, 특히 경제통합을 통하여 정치통합을 이룰 수 있다는 슈망의 견해에 기초한다면 더욱 성공의 가능성이 높은 것으로 인식되었다.

서유럽동맹은 프랑스와 독일을 공동방위체계로 묶어냄으로써 유럽방위공동체 조약의 유산이 낳은 공백을 메우는 한편, 미국과 영국의 유럽 방위 개입을 제도화했다. 서유럽동맹은 무엇보다 나토와의 연계를 통해 서독을 서방진영에 결속시키는 데에 기여했지만, 나토에 대한 보조기구라는 비판을 면할 수 없었던 것 또한 사실이다. 무엇보다도 모든 병력은 나토사령관의 휘하에 있었던 것이다. 따라서 서유럽동맹은 유럽방위공동체가 성공했을 경우 기대할 수 있었던 유럽연방으로의 길을 열어 주기에는 미흡한 존재였다. 공동방위와 전략 문제는 거

33) Neill Nugent, *The Government and Politics of the European Union*, 5th ed., p.39.

의 북대서양조약기구 이사회에서 논의되었으며, 고유의 공동방위군과 통수권도 없는 서유럽동맹은 북대서양조약기구의 서유럽 산하기구 정도에 지나지 않았던 것이다. 대서양 중심적 범유럽주의의 표현으로서 서유럽동맹의 출현은 범유럽주의가 냉전의 틀 안에 제한되었음을 의미했다. 한편 서유럽동맹에 부여되었던 사회적 · 문화적 연대를 위한 노력 또한 유럽회의(Council of Europe)가 담당하였다.[34]

두 번째 실패 경험은 유럽정치공동체(EPC: European Political Community)였는데, 이는 유럽 연방을 창설하기 위한 첫 번째 시도였다. 1953년에 완성된 계획 초안에는 주요기구인 유럽집행이사회(European Executive Council), 각료이사회(Council of Ministers), 법원(Court of Justice), 직선 의회(Popularly Elected Parliament)가 포함되었다. 궁극적 권한은 국가이익을 대변하는 집행이사회(Executive Council)에 부여하였다. EPC는 성격상 연방보다는 연합에 가까웠다. EDC의 실패와 함께 EPC에 대한 희망도 당분간 포기되었다. 이러한 두 가지의 실패는 ECSC에도 부정적 영향을 미쳤다. 1955년 결국 모네는 고등관청의 장에서 탈퇴하였다.

3. 유럽 경제통합의 전개

ECSC가 기대했던 만큼의 괄목할 만한 발전을 하지 못하자, 유럽인들은 통합의 실질적인 계기를 만들기 위하여 다른 무엇이 필요하다는 데에 공감하였다. 슈망의 원래 구상은 정치 연합이 경제 통합을 통해 이루어진다는 것이었고, 비록 ECSC의 6개 회원국은 석탄과 철이 유용한 시험대였다는 데 동의하였지만, 이 두 분야만을 따로 독립시켜 추진하는 것이 어렵다는 것을 점차 인식하기 시작하였다. 결국 통합의 폭이 확대되기 시작하였다.

34) 김명섭, 『대서양 문명사: 팽창 · 침탈 · 헤게모니』(서울: 한길사, 2001), p.639.

1) 유럽경제공동체(EEC)와 유럽원자력공동체(Euratom)의 설립

1950년대 중반 들어 유럽통합의 발전은 대체로 베네룩스 3국에 의하여 주도되었다. 1955년 프랑스는 알제리 문제에 너무 휩쓸려서 다른 어떠한 것도 할 수 없었다. 이탈리아는 정치적 불안정이 심하여 주도를 하기가 어려운 상황이었다. 결과적으로 벨기에, 네덜란드, 룩셈부르크 등이 유럽통합을 적극적으로 추진하기에 유리한 위치에 있었다. 1955년 4월 베네룩스 메모랜덤이 발표되었는데, 그 주요내용은 유럽의 통합이 이루어지기 위해서는 경제통합이 선행되어야 하며, 이를 위해 공동시장 형성을 통한 경제 공동체를 조속히 설립해야 한다는 것이었다. 다시 말해서 ECSC 회원국들은 모든 물자를 교역하기 위한 공동시장을 건설하여야 한다는 주장이었다. 구체적으로 그들이 원했던 방향은 공동 제도, 각국 경제의 점진적 연합, 공동시장의 창출, 사회 정책의 진보적인 조화 등이었다. 이는 1955년 6월 벨기에의 스팍(Paul-Henri Spaak) 외교장관을 의장으로 하고 벨기에, 프랑스, 이탈리아, 네덜란드, 룩셈부르크, 서독 외교장관이 참석한 회의를 시실리섬 남부의 메시나(Messina)에서 개최하는 동인이 되었다.[35)]

경제통합을 제시한 베네룩스 메모랜덤을 논의하기 위해 개최되었던 메시나 회의에 참석한 회원국 외무장관들은 더 나은 유럽의 건설로 한 발자국 더 나갈 수 있는 기회가 왔다고 믿었다. 그들은 이 단계가 무엇보다도 경제 분야에서 이루어져야 하고, 특히 공동제도의 발전, 국가경제의 점진적 통합, 공동시장의 건설과 사회정책의 점진적 조화에 의한 유럽통합의 진전이 이루어져야 한다고 생각했다. 세계에서 유럽의 지위가 유지되고, 영향력이 복구되며, 국민들의 생활수준이 점차 향상된다면 그러한 정책은 불가결한 것으로 보였다. 메시나에서 외무장관들은 핵 에너지와 공동시장을 건설하기 위한 정부간 위원회를 설치하기로 최종 합의하였다.[36)]

메시나 결의안에 따라 정부대표자들과 전문가들로 구성된 위원회가 벨기에

---

35) Philip Thody, *Europe since 1945* (London and New York: Routledge, 2000), pp.170-171.

36) Desmond Dinan, *Europe Recast: A History of European Union* (Boulder: Lynne Rienner Publishers, 2004), pp.66-69; T. Salmon and W. Nicoll, *Building European Union: A Documentary History and Analysis* (Manchester: Manchester University Press, 1997).

외무장관 스팍(Paul-Henri Spaak)을 위원장으로 하여 설립되었다. 영국도 초대되어 1955년까지 참여했으나, 제한된 발전을 희망하고 느슨한 자유 무역지대의 설치를 원하던 영국은 6개국이 이를 수락하지 않는 것이 분명해지자 탈퇴하였다. ECSC회원국 외무장관들은 유럽의 아이디어를 "재시도(relaunch)"할 때라는 결의를 함과 동시에 두 가지 공동체 조직을 준비하였다. 하나는 교역 및 다른 경제활동을 위한 것이었고, 다른 하나는 핵에너지 산업을 위한 것이었다. 1955년 7월부터 12월까지 스팍 위원회에서는 이 공동체들에 대한 토론을 하였는데, 6개국은 대체로 상호간의 무역제한을 철폐하고, 회원국 이외의 국가들과의 관세를 통일하는 공동시장의 설립을 원하였다. 관세연합 이외에 재정 · 경제 · 사회정책의 협력과 함께, 역내 빈곤지역, 특히 남부 이탈리아에 대한 지원을 협의하였다. 1956년 4월 스팍 보고서가 ECSC회원국 정부에 제출되었다. 이 보고서는 유럽경제공동체(EEC: European Economic Community) 및 유럽원자력공동체(Euratom: European Atomic Energy Community) 창설과 함께 다른 서유럽 국가들과의 긴밀한 협력관계 유지도 건의하였다.[37)]

로마조약의 체결

EEC와 Euratom의 창설은 1957년 3월 25일 체결되었고 1958년 1월 1일 효력을 발생한 로마조약과 함께 공식화되었다. 로마조약은 이 두 기구의 창설 이외에도 단일시장의 형성과 회원국들 간의 관세동맹을 향후 유럽통합을 위한 주요 목적으로 제시하였다. 관세동맹은 관세장벽과 기타 무역의 장애물을 제거하는 동시에 비회원국에 대한 공동무역정책 수립을 주요 내용으로 하였다. 공동시장은 관세동맹의 개념을 발전시켜, 관세동맹이 포괄하는 상품과 서비스에 더하여 노동과 자본 등 주요 생산요소의 자유이동을 허용하는 공동규약을 마련하는 것이었다. 나중에 스팍은 로마조약은 경제 협력보다는 정치적 연합을 위한 새로운 단계의 목적으로 이루어진 것이라고 하였다.[38)] 로마조약의 핵심 포인트는 물자 · 인력 · 서비스와 자본의 자유로운 이동, 관세동맹과 공동 외부 관세, 다양한

37) Clive Archer and Fiona Butler, *The European Community: Structure and Process* (New York: St. Martin's Press), p.14.

38) Derek W. Urwin, *Community of Europe*, 2nd ed., p.130.

공동체 정책들(예를 들면 공동 농업 정책, 교통), 공동 제도에 의한 감독, 각료이사회 · 집행위원회 · 의회의 설치 등이 포함되었다.

1958년 1월 1일 ECSC참가국 6개국은 로마조약을 기반으로 하여 EEC와 Euratom을 정식으로 발족시켰다. EEC의 목표는 공동시장 완성을 위한 상품, 노동 및 자본의 자유이동 확보 및 역내관세의 철폐와 역외관세율의 통일이었다. 이를 통한 공동시장은 12년 이내에 설립하기로 되어 있었다. 이 외에도 공동 농업 및 교통 정책, 유럽사회기금(European Social Fund)과 유럽투자은행(European Investment Bank)의 설립이 추진되었다.

EEC조약의 사회와 농업 정책과 같은 주제들의 포함은 6개국, 특히 두 강대국인 프랑스와 서독의 연속된 타협을 반영했다. 프랑스는 관세동맹에 의한 시장개방으로 독일이 가장 큰 혜택을 받을지도 모른다는 점을 두려워했고, 따라서 다른 분야에서의 보상을 모색하였다. 프랑스의 농부들은 역사적으로 외국 경쟁자들로부터 잘 보호되어 있었고, 프랑스 인구의 5분의 1이 여전히 농업을 통해 생계를 유지하고 있었다. 핵에너지 공동체의 경우도 프랑스를 독립적일 수 있도록 보장해 줄 것이기 때문에 적극적으로 추진되었다.

유럽원자력공동체(Euratom)의 목적은 공동 에너지 시장의 창설, 핵연료의 균형공급 보장, 핵에너지의 안전 및 인간과 환경의 보호를 위한 특별계획의 추진이었다. 드골(Chales de Gaulle)은 Euratom이 프랑스의 핵무기 개발 정책을 방해할 가능성이 있기 때문에 Euratom은 주로 연구에 초점을 맞추어야 한다는 점을 분명히 하였다. 서독과 이탈리아가 독자적인 핵 프로그램을 시작하자 Euratom에 대한 기금은 크게 삭감되었고, 이에 따라 Euratom은 통합 과정에서 미미한 존재가 되었다. EEC와 Euratom은 의회(Assembly)와 사법재판소(Court of Justice)를 서로 공유하고 별도의 이사회(Council)와 집행위원회(Commission)를 각각 유지하는 별도의 공동체였다.

20세기에 들어 오랜 기간 유럽 내부에서 전쟁이 있었던 점을 감안하면 6개국이 ECSC, EEC와 Euratom하에 통합되었다는 것은 가히 혁명적인 성공이라 할 수 있다. 유럽의 연방주의자들은 관세동맹이 높은 경제 성장과 생활 수준의 향상을 가져다 줄 것으로 기대하였다. 왜냐하면 그들은 관세동맹을 통해 건전한 경쟁 체제가 뿌리를 내리고 대량 생산이 가능해질 것으로 생각하였기 때문이다.

그리고 이 과정에서 의사 결정권이 각 국가의 정부로부터 유럽의 초국가기구로 옮겨질 것으로 생각하였다.

로마조약 이후 첫 5년 동안 6개국의 GDP가 27% 증가하였는데, 이는 미국의 18%, 영국의 14%와 비교해 볼 때 급상승한 것으로 평가된다. 1965년까지 6개국간 무역은 100%까지 증가하였다.[39] 그러나 이러한 가시적인 성공에도 불구하고 내부 갈등도 상당히 존재했다. 모네는 "유럽은 위기(crises)들을 통하여 건설될 것"이라고 할 정도였다.[40] 문제의 근원은 정치 연합을 향한 드골 계획의 실패로 거슬러 올라가는데, 당시 상황은 1963년 영국의 가입을 거부한 드골의 "오만한(imperious)" 태도 때문에 더욱 악화되었다. 드골은 로마조약의 초국가적 요소를 제거하고 공동체를 프랑스가 지배하게 하려고 시도하였다. 이와 같이 많은 문제가 있었지만 이룩한 것들도 많았다.[41]

EEC 조직은 정치 통합을 꿈꾸어 왔던 통합주의자들의 기대와 달리 정부간 성격을 보다 명확히 하였다. 특히 각료이사회에 막강한 권한이 부여되었고, 더구나 중요한 결정은 만장일치로 이루어지게 하였다. 그러나 다수결 결정이 점차 늘어가고, 의회가 직선되면서 초국가주의의 성격은 점차 증대되었다. 특히 통합이 성공되어 갈수록 회원국들은 각국의 권한에 대한 관심을 줄이고, EEC 중앙기구의 권한 확대에 대한 기대가 증대되었다.

EEC가 설립된 이후 유럽통합은 다음과 같은 방향으로 발전되었다. 첫째, 공동시장을 건설하기 위한 토대를 구축하였다. 로마조약 제8조는 6개국이 공동시장을 설립하기 위한 장벽을 제거하는 데 단계적으로 12년을 설정하였다. 1968년 EC 회원국들은 공산품 관세를 전면적으로 폐지하고, 공동 관세율이 각국의 대외관세율을 대신하는 내용의 관세동맹을 완성하였다.

둘째, 기구를 단순화하였다. ECSC, EEC, Euratom은 초기부터 공동의회와 사법재판소를 가지고 있었으며, 1965년 4월 합병조약(Merger Treaty)을 체결하여 단일 각료이사회와 단일 집행위원회를 구성하였다. 1967년 7월 6일 EEC, ECSC와 Euratom의 행정조직을 단일조직으로 융합하면서 유럽공동체(EC: European

39) Philip Thody, *Europe since 1945*, p.175.

40) Jean Monnet, *Memoirs* (Garden City, N.Y.: Doubleday, 1978), p.518.

41) Don Cook, *Charles de Gaulle: A Biography* (New York: Putnam, 1983), pp.370-371.

유럽경제공동체의 조직

1. EEC는 고등관청 대신에 9명의 집행위원회(Commission)를 설치하였다. 회원국에 결정을 강요하는 이 기구의 권한은 미약하였고, 주요 임무는 정책을 제안하고 집행을 관리하는 것이었다.
2. 각료이사회는 정책 결정에 있어서 막강한 권한을 가졌으며, 회원국들의 국익을 대표하였다. 6명으로 구성되어 있었지만 17개의 투표권을 보유하였다(프랑스, 독일, 이탈리아 각 4개씩, 벨기에, 네덜란드 2개씩, 룩셈부르크 1개). 일부 결정은 만장일치에 의하여 이루어졌고, 어떤 경우에는 단순 과반수에 의해 결정이 이루어졌다. 또 다른 경우에는 적어도 4개국이 포함된 12표에 의하여 결정하는 가중 다수결(qualified majority)제도를 택하기도 하였다. 이 제도는 거대국가가 약소국가를 투표권으로 지배하는 것을 방지할 목적으로 활용되었다.
3. 의회(Parliamentary Assembly)가 EEC, ECSC와 Euratom의 공동기구로 창설되었다. 142명의 의원이 각 회원국에서 지명되었다. 이 기구는 자문과 제한된 감독 기능을 가졌으나, 입법권은 거의 가지지 못하였다. 이는 1962년 유럽의회(European Parliament)로 개칭되었다.
4. 사법재판소(Court of Justice)는 6년 임기로 재선 가능한 7명의 판사로 구성되었다. 이 기구는 조약을 해석하고 3개의 기구와 회원국이 조약 의무를 충실히 이행하는지를 확인하는 책임을 가졌다.

Communities)로 새로 출범시키는 조약이 브뤼셀에서 체결되었다. 1975년 공식적으로 회원국 정상들 간의 회의체인 유럽이사회(European Council)가 설립되었다. 1979년 EEC는 유럽의회의 직접선거를 도입하였다.

셋째, 쿼터 제한(Quota Restriction)을 제거하고, 자국의 산업을 경쟁으로부터 보호할 수 있게 됨에 따라, 1958년부터 65년 사이에 제3국가들의 교역보다 EEC의 무역은 세 배나 증가하였다. 1972년 EEC 보고서를 보면 연간 생산량이 5.7% 성장하였고, 1인당 수입과 소비가 4.5% 증가하였으며, 경제에 대한 농업의 기여는 반으로 줄어들었다.

넷째, 보건, 안전, 소비자 보호 같은 분야의 기준과 규범도 1960년대와 70년대에 회원국들 간에 조화가 이루어졌다. 1986년 단일유럽의정서(SEA: Single European Act)를 채택함에 따라 모든 EEC 회원국들이 같은 기준을 사용하게 되었다. 노동자들의 자유이동 제한이 해제되었고, 1990년대까지 이어진 확고한 발전이 1960년대와 70년대에 시작되었다.

다섯째, 로마조약의 기본 목적 중의 하나는 공동농업정책(CAP: Common Agricultural Policy)이었다. 목적은 농업 생산물에 대한 단일시장을 완성하고, EEC 농업 생산자들에 대한 농산물의 가격을 보장하는 것이었다. CAP는 초기에 농업 생산과 생산성을 고무시켰으며, 예산의 단일 지출 중에 가장 큰 부분을 차지하여 많은 논쟁을 일으켰다.

여섯째, 6개국은 국제 무역협상을 공동으로 추진하였고, 개별적으로 협상하면 타결이 불가능한 분야에 대하여 공동으로 영향을 미칠 수 있었다. EEC는 1960년대 중반 GATT 협상의 케네디 라운드(Kennedy Round)에서 일체감을 가지고 활동하였다.

2) 경제통합의 심화와 단일시장 완성

1960년대 들어서 유럽통합은 전환기를 맞게 되었다. 특히 유럽인들은 국제통합에 있어서 초국가적 기구에 대한 회의론을 가지게 되었고, 국가이익의 관점을 보다 중요시하게 되었다. 명확한 목적을 가진 초국가기구의 출현은 국가정책을 중시하는 사람들에게 분명한 위협이 되었다. 또한 이러한 방식의 통합의 전개는 외부세계에 대하여 불확실성만 증대시킬 것이라고 우려하였다. 유럽국가들은 통제할 수 없는 불확실성보다는 "확실성, 자체적으로 통제할 수 있는 불확실성, 또는 자기의존(self-reliance)"을 선호하게 되었다. 호프먼(Stanley Hoffman)은 이를 '정치행위의 자율적 영역화' 로 표현하였다.[42)]

1960년대를 지나면서 유럽통합의 성격이 변화한 또 다른 측면은 통합이 지역적인 개념에 의하여 추진되기 시작한 것이다. 1960년대 중반까지는 석탄, 철강 및 핵 에너지 분야의 기능적 통합이 추진되었으나, 1960년대 중반부터는 지역개념의 통합으로 확대되어 EEC에 연계되는 공식적 통합절차가 유럽통합을 지

42) Stanley Hoffman, "The European Process at Atlantic Crosspurpose," *Journal of Common Market Studies*, Vol.3, 1964, pp.86-87; Stanley Hoffman, "Obstinate or Obsolete? The Fate of the Nation State and the Case of Western Europe," *Daedalus*, Vol.95, 1966, pp.865, 882.

배하게 되었다. 이때부터 유럽통합은 기능적 논리보다는 지역의 적용을 더 받게 되었다.[43)]

공동시장이 로마조약의 목표였지만, 유럽통합은 1980년대 초반까지 많은 과제를 안고 있었다. 관세동맹은 이루어졌지만, 사람과 자본의 자유로운 이동에 대한 장벽은 잔존하고 있었다. 그리고 국가별로 상이한 기술, 보건, 품질 기준과 여러 수준의 간접세(특히 부가가치세)가 존재하고 있었다. 유럽은 또한 일본과 미국으로부터의 점증하는 경쟁에 직면하지 않을 수 없었다. 더욱이 인플레이션과 실업 문제가 겹쳐 유럽산업은 세계 시장에서 강한 경쟁력을 가지지 못하였고, 과학자와 기업가들의 협력이 부족하였고, 내부 교역에 장애가 되는 장벽이 남아 있었다. 단일시장을 완성하기 위한 전제 조건은 통화동맹을 하는 것이었는데, 통화동맹은 통일된 이자, 인플레율 조정, 완전한 재정통합을 포함하였다.

단일화폐를 실현하여 통화에 대한 통제를 포기하는 것은 국가 경제에 대한 통제를 포기하는 것과 마찬가지로 간주되었다. 그러나 통화동맹은 실질적인 경제통합 아이디어에 기초가 되는 것이고 정치 통합까지 가는 중요한 단계로 인식되었다. 모네와 스팍(Spaak) 등은 통화동맹이 중요하다고 생각했으나 이 제안은 국가주권의 상실과 관련되어 있었기 때문에 쉽게 진척되기 어려웠다. 단일화폐의 성취는 고정된 환율체계를 필요로 했으나, EEC지도자들은 경제동맹 또는 화폐동맹 중 어느 것이 먼저 시작되어야 하는지에 대한 합의를 도출하지 못하였다.

프랑스는 통화협력이 경제동맹을 선도한다고 주장한 반면, 독일은 경제동맹부터 시작하여야 한다고 주장하였다. 환율안정이 공동시장의 근본이 된다는 데 대해서는 의문의 여지가 없었다. 경제와 통화동맹의 원칙에 대한 합의는 1969년 헤이그 EEC 지도자 회의에서 이루어졌다. 룩셈부르크 베르너(Pierre Werner) 수상의 통솔하에 특별 임시위원회가 결성되었고, 이 위원회는 1980년까지 고정환율의 단계적 성취를 권고하였다.[44)]

43) Ben Rosamond, *Theories of European Integration*, p.38.

44) Commission of the European Communities, "Economic and Monetary Union in the Community" (the Werner Report), *Bulletin of the European Communities*, Supplement 11 (1970).

(1) 1970년대 유럽의 경제 침체

유럽 경제의 황금기인 1950~60년대가 지나고 70년대에는 경제성장이 둔화되고 인플레이션이 심화된 불경기가 찾아왔다. 1970년대 초반부터 유럽통화동맹(EMU: European Monetary Union)을 위한 시도가 있었으나 1973년의 아랍-이스라엘 전쟁과 석유파동으로 인해 추진의 결실이 이뤄지지 않았다. 석유가격이 1년 사이에 4배나 상승함에 따라 다른 원료의 가격도 비슷한 비율로 올랐다. 이는 값싼 에너지에 의존하고 있던 대부분의 서유럽 국가들에게 심각한 타격을 주었다. 따라서 1960년대에 약 5%였던 서독의 성장률은 1970년대에 와서는 그 수치의 절반밖에 되지 않았다. 원래 낮았던 영국의 성장률은 2.6%에서 1979년 1.2%로 떨어졌다.[45)]

1960년대 후반과 70년대 초반 세계 경제는 석유파동 이외에 다음과 같은 이유로 침체되었다. 첫째, 1968년의 학생시위에 따른 사회적 불안정으로 정치적 · 이념적 갈등이 심화되었다. 둘째, 베트남 전쟁에서 수렁에 빠짐으로써 미국의 패권이 약화되었고 이에 따라 세계 환율이 곤두박질치면서 세계 경제 불안정을 야기하였다. 셋째, 세계시장에서 신흥산업국의 상품이 유럽과 북미 상품을 대체하기 시작하였다.[46)]

1970년대에는 인플레이션도 극심해졌다. 1950년부터 1973년까지 서독의 인플레이션율은 2.7%로 가장 낮았으나, 그 이후에는 2배가 되었다. 영국, 이탈리아 등은 대체로 4~5% 이하에 머물렀으나, 그 이후에는 16%의 높은 인플레이션을 경험하였다. 1970년대에는 실업률도 크게 올라갔다. 1973년 이전 대부분 유럽국가들의 실업률은 3% 이하였으나, 1970년대를 거쳐 1981년에 이르면서 영국, 벨기에, 스페인의 실업률은 두 자리 숫자로 높아졌다. 1989년에 스페인은 15%, 프랑스와 이탈리아는 10%를 넘고 있었다. 전체적으로 서유럽의 실업률은 1970년과 1980년 사이에 두 배로 높아졌고, 그 숫자는 거의 2,000만 명에 이르렀다. 실업상태가 가장 심각했던 곳은 영국의 북부와 스페인의 남부였는데, 그

45) 이주영 · 김성형, 『현대유럽의 역사: 제2차 세계대전부터 현재까지』(서울: 삼지원, 2002), p.202.

46) Ian Manners, "Europe and the World: The Impact of Globalization," in Richard Sakwa and Anne Stevens (eds.), *Contemporary Europe* (New York: Palgrave, 2000), p.189.

석유 위기(Oil Crisis)

최초의 그리고 가장 많이 알려진 제1차 석유 위기는 1973년과 1974년에 걸쳐 발생했다. 아랍의 석유 산유국들은 1973년 시작된 아랍-이스라엘 전쟁시 이스라엘 지원의 최전방에 있었던 국가들에게 석유 공급을 중단하기 위해서 전 세계의 석유 생산의 상당량을 차지하는 아랍 석유 생산에 대한 통제를 가했고 석유 감산을 통해 전 세계 석유 값의 대폭적인 상승을 유도했다. 이 결과 대부분 선진국들의 경제는 충격을 받았고, 많은 국가들이 마이너스 경제 성장률을 기록했다. 실업률이 증가했고, 고실업률이 수년간 지속되었으며, 영국을 포함한 일부 선진국들은 상당히 높은 인플레이션을 경험하기도 했다. 개발도상국들과 일부 공산주의 국가들 또한 경제적으로 고통을 겪었다.

제2차 석유 위기는 석유 생산을 제한한 아랍의 석유산유국들에 의해서 촉발되었다는 점에서 제1차 석유 위기와 유사한 점이 있다. 제2차 위기는 이란의 샤(Shah) 정권이 전복된 후인 1979년에 일어났다. 1973년과 1974년 사이에 석유값은 거의 4배가량 뛰었고 1979년과 1980년 사이에 석유값은 2배 이상 인상되었다. 물론 이 가격 상승은 전쟁 중이던 이라크와 이란이 전쟁 경비를 마련하기 위해 정해진 생산 할당량 이상을 수출하게 되었기 때문에 이전에 비해 상대적으로 오래가지는 못했다.

아랍 석유 산유국들이 합의한 생산 할당량에 근거한 석유값 인상은 1960년 5개국에 의해 창설되어 1972년에는 12개의 회원국을 보유하게 된 석유수출국기구(OPEC)라는 조직이 있었기 때문에 가능했다. 석유값 인상은 석유수입국들이 석유에 대한 의존도를 감소시킬 수 있는 방안을 마련하고 에너지 보존을 강화하고 경제적 대체 연료 개발 노력을 강화시키는 데 기여했다. 노르웨이와 영국 같은 국가들이 OPEC가 정한 산출 할당량 이상을 생산할 수 있었기 때문에 완충효과가 발생하여 세계 각 국가들의 경제에 미친 영향이 상쇄되었다. 그리고 1990년대에 OPEC가 생산하는 석유는 공산주의 진영을 제외한 전 세계 생산량의 50%를 넘지 않았다.

석유값이 하락세를 보여 석유 수입이 줄게 되자 석유 생산국들은 지난 1990년대 내내 생산을 제한함으로써 석유값 상승을 조작하는 데 어느 정도 성공하였다. 이로 인해 2000년에는 제3차 석유 위기가 올 것이라는 이야기가 나오고 있었다. 그러나 전 세계 석유시장의 석유값은 1차와 2차 때만큼은 가파르게 상승하지 않았다. 서유럽 국가들에서는 농부, 트럭운전사 그리고 석유에 의존하여 상업활동을 영위하고 있었던 사람들이 데모나 항의시위를 벌였는데 이들의 성토는 산유국의 석유값 인상이 아니라 석유 원료에 대한 정부의 높은 세금 부과에 초점이 맞추어져 있었다. 그들의 이러한 주장이 설득력을 가졌던 이유는 실제로 산유국의 석유값 인상이 휘발유와 디젤유 가격 상승에서 작은 부분만을 차지했기 때문이다.

이유는 낙후된 공업시설과 경쟁력 상실로 공장이 폐쇄되었기 때문이었다.[47]

1973년 오일쇼크에 따른 경제위기에 직면하게 되자 경제회복은 EC가 스폰서한 프로젝트가 아닌 국가중심의 프로젝트에 의존하게 되었다. 더구나 1973년 영국이 EC에 가입한 이후 공동체는 항상 불공평하게 이루어졌던 예산배분 문제로 주기적인 논쟁의 수렁에 빠지게 되었다. 논쟁의 초점은 공동체 예산의 거대한 부분이 공동농업정책(CAP: Common Agricultural Policy)에 배분되는 것이었다. 이때부터 유럽 차원의 기구설립은 더이상 진전되지 않았고, 따라서 초국가주의 옹호론자들의 주장은 약화되었다.

(2) 단일시장의 완성: 단일유럽의정서

EC는 처음에는 역내관세의 철폐 등 관세동맹의 성격을 지닌 공동체였으나, 1980년대 들어 회원국들은 경제난을 극복하고 국제적 경쟁력을 회복하기 위해서는 역내 상품 · 자본 · 노동의 자유로운 이동을 가능케 하는 단일시장이 필요함을 인식하게 되었다. 단일시장의 필요성을 느끼게 된 가장 중요한 동기는 제1차 석유위기 이후 유럽국가들의 경제성장률 하락, 실업증가 등 유럽국가들의 경제상태 악화를 타개할 수 있는 공동정책, 그리고 미국 · 일본과 경쟁할 수 있는 유럽경제의 체질개선이 필요하다는 것이었다.

1980년대 중반 유럽경제 통합에 대한 논의가 활성화되기 시작하였다. 이 시기에 EC 발전의 제도적 장애가 되어 온 이슈들이 거의 제거되었고, 스페인, 포르투갈, 그리스 등이 가입하여 지중해 지역으로 통합이 확대되었다. 1984년 이탈리아 출신 스피넬리(Altiero Spinelli) 유럽의회 의원의 주도로 유럽의회는 유럽연합에 관한 조약 초안(Draft Treaty of European Union)을 채택하였다. EC 이사회는 1984년 더블린 회담과 1985년 브뤼셀 회담에서 역내시장의 통합을 위한 조치를 강구하기로 결정하였고, 집행위원회는 1985년 6월 14일 'EC 단일시장 완성을 위한 백서(White Paper on the Completion of the Internal Market)'를 밀란(Milan)에서 개최된 EC 이사회에 제출하였다.[48] 백서는 단일시장의 완성

47) 이주영 · 김성형, 『현대유럽의 역사: 제2차 세계대전부터 현재까지』, pp.202-203.

48) Anne Stevens, "Ever-Closer Union: European Co-Operation and the European Dimension," in Richard Sakwa and Anne Stevens, *Contemporary Europe*, p.141.

을 위한 세 개의 장벽 철폐 목표 및 방안을 제시하고 있다.

유럽공동체 내에서의 물리적 장벽의 철폐를 다루고 있는 첫 번째 장은 역내 국경에서의 상품 및 인사에 관한 통제의 전면금지를 주장하고 있다. 이 목표는 무엇보다도 역내에서의 저지받지 않는 국경통과라는 통일 유럽의 상징적 힘을 갖추고 있기 때문에 유럽단일시장의 완성에 대한 어떤 사안이나 목표보다도 가장 중요하다고 할 수 있다. 두 번째 장에서는 역내에서의 기술적 장벽의 철폐에 관해 다루고 있는데, 이 목표는 유럽연합의 규준 및 표준화 그리고 관련규칙들이 조화를 이루어 나가야 한다는 것이다. 기술적 장벽의 철폐에 관한 부문에서는 또한 공공건물 및 도로의 건설 등 유럽연합 전역에서 유효한 대형공사의 입찰 등 공공위임계약에 관한 자유화뿐만 아니라 근로자 및 자영업자 그리고 공동서비스 시장의 자유로운 이전 그리고 자본거래의 자유화 및 산업협력의 촉진 등을 주요내용으로 하고 있다. 세 번째 장에서는 조세장벽의 철폐에 관해 다루고 있다. 이는 한편으론 각 회원국의 부가가치세율의 근접을 위한 제한된 광역화의 설정 그리고 또 다른 한편으로는 위스키 · 담배 · 석유생산품 등에 대한 특별소비세의 조화를 주요목표로 하고 있다.[49)]

EC의 제도개혁을 위한 정부간회의(IGC: Intergovernmental Conference)의 결과 유럽의회에 의한 정치통합 추진 및 집행위원회에 의한 단일시장 추진을 하나로 하여 1957년 로마조약을 개정하는 것을 내용으로 하는 단일유럽의정서(SEA: Single European Act)가 1985년 12월 룩셈부르크 정상회담에서 채택되었고 이를 1986년 2월 각 회원국이 서명하였으며, 각 회원국의 국내 비준절차를 거쳐 1987년 7월 발효되었다.[50)]

단일유럽의정서의 주요내용은 당시까지 조약 근거 없이 개최해 오던 정상회담 개최를 명문화하여 유럽이사회(European Council)를 법적으로 인정하고, 1992년 12월 31일까지 EC 역내 단일시장을 완성한다는 목표 시한 제시 및 이의 효율적 추진을 위해 EC 각료이사회 결정시 가중 다수결(qualified majority) 원칙을 확대하였다.[51)] 그리고 유럽의회의 권한 강화를 시도하였는데, 신규회원국

49) 김동현 · 이승철, 『유럽연합의 현황과 전망』(서울: 집문당, 1996), pp.22-24.

50) 아일랜드에서의 비준이 순조롭지 않아 조약의 발효시기가 지연되었다.

51) 만장일치는 새로운 회원국의 가입과 새로운 정책의 원칙을 정할 때만 사용되도록 하였고, 그

가입시 유럽의회의 절대다수결에 의한 동의를 받도록 하였고, 정책 결정시 유럽 의회와의 협의절차를 확대하였다. 각료이사회가 가중다수결 제도를 사용하여 정책 결정을 할 경우 의회가 이를 수정하거나 거부할 권리를 부여하였고, 의회의 결정에 대하여 각료이사회는 만장일치 결정에 의하여 무효화시킬 수 있도록 하였다. 이는 의회에게 진정한 입법권을 부여한 주요단계였다.

또한 SEA는 유럽사법재판소에 새로운 권한을 주고, 사건을 조사하기 위한 제1심 재판소를 창설함으로써 업무량을 줄였다. 유럽정치협력(European Political Cooperation)에 법적 지위가 부여되었고, 회원국들은 이를 통해 유럽의 외교정책을 위한 활동을 하고 방위와 안보 이슈에 대하여 긴밀히 협력하게 되었다. SEA는 로마조약에서 언급하지 않았던 새로운 정책 분야, 즉 환경, 연구와 개발 및 지역정책에 대한 EC의 책임을 부과하였다.

단일유럽의정서를 통해 추진하고자 한 6대 공동정책은 국경 없는 역내 단일시장 완성, 경제 · 사회적 단결 강화, 공동 과학기술개발정책 추진, 유럽 통화제도(EMS)의 발전 추진, 회원국간 사회적 공동체 구축, 공동 환경보존정책 추진 등이었다. 이 공동정책 중에서도 국경 없는 역내 단일시장 완성이 주 목표였으며, 나머지 5가지 목표는 단일시장 추진에 필요한 조치 및 전제조건이었다.

EC 역내시장통합은 1992년 말까지 회원국간 각종 비관세장벽의 완전철폐를 통해 상품 · 노동 · 자본 · 서비스의 자유이동이 보장되는 단일시장을 완성하는 것이었다. 역내시장 완성 백서는 상품 및 생산요소의 자유로운 역내이동을 저해하는 비관세장벽을 물리 · 기술 · 재정적 장벽 등 3개 범주로 구분하였다. EC는 총 282개 입법 지침을 채택하여 이를 단계적으로 제거할 계획을 수립하였다. 282개의 입법 사항은 각국의 법체계에서 수용하도록 하였다. 법을 제정할 수 있는 기간을 2년으로 설정하여 각국이 1990년 말까지 모두 동의하도록 하였으며, 마감 시한이 되었을 때 92%가 각료이사회에서 채택되었고 79%만이 각국의 법으로 수용되었다. 의외로 영국과 덴마크가 높은 비율을 보였다.

이에 따라 1993년 1월 단일시장이 탄생하였다. 세계에서 가장 큰 단일시장과 교역단위가 창설된 것이다. 이에 따라 내부 여권과 세관 검열이 완화되거나 제

이외의 결정은 가중 다수결을 사용토록 하였다.

거되었다. 은행들은 공동체 전 지역에서 업무를 할 수 있게 되었고, 회사들은 공동체 전 지역에서 기업 활동을 하고 물건을 판매할 수 있게 되었다. EC 거주자들은 제한 없이 EC 어느 곳에서나 살 수 있고, 일할 수 있고, 은행 구좌를 개설하고 연금을 찾을 수 있게 되었다. 보호주의는 불법적인 것이 되었고, 전기 공급으로부터 통신에 이르기까지 모든 독점이 와해되었다.[52] 법적으로 미국인들이 미국 내에서 자유롭게 다닐 수 있는 것과 같이 유럽인들은 12개국 내에서 자유롭게 활동할 수 있게 되었다.

4. 유럽연합의 형성: 화폐통합과 정치통합

유럽공동체 정책 결정 엘리트 대부분은 단일유럽의정서에 만족하지 못하였고, 일부는 실망감을 보였다. 이들은 SEA가 통합의 절차를 충분히 발전시키지 못하였다고 생각하였고, 심지어 SEA가 비준되기 이전에 새로운 통합이 필요하다는 인식을 하고 있었다. 특히 1980년대 말의 냉전 종식과 이에 따른 동유럽의 민주화, 독일의 통일 및 소련의 붕괴는 유럽통합이 보다 심화될 수 있는 계기를 제공하였다.

이제 본격적으로 정치통합을 논의할 계기가 마련된 것이다. 당시까지 경제통합을 이루기 이전에 정치통합을 이루기 어렵다는 생각이 팽배하였기 때문에 정치통합은 별 관심을 끌지 못하였다. 유럽정치공동체(EPC) 창설 움직임이 있었고 1961년 "정치헌장(Political Charter)"을 만들려는 시도도 있었지만 시행착오에 그쳤다.[53] 1960년대 이후 6개국 외무장관들은 EC의 권력을 강화하기보다는 EC틀 밖에서의 정치 통합 추진을 합의하였다. 1970년 벨기에의 외교관인 다비뇽(Etinne Davignon)은 첫째 단계로서 이미 존재하는 공동이익의 분야에서 협력을 해나가는 것이 필요하다고 주장했다. 그 분야는 외교 정책 협력, 특히 미국

52) John McCormick, *The European Union: Politics and Policies*, 2nd ed. (Colorado: Westview Press, 2000), p.67.

53) 주 덴마크 프랑스 대사였던 푸쉐(Christian Fouchet)가 시도한 것으로 푸쉐 계획(Fouchet Plan)이라 불리기도 한다.

과 서유럽의 협력을 의미하였다.

1972년과 1974년의 공동체 정상회담에서 1980년까지 정치 통합을 이룬다는 제의가 있었으나, 당시에는 경제통합이 우선적으로 필요했기 때문에 현실적인 구상으로 받아들여지지 않았다. 그 대신 외교 정책의 협력을 추진하고 유럽정치협력(EPC: European Political Cooperation)이 모색되었는데, EPC는 제한적인 성공을 거두었다. 1970년 중동에 대한 EC의 공동 정책이 선언되었고, 1975년 CSCE의 헬싱키 최종 의정서가 채택되었으며, 1976년까지 유엔 주재 EC국가 대사들이 협력을 위하여 매주 회합을 가졌다.

SEA에서 법적 지위를 가지게 된 EPC는 일부 분야에서 괄목할 만한 활동을 하였으나, 창조적인 것보다 대응적인 것이 대부분이었다. 1990~1991년 걸프전 위기시 적극적 활동을 펼쳤는데, EC는 이라크에 공동 요구를 발하였고, 이라크의 오일 수입에 제재를 가하였다. 그러나 EC 회원국들 간에 정치적 견해차가 나타나기도 하였다. 회원국들은 1991년 개입 당시 상호간에 매우 다른 차원의 기여를 하였다. 특히 1991년 12월 독일이 크로아티아와 슬로베니아에 대하여 EC 회원국들과 협의를 거치지 않고 일방적으로 승인을 하여 견해 차가 나타났다.

정치통합에 대해서는 1980년대 중반부터 본격적인 논의가 시작되었다. 1984년 퐁텐블로(Fontainbleau) 정상회담에서 프랑스 미테랑(Francois Mitterrand) 대통령은 정치통합 문제를 제기하였고, 다음 해 6월 밀란(Milan) 회의에서 정부간회의(IGC: Intergovernmental Conference)를 개최하기로 했다. 1990년 12월에는 경제통화동맹과 정치통합의 동시 추진을 위한 정부간회의가 이중적으로 개최되었다. 이 결과 1991년 12월 마스트리트(Maastricht) 정상회의에서 유럽연합조약(Treaty on European Union)이 체결되었다.

1) 유럽연합 조약의 체결

정부간회의(IGC)는 1991년 내내 회의를 가졌다. 회의에 참석한 회원국들은 입장에 따라 다음과 같이 분류될 수 있다. 네덜란드, 룩셈부르크, 벨기에와 이탈리아는 강한 통합주의자의 견해를 지속적으로 지니고 있었다. 연방주의자라 불릴 수도 있다. 스페인, 아일랜드, 포르투갈, 그리스 그리고 정도는 덜하지만 덴마크는 통합의 중요한 발전에는 지지의 태도를 보였지만 일부 특정 이슈에 대하여는 유보적인 입장을 가지고 있었다. 스페인, 아일랜드, 포르투갈과 그리스는 공동체의 저개발된 회원국들로서 최종 합의서에 포함된 경제적 · 사회적 결속을 다루는 정책들이 강화되기를 원하였다. 프랑스는 EMU에는 적극적 지지의 입장을 보였으나, 정치통합을 위한 정부간회의에서는 정부간주의의 입장을 견지하였다. 예를 들어 프랑스는 강력한 유럽이사회를 지지하면서도, 유럽의회의 권한 증대는 제한되기를 원하였다. 프랑스와 달리 독일은 정치통합을 강력히 지지하였고, 특히 유럽의회의 권한 확대를 옹호하였다. 그러나 EMU에 대해서는 매우 조심스러웠다. 그리고 영국은 실질적으로 초국가적 내용을 담고 있는 통합의 제안들에 대해 최소한만을 수용하는 입장을 택했다.

이러한 입장들은 조약의 조항에 표현되었다. 특히 마스트리트 조약의 최초 초안은 연방을 목표로 한다(A new state in the process leading gradually to a union with a federal goal)고 언급되어 있었다. 그러나 영국의 주장으로 "유럽인들의 보다 긴밀한 연합(An ever closer union among the peoples of Europe)"으로 변경되었다. 일부 전문가들은 이 결과 조약이 처음의 형태보다 더 "중앙화(centralist)" 되었다고 평가하였다.[54)]

마스트리트 조약이 발효되기 위해서는 12개 회원국의 비준이 필요하였다. 조약의 R조항은 "회원국 각각의 헌법이 요구하는 방식에 따라" 비준되어야 한다고 언급하고 있다. 각국의 헌법에 따르면 아일랜드와 덴마크는 국민투표를 해야 하고, 나머지 10개국은 의회에 의한 승인만을 필요로 하였다.

국민투표를 실시한 아일랜드는 투표자의 3분의 2의 지지를 받았고, 프랑스는 51%의 지지를 받아 간신히 통과하였다. 독일 연방 하원은 1992년 12월 2일 95%의 절대 지지를 하였다. 독일에서는 이 비준에 대한 위헌 시비가 발생하였으나 1993년 10월 헌법재판소는 헌법에 위배되는 사항이 없다고 판결을 내렸다. 그러나 미래에 조약을 개정하거나 보완을 할 경우에는 재심의를 받아야 한다는 조건을 달았다. 독일의 비준은 원래 계획보다 10개월 늦은 1993년 11월 1일에 발효되었다.[55)]

54) Ben Rosamond, *Theories of European Integration*, p.24.

마스트리트 조약(Maastricht Treaty)

1993년에 효력이 발생한 마스트리트 조약은 유럽연합 창건의 근간이 되는 조약이다. 이 조약의 공식명칭은 유럽연합조약(TEU: Treaty of European Union)이다. 본 조약은 유럽공동체(EEC, ECSC 및 EURATOM), 공동외교안보정책(CFSP: Common Foreign and Security Policy), 그리고 사법 및 내무(JHA: Justice and Home Affairs)의 세 기둥을 기초로 하는 유럽연합의 법적 근간을 제공하고 있다. 외교안보정책은 여전히 유럽연합 회원국들의 국가기관이 관할하는 분야이지만, 이민 및 망명자 관련 정책, 불법 마약거래 및 기타 중범죄와의 전쟁과 관련한 경찰 협조, 사법기관 협조 등을 포함하여 유럽연합의 사법 및 내무 분야에 한해서는 유럽연합 회원국들이 체계적으로 협조하는 것을 필요사항으로 명시하고 있다. 공동외교안보정책과 사법 및 내무에 관련된 조항은 앞으로 이 두 분야의 통합을 심화하는 과정에서 융통성을 발휘할 수 있도록 중도에 변경이 가능하게 만들어져 있다. 영국을 제외한 모든 체결국들은 사회 관련 조항에 의거하여 사회 · 경제 정책에 대해 협력할 것을 합의했다. 조약은 EMU 운영을 위한 전략 및 시간표를 제공함으로써 단일유럽의정서를 강화하였다. 또한 마스트리트 조약 체결을 통해 결속기금(Cohesion Fund)이 구성되었다. 결속기금은 교통 및 기반시설의 개보수에 재정적 지원을 제공하고 상대적으로 부유하지 못한 회원국들에게는 환경 개선의 기회를 제공하는 지역 기금이다.

영국에서는 여러 가지 요소가 복합적으로 작용하였다. 정부는 하원의 과반수를 겨우 넘는 세력을 확보하고 있었고, 의회는 이 조약으로 어떤 이익을 획득할 수 있을지에 대하여 의문을 가지고 있었다. 또한 영국이 조약의 사회관련 조항에 불참할 수 있는 특권을 받는 데 대하여 노동당이 반대의 태도를 보이고 있었다. 결국 의회에서의 비준은 1993년 7월에야 이루어졌다.

덴마크에서 가장 심각한 상황이 전개되었다. 1992년 6월 국민투표에서 49.3 대 50.7%로 비준이 부결되었다. 결국 유럽이사회는 덴마크인들이 제2차 국민투표에서 비준을 하도록 하기 위하여 두 가지 방식의 접근법(twin-track approach)이 필요하다고 결정했다. 덴마크에게 단일화폐, 공동 방어정책, 유럽시민권, 사법 내무 협력에 대하여 선택적으로 참여할 수 있게 한 후에야 1993년 5월의 재투표에서 56.8% 대 43.2%로 통과되었다. 덴마크에 예외조항(concessions)을 부여함으로써 일반적인 수준에서 통합주의자들의 주장은 약화될 것이고, 조약에

55) Neill Nugent, *The Government and Politics of the European Union*, 5th ed., pp.69-70.

서는 간단히 언급되었던 보조성의 원칙이 정교해지고 강화될 것으로 보였다.

덴마크의 투표 발표가 있자 프랑스의 미테랑 대통령은 프랑스도 조약에 대한 국민투표를 실시하겠다고 결정하였다. 그가 이렇게 결정한 이유는 조약이 쉽게 비준될 것이고, 이는 그의 국내에서의 지위를 크게 향상시킬 것이라고 기대하였기 때문이다. 그러나 국민투표 캠페인은 매우 격렬하고 찬반이 근접한 투쟁이었으며, 결국 1992년 9월의 국민투표 결과 51.05% 찬성, 48.95% 반대로 간신히 통과되었다.

원래 계획보다 11개월 지연된 1993년 11월 마스트리트 조약이 발효되었고, 이에 따라 EC가 EU로 전환되었다. EPC를 대체하여 공동외교안보정책(CFSP: Common Foreign and Security Policy)이 발족되었고 목표가 모호하고 느슨하게 설정되었다. 공동가치와 근본이익을 보호하고, 평화를 유지하고, 국제 안보를 강화하며, 국제협력을 증진시키는 것이 목적이었다. EU 국가들은 지속적인 통합과 회원국 증가를 위한 조직적이고 정치적인 변화를 위하여 새로운 IGC가 탄생해야 한다고 생각하였다.

(1) 유럽연합조약의 목표와 내용

유럽연합을 설립한 마스트리트 조약은 EU를 위한 근거로 3개의 기둥(pillars)을 제시하였다.

- 유럽공동체들(European Communities: EEC, ECSC, Eurotom)
- 공동외교안보정책(CFSP: Common Foreign and Security Policy)
- 내무사법분야의 협력(JHA: Justice and Home Affairs)

유럽연합조약의 목표는 조화롭고 균형 있는 경제활동의 증진, 환경보호를 전제로 한 지속적인 경제성장, 경제적 성과의 공유, 고도의 고용과 사회적 보호, 생활수준의 질적 제고와 회원국간 경제적 · 사회적 일관성 및 유대이다.[56]

이러한 목표들을 달성하기 위하여 유럽연합조약은 경제통합의 측면에서 단일유럽통화의 도입, 유럽중앙은행의 설립, 공동경제통화정책의 시행을 우선 과제

56) 김세원, "EC의 경제통합 체계," 서울대학교, 『경제논집』, 제37집 2호(1998), p.231.

로 삼았다. 경제통화통합은 단계적인 계획에 따라 추진하도록 규정하였다. 제1단계는 자본의 자유로운 이동을 완벽하게 보장하고, 모든 회원국들이 유럽통화체제의 핵심인 환율제도에 참여토록 유도하며, 회원국간 거시경제정책의 조정을 강화하는 것이다. 제2단계는 유럽통화기구를 설립하고, 통화정책을 통한 회원국 정부의 재정적자를 지원하지 못하도록 하며, 다음 단계에 원활히 진입하기 위한 회원국들 간의 수렴조건을 거쳐 유럽단일통화를 결정하는 것이다. 3단계는 유럽중앙은행체제를 설립하고, 환율을 완전히 고정시키며, 유럽 단일통화를 실질적으로 사용함으로써 회원국들 간 경제정책의 기본방향을 공동으로 결정하도록 하는 유럽 경제 · 통화 동맹을 수립하는 것이다.[57] 요컨대 유럽의 경제통화동맹은 1997년까지 유럽중앙은행을 설치하여 단일통화를 만들고, 이를 통용되게 함으로써 하나의 화폐를 만들고 회원국의 통화정책을 하나로 묶어서 운영하는 제도인 것이다.[58]

정치 · 사회적인 측면에서 유럽연합 조약은 유럽 시민권을 창설하여 회원국의 국적을 가지고 있는 모든 개인들이 유럽연합의 시민이 될 수 있도록 하였다. 유럽시민권은 연합 내에서의 이동과 체류의 자유를 보장하며, 국적을 불문하고 거주지 중심에 따라 유럽의회의 선거권과 피선거권을 부여하는 것을 골자로 하였다. 이는 당시까지 경제적 생활에 국한되었던 권리와 자유를 인간 생활의 또 다른 측면인 이동 및 체류권이나 투표권 등으로까지 확대시키는 의미를 내포하고 있었다. 그리고 유럽연합 조약은 회원국들 간 내무치안정책의 협력과 공조를 통해 각종 범죄, 이민과 사회문제에 공동으로 대처할 것을 규정하고 있다.[59]

유럽통합을 정치적인 측면까지 포괄하는 요인 중의 하나는 회원국들 간의 공동외교안보정책을 실현하는 것이었다. 공동외교안보정책의 목표는 유럽연합의

57) 조홍식, "세계금융시대의 지역통합: 유러랜드 출범의 사례," 『국가전략』, 제4권 2호, 1998년, pp.95-96; 조철제, 『유러-EU 단일통화』(서울: 한국경제신문사, 1998); 김균 · 문우식, 『유럽통화동맹의 경제이론과 역사』(서울: 법문사, 1997); 정용길, "제1장 유럽연합의 수립과 발전," 김상겸 외, 『유럽연합정부론』(서울: 앰-애드, 2002), p.20.

58) 유임수, "유럽연합과 아시아: 지역협력," 『유럽연구』, 1996년 가을호, p.25.

59) Neill Nugent, *The Government and Politics of the European Union*, 5th ed., p.64; 임문영 · 이종광 · 김승민 · 류두하, "유럽통합의 심화와 대외관계의 변화," 『국제학논총』, 제1집, 1996, p.1681.

공동가치, 기본이익, 독립성의 보장과 함께 유럽연합의 안보강화를 통하여 민주주의와 법에 의한 통치를 강화하는 동시에 인간의 기본권리와 자유를 발전시키는 것이었다. 공동외교안보정책의 추진은 유럽에서 공동안보와 공동방위정책을 추진하여 기존의 경제통합에만 치중하였던 통합의 방향을 정치통합과 균형을 이루게 하였다.

사법내무정책과 관련해서 마스트리트 조약은, 전통적으로 국가 정부의 고유영역이었던 다양한 분야의 문제들을 다루고 있다. 여기에는 이민과 난민정책, 마약밀매를 비롯한 심각한 범죄를 근절하기 위한 치안협력과 사법적 협력이 해당된다. 이주와 망명, 조직적 범죄와 마약 거래를 근절하기 위한 유럽경찰정보기구(Europol)의 창설, 새로운 지역위원회(Committee of Regions)의 창설과 빈곤회원국들을 위한 지역 기금 확충에 대한 정부간 협력이 확대되도록 하였다. 새로운 분야, 즉 소비자 보호, 공공보건 정책, 교통, 교육, 사회정책(영국 제외)에 대한 EU의 책임도 확대되었다.

마스트리트 조약의 공동외교안보정책(CFSP)과 사법내무정책(JHA)에 관한 조항들은 회원국들의 동의를 통해 얼마든지 개정될 수 있도록 하였다. 현재 CFSP와 JHA 모두 유럽재판소의 사법권에 종속되지 않는다. 이러한 점에서 마스트리트 조약은 유럽통합을 향한 구체적인 틀을 제공했다기보다는 유럽통합에의 의지를 보여주었다고 할 수 있다. 이 조약은 유럽연합 내 초국가주의와 정부간주의 간의 쉽지 않았던 타협의 성과로 평가되고 있다.[60]

(2) 유럽통화동맹의 추진

1970년 경제위기에 처했던 유럽은 1980년대에는 위기를 탈피하여 통합을 추진할 수 있을 정도가 되었다. 제2차 석유파동의 후유증으로 인해 프랑스, 영국, 이탈리아에서는 인플레이션이 15~20%까지 이르렀으나, 에너지 절약을 위해 고안된 다양한 계획으로 인해 제2차 석유파동은 처음에 일어났던 파동보다는 신속하게 극복되었다. OPEC도 석유가격 인상이 유리하지만은 않음을 깨닫게 되

60) Patricia Hogwood and Geoffrey K. Roberts, *European Politics Today*, 2nd ed. (Manchester and New York: Manchester University Press, 2003), p.221.

었다. 더욱이 각국 정부의 인플레이션 규제정책도 대체로 성공을 거두었다. 그 때문에 1986년 인플레이션율은 1980년의 4분의 1 수준으로 떨어졌다.[61]

단일시장이 완성되어 가면서 유럽통화동맹(EMU)도 적극 추진되었다. EC의 장기 목표인 EMU는 1980년대 후반 집행위원회 위원장인 들로르(Jacques Delors)의 영향을 받은 회원국들이 단일시장의 완전한 기능발휘를 위해서는 거시경제, 재정정책과 단일화폐가 필요하다고 인식하기 시작하면서부터 본격적으로 추진되기 시작하였다. 1988년 하노버(Hanover) 유럽이사회에서 회원국 정상들은 들로르를 위원장으로 하는 위원회를 만들어 EMU를 시작하기 위한 최선의 정책을 포함한 보고서를 준비하였다. 이 위원회는 집행위원 2명, 12개 회원국 중앙은행 총재, 3명의 민간 전문가로 구성되었다. 1989년 6월 유럽이사회에 제출된 최종보고서인 들로르 보고서는 EMU 계획을 골자로 하였다.[62]

우선 이 보고서는 EMU 달성을 위한 3단계를 설정하였다. 제1단계는 1990년 7월 1일부터 전 회원국이 유럽통화제도(EMS)에 가입하는 것이다. 모든 EC회원국이 환율조정제도(ERM: Exchange Rate Mechanism)에 가입하며, 경제 및 통화정책의 조정이 강화된다. 공동의 이익이 관련되는 문제에 대해서는 다자간 감시제도를 활용하며, 국내정책의 변경에 있어서도 공동체 수준의 제안과 협의를 행한다. 공동체 내에서의 자유로운 자본의 이동, 그리고 회원국과 그들의 중앙은행들과의 대규모의 통화 및 거시경제적 협력을 수립한다.

제2단계는 1994년 1월 1일 유럽중앙은행을 설립하는 단계이다. 유럽중앙은행제도(ESCB: European System of Central Banks)가 창설되어, 점진적으로 유럽통화협력기금(EMCF: European Monetary Cooperation Fund)의 기능을 흡수한다. 예산조정이 강화되며 환율조정은 예외적인 경우에만 허용된다. 유럽중앙은행제도는 국가 중앙은행과 공존하여 국가 화폐정책을 모니터하고 협력하도록 한다. 마지막 단계로 가는 길을 놓기 위해 유럽통화기구(EMI: European Monetary Institute)를 설치하여 국가 중앙은행들 간의 협력을 도모하고 EMS를

61) 이주영 · 김성형,『현대유럽의 역사: 제2차 세계대전부터 현재까지』(서울: 삼지원, 2002), p.203.

62) Committee for the Study of Economic and Monetary Union, *Report on Economic and Monetary Union in Europe* (The Delors Report) (Luxembourg: Office for the Official Publications of the European Union, 1989).

모니터하고 회원국들의 통화정책의 협력을 강화한다.

제3단계는 단일통화를 창출하는 단계로 1993년 말경 시기를 결정한다. ESCB는 고정환율제도를 실시하며 단일화폐를 만든다. 그리고 제3의 통화에 대한 외환시장 개입을 통제한다. 이 단계에서 공동체는 회원국의 예산정책을 강제적으로 조정하고, 구조적 · 지역적 정책목적을 위하여 EC자원을 조건부로 사용토록 하는 등 회원국간 경제정책의 조정을 강화하며 국제정책조정협상과 국제통화협상에도 참여한다.[63)]

예정대로 1993년 1월 유럽단일시장이 시행되었고, 1994년 1월 유럽통화기구가 프랑크푸르트에 설립되어 유럽중앙은행제도를 출범시키기 위한 준비작업에 착수하였다. 1995년 5월에는 '단일통화의 도입을 규정한 녹서(Green Paper on the Practical Arrangement for the Introduction of a Single Currency)'가 발표되었으며, 12월 마드리드 정상회담에서는 경제통화통합을 보다 빠르게 진행시키기 위하여 단일통화의 명칭을 'Euro'로 결정하였을 뿐만 아니라 단일통화 추진을 위한 세부일정을 아래의 표와 같이 수립하였다.

유럽단일통화 추진을 위한 세부일정

단계	시기	세부일정
제1단계	준비기 (1998)	5월 브뤼셀 연합정상회의 • 1차 통화동맹 참가국 확정 • 유럽중앙은행 총재지명 7월 유럽중앙은행 업무시작 • EURO 지폐 및 동전 발행 준비 • 각국 통화 고정환율 도입
제2단계	과도기 (1999~2001)	1월 유로화, 결제통화로서 등장 • 유럽중앙은행 통화환율정책 수행 • 유로화와 회원국의 기존 통화 병행 사용
제3단계	도입기 (2002)	1월 유로화 지폐 및 주화 통용 • 6월30일까지 각국 통화의 유로화 환전 7월 1일 각국의 기존 통화는 법적 가치 상실

출처: 조철제, 『유러-EU단일통화』(서울: 한국경제신문사, 1998), p.23.

63) 이 보고서는 1989년 6월의 마드리드 정상회담에서 인준되었다.

2) 암스테르담 조약

1997년 10월 2일에 체결된 암스테르담 조약은 구체적으로 제1부 실체적 개정(Substantive Amendments, 제1조-제5조), 제2부 간소화(Simplification, 제6조-제11조), 제3부 일반 · 최종 규정(General and Final Provisons, 제12조-제15조)으로 구성되어 있다. 제1부는 유럽연합 조약(TEU)과 3개 공동체 설립조약에 대한 실체적 개정을 담고 있으며, 제2부는 쓸모가 없게 된 낙후된 규정을 삭제하고 그 중 일부 규정을 시대에 맞게 새롭게 함으로써 3개 공동체 설립조약을 간소화하였다. 그리고 제3부는 암스테르담조약의 발효기간(제13조), 비준 및 발효일자(제14조), 기탁(제15조) 등에 관하여 규정하고 있으며, 또한 "TEU"와 "EC 설립조약" 규정들의 번호를 새로 매긴다(제12조)고 규정하고 있다.[64)]

암스테르담 조약은 단일유럽의정서(SEA)나 유럽연합조약(TEU)처럼 혁신적이거나 중요한 것으로 평가되지 않았다. 처음의 목적은 조약을 새로 만들기보다는 개정하는 것이었다. 더구나 개정의 측면에서도, 1990년대 중반에서 후반까지 EU 내부 논쟁의 커다란 이슈였던 유럽통화동맹(EMU)은 정부간회의(IGC)의 안

암스테르담 조약

유럽 연합(EU)의 암스테르담 조약은 1997년 10월 2일에 조인되었다. 이 조약은 두 가지 핵심목표를 가지고 있는데, 하나는 EU를 좀 더 적절하고 책임을 다할 수 있도록 만들어 EU 국민들의 이익을 회복시키는 것이고, 두 번째는 중동 유럽의 새로운 회원국을 통합하여 EU 확대 계획을 준비하는 것이었다. 이 조약은 자유 · 안보 · 정의, 연합과 연합 시민, 외부 정책, 연합의 제도, 협력과 융통성, 연합에 현재 존재하고 있는 조약의 단일화와 공고화, 유럽 공동체연합(acquis communitaire)이라는 6가지의 주요 영역을 포함하고 있다. 이 조약의 협상은 제대로 진척이 되지 못하였는데, 그 이유는 회원국 정부들이 연합 조직에 양보하려는 의사를 별로 보이지 않았고, 크고 작은 회원국들 간의 분열이 심화되었으며, 프랑스와 독일관계가 냉각기에 접어들었기 때문이었다. 그 결과, 이 조약은 전문가들이 정해 놓은 목표를 잘 이행하지 못한 다소 어긋난 문서가 되었다.

64) 이창훈 외, 『EU: 정치 · 경제 · 법』(서울: 삼영사, 2000), p.183.

건이 아니었다. 1992년에 유럽연합조약 비준의 어려움으로 인해 통합을 너무 빠르게 추진하는 데 대한 위험성이 드러난 이후 대부분의 국가 지도자들은 통합에 대한 다소 신중한 태도를 취하게 되었다. 1995년에 집행위원회의 의장이 된 상테르(Jacques Santer)의 "덜 하되, 더 잘 되게(do less, but do it better)" 하여야만 한다는 주장은 마스트리트 이후 분위기를 표현하였다.[65]

이에 따라 단일유럽의정서가 단일시장을 성취하였고 유럽연합조약이 유럽통화동맹을 이루었던 방식으로, 암스테르담 조약은 어떠한 대단위 프로젝트를 추진하지 않았다. 중동부 유럽 국가들(CEECs)의 가입을 위한 준비는 조약의 협상 당시 진행중인 새로운 중요한 EU의 프로젝트로서, 비록 이 이슈가 정부간회의(IGC) 심의의 중요한 주제이긴 했으나 중심 안건은 아니었다. 그 이유는 부분적으로 CEECs를 받아들이는 데 필요한 EU의 중요한 내부 변화, 즉 공동농업정책(CAP)과 구조기금(Structural Funds)의 개혁은 조약의 개정을 필요로 하지 않았기 때문이었다. 또 다른 부분적인 이유는 EU가 10~12개국을 증가시키는 데 필요로 하는 개정안들, 즉 주로 제도적 이슈에 초점을 맞추는 개정안들이 긴급한 것으로 보이지 않았기 때문이었다.

이것은 제도상의 개정이 정부간회의(IGC)에서 상세하게 검토되어지지 않았다는 것은 아니다. 유럽의회 의원수의 상한선을 700명으로 합의(후에 Nice 정부간회의에서 취소되었지만)하였고, 첫째 기둥(EC)에 대한 가중다수결의 법적 기준의 소규모 확대, 그리고 둘째 기둥(CFSP)에 대한 상당한 확대 등 일부 진전이 있었다. 그러나 두 가지 핵심적인 이슈들, 즉 확대 이후 집행위원회의 규모와 이사회 투표 규칙에 대한 합의는 이루어지지 못하였다. 단지 미래의 정부간회의에서 이 문제들을 다루기로 합의했을 뿐이었다. EU 회원국이 20개국 이상으로 확대되기 적어도 1년 전에 정부간회의를 개최하기로 결정하였다.

암스테르담 조약은 많은 것이 기대되었으나, 보다 더 결속된 정치 통합에의 접근이 이루어지지 않았고, EU 기구의 조직을 근본적으로 변화시키는 합의를 하지도 못했다. 그러나 망명, 이민, 실업, 사회정책, 건강보호, 소비자보호, 환경, 외교 문제에 대한 정책에 더 많은 관심을 기울이게 되었으며, EU의 동진(東

65) Neill Nugent, *The Government and Politics of the European Union*, 5th ed., pp.72-73.

進)화가 이루어질 수 있는 계기를 마련했다. 또한 1999년 1월 단일화폐를 시작하는 목표도 확인했다.

암스테르담 조약은 네 가지 분야의 개혁을 모색하였다. 첫째, 자유와 정의에 관한 것으로서 남녀간의 평등, 비차별, 개인정보 처리와 같은 유럽연합 내에서의 기본 권리의 보호를 명문화하였다. 둘째, 시민권에 관한 부분으로 개별 시민들의 권리와 이익, 발전된 유럽시민권 개념의 확립, 공동의 고용정책 모색, 지속가능한 발전을 강조한 환경 정책의 공고화 등이다. 셋째, 국제무대에서 유럽연합의 이익을 보다 효과적으로 방어하기 위하여 효과적이고 일관적인 대외정책을 추구하는 것이다. 공동 통상정책 영역의 확대는 서비스와 지적재산권에 관한 국제조약을 포함하며, 공동외교안보정책의 개혁은 새로운 공동 전략의 수립과 의사 결정 절차의 개선 등을 포함하였다. 넷째, 제도 개혁의 문제로 유럽의회의 역할 강화를 위한 공동결정 절차의 범위와 시행, 유럽이사회의 가중다수결 투표의 확대, 집행위원회 구조와 기능 개선, 유럽재판소, 회계감사원과 경제사회위원회, 종교위원회 역할의 제고 등을 다루었다.[66)]

암스테르담 조약 체결 이후 유럽통합은 순조롭게 추진되었다. 1998년 5월 유럽연합의 지도자들은 어느 국가가 단일화폐 사용의 자격이 있는지에 대하여 논의하였다. 경제수렴기준 등 3단계 이행조건을 충족시킨 오스트리아, 벨기에, 핀란드, 프랑스, 독일, 아일랜드, 이탈리아, 룩셈부르크, 네덜란드, 포르투갈과 스페인 등 11개 국가들을 경제통화동맹의 최초 참가국으로 확정되었다. 그리스가 제외되었고 영국, 덴마크, 스웨덴이 자의로 합류하지 않았다. 그리스는 유로화 사용 조건에 맞추지 못하여 제외되었으나, 2001년 1월 1일까지 모든 조건을 충족시켜 유로화 지역에 합류하였다.[67)]

1998년 7월 1일 유럽 통화기구의 업무와 참가국의 통화주권을 인수하여 단일통화정책을 수립 · 집행할 유럽중앙은행이 출범하였다. 이로써 유럽연합은 경제통화동맹의 3단계에 진입하게 되었다. 1999년 1월에는 단일통화인 유로가 탄생

66) 김성형, "Maastricht 조약과 Amsterdam 조약," 『법학연구』, 제9집, 1998년, p.34; 정용길, "제1장 유럽연합의 수립과 발전," 김상겸 외, 『유럽연합정부론』(서울: 앰-애드, 2002), p.25.
67) Neill Nugent, *The Government and Politics of the European Union*, 5th ed., p.52.

하였고 11개국이 환율을 상호간에, 그리고 유로화에 맞추어 영원히 고정시켰다. 2002년 1월 1일부터 유로 동전과 화폐가 발행되었고, 2002년 7월 1일부터는 각국의 화폐는 법적으로 사용이 중단되었다.

3) 니스조약

니스조약은 2000년 12월 7일부터 11일까지 계속되었던 정상회담에서 합의되고, 2001년 2월 26일 조인되었으며, 회원국 비준 마감일은 2002년 12월로 정해졌다. 이 조약은 특히 중동부 유럽으로의 확대를 대비하여 EU 제도를 포괄적으로 개혁할 것을 제안하였다. 5대 회원국인 독일, 영국, 프랑스, 이탈리아, 스페인은 집행위원 할당인원을 두 명에서 한 명으로 줄이기로 합의했다. 일단 EU 가 27개 회원국에 이르면, 회원국들 사이에서 공정한 윤번제에 의한 배정과 위원단의 정확한 규모에 관한 결정이 이루어질 것이라고 합의되었다. 5대 회원국의 집행위원수를 줄인 이유는 동유럽 국가들로 유럽연합이 확대된 후 유럽연합 내 가중다수결투표제(QMV)와 유럽의회의 구성을 제도적으로 개혁하는 과정에서 강대 회원국들이 더 많은 권한을 차지하게 될 것이기 때문이었다.[68]

암스테르담 조약에 첨부된 선언서(Declaration)에서 주어졌던 권한을 부여함으로써 집행위원회 위원장의 힘 또한 강화되었다. 위원장의 '정치적인 지도' 아래 움직이는 집행위원회에 더하여, 위원장은 집행위원회의 '내부 조직'을 결정하고, 집행위원들의 책임을 할당하고, 필요하다면 집행위원회의 임기 동안 위원단을 재구성하고, 위원단의 승인 후 부의장을 임명하고 그리고 위원단의 승인을 얻은 후에 집행위원의 사임을 요구할 수 있도록 하였다.

니스 정부간회의의 주된 특징은 확대로 인하여 많은 약소국들이 가입함에 따라, 이사회에서 자신들의 지위를 보호하기 위한 강대국들의 대화의 장이라고 볼 수 있다. 이에 대한 다양한 옵션들이 모색되었고, 마침내 2005년 1월 1일부터 적용될 정책들이 합의되었다.

우선 가중다수결투표방식(QMV)에 의한 회원국의 투표권이 변화되었다. 전반

68) Patricia Hogwood and Geoffrey K. Roberts, *European Politics Today*, 2nd ed., p.223.

적으로 약소국들이 과대 대표되는 현상이 유지되었으나, 균형이 강대국으로 기우는 현상도 약간 발생하였다. 니스회담 전에는 EU의 15개국 중에서 5개의 강대국이 55%의 투표권을 가졌던 데 반하여, 니스회담 후에는 60%를 소유하게 되었다.[69] 강대국 중 독일은 특히 인구규모와 비교하여 투표 가중의 견지에서 실제보다 적게 대표되었는데, 이는 독일이 다른 강대국보다 더 많은 투표권을 가지는 것을 프랑스가 방해했기 때문이었다.[70]

강대국에게 유리한 결정은 모든 가입지원국가들이 가입되었을 때 가중다수결의 봉쇄조항(threshold)을 올리는 것이었다. 2005년 1월 1일부터 EU 15개국에 적용될 비율은 현재의 87투표권 중 62표(71.26%)에서, 237투표권 중 169표(71.31%)로 대체되도록 하였다. 그러나 2005년 1월까지 15개국 이상이 될 경우에 가중다수결투표방식은 당시의 수준에서부터 최대 73.4%까지 증가하도록 하였다. 결국 EU가 27개국에 다다르면, 345투표권 중 255표 즉 73.91%로 되도록 하였다.[71] 가중다수결이 유럽연합 전체 인구의 62% 이상을 대표한다는 검증을 어떠한 회원국도 요청할 수 있는 조항도 마련되었는데, 이러한 조건은 인구가 많은 국가에게 명백하게 유리한 것이다.

강대국들에게 유리한 규정을 보완하기 위해, 약소국들의 주장에 의해서 가중다수결투표방식에 의해 취해진 결정들은 회원국 과반수에 의해 승인되어야 한다는 점도 합의되었다. 가중다수결투표방식에 있어서 15개 회원국으로는 과반수 달성이 수학적으로 불가능하지만 확대된 EU 안에서는 가능하기 때문에 이 조항이 조약에 삽입되었다.

EU 확대를 위해 암스테르담 정부간회의에서 협의되었던 제도상의 규정들 중 하나는 유럽의회의 규모를 최고 한도 700명으로 정하는 것이었다. 국가의 대의원들의 규모를 너무 많이 감소시키지 말자는 압력 아래 니스 정부간회의에서는 최고 한도를 732명으로 증가시켰다. 증가한 최고 한도 수는 기존 회원국들에 할

69) 물론 60%의 수치는 2005년 회원국의 증가로 실제 적용은 불가능할 것으로 예상되었다.

70) Neill Nugent, *The Government and Politics of the European Union*, 5th ed., pp.83-83.

71) 니스회담에서 논의된 QMV에 대한 분석은 다음을 참고로 할 것. D. Galloway, *The Treaty of Nice and Beyond: Realities and Illusions of Power in the EU* (Sheffield: Sheffield Academic Press, 2001), pp.76-93.

당된 의석수를 여전히 감소시키는 것이었다. 626명에서 535명으로, 즉 91명을 감소시킬 것이지만, 2009년까지는 완전히 적용하지 않을 것을 합의하였다. 그 동안 유럽의회 의원들의 총 수는 새로운 국가들의 가입속도에 따라 유동적이 될 것으로 합의하였다.[72)]

국가들 사이의 의석 배분은 기존 회원국들 사이에서의 배분과 향후 가입할 회원국들에 대한 배분 모두 정부간회의에서 광범위한 협상이 이루어졌다. 현 회원국들에 관해서는, 오직 가장 큰 국가와 가장 작은 국가인 독일과 룩셈부르크만이 유럽의회 의원수의 감소가 없었다. 앞으로 가입할 회원국들에 관해서는 명백하게 차별적인 결정들이 만들어졌는데, 예를 들어, 헝가리와 체코공화국은 벨기에 및 포르투갈과 비슷한 인구수를 가졌지만 그들보다 적은 의석을 할당받을 것으로 결정되었다.

니스조약은 단일유럽의정서(SEA) 혹은 마스트리트와 암스테르담 조약들보다 다루는 범위가 좁혀져 있었다. 이 조약은 제도적 영역만 배타적으로 다루었기 때문에 이전의 것들보다 관점이 매우 축소되어 있었다. 이를 만들어냈던 정부간회의는 갤로웨이(Galloway)가 관찰했던 바와 같이 연합 내에서 회원국들의 상대적인 힘과 영향에 관한 관심에 의해 주로 추진되었다.[73)]

정부간회의는 EU 거버넌스의 광범위한 주제, 즉 연합과 회원국들 간의 힘의 관계 또는 "헌법제정"과 조약의 단순화 등을 다루지 못하였다는 비판을 받기도 하였다. 또한 정부간회의는 의도하고자 하는 것을 이루었다는 평을 받기도 하였다. 중부 · 동부 · 남부 유럽국가들을 포함하는 확대계획에 필요한 토대를 창조하는 EU의 제도에 관한 결정을 내린 것이 그것이다. 이에 더하여, 조약은 또한 유럽의회에 주어진 증가된 힘과 이사회에서 가중다수결 투표방식의 확대된 법적 토대를 통하여 통합과정을 조금씩 발전 · 심화시켰다.[74)]

단일유럽의정서 이래 매 4년에서 5년마다 조약 개정의 라운드는 관습적으로 이루어졌다. 첫째 이유는 통합과정에서의 논리와 추진력이 현실에의 접목과 발

72) Neill Nugent, *The Government and Politics of the European Union*, 5th ed., pp.86-87.

73) D. Galloway, *The Treaty of Nice and Beyond: Realities and Illusions of Power in the EU* (Sheffiedd: Sheffiedd Academic Press, 2001)

74) Neill Nugent, *The Government and Politics of the European Union*, 5th ed., p.92.

전을 이루기 위해서는 조약의 개정을 필요로 했기 때문이다. 둘째, 모든 조약들이 정부간 협상의 결과이기 때문에 몇몇 정부는 불가피하게 조약의 결과에 실망하게 되고, 따라서 협상된 조약이 비준되거나 적용되기 전에 조약개정의 또 다른 라운드를 요구하기 시작했기 때문이다. 그리고 세 번째 이유로는 마스트리트, 암스테르담 그리고 니스 조약 등이 명백하게 조약 개정의 여지를 남겨 놓았기 때문이다. 마스트리트의 경우에는 조약의 결과에 불만족한 정부로부터의 압력에 의하여, 그리고 암스테르담과 니스의 경우는 조약들이 미완성되었다는 데 대한 일반적인 인식의 결과로 문제가 제기되었다.

5. 유럽연합 헌법

2004년 6월 17~18일 브뤼셀에서 개최된 EU 정상회의에서 EU 정상들은 EU의 정책결정 권한 확대와 회원국 증가에 따른 제도개혁을 위한 EU 헌법안 채택에 합의하였다. 유럽연합은 이미 1950년대부터 연방국가를 형성하기 위한 헌법 제정 작업을 꾸준히 추진해 왔는데, 1953년 유럽공동체의 규정을 제정하기 위한 회의에 제출된 유럽헌법 초안은 6장 117조와 2개의 부속문서로 구성되어 있었다. 그 내용은 공동체의 실질적 특징과 조직과 권한, 제3국과의 관계, 공동체 조직의 구성에 관한 규정과 일반규정 등을 포함하였으나, 프랑스의 반대로 무산되었다.[75]

2004년에 채택된 헌법안의 정식명칭은 '유럽헌법제정조약(Treaty establishing a Constitution for Europe, 이하 헌법안)'으로, 회원국 간에 체결한 조약의 형태를 띠고 있다. 이 헌법안은 EU가 당면한 대내외 도전들을 해소하기에 미흡하고, 기존에 있던 법과 규칙들을 종합한 것에 불과하고 새로운 것이 없다는 비판을 받기도 하지만, 이전 조약과 다른 점이 있다면 한 국가의 헌법처럼 포괄적인 관련 규정을 구비했다는 것이다.[76] 인권과 행복추구권 등 기본권 규

75) 김상겸, "제4장 유럽연합 헌법안," 김상겸 외, 『유럽연합정부론』(서울: 앰-애드, 2002), p.93.

76) Hungda Su, "Can Constitution-Building Advance European Integration? A Three-Pillared Institutionalist Analysis," *European Integration*, Vol.26, No.4, December 2004, pp.353-354.

정을 두었으며 행정부 역할을 하는 집행위원회의 권한, 각 회원국 장관들이 모여 주요 정책을 결정하는 각료이사회, 유럽의회 등 행정부, 입법부 기능을 갖는 EU 기구의 권한을 명시했다. 이제까지 이 조항들은 각 조약에 흩어져 있었다.

1) EU 헌법 제정의 배경과 과정

1984년 유럽연합의 설립을 위하여 유럽의회의 조약초안이 제시되었다. 이 초안 제4조는 기본권 조항으로서 인간의 존엄을 규정하였다. 이 조항은 인간의 기본권과 기본적 자유를 포함하고 있었기 때문에 헌법의 요소를 가지고 있었다고 볼 수 있다. 1985년에는 유럽시민을 위한 보고서가 제안되었는데 이 보고서는 시민의 특별한 권리인 문화와 의사소통, 정보, 청소년, 교육, 스포츠와 사회봉사활동, 건강권, 사회적 안전과 약물오용 금지 등의 규정을 포함하고 있었다.

냉전종식과 함께 유럽통합의 심화가 논의되는 과정에서 1990년 유럽공동체는 헌법초안의 방향을 설정하기 위한 새로운 결정을 내렸다. 이 헌법초안은 1984년 유럽의회의 조약초안을 기초로 하고 있었는데, 공동체와 회원국 사이에 있어서의 평등이 강조되었다. 또한 시민과 기업의 자유로운 경제활동을 위하여 국경의 철폐와 사회의 조화로운 발전을 목표로 설정하였고, 국제관계에서 공동체는 평화를 위한 공동의 작업을 추진하는 것을 내용으로 하였다. 이 초안은 1992년 마스트리트 조약으로 발전하였다. 이와 함께 1994년에는 유럽의회의 제도위원회에 헤르만(Hermann) 보고서가 제출되었고, 1997년에는 유럽통합의 진일보를 위한 암스테르담 조약이 체결되었다.[77]

이러한 과정을 거쳐 최근 들어 EU 헌법 제정을 촉진하게 된 배경은 EU가 기존 15개 회원국에서 27개 회원국으로 확대됨에 따라 현 기구를 보다 효율적으로 개편함과 동시에 민주주의 시스템을 구축하여 특히 그동안 회원국 간에 이루어졌던 여러 가지 중복된 협약들을 EU 헌법을 통해서 통합하기 위해서였다. 특히 유럽연합을 묶는 제도적 틀을 명문화한다는 점에서 유럽헌법은 정치통합과

77) 김상겸, “제4장 유럽연합 헌법안,” p.94.

민주주의 완성을 위한 주요한 매개체로 인식되었다.

2000년 12월 니스에 모인 15개 회원국의 정상들은 EU 및 회원국 간 권한 배분, 헌법에 해당되는 기본인권헌장(Charter of Fundamental Rights of the Union)의 법적 문제 등을 논의하기 위해 2004년 정부간회의를 개최하기로 합의하였다. 또한 기존의 조약들을 개정하는 데 합의하였다. 그들은 니스조약에 모호하게 표현된 제도개혁을 추진해야 할 필요성에 동의하였다. 이에 따라 유럽이사회는 조약들을 '신선하게 개정(fresh revision)' 한다는 관점에서 EU의 미래에 대하여 "보다 광범위하고 포괄적인 토의"를 할 수 있는 장을 마련하였다.[78)]

이를 위해 2001년 12월 벨기에 라켄(Laeken) 정상회의에서 기존의 유럽조약들을 개정하는 안을 만드는 임무를 부여받은 '유럽의 미래에 관한 회의(The Convention on the Future of Europe)' 의 창설이 결정되었다. 유럽연합의 미래에 관한 선언이 발표되었는데, 그 선언은 EU를 보다 민주적이면서, 보다 투명하고 효과적으로 만들고, 유럽인들의 기대에 부응하는 헌법을 마련하자는 내용을 포함하였다.

유럽미래회의의 의장에는 데스탱(Valery Giscard d'Estaing) 전 프랑스 대통령이 임명되었고, 부의장직은 드엔느(Jean-Luc Dehaene) 전 벨기에 총리와 아마토(Giuliano Amato) 전 이탈리아 총리 등 2명이 맡았다. 이 외에 2명의 집행위원(프랑스의 Michel Barnier와 포르투갈의 Antonio Vitorino)과 15개 EU 회원국과 13개 중 · 동유럽 가입후보국 의회에서 56명의 의원들(각국 2명씩)과 28명의 정상들, 유럽의회에서 16명의 의원 등 총 105명으로 구성되었다. 그리고 지역위원회(Committee of the Regions)로부터 6명, 경제사회위원회(Economic and Social Committee)로부터 3명, 사회파트너포럼(Social Partner forum)으로부터 3명, 유럽 옴부즈맨(European Ombudsman)으로부터 1명의 대표가 옵서버 자격으로 미래회의에 참석하였다.

이와 같이 105명의 회원으로 구성된 회의가 2002년 2월 28일 공식적으로 출범하였다. 이 회의는 보조성(subsidiarity) · 기본권헌장 · 법인격(legal personality) ·

78) European Communities, *A Constitution for Europe* (Luxemburg: Office for Official Publications of the European Communities, 2004), p.3.

대외관계 · 조약단순화 및 국방 등 주요 의제별 총 10개 작업반(working group)을 구성하였다. 이 회의에서 합의를 도출해 내기는 상당히 어려울 것이기 때문에 의사결정 과정에서 자연스럽게 대국들의 목소리가 더 커지게 될 것이라는 우려가 있었다. 약소국들은 미래회의가 대국들에 의해 운영되고 있다는 불만을 가지기도 하였다. 영국의 경우 EU의 최고 의사결정기구로 10명의 멤버로 구성된 '최고위원회(Super Council)'를 창설하고, 임기를 2년 반으로 하는 수반, 즉 유럽대통령을 선출하자고 제안하였다.

미래회의의 또다른 문제점은 이 회의체가 15개 EU 회원국들의 지지 아래 설립되었지만 공식적인 권한이 없다는 것이다. 미래회의에서 결정된 사안들은 2004년 정부간회의와 그동안 개최될 EU 정상회담에 제출될 뿐이며, 이를 시행할 공식적인 권한은 없었다. 미래회의에서 만장일치로 합의된 제안이라면 집행위원회나 EU 회원국들도 시행하도록 강한 압력을 받게 될 것이지만 이를 거부할 수도 있는 것이다.

이러한 제도상의 미흡함에도 불구하고 유럽미래회의는 EU의 확대 및 개혁 등 EU의 미래에 대한 청사진을 마련하는 데 있어 민주적이고 공개적인 방식으로 의견을 수렴하기 위해 설립된 것이다. 미래회의는 장차 다가올 유럽의 실질적인 통합을 위하여 통합헌법의 필요성을 제기하였다. 그리고 국제무대에서 EU의 역할을 검토, 보고해달라는 회원국 정상들의 요구를 수렴하였다. 난해하게만 보이는 EU의 역할을 유럽의 시민들에게 보다 잘 알리자는 취지에서였다. 즉 유럽미래회의는 2004년에 15개국에서 25개국으로 확대될 국가들이 주축이 되어 2002년 2월 28일부터 1년여 동안 20차례에 걸쳐 유럽통합 등 유럽의 장래에 대하여 논의할 목적으로 설립된 기구였다고 할 수 있다.[79)]

유럽의 미래에 관한 회의는 EU 헌법초안의 제1부와 제2부를 완성하여 2003년 6월 테사로니카(Thessalonika) 유럽이사회에 제출하였고, 나머지 제3부와 제4부는 2003년 7월 10일에 완성하여 18일에 로마 유럽이사회에 제출하였다. 유럽헌법초안의 정식 명칭은 유럽의 통합을 위한 "유럽헌법제정조약초안(Draft Treaty establishing a Constitution for Europe)"이다. 16개월 동안 미디어의 전

79) 김상겸, "제4장 유럽연합 헌법안," p.89.

례없는 관심을 끈 가운데 완성된 초안은 "유럽통합의 목적을 강화시키는 방향으로의 역사적 거보"를 내딛었다는 평을 받았다.[80] 헌법안 자체가 기존의 조약을 가다듬어 이해하기 쉽게 만들어졌을 뿐 아니라 EU 대통령과 외무장관직 신설을 규정하는 등 새로운 내용을 많이 담고 있었다. 대다수 기존 회원국이 헌법초안을 지지하였으나, 영국과 스페인 그리고 일부 신규회원국이 이에 반대함에 따라 2003년 10월 4일부터 최종안 마련을 위한 정부간회의가 시작되었다.

마스트리트 조약 체결과정에서와 마찬가지로 헌법 초안을 준비하는 과정에서 EU의 성격을 연합으로 할 것인가 아니면 연방으로 할 것인가에 대한 의견충돌이 있었다. 영국은 헌법초안의 준비과정에서 '연방국가'를 의미하는 모든 용어들을 삭제할 것을 요구했으며, 유럽연합의 이름을 '유럽연방(United State of Europe)'으로 바꾸자는 의견에 대해서도 반대를 관철시켰다. 영국은 이 헌법의 의미를 이제까지의 조약들을 집대성한 또 하나의 조약 정도로 제한하려고 노력하였다. 반면 독일과 프랑스는 헌법을 둘러싼 논의가 보다 명확한 미래의 성격을 결정해야 한다고 주장하였다.[81]

헌법안은 2003년 12월 13일 브뤼셀 정상회의에 상정되었으나 주요 쟁점 사항을 둘러싼 회원국간 입장차이가 커 채택합의에 실패한 후 6개월간의 논의와 수정을 거쳐 합의에 도달하였다. 2004년 6월 18일 브뤼셀에서 개최된 EU 정상회의에서 EU 정상들은 EU 헌법조약 채택에 최종 합의하였으며, 2004년 10월 29일 EU의 모태가 된 유럽경제공동체(EEC) 창설조약이 1957년에 서명된 곳인 로마에서 EU 25개 회원국 정상 및 EU 집행위원장이 참석한 가운데 서명식이 개최되었다.

유럽헌법안 제447조 제2항은 모든 비준문서가 기탁되었을 경우 2006년 11월 1일에 유럽헌법안이 발효되고, 그렇지 않을 경우 마지막 서명국이 비준문서를 기탁한 날로부터 두 번째 달 1일에 발효가 된다고 명시하였다.[82]

80) Julian Kokott and Alexandra Ruth, "The European Convention and its Draft Treaty Establishing a Constitution for Europe: Appropriate Answers to the Laeken Questions?," *Common Market Law Riview*, Vol.40, 2003, p.1315; 오형범, "EU 헌법조약의 주요 내용과 향후 비준 전망," 『세계경제』, 2005년 3월, p.60.

81) 김남국, "유럽통합과 민주주의의 결여," 『한국정치논총』, 제44집 1호, 2004, pp.286-287.

헌법안에 대한 논쟁의 성격

회원국들은 헌법초안 중에서 집행위원회 구성, 이중 다수결의 채택과 가중투표를 적용할 범위, 대통령직과 외무장관직 신설여부, 그에 따른 의회와 집행위원회의 위상 변경, 단일 난민인권 협약문제, 유럽연합의 기본권헌장을 비롯한 유럽법률의 각국에서의 효력문제 등에 대하여 이견을 보였다. 근본적으로 회원국들은 유럽통합의 궁극적인 방향과 정도에 대하여 서로 다른 이해를 가지고 있었다.[83)]

집행위원회 문제와 관련하여서는 독일, 프랑스, 영국 등 대국들은 대통령 중심으로 권한이 집중되고 보다 적은 권한을 가진 집행위원회를 선호하였고, 이에 반해 대통령을 배출할 가능성이 적은 소국들과 신규가입국들은 자신의 이익을 대변해 줄 집행위원회의 권한을 강화하는 방향을 선호하였다. 소국들은 대통령은 대국출신이 하더라도 외무장관은 소국이 맡아야 한다는 생각을 가지고 있었다. 스페인 출신인 공동외교안보정책의 고위대표 솔라나(Javier Solana)가 외무장관직을 맡아야 한다는 의견이 제시되었다.

각료이사회 의사결정 시스템과 관련하여 헌법초안에서는 니스조약에서 제시한 이중다수결을 수정하여, 회원국 절반 이상이 합의하고 찬성으로 표한 국가들이 EU 전체 인구의 일정비율을 대표할 수 있으면 결정이 이루어지는 단순이중다수결로 변경하는 의견으로 접근하였다.

헌법안을 준비하는 과정에서 가장 큰 장애요인은 스페인과 폴란드의 부정적 태도였다. 폴란드 대통령은 독일 및 프랑스가 폴란드의 영향력을 축소시키려 한다고 비난하고 2005년 중에나 EU 헌법안 채택합의가 가능할 것이라고 언급하였다. 독일, 영국, 프랑스, 네덜란드, 스웨덴, 오스트리아 등 6개 회원국은 EU 헌법안 채택에 반대했던 스페인 및 폴란드에 대한 재정지원을 봉쇄하기 위해 EU 예산을 2013년까지 동결할 것을 요청하였다. 스페인과 폴란드는

82) 원문은 다음과 같다. "This Treaty shall enter into force on 1 November 2006, provided that all the instruments of ratification have been deposited, or, failing that, on the first day of the second month following the deposit of the instrument of ratification by the last signatory State to take this step."

83) 김남국, "유럽통합과 민주주의의 결여," p.286.

EU 헌법의 구성

Part Ⅰ: EU제도, 권능 및 기구관련 사항

Title Ⅰ(제Ⅰ-1조~제Ⅰ-8조): EU의 정의 및 목적(Definition and Objectives of the Union)

TitleⅡ(제Ⅰ-9조,제Ⅰ-10조): EU의 기본적 권리와 시민권(Fundamental Rights and Citizenship of the Union)

TitleⅢ(제Ⅰ-11조~제Ⅰ-18조): EU 권능(Union Competence)

TitleⅣ(제Ⅰ-19조~제Ⅰ-32조): EU 기구 및 기관(The Union's Institutions and Bodies)

TitleⅤ(제Ⅰ-33조~제Ⅰ-44조): EU 권능의 행사(Excercise of Union Competence)

TitleⅥ(제Ⅰ-45조~제Ⅰ-52조): EU의 민주적 삶(The Democratic Life of the Union)

TitleⅦ(제Ⅰ-53조~제Ⅰ-56조): EU 재정(The Union's Finances)

TitleⅧ(제Ⅰ-57조): EU와 주변국(The Union and its Neighbors)

TitleⅨ(제Ⅰ-58조~제Ⅰ-60조): EU 회원국(Union Membership)

PartⅡ: EU 기본인권헌장(The Charter of Fundamental Rights of the Union)

Title Ⅰ (제Ⅱ-61조~제Ⅱ-65조): 존엄(Dignity)

Title Ⅱ (제Ⅱ-66조~제Ⅱ-79조): 자유(Freedoms)

Title Ⅲ (제Ⅱ-80조~제Ⅱ-86조): 평등(Equality)

TitleⅣ (제Ⅱ-87조~제Ⅱ-98조): 연대(Solidarity)

Title Ⅴ (제Ⅱ-99조~제Ⅱ-106조): 시민의 권리(Citizen's Rights)

TitleⅥ (제Ⅱ-107조~제Ⅱ-110조): 정의(Justice)

TitleⅦ(제Ⅱ-111조~제Ⅱ-114조): 헌장의 해석과 적용에 관한 일반조항(General Provisions Governing the Interpretation and Application of the Charter)

PartⅢ: EU의 정책과 기능(The Policies and Functioning of the Union)

Title Ⅰ (제Ⅲ-115조~제Ⅲ-122조): 일반적용 조항(Provisions of General Application)

TitleⅢ(제Ⅲ-123조~제Ⅲ-129조): 비차별 및 시민권(Non-discrimination and Citizenship)

TitleⅣ (제Ⅲ-286조~제Ⅲ-291조): 해외국가 및 영토와의 연합(Association of the Overseas Country and Territories)

Title Ⅴ (제Ⅲ-292조~제Ⅲ-329조): EU의 대외행동(The Union's External Action)

TitleⅥ (제Ⅲ-330조~제Ⅲ-423조): EU의 기능(The Functioning of the Union)

TitleⅦ (제Ⅲ-424조~제Ⅲ-436조): 공동조항(Common Provisions)

PartⅣ: 일반조항 및 최종조항(General and Final Provisions)
(제Ⅳ-437조~제Ⅳ-448조)

2007~2013년 EU 예산에서 재정지원을 가장 많이 받을 것으로 예상되었으나 6개 회원국들은 가중다수결의 정의를 변경하는 사안과 연계시켜 EU 예산 편성

의 합의를 이끌어낼 계획을 수립하였다. 특히 EU 예산의 22%를 부담하는 독일이 이 같은 입장을 주도하였다.

EU 헌법이 최종 발표되기 위해서는 25개 회원국의 개별적 비준절차를 거쳐야 했으며, 이르면 2006년경 발효될 수 있을 것으로 예상되었다. 한편 유럽의회는 2005년 1월 12일 본회의 표결을 통해 헌법조약을 압도적 다수로 승인하였다. 이 표결은 법적 효력은 없지만 25개 회원국에서 직접투표로 선출된 의원들에 의해 압도적 지지를 받았다는 사실이 향후 각국의 국내 비준에 긍정적으로 작용할 것이라는 점에서 정치적으로 큰 의미를 갖고 있었다.[84]

2) EU 헌법의 내용

EU 헌법은 국제법의 원칙을 따르는 조약임과 동시에 국내법적으로 헌법적 요소를 포함하는 헌법(constitution)의 성격을 함께 갖고 있다. 따라서 EU 헌법은 각 회원국의 헌법을 대체하지 않고 별개의 정당성과 자율성을 바탕으로 존재하게 된다. 또한 모든 회원국의 국민은 EU 시민이 되고, EU 시민권은 개별 국민으로서의 권리를 대체하지 않고 추가적인 권리를 부여하게 되었다.[85] 그리고 EU 헌법과 EU 각 기관에 부여된 권능에 따라 채택한 법률은 회원국의 법률보다 상위에 놓이게 되었다.

또한 EU 헌법의 도입에 따라 기존의 유럽공동체들을 대체하는 '하나의 EU' 만이 존재하게 되었다. 즉 마스트리트 조약상의 세 기둥(pillars) 체제가 하나로 통합되고 기존의 EU 및 EC 조약들과 이들을 수정 · 보완했던 조약이 모두 EU 헌법으로 대체되어 유럽연합은 단일한 기초 위에 세워지게 되었다.

EU 헌법은 유럽인권협약에 기초하여 확대 · 발전시킨 2000년의 유럽연합의 기본권 헌장과 2002년 유럽헌법을 위한 조약안 등이 양대 축을 이룬다. 이번에

84) 총 732명의 의원 중 677명이 표결에 참가하여, 찬성 500, 반대 137, 기권 40의 압도적 다수(약 74%)로 승인하였다. 오형범, "EU 헌법조약의 주요 내용과 향후 비준 전망,"『세계경제』, 2005년 3월, p.60.

85) 예를 들어 EU 영역 내에서 자유롭게 이동하고 거주할 권리(제Ⅱ-105조), 유럽의회 선거 및 거주국가의 지방선거에서 투표할 권리 및 입후보 권리(제Ⅱ-99조), 제3국에서의 외교 및 영사 보호권(제Ⅱ-106조), 유럽의회에의 청원권(제Ⅱ-104조) 등이다.

합의된 헌법안의 주요내용은 가중다수결제의 재조정, EU의 권한 확대를 위한 대통령 및 외무장관직 신설, 집행위원회 구성의 변경, 유럽의회의 권한 강화 등이다.

유럽헌법안은 전문, 본문 4부 448조, 36개의 의정서(protocol) 및 2개의 선언(declaration)으로 구성되어 있다. 본문은 제1부 EU의 목적, 권한, 제도 및 기구(제1조~제60조; 총60조), 제2부 EU의 기본권 헌장(제61조~제114조; 총54조), 제3부 EU의 정책과 기능(제115조~제436조; 총342조) 및 제4부 EU 국기, 헌법조약 개정, 발효절차 등 일반조항 및 종결조항(제437조~448조; 총12조)으로 구성되어 있다.

(1) 새로운 의사결정 방식의 채택

각료이사회의 중요한 정책 수립시 신속하고 효율적인 의사결정이 이루어질 수 있도록 인구 및 경제 규모에 따른 가중다수결을 택한 기존의 방식을 대신해 이중다수결 제도가 도입되었다. 이중다수결이란 일정 비율의 인구와 회원국의 찬성이라는 두 가지 조건을 충족시켜야 의안이 통과되는 다수결 방식이다. 이는 2000년 니스 정상회의에서 'EU 전체 인구의 60% 및 회원국의 50% 이상 동의'로 정의되었으나 이번 합의안에서는 각각 '65% 및 55%(최소 15개국) 이상 동의'로 수정되었다. 또한 대규모 국가들(영 · 독 · 프 3국의 인구가 전체 인구의 약 41%)이 담합을 통해 주요 의제를 독점하는 것을 방지하기 위해 전체 인구의 35%, 4개국 이상의 동의로 의제 채택에 반대할 수 있도록 허용하였다.[86] 이번에 결정된 새 규정은 2009년 11월부터 적용된다.

이중다수결제를 결정하는 과정에서 각 회원국의 견해 차이로 결정이 이루어지기까지는 많은 어려움이 따랐다. 2000년 니스 EU 정상회의에서 합의되어 2005년부터 적용 예정인 가중다수결의 정의를 변경해야 한다는 주장은 인구규모를 고려한 투표권의 안배가 필요하다는 점 때문에 부각되었다. 니스 합의에 따르면 인구가 8,200만 명인 독일과 6,000만 명 정도인 프랑스, 영국 및 이탈리

86) Tim Bale, *European Politics: A Comparative Introduction* (New York: Palgrave, 2005), p.53.

아에 각각 29표가 배정되는 데 비해 인구가 4,000만 명 내외인 스페인과 폴란드에는 27표나 주어지는 문제가 있었다. 독일은 회원국의 과반수 이상이 찬성하고 찬성한 회원국의 인구가 EU 전체 인구의 5분의 3 이상일 때로 변경할 것을 주장하는데, 스페인과 폴란드는 자국의 영향력 감소를 우려하여 강력히 반대하였다. 기존 니스조약에서 스페인과 폴란드가 할당받은 각료이사회 내 투표권 수는 총 345표 중 27표로 독일, 프랑스, 영국, 이탈리아 등 대국들의 29표와 거의 대등한 수준이었으나, 헌법초안의 이중다수결 제도하에서는 이에 못 미치는 수준의 투표권을 할당받을 것이기 때문에 양국은 불만을 가졌다.

또한 영국, 프랑스 등은 각료이사회가 가중다수결로 결정할 수 있는 사안의 확대에 대해 반발하였다. 특히 연방에 대한 반대 의사를 보이는 영국은 조세, 외교정책, 사회보장제도 등에 대한 회원국의 거부권(veto)이 유지되어야 한다고 주장하였다.

(2) 대통령 및 외무장관직 신설

EU 헌법은 EU 대통령(European Council President) 및 외무장관(Union Minister for Foreign Affairs)직을 신설하여 EU의 행정부격인 집행위원회의 집행위원장과 함께 3개의 강력한 지도부를 구성하도록 하고 있다. 대통령직의 신설은 그동안 6개월 임기의 순번제의장직이 가지고 있는 비효율적인 운영을 개선하고 EU의 대외적인 대표권한을 높이기 위한 것이다. EU 대통령의 임기는 2년 6개월로 중임이 가능하도록 하였다. 한 인물이 최소한 2년 6개월 동안 EU를 대표하므로 EU의 대표성과 정체성이 높아질 것으로 기대되고 있다.

이에 따라 대통령은 대내적으로 EU 이사회의 상임의장, 대외적으로는 공동외교안보정책(CFSP) 관련 EU 외무장관의 임무를 침해하지 않는 범위 내에서 EU의 대표 역할을 하게 되며, 25개국 회원국 정상과 외무장관 그리고 집행위원장의 가중다수결로 선출된다(제 I－22조 제1항). EU 외무장관은 공동외교안보정책(Common Foreign and Security Policy: CFSP)과 방위정책(European Security and Defense Policy: ESDP)을 담당하게 된다(제 I－22조 제2항). EU 외무장관의 경우 임기는 5년으로 EU 집행위원회 부위원장을 겸임하며(제 I－28조 제4항), EU 이사회가 집행위원장의 동의를 얻어 가중다수결에 의해 임명하

게 된다(제 I-28조 제1항).[87)]

EU 외무장관은 공동외교안보정책 고위대표와 집행위의 대외관계 집행위원이 나누어 갖고 있는 대외관계 업무를 통합, 보다 효율적인 공동외교안보정책 수행을 하도록 하였다. 외무장관이 임명되면 외교분야에서 EU의 역할이 커질 것으로 예상되고 있다. 외무장관은 EU의 개발원조 업무와 공동외교안보정책을 담당할뿐더러 각 회원국 외무장관 모임인 각료이사회를 주재하고 공동외교안보정책을 집행하게 된다.

이번 헌법안 논의과정에서 외교, 국방, 안보 분야에도 다수결 원칙을 도입하자는 안이 제시됐지만, 영국 등 일부국가의 거센 반발로 인해 이 분야는 결국 회원국의 고유 권한으로 남게 됐다. 국가 주권의 핵심을 이루는 외교나 국방 · 안보 분야 사안이 다수결로 채택될 경우 연방국가로 가는 길이 앞당겨지겠지만 이에 대한 합의는 이루어지지 못했다. 대신 헌법안은 외교정책의 주요 도구인 예산을 효과적으로 활용하기 위해 EU 외무장관이 개발원조와 공동외교안보정책을 함께 관장하도록 했다. 또한 개발원조 업무가 집행위원회 고유 권한인 만큼 EU 외무장관이 집행위원회 부위원장 역할도 겸임하도록 규정했다. 이 업무를 수행할 때는 집행위원회의 규정에 따라야 한다. 현재 EU는 전 세계에 대표부를 두고 있다. 미국 국무부는 워싱턴 주재 EU 대표부를 중국, 러시아 대사관과 마찬가지로 1급 외교공관으로 분류하고 있다. 초대 EU 외무장관은 각국에 나가 있는 EU 대표부도 지휘하게 된다.

(3) 집행위원회 및 의회의 변화

EU 집행위원회 구성은 모든 회원국(25개국)에서 1명씩 집행위원으로 참여하는 방식을 2014년부터는 15개국의 집행위원이 윤번제로 투표권을 행사하는 방식으로 변경되었다. 집행위원회의 규모축소는 회원국 확대에 따라 집행위원회의 수가 많아질 경우 의사결정에 소요되는 시간 낭비 등을 줄여 조직의 효율성을 제고하기 위한 것이다.

87) 2004년 6월 30일 개최된 특별 정상회담에서 J. Solana EU 외교 · 안보담당 집행위원을 EU 집행위원회 부위원장 겸 외무장관에 공식 지명하였다.

입법과정에서 공동결정권한 확대, EU 예산 의결, 집행위원장 및 집행위원에 대한 임명동의 등 유럽의회의 권한을 강화하였다. 회원국 확대에 따른 유럽의회의 의석수 증가를 방지하기 위해 총 의석수를 750석 이내로 제한하는 한편 소규모 국가의 유럽의회 의석을 최소 4개에서 6개로 상향조정하고 한 국가당 최대 의석수는 96개로 제한하였다. 이에 따라 몰타는 최소 의석수를, 독일은 최대 의석수를 보유하게 되었다.

헌법은 민주성을 제고한다는 차원에서 유럽시민의 직접선거에 의하여 선출된 의원들로 구성된 유럽의회에 집행위원장 선출권을 부여하고 있을 뿐 아니라, 입법 및 예산논의과정 등 제반 정책결정과정에서 유럽의회의 권한을 강화하였다.

헌법안은 공동외교안보 및 국방정책 수행과 관련된 내용도 포함하였는데, EU는 공동의 외교안보 및 국방정책을 수립하고 집행할 수 있는 권한을 가지며 각 회원국은 이를 유보없이(unreservedly) 따르도록 규정하였다. 오스트리아, 아일랜드, 핀란드, 스웨덴 등 중립적인 국가들은 EU의 국방정책 단일화에 대해 독일, 프랑스 등 대국들에 의해 주도될 것이라며 반대하였다. 이에 따라 독일, 프랑스, 영국 등 3개국 간 상호 국방협조를 강화하되 NATO의 우선적 지위는 유지하기로 합의하였다.

그동안 내무와 경찰, 사법 분야에서도 거부권 행사가 인정됐으나 각국이 이민과 난민정책에서 공동정책을 실시하기로 합의, 이 분야도 다수결로 정하게 됐다. 헌법안은 그 외에 모두 50개 항목에서 거부권이 없애고 다수결을 도입했다. 그러나 외교, 안보, 국방, 조세와 사회복지 분야는 회원국의 거부권을 유지토록 하였다.

EU 내 전 유럽인의 인권보장을 법제화하기 위해 2000년 12월 니스 정상회의에서 선언서 형식으로 채택된 기본인권헌장(Charter of Fundamental Rights)을 헌법안의 제2부에 포함하여 법적 구속력을 부여하였다. 인권헌장은 제1조 인간의 존엄에서부터 제54조 권리남용금지에까지 기본권이 자유권, 평등권, 연대권, 시민권과 사법권, 그리고 일반 규정들로 나뉘어 구성되어 있다.[88]

88) 김상겸, "제4장 유럽연합 헌법안," 김상겸 외, 『유럽연합정부론』(서울: 앰-애드, 2002), p.96.

(4) 유럽연합의 기본인권헌장

1999년 6월 쾰른(Cologne) 회담에서 유럽이사회는 "연합수준에서의 적절한 기본적인 권리들을 헌장(Charter)에 포함하여 더욱 명백히 해야 한다"고 선언했다. 더 나아가서 유럽이사회는 헌장 초안이 헌장을 조약에 포함시킬지 여부와 방법을 논의할 2000년 12월 유럽이사회 회담보다 앞서서 준비되어져야 한다고 선언했다.

헌장 작성을 책임질 '협의회(Convention)'를 구성했는데, 이 기구의 구조는 쾰른에서 대체로 윤곽을 잡았고, 그 후 1999년 10월 탐페레 정상회담에서 구체화되었다. 회원국 정상 15명, 집행위원장, 유럽의회 의원 16명 그리고 국회의원 30명 등 총 62명으로 구성되었다. 또한 4명의 옵저버가 포함되었는데, 유럽재판소의 대표자 2명과 유럽이사회의 2명이었고, 그중 1명은 유럽인권재판소(European Court of Human Rights)를 대표하도록 하였다. 이 구성은 EU의 문서를 작성하기 위하여 EU 대표가 회원국 대표를 만난다는 점에서 매우 독특했다. 따라서 회원국 정부만으로 구성되어 있는 정부간회의(IGC)보다 훨씬 광범위하고 민주적인 토대가 이루어졌다.[89]

헌장은 2000년 10월 협의회에 의해 합의되었다. 전문에 나타나 있는 목적과 의도는 정신적이고 도덕적인 전통의 의식하에, EU는 분리될 수 없고 보편적인 인간존엄의 가치, 자유, 평등과 단결에 기반하고 있다. EU는 또한 민주주의 원리와 법의 지배에 바탕을 두고 있다. 자유, 안전 그리고 정의의 영역을 창조하고 연합의 시민권을 만듦으로써 연합 활동의 중심에 인간이 있게 한다.

연합은 유럽인들의 문화의 전통과 다양성뿐만 아니라 회원국들의 국가정체성, 그리고 국가, 지방, 지역 차원의 공공조직을 존중하여 공통가치의 보존과 발전에 공헌한다. 그리고 균형되고 지속 가능한 발전을 도모하며, 사람, 물질, 서비스와 자본의 자유로운 이동과 설립의 자유를 보장한다는 내용이 전문에 나타난 EU 존재의 근거였다.

전문에 이어서, 헌장은 7개장 54조로 구성되어 있다.

제 I 장 (1–5조): 존엄. 이 장에 있는 권리들은 사형금지를 포함한 생존의 권

89) Neill Nugent, *The Government and Politics of the European Union*, 5th ed., p.90.

리, 신체적 · 육체적 불가침, 인간복제의 금지를 포함한 인간의 고결성, 그리고 고문과 비인간적 대우의 금지, 노예제도의 금지와 강제노역의 금지를 포함한다.

제Ⅱ장 (6-19조): 자유. 이 장에서는 자유와 안전에 대한 권리, 개인과 가족 생활의 존중, 개인정보의 보호, 사상 · 양심 · 종교의 자유, 표현의 자유, 집회와 결사의 자유, 학문과 예술의 자유, 기업경영의 자유 그리고 소유의 자유가 있다.

제Ⅲ장 (20-26조): 평등. 이 장에서 인정된 권리들은 법 앞에서의 평등, 남녀 간의 차별금지, 문화 · 종교 · 언어의 다양성 존중, 어린이와 노인의 권리, 장애인의 복지, 소외계층의 인권 존중 등이다.

제Ⅳ장 (27-38조): 단결. 이 장은 기업 내에서 노동자의 정보와 자문의 권리, 임금계약권, 단체교섭과 행동의 권리, 부당 해고로부터의 보호, 공정하고 정의로운 노동 조건, 건강보호 권리, 사회안전과 사회의 지원, 그리고 환경보호와 소비자보호를 포함하고 있다.

제Ⅴ장 (39-46조): 시민권. 여기에 열거된 권리들은 거주하는 회원국에서 유럽의회와 지방선거에서 후보자로 입후보할 수 있고 투표할 수 있는 시민으로서의 권리, 지방선거권, 행정조직과 시설에 대한 이용권, 유럽의회 기록에 대한 접근권, 선정을 베풀 권리, 연합 내에서의 거주이전 및 체류의 자유, 그리고 제3국에 대표가 없는 EU 회원국의 국민이 다른 회원국의 외교 및 영사보호를 받을 권리가 있다.

제Ⅵ장 (47-50조): 정의. 이 장은 사법권에 대한 규정들로서 효과적인 구제수단에 관한 권리와 법원의 독립, 효과적인 교정과 공정한 재판의 권리, 무죄추정과 변호권, 일사부재리원칙과 이중처벌금지의 원칙, 율법원칙과 범죄와 형벌의 공정비례성 등을 포함한다.

제Ⅶ장 (51-54조): 일반조항. 이 장은 기본권 헌장의 범위, 보장되는 권리의 범위, 보호수준 및 권리오용의 금지 등의 내용을 포함하고 있다.

3) EU 헌법조약 비준의 실패: 프랑스와 네덜란드

EU는 헌법안을 2006년 11월 1일까지 각 회원국 의회의 비준 또는 국민투표 통과를 거쳐 확정 발효되도록 한다는 일정을 잡았다. 그러나 유럽통합에 대한

25개 회원국의 EU 헌법 비준 일정

(2005년 7월 10일 현재)

회원국	비준방식	비준(예정)일
리투아니아	의회승인	2004년 11월 11일 비준(찬성 84, 반대 4, 기권 3)
헝가리	의회승인	2004년 12월 20일 비준(찬성 322, 반대 12, 기권 8)
슬로베니아	의회승인	2005년 2월 1일 비준(찬성 79, 반대 4, 기권 7)
스페인	국민투표	2005년 2월 20일 비준(찬성 76.6%, 반대 17.2%)
사이프러스	의회승인	2005년 6월 30일 비준
포르투갈	국민투표	2005년 4월 (연기)
프랑스	국민투표	2005년 5월 29일 국민투표에서 부결 (반대 54.9%)
독일	국민투표	2005년 5월 27일 비준
네덜란드	국민투표	2005년 6월 1일 국민투표에서 부결 (반대 61%)
룩셈부르크	국민투표	2005년 7월 10일 비준
스웨덴	의회승인	2005년 12월 (연기)
이탈리아	의회승인	2005년 4월 6일 비준
라트비아	의회승인	2005년 6월 2일 비준
덴마크	국민투표	2005년 가을 (연기)
폴란드	국민투표	2005년 가을 (연기)
오스트리아	의회승인	2005년 5월 25일 비준
에스토니아	의회승인	미정
그리스	의회승인	2005년 4월 19일 비준
몰타	의회승인	미정
슬로바키아	의회승인	2005년 5월 11일 비준
핀란드	의회승인	2005년 말 (연기)
아일랜드	국민투표	2005년 말 혹은 2006년 초 (연기)
벨기에	의회승인	미정
영국	국민투표	2006년 6월 (연기)
체코	국민투표	2006년 6월 (연기)

반대여론이 높아진 가운데 모든 회원국의 비준을 통과해야 하기 때문에 EU 헌법이 발효되기까지는 상당한 시일이 걸릴 것으로 전망되고 있다. EU 헌법안 채택 합의로 EU의 정치통합에 한 발 다가섰으나 일부 국가에서 비준에 실패할 경우 EU 헌법안 지지국과 반대국 간, 대국과 소국 간의 갈등이 확대될 것으로 예상되고 있다.

비준방식에 있어 의회승인을 결정한 국가는 총 14개국으로 오스트리아, 벨기에, 사이프러스, 에스토니아, 핀란드, 독일, 그리스, 헝가리, 이탈리아, 리투아니아, 라트비아, 몰타, 슬로베니아, 스웨덴 등이다. 한편 국민투표를 실시하는 국가는 총 11개국으로 체코, 덴마크, 프랑스, 아일랜드, 룩셈부르크, 네덜란드, 폴란드, 포르투갈, 슬로바키아, 스페인, 영국 등이다. 이 중 스페인은 2005년 2월 20일 실시된 국민투표에서 42.3%의 저조한 투표율 속에서 찬성 76.6%, 반대 17.2%의 압도적인 기록으로 EU 헌법을 승인하여 EU 회원국 중 처음으로 국민투표를 통해 EU 헌법을 승인한 나라가 되었다.

2005년 5월 29일 이전에는 EU 통합 속도와 진전과정이 예상외로 매우 순조롭게 진행되었다. 스페인은 2005년 2월 20일 국민투표를 거쳐 EU 헌법안을 통과시켰으며, EU 예산의 최대 분담금을 지출하고 있는 독일과 전통적으로 EU 통합에 긍정적인 입장을 보여 온 이탈리아도 헌법안을 비준하였다.

그러나 우려했던 대로 EU의 핵심국가인 프랑스와 네덜란드에서 EU 헌법조약 비준이 부결되는 최악의 사태가 발생하였다. 양국 모두 국민투표에서 부결되었는데 2005년 5월 29일 실시된 프랑스에서 반대 54.9%로 부결되었고, 6월 1일 실시된 네덜란드 국민투표에서는 반대표가 61% 나왔다. EU 창설 회원국들의 잇따른 비준 실패로 EU 통합의 적신호가 켜지면서 정치 · 경제적인 혼란이 발생하였다. 특히 프랑스의 부결에 따라 유로화의 가치가 5월 27일 1.26달러에서 6월 1일 1.22달러로 3.2% 급락하였다.

프랑스와 네덜란드에서 EU 헌법조약 비준이 부결된 사유는 다음과 같이 요약될 수 있다. 첫째, EU 헌법안은 EU를 대표하는 대통령직과 외무장관직을 신설하고 외교 · 안보정책에 있어서도 일관된 단일노선을 취하려는 내용을 포함하는 등 정치통합을 강화하려는 의도로 보였다. 정치 통합의 강화로 개별국의 주권 위축 및 국가 정체성 상실에 대하여 우려한 프랑스와 네덜란드 국민들이 결국 비준 반대를 선택한 것이다.

둘째, 프랑스와 네덜란드의 국내문제로 경기부진 및 실업증가 때문에 정부의 경제정책에 대한 국민의 지지도가 하락한 것이 또 다른 이유이다. 2005년 1/4분기 경제성장률은 프랑스 0.2%, 네덜란드 −0.1%로 매우 저조하게 나타났으며, 2005년 4월 말 기준 실업률은 프랑스 10.2%, 네덜란드 9.0%로 높은 수준을 유지하였다. 따라서 양국 국민들은 정부의 경제정책에 대한 불만의 표시로 헌법안을 부결시켰다는 분석이다. 특히 양국의 경제계는 EU의 급속한 통합으로 인해 중동부 유럽으로부터 저임금 노동자가 유입되면 실업률이 더욱 높아지고, 이 지역에 대한 제조업 및 서비스업의 생산기지와 판매거점의 대거 이전으로 산업생산 증가율이 타격받을 것을 우려하였다.[90)]

셋째, 이슬람 국가인 터키의 EU 가입이 추진되면서 가톨릭 국가가 대부분인 EU 회원국 국민들의 거부감이 프랑스, 네덜란드를 중심으로 확산된 데 기인한다. 터키는 풍부한 노동력을 바탕으로 저임금 근로자를 제공할 수 있는 국가로 EU의 경제성장에 긍정적인 동인으로 작용할 수 있으나, 독일, 네덜란드 등에서 나타난 터키계 이주민에 대한 반감으로 사회 융화적인 차원에서도 터키의 EU 가입추진이 부정적으로 작용한 것으로 보인다.

프랑스의 경우 3개의 극좌파 정당인 공산혁명연맹(LDR), 노동자투쟁(LO), 노동자당(PT)이 연합해 적극적으로 반대운동을 전개했다. 동유럽 국가 8개국이 신입회원국으로 가입함으로써 값싼 노동력의 유입을 걱정하고 사회적 덤핑이 야기되리라는 불안 등으로 고용불안, 그리고 실업자로 사회생활을 시작하는 젊은 이들이 특히 유럽헌법에 대해 부정적이었다. 시라크 정부의 안일한 대처 또한 부결의 원인으로 지적되고 있다. 홍보부족으로 인한 정보 부족, 국민투표 실시 이전 60% 이상의 긍정적인 여론에 너무 안일하게 대처한 것이다.

프랑스에서 EU 헌법조약이 통과하느냐의 여부는 매우 중요한 의미를 지니고 있다. 유럽헌법 초안을 마련한 "유럽의 미래를 위한 회의"의 의장이 프랑스 전 대통령이었던 지스까르 데스탱이었다. 프랑스 외무장관 로베르 슈망의 선언으로 유럽석탄철강공동체가 실현되었고, 프랑스의 드골, 미테랑 대통령, 자크 들로르 유럽집행위원장 등이 유럽통합에 적극적이었고 항상 중심에 있었기에 매우 의미심장한 것이다. 따라서 프랑스에서 유럽헌법이 부결된다는 것은 유럽통합 자체를 부정하는 것과 같은 상징성을 지닌다고 해도 과언이 아니다.

프랑스와 네덜란드의 조약 비준 실패에는 두 나라의 문제뿐만 아니라 회원국 전체의 경제적 부진이 중요한 이유로 자리잡고 있다. 1999년 EMU체제가 출범한 이후 전반적으로 경제성과는 저조한 것으로 평가되었다. 3~4% 수준의 성장률을 보인 미국경제와는 달리 EU 경제는 1%대의 저성장에 그쳤다. 더구나 유럽

90) 조양현, "EU 확대 및 통합 과정과 시사점," 『수은해외경제』, 2005년 8월호, pp.15-16.

주요국 경제성장률 추이

(%, 전년동기비)

	1995	2000	2001	2002	2003	2004	2005. 1/4
EU15	2.9	3.6	1.7	1.0	0.8	2.3	1.5
〈유로권〉	2.8	3.5	1.6	0.9	0.5	2.0	1.4
–독일	2.0	2.9	0.8	0.1	–0.1	1.6	1.1
–프랑스	3.2	3.8	2.1	1.2	0.5	2.3	1.8
–이탈리아	1.7	3.0	1.8	0.4	0.3	1.2	–0.2
–네덜란드	4.0	3.5	1.4	0.6	–0.9	1.3	–0.5
〈영국〉	2.9	3.9	2.3	1.8	2.2	3.2	2.1
미국	4.4	3.7	0.8	1.9	3.0	4.4	3.7

내에서 유로권 경제는 저성장이 지속되는 반면, 영국을 비롯한 비(非) 유로권은 높은 성장세를 보이고 있다.[91)]

경제부진이 계속되자 EMU 체제의 해체가 회원국 경제에 도움이 된다는 극단적인 주장까지 등장하였다. 실제로 이탈리아 정치권 일각에서는 EMU 탈퇴 움직임이 나타났다. 베를루스코니(Berlusconi) 정권의 중요한 연정파트너인 북부동맹(Northern League)[92)]이 유로화 탈퇴운동을 주도하고 있다. 이러한 움직임에 대해 이탈리아 정치권과 유로권 회원국 정부들은 비판적인 태도를 취하고 있으나 이탈리아 내 지지여론은 계속 증가하고 있다.[93)]

경제문제는 심각한 사회문제를 야기하였다. 특히 서유럽 제조업체들의 동유럽 이전에 따른 노동자들의 불만이 가속화되고 있다. 동유럽 국가들은 서유럽 기업들에게 상품시장으로서뿐만 아니라 생산기지로도 각광받고 있다. 동유럽 지역의 낮은 임금과 법인세를 이용하기 위한 생산기지 이전이나 동유럽 기업들을 이용한 아웃소싱이 확대되고 있다. 동유럽 국가들은 투자 유치를 위해 20%

91) 김득갑, "EU통합의 현주소와 향후 전망," 삼성경제연구소 CEO Information, 제511호, 2005년 7월 27일, p.7.

92) 북부동맹은 이탈리아 북부지방을 근거로 하는, 5% 득표율을 지닌 군소정당이나 2006년 총선을 앞두고 캐스팅보트 역할로 정치적 입지가 강화되고 있다. 북부동맹 소속의 카스렐리(Robert Casrellie) 법무장관은 리라화 복귀법안의 공식 상정을 천명하였다. *Financial Times*, 8 June 2005.

93) 김득갑, "EU 통합의 현주소와 향후 전망," pp.9-10.

미만의 낮은 법인세율을 부과하고 있다.[94)]

제조업체의 동유럽으로의 이전으로 인해 서유럽의 일자리가 줄고 임금 감소로 삶의 질이 악화되었다. 실직을 우려한 서유럽 노동자들은 추가 임금인상 없이 노동시간의 연장을 수용할 정도였다. 이에 따라 서유럽 노동자들은 급속한 EU 확대에 대하여 강한 불안감을 표시하고 있다. EU 헌법조약이 발효되고 EU 확대가 계속될 경우 신규 회원국에서 유입된 저임금 노동자가 자신들의 일자리를 빼앗을 것을 염려하고 있다. 특히 터키나 발칸지역 국가들이 EU에 가입하게 되는 경우 대량이민이 발생할 것을 우려하고 있다.

4) EU 헌법안의 미래

2006년 6월 16~17일 브뤼셀에서 열린 정례 EU 정상회의에서 EU 정상들은 2006년 11월 1일로 예정되었던 EU 헌법안 비준 완료 시한을 연기하기로 합의하였다. 5월 29일 프랑스, 6월 1일 네덜란드에서 실시된 EU 헌법안 국민투표가 연속적으로 부결되어 EU의 정치적 통합이 큰 위기에 봉착했기 때문이었다. 회원국 정상들은 EU 헌법의 미래에 대해 논의한 결과 부결에 대한 반성의 차원에서 "숙고의 기간(period of reflection)"이 필요하다고 하면서 비준시한을 연장하였다. 동시에 각 국가별로 비준절차를 지속할지 여부를 결정하도록 일임하였다.[95)]

이에 따라 영국을 비롯한 폴란드, 체코, 포르투갈, 아일랜드, 덴마크, 스웨덴, 핀란드 등 8개국은 EU 헌법안의 비준절차를 연기 내지 보류하기로 결정하였다. 이 중 스웨덴, 핀란드는 의회비준을, 나머지 6개국은 국민투표를 통해 EU 헌법안을 비준할 예정이었다. 2006년 초 EU 헌법안에 대한 국민투표를 실시할 예정이었던 영국은 6월 6일 국민투표의 무기한 연기를 발표하였다. 나머지 4개국,

94) 독일 컨설팅업체인 Roland Berger가 독일 제조업체를 대상으로 2004년에 실시한 설문조사 결과 독일기업 중 90%가 원가경쟁력 확보를 위해 공장을 해외로 옮겼거나 이전을 모색 중인데, 200여 개 자동차 부품업체들은 이미 동유럽으로 이전하였다.

95) 현재 EU 25개국 회원국 중 룩셈부르크를 포함하여 13개국이 비준을 완료, 프랑스와 네덜란드가 비준에 실패하여 10개국이 비준절차를 남겨놓고 있다. 이 중 벨기에는 상하원 비준을 마치고 지방정부 의회의 비준을 진행 중에 있음.

즉 에스토니아, 사이프러스, 몰타, 룩셈부르크는 비준절차 연기 결정을 내리지 않았다. 이 중 라트비아, 사이프러스, 몰타는 각각 6월 2일, 6월 30일과 7월 6일에 의회표결을 통해 EU 헌법안을 비준하였다.

룩셈부르크는 7월 10일 국민투표를 통해 찬성 56.52%, 반대 43.48%로 예상외의 큰 표 차이로 헌법조약을 비준하였다. 룩셈부르크의 전체인구 45만 1,600명(2004) 중 유권자는 22만 717명으로, 이 중 19만 3,715명이 투표하여 90.4%의 투표율을 보였다.[96] 룩셈부르크는 지난 2월 비준 완료한 스페인에 이어 두 번째로 국민투표 방식을 통해 헌법조약을 비준한 국가이며, 프랑스 및 네덜란드 부결 이후 유일하게 국민투표 절차를 강행하였다.[97] 반대표의 대부분은 프랑스와 국경을 접하고 있는 남서부 공업지역에서 나오는 현상이 발생하였다. 반대 이유로는 복지혜택의 축소 우려, 이민의 증가, 터키 가입문제를 비롯한 EU확대에 대한 불안감 등이 제시되었다.

2005년 7월 10일 현재 리투아니아, 헝가리, 슬로베니아, 이탈리아, 그리스, 슬로바키아, 오스트리아, 독일, 라트비아, 몰타 및 사이프러스가 의회표결 방식으로, 스페인은 국민투표 및 의회표결 방식으로 또한 룩셈부르크는 국민투표 방식으로 각각 비준하여 12개국(2억 2,500만 명)이 EU 헌법안을 승인한 상태이다.

EU 헌법의 부속선언(Article Ⅳ-443-4)에 따르면, 25개 회원국의 동의가 이뤄지지 않아도 회원국의 80%(20개국) 이상이 비준하는 경우에는 헌법안 서명일로부터 2년이 경과하는 시점에서 EU 정상회의를 거쳐 발효여부를 결정할 수 있도록 규정하고 있다.[98] 당초 예정된 2007년 EU 헌법의 발효는 사실상 불가능해졌으며, 정치통합의 속도조절은 불가피한 것으로 예상된다.

EU 통합에 대한 회의적인 여론(euroskeptic)이 늘고 있어 헌법조약의 최종비준까지 험로가 예상되었다. 우선 EU 통합 추진 절차에 민주주의가 결여되어 있다는 의식이 팽배해 있었다. 통합 추진 절차가 정치 엘리트 간의 밀실협약에 의

96) 룩셈부르크는 투표가 의무로 되어 있어 높은 투표율이 나온 것이다.

97) 룩셈부르크는 6월 20일 의회정당 대표들이 모임을 갖고 논의한 결과 EU 헌법안에 대한 반대의사가 급증함에도 불구하고 국민투표를 예정대로 실시하기로 결정하였다. 당시 마지막으로 실시된 여론조사에서 반대의사를 표명한 사람이 2004년 10월의 24%보다 약 2배 가까이 증가한 45%로 급증한 반면 찬성은 약 20% 감소한 55%를 보인 바 있다.

98) 조양현, "EU 확대 및 통합 과정과 시사점," 『수은해외경제』, 2005년 8월호, pp.16-17.

해 진행되고 있다고 인식하고 있는 일반 국민들의 반발이 확산되었다. 특히 EU 헌법조약이 각국 정부가 지명한 105인의 대표가 정부간회의에서 1년 만에 타결하였다는 데 대하여 졸속이라는 비판을 받았다.

EU 통합이 영미식 자본주의 논리를 강화시킬 것이라는 점에 대해서도 우려의 목소리가 높았다. 많은 유럽인들은 집행위원회가 '영미식 세계화'를 추구하고 있다고 생각하였다. 미국에 대항한다는 명분하에 자유경쟁 논리를 무리하게 도입하면서 전통적인 사회보장체제가 손상을 입게 될 것이라는 우려가 확산되었으며, 유럽 노동시장의 자유화를 겨냥한 EU 서비스지침(Service Directive)의 파장을 우려하였다.

터키의 가입문제도 유럽 헌법 비준의 걸림돌이 될 가능성이 높았다. 이 문제는 거대 이슬람국가를 회원으로 맞이하는 민감한 문제인 만큼 긴 시간이 소요될 뿐만 아니라 상당한 진통이 있을 것으로 예상되었다. 많은 EU 회원국은 터키의 지리적 위치, 빈곤, 많은 인구와 큰 영토, 무엇보다 이슬람국가라는 종교적 차이 등을 이유로 터키의 EU 가입에 대해 부정적인 견해를 갖고 있었다. 터키의 EU 가입협상에 대한 EU 내의 부정적 여론이 각국의 EU 헌법 비준에 부정적 영향을 미칠 수도 있기 때문에 이 이슈는 EU 집행위원회가 직면한 가장 어려운 문제 중 하나였다.[99)]

EU 차원에서 헌법조약 부결에 대응한 공식적인 후속대책은 발표되지 않았으나 대체로 다음 세 가지 대응방안을 강구하였다. 첫째, 전체적인 조약 변경 없이 해당국에 예외조항을 부여하고 국민투표를 재실시하는 것이다. 1992년 덴마크의 마스트리히트 조약 부결, 2001년 아일랜드의 니스조약 부결 후에 양국은 대대적인 홍보를 통한 국민투표 재실시로 각 조약의 비준을 통과시킨 사례가 있다. 특정이슈에 대한 해당국의 주장을 반영한 후 국민투표를 재실시했는데, 덴마크는 이민, 국방, 유로화에 대한 마스트리트 조약의 선택적 탈퇴(opt-out)조건을, 아일랜드의 경우는 니스조약이 EU의 군사동맹에 참가하는 의무를 부과하지 않는다는 선언을 반영했다.

둘째, 부결 국가는 제외하고 비준 국가만으로 헌법 발효를 추진하는 것이다.

99) 김균래, "EU 신집행위원회 출범과 주요 정책과제 전망," 『세계경제』, 2005년 2월, pp.82-83.

네덜란드와 같은 작은 국가 또는 체코, 폴란드 등 신규 가입국에서 비준이 부결되면 이 국가들을 제외하고 조약 발효를 추진할 수 있지만, 프랑스, 영국 등 통합에 비중 있는 국가들에서 부결되어 이 국가들을 제외하면 이들과 우호적인 국가들에서도 부결될 가능성이 높다. 따라서 프랑스에서 부결된 이상 부결국가를 제외하기는 어려울 것으로 보였다.

셋째, 헌법조약을 대폭 수정하거나 폐기하는 방안이다. 프랑스, 영국 등 대국에서 비준이 부결되었을 경우 발생할 수 있는 상황으로 EU 회원국들과의 재협상을 통해 헌법조항을 대폭 수정하거나(프랑스), 자국의 특수상황을 헌법조항에 추가(영국)하여 국민투표를 재실시하는 방안이다. 한편 다수 회원국에서 비준이 부결되어 EU 헌법조약을 폐기해야 하는 극단적인 상황이 발생할 경우 EU는 니스조약 등 기존 조약들을 계속 유지하면서, 2007년 불가리아와 루마니아가 신규 가입할 때 EU 헌법 제정문제를 재론할 것으로 예상되었다.

EU는 세 번째 대안을 택하였다. 2007년 1월 1일 루마니아와 불가리아가 EU에 가입한 이후, 헌법에 대한 재논의를 거쳐 2007년 6월 23일 브뤼셀에서 개최된 정상회의에서 EU는 기존의 헌법안을 대체하는 개정조약(reform treaty)에 합의하였다.

새 조약은 대체로 기존의 조약보다 내용과 형식면에서 후퇴한 감이 있다. 따라서 이 조약은 "미니 조약"으로 불린다. 원조약에서 결정된 외무장관은 "외교안보대표(High Representative)"로 대체하였다. 집행위원의 수는 2014년까지 회원국별로 1명씩(당시 25명) 임명하였다가 그 이후에는 15명으로 줄이도록 하였으나, 신조약은 27회원국의 3분 2인 18명을 집행위원으로 임명하도록 하였다. 이중다수결제도는 원래의 안대로 회원국 55%(15개국) 이상의 찬성과 찬성국가의 인구가 65% 이상이어야 한다는 조건을 그대로 유지하였고, 그 대신 실시시기는 당초 2009년에서 연기하여 2014년부터 확대 적용하여 2017년 이후에 전면 실시하도록 개정하였다.

개정조약은 2007년 말까지 최종안을 마련한 뒤 2008년에 각국의회의 비준을 거쳐 2009년 6월 유럽의회 선거 이전에 발효하도록 계획되었다.

제 10 장 통합의 전개: 확대과정

로마조약 237조는 유럽의 어떠한 국가도 공동체에 가입신청을 할 수 있다고 언급하고 있다. 그리고 조약 전문에 창립국가들이 "평화와 자유를 신장"하려 하고, 이에 동의하는 국가들이 참여하기를 희망한다는 점을 유럽 국가의 지도자들이 이해하기를 기대한다고 언급하였다. 이 의미는 회원이 될 수 있는 국가는 언론과 집회의 자유를 포함한 의회 민주주의를 채택해야 한다는 점이다.[1)]

어떠한 유럽국가도 EU의 회원자격을 신청할 수 있는데, EU에 가입하기 위한 조건에는 4가지가 있다. 그것은 민주주의를 채택하고 있고 자유 시장 경제를 도입하고 있으며, 자본주의의 경쟁을 이겨 낼 수 있는 능력을 가지고 있으며, EU가 채택한 법과 규정을 준수할 수 있는 능력과 의지를 가지고 있어야 한다. 다시 말해서 가입후보 국가는 자유 · 민주주의 · 인권 및 법치국가 원칙을 반드시 준수하여야 하고, 반드시 자국의 법질서를 요구되는 유럽적 표준에 일치되도록 조치해야 한다.

집행위원회는 EU회원의 가입에 관하여 중요한 책임을 가진다. 가입신청을 받는 즉시 이사회는 집행위원회에게 이에 관한 상세한 조사를 하고 의견을 제출하라고 요구한다. 가입협상이 시작되면, 각료급의 해결을 요하는 민감하고 어려운 문제를 제외하고, 집행위원회는 이사회가 인증한 지침 하에 EU의 주요한 협상

1) Philip Thody, *Europe since 1945* (London and New York: Routledge, 2000), p.162.

자로서 행동한다.

협상이 완료되면 집행위원회는 신청국을 회원국으로 받아들여야 할 지에 대하여 이사회(실제로는 유럽이사회)에 권고한다. 신청에서 가입까지의 모든 과정은 보통 수년이 걸린다. 예를 들어, 포르투갈은 1977년 3월 신청했는데, 집행위원회는 1978년 5월 이사회에 긍정적인 의견을 보냈고, 협상은 1978년 10월 시작되었으나 1985년 3월까지 결정되지 못했다. 신청 후 8년 10개월이 지난 1986년 1월이 되어서야, 포르투갈이 가입하게 된 것이다. 동유럽국가들과 두개의 조그마한 지중해 국가인 몰타와 사이프러스의 가입 과정은 특히 오래 걸렸고 집행위원회에게 있어 매우 어려운 작업이었다. 가입이 결정되면 가입 신청국의 헌법 규정에 따라 비준되어야 한다.[2)]

1. 1차 확대: 영국, 덴마크, 아일랜드의 가입

영국은 유럽통합에 대하여 소극적 태도를 보이면서 느슨한 형태의 통합을 원하였다. 특히 세 가지의 중요한 정책이 전후 유럽통합에 대한 영국의 태도에 나타난다. 첫째, 영국은 제국과 영연방, 대서양 동맹을 통한 미국과의 특별한 관계, 그리고 서유럽이라는 3가지 중복된 연결 관계의 범주 내에서 기능하려 했다. 영국은 영연방과 깊은 관계를 가지고 있었으며, 영국 무역의 절반이 영연방과 이루어지고 있었다. 이와는 달리 유럽대륙과의 무역은 전체 무역의 4분의 1밖에 되지 않았다.

둘째, 역대 영국정부들은 통합이 내포하고 있는 주권의 포기를 받아들일 준비가 되어 있지 않았다. 여기에는 몇 가지 이유가 있는데, 가장 중요한 것은 영국의 오랜 의회제도의 전통이었다. 영국은 침략받은 역사나 근대에 와서 외세에 의해 통치받은 기록이 없다는 상당한 자긍심이 남아있었다. 영국인들의 일반적인 시각은 영국이 아직 최고의 강대국이기 때문에 주권의 정지는 바람직하지도

2) 장태주, "제2장 유럽연합의 법적기초," 김상겸 외, 『유럽연합정부론』(서울: 앰-애드, 2002), p.40.

필요하지도 않다는 것이었다. 그리고 별로 수준이 높다고 생각되지 않는 '대륙'의 정부나 국가들에 의존하는 것을 달가워하지 않았다.

셋째, 1950년대에 제안된 4개의 통합조직 중 3개는 영국이 별로 매력을 느끼지 못하는 분야의 것들이었다. ECSC에서의 국가결정권에 대한 제한은 6개국 어느 나라보다도 석탄과 철강 생산능력에서 훨씬 앞서는 영국에게는 별로 설득력이 없었다. 영국의 방위가 세계적 역할을 유지하기 위하여 확대된 시기에 유럽방위공동체(EDC)는 제한된 전략과 대안만을 제공할 뿐이었다. EDC는 중동, 동아프리카, 동남아에 개입되어 있는 영국의 방어정책에 장애가 될 것이라고 생각하였다. Euratom은 핵능력이 부족한 국가들과 핵개발 비밀을 공유해야 하는 문제점을 제공하였다. 오직 EEC만이 많은 것을 제공하는 것 같았다. 그러나 그것이 초국가주의적 제안이라는 것이 문제였다. 과욕을 부리지 말고 서유럽자유무역지대 건설에만 관심을 가지도록 6개국을 설득하려고 시도하였지만 별 효력이 없었다. 결국 영국은 로마조약에 참여하지 않은 국가들을 접촉하기 시작하여 유럽자유무역연합(EFTA)을 설립하였다.[3)]

제2차 세계대전 당시 독일군에게 점령당한 경험이 없는 영국은 유럽 국가들과 심리적인 차이를 가지고 있었다. 영국은 유럽대륙과 긴밀한 협력을 하게 되면 대륙 문제에 개입될지도 모른다고 우려하였다. 또한 프랑스와 이탈리아에 강력한 공산당 세력이 존재하는 데 대해 부담감을 가지고 있었으며, 소련이 유럽대륙을 침략하면 영국이 자동 개입해야 할지도 모른다는 우려를 하고 있었다. 영국정부는 영국의 생존권을 보장하는 범위 안에서만 유럽과의 협조를 고려하였다. 또한 영국의 안보는 유럽 국가들과의 협력보다는 미국과의 긴밀한 유대관계에 달려있다고 생각하였다.[4)]

1) 영국의 유럽자유무역연합(EFTA) 추진

미 · 소 냉전이 격화되면서 영국은 자국이 강대국 지위를 아직 보유하는지에

3) Neill Nugent, *The Government and Politics of the European Union*, 5th ed., pp.24-25.

4) 이주영 · 김성형, 『현대유럽의 역사: 제2차 세계대전부터 현재까지』(서울: 삼지원, 2002), pp.109-110.

대해 의문을 갖게 되었고, 미국과의 긴밀한 관계가 약간씩 틈이 벌어지기 시작하였고, 세계의 정치 · 경제적 이슈들이 미국과 소련 양 초강대국의 영향을 받게 되기 시작하였다는 사실을 인식하였다. 이에 따라 영국은 OEEC에 기반한 보다 광범위하고 느슨한 자유무역지대 아이디어를 추구하기로 결정하였다. 정치 · 경제 통합보다는 자유 무역을 목표로 하는 정부간기구 설립을 모색하기로 한 것이다.

1960년 1월 스톡홀름 헌장에 따라 영국, 오스트리아, 덴마크, 노르웨이, 포르투갈, 스웨덴, 스위스는 유럽자유무역연합(EFTA: European Free Trade Association)을 설립하였다.[5] EFTA의 목적은 회원국간의 관세를 철폐하고, 1970년까지 자유무역지대를 설립하는 것이었다. 그 이상의 목표, 즉 외부관세의 동일화와 경제연합체 형성 등은 포함되지 않았다.[6] 관세를 낮추고 역내 무역 규제를 점차 줄여나가는 등 몇 가지 성공적인 활동을 하였으나, 장기적으로 이

유럽자유무역연합(EFTA: European Free Trade Association)

이 기구는 EEC 회원국이 아닌 7개국에 의하여 유럽경제공동체의 대안으로 설립되었다. EFTA는 1960년 스톡홀름 조약에서 발의되어 영국, 오스트리아, 덴마크, 노르웨이, 스웨덴, 스위스, 포르투갈이 조인하였다. 핀란드와 아이슬란드는 나중에 가입하였다. EFTA는 회원국간에 자유 무역을 증진시키는 협정이었으나 공동외부관세나 EEC가 설립되었던 것과 같은 초국가적 제도협정이 부재한 상황이었다. 맥밀란(Macmillan)과 윌슨(Wilson) 수상하의 영국 정부가 정책전환을 하여 EEC 가입을 모색하였고, EFTA 회원국 중 가장 중요한 두 국가인 영국과 덴마크가 1972년 EEC로 가입하면서 탈퇴하였고, 1985년 포르투갈도 같은 길을 걸었다. EC와 긴밀한 무역관계를 가지려는 모색을 하였으나, 회원국들은 EFTA에 대하여 별 의미를 가지지 않게 되었고, 오스트리아, 핀란드, 스웨덴 역시 1995년 EU에 가입하게 되었다. EFTA는 2004년 8월 현재 스위스, 노르웨이, 아이슬란드, 리히텐슈타인 등 4개국으로 구성된 소규모 무역기구로 전락하게 되었다.

5) 1970년에는 아이슬란드, 1985년에는 핀란드가 추가로 가입하였고, 추후 몇몇 가입국은 EC에 가입하기 위해 탈퇴하였다.

6) Derek W. Urwin, *A Political History of Western Europe Since 1945*, 5th ed. (London: Longman, 1997), p.110.

룬 것은 거의 없었다. 몇 국가는 EFTA국가보다 EEC국가와 교역을 더 많이 할 정도였다. 이에 따라 EFTA창립 당시의 동기가 점차 사라지기 시작하였다.

영국은 유럽에서의 정치적 영향은 EFTA보다는 EEC를 통해 이루어진다는 점을 감지하기 시작했다. EEC 국가들의 정치 · 경제는 괄목할 만한 발전을 하였고, 영국의 산업은 부유한 유럽 시장에의 진출을 필요로 하였다. 결국 영국은 EFTA창설 15개월 뒤인 1961년 8월 아일랜드, 덴마크와 함께 EEC 가입 신청을 하였다. 그리고 1962년에는 노르웨이도 신청을 하였다.

프랑스, 독일, 베네룩스 국가와 같은 수준으로 성장하는 데 영국경제가 실패하자, 보수당 출신 맥밀란(Harold Macmillan) 수상은 1961년 8월 EEC에의 가입 신청을 발표하였다. 당시까지 영국은 북미와 오스트랄라시아와 같은 영어권 국가들만이 영국의 무역 파트너가 될 것이라는 잘못된 확신을 가지고 있었다. 그러나 캐나다, 오스트레일리아, 뉴질랜드 경제는 이들 국가를 영국 가공 상품의 주요 시장으로 보는 경제학자들과 정치인들의 기대 만큼의 속도로 증가하지 않았다. 미국은 스카치 위스키와 처칠의 저작품 이외에 영국 상품을 기대만큼 구입하지 않았다.[7)]

유럽에 대한 영국의 입장 변화는 정치적 이유와 경제적 이유가 혼합되어 있었다. 정치적으로 영국이 더 이상 제일의 세계강국이 아니라는 것이 점차 명백해졌다. 1956년 수에즈 운하를 둘러싼 전쟁에서의 패배는 영국의 쇠퇴를 예고했고, 1960년부터 중요한 세계이슈들은 순수하게 미국과 소련 간의 양자구도에 의해 논의되는 것이 증가하는 추세라는 것이 확실해졌다. 이러한 쇄락과 함께 미국과의 '특별한 관계' 라는 본질과 위상이 약화되었고 점차 의심스러워졌다. 게다가 대영제국은 매우 느슨한 조직인 영연방에 그 자리를 내어주고 있었고, 영연방은 영국에게 더욱 확대된 국제정치적 지지를 제공할 수 있는 조직은 아니었다.

무역의 성장, 투자, 국가총생산 그리고 수입과 같은 모든 일반적 경제지표에 있어서 1960년대 초반에 EC의 회원국들이 영국보다 명백히 앞섰다. 예를 들면, 1958년과 1969년 사이 영국의 실소득은 38% 증가한 반면 EC는 평균 75%가 증

7) Philip Thody, *Europe since 1945*, pp.175-176.

가했다. 아주 단순하게 공동체가 성공했다는 것을 보여주는 현상이었다. 이는 영국의 무역방식이 영연방으로부터 유럽을 향하게 하는 동기를 제공하였다. 게다가 EC의 경제력 성장은 정치적 지위의 상승으로 연결되는 듯이 보였다.[8)]

덴마크는 농업 문제 때문에 EEC가입을 신청하였다. 자급에 필요한 양보다 3배 생산을 하고 있었고, 그들의 많은 부분은 영국으로 수출되고 있었다. EEC는 덴마크 농업 잉여분의 새로운 거대한 시장이었고, EEC는 덴마크 산업 발전에 기여할 것이라고 인식하였다. 아일랜드는 EEC가 자국산업 계획을 부추기는 잠재력을 가지고 있으며, EEC에의 가입은 농업과 영국에 대한 의존을 줄이는 기회를 가져다 줄 것이라고 생각하였다. 그리고 노르웨이는 EEC시장의 중요성을 강조했다. 4개국이 이탈함에 따라 EFTA는 유명무실화되었고, 스웨덴, 오스트리아, 스위스는 EEC의 준회원국(associate membership)이 되었고, 1962년 포르투갈, 스페인, 몰타가 EEC가입을 신청하였다.

2) 영국의 대유럽 입장변화와 EEC 가입

영국과 EEC 6개국과의 협상은 1962년 초에 시작되었다. 드골은 적극적인 반대의 태도를 보였다. 프랑스 · 독일을 축으로 하여 EEC를 건설하려던 드골은 영국이 프랑스의 EEC영향에 대한 경쟁국이 될 것이라 우려하였다. 프랑스-독일의 관계발전에 영국이 방해가 될 것이라 생각하였고, 1950년대 초기 통합주의자들에 대한 영국의 소극적 태도에 대해 불만을 표시했다. 영국이 가입하면 미국의 유럽에 대한 영향력이 확대될 것을 우려한다는 것이 그의 의견이었다. 1963년 1월 14일 드골이 거부권을 행사하여 영국의 가입이 실현되지 않았다. 이후 드골은 1963년 1월 22일 독일과 우호협력조약(Friendship Treaty)을 체결하였다. 영국의 가입 신청이 실패로 돌아간 이후 덴마크, 아일랜드 가입 신청도 일괄처리로 부결되었다. 1967년 영국은 재신청하였으나 드골은 67년 5월 11일 재차 반대하였다.

유럽공동체는 유럽 내 6개국만의 기구로써는 유럽에서의 활동이 제한되어 있

8) Neill Nugent, *The Government and Politics of the European Union*, 5th ed., p.26.

었고 효율성을 극대화하기가 어려웠기 때문에 보다 더 많은 유럽국가들의 참여가 필요하였다. 결국 1969년 12월 헤이그에서 개최된 EC 정상회의에서 프랑스는 공동외교정책을 위한 정치적 협력과 경제 및 통화동맹을 추진하는 등 보다 더 깊은 협력 의지를 보인다면 회원국의 확대를 반대하지 않겠다는 입장을 표명하였다.[9)]

1970년부터 영국, 덴마크, 아일랜드, 노르웨이의 가입문제를 논의하기 시작하여, 1972년 1월 브뤼셀조약(Treaty of Brussels)은 상기 4개국의 가입을 허용하였다. 1972년 9월의 국민 투표에서 노르웨이 국민들은 EC에의 가입을 거부하였고, 1973년 1월 1일 영국, 덴마크, 아일랜드만이 EC에 가입함으로써 유럽통합의 1차 확대가 이루어졌다. 이들 국가들의 EC에의 참여 이후 영국 프랑스 간의 갈등을 해소하기 위한 노력을 하는 동시에, EC는 관세동맹에 덧붙여 공동농업정책(Common Agricultural Policy)을 추진하면서, EC-EFTA 간 공산품에 관한 자유무역협정을 체결하였다.

2. EC의 2, 3차 확대 : 그리스, 스페인, 포르투갈의 가입

1970년대 들어 두 차례의 오일쇼크, 국제통화의 불안 등으로 세계경제가 침체됨에 따라, EC각국은 심각한 인플레 및 실업의 증가에 직면하게 되었다. 이에 따라 부존자원이 빈약하고 개방된 경제체제를 가진 EC각국은 이러한 경제문제를 해결하기 위하여 국내경제 회복과 자유시장의 보호에만 총력을 기울였다. 따라서 경제통합은 국제통화의 불안에 대처하기 위하여 1979년 3월 13일 유럽통화제도(EMS: European Monetary System)를 결성한 것 이외에는 별다른 진전을 보이지 않았다. 통합의 속도가 크게 줄면서 회원국 확대도 이루어지지 않았으며, 1980년대 들어 통합이 재추진되면서 그리스, 스페인, 포르투갈이 가입하였다.

9) 드골은 1969년 사임하였고, 후임 대통령으로 퐁피두(Georges Pompidou)가 임명되었다.

1) 2차 확대: 그리스의 가입

1970년대 중후반 들어 EC는 회원국 확대보다는 제도와 조직을 정비하였는데, 1974년 12월 9일의 파리정상회담에서 유럽이사회(European Council)를 정기 개최하는 데 합의하였고, 1975년 12월 1일 로마 정상회담에서는 직접선거에 의한 유럽의회 의원선거에 관해 최종 결정을 하였다. 이에 따라 1979년 6월 10일 유럽의회 의원선출을 위한 제1차 직접선거가 실시되었다.

1980년대 들어서도 미국과 일본 등의 경제가 회복세를 보인 데 비해, EC 경제는 장기침체에 접어들어 대량의 실업이 발생하였고, 산업경쟁력에 있어서 철강, 조선 등 전통적 산업과 노동집약적 분야에서도 신흥공업국에 추월당하기 시작하였으며, 첨단산업도 미국과 일본에 현저히 뒤지게 되었다. 이러한 비관적인 상황에 직면한 EC 국가들은 개별국가의 능력으로는 경제난을 타개하기가 불가능하므로, EC의 역내시장을 통합하여 집단적으로 산업의 경쟁력을 향상시키는 것만이 유럽경제의 구조적인 문제점을 해결할 수 있다는 점을 인식하게 되었다. 또한 회원국의 확대에도 노력을 기울여 1981년 1월 1일 그리스가 새롭게 가입하였다. 그리스의 가입은 유럽공동체의 이념을 남유럽으로 확장시키고, 상품판매를 위한 거대한 시장을 형성시키고, 민주주의를 수호하는 데 기여하였다. 그러나 그리스의 경제는 EC 국가들과 대등하게 경쟁할 수 없었기 때문에 많은 문제가 뒤따랐다.

1950년대 그리스의 경제는 현저하게 농업에 기반하여 ECSC나 EEC의 회원국들과는 어울리지 않는 것이었다. 그리스의 역사와 문화 그리고 지리적인 위치는 서유럽의 주류에서 벗어나 있었다. 1973년 공동체에 가입한 국가들이 원했던 가입 시기보다 늦어진 것처럼, 그리스의 가입도 그리스 정부가 원하던 기간보다 오래 지체되었다. EEC의 탄생 직후 그리스가 공동체 측에 접근하였을 때 양자가 인식하였던 가장 큰 문제는 그리스 경제의 저개발 수준이었다. 회원국이 되기 이전에 과도기간이 필요한 것으로 생각되었고, 이는 1962년에 발효된 제휴협정(Association Agreement)의 형태로 협상되었다.

공동체로의 완전한 가입은 그리스 경제가 회원국에 부과된 의무를 충족시킬 수 있는 능력을 보유하게 되었을 때 가능한 것이었다. 그러나 그리스에 군사 쿠데타가 일어난 1967년 4월과 민간정부가 수립된 1974년 6월 사이에 제휴협정은 사실상 중단되었다. 이것으로 가입이 더 지연될지도 모른다는 우려가 있었지만, 사실 그것은 정반대의 효과를 가져왔다. 1974년 11월 그리스에서의 선거 후 새 정부는 그리스가 분명히 그리고 즉시 공동체의 정회원이 되는 것을 원한다고 선언했다. 집행위원회는 그리스가 아직 경제적으로 준비가 덜 되었다는 공식견해를 밝히고, 경제개혁을 집행할 수 있도록 무제한 기간 동안 가입 전 상태를 유지하도록 하는 제안을 하였다. 그리스 정부는 이에 대해 정회원 자격을 다시 요구하면서, 특히 회원국 지위가 그리스의 민주주의 토대를 닦는 데, 그리고 그리스가 서유럽과 유럽동맹의 결속을 공고화시키는 데 얼마나 도움이 되는지를 강조했다. 각료이사회는 이러한 주장에 대해 공감하였고 집행위원회의 제안을 거부하였다. 1976년 7월 회원국 협상이 시작되었고 그리스는 1981년 공동체에 가입했다.

2) 3차 확대: 스페인, 포르투갈의 가입

1986년 1월 1일에는 스페인, 포르투갈이 신규 가입함으로써 EC의 회원국은 12개국으로 확대되었다. 오랫동안 스페인과 포르투갈의 정치 · 경제적 환경이 공동체에 가입하기에는 불리하다고 여겨졌다. 정치적으로 두 나라는 모두 권위주의 독재체제였기 때문에 민주주의 정부였던 6개의 창립국들은 이들과 가까운 관계를 원하지 않았다. 경제적으로는 두 나라 모두 농업국이었고 미개발국이었다. 그리고 두 나라 모두 1950년대 후반까지 자급자족 경제정책을 추진하였다. 이러한 요인들이 두 나라를 ECSC에 합당한 후보국으로 보기 어렵게 했다.

스페인과 포르투갈이 1962년 초에 공동체 가입에 대한 협상을 요청하였고, 공동체는 두 나라와 조심스런 교섭을 시작하였다. 우선 이 국가들과 특별무역협정을 체결하였다. 1974년 포르투갈의 카에타노(Caetano) 체제가 붕괴되고 1975년 스페인의 프랑코(Franco) 장군이 사망하면서 정회원의 가능성이 높아졌다. 포르투갈은 1977년 3월에, 스페인은 1977년 7월에 가입신청을 하였다. 협상은 길어졌고, 어려웠으며, 많은 문제들이 있었다. 다른 지중해 국가들은 스페인의 농업, 스페인 어업선단의 규모, 그리고 값싼 스페인과 포르투갈의 노동력이 북유럽으로 이동하는 것 등을 위협으로 느꼈다. 그리스와의 협상처럼 정치적 요인이 이러한 어려움을 극복하는 데 도움이 되었다. 회원국들은 남부 유럽에서의 정치적 안정이 고무되기를 원하였다. 이것은 공동체의 정치적 · 경제적 기반을 강화하고 확대하는 기회가 되고 남유럽을 북유럽과 연결하는 데 도움이 될 것이며 서유럽과 NATO 모두에게 전략적으로 이득이 될 것이라는 것이었다.[10)]

스페인과 포르투갈이 가입함으로써 EC의 구조개혁이 시급한 문제가 되었다. 이들 국가는 이전의 가입국들보다 가난했을 뿐만 아니라 자유민주주의 전통도 취약하였다. 가난한 스페인과 포르투갈의 가입은 사회지역기금(Social and Regional Fund)에 큰 부담을 안겨줄 것으로 예상되었다. 실제로 양국이 가입했을 때 늘어날 비용을 충당하기 위하여, 1984년 EC에 대한 회원국들의 부가가치세 납부액이 인상되었다.[11)]

스페인과 포르투갈이 가입하여 3차 확대가 이루어진 이후 1987년 터키, 1989년 오스트리아, 1990년 사이프러스와 몰타가 가입 신청을 하였으나 1995년까지 신규 가입은 이루어지지 않았다. 회원국 확대보다는 회원국간 관계 및 통합 자체의 심화가 더 필요했기 때문이었다.

3. EU의 북진: 4차 확대

1981년 그리스의 가입과 이에 이은 1986년 스페인과 포르투갈의 가입은 문화적 측면에서 EC가 지중해 색을 짙게 가지게 됨을 의미하였다. 스페인과 포르투갈이 가입한 3차 확대 이후 EC의 전체 인구는 미국의 2억 4,200만 명보다 많은 3억 2,100만 명으로 증가하였고, 자본주의 세계에서 가장 커다란 무역 블록이 되었다. 불가리아, 체코슬로바키아, 헝가리, 폴란드, 루마니아, 소련을 포함한 코메콘(Comecon)은 3억 5,800만 명의 유럽 인구를 보유하였었다. 그러나 EC가 세계 무역의 40%를 점한 반면에, 코메콘 회원국 사이의 무역은 15% 이상 오르

10) Neill Nugent, *The Government and Politics of the European Union*, 5th ed., pp.29-30.

11) 이주영 · 김성형, 『현대유럽의 역사: 제2차 세계대전부터 현재까지』(서울: 삼지원, 2002), p.214.

유럽연합의 확대

확대는 벨기에, 프랑스, 서독, 룩셈부르크, 이탈리아, 네덜란드 6개 초창기 설립국에 더하여 5차례에 걸쳐 이루어졌다. 첫 번째 확대는 1973년에 단행되어 덴마크, 아일랜드, 영국이 회원국으로 가입하였다. 1981년 그리스가 합류하였고, 1986년에는 포르투갈, 스페인이 가입하였다. 오스트리아, 핀란드, 스웨덴은 1995년에 가입하였다. 이후 터키, 사이프러스, 몰타, 중동유럽(CEEC) 국가들이 EU에 가입하려고 시도하여 2004년 10개국이 가입하여 5차 확대가 이루어졌다. 1993년 6월 코펜하겐에서 개최된 유럽 이사회는 EU가 제시한 정치 · 경제적 조건만 맞춘다면 중 · 동유럽국가들이 가입할 수 있도록 인정하였다. 이는 후에 집행위원회 문서인 '아젠다 2000'에 명시된 '가입 파트너십(accession partnership)'으로 상세화되었다. 이는 가입하는 데 필요한 우선순위와 시간표를 내용으로 하는 EU와 가입 신청국들 간의 기본합의였다. EU가 미래에 효율적인 기능을 하려면, 회원국 확대는 제도적 개혁이 뒤따라야만 한다는 점이 폭넓게 인식되었다. 확대와 관련된 제도적 개혁은 1997년 암스테르담 조약에서 제기되었는데, 아젠다 2000은 1997년 집행위원회에 의해 채택되었고, 2001년에 조인된 니스조약에서도 채택되었다.

지 않는 등 코메콘의 세계 무역 블록으로서 중요성은 대수롭지 않게 되었다. 1991년 6월 28일 소련이 붕괴되기 6개월 전에 코메콘은 공식적으로 사라졌다.[12)]

냉전 종식 이후 EC의 4차 확대에 대한 논의가 이루어졌는데, 1992년 우랄산맥까지를 기준으로 볼 때 유럽국가들 중 26개국이 참여할 수 있는 자격을 구비하고 있었다. 26개국은 서유럽 6개국, 동유럽 7개국, 발틱 3개국, 과거 소련 공화국 3개국, 유고 5개국, 지중해국가 2개국이었다. 1980년대와 90대 초반에는 EU의 확대 또는 심화에 대한 논쟁이 일어났는데, 영국의 메이저(John Major) 수상 같은 확대주의자들은 유럽 통합과정을 늦추기 위하여 확대를 선호하였다.

서유럽 국가들의 경우 EU에 불참하고 있지만, 자격 요건을 거의 갖춘 국가들이 있었다. 1990년 EFTA 7개 회원국이 단일시장의 규칙만 받아들이면 SEA의 조항을 이 7개 회원국으로 확대할 수 있다는 내용으로 유럽경제지대(EEA) 창설에 대한 협상이 시작되었다. 경제적으로 EFTA 국가들의 생산량 중 55%는 EC로

12) Philip Thody, *Europe since 1945* (London and New York: Routledge, 2000), p.210.

수출이 되고, 26%만이 EFTA 자체로 수출되고 있었다.[13] EFTA 국가들은 안정되어 있고 부유하기 때문에 단일시장에 새로 적응해야 할 것은 별로 없었다.

1992년 2월 EEA 설립 협상이 완결되었다. 그러나 스위스는 1992년 12월 EEA 참여 여부를 결정하기 위한 국민 투표에서 부결되었다. 스위스는 EEA에의 참여를 거부함에 따라 EU국가들에 둘러싸이게 되었다. EC 트럭 통행과 EC 내부 거래를 위하여 고속도로를 개방하라는 요구로 EC 가입의 압력을 받았다. 그러나 스위스의 중립성과 독창적인 정부체계가 EC 가입에의 주요 장애가 되었다. 1994년 1월 1일 오스트리아, 스웨덴, 핀란드, 터키, 몰타, 사이프러스 6개국만이 EEA에 합류하였다. 그러나 오스트리아, 스웨덴, 핀란드, 노르웨이가 이미 EC 가입을 신청한 상태라서 EEA는 큰 의미가 없게 되었다.

북유럽을 살펴보면, 냉전 기간 스칸디나비아 국가들은 자본주의 서방 진영과 공산주의 진영 사이에 '노르딕 균형' 이라는 의지를 굳건히 지켜나갔다. 핀란드는 특수한 상황에 처했는데, 내부적으로는 자본주의 국가이면서 외교정책에 있어서 소련과 유대관계를 유지하면서 '핀란드화' 라는 조건하에 행동의 자유를 모색하였다. 핀란드의 경우 냉전시대에 핀란드의 번영은 소련과 서유럽 간의 무역통로를 거의 독점함으로써 가능하였는데, 소련의 붕괴는 핀란드의 이러한 번영을 위협하기 시작하였다. 그래서 EFTA에서 탈퇴하고 EU에 가입하였고, 1999년 1월 1일까지 유로화에 참여하는 11개 국가에 포함될 만큼 경제가 회복되었으며, 핀란드의 저명 신문은 "붉은 지역보다 유로지역이 더 낫다"는 논평을 하였다.[14]

스웨덴은 대외적으로는 NATO 회원국이 되는 것을 거부하고, 국내에서는 사회 민주주의를 추구하면서, 중립과 비동맹을 주요 추진력으로 하고 있었다. 냉전의 종식과 함께, 스웨덴과 핀란드는 EU에 가입하였으나 NATO에는 가입하지 않았고, 반면에 노르웨이는 NATO의 회원국으로 남았으나 EU에는 가입하지 않았다. 덴마크는 NATO와 EU 모두 가입하여, 북유럽의 '제3의 길' 의 개념에 항

13) Rene Schwok, "EC-EFTA Relations," in Leon Hurwitz and Christian Lequesne, *The State of the European Community, Vol.1: Policies, Institutions, and Debates in the Transition Years* (Boulder: Lynne Rienner, 1991).

14) Philip Thody, *Europe since 1945*, pp.210-211.

상 회의적이었다.[15)]

아이슬란드는 인구 30만, 어류 수출국, 반 이상의 교역이 EU와 이루어졌기 때문에 EU 가입을 거부만 하기 어려웠다. 리히텐슈타인은 3만 인구에 스위스 가입시 따라갈 것이 확실하고, 지중해 국가인 터키, 사이프러스, 몰타는 오랜 기간

유럽연합의 확대

	회원가입신청	준회원국	유럽 협정 (Europe Agreements)	완전회원국
영국	1961, 1967, 1969	–	–	1973
아일랜드	1961, 1967, 1969	–	–	1973
덴마크	1961, 1967, 1969	–	–	1973
노르웨이	1962, 1967, 1969, 1992	–	–	–
그리스	1975	1961	–	1981
스페인	1977	–	–	1986
포르투갈	1977	–	–	1986
핀란드	1992	–	–	1995
오스트리아	1989	–	–	1995
스웨덴	1991	–	–	1995
터키	1987	1963	–	–
사이프러스	1990	1972	–	2004
몰타	1990	1970	–	2004
모로코	1987	–	–	–
헝가리	1994	1991	1994	2004
폴란드	1994	1991	1994	2004
에스토니아	1995	1995	1998	2004
라트비아	1995	1995	1998	2004
리투아니아	1995	1995	1998	2004
불가리아	1995	1993	1995	2007
루마니아	1995	1993	1995	2007
슬로바키아	1995	1993	1995	2004
체코 공화국	1996	1993	1995	2004
슬로베니아	1996	1996	–	2004

15) Richard Sakwa, "Introduction: The many dimension of Europe," in Richard Sakwa and Anne Stevens, *Contemporary Europe* (New York: Palgrave, 2000), p.18.

준회원국이었고 정식 가입을 신청하고 있으나, 문제점이 많은 것으로 분석되고 있다.

터키는 1963년 가입이 가능하다는 데 EC가 합의하였으나, 이 나라는 영토는 크지만 가난하고 이슬람이 지배적인 국가이기 때문에 경제 · 사회 문제가 대두되었다. 더욱이 그리스가 터키의 가입을 반대하고, 터키가 유럽국가인지 비유럽 국가인지에 대한 논쟁이 많았다. 1987년 가입 신청을 하였으나 EU는 가입을 위한 정치적 · 경제적 조건을 충족시키지 못하고 있다는 결론을 내렸다. 궁극적인 가입의 첫 단계로 1995년 12월 관세동맹을 체결하였다.

1995년 1월 1일, 오스트리아, 핀란드, 스웨덴의 가입은 지중해와 중유럽, 북유럽 국가들 간의 균형을 좀 더 이루게 하였다. 오스트리아, 스웨덴이 상당히 부유한 국가여서 EU 연합 예산에 재정적 기여를 할 능력을 가지고 있었기 때문에 가입에 별 문제가 없었다. 1992년 EC는 공식적으로 오스트리아, 핀란드, 스웨덴과 가입 협상을 벌였고, 1993년에는 노르웨이와 협상을 시작하였다. 협상은 1994년 3월 성공적으로 완료되었고, 이후 각국의 비준을 받게 되면 각국이 EU의 회원국이 되도록 되었다. 그러나 노르웨이는 국민투표 결과 회원국이 되는 것에 반대하여 거부되었다. 결과적으로 1995년 1월에는 4개가 아닌 3개의 국가가 EU에 가입했다.

4차에 걸친 확대는 연합의 중요한 방향에 불가피하게 영향과 변화를 주었다. 첫째, 가장 두드러진 것은, 단순히 확대됨으로써 유럽연합은 더욱 중요한 국제기구가 되었다. 4차 확대 이후 대략 3억 7,000의 인구를 포함하게 되었으며, 연합은 서유럽의 거대하고 전통적으로 더 영향력 있는 국가들을 포함하였다. 그리고 이는 회원국간의 내부 무역을 제외하고서 세계 수출입의 5분의 1을 차지하는 세계의 주요 무역 세력이 되었다.

둘째, EU의 조직들은 회원국들의 대표를 모두 수용할 수 있을 정도로 규모가 확대되었고, 결정체계도 회원국들의 국익과 정치적 이익을 모두 만족시켜야 하기 때문에 더 복잡해졌다. 각료이사회의 확대로 만장일치 획득이 어려워짐에 따라 단일유럽의정서 이후 조약을 개정하는 데 가중다수결제도(QMV)의 활용이 증가되었다.

셋째, 프랑스와 독일의 축은 여전히 통합의 과정에서 중요한 역할을 하고 있지만, 과거 6개 회원국 시절만큼 지배적이지 않게 되었다. 점차 작은 국가들의 수가 증가해 가면서 큰 국가들이 자신의 선호에 따라 압력을 가하는 것도 쉽지 않게 되었다.

넷째, 정책에 대한 논쟁들인데, 새로 가입한 국가들의 요구와 선호도 그리고 문제점들에 의해 관심과 우선권이 영향을 받았다. 예를 들어, 남부의 덜 산업화되고 가난한 국가들의 가입에 따른 2, 3차 확대에 의한 영향은 공동농업정책(CAP)을 북부 온대성의 상품에서 지중해 상품으로 방향을 바꾸도록 압력을 가했고, 남부의 경제 발전을 직접적으로 지원할 수 있는 재분배정책을 요구하는 압력을 가했다.[16] 이와 유사한 추세로 1995년 EFTA로의 확대는 정책결정에 있어서 개방성과 책임성, 정책집행에 있어서 효율성과 합리적 재정관리 등의 문제에 더욱 관심을 증대시켰다.

4. EU의 동진: 5차 확대

1990년대 초반 이후 냉전종식과 동유럽 공산주의의 붕괴에 따라 동유럽 국가들을 가입시키는 차원에서의 추가 확대가 모색되었다. 이는 10개의 중동부유럽 국가들(CEECs: Central and Eastern European Countries) 및 사이프러스와 몰타를 포함하였다. 중요한 점은 이것이 정치, 경제, 사회적 차원 모든 면에서 가장 중요한 확대라는 점이다. 이는 EU가 거의 30개 회원국을 가지고 대부분의 유럽대륙을 하나의 단일한 기구라는 구조로 통합할 것이라는 의미를 부여하였다. CEEC의 가입으로 EU는 더 이상 서유럽만의 기구라 할 수 없게 되었다.

동유럽으로의 확대가 성공적으로 완성되어 EU는 단지 서유럽에서가 아니라 전체 유럽 대륙에 걸친 새로운 유럽 질서를 창출하게 되었다. 그것은 EU의 잠재적인 회원국들뿐만 아니라 러시아 연방, 독립국가 연합과 터키에까지 영향을 미칠 것으로 전망되고 있다. EU는 더 많은 다양성을 가지게 될 것이고, 정치 · 경

16) EU의 남북부 구분이 산업화-비산업화, 부-빈곤으로 확연히 나뉘는 것은 아니었다. 북부의 스페인은 산업화된 반면, 대부분의 아일랜드는 그렇지 않았고, 영국 남부 이외의 지역은 상대적으로 빈곤하였고, 북부의 이탈리아는 상대적으로 부유했다.

제적 핵심은 점차적으로 중부 유럽 쪽으로 이동하고 있다. 1억 이상의 새로운 유럽 시민들이 정치 · 경제적 성장에 기여하게 되었다. 이러한 야심찬 프로젝트는 좀 더 평화적인 국제 제도를 창출함으로써 유럽의 정치적 안정과 안전을 보장하는 데 기여하게 되었다.

한편 이러한 확대 시리즈는 현재와 미래에 유럽 통합 과정을 유지하고, 확대하고, 심화하는 EU 능력의 비판적인 시험이 될 것으로 인식되었다. 그들의 사회를 계획경제와 비다원주의적 정치제도에서 자본주의적 시장과 다원주의적 민주주의로 전환하는 정치 · 경제적 개혁을 달성하기 위해서 가입 희망국들은 새로운 법률을 도입하고, 적절한 사회-경제적 관계와 정치 과정의 형성을 고무시켜야 했다.[17)]

동유럽국가들은 EU 가입에 유리한 조건을 가지고 있었다. EU에 가입하게 되면, 자본주의와 민주주의로 전환하는 데 기여하고, 새로운 투자 기회를 제공할 것으로 예측되었다. 또한 러시아에서 또는 러시아와 문제가 생길 경우 서유럽국가들에게는 완충적 역할을 하는 전략적 요충지이기 때문에 동유럽국가들의 EU 가입이 긍정적으로 논의되기 시작하였다.

1990년대 초반 유럽연합과 유럽협정(Europe Agreement)을 체결한 폴란드 · 체코 · 슬로바키아 및 헝가리 등 4개국은 1999년까지 유럽연합에 가입하는 것을 기본목표로 설정하였다. 유럽협정은 한편으로 위 4개국에 대해 자유무역지대의 점진적인 도입을 요구하면서, 다른 한편으로는 EU의 정치 · 경제적 정보에 관한 폭넓은 접근을 허용하였다.[18)]

확대하는 데 있어서 가장 중요하게 부각된 분야는 화폐통합 문제였다. EU 회원국들은 EU가 경제통화동맹(EMU)을 성공적으로 이루어 낼 때까지 가입 과정이 완성될 수 없을 것이라는 인식을 가지고 있었다. 즉, EU는 확대의 다음 물결로 나아가기 이전에 안정된 재정 · 경제 통합을 확실하게 달성해야만 한다는 것이다. 후보국들은 EU에 가입하면서 EMU에 가입하는 준비를 하도록 요구되었고, 이를 피할 수 있는 선택의 여지는 거의 없었다.[19)]

17) Irene Brennan, "The Challenge of the East," in Richard Sakwa and Anne Stevens (eds.), *Contemporary Europe* (New York: Palgrave, 2000), p.163.

18) 김동현 · 이승철, 『유럽연합의 현황과 전망』(서울: 집문당, 1996), pp.114-115.

유럽(가입) 협정(European (Association) Agreements)

EU와 중동부유럽 국가들 간의 유럽 (가입) 협정의 첫 번째는 1991년 12월 EU와 "Visegrad Group"인 헝가리, 폴란드, 체코슬로바키아 간에 조인되었다. 1993년 불가리아, 루마니아에 이어 발틱 3국과 슬로베니아와도 협정을 체결하고, 사이프러스와 몰타와도 유사한 협정을 체결하였다. 이러한 협정들은 가입 희망 국가의 EU에 가입하기 위한 작업의 법적 틀을 제공하였다. 가입 협정의 경제적 원칙은 아래와 같은 자본주의 시장 관계를 설립하는 데 목적을 두고 있다.

- 자유 무역 활동 전개
- 조화로운 경제 관계 촉진
- 파트너 국가의 경제적 부 촉진

1993년 6월 코펜하겐에서 개최된 EU 정상회담에서는 이들 CEECs의 조건부 EU 가입이 합의되기에 이르렀다. 이 조건은 코펜하겐 기준(Copenhagen Criteria)이라고 일컬어지며, 가입예정 국가별로 다음의 조건을 이행할 것을 요구하였다. 그 조건들은 (i) 정치적 요건: 민주주의, 법치주의, 인권, 소수민족 존중 및 보호를 보장하는 제도를 확립할 것 (ii) 경제적 요건: 시장경제체제를 도입하고 EU 내 경쟁압력과 시장조정력을 수용할 수 있는 능력을 갖출 것 (iii) EU 공동체 규범 준수요건: 정치협력, 경제통화동맹(EMU) 등 EU 관련 조약 및 공동체 법규들로부터 비롯되는 모든 의무를 이행할 것 등이었다. EU 가입은 정치, 경제, 통화 통합의 목표를 지지하는 것을 포함해 회원국으로서의 의무를 다할 능력을 갖추었음을 전제로 하였다.[20)]

코펜하겐 유럽이사회는 전체 유럽 국가들 간의 관계에 대한 장기적인 범위와 특성을 결정하는 중요한 회의였다. EU는 장기적 관점에서 더 이상 서유럽 국가들만의 클럽으로 생각할 수 없게 되었다. 유럽 연합의 경계선이 어디가 되어야

19) Irene Brennan, "The Challenge of the East," in Richard Sakwa and Anne Stevens (eds.), *Contemporary Europe* (New York: Palgrave, 2000), p.178.

20) European Council, *Conclusions of the Presidency*, Copenhagen, 21-22 June 1993 (Brussels: General Secretariat of the Council).

하는지, 유럽연합의 현재 · 잠재적 회원국과 참여하지 않을 가능성이 큰 국가들과의 관계를 어떻게 설정해야 할지에 대하여 새로운 접근이 필요하게 되었다.[21)]

유럽연합 지도자들은 중동유럽의 유럽연합 가입이 장기적인 계획이고 얼마간은 중동유럽 국가들이 새로운 상황에 적응하는 것을 돕는 데 초점을 맞춰야 한다고 보았다. 그러나 1994년 3월 헝가리가, 1996년 1월 체코공화국이 유럽연합 가입을 신청하는 사이에 10개의 중동유럽 국가들이 공식적으로 유럽연합 가입을 신청함에 따라, 1990년대 중반 유럽연합은 기존 입장을 수정하지 않을 수 없었다. 유럽이사회는 집행위원회가 중동유럽 국가들의 가입신청에 대한 의견을 개진할 것을 요청했고, 집행위원회의 입장은 1997년 1월 발표됐다.

집행위원회는 확대 과정이 단계적으로 추진될 것이고, 후보국들은 두 범주로 나누어질 것이라고 결정했다. 즉, 10개의 중동유럽 국가들 중 5개의 국가 및 사이프러스와 유럽연합 가입에 대한 논의가 시작돼야 한다는 결정을 하였다. 이에 따라 집행위원회가 준비한 Agenda 2000(1997) 문서는 확대에 있어 소위 "우선 추진(First Track)"과정이라 불리는 5개의 CEEC들을 분류하고, 가입을 위한 직접적인 협상은 EU와 체코 공화국, 에스토니아, 헝가리, 폴란드, 슬로베니아 간에 개최하도록 하였다. 소위 "pre-ins"라 불리는 불가리아, 라트비아, 리투아니아, 루마니아, 슬로바키아와 같은 다른 후보 국가들은 확대과정에 포함되어 있으나 첫 번째 후보 국가 집단은 아니었다. 그 국가들의 경우에는 경제적(슬로바키아의 경우에는 정치적) 전환이 이뤄질 때까지 가입논의를 보류해야 한다고 주장했다. 그러나 개별 순위는 변화하였는데, 예를 들어, 슬로바키아는 결정적인 민주주의 발전 과정에 놓여 있다는 것이 밝혀지면서 "우선 추진(first track)" 국가군 쪽으로 이동하였다. 다른 국가들은 만약 기대에 미치지 못한다면 이러한 국가군에서 탈락할 수도 있었다.[22)]

21) Anne Stevens, "Ever-Closer Union: European Co-operation and the European Dimension," in Richard Sakwa and Anne Stevens (eds.), *Contemporary Europe* (New York: Palgrave, 2000), pp.152-153.

22) Irene Brennan, "The Challenge of the East," pp.164-165.

후보국들에 대한 Agenda 2000 평가

1997년 유럽 집행위원회에 의해 준비된 Agenda 2000으로 알려진 EU 미래 프로젝트에서 최초 코펜하겐 기준이 확대되었다. EU에 가입하려는 후보국의 기준을 정하는 집행위원회의 의견은 1997년 12월 룩셈부르크 이사회에서 받아들여졌다. 폴란드, 헝가리, 체코 공화국, 발틱 국가, 슬로베니아가 적절한 정치제도를 유지하고 있다는 평가를 받았다. 그러나 루마니아와 불가리아는 행정부의 모든 차원에서 법의 지배를 존중하지 않아 어려워 보였다. 비록 헝가리, 에스토니아, 체코 공화국, 슬로베니아와 폴란드가 집행위원회로부터 유리한 평가를 받았지만, 이 국가들의 부패 수준은 가입에 불리한 영향을 줄 정도였다. 불가리아와 루마니아에서 인권 헌장의 수행에 문제가 있었고, 몇 국가는 소수 인종을 다루는 데 있어서 EU의 기준을 충족시키지 못하는 문제점을 안고 있었다. 이러한 기준들에는 체코 공화국(로마인), 루마니아(로마인과 헝가리아인), 에스토니아(러시아인), 라트비아(러시아인), 슬로바키아(헝가리아인과 로마인), 불가리아(로마인과 터키인)들이 포함되었다. 폴란드와 체코 공화국은 언론의 자유를 제한하는 것을 비판받았다. 더욱이 불가리아에서는 경찰들이 때때로 초법적 행위를 하고 사법부도 완전히 독립되지 않은 것을 비판받았다. 슬로바키아는 모든 지원 국가들 중에서도 가장 부정적인 평가를 받았는데, 이는 슬로바키아가 헌법에 따라 작동하는 안정된 민주주의 제도를 설립하는 데 실패했기 때문이었다. 또한 슬로바키아는 민주주의 통제하에서 작동되지 않은 비밀 경찰력을 가지고 있고, 완전히 독립된 사법부를 설립하지 못했다.

집행위원회는 후보국의 경제적 기준 대응에 있어서 두 번째 기준인 경쟁 능력에 대하여는 미래 실행 평가에 해당되기 때문에 당장 적용하기는 어렵다는 점을 인정하였다. 집행위원회는 슬로바키아와 마찬가지로 5개의 '우선 추진' 후보국들이 시장 경제를 운용하고 있다는 결론을 내렸다. 그러나 그러한 국가들 중 단지 폴란드와 헝가리만이 EU의 경쟁적 압력을 버텨낼 수 있을 것이라고 판단되어졌고, 체코 공화국과 슬로베니아, 슬로바키아는 실행 능력을 향상시켜야만 한다고 판단되어졌다. 에스토니아는 '우선 추진' 중에서도 가장 뒤떨어지는 국가로 판명되었다. 비록 모든 지원국가들이 어느 정도는 다 실패했지만, 특히 폴란드와 슬로베니아는 부의 회복이 지연되는 것을 비판받았다. '우선 추진' 국가가 아닌 국가들 중에 불가리아는 개혁 프로그램을 아직 시작도 하지 않았다고 평가받았다. 루마니아, 또한 어느 면에선 라트비아와 리투아니아도 산업시설의 노후화와 국유화 공장의 대규모 적자, 민영화 과정의 지연, 낮은 에너지 가격 등의 문제를 가지고 있다고 평가받았다. 그들은 모두 재정 영역의 개혁을 요구하는 것으로 보여졌다. 특히 루마니아는 노동력의 낮은 기술 수준으로 더욱 어려움에 처하게 되었다.

유럽이사회는 1997년 12월 룩셈부르크 회담에서 집행위원회의 권고를 수용했고, 후일 '5 + 1 first wave' 로 알려진 국가들과의 가입협상이 1998년 3월 시작되었다. 그러나 오래지 않아 룩셈부르크 결의안은 실수였다고 판명됐다. 이는 일부 'second wave' 국가들이 'first wave' 국가들과의 격차를 줄여나가기 시작했기 때문이었다. 또 다른 이유는 룩셈부르크 정상회담이 'first wave' 국가들과 'second wave' 국가들을 차별화했을 뿐 아니라 가입 지원국 가운데 하나인 터키에 대해서는 회원국 고려 대상이 될 자격에도 못 미친다고 판단했기 때문이었다. 터키는 유럽연합의 부당한 취급에 대한 불만의 목소리를 높였고, 터키가 우방을 찾아 유럽 외부로 눈을 돌릴 수도 있다는 우려가 나오면서 유럽연합은 기존의 회원국 규정에 대한 입장을 바꾸지 않을 수 없었다.[23)]

이에 따라, 확대 전략은 1999년 헬싱키 정상회담에서 수정되었다. 이 회담에서 'second wave 5 + 1(몰타)' 국가들의 가입협상은 2000년 초에 시작하기로 했고, 10 + 2 국가들이 유럽연합에 가입할 준비가 되어 있는가는 언제 이들 국가의 가입협상이 시작됐는가에 관계없이 전적으로 그 협상의 진전 상황에 기초해서 결정하게 됐다. 또한 터키는 '지원후보국(candidate country)' 지위를 획득하게 됐다. 1998년 EU는 헝가리, 폴란드, 체코 공화국, 슬로베니아, 에스토니아, 사이프러스와 협상을 개시하였다.

유럽 연합이 10개의 중동부유럽 국가들과 사이프러스, 그리고 아마도 몰타의 가입을 통해 적어도 26개의 회원국으로 확대되는 과정은 장기적인 계획으로 추진되었다. 이 과정은 1998년 3월 '유럽 회의(European Conference)' 에서 거론되었고, 이 회의는 매년 개최되고 모든 가입신청 국가들과 연합 회원국가들이 함께 참여하도록 하였다. 상당히 오랫동안 EU 가입 희망 국가였던 터키도 이 회의에 초대받았지만, 기본적으로 확대 과정에 들어갈 수 있는 위치에는 놓이지 못하였다. 이는 터키 정부가 회의에 불참할 만큼 불쾌한 사항이었다.[24)]

EU 확대를 위하여 정책 결정자들은 다양한 과제를 안게 되었다. 후보국들의 조건 이행을 긴밀하게 감시하고, 지원과 안내를 제공하였다. 개별 산업과 재정 분야에 있어서 EU 자본 흐름의 통제자들은 얼마나 많은 자본이 어떠한 조건으

23) Neill Nugent, *The Government and Politics of the European Union* (Durham: Duke University Press, 2003), pp.495-496.

24) Anne Stevens, "Ever-Closer Union: European Co-operation and the European Dimension," p.153.

Agenda 2000의 특징

첫 번째 기둥의 이슈들(유럽 공동체)

첫 번째 기둥의 정치적 필수 요건:
- 안정적인 민주주의 제도
- 독립되고 잘 교육된 사법부
- 안정적인 헌법
- 자유 · 보통 선거
- 헌법적 권위/ 법원
- 야당으로의 정권교체 가능성
- 의회 진행에서 야당의 역할
- 법의 지배
- 적절하고, 잘 훈련된 경찰력
- 지방 정부의 자치권
- 자유로운 언론
- 언론인의 안전
- 인권 헌장의 존중
- 소수민족의 존중

첫 번째 기둥의 경제적 필수 요건:
- 기능하고 있는 시장 경제
- EU 내에서 경쟁을 이겨낼 수 있는 능력

평가 기준:
- 가격의 자유화
- 무역의 자유화
- 경제의 안정화
- 재정 영역의 개혁
- 소유권의 형태
- 인간과 물질적 자본의 질
- 하부 구조의 수준

그리고 유럽 합의서에 따르면
- 조화로운 무역 관계
- 자유 무역의 설립

법적 필수 조건: Acquis의 채택
- 주요 단일시장 지침에 대한 입법
- 다른 주요 영역(예를 들어 산업과 에너지)에 대한 입법
- 첫 번째/ 세 번째 기둥의 문제에 대한 입법

두 번째 기둥 필수 조건(공동 외교 안보 정책)
- 후보국의 EU 이사회와의 공동 입장 채택
- EU와 후보국가 간에 계속적인 합동 협의

세 번째 기둥 필요 조건(경찰과 사법의 협력)
(TEU 제 29항에 고안됨)
아래 문제에 대한 EU와의 정책적 공동 보조
- 망명 정책
- 국경을 넘는 국민들의 이주
- 이민 정책
- 마약 문제 해결
- 국제 사기 방지
- 사법적 협력
- 경찰과 세관의 협력

로 CEEC에 투자되어야만 하는지를 평가해야 했다. EU 생산자와 무역가, 은행가뿐만 아니라 EU 사무직원들까지 보호주의와 반덤핑 정책 문제를 해결하고,

동유럽의 자유 시장의 긍정적 · 부정적인 관계들을 해결해야 했다. 특히 폴란드와 중동유럽 국가들의 낙후되고 투자가 부족한 농업 영역은 EU에 특별한 도전으로 등장하였다.[25]

1) 유럽연합의 5차 확대: 10 + 2개국 가입

EU의 입장에서 살펴봤을 때 확대는 제도적 개혁, 지리적 균형의 이동, 기존 정책의 개혁, EU 예산 재분배의 정도와 방향에 대한 합의를 의미하였다. 확대가 순조롭게 이루어지기 위해서는 확대가 자국의 국익을 증대시킬 것이라는 기존 회원국들의 수용이 있어야 하고, 확대에 대한 동의를 다른 이슈들과 연계시키는 분열적인 행위를 하지 말아야 하는 것이 중요한 전제조건이었다.[26]

정치와 안보의 측면에서 중동부유럽 국가들이 자국 내에 견실한 자유 민주주의 체제를 설립하는 것은 유럽연합의 이익에도 부합하는 것이다. 중동부유럽 국가들과 국경을 맞대고 있는 핀란드, 독일, 오스트리아와 같은 유럽연합 회원국들은 이들 국가가 정치 불안정과 잠재적 안보위협 지역으로 전락하는 것을 원치 않는다. 중동부유럽 국가들은 유럽연합에 가입함으로써 '민주주의 틀(democratic fold)' 안에 합류되게 되고, 민주주의 원칙을 위반하면 제재를 받을 수 있다는 전제하에 그들의 새로운 민주주의 시스템을 공고화하도록 하였다.[27]

도덕적 측면에서 대부분 유럽연합의 정치인들은 중동부유럽 국가들을 원조해야 한다는 도덕적 책임감을 느꼈다. 중동부유럽 국가들의 탈공산주의 이후, 유럽연합의 많은 정부 단체들 사이에서는 이들 국가의 번영과 민주화를 도와야 한다는 책임의식이 생겨났다. 중동부유럽 국가들의 요구와 기대를 수용하려 하지 않는 것이 무책임하고 인색할 뿐만 아니라 무관심하고 방종하다는 인식이 팽

25) Irene Brennan, "The Challenge of the East," in Richard Sakwa and Anne Stevens (eds.), *Contemporary Europe* (New York: Palgrave, 2000), p.163.

26) Alan Mayhew, *Recreating Europe: The European Union's Policy toward Central and Eastern Europe* (Cambridge: Cambridge University Press, 1998), p.353.

27) 유럽연합조약 6조와 7조는 회원국이 자유, 민주주의, 인권존중, 기본자유, 법치라는 유럽연합 창건 원칙을 심각하게 지속적으로 어겼을 경우, 유럽연합으로서 갖는 권리가 중단될 수 있도록 하였다.

배하였다.

지리적인 위치와 유럽연합 확대가 가져올 경제적 잠재력 덕분에 가장 이득을 볼 회원국은 독일이다. 이와는 다른 이유로 많은 이익을 얻을 국가는 영국이다. 영국은 유럽연합이 일부 회원국이 지지하는 초국가주의로 움직일 가능성이 적어짐에 따라, 유럽연합이 더욱 이질적인 모습으로 확대될 것이라고 보았다. 중동부유럽 국가들이 유럽연합에 합류함으로써 혜택을 가장 적게 받는 국가는 아일랜드, 스페인, 포르투갈과 같이 덜 부유한 서유럽 국가들이다. 이 국가들은 확대된 시장으로부터 얻는 혜택이 적고, 그들보다 더 빈곤한 국가들이 유럽연합에 새로 가입함에 따라 구조기금(Structural Fund)의 원조도 감소할 것이라고 우려하였다.

동유럽 국가들은 정치 · 경제적 가입조건을 맞추는 데 큰 어려움을 겪었다. 헝가리, 폴란드와 같이 좀 더 선진화된 국가들조차도 민주화 과정은 사실상 공고화된 정치 제도를 방해하는 수많은 요소들 때문에 어려움을 겪었다. 선거제도의 잦은 변화도 민주화 과정의 주요 장애요인 중의 하나였다. 개혁된 공산당을 제외하고 대부분 정당들은 약한 조직력과 쉽게 해체되는 특성을 가졌고, 단기 프로그램과 인물에 의해 지배되었다. 정당과 유권자들의 연계가 다소 떨어졌는데, 이는 정당간의 전략에 대한 사회-경제적 인식 부족 때문이었다. 다시 말해 공고하게 강화된 민주주의를 위한 탁월한 정치 제도가 부족하였다. 의회 내에서 수많은 관련 문제들이 나타나는데, 이는 의원들의 경험 부족, 의회 위원회를 위한 정부 지원의 부족, 선거가 아닌 단지 개인적인 이유로 정치가들의 정치 생명이 수없이 사라지는 급속한 변화들 때문이었다.[28)]

동유럽국가들 간의 내부 무역은 냉전이 종식되면서 1993년까지 거의 붕괴 상태에 이르렀다. 체코슬로바키아, 헝가리, 폴란드, 불가리아, 루마니아 간의 무역은 1989년 370억 달러에서 1993년 30억 달러로 급감하였다.[29)] CEEC 도처에 국가 차원에서 제공되었던 서비스는 민간 영역으로 완전히 대체되지 못하였고, 대부분 새로운 투자들이 산업 생산에 집중되었다.[30)]

28) A. Agh, *The Politics of Central and Estern Europe* (London: Sage, 1998).

29) Alan Mayhew, *Recreating Europe: The European Union's Policy towards Central and Eastern Europe* (Cambridge: Cambridge University Press, 1998), p.87.

동유럽에서 삶의 기준의 하락은 엄청났다. 라트비아(러시아와 더불어)의 생활수준이 거의 50%로 떨어졌고 에스토니아와 더불어 불가리아, 루마니아는 약 3분의 1 정도 하락하였다. 슬로바키아, 루마니아, 폴란드, 에스토니아도 하루 1달러 이하로 삶을 유지하는 상태였다. 어디서나 변화를 위한 사회 비용은 기대했던 것보다 엄청나고 상당하다는 것이 밝혀졌다.[31)]

EU 정책 결정자들은 동유럽으로의 확대가 회원국들에게 엄청난 비용을 부담지우지 않고 수행될 수 있고, 독일과 같은 순수 기부국이 부담감을 느끼지 않도록 하는 전략을 모색하려고 노력하였다. 그러므로 EU 예산 기부의 재정적 최고한도를 늘리지 말아야 한다는 인식이 팽배하였다. 그러나 결속기금과 구조기금의 주요 수혜국인 그리스, 포르투갈, 스페인, 이탈리아, 프랑스와 아일랜드는 자국에 할당되는 기금을 중동유럽 국가로 전환시키는 데 대하여 저항할 것이 확실하였다.

이에 따라 회원국에 대한 재정 지원 역할을 하는 구조기금과 결속기금이 확대의 주요 이슈로 떠올랐다. 만약 EU의 구조기금과 결속기금 프로그램에 의해 제공되는 보조금이 회원국 확대 이후에도 지속되고, 중동유럽 국가들 역시 동등한 수준으로 혜택을 받는다면, EU가 지출하는 비용은 엄청날 것이다. 확대는 순수 기부국가에게 막대한 부담을 주는 것으로 여겨질 것이다. 그러나 만약 총 예산 수준을 유지하고 기존의 기준으로 적용된다면, 유용한 구조기금 중 85%가 중동부유럽 국가들에게 지원될 것이고, 확대 이전의 수혜국들 중 그리스만이 일부 지원을 받을 수 있을 것으로 예상되었다. 이러한 관점에서 확대 이전의 기금 수혜국들이 확대의 실현에 대하여 별 관심을 기울이지 않을 것이기 때문에 확대는 적실성 있는 선택으로 받아들여지기 어려울 것으로 우려되었다.

중동유럽국가 중 대규모 기금의 급진적 전환을 수용할 수 있는 경제력을 보유한 국가는 거의 없었다. 필요한 제도, 경제 · 법적 메커니즘이 아직 안정적으로 자리잡지 못하고 있었다.[32)] 이에 따라 수혜국의 요구와 기대를 고려하여 구조

---

30) Irene Brennan, "The Challenge of the East," in Richard Sakwa and Anne Stevens (eds.), *Contemporary Europe* (New York: Palgrave, 2000), pp.170-171.

31) J. Elster, C. Offe and U. K. Preuss, *Institutional Design in Post-Communist Societies* (Cambridge: Cambridge University Press, 1998), p.245.

기금의 새로운 형태가 도입될 필요가 있었다. 특히 중동유럽으로의 기금 전환은 천천히 이루어져야 한다는 의견이 대두되었다. 따라서 가입 준비기간을 길게 한다면, 구조기금과 결속기금, 그리고 농업 개혁에 대한 문제점들은 해결하기 쉬울 것으로 전망되었다.

중동유럽국가들은 가입에 앞서서 구조적이고 제도적인 문제에도 직면하였다. 이러한 것들 중에 하나는 구조적 변화를 감시하는 데 필요한 제도적 틀과 메커니즘의 설립과 공고화였다. 1990년대 초반과 중반 동안 중동유럽국가들은 가입에 필요한 구조적 변화를 도입하는 데 실패하였다. 국가 개입에 대한 자유시장주의자들의 저항과 부적절한 기존의 국가 규정을 파기하고 대체하는 데 대한 국가 관료들의 저항이 나타났다.[33] 경제 영역에서 장기적 자본 축적과 법적 지배를 통한 시장 규제, 국가 조정에 의한 이득의 최대화를 보장하는 데 있어 제도적 지원이 불충분하였다.[34]

2) 5차 확대 이후의 유럽연합

"유럽의 분단은 끝났다." 로마노 프로디 EU 집행위원장은 2002년 12월 12, 13일 덴마크 수도 코펜하겐에서 열린 EU정상회의가 끝난 뒤 이렇게 말했다. EU 정상들은 동유럽이 중심이 된 10개국의 유럽연합 가입을 확정함으로써 기존의 서유럽 15개국으로 구성된 유럽연합의 회원국은 25국으로 늘어나게 되었다. EU는 지정학적으로 서유럽 중심에서 벗어날 수 있게 되었을 뿐 아니라, 유럽의 동서분단이라는 냉전시대의 잔재를 깨끗이 씻어 낼 수 있게 되었다. 이제 유럽은 분열과 갈등으로 점철된 옛 역사를 벗어나 역사상 처음으로 평화롭게 하나의 유럽으로 통합될 수 있는 기회를 맞게 된 것이다.

32) Alan Mayhew, *Recreating Europe: The European Union's Policy towards Central and Eastern Europe* (Cambridge: Cambridge University Press, 1998).

33) A. Smith and A. Swain, "Regulating and Institutionalising Capitalism," in A. Picklles and A. Smith (eds.), *Theorising Transition: The Political Economy of Post-Communist Transformations* (London: Routledge, 1998).

34) A. Amsden, H. J. Kochanowicz and L. Talor, *The Market Meets its Match: Restructuring the Economies of Eastern Europe* (London: Harvard University Press, 1994).

제5차 확대는 궁극적으로 유럽연합 회원국 수를 두 배 가까이 늘리고 중요한 측면에서 기존 회원국과 성격이 매우 다르고, 또 상호 이질적인 국가들을 영입하기 위한 시도였다. 확대 과정에서 새로운 가입국들이 회원국 규정을 잘 이행할 수 있도록 유럽연합이 이전보다 이들 국가에 더 많은 지원을 하면서, 더 많은 변화와 적응의 과정을 거치도록 하는 확대정책을 모색하였다.[35)]

마침내 2004년 5월 1일 동유럽 8개국을 포함한 10개국이 EU에 가입하였다. 신규가입국은 5개 중부유럽자유무역협정(CEFTA) 회원국(헝가리, 폴란드, 체코, 슬로바키아, 슬로베니아)과 발틱 3개국(에스토니아, 라트비아, 리투아니아) 그리고 지중해 도서 국가인 몰타와 사이프러스이다. 이로써 역내 총인구 4억 5,500만 명, 총면적 393만 km^2, 총생산(GDP) 9조 6,150억 유로에 달해 미국에 필적하는 거대경제권이 탄생하게 되었다. 기존의 EU에서 사용되던 언어는 덴마크어, 네덜란드어, 영어, 핀란드어, 프랑스어, 독일어, 그리스어, 이탈리아어, 포르투갈어, 스페인어, 스웨덴어 등 11가지였으나, 10개국이 추가 가입하면서 폴란드어, 헝가리어, 체코어, 슬로바키아어, 에스토니아어, 리투아니아어, 라트비아어, 슬로베니아어, 몰타어 등 9개 언어가 늘어나 총 20개의 언어가 사용되고 있다.[36)] 이번 10개국의 EU 가입은 1958년 이후 제5차 EU 확대에 해당되는데, 이후 2007년 1월 1일에는 루마니아와 불가리아가 추가로 가입하였다.

(1) 확대 이후 EU경제

25개국으로 확대한 이후 EU의 총인구(2004년 기준)는 20% 증가한 4억 5,500만 명에 달하여 1957년 유럽경제공동체(EEC) 설립 이후 최대규모가 되었다. 2억 9,100만 명의 미국이 EU 총인구의 3분의 2, 1억 280만 명의 일본은 3분의 1에 불과하여 EU는 주요 선진국 가운데 최대 인구국으로 부상하였다. EU 전체의 GDP 규모는 9조 6,150억 유로로 늘어났으나 신규가입국의 비중이 5% 이하

35) C. Preston, "Obstacles to EU Enlargement: The Classical Community Method and the Prospects for a Wider Europe," *Journal of Common Market Studies*, Vol.33, No.3, 1995, pp.451-463.

36) 이 중에서 영어, 독일어, 프랑스어가 주로 사용되고 있다. 이종원, 『새유럽통합론』(서울: 해남, 2004), p.39.

확대 이후 EU 회원국 현황

회원국	사회경제현황			정치현황		EU에의 대표권		
	가입년	2003 인구 (백만)	2004 1인 GDP (유로)	의회정당 득표율 (%)	국가 체제	이사회 가중다수결 투표권한	집행 위원	2004 유럽의회 의원수
오스트리아	1995	8.1	27,700	기42,사36	연방	10	1	18
벨기에	1952	10.4	26,570	사28, 자27, 기19	연방	12	1	24
사이프러스	2004	0.7	19,690	극35, 보34	단일	4	1	6
체코	2004	10.2	15,880	사30, 보25, 극19	단일	12	1	24
덴마크	1973	5.4	27,700	자31, 사29	단일	7	1	14
에스토니아	2004	1.4	11,020	중25, 보25, 자18	단일	4	1	6
핀란드	1995	5.2	24,910	자25, 사23, 보19	단일	7	1	14
프랑스	1952	59.6	25,770	보24, 사24	지방자치	29	1	78
독일	1952	82.5	24,940	사39, 기39	연방	29	1	99
그리스	1981	11.0	18,700	보46, 사41	단일	12	1	24
헝가리	2004	10.1	13,970	사42, 보41	단일	12	1	24
아일랜드	1973	4.0	30,590	보42, 기23	단일	7	1	13
이탈리아	1952	57.3	23,960	보45, 기35	지방자치	29	1	78
라트비아	2004	2.3	9,530	보24, 사19, 자17	단일	4	1	9
리투아니아	2004	3.5	10,800	사31, 중20, 자17	단일	7	1	13
룩셈부르크	1952	0.4	46,540	기30, 사24, 자22	단일	4	1	6
몰타	2004	0.4	17,450	보42, 사48	단일	3	1	5
네덜란드	1952	16.2	26,900	기29, 사27, 자18	단일	13	1	27
폴란드	2004	38.2	10,920	사41, 보13	지방자치	27	1	54
포르투갈	1986	10.4	17,100	보40, 사38	단일	12	1	24
슬로바키아	2004	5.4	11,970	민20, 보15	단일	7	1	14
슬로베니아	2004	2.0	17,450	자36, 보16	단일	4	1	7
스페인	1986	40.7	21,770	사43, 보38	지방자치	27	1	54
스웨덴	1995	8.9	25,700	사40, 보15	단일	10	1	19
영국	1973	59.3	27,080	사41, 보32, 자18	단일/지자	29	1	78
불가리아	2007	7.8	7,450	중43, 보18, 사18	단일	10	1	17
루마니아	2007	21.8	7,460	사37, 민20	단일	14	1	33
EU15		379.4	25,210			237	15	570
EU27		483.2	20,350			345	25	732

정당약어: 극 = 극좌, 사 = 사회민주주의, 자 = 자유당, 중=중도, 기 = 기독교민주당, 보 = 보수당, 민 =민족주의

EU 확대(25개국) 전후의 경제지표

	EU 15 (2002년)	EU 25	미국	일본
총인구(백만 명, 2004년 기준)	379.4	453.7	291.4	127.7
면적(만 km^2)	319.9	392.9	937.3	37.8
GDP규모(십억 유로)	9,172	9,615	10,980	4,235
(세계GDP 대비, %)	26.8	28.1	32.5	12.3
(PPP 기준, 십억 유로)	8,921	9.741	9,422	3,067
1인당 GDP(천 유로)	24.0	21.1	37.7	33.2
(PPP 기준, 천 유로)	23.3	21.4	32.7	24.1
노동생산성(PPP 기준, EU15 = 100)	100	92.8	118.9	87.9
상품수출(GDP 대비, %)	10.9	9.5	6.5	9.9
상품수입(GDP 대비, %)	10.8	9.8	11.1	7.6
농림어업(GDP 대비, %)	2.0	2.1	1.3	1.3
제조업(건설업 포함)(GDP 대비, %)	27.0	27.2	21.6	29.1
서비스업(GDP 대비, %)	71.0	70.7	77.1	69.6
실업률(%, 2003년 기준)	8.0	9.0	6.0	5.3
경제활동참가율(%)	69.6	68.9	76.6	75.7
취업률(%)	64.3	62.9	71.2	65.2
재정적자비율(%)	−2.0	−2.1	−3.4	−6.1
정부부채비율(%)	62.5	61.5	45.7	134.6

*위의 수치는 2007년 1월 1일 루마니아와 불가리아가 가입하기 이전의 수치임.

에 그쳐 과거의 회원국 확대에 비해 EU 경제에 미치는 영향이 크지 않은 것으로 분석되었다.[37] 구매력평가(PPP) 기준으로는 EU 전체의 GDP 규모가 9.2% 증가한 9조 7,000억 유로에 달해 9조 4,000억 유로의 미국을 능가하였다. 신규 가입국이 경제규모에 비해 인구가 많아 EU 전체의 1인당 GDP 2만 4,000유로에서 2만 1,000유로로 감소하여 3만 8,000유로의 미국, 그리고 3만 3,000유로의 일본과의 격차가 더욱 확대되었다.

위의 표가 나타내듯이 EU 15개국과 신규회원국 10개국의 경제적 격차는 확연하다. 국가에 따라 차이가 있지만 실업률은 전체적으로 높고, 농업대국인 폴

37) 1986년 스페인과 포루투갈의 EC 가입시 EU의 GDP는 8% 증가하였고, 1995년 오스트리아, 핀란드 및 스웨덴 가입시에는 7% 증가하였으며, 중동부유럽 10개국의 신규가입 이후 세계 GDP에서 EU가 차지하는 비중은 2002년 26.8%에서 28.1%로 약간 상승하였다.

EU 25개국 주요 경제 통계(2002년)

	1인당 GDP(주)	국토면적 (1,000km²)	인구	실업률 (%)	EU예산부담 (2004년)(%)
EU 15개국	100	3,234	377,787	7.7	96.7
룩셈부르크	189	3	444	2.8	0.2
아일랜드	126	70	3,883	4.4	1.3
덴마크	114	43	5,368	4.6	2.1
네덜란드	112	36	16,105	2.7	5.5
오스트리아	110	84	8,139	4.3	2.2
벨기에	108	31	10,310	7.3	4.0
영국	104	244	58,922	5.1	11.9
핀란드	103	338	5,195	9.1	1.5
프랑스	103	549	59,344	8.8	17.1
독일	102	357	82,440	8.6	22.0
이탈리아	102	301	56,944	9.0	14.2
스웨덴	102	450	8,909	4.9	2.8
스페인	84	505	40,409	11.3	8.7
포르투갈	69	92	10,336	5.1	1.4
그리스	66	132	10,988	10.0	1.8
신규회원국	46	739	73,927	10.2	3.3
사이프러스	74	9	679	3.9	0.1
슬로베니아	74	20	1,994	5.9	0.2
몰타	69	0.3	399	5.2	0.0
체코	60	79	10,215	7.0	0.6
헝가리	57	93	9,868	5.6	0.6
슬로바키아	47	49	5,385	18.7	0.2
에스토니아	41	45	1,356	9.4	0.1
리투아니아	39	65	3,450	13.0	0.1
폴란드	39	313	38,237	19.9	1.3
라트비아	35	65	2,344	13.2	0.1

란드를 비롯해 구공산권 국가들은 영세농가가 많을 뿐더러 비효율적인 대규모 집단농장이 남아 있는 곳도 많다. 또한 신규회원국들은 기존의 EU 회원국들이 오랜 시간에 걸쳐 구축해 온 EU 기준을 단기간에 도입해야 하는데, 식품위생기준만 보더라도 폴란드에 있는 3,300곳의 식품가공공장 중 그 기준을 충족하는 공장은 불과 70곳에 불과한 상황이었다.

이러한 격차에도 불구하고 EU의 확대는 기존 회원국과 신규회원국 모두에게 경제성장을 제공할 것으로 전망되고 있다. 집행위원회는 회원국 확대에 따라 2009년까지 경제 성장률이 국별로 1.7~3.2% 추가 상승할 것으로 전망하고 있으며, 경제전문가들도 EU에 새로 가입한 동유럽 국가들의 경제가 향후 10년간 연평균 4% 이상 성장할 것이라는 긍정적 전망을 하고 있다.

동유럽 국가들의 경제성장을 촉진한 주요 요인은 내수시장의 확대로 평가되고 있는데, 무엇보다도 실질 임금이 상승함으로써 민간부문의 소비가 크게 증가한 것으로 나타났다. 새로 EU에 가입한 중동부유럽국가들은 이번 EU가입으로 사업환경이 개선되고 비즈니스 위험이 감소하는 등의 편익과 거대 단일시장으로 시장이 크게 확대됨으로써 발생하는 규모의 경제, 효율성 제고 등의 이익을 보고 있다.

EU 가입 이전에 감소하는 추세를 보이던 투자 역시 가입 이후 증가를 보이고 있다. 투자 부분에서는 민간투자와 더불어 EU의 보조금 지급에 따른 정부의 사회간접자본 투자가 크게 늘어났다. 민간투자 부문에서는 신규회원국의 상대적으로 낮은 임금으로 인해 외국인 직접투자(FDI)의 증가가 상대적으로 높은 비율을 보이고 있다. 교역의 증대도 이 국가들의 경제발전에 많은 기여를 하고 있다. 이미 이 국가들은 체제전환을 시작한 이후 최대 교역상대로 부상한 EU와의 교역비중이 60~70%에 달하게 되었다. 이와 함께 이 국가들의 무역구조 또한 보다 숙련도가 높은 산업에서 경쟁력이 강화되는 방향으로 전환되는 등 기존 EU 국가들의 구조에 점차 수렴하고 있다.[38)]

그러나 동유럽국가들에게 있어 EU는 기회와 동시에 위기가 될 것으로 보인다. 비관세장벽 철폐에 따른 EU 시장 접근 용이성과 기업환경의 개선, 외국인투자 확대, 인프라 확충과 연구개발 및 인적자원 개발에 필요한 EU의 재정지원 등을 기대할 수 있는 반면, 경쟁심화, 단일시장법규의 시행에 따른 비용증가 등은 위기로 작용할 것이기 때문이다. 특히 투자의 증가에도 불구하고 높은 실업률은 여전히 별다른 변화를 보이고 있지 않다. 헝가리와 슬로베니아를 제외한 나머지

38) 이철원, "EU 가입과 중 · 동구 국가들의 교역추이 변화 및 향후 전망," 『세계경제』, 2004년 6월호, p.71.

EU 확대에 따른 주요 경제효과

신규가입국 10개국	내용
경제성장	2004년 5.0%의 고성장(2003년 성장률 3.7%)
농업지원	2004년 농가 평균수입이 50% 이상 증가
예산배분	EU 예산 총액으로 28억 유로 이상 배정
관광	외국인관광객 전년대비 23% 증가
기존가입국 15개국	**내용**
민간투자	2004년 중 · 동유럽지역에 138억 유로 투자
기업수익	중동유럽으로부터의 투자수익 53억 유로에서 75억 유로로 증가
교역	중동유럽과의 무역량 최근 10년간 2.4배 확대
경제성장	향후 10년간 GDP 증가율 0.7% 전망

회원국의 실업률은 상대적으로 낮은 임금수준에도 불구하고 기존 15개 회원국의 실업률을 크게 웃돌고 있다.

역내 교역 부문에서도 별다른 변화가 나타나지 않고 있는 것으로 밝혀졌다. 동유럽 신규회원국의 수출량은 EU가입 이전인 2004년도 전반기에 크게 늘어났는데, 이는 세계경제의 호전이 주요원인이었다. 수입도 2003년에 비해 커다란 증가세를 보인 것으로 나타났다. 그러나 가입 이후인 2004년도 후반기에 접어들어 교역량이 감소되기 시작했으며, 특히 2004년 4/4분기에는 감소세가 뚜렷하게 나타났다. 교역의 감소는 무엇보다도 유로존 회원국의 국내경기 악화에서 비롯되었다.

2003년 중동유럽 전체의 수출은 2,839억 8,380만 달러였는데, 이 가운데 신규가입국의 수출이 71.0%를 점하였다. 그러나 EU 25개국 총 수출에서 차지하는 신규가입국의 수출비중은 6.6%에 불과하다. 수입의 경우 중동부유럽 전체의 수입에서 신규가입국의 수입이 차지하고 있는 비중은 수출에 비해 조금 낮은 66.1%였다. EU 25개국 총수입에서 차지하는 신규가입국의 수입비중은 수출비중보다 다소 높은 7.5%를 기록하였다. 대체로 중동유럽 국가들은 1990년대부터 본격적으로 시작된 EU 가입 추진과정에서 교역량이 빠르게 확대되었고, EU 시장에 대한 의존도가 더욱 심화되었으며, 무역구조의 선진화가 이루어졌다.

교역분야의 확대에도 불구하고, 사람과 자본의 자유이동에서는 상당한 제한이 가해지고 있다. 기존 EU 15개국의 시간당 노동임금이 22.21유로인 데 비해,

EU 가입에 따른 경제적 파급효과

가입즉시 영향 (2004. 5. 1)	관세동맹 발효	• EU 공동통상정책(CCP)의 적용 – EU 무역규제조치가 신규회원국에 자동 적용 – 신규 회원국의 무역규제조치 및 제3국과 체결한 무역협정 효력 상실 • EU의 공동역외관세(CET) 적용
	단일시장 형성	• 31개 분야에서 EU 법규 채택 – 통관절차 간소화, 상호인증 등 • 자본 및 노동의 자유이동은 점진적으로 완성 – 부동산 투기, 노동이동 제한
	EU재정지원 혜택	• 2004~2006년 EU의 총지원금 410억 유로

헝가리는 3.83유로, 폴란드는 4.48유로에 불과하며 가장 저렴한 라트비아는 2.42유로로 EU 평균의 10분의 1 수준에 불과하다. 따라서 서유럽 국가들은 주민의 자유이동이 실현되면 가난한 동유럽 주민들이 일자리를 찾아 대거 서유럽으로 몰려들어 자국의 실업률이 증가하고 동유럽 출신 밀입국자로 인하여 심각한 문제가 발생할 것이라고 우려하고 있다. 결국 기존 서유럽 국가들은 원래의 계획을 변경하여 노동자 유입을 제한하겠다는 입장으로 돌아섰으며, 이에 대하여 신규회원국들은 크게 반발하고 있다.

기존 회원국들은 몰타와 사이프러스를 제외한 동유럽의 신규가입국에 대해 2009년까지 노동자의 자유이동을 제한할 계획이다. 처음에는 2년간 제한한 다음 추가로 3년 동안 노동자의 자유이동을 제한할지 여부를 평가하게 된다. 기존 회원국들의 노동 시장에 심각한 혼란이 초래될 경우 추가로 2년 동안 노동자 이동을 제한할 수 있도록 하였다. 자유이동이 실현되더라도 동유럽의 경제성장, 언어 문제, 현지적응의 어려움 등으로 노동 인구의 서유럽 유입은 쉽게 이루어지지 않을 전망이다. 한편 자본의 자유 이동은 부동산 투기를 방지하기 위한 차원에서 일부 제한조치가 있을 뿐 대부분 자유화되었다.

역외기업들에게도 EU의 확대가 기회인 동시에 위기가 될 것으로 분석되고 있다. 단기적 교역측면에서 본다면 동유럽의 관세가 EU 수준으로 인하된다는 점에서 역외국의 동유럽수출이 유리해지는 측면이 있다. 신규 가입국은 가입과 동시에 EU의 공동역외관세(CET)를 적용받게 된다. 국가별, 품목별 차이는 있으나 신규 가입국의 관세율이 EU보다 평균 3.6% 정도 높아 CET 적용으로 역외국의 관세부담은 대체로 경감될 것이다. 한편 중장기적으로 볼 때 EU의 역내무역 규모와 비중이 꾸준히 늘어날 것이므로 역외국들의 EU에 대한 경제적 입지는 불리해질 것으로 전망된다.

신규회원국의 유로존 가입전망

지난 2004년 5월에 EU에 새로 가입한 10개 국가들의 다음 과제는 EU 단일통화인 유로화 도입이다. 신회원국의 유로화 도입 일정이 공식적으로 정해져 있지는 않으나 모두 2007~2010년 사이에 도입하겠다고 선언한 상태다. 유로화 가입을 위한 몇 가지 선결조건이 있는데, 먼저 사법적 · 행정적 조건을 충족해야 하며, 자국통화의 대 유로화 환율변동 폭이 ±15%를 벗어나지 말아야 하는 '환율조정메커니즘 Ⅱ(ERM-Ⅱ: Exchange Rate Mechanism)'에 2년간 의무적으로 가입해야 한다.

이와 동시에 가입희망국의 금융 및 통화정책을 관리하는 소위 '마스트리트 기준', 즉 물가안정, 국가재정적자, 국가채무, 환율안정, 장기이자율 등을 유로존에서 요구하는 수준으로 맞춰야 한다. EU는 2004년 6월 27일 신규 가입 10개국 중 에스토니아, 리투아니아, 슬로베니아 3개국이 2007년을 목표로 유로화 도입

경제수렴기준과 3개 참가국의 현황비교

(단위: %)

정당이름	경제수렴기준	에스토니아	리투아니아	슬로베니아
소비자물가 상승률	최근 1년간 상승률이 가장 낮은 3개국 평균 + 1.5% 이내(2004년 5월 기준 2.2%)	3.0	1.1	3.6
재정적자 /GDP	재정적자: 3% 이내 정부부채 잔액: 60% 이내	재정흑자 5.8	1.7 21.9	1.8 27.1
장기 금리	소비자물가 상승률이 가장 낮은 3개국 평균 + 2.0% 이내(2004년 4월 기준 6.32%)	4.55	4%대로 추정	4.83
환율	최소 2년간 자국화 환율을 고정중심 환율 + 15.0% 이내로 유지(ERM2)	15.6466	3.45280	239.640

자료: Eurostat, JETRO

유로화 도입 기준별 이행 여부

(기준년도 2004년)

국가	인플레율(%)	재정적자	정부부채	유로화 도입 목표시기	최대 애로점
기준	가장 낮은 3회원국 평균의 ±1.5% 이내	GDP 대비 −3% 이내	GDP대비 60%		
사이프러스	1.9	−5.2	74.9	2007년	정부부채
체코	2.6	−5.2	38.6	2010년	정부부채
에스토니아	3.0	+0.5	4.8	2007년	
헝가리	6.8	−5.5	59.9	2010년	재정적자
라트비아	6.2	−2.0	14.6	2008년	인플레율
리투아니아	1.1	−2.6	21.1	2007년	
몰타	2.7	−5.2	73.2	2008년	재정적자
폴란드	3.6	−5.4	45.9	2007년(전문가 2009년 예상)	재정적자
슬로바키아	7.4	−3.8	43.0	2009년	재정적자
슬로베니아	3.6	−2.3	30.9	2007년	

을 하기 위한 준비단계인 환율조정메커니즘에 참가하였음을 공식 발표하였다. 라트비아는 2008년, 나머지 6개국은 2010년 도입을 목표로 하고 있다.[39] 슬로베니아는 2007년 1월 1일 유로화를 사용하기 시작하여, 유로화 사용국은 13개국으로 늘어났다.

(2) 확대 이후 문제점과 전망

유럽연합 확대가 유발할 수 있는 문제점은 세 가지 관점에서 분석할 수 있다. 첫째, 정체성의 문제이다. 유럽연합이 집합적 정체성에 기초했다고 말할 수 있는가, 또 그러한 정체성의 존재 여부가 정치 시스템으로서 유럽연합의 안정성과

39) 김판수, "EU 신규가입국, 유로화 도입을 위한 ERM-2 참가 개시," 『해외경제연구소 보고서』(한국수출입은행), 2004년 7월 1일, p.1.

효율성에 대해 갖는 의미가 무엇인가에 관한 열띤 학술적 논의가 이루어졌다.[40] 집합적 정체성은 존재하지 않고, 그것이 유럽연합 체제가 자주 삐걱거리는 이유의 하나라고 인식되기도 한다. 현재 회원국 국민들과 정부들 사이에는 많은 분열과 차이가 존재하며, 그 분열과 차이는 언어, 종교적 배경, 정치적 이데올로기, 그리고 무엇보다 민족문화의 역사, 정체성, 이해에서 유래한 것이다.

유럽연합이 보다 확대되면 현재의 정체성이 더욱 약화될 것이다. 중동부유럽 국가들과 터키 그리고 남동부 유럽 가입 가능국들은 유럽연합의 기존 회원국들과 중요한 문제에서 관점이 매우 다르다. 유럽연방의 설립을 주장하는 사람들에게는 바로 이 점이 가장 큰 걸림돌이다. 그러나 유럽연방을 원치 않는 사람들에게는 오히려 통합의 흐름을 늦출 수 있는 좋은 기회로 작용할 것이다.

둘째, 제도와 의사결정 과정의 문제이다. 유럽연합 확대가 불러올 가장 극명한 정치적 문제는 새 회원국을 수용하기 위해 유럽연합 제도를 개편해야 한다는 것이다. 과거에는 새로 가입한 국가들이 인구 비례에 따라 제도적 분배를 받음으로써 유럽연합 체제에 수용되었다. 이 국가들은 각료이사회에서의 가중다수결투표권, 유럽의회 의원 숫자, 집행위원 수, 법원판사 수 등의 할당을 받았다. 그러나 현재와 미래에 이러한 방식을 따르는 것은 매우 어렵다. 왜냐하면 집행위원회나 유럽의회와 같은 기구가 이미 그 규모가 너무 크기 때문이다.

의사결정 과정 개편의 필요성은 제도 개편 문제와 밀접하게 관계되어 있다. 1980년대 중반 스페인과 포르투갈의 유럽연합 가입과 1990년대 중반 유럽자유무역지대(EFTA) 국가들의 가입에서 볼 수 있듯이, 새 회원국을 받으면 의사결정 과정이 능률화되지 않는 한 빠르고 효율적인 의사결정이 더욱 어렵게 될 수 있다. 의결과정에 대한 철저한 검토가 필요하다는 주장이 제기됐지만, 과거와 마찬가지로 현 유럽연합 확대 논의는 가중다수결투표제를 확대함으로써 사실상 각료이사회에서 각 국가가 갖는 거부권을 축소시키자는 데 초점을 맞추고 있다.

동유럽 8개국이 힘을 합칠 경우 각료이사회와 유럽의회에서 상당한 파워를 행사할 수 있다. 회원국 수(전체의 5분의 2), 각료이사회 의결권(84표), 유럽의회

40) A. C. Smith, "National Identity and the Idea of European Unity," *International Affairs*, Vol.68, No.1, 1992, pp.55-76; P. Howe, "A Community of Europeans: The Requisite Underpinnings," *Journal of Common Market Studies*, Vol.33, No.1, 1995, pp.27-46.

의석수(162명) 등을 감안할 때, 신규 회원국들은 정책결정 과정에서 충분히 캐스팅 보트 역할이 가능하다는 의미이다. EU의 동유럽 확대로 정치파워의 동진 현상이 나타나고 있다. 경제성장의 축이 동쪽으로 이동하면서 동유럽 국가들과 강한 경제적 유대관계를 지니고 있는 독일의 영향력이 더욱 강해질 가능성이 크다.

한편 EU 확대 이후 회원국간 이해관계가 더욱 복잡해질 가능성이 크다. 우선 프랑스와 독일 등 유럽 통합 주도국과 영국, 이탈리아, 스페인 등 정치 통합에 회의적인 국가들 간에 대립이 예상된다. 그리고 EU 예산을 부담하는 선진 회원국들과 EU로부터 재정지원을 받는 후진 회원국들 간의 갈등 즉, 남북 문제도 불거질 것으로 예상된다. 또한 EU로부터 재정지원을 받아 온 기존 회원국들과 신규 회원국들 간 갈등이 추가될 가능성이 크다. 각국간 이해관계가 서로 얽혀 있어 앞으로 경제, 외교, 국방 등에서 회원국간 견해차를 극복하기가 더욱 어려워질 전망이다.

셋째, 경제적 문제이다. 유럽연합 확대는 기존 회원국들에게 상당한 잠재적 시장이 될 수도 있지만, 이는 또한 엄청난 경제적 문제를 야기할 수 있다. 이는 세 가지 이유로 분석할 수 있다.

첫째, 중동부유럽 국가들이 새로 가입하면 유럽연합 인구가 약 30% 정도 늘어나지만, 유럽연합 GDP 규모는 단지 5% 성장에 그칠 것이다. 사이프러스와 슬로베니아를 제외하고 신규가입국들은 유럽연합 회원국 가운데 가장 빈곤한 그리스보다 일인당 국내총생산이 낮다. 게다가 가입 희망국들의 GDP는 모두 유럽연합 평균에도 못 미치고 있다. 특히 에스토니아, 라트비아, 리투아니아, 폴란드, 슬로바키아는 유럽연합 GDP 평균 50%에도 못 미친다. 다시 말해서, 유럽연합 확대는 부유하지 못한 국가들을 영입한다는 것을 의미하고, 이들 국가들은 결국 구조기금의 운용을 어렵게 하면서 보다 강화된 재분배 정책을 요구하고 나설 것이다.

둘째, 공동농업정책(CAP)의 경우, 신규 가입국 대부분의 농업 부문이 상대적으로 규모만 크고 비효율적이기 때문에 상당한 난관에 직면해 있다. 유럽연합의 고용에서 농업이 차지하는 비율이 5%에도 못 미치는 반면, 폴란드 같은 국가에서는 약 25%를 차지한다. 확대 이후 유럽연합의 농업 노동력의 규모가 2배 정도

EU 신규가입국의 농업관련 주요 현황

	전체인구 (1천 명)	농업인구 (1천 명)	1인당 GDP (EU 평균과 비교할 때) (%)	농지면적 (1천ha)	경작가능한 농지면적 (1천ha)	전체 GDP중 농업 기여도 (%)	농업 취업 비율 (%)
사이프러스	790	17	83	117	72	4.0	4.8
체코	10,260	232	61	4,278	3,076	4.2	4.6
에스토니아	1,377	38	37	1,433	1,120	5.7	7.1
헝가리	9,917	233	52	5,865	4,614	4.3	6.1
라트비아	2,406	151	30	2,480	1842	4.8	15.1
리투아니아	3,689	265	28	3,487	2,930	7.2	16.5
몰타	392	3	–	10	9	2.6	2.3
폴란드	38,403	2,713	38	18,392	13,974	3.8	19.2
슬로바키아	5,403	139	50	2,450	1,450	4.5	6.3
슬로베니아	1,985	89	73	510	285	3.3	9.9
신규가입 10개국	74,796	3,880	–	38,479	28,496	–	–
기존 15개회원국	375,346	6,357	–	142,614	74,470	1.5	4.7

자료: http://europa.eu.int/comm/agriculture/

증가하고 농업용지 크기도 2분의 1배 확대되었다. 이는 유럽연합 확대가 CAP에 부담을 가중시키지 않게 하기 위해서는 CAP 개편이 불가피하다는 것을 의미한다.

셋째, 중동부유럽 국가들은 다양한 종류의 국가지원을 통해서만 살아남을 수 있는 낙후되고 비효율적인 산업에 여전히 의존하고 있다. 유럽연합 가입 절차의 지침에 자극받아 중동부유럽 경제가 현대화하고 자유화되면서 이러한 상황은 변화하고 있으나, 여전히 갈 길이 멀다. 만약 중동부유럽 국가들이 가입 이후 경쟁력이 없다고 판정되거나 국내투자를 유치하지 못하면, 유럽연합 가입은 이들에게 해가 될 것이다. 또한 이는 확대된 내부 시장 경제와 단일화폐 체제에 합류하는 중동부유럽 국가들의 장래에 오히려 악영향을 끼칠 수도 있다.

EU는 신규 회원국 지원을 위해 다양한 지원 프로그램(Phare, ISPA, SAPARD 등)을 준비하였다. 그 중 농업 분야는 '농업과 지방발전을 위한 특별가입프로그램(SAPARD: Special Accession Programme for Agriculture and Rural Development)' 을 통해 농촌개발체계를 사전에 갖출 수 있게 하였다. SAPARD는 새로 가입한 국가들의 EU 적응을 지원하기 위해 EU와 개별국가의 공동재정이나 집행의 자율성을 최대한 보장하는 농업프로그램이다.

농업인구는 기존 15개국 630만 명에 신규가입국 농민 380만 명이 추가되어 1,000만 명 이상으로 늘어났다. 경지면적 또한 1억 4,000만 ha에서 3,800만 ha가 늘어 농업인구로는 60%, 경지면적으로는 27% 가량이 증가한 셈이다. 그러나 신규 가입국의 농업생산성이 낮아 생산액 면에서는 약 6% 증가한 것으로 추산되지만 생산잠재력이 높아져 향후 농업생산액은 크게 늘 것으로 예상된다.

(3) 추가(+2)확대와 터키

2005년 4월 25일 룩셈부르크에서 EU 대표단은 루마니아와 불가리아 대표단과 만나 양국의 EU가입협정에 서명하였다. 양국은 이 협정이 발효되는 2007년 7월 1일 EU에 가입하도록 되었다. 이 협정은 루마니아와 불가리아의 가입 여건에 대한 EU 집행위원회의 2006년 6월 평가 결과에 따라 2008년 1월 1일까지 발효가 연기될 수 있도록 하였다. 또한 이 협정은 루마니아와 불가리아는 물론 기존 25개 회원국의 비준절차가 이루어져야 하고 이러한 모든 절차는 2006년 12월 31까지 완료되도록 하였다.[41]

세계 경제의 성장세가 둔화되고 고유가 시대에 에너지의 해외의존도가 매우 높은 상황에서도 양국 경제가 예상보다 좋은 실적을 보여주었다. 특히 양국은 투자 및 개인소비 증가, 유로권 경제의 회복, 수출 증가 등에 힘입어 경제호황을 보였다. 2004년 루마니아 경제는 8.3%의 성장률을 기록하였고, 불가리아는 5.5%의 성장을 기록하는 등 양국 모두 1989년 체제전환 이후 가장 높은 경제성장률을 기록하였다.

2007년 1월 1일 가입 당시 루마니아와 불가리아의 경제 성장률은 각기 5.5%와 4.1%를 기록하였는데, 당시 EU 국가들의 평균 성장률은 1.6%에 불과하였다.

터키는 1923년 공화국 수립 이후 유럽에 가입하기 위해 많은 노력을 기울여 왔다. 그 첫 걸음으로 1964년 12월 1일 EU와 제휴협정(Association Agreement)을 체결하여 준회원국 자격을 갖게 되었다. 제휴협정은 유럽협정(Europe

41) 이 협정체결에 앞서 EU 의회는 2005년 4월 13일 루마니아와 불가리아의 EU 가입안을 압도적인 표차로 통과시켰다. 불가리아의 가입에 대해 EU 의회는 찬성 522, 반대 70, 기권 69표로 의결하였다. 또한 루마니아의 가입에 대해서는 찬성 497, 반대 93, 기권 71표로 의결하였다.

루마니아와 불가리아의 최근 주요 경제지표 동향

주요지표	단위	루마니아			불가리아		
		2002년	2003년	2004년	2002년	2003년	2004년
인구	백만 명	21.8	21.7	21.7	7.9	7.8	7.8
명목 GDP	억 달러	460	570	730	160	200	250
1인당 명목 GDP	달러	2,098	2,620	3,379	1,990	2,574	3,163
실질성장률	%	5.0	4.9	8.3	4.9	4.3	5.5
실업률	%	8.1	7.2	6.2	17.5	14.4	12.7
소비자물가상승률	%	22.5	15.3	11.7	5.8	2.3	7.3
재정수지(GDP대비)	%	−2.2	−2.7	−2.5	−0.6	0.0	1.7
수출	억 달러	139	177	235	56	75	99
수입	억 달러	179	241	327	72	101	132
무역수지	억 달러	−40	−64	−92	−16	−25	−34
경상수지	억 달러	−16	−35	−55	−8	−19	−18
환율(연평균)	1USD	33,055	33,200	32,615	2,066	1,729	1,575
외환보유고	억 달러	72	88	162	44	61	71

자료: Global Insight. 2005. Online Service (http://www.globalinsight.com). (April)

Agreement) 또는 준회원국 협정으로 불리는데, 이는 EU 가입을 앞둔 전 단계과정이라고 할 수 있다. 1987년 터키는 정식으로 EU 가입을 신청하였다. 1995년 12월 31일에는 EU와 관세동맹 협정을 체결하여 1996년 1월부터 발효되었다. 터키가 EU와 관세동맹을 추진하게 된 것은 이 협정이 터키의 EU 가입에 대한 전초단계로 기능하기 때문이었다.

1999년 헬싱키 EU 정상회의에서는 터키를 가입후보국으로 선정하였고, 이에 터키는 EU 가입기준인 코펜하겐 기준, 특히 법제 및 인권상황에 대한 기준 충족을 위해 노력하였다. 터키 정부는 언론 및 집회의 자유 확대, 여성인권 개선, 군부의 정치참여 제한 등 개혁을 추진해 왔다. 그러나 EU는 2002년 12월 코펜하겐 정상회의에서 13개국 가입협상 대상국 중 루마니아, 불가리아, 터키를 제외한 10개국에 대해서만 2004년에 정식 신규회원국으로 받아들이기로 결정했다. 터키는 EU가 신규회원국으로 받아들이기로 한 대부분의 국가들보다 더 빨리 가입신청을 하였고, 그 후에 수차례에 걸쳐 가입협상 개시를 강력히 요청하였으나, 코펜하겐 기준의 정치적 요건을 충족하지 못함에 따라 실현되지 못하였다.

터키가 EU에 가입하기 위해 많은 노력을 기울였음에도 불구하고 제대로 추진되지 않는 이유는, 터키의 가입문제는 정치 · 외교적으로 매우 민감한 사안으로 중동유럽국들의 가입과는 성격이 크게 다르기 때문이다. 터키는 이슬람 종교 국가로서 기독교의 유럽과는 다른 종교권 국가일 뿐만 아니라, 터키를 가입협상국으로 받아들일 경우 모로코를 비롯한 레바논, 이스라엘 등 여타 비유럽권 국가들까지 EU가입을 신청할 수 있는 가능성이 있게 되고 이는 EU의 장기적 계획과 전망에 상당한 부담으로 작용될 수 있다. 또한 인구 7,130만 명의 터키가 EU에 가입할 경우 터키는 독일에 버금가는 대국인바, 인구수에 따라 배분되는 이사회 의결권 및 유럽의회의 의원 수에 큰 영향을 미칠 것이고 이에 대한 기존 회원국의 반발이 심할 것으로 예상되고 있다.[42)]

터키가 EU에 가입하는 데 있어서 가장 큰 걸림돌은 사이프러스 승인 문제였다. 이 문제는 터키와 사이프러스 양국간의 역사적인 분쟁에서 비롯되었다. 터키계 주민과 그리스계 주민의 유혈 충돌이 잦았던 사이프러스에서 1974년 그리스계 장교 주도의 쿠데타가 발생하자, 터키군이 터키계 주민을 보호한다는 명분으로 사이프러스를 침공하여 북부 영토 37%를 점령하였다. 1983년에는 북사이프러스 공화국이 수립됨으로써 사이프러스는 터키계의 북사이프러스와 그리스계의 남사이프러스로 분단되었다.

남 · 북 사이프러스를 통합하여 EU에 동시 가입시키기 위하여 코피 아난(Kofi Annan) 유엔 사무총장이 방문하여 통합방안을 제시하였다. 이에 따라 2004년 4월 남북 별도로 국민투표를 실시한 결과, 북사이프러스는 64.9%가 통합에 찬성한 반면, 남사이프러스는 75.8%가 반대표를 던짐으로써 통합안이 무산되었다. 결국 남사이프러스만이 2004년 5월 EU에 단독 가입하였다. 현재 남사이프러스만이 국제적으로 대표성을 인정받고 있고, 북사이프러스는 터키에 의해서 인정받고 있는 상황이다. 따라서 터키가 EU에 단독 가입한 그리스계의 남사이프러스를 승인하게 되면 이는 터키의 사이프러스 침공이 정당하지 못했다는 사실을 인정하는 것이 되기 때문에 터키로서는 남사이프러스를 승인하기가 어려운 실

42) 터키의 2003년 인구는 약 7,130만 명으로 8,250만 명의 독일 인구와 비슷한 수준인 반면, 2003년 터키의 1인당 GDP는 3,361달러에 불과하여 EU 경제에 큰 짐이 될 것이라는 비판을 받고 있다.

정이다.

터키의 EU가입을 전제조건으로 해서 EU와 터키가 협상을 벌인 결과 앙카라(Ankara) 협정(EU-터키간 관세동맹)을 사이프러스를 포함한 10개 EU 신규가입국에 확대 적용한다는 내용의 의정서에 터키가 EU 가입협상 개시 전에 서명하겠다고 약속하였고, EU측에서 이를 수용함으로써 전격합의가 이루어졌다. 이로써 지난 수십 년간 EU에 가입하려는 터키의 노력이 처음으로 결실을 맺었으며, EU도 최초로 이슬람 국가를 회원으로 맞기 위한 첫 번째 발걸음을 내딛게 되었다.

향후 EU 회원국들은 터키와의 협상에서 국가별로 이해득실을 따져 견해를 제시할 것으로 보인다. 우선 EU 회원국이 된 그리스계 사이프러스는 자국을 인정하지 않고 있는 터키의 EU 가입을 반대하고 있어 향후 상당한 어려움이 예상된다. 한편 그리스 정부도 터키와 해안경계선 분쟁 등 해결되지 않은 다양한 현안이 있기 때문에 터키와의 EU 가입협상에서 상당한 압력을 행사할 것으로 보인다. 프랑스, 오스트리아, 덴마크 등은 터키의 EU 가입에 대해 부정적인 견해를 갖고 있으며, 특히 국민들의 다수가 반대하고 있는 프랑스에서는 찬반 국민투표를 계획하고 있어서 유럽통합 과정에서 또 하나의 새로운 장애요인이 될 것이다.

제 11 장 유럽연합의 조직

유럽연합의 주요 기구들 중 집행위원회(Commission), 유럽의회(European parliament), 사법재판소(Court of Justice)는 초국가적 기구이고, 각료이사회(Council of Ministers)와 유럽이사회(European Council)는 정부간기구의 성격을 지니고 있다. 이 장에서는 EU의 정책결정과 집행과정에 중요한 역할을 하고, 따라서 EU의 성격을 규명하는 데 도움이 되는 유럽연합의 기구들을 분석하고자 한다. 특히 집행위원회, 각료이사회, 유럽의회 등 세 개의 기구들은 정책결정과정에서 유기적으로 연관되어 있다. 다른 표현으로는 제안, 심의, 결정 권한에 대하여 역할분담을 하여 균형과 견제를 이루고 있다. 이는 통합이론의 정부간주의와 초국가주의의 균형과 견제를 의미하기도 한다.

1. 집행위원회

유럽연합의 총체적인 행정과 정치의 선도적 역할을 하는 집행위원회(European Commission)의 주요임무는 새로운 법과 정책을 제안하고, 그들의 집행을 감독하고, EU의 예산을 집행하고, 국제 협상에서 EU를 대표하여 EU의 이익을 증대시키는 것이다. 정책과 법률에 대한 아이디어와 제안은 집행위원회뿐만 아니라 유럽이사회, 각료이사회, 유럽의회를 포함한 많은 관련 조직에서도 나오지만, 집행위원회가 그들을 완성하여 우선순위와 진척상황을 통제한다. 따라서 집행위원회는 '안건수립자(agenda setter)', '이익 중재인(broker of interests)', '의도적 기회주의자(purposeful opportunist)'로 불리기도 한다. 집행위원회는 행동의 영역을 확대시키고, 통합의 과정을 통해 다루어지는 문제의 범위를 증대시키는 역할도 한다.[1)]

집행위원회는 ECSC, EEC, Euratom의 분리된 행정 체계로 시작되었다. ECSC는 9인의 고등관청(High Authority)을 설치하였는데, 룩셈부르크에 본부가 있었고, 위원은 각 회원국으로부터 6년 임기로 지명되었다. 임무는 석탄과 철의 자유로운 이동을 위한 장벽을 제거하는 것이었고, 고등관청의 권한은 특별 각료이사회(Special Council of Ministers)와 공동의회(Common Assembly)의 견제를 받았다. 로마조약에 의하여 EEC와 Euratom은 각기 9명의 위원으로 구성된 집행위원회를 설치하였고, 위원은 4년 임기로 각국에서 임명을 하였다. 1965년에 체결된 합병조약(Merger Treaty)에 의하여 3개의 분리된 위원회가 1967년 유럽공동체 집행위원회의 이름으로 합병되었다.

집행위원회는 EU의 기구 중 가장 초국가적 성격을 가졌고 유럽 통합 과정의 중심 역할을 한다. 집행위원회는 무역 장벽을 제거하기 위하여 회원국들의 법, 규범과 기준의 조화를 이루도록 유도하고, 단일시장이나 단일화폐를 비롯한 통합 과정의 정책을 추진하는 중심기구가 되기도 한다. 최근 들어 집행위원회는 단일시장을 완성하고 EMU를 주도적으로 추진하던 1980년대 중후반에 비하여 효율성이 저하되었다는 비판을 받기도 한다.

조직개혁과 EU의 다른 기구와의 관계를 조정하는 문제가 1999년 3월 발생했는데 당시 20명의 집행위원 모두가 의회의 압력에 의하여 사퇴하는 사태가 발생하였다. 1995년 이후 사기, 인척 등용, 파벌에 대한 소문이 나돌게 되자, 유럽의회가 1999년 1월 집행위원단을 불신임하려고 시도하였다. 그러나 이는 실패로

1) Laura Cram, "The Commission," in Laura Cram, Desmond Dinnan and Neil Nugent (eds.), *Developments in the European Union* (London: Macmillan, 1999), p.48; Anne Stevens, "Ever-Closer Union: European Co-operation and the European Dimension," in Richard Sakwa and Anne Stevens (eds.), *Contemporary Europe* (New York: Palgrave, 2000), pp.149-150.

돌아가고 이 문제를 조사할 위원회가 설치되었다. 3월 16일 위원회 보고서가 발간된 몇 시간 뒤 전원이 사퇴하였고, 이 사건으로 집행위원회의 권한과 작동 절차에 대하여 재검토해야 할 필요성이 대두되었다.

집행위원회는 집단사퇴 이후 임시로 4개월 동안 그 직을 유지하도록 허용받는 등 비정상적인 모습을 보여주었다. 일반 국가의 정부인 경우, 특히 영국 의원내각제 모델은 의회의 신임 투표를 얻지 못한 정부는 6주를 넘기지 않고 퇴진해야 한다. 또한 정부의 각료들은 행정실수나 재정비리 의혹만을 가지고 사퇴하는 경우는 드물다. 유럽 집행위원회 위원장은 22만 파운드의 급료를 받고, 위원회의 다른 위원들은 18만 파운드의 급료를 받는다. 1999년 3월 15일 사임한 위원들은 각각 보상금으로 35만 파운드를 받았다. 그들은 자진 사임하였고 유럽의회에서 3분의 2 과반수 찬성에 의해 해고당한 것이 아니기 때문에 공식적으로 대체되기 전까지 높은 봉급과 풍족한 경비를 계속 받았다.[2)]

1) 집행위원회의 구조

EU의 내각역할을 하는 집행위원회의 본부는 브뤼셀에 설치되었고, 4개의 하부기구, 즉 그들은 집행위원단(College of Commissions), 총국(Directorates-General), 사무국(Secretariat General), 자문위원회(Advisory Committees)를 두고 있다.

(1) 집행위원단

초기 9명의 집행위원은 프랑스, 서독, 이탈리아에서 2명씩, 베네룩스 3국에서 1명씩 선출되었는데 1973년에 영국, 덴마크, 아일랜드가 가입을 한 이후 영국 2명, 덴마크와 아일랜드 각 1명으로 13명이 되었고, 1981년에는 그리스가 가입하여 14명, 1986년에는 스페인(2명), 포르투갈이 가입하여 17명, 1995년에는 오스트리아, 스웨덴, 핀란드가 가입하여 20명이 되었다. 독일, 프랑스, 영국, 이탈리아, 스페인이 각 2명이고 나머지는 한 명씩이었다. 니스조약과 2004년 5월

2) Philip Thody, *Europe since 1945* (London and New York: Routledge, 2000), p.181.

및 2007년 1월의 확대 이후 한 회원국이 한 명의 집행위원을 임명토록 하여 27명이 되었다. 2명의 집행위원을 임명하던 국가들은 1명으로 줄이는 대신 정책결정을 하는 각료이사회에서 더 많은 투표권을 확보하였다.[3] 2000년 니스 정상회의 및 EU 헌법은 EU의 회원국이 25개국 이상으로 확대되면 집행위원의 숫자를 회원국 숫자보다 적게 임명하도록 결정하였다. 이 경우 집행위원은 유럽이사회의 만장일치에 의하여 평등원칙에 입각하여 윤번제로 임명하도록 하였다.[4]

집행위원의 임기는 1994년 말까지 4년이었고 재임이 가능하였다. 마스트리트 조약에 의거하여 1995년 1월부터 임기가 5년으로 연장되었는데, 그 이유는 유럽의회의 선거기간과 동일하게 만들기 위해서였다. 중임 조항은 철폐되었다.

집행위원은 각국의 수상, 또는 대통령이 위원장과 협의하여 임명하고, 다른 위원, 다른 정부, 자국의 주요 정당과 유럽의회가 수용할 수 있는 인물이어야 한다. 어떠한 경험과 배경을 가진 인물을 집행위원으로 임명해야 한다는 규정은 없지만, 대체로 국가의 비중 있는 정치인 또는 장관 출신들을 임명하고 있다. 집행위원회의 초국가적 성격 때문에 집행위원들은 회원국 정부에 의하여 임명되지만 각국을 대표하는 것이 아니다. 그들은 임명 전에 룩셈부르크의 유럽 재판소에서 출신 국가의 이익을 보호하는 활동을 하지 않는다는 선서를 해야 한다.

출신국의 정부로부터 독립되었기 때문에 임기 중간에 소환되지 않는다. 자국 정부가 소환할 경우는 대개가 정권이 바뀌었을 경우거나 위원 임기가 끝났을 때이다. 위원장의 특권에 의하여 위원들의 직무가 임기 초부터 부여된다. 위원단(College) 내에는 직위에 대한 위계질서가 있다. 국가의 정부는 외무, 경제, 내무 또는 국방의 순이지만 집행위원회의 주요 포스트는 예산, 농업과 대외관계이다.

집행위원단은 적어도 1주일에 한 번 회의를 개최한다. 의사결정은 대체로 합의에 의하여 이루어지는데 집행위원 누구나 투표를 제의할 수 있다. 투표가 실시되면 절대다수결 원칙에 의하여 결정이 되고, 동수를 이루게 되면 집행위원장이 결정권을 가지게 된다. 투표결과는 공개되지 않지만, 각 집행위원들이 어떻

3) Simon Hix, *The Political System of the European Union*, 2nd ed. (New York: Palgrave, 2005), p.41.

4) Neill Nugent, *The Government and Politics of the European Union*, 5th ed. (Durham: Duke University Press, 2003), pp.111-112.

EU 집행위원회 명단

	성명	담당업무	국적	주요경력
1	Jose Manuel Bamoso	집행위원장	포르투갈	포르투갈 총리
2	Margot Wallstrom	부위원장, 공보담당, 의사소통전략	스웨덴	문화부, 사회부 및 내무부 장관
3	Gunter Verheugen	부위원장, 기업 및 산업정책	독일	EU 확대 담당 전 EU 집행위원, 국회의원
4	Jacques Barrot	부위원장, 교통정책	프랑스	노동사회부 및 무역산업부 장관
5	Siim Kallas	부위원장, 회계감사 및 부패방지	에스토니아	에스토니아 총리, 재무부 장관
6	Franco Frattini	부위원장, 법사 및 치안	이탈리아	외무부 및 내무부 장관
7	Viviance Reading	정보화 사회 및 미디어	룩셈부르크	기독사회당부대표, 교육 · 문화담당 전 EU 집행위원
8	Stavros Dimas	환경	그리스	산업에너지기술부 장관, 농림부 및 통상부 장관
9	Joaquin Almunia	경제 및 금융	스페인	사회노동당(PSOE)당수, 노동부장관
10	Danuta Hubner	지역정책	폴란드	외무부 장관, EU정책담당 장관
11	Joe Borg	수산 및 해양정책	몰타	국민당 사무총장, 외무부 장관
12	Dalia Grybauskaite	재정계획 및 예산	리투아니아	재무부 장관
13	Janez Potocnik	과학 및 연구	슬로베니아	EU 담당 장관
14	Jan Flgel	교육 및 문화	슬로바키아	민주연합 대표위원, EU 가입 협상 수석대표
15	Markos Kyprlanou	소비자보호 및 보건	키프로스	재무부장관, 국회의원
16	Olli Rehn	회원국 확대	핀란드	헬싱키대학교수, 국회의원, 총리실자문위원
17	Louis Michel	개발지원, 인도적 원조	벨기에	개혁자유당(PRL)당수, 부총리 외무부 장관
18	Laszlo Kovacs	조세 및 관세	헝가리	사회당 당수, 외무부 장관
19	Neelie Kroes	경쟁정책	네덜란드	교통통신부 장관, 국회의원
20	Marlann Fischer Boel	농촌개발 및 농업	덴마크	농수산부 장관, 국회의원
21	Benilta Ferrero-Waldner	대외관계	오스트리아	외무부 장관
22	Charlie Mccreevy	역내시장, 서비스산업	아일랜드	재무부, 관광통상부, 사회복지부 장관, 국회의원
23	Vladimir Spidla	고용, 사회문제, 평등	체코	체크총리, 사회민주당(CSDP) 대표
24	Peter Mandelson	통상, 대외무역	영국	통상산업부 장관, 국회의원
25	Andris Piebalgs	에너지	라트비아	재무부 장관, 국회의원

게 투표했는지는 회의록에 남긴다.

(2) 집행위원장

유럽연합의 지도자로 불리며, 미국 같은 대통령제 국가의 대통령과 비유된다. 위원들의 직무를 배분하고 위원회 내의 행정과 정책에 대한 조정기능을 수행한다. 암스테르담 조약은 집행위원회가 위원장의 '정치적 지도(political guidance)' 하에 활동하도록 규정하였다. 위원단 회의를 주도 및 감독하고, 다른 EU기구와의 협조시 위원회를 대표하고, 각국 정부와 협의할 때 EU를 대표한다. 사무국과 같은 중요한 행정 기구의 업무를 감독할 직접적인 책임도 가지고 있다.

대통령제 국가의 대통령과 상이한 점은 직선되지 않고 의회와의 관계가 다르다는 것이다. 1994년까지 집행위원장은 임기 전 6월의 정상회의인 유럽이사회에서 합의에 의하여 선출하도록 되어 있었다.[5] 따라서 집행위원장직은 세계무역기구(World Trade Organization) 또는 나토의 사무총장과 같은 다른 국제기구의 장을 선출하는 과정에서의 타협대상이 되었다. 이는 정치적 내각의 장을 선출하는 것이 아니라 국제기구의 장을 선출하는 것과 유사한 성격을 가지게 되었다.

마스트리트 조약 제214조는 위원장 선출시 의회와 협의를 하도록 하였다. 의회는 '협의' 한다는 의미를 의회가 승인 표결을 할 수 있다는 것으로 해석하여, 1994년 7월 집행위원장에 대한 임명동의 투표를 실시하였다. 이 투표에서 상테르(Jaque Santer)는 단지 12표 차이로 극적인 동의를 받았다. 이때부터 위원장은 강력한 정치적 명망과 강한 개성, 지도력을 가져야 한다는 것이 불문율로 되었다. 지난 3명의 위원장은 프랑스 재무장관 출신의 들로르(Jacques Delors), 룩셈부르크 수상 출신의 상테르(Jacques Santer), 이탈리아 수상 출신의 프로디(Romano Prodi)였다. 마스트리트 조약은 위원장 선출방법 이외에도 집행위원단의 임기를 의회의 임기와 동일하게 맞췄고, 집행위원단 전체가 의회의 신임투

5) 회원국 중 어느 한 국가라도 반대할 경우에는 막후 조정을 통해서 만장일치로 선출하는 것이 통례이다.

표의 대상이 되게 하였다.

암스테르담 조약은 제214조를 개정하여 집행위원장과 집행위원단에 대하여 의회가 거부할 수 있는 권리를 제도화하였다. 이후 니스조약은 집행위원장과 집행위원단에 대한 유럽이사회의 가중다수결 제도를 도입하였다. EU 헌법은 이사회의 가중다수결과 의회의 거부권제도를 약간 수정하여 유럽이사회가 집행위원장을 추천할 때 유럽의회 선거결과를 고려하도록 하였다.

1995년 이전까지 6명의 부위원장이 있었으나 1995년 마스트리트 조약에 따라 2명으로 축소되었다. 부위원장은 이사회가 집행위원 중에서 선출한다. 부위원장은 집행위원장의 궐위시에 집행위원회를 대표한다. 평상시에는 별도의 직책에 대한 수당을 약간 더 받는 것 이외에는 집행위원과 똑같이 소관업무를 담당한다. 따라서 부위원장직은 어떤 특별한 권한이 주어지지 않는 명예직이다. 그러나 부위원장 직책이 상향조정되어야 하며 3명의 위원장을 임명하여 회원국들간 대외관계, 경제 및 재정, 통합정책 및 시민들의 이익업무를 맡아야 한다는 주장이 나오고 있다.[6]

(3) 총국(Directorates-General)과 사무국(Secretariat General)

위원단 산하 36개의 총국이 있는데, 이는 일반국가의 내각과 유사하게 분류되어 있다. 총국의 종류는 농업(Agriculture), 예산(Budget), 경쟁(Competition), 개발(Development), 경제와 재정문제(Economics and Financial Affairs), 교육과 문화(Education and Culture), 고용과 사회문제(Employment and Social Affairs), 에너지와 교통(Energy and Transport), 확대(Enlargement), 기업(Enterprise), 환경(Environment), 대외관계(External Relations), 재정관리(Financial Control), 어업(Fisheries), 보건과 소비자 보호(Health and Consumer Protection), 정보사회(Information Society), 내부시장(Internal Market), 사법과 내무 문제(Justice and Home Affairs), 인사와 행정(Personnel and Administration), 지역정책(Regional Policy), 연구(Research), 세금과 관세동맹(Texation and Customs Union), 무역(Trade) 등이다.

6) 신현기, "제5장 유럽집행위원회," 김상겸 외, 『유럽연합정부론』(서울: 앰-애드, 2002), p.112.

한 사람의 집행위원이 하나 또는 그 이상의 총국을 관장하고 있다. 각 총국은 특정 분야에 책임을 지고 있으며 따라서 특정 위원과 연결되어 있다. 총국의 크기는 하는 업무에 따라 틀리다. 각 총국에는 평균 150~500명의 직원이 있으며, 4~6개의 과로 나누어져 있다. 인사와 행정담당 총국에는 약 2,000명이 있고, 농업 총국에는 850명이 있다. 가장 작은 총국인 교육과 문화 총국에는 150명이 있다. 국적별로 분배되지만, 벨기에에 위치하고 있어 4분의 1은 벨기에인이다.

내각에 비유되는 총국은 전문국장들의 관할하에 움직이고 있다. 이들은 서열상 주무부서 위원의 실무팀장 아래에 위치한다. 특히 총국들은 위원에게가 아니고 실무팀장에게 보고하는 체제로 활동하고 있다. 통상적으로 하나의 사안이 발생하면 어느 하나의 총국이 독자적으로 관할하지 않고 여러 개의 총국이 연관된다. 총국의 조직은 총국장, 부총국장, 국장, 과장 등 계층별로 이루어져 있다. 총국장은 차관급, 부총국장은 차관보급에 준하는 예우를 해주고 있다.

집행위원회는 EU의 기구 중 가장 큰 행정 조직을 보유하고 있다. 2002년도 EU의 전체 직원은 2만 9,997명이었는데, 이 중 집행위원회의 직원은 2만 1,750명이었다. 이 중 1만 7,000명이 행정요원이었고, 3,500명은 연구와 기술발전 업무에 종사하였다. 행정요원 중에는 1,900명의 통역 및 번역사가 포함되어 있었다.

2) 집행위원회의 활동

집행위원회의 책임과 권한은 일부 조약과 EU법에서 공식적으로 제시하고 있으나, 일부는 실질적인 필요에 따라 개발 · 발전된 것도 있다. 이들을 6개의 분야로 분류해 보면, 정책과 법의 제안, 집행, 법체계의 수호, 대외관계에 있어서 대표와 협상 역할, 중재 기능, 전체 이익의 증진 등이다.

집행위원회의 가장 중요한 권한은 제안권(power of initiation)이다. 집행위원회는 법적으로 통합조약에서 다루고 있는 사항에 대하여 권고를 하거나 견해를 전달해야 한다. 이를 위해 조약의 원칙들을 법이나 정책으로 전환시켜야 한다. 두뇌 집단(Think Tank) 또는 정책입안자로 불리기도 하고 EU를 위한 리더십을 제공하도록 기대되기도 한다.[7] 법안과 정책을 만들어 유럽의회와 각료이사회에

토의와 채택을 위하여 전달한다. 집행위원회는 배타적인 제안권을 보유하고 있다. 유럽의회와 각료이사회는 법안을 만들 수 없기 때문에, 집행위원회가 제안하기를 기다려야 한다. 그러나 집행위원회에 대하여 여러 종류의 압력과 영향력 행사가 이루어진다.

각료이사회는 "공동 목표의 달성을 위하여 필요하다고 생각할 경우 집행위원회에게 연구를 수행하고 적절한 제안을 제출"하도록 할 수 있다. 마스트리트 조약은 같은 권한을 유럽의회에게도 부여하였다. 제안은 집행위원 또는 총국의 간부도 할 수 있다. 법원의 판결 결과도 제안이 될 수 있다. 회원국 정부, 이익집단과 심지어는 개인 기업도 집행위원회에 직접 · 간접 압력을 행사할 수 있다.

법안은 총국에서 초안을 작성하여 위원단으로 제시하고 위원단은 과반수의 의결로 법안으로 받아들이거나, 거부하거나, 재작성을 위하여 회송하거나, 결정을 지연시킬 수 있다. 위원단에서 채택된 법안은 유럽의회로 보내져서 의견을 들은 후 각료이사회에서 마지막 결정을 한다. 이 과정은 몇 개월에서 몇 년이 걸리고, 집행위 인사는 모든 과정에 참여한다. 집행위원회는 정책이나 법을 제안한 이후에도 이에 대한 권한을 일정 수준 유지하는데, 그 이유는 각료이사회나 유럽의회가 집행위원회의 동의 없이 수정할 수 없기 때문이다.

집행위원회가 보유한 또 다른 중요한 권리는 집행권이다. 집행위원회는 채택된 법을 집행할 책임을 가지고 있으나, 직접적으로 집행할 권한은 없고 각국의 관료에 의존한다.[8)] 집행위원회는 회원국으로부터 정보를 수집하여 집행을 감독할 수 있다. 집행위원회는 '조사권'을 소유하고 있으며, 법원에 정부, 기업, 개인의 위반 사실을 통고하고 제재나 벌금을 부과할 수 있는 것이다.[9)]

집행위원회는 EU의 정책과 법을 집행하고 감독하는 데 있어서 많은 어려움을 겪고 있는데, 특히 인원 및 재정 부족이 제대로 집행하는 데 걸림돌이 되고 있다. 총국에 인원이 부족하고, 농업 · 어업 · 지역 정책과 더불어 다른 정책들이

7) Michelle Cini, *The European Commission: Leadership, Organization and Culture in the EU Administration* (Manchester and New York: Manchester University Press, 1996), p.109.

8) Christopher Docksey and Karen Williams, "The European Commission and the Execution of Community Policy," in Geoffret Edwards and David Spence, *The European Commission*, 2nd ed. (London: Cartermill, 1997), p.128.

9) 이 경우 통제장치로서 유럽사법재판소가 반박하여 이의를 제기할 수 있다.

집행위원회의 주요 역할[10)]

역할	주요내용
1. 정책발의권	이사회가 심의 · 결정하는 안건을 입안 및 제출
2. 집행권	EU에서 결정된 정책을 회원국가가 적절히 실행하는가를 감독하거나 직접 정책을 실행
3. EU기금 관리, 운영권	유럽사회기금, 유럽농업 지도 · 보장 기금, 유럽지역 개발기금, 유럽개발기금, 결속기금 등 EU기금 및 재정의 관리 및 운영
4. 대외협상 창구	대외협상에서 EU를 대표하며, 제3국 및 WTO 등의 국제기구에 EU대표부를 파견, 이사회의 위임에 따라 외국과 대외협상을 진행

제대로 수행되고 있는지 감독을 지원해 줄 수 있는 외부 기관과 계약을 맺을 때에도 재정지원이 부족한 형편이다. 회원국 정부와 지속적인 커뮤니케이션을 하고 있는 정책 분야에서도 어떻게 집행되고 있는지 집행위원회가 전체를 파악하기 어렵고, 더구나 EU와 회원국 간에 부정기적이고 체계적이지 못한 커뮤니케이션이 이루어질 경우에는 현장에서 발생하는 일을 거의 파악하지 못하고 있다. 집행위원회가 정책이 제대로 수행되지 못하고 있다는 의혹을 가지더라도 완전한 조사를 할 수 있는 여건이 갖추어져 있지 않은 실정이다.[11)]

인력과 자원이 부족한 집행위원회는 유럽연합 의결안을 집행하는 데 있어서, 효과적인 통솔권을 행사할 수 있는 능력이 부족하다. 위원회는 회원국이 의무사항을 위반한 것으로 의심이 되는 경우에 있어서 단지 몇몇 사건만을 추적할 수 있을 뿐이다. 결국 회원국들은 그들이 원치 않는 유럽연합 입법안을 이행하는 데 있어서 무관심한 태도를 보이게 된다. 환경정책, 단일시장, 농업문제는 회원국들이 그들의 의무를 다하지 않는 대표적인 분야이다. 특히 이탈리아, 그리스, 스페인, 포르투갈 등이 의무이행에 태만한 것으로 악명 높다.[12)] 이렇게 되면 회원국으로서의 의무를 다하는 국가들의 불만이 늘어나게 마련이다. 유럽연합의

10) 김균래, "EU 신집행위원회 출범과 주요 정책과제 전망," 『세계경제』, 2005년 2월, p.75.

11) Neill Nugent, *The Government and Politics of the European Union*, 5th ed., p.135.

12) D. Dinan, *Ever Closer Union? An Introduction to the European Community* (Basingstoke: Macmillan, 1994), p.303.

의결안이 그 이행 단계에서 와해되는 일은 유럽연합 내에서 점차 심각한 문제로 떠오르고 있다. 그리고 이 문제는 종종 불합리하게 집행위원회의 탓으로 돌려진다.[13)]

집행위원회는 회원국들의 국내 의회에서 적절한 입법안이 제정되었는지, 그리고 유럽연합 정책이 전 회원국에 걸쳐 동일한 절차로 적용되고 있는지 확인해야 한다. 만약 한 회원국이 그 의무를 다하고 있지 않다고 판단하면, 집행위원회는 해당 국가의 정부에 경고를 한다. 이미 확립된 절차에 따라 위원회는 의무를 다하지 못한 국가에 개입할 수 있고, 그 국가는 문제시된 사안에 대한 정책을 수정할 수 있는 기회를 갖는다. 그러나 만약 그 정부가 협조태도를 보이지 않으면 위원회는 사법재판소로 그 사안을 넘길 수 있다.

위반 사실 또는 집행 사실을 확인하는 데에는 두 가지 방법을 활용한다. 첫째, 회원국의 보고서이다. 모든 회원국은 기한을 지켰고, EU법을 국내법에 흡수하였다는 진척상황에 대한 보고서를 제출해야 할 법적인 의무가 있다. 둘째, 감독보고서(Whistle-blowing)이다. 회원국들이 서로에 대하여 그리고 개인, 기업, 이익집단이 위반하는 사실에 대하여 지적하여 작성하는 보고서에 의존한다.[14)]

EU 전체에 일괄적으로 적용되는 정책집행 틀이 부재한 상태에서 집행위원회의 감시역할은 회원국가의 국내에서 일상적으로 반복되는 정형의 정책 집행의 대안 역할을 한다. 이러한 감시 역할은 매우 어려운 작업이다. EU법 위반자들은 그들의 불법 행위를 광고하지 않으며, 심지어 때로는 회원국 당국이 그들을 보호하기도 한다.

회원국이 집행기한을 지키지 않으면 집행위원회는 새로운 기한(보통 2개월)을 제시하며 경고(Letter of Formal Notice)한다. 그래도 지키지 않을 경우 위반사실을 통보(reasoned opinions)하고, 그래도 안 지키면 법원에 송부한다. 2001년의 경우 1,050건의 경고, 569건의 통보가 있었고, 이 중 162건이 법원에 송부되었다. EU법의 준수를 선의에 맡겼으나, 마스트리트 조약에서는 집행위원회가

13) Patricia Hogwood and Geoffrey K. Roberts, *European Politics Today*, 2nd ed. (Manchester and New York: Manchester University Press, 2003), p.225.

14) John McCormick, *British Politics and the Environment* (London: Earthscan, 1991), pp.97-98.

유럽연합 법의 유형

EU 법질서의 기초는 6개 주요 조약(파리조약과 2개의 로마조약, 단일유럽의정서, 마스트리트 조약, 암스테르담 조약)에 의해 제공되었다. 이것은 유럽 통합의 기본 목적과 원칙을 설정하고, EU제도의 권한과 EU와 회원국 간의 관계를 설명한다. 또한 유럽연합의 법은 개별법을 생성했는데, 그 형태는 다음과 같은 다섯 가지이다.

규칙(Regulation): 가장 강력한 EU 법으로 유럽의 법을 하나의 체계로 발전시키는 핵심 역할을 한다. 대체로 집행위원회에 의하여 채택되는 규칙의 내용은 상당히 구체적이며, 때로는 기존의 법을 개정하거나 재적용시키기도 한다. 규칙은 모든 회원국들을 완전히 구속하고, 회원국의 법으로 재작성될 필요없이 직접적으로 적용된다. 규칙은 "Official Journal of the European Communities"에 발표된 직후, 또는 지정일이 되면 즉시 효력을 발생한다. 회원국의 비준 등 별도의 조치 없이 효력을 갖는다. EU는 매년 250개에서 300개의 새로운 규칙을 제공한다. 회원국이 규칙의 적용을 피하기 위하여 국내법상 입법조치를 취하는 것도 금지된다. 규칙의 반 이상이 공동농업정책(CAP)에 관련된 것이다.

지침(Directives): 지침은 EU의 회원국이 추구하여야 하는 정책 목표를 제시하고, 회원국들로 하여금 국내입법을 통하여 그 수단을 마련하게 하는 것이다. 목적이나 목표는 회원국에게 구속력을 가지지만, 이를 성취하는 방법은 회원국의 의회가 결정하도록 한다. 지침도 원칙적으로 구속력이 있는 법규범이지만, 규칙과 달리 전체가 구속력이 있는 것이 아니고 회원국에 의하여 이행 조치가 이루어지는 범위 내에서만 구속력이 있다. 지침은 규칙보다 일반적인 성격을 더 가진다. 대개는 일반적인 정책 목표에 초점이 맞추어지고, 일부는 조화(harmonization)를 목표로 하고 실행되어야 하는 일자를 정하기도 한다. 회원국 정부들은 지침의 목표를 달성하기 위하여 무엇을 하려고 하는지 집행위원회에 보고해야 한다. EU는 1년에 약 50개에서 60개의 지침을 채택한다.

결정(Decisions): 이것도 구속력이 있고, 하나 또는 그 이상의 국가, 기구, 심지어는 개인에게 개별적인 명령을 발한다. 내용은 상당히 구체성을 가지고 있으며, 법적인 목표보다는 행정적인 목표를 지닌다. 일부는 EU의 권한 내의 변화를 조성하기도 하고, 일부는 단순히 내부 행정이슈(예를 들어 간부 임명과 진급)를 다루고, 다른 일부는 회원국가 기업간의 분쟁을 집행위원회가 심판하기 위하여 결정을 도출한다. EU는 매년 160~190개의 결정을 한다.

권고와 의견(Recommendations and Opinions): EU의 정책을 수행하는 데 있어서 회원국의 행동을 정책 목적에 부합하도록 유도하는 기능을 한다. 구속력이 없기 때문에 법적 효과를 가지는가에 대한 여부에 논란이 있다. 때때로 새로운 EU정책에 대한 반응을 테스트하는 데 사용되기도 한다. 그러나 규칙, 지침 및 결정의 적용을 설득하거나 해석을 제공하는 데 주로 사용된다.

법원에 재송부할 수 있는 권한을 새로이 부여하여 벌금이 부과되도록 하였다.[15] 위반을 많이 하는 국가는 이탈리아, 프랑스, 스페인, 그리스 등이다. 위반이 대개 초기에 해결되는 이유는 대체로 이들이 고의적인 위반이기보다는 해석 차이에서 비롯되는 것들이기 때문이다.

1993년 마스트리트 조약 발효 이전에 집행위원회는 법적 의무를 지키지 않는 국가에 대하여 제재할 권한을 가지지 못하였다. 당시까지 회원국의 EU법 준수는 각 국가의 선의와 정치적 판단에 맡겨질 수밖에 없었다. 그러나 현재 집행위원회는 법원의 판결을 준수하지 않는 국가를 다시 재판에 소추할 수 있고 구체적인 벌금 내역을 상정할 수도 있다. 벌금의 수준은 위법의 정도와 국가의 지불능력(GDP를 척도로 함)에 따라 결정된다. 처음으로 벌금 처분을 받은 국가는 그리스인데, 2000년 쓰레기에 대한 지침을 받아들이지 않아 준수할 때까지 매월 2만 유로를 납부하도록 명령받았다. 더 많은 벌금을 납부한 경우는 프랑스인데, 2002년 5월 법원은 EU 보험법 위반에 대하여 매일 24만 2,650유로를 납부하도록 지시하였다.[16]

집행위원회는 회원국의 기금 납부와 예산 지출을 감독하며, 기금을 운영하고 유럽연합 예산의 주된 부분을 차지하고 있는 주요 공동 프로그램을 관리한다. 특히 공동 프로그램의 수행에 관한 여러 목표 중에는 세부적으로 ① 농업의 보호와 근대화(유럽농업지도 및 보증기금), ② 청소년에 대한 지역별 · 산업별 · 직업별 선도 및 고용촉진(유럽지역개발기금 및 사회기금), ③ 과학 및 학문연구 촉진(공동연구소의 설립 및 활용), ④ 제3세계 국가군과 유럽연합 간의 연대의식 강화 계획(유럽개발기금, 식량원조계획) 등이 포함되어 있다.[17]

집행위원회는 UN, WTO, OECD와 같은 국제기구 및 일본 · 미국 등 개별국가와 접촉하는 데 있어서 EU의 대표로 활동한다.[18] 집행위원회는 EU가 개별국가 또는 국가군과 합의서를 체결하는 데 있어서 협상을 주도한다. 이러한 합의

15) European Commission, *General Report on the Activities of the European Union: 2001* (Luxembourg: EUR-OP), p.391.

16) Neill Nugent, *The Government and Politics of the European Union*, 5th ed., pp.141-142.

17) 김동현 · 이승철, 『유럽연합의 현황과 전망』(서울: 집문당, 1996), p.40.

18) Michael Smith, "The Commission and External Relations," in Geoffrey Edwards and David Spence, *The European Commission,* 2nd ed. (London: Cartermill, 1977), chapter 10.

에는 다양한 내용이 포함되는데, 그들은 무역 조건, 재정 지원, 환경문제와 정치 대화를 망라한다. EU는 130명 이상의 외교 사절을 해외에 파견하고 있는데, 이들은 집행위원회 직원들로 구성된다. 집행위원회는 EU에 가입을 신청한 국가들을 조사하고 가입여부에 대하여 견해를 이사회에 제출하는 역할도 한다.

2. 각료이사회

각료이사회(Council of Ministers)는 회원국 정부의 각료들이 EU와 관련된 이슈들에 대한 토의를 하고, 합의하고, EU법과 정책을 최종적으로 결정하는 포럼이다. 법 제정권한을 가지고 있기 때문에 각료이사회는 의회보다도 EU의 입법기구의 성격을 더 가지고 있다. 집행위원회와 의회도 정책결정권을 공유하고 있으나, 이들의 권한은 각료이사회에 비교되지 않을 만큼 미약하다. 특히 EU 조약의 두 번째와 세 번째 기둥에 있어서는 각료이사회가 독립적 권한을 보유하고 있다. 국익 보호를 최우선적으로 고려하고, EU기구들 중에 가장 강력한 기구이다.

집행위원회가 새로운 법과 정책을 제안하면, 유럽의회와의 복잡한 과정의 협의를 거쳐 각료이사회가 수용하느냐 거부하느냐의 최종결정을 내린다. 막중한 권한에도 불구하고 각료이사회는 위원회나 유럽의회보다 덜 알려져 있는데, 회의는 비공개적이고, 이 조직과 절차에 대한 학문적 연구도 의외로 적은 편이다. 대개의 EU시민들은 EU의 주 업무는 집행위원회가 한다고 믿는다.

1950년대에 공동체가 설립되었을 때, 공동정책이 수행되고 국가들의 상호간 신뢰가 증대됨에 따라, 각료이사회의 역할은 특히, 집행위원회와 비교하여 점차적으로 줄어들 것이라고 예상했다. 그러나 이러한 예상은 실제로 일어나지 않았다. 반면에 각료이사회는 조약에 규정된 책임을 완수하고 증가하는 업무에 대처할 수 있는 내부의 제도적 장치를 마련하면서, 자체의 권위와 영향력을 방어하면서, 한편으로는 확대하여 왔다. 이것은 당연히 집행위원회와 유럽의회(EP)의 좌절을 초래했다. 그리고 각 국가의 정부가 EU의 업무에 있어서 가장 많은 영향을 끼치는 위치에 놓여있음을 확실히 보여주었다.

최근 들어 각료이사회는 권한의 상승과 하향 곡선을 같이 보이고 있다. 각료이사회가 다루는 분야가 점차 확대되어, EU가 추진하는 모든 공공정책에 각료이사회가 개입되어 있어 권한의 폭과 수준이 상승되고 있는 모습을 보여주고 있다. 그러나 각료이사회의 책임이 점차 축소되어 가는 현상도 나타나고 있다. 여기에는 두 가지 이유가 있다. 첫째, 회원국 정상들의 모임인 유럽이사회(European Council)가 신규 가입, 제도 개혁 등 역사적이고 중요한 정책을 결정하게 되면서 각료이사회의 입지가 축소되었다. 둘째, 유럽의회의 입법권이 확대되고 있다. 정치적으로 중요한 집행위원회의 제안이 법제화되기 위해서는 각료이사회뿐만 아니라 의회의 동의가 필요하게 되었다.[19] 최근 들어 각료이사회와 의회는 공동 입법기구(co-legislature)로 불리고 있다.

각료이사회는 ECSC의 특별각료이사회(Special Council of Ministers)로부터 시작되었다. 이는 베네룩스 3국이 프랑스, 독일, 이탈리아의 독점을 막고 자국의 국익을 지키기 위하여 만든 것이다. 각 정부의 각료가 참여함에 따라, ECSC의 고등 관청(High Authority)이 초국가주의로 나아가는 데 대하여 정부간주의에 의한 균형을 유지할 수 있었다.

1958년 EEC는 분리된 각료이사회를 설치하고, 가중투표제도(Weighted System of Voting)를 사용하였다. 이 제도는 6개국에 17개의 투표권을 부여했는데 프랑스, 독일, 이탈리아가 각각 4개의 투표권과 네덜란드, 벨기에가 2개씩, 룩셈부르크가 하나씩 가지고 있었다. 단순한 문제는 단순과반수로 하여 강대국들이 약소국의 의사를 무시할 수가 있었지만, 주요 문제에 대하여는 가중다수결(Qualified Majority)을 실시하여 적어도 4개국으로부터 12표 이상을 획득하여야 안건이 통과하도록 하였다. 이는 약소국을 보호함과 동시에 서로 협력하도록 하는 제도적 장치였다.

1) 각료이사회의 구조

각료이사회 내에는 4개의 주요기구가 있는데, 그들은 다양한 분야의 각료이

19) Neill Nugent, *The Government and Politics of the European Union*, 5th ed. (Durham: Duke University Press, 2003), pp.150-153.

사회, 상주대표위원회(COREPER: Committee of Permanent Representations), 의장, 사무총장 등이다. 각료이사회 본부하에는 16개의 분야별 이사회가 있어 이를 중심으로 회의가 개최된다. 16개의 형태로 회의가 열리는 것은 너무 과다하다는 평을 받았고, 결국 2002년 6월의 세빌(Seville) 정상회담에서 이를 9개로 축소하는 데 합의하였다.

가장 중요하고 관심의 대상이 되는 이사회는 일반외교이사회(GAC: General Affairs council)로 외무장관의 모임이다.[20] 이 이사회는 공동외교안보정책(Pillar Ⅱ)에 관련된 정책을 결정하고, 경제통합(Pillar Ⅰ)의 주요 이슈들과 일반 협력에 대하여 토의 · 결정한다. 정상회의체인 유럽이사회의 운영을 뒷받침하는 업무도 각료이사회 업무 중에 하나이다.[21] 8월을 제외하고 적어도 한 달에 한 번 회의를 개최하고 대외관계의 전반을 다룬다. 비공식적으로는 각료이사회의 조정역할(co-ordinating role)을 한다. 정책지침을 만들고 정치적으로 민감한 이슈들을 다룬다. 그러나 이 이사회는 각료이사회의 업무를 지도하는 데 필요한 권위와 자원의 측면에서 미흡한 조건에 놓여 있다. 더구나 마스트리트 조약 이후 대외정책이 증가함에 따라 GAC는 자체의 고유안건만 다루게 되었다.[22]

그 다음으로 중요한 이사회는 경제재무이사회(Ecofin: Economic and Financial Affairs Council)와 농업이사회(Agriculture Council)이다. 이 세 개의 이사회는 거의 매달 개최되지만 나머지 이사회는 1년에 2~4번 정도 개최되는 것이 고작이다. 전체적으로 1년에 80~90회 정도 개최된다.

비밀 대표회의인 상주대표위원회(COREPER)는 이사회의 구체적인 업무를 수행하고, 각료이사회의 제안에 대한 합의가 이루어지도록 활동한다. 이사회가 개최되기 전에 이사회가 할 활동 중 약 90%의 업무가 이미 해결된다.[23] 정치적으

20) 이 이사회는 세빌 정상회의에서 General Affairs and External Relations Council로 개칭되었다.

21) Anne Stevens, "Ever-Closer Union: European Co-operation and the European Dimension," in Richard Sakwa and Anne Stevens (eds.), *Contemporary Europe*, pp.147-148.

22) Patricia Hogwood & Geoffrey K. Roberts, *European Politics today*, 2nd ed., p.226.

23) Geoffrey Edwards, "National Sovereignty vs Integration? The Council of Ministers," in Jeremy Richardson (ed.), *European Union: Power and Policy-Making* (London and New

각료이사회의 하부 이사회와 회의 빈도

세빌 정상회담 이전의 이사회	2001년 회의 수	세빌 정상회담 이후의 이사회
General Affairs	15	General Affairs and External Relations
Economy/Finance	14	Economic and Financial Affairs
Agriculture	9	Justice and Home Affaris
Justice, Home Affairs and Civil Protection	8	Employment, Social Policy, Health and Consumer Affairs
Internal Market, Consumer Affaris and Tourism	5	Competitiveness (Internal Market, Industry and Research)
Transport/Telecommunications	5	Transport, Telecommunications and Energy
Employment and Social Policy/ Labour and Social Affairs	4	Agriculture and Fisheries
Environment	4	Environment
Fisheries	4	Education, Youth and Culture
Education/Youth	3	
Research	3	
Budget	2	
Culture	2	
Development	2	
Health	2	
Industry/Energy	2	
	84	

로 매우 민감하고 논쟁적인 제안은 사전 조율 없이 각료이사회로 직접 보내진다.

파리조약에서 COREPER에 대한 언급은 없었지만, 1953년 고위관료들의 협력위원회(Coordinating Committee)가 ECSC의 각료회의를 준비하는 데 기여하였고, 회원국들은 1958년부터 EEC에 상주대표를 임명하기 시작하였다.[24] COREPER는 1965년 합병조약(Merger Treaty)에서 인정되었고, 이사회의 과도한 업무를 덜기 위하여 COREPER Ⅰ(부대표회의), Ⅱ(대표회의)를 설치하였다.

York: Routledge, 1996).

24) Fiona Hayes-Renshaw, Christian Lequesne, and Pedro Mayor Lopez, "The Permanent Representations of the Member States of the European Communities," *Journal of Common Market Studies*, Vol.28, No.2, December 1989, pp.119-137.

COREPER Ⅱ는 일반외교이사회(GAC)와 경제재무이사회(Ecofin)의 이슈들을 다루고, COREPER Ⅰ은 주로 환경, 사회문제, 교통 및 내부 시장 문제를 다룬다. 농업 문제는 특별한 경우를 제외하고 COREPER Ⅰ, COREPER Ⅱ 어느 곳에서도 다루지 않고, 농업 특별위원회(SCA: Special Committee on Agriculture)에서 다룬다.[25)]

상주대표이사회는 브뤼셀과 회원국을 연결시키는 중요한 역할을 하였다. 집행위의 입안 때부터 사전협의를 통해 관여함으로써 회원국 입장을 반영하고 조화시키기 위해 노력한다. 주요 기능은 EU 기구와 회원국 행정부 간 연결 및 상호 정보를 교환하고, 안건에 대한 각 회원국 입장을 정립 및 조화시키고, 공동체 기구의 업무에 대하여 직접 참여한다. 이사회에 회부할 안건 중 COREPER회의에서 이견 없이 통과된 경우 이사회에서 토론 없이 채택된다.

각료이사회의 의장은 회원국의 알파벳 순으로 임명한다. 임기는 6개월이고 매년 1월과 7월에 임기가 시작된다. 사무국에는 2,400명의 행정 요원들이 있는데, 대부분 통역과 봉사 요원이다. 사무국의 임무는 각료이사회가 지속적이고 협력적으로 운영될 수 있도록 안건 초안 준비, 기록, 법적인 자문, 번역, 정책 발전을 모니터하는 것이다.

사무총장은 각료이사회가 국가나 정부의 수준에서 임명하는데, 전통적으로 경험이 많은 외교관이 임명된다. 암스테르담 정상회의 이후 사무국의 역할에는 정치가 포함되었고, 1999년 직업 정치가인 솔라나(Javier Solana)가 임명되었다. 암스테르담 조약에서 사무국 내 두 개의 중요한 직위를 신설했는데, 그들은 부사무총장과 공동외교안보정책을 위한 고위대표였다. 2000~2001년 공동외교안보정책과 관련된 업무를 추진하기 위하여 사무총장의 직접적 책임하에 정치 및 군사부서를 설립하였다.[26)]

25) Fiona Hayes-Renshaw and Helen Wallace, *The Council of Ministers* (New York: St. Martin's Press, 1997), pp.72-84.

26) F. Hayes-Renshaw, "The Council of Ministers," in J. Peterson and M. Shackleton (eds.) *The Institutions of the European Union* (Oxford: Oxford University Press), p.52.

2) 각료이사회의 활동

EU를 성립시킨 조약들에 의하면, 각료이사회는 EU의 경제정책 협력을 모색하고, 정책결정을 할 권한을 가지고 있으며, 정책 집행을 집행위원회와 협의한다. 각료이사회의 본부는 브뤼셀에, 그리고 일부는 룩셈부르크에 위치하고 있다. 회의는 4월, 6월, 10월에는 룩셈부르크에서 개최되고, 나머지 달의 회의는 브뤼셀에서 열린다.[27] 각료이사회는 국가 이익 보호를 위한 기구이기 때문에 합의는 타협(Compromise), 협상(bargaining), 외교(diplomacy)에 의하여 이루어진다. 각료들은 국내적으로 지도적인 정치적 인사이기 때문에 국가의 정치적 이익에 따라 행동한다.[28]

집행위원회가 새로운 법과 정책을 제안할 권한을 독점하고 있기 때문에 위원회가 이사회에 제안을 제시하지 않으면 이론적으로 이사회는 할 일이 전혀 없게 된다. 그러나 이사회와 의회는 위원회에 대하여 어떠한 이슈를 조사하고, 새로운 법과 정책에 대한 제안을 제출하도록 요구할 수 있다. "각료이사회는 공동 목표를 달성하는 데 필요하다고 생각되는 연구를 집행위원회가 수행하고, 적절한 제안을 제출하도록 요구할 수 있다"고 규정되어 있다. 이사회는 이러한 점을 이용하여 수년 동안 이 권한을 확대시키기 위해 노력하였다. 권한과 영향력에 대한 이사회와 위원회의 경쟁은 EU정책 결정에 있어서 내부적으로 가장 중요하고 역동적인 것이 되었다.

각료이사회의 의사결정 제도

집행위원회의 제안은 실무부서(working parties)를 거쳐 COREPER나 농업의 경우 농업특별위원회(SCA: Special Committee on Agriculture)로 제시된다. 만약 실무부서에서 긍정적인 판단을 한 결과를 COREPER로 제시하면, COREPER는 실무 부서의 견해를 확인하고 공식 결정을 위하여 이사회로 넘긴다. 그러나

27) 김동현 · 이승철, 『유럽연합의 현황과 전망』(서울: 집문당, 1996), pp.36-37.

28) B. Guy Peter, "Bureaucratic Politics and the Institutions of the European Community," in Alberta Sbragia (ed.), *Euro-Politics: Institutions and Policymaking in the "New" European Community* (Washington, D.C. : Brookings Institution, 1992), p.79.

실무부서에서 합의에 도달하지 못했다면, COREPER는 다음 세 가지 중의 하나를 선택해야 한다. 첫째, COREPER가 해결하도록 노력한다. 둘째, 합의점이 가능한 부분을 명시하여 실무부서로 되돌려 보낸다. 셋째, 이사회에 제출한다. 대체로 거의 모든 안건들이 각료이사회에 제출되기 전에 해결된다. 각료이사회 업무 중에 약 70%가 실무 부서에서, 15~20%가 COREPER에서 해결된다.[29)]

그 다음에는 관련되는 이사회로 안건이 제시된다. 만약 실무부서나 COREPER에서 합의가 이뤄지면 "A"가 표시되고, 이사회는 토의없이 합의한다. 합의가 이루어지지 않았다면 "B"로 표시된다. 정치적인 결정이 필요한 안건도 COREPER는 "B"로 표시하여 이사회에 제출한다. 이사회는 B에 대한 토의를 하고 합의점에 도달해야 한다. 투표까지 가는 경우는 별로 많지 않지만, 투표가 시행될 경우 이사회는 세 가지 대안을 가지고 있다.[30)]

첫째, 단순 다수결이다. 절차 문제와 조약의 조항과 관련된 이슈에 대한 결정 시 각 각료는 한 표씩 행사할 수 있다. 둘째, 만장일치제이다. 완전히 새로운 정책 분야를 개발하거나 기존의 정책을 상당히 변화시키는 새로운 법을 심사할 때 사용한다. SEA 이후 만장일치제의 사용은 상당히 제한되었다. 외교정책과 일부 재정분야를 다룰 때, 또는 집행위원회의 의사에 반하여 위원회의 제안을 개정할 때 사용한다. 셋째, 가중다수결 투표방법(QMV: Qualified Majority Vote)이다. 각료들이 전원일치 합의에 실패한 거의 모든 결정에 활용되고 각 각료들은 자국의 인구비례에 따라 여러 개의 투표권을 가진다. 25개국이 총 321개의 투표권을 가지는데 영국, 독일, 프랑스, 이탈리아가 각각 29개, 스페인, 폴란드가 27개, 네덜란드 13, 그리스, 체코공화국, 벨기에, 헝가리, 포르투갈 12, 스웨덴과 오스트리아 10, 라트비아, 슬로베니아, 에스토니아, 사이프러스, 룩셈부르크가 4, 몰타가 3개의 투표권을 가지도록 배분하였다. 법안이 통과되기 위해서는 '3차원의 다수결(triple majority)' 이 이루어져야 하는데, 그들은 321개의 투표권 중 232표의 찬성이 있어야 하고, 전체 국가의 과반수가 찬성하여야 하고, 찬성회원국 인

29) F. Hayes-Renshaw and H. Wallace, "Executive Power in the European Union: The Functions and Limits of the Council of Ministers," *Journal of European Public Policy*, Vol.2, No.4, 1995, pp.559-582.

30) Patricia Hogwood & Geoffrey K. Roberts, *European Politics today*, 2nd ed., pp.240-241.

구의 합계가 EU 전체 인구의 62%가 넘어야 한다.[31)]

공동체가 창설되었을 때 정부들은 점차로 국가주권에 대한 관심이 줄어들게 될 것이고, 이는 각료이사회에서 다수결제도를 확대함으로써 반영될 것이라는 기대가 있었다. 그러나 1980년대까지 이러한 방향으로의 움직임은 거의 보이지 않았다. 조약이 다수결 투표방식을 인정했을 때조차도 각료이사회는 보통 합의를 바탕으로 한 절차를 선호했다. 당연히 이러한 만장일치의 선호는 공동체의 본질적 측면에서 초국가주의를 반대하고 정부간주의를 지지했으며, 이는 각료이사회의 결정 절차를 느리게 하거나 연장시키는 결과를 초래했다. 이러한 상황은 최근 들어 상당히 변화하고 있다.

룩셈부르크 타협(Luxembourg Compromise)은 프랑스, 특히 드골 대통령의 다수결 의결 방식에 대한 반대로 1966년 1월에 채택되었다. 드골은 중요한 문제에 대한 다수결 결정에 대하여 반대하는 동시에 각 회원국이 거부권을 가져야 한다고 주장하며 프랑스 대표를 EC로부터 철수시켜 소위 '공석(empty chair)' 정책을 채택하였다. 드골은 회원국의 핵심적 이익에 관련되는 사항의 결정시 만장일치가 될 때까지 협의를 해야 한다고 주장하였다. 룩셈부르크 타협이 채택됨으로써 각 회원국 정부는 국민들에게 EU에 가입하더라도 국가주권을 보호하는 제도적 장치가 마련되었다는 점을 설득시킬 수 있었다.[32)] 룩셈부르크 타협은 어느 조약에도 언급되어 있지 않기 때문에 법적인 구속력은 없었으나, 근 20년 동안 정부간 협상을 하는 방식으로 도입되어 사용되었다. 핵심 문제에 대하여 투표에 의하여 패배할 경우 어떠한 국가도 룩셈부르크 타협을 선언하여 의사진행을 중단시킬 수 있었다.[33)]

각료이사회는 의안을 채택하기 이전에 유럽의회의 견해를 들어야 한다. 의회는 1회의 독회(single reading)를 하여 구속력이 없는 의견을 제시한다. SEA와 마스트리트 조약은 제2, 제3의 독회를 할 수 있도록 하였다. 제2독회는 협력절차(cooperation procedure)에 대한 것이고, 제3독회는 공동 결정이다. 의견이

31) Tim Bale, *European Politics: A Comparative Introduction* (New York: Palgrave, 2005), p.50.

32) John McCormick, *The European Union: Politics and Policies,* 2nd ed., p.132.

33) Simon Hix, *The Political System of the European Union*, 2nd ed., p.77.

룩셈부르크 타협(Luxembourg Comprimise)

EEC 회원국들이 1966년에 체결한 협약으로, EEC가 제안한 결정이 자국의 핵심적 이익에 부정적인 영향을 미칠 수 있다고 선언한 회원국들이 거부권을 행사할 수 있도록 허용하는 것을 골자로 하고 있다. 본 협약은 1965년에 프랑스가 EEC의 공동농업정책 재정개혁안과 EEC 각료이사회의 과반수 투표 확대안에 반대한 결과 맺어진 협약이다. 프랑스는 이 두 가지 사안에 대해서 타협을 통한 합의가 도출되기 전까지는 EEC 각료이사회 참석을 거부했다. 이 타협적 성격의 협약을 체결한 가장 큰 이유는 수십 년간 EEC를 대대적으로 개혁하고자 하는 노력을 막기 위해서였고, 협약 체결은 EEC의 정부간주의 측면이 강조됨으로써 초국가적인 정책이 확대되는 것을 지연시키는 효과를 가져왔다.

분분할 때 마지막 결정은 각료이사회가 하고 의안은 거부되거나 법으로 된다.

각료이사회에서 만장일치든 가중다수결 투표를 통해서든 합의를 도출하지 못했다고 해서 입법 절차가 반드시 실패로 돌아가는 것은 아니다. 오히려 그 제안은 더 강화된 심리를 위해 각료이사회 기구에서 재검토될 수 있고, 텍스트의 수정을 요구하기 위해 집행위원회에 회부되거나, 입장 변화가 이루어져 해결 실마리가 발견될 수 있다는 기대에 다음 회의로 연기될 수 있다. 만약 합의에 도달하면, 각료이사회가 텍스트를 채택하는 것으로 끝을 맺게 된다.[34)]

각료이사회의 업무는 점차 증가하고 있다. 1970년에 41번의 회의를 하였으나 1998년에는 87번의 회의를 하였다. 1970년에는 345개의 입법을 하였으나 1990년대에는 매년 550~650개의 입법을 하였다.

최근 들어 각료이사회의 구조와 기능에 대한 개혁이 시도되었다. 이는 각료이사회의 권한이 너무 분산되어 있고, 부문별 이사회간에 또는 그들 내부에 충분한 결속이 이루어지지 않고 있다는 데 기인하였다. 그리고 정책결정 체계에 장애요인이 너무 많고 결정도 신속하게 이루어지지 않는 문제점도 있었다. 가장 중요한 변화들은 다수결 투표 제도의 확대, 의장 역할의 확대, 이사회 하부 조직의 축소 등을 들 수 있다. 향후 추진될 개혁으로는 의장 로테이션 체제의 변화를

34) Neill Nugent, *The Government and Politics of the European Union* (Durham: Duke University Press, 2003), pp.346-347.

포함할 것으로 예상된다.

3. 유럽의회

의회는 EU체제에서 유일하게 직선되는 기구이다. 일견 유럽의회(European Parliament)는 EU의 입법기구처럼 보인다. 그러나 유럽의회는 입법 기구의 세 가지 권한을 결여하고 있는데, 그것은 법제안권, 법제정권과 예산 심의권이다. 의회는 집행위원회가 새 법과 정책을 제안하도록 요구할 수 있고, 법 제안을 수정하거나 예산을 동의하는 데 있어서 각료이사회와 거의 동일한 권한을 행사한다. 집행위원의 임명을 동의 · 해임할 수 있고, EU에 가입하려는 국가에 대하여 거부권을 행사할 수 있다. 그러나 분명한 것은 집행위원회가 제안할 권한을 가지고 있고, 각료이사회가 결정을 하는 실질적 권한을 가지고 있다는 점이다. 요컨대 의회는 다른 EU기구들과 힘을 공유하고 있다.

유럽의회는 영국이나 미국 의회가 행정부에 대하여 권력을 행사하는 것과 같은 수준으로 EU의 집행부로 간주되는 집행위원회나 각료이사회에 대한 통제력을 보유하고 있지 않다. 의회는 3분의 2 의결로 집행위원단에 대한 불신임결의를 할 수 있고, 이 경우 집행위원단은 합동 사퇴하여야 한다. 그러나 1999년 3월 15일 직권남용과 연고자 채용으로 인한 예산낭비 등 행정적 과오에 대한 책임을 지고 상떼르(Jaque Santer)를 위원장으로 하는 집행위원단 전체가 사퇴하였는데, 이는 의회의 표결에 의해서가 아니라 의회의 표결 이전에 의회의 방침을 예견하고 사전에 사퇴한 것이다.[35)]

회원국들은 각료이사회가 가지고 있는 결정 권한을 포기하려 하지 않고, 로마조약에 의회가 '자문' 기능을 가졌다고 표현한 점을 강조한다. 의회는 신뢰의 문제도 가지고 있다. EU 시민 중 유럽의회가 무엇을 하는지 아는 사람들은 별로 없고, 유럽의회를 자기 나라의 의회와 동격으로 생각하는 사람도 거의 없다. 그러나 실제로 의회는 대개의 유럽인들이 생각하는 것보다 중요한 기구가 되어가

35) Philip Thody, *Europe since 1945* (London and New York: Routledge, 2000), pp.180-181.

고 있다.

유럽의회는 1952년 ECSC의 공동총회(Common Assembly)로 시작되었다. 이 공동총회는 스트라스부르그(Strasbourg)에 위치하였고, 6개국 의회에 의하여 임명된 78명의 의원으로 구성되었다. 로마조약은 EEC와 Euratom의 의회를 만들지 않고, 그 대신 ECSC의 공동총회(Commom Assembly)를 연합유럽의회총회(Joint European Parliamentary Assembly)로 대체하고 회원국이 142명의 의원을 임명하게 하였다. 로마조약은 의회가 1년에 한 번, 즉 10월에 집행위원회의 보고를 받기 위한 모임을 하도록 하였다. ECSC의 공동총회와 마찬가지로 본부는 스트라스부르그에 있었고, 위원회 회의는 브뤼셀에서 개최되었다.[36] 유럽의회총회는 1962년 유럽총회(European Assembly)로 이름을 바꿨다.

EEC조약의 138조는 직선 가능성을 언급하였지만, 1960년대와 70년대에 걸쳐 각료이사회가 이를 봉쇄하였다. 파리 정상회담의 결정에 따라 1979년부터 유럽의회 의원들을 직접 선거에 의해 뽑기 시작했다. 직선제의 도입은 다른 기구에 대한 심리적 우월감을 가지게 하였고, EU시민과 기구들 사이에 존재하는 틀을 연결시키는 중요한 역할을 하고 있다. 유럽의회는 단순히 집행위원회의 제안이나 이사회의 투표결과에 대응하는 기구에서 벗어나 자신의 영역을 개발하고 다른 기구에 더 많은 관심을 가지도록 요구하고 있다. 의회는 1970년대 이후 예산에 대한 발언권을 가지기 시작하였고, 법안을 개정하고 다른 기구의 활동을 견제하는 권한을 더 가지게 되었으며, EU의 도덕성과 민주주의 이념의 수호자 역할을 하게 되었다.[37]

1) 유럽의회의 구조

유럽의회는 국제기구의 의회 또는 총회 중에서 유일하게 직선으로 충원되는

36) Desmond Dinan, *Europe Recast: A History of European Union* (London: Lynne Rienner publishers, 2004), pp.88-89.

37) Juliet Lodge, "EC Policymaking: Institutional Dynamics," in Juliet Lodge (ed.), *The European Community and the Challenge of the Future*, 2nd ed. (New York: St. Martin's Press, 1993).

기구이다. 단원제이고, 732명이 정원이고, 5년 임기이다.

의회는 세 지역으로 분리되어 있어 시간과 예산을 낭비하고 있다. 본부는 스트라스부르그에 위치하여 한 달에 3~4일 모인다. 행정 사무국은 룩셈부르크에 있으며, 4,200명의 행정지원 요원을 두고 있는데 3분의 1은 통역과 번역사이다. 전체 행정요원 중 600명은 임시직원이다. 의원들이 이곳을 별로 방문하지 않아 고립되어 있다. 각 상임위원회는 브뤼셀에서 개최되는데, 8월을 제외하고 매달 2주 회의를 개최한다. 대개의 협상과 개정 작업이 여기에서 이루어진다.[38] 세 지역으로 분리되어 있기 때문에 전체 예산의 10%인 약 7,000만 달러가 의원과 수행요원, 문서들의 이동에 소비되고 있다.

유럽의회에는 세 종류의 지도기구가 존재하고 있다. 첫째, 의장과 부의장들이 포함된 사무국(Bureau of the Parliament)이다. 둘째, 상임위 위원장 회의(Conference of Committee Chairmen)이다. 셋째, 의장과 부의장, 정당지도자, 상임위 위원장들로 구성되는 대표자 회의(Conference of the Presidents)이다. 사무국은 조직과 행정업무를 주로 담당하지만, 최근 들어 정치문제에 많이 개입하고 거의 매주 회의를 가진다. 대표자 회의는 의회와 집행위원회 및 이사회와의 관계를 비롯한 정치문제를 주로 다루고 한 달에 두 번 정도 회의를 개최한다.[39]

유럽의회의 의장은 미국의 하원의장과 유사한 역할을 수행한다. 총회 기간에는 본회의의 사회를 보고 위원회에 안건을 송부하고, EU의 다른 기구 또는 EU 외의 기구와 접촉시 유럽의회를 대표한다. 2년 6개월의 임기로 의원들이 선출하고 있는데, 다수당에서 나오는 것이 원칙이지만 다수당이 없기 때문에 당간의 협상에 의하여 선출된다. 유능한 의장은 조직력과 협상력을 겸비한 행정가이면서 정치가의 성격을 가지는 것이 바람직하다. 의회 내에는 여러 다른 당이 존재하기 때문에 14명의 부의장을 두고 있다.

유럽의회에는 17개의 상임위원회(Standing Committees)가 있고 사안에 따라 임시위원회(ad hoc Committees)가 설치된다. 국가의 입법기구처럼 상위 위원

38) Neill Nugent, *The Government and Politics of the European Union*, 5th ed., p.225.

39) Simon Hix, *The Political System of the European Union*, 2nd ed. (New York: Palgrave, 2005), p.90.

유럽의회 발전사

연도	의원수	내용
1952	78	ECSC의 공동총회(Commom Assembly)
1958	142	EC(유럽공동체)의 의회총회(Parliamentary Assembly)
1973	198	영국, 아일랜드, 덴마크의 참여로 50석 증가
1976	410	첫 직접 선거 예상하에 회원수 증가
1981	434	그리스의 참가로 24석 증가
1987	518	스페인, 포르투갈의 참여로 84석 증가
1994	567	독일의 재통일 이유로 조정
1995	626	오스트리아, 핀란드, 스웨덴의 참여로 59석 증가
2004	732	5차 확대로 증원

회가 존재하는데 환경과 예산을 다루는 위원회가 가장 강력한 권한을 가지고 있다.

2) 유럽의회 의원 선거

1979년 유럽의회 직선제 결정 이전에 회원국 의회의 의원들이 유럽의회 의원으로 임명되었다. 따라서 회원국 의회에 진출하지 않은 정당은 유럽의회 의원을 임명할 수 없었다. 그리고 통합주의자들만이 유럽의회에 진출하였다. 유럽 통합에 대하여 의구심을 가지고 있거나 반대하는 인사들은 유럽의회에 진출하는 것을 거부하였다.

유럽의회는 국민에 의한 직접 선거를 통하여 구성되기 때문에 민주적 정통성을 인정받는 EU의 유일한 기구이다. 5년을 임기로 한 번에 모두 선출된다. 의석은 인구에 따라 할당되어 있고 독일은 99석, 룩셈부르크는 6석만을 가지고 있다. 인구에 비하여 불균등한 문제가 대두되고 있다. 즉, 의원의 수는 각 국가의 거주하는 또는 선거권을 가진 유권자의 수에 비례하여 배분되고 있지 않다. 예를 들어 독일의 유럽의회 의원은 인구 83만 명당 1명을 선출하고, 룩셈부르크는 6만 6,000명당 1명을 선출한다.

유럽의회 선거는 각국의 정당들이 주도하여 이루어지기 때문에 유럽문제에 대하여 경쟁하는 것이 아니라 대체로 국내문제에 대한 캠페인에 의하여 선거가

인구에 의한 유럽의회 의석의 비교(2004년 이전)

	인구(백만) 1997	의석당 인구	의석 수	인구에 의해 배당되어야 하는 의석수	선거제도	선거구 수
독일	82.20	830,000	99	138	PR without PV	16
프랑스	58.50	672,000	87	98	PR without PV	1
영국	58.20	669,000	87	98	PR without PV	12
이탈리아	57.20	657,000	87	96	PR with PV	5
스페인	39.70	620,000	64	65	PR without PV	1
EU 평균		596,000				
네덜란드	15.70	506,000	31	26	PR with PV	1
그리스	10.50	420,000	25	18	PR without PV	1
벨기에	10.20	408,000	25	17	PR with PV	4
포르투갈	9.80	392,000	25	16	PR without PV	1
스웨덴	8.80	400,000	22	15	PR with PV	1
오스트리아	8.20	390,000	21	14	PR with PV	1
덴마크	5.20	325,000	16	9	PR with PV	1
핀란드	5.10	319,000	16	9	PR with PV	4
아일랜드	3.60	240,000	15	6	PR with STV	4
룩셈부르크	0.40	66,000	6	1	PR with vote splitting	1
합계	373.30		626	626		

Note: PR with PV: Proportional representation with Preferential vote (선호투표 비례대표)
PR without PV: Proportional representation without Preferential vote (선호투표 불가 비례대표)
PR with STV: Proportional representation with Single transferable vote (단기이양식 비례대표)
PR with vote splitting: Proportional representation with voters being able to choose candidates from different lists. (다른 리스트의 후보를 선택할 수 있는 비례대표)
*독일과 핀란드의 유권자는 국가 명부(national list)와 지역명부(regional list)에서 선택할 수 있다.
*스웨덴은 서열리스트가 있으나, 투표자는 어느 한 개인에 투표를 하여 이 순서가 변경될 수도 있다.

시행된다. 따라서 유럽의회 의원이 재선될 가능성은 그 후보가 유럽의회에서 어떠한 활동을 했느냐보다는 소속된 국내 정당에서의 인기에 의하여 좌우된다. 더구나 대개의 국가들이 정당명부 비례대표제를 활용하기 때문에 정당 지도층이 작성하는 명부의 순서에 의하여 선출된다. 따라서 유럽의회 의원의 후보가 되는 것과 재선되는 것은 유럽의회의 정당이 아니라 각국 정당의 지도층에 의하여 결정된다. 유럽의회 의원의 직선제에 대하여 일부 국가들은 반대의 태도를 보였다. 프랑스, 덴마크, 영국 등은 직선제가 의회의 초국가적인 성향을 강화하고, 직선제는 EU의 제도 개혁을 유럽의회가 유리한 방향으로 추진케 할 것이라고 우려하였다. 이러한 이유로 유럽의회 직선제가 1974년에야 결정되었다. 직선이 결정된 이후에도 어떠한 선거제도로 직선을 할 것인가도 아직 결정되지 않고 있다. 결국 1979년 이후 여섯 차례의 선거가 실시되었으나 모두가 회원국들이 정한 방식에 따라 상이한 제도에 의하여 직선제가 시행되었다. 그러나 형태는 틀리지만 거의 모든 국가들이 비례대표제를 활용하고 있다. 특히 다수대표제에 의하여 하원의원 선거를 하는 영국도 유럽의회 의원 선거는 지역정당 명부제에 기초한 비례대표제를 사용하고 있다. 영국은 1992년까지 국내의회 선거와 같이 단순다수제를 사용하였으나 1999년에 비례대표제로 전환하였다. 대개의 국가들은 영토 전체를 단일 선거구로 하는 대선거구제를 채택하고 있다. 벨기에, 아일랜드, 이탈리아에는 4~5개의 '유로선거구(Euro-constituencies)'가 있고 독일은 주를 선거구로 이용한다. 비례대표제는 획득한 표의 분포에 따라 의석을 할당한다.

유럽의회 선거는 선거일과 지역구 크기도 국가마다 틀리다. 1999년 대개의 국가들은 6월 13일을 선거일로 지정하였으나, 몇 국가는 다른 날을 선택하였다. 예를 들어 보통 목요일을 선거일로 지정하는 영국은 당시 유럽의원 선거일을 목요일인 6월 10일로 결정하였다. 선거구 크기는 독일에서 의원 1명이 83만 명 인구의 선거구에서 선출되는 반면, 네덜란드, 벨기에, 그리스의 선거구는 40~50만이고, 룩셈부르크의 선거구는 6만 6,000명에 불과하다. 제5차 확대 이후 독일의 선거구는 82만 8,000명이고, 가장 작은 몰타의 선거구는 7만 1,000명의 인구로 구성되었다.[40]

27개국으로 확대된 이후 총의석은 785석이며 각국이 할당받은 의석은 다음과 같다. 독일 99, 영국 78, 프랑스 78, 이탈리아 78, 스페인 54, 폴란드 54, 루마니아 35, 네덜란드 27, 포르투갈 24, 벨기에 24, 그리스 24, 헝가리 24, 체코 24, 스웨덴 19, 오스트리아 18, 불가리아 18, 덴마크 14, 핀란드 14, 슬로바키아 14, 아일랜드 13, 리투아니아 13, 라트비아 9, 슬로베니아 7, 에스토니아 6, 사이프

40) Neill Nugent, *The Government and Politics of the European Union*, 5th ed., pp.213-214.

러스 6, 룩셈부르크 6, 몰타 5.

투표인은 18세 이상으로 EU회원국의 시민권을 가진 사람이어야 하는데 1994년 투표자격을 가진 인원은 2억 7,000만 명이었다. 마스트리트 조약 체결 이전까지 회원국은 자국의 시민들에게만 투표권을 행사할 수 있도록 허용하였으나, 마스트리트 이후 EU시민들은 거주하고 있는 국가에서 투표할 수 있도록 허용되었고, 심지어는 시민권 소속 국가를 불문하고 거주하는 지역에서 의원에 출마할 수 있도록 하였다. 입후보할 수 있는 연령은 국가마다 차이가 있는데, 18~25세까지 다양하다. 후보 자격에 대한 규칙도 다양하다. 일부 국가는 무소속 후보를 불허하고 일부 국가는 기탁금을 내도록 하며, 일부 국가는 추천 서명을 받아야지만 입후보할 수 있는 자격을 획득하는 등 여러 방법이 채택되고 있다.[41]

1979년 첫 직선 결과 유럽의회 의원 중 30%가 각국 의회의 의원을 겸하고 있었다. 이는 각국 국내에서 어느 정도 정치적인 경쟁력을 가진 인사들이 유럽의회에 진출한다는 것을 의미하였다. 대체로 유럽의회 의원 임기가 만료되기 직전에는 이렇게 겸직하는 의원이 증가하여 거의 반에 이르게 된다. 회원국들은 대체로 양쪽 의원을 겸하는 것을 제한하여 1984년에는 12%로 줄었고, 오스트리아, 벨기에, 그리스, 스페인은 양 의원직을 겸하는 것을 금지하고 있다. 1999년 선거에서는 단지 40명이 겸임하였다. 이 중 22명이 이탈리아, 9명이 영국의 국내 의원이 유럽의원을 겸하였는데, 9명 중 5명은 상원의원(House of Lords)이었다. 재선 비율은 40~50%에 육박한다. 1989년 50%, 1994년 40%, 1999년 46%를 기록하였다.[42]

유럽의회 선거에 있어서 투표율은 중요한 의미를 가진다. 왜냐하면 높은 투표율은 유럽의회의 정통성과 민주성을 고양시키고, 그 결과 유럽의회의 권한이 보다 강화될 수 있기 때문이다. 투표율은 회원국마다 차이가 있으나, 전반적으로 미국의 투표율보다 높은 편이다. 1994년 유럽에서는 56%의 투표율을 기록하였고, 미국의 1996년 대통령 선거에서는 투표율이 49%로 저조한 편이었다. 벨기

41) Martin Westlake, *A Modern Guide to the European Parliament* (London and New York: Pinter and St. Martin's Press, 1944), pp.84-85.

42) R. Corbett, E. Jacobs and M. Shackleton, *The European Parliament*, 4th ed. (London: John Harper, 2000), pp.49-50.

에, 룩셈부르크 등과 같은 나라에서는 최고 90% 이상의 높은 투표율을 보였다. 그러나 1994년 영국, 포르투갈, 네덜란드에서는 유권자 중 3분의 1만이 투표하였고, 포르투갈, 아일랜드, 스페인 등 빈곤한 국가들의 투표율은 점점 하락하는 현상을 보이고 있다. 유럽 통합 초기 회원국 6개국(이탈리아 제외)의 투표율은 현상 유지를 하거나 조금 하락하는 추세이고, 의외로 통합에 가장 회의적인 두 국가였던 영국과 덴마크의 투표율은 조금씩 상승하고 있는 추세이다. 유럽의회에 대한 투표율은 회원국 국내 선거의 투표율에 비하여 낮은 편이다. 그리고 유럽의회 투표율은 점차 하락하고 있다. 1979년 유권자의 62%가 투표하였으나, 이 투표율은 1984년 61%, 1989년 58%, 1994년 56.5%, 1999년 49.8%를 기록하였다.[43]

유럽의회의 투표율이 점차 하락하고 있는 이유는 다음의 네 가지로 요약해 볼 수 있다. 첫째, 유럽인들은 유럽의회가 무엇을 하는지 무슨 이슈들을 다루는지에 대하여 잘 모른다. 그들은 유럽의회는 이름뿐이고 멀리 있다고 생각하기 때문에 투표에 적극 참여할 만큼 의회에 대하여 심리적 연결이 되어 있지 않다. 1995년 독일에서의 여론 조사 결과 독일 국민의 약 50%가 선거 3개월 전에야

주요국의 역대 유럽의회 선거 투표율(%)

	1979	1984	1987	1989	1994	1995	1999	2004	직전총선거
체코	–	–	–	–	–	–	–	28.3	58.0(2002)
폴란드	–	–	–	–	–	–	–	28.32	46.3(2001)
스웨덴	–	–	–	–	–	41.6	38.8	37.8	80.1(2002)
영국	32.2	32.6	–	36.2	36.4	–	24.0	38.83	59.4(2001)
네덜란드	57.8	50.6	–	47.2	35.6	–	30.0	39.3	79.9(2003)
프랑스	60.7	56.7	–	48.7	52.7	–	46.8	42.76	60.7(2002)
독일	65.7	56.8	–	62.3	60.0	–	45.2	43.0	79.1(2002)
스페인	–	–	68.9	54.6	59.1	–	63.0	45.1	77.2(2004)
이탈리아	84.9	83.4	–	81.5	74.8	–	70.8	73.1	81.3(2001)
EU 평균	63.0	61.0	–	58.5	56.8	–	49.8	45.7	–

43) John McCormick, *The European Union: Politics and Policies,* 2nd. ed., pp.145-146; Neill Nugent, *The Government and Politics of the European Union*, 5th ed., p.214.

유럽의회에 대한 정보를 접했다고 한다.[44] 둘째, 국가 내의 투표와 같이 투표 결과에 따라 정부의 변경이 이루어지지 않는다. 따라서 투표를 해도 심리적으로 득과 실을 느낄 수가 없다. 행정부 역할을 하는 집행위원회의 지휘부는 의회구성 분포와 전혀 연관성이 없다. 셋째, 정당들은 유럽의회를 위하여 어떠한 선거 캠페인을 해야 하는지 확립하지 못하고 있고, 그나마 현재의 캠페인도 유럽 차원보다는 국가차원에서 이루어지고 있다. 1989년 선거에서 녹색당만이 EU 차원의 캠페인을 한 유일한 정당이었는데, 그들은 단일시장의 반대, 군축, 지방 분권 강화를 요구하는 캠페인을 벌였다. 넷째, 미디어와 각국 정부는 아직도 유럽 선거의 중요성을 간과하고 있다. 많은 유권자들은 EU 정책에 대한 영향을 미치기 위한 기회라기보다는 국가정부에 대한 투표로 생각하고 있다. 현존하는 정부에 대한 반감이 클 경우 이에 대한 의사표현으로 유럽의회 선거에서 반대당에 투표하는 경향이 크다.

그러나 유럽의회의 영향력이 점차 증대하고 있으며, 유럽인들도 유럽 선거의 중요성을 점차 인식하고 있기 때문에 투표율은 상승될 것으로 기대되고 있다.

확대 이후 신규가입국의 유럽의회 선거

중동유럽의 8개국과 지중해 연안의 2개국은 2004년 5월 1일부터 EU의 공식 회원국이 됨에 따라 2004년 6월 10일에서 13일까지 실시된 유럽의회 선거에 처음으로 참여하였다. 이번 선거는 3억 5,000만 명의 유권자가 참여한 사상 최대 규모의 다국 선거로 기록되었다. 통합의 확대와 심화를 모색하는 과정에서 실시되었고 유럽에서의 민주주의를 확립한다는 의미의 선거이기 때문에 많은 기대를 모았으나 투표율은 예상보다 저조한 것으로 나타났다. 기존 15개 회원국의 투표율은 49%로 1999년의 49.8%와 비슷하였으나, 2004년 신규회원국 10개국의 투표율은 28.7%에 그쳤다.[45]

44) 정재각, "제6장 유럽의회," 김상겸 외, 『유럽연합정부』(서울: 엠-에드, 2002), p.146.

45) 의석수가 5석으로 가장 적은 몰타의 투표율이 82.3%로 가장 높았으며, 그 다음으로는 의석수가 6석인 키프로스가 70.4%의 높은 투표율을 기록하였는바, 단지 의석수가 많지 않기 때문에 이번 선거에 대한 관심이 적었다고 보는 데에는 한계가 있다. 신규가입국 가운데 의석수가 가장 많은 폴란드는 이번 선거에서 두 번째로 낮은 20.9%의 투표율을 기록하였다.

2004년 신규가입 10개국의 유럽의회 선거 투표율과 의석수

	투표율(%)	의석수
사이프러스	70.4	6
체코	28.3	24
에스토니아	26.7	6
헝가리	38.5	24
라트비아	41.2	9
리투아니아	48.0	13
몰타	82.3	5
폴란드	20.9	54
슬로바키아	17.0	14
슬로베니아	26.5	7
신규가입 10개국	28.7	162

가입협상 과정에서 EU 집행위원회의 역할과 중요성에 대해서는 신규가입국에 충분히 인지되었으나, 유럽의회의 역할과 중요성에 대해서는 상대적으로 잘 알려지지 않았다. 유럽의회 총 의석수 785석 중 신규가입 12개국이 27%인 215석을 점유하고 있다. 전체 투표율은 유럽의회 선거에 대한 유럽 유권자들의 무관심을 반영하듯 45.7%로 역대선거에서 가장 저조한 투표율을 기록하였다.[46)]

확대 이후 처음 실시된 선거였음에도 불구하고, 투표율은 역대선거보다 더 저조하여, 그동안 EU 확대를 위해 각 회원국의 집권여당들이 실행해 온 정책들에 대해 국민들의 불만이 크다는 것을 보여주었다. 그리고 유럽의회가 그동안 각 국가의 개별적인 민간분야에 대해 간섭해 오고 있는 데 반해, 외교나 이민문제와 같이 회원국별로 해결하기 힘든 분야에 대해서는 등한시해 옴에 따라 유럽의회에 대한 유럽국민들의 불만이 컸다는 것도 저조한 투표율의 원인 중 하나이다.

슬로바키아를 제외하고 모두 집권 세력이 유럽의회 선거에서 패배한 것으로 나타났다. 국가별로 차이는 있으나 대체로 EU 시민들은 국내 경기부진, 실업문제 등의 이유로 집권여당에 대한 불만을 선거에서 표출한 것으로 분석되었다.

46) 유럽의회선거에서 유권자들의 무관심과 투표율 저조는 영국, 덴마크, 스웨덴, 폴란드, 체코 등의 국가에서 유럽 통합 회의론자들의 발언권을 강화하는 계기가 될 것이라는 우려가 있었다.

우파성향의 정당들이 대체로 선전한 것으로 나타났다. 좌파성향 정당들의 의석 점유율은 국가별로 최대 40.7%에서 최소 19.1%였다. 신규가입국들은 대부분 중도좌파 정당이 집권하고 있는데, 이번 선거에서는 자국의 EU 가입을 주도한 집권 세력이 슬로바키아를 제외한 모든 국가에서 참패함으로써 유럽 경제통합에 회의적인 세력들이 대거 유럽의회에 진출하게 되었다.

폴란드에서 집권연정을 구성하고 있는 민주좌익-노동조합연맹(SLD-UP)은 선거에서 9.4%를 득표하여 폴란드의 총 유럽의회 의석수 54석 가운데 5석을 얻는 데 그쳤다. 헝가리의 집권당인 사회당(MSZP)도 총 24석 가운데 9석을 얻는 데 그쳤으며, 체코의 집권연정인 사민당-중도연합(CSSD)은 총 24석 가운데 겨우 2석밖에 확보하지 못하였다. 투표율이 17.0%로 가장 낮았던 슬로바키아는 집권연정인 민주기독연맹(SDKU)이 총 14석 가운데 8석을 차지하여 유일하게 집권당이 승리하였다.

3) 유럽의회 정당제도

유럽의회 의원들은 정치적인 이념이나 주의에 따라 원내 교섭 단체를 구성할 수 있으나 국적별로 단체를 구성할 수는 없다. 그러나 유럽의회 선거 시 유권자들은 유럽의회 선거에서 경쟁하는 정당들을 국가의정당들과 동일하게 간주하고 유럽의회의 정당들이 정치적-이데올로기적 노선보다는 국가별 조직체가 되기를 선호하는 경향이 있다.[47)]

유럽의 정당정치는 국가차원(National Level)의 정당정치에서 다층적 정체(Multi-Level Polity)라 할 수 있는 유럽적 차원의 정당정치로 변화하고 있다. 이와 함께 유럽에서는 기존의 국가정당(National Parties)과는 매우 상이한 특성을 갖는 정당연합(Party Federation)이 등장하고 있다.

이러한 정당연합은 단순히 정당간의 일상적인 접촉이나 협력으로부터 시작되어 독립적이고 자율적인 초국가적 유럽정당으로 발전하고 있다. 초국가적 유럽

47) Herman Schmitt, "The European Elections of June 1989," *West European Politics*, Vol.13, 1990, p.116.

유럽의회에서 정당별 의석 분배(2004~2009년)

국가/정당	EPP-ED	PES	ELDR	Greens/EFA	EUL/NLG	EDD	UEN	기타	총계
벨기에	6	7	6	2				3	24
체코	14	2			6	1		1	24
덴마크	1	5	4	1	1	1	1		14
독일	49	23	7	13	7				99
에스토니아	1	3	2						6
그리스	11	8			4	1			24
스페인	24	24	2	3	1				54
프랑스	17	31	11	6	3	3		7	78
아일랜드	5	1	1		1	1	4		13
이탈리아	24	16	12	2	7	4	9	4	78
키프로스	3		1		2				6
라트비아	3		1	1			4		9
리투아니아	2	2	7				2		13
룩셈부르크	3	1	1	1					6
헝가리	13	9	2						24
몰타	2	3							5
네덜란드	7	7	5	4	2	2			27
오스트리아	6	7		2				3	18
폴란드	19	10	4			10	7	4	54
포르투갈	9	12			3				24
슬로베니아	4	1	2						7
슬로바키아	8	3						3	14
핀란드	4	3	5	1	1				14
스웨덴	5	5	3	1	2	3			19
영국	28	19	12	5	1	10		3	78
총 계	268	202	88	42	41	36	27	28	732

자료: EUROPAL, http://wwwdb.euparl.eu.int

EPP/ED: 유럽 인민당(European People's Party)/ 유럽 민주당(European Democrats): 기민당, 영국 보수당, 프랑스 드골당의 주류

PES: 유럽 사회당(Party of European Socialists)

ELDR: 유럽 자유민주개혁당(European Liberal, Democratic and Reformist Party)

GREENS/EFA: 유럽의회의 녹색 단체(Green Group of European Parliament)/ 유럽 자유 동맹(European Free Alliance): 녹색당(Greens)과 다양한 지방정당을 포함

EUL/NGL: 유럽 좌파 연합(Confederal Group of the United European Left)/ 노르딕 녹색 좌파(Nordic Green Left)

UEN: 유럽민족연합(Union for a Europe of the Nations): 이단적 드골당 포함

EDD: 유럽의 민주주의와 다원주의 정당(Europe of Democracies and Diversities): 프랑스 사냥, 낚시, 자연, 전통주의자와 영국, 덴마크, 네덜란드의 유럽 회의론자

정당이란 정당들이 교류와 협력의 차원을 지나 통합의 단계에 이르러 국가정당과 유사한 특성을 보이는 정당조직이다. 유럽에서 정당연합이 등장하고 발전한 것은 유럽연합의 제도적 발전과정과 밀접히 연관되어 있다. 즉 1979년 의회의 직접선거 도입과 1986년 단일유럽의정서를 통한 유럽의회의 위상과 역할 강화, 그리고 마스트리트 조약의 정당규정과 이에 기초한 유럽정당법(European Party Statute) 등은 기존의 국가정당을 뛰어넘는 유럽적 차원의 정당연합을 등장시키는 데 커다란 영향을 주었다.

정당연합은 독자적인 규약을 가지고 있을 뿐만 아니라, 상시적인 조직과 독자적 예산, 의사결정구조를 갖추고 있다. 이렇게 정당연합은 제도적으로 유럽의회 교섭단체나 일국적 차원의 정당과 명확히 분리되며, 이러한 이유로 정당연합은 초국가 정당(Transnational Party) 혹은 정당들의 정당, 유럽정당(European Party) 등으로 간주되고 있다. 1974년부터 틀을 갖추기 시작한 정당연합은 현재 우익인 유럽인민당(EPP: European People's Party), 좌익 세력인 유럽사회당(PES: Party of European Socialists), 중도 우파인 유럽자유민주개혁당(ELDR: European Liberal, Democratic and Reform Party) 등이 지속적으로 세력을 유지하고 있다. 유럽 수준에서의 정당연합이 통합의 축으로 주도적인 역할을 하도록 기대되었으나, 성공적이지 못한 상황이다. 왜냐하면 이 정당연합은 국가의 정당들과 달리 제도화된 일상적인 정치활동을 하지 못하고, 지위도 낮을뿐더러 자원도 제한되어 있기 때문이다.[48]

유럽 내에서 이루어지는 각국 정당의 교류와 협력은 크게 보아 두 가지 범주로 분류될 수 있다. 먼저 유럽연합이라는 제도적 틀 내에서 상호교류와 협력을 위해 형성된 정당조직 가운데 유럽의회에서 교섭단체를 구성하고 있는 정당그룹(Party Group)이 그 하나이며, 지역위원회 정당그룹(Group in the Committee of the Regions)이 다른 하나이다. 유럽의회 교섭단체의 경우 유럽연합에서 제도적으로 재정을 지원해 주는 반면, 후자의 경우 재정적 지원이 없으며 정당간의 협력도 상대적으로 약하다.[49]

48) Neill Nugent, *The Government and Politics of the European Union*, 5th ed., p.215.

49) 김영태, "유럽정당의 새로운 흐름: 정당연합(Party Federation) 등장과 발전", 『국회도서관보』, 2004년 2월, p.12.

최근 들어 유럽의회 내에는 8~10개의 정당그룹이 존재하고 있다. 이렇게 정당그룹이 많은 이유는 모든 국가가 유럽의회 의원을 비례대표제로 선출하기 때문에 군소정당이 많이 진출하고, 이들이 세력화하기 위해서는 그룹을 형성하지 않을 수 없기 때문이다. 1979년 직선제 채택 이후 현재까지 유럽의회에 60개 이내의 정당이 존재한 적이 없고, 1994~1999년 기간에는 101개의 정당이 진출하였으며, 1999년 선거에서 무려 129개의 정당이 단지 1개의 의석을 차지하였다.[50)]

정당의 성향에 따라 통합에 대한 상이한 시각을 보이고 있다. 서유럽의 기민당과 같은 정당들은 보다 더 긴밀한 연합을 지속적으로 지지하고 있다. 다른 정당들은 통합에 대한 적대적인 태도를 보였는데, 특히 극좌 정당과 극우 정당이 통합의 심화에 대하여 반대 입장을 견지하였다. 프랑스의 드골주의자와 영국의 노동당과 보수당도 이처럼 통합을 반대하였지만, 이러한 정당들의 태도는 점차 바뀌었다. 그러나 통합에 반대하는 이들 정당들은 비록 선거 캠페인이 다양하지 못하고 국내적 차원에서 이루어지지만, 유럽의회 선거에 참여하고 있다. 비록 유럽의회 내에서 국가간의 그룹을 형성하고 있지만, 여전히 정당간의 초국가적인 협력과 조직은 매우 제한되어 있다.[51)]

정당별로 보면, 중도우파 연합체인 유럽인민당(EPP)/유럽민주당(ED) 연합이 유럽의회 총 732개 의석 중 268석으로 최대 의석을 차지하였으며, 중도좌파 연합체인 유럽사회당(PES)은 202석을 차지하였다. 유럽자유민주개혁당(ELDR)은 88석을 차지하였으며, 유럽통합을 반대해 온 유럽의 민주주의와 다원주의 정당(EDD)은 36석을 차지한 데 그쳤다. 크게 약진한 자유민주개혁당은 사실상 캐스팅 보트를 가지게 되어 주목을 받았다.

영국을 제외한 14개국에서 활동하는 22개 '회원정당'[52)]과 8개 '준회원정당',

50) S. Hix and C. Lord, *Political Parties in the European Union* (Basingstoke: Macmillan, 1997), p.1; T. Raunion, "Political Interests: The EP's Party Groups," in J. Peterson and M. Shackleton (eds.), *The Institutions of the European Union* (Oxford: Oxford University Press, 2002), p.258.

51) Anne Stevens, "Ever-Closer Union: European Co-operation and the European Dimension," in Richard Sakwa and Anne Stevens (eds.), *Contemporary Europe* (New York: Palgrave, 2000), pp.143-144.

52) "회원정당"은 오스트리아 인민당, 벨기에 기독교 인민당, 벨기에 기독교 사회당, 덴마크 보수

그리고 10개의 '옵저버 정당'이 참여하고 있는 유럽인민당(EPP)은 "공동의 정책실현을 위한 '회원정당'의 긴밀하고, 지속적인 협력과 통일된 행동의 조직"을 목적으로 하고 있다. 유럽인민당은 내부구조나 의사결정과정이 일상적인(일국적 차원의) 정당과 매우 유사하다는 점에서 초국가적 유럽 정당으로 발전하는 단계에 있다고 평가되고 있다. 유럽인민당의 기본조직은 전당대회(Congress), 정치국 회의(Political Bureau), 평의회(Council), 의장단 회의(Presidency), 정당 지도자회의(Conference of Party Leaders and Heads of Government) 등으로 구성되어 있다.[53]

이 정당은 독일과 이탈리아의 기민당에 의해 지배되었으나, 1976년 EPP라는 공식 이름을 갖게 되었다. 그리고 영국 · 덴마크의 보수당을 포함한 유럽의 민주당들이 연방주의 원칙을 받아들인다는 조건으로 1992년에 가입이 허용되었다. 1999년 EPP라는 이름을 EPP-ED로 바꿨다. 이 단체는 중도우파이고, 모든 EU 회원국 대표가 참여하고 있으며, 그중에도 독일, 스페인, 영국이 가장 많은 대표를 보내고 있다.

유럽사회당(PES)은 의회에서 일관되게 최대 그룹이 되어왔다. PES는 좌파 성향의 구공산주의로부터 중도적인 온건한 사회민주주의까지 망라하여 구성되었다. 이는 단일 거대 국가 블록으로 형성된 영국 노동당을 포함하여 모든 EU국가의 회원으로 구성되어 있다. PES는 내부적으로 전통적인 국가개입주의로부터 현대적 사회민주주의까지 이념적 스펙트럼이 다양해서 분열적인 모습도 나타나고 있다.

유럽사회당 규약에 따르면 유럽사회당은 유럽연합을 비롯한 유럽국가에서 사회(민주)주의 운동을 강화하고, 회원정당과 유럽의회 교섭단체 의원의 긴밀한 협력활동을 증진하며, 유럽연합에서 공동정책을 확정하고, 유럽의회 선거를 위

인민당, 핀란드 국가연합당(National Coalition Party), 프랑스 노블동맹(Nouvelle Union), 독일 기민당, 독일 기사당, 아일랜드 갤민족당(Fine Gael), 그리스 신민주당(New Democracy), 이탈리아 기민련, 기민당, 전진 이탈리아, 대중당, 개혁당, 룩셈부르크 기독교사회인민당, 네덜란드 기민당, 포르투갈 사민당, 스페인 인민당, 카탈로니아 민주연합(Democratic Union of Catalonia), 스웨덴 기민당, 모데라테르나(Modetaterna) 등이다.

53) 김영태, "유럽정당의 새로운 흐름: 정당연합(Party Federation) 등장과 발전," 『국회도서관보』, 2004년 2월, pp.15-16.

한 공동의 선거 공약을 채택하는 것 등을 목적으로 하고 있다. 이러한 유럽사회당에는 현재 유럽연합 25개국 28개 정당이 회원정당으로 가입되어 있으며, 5개국 7개 정당이 준회원정당으로, 그리고 5개국 6개 정당이 옵저버 정당으로 참여하고 있다. 유럽사회당 역시 유럽인민당과 유사하게 전당대회, 평의회, 의장단 등을 당의 주요기구로 하고 있다.[54)]

유럽자유민주개혁당(ELDR)은 중도성향의 정당으로 독일, 오스트리아, 그리스, 포르투갈을 제외한 모든 EU 국가의 회원으로 구성된다. 그러나 회원 대부분이 중도적 성격이기 때문에 이 단체의 이념적 성향을 명확히 구분하기는 어렵다. 이 정당은 1999년 선거 이후 EPP-ED와 느슨한 협력관계를 가졌으며, 수년 동안 당원들이 유럽인민당(EPP)으로 전당하여 많은 어려움을 겪었다.

유럽민족연합(UEN: Union for Europe of the Nations)은 1994~1999년의 유럽연맹(Union for Europe)을 기반으로 하고 있으며, 주로 이탈리아와 프랑스의 보수주의자로 구성된 중도우파 그룹이다. 이 단체에는 프랑스의 드골주의자들과 아일랜드의 공화당(Fianna Fail)이 주축을 이루고 있는데, 이들은 자체적으로 단체를 구성하기에는 숫자가 너무 적고, 다른 기존의 중도-우파단체와의 연계도 반대하는 세력들이다. 이탈리아의 민족주의자들과 다른 국가들의 일부 의원들도 이 단체에 가입하였다. 대체로 보수적인 성향을 보이고 있으며, 유럽연방에 대하여 반대의사를 보이고 있다. 1994년 선거 동안에, 프랑스 중도우파 탈퇴자들은 새로운 안티 마스트리트 조직인 유럽민족당(EDN: Europe of the Nations Group)을 창설했다.

녹색당/자유동맹(Greens/EFA) 단체는 1999년에 형성되었다. 대개 환경 문제와 연결되는데, 사실 녹색당은 사회정의와 관련된 더 폭넓고 다양한 이익을 추구한다. 그리고 그들은 전통적 이데올로기의 스펙트럼에 놓이는 것을 거부한다. 무지개단체(Rainbow Group)에 속하였다가 1989년 선거 이후 회원이 증가하면서 녹색당을 형성했다. 독일 녹색정당이 단일 국가로 가장 큰 블록을 형성한다. 유럽자유동맹의 정강은 지역의 자율성 확대를 근간으로 하고 있다.

유럽좌파/노르딕녹색좌파(EUL/NLG)연합단체는 좌파 사회주의자, 과거 공산

54) 김영태, "유럽정당의 새로운 흐름: 정당연합(Party Federation) 등장과 발전," p.17.

주의자와 적은 수의 노르딕 좌파 녹색주의자들이 연합한 것이다. 관점의 상이성과 더불어 단체의 느슨한 조직 때문에 단체 내부의 결속이 제대로 이루어지지 않고 있다.

유럽의 민주주의와 다원주의(EDD: Europe of Democracies and Diversities) 단체는 1999년 선거 이후 구성되었는데, 이 단체의 목적은 유럽인들의 다양성과 문화를 보존할 필요성을 확인하고 실질적으로 추진하는 것이다. 유럽통합에 대하여는 어느 단체보다 회의적인 입장을 견지하고 있다.

공식적인 정당 단체 이외에, 1998년 유럽의회 의원 중 약 5%가 무소속 의원이었다. 무소속 의원들은 단체에 가입하지 않음으로써 느끼는 불편함을 해소하고 단체를 구성함으로써 받을 수 있는 이익을 얻기 위하여 전문단체(TDI: The Technical Group)를 형성하였다. 이 단체는 초기에 유럽의회로부터 인정을 받지 못했는데, 그 이유는 모든 단체는 정치적 제휴를 해야만 하는 유럽의회의 절차규정을 위배하기 때문이었다. 그러나 의회는 TDI가 1심법원(Court of First Instance)에 제소하였을 때 입장을 전환하여 인정하는 태도를 보였다. 하지만 그도 잠시, 유럽사법재판소가 불법화하자 결국 사라지게 되었다.[55] 대체로 선거 직후 무소속 의원들은 많은 편이지만, 점차로 정당단체에 가입하는 경향이 크다.

유럽의회 의원들의 이념적 분포를 보면 시대에 따라 변하여 왔음을 알 수가 있다. 1979년부터 1989년까지 중도-우파가 근소한 과반수를 차지하였고, 1989년부터 1994년까지는 좌파-녹색단체가 근소한 과반수를 차지하였다. 1994년부터 99년까지는 우파, 좌파 어느 쪽도 과반수를 차지하지 못하였으며, 1999년 선거 이후 중도-우파 과반수가 다시 시현되었다. 유럽의회 선거의 패턴을 보면 극좌파나 극우파보다는 중도우파 또는 중도좌파에 투표하는 경향이 짙다. 따라서 PES, EPP, ELDR이 전체 의석수의 3분의 2 이상을 차지한다.[56]

유럽의회의 후보는 각국의 정당이 선출하지만, 그들은 대체로 정당으로부터

55) Neill Nugent, *The Government and Politics of the European Union*, 5th ed., p.219.

56) S. Hix and C. Lord, *Political Parties in the European Union* (Basingstoke: Macmillan, 1997), p.137; D. Judge and D. Earnshaw, *The European Parliament* (Basingstroke: Palgrave Macmillan, 2003), chapter 5.

독립되어 활동한다. 많은 수의 후보자가 국내 선거에서 낙선한 인사, 또는 국내 정치에서 은퇴한 사람들이지만, 점차적으로 후보의 자질이 향상되고 있다. 1980년대 초반, 유럽의회 의원 중에는 브란트(Willy Brandt) 전 독일 수상과 데스탱(Valery Giscard d'Estang) 전 프랑스 대통령이 포함되어 있었다.

1979년 최초로 직선을 실시한 이후 유럽의회 의원들은 EU에 관련된 중요한 이슈들에 대한 보다 활발한 활동을 전개하고 있다. 한때는 국가 의원직과 유럽의회 의원직을 겸직하는 경우가 많았으나 점차 줄어들어 최근에는 겸직하는 의원들이 거의 없다. 스페인과 벨기에 같은 국가들은 겸직을 불법으로 규정하고 있다. 이러한 경향은 국가의회와 유럽의회의 연계성을 크게 약화시켰고, 유럽의회 의원의 독립성과 신뢰성을 제고시켰다. 유럽의회에서 여성의원들도 상당히 증가하고 있다. 1979년 16%에서 1989년 19%로 증가하였고, 1994년에는 27%, 1999년 선거에서는 30%를 여성이 의원직을 점유하였다. 국가별로 보면 스웨덴 45%, 핀란드 44%로 높은 편이고, 룩셈부르크는 6명의 할당 의원 중 여성이 한 명도 없으며, 이탈리아도 9%로 낮은 편이다. 유럽의회 의원의 여성 비율은 자유민주주의 국가 16%, 미국 13%에 비하여 상당히 높은 비율을 나타내고 있는 것이다.[57]

4) 유럽의회의 활동

일반적으로 국가의 의회는 새로운 법률을 제안하고, 토의하고, 채택할 수 있는 권한을 독립적으로 행사한다. 그러나 유럽의회는 이러한 권한이 상당히 제한되어 있다. 특히 정책결정권은 대체로 각료이사회가 주도적으로 행사하기 때문에 의회의 결정권은 미약한 편이다. 최근 들어 유럽의회에 대한 관심이 고조되면서 유럽의회의 권한도 상승하고 있다. 유럽의회의 권한 및 활동은 입법활동, 예산에 대한 권리, 다른 기구에 대한 활동 등으로 나누어 볼 수 있다. 일부 논쟁

57) T. T. Mackie and F. W. S. Craig, *Europe Votes 2* (Chichester: Parliament Research Service, 1985), p.242; T. T. Markie (ed.), *Europe Votes 3* (Brookfield, Vt.: Dartmouth, 1990), pp.5-16; Inter-Parliament Union (IPU), *Distribution of Seats Between Men and Women in National Parliament* (Geneva: IPU, 1993).

이 되고 있지만, 유럽의회는 꾸준한 제도개혁과 발전의 결과 현재는 오히려 EU 회원국의 의회보다 강력한 권한을 행사한다는 평도 받고 있다.[58] 유럽의회는 1년 중 8월을 제외한 11개월 동안 매월 1회, 그리고 10월에는 2회에 걸쳐 1주일간 총회를 개최한다. 또한 유럽의회 의원들은 2주간의 위원회 활동과 1주일간의 교섭단체별 회의에도 참여해야 한다.

(1) 입법 활동

유럽의회는 집행위원회가 제안한 법률안에 대하여 검토와 수정, 그리고 제한적으로 공동결정 과정에 참여하는 권한을 보유하고 있다. 1980년대 이전에 의회는 집행위원회의 입법제안에 대해 각료이사회가 결정을 내리기 전에 구속력 없는 의견만을 제출하였다. 당시 유럽의회가 입법과정에 영향을 미칠 수 있는 가장 강력한 수단은 입법안에 대하여 아무 의견을 제시하지 않음으로써 입법안을 사장시키는 방법이었다.

1987년 7월 단일유럽의정서(SEA)가 발효될 때까지 유럽의회는 정책결정과정에 있어서 협의 절차(consultative procedure)만을 보유하고 있었으나, SEA는 협력(cooperation)과 동의(assent) 절차 등 두 가지 새로운 절차를 부여하였다. 이어서 마스트리트 조약은 공동결정(co-decision) 절차를 추가로 부여하였다. 이 절차들에는 몇 가지 특징적 요소들이 있다. 첫째, 유럽의회는 공동결정과 동의 절차에서 거부권을 행사할 수 있으나, 협의와 협력 절차에서는 거부권을 행사할 수 없다. 둘째, 협의와 동의 절차 중에 각료이사회와 의회에서 한 번의 독회만을 하지만, 협력절차에서는 두 번, 공동결정 절차에서는 세 번의 독회를 한다.

협의 절차는 각료이사회가 단독으로 최종결정하는 단일 독회 과정이다. 그러나 각료이사회는 유럽의회의 의견을 듣기 전에는 최종 결정을 내릴 수 없다.[59] 의회는 일부 분야에서 각료이사회가 새로운 법을 채택하기 이전에 구속력 없는

58) 최진우, “유럽의회의 발전과 유럽통합: 유럽연합의 민주성과 정통성,” 『국제정치논총』, 제39집 2호, 1999, p.132.

59) 일부 제안에 대하여 각료이사회는 경제사회위원회(ESC)와 지역위원회(CoR)의 의견 역시 기다려야 한다.

의견을 제시하도록 허용된다. 의회는 법안을 거부하거나 수정할 수 있고, 각료이사회는 이에 따라 집행위원회가 초안을 수정하도록 요구할 수 있지만, 집행위원회는 이를 받아들여야 할 의무는 없다. 이러한 과정을 보면 의회에는 별로 권한이 없어 보이지만, 의회가 견해를 제시해야 하는 기간에는 제한이 없기 때문에 지연시킬 수 있는 권한을 가지고 있다. 특히 1980년 유럽 재판소는 의회가 의견을 제시하지 않기 때문에 이사회가 일방적으로 채택한 법을 무효화하였다. 다시 말해서 각료이사회는 의회가 의견을 제시하기 전에 법이나 정책을 결정할 수 없다. 이때부터 의회는 이사회가 의회의 견해를 신중히 고려하도록 하는 수단으로 '지연'의 위협을 사용하곤 하였다.[60] 협의 절차가 적용되는 정책 분야의 수는 최근 몇 년 동안 감소했다. 여전히 이 절차가 적용되는 정책 분야에는 농업, 그리고 TEC 내에 존재하는 사법 내무 문제들이 있다.

단일유럽의정서에서는 의회의 권한을 확대하고 정책결정과정에 협력 절차(cooperation procedure)를 도입하였다. 이는 의정서 제252조에 포함됨으로써 조약의 별도 조항에 처음으로 명시된 입법절차이다. 이 절차는 이사회가 공동입장(common position)을 채택한 이후 의회가 제2독회를 하도록 허용하였고, 제2독회에서 의회가 개정한 조항을 이사회가 되돌리는 권한을 대폭 축소하였다. SEA는 이 절차를 조약의 내용 중 10가지 분야에만 적용시켰는데, 이들은 단일시장 프로그램, 특별 연구 프로그램, 구조기금에 관련된 결정, 일부 사회 및 환경관련 분야 등을 포함하였다. 이들은 전체 입법의 약 3분의 1을 차지하였다. 이에 따라 의회는 단순히 협의 역할을 벗어나 입법과정에 직접 참여할 수 있게 되었다. SEA는 이사회가 결정하기 이전에 의회의 동의를 필요로 하는 동의절차(accent procedure)도 도입하였다. 이 절차는 주로 비회원국과의 제휴 또는 새 회원국 영입 절차에 사용되었다.[61]

집행위원회의 입법안에 대하여 의회가 1차 독회를 하여 수정을 제안할 경우 집행위원회가 이를 수용하면 각료이사회는 이에 대해 가중다수결로 '공동입장'을 채택하여 의회로 다시 회부한다. 이때 각료이사회는 공동입장 채택의 이유를

60) Martin Westlake, *A Modern Guide to the European Parliament* (London and New York: Pinter and St. Martin's Press, 1944), p.136.

61) Simon Hix, *The Political System of the European Union*, 2nd ed., p.78.

밝혀야 하는데, 특히 공동입장에 의회의 의견이 충분히 반영되지 않았을 경우 그 이유를 명확히 밝혀야 할 의무가 있다. 의회는 이러한 공동입장에 대하여 제2차 독회를 개최하여 입장을 결정한다. 의회가 공동입장을 받아들이면 법안으로 확정되지만, 의회가 공동입장을 거부하게 되면 각료이사회는 만장일치에 의하여 거부된 공동입장을 법안으로 확정할 수 있다.[62]

각료이사회가 법을 채택하게 되면 의회는 3개월 이내에 절대 다수결에 의하여 이 법안을 수용하든지, 거부할 수 있다. 수용할 경우 공식 법으로 탄생되고, 거부할 경우 이사회는 3개월 이내에 만장일치에 의하여 거부를 무효화할 수 있다. 만장일치가 이루어지기 어렵기 때문에, 각료이사회는 조정위원회를 통하여 조정하는 시도를 한다. 만약 의회가 3개월 이내에 의견을 제시하지 않으면, 그 법은 초안 그대로 효력을 발생한다.[63] 이것이 공동결정 절차이다.

1993년의 마스트리트 조약은 공동결정(co-decision) 절차를 별도 조항인 제251조에 도입하여 의회의 권한을 더욱 확대하였다. 의회는 단일시장, 소비자 보호, 환경법들에 대한 입법과정에서 제3의 독회(third reading)를 할 수 있는 권한을 부여받았다. 초기에는 공동 결정과정을 각료이사회가 지배할 것이라고 예상되었지만, 실제로는 양 기구간에 공식적이고 비공식적인 의견 교환 과정이 중요하게 발전되었다.[64]

이 절차는 의회와 이사회가 입법사항에 대하여 합의하지 못할 경우 조정위원회(conciliation committee)를 소집하도록 하였다. 조정위원회는 의회와 이사회 대표가 동수로 구성되게 하였다. 조정위원회가 합의에 도달한 이후 의회가 입법을 거부할 수 있도록 하였다. 공동결정 절차는 협력절차에서 다루던 내부시장 관련 입법사항 거의 모든 분야에 적용시켰고, 공공보건, 소비자보호, 교육과 문화 분야를 포함한 새로운 영역도 추가하였다.

마스트리트 조약에서 공동결정 절차를 도입하게 된 주요원인은 민주주의적 결함에 대한 우려와 유럽의회로부터의 압력 때문이었다. 협력 절차가 유럽의회

62) 최진우, "유럽의회의 발전과 유럽통합: 유럽연합의 민주성과 정통성," p.139.

63) Neill Nugent, *The Government and Politics of the European Union*, 5th ed., pp.199-200.

64) Patricia Hogwood & Geoffrey K. Roberts, *European Politics Today*, 2nd ed. (Manchester and New York: Manchester University Press, 2003), p.229.

의 영향력을 신장시킨 것은 사실이지만, 각료이사회가 입법안을 통과시키도록 압력을 가하더라도 의회는 이 협력절차에서 거부권을 행사할 수 없다. 그러나 공동결정 절차는 유럽의회에 거부권 행사 권한을 준 셈이다. 그 권한은 마스트리히트 조약의 15개 조항에 제한되는 것이었다. 그러나 암스테르담 조약에서 37개 조항으로 확대되었다.[65)]

암스테르담 조약의 공동결정 절차에 관련되는 새로운 22개 조항 가운데 11개 조항은 원래 협력 절차였고, 2개는 협의, 1개는 동의절차, 그리고 8개는 추가 조항이었다. 암스테르담 조약하에서 공동결정 절차에의 위임이 늘어남에 따라 농업, 사법 내무, 무역, 재정 조화, EMU 문제를 제외한 유럽연합 입법안의 대부분이 공동결정 절차에 기초하게 됐다. 니스조약은 제한적으로나마 이 절차를 더욱 확대하였다. 7개의 추가 조항이 포함됐는데, 이 가운데 중심 정책분야를 다룬 것은 거의 없다. 새로 도입되는 헌법은 공동결정 절차에 대한 암스테르담 결정을 '보통입법절차(normal legislative procedure)' 로 확인하고, 이 절차를 EU법거의 모든 분야에 확대하였다. 현재 입법절차 중에서 공동 통상정책과 같이 의회의 개입 없이 이사회에서 단독으로 결정하는 분야가 일부 남아 있다.[66)]

공동결정 원칙은 EU 정책결정 과정의 '표준' 절차가 되었고, EU 조약 제1기둥의 많은 분야를 다룬다. 공동결정 원칙이 도입된 이래 EU의 입법 결정은 3개의 주요 입법기구인 집행위원회, 각료이사회와 유럽의회 간에 집단적으로 이루어지고 있다. 공동결정 절차의 본질은 한 단계, 두 단계, 혹은 세 단계 절차로 설명된다. 유럽의회와 각료이사회가 첫 단계나 두 번째 단계에서 합의를 보지 못했을 경우에만 세 번째 단계로 넘어갈 수 있다. 이 절차는 유럽의회, 각료이사회, 집행위원회가 집중적이고 포괄적으로 기구 상호간 타협(bargaining)에 참여하도록 유도한다. 공동결정 절차하에서 입법 타협은 입법안 처리 과정의 핵심으로 부상했다. 만약 그 세 기구가 서로 긴밀히 협력하지 않으면, 입법 단계 초기에 진행 지연사태가 발생할 것이고 그 이후 단계에서는 총체적 난국에 봉착할 수 있다. 각 기구들이 세부 사항에서 이견을 보일 수 있을지라도, 입법안이 입법

65) 마스트리트 조약과 암스테르담 조약에서 위임된 공동결정 사항을 구분하기 위하여 "공동결정 I"과 "공동결정 II"로 구분하여 부르기도 한다.

66) Simon Hix, *The Political System of the European Union*, 2nd ed., p.79.

텍스트로 굳어지는 것을 모두 원하고 있기 때문에, 이 기구들 사이에 장시간에 걸쳐 의사 교환이 이루어지도록 요청되고 있다. 즉, 기하급수적으로 증가하는 기구 상호간 회담에서 주요 정책 입안가들의 비공개 토론에 이르기까지, 다양한 채널을 통한 대화의 필요성이 제기되고 있다.[67)]

유럽의회에 부여된 정책결정 권한 중에는 동의절차(assent procedure)가 있다. SEA에 의해 구축된 동의절차는 일반적인 입법안에서 사용되지 않고 특별한 종류의 의사결정에 사용된다. 이에는 특정 종류의 국제협정 체결, 유럽연합 확대, 구조기금의 틀, 유럽중앙은행의 권한과 임무, 그리고 암스테르담 조약 이후 유럽연합이 기초로 하고 있는 원칙의 위반, 니스조약 이후 이 원칙의 심각한 위반의 가능성 등이 포함된다. 마스트리히트 조약은 유럽이사회 의장이 공동외교 안보정책을 수행할 때 유럽의회와 협의하도록 함으로써 의회의 외교 정책에 대한 권한도 확대하였다.

동의 절차는 이 절차에 위임된 정책들이 각료이사회와 유럽의회에서 모두 승인받아야 하는 단일 단계 절차로 언뜻 보아 형식적으로 단순해 보인다. 이 절차에서는 유럽의회가 수정안을 내놓는 것을 허용하지 않는다. 그러나 자세히 살펴보면, 이 절차가 처음에 생각했던 것보다 더 복잡하다는 것을 알게 된다. 이는 각료이사회에서는 대개 만장일치가 필요하지만 항상 그런 것은 아니고, 반면 유럽의회에서는 일부 정책에 대해서는 다수결 투표면 족하고 다른 정책에서는 절대 다수결이 필요하기 때문이다. 특히 유럽연합이 기초하고 있는 근본적인 원칙이 회원국들에 의해 위반되거나 위반될 소지가 있는 경우 이 제도는 더욱 복잡해진다.

이 절차적 규율하에서 유럽의회는 최종 법안에 대해서만 동의하는 권한이 있고 수정안을 내놓을 수 없기 때문에, 그 활동범위가 확인/유보의 역할로 제한될 수 있는데, 이는 어느 정도는 사실이나 반드시 그런 것만은 아니다. 왜냐하면 유럽의회는 법안에 대한 거부권을 가짐으로써, 승인의사를 표명할 권한도 갖게 되기 때문이다. 유럽의회는 이 권한을 활용하여 유럽연합과 합동 협력 조약을 맺은 제3국가들이 인권을 유린할 경우 이에 개입할 수 있고, 이 조약의 문구를 수

67) Neill Nugent, *The Government and Politics of the European,* 5th ed., p.348.

정하기 위해서 집행위원회와 각료이사회에 압력을 가할 수 있다.

암스테르담 조약은 협력절차를 거의 모두 폐지하여, 현재는 단지 경제와 화폐동맹에 관련된 일부 이슈에만 활용되고 있다. 협의절차는 농업과 사법 및 내무문제에 국한하였고, 동의 절차는 보통(normal) 입법보다는 국제협정체결, EU 확대 구조기금의 틀 제정과 같은 특별사항에 활용하도록 하였다. 공동결정 절차를 보다 일반화하여 거의 모든 법안에 대하여 제3독회를 하도록 하였다. 더욱이 회원국의 의회가 EU 문제에 대하여 보다 확대된 역할을 하도록 하여, 집행위원회의 제안이 각료이사회의 안건으로 채택되기 이전에 6개월간 각국 의회가 심의할 수 있도록 하였다. 이 기간 동안 각국의 의회는 독회를 하고 권고할 수 있게 되었다.

(2) 예산권

유럽의회는 유럽연합 예산에 관하여 고유 권한을 행사한다. 의회는 예산심의를 통하여 다양한 정책분야에서 영향력을 행사하며 중요한 역할을 한다. 의회는 집행위원회로부터 편성되고 각료이사회에서 확정된 예산안을 승인하거나 거부할 수 있다. 의회는 예산을 확정하는 권리를 각료이사회와 공동으로 보유하고 있다. 의회는 반년에 한 번씩 각료이사회와 회합을 가지고 초안을 작성하고 수정을 논의한다. 예산의 변경을 요구할 수 있고, 취급되지 않은 분야에 대한 새로운 할당을 요구할 수 있다. 그리고 3분의 2의 결의로 예산안을 거부할 수 있다.

1978년에 유럽의회는 EC 전체예산을 거부할 수 있는 권한을 가지게 되었다. 그러나 EC예산은 공동체 역내 총생산의 1%에 지나지 않았기 때문에 큰 의미는 없고, 이 권한은 단지 상징적인 것으로 간주되었다. 그럼에도 불구하고 1979년 유럽의회는 1980년의 예산안을 부결시켰다. 부결시킨 이유는 공동농업정책(CAP)을 위한 지출이 지나치게 많고 사회정책과 지역정책을 위한 지출은 너무 적다고 생각했기 때문이었다. 유럽의회는 3년간 연속으로 예산안 심의를 지연시킴으로써 권한을 강화해 나갔다.[68]

68) 이주영 · 김성형, 『현대유럽의 역사: 제2차 세계대전부터 현재까지』(서울: 삼지원, 2002), p.213.

예산안은 각료이사회와 집행위원회가 토의한 이후 매년 4월에 집행위원회가 제안을 한다. 7월에 채택되어 두 번의 독회를 하도록 유럽의회에 보내진다. 그리고 12월에 의회가 최종적으로 예산안을 결정한다.

유럽의회는 EU 예산안의 집행에 대한 결산을 집행위원회에 요구하여 예산안의 합법적인 집행 여부를 통제할 수 있다. 또한 유럽의회는 각료이사회 및 집행위원회와 더불어 예산에 관한 문의 및 재정 효과를 기대할 수 있는 여러 제안에 대하여 공동협의 절차를 가질 수 있다.[69)]

(3) EU 기구에 대한 통제권

유럽의회는 EU의 기구들에 대한 직접적 권한을 행사하기도 한다. 의회는 집행위원회에 대하여 8가지의 중요한 권한을 보유하고 있다. 첫째, 집행위원장의 임명은 의회의 동의를 받아야 한다. 둘째, 집행위원단은 의회의 동의를 받은 후 구성되어야 한다. 집행위원 개인에 대한 승인이 아니라 집행위원단 전체에 대한 승인이다. 셋째, 의회는 집행위원단을 해체할 수 있는데, 전체 의원의 과반수와 투표참석의원의 3분의 2 이상이 찬성을 해야 한다. 이 경우에도 집행위원 개인에 대한 해임이 아니라 집행위원단 전체에 대한 불신임이다. 넷째, 유럽의회는 집행위원회가 제출한 연례 일반보고서를 공개회의에서 토의한다. 이 토의는 의회의 연간 업무 중에 중요한 업무이지만, 중요한 결과가 도출된 적이 없고 중요성도 점차 약화되고 있다. 다섯째, 집행위원회는 회계 연도가 끝나면 예산 집행 결과를 각료이사회와 의회에 매년 제출해야 한다. 여섯째, 의회의 상임위원회는 집행위원회 등에 대한 감독 기능을 수행한다. 집행위의 총국은 관련 업무에 대하여 의회 상임위에 보고해야 하며, 상임위는 관련 업무에 대하여 질의를 한다. 일곱째, 유럽의회는 EU 법을 집행하는 데 있어서 부정과 실정을 조사하기 위하여 임시위원회를 설치할 수 있다. 여덟째, 의회는 조사권을 가지고 집행위원회와 각료이사회에 대하여 질의할 수 있다.[70)] 질의는 질의시간을 이용한 구두질

69) 김동현 · 이승철, 『유럽 연합의 현황과 전망』, p.45.

70) 1994년부터 1999년 사이에 의회는 집행위원회에 대하여 2만 1,096건의 질의를 하였고, 이사회에는 3,958건의 질의를 하였다. Simon Hix, *The Political System of the European Union*, 2nd ed., pp.62-63.

의, 토론을 통한 질의, 서면 질의의 형태를 포함한다. 1980년대 중반 들로르(Jacques Delors)는 집행위원회의 연례 입법 프로그램을 토의할 수 있는 권한을 의회에 부여하였다. 또한 의회는 집행위원회와 각료이사회가 조약을 위반하였다고 생각할 때 이들을 유럽 재판소에 제소할 수 있다.

로마조약은 의회가 이중다수결에 의하여 집행위원단 전체를 불신임할 수 있는 권한을 부여하였다. 이중다수결의 의미는 전체 의원의 절대과반수와 투표참석 의원의 3분의 2 이상의 찬성이 있어야 한다는 것이다. 불신임은 여러 차례 제안되었지만 한 번도 시행된 적이 없다. 의회가 집행위원회를 불신임하게 되면 회원국 정부와 국민들이 의회가 무책임한 행동을 하였다는 비난을 할지도 모른다고 우려하였다. 무엇보다도 이사회에 대항하여 의회는 집행위원회와 초국가기구라는 동지적 경향을 보이고 있었다. 따라서 의회의 집행위원회 불신임 권한은 유럽의회의 내각 불신임보다는 미 의회가 대통령을 탄핵하는 수준의 권한에 비유되었다.

실제로 여러 차례 불신임 결의안이 제출되었지만 모두가 패배하였거나 철회되었다. 가장 근접하게 결의한 것은 1999년 1월 사기와 부패 혐의에 대한 투표를 실시하여 232명의 의원이 집행위원단 해체에 동의한 것이다. 293명의 의원이 반대하였는데 그들은 대체로 사회당 또는 인민당 출신 의원들이었다. 그러나 독립된 전문가 조사위원회를 설립하여 부정 부패에 대하여 의회에 보고가 이루어질 때까지 집행위원회의 활동을 유예하기로 결정하였다. 조사위원회의 보고가 이루어진 후 1999년 3월 유럽의회의 최대 그룹인 사회당이 불신임을 시도하자 상테르 위원장은 위원 전체회의를 소집하여 전원 탈퇴하기로 결의하여 집행위원단이 붕괴되었다.[71)]

의회는 EU의 다른 기구들의 업무에 대하여 주도권을 행사하는 권한을 점차 확대하고 있다. 의회의 질문에 대하여 집행위원회가 구두 또는 서면 답변을 하도록 하여 보다 책임감을 가지도록 하였다. 유럽의회는 EU 정책에 대하여 공공토의(public debate)를 주도하고 조사위원회도 구성할 수 있다. 예를 들어, 1996년 영국에서 시작된 광우병 문제를 조사하였다.

71) Simon Hix, *The Political System of the European Union*, 2nd ed., p.61.

유럽의회는 집행위원회만큼 각료이사회에 대한 통제와 감독권을 행사하지 못한다. 그 이유 중 첫째는 회원국 정부들의 회합 기구인 각료이사회의 역할 때문이다. 유럽의회는 초국가기구의 성격을 가지고 있는데, 이 때문에 정부의 시각과 상충되는 부분이 존재한다. 둘째, EU의 핵심 정책 분야인 공동외교안보정책(CFSP), 사법과 내무 협력, 그리고 EMU에 대한 유럽의회의 권한은 비교적 약한 편이다. 이 분야의 결정은 비밀리에 급하게 이루어져야 하는 경우도 있고, 일부 회원국들은 이러한 민감한 분야의 결정은 정부간주의의 측면에서 이루어지기를 원하고 있다.

유럽연합 내에 행정부를 대표하는 단일기구가 없기 때문에 유럽의회의 통제 기능은 계속해서 제한받게 된다. 주지하다시피, 집행위원회, 각료이사회, 유럽이사회에서 집행 기능을 공유하고 있다. 마스트리트 조약을 통해 유럽의회가 집행위원회를 통제하는 권한이 늘어난 반면, 각료이사회와 유럽이사회를 통제하는 유럽의회의 권한은 약한 편이다. 각료이사회와 유럽이사회의 구성원들은 대부분 국내 의회에 대해서만 책임을 진다. 유럽의회는 유럽이사회 회담 초에 권고안을 내놓는다. 그리고 폐회에 맞춰 유럽이사회와 각료이사회 의장은 유럽의회에 다시 보고해야 한다. 그러나 이러한 절차가 유럽의회의 유럽이사회 회담 결과에 대한 영향력 행사를 보장해 주는 것은 아니다.

유럽의회는 유럽이사회에 대해서도 영향력을 거의 행사하지 못한다. 그 이유는 대체로 유럽이사회의 정부간주의 성격 때문이다. 유럽이사회는 유럽 공동체 조약의 틀 밖에 존재하는 대표적인 정부간기구이고, 1년에 단지 6일간의 회의가 개최되고, 유럽이사회에 참여하는 각국 정상들은 유럽의회에 대한 책임감을 별로 가지지 않고 있다.[72)]

마스트리트 조약은 옴부즈맨을 설치하여 회원국 시민이나 법조인들이 법원을 제외한 EU 기구들의 '부실행정(maladministration)'에 대하여 항의를 할 경우 이를 검토할 수 있는 제도적 장치를 마련하였다. 옴부즈맨은 유럽의회에 의해서 임명되며, 각료이사회는 전혀 개입할 수 없다. 옴부즈맨의 임기는 의회의 임기와 맞춰 5년으로 하였다. 최근 들어 제기되는 항의의 숫자가 점차 증가하고 있

72) Neill Nugent, *The Government and Politics of the European Union*, 5th ed., p.211.

는데 거의가 집행위원회를 겨냥한 것들이다. 최초의 옴부즈맨은 1995년 7월에 유럽의회에 의하여 임명된 소더맨(Jacob Soderman)이었다. 2001년에 그는 1,876건의 항의를 접수하여 313건에 대하여 조사를 하였다.[73)]

4. 유럽사법재판소

룩셈부르크에 위치하고 있는 유럽사법재판소(ECJ: European Court of Justice)는 유럽통합에 있어서 매우 중요한 기구의 하나이지만 유럽인들의 관심을 별로 끌지 못하고 있다. 미디어와 정치적 이익은 집행위원회와 각료이사회에 집중되어 있기 때문에 재판소는 정치적 관심 밖에 놓여 있다. 재판소는 EU법을 해석하는 중요한 업무를 하지만 법관들은 EU체제의 지도적 인사 중에서 인지도가 가장 낮은 편이다.

그러나 재판소의 통합에 대한 기여도는 상당히 중요하다. 왜냐하면 EU 전체에 동일하게 해석하고 적용되는 법체계 없이 EU의 권위는 저하될 것이고, EU의 결정과 정책은 작위적이고 의미가 없어지기 때문이다. 따라서 재판소는 EU의 기구 중에서 가장 초국가적인 기구라 할 수 있다. 재판소가 통합추진에 있어서 가장 큰 역할을 한 것은 로마조약이 조약일 뿐만 아니라, 국가의 법에 우선하여 회원국들에게 직접적이고 공통된 의무를 부과하는 헌법적 성격을 가진다고 1963년과 64년에 선언한 것이다.

유럽사법재판소는 1952년 ECSC의 사법재판소(Court of Justice)로 시작되었다. 파리조약의 감시 역할을 하였고, 회원국 또는 석탄 · 철강 기업들이 제출하는 불만에 대하여 ECSC 고등관청이 취하는 정책의 적법성을 판결하였다. 파리조약이 재판소 권위의 기초자료가 되었다. ECSC의 재판소는 짧은 기간 존재하였으나 137개의 판례를 만들었고, 이들 중 많은 부분은 오늘날까지 EU법과 연계되어 있다.[74)]

73) *The Times*, 10 April 2002.

74) D. Lasok, *Law and Institutions of the European Communities*, 7th ed. (London: Lexis Law Publishing, 1998), p.15.

로마조약은 EEC와 Euratom에 별도의 재판소를 창설하였다. 그러나 같은 날 체결된 부속 협정은 7인으로 구성된 공동재판소에 조약에 관한 사법권을 부여하였다. 7인은 회원국의 추천으로 각료이사회가 임명을 하고, 재판소는 공동체 기구와 회원국 간의 분쟁을 포함한 사건들을 다루었고, 이 재판소의 판결이 최종적인 것이 되었다. 공동체의 활동이 확대되고, 1970년대와 80년대에 회원국이 늘어나고, 재판소가 공동체 기구와 회원국에 반대되는 판결을 더 많이 함에 따라 재판소의 권한, 범위와 중요성이 증대되었다.

EU의 정책 결정은 기본적으로 집행위원회와 각료이사회를 축으로 이루어지지만, 재판소는 유럽통합에 광범위한 영향을 미치는 결정을 해왔다. 따라서 재판소가 집행위원회나 각료이사회보다 유럽 통합의 추진에 더 많은 기여를 한다는 주장도 있다.[75]

유럽사법재판소는 모든 EU법의 합법성, EU와 관련되는 국제 조약의 적법성을 판결하고, EU법과 관련된 사건에 대하여 각국 법원에 판결을 내려주고, EU 기구, 회원국, 개인, 기업이 포함되는 분쟁에 대하여 판결 권한을 가지고 있다. 최근 재판소가 실시한 판결들은 의회의 권한을 확대하였고, 시민권을 강화하였고, 노동자의 자유로운 이동을 증진시켰고, 성적 차별을 줄였으며, 집행위원회의 통합 장벽을 붕괴시키려는 노력을 지원하였다.

1) 재판소의 조직

재판소는 판사, 재판소장, 법률심의관(advocates general), 1심 재판소(Court of First Instance) 등으로 구성되어 있다.

(1) 판사와 재판소장

유럽사법재판소는 중임 가능한 6년 임기의 판사 25명을 보유하고 있다. 매 3년마다 약 반수를 선출하기 때문에 임기가 분산되어 있다. 미국의 대법원 판사

75) Jean Paul Jacque and Joseph Weiler, *On the Road to European Union: A New Judicial Architecture* (Florence: European University Institute, 1990).

가 종신제인 것과 달리 유럽 재판소의 판사들은 자주 교체되고 비정치적이다. 유럽 재판소 창설 이래 50명의 판사가 거쳐 갔는데, 이 숫자는 미국의 같은 기간 판사의 3배에 달한다. 평균 연령은 60세이다.

유럽 재판소의 판사들은 회원국들 간의 공동합의에 의하여 임명되고, 국가별로 배정되어 있지 않다. 판사들은 EU의 시민일 필요도 없다. 그러나 이는 이론일 뿐이고, 각국이 한 명씩 임명할 권한을 가지고 있기 때문에 거의 모두가 국가별로 임명된다. 의회는 의회 자신이 판사 임명 과정에 개입해야 한다고 수차에 걸쳐 주장하였다. 1980년대에 의회는 판사들 중 반은 의회가 지명하고 나머지 반은 각료이사회가 임명하자는 제의를 하였다. 국가별 안배가 아직 통용되고 있는 점을 보면 EU 결정체계에 있어서 국익이 아직 중요한 요소가 되고 있다는 점을 알 수 있다.

판사는 다른 모든 회원국들이 수용할 수 있는 사람이 되어야 한다는 점에 덧붙여 독립적이어야 하고, 모국의 국익을 증진시키는 일을 하지 말아야 한다. 그들은 또한 법률적인 식견도 탁월해야 한다. 이를 위해서 각 회원국은 판사 임명 시 법률적 자질을 가장 중요한 선정 기준으로 설정해야 하는데, 보통 회원국들은 자국 정부에서 일을 했던 경험을 중요한 선정기준으로 정하고 있다.

유럽 판사들은 그 직을 유지하는 동안 소송을 당하는 것으로부터 면제되고, 그들이 판결한 내용에 대하여 퇴직 후에도 소송을 당하지 않도록 보호되고 있다. 그들은 재판소에 재직하고 있는 동안, 행정직을 가지거나 정치 활동을 하지 못하도록 금지되고 있다. 그들은 스스로 사퇴할 수 있으며, 강제 퇴직은 다른 판사와 법률심의관의 만장일치에 의해서 이루어진다. 회원국이나 다른 EU 기구들은 판사를 퇴직시킬 수 없다.[76] 현재까지 여성 판사는 한 명도 없었다.

업무를 빨리 진행하기 위하여 재판소는 3명 내지 5명의 판사로 구성된 소판사실들을 두고 있다. 이 판사실에서는 전체회의로 갈 필요가 없는 사소한 사건들을 다루도록 되어 있었으나 최근 들어서는 재판소의 업무가 늘어나면서 어떠한 사건이라도 소판사실에서 다룰 수 있게 하였다. 업무과중을 해결하기 위하여 판사

76) K. P. E. Lasok, *The European Court of Justice: Practice and Procedure* (London: Butterworths, 1984), pp.7-8.

나 법률심의관이 자체적으로 보좌팀과 법률비서들을 운용할 수 있게 하였다. 재판소에는 약 950명의 직원이 있는데, 대개가 행정요원과 번역사들이다.

유럽사법재판소장은 판사들이 동료 중에 한 명을 다수결에 의하여 선출하고, 임기는 중임 가능 3년이다. 재판소장은 재판소의 회의를 주재하고, 사건을 판사실에 배분하며, 심리 날짜를 결정하는 등 기술적 이슈들에 대하여 책임을 진다.

(2) 법률심의관

유럽재판소는 프랑스법 모델에 기초한 체제로서 9명의 법률심의관(advocate-general)을 두고 있다. 이들의 임무는 계류 중인 사건에 대한 판결제안문을 작성하는 것이다. 법률심의관은 사건을 담당하게 되면 그 즉시 그 사건에 개입된 모든 문제들에 대한 철저한 검증을 해야 하고, 해당되는 법을 모두 고려한 뒤 자신이 내린 결론을 제출해야 한다. 이에 따라 판결제안문은 당해 사안에 대한 논쟁점을 분석하고 상세한 논거들을 제시하고 있으며, 유럽법의 관점에서 비당파적이고 독립적으로 작성된다.

판사들은 법률심의관의 견해를 반드시 받아들일 필요는 없지만, 유럽재판소의 판례상 대부분의 경우 법률심의관의 판결제안이 받아들여지는 경향이 있다. 법률심의관의 임명, 임기 및 법적 지위에 관한 사항은 재판관의 경우와 대체로 동일하다. 법률심의관 중 1인은 1년 임기의 수석 법률심의관으로 선출된다. 법률심의관은 판사에 비해 사법적인 경험이 부족한 편이다. 심지어 자국에서 사법 분야에서 근무해 본 경험이 전혀 없는 사람이 임명되기도 한다.

사건의 처리는 다음과 같은 절차에 의하여 이루어진다.

- 해당 문서와 증거를 수집한다. 카르텔이 의심되는 경우와 같이 복잡한 사건일 때 수백 수천 개의 개별 증거가 수집된다. 정식 임명된 심의관의 지시에 따라, 법정은 필요한 정보를 모으고 이익 집단의 관점을 구하는 데 적극적인 역할을 수행한다. 이에는 구두나 문서 증거를 제출하는 예비 청문회 개최가 포함된다.
- 사건의 요점들이 열거되고, 다양한 집단들이 구두로 자기 의사를 표명하는 공청회가 개최된다. 또한 판사와 법률심의관들은 각 집단의 변호사들

을 상대로 질문할 수 있다.

- 공개 청문회 후, 그 사건 담당으로 임명된 법률심의관은 그 사건을 면밀히 조사한다. 그와 그의 참모들은 유럽연합법의 모든 해당 항목들을 살펴보고 법적인 관점에서 정확한 결론을 내린다. 공개 청문회가 있은 지 몇 주 후, 법률심의관은 법정 공개 회기 중에 자신의 제안서를 제출한다.
- 법정은 법률심의관에 의해 작성된 초안에 기초해서 판결을 준비한다. 심의는 비공개로 이루어지고, 만약 이의가 있을 경우 판결은 다수결로 정해진다. 재판절차에 참여한 모든 판사들은 그 판결에 서명해야 하고 반대 의사는 공표되지 않는다.[77]

(3) 1심 재판소

유럽재판소의 업무는 점차 증가하고 있다. 1960년대 재판소는 매년 약 50건을 심리하고 20건의 판결을 내렸으나, 오늘날에는 400건 정도를 심리하고 300건 이상의 판결을 내리고 있다. 특히 1987년 이후 단일시장과 관련된 판결이 급격히 늘어났다.

1970년대와 80년대에 업무가 증가하면서 재판소의 사건 처리가 점차 지연되기 시작하였다. 사건을 판결하기까지 2년이 걸리는 경우도 있었다. 단일유럽의정서는 업무지연을 해결하기 위하여 보조기구로 1심 재판소(Court of First Instance)를 창설하였다. 1심 재판소는 회원국의 합의에 따라 각국이 1명씩 추천하여 25명으로 구성되고, 유럽재판소와 유사한 기준으로 임명한다. 1심 재판소에는 법률심의관은 없고 직원도 없다.

1심 재판소는 유럽재판소의 요청으로 각료이사회가 1988년 설립하였다. 1심 재판소는 1989년 11월 업무를 시작하였고 1990년 2월 처음으로 판결을 내렸다. 1심 재판소는 특별히 민감한 사안이나 국가 정부와 직접적으로 연관된 사안은 다루지 않고, EU 기구 내의 행정문제와 절차 문제 등 덜 민감한 사안들을 다룬다. 1심 재판소에서의 결정이 불만족스러우면 당사자들은 유럽재판소에 정식으로 제소할 수 있다.

77) Neill Nugent, *The Government and Politics of the European Union*, 5th ed., pp.247-248.

재판 업무가 증가함에 따라 2001년 2월 체결된 니스조약은 1심 재판소가 예비 재판과 직접 재판도 할 수 있도록 결정하였다. 니스조약의 사법관련 개혁안은 다음의 두 가지 점을 강조하였다. 첫째, 유럽재판소의 과다한 업무량을 줄이기 위해, EC조약 제234조에 의거하여 1심 재판소가 청문회를 열고 판결할 수 있는 사안이 더 많은 직접심리 사건과 특정 종류의 예비 판결에로까지 확대된다. 둘째, 1심 재판소의 업무량을 줄이기 위해 전문화된 사법 패널을 마련하여 우선 참모 분쟁과 같은 특정 종류의 사건에 대한 청문회와 판결을 내릴 수 있도록 한다.[78]

2) 유럽사법재판소의 활동

유럽집행위원회가 조약의 수호자(guardian)라 불리는 한편, 유럽재판소는 조약을 해석하고 적용하는 역할을 한다. 이 역할은 일반 국가의 헌법 재판소가 하는 역할과 유사하다. 재판소는 EU에서 최상의 법적 기구이며, 재판소의 결정은 최종적인 것이다. 이에 따라 재판소는 EU의 성격을 결정하는 데 핵심적 역할을 한다.

재판소의 목표는 회원국 전체에 동등하게, 공정하게, 동일하게 적용되는 EU의 공동법 체계를 세우는 것이다. 이를 위해서 EU 조약들과 법을 해석하고, 어떤 경우에는 이 법들을 직접 적용하는 책임을 지기도 한다. EU법과 회원국 국내법이 충돌할 경우 EU법이 우선권을 가진다. 그러나 이는 EU가 활발히 움직이고 회원국이 권한을 EU에 이양한 경우에만 한정된다.

유럽통합을 위한 조약에는 EU법이 국내법에 우선하고 우월하다고 규정한 내용은 없으나, EU가 제대로 활동하기 위해서는 이 원칙은 매우 중요한 사안이다. 왜냐하면 회원국이 국내법을 우선시하고 EU법을 무효화시킬 수 있는 권한을 가지게 된다면, EU의 법체계는 일관성이 없고 무질서하게 될 것이기 때문이다. 회원국은 EU법이 자국에게 불리하고 불편할 경우 국내법만을 적용시킬 것이다. 따라서 유럽재판소는 초기부터 EU법이 우선한다는 원칙을 강조해 왔다. 국내법이 국가헌법의 일부일지라도 EU법과 국내법이 충돌할 경우 EU법을 적용시켜야

78) Neill Nugent, *The Government and Politics of the European Union*, 5th ed., pp.87, 257.

한다는 논리이다. 회원국들은 대체로 이러한 원칙을 수용하고 있다.

유럽재판소는 여러 가지 자료(source)에 의존하여 판결을 한다. 여기에는 1차 자료와 2차 자료로 구분할 수 있다. 1차 자료는 '헌법적 성격을 가지는 조약들(constitutional treaties)' 인 파리조약, 로마조약, 1965년의 병합(Merger)조약, 신 회원국들과 체결한 가입조약, 단일유럽의정서, 마스트리트조약, 암스테르담조약, 니스조약 등과 기타 주요 협정들이 속한다. 파리조약과 로마조약 등 일부는 자체집행(self-executing)적 성격을 가지고 있다. 이들은 비준이 됨과 동시에 자동적으로 회원국의 법으로 흡수되었다. 단일유럽의정서와 같은 것들은 효력이 발생하기 위해서는 국내법으로 전환되어야 했다. 재판소는 이러한 전환에 있어서 특별히 가치 있는 역할을 하였다.

2차 자료는 1차 자료로부터 파생된 것들이다. 이들은 EU가 채택한 개인을 구속하는 법들, 즉 규칙, 지침, 결정과 관련된 국제법과 재판소의 자체 해석이다. 재판소의 판결은 EU법을 더욱 강화시켰다. 재판소는 기술적 해석을 할 뿐만 아니라 부족하고 불충분한 부분을 보완하고 혼란이 있는 부분을 명확하게 한다. 때로는 이 과정에서 새로운 법을 제정하기도 한다. 이 외에 권고 및 의견이 2차 자료에 포함된다.

유럽사법재판소는 각 회원국의 재판소와 긴밀히 공조한다. EEC조약의 177조에 의하면, 회원국 재판소는 각국 재판소가 다루는 사건에 관련되는 EU법의 해석 또는 유효성을 유럽재판소에 물을 수 있다. 유럽재판소는 자체적으로 그 사안을 결정하는 것이 아니라, 판결을 내리는 데 필요한 판정권을 개별 국가의 재판소에 제공한다. 예비판정은 유럽연합 내에서 유럽사법재판소의 권한을 더욱 공고히 하는 데 일조했다. 그리고 유럽연합법의 테두리 밖에 존재하는 지역에서도 법적 판정이 일관되게 적용되도록 하고 있다. 만약 개별법에서 유럽연합의 조약에 위배되는 점이 발견되면, 유럽사법재판소는 사실상 예비판정을 통해 그 회원국의 법을 무효로 만들 수 있다.[79)]

예비판결은 재판소의 활동 중 가장 중요한 부분을 차지하고, 재판소가 다루는

79) J. Weiler, "A quiet revolution. The European Court of Justice and its interlocutors," *Comparative Political Studies*, Vol.26, No.4, 1994, p.515.

사건 중 50~60%를 차지한다. 유럽재판소가 결정하는 유효성 문제는 특히 중요하다. 왜냐하면, 만약 회원국 재판소가 EU법의 효력이 없다고 선언하면 큰 혼란이 야기되기 때문이다.[80)]

유럽재판소는 특히 다음과 같은 주요임무를 수행한다. ① 유럽연합의 각 기관 및 회원국 또는 직접적으로 관련이 있는 자연인의 요청에 따라 각료이사회 및 집행위원회 또는 당해 정부의 법률행위가 유럽연합 조약상의 규정과 일치하지 않을 경우 그 무효여부를 판명한다. ② 유럽연합법의 해석 또는 유효 및 합법 여부에 대하여 각 회원국 재판소의 문의 요청이 있을 경우 이에 관한 의견을 표명한다. 각 회원국에서 특히 소송 중 이러한 질문사안에 관하여 의견이 상충할 경우, 각 회원국 재판소는 유럽재판소에 사전결정을 청원할 수도 있다. ③ 유럽연합이 제3의 국가와 체결하고자 하는 협정에 대해 유럽재판소는 견해표명을 요구받을 수도 있다. 이 경우 유럽재판소의 의견은 강제적인 성격을 갖는다. 국제협정의 초안이 EU 통합 조약과 조화하는지에 대하여 재판소가 부정적인 판결을 할 경우 그 초안은 EU가 서명하기 전에 수정되어야 한다.[81)]

재판소의 소송절차는 재판소에 제출된 문서화된 제소로부터 시작된다. 이는 공식저널(Official Journal)에 출판되는데, 제소의 내용과 근거에 대한 설명을 한다. 재판장은 사건을 판사실로 배분하고, 최초 보고서를 작성할 주임판사를 선임한다. 그동안 1심 재판소는 사건담당 법률 심의관을 선임하고, 피고에게 고지된다. 피고가 반박문을 제출하는 데 1개월, 원고 대답이 1개월, 피고가 다시 대답하는 데 1개월이 걸린다. 그 다음은 법률심의관이 구체적 사건을 심리하고, 재판소 행정회의에 이것을 제출하여서 판사실이나 재판소 전체회의가 결정을 내리기 전에 공청회가 개최된다. 공청회 후 수주일 이내 법률심의관의 견해가 제출되고 판사들이 결론에 도달하면 결정은 공개 법정에서 선언된다.

재판을 진행하는 데 많은 기간을 필요로 하고 있다. 사건이 접수된 날로부터 마지막 판결이 날 때까지 평균 2년 정도 걸린다. 예비재판은 27개월, 직접재판은 23개월 소요되고 있다. 2001년 12월 31일 현재 839건이 진행중에 있었는데,

80) L. Neville Brown and Tom Kennedy, *The Court of Justice of the European Communities*, 4th ed. (London: Sweet and Maxwell, 1994), pp.173-176.

81) 김동현 · 이승철, 『유럽연합의 현황과 전망』(서울: 집문당, 1996), p.45.

그중 예비재판 400건, 직접재판 326건, 항소(appeals) 111건이 포함되어 있었다.[82] 재판소 결정은 만장일치가 원칙이나 대체로 다수결에 의해 결정한다. 유럽재판소의 모든 결정은 비밀로 하고, 누가 찬성하고 반대하였는지에 대해 결코 공개하지 않는다. 이러한 과정을 통해 결정이 이루어지면 사건의 구체적 내용은 유럽재판소 보고서에 공개된다.

재판소는 자체 판결을 집행할 직접적인 권한이 없다. 집행은 회원국의 재판소나 정부에게 주로 일임되어 있고, 집행위원회가 면밀히 감독하고 있다. 마스트리트 조약은 재판소의 판결을 이행하지 않는 국가에 대하여 유럽재판소가 벌금을 부과하는 권한을 부여하였지만, 벌금을 어떻게 징수하여야 하는가에 대하여는 언급이 없었다. 이 새로운 권한이 명확하게 실행되기 위해서는 당분간 시간이 걸릴 것으로 예측되고 있다.[83]

개인, 기업, 회원국 또는 EU의 기구가 국내 재판소가 아니라 유럽재판소에 제소하여 직접재판이 이루어지는 경우가 있는데, 이 경우 피고는 대개가 EU 기구 또는 회원국이 된다. 직접재판에는 다음과 같은 여러 가지 형태가 있다.

첫째, 의무를 충족시키지 않았을 때의 직접재판이다. 회원국이 EU법을 지키지 않았을 경우 집행위원회 또는 회원국에 의하여 제소된다. 피고국은 원상복귀하는 데 2개월이 주어지기 때문에 대개의 경우 재판이 이루어지기 전에 해결된다. 만약 사전에 해결되지 않으면 재판이 이루어지는데, 우선 문제를 조사하고 어떠한 조치를 취해야 하는가에 대한 결정이 이루어진다. 이 조치에는 벌금 또는 해당국가에 대한 EU의 재정지원 정지가 포함된다.

집행위원회는 단일유럽의정서하의 의무를 준수하지 않았다는 이유로 정기적으로 회원국들을 제소한다. 개인들은 그러한 권리는 없지만, 이익단체들은 회원국이 EU법을 어겼다고 집행위원회에 보고하고, 집행위원회는 이 회원국을 제소한다. 사기업들도 종종 이에 개입되는데, 특히 경쟁과 무역정책 문제에 있어서 시비가 발생하곤 한다. 심지어는 미국과 일본 기업들까지 회원국이 그들 또는 그들 제품을 차별하였을 경우 제소할 수 있다.

82) Neill Nugent, *The Government and Politics of the European Union*, 5th ed., p.248.
83) John McCormick, *The European Union : Politics and Policies*, 2nd ed., p.168.

둘째, EU법의 무효화를 위한 직접재판이다. 이 재판은 구속력 없는 견해나 권고를 포함한 EU법이 조약에 적합한지를 확인하고, 적합하지 않은 법을 무효화하려는 시도이다. 대개 피고는 집행위원회 또는 각료이사회인데, 그 이유는 대체로 이 기구들이 채택한 결정에 대하여 제소가 되기 때문이다.[84] 1980년대 중반 이후 회원국들은 각료이사회에서 반대의견을 제시했는데도 채택된 새로운 법을 무효화시키는 데 이 방식을 쓰기 시작하였다.

셋째, 업무 추진을 하지 않은 데 대한 재판이다. EU기구가 조약의 조항에 따른 업무를 추진하지 않았을 경우 열리는 재판이다. 직접적 또는 개인적으로 연관되어 있는 다른 기구, 회원국, 개인이 제소한다.

넷째, 손해에 대한 재판이다. EU기구 또는 기구의 직원이 해를 입혔다고 제3의 집단이 제소하는 경우이다. 기구가 불법적인 행위를 했거나, 자신의 사업이 EU 법의 일부분에 의하여 해를 입었다고 생각될 때 제소한다. 거의 모든 심리는 1심 재판소에서 이루어진다.

다섯째, EU기구 직원의 소송에 대한 재판이다. 직원은 사용자인 EU기구에 대하여 소송을 제기할 수 있고, 이는 개인이 직접적으로 재판소에 재판을 청구할 수 있는 경우에 속한다. 예를 들어 유럽의회에 다니는 직원이 직원 규정, 성차별, 종교일의 시험일자 결정 등에 대하여 재판소에 판결을 요구할 수 있다. 재판소가 다루는 사건의 3분의 1을 차지하고 있으나 대개는 1심 재판소가 다룬다.

EU 회원국들은 단순히 정부간 차원에서 서로 협력하는 것이 아니라 통일성을 추구하기 위한 공동법을 개발했다. 이 법의 해석, 적용, 판결에 있어서 법적 우위를 점하는 것이 유럽연합의 초국가적 성격의 근간이다. 이 때문에 회원국들은 국가주권의 일부를 양보해야만 했다. 왜냐하면 이 국가들은 자신들이 단지 부분적인 영향력만을 행사할 수 있는 법적인 제도에 복종해야 할 의무가 있기 때문이다. 이로 인해 회원국 정부들은 때때로 자신들이 원치 않는 법을 적용해야 하고, 또 경우에 따라서는 그들이 원하는 법안을 내놓을 수도 없다.

유럽재판소는 유럽연합의 법적 질서를 세우는 데 있어서 세 가지 중요한 역할

84) D. Lasok, *Law and Institutions of the European Communities*, 7th ed. (London: Lexis Law Publishing, 1998), p.323.

을 한다. 첫째, 판결을 내리는 헌법 재판소의 역할이 있다. 예를 들면, 제도 간 분쟁, 유럽연합 기구와 회원국 사이 권력 분립 분쟁에 대한 판결이 이에 포함된다. 둘째, 대법원의 역할이 있다. 유럽연합법의 동일한 해석과 적용을 목표로 예비판결을 하는 것을 말한다. 셋째, 행정 재판소의 역할이 있다. 개별 집단이 유럽재판소와 1심재판소에 EU제도가 야기한 불법 행정 행위로부터 보호해 줄 것을 요청하는 것을 말한다.

유럽재판소는 법을 해석할 뿐만 아니라 만들기도 한다. 물론 어디서든지 모든 판사들은 법을 형성하는 데 기여한다. 그러나 이러한 현상은 특히 유럽연합에서 두드러지는데, 그것은 유럽재판소가 갖는 자율성이 국가 내 재판소에 관습적으로 허용된 자율성보다 크기 때문이다. 판사들은 EU의 기구 간, 기구와 회원국 간 관계를 규명하기 위해, 다양한 분야에서 정책 내용을 분명히 하기 위해 위의 특성을 십분 활용한다.

5. 유럽이사회

회원국의 정상으로 구성되는 유럽이사회는 가장 새롭고, 가장 모호하면서도 가장 영향력이 큰 조직이다. 사실 유럽이사회는 기구(institution)라기보다는 과정(process) 또는 포럼(forum)이라는 평을 받는다. 실제로 유럽이사회와 각료이사회는 중복되는 부분이 많이 있기 때문에 같이 연구되어야 한다는 주장도 있으나, 다루는 주제나 권한에 있어서 차이가 있기 때문에 분리되어 연구가 되고 있다.[85]

EC 지도자들 간의 공식적 고위급회담 아이디어는 드골(Charles de Gaulle)의 정치연합(political union)에 대한 아이디어에 기원하고 있다. 1960년 7월 그는 국가 또는 정부 수뇌와 외무장관이 정기적으로 만나는 정상회담을 포함하는 유럽정치 연합을 주창하였다.[86] 비록 EEC의 파트너 국가들이 그의 동기에 대하여

85) John McCormick, *The European Union: Politics and Policies*, 2nd ed., pp.174-189.

86) Annette Morgan, *From Summit to Council: Evolution in the EEC* (London: Chatham House, 1976), p.9.

신뢰하지 않았으나, 정상회의 아이디어는 실현되었다. 1961년 2월과 7월에 파리와 본에서 공식 정상회담이 개최되었다. 파리회의는 유럽 정치협력(European Political Cooperation)을 연구하는 위원회를 조직하였고, 이 위원회는 '국가연합(Union of States)'을 위한 조약 초안을 작성하였는데, 매 4개월마다 개최되고 만장일치로 의사결정을 하는 정부 수뇌와 외무장관으로 구성되는 이사회의 창설을 권고하는 내용을 포함하였다. EEC를 주도하려는 프랑스가 제시한 제안이었기 때문에 다른 국가들로부터 별다른 호응을 받지 못하였다.[87)]

1967년부터 1969년까지 정상회담은 개최되지 않았는데, 이 기간 동안 EC는 명확한 방향설정을 하지 못한 상태였다. 1970년대 초반 유럽은 외부 경제위기에 적절히 대처하지 못하였고, 특히 1973년 에너지 위기에 직면하여 EC는 거의 아무런 조치를 취하지 못하였다. 의사결정은 각료이사회의 국익보호 투쟁으로 제대로 이루어질 수 없게 되었다. 이에 따라 모네(Jean Monnet) 같은 통합주의자들은 유럽의 집단적 주권을 보호할 수 있는 '최고기구(supreme body)' 의 설립을 주장하였고, 심지어 그는 '임시유럽정부(Provisional European Government)' 의 필요성을 역설하였다.[88)]

1973년 12월 코펜하겐 정상회담에서 정상회담을 자주 열기로 합의하였다. 독일, 영국, 프랑스의 정상 교체로 유럽 통합에 대한 관심이 증대하였다. 1974년 2월 영국의 윌슨(Harold Wilson)이 수상으로 취임을 하였는데, 그는 영국의 EC 가입 조건에 대한 재협상을 요구하였다. 서독에서는 동방정책(Ostpolitik)을 추진하던 브란트(Willy Brant) 수상이 실각하고 1974년 5월에 취임한 슈미트(Helmut Schmidt) 수상은 EC에 많은 관심을 가졌다. 같은 달 프랑스에서는 친유럽주의자 데스탱(Valery Giscard d'Estaing)이 대통령으로 선출되었다.

경제 및 에너지 위기와 주요국 지도자 변화의 상황에서 1974년 12월 파리에서 정상회담이 개최되었다. 정상들 간의 회의를 공식화하기로 결정하였고, 슈미트와 데스탱은 정책 방향과 장애 제거를 위하여 정기적인 정상회담을 제의하였다. 매년 적어도 세 번의 정상회담을 개최하고, 통합에의 도전에 대하여 대응책

87) Mary Troy Johnston, *The European Council: Gatekeeper of the European Community* (Boulder: Westview Press, 1994), pp.2-4.

88) Jean Monnet, *Memoirs* (Garden City, N.Y.: Doubleday, 1978), pp.502-503.

을 수립하고, 공동체의 활동과 정치 협력이 지속적으로 이루어질 수 있는 제도적 확립의 필요성을 선언하였다.

그러나 정상회의의 성격에 대해서는 명확한 표현을 하지 않았다. 이 회의체의 정확한 권한 또는 다른 기구와의 관계에 대하여 언급이 없었고 법적인 성격도 명시하지 않았다. 이 기구의 이름도 만들지 않았다가, 추후에 데스탱이 기자회견에서 "유럽이사회"로 명명하였다.[89)]

1974년에 유럽이사회를 창설한 EC 지도자들은 정책결정 과정에 대한 장애요인을 제거하고 바른 방향으로 유도하기 위하여 강력한 지도력이 필요하다고 생각하였다. 파리조약과 로마조약은 이사회 같은 기구에 대하여 법적인 존재 근거를 제시하지 않았지만, 단일유럽의정서에서는 이사회의 존재를 법적으로 인정하였다. 1970년대와 1980년대에 매년 3회 전후의 회의를 개최하였으나, 1985년 12월 정상회담에서 매년 6월과 12월 2회의 정기 정상회담을 열고, 필요하면 임시회의를 개최하자는 결정을 했다. 1980년대 후반에는 이사회 회의가 공식적으로 공동체의 연간 계획표에 삽입되었다. 마스트리트 조약은 이사회가 유럽연합을 발전시키고 일반적 정치적 가이드라인을 제시할 것을 언급하였다. 구체적으로 마스트리트 조약은 유럽이사회에 세 가지 임무를 부여하였다. EU의 발전 방향을 설정하는 임무, EMU 추진을 위한 역할과 정책결정권, 공동외교안보정책(CFSP)을 추진하는 중요한 책임과 권한 등이다.

유럽이사회는 종종 각료이사회가 단순히 확대된 형태로 여겨지는 경우가 있으나 반드시 그렇지는 않다. 각료이사회와 달리 유럽이사회는 유럽경제공동체의 법적 틀에 기초한 것이 아니었고 유럽이사회의 역할 또한 완전히 결정된 것이 아니었다. 이러한 특성으로 인해 유럽이사회는 사법재판소를 포함한 다른 유럽연합 제도에 종속되어야 할 의무 없이 자유재량으로 의사를 결정할 수 있게 되었다.[90)]

유럽이사회는 회원국 정부수반들의 모임이기 때문에 EU조약을 통하기보다는

89) Annette Morgan, *From Summit to Council: Evolution in the EEC*, p.5.

90) 마스트리트 조약은 유럽이사회로 하여금 회의 직후 그 회의에 대한 보고서와 EU가 달성하는 업적에 대한 연례보고서를 유럽의회에 제출하도록 하였다. 이것이 유럽이사회의 활동을 공식적으로 구속하는 유일한 사항이다.

회원국 국내 선거를 통해서 그 정치적 정통성을 획득한다. 실질적으로 유럽이사회의 정치적 권한은 유럽이사회에 독립성을 보장해준 각료이사회의 권한보다 크다. 유럽이사회는 입법 기구가 되는 대신, 유럽연합에 정치적 명령을 내릴 수 있는 유일한 기구가 됐고, 유럽연합이란 거대한 조직의 정치적 목표를 달성하기 위한 상당한 힘을 보유하게 되었다. 소수의 고위층 회원과 의사결정과정에서 유럽연합의 견제와 균형으로부터 자유로운 상태로 행동할 수 있는 능력에 힘입어, 유럽이사회는 긴급 상황에서 의사결정을 할 수 있는 역할을 해왔다.[91]

이사회는 거의 순수한 정부간주의 성격을 지니기 때문에 이사회의 역할과 권한은 회원국들이 EU에 국가권력을 포기하지 않겠다는 점을 의미한다. 그럼에도 불구하고 이사회는 통합을 추진하는 데 있어서 중요한 역할을 한다. 유럽이사회의 주요 역할은 EU의 발전과 정책을 가이드하고, 다른 조직이 해결하지 못하는 문제들을 최고위층이 모여서 토의하고 결정하는 것이다. 이사회는 EU가 관여하는 모든 분야의 이슈들을 다룬다.[92] 유럽이사회는 1978년 유럽통화제도(European Monetary System), SEA, 마스트리트와 암스테르담 조약을 체결하는 데 결정적 역할을 하였고, 국제 위기에 대하여 주요 선언을 하였으며, EC 조직 변화에 대한 핵심적 결정을 하였다. 1974년 유럽의회의 직선제를 결정한 것이 일례라 할 수 있다.

정례적인 정상회담이 없었다면, EC는 1970년대의 경제위기를 극복할 수 없었고, 1980년대 단일시장 프로그램을 시작할 수 없었고, 1990년대 국제 환경 변화에 제대로 적응할 수 없었을 것이라는 주장이 대두되고 있다.[93] 그러나 이사회는 실패의 경험도 가지고 있다. 농업과 예산의 개혁을 신속하게 추진하지 못하였고, 1990~91년 걸프전쟁, 보스니아 분쟁과 1998~99년의 코소보 위기시 합의점을 끌어내는 데 실패하였다.

91) Patricia Hogwood and Geoffrey K. Roberts, *European Politics Today*, 2nd ed., pp.227-228.

92) Anne Stevens, "Ever-Closer Union: European Co-operation and the European Dimension," pp.147-148.

93) Desmond Dinan, *Ever Closer Union? An Introduction to the European Community* (Boulder: Lynne Rienner, 1994), p.230.

1) 조직

1974년 파리 선언은 유럽이사회의 설립이 EC의 기존 정책 결정 체제를 방해하지 않도록 조심스러운 접근을 하였다. 예를 들어, 이사회가 EC의 초국가주의적 요소를 약화시킨다는 베네룩스 국가들의 우려에 대하여 유럽의회 의원을 직접선거에 의하여 선출한다는 합의로 상쇄하였다.[94] 이사회의 사무국을 설립하자는 제의는 다른 기구의 활동을 약화시킬 수 있기 때문에 새로운 관료체계를 만들지 말아야 한다는 주장에 압도되어 묵살되었다. 결국 이사회는 존재한다는 자체의 의미를 가진 상태에서 기구화되었고, 사무국이나 대규모 유급직원이 없는 유일한 기구가 되었다.

유럽이사회의 첫 회의는 '공동체 이사회와 정치협력체의 정상회의' 라는 주제하에 1975년 3월 더블린에서 개최되었다. 유럽이사회는 주로 일반적인 주제만을 다루고, 구체적인 문제들은 다른 기구들이 다루도록 남겨두었다. 되도록 공식적인 투표에 의한 결정을 피하고, 가능하면 소규모로 비공식적인 회의를 개최하도록 하였다. 회의는 각료이사회 의장의 소속국가의 수도 또는 인근 도시에서 개최된다. 이사회는 일 년에 적어도 2번 개최되고, 최대 4번까지 개최된다. 참석자는 회원국의 수상과 외무장관, 이원집정제인 프랑스와 핀란드의 경우에는 대통령과 수상 또는 외무장관이 참석한다. 또한 집행위원회에서 두 명의 대표가 참석한다.

2) 이사회의 활동

유럽이사회의 특성과 기능은 크게 6가지로 분류된다. 첫째, 유럽이사회는 EU의 회원국 정부들 사이의 상호 이해와 신뢰를 형성하기 위한 최고 정치 수준의 포럼이다. 둘째, 중장기적인 EU의 목표를 설정한다. 셋째, 정책 창안 기구이며 정책 지침의 분배 역할을 한다. 넷째, EU 정책의 목표와 활동들의 조정에 기여

94) Mary Troy Johnston, *The European Council: Gatekeeper of the European Community* (Boulder: Westview Press, 1944), p.14.

한다. 다섯째, 헌법적이고 제도적인 측면에서 이사회가 궁극적으로 책임을 져야 할 문제들과, 중요성이나 혹은 정치적인 복합성 그리고 민감성으로 인해 각료이사회에서 해결되지 못한 문제들에 대한 정책결정을 하는 역할을 한다. 여섯째, 대외관계 분야의 책임을 진다.[95)]

공식적으로 유럽이사회의 정해진 토의 주제는 없지만, 일정한 방향설정은 필요하기 때문에 의장국에서 파견된 고위 관료들은 주제를 정하기 위하여 각료이사회 측과 접촉한다. 정상회담 개최 열흘 전에 외무장관들은 토의 주제를 최종적으로 정하고 남겨진 문제와 분쟁을 해소하기 위한 회합을 한다. 토의 주제는 상황에 따라 다양하게 채택된다. 각국이 필요로 하는 이슈를 제기하기도 하고, 전에 개최된 정상회담에서 다루던 것을 계속 다루기도 하고, 회의 당시에 급하게 결정해야 할 문제를 다루기도 한다.

유럽이사회의 정확한 역할은 모호한 상태로 유지되었다. 1983의 슈투트가르트(Stuttgart) 유럽이사회에서 이사회의 역할에 대한 논의가 있었다. 1974년의 파리 선언과 1983년의 슈투트가르트 선언을 종합하면 이사회의 목표는 아래와 같다.

- 의견 교환과 합의 도출
- EU의 발전을 위한 정치적 장치 제공
- 새로운 정책분야에서의 협력 모색
- EU에 일반적인 정치적 가이드라인 제공과 공동외교정책 모색
- 정책적 일관성 보장
- 외교정책 이슈에 대한 공동입장 유지

구체적으로 이사회는 통합의 과정과 방향, 단일통화, 내부경제문제, 헌법문제, 외교정책, 예산, 조약개정, 회원국 가입신청, 기구 개혁 등에 대한 중요한 결정을 한다. 민감한 내부 문제인 공동농업정책 개혁과 회원국의 예산기여금 문제도 다룬다. 정상회의는 아이디어 수집, 격렬한 양자간 또는 다자간 대화와 타협의 방법을 통하여 앞의 이슈들에 대한 결정을 도출해 낸다.

95) Neill Nugent, *The Government and Politics of the European Union*, 5th ed., p.193.

유럽이사회는 분명히 EU의 다른 기구들보다 정책결정 권한을 더 가지고 있기 때문에, 월권적 행위를 하는 경우가 종종 있다. 집행위원회의 토의 주제를 설정하기도 하고, 각료이사회의 결정을 뒤엎을 경우도 있고, 의회를 무시하기도 한다. 집행위원회가 독립적 권한을 가지고 활동하기를 원하는 희망은 유럽이사회의 발전과 함께 약화되었다. 특히 집행위원회가 배타적으로 보유해 온 정책 제안의 역할 일부를 유럽이사회가 수행하는 상황에 처하게 되었다. 그러나 이러한 집행위원회의 박탈감은 집행위원장과 위원이 정상회의에 참여하여 정치적 대화를 나눌 수 있고, 정상회의에 직접 보고할 수 있다는 점에서 보상을 받았다는 평도 받고 있다.

유럽이사회는 입법 기능이 없으며, 유럽이사회의 결정은 정치적인 결정이다. 유럽이사회의 결정에 법적인 효과를 부여하기 위해서는 통상적인 EU 입법 절차가 적용되어야만 한다. 그리고 유럽이사회에서의 합의가 자동적으로 정책화될 것이라는 보장이 없다. 그 첫번째 이유는 유럽이사회에 의해서 규정된 가이드라인들은 때때로 모든 정치적인 장애요인을 제거할 수 있도록 충분히 명확하지 않다는 것이다. 또 다른 이유는 정부가 때때로 정상회담 후에 그들의 대표들이 너무 많이 양보했으며, 각료이사회에서 강경한 입장을 취함으로써 취소해야 한다고 결정하기 때문이다.

유럽이사회가 유럽통합에 기여하는 역할은 역설적이다. 이사회에 참석하는 회원국의 지도자들은 정치력을 발휘하여 EU의 정부간주의 성격을 강화하고 있다. 그러나 1980년대 후반 이후 이사회는 통합을 보다 심화하여 실질적인 초국가적 EU로 발전시켜야 하는 책임을 맡게 되었다. 이사회가 앞으로 어떠한 역할을 하게 될지는 모호한 상태이다. 이사회가 통합적인 기구가 될지 분열적인 기구가 될지에 대한 의견이 분분하다.

6. EU의 기타 기구

EU의 범위가 확대되고 심화됨에 따라 EU 전문기구들의 역할이 증대되고 있으며, 새로운 기구를 창설해야 한다는 주장도 증가하고 있다. 일부는 처음부터 존재하였고, 또 일부는 새로운 필요성에 따라 최근 창설된 것도 있다. 이 장에서는 EU의 5대 기구 이외에 통합에 있어서 중요한 역할을 하는 기구들을 살펴볼 것이다.

1) 경제사회위원회

브뤼셀에 위치하고 있는 경제사회위원회(ESC: Economic and Social Committee)는 로마조약에 의하여 설립된 자문기구이다. 고용자, 노무자, 그리고 부문별 관련인사들이 만나서 대화하고 집행위원회, 각료이사회, 그리고 최근 들어서는 의회에 의견을 제시하는 포럼을 마련해 준다. 이 위원회가 설립된 이유 중의 하나는 유럽의회가 부문별 이익을 대변하지 못한다고 생각했기 때문이다. 따라서 ESC는 유럽의회의 기능적 보완(functional complement) 기구로 불리기도 한다. 경제사회위원회는 유럽의회를 기능적으로 보완해주는 가장 최고의 제도이지만, 경제사회위원회는 어떠한 경우에도 유럽의회에 필적하는 기구는 되지 못할 것이다. 왜냐하면 경제사회위원회는 유럽의회와 같은 재량, 지위, 영향력, 권력이 없기 때문이다.

ESC는 회원국의 인구비례에 따라서 15개 회원국 당시 222명으로 구성되어 있었으며, 25개국으로 확대 이후 317명으로 늘어났다. 222명 당시 영국, 독일, 프랑스, 이탈리아가 24명씩 파견하고, 룩셈부르크는 가장 적은 6명을 파견하였다. 회원국이 추천하고 각료이사회가 임명을 하며 임기 4년에 재선이 가능하다. 니스조약 이전까지는 만장일치에 의하여 임명을 결정하였으나 니스조약은 가중다수결로 결정하도록 하였다. ESC는 3개의 그룹으로 구성되어 있는데 제1그룹은 산업, 서비스, 상공회의소, 금융, 보험 등의 대표로 구성되어 있다. 제2그룹은 노동조합 회원들인 노동자들로 구성되어 있고, 제3그룹은 농업, 중소기업, 소비자와 환경단체 등으로 구성되어 있다.

위원장과 두 명의 부위원장은 ESC 자체에서 선출하고, 2년의 임기를 맡고 있는 위원장은 세 그룹 중의 한 그룹에서 교대로 선출되며, 위원장을 맡지 않은 나머지 두 그룹에서는 부위원장들이 선출된다. 위원장은 이틀간 열리는 위원회 총회를 1년에 9~10회 정도 주재한다. 세 그룹은 보다 더 세분화된 회의를 가지는

데 세분화된 분야는 ① 농업, 지역발전과 환경, ② 경제통화동맹과 경제사회결속, ③ 고용, 사회문제와 시민권, ④ 대외관계, ⑤ 단일시장, 생산과 소비, ⑥ 교통, 에너지, 인프라 조직과 정보화 사회 등 여섯 개 분과로 나누어진다. 각 분과는 1년에 70~80회 정도의 회의를 한다.

ESC는 기본적으로 두 가지 일을 수행한다. 첫째, 분야별 이익의 대표자들이 대규모 협력체제에 기초해서 서로의 관점과 생각을 교환할 수 있는 유용한 토론의 장을 제공한다. 둘째, 대부분의 경우에 있어 매우 제한적이지만, 이익집단이 유럽연합 정책과 의결과정에 영향력을 행사할 수 있는 기회를 제공하면서 자문기관 역할을 한다.[96]

ESC의 기본적 약점은 집행위원회나 각료이사회가 ESC의 견해를 반드시 받아들여야 한다는 의무가 없는 점이다. ESC의 회원들이 무보수로 일하는 파트타임 근무자라는 점도 ESC의 영향력이 최소화되는 원인이 되었다. ESC의 최대 강점은 부문별 이익을 대변하는 포럼이라는 것이지만, 유럽의회가 점차 강력해지고 있어 ESC의 존재가치가 의문시되고 있다.

2) 지역위원회

유럽연합 내에서 지역주의, 지역문제, 지역정치는 통합을 진행하는 과정에서 매우 중대한 역할을 하면서 그 중요성을 인정받고 있다. 지역주의와 관련된 문제를 구성하는 주요 사항은 다음과 같다.

첫째, 회원국 사이에 그리고 회원국 내 지역 간에도 부와 수입 면에서 현격한 차이가 있다. 2000년대 초반에 네덜란드의 그로닝겐, 독일의 함부르크를 필두로 한 10대 번영 지역은 그리스와 포르투갈 내 10대 빈곤 지역에 비해 세 배나 부유하고 기초 경제구조에 대한 투자규모도 세 배 정도 큰 것으로 조사됐다. 이로 인해 유럽연합 차원에서 불균형을 해소하고 보상하는 정책이 실시돼야 한다는 목소리가 나오고 있다. 그리고 그러한 요구는 1980년대 중반 단일유럽시장 프로그램이 추진된 이래 더욱 확대되고 있다.

96) Neill Nugent, *The Government and Politics of the European Union,* pp.261-264.

둘째, 유럽지역개발기금(ERDF: European Regional Development Fund)이 1975년 설립된 이후, 지역 단체들은 유럽연합에 대한 관심을 갖게 됐다. 즉, 기금을 유치하는 것을 말한다. 위원회는 하위국가 정부가 유럽지역개발기금 운영에서 충분한 역할을 다할 것을 독려해 왔다. 특히 1988년 구조기금(Structural Fund) 개혁에 따라 유럽지역발전기금의 공조 프로그램이 실시된 이후 더욱 그랬다.

셋째, 부분적으로 유럽지역발전기금과 다른 기금들이 불러온 재정적 기회에 힘입어, 또 한편으로는 이 기금들이 국가 정부에 의한 완전통제를 원치 않았기 때문에, 많은 하위국가 정부는 브뤼셀에 있는 의사결정자들과 직접 의견교환을 할 수 있는 핫라인을 설치했다. 연방제를 채택하고 있는 독일에서와 같이 하위국가 정부가 헌법적으로 중대한 지위를 점하고 있는 국가에서는 관례적으로 지역 정부들이 브뤼셀에 각각 사무실을 갖고 있다.

넷째, 여러 해 동안, 다양한 회원국 내에 존재하는 지역정부들을 규합해온 많은 범국가적 기구들이 공동의 이익을 추구하기 위해, 또한 EU 차원에 대표를 보내고 압력을 가하기 위한 취지에서 설립되었다.

서유럽 국가간 부와 수입의 불균형은 통합과정의 장애요인으로 작용해 왔다. EU의 일부지역은 부유하고 다른 지역은 빈곤한 상태가 지속되는 한 균형된 자유 무역, 진실한 의미의 단일시장, 심지어는 경제 및 정치 통합을 기대하기 어렵다. 이러한 문제를 해결하기 위하여 여러 가지 시도가 있었다. 1975년 유럽지역개발기금(ERDF), 1985년 유럽지역총회(Assembly of European Regions), 1988년 집행위원회가 창설한 지역 및 지방관청 협의이사회(Consultative Council of Regional and Local Authorities)가 이러한 것들이다. 독일과 벨기에 등 일부 국가들은 이러한 협의 기구에 만족하지 않고, 1990~1991년 정치 통합을 위한 정부간 회의(IGC)에서 보다 강력한 기구의 설립을 주장하였다. 프랑스, 스페인, 영국 등이 새로운 기구의 설립을 반대하였으나, 결국 마스트리트에서 지역위원회(CoR: Committee of the Regions)를 설치하였다.

브뤼셀에 본부를 두고 있는 지역위원회는 1994년 1월 첫 회의를 가졌고, 1998년 1월 새로운 4년 임기를 시작했다. ESC와 같이 4년 임기에 재선이 가능한 222명의 위원을 회원국의 추천을 받아 각료이사회에서 가중다수결제도(니스조약 이후)에 의해 임명한다. 25개국으로 확대되면서 317명으로 증가하였다. 비록 마스트리트 조약이 위원들의 자격에 대하여 '지역과 지방조직을 대표' 한다는 구체적 언급을 하지 않았으나, 대개의 위원들은 지방정부의 관료들이다. 위원회는 1년에 5회의 본 회의를 개최하고, ESC처럼 자문역할을 한다. 보조금을 준비하고, 경제와 사회적 결속, 범유럽 네트워크 연결, 공공 건강 · 교육 · 문화와 관련된 문제에 대해 집행위원회 및 각료이사회와 협의를 해야 하고, EU 정책에 지역의 관점을 제시한다.

유럽연합은 각 회원국의 주, 지역, 지역 권위체들과 같은 정부의 하부국가 단위에도 영향을 미칠 수 있다. 회원국의 지방지도자들은 EU의 지역사회구조기금을 신청하여 EU의 영향력하에 편입된다. 하부국가 지도자들은 자신들의 권리주장을 위해 브뤼셀을 중심으로 로비 네트워크를 구축했다. 많은 정치가들이 브뤼셀에 사무실을 마련했다. 일부 회원국들이 지역위원회의 권한 강화에 반발했지만, 마스트리트 조약은 지역대표 권력가들에게 유럽연합 의결과정에 직접 참여할 수 있는 권한을 주었다.[97)]

지역위원회의 업무 대부분은 여섯 개의 전문화된 위원회를 통해 수행된다. 그들은 지역결속정책(Territorial Cohesion Policy), 경제와 사회 정책(Economic and Social Policy), 지속가능한 개발(Sustainable Development), 문화와 교육(Culture and Education), 헌법문제와 유럽 거버넌스(Constitutional Affairs and European Governance), 대외관계(External Relations) 위원회 등이다. 이 위원회들은 일 년에 다섯 차례 진행되는 지역위원회의 정식 회기에 업무 내용을 보고한다.

지역위원회는 마스트리트 조약을 통해 교육 · 훈련 · 청년, 구조기금을 포함한 경제사회 통합, 범유럽 교통망 · 에너지 생산기반, 공공보건, 문화 등의 제반 문제에 대처할 수 있게 되었다. 암스테르담 조약은 위 목록을 보다 확대하였다. 특히 교통 정책, 유럽연합 확대, 사회적 소외 문제 해결, 환경, 국가간 협력 등의 문제가 포함되었다.

97) Patricia Hogwood and Geoffrey K. Roberts, *European Politics Today*, 2nd ed., p.235.

3) 회계감사원

1977년 EEC/Euratom, ECSC를 위한 분리된 감사기구들을 대체하기 위해 룩셈부르크에 설립된 회계감사원(Court of Auditors)은 법적 · 행정적 차원에서 사법재판소에 버금가는 중요성을 가지는 기구이다. 회계감사원은 EU의 재정 감독 기관으로 EU 예산의 감사 임무를 맡고 있다.

감사원은 25명의 감사관으로 구성되는데, 이들은 각 회원국당 1명씩 6년 중임 조건으로 임명된다. 각 회원국 정부가 추천을 하면 유럽의회의 동의를 받아 각료이사회에 의해 만장일치로 승인되는데, 니스 정상회의 이후부터는 가중다수결 제도로 결정하게 되었다. 감사관은 그들 그룹 중의 한 명을 3년 임기의 중임 가능한 의장으로 선출한다. 감사관들은 자국의 대외감사기구의 일원이거나 이에 동등한 자격을 가지고 있어야 하지만, 자국으로부터 완전히 독립하여 EU의 이익만을 위해 활동해야 한다. 수행하는 업무에 비해서 감사원의 사무직원은 적은 편이다. 2002년 사무직원은 약 600명이었는데, 그중에 100명은 임시 직원이었다. 600명 중 33명이 직접적인 감사원 업무를 수행하였고, 80명은 통 · 번역 업무, 90명은 행정 업무를 담당하였다. 사무직원의 부족으로 감사원은 고유 업무를 수행하는 데 제한을 받고 있다.

감사원의 주요 업무는 모든 EU 기구의 예산을 감사하고 EU의 재정운영을 감독하는 것이다. 가장 중요한 업무는 EU 예산과 연계되어 있는데, 매년 6월 집행위원회가 제출한 결산서에 대해 감사를 실시한다. 감사원은 11월 말까지 집행위원회, 각료이사회, 의회에 보고서를 제출해야 한다. 의회는 이듬해 4월까지 감사원 보고서를 승인하게 되어 있으며, 보고서를 집행위원회의 지출과 예산관행을 변화하도록 강요하는 데 사용할 수도 있다.

유럽연합의 모든 수입과 지출 계정을 감사하는 임무는 특정 법적 제도가 그러한 감사를 배제하도록 되어 있지 않은 이상, 유럽연합이 설립한 모든 기구에 공히 해당되는 절차이다. 이사회와 유럽의회에 계정 신뢰도, 관련 금융거래의 합법성과 규칙성에 대한 확인문(Statement of Assurance)을 보내는 것 역시 회계감사원의 주요 임무이다. 회계감사원은 두 가지 주요 활동을 수행한다. 첫째, 수입이 제대로 들어오고 지출이 합법적인 방식으로 이루어졌는지 확인하기 위해,

또 유럽연합 당국자들의 재정 관리가 건전했는지 조사하기 위해 감사를 실시한다. 회계감사원의 감사권은 유럽연합의 일반 예산은 물론, 국가 기부금에 의해 조달되는 개발도상국 지원금과 같이 예산에 드러나지 않는 재정분야에까지 미친다.

회계감사원의 두 번째 주요 활동은 광범위한 사안에 대한 의견을 제출하고 전달하는 것이다. 감사원은 두 가지 조건에서 이 임무를 수행한다. 첫째, 유럽연합의 기구들은 입법초안의 재정적 관점에 대해 회계감사원에 소견을 요구할 수 있다. 둘째, 각료이사회가 재정적 규칙을 세울 때, 회계감사원이 초안에 대해 어떻게 평가하는지 그 소견을 구할 의무가 있다. 2001년 감사원은 공동농업정책 관련 규칙과 공동체 프로그램을 운영하는 집행 단체 법률안에 대해서 의견을 개진했다. 또한 공동체의 재정적 이익을 보호하는 형사법 지침안에 대해 소견을 발표하기도 했다.

4) 유럽중앙은행

1988년 처음으로 제안된 유럽중앙은행(ECB: European Central Bank)의 틀은 마스트리트 조약에서 구체적으로 언급되었다. 1994년에 설립된 유럽통화기구(EMI: European Monetary Institute)는 단일유럽통화를 준비하기 위한 중앙은행의 통화 정책 협력과 조화를 강화하는 임무를 부여받았다. 유럽중앙은행은 1998년 6월 1일 공식 발족되었고, 곧 이어 EMI가 해체되었다.

프랑크푸르트에 위치하고 있는 ECB의 주요업무는 유럽중앙은행제도(ESCB: European System of Central Bank)하에서 이자율을 정하고 유로화에 참여하고 있는 국가들을 위하여 외환보유고를 운용하여 통화를 안정시키는 것이다. EU 회원국의 국립은행은 모두 ESCB에 참여하고 있지만, 유로 지역 이외의 국가들은 단일통화 정책에 대한 결정과정에서 배제되고 있다.

유럽중앙은행제도의 중심조직은 유럽중앙은행이며, 유럽중앙은행의 결정 및 지시사항을 집행하는 하부조직인 EMU 참가국의 중앙은행들로 구성되어 있다. 유럽중앙은행과 이 은행이 통괄하는 유럽중앙은행제도는 1993년 1월에 발효한 유럽연합조약 및 그 부속의정서 가운데 하나인 유럽중앙은행제도 정관(이하 유럽중앙은행법)을 근거법으로 삼고 있다. ECB는 EMU 참가국 지역에서의 통화정책을 통일적으로 운영하는 중앙은행으로서 독립된 특별법인격을 가진다.

마스트리트 조약 제105조 제1항과 유럽중앙은행법 제2조에서 정한 바에 따라 ESCB의 최우선 목표는 유로지역 내에서의 물가안정을 도모하는 데 있다. 이 목적을 저해하지 않는 범위에서 ECB는 유럽연합 내에서의 일반 경제정책을 지원하고 유럽연합조약에서 강조하고 있는 개방시장경제의 원칙을 지켜나가는 기능을 수행한다.

ESCB가 수행하는 기본과제는 유로지역 내의 단일통화정책 수립 및 실행, 환율정책의 수행, 유로회원국의 공식외환 보유 · 관리, 유로지역 내의 화폐발행, 지급결제시스템의 원활한 운영 도모 등이다. 이와 함께 ECB는 유로지역 내 금융통화관련 정책의 개발 및 평가, ESCB와 각 나라 금융감독 당국과의 원활한 정보교환 촉진, 그리고 회원국의 관계당국과 금융기관들로부터의 필요한 통계정보 수집 등의 업무를 수행한다.[98)]

은행에는 유로 영역 각국의 중앙은행장으로 구성된 운영위원회(Governing Council)와 상근 6명으로 구성된 이사회(Executive Board)가 있으며, 1개월에

유럽중앙은행(ECB: European Central Bank)

유럽연합의 유럽중앙은행은 경제화폐동맹에 대한 마스트리트 조약에 의하여 1998년 1월 1일 설치되었으며, 유럽통화기구(EMI: European Monetary Institute)를 승계하였다. ECB는 EU의 단일화폐 정책을 형성하고 수행하는 유일한 책임을 가진 독립된 기구이다. ECB는 가격 안정화를 추구하고, 인플레를 일으키지 않는 화폐 공급과 화폐 성장을 보호하고, 단일화폐 지역을 위한 화폐 정책을 추진하고 있다. EU 회원국의 중앙은행들은 '지역' 중앙은행으로서의 역할을 한다. ECB와 함께 회원국의 중앙은행들은 유럽중앙은행제도(ESCB: European System of Central Banks)를 형성하고 있다. ECB는 유로 참여국의 중앙은행장들과 6명의 ECB 이사회로 구성된 운영위원회를 통하여 정책을 만든다. ECB는 유럽의회에 설명할 의무를 가지고 독일 프랑크푸르트에 본거지를 두고 있다.

98) 조병선, "제8장 유럽중앙은행," 김상겸 외, 『유럽연합정부론』(서울: 앰-애드, 2002), pp.177-178.

두 번 회의를 개최한다. 각료이사회의 의장과 집행위원회의 위원 1명이 회의에 참석하지만 투표권은 없다. 은행장과 이사회는 회원국 정부들의 '합의(common accord)'에 의해 임명되고 재임은 가능하지 않으며 임기는 8년이다. 그들은 동료나 유럽재판소로부터의 명령에 의해 해임될 수 있다. 또한 은행은 회원국 중앙은행장으로 구성된 일반 이사회를 통해 비참여 국가들과도 연계한다.

ECB는 독립적인 성격을 가지고 운영되고 있다. 각국의 지도자나 EU의 지도자는 ECB, ECB의 이사회, 또는 ECB를 구성하는 각국의 중앙은행에 영향력을 행사할 수 없도록 되어 있다. ECB에 대하여 감시할 수 있는 조직은 유럽의회의 통화상임위원회뿐이다. 더구나 이 상임위는 ECB나 ECB의 은행장에게 책임을 물을 수 있는 제도와 권한을 가지고 있지 못하다.

5) 유럽투자은행

룩셈부르크에 위치하고 있는 유럽투자은행(EIB: European Investment Bank)은 1958년 로마조약에 근거하여 설립된 자율적 기구이다. 투자 프로젝트에 장기 재정지원을 하여 EU가 '균형되고 안정된 발전'을 도모하도록 하는 데 목적이 있다. EIB가 우선권을 두는 프로젝트는 EU의 빈곤지역을 지원하고, 통신 네트워크 시설 확충을 지원하고, 환경보호와 에너지 비축을 증대시키고, EU 산업의 현대화와 경쟁력을 제고시키는 계획 등이다.

최근 들어 EIB가 관심을 보이고 있는 분야는 범유럽 도로, 철도, 통신 네트워크의 발전을 통하여 단일시장을 확고하게 안정화시키는 프로젝트이다. 최근의 가장 큰 사업은 1994년 개통된 영국과 프랑스 사이의 유로 터널(Eurotunnel)을 완성시킨 것이다. EIB는 또한 에어버스 프로젝트와 프랑스의 고속철도를 지원하였으며, 동유럽국가들이 EU에 가입하기 위한 준비를 재정적으로 지원하는 프로젝트를 진행하였다.

EIB의 기금은 세계 자본시장으로부터의 차관과 EU 회원국의 불입금으로 충당된다. 차관은 최근 들어 점차 증가하고 있는데, 1991년 84억 달러에서 1993년 235억 달러, 1997년 314억 달러로 증가하였다. 대개의 차관은 EU의 빈곤지역 또는 EU 밖의 지역에 제공된다. 이탈리아와 스페인이 가장 많은 차관을 제공받았다. 2001년 EIB는 368억 유로의 차관을 공여했는데, 그중 312억은 회원국에, 27억은 가입 후보국에, 29억은 원조와 협력기금으로 제3세계를 지원하였다. EIB는 1,200만 달러 이상의 대규모 차관만을 취급하고, 프로젝트 전체 투자 금액의 반 이상의 차관을 제공하는 경우는 거의 없고, 다른 은행들과 공동으로 지원하기도 한다.

유럽투자은행은 은행이지 보조금을 지급해 주는 기구가 아니다. 즉, 이는 EIB가 은행의 기초 수칙을 준수해야 한다는 것을 의미한다. 그러나 이와 동시에 EIB는 수많은 정책 목표를 추진할 의무가 있는 유럽연합의 한 기구이기도 하다. 은행과 유럽연합의 기구라는 두 가지 역할을 수행하는 것은 항상 순조로운 것만은 아니다.

EIB의 차용 대출의 규모는 다른 회원국에 존재하는 상업은행들의 운영비에 비하면 매우 적은 규모이다. 그렇다고 EIB의 역할을 무시할 수는 없다. 사실 EIB는 자본 시장에서 가장 큰 국제금융기구이기 때문이다. 그리고 유럽연합 내에서는 자본 투자의 주요 원천이기도 하다. EIB는 유럽연합의 발전 프로젝트에 기금을 대는 중장기 자금원으로 작용한다. 그리고 자본투자 프로젝트를 추진하기 위한 다른 공적 · 사적 기금을 보완하는 역할을 한다. 자본투자 프로젝트란 일반적으로 말해 유럽연합 내 경제 발전과 통합의 심화를 추구하는 계획을 의미한다.

6) 유럽재건개발은행

런던에 본부를 두고 있는 유럽재건개발은행(EBRD: European Bank for Reconstruction and Development)은 EU의 공식기구는 아니지만, 1990년 EU의 주도로 창설되었다. 재원의 51%가 EU로부터 나오고, 유로화를 다루고 있으며, 필연적으로 EU의 결정에 대한 영향력이 증가하고 있다. 세계은행과 유사하게 차관을 제공하고, 투자유도, 교역확대를 위하여 설립되었지만, 주로 동유럽 국가들이 자본주의 경제로 전환하는 것을 돕는 데 초점이 맞추어지고 있다.

1989년 10월 프랑스의 미테랑(Francois Mitterrand) 대통령이 제안하였고, 그 해 12월 유럽이사회의 승인을 받아 1991년 3월부터 업무를 시작하였다. 동서 유럽국가들과 함께 미국과 러시아가 회원국으로 가입하였다. 세계은행은 정부에 대하여 차관을 제공하지만, EBRD는 미국의 주장에 따라 60%의 차관을 민간부문에 제공하고 있다.

7) 유럽환경기구

EC는 1972년부터 환경정책을 시작하였고, 1973년 5개년 환경활동 프로그램을 실시하였다. 단일유럽의정서는 집행위원회에 환경정책에 대한 새로운 권한을 부여하였다. 새로운 행정조직의 필요성이 증대됨에 따라 1990년 5월 유럽환경기구(EEA: European Environment Agency) 창설 결정이 내려졌다. 프랑스가 이 기구의 본부를 프랑스에 두는 것을 반대하여 실제 설립이 지연되다가 결국 1993년 코펜하겐에 설립되었다.

EEA에는 약 50명의 직원이 있고, 주 업무는 정보를 제공하는 것이다. EU 회원국들의 반대로 조사기능은 보유하지 못하였다. EEA가 수집한 정보는 EU와 각국의 환경보호정책을 발전시키는 데 기여하고, 이 정책들의 결과를 측정한다. EEA는 1995년 이후 3년에 한 번씩 유럽 환경상태에 대한 보고서를 발간하고 있다.

제 12 장 유럽연합의 정책

'정책' 의 개념은 정부 또는 이에 버금가는 조직이 사회의 문제점과 필요에 대한 대응으로 채택하고 행위하는 것이다. 정책은 목적, 프로그램, 강령, 목표, 가치와 필요라는 단어들을 포함한다. 정책은 보통 법, 명령, 규칙, 선언, 행위의 방법으로 표현된다. 국민국가의 정책은 3가지 형태로 분류되며, EU의 정책 차원에서도 동일한 분류가 적용될 수 있다. 첫째, 구조적 정책(constitutive policies)으로 이는 정부의 공식적 규율을 제정하고, 유지시키고, 갈등을 다루는 정책이다. 둘째, 과세와 서비스 규정을 포함하는 재분배 정책(redistributive policies)이다. 세 번째는 위험을 방지하거나 바람직한 결과가 도출되도록 경제 · 사회적 활동의 수행을 통제하는 규제정책(regulatory policies)이다.[1)]

오래전부터 민주주의 국가에서 정책이 어떻게 결정되고, 어떻게 수행되느냐에 대하여 끊임없는 의문이 제기되어 왔다. EU의 경우 이 논쟁은 더욱 혼란스러운 성격을 가지고 있다. 통치구조가 일반국가의 체계와 다를 뿐만 아니라, 유럽통합은 아직 완성되지 않고 진행단계에 있기 때문이다.

1) Anne Stevens, "Ever-Closer Union: European Co-operation and the European Dimension," in Richard Sakwa and Anne Stevens (eds.), *Contemporary Europe* (New York: Palgrave, 2000), p.155.

1. EU 정책결정 · 집행 과정과 한계

일반 국가에서와 마찬가지로 EU가 정책 선택을 하기 전에 문제에 대한 인식이 선행되어야 한다. 정책결정자 또는 결정집단의 성향과 시기에 따라 문제를 다르게 인식하고, 심지어 전혀 문제가 없다고 인식하기도 한다. 그들의 평가와 결정은 경제, 사회, 이념적 가치의 차이에 따라 다르게 나타난다.

문제인식이 되고 나면 이것이 정책을 수립하기 위한 안건(agenda)으로 제기되어야 하는데, EU는 일반 국가와 달리 안건을 채택하는 데 많은 어려움이 있다. 첫째, 국가에서는 여론이 안건 설정에 중요한 역할을 하지만, EU에는 국민들로부터 투표에 의하여 선출된 지도자들의 역할이 거의 없다. 유럽의회 의원들은 직선으로 선출되지만, 정책결정 과정에는 제한된 영향력만 행사한다. 둘째, EU 기구들의 혼란과 분파성 때문에 민주국가체제에서 정당이 하는 정책 통합기능이 EU에는 없다. 셋째, 개별국가에서는 국가의 통합적 성격 때문에 문제점을 인지하고 이를 정책 안건으로 제기하는 것이 쉽지만, EU는 25개국의 다양한 이익과 목표가 존재하고 있어 문제점에 대한 인식부터가 어렵다.

1) EU 정책의 순환과정

EU의 안건 설정(agenda setting)은 다양한 차원의 요구에 기반한다. 첫째, 회원국들이 EU에 대하여 특정한 분야를 다루도록 인정하였을 경우이다. 둘째, 정치, 경제, 사회적 요구에 대하여 EU가 대응을 할 필요성을 느낀 경우이다. 셋째, 회원국들의 이익과 요구가 충돌하는 문제를 해소할 타협이 필요할 경우이다. 안건 설정에 있어서 가장 중요한 역할을 하는 유럽이사회는 EU의 광범위한 정책 목표를 정하고, 때로는 중요한 새로운 정책을 제안하기도 한다. 이러한 정책 제안은 다양한 형태의 압력과 영향력에 의하여 형성된다. 여기에는 여론, 조약 준수, 사법재판소의 판결, 개인지도자의 제안, 외부환경의 변화 등이 포함된다.

큰 틀로서 EU의 정책은 조약에 의거하여 설정되며, 조약은 EU의 헌법적 성격을 가진다. 그러나 이 헌법적 성격을 가진 조약은 회원국들이 무엇을 해야 한다라기보다는 무엇을 할 수 있다는 규정을 담고 있다. 더구나 초기의 조약들은 많은 유럽인들이 통합에 대한 회의감을 가지고 있을 때 체결된 것들이다. 그 이후에 체결된 조약들은 초기의 의도와 방향을 변질시키는 것들이기 때문에 조약의 통합성과 일관성을 유지하기 어려운 실정이다. 이만큼 EU의 안건 설정 기반은 취약하고, 이러한 이유로 정책 결정에는 어려움이 따른다.

EU의 정책을 수립하는 데에는 수많은 장애요인이 존재하고 있다. 첫째, 인간마다 성격의 차이가 있듯이, EU의 경우 27개국의 국민성과 민족성에 차이가 있기 때문에 모두가 만족할 수 있고 일관성 있는 정책을 수립하기가 어렵다. 둘째, 정책 결정자 또는 결정집단들이 문제와 문제의 이유를 정확히 파악할 수 있는 정보가 부족하고, 따라서 해석 자체도 합의하기 어렵다. 셋째, 문제에 대한 원인 해석과 대응책은 개인적인 사회적 · 이념적 편견에 의하여 영향을 받는 경향이 있다.[2)]

EU에서 정책을 형성하여 제안하는 주 임무는 집행위원회가 가지고 있다. 위원회는 회원국 정부가 임명하는 실무진으로부터 회원국 정부의 이해 및 이익집단의 견해 등을 참고하여 정책 또는 법안을 기초한다. 집행위원회는 새로운 입법을 제안할 수 있는 단독 권한을 가지고 있으나, 집행위가 제안한 법안은 각료이사회와 의회에서 심의를 할 때까지 이익집단과 회원국의 로비에 의하여 많이 변질된다. 집행위원회의 제안은 이사회에 제출되고 이는 유럽의회의 담당위원회에 보내져 심의가 이루어진다.[3)] 해당 위원회는 보고서와 결의초안을 작성하여 유럽의회 본 회의에 이를 제출하고 본 회의는 이를 검토하여 각료이사회에 회부한다. 이사회는 이를 상주대표위원회에 보내어 검토를 진행하고, 법안에 대한 합의가 도출되면 법안을 최종 의결하게 된다.

EU의 정책결정 체계

EU의 정책결정 단계를 종합적으로 구성해 보면 다음과 같다. 첫 단계는 집행

2) John McCormick, *The European Union: Politics and Policies*, 2nd ed., pp.197-198.

3) 경제사회위원회(Economic and Social Committee) 또는 지역위원회(Committee of the Regions)의 의견을 구하는 경우도 있다. 홍완식, "제3장 유럽연합의 입법체계," 김상겸 외, 『유럽연합정부론』(서울: 앰-애드, 2002), p.70.

위원회가 입법안을 제안하는 단계이다. 유럽통합과 관련된 거의 모든 조약에 의하여 집행위원회는 법안을 제안할 수 있는 배타적 권한을 가지고 있다. 집행위원회는 입법안을 의회와 이사회에 제출한다. 의회는 제1독회를 하여 단순다수결에 의하여 법안을 무수정 채택하거나 수정을 내용으로 하는 '의견' 을 채택한다. 이 의견은 대체로 의회의 위원회가 준비한다. 집행위원회는 의회의 수정안에 대하여 수용하는지 거부하는지를 설명하는 내용을 개정된 제안의 형태로 의견을 제시한다.

다음에 이사회는 개정된 집행위원회의 제안을 검토한다. '협의절차' 하에서 이사회는 그 제안을 가중다수결로 채택하거나 만장일치에 의하여 수정을 한다. 이사회가 결정하기를 거부하면 그 법안은 계류된다. '협력절차' 하에서 이사회는 집행위의 제안을 확인하거나 수정하는 '공동입장(common position)' 을 가중다수결로 채택한다. '공동결정절차' 하에서, 만약 의회가 집행위의 제안을 수정 없이 받아들이고 이사회도 동의하게 되면 그 법안은 이 단계에서 통과된다. 의회가 개정을 하고 이사회가 가중다수결로 받아들이면 이 법안은 통과된다. 만약 이사회가 의회의 수정안을 받아들이지 않게 되면, 이사회는 집행위의 수정된 제안을 개정하는 형식으로 '공동입장' 을 가중다수결로 채택한다.

협력절차와 공동결정절차하에서 제2독회가 실시된다. 협력절차하에서 의회는 공동입장을 받아들일지, 거부할지, 수정할지를 절대다수결로 결정한다. 공동결정절차하에서 의회가 공동입장을 수정 없이 받아들이거나 아무런 행동도 취하지 않으면 법안은 통과된다(공동결정절차 I 제외). 만약 의회가 공동입장을 거부하면 법안은 폐기된다(공동결정절차 I 제외). 만약 의회가 공동입장을 수정하는 결정을 내리면 절차는 계속된다. 집행위원회는 수정된 법안을 이사회에 제출하기 이전에 의회가 수정한 안의 수용 여부를 결정한다.

협력절차하에서 의회가 법안을 거부하기로 결정하면 집행위원회는 그 법안의 철회를 결정할 수 있다. 제2독회시 협력절차하에서 이사회는 의회가 수정을 하지 않거나 집행위원회가 의회의 수정을 받아들였을 경우 가중다수결로 법안을 통과시킨다. 반대로 이사회는 만장일치에 의하여 의회의 거부를 뒤집을 수 있고, 집행위가 수용한 의회의 수정안을 거부할 수도 있다. 공동결정절차하에서 이사회가 의회의 모든 수정안을 받아들이면(집행위가 수용한 안에 대해서는 가중다수결로, 집행위가 거부한 안에 대해서는 만장일치로), 그 법안은 통과된다. 만약 이사회가 의회의 수정안을 받아들이지 않거나 어떠한 결정을 내리지 못하는 경우에는 6주 이내에 '조정위원회(conciliation committee)' 가 개최되어야 한다.

따라서 두 번에 걸친 독회를 마치고도 의회와 이사회가 합의하지 못할 경우 조정위원회가 개최되는데, 조정위원회는 이사회와 의회에서 각각 25명씩, 그리고 집행위원회에서 표결권 없는 1명으로 구성된다. 조정위원회는 '공동텍스트(joint text)' 를 채택하는데, 채택방식은 이사회 대표의 경우 가중다수결, 의회 대표는 단순다수결로 결정한다. 만약 조정위원회가 공동텍스트를 채택하는 데 실패하거나 아무런 결정을 내리지 못하면 입법이 실패하게 된다. 그러나 공동결정절차 I 의 경우 조정위원회가 공동텍스트 채택에 실패하더라도 제3독회로 절차가 진행된다.

조정위원회가 공동텍스트를 채택하게 되면 이사회와 의회에서 제3독회를 개최한다. 6주 이내에 최종 채택되기 위해 각료이사회와 유럽의회에 다시 회부된다. 이사회는 가중다수결로, 의회는 단순다수결로 공동텍스트를 채택한다. 만약 이와 같은 결과가 나오지 못하면 입법은 실패하게 된다.

정책결정의 마지막 단계에 대하여는, 마스트리트 조약에서 결정된 절차(공동결정절차 I)를 암스테르담 조약에서 많이 변경(공동결정절차 II)하였다. 공동결정절차 I 에서는 만약 조정위원회가 공동텍스트를 생산하는 데 실패한다면 제3독회에서 이사회는 1차 독회에서 채택된 공동입장을 가중다수결로 재확인하도록 하였다. 그리고 이사회가 재확인한 공동입장을 의회가 절대다수결로 거부하지 않으면 입법화되고, 거부할 경우 입법에 실패하게 된다.

정책의 집행과 장애요인

정책이 제대로 수행되기 위해서는 최소한 법적 권위에 기반하고 있어야 하고, 여론의 승인을 획득해야 한다. 린드버그(Leon Lindberg)는 "정치 공동체의 핵심은 분쟁을 해결하고 그룹 전체를 위한 권위 있는 결정을 할 수 있는 정통성 있는 제도의 존재"라고 하였다.[4] 공동체가 그러한 '정통성' 을 가지지 못한다면 민주

4) Leon N. Lindberg, *The Political Dynamics of European Economic Integration* (Stanford: Stanford University Press, 1993), vii..

적 방식에 의한 정책 형성이 어려울 것이다. 법의 지배에 의하여 생성된 정치제도에서 정책을 수립하고 집행하는 정부의 권위에 대한 의문을 가지는 사람은 거의 없다. 그러나 EU의 경우 권위와 정통성은 논쟁의 대상이 되어 왔다. 통합 초기부터 통합 기구의 권위에 대한 토론이 계속되었고, 회원국들은 국가 주권의 상실을 계속 우려해 왔다.

유럽통합의 발전에 장애가 되는 요인 중에 가장 큰 것은 '민주적 절차의 결손(democratic deficit)'과 '권위에 대한 시각차이(authority gap)'이다. 권위에 대한 시각 차이는 EU 기구들이 할 수 있기를 원하는 것과 EU의 시민들과 정부들이 EU 기구들로 하여금 하도록 허용하는 것의 차이이다. 이 차이는 상당히 크지만, 유럽의회 의원을 직선으로 선출한 이후 시간이 지남에 따라 점차 줄어들고 있다. 공정하고, 규칙적이고, 경쟁적인 선거는 정치적 정통성을 제공하고 있으며, 특히 직접 선거는 EU의 투표자들로 하여금 EU에 대한 직접적인 심리적 결속감을 갖게 하였다. 이는 EU의 신뢰감과 정통성을 증대시켰다.

정책의 집행은 정책 수립보다 더 어려운 문제이다. 집행의 절차는 우선 새 법과 규칙에 합의한 후, 관료들에게 지시를 하고, 새 정책을 관련된 국민들에게 알리는 것이다. 이는 정책 순환에 있어서 가장 어려운 단계라 할 수 있다. 집행은 '목표의 설정과 이 목표를 성취하기 위한 행위 간의 상호작용 과정'으로 묘사되고 있다.[5)]

집행을 감독하는 책임은 집행위원회에 있지만, 실제 집행은 회원국을 통해서 이행된다. 집행위원회의 행정력 및 인력의 한계 때문에 집행의 감독은 대체로 집행되었다는 회원국, 개인, 이익 단체의 보고서에 의존해야 한다. 사법재판소는 법이 일관되게 해석되고 적용되는지, 그리고 분쟁이 해결되었는지를 확인하는 중요한 역할을 한다.

정책이 결정되면 자동적으로 그대로 집행된다고 가정하는 것은 잘못된 인식이다. 정책은 집행과정에서 재해석되고 재정의된다.[6)] 정책이 집행되는 데 있어

5) Jeffrey L. Pressman and Aaron Wildavsky, *Implementation*, 3rd ed. (Berkeley: University of California Press, 1984), xxiii.

6) B. Guy Peters, "Bureaucratic Politics and the Institutions of the European Community," in Alberta Sbragia (ed.), *Euro-Politics: Institutions and Policymaking in the "New" European*

서 어려운 요인은 다음과 같다. 정치적 합의 부족, 재원 부족, 현실적 목표의 결여, 문제의 원인에 대한 이해 부족, 환경 변화 또는 새로운 데이터에 따른 우선권의 재정의, 최선의 집행방법에 대한 합의 부족, 해석의 충돌, 관료 내부의 비효율성 또는 이익의 충돌, 여론의 지지 부족, 예상되지 않은 구조적 문제의 돌출 등이다.

정책 순환의 마지막 단계는 법 또는 정책이 실제로 실행되었는지를 판단하는 것이다. 대개의 경우 정책을 집행하는 어떠한 행위가 어떠한 결과를 야기하였고, 결과가 정확히 보고되었는지 평가하는 것은 매우 어려운 일이다. EU의 평가는 집행위원회, 각료이사회, 유럽이사회, 유럽의회의 공동작업 그리고 회원국, 이익단체, 개인의 보고서에 의하여 수행된다.

EU에는 정책수립단계부터 정책 집행, 평가까지 포괄하여 통제하는 중앙 기구가 없다. 유럽이사회가 안건을 설정하고, 집행위원회가 정책 제안을 하고, 유럽의회가 토의와 수정을 하고, 각료이사회가 최종 결정을 하고, 재판소가 정책에 대한 해석과 판결을 한다. 따라서 EU에서는 이러한 기구들 간의 타협, 회원국들 간의 협력이 정책 결정과 집행에 있어서 중요한 열쇠이다. EU의 정치적 관계는 아직 발전 단계에 있고, 운영 구조는 회원국 대표들의 연합체로 구성되어 있기 때문에, 정책 과정의 대부분은 '타협(compromise)' 에 의하여 진행된다.

코헤인(Robert Keohane)과 호프먼(Stanley Hoffman)은 EU의 정책결정은 회원국 간 협상에 의하여 이루어지고, 성공적인 파급효과(spillover)는 정부 간 협상(intergovernmental bargains)을 필요로 한다고 주장하였다.[7] 따라서 EU에서 주로 사용되는 협상 방식은 '일괄 타결(package deal)' 이다. 어떠한 정책을 통과시키기 위하여, 그 정책과 별 관련이 없지만 논쟁이 되고 있는 문제에 대해 합의함으로써 모두가 이득되게 하는 방식이다.

국가주권 상실에 대한 우려, 통합 방식에 대한 의견 차이, 타협의 필요성 때문에 EU의 정책 결정은 대체로 조심스럽고 시간이 오래 걸린다. 단일유럽의정서

Community (Washington, D.C.: Brookings Institution, 1992), p.103.

7) Robert O. Keohane and Stanley Hoffman, "Institutional Change in Europe in the 1980s," in Robert O. Koehane and Stanley Hoffman, *The New European Community: Decisionmaking and Institutional Change* (Boulder: Westview Press, 1991), p.17.

와 마스트리트 조약 체결 직후처럼 급진적 변화가 이루어진 적도 있지만, EU의 정책 결정은 대체로 점진주의를 택하고 있다. 정책 결정과정에서 수많은 반대 의견이 제시되기 때문에 회원국과 EU의 기구는 우선 다른 회원국 및 기구와 협의를 한 후 정책 제안을 한다.

유럽연합의 정책결정 절차는 그동안 많은 비판을 받아왔다. 첫째, 민주성의 결핍, 둘째, 절차 경과과정에 대한 부족한 통제여건, 셋째, 유럽연합의 취약한 협상 및 조정능력 등의 부문에서 오류가 있었다. 이러한 절차상의 제약요인에 대해서는 1987년 단일유럽의정서 그리고 1992년 마스트리트 유럽연합조약에서 일부분 개선되었다. 무엇보다도 유럽단일시장의 사안에 관해 각료이사회에서 만장일치제가 아닌 가중다수결의 원칙을 도입함으로써, 그리고 유럽의회의 정책결정 참여권을 강화시킴으로써 적극 개선하였다. 그럼에도 불구하고 정책결정 절차에는 각 회원국 정부의 개별적인 의견이 큰 영향력을 발휘하고 있는 각료이사회에서의 최종결정이 아직도 절대적인 중요성을 지니고 있다고 봐야 할 것이다. 따라서 이 부문과 관련하여 앞으로는 유럽의회의 동의가 없이 유럽연합 차원에서의 결정이 본질적으로 이루어질 수 없도록 하는 변화가 필요하다는 주장이 대두되고 있다.[8)]

정책결정을 하기 위한 회원국간, 기구간의 타협이 확대되면서 나타난 결과로, 유럽연합 정책결정의 상당부분은 극도의 점진주의를 보여준다. 집행위원회, 각료이사회, 대통령, 국가 정부, 혹은 다른 기구가 새로운 현상과 동떨어진 내용을 포함하는 포괄적인 정책안을 제시하고, 이것을 수정하거나 적절한 처리 없이 수용되리라고 기대하는 것은 불가능하다. 관례적으로 급진적인 제안들은 결국 수정, 예외조항들로 희석된다. 그리고 완전히 실행되기 전까지 긴 과도기를 거쳐야 한다.

따라서 유럽연합 정책은 의사결정의 합리적 모델의 소산이 아닌 경우가 많다. 즉, 문제가 식별되고, 목표가 수립되며, 목표를 달성하기 위한 가능한 모든 대안이 신중히 평가되고, 그리고 나서 최고의 대안이 채택되는 일련의 절차를 통해 정책이 만들어지는 것이 아니다. 정책들은 정연하지 못한 방식으로 발전하게 되

8) 김동현 · 이승철, 『유럽연합의 현황과 전망』(서울: 집문당, 1996), p.47.

는데, 즉, 합리적이지 못한 모델들이 오히려 유럽연합의 주요 특성을 강조하는 데 더 유용한 경우가 많다.

2) EU의 정책과 예산의 상관관계

예산은 정책 순환에 가장 핵심적인 영향을 미친다. 일반국가의 경우 정부의 가용예산이 얼마나 있는지, 그리고 어디에 어떻게 예산을 증액하고 사용할지를 결정하는 것이 정책의 선택과 집행의 효율성에 가장 큰 영향을 미친다. 따라서 정부의 실질적인 권한과 우선권이 어디에 있는지를 가늠할 수 있기 때문에 예산은 정책의 핵심부분을 차지한다.

EU의 예산은 집행위원회의 예산 총국에서 준비되고, 의회의 예산위원회, 각료이사회 하부기구인 COREPER의 예산위원회, 예산 이사회(회원국의 재정관련 차관으로 구성)에서 협상이 이루어진다. 이 과정에서 각 조직들은 자체의 이익을 주장한다. 집행위원회는 통합을 심화시키기 위하여 지지단체들을 보호한다. 이사회는 회원국의 이익을 증대시킨다. 의회는 통합을 발전시키고 EU 내에서 자체의 권한을 확대시키는 데 초점을 맞춘다. 이러한 이익의 충돌은 의회-집행위원회-이사회의 3자 대화 또는 의회-이사회의 조정절차에 의하여 해소된다.[9]

EU의 예산은 매우 작은 규모이다. 1998년 EU의 예산은 1,100억 달러에 불과했는데, 이는 EU의 15개 회원국 전체 GNP의 1.3%에 못 미쳤고, 미국이나 캐나다의 큰 주 예산보다도 작은 규모였다. 2000년 예산은 약 896억 유로로 15개 회원국 GNP의 1.13%였다. 2002년도 예산은 986억 유로였으며, 이는 회원국 전체 GNP의 1.06%였고, 공공지출의 약 2.5%에 불과하였다. 전체 예산의 5%가 못되는 40억 달러가 행정비로 사용된다. 예산이 주로 지출되는 분야는 농업 정책과 구조와 결속 기금으로 알려져 있다.[10]

이와 같이 예산이 적은 이유는 국방, 교육, 보건, 사회복지 등 공공 영역의 지

9) Simon Hix, *The Political System of the European Union*, 2nd ed., p.281.

10) Anne Stevens, "Ever-Closer Union: European Co-operation and the European Dimension," in Richard Sakwa and Anne Stevens (eds.), *Contemporary Europe* (New York: Palgrave, 2000), p.157.

출에 관련되는 정책분야들은 아직까지 주로 회원국의 책임으로 남아 있기 때문이다. 시장 규제와 같은 정책활동의 대부분은 운영비용을 거의 책정하지 않고 있다. 예를 들어 EU 환경법과 관련된 조치를 취하기 위한 정책 등을 추진하는 데 소요되는 활동비용을 책정할 경우, 대체로 EU 예산이 아닌 회원국의 민간기업과 정부에게 책임이 부과된다.

EU의 예산은 다섯 가지 원칙에 의거하여 결정 및 집행된다.

- 단일성(unity): 모든 수입과 지출은 단일 예산에 포함되어야 한다.
- 연례성(annuity): 수입과 지출은 연 단위로 책정되고 집행되어야 한다.
- 균형(equilibrium): 수입과 지출은 항상 균형을 이루어야 한다.
- 보편성(universality): 수입예산이 특정 지출 분야에만 배분되어서는 안 된다.
- 구체성(specification): 각 지출 항목은 특정 목표를 지니고 있어야 한다.[11)]

EU 예산은 집행위원회 등 EU의 각 기관이 회원국을 위해 집행하는 예산으로서 회원국 정부의 독자적인 예산과는 별도이지만, EU 국민총소득(GNI)의 1.24%라는 상한이 정해져 있다. 2003년의 경우 EU 예산총액이 1,021억 유로였는데, 그 내역은 공동농업정책(CAP) 등 농업예산과 구조정책 예산이 약 80%를 차지하고, 나머지는 조사 및 운용비용 등에 사용되었다.

EU의 예산은 일반 국가의 예산과 다른 특징을 가지고 있다. 첫째, EU의 예산은 반드시 균형을 이루어야 한다. 로마조약 199조는 예산의 수입과 지출이 균형을 이루어야 한다는 원칙을 규정하였다. 적자 예산이 허용되지 않기 때문에 EU는 부채가 없고, 이자지불과 같이 부채 때문에 소요되는 예산을 줄일 수 있다. 동시에 EU는 적자를 없애기 위하여 새로운 수입의 원천을 끊임없이 찾아야 하는 어려움도 있다.[12)]

둘째, 통합 초기부터 수입의 규모와 원천이 갈등의 중심이 되어 왔다. 특히 회

11) Simon Hix, *The Political System of the European Union*, 2nd ed., pp.275-276.

12) Michael Shackleton, *Financing the European Community* (New York: Council on Foreign Press, 1960), p.2.

원국의 기여금과 EU 자체 수입의 원천이 갈등의 대상이 되어 왔다. 예산이 소규모이기 때문에 안보, 교육, 보건, 복지 등 어떠한 분야에 투자를 하느냐에 대한 논란도 끊임없이 제기되고 있다. 그러나 다른 국제기구와 달리 EU는 회원국이 법적으로 통제할 수 없는 수입의 원천이 보장되어 있다.

셋째, EU의 예산을 결정하는 데 있어서 각료이사회와 의회는 거의 비슷한 권한을 가지고 있다. 양 기구는 예산안을 각기 두 번에 걸쳐 심의할 수 있고, 수정할 권한을 가지고 있다. 예산 결정에 있어서 각료이사회는 입법기구의 상원 역할을 하고, 의회는 하원 역할을 한다. 집행위원회는 미국 연방 예산을 책정하는 백악관과 유사한 기능을 한다.

(1) 수입

ECSC는 생산품에 대한 세금을 징수하는 자체 수입을 가지고 있었으나, EEC와 Euratom은 다른 국제기구와 마찬가지로 회원국의 기여금으로 예산을 충당하였다. EEC에 대한 기여금은 대체로 국가의 규모에 따라 배정하였다. 프랑스, 독일, 이탈리아는 각각 28%, 벨기에와 네덜란드는 7.9%, 룩셈부르크는 0.2%를 부담하였다. 보다 더 독립성을 유지하기 위하여 1965년 집행위원회는 EC 밖으로부터 수입하는 물품에 대하여 부과되는 관세 수입을 공동체로 직접 들어오게 하여 EC 자체 수입을 가지도록 하였다.

EU의 수입은 관세수입 15%, 회원국의 부가가치세(VAT: Valued Added Tax) 수입금 납부 35%, 회원국이 GNP 수준에 따라 납부하는 기여금 50%로 충당된다.[13] EU에 수입되는 물품에 부과되는 관세율은 집행위원회와 각료이사회가 오랜 기간 동안의 절차를 거쳐 결정하였으며, 이 과정에서 의회는 아무런 역할도 하지 못하였다. 1993년 1월 1일 각료이사회는 부가가치세의 최저율을 15%로 결정하였다.[14]

1970년대 전반기에 EC 자체의 수입을 증가시키자는 요구가 늘어났다. 이를 위하여 제시된 항목들은 관세 수입, 농업 수입품에 대한 관세, 부가가치세의 일

13) Tim Bale, *European Politics: A Comparative Introduction* (New York: Palgrave, 2005), p.48.

14) Philip Thody, *Europe since 1945* (London and New York: Routledge, 2000), p.181.

정 부분(1% 이하) 기여 등이었다. 그러나 이 정책은 큰 실효를 거두기 어려웠다. 공동체의 대외관세 하향조정으로 관세 수입이 줄어들었고, EC의 식량 생산의 자체 충당이 늘어나면서 농산품 관세 수입도 줄었고, EC의 소비가 줄어 부가가치세도 크게 늘릴 수가 없었다.[15)]

1980년대 초반 EC는 파산직전 상태에 놓이게 되어 수입을 늘리든가 지출을 줄이는 구조조정이 필요하게 되었다. EC는 세 가지 측면에서 재정적 위기를 맞았다. 첫째, 재정지출이 증대되기 시작했는데, 특히 공동농업정책에 대한 지출이 전체 지출의 70%나 차지하였다. 둘째, 관세 및 부가가치세 등 수입의 원천이 의무적 지출비용을 감당하지 못하였다. 회원국들은 수입원천의 기준을 변경함으로써 이 문제를 해결할 수 있었으나, 영국을 비롯한 일부 국가들은 이에 반대하였다. 셋째, 영국의 대처 정부는 영국이 과도한 분담금을 지불하고 있다며 이의 축소를 강력히 요구하였다.[16)]

예산개혁 문제는 대처 수상이 영국의 기여금을 재산정해야 한다는 요구로 더 복잡하게 되었다. 영국이 EC의 가난한 회원국 중의 하나임에도 불구하고, 공동체 예산의 불공정한 분배에 따라 기여금을 부담하는 만큼의 대가를 충분히 받지 못한다고 주장하였다. 1979년 유럽이사회에 처음 모습을 보인 대처는 EC 회원국 정상들에게 거리낌 없이 "나는 내 돈이 되돌오길 바란다(I want my money back)"고 말했다. 그러한 대처의 캠페인은 1980년대 초반까지 계속되었고, 대처는 공동농업정책의 개혁도 요구하였다.

수차에 걸친 신랄한 논쟁 이후, 기여금은 1984년 스페인, 포르투갈의 가입 준비 기간 때 재산정되어 영국은 30억 ecu(약 36억 달러)의 감액을 인정받았다. 1984년 퐁텐블로(Fontainebleau) 정상회담에서 영국의 기여금 할인을 결정하는 대신에, 부가가치세의 기여금 한도를 1.4%로 높여서 공동체 자체 수입을 증대시키는 결정을 하였다. 영국의 기여금 할인에 대하여 불만을 가진 독일은 영국이 받은 대우가 '과다한 부담(overburdened)' 을 지고 있는 모든 회원국에게 확대되어야 한다고 주장하였다.

15) Michael Shackleton, *Financing the European Community* (New York: Council on Foreign Press, 1960), pp.10-11.

16) Neill Nugent, *The Government and Politics of the European Union*, 5th ed., pp.366-367.

EU 예산의 세입재원 현황

세입내역	2003년도 예산		2004년도 예산	
	백만 유로	%	백만 유로	%
과징금(농업과징금과 설탕과징금)	1,426	1.5	1,219	1.2
공통관세 (역외 수입품에 부과되는 관세)	9,480	10.2	10,155	10.2
부가가치세 (회원국 과세기준 1% 미만)	21,748	23.5	14,324	14.4
국민총소득(GNI) 대비 분담금	51,357	55.5	73,221	73.4
기타	8,514	9.2	806	0.8
합계	92,525	100	99,724	100

EU 예산에서 차지하는 국가 기여금 산정에 대한 논쟁은 오래전부터 계속되어 온 것이며, 특히 많은 기부금을 내는 국가들 사이에서 논쟁이 되어 왔다. 그러한 이슈는 각 회원국들이 인구와 국가 부에 비례하여 산출하는 기여금 액수에 문제를 삼는 것이 아니라, 지불액이 수혜액과 비교 검토하였을 때 회원국들이 과도하게 많이 기여한다는 인식을 하고 있다는 문제이다.

EU의 예산재원은 모두 고유재원으로서 과징금, 공통관세, 부가가치세, 분담금 등 4개 수입원으로 이루어진다. 이른바 전통적 고유재원(농업과징금, 설탕과징금, 공통관세 및 부가가치세)에 대한 재원 의존도는 크게 줄어들고 있고, 회원국의 분담률이 공평히 배분되도록 하기 위해 국민총소득(GNI) 대비 일정비율로 부담하는 분담금 비율이 급격히 높아졌다. 특히 2004년 EU 확대로 인해 이러한 경향은 더욱 뚜렷해져, 2004년도 GNI 대비 EU 재원 비율이 세입재원의 73.4%까지 달하고 있다.

(2) 지출

다른 경우와 마찬가지로 EU는 EU 자체가 별로 통제할 수 없는 분야에 의무적으로 지출하는 경우도 있고, EU가 통제할 수 있는 분야에 대한 비의무적 자발적 지출도 있다. 전자의 경우는 농산품 가격 보조가 일례이고, 후자의 사례로는 지역 또는 에너지 정책에의 지출을 포함한다. EU의 의무적 지출은 거의 반을 차지한다. 2002년도 의무지출은 전체 예산의 42%였고, 비의무지출은 58%였다. 2002년 예산 지출의 범주와 규모는 7개의 주요 영역에서 이루어지고 있다.

- 농업: 2002년 예산에서 농업보조금과 어업에 대한 지원금은 44.86%를 차지하였다. 대부분 공동농업정책(CAP) 기금은 생산량의 규모를 떠나 가격보장 목적으로 사용된다. 이는 농민들에게 최저가격을 보장한다. 1970년대에는 농업에 대한 보조금이 예산의 75%까지 차지한 적이 있지만 이후 줄어들고 있다. 1990년대 초 CAP에 대한 개혁 이후, 농민의 직접적인 수입을 지원하는 목적으로 주로 사용되고 있다.
- 구조적 운영: 2002년도 예산의 34.30%는 구조기금으로 활용되었다. 이는 EU의 빈곤지역에 대한 유럽지역개발기금(ERDF: European Regional Development Fund)과 실업자에 대한 유럽사회기금(ESF: European Social Fund)으로 사용되었다. 가난한 회원국 내에서 특히 가난한 지역은 주로 구조적 운영의 혜택을 보았다. 이 분야의 지출은 1970년대 중반에 비하여 약 3배 이상 증가하였다.
- 국내 정책: 이 부분은 2002년 예산의 약 6.65%가 할당되었다. 연구와 기술발전으로 국내 정책 지출의 절반 이상이 사용되었다. 다른 주요 영역들은 교육, 훈련, 산업, 범유럽 네트워크, 환경 등을 포함하고 있다.
- 대외 정책: 2002년 예산에서 4.87%가 지출되었으며, 최근 가장 많은 부분을 지중해, 중동, 발칸, 구 소비에트 공화국 등과 라틴아메리카와 아시아 등의 빈곤지역에 대한 지원과 인도주의적 지원이 차지하고 있다.
- 행정: 2002년도 예산에서 이 부분에 대한 지출은 5.25%였다.
- 예비비: 약 1% 미만의 지출만을 하였는데, 이 영역은 긴급 지원을 포함하여 다양한 목적으로 사용된다.
- 가입준비 지원금: 중동부 유럽국가에 주로 직접적으로 지원을 하고 2002년 예산 중 3.38%를 사용하였다.

독일, 네덜란드, 영국, 이탈리아, 스웨덴, 오스트리아 등이 기여금을 납부하는 주요국이고, 나머지 국가들은 거의가 수혜국들이다. 그중에서도 아일랜드, 포르투갈, 그리스와 스페인이 많은 금액을 지원받는다.

회원국간의 수많은 협상이 있은 후(다양한 형태의 각료이사회, 주로 외교 이사회, EU경제사회이사회, 농업 이사회를 통하여), 1999년 3월 베를린 특별 정상회담에서 회원국 정상들은 2000~2006년간의 7년 재정전망에 합의하였고, 5월에 유럽의회가 이 전망을 통과시켰다. 이 재정전망의 주요 특징은 다음과 같다.

- 재정전망 기간 동안에 지출 합계가 경제성장과 거의 비슷한 비율로 증가할 것이라는 예상하에, 전체지출 합계는 안정적으로 유지된다.
- 비록 재정전망 기간 동안에 EU 확대가 있을 것이라고 가정하더라도 자체 재원의 1.27% 최고한도는 유지되어야만 한다.
- 세입은 부가가치세 요소를 줄이고, GNP 요소를 증가시키는 방향으로 수정한다. 이 수정의 주된 목표는 예산에 대한 회원국의 기여를 덜 줄이는 것이다.
- 공동농업정책 지출은 6년 동안 점진적으로 증가시킨다.
- 구조기금 지출은 6년 기간 동안 점진적으로 축소한다. 이는 가장 필요로 하는 지역에 구조기금 지출의 대부분을 집중함으로써 성취한다. 기금 지출 집중의 일환으로 지출대상지역을 7곳에서 3곳으로 줄인다.
- 30억 유로 이상을 중동부 유럽국가(CEECs)의 사전 가입 지원금으로 매년 지출하고, 그들의 가입 후에는 더 많은 비용을 지출한다.
- 영국에 대한 감소 조치는 변하지 않는다.

EU 지출에서 가장 큰 부분을 차지하고 있는 분야는 공동농업정책과 구조기금인데, 이들은 큰 폭의 증감이 있었다. 1980년 공동농업정책 예산은 EU 예산의 70%를 차지했는데, 2001년에는 47%로 줄어들었다. 구조 및 결속기금은 11%에서 34%로 증가하였다. 2000~2006년 예산에 따르면 농업과 결속기금에 대한 예산은 79%를 차지하고 있다. 나머지는 다음과 같이 분배되고 있다. 연구와 발전을 포함한 기타 국내정책에 7%, 인도적인 개발원조가 대부분인 대외정책에 5%, 동유럽 국가 등 가입 지원에 3%를 지출하였다.[17)]

2000~2006 EU 예산의 지출 전망

(단위: 백만 유로)

	2000	2001	2002	2003	2004	2005	2006
공동농업정책	40,920	42,800	43,900	43,770	42,760	41,930	41,660
구조기금	32,405	31,455	30,685	30,285	29,595	29,595	29,170
기타 대내정책	5,900	5,950	6,000	6,050	6,100	6,150	6,200
대외정책	4,550	4,560	4,570	4,580	4,590	4,600	4,610
EU 행정비	4,560	4,600	4,700	4,800	4,900	5,000	5,100
예비비	900	900	650	400	400	400	400
가입 이전 지원	3,120	3,120	3,120	3,120	3,120	3,120	3,120
합계	91,995	93,385	93,805	93,005	91,465	90.795	90,260
EU GNP 대비 지출 비율 %	1.13	1.12	1.13	1.11	1.05	1.00	0.97
EU GNP 대비 지출 상한 %	1.13	1.12	1.18	1.19	1.15	1.13	1.13

출처: European Commission, *The Community Budget: Facts in Figures* (Luxembourg: Office for Official Publications of the European Communities, 2000)

2. EU의 경제정책

EU는 탄생 초기부터 주로 경제통합을 추진해 왔다. 1950년대 초반 창립 당시부터 제한적인 경제협력을 추구하였고, 1960년대 관세동맹, 1970년대 공동경제정책과 환율안정 도모, 1980년대 단일시장을 완성하기 위해 노력하다가, 1990년대 이후에는 단일화폐로의 전환 작업을 하였다. EU는 농업, 환경, 빈곤국에 대한 지원 등의 정책 분야로 확대되었지만, 경제 이외의 분야에 관심을 기울이기 시작한 것은 1980년대 후반 이후부터이다.

공동시장의 기반을 닦는 데 10 내지 15년이 소요되었고, 공동농업정책은 1960년대 후반에 시작하였으며, 관세동맹은 1968년 공동대외관세 협정이 체결된 이후에 완성되었다. 그러나 비관세 장벽은 계속되었는데, 이는 서로 다른 기술 규격과 품질관리, 보건과 안전의 차이, 비간접세 수준의 차이를 포함하였다. 1970년대 중반 회원국들은 새로운 유럽시장을 건설하는 것보다 그들의 국내시

17) Simon Hix, *The Political System of the European Union*, 2nd ed., p.278.

장을 보호하는 데 더 관심을 기울였다.

1980년대 들어서 분위기는 전환되었다. EC 경제의 상대적인 쇠퇴를 반전시키고, 첨단 산업분야에 있어서 미국과 일본의 우위 점유에 대응해야 했고, 자체 시장의 잠재성을 최대한 활용해야 할 필요를 느끼게 되었다. 중복되는 작업을 줄이고, 공동 연구를 하고, 유럽 기업들이 모든 회원국에서 기업 활동을 하는 데 대한 마지막 장애를 제거해야만 가격을 낮출 수 있을 것이고, 효율성과 경쟁력을 증대시킬 수 있다는 인식을 하게 되었다.

이러한 인식의 전환은 유럽 연합의 성격을 바꾸는 세 가지의 중요한 작업으로 나타났다. 첫째, 인간, 물자, 재화, 서비스의 자유로운 이동에 대한 장애를 제거하는 속도가 너무 느리다는 인식하에 1985년 일부 국가들이 솅겐 협정(Schengen Agreement)을 체결하였다. 이 협정은 내부 국경 검열 제도를 없애는 것을 내용으로 하였고, 1995년에 발효되었다. 둘째, 1992년 12월까지 단일시장을 만들기 위한 목표로 단일유럽의정서(SEA)가 1986년에 체결되었다. 마지막으로 진정한 의미의 단일시장은 단일화폐에 대한 합의 없이는 불가능하다는 인식하에 경제와 통화 동맹 계획이 1989년에 수립되었다. 이는 1993년 마스트리트 조약이 발효될 때 재확인되었고, 1999년 1월 11개 회원국이 유로화를 채택하였으며, 이후 12개국에서 통용되고 있다.

1) 단일시장

1985년의 콕필드 백서(Cockfield White Paper)는 내부시장을 완성하는 데 필요한 구체적인 단계의 리스트를 제시하였다. 이 리스트는 1986년의 단일유럽의정서의 기초가 되었다. 목표는 인간, 물자, 서비스, 재화의 자유로운 이동에 장애가 되는 비관세 장벽을 5년 이내에 제거하는 것이었다. 공동시장을 분열시키는 장벽을 제거함으로써 효율성, 성장, 무역, 고용과 번영이 증진되도록 기대되었다. 이 장벽들은 물리적, 재정적, 기술적 장벽을 포함하였다.

(1) 물리적 장벽

관세와 국경검열은 EC 회원국 정부들이 인구 이동(특히 불법 이주민)을 통제하고, 세금을 징수하고, 한 국가에서 다른 국가로 이동하는 상품의 유통을 파악하고, 국가별로 상이한 보건 기준을 적용시키기 위하여 필요로 하였다. 이러한 장벽은 유럽인의 차이점을 계속 상기시켜 통합에 심리적 벽을 쌓았을 뿐만 아니라, 중요한 경제적 긴장요인을 유발하였다.

물자 이동에 대한 장벽은 단계적으로 제거되었다. 1968년 관세동맹에 대한 합의가 이루어졌음에도 불구하고, 무역 쿼터를 적용하고, 금지된 물자 반입을 통제하고, 세금을 징수하고, 동 · 식물 병균을 막기 위하여 거의 모든 물자들이 국경 통과 검열을 받았다. 이 검열은 비용이 많이 들고 많은 시간을 소요하였다. 절차를 단순화하는 첫 단계의 조치는 1988년에 취해졌는데, 되도록 빠른 시일 내에 공동법(common laws)을 제정하여 국경에서의 행정적 검열을 없애는 것이었다. 둘째 단계는 문서 통일을 하는 것이었다. 상이한 세관원들이 사용하던 130개 이상의 다양한 양식이 단일행정문서로 대체되었고, 이는 1993년 1월 거의 완전히 실현되었다.

국경 검열의 폐지는 마약 거래를 쉽게 하고, 테러리스트들이 더욱 자유롭게 이동하게 된다는 우려를 야기하였다. 정부들은 테러, 마약, 미술품과 골동품 거래, EU 외부로부터의 이주를 통제할 필요를 느끼게 됨에 따라, 무역을 방해하지 않는 한 회원국들이 어떠한 정책을 시행하더라도 이를 SEA가 허용해야 한다고 주장하였다. 동시에 회원국들은 경찰 협력에 동의하여 1993년에 유로폴(Europol)을 창설하였고, 비자, 이주, 본국 송환, 정치 망명에 대한 공동조치의 실행에도 합의하였다.

국경 검열의 폐지는 1985년 프랑스, 독일, 베네룩스 국가들에 의해 시작되었다. 룩셈부르크 근처 도시에서 서명된 셍겐(Schengen) 협정은 서명한 국가들 간의 국경 검열을 폐지하기 위한 정부간 협의였다. 1990년에 집행의정서가 마련되었고, 1992년 이탈리아, 스페인, 포르투갈, 그리스가 협정에 참여하였다. 여권동맹(passport union)을 체결하고 있었던 덴마크, 스웨덴, 핀란드, 노르웨이 등 노르딕 국가들은 1995년에 참여하였다. 현재는 영국과 아일랜드를 제외한 EU 회원국 모두가 참여하고 있다.[18]

18) Simon Hix, *The Political System of the European Union*, 2nd ed., pp.348-349.

솅겐 협정(Schengen Agreement)

베네룩스 3국(이 협정이 체결되기 전에도 자유로운 국경왕래를 하고 있었음), 독일, 프랑스가 국경을 이동하는 사람들과 상품에 대한 국경 통제를 제거하기 위해 체결한 협정이다. 이 협정은 원래는 1985년 5개 체결국 대표들이 독일의 모젤 강 건너편에 있는 룩셈부르크의 솅겐에서 모여 개최한 회의에서 처음으로 협의되었다. 1994년까지는 이행되지 않고 있었고 1994년 당시에도 협정을 적용하는 데 있어서 제한사항이 일부 남아있었다. 이와 같이 솅겐 협정이 제한된 숫자의 국가들 간에 체결된 이유는 단일유럽의정서에 의거한 유럽연합 모든 회원국들의 국경 개방이 단시일 내에 가능하지 않다는 판단에서였다. 단일유럽의정서에 부속된 선언문은 필요시, 즉 비유럽연합 국가들로부터의 이민, 테러, 범죄, 마약거래, 그리고 예술품 밀매와 같은 범죄와의 전쟁시 회원국들이 국경을 통제할 수 있도록 허용하고 있다. 특히, 영국은 유럽연합과 비유럽연합 국가들 사이의 이동에 있어서 국경을 개방하는 문제에 대해 강경하게 반대했다. 나중에 유럽연합의 모든 국가들은 영국과 아일랜드를 제외하고 모두 솅겐 협정에 가입했다. 범죄자 월경 추적, 추방 그리고 망명자 처리와 같은 문제에 대한 복잡한 협력망이 솅겐 협정의 기치 아래 개발되었다. 솅겐 협정의 조항들은 1997년에 체결된 암스테르담 조약에 통합되었고 이로 인해 회원국들은 솅겐 협정의 조건을 채택 또는 채택하지 않을 수 있는 권한이 생겼다.

솅겐 협정을 완전히 이행하는 것은 서명국간의 비행기에 대한 공항에서의 검열 폐지, EU 역외국 시민의 자유로운 순환, 망명에 대한 공동 규칙, 월경 추격권, 그리고 비자에 대한 공동 정책을 의미하였다. 솅겐 협정은 암스테르담 조약이 정식으로 EU의 틀 내로 포함시키기까지 비공식적인 협약으로 남아 있었다.

(2) 재정적 장벽

재정적 장벽을 거론할 때 가장 중요한 사안으로 등장하는 간접세는 회원국들 간의 경쟁을 왜곡시켰고, 인위적인 가격의 차이를 야기하여 단일시장 완성의 장애가 되었다. EC 회원국 모두가 부가가치세 제도를 도입하였으며, 세율은 최저 룩셈부르크의 12%로부터 최고 덴마크의 22%까지 천차만별이었다. 독일의 부가가치세는 1992년 말까지 일반적으로 14%의 세율이 적용되었으나 특정사안에 대하여는 7%를 부과하기도 하였다. 기타 국가들은 다양한 세율을 보여 주었는데, 룩셈부르크 12%, 벨기에 19%, 덴마크 22%였으며, 아일랜드의 부가세는 무려 25%였다.[19] 술 · 담배세에 부과되는 세금도 국가간 국민건강에 대한 관심차이에 따라 다양하였다. 예를 들어 프랑스의 흡연자는 스페인에 비하여 두 배의 세금을 내고, 아일랜드에서는 4배, 덴마크에서는 6배를 낸다.

국가간 물자가 이동함에 따라, 정부는 부가가치세를 거두고, 술 · 담배 세금을 징수하고, 사기를 막고 탈세를 방지하기 위하여 통제를 해야만 했다. 다른 국가에서 알코올류, 담배류와 면세품을 무한정 구입하여 자기 나라에 가져갈 수 없었다. 예를 들어, 프랑스를 방문한 영국인들은 와인을 본국에서보다 훨씬 싸게 살 수 있지만, 양의 제한을 받았다. SEA가 체결되면서 면세제한은 점차 축소되었고, 1993년 1월에는 철폐되었다. 1991년에는 최저 부가가치세 15%가 합의되었고, 1992년에는 술 · 담배세에 대한 최저 비율이 합의되었다. 그 이후에는 EU 전체에 통용되는 부가가치세에 대한 합의가 이루어져 세금은 생산한 국가에서만 징수하도록 하였다. 1999년 7월 EU 회원국들 간의 여행객에 대한 면세 판매는 폐지되었는데, 이에 따라 단일시장의 이득이 최소화되었다는 비판을 받게 되었다.

(3) 기술적 장벽

EEC는 단일시장에 심각한 장애가 되는 회원국들 간의 상이한 기술적 규칙과 표준을 그대로 유지할 수가 없었다. 이들의 대부분은 안전, 보건, 환경과 소비자 보호 기준의 차이 때문에 비롯되었고, 불합리한 것들도 포함되어 있었다. 타국의 제품이 자국에서 팔리지 못하도록 기준을 강화하는 경우가 이의 일례라 할 수 있다. 기술 표준은 한편 소비자를 보호한다는 측면이 있으면서도 다른 한편 경제 보호주의에 기여를 한다. 유럽공동체는 EC 표준을 만들고, 회원국들이 이를 준수하도록 하여 기술적 장벽을 제거하려 하였다.

절차를 단순화하기 위하여 세 번의 돌파구를 마련하였다.

1. 1979년 모든 회원국들이 국내기술표준에 부합되는 다른 국가의 생산품을 받아들여야 한다는 확인을 하였다. 예를 들어 지역보건규정에 기초하여 다른 국가들로부터의 식품수입을 봉쇄할 수 없다는 것이다.

19) 김동현 · 이승철, 『유럽 연합의 현황과 전망』(서울: 집문당, 1996), p.24.

2. 1983년의 상호정보교환제도에 의하여 새로운 국내 기술규정을 시행할 경우 회원국들은 이를 다른 회원국들과 집행위원회에 통보하여야 하고, 이 새로운 규정이 새로운 무역 장벽을 만드는지 여부를 판단하기 위하여 3개월 동안 유예하도록 하였다.
3. 콕필드 백서는 기술규정에 대한 새로운 접근을 포함하였다. 집행위원회가 모든 규칙과 규범에 대한 합의를 도출해 내는 대신, 각료이사회가 일반 목적의 법에 대한 합의를 하고, 상세한 부분은 유럽표준위원회(European Standardization Committee)와 같은 사설표준기구에서 결정할 수 있도록 하였다.[20)]

이러한 세 가지 조치는 EC가 관료적이고 행정적인 장애를 제거하는 데 기여하였다. 예를 들어 전조등의 조명도부터 타이어 깊이까지 50여 개의 도로교통규정을 합의할 수 있었다. 식품함유량도 동일화하여, 미국식으로 포장식품의 영양분 함유량도 구체화하였다.

발전이 늦은 분야도 있다. 매년 300억 달러씩 판매되는 제약 산업이 분열되어 있다. 자동차 산업에 있어서도 영국과 아일랜드의 차량은 아직도 운전석이 오른쪽에 있다. 텔레비전 체계도 통일되어 있지 않아서 TV 생산자들은 8가지 모델을 생산해야 한다. 대개의 회원국들은 독일식 PAL 방송을 하지만, 프랑스는 자체 시스템인 SECAM 방식을 택하고 있는데, 이 두 가지 모두가 미국의 NTSC 방식과 상이하다. 회원국마다 전기 플러그도 통일되어 있지 않기 때문에 여행객들은 변환기(adapter)를 소지하여야 한다.

단일시장을 위한 노력은 분명 많은 것을 이루었고 지금도 이루어 가고 있다. 내부 국경검열 폐지와 간접세율의 제한과 같은 어려운 문제에서도 많은 진전이 있었다. 그러나 유럽공동시장이 국내 시장만큼 개방적, 또는 통합적일지는 장담할 수 없다. 이는 자유 이동을 방해하는 모든 장애요인이 제거된 것이 아니고, 또 시장을 분화시키는 모든 국내 정책이 동일화된 것이 아니기 때문이다.

20) John McCormick, *The European Union: Politics and Policies*, 2nd ed., pp.216-217.

2) 단일유럽의정서의 효과

유럽 통합 과정에서 채택된 문제의 소지가 많은 결정들과 달리 단일유럽의정서(SEA)에 대한 합의는 절대적인 환영을 받았다. 경제 통합을 가속화하는 데 더하여 SEA는 유럽인들 삶에 직접적 영향을 미치는 것이었다.

(1) 주거의 권리

1993년 1월 이래 EU 회원국의 시민 누구나 EU 회원국 어디에서든지 일할 수 있도록 하였고, 은행 계좌 역시 어느 곳에서도 개설 가능하며, 저당도 어느 곳에서나 잡힐 수 있으며, 무한정하게 자본을 거래할 수 있고, 유럽선거와 지역 선거에서의 투표가 가능하게 되었다. 몇 개의 제한은 남아 있지만, 비교적 사소한 것들이다. 예를 들어, 학생들은 1년 단위로 거주 허가가 주어지고, 반드시 그 지역 학교에 입학해야 하며 경비를 스스로 충당할 수 있어야 한다.

(2) 합작투자와 기업 합병

국가를 초월하는 기업들 간의 합병은 유럽에서 오래전부터 있어 왔는데, 1950년대부터 1980년대 초반까지는 미국 및 일본과의 경쟁에서 뒤지게 되어 국내외 시장을 장악하지 못함에 따라 기업 활동도 축소되었다. 경쟁력을 회복하기 위하여 집행위원회는 시장분열을 막고 국가간 정보교류와 기업간 협력을 유도하였다.

그 결과 다양한 사업에서 합작이 이루어졌다. 예를 들어 프랑스의 톰슨(Thompson)사와 네덜란드의 필립스(Philips)사 간의 고화질 텔레비전, 이탈리아 피렐리(Pirelli)사와 영국 던롭(Dunlop)사의 타이어, 독일 BMW와 영국 롤스로이스(Rolls-Royce)의 비행기 엔진사업의 합작이 이루어졌다. 또한 1973년 유럽의 14개국은 우주에서의 유럽 독자 프로그램을 추진하기 위하여 유럽우주국(ESA: European Space Agency)을 창설하였다. 1998년 현재 이 사업에 참여하고 있는 14개국은 그리스, 룩셈부르크와 포르투갈을 제외한 EU 회원국 모두와 스위스, 노르웨이를 포함하고 있다. ESA의 예산은 프랑스 21.5%, 독일 17.2%, 이탈리아 11.3%, 영국 4.9%로 충당된다.

1980년대 중반 이후에는 화학, 제약, 전자산업에서의 합병이 주로 이루어졌다. 1984~1985년 사이 EC 내에서 208건의 합병이 이루어졌고, 1989~1990년에는 622건이 성사되었다. 1996년에는 합병 금액이 2,530억 달러를 기록하였다. 최근 들어 괄목할 만한 합병 사례는 1992년 에어 프랑스가 벨기에의 사베나(Sabena) 항공사의 주식 37.5%를 인수한 것과 1994년 BMW가 영국의 자동차 회사인 로버(Rover) 그룹을 인수한 것, 1998년 독일의 폭스바겐(Volkswagen)이 영국의 롤스로이스(Rolls-Royce)를 인수한 것 등이다.

3) 단일화폐 추진

최근 들어 유럽 통합을 추진하는 데 있어서 가장 논쟁적인 분야는 단일통화를 추진하는 것이었다. 환율에 영향을 미치는 회원국들의 단독 화폐의 존재는 실질적인 단일시장을 설립하는 데 가장 큰 장애가 되어 왔다. 이를 극복하기 위한 최근의 조치는 위험부담이 컸음에도 불구하고 1999년 1월 11개 회원국이 2002년 7월 유로(Euro)라는 단일화폐를 도입하기 위한 포석으로 각국 환율을 고정시킨 것이었다. 단일화폐의 도입은 국가의 주권과 독립성에 배치되는 것으로 인식되고 있다. 왜냐하면 국가가 자국 화폐를 효과적으로 통제하는 권리를 포기한다는 것은 이자율을 자율적으로 변동시키는 것과 같은 국내 경제정책의 옵션을 포기하는 것이나 마찬가지이기 때문이다.

유로화를 적극적으로 추진하는 측이 주장하는 유로화의 장점은 다음과 같이 예상되었다.

1. 여행객들은 화폐를 더 이상 환전할 필요가 없다. 이는 시간과 경비를 절약하게 하고, 유럽인들이 다른 국가들과 더욱 결속되어 있다는 인식을 가지게 한다.
2. 유로화는 투기를 봉쇄하여 안정적 경제를 유지케 한다. 통화의 불안정을 해소하고, 수출을 계획하는 데 있어서 예측성과 신뢰성을 높여 준다.
3. 기업은 통화 변동 가능성에 대응하여 연계 매매 비용(hedging cost)을 지불하지 않아도 된다.

4. 유로화는 유럽 시장의 크기와 힘에 의해 지지되고 있기 때문에 미국 달러나 일본의 엔과 같은 수준의 세계적 화폐가 될 것이다. 이에 따라 EU는 세계 경제 정책에 더 많은 영향력을 가질 수 있게 될 것이다.[21)]

이러한 장점을 기반으로 하여 단일화폐를 추진하였으나 단일화폐의 의미가 EU 시민들에게 충분히 이해되지 않았고, 유럽인들은 이 아이디어에 대하여 혼재된 감정을 가졌다. 한 여론조사(Eurobarometer polls)에 따르면, 1997년 51%가 단일화폐를 지지하였는데, 찬성비율 57~78%로 가장 열정적인 지지를 한 국가들은 프랑스, 이탈리아, 베네룩스 3국이었고, 반대비율 45~59%로 가장 빈약한 지지를 보인 국가들은 독일, 영국, 스칸디나비아 등이었다. 단일화폐에 대한 우려는 다음과 같이 열거되고 있다.

1. 역사적으로 독립된 주권 국가들이 화폐 통합을 시도한 적이 없다.
2. 만약 유럽인들이 타국의 언어를 배우지 않고, 직업을 구하려고 이동하는 자유가 허용되지 않는다면, 유로화는 EU 국가에 이미 존재하는 빈곤과 부의 격차를 더욱 영구화시킬지도 모르고, 이는 나아가 단일시장의 발전을 저해하는 요인이 된다.
3. 상이한 국가들은 나름대로의 경제순환체계를 가지고 있으며, 상이한 통화체계는 변화하는 경제환경에 대응하여 평가절하하기도 하고, 차입하기도 하며, 금리를 조정하기도 한다. 단일화폐가 되면 이러한 융통성을 발휘할 수 없게 된다.
4. 유로화로 전환하는 비용이 많이 들 것이다. 왜냐하면 새 동전과 지폐를 새로 생산해야 하기 때문이다. 그리고 동전과 지폐를 제작하는 기계도 새로운 디자인으로 전환해야 하고, 컴퓨터 소프트웨어 역시 변화가 필요하며, 은행도 이러한 전환에 대비하여야 한다.
5. 주권 상실에 관한 우려가 내재되어 있다.[22)]

21) John McCormick, *The European Union: Politics and Policies*, 2nd ed., p.224.
22) John McCormick, *The European Union: Politics and Policies*, 2nd ed., p.224.

통화통합에 대한 필요성은 1960년대 후반부터 제기되기 시작하였다. 1969년 12월 헤이그 정상회담에서 정치 · 경제 영역에서의 유럽통합은 단일한 경제 및 통화정책의 수립 없이는 불가능하다는 데에 의견의 일치가 이루어졌다. 1970년 1월 26일 각료이사회는 단기 경제정책의 상호간 협조를 위한 상의 절차 및 단기 통화원조에 관한 체계의 확립을 의결하였고, 1970년 2월 9일에는 각 회원국의 중앙은행 간에 단기통화원조에 관한 협정이 체결되었다. 그리고 3월 6일 각료이사회는 룩셈부르크 수상 베르너(Pierre Werner)가 지휘하는 위원회에 유럽경제 및 통화동맹의 설립 작업을 위임하였다. 베르너 위원회는 1970년 10월 8일 유럽 경제 및 통화 통합을 위한 베르너 보고서를 제출하였다.

1971년 2월 9일 각료이사회는 회원국 간의 경제 및 통화정책 협력 강화 및 각 회원국 통화 사이의 밀접한 연계를 목표로 유럽의 경제 및 통화기구의 단계적 설립을 의결하였고, 1971년 1월 1일부터 이를 소급 적용함으로써 경제 및 통화 동맹의 첫 번째 단계가 시작되었다. 그러나 1971년 초 발생한 서유럽국가들의 중앙은행에 범람한 외환홍수는 각 회원국으로 하여금 자유환율체제로 전환케 만들었으며, 설상가상으로 1971년 8월 15일 미국 닉슨 대통령에 의한 달러의 금환본위제도의 철폐는 더욱 이를 가중시켜 유럽외환시장이 그들의 창구를 스스로 막아버리는 결과를 가져오게 되었다.[23)]

유럽에서의 경제위기와 국제통화 대란 등으로 말미암아 경제 및 통화통합은 별다른 진전을 하지 못한 채 1970년대가 흘러갔다. 이후 유럽연합의 단일통화를 창출하기 위한 법적 기초가 1978년 7월 6~7일 정상회담의 결정에 따라 마련되었다. 이로써 유럽화폐단위(ECU: European Currency Unit)가 유럽연합 단일 통화단위로서 등장하였다.

유럽통화제도(EMS: European Monetary System)는 환율 안정 영역을 설정하고, 인플레이션을 통제하려는 목적으로 1979년에 시작되었다. 경제와 재정 정책은 변동환율제도(ERM: Exchange Rate Mechanism)를 통해 조화를 이루었는데, ERM은 EC 화폐들 간의 동요를 감소시키기 위해 고안되었으며 EMS의 핵심 수단이었다. 1979년 3월부터 유로화 도입때까지 작동한 EMS는 변동하는 국가

23) 김동현 · 이승철, 『유럽연합의 현황과 전망』(서울: 집문당, 1996), pp.148-149.

환율 상황 속에서 회원국간 가격 안정을 합리적 차원에서 보호하기 위해 고안된 계획이었다. ERM은 회원국의 화폐가 미리 정해놓은 제한선 내에서 가치가 이동할 수 있도록 허용하였다. ERM은 유럽화폐단위(ECU)에 중점을 두었다. 몇몇 회원국은 ECU에 대응하여 자국의 화폐 안정을 유지하는 데 어려움을 겪었다. 그러나 EMS는 1980년대 동안 유럽에서 환율이 안정되는 데 기여하였고, 전쟁 이래로 오랜 기간의 일관된 경제 발전에 공헌하였다.

1989년 들로르 계획(Delors Plan)은 새로운 시도인 통화동맹에 초점을 맞추었다. 들로르 보고서는 유럽연합 역내에서의 확고부동한 통화체제의 확립, 통화의 지속적인 안정성 추구를 위하여 인사 · 상품 · 서비스 및 자본거래의 자유이동, 그리고 불변의 환율과 종국적으로 통일된 단일통화의 창출을 목표로 하고 있었다.

1992년 12월 16일 통화통합에 대한 합의가 이루어졌다. 통화통합을 위하여 1998년 7월 1일까지 중앙은행을 개설하고 1994년에 설립된 유럽통화기구(EMI)와 유럽평의회가 1996년 각 회원국 경제장관들에게 이에 관한 전반적인 심사보고를 거쳐 전체 12개 회원국 가운데 7개 이상의 회원국이 심사를 통과하게 되면 유럽단일통화체제가 시행되도록 하였다. 그리고 위 합의는 유럽의 경제와 정치통합 협정인 마스트리트 조약을 기반으로 하고 있었다.

1992~1993년 동안 영국과 이탈리아가 ERM에서 탈퇴하였고, 몇몇 다른 국가들은 자국 화폐를 평가절하해야 했기 때문에 들로르 계획은 거의 붕괴 상태에 이르렀으나, 마스트리트 조약은 들로르 계획의 기본원칙들을 재확인하였다. 단일화폐에 참가하기를 원하는 EU 회원국들은 본질적으로 필요한 4가지 '전환기준(convergence criteria)'을 충족해야 했다.

1. GDP 대비 국가 예산 적자가 3%를 초과해서는 안 된다.
2. GDP 대비 국가 부채비율이 60%를 초과해서는 안 된다.
3. 소비자 인플레이션 비율이 가장 낮은 3개국 평균보다 1.5% 이상 초과하지 않는다.
4. 장기 금리가 가장 낮은 3개국의 평균보다 2% 이상 초과하지 않는다.

1995년 12월 15~16일 마드리드 정상회의에서 EU 지도자들은 새 화폐를 유로(Euro)라 부르기로 결정하고, 유럽단일통화의 채택시기와 가입조건 등을 합의하였다. 유로는 3단계의 절차에 따라 도입하기로 결정하였다. 첫 단계는 1998년 5월에 시작되었는데, 이때 어느 국가가 준비완료되었는지 결정하였다. 예산 적자 항목은 모든 국가가 통과하였으나, 그리스는 금리를 조건에 맞게 감소시킬 수 없었고, 독일과 아일랜드는 인플레이션 감소 조건을 충족시키지 못했다. 부채 관련 목표는 7개국만이 달성하였다.[24] 그러나 마스트리트 조약은 만약 국가의 채무 대 GDP 비율이 충분하게 감소되고, 만족할 만한 속도로 '신용가치(reference value)' 에 접근한다면 자격을 가질 수 있도록 하는 항목을 포함하였다. 결국, 벨기에와 이탈리아의 국가 채무가 목표의 거의 두 배임에도 불구하고, 영국, 덴마크, 그리스, 스웨덴을 제외한 나머지 국가들이 단일화폐 추진에 참여하였다.

1999년 1월 1일 두 번째 단계가 실시되었다. 참가국들은 자국 화폐의 환율을 유로에 맞춰서 고정시켰고, 유럽중앙은행(ECB)은 단일통화정책을 감독하기 시작하였다. 유로화 지역에 있는 모든 국가들이 의무적으로 정하는 기본 금리는 ECB에 의해 결정되도록 하였다. 상업은행과의 모든 거래와 모든 외환 활동을 위한 화폐는 유로화로 대체되었고, 미국 달러나 일본의 엔에 대하여 시세를 정하였다. 다음 세 번째 단계는 2002년 1월 1일에 실시되었고, 유로 동전과 지폐가 등장하였다. 기존의 국가 화폐를 유로화로 전환하는 기간으로 6개월이 허용되었고, 마침내 2002년 7월 1일 참여국의 화폐는 거래가 중지되고 유로화로 대체되었다. 초기에 4개국이 참여하지 않았는데, 덴마크, 스웨덴, 영국은 단일 통화제를 거부했고, 그리스는 통합 기준을 맞추지 못했다. 단일 통화 회원국은 그리스가 2001년 1월 목표기준을 달성하면서 12개 국가로 확정되었다. 이 제도의 주요 특징은 다음과 같다.

단일화폐에 참여한 회원국들은 금리 정책을 포함해서 독자적인 금융 정책을 더 이상 추구하기가 어렵게 되었다. 유로 존은 자체의 제도적 구조를 통해 결정되는 공동 통화정책을 보유하게 되었다. 유로 회원국의 거시경제 정책은 통화

24) *The Economist*, 11 April 1998.

정책만큼 동일하지는 않을지라도 반드시 긴밀하게 연계되도록 하였다. 이러한 연계의 틀은 안정과 성장 협정(Stability and Growth Pact)에 의하여 성립되었다. 이 협정하에서 회원국들은 신중한 재정 정책을 수행해야 하고, 특히 경제 사이클에 따라 전반적으로 균형잡힌 국가 예산을 유지해야 하고, 이러한 안정 성장 협정을 어기면 벌금을 내게 하였다.[25]

단일화폐 도입이 유럽통합을 앞당겼지만, 이 제도가 성공적일지는 두고 봐야 한다. 이러한 판단의 근거는, 보다 안정된 유럽경제와 통화환경을 조성함으로써 투자와 시장에 대한 예측 가능성을 높이면 단일화폐가 성장과 번영을 증진시키게 된다는 것이다. 그러나 이미 EMU의 획일적 성격이 불러온 문제점이 드러나고 있으며, 나아가 이러한 사태는 유로제도가 동시다발적인 경제 쇼크와 대규모 경기 침체에 대처하기 전에 나온 얘기라는 데 문제가 있다. 다시 말해서, 유로제도는 단일통화제도가 경제 수행에 있어서 발생하는 문제점들을 다루는 데 필요한 두 가지 제도적 장치를 결여하고 있는데, 이는 바로 노동의 동원력과 재정을 이동시킬 수 있는 중앙의 능력이다. 이미 "팽창주의(expansionist)" 정치가들과 "신중한(cautious)" 은행가들 사이에 정책 콘텐츠에 대한 이견의 목소리가 나오고 있다. 또한 회원국 정부들 사이에서도 그 콘텐츠에 대한 불만이 터져 나오고 있다. 실업률이 높은 국가들은 유로지역의 공동이익에 부합되는 것으로 평가되는 엄격한 재정정책을 받아들이기를 주저하는데, 그 이유는 더 이상 이자율이나 환율을 조정하기가 어렵게 되기 때문이다.

3. EU의 농업과 지역정책

유럽연합에서 우선시되는 측면은 자유무역의 이득이 지역과 분야에 상관없이 모든 회원국에게 동등하게 배분되어야 한다는 것이다. 이러한 목적으로 EU는 부와 기회를 재분배하고, 저발전 지역을 발전시키는 보조금을 제공하기 위하여 농업, 어업, 지역발전 정책을 개발하여 추진하고 있다.

25) Neill Nugent, *The Government and Politics of the European Union*, 5th ed., p.307.

농업정책에 대하여는 많은 논쟁이 계속되고 있다. 농업부문은 다양한 구조적 문제를 동반한 매우 위축된 분야로서 유럽연합뿐만 아니라, 대부분의 선진산업 국가에서도 국가보조금을 필요로 하는 분야이다. 다른 산업부문과 비교해 볼 때 농업부문은 많은 구조적 단점을 가지고 있다. 우선 땅 · 기후 등의 차별성으로 인하여 생산성이 지역적으로 상이할 뿐만 아니라 수확도 불확실한 변동을 나타내고 있다. 농업기술 및 화학비료 등의 발달로 일정 수준으로 농업생산을 증대시킬 수 있지만, 생산의 재고는 기타 다른 생산물로 포화된 시장과 경쟁하여야 하고 동시에 그곳에서 형성된 시장가격에 전형적으로 지배받기 마련이다. 특히 소규모 영농은 대규모 산업체가 가지고 있는 것과 같은 경쟁력을 갖추고 있지 못하기 때문에 국가의 보호 없이는 세계시장에서 저가 공급자들과의 경쟁에서 살아남기 어려운 상황이다. 이와 같은 구조적 문제로 말미암아 오랫동안 대부분의 유럽 국가들은 관세부과 및 수입제한 등과 같은 보호조치를 시행하여 자국의 농업을 유지해 왔다.

유럽 노동력의 5%가 농업종사자이고, EU 전체의 GDP 중 농업이 3%만을 차지하고 있으나, 농업은 EU가 가장 많은 투자를 하는 정책분야이다. EU 전체 지출 예산의 약 50%가 공동농업 정책에 사용되고 있다.[26] EU는 다른 정책 분야보다 농업에 더 많이 관련되어 있으며, 농업은 단일 분야에 있어서 가장 많은 법이 제정된 분야이다.

농업정책은 두 가지 중요한 측면에 있어서 다른 정책 분야와 차이가 있다. 첫째, EU 경제 활동의 거의 모든 영역에서 장애물이 철거되어 시장이 개방된 반면, 농업은 EU로부터 많은 개입을 받고 있다. EU는 농업 가격을 높게 유지하려는 적극적 정책을 추진해 왔으며, 이에 따라 회원국으로부터뿐만 아니라 미국과 같은 EU의 주요 무역 파트너 국가로부터 비판을 받았다. 둘째, 다른 분야의 정책과 달리 농업 정책은 로마조약을 토대로 하고 있는데, 이에 따라 공동 농업 정책에 대한 조항은 다른 분야의 정책보다 더욱 명확하게 언급되어 있다.

유럽 농업공동체의 수준을 향상시키는 목표는 지역 정책과 같은 EU의 다른

26) Anne Stevens, "Ever-Closer Union: European Co-operation and the European Dimension," in Richard Sakwa and Anne Stevens (eds.), *Contemporary Europe* (London: Palgrave, 2000), p.157.

활동과 중첩된다. 이는 EU의 지역간 부의 격차를 줄여 사회 · 경제적 결속력을 증진시키는 것과 연계된다. 산업화된 세계의 대부분 정부는 농업이 다른 경제 활동 영역과 같지 않다는 견해를 가지고 있다.

1) 공동농업정책

농업정책은 안정적이고 충분한 식량 공급을 보장하고, 수입에의 과도한 의존을 감소시키기 위해 고안되었다. 농업정책의 창시자들은 전시 동안 수많은 유럽 시민들이 굶주림으로 고통 받았던 경험을 기억하고 있었다. 농업정책은 사회적인 그리고 비록 천천히 증대되고 있지만 환경적인 목적을 가졌다. 이에 따라 농업정책은 지방 공동체가 존속할 수 있어야만 하고, 땅은 경작하고 돌보아야 한다는 점에 기초하였다. 이 정책은 농산품의 가격을 지원하기 위한 메커니즘을 포함하고 있기 때문에 이러한 목적들은 상당한 비용을 초래하였고, 종종 왜곡되고, 불균형적이고, 과도한 생산을 초래하였다.

로마조약을 협상할 당시 농업은 유럽 정책결정자들의 우선적 고려사항이었다. 전쟁의 황폐화와 이에 따른 식품의 부족은 유럽인들의 마음속에 깊이 자리잡고 있었을뿐더러, 농업은 6개국 GNP의 12%를 차지하였고, 농업 인구는 전체 노동력의 5분의 1을 점유하고 있었다.[27] 농업 정책은 여러 가지 독특한 정치적 · 경제적 의미를 함유하고 있었다.

첫째, 유럽통합을 처음 논의할 당시 농업은 독일과 프랑스의 주된 논쟁거리였다.[28] 프랑스인들은 공동시장이 프랑스에는 별 이득을 주지 못하는 대신 독일의 산업에는 많은 혜택을 가져다줄 것이라는 불만을 가졌다. 프랑스는 1950년대 중반에 대규모의 효율적인 농업 분야를 보유하고 있었다. 프랑스 GNP의 12%가 농업이었고, 노동력의 25%가 농민이었다. 반면 독일의 농업은 GNP의 8%, 노동력의 15%를 점유하였다.[29] 공동시장이 농민들에게 충분한 이득을 가져다주지

27) European Commission, *The Agricultural Situation in the Community*, 1993 Report (Luxembourg: Official Publications, 1994), table 3.5.1.3.

28) Wyn Grant, *The Common Agricultural Policy* (New York: St. Martin's Press, 1977), pp.71-72.

못할 것이라는 인식하에 프랑스 정부는 보호무역제도(protectionist system)를 고집하였다.

둘째, 농산물 가격은 다른 물자보다 파동(fluctuation)의 영향을 더 받는다. 유럽인들은 수입의 4분의 1가량을 식품에 소비하고 있기 때문에 이 파동이 경제 전반에 미치는 영향은 엄청나다. 가격 상승은 인플레를 초래하는 동시에 농민들의 부채를 증가시킨다. 기계화에 따라 최저임금 유지도 어렵게 되자 많은 농민들이 도시를 향하여 떠나게 되었다. 지방을 떠나지 않게 하기 위하여 보조금(subsidies)을 확충하였다.

셋째, 식품의 자급자족은 농업정책의 방향을 결정하는 우선적인 요소가 되어 왔다. 제2차 세계대전은 유럽인들이 수입 식품에 얼마나 많이 의존하는지를 인식하게 만들었고, 전쟁 또는 위기시 이러한 수입이 큰 장애를 받을 수 있다는 점을 인식하게 하였다. 예를 들어, 전쟁 이전 영국은 필요한 식품의 약 70%를 수입했는데, 이는 미국과 캐나다의 밀, 아르헨티나의 쇠고기, 카리브해 연안의 사탕수수를 포함하였다. 전쟁은 이러한 수입품에 대한 의존이 안보문제와 직결되어 있음을 확실하게 보여주었고, 영국은 전후 농업 발전 프로그램을 적극 추진하여 필요식품의 35%만을 수입하고 있다. 이러한 형태는 EU 전체에 걸쳐 비슷하게 나타났으며, EU 외부지역으로부터 수입한 농산품들이 대폭으로 감소하고, 회원국간 무역이 증대하였다.

마지막으로 유럽에서 농민의 유권자수는 1960년대 중반에 비하여 줄었지만, 아직 상당한 영향력을 가지고 있다. 농업 종사자는 1958년 전체 인구의 25%에서 현재 5%로 줄었다(미국은 2.6%이다). 이 수치는 국가마다 차이가 있다. 영국, 벨기에와 독일은 2~3%, 오스트리아와 이탈리아는 6~7%, 스페인은 8%, 아일랜드와 포르투갈은 12~14%, 그리고 그리스는 19%이다.[30] 더욱이 부유한 EU 국가들의 농민들은 전통적으로 그들의 권익을 보호해주는 강력한 조합을 보유

29) H. von der Groeber, *The European Community, the Formative Years: The Struggle to Establish the Common Market and the Political Union (1958-1966)* (Brussels: European Commission, 1987), pp.71-72.

30) Food and Agriculture Organization (FAO) of the United Nations, *FAO Production Yearbook 1996* (New York: FAO, 1997), table 3.

하고 있다. 국립 조합 이외에 EU 내에는 150개 이상의 노동기구들이 조직되어 있고, 그들의 상당수는 EU에 직접 로비를 하고 있다.

EU에 새로 가입했거나, 가입할 중동부 유럽국가들의 농업종사율은 비교적 높은 편이다. 체코, 헝가리, 슬로베이나, 슬로바키아, 에스토니아는 10% 미만이지만, 루마니아와 불가리아는 각각 35%와 25%를 차지하여 국가의 산업 중 농업이 차지하는 비중이 매우 높은 편이다. 폴란드의 농업 종사자는 전체인구의 19%를 차지하고 있다.[31]

유럽연합 GDP의 2.4%, EU 고용의 4.4%만을 차지함에도 불구하고, 농업은 EU의 삶에서 상당히 부각되고 있다. 이는 4가지 중요한 이유에서 비롯된다. 첫째, 농업의 경제적 파급효과는 단지 주어진 수치가 나타내는 것보다 더 크다. 왜냐하면, 농업 자체와 더불어 농업과 밀접히 관련된 수많은 산업들과 농업의 성공에 의존하는 수많은 산업들이 존재하기 때문이다. 이러한 산업들은 농약, 화학비료, 농기계, 식품 가공업, 수의학, 금융 서비스 등이 포함된다. 둘째, EU는 공동농업정책을 통하여 농업에 대한 주요 정책 수립과 정책 결정 책임을 가지고 있다. 더욱이 농업은 EU의 영역별 정책 중 가장 많이 통합된 부분이다. 셋째, EU 기금의 주된 수혜자로서(전체 연간 지출의 절반 이상을 차지) 농업은 EU 예산 심의의 핵심이다. 넷째, 다른 영역에서보다 농업 영역에서의 더 많은 제도적 실체와 활동이 있다. 농업이사회 장관은 외교이사회, 경제사회이사회 장관들을 제외한 다른 이사회 장관들보다 더 자주 정기적인 모임을 갖고 있다. 농업이사회 모임은 상주대표위원회(COREPER)에 의해서가 아닌 특별기구인 농업특별위원회(SCA: Special Committee on Agriculture)가 준비하고, 농업 총국은 집행위원회의 총국들 중 두 번째로 크고, 다른 단일 정책 영역에서보다 농업 영역에서 위원회 운영과 자문위원회, 이사회 실무 그룹이 더 많다.[32]

공동농업정책의 추진

공동농업정책(CAP)은 1957년에 조인된 EEC 설립을 위한 로마조약에 근거를

31) Tim Bale, *European Politics: An Comprehensive Introduction* (New York: Palgrave, 2005), pp.15-16.

32) Neill Nugent, *The Government and Politics of the European Union*, 5th ed., p.385.

두고 있는, 40년 이상의 역사를 갖고 있는 제도이다. 통합 초기에 독일, 벨기에, 네덜란드 등은 공동농업정책에 대하여 별 관심을 두지 않았다. 그러나 시대에 뒤떨어지고 비효율적인 농업 체제를 가진 프랑스와 이탈리아는 그들의 농업이 충분히 현대화될 만큼 오랫동안 생존할 수 있는 유일한 방법은 그들의 상품을 남미, 북미, 카리브, 오스트랄라시아로부터 훨씬 값싸게 수입되는 식품으로부터 보호하는 정책에 의존하는 것뿐이라고 인식하고 있었다.[33)]

1958년에 EEC 내에서 농민은 전체 노동자의 5분의 1에 지나지 않았기 때문에, 처음에 로마조약은 농업문제에 별 관심이 없었다. 그러나 프랑스의 집요한 요구로 공동농업정책이 수립되었다. 1958년 이후 드골은 프랑스가 공동체에 계속 남아 있는 조건으로서 공동농업정책 추진을 고집하였다. 그 결과 농업에 대한 최초의 규제법들이 1962년 초에 도입되고, 1968년에 공동농업정책이 완전히 시행되었다.

공동농업정책(CAP: Common Agricultural Policy)

공동농업정책은 1958년부터 시작된 유럽경제공동체(EEC) 설립을 위한 회원국간의 협상에서 중요한 역할을 수행했다. 당시 노동력의 약 20%가 농업 생산에 종사하였고, 특히 프랑스는 자국의 소작농을 보호하는 농업 협력 계획의 수립을 원하였다. CAP의 원칙은 EEC를 설립한 로마조약의 제38~47조에 포함되었다. 이 정책의 기본 목적은 농업 생산성을 향상시켜 농업에 종사하는 노동자의 생계 수준을 보호하고, 시장을 안정시키고, 합리적 가격에 식품 공급을 가능하도록 보장하는 것이었다. CAP는 2002년 EU 예산의 약 42%를 소비하여 EU의 자원을 상당히 고갈시켰다. 이 정책의 결과 과도한 생산이 이루어져 "와인 호수", "버터 마운틴"이라는 말이 나돌 정도였다. 1992년 소고기와 곡물에 대한 개혁이 문제를 해결해 주지는 못하였다. 대규모 농업분야를 보유하고 있는 중동부 유럽국가로 EU를 확대하자는 1997년 7월의 아젠다 2000에서 집행위원회에 의해 더 많은 개혁이 제안되었다. 이에 2000~2006년까지 일괄적인 개혁을 시행하겠다는 안이 1999년에 채택되었다. 개혁은 1992년 조치들을 강화하는 것인데, CAP의 전통적인 가격정책에 대한 관심을 식품 안정, 환경지침, 농업의 지속성, 가격경쟁력 강화, 농민에 대한 직접적 수입지원, 그리고 순수하고 통합된 지방발전 계획으로 전환시켰다.

33) Philip Thody, *Europe since 1945* (London and New York: Routledge, 2000), p.172.

1958년 이탈리아의 스트레사(Stresa)에서 개최된 회의에서 채택된 CAP의 기본 목표는 농업생산품의 공동시장 형성, 수입품보다 EU 생산품을 우선시하는 보호주의, 모든 회원국들이 CAP의 비용을 동등하게 부담하는 것을 내용으로 하였다. 기본원칙 중 가장 첫 번째는 공동 대외관세에 대한 아이디어였다. 공동체 외부로부터 수입되는 모든 농업과 산업 생산물에 대해서는 수출한 국가 또는 수입한 국가에 상관없이 동일한 수입 관세를 지불하도록 하였다.

로마조약 제38~47조에서 제시한 목표는 농업기술 향상과 생산성 제고, 농업에 종사하는 사람들의 개별 수익을 증가시킴으로써 농업 공동체의 삶의 질 향상, 시장의 안정화, 공급의 효용성 보장, 소비자가 합리적인 가격으로 구매할 수 있게 하는 공급 보장 등을 포함하였다. CAP는 수요와 공급 규모의 변화에 상관없이 생산품에 대한 최저가격을 보장하고, 모든 회원국들은 이것이 가능하도록 공동으로 재정을 부담하도록 하였다.

CAP가 어떻게 작동되어야 하는가에 대해서는 1960년대 초반 각료이사회에서 합의되었다. 그 내용은 공동농업정책보다는 공동농업가격 지원체제에 초점을 맞추었다. 매년 봄, 즉 4월이나 5월에 농업장관회의를 가지고 모든 농산품에 대한 가격을 정하도록 하였다. 전해 9월 이후에 집행위원회, 농업이사회, 이익단체와 회원국 정부 간의 대화와 협상을 거쳐 가격을 결정한다.

기술이 발전함에 따라 유럽의 농민들은 보다 좁은 땅에서 더 많은 수확을 하게 되어 버터, 시리얼, 쇠고기, 설탕 같은 물자는 수요보다 공급이 초과하게 되었다. 따라서 EU는 잉여물자를 구매하여 창고에 보관하거나, 외부로 수출하거나, 빈곤한 지역에 구호물자로 보내기도 하였으며, 생산량을 줄이도록 하기 위하여 보조금을 지불하기도 하였다.

CAP의 비용은 1962년의 유럽농업지도와 보장기금(EAGGF: European Agricultural Guidance and Guarantee Fund)으로부터 태동되었다. EU 예산 중 농업이 차지하는 비중은 1970년 85%에서 1985년의 73.4%, 2004년에는 37.1%로 감소하였으나, 아직 EU 예산에서 차지하는 가장 큰 분야이다. 최근 발표된 2007년부터 적용될 예산안에 따르면 CAP 예산은 다소 감소되는 추세임을 감안해도 2013년에는 26.7%까지 감소할 것으로 보인다. 농업예산 중 가장 많은 부분인 460억 달러는 잉여상품을 구매하여 저장하는 분야와 농산품을 수출하는

EU 예산에서 차지하는 CAP 예산 추이

(단위: 백만유로, %)

	EU 예산총액 (A)	CAP 예산 (B)	비율 (B)/(A)	EU회원국수
1985	27,900	20,500	73.4	10
2000	93,792	37,352	39.8	15
2003	102,145	42,680	41.8	15
2004	115,434	42,769	37.1	25
2007	133,560	43,500	32.6	25+a
2010	146,670	43,034	29.3	?
2013	158,450	42,293	26.7	?

자료: EU 홈페이지

보장분야(Guarantee Section)로 활용하였다.

CAP는 생산성을 향상시키고, 시장을 안정화하고, 공급을 확보하고, 유럽의 농민들을 세계시장가격의 파동으로부터 보호하는 데 상당한 성공을 거두었다. EU는 설탕, 계란, 닭의 세계 최대 수출지역이고, 세계 식품수출의 20%를 차지하는데 이는 미국의 13%보다 크게 앞선 것이다. 가격을 보장받게 됨에 따라 유럽 농민들은 최대한의 생산을 하고 있다.

동시에 EU 국가들은 각 지역별로 생산품을 특화하여 중복을 최소화하고 있다. 예를 들어 대부분의 곡물생산은 남부 국가들에 의하여 이루어지고, 가축 산업은 북부 국가들에게 특화되어 있다. 이와 더불어 CAP는 농민들이 보다 부유해지고, 안정될 수 있도록 노력하고 있다. EU에서 전반적으로 실업률은 증가하고 있으나, 농업 관련 고용과 수입은 변함없이 유지되고 있다.

CAP에 대한 비판적 시각

CAP는 여러 가지 측면에서 비판을 받고 있다. 가격의 보장과 안정적 소득으로 유럽농민의 존재를 보호하려 했던 유럽연합의 농업정책은 많은 비판가들로부터 스스로 만든 잘못에 포위되고 말았다는 혹평을 듣고 있는데 이에 관한 가장 중요한 이유로서 기본목표 설정의 결여를 제시하고 있다. 그리고 이에 덧붙여 무의미한 초과 과잉생산, 부족한 재정자원, 기타 농업수출업자와의 통상교역상의 갈등, 환경문제와의 갈등 등을 거론하고 있다. CAP가 비판을 받는 이유는 여섯 가지로 요약된다.

첫째, EU 농민들은 가격이 보장됨에 따라 시장이 수용할 수 있는 것보다 더 많은 양을 생산하였다. 필요한 양 보다 훨씬 많은 양의 생산을 하게 된 것이다. 1958년 6개국은 필요한 식량의 85%를 자체 생산하였다. 1990년대 초반 EC 12국은 120%를 생산하기에 이르렀다. 이 비율은 1992년과 1999년에 개혁정책을 추진한 결과 많이 줄어들었으나, 아직도 잉여생산은 지속되고 있다.[34]

1970년대 초기까지 잉여생산량의 과다한 구매와 보관으로 언론이 버터산(butter mountains)과 와인호수(wine lakes)를 자주 언급하여 브뤼셀을 방문하는 우둔한 여행객들은 그 산과 호수가 어디 있느냐고 물을 정도였다. 모든 잉여생산품들은 EU 전체에서 대량으로 비축되었고, 저장고는 남아도는 시리얼, 분유, 쇠고기, 올리브유, 건포도, 무화과, 비료 등으로 가득 채워졌다.[35] 1990년대 후반까지 대량 비축품들은 거의 사라졌으나, EU가 농산물 가격 구조를 개혁하지 않는다면 세계 가격의 상승 때문에 다시 비축이 증가할 것이라는 우려가 있다.

둘째, CAP 기금의 남용과 부정행위에 관한 비판이 증가하기 시작하였다. 농산물 가격을 일정 수준으로 유지하기 위하여 집행위원회는 공동체 내의 잉여 농산물을 계속 구입하였는데, 이 과정에서 집행위원회가 사용한 기금의 액수가 공정한지를 평가하는 데 필요한 제도와 요원들이 부족한 상황이다. 그리고 EU의 가격과 세계 가격 사이의 차이는 많은 금액을 상환하도록 하고 있으며, 이는 정직하지 못한 농민들에게 저항할 수 없는 유혹을 제공하기도 한다. 회계감사원(Court of Auditors)은 이같은 부정행위의 문제점을 정기적으로 심사하고 있다.[36]

34) Neill Nugent, *The Government and Politics of the European Union*, 5th ed., pp.398-399.

35) 1986년 말 유럽연합의 냉장창고에는 150만 톤의 버터, 50만 톤의 쇠고기 그리고 1,300만 톤의 곡물이 단지 가격보호를 위해 시장을 떠나 보관되어 있었다. 당시 산을 이루었던 버터의 양은 250g 포장을 한 단위로 간주하였을 경우 무려 60만 Km의 거리를 나열할 수 있었던 것으로서 지구의 둘레를 15바퀴나 돌 수 있는 엄청난 양이었다.

36) Michael Shackleton, *Financing the European Community* (New York: Council on Foreign Relations Press, 1990), pp.38-40.

셋째, CAP는 EU 내에서 빈부 농민 간 수입 차이를 줄이지 못했다. 기계화와 집중화가 북유럽 농촌에게는 새로운 이익을 가져다준 반면에, 아일랜드, 그리스, 포르투갈은 상대적으로 가난한 상태로 남게 되었다. 설상가상으로 생산적인 북유럽 농촌들에 대한 지원은 덜 생산적인 서유럽 농촌지역에 지원할 수 있는 보조금을 없애버렸다.[37)]

넷째, 환경주의자들은 CAP가 화학 비료와 제초제(herbicides) 사용의 증대를 유도하고, 농민들에게 잡초와 나무를 자르게 하고, 그들의 농장을 좀 더 크고 효율적으로 만들기 위하여 젖은 땅을 개간하도록 고무하고 있다고 비판한다. CAP는 요구량에 비해 잉여가 생기는 생산을 하여 발생한 음식가격의 인상분을 소비자들에게 부담하게 하여 불쾌하게 하고 있다. 높은 가격과 잉여생산 사이의 모순은 유럽 통합의 지혜와 이득에 대한 회의론의 주요 원인이 되고 있다.

다섯째, 유럽연합 전체 농업보조금의 80%가 실제 필요한 농가의 20% 정도밖에는 충족시키지 못하고 있다는 평가이다. 그리고 농민이 직접 지원받을 수 있는 농업보조금은 극히 미미한 수준이다. 왜냐하면 유럽연합 차원에서의 저장 및 수송 그리고 수출에 대한 보조금까지도 고려하여야만 하기 때문이다. 실제로 소규모 농가에서 지원이 필요한데 대부분의 지원은 더 많은 생산을 하는 대규모 농사단위에 지급된다.[38)]

여섯째, 비회원국으로부터 수입하는 농산품에 부과하는 탄력적인 관세율의 책정은 한편으로 농업보조금을 지급하기 위한 유럽연합 예산의 중요한 재정자원이 되기도 하지만, 다른 한편으로는 대외통상교역에서의 긴장과 갈등을 야기할 뿐만 아니라 농산물을 수출하는 개발도상국가에게 큰 손실을 끼치기도 한다. 유럽연합이 수입농산품에 대하여 시장을 제한하고 동시에 수출농산품에 대하여 재정보조금을 지원함으로써 세계시장을 압박하는 것은 개발도상국가의 농산물 수출 상황을 더욱 악화시킨다는 비판을 받고 있다.[39)]

요컨대 공동농업정책은 근본적으로 소비자보다는 농민을 우선하는 것이었기

37) Anne Daltrop, *Politics and the European Community* (London: Longman, 1987), pp.175-176.

38) Simon Hix, *The Political System of the European Union*, 2nd ed., p.283.

39) 김동현 · 이승철, 『유럽연합의 현황과 전망』(서울: 집문당, 1996), p.98.

에 과잉생산과 높은 가격의 원인이 되었다. 따라서 회원국의 소비자들은 비싼 가격으로 식량을 구입해야만 했다. 또한 농업정책이 공동체 예산의 대부분을 소모하고, 세계 식량시장의 질서를 교란시켰다. 또한 이 정책은 초기의 기대와 달리 가난한 도시 빈민보다는 유복한 농민들에게 유리한 정책이 되었다.

농업정책에 대한 개혁논의와 방향

1960년대부터 EU의 농업정책을 개혁하려는 여러 차례의 시도가 있어 왔으나, 큰 성공을 거두지는 못하였다. 초기의 시도는 소규모의 농민들을 보다 크고, 능률적인 단위로 합병하도록 추진한 것이었다. 프랑스와 독일의 소규모 농민들이 강력하게 저항하였고, 이 문제는 다른 경제 및 금융 문제가 대두되면서 관심을 잃게 되었다.

EU의 농업정책은 제2차 세계대전으로 인해 황폐해진 EU 역내의 농축산물 생산을 자극하고, 수입과징금으로 EU 역내 시장을 제3국과 분리하여 농산물가격 유지에 성공하였으며, 이에 따라 원래 목적대로 역내 생산이 확대되었다. 그러나 1980년대부터 이와는 반대로 EU 역내가격 설정에 의한 과잉생산과 재정부담 증가 문제가 대두되었다.

EU는 이러한 모순을 해소하기 위하여 농산물 가격 지원에서 농가에 대한 직접지불제로 정책을 전환하였다. 1986년부터 우루과이라운드(UR)로 시장개방 압력이 높아지자, EU는 국제경쟁력 강화를 위해 개입가격 인하와 이에 연계한 수입가격 인하를 단행하여 소비자에게 저렴한 농축산물을 제공하는 한편, EU 역내 농가에게는 소득감소분을 직접지불방식으로 보상하였다.

1990년대 들어서면서 유럽연합 농업정책은 대내외적으로 개혁에 대한 심각한 압력을 받기 시작하였다. 왜냐하면 재정 및 과잉생산의 문제가 내부적으로 항상 높은 관세장벽과 수출보조금을 철폐하라는 강력한 요구와 직접적으로 연계되어 있기 때문이었다. 1991년 2월 집행위원회는 '공동농업정책에 관한 미래의 발전' 이라는 개혁안을 제출하였다. 당시까지의 높은 가격 보장을 통한 소득정책에 기본적인 변화를 요구하면서, 가격의 인하를 통해 세계시장 가격과의 거리를 단계적으로 좁혀갈 것을 주장하였다. 그리고 이로부터 발생되는 소득의 손실은 농민에 대한 직접적인 지원으로 형평화시키고자 하였는데, 이는 영농의 크기 및 경작 휴지면적 등 기타의 기준들에 의해 차별화하였다.[40] 농업 집행위원인 맥샤리(Ray MacSharry)는 가격 보장 제도를 철회하고, 곡물 생산에 대한 보조금을 29%로 줄이고, 쇠고기와 버터에 대한 보조금도 15%와 5%로 줄이자는 제안을 하였다.[41]

많은 농민들과 농업 조합의 반대에도 불구하고, 개혁안은 18개월간의 협상 끝에 1992년 5월 농업이사회에서 통과되었다. 그 내용은 다음과 같다.[42]

- 특정분야의 가격 인하: 시리얼과 쇠고기에 대하여 보장된 가격을 3년에 걸쳐 각각 29%와 15% 인하하는데, 이 가격은 세계시장 가격의 수준에 근접한 가격이다. 후에 가격인하는 과일과 야채에도 적용되었다.
- 농가 수입의 직접지원: 특정 분야의 가격 인하에 대한 보상으로 농가에 직접 지원하는 제도를 도입하였다.
- 보류 조치: 특정 분야(특히 시리얼)와 특정 지역의 휴경지에 EU가 구입해야 할 작물을 경작하는 대신 그곳을 떠나야 하는 농가에 보상하는 제도를 도입하였다.
- 동반 조치들: 지방발전, 친환경적 농업, 농지의 숲으로의 전환, 농민의 조기 은퇴를 장려하기 위한 새로운 지원 프로그램을 마련하였다.

이 개혁에 의하여 중기적으로 잉여생산의 감소, 식량의 소비가격 인하가 가능해졌고, 장기적으로는 CAP에 투입되는 자금을 보다 효율적으로 사용할 수 있게 되었다. 상당히 급진적인 개혁이었지만, 더 많은 변화가 필요하다는 인식이 팽배하였다.

농업에 소비되는 EU의 예산이 80년대 60% 이상에서 현재 40% 이하로 감소하였으나 공동농업정책에 대한 비판가들은 예산의 약 40%가 노동 인구의 5%만을 차지하는 분야에 지원하는 것은 정의롭지도 합리적이지도 못하다고 주장하

40) 김동현 · 이승철, 『유럽연합의 현황과 전망』(서울: 집문당, 1996), pp.102-103.

41) David P. Lewis, *The Road to Europe: History, Institutions and Prospects of European Integration 1945-1993* (New York: Peter Lang, 1993), p.337.

42) Simon Hix, *The Political System of the European Union*, 2nd ed., pp.283-284.

였다. 그들은 몇 가지 문제점을 심각하게 지적하고 있다. 땅에서 생산되는 농산물이 왜 공장에서 생산된 제품에도 주어지지 않는 보조금(subsidies)을 받아야만 하는가? 자동차, 텔레비전 세트, 의류 제조업자들도 납세자에 의해 도움을 받지 않는데, 왜 버터, 밀, 쇠고기를 생산하는 생산자가 납세자들의 도움을 받아야만 하는가?

이에 대한 전통적인 답안은 농업이 산업 상품의 생산 또는 재정 서비스보다 훨씬 모험적인 분야라는 것이다. 농민은 변덕스런 날씨에 대처해야 하고, 이는 때때로 농작물의 풍성한 생산을 가능하게 하여 농민들의 생산 비용을 보상할 만큼의 가격을 받을 수 없게 한다. 그러나 어떤 해에는 흉작으로 인하여 경제 순환이 이루어지기에 충분한 양만큼 시장에 농산물을 공급하기 어려운 상황도 벌어진다. 유럽 농민들은 미국 농민들이 받고 있는 엄청난 보조금을 그들도 받는다면, 세계시장에서 경쟁할 수 있다고 주장한다.[43]

1700년에 유럽 대륙에서 농업 종사자들은 일인당 1.4명분을 부양하였다. 이 수치는 1940년까지 4.2명으로 증가하였지만, 1998년까지 1명의 농업 종사자가 12명을 부양하도록 증가한 것을 보면 CAP가 얼마나 효율적이었는가를 나타내고 있다. 그러나 이 수치는 미국의 31명에는 크게 못 미치고 있다.[44] 기후 때문에 거의 모든 열대 식품을 수입해야 하고, 낙농 산업의 확대 때문에 동물사료가 더 많이 필요해져서, EU는 세계에서 가장 큰 식량 수입국이 되었다.[45]

1990년대 중반 이후 근본적 개혁 압력이 다시 가해지기 시작하였다. 압력은 3가지 방향에서 비롯되었다. 첫째, CAP가 여전히 EU 예산의 절반 이상을 소모하고 있어 일부 기부국들이 CAP 예산 규모를 축소하고자 하였다. 둘째, 중동부 유럽국가로까지 확대가 되면서 CAP가 기존의 형태로 계속될 수 없고, EU 예산의

43) 프랑스 Quid 백과사전은 미국 가격 지원 체제에 대하여 풍부한 평가를 제시하고 있다. 1999년판의 1670쪽에서는 연방 정부가 1985년과 90년 사이에 농업에 직접적인 지원으로 520억 달러를 제공하였다고 지적하고 있다. 그리고, 미국은 세계 다른 국가들과의 농업 무역에서 수입대비 170억 달러의 수출초과를 이루었다. Quid에 따르면, 미국은 EC로부터 수입하는 것보다 두 배의 수출을 하였기 때문에 부시 대통령이 1992년 1월 13일 "CAP의 보호주의 철의 장막"으로 언급한 것은 설득력이 떨어진다는 평을 받는다고 한다.

44) Robert Laffont, *Quid* (Paris, 1995), p.1555.

45) Philip Thody, *Europe since 1945* (London and New York: Routledge, 2000), p.174.

큰 증가 없이는 유지될 수 없다는 점이 명백하게 드러났다. 중동부 유럽국가들 대부분이 규모가 크고 상대적으로 비효율적인 농업 분야를 가지고 있으며, 공동농업정책이 개혁되지 않으면 그 국가들이 이 정책의 주요 수혜자가 될 것이기 때문에 예산의 대규모 증가가 필요하게 되었다. 셋째, 유럽의 농업시장을 개방하려는 미국 주도의 국제압력이 다시 시작되었다. EU는 이미 우루과이 라운드 결과로 EU의 보호 제도를 부분적으로 수정해야 한다는 요청을 받고 있었으며, 또다른 라운드가 더욱 개방적인 형태로 세계무역기구(WTO)하에 계획되었다.[46]

집행위원회는 확대 과정에서 중동부 유럽 후보국가들의 퇴보한 농업 영역에 대한 가격 지원 정책의 확대가 엄청난 비용 소모를 가져올 것으로 인식하였다. 그리하여 1997년 7월 아젠다 2000 계획안에서 지출을 제한하고, 재정적인 지원을 농산물 가격에 대한 지원보다 농민들에게 직접적으로 지원하는 것으로 바꾸는 정책적 개혁을 모색하였다.[47] 이 제안서의 주요 특징은 1992년의 개혁 원칙, 즉 한편에서는 쇠고기, 우유, 곡류 등에 대한 가격 지원을 삭감하고 다른 한편으로는 다양성을 위한 인센티브와 농민에게 직접적인 보상 지원을 강화하는 원칙을 포함했다.

이 제안들은 1999년 3월 베를린 유럽이사회에서 프랑스 시라크(Jacques Chirac) 대통령의 주장으로 마지막 순간에 완화되었으나, 정책 개혁으로 나아가는 과정은 매우 더디었다. 급진적 CAP 개혁을 반대하는 나라들은 프랑스, 아일랜드, 벨기에와 스페인 등이다. 프랑스의 경우 총 EU 농업생산의 22.5%를 차지하고 '반개혁' 클럽에서 가장 적극적인 역할을 하고 있다.[48]

이러한 개혁 저항에도 불구하고, 대내외적으로 여러 측면에서 CAP의 문제점이 지속적으로 부각되었다. CAP가 EU 예산의 많은 부분을 사용하고 있기 때문에 다른 정책들이 발전되는 데 어려움을 겪고 있다는 비판을 받았다. 1980년대

46) Neill Nugent, *The Government and Politics of the European Union*, 5th ed., p.396.

47) European Commission, *Agenda 2000: For a Stronger and Wider Union*, com.(97) 2000 final; European Commission, *Bulletin of the European Union*, Supplement No.5, Vol.97 (Luxembourg: EUR-OP, 2000).

48) Anne Stevens, "Ever-Closer Union: European Co-operation and the European Dimension," in Richard Sakwa and Anne Stevens (eds.), *Contemporary Europe* (New York: Palgrave, 2000), p.157.

에 추진된 일련의 CAP 개혁은 농업에 대한 재정적 통제가 가능하도록 하였으나, 여전히 전체 예산의 거의 절반이 사용되고 있었다. 기술적인 측면에서 CAP가 장려한 고효율적인 경작 방식은 환경과 식품 안전에 부정적인 영향을 주었다. 농민들에게 환경과 다양한 생물들을 존중하는 생산 방식을 채택하도록 요구되고 있다.

CAP는 EU 내부, EU와 비EU 국가 간의 모든 불화와 긴장의 원천이 되고 있다. 예를 들어, EU 내에서는 EU 식량 생산의 4분의 1을 생산하고 있는 프랑스의 CAP에 대한 일반적인 보호주의 태도가 다른 회원국들과 갈등을 자주 야기하였다. EU와 비EU 국가 간의 관계에서 CAP는 특히 미국과 많은 무역 마찰을 가속화시켰다. 좀 더 저렴한 세계 농산물로부터 EU 시장의 보호와 많은 보조금에 의한 EU 농산품의 세계시장으로의 진출은 국제 노동의 분업과 자원의 합리적 이용을 왜곡하였다.

지금껏 진행되었고, 진행되고 있는 개혁은 CAP의 모든 문제를 해결하지 못하고 있다. 미국을 포함한 EU 외부의 수많은 국가들이 여전히 과잉보호를 받고 있는 EU 시장과 과도한 보조금을 받고 있는 EU 농산물에 대하여 불만을 계속 가지고 있다. EU 내부에도 농업 정책에 대한 많은 견해차이와 심각한 의문점이 존재하고 있다. 시장 효율성과 지원금 지급 사이에 어디에서 균형이 이루어져야 하는가? 농업에 대한 지원금을 어떠한 방식으로 어떤 형태로 배분하여야 하는가? 농업정책은 어느 정도로, 어떠한 방식으로 활성화되고 친환경적인 지방정책의 틀과 조화를 이루어야 하는가? 등의 문제가 제기되고 있다.

2) 지역정책

유럽연합 회원국들의 다양성과 지역 간의 경제력 차이는 다양한 정책이 지역에 따라 다르게 영향을 미친다는 것을 의미한다. 특히, 단일시장 정책과 경제 · 통화 동맹이 의미하는 바는 자본, 투자, 고용이 일부 혜택받은 지역으로만 유입되어 이 지역의 부는 더욱 증가하는 반면, 덜 발전된 하부 구조, 교육을 충분히 받지 못한 미숙련의 노동자, 현대화되지 않은 산업을 가진 지역들은 더 많은 고통을 받고 있다는 것이다. EU 조약들은 조약 목적 중 하나로서 '조화로운 발전'

을 내세웠고, 이는 저발전된 지역을 지원하기 위한 구조와 결속기금이 추구하는 목적이다.[49)]

유럽 내의 국가 하부지역들은 크게 두 가지의 정체성을 추구하고 있다. 하나는 인종, 언어, 공동의 역사의식 또는 경제적인 이해관계에 기반한 분리주의적 지역정체성이고, 다른 하나는 개별국가 내의 지방자치의 발전으로 인하여 강화되고 있는 지방 차원의 관리체제로서의 정체성이다. 유럽에서 지방분권화는 다음과 같은 요인들에 의하여 강화되고 있다. 첫째, 각국에서 민주주의가 강화되면서 중앙정부가 위로부터의 지방분권화를 확대시키고 있다. 둘째, 국가 내 지역 간의 불균형적인 발전은 밑으로부터 지방분권을 요구하는 동기를 부여하였다. 마지막으로 유럽 내의 불균등 발전을 개선하기 위한 유럽연합의 지역정책도 유럽 각 지역의 분권화를 촉진하는 계기를 제공하고 있다.[50)]

EU 내 회원국 간에는 경제 · 사회적 격차가 존재하고 있다. 경제적 측면에서 국가 간 차이를 비교하는 기준 척도는 1인당 GDP를 들 수 있다. 이를 기초로 하여 살펴보면, 1995년의 1인당 GDP는 100을 기준으로 할 때 룩셈부르크 135로부터 그리스 48까지의 격차가 존재하고 있다. 회원국 내 지역의 격차는 더욱 심각하다. 독일의 함부르크가 195인 반면 그리스의 이페이로스(Ipeiros)는 43에 불과하다.[51)]

일반적으로 EU에서 가장 부유한 지역은 북부 중앙 지역이다. 특히 런던, 도르트문트, 파리, 밀란으로 이어지는 '황금 3각지대(Golden Triangle 혹은 hot banana)' 라 불리는 지역이다. 반면 가장 가난한 지역은 동부, 서부, 남부의 변방 지역으로, 그리스로부터 남부 이탈리아를 가로질러 스페인, 포르투갈, 아일랜드, 서부 스코틀랜드로 이어지는 지역이다. EU의 변방 지역은 서로 다른 이유로 인해 상대적으로 가난하다. 어떤 지역은 공업이 발달되어 있지 않고 실업률이 높은 농업지역이기 때문에, 어떤 지역은 노후된 생산시설을 보유한 쇠퇴하는 공

49) Anne Stevens, "Ever-Closer Union: European Co-operation and the European Dimension," pp.157-158.

50) David Dunkerley, et al., *Changing Europe: Identities, Nations and Citizens* (London: Routledge, 2002), p.72; 진시원, "제2장 유럽의 정체성," 김계동 외, 『유럽질서의 이해: 구조적 변화와 지속』(서울: 오름, 2003), p.73.

51) *Eurostat*, April 1998.

업지역이기 때문에, 어떤 지역은 지역적으로 더 큰 시장에 의해 제공되는 기회와 번영으로부터 고립되었기 때문에 빈곤상태를 벗어나지 못하고 있다. 대개가 상대적으로 낮은 교육 수준과 보건제도로 고통받고 있으며, 특히 도로와 공공사업과 같은 하부구조의 발전이 더디었다.

경제적 효율성과 사회적 평등을 제고하기 위하여, EU는 빈곤한 회원국을 부유한 파트너 국가들 수준으로 향상시키는 노력을 통하여 경제적 · 사회적 결속을 고무하고 있다. 경제적 · 사회적 격차는 통합의 장애 요인이 될 가능성이 크기 때문에 EU는 부유한 국가와 가난한 국가의 결속과 협력을 도모하고 있는 것이다.

EU는 지역 격차를 줄이기 위하여 다양한 형태의 기금을 운용하고 있다. 가장 큰 규모의 기금인 구조기금(structural fund)은 EU의 가난한 지역에 제공되는 최우선적인 지원 방법이고, 이는 EU 정책의 중요한 부분, 그리고 유럽 예산의 큰 부분으로 되어 왔다. 또한 고용을 증진시키고, 산업적 변화에 따른 노동자의 적응을 돕고, 농업과 어업에서의 변화를 돕는 것을 목표로 하고 있다.

구조기금은 2000년에서 2006년까지의 기간 동안 2002년 가격 기준으로 2,300억 유로를 차지하고 있고, 이는 유럽연합 전 예산지출의 35% 이상에 달하는 금액으로 CAP 다음으로 큰 규모이다. 이 기금이 기초한 주요 원칙은 부가성(additionality)이다. 이에 따라 회원국들은 여러 프로그램과 프로젝트를 수행하는 데 공동 출자하게 된다.

구조기금은 다음과 같은 네 가지 기금을 포괄한다.

- 유럽지역발전기금(ERDF: European Regional Development Fund): 1975년에 설치되었고, 지역정책 총국(Regional Policy Directorate-General)에 의하여 운영된다. 구조기금 운영의 45%를 차지하는 ERDF는 지역 불균형 해소와 지역 발전 및 개조라는 취지로 재정 지원을 한다. 초기에는 국가별 할당 제도를 도입하였고, 이에 따라 가장 큰 수혜를 받은 국가들은 영국, 아일랜드, 프랑스, 이탈리아였다. 그리스, 스페인, 포르투갈이 가입하면서 수혜국의 변화가 있었다. 이 기금은 새로운 고용을 창출하거나 기존의 고용을 보호하기 위하여 공업과 서비스 분야 프로젝트에, 그리고 소외된 지역 또는

산간지역에 제공되었다.

- 유럽사회기금(ESF: European Social Fund): 1960년에 설치되었고, 고용과 사회문제 총국에 의하여 운영된다. 구조기금의 30%를 차지하는 ESF는 차별 없는 원칙이 적용되는 노동시장에서 활동적이고 숙련된 노동력을 키우기 위해 사용된다. 고용과 노동자의 동기를 유발시키고, 장기적인 실업을 해소하고, 노동자들이 기술적 변화에 적응하도록 고무하기 위해 고안되었다. 기금의 예산은 국내 정부에 의해 소비된 예산을 보충하려고 하였으며, 특히 이주해 온 노동자, 여성, 장애인에게 되도록 많은 혜택이 돌아가도록 하였다.
- 농업지침과 보장기금(EAGGF: European Agricultural Guidance and Guarantee Fund)의 지침분야(Guidance section) 기금: 공동농업정책의 분야로서 1962년에 설치되었고, 농업 총국에 의하여 운영된다. 구조기금의 18%를 차지하는 EAGGF는 농업의 현대화와 전환을 증진하기 위한 다양한 비가격/소득지원(non-price/income support) 정책을 위해 사용된다. 농업의 다각화를 장려하는 방법을 포함해서 농촌 구조를 개혁하도록 하고, 시골지역의 발전을 촉진하려는 공동농업정책의 부분이다.
- 어업지도재정기구(FIFG: Financial Instrument for Fisheries Guidance): 1994년에 설치되었고, 어업 총국에 의하여 운영된다. 구조기금의 3%를 차지하는 FIFG는 감소하는 어획량으로 인해 필요해진 다변화 프로그램을 지원함으로써 어업과 양식업 부문 활동을 돕는다. 또한 어류 가공과 마케팅 산업도 지원한다. 구조기금을 언급할 때 종종 간과되지만, 이는 어선을 현대화하고, 양식어업, 연근해 발전, 항구설비, 시장화에 투자하기 위해 연간 약 30억 달러를 지원한다.

1988년의 구조기금 개혁에 의하여 도입된 사회와 경제 결속 정책을 운영하는 4가지 주요 원칙은 아래와 같다.[52)]

52) Simon Hix, *The Political System of the European Union*, 2nd ed., pp.289-290.

- 보충성: 회원국은 EU의 재원을 지역정책에 대하여 국가가 지출해야 할 예산을 축소하는 데 사용해서는 안 된다. 따라서 EU의 재원은 국가재정이 아니라 지역 또는 운영기구에 직접 지원된다.
- 파트너십: 정책은 집행위원회, 회원국 정부와 지역조직의 긴밀한 협력을 통하여 집행된다.
- 프로그래밍: 기금은 다년간 발전계획을 통하여 지급된다.
- 집중성: EU의 지원계획은 일련의 우선 목표에 집중된다.

구조기금은 정해진 목표에 따라 분배된다. 원래 6가지 목표가 존재했는데, 1999년 베를린 정상회담은 아젠다 2000 개혁 프로그램의 일환으로 원조가 더 필요한 부분에 기금이 집중되어야 한다는 취지하에 분배 목표의 수를 셋으로 줄였다.

- 목표 1. 저발전 지역의 성장과 구조조정을 추진하기 위해서이다. 목표 1에 해당되는 지역은 일인당 GDP가 유럽연합 평균의 75%에 못 미치는 곳이다. 구조기금의 69.7%가 목표 1 지역에 할당된다.
- 목표 2. 구조적 어려움에 직면한 지역의 경제 · 사회적 전환을 지원하기 위해서이다. 이에는 산업 서비스 분야에서 사회 · 경제적 변화를 경험하는 지역, 쇠락하는 도시 교외 지역, 어업에 의존하는 낙후 지역이 해당된다. 구조기금의 11.5%가 목표 2 지역에 할당된다.
- 목표 3. 교육, 훈련, 고용에 관한 정책과 시스템을 개조 · 현대화하기 위해서이다. 이 목표는 목표 1, 2 지역에 해당하지 않는 지역에 대한 공식 지원을 제공한다. 구조기금의 12.3%가 이 목표 지역에 할당된다.[53)]

구조기금의 5%는 공동체 구상(Community Initiative)이나 특정 개혁 프로젝트를 위해 따로 떼어 놓게 된다. 이 프로젝트는 집행위원회가 추진하는 계획 중 구조기금이 아니면 자금을 조달할 수 없는 것을 의미한다. 2000년에서 2006년에 걸친 기간 동안, INTERREG(국경 초월, 초국가, 지역상호 협동), URBAN(낙

53) Neill Nugent, *The Government and Politics of the European Union*, 5th ed., pp.312-313.

후된 도심지역 재개발), LEADER(농어촌 개발), EQUAL(노동시장에서의 차별과 불평등과의 전쟁)이라는 네 가지 구상이 추진되었다.

구조기금 이외에 결속정책을 위한 결속기금(Cohesion Fund)은 마스트리트 조약에 의하여 1994년에 설치된 것으로, 유럽연합 예산의 3%를 차지하고 있으며 2000년에서 2006년까지의 기간 동안 180억 유로가 할당되었다. 이 기금은 평균 1인당 GNP가 유럽연합 평균의 90%에 못 미치고 환경 규제 때문에 많은 비용을 지출하는 가난한 국가들인 그리스, 아일랜드, 포르투갈, 스페인 등 4개국에서 사회간접자본과 환경 프로젝트를 추진하는 데 사용되었다.

구조기금을 설치하는 데 당면하였던 문제 중의 하나는 "지역(regions)"과 "우선지역(priority areas)"의 개념이 회원국에 의하여 정립되는 것이었다. 각국마다 상이한 종류의 행정단위가 존재하는데, 오스트리아와 독일같이 연방정부와 독립된 권한을 가진 지방정부 모델이 있는가 하면, 프랑스나 영국의 지방정부는 거의 독립성이 없다. 이는 회원국들이 지역 예산에 대하여 상이한 아이디어를 가지고 있다는 것을 의미하였다. 실질적인 필요에 따라 결정되는 것이 아니라 회원국의 정치적 · 경제적 협상에 의하여 예산이 결정되었다. 따라서 구조기금은 각국 연방정부의 지방공공사업을 지원하는 것으로 전락할 위험을 내포하고 있다.

지역평등 정책을 추진할 때 두 가지 문제가 대두된다. 첫째, 회원국들은 산업발전, 고용, 그리고 사회 안전에 대한 권한을 EU에 넘기는 것을 꺼린다. 왜냐하면 이는 국가의 국내 경제정책에 대한 통제력을 약화시키기 때문이다. 둘째, 회원국들은 자국의 순수한 이득에 대한 약속 없이 권한을 전이시키지 않을 것이다. 그들은 보상을 기대하고, 국익을 유럽의 이익보다 상위에 두려고 할 것이다. 구조기금은 공동농업정책하에서 지출의 불균형적 분배에 대한 보상으로 인식되어 왔다. 일종의 '조직적 부패(institutionalized bribery)'로 비판받고 있는 것이 현실이다.[54]

54) David Coombes and Nicholas Rees, "Regional and Social Policy," in Leon Hurwitz and Christian Lequesne (eds.), *The State of the European Community* (Boulder: Lynne Rienner, 1991), pp.209-211.

4. 공동외교안보정책

유럽연합이 국가간 협력을 발전시켜 가는 과정에서 가장 어려운 분야가 안보와 방위 정책이다. 그러한 이유 중 첫 번째는 안보와 방위가 국가 주권과 밀접하게 연관되어 있기 때문이다. 둘째, 회원국마다 다른 수준의 안보와 방위 능력을 보유하고 있기 때문이다. 셋째 이유는 회원국마다 무력 사용의 적극성 여부가 매우 다르다는 점이다. 넷째 이유는 회원국마다 세계에 존재하고 있는 다양한 안보/방위 기구에 대한 공약 정도와 참여하고 있는 태도에 있어 차이가 있다는 것이다. 마지막으로 EU 중심의 유럽과 나토 중심의 범대서양 관계의 문제인데, 나토에 가입하지 않은 EU 국가들의 문제가 있고, EU 국가들 중에 유럽이 미국과 어느 정도 긴밀한 관계를 가져야 하느냐에 대한 견해차이가 있는 것도 문제이다.

1) 외교안보정책협력: EPC로부터 CFSP까지

외교정책 분야는 유럽통합에 있어서 늦게 취급된 분야 중의 하나이다. 로마조약에서 언급되지 않았고, 공동체는 1950년대와 1960년대에 주로 내부 경제 문제만 취급하였다. 그러나 유럽통합의 논리적 근거가 되는 신기능주의의 파급효과(spillover) 개념에 따르면, 공동대외경제정책과 안보정책의 상관성을 간과할 수 없게 된다. 통합 초기부터 공동외교안보정책은 지속적으로 추진되어 왔는데, 여기에는 유럽방위공동체, 유럽정치공동체, 그리고 드골이 제의하였던 6개국 외교정책을 조정하기 위한 정기적 모임 등이 포함된다.

유럽정치협력의 역할과 한계

1969년 헤이그 정상회담에서 EC 회원국들은 경제통합 과정에 정치적 차원을 추가하기로 결정하였다. 1970년 외교정책의 협력을 다루기 위한 유럽정치협력(EPC: European Political Cooperation)이 EC 조약의 법적 조직 외부에 설치되었다. 따라서 이 분야는 유럽공동체에 연계는 되었으나 독립적이었고, 각국 외무장관 등 각료들에 의해 지배되고 운영되었다. 단순히 정부간 협의를 기초로 하였고 1년에 두 번 외무장관 회의가 개최되었으며, 나중에는 월례 회의로 되었다. EPC의 결정은 구속력은 없었으나, 회원국들은 공동입장과 상반되는 행위를 하지 않을 것에 동의하였다.[55)]

EPC는 1970년대 초 사이프러스 위기 당시 보여준 바와 같이 초기에는 성공하였지만, 1970년대 후반에는 거의 아무런 활동을 하지 못했다. 1979년 소련이 아프가니스탄을 침공하였을 당시 EPC는 이 상황을 대처하는 데 실패하였다. 이러한 실패를 통감한 회원국들은 위기에 효과적으로 대처하는 능력을 향상시키는 방향으로 EPC의 개혁을 모색하였다. 1981년 10월 런던 보고서는 위기 발생시 48시간 내에 정치위원회 회의를 소집할 수 있도록 '위기 절차(crisis procedure)' 를 포함하는 일련의 조직개선안을 제시하였다.[56)]

당시의 불안정한 국제 환경은 새로운 EPC 구도에 1981년 12월 13일 폴란드의 계엄령 선포와 같은 즉각적인 시범 사례를 제공하였다. 그러나 새로운 정치위원회의 권한은 관련 각료들의 공식적 회의를 소집하는 것이 불가능했기 때문에 효력이 없었다. 단지 '비공식적' 회의가 개최될 수 있었는데 그것도 간신히 이루어졌다. 회의 소집의 어려움은 당연하였는데, 그 이유는 회원들이 어떤 행동을 취해야 하는지를 모르기 때문에 전혀 만날 필요성을 느끼지 못하였기 때문이었다.[57)]

이와 같은 한계점이 있었으나, 1970년대 이후 회원국들은 외교정책에 있어서 점차 협력적인 태도를 보였고, 이에 따라 1980년대 중반까지 형식적이나마 EC가 다루지 못하는 국제문제는 거의 없을 정도였다. EPC는 무슨 외교정책을 결정하느냐보다는 어떻게 합의에 도달하느냐에 더 많은 관심을 기울였다.[58)] 단일

55) Elizabeth Bomberg and Alexander Stubb, *European Union: How Does it Work?* (Oxford: Oxford University Press, 2003), p.207.

56) Simon Nuttall, "Two Decades of EPC Performance," in Elfriede Regelsberger, Philippe de Schoutheete de Tervarent, and Wolfgang Wessels (eds.), *Foreign Policy of the European Union: From EPC to CFSP and Beyond* (Boulder: Lynne Rienner Publisher, 1997), pp.19, 30-31.

57) Simon Nuttall, "Two Decades of EPC Performance," pp.40-41.

58) Clive Archer and Fiona Butler, *The European Community: Structure and Process* (New York: St. Martin's Press, 1992), p.173.

유럽의정서(SEA)가 통과될 때까지 EPC는 공식적으로 인정받지 못하였으나, SEA의 TitleⅢ는 회원국들이 "유럽 외교정책을 공동으로 수립하고 집행"하는 규정을 포함하였다. 그러나 EPC는 느슨하고 자발적인 계획이었고, 외교정책에 대한 어떠한 법도 통과시키지 못했고, 회원국들은 지속적으로 독립적인 외교활동을 하였으며, 외교 정책에 대한 핵심적인 결정 대부분은 만장일치로 이루어져야만 했다.

EPC에 대한 두 가지 주요한 비판이 있어 왔다. 첫째, 그것은 주로 대응적(reactive)이었다는 점이다. 팔레스타인 해방기구(PLO)를 중동평화협상에 포함시켜야 한다는 주장 등 몇 가지 주도권 행사를 제외하고, EU는 정책을 창조하고 형성하기보다는 뒤따르는 것으로 인식되었다. 둘째, 지나치게 선언적(declaratory)이었다. 정책 입장을 효율적인 정책 도구를 활용하여 적극 추진하지 못했다. 예를 들어 남아프리카의 인종차별주의 정책에 반대만 했던 것처럼, EU가 승인하지 않은 행동에 가담하는 국가에 대하여 약하고 상징적인 경제제재로만 대응하는 것이다.

결국 1990년을 전후하여 냉전 종식, 중동부 유럽의 체제 붕괴, 소련연방의 해체 등 외교안보 문제가 중요하게 등장하였고, 특히 1990년 8월 걸프전 발발과 1991년 6월 유고슬라비아 내전이 발생함에 따라 유럽안보는 EPC 체제로는 불완전하다는 평을 받게 되었다. 결국 정치통합을 위한 새로운 정부간회의(IGC: Intergovernmental Conference)가 모색되기에 이르렀다. 이 정부간회의의 결과 마스트리트 조약에 공동외교안보정책이 포함되었다.

유럽정치협력이 공동외교안보정책(CFSP: Common Foreign and Security Policy)으로 제도적 발전을 한 것은 EU를 탄생하게 한 마스트리트 조약에서 명시되었다. 프랑스와 독일이 유럽안보방위구상(ESDI: European security and defense identity)에 대한 지속적인 필요성을 강조함에 따라, 유럽이사회는 경제통화동맹(EMU)과 유럽자유무역지대(EFTA)를 협상하기 위하여 이미 설립된 정부간회의와 유사하게 유럽정치연합(EPU: European Political Union)을 설립하기 위한 정부간회의를 설치하였다.[59]

59) Michael Brewster Hawes, "Institutions and Adaptation: Explaining Change in European Security Cooperation 1981~1997," Paper prepared for the 2001 Annual Meeting of the

마스트리트 조약과 공동외교안보정책의 태동

마스트리트 조약은 국제정세에서 정체성을 확보하는 것을 EU의 목표 중의 하나로 규정하면서, 이는 "궁극적으로 공동방위정책의 틀이 될 공동외교안보정책의 실행"을 통하여 이룰 수 있다는 조항을 포함하였다. 이에 따라서 공동외교안보정책이 EU를 형성하는 세 개의 기둥(Pillar) 중의 두 번째 기둥이 되었고, 방위는 EU 안건에 보다 확실하게 포함되었다. 공동외교안보정책은 아래와 같은 다섯 가지의 목표를 설정하였다.

- EU의 공동가치, 기본이익과 독립을 강화한다.
- 모든 수단을 강구하여 EU와 회원국의 안전을 강화한다.
- 유엔헌장의 원칙에 따라서 평화를 보호하고 국제안보를 강화한다.
- 국제협력을 증진시킨다.
- 인권 문제를 포함하여 민주주의와 법의 지배를 발전 및 결속시킨다.

CFSP의 목표는 '공동가치'와 '기본이익'이라고 모호하게 표현되고 있지만, CFSP는 회원국들의 체계적인 협력에 기초하고 있고, 유럽이사회는 필요한 경우 공동입장을 취하는 데 합의하고 있다.

CFSP를 추진하는 데 있어서 다음의 세 가지 원칙이 준용된다.

- 회원국 간의 일반적 이해관계에 관한 어떠한 외교안보 문제들도 조직적으로 협력되어야 한다. 필요하다고 생각되는 경우 각료이사회는 만장일치에 기초하여 공동입장을 정하여야 한다. 회원국들은 그들의 국가 정책들이 이러한 공동 입장에 따를 것을 보장해야 한다. 유럽이사회의 일반 지침에 의거하여, 각료이사회는 어떠한 문제가 공동 활동에 해당되는지를 결정할 수 있다.
- 공동 활동을 결정하는 데 있어서, 또는 공동 활동을 발전시켜 가는 어떠한 단계에서도 각료이사회는 공동 활동의 이행이 가중다수결제도(QMV)에 의

American Political Science Association, August 30-September 2, 2001, p.18.

하여 결정되어야 하는지의 여부를 결의할 수 있다.

• "연합의 발전에 있어서 없어서는 안 될" 서유럽동맹(WEU)은 "방위의 개념을 가지는 유럽연합의 결정과 행위를 계획하고 집행"하도록 요구되었다. 각료이사회는 서유럽동맹(WEU)과의 협의를 통해 필요한 실질적인 준비를 채택할 것을 요청받았다. 조약에 첨부된 선언문에서 WEU에 가입한 공동체 회원국들은 WEU를 "유럽연합의 방위의 요소로서, 그리고 대서양 동맹의 유럽 축을 강화하는 수단으로서 발전할 것"이라고 밝혔다.[60]

1993년 브뤼셀에서 개최된 정상회담에서 공동외교안보정책의 추진방향이 구체적으로 논의되었다. 우선 회원국들이 외교안보정책에 대한 협력을 확대하여 통합과정에서 대외통상, 외교, 내무 분야의 협력을 긴밀하게 연계하는 종합적 접근을 합의하였다. 특히 각 회원국들이 외교안보 목표에 대한 사전기획단계에서 상호 협력을 확대하고, 각 회원국의 외교안보정책에 대한 체계적 평가를 실시하여 EU 차원에서 국제관계의 변화에 능동적으로 대처할 수 있는 여건 조성을 공동 모색하기로 하였다.[61]

암스테르담 조약과 공동외교안보정책

외교 안보정책을 공동 추진하기로 합의하였지만, EU는 냉전 종식 이후 주요 분쟁에 있어서 주로 수동적이고 방어적인 입장을 취하였다. 특히 유고슬라비아 사태시 EU는 외교적인 개입을 하는 데 있어서 한계를 노정하였다. 결국 코소보, 보스니아, 마케도니아에서 EU 차원의 대응을 하지 못한 채 미국이 주도하는 나토 병력의 일부로 참가했을 뿐이다. 이러한 발칸반도에서의 교훈으로 1997년의 암스테르담 조약은 공동외교안보정책을 보다 강화하여 적극적인 유럽 차원의 안보를 모색하는 결정을 하였다.[62]

암스테르담 회의는 우선 각료이사회가 정책을 결정하는 과정에서 외교안보

60) Neill Nugent, *The Government and Politics of the European Union*, 5th ed., pp.67-68.

61) 이창훈 · 이종원 · 김대순, 『EU: 정치 · 경제 · 법』(서울: 삼영사, 2000), pp.85-86.

62) 외교안보연구원, "EU 공동외교안보정책의 동향과 전망," 『주요국제문제분석』, No.2004~15, 2004년 5월 14일, p.1.

전략 수립과 같은 주요 사안에 대하여는 만장일치제를 유지하되, 특정 사안에 대하여는 공동입장 혹은 공동조치를 취하거나 이의 이행문제에 대해서 가중다수결에 의한 결정을 할 수 있도록 하였다. 이에 따라 주요 국제문제에 대하여 EU 차원에서 정책결정을 보다 신속히 할 수 있는 제도적 개선이 이루어지게 되었다.[63]

마스트리트 조약이 CFSP의 골격을 마련하였다면 암스테르담 조약은 CFSP의 조직과 운영방향 등을 설정함으로써 공동외교안보정책을 보다 더 구체화하였다. 특히 암스테르담 조약은 공동외교안보정책의 본질적인 요소로 공동 유럽안보방위정책(ESDP: European Security and Defence Policy)의 개발과 CFSP를 전담하는 고위대표(High Representative)직 설치를 규정하였다.[64] 이에 따라 이 조약은 EU 내에서 독자적인 군사능력 개발 및 보유의 필요성에 대한 기초를 제공하게 되었으며, 또한 이에 근거하여 1999년 솔라나(Javier Solana) 공동외교안보정책 고위대표가 임명되어 CFSP가 발전의 계기를 맞게 되었다.[65]

스페인의 전 외무장관이었던 솔라나(Javier Solana)는 고위대표의 임무를 비교적 성공적으로 수행한 것으로 평가되고 있다. 그는 중동평화 과정과 유고 분쟁의 해결 과정에서 중요한 역할을 담당하였다. 그는 또한 유럽의 안보정책과 부시의 "선제공격" 안보 독트린과의 차이점을 명확히 표현한 "유럽안보전략(ESS: European Security Strategy)"의 초안을 만들고 협상을 주도하였다. 이 문서는 2003년 EU 외무장관 회의에서 만장일치로 통과되었다. 고위대표와 대외관계 집행위원 간의 역할과 책임의 혼선 때문에 헌법안은 이 두 직위를 병합하도록 결정하였다.[66]

마스트리트 조약이 구체적으로 언급한 서유럽동맹(WEU)에 대하여, 암스테르담 조약은 CFSP는 WEU의 인도주의, 구호 활동과 위기관리 평화유지를 수행하기 위해 활동 능력을 향상시키도록 노력해야만 한다고 주장하였으나, WEU와

63) 이창훈 · 이종원 · 김대순, 『EU: 정치 · 경제 · 법』, pp.87-88.

64) 이 직위는 이사회의 사무총장이 되고, CFSP 문제에 대하여 이사회와 의장을 지원하며, 정책평가와 정책수립을 원활히 할 수 있도록 설치될 정책기획과 조기경보 부서의 장이 된다.

65) Elizabeth Bomberg and Alexander Stubb, *European Union: How Does it Work?* (Oxford: Oxford University Press, 2003), p.209.

66) Simon Hix, *The Political System of the European Union*, 2nd ed., p.392.

CFSP의 관계에 대한 논의는 거의 이루어지지 않았다. 또한 이 조약은 공동방위를 발전시키는 문제는 후일 WEU와 EU를 합병할 가능성이 있을 때 결정되도록 남겨두었다. 이 문제는 회원국의 헌법적 동의가 필요하기 때문에 유럽이사회에서 결정되어야 할 문제였다.[67]

WEU 문제는 1999년 12월 헬싱키에서 개최된 EU 정상회의에서 보다 구체적으로 논의되었다. EU 정상들은 WEU를 EU에 편입시키고, 평화유지와 지역위기관리를 위하여 2003년까지 5만~6만 명 규모의 유럽신속대응부대를 창설하며, 적절한 의사결정체계를 세운다는 결의를 표명하였다.[68] 이러한 선언은 정치안보위원회(PSC: Political and Security Committee), EU국가 군사대표에 의하여 구성된 EU 군사위원회(EUMC: EU Military Committee) 및 여타 하위 단계의 기관과 같은 유럽이사회 내의 새로운 정치 및 군사기관의 설립을 이끌었다. 또한 많은 비군사적 민간측면의 위기관리도 소개되었다. 이 선언은 일 년 뒤인 2000년 11월 20일 브뤼셀에서 EU 국방장관과 참모총장이 만나서 각 회원국의 개별 분담액을 나타내는 부대목록을 제출하였을 때 더욱 구체화되었다. 또한 이들은 유럽수준의 표준운영절차, 공동군사훈련 및 군대교체를 통하여 훈련과 장비를 표준화하기 위한 많은 계획도 소개하였다. 이러한 과정의 진행은 수평적인 지역제도연합이 창설되고 강화된다는 점에서 지역화의 좋은 예로 평가되었다.

암스테르담 조약에 의하여 공동외교안보정책 시행의 일환으로 결정된 ESDP는 순조롭게 진행되었다. ESDP를 수행하기 위한 과제가 선정(페테르부르크 임무)되었으며, 여기에는 인도주의 및 구조임무, 평화유지, 위기관리 및 평화형성(peacemaking) 임무까지 포함되었고, 또한 이러한 활동을 위한 신속대응군(RRF)을 편성하였다.[69]

2003년 말까지 ESDP 분야의 구체적 진전이 이루어졌다. 2003년 1월 유엔 국

67) Treaty of Amsterdam, Descriptive Summary, Document available on the European Union's Internet Site, *Europa*, in the 1996 Intergovernmental Conference Database: http://europa.eu.int/en/agenda/igc-home.

68) Peter Schmidt, "ESDI: "Separable but not separate?"," *NATO Review*, Vol.48, Spring/Summer 2000, p.12.

69) 외교안보연구원, "EU 공동외교안보정책의 동향과 전망," 『주요국제문제분석』, No.2004-15, 2004년 5월 14일, p.1.

제치안임무군(UN International Police Task Force)으로부터 보스니아-헤르체고비나의 치안 업무를 인계받았으며, EU 치안임무군(European Union Police Mission) 500명이 이후 3년간 주둔하며 유럽 수준의 치안체제 확립을 위한 조치를 취하였다. 그리고 2003년 3월 마케도니아에서 EU 방위군 350명이 "Concordia"라는 작전명으로 나토방위군을 대체하였으며, 12월 임무 완료 이후에는 200명의 치안임무군으로 대체되었다. EU 역외에서 이루어진 것으로 콩고에서도 평화유지활동(Artemis)이 수행되었다.

암스테르담 조약 이후 EU는 테러, 대량살상무기(WMD) 비확산, 인권 등 국제문제에 대하여 공동입장을 취하는 등 다양한 분야에서 협력과 통합을 진전시켰다. 또한 2003년 12월 12일 브뤼셀 EU 정상회의는 솔라나 고위대표가 제출한 EU의 첫 안보 독트린인 "유럽안보전략(ESS)"을 채택하였다. 외교안보와 관련한 EU의 기본입장, 정체성 및 문화적 전통에 기반하고 있는 ESS는 9 · 11 테러 이후 미국의 일방주의, 이라크 전쟁을 둘러싼 미국-EU 간 갈등, 테러 및 WMD 확산 등 새로운 안보환경하에서 EU의 독자 대응이 필요하다는 인식 및 향후 진로를 제시하였다.[70)]

ESS는 테러와 WMD 확산 등 새로운 안보위협에 대해 정치, 경제, 군사 등 모든 수단을 동원한 적극적인 대응방안을 제시하여 EU의 안보 우선순위의 변화뿐 아니라 그 범위도 크게 확대시켰다. 그러나 EU의 안보에 대한 의지와 실천능력 간에는 상당한 괴리가 존재하고 있었다. ESS는 유럽이 공동으로 행동하면 강력한 역량을 발휘할 수 있다는 인식을 배경으로 하여 선포되었으나, 이러한 공동외교안보정책을 추진할 수 있는 경제, 외교, 군사 제도가 일관성 있고 견고하게 유지되고 있는가에 대한 의문이 제기되고 있다.

EU의 공동외교안보정책은 대체로 순조롭게 추진되지 않고 있는 것으로 평가되고 있다. 대표적인 사례는 이라크전과 관련하여 심각한 분열양상을 노출한 것으로, EU 회원국들은 향후 발생할 사안의 협력에 대한 보다 심도 있는 논의가 필요함을 인식하고 있다. 공동외교안보정책을 위한 협력이 발전적으로 이루어

70) 홍석인, "EU확대와 유럽통합의 진전동향: 정치분야 통합의 현황과 전망," 『세계경제』, 2004년 4월호, p.24.

지는 데 장애가 되는 요인들은 다양하다.

첫째, EU는 단일국가가 아니기 때문에 국가 외교 정책에 초점을 맞추는 데 도움이 되는 장기간에 걸쳐 완성된 '모범 답안'이라는 것이 없다. 보호해야만 하는 국가 영토가 없고, 증진시켜야 할 국가의 정치 · 경제 · 사회 · 문화적 이익이 없다. EU의 영토는 EU에 속한 것이 아니라 회원국에 속한 것이며, EU의 정치 · 경제 · 사회 · 문화적 이익도 분명하게 정의내릴 수 없다. 많은 회원국들 특히 오랜 기간 세계무대에서 영향력을 발휘해 온 대규모 국가들은 국가 영향력, 주권, 정체성과 연관되는 정책분야의 통제권 상실에 저항하고 있다.

둘째, 회원국들은 안보에 대하여 상이한 인식을 하고 있으며, 우선적으로 처리되어야 할 문제에 대한 시각도 다양하다. 가장 근본적인 분열은 대서양주의 국가들과 유럽주의 국가들 간의 견해차이이다. 영국, 네덜란드, 포르투갈과 같은 대서양주의 국가들은 나토를 중심으로 한 미국과의 긴밀한 안보협력을 선호한다. 반면 프랑스, 독일 등 유럽주의 국가들은 유럽안보의 유럽화를 추구한다. 다른 차원에서 살펴보면, 영국과 프랑스는 과거 식민지에 대하여 특별한 이해관계를 가지고 있는 반면, 독일은 동유럽 국가들과의 관계 수립을 강조하고 있으며, 아일랜드, 스웨덴, 핀란드 등은 중립을 견지하고 있다.

셋째, EU는 일사분란한 외교안보정책을 추진하기에는 구심력과 지도력이 부족한 상태이다. 각료이사회의 의장은 매 6개월마다 교체될 뿐만 아니라 EU조직에 속한 어느 누구도 중심적인 위치에서 역외 국가들과 책임감을 가지고 접촉할 수 있는 인사가 없다. 미국의 전 국무장관인 키신저(Henry Kissinger)는 유럽과 접촉하려 할 때 누구와 대화해야 할지 곤란을 겪었다고 회고하였다.[71]

넷째, 정책결정 방식의 문제이다. 공동외교안보정책에 있어 다수결제 및 가중다수결제가 확대되었으나, 아직도 민감한 군사적 사항에 있어서는 만장일치제를 요구하고 있다. 외교안보 부문에 있어서 27개국의 만장일치를 도출한다는 것은 거의 불가능하고 상당히 비효율적일 수 있다. 일부 국가의 무임승차 경향이 나타날 수 있고, 영국, 프랑스, 독일 등 대국간 또는 소국들 간의 갈등이 나타날 수 있다.

71) John McCormick, *The European Union: Politics and Policies*, 2nd ed., p.267.

EU의 일부 회원국들은 EU가 외교안보정책을 추진하는 데 있어서 일반적인 선언만 할 것이 아니라, 실제 활동을 하기를 원하고 있다. 때로는 역내외적으로 안보위협이 되는 요소에 대하여 제재를 가하기를 기대하고 있다. 이와 같이 회원국들이 보다 적극적인 외교안보정책을 추진하기를 원하는 요인은 몇 가지가 있다.

첫째, 냉전 종식과 더불어 소비에트 블록에서의 공산주의 붕괴는 국제 권력관계를 전환시켰다. 국제정치에 있어서 핵무기와 군사적 능력이 덜 중요하게 되고, 중동부 유럽과 더불어 분쟁이 많았던 중동 지역과 관련하여 경제적 힘과 지리적 위치가 좀 더 중요하게 인식되었다. 이러한 '새로운' 세계에서 국제관계는 상당히 유동적인 상황이 되었고, 유럽 대륙의 미래 발전과 특징이 뚜렷하게 가시화되지 않자, EU 국가들은 자연히 새로운 사건들을 처리하고 관리하는 데 있어서 EU가 주도적 역할을 하기를 원하기 시작하였다.

둘째, 독일 통일 이후 독일이 확실하게 자리 잡고 소속될 수 있는 EU의 틀을 만들기 위하여 경제와 통화 동맹에 참여한 것과 마찬가지로 외교 · 안보 정책 분야에도 참여하도록 강요받았다. 독일의 유럽보다는 유럽의 독일로 남기를 바라는 독일 지도자들의 결정은 독일의 과거와 독일 동부와 남부에서의 사실적이고 잠재적인 정치적 동요의 민감성에 비추어, 외교 안보 정책에 특히 치중할 필요가 있다고 느끼게 하였다.

셋째, 1990~1991년의 걸프전과 이후의 사건들은 만약 안보 방위 정책이 외교정책과 분리되어 계속 유지된다면 효율적인 측면에서 항상 제한될 수 있다는 점을 증명하였다. 이라크의 쿠웨이트 침공에 대한 공동체의 대응은 외교 활동을 협력하고 경제 제재를 가하는 것이었으나, 군사적 대응의 측면에서 회원국들은 통합되지 않은 방법으로 반응하였다.

2) EU의 다른 안보기구와의 관계: 협력, 경쟁과 갈등

EU가 독자적인 외교안보정책을 추진하는 데 있어서 가장 중요한 이슈는 NATO와의 관계 설정문제이다. 소련의 위협을 대상으로 하여 1949년 설립된 NATO는 미국이 지배해 왔고, 냉전 종식 이후 기능과 역할을 재정의하지 않을 수 없었다. 냉전이 끝난 후 EU와 NATO와의 관계는 미국이 유럽에서의 안보 위협을 어떻게 평가하느냐와 프랑스 등 유럽국가들이 유럽의 방어에 대한 미국의 개입을 지속적으로 수용하고 환영하는가의 문제에 달려 있다.

냉전 종식은 NATO뿐만 아니라 유럽의 다른 안보기구의 변화를 가져왔다. 1989년부터 1992년까지의 기간이 새로운 탈냉전 안보 상황에 서유럽 안보 기구가 적응해 가는 시기였다면, 1993년부터 1997년까지는 냉전 종식 이후 생성된 새로운 질서의 모호함과 모순성을 해결하려고 시도하는 기간이었다. 새로운 질서를 창출하기 위하여 체결된 조약들과 협정들은 안보 기구들이 새로운 안보환경에 적응할 능력을 가지고 있으며, 이는 동 · 서 유럽 모두의 안보에 도움을 준다는 점을 입증한 면에 있어서는 성공적이었으나, 협정들은 불완전하거나 실용적이지 못했다. 여러 문서들은 고의로 애매하게 작성되었고, 안보환경이 보다 분명해질 때까지 어려운 결정은 미루어졌다.

1993년부터 구 유고슬라비아에서 발생한 위기들과 중동부 유럽의 미래에 대한 불확실성 증가는 서유럽 지도자들에게 안보기구의 구조, 능력과 임무에 관한 모호성이 해결될 필요가 있다는 점을 명백히 인식하게 해 주는 계기가 되었다. NATO와 CSFP는 유럽 안보의 미래에 대한 시각차를 해결해야만 했고, EU의 방어적 요소와 NATO를 대치하는 유럽 중심세력으로서 WEU는 유럽안보구조를 보다 큰 차원에서 해결하여야 할 제도적 불확실성을 제공하였다.[72)]

서유럽동맹(WEU)의 역할과 기능

1991년 12월 마스트리트 정상회담에서 서유럽동맹 회원국들은 유럽 안보방위구상(ESDI: European Security and Defence Identity) 창설, 그리고 방위 문제에 있어 유럽의 더 많은 역할에 대한 그들의 견해를 채택하였다. WEU는 대서양 동맹 중 유럽세력의 축이 되는 동시에 EU의 방위 부분을 발전시키는 기구로 고안되었다. 유럽의 공동방어능력을 제고시키는 데 있어서 가장 가능성 있는 제도적 장치인 WEU는 부침을 거듭해 오다가 마스트리트 조약에 의해 새로운 부

72) Michael Brewster Hawes, "Institutions and Adaptation: Explaining Change in European Security Cooperation 1981-1997," Paper prepared for the 2001 Annual Meeting of the American Political Science Association, August 30-September 2, 2001, p.26.

활의 기회가 주어졌다.

브뤼셀에 사무국(1993년 런던으로부터 이전), 파리에 각료이사회(Ministerial Council)와 자문총회(Consultative Assembly)를 보유한 WEU는 회원국 10개국의 외무 및 국방장관이 참여하는 회의를 1년에 2회 개최한다. 가입국 10개국은 벨기에, 프랑스, 독일, 그리스, 이탈리아, 룩셈부르그, 네덜란드, 포르투갈, 스페인, 영국 등이고, 오스트리아, 덴마크, 핀란드, 아일랜드, 스웨덴은 참관국들이다. 실질적 유럽 방어 능력을 제고하는 제도적 장치로서 WEU는 몇 가지의 장점을 가지고 있다. WEU는 이미 존재하고 있고, 또한 미국으로부터 독립하여 유럽 자체의 방어정책을 수립하는 데 사용될 수 있다. NATO는 방어동맹의 성격상 역내활동으로 제한되어 있으나, WEU는 역외활동이 가능하다. WEU의 모든 회원국들은 EU 회원국들이다.

1950년대 초반 유럽통합 초기에 추진되었던 유럽방위공동체(EDC: European Defence Community)가 실패하고 이어서 1954년 브뤼셀 조약에 의해 설립된 WEU는 초기에 ECSC 6개국과 영국으로 구성되었다. 그러나 미국이 전후 유럽의 방어에 중요한 역할을 담당하자, WEU는 NATO에 의해 빛을 잃게 되었다. 한 외교관이 언급한 대로 WEU는 "퇴역한 이탈리아 장군이 직업을 구하는 장소"가 되었다.[73)]

WEU는 본질적으로 명목상의 조직으로서 별 활동없이 1980년대까지 정체되어 있었다. 1960년대에 NATO를 탈퇴하고 1970년대에 WEU가 NATO와의 사이에서 고리역할을 하도록 제안했던 프랑스는 다시 1981년에 WEU를 연결기구로서 재활동시키자고 제안했다. EPC에 안보역할을 부여하려던 계획이 실패함에 따라 WEU는 1984년에 다시 부활하였다. 1984년 양 초강대국이 핵무기 보유 수준에 대한 합의가능성이 높아졌을 즈음 유럽방위에 대하여 NATO와는 구분되는 유럽 자체의 목소리가 나오기 시작했다. 이후 이란-이라크 전쟁과 페르시아만 위기 등 비유럽문제에 유럽이 공동정책을 처음으로 추진할 당시 WEU가 가장 적합하다고 네덜란드가 제의하였다. 1987년 이란-이라크 전쟁 동안 페르시안 걸프에서 몇몇 회원국들이 참여한 소해작업을 함으로써 WEU가 유럽안보에

73) *The Economist*, 2 February 1991.

적절한지에 대한 첫 번째 테스트에 통과하였다.

냉전 종식과 더불어 1990년대에도 WEU의 부활에 대한 논의는 계속되었다. 특히 NATO의 주적이었던 소련과 동유럽이 사라짐에 따라 NATO의 운명이 불확실한 상황에서 유럽안보의 유럽화의 목소리가 계속되었다. 게다가, 유럽연합에서 마스트리트 조약은 WEU를 새로운 유럽연합의 잠재력 있는 방위와 안보기구로서 규정했다. 그러나 이는 모든 유럽연합 회원국들로부터 전폭적인 지지를 받지는 못했다.[74)]

유럽 주요국들의 WEU에 대한 관점은 차이가 있다. 대서양주의이자 정부간주의를 옹호하는 영국은 WEU를 EU와 NATO 간의 가교 역할 차원에서, 그리고 NATO의 위상에 도전하지 않는 범위 내에서만 존재하고 활동해야 한다는 입장을 보이고 있다. 영국은 WEU를 전적으로 NATO라는 상위 구조(superstructure) 내의 기구로 보고 있다. 유럽주의를 강하게 옹호하는 프랑스는 유럽연합의 통합적 차원에서 WEU가 안보적 역할을 확대 강화하여야 한다는 주장을 한다. 프랑스는 WEU를 NATO와 동등한 활동을 할 수 있는 안보기구로서 간주한다. 독일은 WEU에 대한 영국과 프랑스의 양 주장 사이에서 중립을 취하고 있다. 또한 독일은 유럽주의 성향을 보이지만 WEU에 대하여는 프랑스와는 달리 연방주의적 입장을 보인다.[75)]

WEU의 10개 회원국은 모두 EU와 NATO의 회원국이다. 마스트리트 조약에서 WEU는 EU 또는 NATO 국가들도 참관국이 준회원국으로 WEU에 참여할 수 있도록 문호를 개방했다. 1992년에는 구 바르샤바 조약기구 국가들과 안보 문제에 대한 대화를 하도록 협의 포럼(Forum of Consultation)을 설립하였다. 이 국가들은 1994년 회의에 참석하였고 WEU의 평화유지 활동에 참여할 수 있는

74) Derek W. Urwin, *A Political History of Western Europe since 1945*, 5th ed. (London: Longman, 1997), pp.95-96.

75) Michael Brewster Hawes, "Institutions and Adaptation: Explaining Change in European Security Cooperation 1981-1997," Paper prepared for the 2001 Annual Meeting of the American Political Science Association, August 30-September 2, 2001, p.7; 이수형, "제6장 유럽 안보질서의 형성," 김계동 외, 『유럽질서의 이해: 구조적 변화와 지속』(서울: 오름, 2003), p.259: Robbin Laird, *The Europeanization of the Alliance* (Boulder: Westview Press, 1991), pp.20-35.

제한된 권한을 가진 준파트너가 되었다. 그러나 WEU의 정식 회원국은 EU회원국의 기준(NATO의 기준과 유사한)을 만족시키는 국가만 되도록 하였다.[76)]

EU는 유럽에서의 주요 안보 문제를 효과적으로 대처할 만한 능력이 없다고 상당히 비판을 받아왔다. NATO가 주도적으로 회원국을 확대한 것과 달리 WEU는 회원국을 확대하는 것도 느리고, 크로아티아, 보스니아, 코소보에서의 분쟁을 방지할 수도 없었다. WEU 지지자들은 유럽이 새로운 변화에 직면하여 스스로 개혁을 시도해야 한다고 주장한다. 부득이하게 이러한 개혁은 많은 사람들이 기대했던 것보다 훨씬 오래 걸렸다.

마스트리트 조약 이후 WEU는 단지 공식적으로 1992년 6월 독일의 피터스버그(Petersberg)에서 열린 WEU 각료이사회의 선언에 합의된 내용의 활동만 하도록 제한되어 있다. 이 선언에 따르면 WEU의 권위하에서 활동하는 회원국 군대는 인도주의, 구조, 평화 유지를 포함한 위기관리 임무 등에 대한 집단안보의 차원에서 사용될 수 있다. 예를 들어 WEU는 1994~1996년 보스니아의 도시인 모스타(Mostar)에 통합된 크로아티아-무슬림 경찰을 창설하였고, 1997년 알바니아 경찰을 재구성하고 훈련하는 데 지원하였다. WEU의 인도주의적이고 평화유지 능력을 향상시키기 위하여 2만 명의 유럽신속대응군(EUROFOR: Rapid Deployment Force)을 창설하였다.[77)]

유럽안보협력기구(OSCE)의 역할과 기능

다음으로 중요한 안보기구는 유럽안보협력기구(OSCE: Organization for Security and Cooperation in Europe)이다. 이 기구는 협의체였던 유럽안보협력회의(CSCE: Conference on Security and Cooperation in Europe)가 1994년 기구로 발전한 것이다. OSCE는 유일한 범유럽 다자안보협력기구이지만, 유럽의 방위보다는 분쟁 예방과 전후복구에 역할을 제한하고 있다. 이 기구에는

76) Ian Manners, "Europe and the World: The Impact of Globalisation," in Richard Sakwa and Anne Stevens (eds.), *Contemporary Europe* (New York: Palgrave, 2000), p.221.

77) T. Flockjart and G. W. Rees, "A Core Europe? The EU and the WEU," in W. Park and G. W. Rees (eds.), *Rethinking Security in Post-Cold War Europe* (London and New York: Addison Wesley Longman, 1998), p.64.

북미, 서유럽, 구소련 지역 등 상이한 안보적 가치관을 보유한 국가들이 포함되어 있기 때문에 안보위협에 대한 합의를 NATO보다 도출하기 어려운 실정이다.

전체 유럽지역에서 전쟁 발발의 예방은 오늘날 OSCE가 당면한 주요한 임무이다. 베를린 장벽 붕괴 후 1990년에 조인된 파리헌장과 함께 OSCE는 갈등을 조정하는 능력을 증가시키기 시작했다. OSCE는 분쟁예방센터(Conflict Prevention Center)와 민주제도와 인권 사무국(Office of Democratic Institutions and Human Rights) 그리고 소수민족 고등판무관(High Commissioner of National Minorities)과 같은 제도를 창설했다. 유엔은 세계 안보에 있어서 주요한 역할을 해왔으나, 유럽 내에서는 OSCE만이 갈등 예방과 해결의 분야에 있어 명백한 임무, 조직적 구조 그리고 중요한 경험을 가지고 있다.[78)]

분쟁예방센터가 처음으로 1990년 파리헌장에 의해 창설되었을 때 제한된 임무와 적은 예산과 직원을 가지고 있었다. 1991년 구 유고에서 발생한 분쟁의 해결에 실패한 쓰라린 경험 이후 이 기구의 능력은 2002년까지 유라시아의 18개 국가와 지역, 즉 남동유럽 6개, 탈공산 동부유럽 3개, 코카서스 4개, 중앙아시아 5개국에서 활동할 정도로 역할이 점차 증대되었다.

보스니아-헤르체고비나, 크로아티아 그리고 코소보의 경우에는 OSCE가 나토 주도하의 보스니아 평화유지군(SFOR)과 코소보 평화유지군(KFOR)의 병력과 함께 이들 전쟁에 의하여 찢겨진 지역들에서 활동하면서 이들 지역을 재건하는 데 중요한 정치적 역할을 수행하였다. 그 임무들은 두 개의 OSCE 기관에 의해 지원받았다. 첫째, 민주제도와 인권 사무국에 의해 민주화, 선거, 법의 지배 그리고 인권과 같은 분야에 지원을 받았고, 둘째, 소수민족 고등판무관에 의해 인종-민족적 그룹과 관련된 문제와 중앙 정부와 소수민족 간의 갈등 예방과 해결을 위한 활동에 지원을 받았다. 비엔나에 있는 OSCE 사무국과 CPC의 직원뿐 아니라 OSCE의 3두마차(현 의장, 과거 의장, 차기 의장)가 포함된 의장단과 회원국 정부들이 그 임무와 활동 분야를 지원하고 있다.

78) P. Terrence Hopmann, "Regional Security Institutions and Intervention in Internal Conflicts; The OSCE Experience in Eurasia," Paper prepared for the Convention of the International Studies Association, 24-27 March 2002, p.3.

OSCE의 분야별 활동은 5가지 기능으로 구분할 수 있는데 이들 기능은 잠재적이거나 혹은 실질적인 무력분쟁이 발생하고 있는 국가들에서 수행되고 있다.

① 민주적 제도와 과정의 발전, 인권과 소수자 권리의 존중을 고취시켜 장기적 갈등의 예방을 증진시킨다.
② 화해의 노력과 토론의 조정을 포함한 다양한 형태의 외교적 개입을 통해 갈등이 폭력적 수준으로 발전되는 것을 예방하려 노력한다.
③ 분쟁을 비폭력적 방법으로 영구적인 해결을 하기 위한 휴전을 목표로 하여 폭력적 충돌을 중재한다.
④ 폭력 종료 이후 OSCE는 협상을 통해 분쟁의 근본원인에 대하여 장기적 해결책을 증진시키려고 노력한다.
⑤ 폭력분쟁 후에 사회를 재건하고 안보를 재확립시킨다.[79)]

많은 비용을 들이지 않고 혹은 거대한 관료제가 생기는 것을 수반하지 않고도 분쟁 예방과 해결에 OSCE가 효과적으로 작동하는 능력을 강화하기 위해서 OSCE는 직업적으로 더 유능하고 잘 훈련된 요원이 필요하다. 현재 OSCE는 단기간의 자원자와 참가국이 후원하는 개인들에게 매우 크게 의존하고 있다. 이들 중 많은 사람들은 그들이 파견하는 지역에 대한 어떤 지식도 없이 그리고 분쟁 해결의 과정, 기술, 방법에 대한 어떤 훈련도 없이 현장에 투입된다. 대부분의 요원들은 단기간의 계약을 맺게 되는데, 이런 계약은 그들이 다루는 이슈들을 파악하기 시작하자마자 기간이 만료되곤 한다. 이런 제한에도 불구하고 많은 OSCE 요원들은 탁월한 활동을 해왔다.

실질적으로 지난 수십 년간 OSCE는 분쟁의 예방과 해결 분야에서 매우 중요한 역할을 해왔다. 북대서양과 범유럽지역 안보에 공헌한 다자적 제도로서의 역할을 평가할 때 OSCE는 나토와 적어도 동등한 자격을 가지고 있다는 평을 받기도 한다. 그러나 OSCE는 상대적으로 불명확한 위치에서 활동하였고, 대부분의

79) National Research Council, "Commission on Social and Behavioral Sciences and Education," Paul C. Stern and Daniel Druckman (eds.), *International Conflict Resolution After the Cold War* (Washington, D.C.: National Academy Press, 2000), pp.569-615.

성공은 극적인 결과보다는 일상적이고 지역대별로 성취된 수천의 작은 성취물의 결과이기 때문에 크게 인정받지 못한 점이 있었다.

3) 유럽 안보의 자율성과 정체성

유럽국가들의 안보적 자율성과 관련된 유럽 안보방위 정체성의 개념은 1987년 헤이그에서 합의된 유럽 안보이익에 관한 서유럽동맹 강령(WEU Platform)에 나타나 있다. EU 회원국의 지도자들은 유럽 방위정책에 대한 합의를 도출하지 못하였으나, 프랑스와 독일은 1990년 프랑스-독일 합동여단(France-Germany Brigade)을 설치하였고, 이를 1992년 5월 유럽군단(Eurocorps)으로 발전시켰다. 스트라스부르그에 본부를 설치한 이 군단은 1995년 11월부터 5만 병력의 규모로 활동을 시작하였고, 이후 벨기에, 스페인, 룩셈부르크가 부대를 파견하였다. 유럽군단의 설치는 CFSP의 기본이 되었고, EU의 독자방위능력을 제고시켰으며, 미국이 군사력을 유럽에서 철수할 경우 유럽의 안전을 보호할 수 있는 유럽군대의 창설을 위한 준비단계로 인식되었다. 독일은 이 유럽군단이 NATO를 보완하고 서유럽안보에 대한 위협이 발생할 경우 NATO의 '작전 지휘'하에 놓일 것이라고 주장하였다. 그러나 영국, 네덜란드, 미국은 미국의 NATO를 통한 유럽안보 지배를 대체하는 것이라고 우려하였다.

NATO의 확대와 역할변경

냉전 종식 이후 군사 대치 위협이 현저하게 감소되고, NATO 주변 국가들 간의 분쟁 위험이 증가하여 NATO 국가들의 안보에 영향을 미칠지 모르는 상황에서, 전통적인 냉전 동맹 방식은 더 이상 적절하지 않게 되었다. 더 이상 서유럽은 전진 방어 개념에 의한 억지 정책으로는 자국 안보 이익을 보호할 수 없게 되었다. 유럽 안보에 도전하는 변화들에 대응할 수 있는 새로운 전략이 필요하게 된 것이다. 1990년 7월에 만들어진 런던 선언(London Declaration)에 따라, NATO도 새로운 전략적 접근을 규정하는 과정에 접어들었다.[80] 이러한 진화적

80) Alexander Moens, "The Formative Years of the New NATO: Diplomacy from London to

인 변화들이 1991년 11월 로마 정상회담에서 합의된 새로운 동맹전략 개념(Allied Strategic Concept)을 완성시켰다.[81)]

서유럽 안보 상황의 변화에 따른 NATO의 대응은 "회원국에 대한 공격의 억지와 방어, 그리고 안보협의를 위한 범대서양 포럼의 기능"에 덧붙여 두 가지 새로운 기능들을 다루었다. 새로운 기능들이란, "유럽에 민주주의 제도와 분쟁의 평화적 해결에 기초한 안정적 안보의 기반을 제공"하고 "유럽에서 전략적 균형을 유지하는 것"이다. 이러한 두 가지 새로운 기능들은 1949년 시작되어 냉전시기까지 유지된 전통적 방어 범주를 넘어 대서양 동맹에 정치적 차원을 부과하는 것이었다. 비록 NATO가 정치적 목적을 달성하기 위한 방법들이 여전히 부분적으로 모호하게 남아있지만, 런던 선언은 NATO가 중동부 유럽 국가들과의 협력을 증대시키는 데 대하여 관심을 가지고 있다는 점을 명확히 하였다.[82)]

이러한 이유로 북대서양협력이사회(NACC: North Atlantic Cooperation Council)가 1991년 11월 평화와 협력을 위한 로마 선언(Rome Declaration on Peace and Cooperation)에서 고안되었다. NACC는 NATO와 중동부 유럽 국가들(소련 포함) 간에 안보와 관련된 문제들을 폭넓게 다루는 협력 포럼이 되었다.[83)]

중동부 유럽 국가들과의 협력을 통하여 유럽 대륙의 안정성을 증진시키려는 노력에 더하여, 새로운 동맹 전략 개념은 안보 상황의 변화를 반영하는 동맹의 군사적 구조를 재정의하였다. 새로운 안보상황은 "기존의 유형과는 다른 종류의 위기가 발생할 위험이 있는데, 그 위기는 중요성에 있어서는 과거보다 덜 하지만 보다 신속한 대응을 필요로 할" 것으로 정의되었다.[84)] 결과적으로, 군사력의

Rome," in Alexander Moens and Christopher Anstis, *Disconcerted Europe: The Search for a New Security Architecture* (Boulder: Westview Press, 1994), pp.31-32.

81) Michael Brewster Hawes, "Institutions and Adaptation: Explaining Change in European Security Cooperation 1981-1997," Paper prepared for the 2001 Annual Meeting of the American Political Science Association, August 30-September 2, 2001, p.13.

82) North Atlantic Treaty Organization, "The London Declaration on a Transformed North Atlantic Alliance," July, 5-6, 1990, Article 4.

83) North Atlantic Treaty Organization, "The Rome Declaration on Peace and Cooperation," November 7-8, 1991.

84) North Atlantic Treaty Organization, "The Alliance's New Strategic Concept," November 7-

수준은 냉전 시대의 수준보다 분명히 감소하였지만, 좀 더 기동력이 있고, 상당히 높은 수준으로 신속하게 대응하도록 재편성되었다.

이러한 재편의 중요성은 NATO가 이전에는 단지 집단 방어와 관련된 동맹이었으나, 점차 그 역할을 확대하고, 성격을 변화시키기 시작한다는 사실에 기인한다. 서유럽과 중동부 유럽 국가들 간의 투명성과 협력을 촉진하고 정치적 임무를 강화하면서 동맹은 위협(threats)보다는 위험(risks)을 관리하는 안보기구로 방향이 전환되었다.[85]

특히 중동부 유럽에서의 불안정성은 탈냉전 유럽 체제에서 동맹의 안보에 가장 심각한 위험으로 인식되었다. 이같이 증가하고 있는 위험에 직면하여, 서유럽 국가들은 발생할지도 모르는 충돌을 해결하기 위한 메커니즘이 필요하였다. 냉전 기간 동안 소련의 위협을 다루는 데 성공적이었기 때문에 대서양 동맹과 통합된 군사 지휘권의 효율성은 임시적이라도 이러한 기능을 위한 최고의 제도(institution)로 보였다. 심지어 NATO와 독립된 유럽안보방위구상(ESDI: European Security and Defense Identity)을 추진하는 프랑스와 같은 국가들까지도 유럽에서 NATO와 동등한 기구가 조직될 때까지 동맹은 필요한 제도로 보았다.[86]

대서양 동맹의 상당한 제도화 수준은 동맹 자체의 생존에 영향을 미쳤다. 냉전 종식 이후, 유럽에서는 새로운 안보기구의 필요성이 논의되었다. 비록 대부분 NATO가 새로운 안보 상황에 완전히 적합하지는 않지만, 동맹은 이러한 상황하에서 가장 적절한 선택으로 보였다. 고도의 제도화를 통하여 NATO는 "결코 사용된 적은 없지만, 능률적이고 풍부한 경험을 가진 메커니즘"으로서 회원

8, 1991.

85) Celeste A. Wallander and Robert O. Koehane, "Risk, Threat and Security Institutions," in Helga Haftendorn, Robert O. Koehane and Celesta A. Wallander, *Imperfect Union: Security Institutions over Space and Time* (Cambridge: Oxford University Press, 1999); Richard L. Kugler, *Commitment to Purpose: How Alliance Partnership Won the War* (Santa Monica, California: RAND, 1993), p.504.

86) Alexander Moens, "The Formative Years of the New NATO: Diplomacy from London to Rome," p.25; Michael Brewster Hawes, "Institutions and Adaptation: Explaining Change in European Security Cooperation 1981-1997," pp.14-15.

국에 분명히 각인되어 있었다.[87] 이미 입증된 NATO의 제도적 구조의 효율성, 그리고 적응과 변화를 관리하는 고도의 규칙은 안보적으로 불투명한 기간에 새로운 기구를 창출하는 것보다 동맹을 좀 더 효율적인 방향으로 개혁하는 것에 대한 기대를 하게 하였다.[88]

이러한 관점에서 1990년대 들어서면서 NATO는 현대화와 변화를 계속적으로 모색하였다. 1993년 이후 북대서양 동맹에 중요한 두 가지 변화가 나타났다. 첫째, 1994년 NATO 정상회담은 유럽안보방위구상(ESDI)이 작동될 수 있는 방법으로서 연합합동기동부대(CJTF: Combined Joint Task Forces)를 구상하였다. 둘째, 동맹을 집단방어에서 안보관리기구(Security Management Institution)로 변화를 모색함으로써, 평화를 위한 동반자(PfP) 관계를 통해, 그리고 후에는 NATO의 중부유럽으로까지 확대를 통해 동쪽으로의 동맹 확대에 계속 초점을 맞추었다.[89]

1994년 브뤼셀에서 열린 NATO 정상회담에서 동맹국들은 동맹을 위한 새로운 구조적 틀의 설립에 동의하였고, 이는 위기관리와 평화유지 방법으로써 좀 더 효과적으로 작동하도록 하는 것이었다. 이 구조적 틀은 NATO, WEU, 그리고 합동 지휘권하의 다른 군사력을 이용한 소규모의 활동 방법으로 제공되었다. 이러한 합동 군사력은 연합합동사령부(CJTF)의 개념하에 NATO와 서유럽동맹의 작전을 연결하도록 하였다. CJTF 개념은 유럽 동맹국들은 연합 행동(joint action)을 지지하지만 북미는 지지하지 않는 경우 NATO의 군사력을 WEU 지휘권하에 두는 것을 의미하였다.[90] 비록 정상회담이 NATO군과 각국 군대의 지휘권을 전환하는 데 있어서 나타날 복잡성 때문에 이를 어떻게 실행할지에 대해서

87) Colin McInnes, "The Future of NATO," in Christoph Bluth, Emil Kirchner and James Sperling, *The Future of European Security* (Aldershot: Dartmouth Publishing Company, 1995), p.90.

88) Charles L. Glaser, "Why NATO is Still Best: Future Security Arrangements for Europe," *International Security*, Vol.18, No.1 (Summer 1993), p.24.

89) Michael Brewster Hawes, "Institutions and Adaptation: Explaining Change in European Security Cooperation 1981-1997," p.26.

90) Manfred Worner, "Shaping the Alliance for the Future," *NATO Review*, Vol.42, No.1, February 1994, p.104.

는 명확히 규정하지 않았으나, CJTF는 유럽의 안보에 있어서 상당히 중요한 의미를 내포하였다. 이 구상은 NATO의 역외 활동을 가능하게 하여 동부와 남부 유럽을 안정시키고, ESDI에 기초를 마련하기 위한 목적을 가지고 있었다.[91)]

CJTF는 인도적 원조 및 평화유지와 같은 동맹지역의 방위와 관련 없는 군사작전을 위하여 처음으로 만들어진 다국적 임무부대이다. 이러한 부대를 통하여 WEU 회원국은 미국이 개입할 의사가 없는 지역에 군사작전을 실행하기 위하여 NATO 재원을 배치할 수 있을 것이다. 미국은 새로운 CJTF가 모든 NATO 회원국들이 승인하였을 때만 배치될 수 있다고 주장하였다. 이것은 동맹으로부터 "분리 가능하지만 분리되지 않은" 부대와 명령체계의 타협안을 이끌었다. 이러한 타협안은 NATO의 '대서양화(Atlantization)'를 수용하는 프랑스의 새로운 자발적인 의지와 그 결과로서 더 큰 '유럽화(Europeanization)'를 수용하는 미국의 자발적인 의지에 의하여 가능해졌다. 유럽에서 미국이 더 이상 필요하지 않을 때 NATO를 통하여 유럽에 계속적인 간섭을 하려는 미국의 헤게모니에 대한 프랑스의 우려는 미국의 이탈에 대한 우려로 변하였다.[92)]

1994년 브뤼셀 정상회담에서 등장한 다른 주요 구상은 처음으로 동맹의 확대를 제기한 것이다. 평화를 위한 파트너십(PfP: Partnership for Peace) 프로그램은 중동부 유럽 국가들과 협력을 강화하는 수단으로 제안되었다. PfP는 여러 목적을 두고 고안되었다. "국가 방어 계획과 예산 과정의 투명성을 촉진하기 위해", "군에 대한 민주적 통제를 확보하기 위해", "UN과 CSCE의 권위하의 활동에 기동성과 수행능력을 유지하기 위해", 평화유지와 인도주의, 기타 임무를 위해 "NATO와 함께 협력적인 군사 관계를 발전시키려는 목적으로", "장기간 북대서양 동맹과 협력하여 활동할 수 있는 군사력을 발전시키기 위함"이었다.[93)] 이 중에서 최우선의 목적은 CJTF 활동, 그리고 정치적 협력과 다른 활동을 통해

91) Charles Barry, "NATO's Combined Joint Task Forces in Theory and Practice," *Survival*, Vol.38, No.1 (Spring 1996), p.83.

92) Galia Press —Barnathan, "American Hegemony and the Regionalization of Security after the Cold War— The European Example," Annual Political Science Association meeting, San Francisco, 2001, pp.32-33.

93) Gebhardt Van Moltke "Building a Partnership for Peace," *NATO Review*, Vol.42, No.3 (June 1994).

NATO 지휘구조에 편입하여 궁극적으로 NATO의 회원국이 되려는 국가에게 기회를 제공하는 것이었다. 이에 따라, 이들 참여 국가들은 "NATO의 활동 과정 기준, 협력 습관, 자문 관례"를 배울 것이고, 최종적으로 동맹에 쉽게 가입할 수 있게 하였다.[94)]

NATO 회원국들은 확대의 필요성에 대하여 일부는 주저하는 태도를 보였지만, 대체로 찬성의 입장을 표명하였다. 이 문제에 대한 독일의 강력한 지지는 프랑스와 영국 정부도 확대를 수용하는 데 영향을 미쳤다. 결국 공식적으로 어떠한 반대도 없이, 동맹은 평화를 위한 파트너십을 채택하였고, 후에 동유럽 3개국을 받아들였다.[95)]

NATO 확대에 관한 미 국무부의 의회보고서는 다음과 같은 NATO 확대의 7가지 장점을 제시하였다. ① 민주적 개혁과 안정성의 증진, ② 집단방위와 새로운 안보도전에 대처하는 능력 강화, ③ 중동부 유럽국가 간의 관계 개선, ④ 책임분담과 동맹임무에의 기여 확대, ⑤ 중동부 유럽에서 불안정한 회색지대의 회피, ⑥ 경제개혁, 안정적 무역 및 투자를 위한 환경조성, ⑦ 미국 파트너로서의 밀접한 유럽 설립. 이러한 리스트는 최초에 설명되는 지역화의 헤게모니를 지지하기 위하여 다음의 세 가지 주요 목표를 구체화하였다. ① 일극체제와 미국지배의 확장, ② 중대한 이익으로서 지역 안정성의 유지, ③ 확장된 지역책임분담을 통한 국제의무 비용의 감소 등이다.[96)]

냉전종식 이후 소련과 동유럽으로부터의 안보위협이 소멸되는 과정에서 유럽 국가들은 안보방위의 자율성을 보다 강하게 추진하게 되었다. 냉전이 종식되면서 NATO를 결성하게 된 동기와 목적이 소멸되었기 때문에 NATO도 그 위력을

94) Les Aspin, "New Europe, New NATO," *NATO Review*, Vol.42, No.1 (February 1994).

95) Michael Brewster Hawes, "Institutions and Adaptation: Explaining Change in European Security Cooperation 1981~1997," pp.29-30.

96) US Department of State, "Report to the Congress on the Enlargement of the North Atlantic Treaty Organization: Rationale, Benefits, Costs and implications"; Gerald B. Solomon, *The NATO Enlargement Debate, 1990~1997 — Blessings of Liberty* (Westport: Praeger, 1998); Galia Press — Barnathan, "American Hegemony and the Regionalization of Security after the Cold War — The European Example," Annual Political Science Association meeting, San Francisco, 2001, p.27.

잃게 될 것이라는 전망이 나왔다. 그러나 NATO는 여전히 유럽안보의 축으로 유지되고 있다. NATO는 더 이상 공동외부위협에 대응하는 군사동맹이라기보다는 '자유민주주의의 가치와 규범의 공동체' 또는 '평화연방(pacific federation)'으로 인식되고 있다. 이것이 NATO의 새로운 정체성으로 자리잡게 되었다. 조직이론(organization theory)에 따르면, 조직은 초창기의 존재이유가 소멸될 경우 자체적인 재생산(reproduce)을 하고 새로운 정통성을 추구하는 경향을 가지게 된다고 한다.97)

NATO는 설립 당시부터 민주주의의 유지와 확대를 정치적인 목표로 설정하였으나, 냉전이 종식되면서 민주주의에 대한 언급이 보다 강화되었다. 민주주의의 정체성을 새로운 슬로건으로 제시하면서 NATO는 러시아, 구소련 공화국들, 중동부 유럽국가들과의 긴밀한 제도적 협력을 강화해 나가는 동시에, 이 국가들을 참여시키면서 확대해 나가기 시작하였다. 폴란드, 헝가리, 체코가 가입한 1차 확대는 1997년 마드리드에서 결정되었고 1999년 3월에 가입이 이루어졌다. 불가리아, 에스토니아, 라트비아, 리투아니아, 루마니아, 슬로바키아, 슬로베니아가 가입하는 2차 확대는 2003년 3월 결정되었고 이듬해 3월 29일 가입이 이루어졌다. 이로써 NATO는 명실상부한 범유럽 안보 및 위기관리 기구로 발전하였다. 이와 함께 발칸지역, 카스피해 연안 및 중동지역의 위기 발생시 신속히 대응할 수 있는 체제를 마련하였고, 나아가 NATO는 향후 마케도니아, 알바니아, 크로아티아 등으로의 확대를 모색하고 있다.98)

NATO의 확대를 지지하는 층은 민주주의의 확산, 유럽 분단을 종식시키고 안정적인 유럽을 형성하는 데 있어서 NATO가 기여를 해야 한다는 논지를 펴고 있다. NATO 확대를 추진한 미국의 클린턴(Bill Clinton) 대통령은 NATO가 "서유럽을 위하여 한 것을 동유럽에도 해야 한다. 지역경쟁이 재발하는 것을 방지해야 하고, 미래의 위협에 대응하는 민주주의를 강화해야 한다"는 주장을 하였다.99)

97) Helene Sjursen, "On the Identity of NATO," *International Affairs*, Vol.80, No.4, July 2004, pp.687-688.

98) 외교안보연구원, "EU 공동외교안보정책의 동향과 전망," 『주요국제문제분석』, No.2004~15, 2004년 5월 14일, p.3.

그러나 NATO는 냉전시대와 같은 규모와 구조로 존속하기는 어려운 상황이다. 적대세력이 약화 또는 소멸된 상황에서 NATO의 정치적 · 제도적 구조조정이 불가피하게 된 것이다. 이에 따라 유럽 안보방위 정체성을 형성하는 문제가 대서양주의와 유럽주의 모두에게 최대의 관심사로 부각되었다. 결국 1996년 6월 베를린 NATO 이사회 회의는 NATO 내에 유럽 안보방위 정체성을 수립하기로 결정하였다. 따라서 대서양동맹의 역사에 있어서 유럽 국가들은 처음으로 자신의 안보정체성을 형성할 수 있게 되었다.[100)]

NATO의 미래는 NATO를 유지하는 한계비용이 완전히 새로운 규범, 규칙과 제도를 세우는 비용보다 더 드느냐, 덜 드느냐에 달려 있다.[101)] NATO가 구공산권 국가들에 접근하는 것도 바로 이러한 이유 때문이다. 안보적 차원에서 고찰해볼 때, 구공산권 국가들과 협력적 틀을 수립하고 민주주의 통치를 고무하는 것은 새로운 안보공동체를 수립하는 것보다 훨씬 비용효율적인 것으로 평가되었다. 이러한 관점에서 NATO의 장래는 다른 군사안보조직을 만들거나 회원국이 방어적 자립을 이루는 것보다, NATO가 보다 저렴한 비용으로 안보적 기능을 수행할 수 있는가에 달려 있다.[102)] NATO의 장래는 유지비용뿐만 아니라 상호신뢰가 유지되는 정도에도 달려 있다. 동맹의 공동가치는 초기 수립시에도 중요하지만 끊임없이 재생산과 재건설의 과정을 거쳐야 한다.

유럽의 독자 안보정체성 모색

보스니아와 코소보 위기를 목격하면서 유럽 국가들은 위급한 상황에 대처할 유럽의 군사적 능력의 무력감을 실감하게 되었다. 특히 유럽에서의 분쟁에 대하여 유럽 국가들이 미국에 필적할 만한 힘을 발휘하지 못한 점과 군사장비 면에서 유럽과 미국의 기술적 차이가 뚜렷해진 점들은 유럽 국가들이 군사협력을 강

99) Zoltan Barany, "NATO's peaceful advance," *Journal of Democracy*, Vol.15, No.1, Jan. 2004, p.66.

100) 이수형, "제6장 유럽 안보질서의 형성," 김계동 외, 『유럽질서의 이해: 구조적 변화와 지속』(서울: 오름, 2003), pp.258-259.

101) Celeste A. Wallander, "Institutional assets and adaptability: NATO after the Cold War," *International Organization*, Vol.54, No.4, 2002, pp.705-736.

102) Helene Sjursen, "On the Identity of NATO," p.701.

화해야 한다는 필요성을 인식하게 하였다. 이를 계기로 특히, 영국과 프랑스는 1998년 12월 생 말로(St. Malo) 정상회담을 통해 그동안 논란이 되어 왔던 WEU의 유럽연합으로의 통합에 합의를 보았다. 블레어 영국 총리와 시라크 프랑스 대통령은 ① EU가 국제무대에서 완전한 역할을 해야 하며, ② 이를 위해 독자적인 군사능력을 갖추고, ③ 유럽은 제반 상황 및 정보 분석을 위한 적절한 구조와 능력 및 전략 기획능력을 가져야 하며, ④ 유럽은 새로운 위협에 신속히 대응할 수 있고 유럽의 방위산업과 기술에 뒷받침되는 강력한 군사력을 필요로 하며, ⑤ 영국과 프랑스는 EU가 이러한 목표를 구체화할 수 있도록 공동 노력할 것 등 5개항으로 된 공동선언서를 채택하였다.

두 정상은 외교와 방위정책에 있어서 유럽과 미국 관계에 대한 정반대 시각의 논쟁을 끝맺으면서, 유럽안보방위정책의 탄생을 통하여 공동외교안보정책의 강화를 모색하고 그들의 입장을 합의하였다. 합의 내용은 보스니아 내전에 대한 성공적인 군사 협력, 발칸 반도의 분쟁에서 미국 지도력에 대한 불만 등을 포함하였다.[103] 생 말로 정상 회담의 중요성은 나토의 중요성을 강조해 온 영국이 EU 차원의 방위정책에 대한 반대를 접고 유럽 국가들의 안보협력의 강화에 동의한 것이다.[104]

1999년 12월 10~11일에 걸쳐 핀란드 헬싱키에서 열린 유럽정상회담에서 EU는 코소보 사태와 같은 지역분쟁에 신속하고 효율적으로 대응하기 위한 유럽독자방위기구의 필요성에 합의했다. EU는 유럽의 안보를 주도적으로 관리하고 있는 NATO와는 별도로 2003년까지 역내 평화유지 작전수행을 위한 5~6만 명 규모의 군단급 유럽방위군 창설과 단일 지휘통제체제를 갖춘 EU의 정치 · 군사위원회를 신설키로 결정하였다. 이 군대는 군사적으로 자립할 수 있을 정도의 장비, 정보수집, 지휘 및 통제능력을 보유하고, 60일 이내에 전개될 수 있도록 신속히 군비태세를 갖추며, 적어도 1년 이상 작전 지속 능력을 유지하도록 하였

103) A. Forster and W. Wallce, “Common Foreign and Security Policy,” in H. Wallace and W. Wallace, *Policy-Making in the European Union*, 4th ed. (Oxford: Oxford University PRess, 2000), pp.481-495.

104) Stanley Hoffman, “US-European relations: past and future,” *International Affairs*, Vol.71, No.5, 2003, p.1031.

다.[105)]

EU의 공동외교안보정책을 지지하는 많은 전문가들은 EU가 경제 안보측면에서 제안하였던 것보다 중동부 유럽에 더 많은 관심을 가져야 한다고 주장한다. EU의 확대는 어렵고, 많은 비용이 들지만, 이는 유럽 대륙을 통틀어 유럽이 더 많은 안정과 안보의 혜택을 얻기 위해 지불하는 비용일 뿐이라고 한다. EU는 탈냉전 시대에 있어 WEU나 NATO보다 중요한 유럽안보제도라는 사실이 증명될 것이라 주장하고 있다.[106)]

EU가 가까운 미래에 안보 방위 정책과 능력을 발전시키는 데 대하여 5가지의 장애물이 존재한다. 첫째, 대다수 회원국들, 특히 중립적 성향의 회원국들은 이데올로기적/역사적 이유로 지나치게 발전하고 있는 안보와 방위 정책을 그다지 반기지 않고 있다. 둘째, 안보와 방위 정책이 사실상 모든 회원국이 관심을 가지고 있는 주권 문제를 제기한다. 셋째, 안보와 방위 이슈는 회원국들을 목적과 방법의 관점에서 분리되고 있다. 예를 들어, 1995년 프랑스가 대부분 EU 회원국들의 반대에도 불구하고 남태평양에서 핵실험을 실시하였고, 1999년 대부분 EU 국가들이 불만을 가지고 있었음에도 불구하고 영국이 미국과 함께 이라크를 폭격한 점이 증명한다. 넷째, 많은 회원국들이 EU 안보와 방위정책이 주어진 다른 방위 선택에 비해 실현가능성이 떨어져 필요가 없다고 본다. 가장 분명한 선택이 EU의 대다수 국가들이 속한 NATO이다. NATO에 속한 국가들은 NATO의 역할이 하향 조정되거나 미국과의 동맹이 느슨해져야만 한다는 일부 제안에 강력하게 반대하고 있다. 마지막으로 다섯 번째는 EU 안보와 방위에 대한 막대한 비용의 지출 없이, 인공위성 기술, 현대화된 공수 능력, 병참 지원, 장비와 같은 주요 군사적 자원 분야에 있어 NATO와 미국에 계속적으로 상당히 의지할 것이라는 것이다. 유럽안보방위정책(ESDP) 틀 내에서 유럽의 안보와 방위를 강화하기 위한 다양한 방안들이 강구되었는데, 군사력의 유용성(availability), 기동성(mobility), 동원성(deployability), 장비의 상호 운용성, 그리고 군수품 획득을 향

105) 이수형, "제6장 유럽 안보질서의 형성," 김계동 외, 『유럽질서의 이해: 구조적 변화와 지속』 (서울: 오름, 2003), pp.259-260.

106) Ian Manners, "Europe and the World: The Impact of Globalisation," in Richard Sakwa and Anne Stevens (eds.), *Contemporary Europe* (New York: Palgrave, 2000), p.221.

상시키기 위한 긴밀한 협력 등을 포함하고 있다. 그러나 미국의 지원 없이 EU가 주요 군사 캠페인을 실시하는 것이 불가능하다는 것이 현실이다.[107)]

2000년 12월 프랑스 니스에서 개최된 EU 정상회의는 ESDP 강화를 위한 조치로 피터스버그(Petersberg) 임무수행에 필요한 군사력 제공에 관한 선언을 채택하였다. EU 회원국들은 자발적으로 군사력 기여를 약속한 바, 10만 명 이상의 병력과 400여 대의 비행기, 100여 척의 군함 등을 제공하여 양적인 측면에서는 충분하나, 무기, 탄약, 의료부문 등은 추가 노력이 필요하고 아울러 전략정보 수집 및 분석 능력, 수송능력 등의 개선이 요구되었다. 또한 니스 정상회의는 CFSP와 ESDP에 관련된 모든 사항을 관장하는 '정치안보위원회(PSP)', 각 회원국의 참모총장으로 구성되어 PSP에 군사문제에 관한 의견을 제공하고 모든 군사활동을 총괄하는 '군사위원회(EUMC)' 및 '군사참모부(EUMS)'를 출범시켰다.

21세기 새로운 안보환경에 직면한 EU는 이러한 도전 및 위협요인에 대한 대응방안 마련을 모색하기 위하여 솔라나(Solana) 공동외교안보정책 고위대표에게 새로운 안보전략을 마련토록 임무를 부여하였다. 그는 2003년 6월 그리스 테살로니키 정상회의에 초안을 제출하였으며, 그해 12월 브뤼셀 정상회의는 솔라나가 제출한 '유럽안보전략(ESS)'을 채택하였다.

ESS는 9.11 이후 생성된 새로운 안보환경에서 주요 안보위협요인으로 테러리즘, WMD의 확산, 지역분쟁, 실패국가 및 조직범죄를 들고, EU의 전략목표(strategic objective)로 새로운 위협에의 적극대처, EU가 필요시 조기에 신속하고 적절히 개입하는 보다 적극적인 정책을 추진해야 하고, EU와 회원국의 자원을 잘 조화시켜 EU의 능력을 제고시킬 것을 주요 내용으로 하고 있다. 이와 더불어 회원국간 결속을 강화하고 보다 일관성 있는 정책을 추구할 것, 새로운 안보위협을 EU가 자체적으로 해결할 수 있는 성격이 아님을 감안하여 우방 및 관계국과의 협력 강화, 특히 현재 대체 불가능한 대서양 양안관계를 강화할 것을 제안하였다.[108)] ESS는 EU가 1992년 마스트리트 조약에서 공동외교안보정책을

107) Neill Nugent, *The Government and Politics of the European Union*, 5th ed., pp.423-424.

108) ESS는 한반도 및 북핵문제와 관련하여 i) 한반도 문제가 EU의 이해에 직·간접적으로 영향을 주는 지역분쟁의 하나이며 ii) 북한의 핵 활동은 원거리 위협(distance threats)이나 세계화 시대에는 근거리 위협과 같은 EU의 우려사항이라고 지적하고 있다.

EU의 본질적 구성부분으로 설정한 이래 10년 만에 갖게 된 독자적인 안보전략으로서 그 의의가 있으며 또한 EU 최초의 안보 독트린으로 평가된다.

5. 공동 내무 · 사법정책

1970년대 중반 유럽공동체 회원국들은 테러, 마약, 조직범죄에 대한 감시와 통제 관련 문제에서 서로 정보를 공유하고 협력하기 시작했다. 공동체 조약의 틀 외부에 존재하면서 트레비 프로세스(Trevi process)로 알려지게 된 일련의 메커니즘이 개발됐고, 내부 · 사법 · 경찰 · 정보 기구의 장과 고위 관료들이 비밀리에 회동을 가졌다. 수년에 걸쳐 트레비로 처리할 문제들이 나왔고, 이는 단일시장 프로그램의 일환으로 내부 국경검열을 해제할 필요성에 힘입은 바 크다. 1980년대 후반에는 테러, 마약, 조직범죄의 위협이 이민, 비자, 공공질서, 세관검열 관련 문제 등과 함께 고려되기 시작했다.

이후 내무 사법 분야 협력은 '솅겐협정'과 같은 일부 회원국간 협력, 유럽정상회의에서의 정치적 결정 및 트레비 그룹 등 새로운 조직의 창설 등을 통해 발전하고 확대되어 왔다. 이러한 노력이 마스트리트 조약에서 EU의 제3기둥으로 포함되어 비로소 EU의 고유한 업무영역으로 자리잡게 되었다. 이 분야는 EU 회원국들이 개별 국가의 힘만으로 효율적으로 대처하기 어려운 분야이며, 일관된 정책 추진을 위하여 1993년 EU 체제로 편입한 이래 속도와 협력의 수준이 더디지만 꾸준히 발전하고 있는 분야이다.[109)]

마스트리트 조약에서 사법 · 내무(JHA) 분야 협력 조항을 다루고 있는 세 번째 기둥의 내용을 요약하면 다음과 같다. 첫째, 회원국은 난민정책, 이민정책, 마약과의 전쟁 정책을 포함한 9개의 정책분야를 공동의 이해문제로 간주한다. 비자정책은 1996년 1월 1일까지 각료이사회에서 가중다수결 투표로 공동 비자정책이 채택되어야 한다는 것을 전제로, 유럽공동체 조약으로 통합됐다. 둘째, 각료

109) 홍석인, "EU확대와 유럽통합의 진전동향: 정치분야 통합의 현황과 전망," 『세계경제』, 2004년 4월호, p.25.

이사회는 결의안과 권고안 발표 등을 통해서 공동 지위와 공동 행동을 채택하고 협약을 체결하도록 하는 권한을 부여받았다. 셋째, 협력 · 조정을 증진하고 유럽연합이 이 조약하에서 맡은 소임을 다하도록 하기 위해 새로운 제도적 장치가 만들어지도록 계획되었다.

마스트리트 조약의 세 번째 기둥은 사법 · 내무 분야에서 수많은 성명과 협약을 채택하고 유럽경찰(Europol)을 설립하는 등의 많은 역할을 하였다. 그러나 정부들이 그들이 직면한 내무 사법 문제에 공동 대응하는 전략을 채택하는 데 있어서는 단지 미약한 진전만 있었을 뿐이다. 주된 이유는 사법 · 내무의 많은 정책들이 민감한 정보와 개인 권리를 교환하고 국가주권 문제와 직접적으로 관계된 갈등을 촉발할 수 있는 민감한 것이기 때문이었다. 이러한 민감한 요소들로 인해, 세 번째 기둥은 정부간 협상의 차원에서 다루어졌고, 따라서 각료이사회가 정책을 결정하는 것이 매우 어렵게 되었다. 내무 · 사법과 관계된 또 다른 문제점은, 때로는 서로 비협조적인 수많은 국내 기구들이 연계되어 있고, 동시에 매우 상이한 국내 시민법들이 적용됨으로써 그 성격이 본질적으로 무척 복잡하다는 점이다.

세 번째 기둥 운영에 대해 불만족한 정부간회의(IGC)는 1996년에서 1997년까지 이에 대해 집중 토론했다. 또한 이 분야는 암스테르담 조약에서 가장 강화된 정책분야가 되었다. 암스테르담 조약은 JHA 분야를 더욱 발전시키고 체계화하였는데, 이 조약에는 '자유, 안전 및 사법지대'의 창설을 명시하고 있다. 여기에서 자유는 역내 이동의 자유, 안전은 국경을 넘는 범죄로부터의 보호, 사법은 민사는 물론 형사사건까지도 사법협력을 추진한다는 개념이다.

암스테르담 조약은 다음과 같은 방향에서 원칙을 강화하였다. 첫째, 이민, 난민, 망명자 등의 문제를 다루는 JHA의 여러 정책들은 정부간 협상에 의존하는 제3기둥에서 보다 더 초국가적 성격을 가지는 제1기둥으로 전환되었다. 유럽공동체 기둥에 포함됨으로써, 비자정책을 제외하고 각료이사회에서 대개의 정책들이 만장일치로 결정되도록 되었고, 5년 후에 가중다수결 제도의 도입 가능성을 내용으로 한 조항이 마련되었다. 둘째, 정책의 목표가 분명해졌다. 셋째, 대부분의 회원국이 이미 조인을 했고 조약 이상의 차원에서 국경검열을 폐지하기 위해 추진된 솅겐협정은, 비록 아일랜드와 영국이 동참하지는 않았지만, 유럽연합의 틀 안으로 편입되었다. 넷째, 정부간주의 특성을 유지할 세 번째 기둥은 '범죄에 있어서 치안사법협력조항(Provisions on Police and Judicial Cooperation in Criminal Matters)' 으로 재조명되고 재명명되었다.[110]

암스테르담 조약 변화의 일환으로, JHA와 이와 관련된 정책들이 '자유, 안보, 정의 영역' 을 생성할 수 있도록 명확한 규정이 만들어졌다. 이 영역에서 공동 외부국경 내부에 있는 사람들은 자유롭게 이동할 수 있게 되었다. 이러한 목표에 도움을 주기 위해, 암스테르담 조약을 뒤따라 1999년 10월 핀란드의 탐페레(Tampere)에서 JHA 문제에 관한 특별 유럽이사회 회담이 개최되었고, 자유이동과 범죄와의 전쟁을 EU의 정치적 우선순위에 두기 위한 작업을 시작하였다. 여기서 각국 지도자들은 공동 난민 시스템 도입과 사법제도 발전 조치, 사법결정의 상호 인정, 국경을 초월하는 범죄에 대한 대책 마련, 검찰기구인 유로 저스트(Eurojust)와 유럽 경찰대학이라는 두 기구 설립에 대한 합의를 도출하면서 정책 분야 추진에 더욱 박차를 가했다.

2000년대에 들어서면서 JHA 정책은 빠르게 진보했다. 그 발전 속도는 2001년에서 2002년에 걸친 두 가지 상황변화에 힘입어 더욱 빨라졌다. 첫째, 유럽연합 국경이 개방되었다는 것과, 여러 회원국 선거에서 드러났듯이, 합법 · 불법 이민 정도가 너무 심각하여 극우 정당들이 이득을 보았다는 것이다. 유럽연합 확대가 진행된 후 이미 취약한 남쪽 경계가 동쪽의 취약한 경계와 합쳐질 것이라는 전망과 함께, 이민 · 난민 · 비자 통제에 대한 더욱 강화된 공동 정책들이 점점 더 필요해졌다.

2002년 6월에 열린 세빌(Seville) 정상회담에서는 이와 관련된 문제에 관심이 집중되어 다양한 문제에 대한 정치적 합의가 이루어졌다. 이민 통제관리 네트워크의 구축을 포함한 회원국간 국경검열의 긴밀한 협조, 그리고 불법이민에 대하여 제3국가와 긴밀한 협조를 하되, EU는 필요한 경우 재정적이고 기술적인 지원을 하지만 부적절한 협력은 오히려 결속에 해가 된다는 점을 분명히 할 필요가 있다는 점을 강조하였다. 또한 망명처 물색을 더욱 어렵게 만들기 위해, JHA 장관들에게 더블린 협약(Dublin Convention)이 법적 구속력을 가지게 하는 제

110) Neill Nugent, *The Government and Politics of the European Union*, 5th ed., p.310.

안을 채택하도록 하였는데, 더블린 협약은 망명신청자가 처음 발을 디디는 EU 국가가 책임지고 신청을 받도록 하는 것을 내용으로 하고 있다. 다음으로 가장 극적인 예라 할 수 있는 9 · 11 테러를 통해 알 수 있듯이, 서방세계에 대한 국제테러 위협의 심각성이 드러났다. 유럽 이사회와 JHA 특별이사회 소집 후 범유럽연합 체포영장제 구축을 포함한 수많은 반테러 정책들이 만들어졌다.

JHA 정책 중 일부는 EU의 공동정책으로 보다 빠르게 편입될 것으로 전망되고 있다. 물론 탐페레 정상회의에서 나타났듯이 일부 사안에 대해서는 일부 회원국이 난색을 표하였고, 긴장이 완전히 해소되지 않은 상황이다. 그러나 확고한 법적 틀과 이를 뒷받침하는 효율적인 법 집행이 부재할 경우, EU 시민들에게 경제적 이익을 제공할 수 있는 단일시장은 존재하기 어려울 것이다. 또한 JHA는 유럽시민이라는 개념에서 핵심적인 역할을 하고 있다. 사람들이 EU 시민으로서 권리와 자유를 인식하지 못하고, 자신들이 살고 있는 EU에서 어떠한 이익도 찾지 못한다면, EU는 결국 개개인에게는 다소 공허하고 별로 관계가 없는 개념으로 인식될 것이다.

이러한 점에서 JHA 분야의 중요성은 더욱 증가할 것이다. 유럽인들이 경제적이나 개인적 이유로 EU 내에서 이동하는 경우가 늘어날수록 국내 경찰력, 세관 및 법률 체계 간 협력의 필요성이 점차 증대될 것이다. 또한 국제 테러조직, 조직범죄 집단의 활동 증가로 EU 회원국 법 집행기관간 협력 필요성이 나날이 증가하고 있는 것이 엄연한 현실이다.[111)]

그러나 EU의 확대와 관련하여 JHA 분야는 아직도 신규회원국에는 논의의 대상일 뿐, 기존 회원국과 차별화가 되고 있는 부분으로 남아 있다. 2004년 5월 신규 가입한 10개국의 시민들은 즉각적으로 완전한 이동의 자유를 획득하지 못하였다. 가입 협상 동안 독일과 오스트리아를 중심으로 한 몇 개국은 중동부 유럽으로부터의 대규모 이주민에 대한 우려를 표명하였고, 신규 가입국들은 이주가 제한될 수밖에 없는 과도기의 설정을 받아들이지 않을 수 없었다. 2006년까지 기존 15개국은 자유의사로 자국의 법을 신규 회원국 시민들에게 적용할 수 있게

111) 홍석인, "EU확대와 유럽통합의 진전동향: 정치분야 통합의 현황과 전망," 『세계경제』, 2004년 4월호, p.26.

하였다.[112)]

셍겐협정 자체가 이미 신규가입국에 대한 일부 권리의 잠정적 유보를 전제하고 있기 때문에 당장 EU의 확대로 인해 이 분야에서 신규가입국이 커다란 변화를 경험하기는 어려울 것이다. 다만 동유럽 국가와의 교역의 확대 및 이동의 확대로 말미암아 이 분야에 대한 논의가 빨리 진전될 것이고, EU의 확대는 이러한 논의의 진전에 촉매제의 역할을 할 것으로 예상된다.

6. 대외관계

유럽의 세계와의 관계는 다양한 역사적 경험을 바탕으로 이루어졌는데, 이는 중상주의, 제국주의, 세계전쟁, 냉전, 경제침체, 상호의존을 포함한다. 한편 이 역사적 경험은 유럽과 관계를 맺음으로써 이득을 볼 것이라고 예상한 미국, 캐나다, 일본 등과 긴밀한 관계를 가지게 하였다. 다른 한편 이러한 역사적 경험은 세계의 가난한 국가들로 하여금 유럽과의 관계를 극도로 두려워하게 만드는 결과를 초래하였다.

1) 대외경제관계

EU의 군사적 능력과 정치적 영향력에 대하여는 많은 과제가 남아 있지만, 경제력에 대하여는 별다른 논쟁점이 존재하지 않고 있다. 공동대외관세가 시행 중이고, 단일시장이 거의 완성되었으며, 집행위원회는 세계무역에 대한 협상시 회원국 정부를 대표할 새로운 권한을 보유하게 되었다. 유로화로의 성공적인 전환은 이 화폐가 신뢰성이나 영향력에서 미국의 달러나 일본의 엔화와 동등한 반열에 서게 되었다는 점을 입증하고 있다.

인구상으로는 세계 인구의 6.4%만 점유하지만, EU는 세계 GNP의 28%, 전체 수입의 36%, 수출의 37%를 점하고 있다. 2002년 구매력 평가기준으로 유로지

112) Simon Hix, *The Political System of the European Union*, 2nd ed., p.349.

역의 GDP는 세계 GDP의 15.7%를 차지하여 미국의 21.1%보다는 작지만, 일본의 7.1%보다는 월등 큰 것으로 나타났다. 역내에서 가장 큰 독일의 비중은 세계 GDP의 4.4%이다. 실업률을 살펴보면 1990년대 초반 유로지역의 실업률은 10.9%라는 최고수준을 기록하였으나, 최근 들어서 8% 초반에 머무르고 있다. 그러나 이는 미국이나 일본의 4~5%보다는 훨씬 높은 수준이다.[113)]

EEC 조약 110조에 서술된 공동통상정책(CCP: Common Commercial Policy)은 "세계무역의 조화로운 발전, 국제무역에 대한 규제의 점진적 폐지, 관세 장벽의 축소" 등에 공동체가 기여한다는 원칙을 규정하였다. CCP는 단일시장이 완성되면서 실제로 작동되었고, 그때까지 세계무역 협상과 역내 경제문제에 대한 EC의 입장과 초점은 '유럽의 요새'를 구축하는 것이었다. 현재 EU 회원국들은 국제 무역 측면에서 세계에서 가장 통합된 형태를 보이고 있고, 무역 협정을 맺은 것처럼 활동하고 있다. 만약 EU 회원국들이 그와 같은 접근을 하지 않았다면, 통합된 역내 시장은 불가능했을 것이다.

대외적 측면에서의 경제통합의 주요 토대는 공동외부관세(CET: Common External Tariff) 혹은 공동세관관세(CCT: Common Customs Tariff)로, 포괄적으로 공동통상정책(CCP: Common Commercial Policy)으로 불리기도 한다. CET와 CCT는 회원국들로 하여금 외부관세의 고정과 조절, 비회원국과의 관세 협상과 무역 협정, 덤핑과 정부 보조금과 같은 불공정한 무역 방법이 의심스러울 때 수입 금지와 같은 행동들을 취하면서 EU 시장이라는 구조하에서 공동으로 대처하고 활동할 수 있게 한다.

EU는 수많은 포럼을 통하여 단일 국가들 또는 유럽자유무역연합(EFTA), 동남아시아 국가연합(ASEAN: Association of South-East Asian Nations)과 같은 지역 그룹 그리고 세계무역기구(WTO), 유엔무역개발회의(UNCTAD: United Nations Conference on Trade and Development)와 같은 세계적인 구조적 틀을 갖춘 기구들과 무역 협상을 하고 있다. 이러한 포럼을 통하여 EU는 상당한 수준의 경제적 · 무역적 이득을 획득하고 있다.

2000년 EU국가들의 국내총생산(GDP)의 합은 미국의 78억 3,600달러보다 많

113) 한상섭, "유로권 경제의 최근 동향과 구조적 특징," 『세계경제』, 2004년 4월, pp.55-57.

은 98억 9,600달러에 달하였다. 이는 세계 GDP와 비교할 때 미국이 22%, 일본이 15%에 그치고 EU는 26%를 차지한다. EU의 타 지역에의 수출이 세계 수출의 17%를 차지하고 있으며, 수입은 세계 수입의 18%에 이르고 있다. 미국과 일본을 비교하면, 미국은 16%, 19%이고 일본은 5%, 10%에 이르고 있다.[114)]

EU는 적극적인 대외관계를 통하여 범세계적인 교역상의 문제점을 해소하고 세계 경제의 미래를 보장하기 위한 공동노력을 모색하고 있다. 무엇보다 자유로운 세계 교역을 유지하기 위한 노력을 기울이고 있는데, 원자재의 약 90%를 수입해야 하고 공산품과 농가공품 판매시장을 제3국에서 찾아야만 하는 EU에게 있어서 자유무역 체제는 그들의 경제수준과 고용에 직결되어 있다. 이는 지속적인 EU의 대외 경쟁력 유지를 필요로 하고 있으며, 집행위원회는 EU산업의 발전을 위한 전략을 꾸준히 마련해야 한다. 이와 더불어 제3세계 국가들의 개발문제는 EU의 새로운 판매시장 개척 및 확보와 밀접하게 연관되어 있다.[115)]

EU는 자유 무역 정책을 실시하고 있으며, 대외 무역협상에 있어서 시장 개방을 최우선 순위에 두고 있다. 최근의 가장 중요한 국제무역 협상인 1986~1994년의 관세 및 무역에 관한 일반 협정(GATT) 우루과이 라운드는 EU의 무역에 대한 관점을 보여주는 증거로 제시되곤 한다. 협상 동안 EU에 대한 국제 관세의 축소, 그리고 EU의 회원국들이 강세를 보이고 있는 금융서비스 활동 등에 대한 제한을 개방하는 데 역점을 두었다.

그러나 자유 무역 정책은 항상 완벽한 일관성이나 획일성을 바탕으로 추진되지는 않는다. 회원국 정부는 '특별한' 국내 경제 환경과 보호조치를 취하라는 정치적 압력에 대처하기 위해 노력하고 있다. 따라서 EU 무역 정책은 일반적인 무역 자유화를 촉진할 뿐만 아니라 이러한 결과가 EU 회원국에 피해를 주지 않도록 보호하는 방안을 모색하고 있다. 무역 정책에 있어 이러한 결과는 또한 일반 무역 협정으로부터 특별한 면책 특권 추구, 경쟁 국가와 '공정한 마케팅(orderly marketing)' 협정 협상, 덤핑 방지 의무 부과 등의 노력을 기울이기도 한다.

114) Neill Nugent, *The Government and Politics of the European Union*, 5th ed., p.408.
115) 김동현 · 이승철, 『유럽연합의 현황과 전망』(서울: 집문당, 1996), pp.109-110.

2) EU와 미국

EU의 미국과의 관계는 양측의 이익이 조화와 대립을 하는 상당히 복합적인 성격을 띠고 있다. 유럽과 미국을 이어주었던 것은 대서양주의였는데, 대서양주의와 범유럽주의는 보완과 갈등의 관계에 있다. 범유럽주의의 부흥, 그리고 유럽의 통합을 부추겼던 것은 미국이었다. 통합유럽의 아버지 모네(Jean Monnet)가 말했던 바와 같이 미국은 분할을 통한 지배가 아니라 갈라져 있던 민족들의 통합을 통해 거대한 공동체를 건설하려고 했다.[116]

초기에 유럽은 유럽통합에 대하여 미국보다 열의가 적었으며, 그보다 지역안보에 전념하는 미국을 확보하는 데 심혈을 기울였다. 유럽은 미국의 고립주의자들이 유럽을 원조하도록 확신시키는 데 유럽통합이 필요하다고 생각했기 때문에 유럽통합이라는 개념을 사용하였다는 주장도 있다. 이러한 목적을 위하여 영국이 주도한 유럽은 서유럽동맹(Western European Union)을 창설하였고, 브뤼셀에서 5개 강대국 조약에 서명하였고 1948년 9월 브뤼셀 군사기구를 창설하였다.[117]

유럽통합은 소련에 대항한 유럽안보의 초석이 되고, 미국은 서독 재건의 수단으로 인식하고 있었다. 양측의 관계는 1960년대 초반 독일의 아데나우어(Konrad Adenauer) 수상이 미국의 케네디(John F. Kennedy) 대통령과 프랑스의 드골 사이의 신경전에 대해 비판하면서 부정적으로 발전하였다. 미국의 베트남 정책에 대하여 유럽인들이 동의하지 않고, 독일의 브란트(Willy Brandt) 수상이 동유럽과의 외교적 접근을 시도하면서 양측의 냉랭한 상태가 지속되었다. 미국이 서유럽 방어를 위하여 재정적, 인적, 물질적 지원을 계속하였으나 유럽에서의 반미감정은 확대되어 갔다.

1971년 브레튼 우즈(Bretton Woods) 제도의 붕괴는 미국이 세계 지도국으로서의 책임을 회피하기 시작한 시기로 기록되었다. 미 달러의 금 교환을 정지시

116) 김계동 · 김명섭, "제1장 서론," 김계동 외, 『유럽질서의 이해: 구조적 변화와 지속』(서울: 오름, 2003), pp.31-32.

117) Nicholas Henderson, *The Birth of NATO* (London: Weidenfeld and Nicolson, 1982), pp.1-13.

EU와 미국의 경제성장률 및 실업률 비교

(단위: %)

	경제성장률					실업률				
	2000	2001	2002	2003	2004	2000	2001	2002	2003	2004
미국	3.7	0.8	1.9	3.0	4.4	4.0.	4.8	5.8	6.0	5.5
EU-15	3.7	1.8	1.1	0.9	2.2	7.8	7.4	7.7	8.1	8.1
독일	3.1	1.0	0.1	−0.1	1.4	7.8	7.8	8.7	9.6	9.8
프랑스	4.2	2.1	1.1	0.6	2.5	9.1	8.4	8.9	9.6	9.5
이탈리아	3.2	1.7	0.4	0.4	1.1	10.4	9.4	9.0	8.6	−
영국	3.9	2.3	2.2	2.2	3.2	5.4	5.0	5.1	4.9	4.7

출처: 김균래, "EU 신집행위원회 출범과 주요 정책과제 전망," 『세계경제』, 2005년 2월, pp.79-80

킨 닉슨 행정부의 일방적인 결정은 수많은 유럽인들로 하여금 미국이 더 이상 유럽의 상황을 고려하지 않게 되었다는 점을 강조하게 하였다. EC 경제는 미국 경제를 급속도로 따라잡았고, EC는 미국보다는 동유럽과 무역을 더 많이 하게 되었다. 1980년대 동안 유럽 반핵 운동의 부활로 미국과 EC와의 관계는 더욱 긴장관계를 유지하였다.

2000년 미국과 EU의 경제성장률은 3.7%로 동일하였으나 2002년 이후 성장률 격차는 점차 확대되고 있다. 2004년에 미국이 4.4% 성장한 반면, EU는 2.2% 성장하는 데 그쳤으며, EU의 실업률도 미국보다 훨씬 높아, 거시경제적 평가에서 EU는 미국에 크게 뒤지는 것으로 나타났다. 또한 EU의 1인당 노동생산성도 미국에 크게 못 미치고 있다. 2002년 기준으로 EU 15개 회원국의 1인당 노동생산성은 미국의 80% 수준에 불과한 것으로 분석되었으며, 회원국별로 독일 80%, 이탈리아 94%, 스페인 73%, 네덜란드 78%, 영국 74% 등이다. EU의 노동생산성 증가율도 지속적으로 하락세를 보여 1990년대 이후 미국에 완전 역전되었다.

미국의 1인당 노동생산성 증가율(연평균)은 1970년대 0.4%에서 1980년대 1.4%로 증가, 1990년대 이후에는 1.6%로 다시 증가하여 지속적인 증가세를 보인 반면, 독일은 1980년대 증가율이 급락한 뒤 정체현상을 보이고 있고, 프랑스는 1990년대 이후 증가율이 크게 하락하였다. 이렇듯 2000년 리스본 정상회의에서 세계에서 가장 역동적이고 경쟁력 높은 지식기반 경제로의 전환을 선포했던 그 자신감이 무색할 정도로 현재 EU는 경제 활력을 상실한 채 세계에서 2류 경제로 전락하고 말 것이라는 위기의식을 느끼고 있다.

제2차 세계대전 이후 미국은 유럽의 안보에 대하여 적극적인 지원을 하였으나, 유럽 역외에서 발생하는 문제에 대해서는 서유럽국가들과 미국 간의 현격한 인식의 차이가 존재한다. 서유럽국가들은 미국이 세계 도처에서 쓸데없는 걱정거리를 만들다가 호전적으로 대응하는 습관을 갖게 되었다고 평가한다. 반면, 미국인들은 유럽 역외에서 발발하는 위험에 대응하는 데 유럽인들이 군사적 희생은 말할 것도 없고 경제적 희생조차 감수할 의사가 없는 근시안적 시각을 가졌다고 비판한다.[118)]

제2차 세계대전 이후 대서양 동반자 관계는 주기적으로 '위기'를 경험해 왔는데, 특히 미국의 보수주의적 공화당 대통령이 일방주의적 군사정책을 전개할 때 유럽이 강하게 반발하는 형태를 띠었다. 베트남전 시기와 레이건 행정부 시절 미국의 대외 군사 개입에 대해 80~95%의 유럽 국민들이 반대했으며, 결국 NATO의 분열 양상까지 보이게 되었다. 당시 일부 유럽의 정치인들은 미국을 나치 독일에 비교하기까지 하였다.

유럽과 미국의 관계는 일부 안보정책에 대한 양측의 의견차이로 증폭되었다. 예를 들어, EC는 1979년 소련의 아프가니스탄 침공에 대한 비판을 즉각적으로 하지 않았고, 서독은 미국의 1980년 모스크바 올림픽 불참을 지지한 EC 내의 유일한 국가였다. 유럽인들은 점령지에 대한 이스라엘의 정책을 미국보다 강하게 비판하였고, 미국은 1990~1991년과 1998년 있었던 걸프에서의 위기에 EC 회원국들의 미온적인 반응에 대해 실망하였다. 그리고 양측은 발칸 반도에서의 정책에 대해 합의점을 찾지 못하였다.[119)]

냉전 종식 이후 이러한 견해 차이는 대체로 유럽의 경제와 군사 영향력 상승,

118) John Van Oudenaren, "Europe as Partner," in David C. Gompert and F. Stephen Larrabee (eds.), *America and Europe: A Partnership for A New Era* (Cambridge: Cambridge University Press, 1998), 이수형 역, 『미국과 유럽의 21세기 국제질서』(서울: 한울 아카데미, 2000), p.155; 이수형, "제6장 유럽 안보질서의 형성," 김계동 외, 『유럽질서의 이해: 구조적 변화와 지속』(서울: 오름, 2003), p.250.

119) Michael Smith and Stephen Woolcock, *Redefining the US-EC Relationship* (New York: Council on Foreign Relations Press, 1993), p.2.

미국 영향력의 상대적 축소, 그리고 소련의 붕괴에 따른 세력균형의 변화가 미국과 EU의 관계변화를 주도하고 있는 데서 비롯된다. 이러한 견해 차이에도 불구하고 탈냉전의 새로운 질서를 맞이하여 미국과 EU 간의 접촉은 확대되고 있다. 1990년 11월 대서양선언(Transatlantic Declaration)을 하여 정기적인 접촉의 물꼬를 텄다. 이 선언이 채택되면서 경제 분야뿐 아니라 교육, 과학, 그리고 문화로까지 확대되는 계기가 마련되었다.

1995년 신대서양 아젠다(New Transatlantic Agenda)와 EU-US합동행동계획(Joint EU-US Action Plan)을 채택하여 양측은 상호관계를 '협의(consultation)' 차원에서 '공동활동(Joint Action)' 차원으로 발전시켰다. 이러한 프로그램들은 네 가지 분야 즉, 세계의 평화 및 안정, 민주주의 확산, 글로벌 변화에 공동 대응, 세계교역 확대 촉진, 양자간 협력관계 강화 등에 중점을 두고 있다.

이후 양자간 기술적인 무역장벽을 제거하고 다자간 교역자유화를 촉진하기 위해 1998년에는 대서양 경제 파트너십(Transatlantic Economic Partnership)이 마련되었으며, 1999년에는 본 선언(Bonn Declaration)을 채택하여 경제, 정치, 안보 분야에서 양자간 동등한 협력관계를 발전시켜 나가기로 합의하는 등 양자간 협력관계는 지속적으로 발전되고 있다. 특히 EU와 미국은 하루 10억 유로 상당의 교역관계가 이루어질 정도로 경제관계에서도 상호 의존적인 관계가 유지되고 있다.[120)]

일부 현실주의 국제정치 학자들은 NATO의 확대를 유럽 국가들의 외교 및 국방정책에 대한 미국의 지배를 유지 및 확장하고 미국의 국제적 리더십을 지속하는 수단으로 평가하였다. 이러한 목적은 또한 EU보다는 NATO가 확장된 유럽의 구조와 경계를 정의할 것이라는 점을 확실히 하려는 미국의 정책을 의미한다고 하였다. 일부 학자들은 EU 확대와 NATO 확대 간의 암묵적인 경쟁까지 확인하였다.[121)]

120) 양자간 교역이 전 세계 교역량의 약 40%를 차지하고 있으며, 양자가 모두 상호 최대 교역대상국이다. 박영곤, "확대된 EU의 대외관계 전망," 『세계경제』, 2004년 4월호, p.32.

121) Kenneth Waltz, "NATO Expansion: A Realist's View," in Robert W. Rauchhaus (ed.), *Explaining NATO Enlargement, Special Issue of Contemporary Security Policy*, Vol.21, No.2, August 2000, p.29; Emil Kirchner and James Sperling, "Will Form Lead to Function? Institutional Enlargement and the Creation of a European Security and

한편 미국은 유럽의 안정을 위한 OSCE의 역할에도 많은 관심을 기울이고 있다. 미국은 전쟁발발 후의 대규모 개입보다는 전쟁을 예방하는 것이 보다 효과와 비용 면에서 절약된다는 차원에서 OSCE에 거는 기대가 큰 편이다. OSCE의 임무를 포함한 모든 활동에 대한 매년 미국의 전체적인 할당액은 2002 회계연도에 약 2,000만 달러에 이르렀다. 동시에 미국은 보스니아 평화유지군(SFOR)과 코소보 평화유지군(KFOR)과 함께 주둔중인 미군병력에 대한 비용으로 매년 40억 달러를 넘게 지출했다. 그래서 OSCE 지역의 분쟁방지를 위한 미국의 분담액은 분쟁이 발생했던 이 두 지역의 군 병력을 유지하기 위해 단 이틀 동안만 소모하는 비용과 거의 동등하다. 재정적 압박이 강해지고 미군의 대규모 해외파병에 대한 반대가 거세질수록, 아마도 미국의 정치지도자들은 분쟁방지에 작은 수준의 지원을 한다면 그러한 대규모 개입은 불필요하게 될 것이라고 인식할 것이다. 특히 나토는 평화유지 활동은 하지만, 분쟁방지 능력이 거의 없기 때문에 OSCE에 대한 새로운 시각을 갖게 되었다. 갈등예방, 유지, 해결의 결정적인 역할에 있어서 OSCE가 비교적인 이점을 갖고 있고, 미국이 더 효과적으로 그 역할을 수행하기 위해 지지해야 할 것은 OSCE라고 인식되고 있다.

미국과 EU의 이익은 여러 가지 측면에서 부합되고 있으나, 미국은 다변적인 시각을 가지고 유럽 이외 지역의 중요성도 무시할 수 없는 상황이다. 1990년대 중반 클린턴 대통령은 태평양 국가들과의 선린관계를 중시하기 시작하였다. 특히 탈냉전 이후 안보의 개념이 군사에서 경제문제로 전환되고, EU의 힘이 증대되고, 미국의 관심이 점차로 남미와 아시아로 집중됨에 따라 미국은 유럽과의 관계를 재설정해야 할 필요성을 느끼게 되었다.

2002년부터는 미국 부시 행정부의 '신보수주의' 성향의 대외정책과 유럽의 국내정치적 요인, 특히 슈뢰더 독일 총리의 국내정치적 취약성과 시라크 프랑스 대통령의 드골주의적 반미성향이 합쳐져 대서양 동반자 관계가 위기를 맞게 되었다. 2002년 1월 부시 대통령은 연두교서에서 이라크 · 이란 · 북한을 '악의 축

Defence Identity," *Contemporary Security Policy*, Vol.21, No.1, April 2000, p.39; Martin A. Smith, "The NATO Factor: A Spanner in the Works of EU and WEU Enlargement?," in Karen Henderson (ed.), *Back to Europe: Central and Eastern Europe and the European Union* (London and Philadelphia: UCL Press, 1999), pp.53-55.

(axis of evil)' 으로 명명함으로써 중동지역 모든 국가들을 '동반자' 로 대하는 유럽의 입장과 반대되는 시각을 보였다. 그해 2월에 월포위츠 국방부 부장관이 NATO 동맹국들의 도움 없이 미국이 군사행동을 할 수 있음을 시사하여 유럽 국가들을 자극하였다.

재선 가능성이 희박했던 독일의 슈뢰더 총리는 대다수 국민들이 이라크 전쟁을 반대하는 상황을 선거에 활용하기 위해 2002년 8월 "유엔 결의가 있더라도 독일은 이라크 군사행동에 절대로 참여하지 않을 것"이라고 발언하였고, 동맹국들로부터의 지원이 절실했던 미 부시 행정부를 실망시켰다. 2002년 9월 22일 선거가 있기 전 독일 법무장관은 "부시 대통령의 이라크 침공은 유권자들의 관심을 국내문제에서 대외문제로 돌리기 위함이며, 이는 히틀러가 사용한 수법"이라고 발언하여 부시 대통령을 극도로 자극했으며, 이에 대해 미 백악관이 슈뢰더 총리에게 법무장관의 즉각 해임을 요구했으나 슈뢰더는 선거에 승리한 후에야 해임함으로써 부시 대통령과 슈뢰더 총리의 관계는 회복 불능 상태로 빠져들었다.

2003년 3월 이라크 전쟁이 발발하기 전까지 프랑스와 독일 등 이라크에 정치 · 경제적 기득권을 보유한 유럽 국가들은 이라크가 아프가니스탄과는 달리 반테러전쟁과 별 연관성이 없다고 보고 이라크 전쟁에 강력히 반대했으나, 미국이 이라크에 대한 공격을 감행하자 결국 대서양 동반자 관계의 위기가 고착화되는 상황이 전개되었다.

미국과 유럽이 당면한 최대 현안 중의 하나는 중동 등지에서 미국이 취한 일방주의 정책으로 초래된 대서양 양안 사이의 불편해진 관계를 개선하는 일이다. 양자 간에는 이라크 전쟁을 둘러싼 갈등과 EU의 대중국 무기금수 해제 및 교토의정서에 대한 공방 등 정치적 이슈들 외에도 EU의 에어버스와 미국의 보잉사에 대한 보조금 논쟁, 미국의 기업조세법에 대한 EU의 WTO 제소 등 무역분쟁이 치열하게 진행되고 있다. 최근 미국은 EU 25개 국가가 상이한 세관절차를 갖고 있어 미국의 대EU 상품 수출이 어려움을 겪고 있다고 지적함으로써 EU와의 새로운 무역전쟁을 촉발시켰다. 한편 EU 집행위는 EU의 수출업자 및 투자자들이 미국시장에서 당면하고 있는 무역 · 투자장벽에 대해 상세하게 기술한 미국의 무역투자장벽 보고서를 발간하는 등 EU와 미국은 통상현안에 대하여 지속적인 신경전을 벌이고 있다.

미 · 유럽관계에 다방면적으로 균열의 조짐들이 나타고 있지만, 12개 유럽국가가 미국의 이라크 전쟁을 지지한 점, 영국이 미국과 특별한 관계를 유지하고 있는 점, NATO가 아프가니스탄에서 질서유지 역할을 하고 있는 점 등을 볼 때 대서양 동반자 관계는 기본적으로 계속 유지될 것으로 보인다. 양자 관계의 전략적 표류 가능성에도 불구하고 미국과 유럽의 정치 · 경제 · 문화적 유대관계가 다른 지역에 비해 상대적으로 공고하기 때문에 쉽게 와해될 가능성은 별로 크지 않다.

중동문제에 있어서도 일부 견해 차이가 존재하지만 근본적으로 양측 모두 이스라엘의 생존권을 인정하고 있고, 팔레스타인 주권국가를 지지하며, 석유안보에 민감하며, 이슬람 과격주의에 반대하고, 테러리즘과 WMD 확산을 우려한다는 점에서 정책적 유대는 지속될 것으로 보인다. 미국은 현재 전 세계 어디서든지 독자적으로 대규모 군사적전을 수행할 수 있는 능력을 가지고 있지만, 향후 수십 년간에 걸쳐 다양한 종류의 위협이 등장할 것이고 이에 대해 효과적으로 대처하기 위해서는 동맹국, 특히 유럽국가들의 지원을 계속 필요로 하게 될 것이다. 이러한 점에서 유럽과 미국은 정책적인 조율을 해나가는 단계이며, 근본적인 동맹관계는 변함없이 돈독하게 유지될 것이다.

제 13 장 유럽연합의 평가와 미래

EU는 국가가 갖추어야 할 요소들을 아직 갖추지 못하였기 때문에 국가라 불릴 수 없다는 주장도 많지만, 일부에서는, 특히 초국가적 접근법으로 유럽통합을 분석하는 학자들은 EU가 '민족국가와 유사한 의미'를 가진 체제를 갖추었다고 표현하고 있다. '다층통치체제', '준연방 정체', '정책 네트워크의 복합체' 등이 그 표현들이다.[1] EU는 적어도 근대국가가 가지고 있는 '정책생산적 권력'을 보유하게 되었다는 평가를 받기도 한다.[2] EU는 국제레짐보다는 발전된 형태를 지니고 있으나 아직 완전한 국가로 보기에는 어렵다. 그러나 EU는 회원국들의 주권을 일부 제한하는 정책결정을 할 수 있는 제도적 장치를 확보하고 있다.

1. EU의 성격에 대한 이론적 분석

유럽연합을 정의하는 최우선의 관점은 유럽연합을 국제체제의 가장 중요한 정치단위인 국가와 비교하는 동시에 국가들 상호간의 관계가 구조적인 측면에

1) Alec Stone Sweet and Wayne Sandholtz, "Integration, Supranational Governance, and the Institutionalization of the European Polity," in Wayne Sandholtz and Alec Stone Sweet (eds.), *European Integration and Supranational Governance* (Oxford: Oxford University Press, 1998), p.1.
2) 조홍식, 『유럽 통합의 이론』, 세종연구소 연구논문 98-02, p.49.

서 이루어지는 정부간기구(IGO)와 비교하는 것이다.

국가에 대한 개념은 매우 다양하다. 그러나 일반적으로 말해서 국가를 특징짓는 핵심요소는 영토, 주권, 정통성, 통치의 독점 등 네 가지를 들 수 있다. 영토의 의미에 따르면 국가는 일정 지역을 기초로 자리잡고 있다. 주권의 개념은 국가가 그 영토 내에서 다른 조직이나 단체들보다 상위의 지위를 점하고 권력이 그 지역 거주민 모두에게 행사된다는 의미이다. 정통성은 국내외적으로 폭넓게 승인되는 국가의 권위이다. 마지막으로 국가는 정책결정과 집행을 비롯한 통치권력을 독점한다.

EU는 이러한 네 가지 특징을 모두 보유하고 있으나, 완전하다기보다는 부분적인 성격만을 보이고 있다. EU의 영토는 모든 회원국이 보유한 영토를 합한 지역이다. 그러나 EU는 보통 국가들이 영토를 보유한 것처럼 EU가 회원국 전체 영토를 보유하고 있다고 보기는 어렵다. 기존의 EU법과 최근의 EU헌법, 그리고 EU의 사법권이 EU지역에 거주하는 모든 사람들에게 미친다는 점은 EU가 주권을 보유하고 있다는 측면을 강화시켜 주지만, EU의 주권 행사는 EU의 임무가 부여된 정책분야에 국한되고 있다. 마찬가지로 EU는 정통성을 지니고 있다고 볼 수 있지만, 여러 가지 여론조사를 보면 내부적으로 약한 권위를 기반으로 하고 있다는 평을 받고 있다. 몇 가지 정책 분야를 제외하고 EU가 통치의 독점을 향유하고 있다고 볼 수는 없다. 특히 EU는 정책을 집행하는 데 있어서 회원국 정부에 많은 의존을 하고 있다. 이와 같이 EU가 지닌 국가로서의 약점은 EU 시민권 개념의 더딘 진전과 EU 예산의 제한된 수입원 때문에 더욱 악화되고 있다.

EU를 국가적 차원에서 살펴보면 입법기구는 양원제의 성격을 가지고 있다. 이사회는 지역(국가)을 대표하고 유럽의회는 시민을 대표하고 있다. 따라서 이사회는 상원의 성격을 가지고 유럽의회는 하원의 성격을 가진다 할 수 있다. 그러나 일반국가의 형태와 달리 이사회가 보다 많은 권한을 가지고 있다. 그럼에도 불구하고 공동결정절차(co-decision process)에 의하면 유럽의회와 이사회는 공동입법기구의 성격을 가지고 있다.

정부간기구는 국가정부의 대표들이 모여서 상호이익의 획득을 위하여 협력하는 자율성을 바탕으로 한 조직이다. 정부간기구는 정책적 자율성을 거의 가지지 못하며, 회원국에게 기구의 의지를 강요하는 것이 불가능하다. 정부간기구의 가장 알려진 예는 UN, OECD, NATO와 유럽이사회 등이다.

EU와 정부간기구의 차이점은 여러 가지가 있다. 첫째, EU는 정부간기구보다 발전되어 있고 보다 복잡한 제도적 구조를 가지고 있다. 가장 발전된 정부간기구는 상주사무국과 관련 기구들로 조직되어 있으나, EU는 집행위원회, 의회, 재판소, 상주대표부 등을 보유하고 있다. 둘째, 어떠한 IGO도 EU와 같은 정책적 책임성을 가지고 있지 않다. 농업, 교역, 경쟁정책 등 중요한 정책의 제안과 결정권한의 많은 부분이 회원국 정부로부터 EU로 이양되었다. 셋째, EU는 이미 정부간기구의 성격을 넘어서서, 그 조직과 활동을 볼 때 초국가적 성격을 많이 함유하고 있다는 평가를 받고 있다.

EU는 연방체제인가?

연방체제의 성립 조건들을 대입해 보면 EU는 연방체제의 성격을 지니고 있음을 부인하기 어렵다. 첫째, 권력이 중앙 정책결정기구(집행위원회, 각료이사회, 의회 등)와 지방 정책결정기구(회원국 정부)로 분산되어 있다. 둘째, 권력분산의 구체적 내용은 헌법 역할을 하는 조약에 명시되어 있고, 권력분산의 갈등이 발생하였을 경우 이를 해결할 수 있는 최고판결기구인 사법재판소가 EU 내에 존재하고 있다. 셋째, 양 수준 모두 공공정책에 대한 책임을 가지고 있다. 경제분야에 있어서는 중앙기구가 배타적이지는 않지만 중요한 권한을 가지고 있다.

그러나 EU는 순수한 의미에서의 연방체제가 되기에는 부족한 면도 없지 않다. 비록 권력이 중앙과 지방 수준으로 분산되어 있지만, 중앙기구가 지니고 있는 권한의 행사는 지방수준의 동의 없이는 불가능하다. 헌법수정, 확대 및 예산문제에 대한 결정을 할 경우 회원국 정부를 대표하는 각료이사회의 만장일치를 얻어야 한다는 점이 이를 입증하고 있다.

정책균형은 아직 회원국으로 기울어져 있다. 경제를 제외한 거의 모든 공공정책 결정과정을 아직 회원국이 통제하고 있다. 대규모 지출을 요구하는 정책분야인 교육, 보건, 사회복지, 국방 분야는 국가정책분야로 남아 있고, 세금통제와 재정자원도 회원국이 다루고 있다. 외교정책, 안보와 국방, 시민권은 EU 차원에서 다루도록 되어 있지만 매우 제한적이고 대체로 정부간주의에 기반하고 있다. 통화정책만이 예외적인 경우이지만, 아직 회원국 전체가 단일통화체제에 가입하지 않고 있다.

마스트리트 조약 체결 이후 EU는 연방체제의 방향으로 나아가고 있는 점은 분명하다. 그러나 아직 EU의 명확한 성격은 연합(confederation)이라는 평가를 받고 있다. 연방과 연합의 개념적 차이는 불분명하지만, 대체로 중앙과 지방차원의 권력분산을 통하여 평가된다. 연합은 권력의 균형이 지방차원으로 기울어 있는 체제라 할 수 있다. EU는 주권국가들이 뭉쳐진 연합이고, 조약에 의하여 초국가기구들이 설립되어 존재하지만 이 기구들이 보유하고 있는 권력은 통상적으로 일컫는 연방체제의 중앙차원에서 보유하고 있는 수준에는 아직 미치지 못하고 있다.

1980년대 중반부터 통합과정이 역동적이라는 인식이 있어 왔던 것은 사실이지만 앞으로의 유럽통합에 걸림돌이 되는 요소들이 여전히 많이 있다. 통합을 가로막는 가장 큰 장애 요소는 미래의 유럽연합 모습과 관련하여 유럽연합 회원국 정부들이 택하고 있는 공식적인 입장의 차이에서 두드러지게 나타나고 있다. 이탈리아와 벨기에는 경제, 화폐, 정치적 통합에 대해서 대체로 적극적인 동시에, 앞으로 유럽연합이 연방형태의 모습을 갖추는 것에 대해 크게 반감이 없는 국가들이다. 이와 반대로 덴마크, 스웨덴, 영국 등과 같이 좀 더 조심스러운 입장을 보이는 국가들은 통합보다는 협력을 선호하고 국가의 독립과 주권을 수호하는 것의 중요성을 강조하고 있다.

EU는 국제기구인가?

국가들이 서로 모이는 방법 중 가장 눈에 띄면서 여러 측면에서 가장 중요하게 고려되는 것은 국제기구를 설립하는 것이다. 제2차 세계대전 이후 많은 국제기구들이 조직되었다. 국제기구마다 회원국 구성, 기능, 권한 그리고 구조가 다르다. 세계적 차원의 국제기구로는 국제연합(UN), 국제통화기금(IMF), 세계무역기구(WTO) 등이 있다. 그리고 서방이 주도하는 국제기구들 중에는 경제협력개발기구(OECD), 북대서양조약기구(NATO), 서방 8개국 정상회담(G8)이 있다. 유럽 수준의 기구로는 유럽이사회(Council of Europe), 유럽안보협력기구(OSCE)가 있고, 서유럽 주도의 기구로는 유럽자유무역협정(EFTA)과 좀 더 특화된 기구로서 유럽우주청(European Space Agency)과 유럽특허국(European

Patent Office) 등이 있다. 유럽특허국과 같은 경우, 다른 서유럽 기구와 마찬가지로 점차 서유럽적 색채가 약해지면서 좀 더 유럽 수준의 기구로 확장되고 있다.

유럽 국가들이 참여하는 국제 기구들 중에서 유럽연합은 특히 중요하며 다른 기구들과 구별되는 특징을 보이고 있다. 여러 측면에서 봤을 때, 유럽연합은 가장 독특한 국제기구라고 말할 수 있다. 다른 국제기구들과 유럽연합을 구별시켜 주는 유럽연합만의 독특한 특징은 다음과 같다.

첫째, 유럽연합은 매우 복잡한 조직체로서 다른 어떤 국제기구들보다 내부 조직의 숫자가 많고 의사결정 방식이 다양하며 정책 행위자의 숫자가 많다. 내부 조직을 들여다보면, 집행위원회, 각료이사회, 유럽이사회, 유럽의회, 사법재판소의 총 5개의 핵심 조직이 있다. 이 외에도 경제사회위원회, 지역위원회, 유럽중앙은행 등 보조조직이 다수 있다. 의사결정 방식을 보면, EU 관련 조약들에 명시된 약 30개의 절차가 있고 각 절차는 자체적으로 변형된 세부절차를 가지고 있다. 의사결정 방식은 주요 절차 내에 있는 세부 변형절차를 어느 수준까지 독특한 절차로 인정하느냐의 문제에 따라 달라지기 때문에 그 정확한 숫자를 판단하기가 어렵다. 예를 들어, 공동결정이나 공동외교안보정책 절차 등은 별도의 절차로 인정되고 있다. 정책 행위자의 경우, 유럽연합 내부의 조직들과 관련된 행위자들 이외에도 다양한 종류의 국제적 행위자들이 있고 유럽연합의 회원국 및 비회원국과 관련된 행위자들과 부분적 이익 및 홍보적 이익과 관련된 행위자들의 수도 아주 많다.

둘째, 다른 국제기구들은 유럽연합처럼 정책 책임사항의 범위가 광범위하지 않다. 유럽연합은 정도의 차이는 있으나 공공 정책의 거의 모든 부분에 관여하는 데 반해, 유엔처럼 매우 광범위하면서 실현 가능성이 희박한 의사결정 방식을 취하는 국제기구들이 있고 상당히 구체적인 부분에 의사결정이 제한되어 있는 WTO, NATO, 국제해양기구(IMO)와 같은 국제기구도 있다.

셋째, 다른 국제기구들이 기본적으로 조직 구조나 내부 운영 과정 측면에서 정부간주의의 특성을 보이는 데 반해, 유럽연합은 여러 가지 측면에서 초국가적 특성을 보이고 있다. 유럽연합의 이러한 초국가적 성격은 특히 각료이사회의 가중다수결, 집행위원회의 광범위한 집행권, 유럽의회의 상당한 입법 권한, 그리고 유럽법 우선시 경향 등에서 찾아볼 수 있다.

EU에 대한 정부간주의/초국가주의적 시각

보편적으로 유럽연합은 정부간주의와 초국가주의의 특징을 모두 보이고 있다는 평가가 주류를 이루고 있다. 유럽통합을 정부간주의의 시각에서 평가하는 사람들은 EU를 국가중심(state-centric) 모델이라고 주장 한다. EU를 정부간주의와 연계시키는 시각은 아래와 같다.

- EU체제는 특정 목적을 가지고 상호 협력하는 민족국가들에 주로 의존하고 있다. EU 회원국들 간의 주요 커뮤니케이션 채널은 국가의 정부들이다.
- 대부분의 공공정책(외교, 국방, 재정, 교육, 보건 그리고 내무 및 사법)은 주로 국가 수준에서 결정된다. 유럽연합의 각 국가는 이러한 정책 분야에 대해 유럽연합 내 다른 국가들과 협의하고 협조한다. 유럽연합 회원국은 유럽연합 가입으로 인해 여러 제약 사항에 영향을 받고 있지만 결국 정책을 결정하는 주체는 국가가 된다.
- 일반적인 정책 방향과 정책 우선순위의 대부분은 유럽이사회가 결정한다. 유럽이사회는 유럽연합에 소속된 국가들의 대통령이나 총리로 구성된 포럼이다. 유럽이사회에서 다수결 원칙에 따라 집행되는 의사결정은 거의 없다. 입법과정에서 중요한 모든 결정은 각료이사회의 승인을 얻어야 한다. 헌법이나 재정문제 같은 핵심 결정사항들은 각료이사회의 만장일치 승인을 받아야 한다.
- 유럽연합 집행위원회와 유럽의회는 초국가적 성격을 가지고 있음에도 불구하고 의사결정에 있어서 행사할 수 있는 권한이 제한되어 있고 유럽연합 회원국의 대표들이 원하지 않는 정책 또한 이행할 수 없다. 집행위원회나 유럽사법재판소 같은 초국가적 행위자들은 자체적으로 독립적인 권한을 가지고 있지 못하고, 국가정부의 집단적 의지를 제시하는 대리인 또는 중개인의 기능을 한다.

유럽연합의 초국가적 특성은 다음과 같이 정리할 수 있다.

- 유럽연합 정책 아젠다의 틀은 대부분 유럽연합 집행위원회에서 만들어진다. 그리고 집행위원회는 주요 의사결정과 관련해서는 유럽이사회와 각료이사회에 최종결정 권한을 유보하고 있지만 부차적인 규정과 관련된 의사결정에 있어서는 자신의 영향력을 행사하는 매우 중요한 의사결정 주체이다. 실제로, 양적인 측면에서 보면 대부분의 유럽연합법은 집행위원회의 이름으로 공표되고 있다.
- 유럽의회는 국가의 의회가 누리는 수준의 헌법적 지위와 권한은 없지만 유럽연합의 의사결정에 미치는 영향력은 상당하다. 단일유럽의정서는 의사결정시 협력과 동의 절차를 유럽의회에 부여하였고, 마스트리트 조약, 암스테르담 조약과 니스조약을 거치면서 공동의사결정(co-decision) 절차가 유럽의회에 적용되었다. 그리고 신임 집행위원장과 위원들에 대한 임명 동의권을 포함한 전반적인 권한의 확장 등을 통해 유럽의회의 영향력이 강화되었다.
- 의사결정 결과가 가지는 구속력과 위치는 유럽연합의 초국가주의에 매우 중요한 부분이다. 왜냐하면 만일 유럽연합이 내린 의사결정이 아무런 법적 구속력이 없다면 유럽연합이 초국가적 성격을 가지고 있다고 말할 수 없기 때문이다. 실제로 EU가 내린 의사 결정 중에는 법적 구속력 없이 단순히 조언 및 권고 수준에 그치는 경우가 있다. 그러나 많은 의사결정들이 법적 구속력을 행사하고 있으며 이러한 것들이 모여서 EU법을 구성하고 있다. EU법과 회원국의 법이 충돌하는 경우에는 EU법이 더 우선시되고 있으며, 법적 논쟁이 있는 경우 EU법의 최종 권한 또한 회원국의 재판소가 아니라 그 법에 대한 유럽연합 사법재판소의 해석 과정에서 부여된다.

집행위원회는 초국가적 정부의 성격을 지닌 채 발전되어 왔다. 정치적 차원에서 집행위원단은 내각과 같이 집단적 책임을 가지며 집행위원장은 각료 중의 대표인 수상과 마찬가지로 동등한 지위를 가진 집행위원 중의 대표의 성격을 가진다. 또한 집행위원들은 당파적 직업 정치인들이고 EU의 정책과정에서 자신만의 이데올로기적 목표를 향유한다. 행정적 차원에서 집행위원회의 총국은 국가 행정부의 각 부처와 유사한 성격을 가지고 있으며, 집행위원회는 EU 규제기구들이 형성하는 네트워크의 중심에 위치하고 있다. 국가의 행정조직과 같이 EU의 관료기구들은 자체의 조직문화, 조직의 이익과 정책적 목표를 보유하고 있다. 그 결과 집행위원회는 회원국 정부로부터 독립하여 조직의 자율적 동기와 정치적이고 행정적인 권한을 가지고 있다.

EU와 회원국들 간의 관계

국가 이외에 다국적 압력단체, 기업, 특수법인들이 유럽연합에 로비를 펼치고 있다. 그러나 현재 이들 단체와 국가의 관계도 무시할 수 없다. 예를 들어 영국의 경우 민영화, 보건 및 교육 서비스의 구조조정, 노조 개혁과 같은 주요 정책이 유럽연합보다는 각국 정부에 의해 장악되어 왔다. 유럽연합의 정책 범위가 경제, 사회생활의 더욱 광범위한 분야로 확대될지라도, 의결된 안건을 집행할 때 유럽연합은 여전히 각국 정부와 하부 정부기관에 계속 의존하게 될 가능성이 크다.[3]

아직 국가정책의 많은 부분이 EU가 아니라 회원국 정부에 의하여 결정되고 집행되기 때문에 회원국 국내 정치가 유럽연합에 미치는 영향력도 상당한 수준으로 유지되고 있다. 많은 국가에서 유럽연합에 관한 단일쟁점 정당이 형성되어 유럽 선거와 각국 선거의 경쟁에 참여하였다. 단일쟁점 정당에는 영국 독립당(UK Independence Party)이 있고 그보다 앞서 독일에는 자유시민연합(Association of Free Citizens)이 있었다.

영국에서는 정당 노선과 상관없이 유럽연합의 적절한 역할에 대한 제안들이 나왔고, 그것은 때때로 정당의 통합성을 실질적으로 위협하기도 했다. 유럽문제에 대한 이견으로 인해, 1981년 노동당이 분열하여 사회민주당(SDP)이 설립되었다. 보수당에서의 마가렛 대처 수상의 리더십 역시 유럽문제에 봉착해 붕괴됐다. 후임 메이저(John Major) 수상은 유럽문제에 대한 당의 노선을 통합하겠다는 공약을 내걸고 당 내 주도권을 장악하였으나, 그 공약을 수행하는 과정에서 수많은 난항을 거듭해야 했다. 토니 블레어 정부는 여전히 영국의 유럽통화동맹(EMU) 가입여부와 가입시기 문제를 두고 확실한 결정을 내리지 못하고 있다.[4]

3) S. Mazey and J. Richardson (eds.), *Lobbying in the European Community* (Oxford: Oxford University Press, 1993), pp.246-249.

유럽통합에 있어서 국가의 중요성 및 역할은 점차 줄어들고 있으며, 지방정부 및 사회단체 등의 역할이 증대되고 있다. 유럽통합에 대한 접근법에 있어서 느슨한 형태의 연합과 단일연방국의 두 대안을 보완하는 제3의 접근으로 유럽연합체제와 국민국가, 그리고 지방이라는 세 층위 사이의 주권과 정책결정 과정의 공유를 의미하는 다층통치체제(multi-level governance) 접근법이 제시되었다. 이 접근법은 유럽연합과 회원국, 그리고 지방이 단위별로 상이한 권한과 책임을 가지고 있는 층위별 통치체제가 유럽통합체제를 구성한다는 것을 의미한다.[5] 일부 전문가들은 이 접근법이 현재 유럽통합의 과정을 가장 적실성있게 표현하는 것이라고 주장한다.

2. 유럽연합의 민주성 평가

1991년 한 유럽의회 의원은 만약 EU가 국가이고 EU의 회원으로 가입을 신청한다면 EU의 비민주성 때문에 가입이 부결될 가능성이 높다고 비판하였다. 대체로 EU제도에 대한 묘사는 '멀리 떨어지고(remote)', '비공개적이고(secretive)', '엘리트주의(elitism)' 라는 단어들로 이루어진다. 이 결과 EU의 민주적 결함은 항상 관심의 대상이 되고 있는데, 이는 EU 기구의 책임감 부족, 그리고 EU에 전이된 권한과 유럽의회가 이 권한을 감독하고 통제할 수 있는 능력의 차이로 설명되곤 한다.

1980년대 중후반부터 논쟁이 시작된 EU의 민주적 결핍은 포괄적으로 다음과 같은 내용으로 정리할 수 있다. 첫째, EU 집행부서의 권한 강화와 회원국 의회의 통제력 약화이다. EU의 정책결정은 대체로 EU의 주요기관인 집행위원회와 이사회의 회원국 각료들에 의해서 이루어진다. EU가 브뤼셀에서 정책을 결정할 때 국가의회를 무시하거나 이사회에서 가중다수결에 의하여 발의한 안건이

4) Patricia Hogwood and Geoffrey K. Roberts, *European Politics Today*, 2nd ed. (Manchester and New York: Manchester University Press, 2003), pp.235-236.

5) Gary Marks and Leslie Hooghe, *Multi-Level Governance and European Integration* (London: Routledge, 2001).

패배함으로써 국가의회의 권한은 축소된다.

둘째, 유럽의회의 권한이 너무 약하다. 국가의회 통제권의 축소에 대한 보상 차원에서 유럽의회의 권한이 증대되지 못하고 있다. 왜냐하면 이사회가 입법과 예산결정의 지배적 권한을 가지고 있고, 시민들이 국가의회에 연계되어 있는 한편 유럽의회 의원들에게는 연결되어 있지 않기 때문이다.

셋째, '유럽'을 위한 선거의 결핍이다. 유럽 시민들은 EU 가입 또는 조약 개정시 투표하는 것 이외에 EU 정책에 대한 투표를 할 기회가 없다. 국가의 선거는 EU 문제보다는 국내문제에 대한 캠페인을 내용으로 하여 이루어진다. 정당들은 유럽문제를 국내문제에서 제외시키자는 암묵적인 합의를 한다. 유럽의회 선거도 유럽에 대한 선거가 되기 어려운데, 그 이유는 정당과 미디어는 유럽의회 선거를 국내정치의 중간평가로 다루기 때문이다.

넷째, EU는 유럽시민들에게서 너무 멀리 떨어져 있다. 시민들은 EU를 제대로 이해하지 못하고 있다. 집행위원회는 정부도 관료기구도 아니며, 시민이나 의회에 의하여 선출되지 않고 모호한 절차에 의하여 임명된다. 이사회는 민주세계에서 비밀 결정을 하는 유일한 기구이다. 유럽의회에서는 다양한 언어로 논쟁이 이루어지기 때문에 접근하기가 용이하지 않다. 그리고 정책결정 과정은 정치적이라기보다는 기술적인 성격이 강하다.[6]

유럽연합의 민주성 결핍에 대한 논의는 대체로 제도적인 측면에서 강조되어 왔는데 주로 세 가지 지적을 받고 있다. 첫째, EU법이 회원국 정부에 직접적 효력을 발생하는 비민주성이다. 조약의 개정 등을 제외하고, 규제, 지침, 결정 등 일상적인 의사결정들은 회원국 정부의 심의, 수정, 동의 절차 없이 자동적으로 회원국에 적용된다. 둘째, 가중다수결 결정 절차시 회원국의 의회가 EU의 정책결정 과정을 통제할 수 있는 제도적 장치가 마련되어 있지 않다. 회원국의 의회 또는 정부가 결정한 정책이 EU 각료이사회에서 가중다수결 제도에 의하여 거부될 수 있다. 셋째, 각료이사회와 집행위원회의 운영방식이 불투명한 점도 민주성 결핍의 요인으로 지적되고 있다. 양 기구에서 중요한 법과 정책이 결정되는

6) Simon Hix, *The Political System of the European Union*, 2nd ed. (New York: Palgrave, 2005), pp.177-178.

데 이 기구들은 대중에게 닫혀 있다. 회원국의 국민과 의회는 자국 대표들이 EU의 의사결정 과정에서 어떠한 입장을 취했는지 모르기 때문에 자국의 국익에 반대되는 결정이 이루어지더라도 적절한 대응책을 마련하기가 어렵다.[7)]

유럽통합 과정에서 제도적 측면의 민주주의 결여는 유럽의회와 집행위원회, 그리고 유럽이사회 사이의 불완전한 권력 분할상태와 책임문제를 포함한다. 유럽연합 내에는 전통적 의회정부 모델에 입각해 행정과 입법 기능이 정부와 의회로 각각 분리되어 있지 않다. 행정 및 입법 기능은 대체로 집행위원회, 각료이사회, 유럽이사회, 유럽의회 사이에서 공유된다. 유럽연합 내 행정기구가 하나가 아니기 때문에, 의회 조사라는 전통적 수단이나 헌법재판소에 의지해서 기구를 통제하는 것은 어렵다.

유럽의회는 1979년 이후 직선되고 있지만 제한된 정책결정 권한만을 보유하고 있다. 직선되기 때문에 유럽연합의 실질적인 대의기구라 할 수 있는 유럽의회는 실질적인 입법권과 집행권 없이 거부권만 행사하는 주변화된 기구로 전락하게 되어 '사슬로 묶인 거인'으로 불리고 있다. 유럽연합의 민주주의 결핍을 해소하기 위해서는 유럽의회 제도의 강화가 필요하다는 주장이 대두되고 있다. 유럽의 진정한 민주주의는 EU가 고전적인 의회체제를 확립할 경우에만 가능하다는 논리이다.[8)]

선거에 의해 선출되지 않지만 집행위원회가 의회보다 훨씬 강력한 권한을 가지고 있다. 그리고 1974년 처음 소집된 이후 1986년 단일유럽의정서에 의해 법적으로 공식화된 유럽이사회가 회원국을 대표하는 정상과 관료들로 구성되어 있으며, 유럽연합의 미래와 방향을 결정하는 가장 중요한 기구로 자리잡고 있다.[9)]

회원국 정부에 의해 지명되어 집행위원회나 각료이사회에서 활동하는 대표들은 대개 선거에 의하여 선출되지 않았기 때문에 이 대표들과 시민들 간의 연계는 취약하게 되며, 정책결정 과정은 기존 국민국가의 경우보다 비민주성을 보이게 된다.[10)] 이러한 상황에서 시민들은 더 이상 정책 결정에 영향을 미치지 못하

7) 최진우, "유럽의회의 발전과 유럽통합: 유럽연합의 민주성과 정통성," 『국제정치논총』, 제39집 2호, 1999, p.135.

8) 홍익표, 『유럽의 민주주의』(서울: 동방미디어, 2000), pp.125-126.

9) 김남국, "유럽통합과 민주주의의 결여," 『한국정치논총』, 제44집 1호, 2004, pp.282-283.

고, 대신 전문가 집단과 이익집단만이 정책결정과정에서 중요한 역할을 담당하게 된다.

유럽연합에서 주요 행정적 기능을 수행하는 집행위원회는 선거를 통해 구성되는 것이 아닐뿐더러 비공개로 업무를 수행한다. 집행위원회의 업무는 직접적이든 간접적이든 대중에 대하여 책임을 지지 않는다. 유럽시민들은 집행위원장을 선출하는 과정에 직접 참여할 수 없으며, 집행위원회의 활동에 대한 회원국 입법기구의 영향력은 매우 제한되어 있다. 집행위원들은 자신들에게 부여된 업무 수행의 결과에 대해 책임도 지지 않는다. 정치화된 집행위원회는 정치적인 결정과정에 깊숙이 개입할 뿐만 아니라 관료주의적이고 기술주의적인 기준에 따라 정책 결정을 한다는 비판을 받고 있다. 또한 회원국들의 각기 다른 행정 전통 때문에 집행위원회는 다문화적 관료주의에 의해 특정지어지며, 정책 결정도 회원국간의 이익 배분에 따라 이루어지는 경우가 많다.

민주성 결핍

이 용어는 1980년대부터 시작된 유럽공동체(연합)의 기구와 작동에 대한 관심을 표현한 것이다. 유럽 국민들에게 관련되는 정책결정 권한이 회원국의 의회로부터 EU 기구로 전환되고 있는데, EU 기구들은 충분히 민주적인 책임을 가지지 못하고 있다는 주장이다. 문제의 한 가지 측면은 EU 정책 결정에 있어 제도적 감시가 충분하지 않다는 것이다. 대부분 유럽 국가들의 국내 정치에서와 달리 EU 내에서 행정·입법 기능은 정부와 의회 간에 분리되지 않았다. 대신 이러한 기능은 집행위원회, 각료이사회, 유럽의회와 같은 세 가지 EU 조직 간에 크게 공유된다. EU에는 단일 '행정부'가 없어, 의회의 조사 혹은 헌법재판소라는 전통적 방법에 의한 통제가 어렵다. 많은 결정들이 폐쇄된 방법으로 이루어지고, 기만, 실수, 부패 등의 주요 문제가 미디어에 드러났다. 이러한 관점은 EU의 정책 결정 과정이 복잡하기 때문에 더욱 극명하게 나타난다. 더욱이 일반 대중들은 EU의 정치가들과 관료들이 엘리트주의에 빠져 있고, 회원국의 현실생활과 분리된 활동을 하고 있다는 인식을 하고 있다. 1997년 암스테르담 조약은 유럽의회의 권력을 확대하고, 국내 의회에 정기적인 정보를 제공하여 문제를 해소하고자 하였다.

10) Robert A. Dahl, "A Democratiic Dilemma: System Effectiveness versus Citizen Participation," *Political Science Quarterly*, Vol.109, No.1, 1994, p.116.

EU 정책결정 과정의 비민주성도 큰 문제로 부각되고 있다. EU의 정책과정에 직접적인 영향을 미칠 수 있다고 생각하는 유럽시민들은 거의 없고, 어떻게 영향을 미쳐야 하는지에 대하여도 아는 유럽인들은 거의 없다. 중요한 결정은 유럽주민들의 의사를 직접 또는 유럽의회를 통하여 반영하는 절차 없이 유럽이사회, COREPER, 각료이사회에 의해 결정된다. 이러한 경우가 폐쇄된 공간에서 협상된 마스트리트 조약이다. 이 조약은 유럽 대중에게 충분히 설명되지 못했고, 단지 3개 회원국에서 비준을 위한 국민 투표가 실시되었다.

암스테르담 조약은 EU의 민주주의 결여 문제를 상당 부분 시정 및 보완하였다. 특히 유럽시민권 개념의 발전과 유럽의회의 권한 강화를 모색하였다. 또한 유럽의회가 입법과 관료 선택 과정에서 보다 큰 권력을 가져야 한다는 내용이 포함되었다. 암스테르담 조약은 입법 절차를 단순화하고 기존의 협력 절차를 실질적으로 폐지하는 동시에 공동결정절차를 관세 협력 및 환경 · 공공 위생 등의 영역으로 확대하였다. 이에 따라 유럽의회는 각료이사회와 거의 동등한 입법권을 갖게 되었고, EU 내 정책 결정 과정에서의 민주성과 책임성은 더욱 높아지게 되었다.[11]

민주주의 정치체제에 있어서 선거경쟁의 핵심은 행정부의 수장을 선출하는 것이다. EU의 경우 정책제안의 중심기관인 집행위원회의 위원장 선출이 그다지 민주적이지 못하다는 평가를 받아 왔고, EU는 이를 개선하기 위한 노력을 기울여 왔다. 회원국 정부의 대표들이 만장일치로 선출하는 방식은 행정부의 수장을 선출하기보다는 국제기구의 장을 선출하는 방식에 더 가까웠다. 마스트리트 조약과 암스테르담 조약은 집행위원장 선출방식을 전통적인 의원내각제 방식에 접근시켜 의회에게 집행위원장 후보를 거부할 수 있는 권한을 부여하였다. 니스 조약은 추가적으로 집행위원장 선출에 있어서 이사회의 가중다수결 투표를 도입하였다. 이는 표면적으로 대수롭지 않은 변화로 보이지만, EU의 가장 중요한 직위를 선출하는 데 있어서 보다 개방적인 방향으로 나아간다는 의미를 지니고 있다.[12]

11) 홍익표, 『유럽의 민주주의』(서울: 동방미디어, 2000), pp.134-135.

12) Simon Hix, *The Political System of the European Union*, 2nd ed., pp.203-204.

EU의 비민주성을 거론할 때 가장 먼저 언급되는 EU의 제도적인 문제점을 해소하기 위하여 근대 민주주의의 원칙에 의거하여 시민들이 직 · 간접으로 참여하는 제도를 중심으로 책임정치를 구현해야 한다는 견해가 제시되고 있다. 시민들에 의한 의회가 선출되고, 이 의회를 중심으로 정부가 구성되고, 이렇게 구성된 정부는 그 주요 활동에 대해 정기적인 선거를 통해 시민들에게 책임지는 매커니즘이 필요하다는 주장이다. 이에 따라 EU에서 유럽시민이 참여하는 직접선거를 통해 대통령을 선출하거나, 아니면 유럽의회의 다수당 총재가 정부 수반을 맡고, 유럽집행위원회는 선출된 총리나 대통령 아래서 내각의 기능을 담당하도록 하자는 의견이다. 또한 유럽정상회의를 상원의 형태로 전환시키고 기존의 의회를 하원으로 하여 양원제를 채택하고 의회의 역할을 강화하면 제도적 측면에서 민주주의 결여 문제가 해결된다는 논리이다.[13]

유럽연합 내 제도적 불균형을 바로잡기 위해 유럽의회에 입법, 예산, 감독 권한을 확대해 줘야 한다는 주장이 있어 왔다. 그러나 강화된 의회가 유럽연합의 '민주주의 결함'을 본질적으로 해결할 것이라는 보장은 없다. 대부분의 유럽 사람들은 유럽의회를 해결책으로 보기보다는 문제의 일부분으로 보는 경향이 있다.[14] 유럽의회의 의원들은 충분한 활동경비를 제공받고 있으며, 일부는 부유한 생활을 즐기고 있다. 유럽의회의 본회의 참석률이 대체로 저조하다는 점과 더불어, 유럽 시민들의 지지를 얻는 데 유럽의회가 별다른 노력을 하지 않는다는 지적도 있다. 유럽 선거의 저조한 투표율은 유럽연합과 유럽 유권자 사이의 연계가 느슨하다는 점을 입증하고 있다.

13) 이러한 논리를 전개하는 김남국 자신도 이 논리의 부정적 측면에 대한 의문을 스스로 던진다. 유럽연합이 대통령을 선출할 수 있을 만큼 하나의 독립된 정치공동체로서 역량을 갖고 있는가? 또는 유럽연합의 이름으로 이루어진 다수의 결정에 비록 소수파의 일원일지라도 그 결정을 감수할 충성심을 갖는 유럽시민은 과연 존재하는가? 그리고 이 새로운 정부가 부여하는 동일한 규칙과 법의 지배를 받아들일 전제조건으로서 충분할 정도의 문화적 일체감과 정체성이 유럽연합 내부에 존재하는가 등이다. 김남국, "유럽통합과 민주주의의 결여," 『국제정치논총』, 제44집 1호, 2004, pp.282-283.

14) D. Diana, *Ever Closer Union? An Introduction to the European Community* (Basingstoke: Macmillan, 1994), p.259.

제 14 장 결론

20세기 전반기 두 차례의 세계대전을 경험하면서 유럽의 제국주의는 쇠퇴하기 시작하였고, 미국을 중심으로 한 자본주의와 소련을 중심으로 한 공산주의의 다방면적인 대립을 배경으로 하여 냉전이라는 새로운 질서가 자리잡기 시작하였다. 동서로 분리된 유럽은 상호 배타적인 관계를 유지하면서 정치, 경제, 사회적으로 확연히 구별되는 체제를 형성해 나갔다.

제2차 세계대전 기간 독일이라는 공동 적에 대항하기 위하여 소련과 연합하였던 미국은 전쟁 종식 이후 소련과 협력하여 국제질서를 재편하려 하였으나 이 계획은 환상이 되어 버렸다. 유럽의 동맹국들인 영국과 프랑스는 새로운 세계질서 형성 과정에서 중요한 역할을 담당하기에는 너무나 미약하였다. 독일이 항복하자, 미국과 소련 사이에 힘의 공백이 발생하게 되었다. 만약 미국이 미 대륙에 고립되고 한정되기를 원하지 않는다면, 유럽에서 미국의 존재를 공고화시키는 단계를 설정해야만 했다.

미국과 소련이 제2차 세계대전 동안 맺었던 우호관계는 1947년 초부터 와해되기 시작하였다. 이후 발생한 일련의 사건들은 소련이 이데올로기와 군사적으로 팽창하기 위하여 서방의 취약한 부분에 침투하려 한다는 서방진영의 우려를 뒷받침해 주었다. 그리스에서의 게릴라전, 프랑스와 이탈리아에서 공산주의자들에 의한 정치와 산업 파괴 시도, 핀란드에 대한 소련의 영향력 확대, 독일 점령지역에 대한 영향력 확대, 체코슬로바키아에서 공산주의 쿠데타 시도, 베를린 봉쇄와 같은 것들은 공산주의가 전 유럽으로 확대될지도 모른다는 우려를 갖게 하는 사건들이었다.

서방진영의 지도자들은 이 사건들이 소련의 사전 계획된 대전략의 일부였는지에 상관없이, 소련은 유럽에서 헤게모니를 추구하고 있다고 믿고 있었다. 이에 대한 맞대응으로 미국은 유럽 문제에 더 많이 개입하였다. 미국의 보호 혹은 개입은 미국의 안보와 경제뿐만 아니라 서유럽의 안보, 경제 때문에 필요한 것처럼 인식되었다. 유럽에서 소련의 승리는 미국을 대서양의 반대편에 남도록 소외시키면서, 세계에서 산업이 가장 집중된 유럽에 대한 공산주의의 통제가 가능하도록 하는 것이었다.

소련의 팽창을 막기 위하여 미국이 준비한 트루먼 독트린과 마셜 계획에 대항하여 소련은 강력한 반응을 보였다. 특히 1948년 6월부터 소련이 주도한 베를린 봉쇄정책은 서방의 대소봉쇄정책에 대하여 소련이 무력을 행사할 수도 있다는 점을 과시하는 것이었다. 소련은 서독 지역으로부터 베를린으로 통하는 110마일 통로를 봉쇄함으로써 서베를린 지역을 고립시켰는데, 이는 독일을 소련과 공동 점령한 미국 · 영국 · 프랑스가 3국의 점령지역을 통합하여 독립시키려는 정책에 대한 반발이기도 하였다. 소련의 베를린 봉쇄에 대한 서방측의 대응도 강경하였다. 대규모 공수작전을 감행하여 고립된 서베를린 주민의 생활을 지원함으로써 소련의 베를린 봉쇄작전을 무력화하였다. 소련은 봉쇄를 해제하는 조건으로 서독정부 수립을 중단시키려 노력하였으나, 서방의 완강한 저항에 직면하여 결국 스탈린은 서독정부 수립을 막지 못하였고, 베를린 봉쇄정책도 1949년 5월 해제하였다.[1)]

20세기 유럽질서의 특징은 두 차례의 세계대전 이후 전후 처리과정에서 자본주의와 공산주의가 균형적인 세력권을 형성하였다는 것이다. 특히 공산주의 체제가 확고히 자리잡게 된 것이 20세기 후반 유럽질서의 특징이었다. 공산주의는 자유주의가 열망하는 것, 무엇보다도 인간을 냉철한 경제법의 노예상태로부터, 또한 노동자에 대한 자본가의 착취로부터 해방시킬 수 있다고 주장하였다. 그러

1) Norman A. Graebner, *Cold War Diplomacy: American Foreign Policy 1945-1975* (New York: D. Van Nostrand Company, Inc., 1977), pp.45-46.

나 소비에트 공화국은 독재정치 체제가 되어 버렸다.

자본주의적 생산 양식의 폐지는, 그 자체가 착취의 종말을 가져다주는 것이 아니라 공산당과 관료주의에 기반한 정치적 지배에 의해 착취의 형태를 바꿨을 뿐이었다. 공산주의 체제가 권위주의화한 이유 중의 일부는 공산주의가 자본주의의 성숙 이후에 도래하는 것이 아니라, 혁명적 사회주의 체제가 자본주의 대안으로 활동하여 상대적으로 저발전된 사회를 물려주었기 때문이었다.[2)]

현대 유럽정치 변화의 가장 중요한 동인 중의 하나는 유럽 제국주의의 붕괴라 할 수 있다. 식민지의 민족주의 운동 지도자들은 제2차 세계대전 자체가 식민통치체제를 무너뜨리고 있음을 알게 되었다. 중동지역에서 영국과 프랑스의 위신은 급격하게 무너졌고, 이를 기회로 독립국들이 계속 출현하게 되었다. 이라크는 1937년에 이미 영국으로부터 독립을 성취한 상태였고, 프랑스는 전쟁 전의 약속에 따라 1945년 시리아와 레바논에게 독립을 부여하였다. 1946년 영국으로부터 요르단이 독립하였고 영국은 수에즈 운하 지역에서 철수함으로써 이집트에 대한 간접지배도 끝내지 않을 수 없게 되었다. 아랍 국가들에 대한 유럽의 지배가 완전히 사라지고 있었다.

제2차 세계대전 종료 이후 유럽의 제국주의 국가들이 식민지를 처리하는 과정은 국가마다 큰 차이를 보였다. 영국은 독립하는 식민지 국가들을 느슨한 연방 내에 묶어서 독립한 후에도 경제적 · 문화적 유대를 지속하도록 하는 방식을 택하였다. 식민지를 독립시키는 문제는 영국의 국가운명이 걸린 문제였기 때문에 다양한 시각이 제시되었다. 보수당은 강력한 제국주의의 유지를 원하였고 그 중심인물은 처칠(Winston Churchill)이었다. 반면 노동당은 식민지들을 신속하게 독립시켜야 한다고 주장하였다. 결국 제2차 세계대전이 끝나면서 정권을 장악한 노동당은 식민지를 독립시키는 정책을 추진하였다. 1951년 보수당이 정권을 획득하였지만, 노동당의 식민지 청산 정책을 전환시키기에는 너무 늦었다.

프랑스는 식민지에 대하여 영국보다 소극적인 정책을 택하였다. 프랑스는 전통적으로 식민지의 원주민 상류층을 문화적으로 프랑스에 동화시키는 정책을

2) Richard Sakwa (eds.), "Introduction: The many dimension of Europe," in Richard Sakwa and Anne Stevens, *Contemporary Europe* (New York: Palgrave, 2000), pp.9-10.

추진해 왔다. 그러나 상류층에 대한 동화정책은 한계가 있어 일반대중에까지 확대되지는 못하였다. 제2차 세계대전 중에 드골은 그의 자유 프랑스 운동을 도운 식민지인들에게 참정권을 주고 프랑스 제국을 프랑스 연방으로 개편하겠다고 약속하였다. 전쟁이 끝난 다음 프랑스 연방이 탄생하였으나, 식민지의 독립은 요원하였고 결국 식민지들은 계속해서 파리의 통치를 받았다. 결국 알제리, 베트남 등은 독립을 쟁취하기 위하여 무력투쟁을 시작하여 프랑스는 식민지 독립전쟁을 겪게 되었다.

1950년대 중반까지 냉전대립의 심화와 식민지 문제로 비롯된 유럽의 분열은 미래에도 계속될 것으로 예측되었다. 초강대국들은 서로의 영향권을 사실상 인정하고 있었다. 일부 미국인들은 소련군이 동유럽으로부터 '후퇴(rolling back)' 하기를 요구하고 있었다. 그러나 1956년 헝가리 봉기 등 소련군 철수를 요구하는 동유럽의 국내적 움직임을 지원할 수 있는 기회가 있었으나, 그러한 지원은 실제로 이루어지지 않았다. 소련이 그들의 경제 모델인 명령 경제(command economy)를 동부유럽의 새로운 위성국가들에게 확대하려 하자, 서방 국가들은 미국의 마셜 계획의 원조를 기반으로 하여 그들의 경제를 재건하기 시작하였고, 그 와중에 브레튼 우즈(Bretton Woods)로 알려진 지구적이고, 자본주의적인 미국 주도의 무역 체제를 형성하였다. 1949년 서유럽 중심의 북대서양조약기구(NATO)에 대항하여 1955년 공식적인 소련의 군사동맹인 바르샤바 조약기구(Warsaw Pact)가 형성되면서, 유럽의 양극 분리는 소련의 지원을 받는 동유럽의 공산정부와 명령 경제, 미국의 지원을 받는 서유럽의 자유 민주주의와 시장경제 양 축으로 고정되었다.

자유 민주주의를 채택한 서유럽 국가들은 정치 · 사회적 다원주의를 기반으로 한 체제를 수립하고 유지하였다. 따라서 서유럽에서 국민의 사회 가치, 개인적 믿음, 기본 환경의 차이를 바탕으로 한 정치적 다원화가 이루어졌으며, 대체로 정치이념의 다양성도 인정되었다. 그러나 스페인, 포르투갈, 그리스와 같은 일부 국가에서는 정치갈등에 대한 관용이 적고, 단일 이데올로기를 강요한 사례도 있었다. 반면에, 서유럽의 자유 민주주의 체제에서 정치권력은 제도적 견제와 균형을 통해 분산되었으며, 단일제도나 정치지도자에 의해 통제되지 않았다.

일부 서유럽 국가들은 연방제 국가체제를 채택하였다. 연방제 국가는 국가가 만들어진 특별한 역사적 상황 때문에 구성되거나, 과거에는 단일제 국가였으나 차후에 어떠한 변화로 인해 연방제 국가로 거듭나는 두 가지 경우가 있다. 둘 중 어느 경우를 보더라도 연방구조가 도입된 이유는 연방국가가 가지고 있는 상대적으로 더 느슨하고 융통성 있는 정부 권력 구조가 단일제 국가보다 바람직하거나 필요하다고 판단되었기 때문이다. 연방은 공통의 국가 조직이라는 틀 안에 지역적, 민족적, 종교적, 언어적으로 다른 집단들을 통합시키는 방법이라고 볼 수 있다. 예를 들어, 연방 구조를 채택하고 있는 국가로 벨기에, 스위스, 그리고 1871년의 독일을 들 수 있다. 정책결정의 수준을 좀 더 지역적인 차원으로 분산시킬 수 있을 뿐만 아니라, 전후 독일연방공화국에서처럼 연방헌법을 통해 독재적 성향이 재발할 가능성을 방지할 수 있기 때문에 연방체제가 더 민주적인 정부형태라는 평을 받는다.

국가가 연방제를 택하느냐 단일제를 택하느냐, 단일제 국가가 지역 분권을 채택했느냐 하지 않았느냐, 지방 정부가 어떤 양식에 따라 구성되어 있느냐에 상관없이, 서유럽 민주주의 국가들은 어떻게 하면 효과적이고 민주적인 중앙정부라는 이상을 좀 더 지방분권적인 의사결정 및 행정과 조화시킬 수 있을 것인가라는 도전에 계속 직면하고 있다. 특히 이 문제는 오늘날 더욱 더 중요하다고 볼 수 있는데, 이는 독일과 스위스와 같은 연방제 국가들도 점점 더 중앙집권을 강화하고 있는 경향을 보이고 있고, 유럽연합의 기구들이 내리는 결정들이 유럽연합 회원국들에게 점점 더 많은 영향을 미치고 있기 때문이다. 유럽연합이 추가적인 정부 수준으로서 갖는 중요성이 점차적으로 증가하면서 또 하나의 '층(layer)'이 유럽의 각 국가가 채택하고 있는 정치구조에 덧붙여지는 현상이 나타나고 있는 것이다.

유럽의 현대 민주정치는 시민이 정치적 권위를 대표자에게 위임하는 대의제를 기반으로 하고 있다. 정치적 책임은 대개 간접적으로 이루어지고, 선출된 의원으로부터 정부 각료를 거쳐 공무원까지 더 많은 위임 과정이 이루어진다. 대표자는 대체로 국민투표에 의하여 선출되는데, 국민투표와 선거 제도의 특성은 시민들이 정책과 정치 엘리트의 충원에 영향을 미치는 주요한 수단이다. 의원과 정부 수반 또는 국가원수 간의 관계는 어떠한 제도를 채택하는가에 따라 큰 영향을 받는다. 대통령제 정부와 의원내각제 정부, 혼합 형태의 정부 간의 체계적 다양성이 존재한다.

대표의 원리는 서유럽 자유주의 전통에서 근본적인 역할을 해왔다. 개인으로서의 의회의원이 정부에 대해 가지는 영향력은 별로 크지 않지만, 국민을 대표한다는 대의주의의 상징성을 통해 의회는 서유럽 민주주의에서 특별한 역할을 해오고 있다. 제2차 세계대전이 끝난 후, 자유민주주의라는 서유럽 정치의 특색을 규정짓는 데 있어서 두 가지의 민주주의 원칙이 근간을 이루었다. 첫째, 법의 지배 원칙이다. 정부의 기본 절차, 정부 기구들이 행정부의 권력 집중을 막기 위하여 서로의 권한을 규제하는, 균형잡힌 정부를 표방하는 입헌주의이다. 둘째, 다원주의이다. 실제로 다원주의는 경쟁을 통한 선거에 의하여 지도자를 선출하는 절차와 정책결정자에게 영향을 미치는 압력집단의 경쟁을 통하여 구현된다. 이러한 포괄적 기준하에서, 국가들은 각기 고유한 민주적 정권형태를 발전시켰다.

대개의 유럽국가들이 선택한 내각책임제 정부형태에서 정부가 활동할 수 있는 능력은 의회제도 자체의 존재보다는 의회 내 정당들의 상대적인 힘, 특히 과반수 정당의 존재에 의하여 좌우된다. 과반수 정당이 없고 연립정부가 붕괴될 우려가 있는 의회제도에서의 정책결정은 대통령제에서와 유사하게 느리고 비효율적이다. 그러한 체제에서는 혼합대통령제(mixed presidential system) 또는 준대통령제(semi-presidential government)를 채택하면 정책결정의 효율성을 제고할 수 있다. 특히 심각하게 분열되어 있는 국가에서는 선출된 대통령 제도가 더 안정적일 수 있다.[3)]

대의제 민주정치에 있어서 대표를 선출하는 선거제도는 매우 중요한 역할을 한다. 영국과 프랑스 등 몇 개 국가를 제외하고 유럽의 거의 모든 국가들이 비례대표 선거제도를 사용하고 있다. 비례대표제를 비롯한 다양한 선거제도에 대한 연구는 지난 30년 이상 오랫동안 꾸준히 연구되어 왔다. 그 이전에 일부 학자들은 비례대표제를 채택한 국가에서 민주주의의 붕괴와 독재정권의 수립을 가져왔다고 주장하기도 했다. 반면에 또 다른 학자들은 비례대표제가 정부를 강화시

3) Michael L. Mezey, *Parliament in the New Europe*, in Jack Hayward, et. al., *Governing the New Europe* (Durham: Duke University Press, 1995), pp.200-201.

키고, 시민들의 의사를 의석과 조화시키는 확실한 방법이라고 주장하였다.

유럽의 대다수 국가들이 채택하고 있는 비례대표제는 1선거구에서 1명을 선출하는 다수제를 실시하는 것보다 좀 더 확실한 표의 분배를 반영하게 하는 의회를 만들고, 다당제가 실현될 가능성이 높은 제도이다. 비례대표제는 게리맨더링을 어렵게 만들고, 의회에 소수민족과 여성의 참여를 가능하게 한다. 36개 국가의 정부 형태의 연구를 통해 레이파트(Arend Lijphart)는 비례대표제가 공공정책의 많은 분야에 더 많은 영향력을 미칠 수 있다고 결론지었다. 복지예산, 환경보호, 개도국 지원 등의 문제에 있어서 다수제 선거제도를 사용하는 '다수결주의 민주주의(majoritarian democracy)' 정치제도를 채택한 국가의 정부보다 비례대표 선거제도가 핵심인 '합의제 민주주의(consensus democracy)' 정치제도를 사용하는 국가들이 '보다 친절하고 신사적(kinder and gentler)' 이라는 평도 있다.[4)]

일반적으로 비례대표 선거제도는 지역 대표성을 결여하고 있다는 점 외에도, 다수의 정당이 연정을 구성해야 하는 경우가 많기 때문에 정국의 불안정을 초래할 수 있다는 비판을 받는다. 또한 정당지도자 간의 막후 협상이나 밀실정치의 형태를 보이기 때문에 정권에 대한 신뢰도가 약하며, 급진적인 반체제 성향의 소수당이 캐스팅 보트를 행사할 경우 정국의 안정이 위협받을 수도 있으며, 지역구 선거제도에 비해 선거방식이 복잡하다는 비판을 받고 있다. 그럼에도 불구하고 이 제도는 국민들의 다양한 정치적 요구를 수용할 수 있다는 장점을 가지고 있다.

다수제와 비례대표제의 장점을 살리기 위하여 양 제도를 포괄한 혼합 선거제도를 사용하는 국가들이 있다. 대표적인 혼합제도가 독일 하원의원을 선출하기 위한 선거제도인데, 독일의 선거제도는 오늘날 각국의 선거제도를 개혁하기 위한 이상적 모델의 하나로서 자리 매김하고 있다. 많은 동유럽 국가들을 비롯하여 최근 선거제도를 개혁한 뉴질랜드가 독일식 선거제도를 채택하였다는 점은 이를 예증하고 있다.

4) Arend Lijphart, *Patterns of Democracy: Government Forms and Performance in Thirty-Six Countries* (New Haven and London: Yale University Press, 1999), pp.258-300.

이와 같이 서유럽에서는 다양한 국가체제, 정치제도, 선거제도 등을 실험하며 민주주의 제도의 정착에 힘을 기울인 반면 동유럽은 경직된 하나의 제도, 하나의 이데올로기만을 통치기반으로 삼았다. 이것이 유럽의 분열을 더욱 조장하였고, 동유럽과 서유럽은 1989년 세계 냉전이 종식되면서 공산권이 붕괴되기 이전까지 전 분야에 걸친 경쟁과 대립을 이어나갔다.

냉전 종식으로 서유럽과 동유럽이 다시 합쳐졌다는 표현보다 소비에트 공산권에 편입되었던 동유럽이 서유럽 중심의 유럽체제에 다시 복귀하였다는 표현을 많이 쓰고 있다. 냉전의 시작과 함께 잃어버렸던 자식인 중동부 유럽이 다시 유럽이라는 어머니 품으로 귀환한 것으로 표현되고 있다. 이러한 중동부 유럽 국가들의 유럽으로의 귀환 노력은 크게 두 가지 과정을 거쳤다고 평가된다. 첫째 단계는 사회적 구성물 차원에서 서유럽과 중동부 유럽 정체성의 역사적인 공통성을 주장하고 일체화를 추구했던 1990년대 초반의 시기이며, 둘째 단계는 1990년대 중반부터 현재까지 발생한 일련의 변화과정으로서 서유럽과의 사회적 구성물 차원의 유사성과 일체화를 추진하는 동시에 물질적이고 안보적인 이해관계의 공유를 통한 정체성의 통합을 추구하고 있는 시기이다.[5)]

유럽 역사에서 두 개의 적대적인 이데올로기 블록으로 대륙이 분리된 시대인 냉전 기간이 끝났지만 새로운 시대의 특징은 여전히 불분명하였다. 대륙 전체에서의 범유럽을 재구성하고 동서 양측의 협력적인 노력을 통해 새로운 유럽질서를 창출하려는 열망은 서유럽 통합과 안보의 수단을 동쪽으로 확대함으로써 이루어질 수 있다는 기대감을 가지게 하였다. 그러나 냉전의 종식은 '승리' 나 '패배' 의 도식이 아니라, 의구심과 이념적 맹목성에 대한 공동의 승리라는 믿음을 가지는 데 충분한 계기를 제공하였다. 그러나 대륙에는 아직도 심각한 분열이 남아 있다는 인식이 변하지 않고 있는데, 그 분열은 경제발전, 부, 문명에 대한 열망과 지정학적 관심으로부터 비롯되었다. 경제적 관점에서 구소련과 동유럽 국가들과 서유럽국가들과의 격차는 줄어들지 않고 오히려 더 벌어지고 있는 것이다.

5) 진시원, "제2장 유럽의 정체성", 김계동 외, 『유럽질서의 이해: 구조적 변화와 지속』(서울: 오름, 2003), pp.88-89.

소련과 동유럽 공산국가들의 서유럽과의 정치 · 경제적인 격차는 1980년대 중반부터 가시적으로 나타나기 시작하였다. 특히 1985년 소련이 직면한 문제는 중요한 현실적인 문제였고, 고르바초프가 갑자기 만들어냈거나 상상한 것이 아니었다. 브레즈네프 시대에 소련이 체제를 유지하였던 방식인 "그럭저럭 지내기(muddling through)"를 그대로 유지하는 것은 거의 불가능할 정도로 상황은 악화되어 있었다.

고르바초프가 1980년대 중반에 권력을 잡을 수 있었던 주요 이유는 그가 사회주의를 파괴하지 않고 사회주의의 현대화를 달성하려는 계획을 가지고 나타났기 때문이다. 그러나 불행히도 소련의 어느 다른 지도자 시절보다 더 심각한 문제점들과 모순점들이 등장하였다. 어느 누구도 공산주의의 강제력을 다시 사용하지 않고서는 결과적으로 붕괴를 방지할 수 없는 상황이었다. 그렇다고 해서 다른 지도자가 고르바초프의 방식대로 통치를 하였다면 붕괴되었을 것이라는 해석은 아니다. 이러한 점에서 고르바초프의 역할은 독특했다. 그러나 소련 제국의 경제 · 인종 · 정체성 · 합리성 등과 같은 문제들이 1985년에 존재하였고, 누가 권력을 잡았더라도 나타났을 문제였다.[6]

소련이 위기에 처하였을 때 소련의 위성국가들인 동유럽 국가들도 안정된 체제를 유지하기가 어려웠다. 특히 동유럽 사회주의 체제는 인민들의 지지하에 정치적 권위를 확립하고 유지하는 데 실패하였다. 당 지도부는 당면한 어려움을 헤쳐나갈 개혁을 단행할 의지도 능력도 없었고, 이는 결국 개혁을 지지하는 새로운 세력의 출현으로 귀결되었다. 특히 경제가 극도로 침체된 상황에서 당 지도부는 개혁의 필요성을 절감하고 있었으나 개혁의 내용과 방향을 설정하지 못하였다. 특히 비효율적인 중앙계획경제 체제는 부적절한 식량 공급과 주택 공급의 부족 등 인민들의 욕구를 충족시켜 주는 데 실패하였다.

탈공산주의 시대를 맞이하여 동유럽 국가들은 민주적인 정치제도를 서둘러 도입하였다. 서유럽에서와 마찬가지로 탈공산주의 동유럽에서도 국가수장의 역할에 관하여 다양한 제도가 채택되었다. 크로아티아, 카자흐스탄, 폴란드, 루마

6) A. Brown, *The Gorbachev Factor* (Oxford: Oxford University Press, 1996); Leslie Holmes, *Post-Communism: An Introduction* (Durham: Duke University Press, 1997), p.59.

니아, 러시아, 투르크메니스탄과 우크라이나 등의 국가에서는 대통령이 중요한 정치적 역할을 하고, 수상보다 훨씬 더 영향력 있고 강력한 권한을 가지는 제도를 도입하였다. 반면 체코, 헝가리, 슬로바키아, 슬로베니아 등의 국가에서 대통령은 뚜렷한 정치적 역할을 한다기보다는 의례적 역할을 하는 제도를 채택하였다. 물론 이들 국가에서의 대통령도 영국이나 일본의 국가원수보다는 훨씬 강력한 정치적 기능을 수행하고 있다.

냉전이 종식되면서 동유럽 등 소비에트 공산진영에 속했던 국가들의 민주화가 이루어지는 동시에 새로운 민족국가들이 탄생하였다. 구소련에 속했던 15개 공화국, 유고슬라비아에서 다섯 나라, 체코슬로바키아에서 두 나라 등 22개의 새로운 민족국가가 탄생하였다. 발칸 반도에서 다국적 국가들이 민족적으로 동질적인 국가를 건설하려고 시도함에 따라 강제적인 대규모 이주가 이루어졌다. 그러나 에스토니아, 라트비아, 리투아니아 등 3개의 발칸 국가들은 비교적 평화롭게 국가 지위를 회복했으나, 앞의 두 나라는 시민권 문제 때문에 수많은 러시아 소수 민족들과 긴장 관계를 가졌다.

21세기로 접어들면서 유럽에는 1989~1991년 냉전 종식 이후 나타났던 낙관주의가 사라졌다. 평화와 번영이라는 새로운 시대 대신에, 새로운 분열들이 나타나기 시작하였다. 서유럽의 번영이 조금씩 동유럽 쪽으로 전파되어 갔지만, 민주주의는 탈공산 세계에서 공고화되지 못하였다. 1999년 코소보 전쟁은 러시아와 유럽 간의 근본적인 긴장을 표출했고, 그해 9월에 시작된 두 번째 체첸 전쟁은 1991~1995년 보스니아 전쟁에서처럼 분쟁을 해결하거나 조정하는 범유럽 제도들의 무력함을 다시 한번 입증하였다. 이는 러시아와 서방 국가 사이에 새로운 '탈 이데올로기적' 냉전이 잠재되어 있다는 주장으로 이어졌다.

유럽의 분열은 역동성의 원천이었으나 점차적으로 약화의 원천도 되었다. 한 세대 내에 발생한 두 번의 세계대전으로 인해 황폐화된 유럽은 낡은 방식으로는 지속적인 발전을 할 수가 없다는 것을 극명하게 드러냈다. 유럽 정치는 분열에서 통합으로 옮겨가기 시작했다. 몇몇 예측자들은 로마 제국보다 큰 유럽 지역을 포괄하는 하나의 법체계와 하나의 방위체제에 대한 아이디어를 생각하였다. 제2차 세계대전의 승리는 평화롭고 통합된 유럽 대륙에 대한 희망을 부활시켰다.

유럽 통합의 초기 목적은 독일과 프랑스 사이에 다시는 전쟁이 일어나지 않는다는 보장을 하는 등 대체로 소극적인 성격을 띠었으나, 좀 더 적극적인 이슈들이 등장하게 되었다. 최소의 목적은 미국과 극동의 경제력에 필적할 만한 강력한 경제 무역 블록을 형성하는 것이고, 최대의 목적은 유럽을 구성하고 있는 소규모의 국가들을 통합 국가로 창출하려는 역동적인 것이었다.

유럽통합은 세계가 경험하지 못했던 세계전쟁의 황폐함 속에서 시작되었다. 이 통합은 세계가 이데올로기적 분열이 심화되고 제국주의가 끝나고 세계경제의 재건을 모색하면서 첫 단계가 시작되었다. 통합을 시작함에 따라 유럽인들은 세계에서 그들의 위치와 다른 국가에 대한 그들의 태도를 재규정하게 되었다. 이 통합의 경험은 끊임없는 관심 속에서 진행되었지만, 때로는 침체기를 맞기도 했으며 심지어 어떤 때는 상호 약속한 것을 취소하는 등 회의주의에 빠지기도 하였다.

유럽통합의 아이디어는 다음과 같은 세 가지 대내외적인 동인에 의하여 추진되었다. 첫째, 반전과 평화 아이디어의 확산에 기반한 것으로 민족국가 체제와 공격적인 민족주의의 자기 파괴적인 성향에 대한 극복 차원에서 이루어졌다. 두 번째 요인은 경제 재건을 위한 시장 통합과 확대 차원에서 추진된 것이었으며, 셋째 요인은 소련의 안보위협이라는 외적인 위기에 대한 방어적인 차원에서 이루어진 것이었다.[7] 즉, 전후 유럽의 정체성은 반전과 평화, 경제적인 협력과 번영, 그리고 안정적인 안보라는 몇 가지 아이디어의 결합에 의해서 규정되었다.

역사적으로 유럽의 통합운동은 연방주의적 목적을 가지고 시작되었다. 따라서 유럽의 평화를 위하여 연방주의 접근법을 제창한 사람들은 상당히 많이 존재하고 있다. 그러나 제2차 세계대전 이후 유럽통합 초기단계에서 연방주의는 거의 고려 대상에 들어 있지 않았다. 유럽통합의 아버지들로 불리는 모네(Jean Monnet)나 슈망(Robert Schuman)은 연방의 개념을 바탕으로 한 이상주의를 거부하는 토대 위에서 통합 접근법을 제시하였다. 물론 유럽통합의 궁극적 목표는 연방이라는 주장도 있지만, 이는 급진적 수단에서가 아니라 점진적이고 전략적인 수단에 의하여 이루어져야 한다는 견해가 주류를 이루고 있다.

7) 즈비그뉴 브레진스키, 김명섭 역, 『거대한 체스판』(서울: 삼인, 2000), p.86.

연방주의자들은 국가와 유사한 형태의 제도적 질서를 유럽에 창조하는 것을 목표로 하였다. 이러한 접근에 대한 반대론자들은 연방주의 이론이 유럽이 당면한 문제를 제대로 이해하고 있지 못하거나, 문제점을 해결하는 데 부적절한 방안을 제시하고 있다고 비판하였다. '국가'는 국민을 효율적으로 통치하는 체제로서 부적절하고 전쟁을 선호하는 성향을 가지고 있다는 부정적 시각에서 통합을 시작했는데, 연방주의가 이러한 조직을 유럽차원에서 건설하려 하는 잘못된 시각을 보이고 있다고 비판하였다. 연방주의는 두 가지 위험성을 가지고 있다고 비판받았다. 첫째, 유럽차원에서 통치능력의 중요한 요소들을 중앙집중화하면 통치자와 피통치자의 거리를 더욱 멀게 만드는 위험이 따른다. 둘째, 연방주의 논리는 외부세계와의 관계를 악화시키는 위험성을 내포하고 있다. '초강대국가(superstates)'의 건설은 민족국가를 기초로 한 국제체제와의 지역간 갈등을 조장한다는 주장이다.

유럽통합을 시작할 당시 통합전략은 다음과 같은 명제들을 토대로 하였다. 첫째, 통합은 '하위정치(low politics)' 분야를 우선으로 하여 신중하게 추진되며, 석탄 및 철강과 같은 핵심 전략적 경제분야부터 시작한다. 둘째, 상위 권위체는 통합과정을 감독하는 국가이익을 저해하지 말아야 하고 통합을 하는 데 스폰서 역할을 해야 한다. 셋째, 국가간 특정 경제분야의 통합은 관련된 분야에 대한 기능적 압력을 창출하고, 그 결과 국가들의 경제는 점진적으로 뒤얽히게 된다. 넷째, 국가적 권위체를 향하였던 국가이익은 물질적 충족을 확보하기 위하여 새로운 초국가적 유럽의 틀에 투입된다. 다섯째, 경제통합의 심화는 유럽의 제도화를 촉진하고 통합을 보다 확대시킨다. 여섯째, 경제통합의 여파는 불가피하게 정치통합을 유발시킨다. 일곱째, 초국가적 제도화를 수반한 점진적인 경제통합은 유럽의 장기적인 평화체제를 건설하는 효과적인 경로이다.[8)]

유럽석탄철강공동체(ECSC) 통합부터 시작하였다가 통합이 확대된 이유는 석탄과 철강의 완전한 통합을 위해서는 유사 관련 경제분야의 통합도 필수적으로 이루어져야 한다는 시각 때문이었다. 예를 들어서 원자재와 생산품을 운송하기 위해서는 참여국간 교통수단 협력이 필요하였다. 신기능주의에서 통합과정의

8) Ben Rosamond, *Theories of European Integration*, pp.30, 51-52.

핵심적 논리로 제시되고 있는 '파급효과(spillover)' 개념에 의하여 석탄 및 철강 공동체는 관세동맹, 자유무역지대, 공동시장 등을 거쳐 경제 및 화폐 동맹으로까지 나아가게 했고, 정치적으로 공동외교안보정책(CFSP: Common Foreign and Security Policy)을 택하여 연합체를 구성하게 되었다.

1970년대 오일쇼크에 따른 유럽의 경제침체로 별 진전이 없었던 유럽통합이 재활성화된 것은 1980년대 중반부터이다. 이의 가장 명확한 표현은 1987년의 단일유럽의정서(SEA: Single European Act)였다. 단일시장을 완성하기 위한 시간표를 제시한 SEA는 공동체의 기구 개편과 정책결정체계의 개혁을 모색하였다. 또한 SEA는 물자, 인간, 서비스와 자본의 자유로운 이동이 보장되는 내부국경이 없는 지역의 창설을 추구하였다. 단일시장 프로그램은 중요한 파급효과에 대한 기대를 내포하고 있었다. 단일시장을 건설하는 과정에서 발생할지도 모르는 문제점을 개선하기 위하여 단일시장 프로그램에 "사회적 측면"을 포함하였다.[9)]

통합에 참여한 국가들의 통합에 대한 시각은 다양하다. 가장 큰 논쟁점은 정치통합에 대한 각국의 입장이다. 유럽연합 회원 국가들은 정치통합의 필요성을 인정하지만 그 정도와 방향은 서로 다르게 주장한다. 영국, 덴마크, 아일랜드 등은 유럽연합을 국가들 간의 네트워크(Intergovernmentalism) 수준으로 제한하려는 입장을 보여 왔고, 프랑스와 독일은 연방제를 통한 초국가기구의 창설(Supranationalism)에 관심을 보여 왔다. 전자가 국민국가의 영향력을 인정하는 보다 현실주의적인 입장인 반면, 후자는 정치통합의 가능성보다는 그 필요성에 초점을 맞추는 이상주의적 입장이다. 현실주의적 입장이 민주주의 결여문제를 이유로 유럽통합의 제도화에 소극적이고, 이상주의적 입장은 EU를 단일국가로 창출하여 민주주의 결여 문제를 해결할 수 있다고 주장한다.[10)]

유럽통합이 진행되면서 나타난 이론적인 차원에서 기본적이면서도 의미있는 논쟁은 초국가주의와 정부간주의의 논쟁이다. 초국가주의자들은 특정 기간 내에 경제통화통맹(EMU)을 달성하고 공동외교안보정책을 추진하겠다는 것은 참

9) SEA를 협상하는 과정이나 체결 직후에도 SEA가 성공할 것이라고 예상하는 사람은 별로 많지 않았다. 특히 회원국의 주권을 제한할지도 모르는 중앙집중적 제도는 초국가적 성격을 획득하는 데 실패할 것이라고 전망되었다. 2년 이내에 무력화될 것이라는 예상도 있었다.

여국들이 국가주권의 중심적인 이슈들에 대한 통제를 자진해서 포기하겠다는 것을 의미한다고 주장하였다. 그러나 정부간주의 또는 현실주의적 시각에서 보는 EMU는 다른 의미를 지닌다. 그들은 EMU 협상은 초기부터 초국가적 지원이 없는 국가 간의 타협을 통해 이루어진 것이라고 주장한다.[11] 이와 같은 정부간주의와 초국가주의의 논쟁은 국가가 주권을 포기하는가 아니면 포기하지 않고 자국의 이익을 위해 때때로 초국가기구에 의무를 이양하는가에 대한 내용으로 계속되고 있다. 현재 유럽 통합의 과정으로 볼 때 단일화폐를 사용하고 정치적 통합을 추진하는 것을 보면 EU라는 초국가기구에 각 회원국의 주권을 이양하는 초국가주의적 경향이 심화되고 있다는 평가를 내릴 수 있다.

50여 년의 통합작업이 진행되었지만 아직 해야 할 일들이 많이 남아 있고, 어떠한 방향의 통합이 완성될지에 대한 확신도 없다. 새로운 밀레니엄 시대를 맞이하면서, 유럽인들은 통합을 더 적극적으로 추진해야 할지, 과거에 이룬 것을 다지면서 안정을 우선적으로 추구해야 할지의 선택의 기로에 놓여 있다.

새로운 시대를 맞이하여 유럽통합 과정에는 제도개혁과 민주적 결함의 치유가 불가피하다. EU에는 다섯 개의 주요 기구와 구체적 이슈들을 다루는 하부기구들이 있는데, 이들 중 어떤 것도 불변적인 것은 없다. 그들의 권한과 성격은 통합과정이 진행됨에 따라, 자체적인 필요에 따라, 또한 그들 사이의 관계가 새로 이루어짐에 따라 변하고 있다. 더 많은 변화는 '유럽 정부(government of Europe)' 에 대한 정의가 보다 더 명확해질 때 나타날 것이다.

집행위원회에 대해서는 좀 더 투명하고 책임을 지닌 기구로 만들려는 압박이 있을 것이다. 각료이사회도 회의를 개방하고, 민주화하고, 대표성 있게 해야 할 필요성이 대두될 것이다. 유럽의회의 권한은 점차 확대될 것이고, 의회는 실질적인 입법기구가 될 것이다. 또한 국가 정당은 유럽선거 캠페인을 적극적으로 실시하고, 유럽의회의 과반수 정당 출현도 계속 모색될 것이다. 유럽법의 확대와 헌법제정에 따라 사법재판소의 영향력이 증대될 것이다. 초국가주의와 정부간주의 사이의 논쟁은 유럽이사회의 역할, 그리고 주요 5개 기구 사이의 권한과

10) 김남국, "유럽통합과 민주주의의 결여," 『한국정치논총』, 제44집 1호, 2004, p.283.

11) Joseph Grieco, "The Maastricht Treaty, Economic and Monetary Union and the Neo-Realist Programme," *Review of International Studies*, Vol.21, No.1, 1995, p.35.

역할에 대한 재정의를 내리도록 할 것이다.

유럽연합의 가장 큰 결점 중의 하나는 유럽 통합과 관련하여 가장 중요한 결정을 하는 엘리트의 목표와 대중 의지의 차이이다. 유럽연합이 유럽인들에게 점점 더 현실로 다가오고, EU의 결정들이 더욱 더 강하게 유럽인들 삶에 영향을 미치게 되면서, EU의 정책결정 과정에 직접적으로 영향력을 행사하려는 대중의 압력은 분명히 증가할 것이다.

정치학의 관점에서 보면 국제정치적 시각과 비교정치적 시각이 유럽통합 이론의 양대 축을 이루어 왔다. 유럽통합은 '후기국가제도설립(post-national institution-building)' 의 초기 사례, 또는 국가간 협력활동이라는 측면에서 통합을 시작할 당시에는 국제관계 학자들의 주목을 받았다. EU에 대한 비교정치 접근법을 지지하는 학자들에 따르면 EU는 현대국가정체(modern national polity)와 유사한 정치체제이다. 아니면 적어도 EU라는 정체의 요소들은 전통적 정치학에서 다루는 중요한 요소들과 유사하다고 주장한다. 그들의 논리는 EU가 '연합체 또는 레짐' 이라는 인식을 바탕으로 하고 있으며, 미래의 EU는 더욱 비교정치적 접근을 필요로 할 것이라고 예견한다.[12)]

유럽통합에 대한 국제정치적 시각과 비교정치적 시각은 정부간주의와 초국가주의 논쟁으로 이어진다. 정부간주의와 초국가주의 사이의 차이점을 통해 유럽연합이 왜 현재 방식으로 운영되고 있는지 짐작할 수 있다. 유럽경제공동체의 주창자들은 초국가적 가치에 대한 강한 믿음을 가지고 있었던 반면, 초기 6개 회원국 지도자들 중 상당수는 유보적인 입장을 취해 왔다. 그들은 회원국 정부가 국가 이익을 통제하는 권한을 잃지 않을 것이라는 보장을 받기 원했다. 결국 회원국들은 로마조약을 체결해 정부간주의에 힘을 더욱 실어주는 통치 네트워크를 구축했다. 그 이후 정부간 공동체를 계속 유지하기를 원하는 측과 초국가 공동체를 구성하기를 원하는 측 사이의 대립은 조직 내에서 계속해서 분쟁의 씨

12) Helen Wallace, "Negotiations, Conflict and Compromise: The Elusive Pursuit of Common Policies," in H. Wallace, W. Wallace and C. Webb (eds.), *Policy-Making in the European Community*, 2nd edn. (Chichester: John Wiley and Sons, 1983); Philippe Schmitter, "Imagining the Future of the Euro-Polity with the Help of New Concepts," in G. Marks, F. W. Scharpf, P. C. Schmitter and W. Streek, *Governance in the European Union* (London: Sage, 1996).

앗이 되어 왔다. 이 문제는 결국 회원국 간 정치적 분열을 야기했고, 특히 영국, 덴마크 등 일부 국가들은 다른 나라에 비해 더욱 적극적으로 초국가 제도를 반대하게 되었다. 한편, 전통적으로 벨기에, 독일, 이탈리아는 연방 수준에 달하는 유럽통합을 주장해 왔다.[13)]

EU는 어떠한 형태의 정치적 조직 또는 체계인가? 이에 대한 명확한 대답을 하기가 무척 어려운데 그 이유는 다음과 같다. 첫째, EU는 스스로 자신이 어떠한 정치적 특성을 가졌는지 명확히 묘사하거나 정의를 내린 적이 없다. 가장 근접한 표현은 유럽통합조약(TEU)의 제1조에 나와 있는 내용이다. "이 조약은 유럽의 국민들이 보다 근접된 연합(ever closer union)을 설립하기 위한 과정에서의 새로운 단계를 창조한다. 이 연합에서 결정은 되도록 공개적이고 되도록 시민에게 근접되게 이루어질 것이다." 조약의 제6조는 "연합은 자유(liberty), 민주주의, 인권존중, 기본적 자유(fundamental freedom)의 원칙과 법의 지배 등 회원국 모두에게 공통적으로 적용되는 원칙들에 의하여 설립된다"고 규정하였다.

둘째, 앞서 언급한 유럽연합조약의 제1조에서 밝혔듯이 EU는 항상 변해 왔고 변하고 있다. EU의 성격은 고정적인 것이 아니라, 통합과정이 심화되고 확대되면서 성격변화가 이루어지고 있다. 예를 들어 정책결정 절차가 1980년대 중반 이후 보다 초국가적인 성격을 띠게 되었는데, 이는 각료이사회에서 가중다수결 제도의 사용을 확대하고 의회의 권한이 확대되면서 두드러졌다.

셋째, EU는 매우 복합적이고 광범위한 체제이다. EU 자체가 다양한 목적과 기능을 보유하고, 다양한 기구들이 다양한 역할을 하기 때문에 이들에 대한 분석과 평가도 다양한 형태를 보이고 있다. 예를 들어 EU를 행위자의 관점에서 봐야 하는지, 아니면 행위가 이루어지는 무대로 봐야 하는지의 논란이 있을 수 있다. 만약에 행위가 이루어지는 무대라면 지리적 개념에 초점을 맞추어야 하는지, 아니면 기능분야에 초점을 맞추어야 하는지의 문제도 끝없는 논쟁의 대상이다.

넷째, EU는 매우 독특한 체제이다. 거버넌스 체계에 있어서 EU는 초국가주의와 정부간주의 성격을 망라하고 있다. 또한 서로 수준이 상이한 정부들과 민족

13) Patricia Hogwood and Geoffrey K. Roberts, *European Politics Today*, 2nd ed. (Manchester and New York: Manchester University Press, 2003), pp.218-219.

국가들이 책임을 공유하고 있다. EU가 어떠한 형태의 정치조직 또는 체계를 가졌느냐에 대한 가장 확실하면서도 합리적인 대답은, EU는 기존에 존재하는 어떠한 형태의 정치조직이 아니라, 그러한 정치체계는 아직 존재하지 않았던 매우 독특한 것이라는 대답일 것이다.

모든 조직이 발전을 모색하듯이 EU도 꾸준히 발전을 모색하고 있다. 최근 들어서 통합을 보다 심화시키느냐, 아니면 회원국을 더욱 확대시키느냐에 대한 논쟁이 있었다. 냉전 종식 이후 정치적으로 민주화되고 경제적으로 자본주의 제도를 도입한 동유럽 국가들에 대한 확대가 우선적으로 이루어졌다. 1993년 6월 코펜하겐의 유럽이사회는 중동부 유럽 국가들이 유럽연합이 정한 정치 · 경제적 기준을 준수한다는 조건하에 유럽연합에 가입하는 것을 승인했다.

유럽연합이 동유럽 지역으로 확대됨에 따라, 제도개혁도 동시에 추진되었다. 암스테르담 조약 이후 유럽연합에서 시작된 제도개혁의 상당 부분이 동쪽으로의 확대를 염두에 두고 실행되었다. 동유럽 국가들의 가입 이후 EU의 확대를 위한 제도개혁만으로는 풀기 어려운 문제들이 상당수 존재하고 있다. 새로 가입한 국가들은 대체로 기존 회원국에 비해 경제적으로 빈곤한 편이다. 공동체의 구조적 정책과 공동농업정책(CAP)에 대한 제도 개혁이 이 문제를 해결하기 위해 1999년도에 시작되었지만, 아직까지 별 효과를 거두지 못하고 있다. 또한 정책개혁만으로 미래의 예산문제를 해결할 수 없다. 신가입국의 경제도 안정화되어야 하고 더 나은 성장세를 보여야 한다.

신입 회원국의 이질적 문화전통, 그리고 어떻게 그들이 자유민주주의라는 서유럽 이념에 적응할지에 대한 의혹이 남아 있다. 과거 유럽연합 확대 경험에 비추어 보면, 유럽연합이 다양화될수록 의결과정은 더욱 복잡해졌다. 이전의 확대 시 초기 통합 주도국의 희망이었던 보다 긴밀한 유럽통합에의 의지에 공감하지 않는 국가들도 포함되었다. 1973년에 가입한 영국, 덴마크, 아일랜드는 유럽공동시장의 한 부분이 되는 실용적인 목적하에 가입하였다. 그러나 이들 국가는 유럽연합의 초국가성을 지향한 움직임에 대해서는 반대했다. 1995년 이후 회원국이 된 오스트리아, 스웨덴, 핀란드는 전통적으로 중립외교의 입장을 고수했고, 그런 입장이 향후 공동방위전략의 발전에 영향을 미칠 것으로 예상되었다. 집행위원회와 일부 통합을 중시하는 회원국들은 유럽연합이 심화의 과정을 거친 이후에 새로운 회원국을 영입하는 확대가 바람직하다는 견해를 보이고 있다.

신규 가입국 내에서도 EU 가입에 대한 회의론이 일부 나타나기 시작하였다. EU 가입을 위한 다소 무리한 개혁에 피로를 느끼면서 이러한 회의론은 더욱 확산되었다. EU 가입 협상시 신규가입국의 노동력이 가입 이후 7년 동안 기존 회원국으로 이동할 수 없다는 조항이 이러한 회의론을 크게 확산시키는 계기가 되었다. 또한 농업보조금 지원에 있어서도 2013년까지 기존 회원국과의 차별이 이루어짐으로써 신규 가입국은 EU 내 이등 국민에 불과한 것 아니냐는 불만을 제기하기도 하였다. 1990년대 중반부터 신규가입국들은 EU 가입을 위한 개혁을 전반적으로 추진해 왔는데, 이러한 개혁후유증으로 각국 정권은 연속 집권에 성공하는 예를 거의 찾아볼 수 없을 정도로 정국의 혼란이 계속되었다.

유럽연합을 확대할 때마다 한편으로 새로운 회원국을 받아들여 유럽 통합 과정을 확대하는 것과 다른 한편으로 초국가주의와 정책 능률을 높여 그 과정을 심화하는 것의 대립성에 대한 논의가 통합 시작부터 계속되고 있다. 일부 비평가들은 이러한 확대와 심화를 잠재적 갈등 요인으로 보지만, 다른 비평가들은 상호 보완적인 것이라고 생각하고 있다.

확대와 심화를 잠재적 갈등 요인으로 보는 측이 제시하는 주장의 근거는 다음과 같다. 즉, 확대는 유럽연합 구성을 다양하게 분산시켜 응집성을 떨어뜨리고, 그 결과 정책과정의 효율성을 저해할 수 있다. 반면 심화는 EU 법 규정 이행을 더욱 어렵게 해 지원국들이 유럽연합에 가입하는 것을 더욱 어렵게 한다. 이는 이론적으로는 설득력 있게 들리지만, 실질적으로는 논거가 빈약한 주장이다. 왜냐하면 확대와 심화는 나란히 진행될 뿐만 아니라 상호 영향을 미치기도 하기 때문이다.

1980년대 중반 스페인과 포르투갈의 가입 이래 유럽연합 확대에 대한 논의는 확대에 대비해 제도와 정책을 심화하는 데 목적을 둔 조약을 마련했다는 점에서 확대는 심화를 증진시켰다고 할 수 있다.[14] 신규 가입국들이 유럽연합 가입 조건을 너무 위압적으로 보지 않게 하면서, 유럽연합의 조직적 중요성과 유럽연합

14) 스페인과 포르투갈의 가입은 단일유럽의정서에 따라, 1995년 유럽자유무역지대 국가들의 가입은 마스트리트 조약에 따라, 2004년 10개국의 가입은 암스테르담 조약과 니스조약에 따라 진행되었다.

이 더 커지기 전에 '밖' 에서 '안' 으로 합류한다는 것이 갖는 이점을 많은 국가들에 강조함으로써, 심화는 확대를 증진시켰다.

냉전 종식 이후 EU는 경제통합을 심화시키면서, 냉전시대 미국에 강력하게 의존되었던 안보와 방위의 유럽화를 모색하였다. EU는 유럽지역에서 벌어지는 분쟁들에 대하여 중요한 역할을 담당하려고 노력했고 1991년 마스트리트 조약에서 채택된 공동외교안보정책은 EU의 입장에서 더 활성화된 집단적 외교노력을 하겠다는 의미를 내포하고 있었다. 그러나 이러한 EU의 노력은 회원국들 사이에 상당한 의견 불일치와 정책적 차이로 어려움을 겪었고 공동외교안보정책의 윤곽과 우선권들도 뚜렷하게 정해지지 못하고 있는 상황이다. 더구나 유럽안보의 근본적인 역할을 하고 있는 미국과 러시아가 EU의 회원국이 아니라는 데 어려움을 갖고 있다. 분쟁의 예방과 해결, 평화유지를 위한 EU의 역할은 아직 오늘날까지 확립되지도 못하고 타당성을 증명하지도 못하고 있다.[15]

20세기가 지나면서 EU는 발전적인 통합을 하고 있지만 제한적인 요소도 많다. 첫째, EU는 이제까지 존재하는 어느 다른 국제기구보다 강력한 권한을 가지고 있고, 회원국에 대하여 더 많은 권위를 가지고 있다. 그러나 비록 여러 가지의 통치(governing) 기구를 가지고 있지만 아직까지 통제와 강압적인 권력의 측면에서 '정부(government)' 라 불리기에는 미흡하다. 자체의 집행 · 입법 · 사법 권한을 가지고 있지만, 이는 회원국의 개별정부의 권위와 협력하여 행사되어야 한다. EU의 정치과정은 초국가기구적 성향을 가지고 있지만 EU는 궁극적으로 정부간 협상(intergovernmental bargain)에 의존하고 있다.[16] 현실주의자들은 회원국들이 주요 행위자이고 통합은 그들의 결정에 따라 진전된다고 하며, 신기능주의자들은 통합은 그 자체의 확대 논리를 가지고 있다고 주장한다.

둘째, EU는 헌법을 비롯하여 헌법기능을 하는 조약과 법을 가지고 있으며 그 의미를 해석하는 사법재판소도 가지고 있으나 EU가 가지고 있는 제도적 독립성

15) P. Terrence Hopmann, "Regional Security Institutions and Intervention in Internal Conflicts: The OSCE Experience in Eurasia," *Paper prepared for the convention of the International Studies Association*, 24-27 March 2002, p.3.

16) Robert O. Keohane and Stanley Hoffmann, *The European Community: Decisionmaking and Institutional Change* (Boulder: Westview Press, 1991), p.10.

은 제한적이며 강압하는 권한도 한계가 있다. 세금을 거두고 법을 집행하는 권한이 약하고, 집행은 회원국의 자발적 준수에 의존하고, 어떠한 기구도 EU 법을 직접적으로 집행하는 권한과 인사를 보유하고 있지 않다.

셋째, EU는 자체의 집행부(집행위원회)와 직선된 입법기구(유럽의회)를 보유하고 있지만, 많은 권한은 정부간 각료이사회의 손에 놓여 있다. 집행위원회는 각국 정부의 신하 역할만 하고, 의회는 실질적인 입법 기구가 가지고 있는 법안을 상정하고 토의하고 개정하고 거부하고 통과시키는 권한을 아직 완전히 확보하지 못하고 있다는 비판을 받고 있다.

넷째, EU는 그렇게 민주적이지 못하다. ECSC는 창설 6개국의 몇 명 엘리트들이 만들어낸 아이디어였고, 유럽통합 과정의 주도 세력은 정치 · 경제 엘리트들이었으며 유럽 유권자들의 견해는 거의 무시되었다. 그러나 이러한 상황은 점차 변하고 있으며 특히 1979년 유럽의회의 직선 이후 여론이 중요한 역할을 하기 시작하였다. 1992년 6월 덴마크인들이 마스트리트 조약을 거부함에 따라 국민의 여론을 무시하는 것이 얼마나 위험한지를 엘리트들이 인식하게 되었다.

다섯째, EU는 대외교역, 농업, 금융 서비스, 내부 국가간 교통, 환경에 대해서는 점진적으로 책임을 높여가고 있으나, 단일정책 분야에 있어서 배타적 책임을 아직 가지지 못하고 있다. 교육, 경찰, 형법 같은 분야에 있어서는 각국 정부에 거의 전적으로 의존하고 있다. SEA, 마스트리트, 암스테르담 조약 등은 정책의 책임을 전환시키는 과정을 보여 주었다. 그리고 단일화폐는 경제정책 통합의 마지막 단계가 될 것이다. 경제통합은 다른 정책 분야의 통합을 완성시키는 압력 작용을 할 것이다.

정확한 정의가 힘들고 그 자체도 가변성을 지니고 있었던 유럽의 정체성과 경계의 문제가 다시 고찰되고 있다. 서유럽 국가들은 지난 반세기 동안 스스로를 실제적인 유럽으로 간주하고 살아왔다. 그러나 유럽대륙 내의 동서 분열이 종식된 이후 유럽의 본질에 대한 문제와 다가오는 유럽의 미래에 대한 시나리오에 관련된 이제까지의 가정사항들은 하나 둘씩 도전을 받고 있다.

유럽의 본질을 재고하게 되면서 유럽의 재구성이 진행되고 있다. 이러한 모습은 과거에 서구적이고 서유럽적으로 판단했던 환경과 방식에 중동부 유럽국가들을 편입시키고자 하는 노력에서 가장 두드러지게 나타나고 있다. 유럽연합은 유럽 내 국가들이 모여 만든 유럽역사상 가장 중요한 조직체로서 이러한 유럽의 재구성에 막중한 역할을 수행하고 있다.

유럽은 끊임없는 재창조의 과정 속에 있다. 다양한 국민과 문화, 지리, 역사는 "유럽이 무엇인가?"에 대한 다른 견해를 아우르고 각각의 시대를 특징지어 새로운 조화를 나타나게 하였다. 유럽은 어쩌면 가장 위대한 재창조의 과정를 목격하고 있는지도 모른다. 새로운 유럽은 제2차 세계대전의 파괴와 혼란으로부터가 아니라 공산주의의 붕괴와 세계화의 발전으로부터 창조되고 있다. 이러한 새로운 창조를 위한 움직임에는 여러 가지가 있는데, 그중의 하나는 유럽연합과 같은 "공식적인 유럽" 체제의 발전이고, 다른 하나는 유럽이사회와 유럽안보협력기구(OSCE) 등을 통한 범유럽 정치영역의 재구성이다. 이들은 유럽정체성을 재정의하기 위한 큰 그림의 작은 부분에 불과하다.

이러한 새로운 정체성에는 많은 요소들이 있다. 그중의 첫째는 국가들 스스로의 정체성 변화이다. 이러한 변화들은 내부 정책 결정과 국제 관계 모두를 위한 구조의 변화로서 개별 국가의 지속적인 중요성이 강조되었다. 사회조직과 개별 시민들에게 큰 영향을 미치는 교육, 건강, 특히 사회서비스와 같은 집단적인 공공사업에 대한 책임을 제공하는 주요 구성단위로서 국민국가보다 현실적인 대안이 나타날 조짐이 없다. 국민국가는 국제관계가 이루어지는 주요 단위이다. 이는 공동외교안보정책을 향한 움직임에도 불구하고 군사력과 돈이라는 주요 핵심 자원을 통제하는 것이 바로 국민국가이기 때문이다. 군대와 경찰력을 증가시키고 지배하는 것도 국민국가에 의해서 이루어지고, GDP를 증대시키고 이를 사용하는 것도 국민국가이다.

유럽 재건설에 중요한 역할을 하는 두 번째 요소는 비정부간기구의 긴밀한 네트워크의 발전이다. EU와 NATO 같은 다자기구는 '공식적 유럽' 차원에서 유럽 발전의 원동력에 불과하다는 논의는 매우 중요하다. 국경선을 가로지르는 기구, 기업과 인류활동의 근거를 제시하는 비공식적 기구들도 유럽 발전에 괄목할 만한 기여를 하고 있다. 20세기 전반에 걸쳐서 침입할 수 없었던 국경선은 현대 이전 시대의 개념으로 돌아가기 시작하였고, 더 이상 국가활동의 차별성이 있는 지역의 경계선이 아닌 것으로 되어 가고 있다.

유럽 재탄생의 세 번째 요소는 자본주의 사회라는 특별한 유럽식 모델의 발전이다. 중앙계획경제라는 소련식 모델은 결국 실패로 돌아갔고, 유럽에서 사회당은 사회주의의 상징과 정의를 버리기 시작하였다. 영국 노동당의 토니 블레어는 생산과 교환 수단의 공동 소유를 내용으로 하는 당 강령 제4조를 거부하여 '새로운 노동당'을 창설하면서 집권이 가능하였다. 그러나 많은 유럽 지도자들은 과도하게 경쟁적이고 제어되지 않는 자본주의의 형태로서 미국의 영향을 받은 신자유주의를 거부하였다.

넷째, 유럽의 재탄생은 유럽에 대한 아이디어를 변화시키는 것이다. 과거 유럽 제국의 해외로의 팽창 모색, 차별적인 경제와 정치적 역동성 때문에 유럽내부의 전쟁이 발발했다면, 오늘날 유럽 대륙의 비전은 평화와 복지, 번영이라는 탈군사적인 영역으로 변화한 것이라 할 수 있다. 동맹과 세력 균형, 국가 이익의 추구와 같은 국제 관계의 오랜 개념들은 아직 존재하고 있지만, 가치와 정체성을 함유하는 새로운 개념이 중요하게 나타나기 시작하였다. 가치는 전통적으로 중요하게 인식되지만 국가 정체성과 마찬가지로 끊임없는 변화의 과정 속에 있다.

그러나 유럽 대부분이 당면하고 있는 문제점은 중요한 목표, 도전 또는 심지어 목적의식의 결여로 인하여 자체적인 정체성을 추구하고 있는 가치의 토대가 약화되었다는 점이다. 유럽이 현재 북미와 세계 일부 자본주의 지역과 공유하고 있는 개념인 '서구(the West)'라는 인식은 자신들만의 뚜렷한 가치체제를 가진 '동구(the East)'의 강력한 정치 · 경제적 부상에 도전받고 있으며, 심지어 동구권 내부의 혼란에 의한 도전을 받고 있는 실정이다.[17] 만약 '유럽 연대(European Solidarity)'의 인식이 너무 약해서 러시아, 구 소비에트 공화국들, 발칸에서 탈공산주의의 도전에 적절히 대응하지 못한다면, 분열과 물질주의를 초월할 수 있는 새로운 유럽의 창출은 불가능할 것이다.

17) Christopher Coker, *Twilight of the West* (Boulder: Westview Press, 1998).

참고문헌

〈한글 서적〉

강명세 · 고상두 외. 『현대유럽정치』. 서울: 동성출판사, 2002.

공용득. 『북한연방제연구: 중앙과 지방정부의 관계를 중심으로』. 서울: 청목출판사, 2004.

김계동 외. 『유럽질서의 이해: 구조적 변화와 지속』. 서울: 오름, 2003.

김계동 외. 『유럽연합체제의 이해』. 서울: 백산서당, 2005.

김광수. 『선거와 선거제도』. 서울: 박영사, 1997.

김규수 외. 『현대정치과정론』. 서울: 법문사, 1978.

김 균 · 문우식. 『유럽통화동맹의 경제이론과 역사』. 서울: 법문사, 1997.

김대순. 『국제법론』. 제7판. 서울: 삼영사, 2002.

김동현 · 이승철. 『유럽연합의 현황과 전망』. 서울: 집문당, 1996.

김명섭. 『대서양문명사: 팽창 · 침탈 · 헤게모니』. 서울: 한길사. 2001.

김명섭 · 조성대 · 진시원. 『세계의 정치와 경제』. 서울: 한국방송통신대학교 출판부, 2003.

김상인. 『영국지방정부론: 영국 지방정부의 어제, 오늘, 그리고 내일』. 서울: 성지각, 1999.

김우태. 『정치학』. 서울: 영운출판사, 1983.

김일무. 『독일통일과 남북한통일』. 서울: 대왕사, 1995.

박영신. 『동유럽의 개혁운동: 폴란드와 헝가리의 비교』. 서울: 집문당, 1995.

박찬욱 편. 『비례대표 선거제도』. 서울: 박영사, 2000.

박호성. 『평등론: 자유민주주의 · 사회민주주의 · 마르크스주의의 이론과 현실』. 서울: 창작과 비평사, 2002.

백상기. 『비교정치제도』. 서울: 운영출판사, 1994.

법무부. 『독일과 미국의 연방제』, 2000.

안성호. 『스위스연방 민주주의 연구』. 서울: 대수문화사, 2001.

안순철. 『선거체제비교: 제도적 효과와 정치적 영향』. 서울: 법문사, 1998.

오스틴 래니 · 권만학 외 역. 『현대 정치학』. 서울: 을유문화사, 1994.
외무부. 『구주연합의 조직과 운영』, 1995
이남국. 『영국의 중앙정부조직』. 한국행정연구소, 2000.
이상우. 『국제관계이론: 국가간의 갈등원인과 질서유지』. 서울: 박영사, 1989.
이수형 역. 『미국과 유럽의 21세기 국제질서』. 서울: 한울 아카데미, 2000.
이종원. 『새유럽통합론』. 서울: 해남, 2004.
이주영 · 김성형. 『현대유럽의 역사: 제2차 세계대전부터 현재까지』. 서울: 삼지원, 2002.
이창훈 · 이종원 · 김대순. 『EU: 정치 · 경제 · 법』. 서울: 삼영사, 2000.
조철제. 『유러-EU 단일통화』. 서울: 한국경제신문사, 1998.
조홍식. 『유럽 통합의 이론』, 세종연구소 연구논문, 98-02.
즈비그뉴 브레진스키, 김명섭 역. 『거대한 체스판』. 서울: 삼인, 2000.
팀 블래닝 편, 김덕호 · 이영석 역. 『옥스퍼드 유럽현대사』. 서울: 한울 아카데미, 1996.
프레데리크 들루슈 편, 윤승준 역. 『새유럽의 역사』. 서울: 까치, 1995.
헤이우드 앤드류, 조현수 옮김. 『정치학: 현대정치의 이론과 실천』. 서울: 성균관대학교 출판부, 2003.
허　영. 『독일 통일의 법적 조명』. 서울: 박영사, 1994.
홍익표. 『유럽의 민주주의: 발전 과정과 현실』. 서울: 동방미디어, 2000.

〈한글 논문〉

강원택. “유럽통합과 다층 통치체제: 지역의 유럽 혹은 국가의 유럽.” 『국제정치논총』 제40집 1호. 2000.
김계동. “지역통합이론 연구: 유럽통합을 중심으로.” 『세계정치연구』 제1권 제2호. 2002년 1월.
김계동. “제10장 결론.” 김계동 외. 『유럽질서의 이해: 구조적 변화와 지속』. 서울: 오름, 2003.
김계동 · 김명섭. “제1장 서론.” 김계동 외. 『유럽질서의 이해: 구조적 변화와 지속』. 서울: 오름, 2003.
김균래. “EU 신집행위원회 출범과 주요 정책과제 전망.” 『세계경제』. 2005년 2월.
김남국. “유럽통합과 민주주의의 결여.” 『한국정치논총』 제44집 1호. 2004.
김득갑. “EU통합의 현주소와 향후 전망.” 삼성경제 연구소 CEO Information. 제511호. 2005.
김상겸. “제4장 유럽연합 헌법안.” 김상겸 외. 『유럽연합정부론』. 서울: 앰-애드, 2002.
김성형. “Maastricht 조약과 Amsterdam 조약.” 성균관대학교. 『법학연구』 제9집. 1998.
김세원. “EC의 경제통합 체계.” 서울대학교. 『경제논집』 제37집 2호. 1998.

김수진 외(편역). “서론과 해제.” 『비교정치론 강의 3』. 서울: 한울아카데미, 2000.
김시홍. “이탈리아의 선거제도.” 『국제지역연구』 제3권 2호. 1999년 여름.
김영태. “독일연방의회 선거체계의 제도적 효과.” 『국제정치논총』 제41집 3호. 2001.
김영태. “유럽정당의 새로운 흐름: 정당연합(Party Federation) 등장과 발전.” 『국회도서관보』 2004년 2월.
김영태. “제2장 독일의 정치제도와 정치과정.” 유럽정치연구회 편. 『유럽정치』. 서울: 백산서당, 2004.
김영태. “제2장 독일의 정치제도와 정치과정.” 유럽정치연구회 편. 『유럽정치』. 서울: 백산서당, 2004.
김판수. “EU 신규가입국, 유로화 도입을 위한 ERM-2 참가 개시.” 한국수출입은행. 『해외경제연구소 보고서』. 2004년 7월 1일.
박노호. “스웨덴의 선거제도.” 『국제지역연구』 제3권 제2호. 1999.
박래식. “제2장 유럽체제의 역사와 특징.” 김계동 외. 『유럽연합체제의 이해』. 서울: 백산서당, 2005.
박영곤. “확대된 EU의 대외관계 전망.” 『세계경제』 2004년 4월호.
박응격. “독일연방공화국의 기본법적 구성원리.” 박응격 편. 『독일연방정부론』. 서울: 백산자료원, 2001.
박태규. “유럽의 정치, 경제, 사회의 변화와 지속.” 박태규 외. 『유럽의 정치와 경제』. 서울: 나남출판, 2002.
변해철. “프랑스 헌법상의 선거제도: 하원선거를 중심으로.” 『국제지역연구』 제3권 2호. 1999.
신현기. “제5장 유럽집행위원회.” 김상겸 외. 『유럽연합정부론』. 서울: 앰-애드, 2002.
오형범. “EU 헌법조약의 주요 내용과 향후 비준 전망.” 『세계경제』 2005년 3월.
외교안보연구원. “EU 공동외교안보정책의 동향과 전망.” 『주요국제문제분석』 No. 2004-15. 2004년 5월 14일.
유임수. “유럽연합과 아시아: 지역협력.” 『유럽연구』. 1996년 가을호.
윤기석. “제8장 프랑스 지방분권제의 정치적 함의와 현황.” 유럽정치연구회 편. 『유럽정치』. 서울: 백산서당, 2004
이상균. “유럽통합과 독일연방주의의 미래.” 『한국정치학회보』 30집 4호. 1996년 겨울.
이수형. “제6장 유럽 안보질서의 형성.” 김계동 외. 『유럽질서의 이해: 구조적 변화와 지속』. 서울: 오름, 2003.
이수형. “제8장 유럽 사회질서의 변화와 지속.” 김계동 외. 『유럽질서의 이해: 구조적 변화와 지속』. 서울: 오름, 2003.
이옥연. “다층구조 거버넌스로서의 연방체계.” 『한국정치학회보』 34집 4호. 2000년 겨울.
이철원. “EU 가입과 중 · 동구 국가들의 교역추이 변화 및 향후 전망.” 『세계경제』 2004년

6월호.
이충묵. "후기공산주의 동유럽 정당체계의 형성: 체코공화국, 헝가리, 폴란드의 사례연구." 박태규 외. 『유럽의 정치와 경제』. 서울: 나남출판, 2002.
임문영 · 이종광 · 김승민 · 류두하. "유럽통합의 심화와 대외관계의 변화." 『국제학논총』 제1집. 1996.
장붕익. "네덜란드의 선거제도." 『국제지역연구』. 제3권 제2호. 1999.
장태주. "제2장 유럽연합의 법적기초." 김상겸 외. 『유럽연합정부론』. 서울: 앰-애드, 2002.
장 훈. "복지국가의 위기와 신보수주의적 대응의 결정요인." 한림대학교 사회복지 연구소. 『복지국가의 위기와 사회정책의 전망』. 서울: 한울아카데미, 1996.
장 훈. "제6장 프랑스의 정치제도와 정치과정." 유럽정치연구회 편. 『유럽정치』. 서울: 백산서당, 2004.
장 훈. "제9장 아일랜드." 박찬욱 편. 『비례대표 선거제도』. 서울: 박영사, 2000
정용길. "제1장 유럽연합의 수립과 발전." 김상겸 외. 『유럽연합정부론』. 서울: 앰-애드, 2002.
정재각. "제6장 유럽의회." 김상겸 외. 『유럽연합정부』. 서울: 엠-에드, 2002.
조명래. "영국의 중앙-지방정부 관계." 『지방자치』 통권 104호. 1997년 4월.
조병선. "제8장 유럽중앙은행." 김상겸 외. 『유럽연합정부론』. 서울: 앰-애드, 2002.
조양현. "EU 확대 및 통합 과정과 시사점." 『수은해외경제』 2005년 8월호.
조홍식. "세계금융시대의 지역통합: 유러랜드 출범의 사례." 『국가전략』 제4권 2호. 1998.
진시원. "제2장 유럽의 정체성." 김계동 외. 『유럽질서의 이해: 구조적 변화와 지속』. 서울: 오름, 2003.
진시원. "제3장 유럽연합체제에 대한 이론적 고찰." 김계동 외. 『유럽연합체제의 이해』. 서울: 백산서당, 2005.
진영재 · 노정호. "제13장 이탈리아의 정치제도와 정치과정." 유럽정치연구회 편. 『유럽정치』. 서울: 백산서당, 2004.
최진우. "유럽의회의 발전과 유럽통합: 유럽연합의 민주성과 정통성." 『국제정치논총』 제39집 2호. 1999.
피터 플로라(Peter Flora). "제 1장 유럽정치사 개관: 로칸의 거시모형." 김수진 외(편역). 『비교정치강의 3』. 서울: 한울아카데미, 2000.
한상섭. "유로권 경제의 최근 동향과 구조적 특징." 『세계경제』 2004년 4월호.
홍석인. "EU확대와 유럽통합의 진전동향: 정치분야 통합의 현황과 전망." 『세계경제』 2004년 4월호.
홍성민. "제5장 프랑스의 정치발전과 역사적 배경." 유럽정치연구회 편. 『유럽정치』. 서울: 백산서당, 2004.
홍완식. "제3장 유럽연합의 입법체계." 김상겸 외. 『유럽연합정부론』. 서울: 앰-애드, 2002.

홍익표. "제5장 유럽의 정치질서." 김계동 외. 『유럽질서의 이해: 구조적 변화와 지속』. 서울: 오름, 2003.

〈영문 서적〉

Agh, A. *The Politics of Central and Eastern Europe*. London: Sage, 1998.

Alderman, G. *Pressure Groups and Government in Great Britain*. London: Longman, 1984.

Alen, A., and R. Ergec. *Federal Belgium after the Fourth State Reform of 1993*. Brussels: Ministry of Foreign Affairs, 1994.

Allum, P. *State and Society in Western Europe*. Cambridge: Polity Press, 1995.

Almond, G. A., and G. B. Powell. *Comparative Politics: A Developmental Approach*. Boston: Little, Brown, and CO., 1966.

Alperovitz, Gar. *Atomic Diplomacy: Hiroshima and Potsdam*. London: Penguin, 1985.

Ambrose, Stephen E. *Rise to Globalism: American Foreign Policy, 1938-1970*. Baltimore: Penguin, 1971.

Amsden, A., H. J. Kochanowicz, and L. Talor. *The Market Meets its Match: Restructuring the Economies of Eastern Europe*. London: Harvard University Press, 1994.

Archer, Clive, and Fiona Buttler. *The European Community: Structure and Process*. New York: St. Martin's Press, 1992.

Armstrong, David, and Erik Goldstein (eds.). *The End of the Cold War*. London: Cass, 1990.

Arter, D. *Scandinavian Politics Today*. Manchester: Manchester University Press, 1999.

Arter, D. *The Nordic Parliaments: A Comparative Analysis*. London: Hurst, 1984.

Bader, William. *Austria Between East and West, 1945-1955*. Stanford: Stanford University Press, 1966.

Baldwin, R. *Towards an Integrated Europe*. London: Cambridge University Press, 1994.

Bale, Tim. *European Politics: A Comparative Introduction*. New York: Palgrave, 2005.

Barr, Stringfellow. *Citizens of the World. Garden City*, N.Y.: Doubleday, 1953.

Bartolini, Stefano, and Peter Mair. *Identity, Competition, and Electoral Availability: The Stabilization of European Electorates, 1885-1985*. Cambridge: Cambridge University Press, 1990.

Bartolini, Stefano. *The Class Cleavage*. Cambridge: Cambridge University Press, 2000.

Beichman, Arnold. *The Long Pretence: Soviet treaty diplomacy from Lenin to Gorbatchev*. New Brunswick: Transition Publishers, 1991.

Bell, John. *French Constitutional Law*. Oxford: Clarendon Press, 1992.

Bellamy, Richard (ed.). *Constitutionalism, Democracy and Sovereignty: American and European Perspectives*. Aldershot: Avebury, 1996.

Betz, Hans-Georg. *Radical Right-Wing Populism in Western Europe*. New York: St. Martin's Press, 1994.

Betz, Hans-Georg, and Stefan Immerfall (eds.). *The New Politics of the Right: Neo-Populist Parties and Movements in Established Democracies*. New York: St. Martin's Press, 1998.

Blondel, J. *Comparative Government*. London: Cambridge University Press, 1995.

Bomberg, Elizabethand, and Alexander Stubb. *European Union: How Does it Work?*. Oxford: Oxford University Press, 2003.

Bowker, Mike. *Russian Foreign Policy and the End of the Cold War*. Aldershot: Dartmouth, 1997.

Brewer-Carias, A. *Judicial Review in Comparative Law*. Cambridge: Cambridge University Press, 1989.

Brown, A. *The Gorbachev Factor*. Oxford: Oxford University Press, 1996.

Brown, J. F. *Surge to Freedom*. Durham: Duke University Press, 1991.

Brown, L. Neville, and Tom Kennedy. *The Court of Justice of the European Communities*. 4th ed. London: Sweet and Maxwell, 1994.

Budge, Ian, Kenneth Newton, et al. *The Politics of the New Europe: Atlantic to Urals*. London: Longman, 1997.

Bull, Martin J., and Paul Heywood (eds.). *West European Communist Parties after the Revolutions of 1989*. Basingstoke: Macmillan, 1994.

Burgess, Michael, and Alain-G. Gagon (eds.). *Comparative Federalism and Federation: Competing Traditions and Future Directions*. Toronto: Toronto University Press, 1993.

Burke, Edumund. *Thoughts on the Cause of the Present Discontents*. 2nd ed. London, 1770.

Caciagli, Mario, et al. *Christian Democracy in Europe*. Barcelona: Institut de Ciencies Politiques i sociales, 1992.

Childs, David. *Britain Since 1945*. London: Routledge, 1997.

Cini, Michelle. *The European Commission: Leadership, Organization and Culture in the EU Administration*. Manchester and New York: Manchester University Press, 1996.

Clark, Grenville, and Louis B. Sohn. *World Peace Through World Law*. Cambridge, Mass.: Harvard University Press, 1966.

Coker, Christopher. *Twilight of the West*. Boulder: Westview Press, 1998.

Cole, Alistair, and Peter Campbell. *French Electoral Systems and Elections Since 1789*. Aldershot: Gower, 1989.

Commission of the European Communities. "Economic and Monetary Union in the Community" (the Werner Report). *Bulletin of the European Communities*. Supplement 11. 1970.

Committee for the Study of Economic and Monetary Union. *Report on Economic and Monetary Union in Europe*. (The Delors Report). Luxembourg: Office for the Official Publications of the European Union, 1989.

Cook, Don. *Charles de Gaulle: A Biography*. New York: Putnam, 1983.

Cook, Malcolmand, and Grace Davie. *Modern France: A Society in Transition*. London: Routledge, 1999.

Corbett, R, E. Jacobs, and M. Shackleton, *The European Parliament*. 4th ed. London: John Harper, 2000.

Crabb, Cecil V., Jr. *The Doctrines of American Foreign Policy: Their Meaning Role and Future*. Baton Rouge and London: Louisiana State University Press, 1982.

Crewe, Ivor, and David Denver (eds.). *Electoral Change in Western Democracies: Patterns and Sources of Electoral Volatility*. London: Croom Helm, 1985.

Cruz, Peter de. *Comparative Law in a Changing World*. London: Cavendish, 1995.

Culberstone, Ely. *Total Peace: What makes wars and how to organize peace*. Garden City, NY: Doubleday, Doran, 1943.

Cumings, Bruce. *The Origins of the Korean War: Liberation and the Emergence of Separate Regimes, 1945-1947*. Princeton N. J.: Princeton University Press, 1981.

Cuperus, Rene, and Johannes Kandel. *European Social Democracy: Transformation in Progress*. Amsterdam: Friedrich Ebert Stifung Wiardi Beckman Stichting, 1998.

Diana, D. *Ever Closer Union? An Introduction to the European Community*. Basingstoke: Macmillan, 1994.

Dahrendorf, Ralf. *Reflections on the Revolution in Europe*. London: Chatto and Windus, 1990.

Dalton, R., S. Flanagan, and P. Beck. *Electoral Change in Advanced Industrial Democracies: Realignment or Dealignment?*. Princeton N. J.: Princeton University Press, 1984.

Daltrop, Anne. *Politics and the European Community*. London: Longman, 1987.

Lewis, David P. *The Road to Europe: History, Institutions and Prospects of European Integration 1945-1993*. New York: Peter Lang, 1993.

Davies, Norman. *Europe: A Bistory*. Oxford: Oxford University Press, 1996.

Delwit, Pascale, and Jean-Michel de Waele (eds.). *Les Partis Verts en Europe*. Brussels: Editions Complexe, 1999.

Deth, Jan van (ed.). *Private Groups and Public Life: Social Participation and Political Involvement in Representative Democracies*. London: Routledge, 1997.

Deutsch, Karl W., *Nationalism and Social Communication*. 2nd ed. Cambridge: M.A.: MIT Press, 1966.

Deutsch, Karl W., et al. *Political Community and the North Atlantic Area*. Princeton: Princeton University Press, 1957.

Deutsch, Karl W. *The Analysis of International Relations*. Englewood Cliffs, NJ: Prentice Hall, 1968.

Dibb, P. *The Soviet Union: The Incompatible Superpower*. London: International Institute for Strategic Studies, 1988.

Dinan, Desmond. *Europe Recast: A History of European Union*. Boulder: Lynne Rienner Publishers, 2004.

Dinan, Desmond. *Ever Closer Union? An Introduction to the European Community*. Basingstoke: Macmillan, 1994.

Dobbs, Charles M. *The Unwanted Symbol: American Foreign Policy. the Cold War and Korea, 1945-1950*. Kent: Kent State University Press, 1981.

Dodd, L. *Coalitions in Parliamentary Government*. Princeton, NJ: Princeton University Press, 1976.

Dunkerley, David, et al. *Changing Europe: Identities, Nations and Citizens*. London: Routledge, 2002.

Duverger, M. *Les Partis politiques*. Paris: Colinm, 1951.

Duverger, Maurice. *Political Parties: Their Organization and Activity in the Modern State*. London: Metheun, 1954.

Elazar, Daniel J. *Exploring Federalism*. Alabama: The University of Alabama, 1987.

Elliot, M. *The Constitutional Foundations of Judicial Review*. Oxford and Portland, Oregon: Hart, 2001.

Elster, J., C. Offe. and U. K. Preuss, *Institutional Design in Post-Communist Societies*. Cambridge: Cambridge University Press, 1998.

Epstein, L. D. *Political Parties in Western Democracies*. New York: Praeger, 1967.

Epstein, Leon D. *Political Parties in Western Democracies*. rev. ed. New Brunswick, N. J.: Transaction Books, 1980.

European Communities. *A Constitution for Europe*. Luxemburg: Office for Official

Publications of the European Communities, 2004.

European Commission. *Agenda 2000: For a Stronger and Wider Union*, com.(97) 2000 final.

European Commission. *Bulletin of the European Union*. Supplement No. 5, Vol. 97. Luxembourg: EUR-OP, 2000.

European Commission. *General Report on the Activities of the European Union: 2001*. Luxembourg: EUR-OP.

European Commission. *The Agricultural Situation in the Community, 1993 Report*. Luxembourg: Official Publications, 1994.

European Council. *Conclusions of the Presidency*. Copenhagen. 21-22 June 1993. Brussels: General Secretariat of the Council.

Farrell, David M. *Electoral Systems: A Comparative Introduction*. Houndmills, Basingstoke: Palgrave, 2001.

Finer, S. E., Vernon Bogdanor, and Bernard Rudden (eds.). *Comparing Constitutions*. Oxford: Clarendon Press, 1995.

Finer, S. E. (ed.). *Advisory Politics and Electoral Reform*. London: Anthony Wigram, 1975.

Food and Agriculture Organization (FAO) of the United Nations, *FAO Production Yearbook 1996*. New York: FAO, 1997.

Gaddis, John Lewis. *Strategies of Containment: A Critical Appraisal of Postwar American National Security Policy*. Oxford: Oxford University Press, 1982.

Gallagher, Michael, Michael Laver, and Peter Mair. *Representative Government in Modern Europe*. 3rd ed. New York: McGraw-Hill, 2001.

Galloway, D. *The Treaty of Nice and Beyond: Realities and Illusions of Power in the EU*, Sheffield: Sheffield Academic Press, 2001.

Garrison, Jim, and Pyare Shivpuri. *The Russian Threat: Its Myths and Realities*. London: Gateway Books, 1983.

Garthoff, Raymond L. *The Great Transition: American-Soviet Relations and the End of the Cold War*. Washington D. C.: The Brookings Institution, 1994.

Garton, T. Ash. *The Polish Revolution*. London: Granta, 1991.

George, Stephen. *Politics and Policy in the European Community*. 3rd ed. Oxford: Oxford University Press, 1996.

Gervasi, Tom. *The Myth of Soviet Military Supremacy*. New York: Harper and Row, 1986.

Gillespie, Richard, and William E. Paterson (ed.). *Rethinking Social Democracy in*

Western Europe. London: Cass, 1993.

Gillespie, Richard. *The Spanish Socialist Party: A History of Factionalism*. Oxford: Clarendon, 1989.

Girvin, Brian (ed.). *The Transformation of Contemporary Conservatism*. Beverly Hills: Sage, 1988.

Graebner, Norman A. *Cold War Diplomacy: American Foreign Policy 1945-1975*. New York: D. Van Nostrand Company, Inc., 1977.

Grant, Wyn. *Pressure Groups and British Politics*. Basingstoke: Macmilan, 2000.

Grant, Wyn. *The Common Agricultural Policy*. New York: St. Martin's Press, 1977.

Grenville, Clark, and Louis B. Sohn. *World Peace Through World Law*. Cambridge, Mass.: Harvard University Press, 1966.

Groeber, H. von der. *The European Community, the Formative Years: The Struggle to Establish the Common Market and the Political Union, 1958-1966*. Brussels: European Commission, 1987.

Groom, A. J. R., and Paul Taylor. *Functionalism: Theory and Practice in International Relations*. London: University of London Press, 1975.

Grosser, Alfred. *The Western Alliance: European-American relations since 1945*. Basingstoke: Macmillan, 1980.

Haas, Ernst. *The Uniting of Europe*. Stanford: Stanford University Press, 1958.

Haas, Ernst. *The Uniting of Europe: Political, Social and Economic Forces 1950-1957*. 2nd ed. Stanford: Stanford University Press, 1968.

Hachy, Thomas E. (ed.). *The Problem of Partition: Peril to World Peace*. Chicago: University of Chicago Press, 1972.

Hague, R., M. Harrop, and S. Breslin. *Comparative Government and Politics: An Introduction*. Basingstoke: Macmillan, 1998.

Halliday, Fred. *The Making of the Second Cold War*. London: Verso, 1983.

Hanley, David (ed.). *The Christian Democratic Parties: A Comparative Perspective*. London: Pinter, 1994.

Hardarson, Olafur. *Parties and Voters in Iceland: A Study of the 1983 and 1987 Althingi Elections*. Reykjavik: University of Iceland, Social Science Research Institute, 1995.

Harrison, Reginald J. *Europe in Question: Theories of Regional International Integration*. London: Allen & Unwin, 1974.

Harrop, Martin, and William L. Miller. *Elections and Voters: A Comparative Introduction*. New York: New Amsterdam Books, 1987.

Harryvan, A. G., and J. der Harst. *Documents on European Union*. Basingstoke:

Macmillan, 1997.
Hayes-Renshaw, Fiona, and Helen Wallace. *The Council of Ministers*. New York: St. Martin's Press, 1997.
Henderson, Nicholas. *The Birth of NATO*. London: Weidenfeld and Nicolson, 1982.
Heywood, Andrew. *Politics*. New York: Palgrave, 2002.
Hix, Simon, and C. Lord. *Political Parties in the European Union*. Basingstoke: Macmillan, 1997.
Hix, Simon. *The Political System of the European Union*. 2nd ed. New York: Palgrave, 2005.
Hogan, Michael J. *The Marshall Plan: America, Britain, and the Reconstruction of Western Europe 1947-1952*. New York: Cambridge University Press, 1987.
Hogwood, Patricia, and Geoffrey K. Roberts. *European Politics Today*. 2nd ed. Manchester and New York: Manchester University Press, 2003.
Hollifield, J. Immigrants. *Markets and States: The Political Economy of Postwar Europe*. Cambridge. MA: Harvard University Press, 1992.
Holmes, Leslie. *Post-Communism: An Introduction*. Durham: Duke University Press, 1997.
Inglehart, Ronald. *Modernization and Postmodernization, Cultural, Economic, and Political Change in 43 Societies*. Princeton: Princeton University Press, 1997.
Inter-Parliament Union (IPU). *Distribution of Seats Between Men and Women in National Parliament*. Geneva: IPU, 1993.
Isaacs, Jeremy, and Taylor Downing. *Cold War: For 45 Years The World Held Its Breath*. London and New York: Bantam Press, 1998.
Jackson, Robert J., and Doreen Jackson. *A Comparative Introduction to Political Science*. Upper Saddle River, New Jersey: Prentice Hall, 1997.
Jacque, Jean Paul, and Joseph Weiler. *On the Road to European Union-A new Judicial Architecture*. Florence: European University Institute, 1990.
Johnston, Mary Troy. *The European Council: Gatekeeper of the European Community*. Boulder: Westview Press, 1994.
Jordan, A., and J. Richardson. *Government and Pressure Groups in Britain*. Oxford: Charendon Press, 1987.
Kalyvas, Stathis N. *The Rise of Christian Democracy in Europe*. Ithaca: Cornell University Press, 1996.
Katz, Richard S., and Peter Mair (eds.). *Party Organizations: A Data Handbook*. London and Newbury Park: Sage, 1992.

Kavanagh, D. *British Politics: Continuities and Change*. Oxford: Oxford University Press, 1985.

Kegley, Charles W. Jr., and Eugene R. Wittkopf. *World Politics: Trend and Transformation*. 3rd edn. London: Macmillan, 1989.

Kennan, George F. *American Diplomacy 1900-1950*. Chicago: University of Chicago Press, 1951.

Kennedy, Paul. *Preparing for the Twenty-Frist Century*. New York: Random House, 1993.

Keohane, Robert O., and Joseph S. Nye. *Power and Interdependence: World Politics in Transition*. Boston: Little, Brown and Co., 1977.

Keohane, Robert O., and Stanley Hoffmann, *The European Community: Decisionmaking and Institutional Change*. Boulder: Westview Press, 1991.

Kersbergen, Kees van. *Social Capitalism*. London: Routledge, 1995.

Khrushchev, Nikita. *Khrushchev Remembers: The Last Testament*. trans. and ed. by Strobe Talbott. Boston: Little, Brown, 1974.

Kim, Gye-Dong. *Foreign Intervention in Korea*. Aldershot: Dartmouth Publishing Company, 1993.

Kingdom, John. *Local Government and Politics in Britain*. London: Philip Allan, 1991.

Kitschelt, Herbert P. *The Transformation of European Social Democracy*. Cambridge: Cambridge University Press, 1994.

Kirchner, Emil J. (ed.). *Liberal Parties in Western Europe*. England Cambridge: Cambridege University Press, 1988.

Knapp, A., and V. Wright. *The Government and Politics of France*. 4th ed. London and New York: Routledge, 2001.

Kommers, D. *The Constitutional Jurisprudence of the Federal Republic of Germany*. 2nd ed. Durham: Duke University Press, 1997.

Kopecky, Peter. *Growing Apart? The Institutionalization of the Czech and Slovak Parliament*. Aldershot: Ashgate, 2000.

Korosenyu, Andras. *Government and Politics in Hungary*. Budapest: Central European University Press, 1999.

Krok-Paszowska, Ania van der Meer. *Shaping the Democratic Order: The Institutionalisation of Parliament in Poland*. Ph.D. thesis in Leiden University, 2000.

Kugler, Richard L. *Commitment to Purpose: How Alliance Partnership Won the War*. Santa Monica, California: RAND, 1993.

Lafeber, Walter. *America, Russia and the Cold War.* New York: Knopf, 1985.

Laffont, Robert. *Quid 1999.* Paris, 1999.

Laird, Robbin. *The Europeanization of the Alliance.* Boulder: Westview Press, 1991.

Lapalombara, J., and M. Weiner (eds.). *Political Parties and Political Development.* Princeton, NJ: Princeton University Press, 1966.

Lasok, D. *Law and Institutions of the European Communities.* 7th ed. London: Lexis Law Publishing, 1998.

Lasok, K. P. E. *The European Court of Justice: Practice and Procedure.* London: Butterworths, 1984.

Lieber, Robert J. *Theory and World Politics.* Cambridge, Mass.: Wintrop Publishers Inc., 1972.

Lijphart, Arend. *Democracy in Plural Societies.* New Haven: Yale University Press, 1984.

Lijphart, Arend. *Electoral Systems and Party Systems: A Study of Twenty-Seven Democracies, 1945-1990.* Oxford: Oxford University Press, 1994.

Lijphart, Arend (ed.). *Parliamentary versus Presidential Government.* Oxford: Oxford University Press, 1992.

Lijphart, Arend. *Patterns of Democracy: Government Forms and Performance in Thirty-Six Contries.* New Haven and London: Yale University Press, 1999.

Lindberg, Leon N. *The Political Dynamics of European Economic Integration.* Stanford: Stanford University Press. 1963.

Lindberg, Leon N., and Scheingold, Stuart A. *Europe's Would- Be Polity: Pattern of Change in the European Community.* Englewood Cliffs, N.J.: Prentice-Hall, 1970.

Lindberg, Leon N., and Stuart A. Scheingold. *Regional Integration: Theory and Research.* Cambridge: Harvard University Press, 1971.

Lindberg, Leon N. *The Political Dynamics of European Economic Integration.* Stanford: Stanford University Press, 1963.

Linder, W. Swiss *Democracy: Possible Solutions to Conflict in Multicultural Societies.* 2nd ed. Lodon: Macmillan press, 1998.

Lipset S., and S. Rokkan (eds.). *Party System and Voter Alignments.* New York: Free Press, 1967.

Luther, Richar, and Kris Deschouwer (eds.). *Party Elites in Divided Societies: Political Parties in Consociational Democracy.* London: Routledge, 1999.

Macartney, C. A. *Hungary: A Short History.* Edinburgh: Edinburgh University Press, 1962.

Mackie, T. T., and F. W. S. Craig. *Europe Votes 2.* Chichester: Parliament Research

Service, 1985.

T. T. Markie (ed.). *Europe Votes 3*. Brookfield, Vt.: Dartmouth, 1990.

Mair, Peter. *Party System Change: Approches and Interpretations*. Oxford: Clarendon Press, 1997.

Mander, John. *Berlin: Hostage For The West*. London: Penguin, 1952.

Markie, T. T. (ed.). *Europe Votes 3*. Brookfield, Vt.: Dartmouth, 1990.

Marks, Gary, and Leslie Hooghe. *Multi-Level Governance and European Integration*. London: Routledge, 2001.

Mattli, Walter. *The Logic of Regional Integration: Europe and Beyond*. Cambridge: Cambridge University Press, 1999.

Mayhew, Alan. *Recreating Europe: The European Union's Policy toward Central and Eastern Europe*. Cambridge: Cambridge University Press, 1998.

Mazey, S., and J. Richardson (eds.). *Lobbying in the European Community*. Oxford: Oxford University Press, 1993.

MccGwire, Michael. *Perestroika and Soviet National Security*. Washington D. C.: Brookings Institution, 1991.

McCormick, John. *British Politics and the Environment*. London: Earthscan, 1991.

McCormick, John. *The European Union: Politics and Policies*. 2nd ed. Colorado: Westview Press, 2000.

McDonald, N. A. *The Study of Parties*. New York: Doubleday. 1955.

McMahon, Jeff. *Reagan and the World: Imperial Policy in the New Cold War*. London: Pluto Press, 1984.

McWilliams, Wayne C., and Harry Piotrowski. *The World since 1945: A History of International Relations*. 3rd ed. Boulder: Lynne Rienner Publishers, 1993.

Meny, Yves, and Andrew Knapp. *Government and Politics in Western Europe: Britain, France, Italy, Germany*. 3rd ed. Oxford: Oxford University Press, 1998.

Meyer, Cord, Jr. *Peace Anarchy*. Boston: Little, Brown, 1947.

Mezey, Michael L. *Comparative Legislatures*. Durham N.C.: Duke University Press, 1979.

Michels, Robert. *Political Parties*. New York: Free Press, 1962.

Milbrath, Lester. *Political Participation: How and Why do People Get Involved in Politics?*. Chicago: Rand McNally, 1965.

Mitrany, David. *A Working Peace System*. Chicago: Quadrangle Books, 1966.

Monnet, Jean. *Memoirs*. Garden City, N.Y.: Doubleday, 1978.

Moravcsik, A. *The Choice for Europe: Social Purpose and State Power from Messina to Maastricht*. Ithaca, NY: Cornell University Press, 1998.

Morgan, Annette. *From Summit to Council: Evolution in the EEC*, London: Chatham House, 1976.

Morgenthau, Hans J. *Politics among Nations: The Struggle for Power and Peace.* New York: Alfred A. Knopf, 1949.

Morgenthau, Hans J. *Politics Among Nations.* New York: Knopf, 1978.

Mudde, Cas. *The Ideology of the Extreme Right.* Manchester: Manchester University Press, 2000.

Muller-Rommel, F. (ed.). *New Politics in Western Europe.* London: Westview Press, 1989.

Munting, R. *The Economic Development of the USSR.* London: Macmillan, 1982.

Nagle, J. D., and A. Mahr. *Democracy and Democratization.* London: Sage, 1999.

National Research Council, Commission on Social and Behavioral Sciences and Education (Paul C. Stern and Daniel Druckman, eds.), *International Conflict Resolution After the Cold War.* Washington, D.C.: National Academy Press, 2000.

Nugent, Neill. The *Government and Politics of the European Union.* 5th ed. Durham: Duke University Press, 2003.

Nye, Joseph S. *Peace in Parts: Integration and Conflict in Regional Organization.* Boston: Little Brown, 1971.

O'Neill, Michael. *The Politics of European Integration: A Reader.* London: Routledge, 1996.

Osgood, Robert E. *NATO: The Entangling Alliance.* Chicago: University of Chicago Press, 1962.

Padgett, Stephen, and William E. Paterson. *History of Social Democracy in Postwar Europe.* London: Longman, 1991.

Pakulski, J. *Social Movement.* Melbourne: Longman Cheshire, 1991.

Palmer, Michael, et al. *European Unity: A Survey of European Organizations.* London: George Allen and Unwin, 1968.

Parry, Geraint, George Moyer, and Neil Day. *Political Participation and Democracy in Britain.* Cambridge: Cambridge University Press, 1992.

Paterson, W., and D. Southern. *Governing Germany.* Oxford: Blackwell, 1991.

Paterson, William E., and Alastair H. Thomas (eds.). *Social Democratic Parties in Western Europe.* London: Croom Helm, 1977.

Peteman, Carole. *Participation and Democratic Theory.* London: Cambridge University Press, 1970.

Peterson, John, and E. Bomberg. *Decision-making in the European Union.* Basingstoke: Macmillan, 1999.

Peterson, Olof. *The Government and Politics of the Nordic Countries*. Stockholm: Publica, 1994.

Pinder, John. *European Community: The Building of a Union*. Oxford: Oxford University Press, 1991.

Porta, Donatella della, and Herbert Reiter (eds.). *Policing Protest: The Control of Mass Demonstrations in Western Democracies*. Minneapolis and London: University of Minnesota Press, 1998.

Pressman, Jeffrey L. and Aaron Wildavsky, *Implementation*. 3rd ed. Berkeley: University of California Press, 1984.

Pugh, Peter. *Thatcher for Beginners*. Icon Kooks, 1997.

Rae, Douglas. *The Political Consequences of Electoral Laws*. New Haven, Conn.: Yale University Press, 1967.

Reeve, Andrew, and Alan Ware. *Electoral Systems: A Comparative and Theoretical Introduction*. London: Routledge, 1992.

Reves, Emery. *The Anatomy of Peace*. New York: Harper & Brown, 1945.

Reynolds, Andrew, and Ben Reilly (eds.). *The International IDEA Handbook of Electoral System Design*. Stockholm: International Institute for Democracy and Electoral Assistance, 1997.

Riker, William. *The Theory of Political Coalitions*. New Haven Conn: Yale University Press, 1962.

Robertson, A. H. *The Council of Europe: Its Structure, Functions and Achievements*. London: Stevens, 1961.

Rosamond, Ben. *Theories of European Integration*. New York: St. Martin's Press, 2000.

Roskin, Michael G., et al. *Political Science: An Introduction*. Upper Saddle River: Prentice Hall, 2003.

Rothschild, Joseph. *East Central Europe Between the Two World War*. Seattle: University of Washington Press, 1974.

Rusinow, D. *The Yugoslav Experiment 1948-1974*. London: Hurst, 1977.

Safran, William. *The French Polity*. 5th ed. New York and Harlow: Longman, 1998.

Sakwa, Richard, and Anne Stevens. *Contemporary Europe*. New York: Palgrave Foundations, 2000.

Salmon, T., and W. Nicoll. *Building European Union: A Documentary History and Analysis*. Manchester: Manchester University Press, 1997.

Sartori, Giovanni. *Comparative Constitutional Engineering: An Inquiry into Structure, Incentives and Outcomes*. 2nd ed. Basingstoke: Macmillan, 1997.

Sassoon, Donald. *One Hundred Years of Socialism: The West European Left in the Twentieth Century*. London: Tauris, 1996.

Schattschneider, E. F. *Party Government*. New York: Holt Rinehart & Company, Inc., 1942.

Scharpf, Fritz. *Governing in Europe: Effective and Democratic?*. Oxford: Oxford University Press, 1999.

Schulze, Max-Stephan. *Western Europe: Economic and Social Change since 1945*. London: Longman, 1999.

Schwok, Rene. *Policies, Institutions, and Debates in the Transition Years*. Boulder: Lynne Rienner, 1991.

Seyd, Patrick, and Paul Whiteley. *Labour's Grass Roots: The Politics of Party Membership*. Oxford: Oxford University Press, 2000.

Shackleton, Michael. *Financing the European Community*. New York: Council on Foreign Press, 1960.

Shapiro, Martin. *Courts: A Comparative and Political Analysis*. Chicago and London: University of Chicago Press, 1981.

Sharp, Tony. *The Wartime Alliance and the Zonal Division of Germany*. Oxford: Oxford University Press, 1975.

Siracusa, Joseph M. *New Left Diplomatic Histories and Historians*. Port Washington: Kennikat Press, National University Publication, 1973.

Smith, Michael, and Stephen Woolcock, *Redefining the US-EC Relationship*. New York: Council on Foreign Relations Press, 1993.

Smith, G. *Politics in Western Europe*. 3rd ed. London: Heinemann, 1980.

Solomon, Gerald B. *The NATO Enlargement Debate, 1990~1997: Blessings of Liberty*. Westport: Praeger, 1998.

Spanier, John. *American Foreign Policy Since World War Ⅱ*. 11th ed. Washington D.C: CQ Press, 1988.

Stone, Alec. *The Birth of Judicial Politics in France: The Constitutional Council in Comparative Perspective*. Oxford: Oxford University Press, 1992.

Stringfellow, Barr. *Citizens of the World*. Garden City, N.Y.: Doubleday. 1953.

Sturgess, Garryand, and Philip Chubb. *Judging the World: Law and Politics in the World's Leading Courts*. Sydney: Butterworths, 1988.

Suksi, Markku. *Bringing in the People: A Comparison of the Constitutional Forms and Practices of the Referendum*. Dordrecht: Martinus Nijhoff, 1993.

Suleiman, E. *Politics, Power and Bureaucracy in France*. Princeton, NJ: Princeton

University Press, 1974.

Swain, Geoffrey, and Nigel. *Eastern Europe Since 1945*. Basingstoke: Macmillan, 1993.

Taagepera, Rein, and Mattew Soberg Shugart. *Seats and Votes: The Effects and Determinations of Electoral Systems*. New Haven and London: Yale University Press, 1989.

Taylor, Paul. *International Organization in the Modern World: The Regional and the Global Process*. London: Pinter, 1993.

Thody, Philip. *Europe since 1945*. London and New York: Routledge, 2000.

Thompson, Robert, and John Kegan (eds.). *War in Peace: An Analysis of Wartime from 1945 to the Present Day*. London: Orbis, 1981.

Tusa, John, et al. *Diplomat Among the Warriors*. London: Collins, 1964.

Urwin, Derek W. *A Political History of Western Europe since 1945*. 5th ed. London: Longman, 1997.

Urwin, Derek W. *Community of Europe*. 2nd ed. Harlow, Essex: Lonhman, 1995.

Urwin, Derek W. *The Community of European Community*. 3d ed. Oxford: Oxford University Press, 1996.

Verba, Sidney, Norman Nie, and Jae-on Kim. *Participation and Political Equality: A Seven-Nation Comparison*. Cambridge: Cambridge University Press, 1978.

Walker, Martin. *The Cold War and the Making of the Modern World*. London: Vintage, 1994.

Ware, Alan. *Political Parties and Party Systems*. Oxford: Oxford University Press, 1996.

Warwick, Paul. *Government Survival in Parliamentary Democracies*. Cambridge: Cambridge University Press, 1994.

Wee, H. Van der. *Prosperity and Upheaval: The World Economy, 1945-1980*. Harmondsworth: Penguin, 1987.

Westlake, Martin. *A Modern Guide to the European Parliament*. London and New York: Pinter and St. Martin's Press, 1944.

Wheare, K. C. *Federal Government*. 4th ed. London: Oxford University Press/Royal Institute of International Affairs, 1963.

Whelan, Joseph G. *Soviet Diplomacy and Negotiating Behavior, 1979-1988: New Tests for U.S. Diplomacy*. Washington: USGPO, August 1988.

Whiteley, Paul, Patrick Seyd, and Jeremy Richardson. *True Blues: The Politics of Conservative Party Membership*. Oxford: Oxford University Press, 1994.

Widfeldt, Anders. *Linking Parties with People? Party Membership in Sweden 1960-1997*. Aldershot: Ashgate, 1999.

Wilson, David, and Chris Game. *Local Government in the United Kingdom*. London: Macmillan, 1994.

Wolchik, S. *Czechoslovakia in Transition*. London: Printer, 1991.

Zimmerman, William. *Soviet Perspectives on International Relations, 1956-1967*. Princeton: Princeton University Press, 1969.

Zloch-Christy, I. *Debt Problems of Eastern Europe*. Cambridge: Cambridge University Press, 1987.

Zukin, S. *Beyond Marx and Tito*. London: Cambridge University Press, 1975.

Zurcher, Arnold J. *The Struggle to Unite Europe 1940-1958*. New York: NewYork University Press, 1958.

〈영어 논문〉

Agranoff, Robert. "Federal Evolution in Spain." *International Political Science Review*. Vol. 17, No. 4. 1996.

Anckar, Carsten. "Determinants of Disproportionality and Wasted Votes." *Electoral Studies*. Vol. 16, No. 4. 1997.

Anckar, Dag. "Finland: Dualism and Consensual Rule." in Erik Damagaard (ed.). *Parliamentary Changes in the Nordic Countries*.

Anderson, Jeffrey J. "The State of the (European) Union: From the Single Market to Maastricht, from Singular Events to General Theories." *World Politics*. Vol. 47, No. 3. 1995.

Art, Robert J. "America's foreign policy," in Roy C. Macridis (ed.). *Foreign Policy in World Politics*. 6th ed. Englewood Cliffs, N. J.: Prentice-Hall, 1985.

Arter, David. "Finland." in Robert Elgie (ed.). *Semi-Presidentialism in Europe*. Oxford: Oxford University Press, 1999.

Arter, David. "The Swedish General Election of 20th September 1998: A Victory for Values over Policies?" *Electoral Studies*. Vol. 18, No. 2. 1999.

Aspin, Les. "New Europe, New NATO." *NATO Review*. Vol. 42, No. 1. February 1994.

Barany, Zoltan. "NATO's peaceful advance." *Journal of Democracy*, Vol. 15, No. 1. Jan. 2004.

Barry, Charles. "NATO's Combined Joint Task Forces in Theory and Practice." *Survival*. Vol. 38, No. 1. Spring 1996.

Baylis, T. "Presidents versus Prime Ministers: Shaping Executive Authority in Eastern Europe." *World Politics*. Vol. 48, No. 3. 1996.

Benoit, Kenneth. "Hungary's Two-Vote Electoral System." *Representation*. Vol. 33. 1996.

Benz, Arthur. "A Forum of Constitutional Deliberation? A Critical Analysis of the Joint Constitutional Commission." in Klaus H. Goetz, and Peter J. Cullen (eds.). *Constitutional Policy in Unified Germany*. London: Frank Cass, 1995.

Berghe, Guido van den. "Belgium." in G. Hand, J. Georgel, and C. Sasse (eds.). *European Electoral Systems Handbook*. London: Butterworth, 1979.

Bjorlund, Tor. "The Demand for Referendum: When Does It Arise and When Does It Succeed?" *Scandinavian Political Studies*. Vol. 5, No. 3. 1982.

Blondel, Jean. "Party Systems and Patterns of Government in Western Democracies." *Revnuecanadiennne de science politique*. Vol. 1, No. 2. 1986.

Board, J. "Judical activisim in Sweden." in K. Holland (ed.). *Judical Activism in Comparative Perspective*. Basingstoke: Macmilan, 1991.

Board, Joseph B. "The Courts in Sweden." in Jerold L. Waltman, and Kenneth M. Holland (eds.). *The Political Role of Law Courts in Modern Democracies*. Basingstoke: Macmillan, 1988.

Bogdanor, Vernon. "Conclusion." in Vernon Bogdanor (ed.). *Constitutions in Democratic Politics*. Aldershot: Gower, 1998.

Bogdanor, Vernon. "Western Europe." in David Butler, and Austin Ranney (eds.). *Referendums around the World: The Growing Use of Direct Democracy*. Basingstoke and New York: Macmillan and St. Martin's Press, 1994.

Bohning, W. "Integration and immigration pressures in western Europe," *International Labour Review*. Vol. 130, No. 4. 1991.

Borg, Sami. "Electoral Participation." in Jan W. van Deth, and Elinor Scargrough (eds.). *The Impact of Values: Beliefs in Government*. Vol. 4. Oxford: Oxford University Press, 1995.

Bowker, Mike. "European Security." in Richard Sakwa, and Anne Stevens (eds.). *Contemporary Europe*. New York: Palgrave, 2000.

Brauninger, Thomas, and Thomas Konig. "The Checks and Balances of Party Federalism: German Federal Government in a Divided Legislature." *European Journal of Political Research*. Vol. 36, 1999.

Brown, Robin. "Introduction: Towards A New Synthesis of International Relations." Mike Bowker & Robin Brown (eds.). *From Cold War to Collapse: Theory and World Politics in the 1980s*. Cambridge: Cambridge University Press, 1993.

Bruszt, L. "1989: The Negotiated Revolution in Hungary." in A. Bozoki. A. Korosenyi, and G. Schopflin (eds.). *Post-Communist Transition*. London: Pinter, 1992.

Bullman, Udo, Michael Goldsmith, and Edward Page. "Subnational Government Autonomy and Political Authority: Regions, Localities and the Shifting Balance of Authority in Europe." Paper prepared for Annual Conference of the American Political Science Association, New York, 1994.

Burgess, Michael, and F. Gress. "The Quest for a Federal Future: German Unity and European Union." in M. Burgess and A. -G. Gagnon (eds.). *Comparative Federalism and Federation: Competing Traditions and Future Directions.* Hemel Hampstead: Harvester Wheatsheaf, 1993.

Buzan, Barry. "The Level of Analysis Problem in International Relations Reconsider." in Ken Booth and Steve Smith (eds.). *International Relations Theory Today.* New York: Columbia University, 1995.

Carcassonne, Guy. "The Constraints on Constitutional Change in France." in Joachim Jens Hesse and Nevil Johnson (eds.). *Constitutional Policy and Change in Europe.* Oxford: Oxford University Press, 1995.

Carnahan, R., and J. Corley. "Czechoslovakia-June 8 and 9, 1990." L. Gaber, and E. Bjornlund (eds.). *The New Democratic Frontier.* Washington D.C.: National Democratic Institute for International Affairs, 1992.

Christiansen, Thomas. "Reconstructing European Space: From Territorial Politics to Multilevel Governance." in K. E. Jorgensen (ed.). *Reflective Approaches to European Governance.* Basingstoke: Macmillan, 1997.

Clark, Peter B., and James Q. Wilson. "Incentive System: A Theory of Organization." *Administrative Science Quarterly.* Vol. 6. 1961.

Codding, George A. Jr. "World federalism: the conceptual setting." in A. J. R. Groom, and Paul Taylor. *Frameworks for International Co-operation.* London: Pinter Publishers, 1990.

Colomer, Josep M. "Spain and Portugal: Rule by Party Leadership." in Josep M. Colomer (ed.). *Political Institutions in Europe.* London: Routledge, 1996.

Coombes, David, and Nicholas Rees. "Regional and Social Policy." in Leon Hurwitz, and Christian Lequesne (eds.). *The State of the European Community.* Boulder: Lynne Rienner, 1991.

Cox, Michael. "The Cold War and Stalinism in the Age of Capitalist Decline." *Critique.* 1986.

Cram, Laura. "The Commission." in Laura Cram, Desmond Dinnan, and Neil Nugent (eds.). *Developments in the European Union.* London: Macmillan, 1999.

Cruz, Manuel Braga da, and Miguel Lobo Antunes. "Revolutionary Transition and

Problems of Parliamentary Institutionalization: The Case of the Portuguese National Assembly." in Ulrike Liebert, and Mairizio Cotta (eds.). *Parliament and Democratic Consolidation in Southern Europe: Greece, Italy, Spain and Turkey.* London: Pinter, 1990.

Dahl, Robert A. "A Democratiic Dilemma: System Effectiveness versus Citizen Participation." *Political Science Quarterly.* Vol. 109, No. 1. 1994.

D'Alimonte, Roberto, and Stefano Bartolini. "How to Lose a Majority: The Competition in Single-Member Districts." in Roberto D'Alimonte (ed.). *The Italian Elections of 1996: Competition and Transition.* Special issue of the European Journal of Political Research. Vol. 34. No. 1. 1998.

D'Alimonte, Roberto (ed.). *The Italian Elections of 1996: Competition and Transition,* Special issue of the European Journal of Political Research. Vol. 34. No. 1. 1998.

Damgaard, E. "Denmark. The life and death of government coalitions." in W. C. Muller, and K. Strom (eds.). *Coalition Governments in Western Europe.*

David, G. "God and Caesar: Religion in a rapidly changing Europe." in J. Badley (ed.). *Social Europe.* London: Longman, 1992.

Deutsch, Karl. "Communication Theory and Political Integration." in P. E. Jacob, and J. V. Toscano (eds.). *The Integration of Political Communities.* Philadelphia: J. P. Lippencott and Co., 1964.

Deutsch, Karl, et al. "Political Community and the North Atlantic Community." in Anchor Anthology. *International Political Communities.* New York: Doubleday, 1966.

Diez, Thomas, and Antje Wiener. "Introduction the Mosaic of Integration Theory." in Antje Wiener, and Thomas Diez (eds.). *European Integration Theory.* Oxford: Oxford University Press, 2004.

Dimitras, Panayote Elias. "Electoral Systems in Greece." in Stuart Nagel (ed.). *Eastern Europe Development and Public Policy.* Basingstoke: Macmillan, 1994.

Docksey, Christopher, and Karen Willuams. "The European Commission and the Execution of Community Policy." in Geoffret Edwards, and David Spence. *The European Commission.* 2nd ed. London: Cartermill, 1997.

Dunleavy, Patrick, and Helen Margetts. "Mixed Electoral Systems in Britain and the Jenkins Commission in Electoral Reform." *British Journal of Politics and International Relations.* Vol. 1, No. 1. 1999.

Duverger, Maurice. "A New Political System Model: Semi-Presidential Government." *European Journal of Political Research.* Vol. 8.

Edwards, Geoffrey. "National Sovereignty vs Integration? The Council of Ministers." in Jeremy Richardson (ed.). *European Union: Power and Policy-Making*. London and New York: Routledge, 1996.

Elazar, Daniel J. "Federalism and Consociational Regimes." *Publius: The Journal of Federalism*. Vol. 15, No. 2. Spring 1985.

Elder, Neil, and R. Gooderham. "The Centre Parties of Norway and Sweden." *Government and Opposition*. Vol. 13, No. 2. 1978.

Elgie, Robert. "The Politics of Semi-Presidentialism." in Robert Elgie (ed.). *Semi-Presidentialism in Europe*. Oxford: Oxford University Press, 1999.

Elgie, Robert. "France." in Robert Elgie (ed.). *Semi-Presidentialism in Europe*. Oxford: Oxford University Press, 1999.

Elklit, Jorgen. "Simpler than Its Reputation: The Electoral System in Denmark Since 1920." *Electoral Studies*. Vol. 1, No. 1. 1993.

Flemming, D. F. "The Cold War and its Origins." Vol. 2, Vol. 1. Garden City, NY: Doubleday, 1960.

Flockjart, T., and G. W. Rees, "A Core Europe? The EU and the WEU." in W. Park, and G. W. Rees (eds.). *Rethinking Security in Post-Cold War Europe*. London and New York: Addison Wesley Longman, 1998.

Flora, Peter. "The National Welfare States and European Integration." in Luis Moreno (ed.). *Social Exchange and Welfare Development*. Madrid: Consejo Superior de Investigaciones Cientificas, 1993.

Forster, A., and W. Wallce, "Common Foreign and Security Policy." in H. Wallace, and W. Wallace. *Policy-Making in the European Union*. 4th ed. Oxford: Oxford University Press, 2000.

Forsyth, Murry. "The Political Theory of Federalism: the Relevance of Classical Approaches." in J. J. Hesse, and V. Wright (eds.). *Federalizing Europe? The Costs Benefits, and Preconditions of Federal Political Systems*. Oxford: Oxford University Press, 1996.

Frentzel-Zagorska, J. "Semi-Free Elections in Poland." Unpublished paper Presented at the Australasian Political Studies Association annual conference. Sydney, 1989.

Fusaro, Carlo. "The Politics of Constitutional Reform in Italy: a Framework for Analysis." *South European Society and Politics*. Vol. 3, No. 2. 1998.

Galia Press -Barnathan, "American Hegemony and the Regionalization of Security after the Cold War: The European Example." Annual Political Science Association meeting, San Francisco, 2001.

Gallagher, Michael. "Introduction." in Michael Gallagher, and Michael Marsh (eds.). *Candidate Selection in Comparative Perspective: The Secret Garden of Politics*. London: SAGE Publications, 1988.

Gallagher, Michael. "The Single Transferable Vote-An Assessment." *Representation*. Vol. 34, No. 2-6. 1997.

Garber, L. "Bulgaria -June 10, 1990." in L. Garber, and E. Bjornlund (eds.). *The New Democratic Frontier*. Washington D.C.: National Democratic Institute for International Affairs, 1992.

Garlicki, Leszek Lech. "The Presidency in the New Polish Constitution." *East European Constitutional Review*. Vol. 6. Spring/Summer 1997.

Garrett, G. "International Cooperation and Institutional Choice: The European Community' s Internal Market." *International Organization*. Vol 49. 1992.

Garrett, G. "The Politics of Maastricht." *Economics and Politics*. Vol. 5, No. 2. 1993.

Glaser, Charles L. "Why NATO is Still Best: Future Security Arrangements for Europe." *International Security*. Vol. 18, No. 1. Summer 1993.

Goldey, D. B. "The French General Election of 25 May-1 June 1997." *Electoral Studies*. Vol. 17, No. 4. 1998.

Gowan, P. "The Visegrad States and the EU." *Social Democracy in the East: Labour Focus on Eastern Europe*. No. 50. 1995.

Grieco, J. M. "The Maastricht Treaty, Economic and Monetary Union and the Neo-realist Research Programme." *Review of International Studies*. Vol. 2. 1995.

Haas, Ernst B. "International Integration: The European and the Universal Process." *International Organization*. Vol. 15. 1961.

Haas, Ernst B. "Technocracy, Pluralism and the new Europe." in Stephen R. Graubard (ed.). *A New Europe?*. Boston: Houghton Mifflin, 1964.

Haas, Ernst. "The 'Uniting of Europe' and the Uniting of Latin America." *Journal of Common Market Studies*. Vol. 5. June 1967.

Haas, Ernst B. "Turbulent Fields and the Theory of Regional Integration." *International Organization*. Vol. 30, No. 2. Spring 1976.

Halliday, Fred. "Cold War as Inter-Systemic Conflict: Initial Theses." in Mike Bowker, and Robin Brown (eds.). *From Cold War to Collapse: Theory and World Politics in the 1980s*. Cambridge: Cambridge University Press, 1993.

Harrison, R. J. "Neo-functionalism." in A. J. R. Groom, and Paul Taylor (eds.). *Frameworks for International Co-operation*. London: Pinter Publishers, 1990.

Hawes, Michael Brewster. "Institutions and Adaptation: Explaining Change in European

Security Cooperation 1981-1997," Paper prepared for the 2001 Annual Meeting of the American Political Science Association, August 30-September 2, 2001.

Hayes-Renshaw, Fiona, Christian Lequesne, and Pedro Mayor Lopez. "The Permanent Representations of the Member States of the European Communities." *Journal of Common Market Studies*. Vol. 28, No. 2. December 1989.

Hayes-Renshaw, F., and H. Wallace. "Executive Power in the European Union: The Functions and Limits of the Council of Ministers." *Journal of European Public Policy*. Vol. 2, No. 4, 1995.

Hayes-Renshaw, F. "The Council of Ministers." in J. Peterson, and M. Shackleton (eds.). *The Institutions of the European Union*. Oxford: Oxford University Press.

Higgott, Richard. "De Facto and De Jure Regionalism: The Double Discourse of Regionalism in the Asia Pacific." *Global Security*. Vol. 11, No. 2. 1997.

Hix, Simon. "The Study of the European Union Ⅱ: The 'New Governance' Agenda and its Rival." *Journal of European Public Policy*. Vol. 5, No. 1.

Hix, Simon. "CP, IR and the EU! A Rejoinder to Hurrell and Menon." *West European Politics*. Vol. 19, No. 4. 1996.

Hodges, Michael. "Introduction." in Michael Hodges (ed.). *European Integration*. Harmondsworth: Penguin, 1972.

Hoffman, Stanley. "Europe's Identity Crisis: Between the Past and America." *Daedelus*. Vol. 93. 1964.

Hoffman, Stanley. "The European Process at Atlantic Crosspurpose." *Journal of Common Market Studies*. Vol. 3. 1964.

Hoffman, Stanley. "Obstacle or Obsolete: The Fate of the National State and the Case of Western Europe." *Daedelus*. Vol. 95. 1966.

Hoffman, Stanley. "US-European relations: past and future." *International Affairs*. Vol. 71, No. 5, 2003.

Hopmann, P. Terrence. "Regional Security Institutions and Intervention in Internal Conflicts: The OSCE Experience in Eurasia." Paper prepared for the convention of the International Studies Association, 24-27 March 2002.

Howard, Michael. "Lessons of the Cold War." *Survival*. Vol. 36, No. 4. Winter 1994-1995.

Howe, P. "A Community of Europeans: The Requisite Underpinnings." *Journal of Common Market Studies*. Vol. 33, No. 1. 1995.

Helms, H. "The Federal Consitutional Court: Institutionalising Judicial Review in a Semisovereign Democracy." in L. Helms (eds.). *Institutions and Institutional*

Change in the Federal Republic of Germany. Basingstoke: Macmilan, 2000.

Heywood, Paul. "Political Corruption: Problems and Perspective." *Political Studies*. Vol. 45, No. 3. 1997.

Holland, Kenneth M. "The Courts in the Federal Republic of Germany." in Jerold L. Waltman, and Kenneth M. Holland (eds.). *The Political Role of Law Courts in Modern Democracies*. Basingstoke: Macmillan, 1988.

Holmes, Stephen. "Pre-Commitment and the Paradox of Democracy." in Jon Elster, and Rune Slagstad (eds.). *Constitutionalism and Democracy*. Cambridge: Cambridge University Press, 1988.

Hughes, C. "Cantonalism: Federation and Confederacy in the Golden Epoch of Switzerland." in M. Burgess, and A. G. Gagnon (eds.). *Comparative Federalism and Federation: Competing Traditions and Future Directions*. Hemel Hampstead: Harvester Wheatsheaf, 1993.

Ignazi, Piero, and Colette Ysmal (eds.). "Extreme Right-Wing Parties in Europe." *Special issue of the European Journal of Political Research*. Vol. 22, No. 1. 1992.

Irene, Brennan. "The Challenge of the East." in Richard Sakwa and Anne Stevens (eds.). *Contemporary Europe*. New York: Palgrave, 2000.

Jasiewicz, Krzysztof, and Stanislaw Gebethner. "Poland." *European Journal of Political Research*. Vol. 34, No. 3-4 [Political Data Yearbook]. 1998.

Jeffrey, Anderson J. "The State of the (European) Union: From the Single Market to Maastricht, From Singular Events to General Theories." *World Politics*. Vol. 47, No. 3. 1995.

Johnson, Nevil. "Constitutionalism in Europe since 1945: Reconstruction and Reappraisal." in Douglas Greenberg, Stanley N. Katz, Melanie Beth Oliviero, and Steven C, Wheatley (eds.). *Constitutionalism and Democracy: Transitions in the Contemporary World*. New York and Oxford: Oxford University Press, 1993.

Judge, D., and D. Earnshaw. *The European Parliament*. Basingstroke: Palgrave Macmillan, 2003.

Kassim, Hussein, and Anand Menon. "The European Union and State Autonomy." in Hussein Kassim, and Anand Menon (eds.). *The European Union and National Industrial Policy*. London: Routledge, 1996.

Katz, Richard S. "Intraparty Preference Voting." in Bernard Grofman, and Arend Lijphart (eds.). *Electoral Laws and Their Political Consequences*. New York: Agathon Press, 1986.

Katz, R. S., and P. Mair. "Changing Models of Party Organization and Party Democracy:

The Emergence of the Cartel Party." *Party Politics*. Vol. 1, No. 1. 1995.

Katz, Richard S., Peter Mair, et al. "The Membership of Political Parties in European Democracies, 1960 ~1990." *European Journal of Political Research*. Vol. 22. 1992.

Katz, R., and P. Mair. "Party organization, party democracy and the emergence of the cartel party." *Party Politics*. Vol. 3, No. 6. 1995.

Keim, Donald W. "Participation in Contemporary Democratic Theories." in J. Roland Penncock, and John W. Chapman (eds.). *Participation in Politics*. New York: Lieber, Atherton, 1975.

Kelstrup, Morten. "Regime Theory and European Integration." Paper prepared for the 17th World Congress of the International Political Science Association (IPSA). Seoul, Korea, 17-21 August 1997.

Keman, H. "The Search for the Centre: Pivot Parties in West European Party Systems." *West European Politics*. Vol. 17, No. 4. 1995.

Kennan, George F. (X). "The Sources of Soviet Conduct." *Foreign Affairs*. Vol. 25. July 1947.

Keohane, Robert O., and Stanley Hoffmann. "Conclusions: Community Politics and Institutional Change." in William Wallace (ed.). *The Dynamics of European Integration*. London: Royal Institute of International Affairs, 1990.

Keohane, Robert O., and Stanley Hoffman. "Institutional Change in Europe in the 1980s." in Keohane and Hoffmann (eds.). *The New European Community: Decisionmaking and Institutional Change*. Boulder: Westview Press, 1991.

Keohane, Robert O., and Stanley Hoffman, "Institutional Change in Europe in the 1980s." in Brent F. Nelsen, and Alexander C-G. Stubb (eds.). *The European Union: Readings on the Theory and Practice of European Integration*. London: Lynne Rienner Publishers, 1994.

King, A. "Chief executives' in Western Europe." in Ian Budge, and D. McKay (eds.). *Developing Democracy*. London: Sage, 1994.

Kirchheimer, Otto. "The Transformation of Western European Party System." in Joseph La Palombara, and Myron Weiner (eds.). *Political Parties and Political Development*. Princeton, N J: Princeton University Press, 1996.

Kirchner, Emil, and James Sperling. "Will Form Lead to Function? Institutional Enlargement and the Creation of a European Security and Defence Identity." *Contemporary Security Policy*. Vol. 21, No. 1. April 2000.

Kitschelt, Herbert P. "Left-Libertarian Parties: Explaining Innovation in Competitive Party System." *World Politics*. Vol. 40, No. 2. 1988.

Kokott, Julian, and Alexandra Ruth. "The European Convention and its Draft Treaty Establishing a Constitution for Europe: Appropriate Answers to the Laeken Questions?" *Common Market Law Riview*. Vol. 40. 2003.

Kommers, Donald P. "The Federal Constitutional Court in the German Political System." *Comparative Political Studies*. Vol. 26, No. 4. 1994.

Koole, Ruud. "Cadre, Catch-all or Cartel? A Comment on the Notion of the Cartel Party." *Party Politics*. Vol. 2, No. 4. 1996.

Kusin, V. "Czechoslovakia." in M. McCauley (ed.). *Communist Power in Europe, 1944-1949*. London: Macmillan.

Kuusela, Kimmo. "The Finnish Electoral System: Basic Features and Developmental Tendencies." in Sami Borg, and Risto Sankaiho (eds.). *The Finnish Voters*. Helsinki: Finnish Political Science Association, 1995.

Ladrech, Robert. "Historical Background." in Richard Sakwa, and Anne Stevens (eds.). *Contemporary Europe*. New York: Palgrave, 2000.

Landfriend, C. "Judicial policy-making in Germany: the Federal Constitutional Court." *West European Politics*. Vol. 15, No. 3. 1992.

Lijphart, Arend. "Degrees of Proportionality of Proportional Representation Formula." in Bernard Grofman, and Arend Lijphart (eds.). *Electoral Laws and Their Political Consequences*. New York: Agathon Press, 1986.

Lijphart, Arend. "Non-Majoritarian Democracy: A Comparison of Federal and Consociational Themes." *Publius: The Journal of Federalism*. Vol. 15, No. 2. Spring 1985.

Lijphart, Arend. "Presidentialism and Majoritarian Democracy: Theoretical Observations." in Juan J. Linz, and A. Valenzuela (eds.). *The Failure of Presidential Democracy*. Baltimore: Johns Hopkins University Press, 1994.

Linz, Juan J. "Presidential or parliamentary democracy: does it make a difference." in Juan J. Linz, and A. Valenzuela (eds.). *The Failure of Presidential Democracy*. Baltimore: Johns Hopkins University Press, 1994.

Linz, Juan. "The Perils of Presidentialism." in Arend Lijphart (ed.). *Parliamentary versus Presidential Government*. Oxford: Oxford University Press, 1992.

Lodge, Juliet. "EC Policymaking: Institutional Dynamics." in Juliet Lodge (ed.). *The European Community and the Challenge of the Future*. 2nd ed. New York: St. Martin's Press, 1993.

Lucky, Christian. "A Comparative Chart of Presidential Powers in Eastern Europe." *East European Constitutional Review*. double issue. Vol. 2. Fall 1993; Vol. 3. Winter

1994.

Lukashak, Alexander, et al. "Survey of Presidential Powers in Eastern Europe." *East European Constitutional Review*. double issue. Vol. 2. Fall 1993; Vol. 3. Winter 1994.

Lutowska, Ewa. "A Constitution of Possibilities." *East European Constitution Review*. Vol. 6. Spring/Summer 1999.

Mair, Peter, and Ingrid van Biezen. "Trends in Enrolment in Political Parties in European Polities, with Particular Reference to Youth Enrolment." paper presented to the conference on Youth and Democracy, International IDEA. Stockholm, 17-19 June, 1999.

Malova, Darina. "Slovakia." *European Journal of Political Research*. Vol. 36, Nos. 3-4. [Political Data Yearbook]. 1999.

Manners, Ian. "Europe and the World: The Impact of Globalization." in Richard Sakwa, and Anne Stevens (eds.). *Contemporary Europe*. New York: Palgrave, 2000.

Marks, Gary. "An Actor-Centered Approach to Multilevel Governance." Paper prepared for the Annual Conference of the American Political Science Association. San Francisco, 1996.

Marks, Gary, L. Hooghe, and K. Blank. "European Integration from the 1980s: State-Centric v. Multi Level Governance." *Journal of Common Market Studies*. Vol. 34, No. 3. 1996.

Marks, Gary, F. Ray Nielsen, James L., and Salk, J. "Competencies, Cracks and Conflicts: Regional Mobilization in the European Union." in Gary Marks, et al. *Governance in the European Union*. London: Sage, 1996.

Marsh, Michael. "The Voters Decide? Preferential Voting in European List Systems." *European Journal of Political Research*. Vol. 13, No. 4. 1985.

Massicote, Louis, and Andre Blais. "Mixed Electoral Systems: A Conceptual and Empirical Survey." *Electoral Studies*. Vol. 18. 1999.

Mastny, Vojtech. "The Helsinki Process and a New Framework of European Security." in Jonathan Story (ed.). *The New Europe*. Oxford: Blackwell, 1993.

Mattson, Ingvar, and Kaare Strom. "Parliamentary Committees." in Herbert Doring (ed.). *Parliaments and Majority Rule in Western Europe*. Frankfurt and New York: Campus Verlag and St Martin'd Press, 1995.

May, John D. "Opinion Structure of Political Parties: The Special Law of Curvilinear Disparity." *Political Studies*. Vol. 21, No. 2. 1973.

McMahon, E. "Slovenia — April 7 and 21, 1990." in L. Garber, and E. Bjornlund (eds.).

The New Democratic Frontier. Washington D.C.: National Democratic Institute for International Affairs, 1992.

McInnes, Colin. "The Future of NATO." in Christoph Bluth, Emil Kirchner, and James Sperling. *The Future of European Security*. Aldershot: Dartmouth Publishing Company, 1995.

Mearsheimer, John. "Back to the Future: Instability in Europe after the Cold War." *International Security*. Vol. 12, No. 1. 1990.

Melia, T. "Hungary — March 25, 1990." in L. Garber, and E. Bjornlund. *The New Democratic Frontier*. Washington D. C.: National Democratic Institute for International Affairs, 1992.

Mezey, Michael L. "Parliament in the New Europe." in Jack Hayward., et al. (eds.). *Governing the New Europe*. Durham: Duke University Press, 1995.

Mitrany, David. "The Functional Approach to World Organisation." in Carol A. Cosgrove, and Kenneth J. Twitchett (eds.). *The New International Actor: The UN and the EEC*. London: Macmillan, 1970.

Mitrany, David. "The Prospect of Integration: Federal or Functional." in A. J. R. Groom, and P. Taylor (eds.). *Functionalism: Theory and Practice in International Relations*. London: University of London Press, 1975.

Moens, Alexander. "The Formative Years of the New NATO: Diplomacy from London to Rome." in Alexander Moens, and Christopher Anstis. *Disconcerted Europe: The Search for a New Security Architecture*. Boulder: Westview Press, 1994.

Moltke, Gebhardt Van. "Building a Partnership for Peace." *NATO Review*. Vol. 42, No. 3. June 1994.

Moravscik, A. "Liberal Intergovernmentalism and Integration: A Rejoinder." *Journal of Common Market Studies*. Vol. 33, No. 4. 1995.

Moravcsik, A. "Negotiating the Single European Act: National Interests and Conventional Statecraft in the European Community." *International Organization*. Vol. 45, No. 1. 1991.

Moravcsik, A. "Preferences and Power in the European Community: A Liberal Intergovernmental Approach." *Journal of Common Market Studies*. Vol. 3, No. 4. 1993.

Moravcsik, Andrew. "Preferences and Power in the European Community: A Liberal Intergovernmentalist Approach." in Simon Bulmer, and Andrew Scott (ed.). *Economic and Political Integration in Europe: Internal Dynamics and Global Context*. Oxford: Blackwell Publishers, 1994.

Morel, Laurence. "France: Towards a Less Controversial Use of the Referendum?" in Michael Gallagher, and Pier Vincenzo Uleri (eds.). *The Referendum Experience in Europe*. Basingstoke: Macmillan, 1996.

Muller-Rommel, Ferdinand (ed.). "The New Challengers: Greens and Right-Wing Populist Parties in Western Europe." *European Review*. Vol. 6, No. 2. 1998.

Muller, Wolfgang C., and Fritz Plasser. "Austria: The 1990 Campaign." in Shaun Bowler ,and David M. Farrell (eds.). *Electoral Strategies and Political Marketing*. Basingstoke: Macmillan, 1992.

Muller, Wolfgang C. "Austrian Governmental Institutions: Do They Matter?" in Kurt Richard Luther, and Wolfgang C. Muller (eds.). *Politics in Austria: Still a Case of Consociationalism?* London: Frank Cass, 1992.

Murphy, Walter. "Constitutions, Constitutionalism and Democracy." in Couglas Greenberg, Stanley N. Katz, Melanie Beth Oliviero, and Steven C. Wheatley (eds.). *Constitutionalism and Democracy: Transitions in the Contemporary World*. Oxford: Oxford University Press, 1993.

Narud, Hanne Marthe, and Audun Skare. "Are Party Activists the Party Extremist? The Structure of Opinion in Political Parties." *Scandinavian Political Studies*. Vol. 22, No. 1. 1999.

Niebuhr, Reinhold. "The Illusion of World Government." *Bulletin of the Atomic Scientists*. Vol. 5. October 1949.

Norris, Pippa. "May's Law of Curvilinear Disparity Revisted: Leaders, Officers, Members and Voter in British Political Parties." *Party Politics*. Vol. 1, No. 1. 1995.

North Atlantic Treaty Organization. "The London Declaration on a Transformed North Atlantic Alliance." July 5-6, 1990. Article 4.

North Atlantic Treaty Organization. "The Alliance's New Strategic Concept." November 7-8, 1991.

North Atlantic Treaty Organization. "The Rome Declaration on Peace and Cooperation." November 7-8, 1991.

Nuttall, Simon. "Two Decades of EPC Performance." in Elfriede Regelsberger, Philippe de Schoutheete de Tervarent, and Wolfgang Wessels (eds.). *Foreign Policy of the European Union: From EPC to CFSP and Beyond*. Boulder: Lynne Rienner Publisher, 1997.

Nye, Joseph S. "Comparative Regional Integration: Concept and Measurement." *International Organization*. Vol. 22, No. 4. 1968.

Nye, Joseph S. "Comparing Common Markets: A Revised Neofunctionalist Model." in

Leon N. Lindberg, Stuart A. Scheingold. *Regional Integration: Theory and Research*. Cambridge: Harvard University Press, 1971.

Ohrgaard, Jacob. "Less than Supranational, More than Intergovernmental: European Political Cooperation and the Dynamics of Intergovernmental Integration." *Millennium: Journal of International Studies*. Vol. 26, No. 1. 1997.

Oliver, Dawn. "Peter v. Hart: A Suitable Case for Reference to Hansard?" *Public Law*. Spring 1993.

Oudenaren, John Van. "Europe as Partner." in David C. Gompert, and F. Stephen Larrabee (eds.). *America and Europe: A Partnership for A New Era*. Cambridge: Cambridge University Press, 1998.

Pesonen, Pertti. "The Voter's Choice of Candidate." in Sami Borg, and Risto Sankaiho (eds.). *The Finnish Voters*. Helsinki: Finnish Political Science Association, 1995.

Peter, B. Guy. "Bureaucratic Politics and the Institutions of the European Community." in Alberta Sbragia (ed.). *Euro-Politics: Institutions and Policymaking in the "New" European Community*. Washington, D.C.: Brookings Institution, 1992.

Peterson, John. "Decision-making in the European Union: Towards a Framework for Analysis." *Journal of European Politics*. Vol. 18, No. 2. 1995.

Pierson, Paul. "The Path to European Integration: A Historical Institutionalist Ananysis." *Comparative Political Studies*. Vol. 29, No. 2. 1996.

Preston, C. "Obstacles to EU Enlargement: The Classical Community Method and the Prospects for a Wider Europe." *Journal of Common Market Studies*. Vol. 33, No. 3. 1995.

Ranney, Austin. "Candidate Selection." in David Butler, Howard R. Penniman, and Austin Ranney (eds.). *Democracy at the Polls*. Washington, D.C.: American Enterprise Institute, 1981.

Raunion, T. "Political Interests: The EP's Party Groups." in J. Peterson, and M. Shackleton (eds.). *The Institutions of the European Union*. Oxford: Oxford University Press, 2002.

Reddaway, P. "Policy towards Dissent since Khrushchev." in T. H. Rigby, A. Brown, and P. Reddaway (eds.). *Authority, Power and Policy in the USSR*. London: Macmillan, 1983.

Richardson, Jeremy. "Actor-based Models of National and EU Policy Making." in H. Kassin, and A. Menon (eds.). *The European Union: Power and Policy-Making*. London: Routledge, 1996.

Richardson, Jeremy. "Policy-making in the EU: Interests, Ideas and Garbage Cans of

Primeval Soup." in J. Richardson (ed.). *European Union: Power and Policy-Making*. London: Routledge, 1996.

Riggs, F. "The Survival of Presidentialism in America: Para-constitutional Practices." *International Political Science Review*. Vol. 9, No. 4. 1998.

Riker, William H. "European Federalism: The Lesson of Past Experience." in Joachim Jens Hesse, and Vincent Wright (eds.). *Federalizing Europe? The Costs, Benefits and Preconditions of Federal Political System*. Oxford: Oxford University Press, 1997.

Rommetvedt, Hilmar. "Norway: From Consensual Majority Parliamentarianism to Dissensual Minority Parliamentarianism." in Erik Damgaard (ed.). *Parliamentary Change in the Nordic Countries*. Oslo: Scandinavian University Press, 1992.

Roskin, M. "The Emerging Party Systems of Central and Eastern Europe." *East European Quarterly*. Vol. 27, No. 1.

Rothmayr, C. "Towards the Judicialisation of Swiss Politics?" *West European Politics*. Vol. 15, No. 2. 2001.

Rucht, Dieter. "Political Participation in Europe." in Richard Sakwa, and Anne Stevens (eds.). *Contemporary Europe*. New York: Palgrave, 2000.

Saalfeld, Thomas. "Germany: Bundestag and Interest Groups in a Party Democracy." in Philip Norton (ed.). *Parliaments and Pressure Groups in Western Europe*. London: Frank Cass, 1999.

Saalfeld, Thomas. "Government and Politics." in Richard Sakwa, and Anne Steven (eds.). *Contemporary Europe*. New York: Palgrave, 2000.

Sakwa, Richard (eds.). "Introduction: The many dimension of Europe." in Richard Sakwa, and Anne Stevens. *Contemporary Europe*. New York: Palgrave, 2000.

Sandholtz, W., and J. Zysman. "1992: Recasting the European Bargain." *World Politics*. Vol. 42, No. 1. 1989.

Sbragia, Alberta. "Thinking about the European Future: the Uses of Comparison." in Alberta Sbragia (ed.). *Euro-Politics*. Washington D.C.: Brookings Institution, 1992.

Scarrow, Susan, Paul Webb, and David M. Farrel. "From Social Integration to Electoral Contestation: The Changing Distribution of Political Power within Political Parties." in Russell Dalton, and Martin Wattenberg (eds.). *Parties Without Partisans*. Oxford: Oxford University Press, 2000.

Schmidt, Peter. "ESDI: "Separable but not separate?" *NATO Review*. Vol. 48. Spring/Summer 2000.

Schmitt, Herman. "The European Elections of June 1989." *West European Politics*. Vol. 13. 1990.

Schmitter, Philippe C. "A Revised Theory of Regional Integration." in Leon N. Lindberg, Stuart A. Scheingold. *Regional Integration: Theory and Research*. Cambidge: Harvard University Press, 1971.

Schmitter, Philippe. "Imagining the Future of the Euro-Polity with the Help of New Concepts." in Gary Marks, F. W. Scharpf, P. C. Schmitter, and W. Streek. *Governance in the European Union*. London: Sage, 1996.

Schmitter, Phillippe. "Three Neo-Functional Hypothesis about European Integration." *International Organization*. Vol. 23, No. 1. 1969.

Schmitter, Philippe. "Three Neo-Functional Hypotheses About International Integration." *International Organization*. Vol. 23, No. 1. 1969.

Schopflin, G. "The End of Communism in Eastern Europe." *International Affairs*. Vol. 66, No. 1. 1990.

Schuman, Robert. "Declaration of 9 May 1950." in David Weigall, and Peter Stirk (eds.). *The Origins and Development of the European Community*. London: Pinter, 1992.

Simon, J. "Post-Paternalist Political Culture in Hungary: The Relationship between Citizens and Politics during and after the 'Melancholic Revolution'(1989~1991)." *Communist and Post-Communist Studies*. Vol. 26, No. 2.

Sinnott, Richard. "The Electoral System." in John Coakley, and Michael Gallagher (eds.). *Politics in the Republic of Ireland*. 3rd ed. London: Routledge, 1999.

Sjoblom, Gunnar "Political Change and Political Accountability: A Propositional Inventory of Causes and Effects." in Hans Daalder, and Peter Mair (eds.). *Western Europe Party System*. London: Sage, 1983.

Sjursen, Helene. "On the Identity of NATO." *International Affairs*. Vol. 80, No. 4. July 2004.

Smith, A., and A. Swain. "Regulating and Institutionalising Capitalism." in A. Picklles, and A. Smith (eds.). *Theorising Transition: The Political Economy of Post-Communist Transformations*. London: Routledge, 1998.

Smith, A. C. "National Identity and the Idea of European Unity." *International Affairs*. Vol. 68. 1992.

Smith, Martin A. "The NATO Factor: a Spanner in the works of EU and WEU enlargement?" in Karen Henderson (ed.). *Back to Europe: Central and Eastern Europe and the European Union*. London and Philadelphia: UCL Press, 1999.

Smith, Michael. "The Commission and External Relations." in Geoffrey Edwards, and David Spence. *The European Commission*. 2nd ed. London: Cartermill, 1977.

Spinelli, Altiero. "The Growth of the European Movement since the Second World War."

in M. Hodges (ed.). *European Integration*. Harmondsworth: Penguin, 1972.

Steed, Michael, and Peter Humphreys. "Identifying Liberal Parties." in Emil J. Kirchner (ed.). *Liberal Parties in Western Europe*. England Cambridge: Cambridge University Press, 1998.

Stein, Janice Gross. "Political learning by doing: Gorbachev as uncommitted thinker and motivated learner." *International Organization*. Vol. 48, No. 2. Spring 1994.

Stevens, Anne. "Ever-Closer Union: European Co-operation and the European Dimension." in Richard Sakwa, and Anne Stevens. *Contemporary Europe*. London: Palgrave, 2000.

Stone, A. "Governing with Judges: The New Constitutionalism." in J. E. S. Hayward, Edward Page (eds.). *Governing the New Europe*. Cambridge: Polity Press, 1995.

Strom, K. "Parliamentary Government and Legislative Organisation." in H. Doring (ed.). *Parliaments and Majority Rule in Western Europe*. New York: St. Martin's Press.

Strom, Kaare, and Wolfgang C. Muller. "Conclusion: Coalition governance in Western Europe." in Strom, Kaare, and Wolfgang C. Muller (eds.). *Coalition Governments in Western Europe*. 1992.

Su, Hungda. "Can Constitution-Building Advance European Integration?: A Three-Pillared Institutionalist Analysis." *European Integration*. Vol. 26, No. 4. December 2004.

Svasand, Lars, Kaare Storm, and Bjorn Erik Rasch. "Change and Adaptation in Party Organization." in Kaare Strom, and Lars Svasand (eds.). *Challenges to Political Parties: The Case of Norway*. Ann Arbor: University of Michigan Press, 1997.

Sweet, Alec Stone, and Wayne Sandholtz. "Integration, Supranational Governance, and the Institutionalization of the European Polity." in Alec Stone Sweet, and Wayne Sandholt (eds.). *European Integration and Supranational Governance*. Oxford: Oxford University Press, 1998.

Sweet, S. "Consitutional courts and parliamentary democracy." *West European Politics*. Vol. 25, No. 1. 2002.

Taagepera, Rein. "The Effect of District Magnitude and Properities of Two-Seat Districts." in Arend Lijphart, and Bernard Groafman (eds.). *Choosing and Electoral System*. Westport, Conneticut: Praeger, 1984.

Taggart, Paul. "New Populist Parties in Western Europe." *West European Politics*. Vol. 18, No. 1. 1995.

Taylor, Paul. "Consociationalism and Federalism as Approaches to International Integration." in A. J. R. Groom, and Paul Taylor (eds.). *Frameworks for International Co-operation*. London: Pinter, 1994.

Treaty of Amsterdam, Descriptive Summary, Document available on the European Union's Internet Site, Europa, in the 1996 Intergovernmental Conference Database: http://europa.eu.int/en/agenda/igc-home

Thiebault, J. L. "The Social Background of Western European Cabinet Minister." in Blondel and Thiebault (eds.). *The Profession of Government Minister in Western Europe*. London: Macmillan, 1991.

Tigrid, P. "The Prague Coup of 1948: The Elegant Takeover." in T. Hammond (ed.). *The Anatomy of Communist Takeovers*. New Haven: Yale University Press.

Togeby, Lise. "The Nature of Declining Party Membership in Denmark: Causes and Consequences." *Scandinavian Political Studies*. Vol. 15, No. 1. 1992.

Turpin, Dominique. "A Constitution for Europe?" in Henry Cavanna (ed.). *Governance, Globalization and the European Union*. Dublin: Four Courts Press, 2002.

US Department of State, "Report to the Congress on the Enlargement of the North Atlantic Treaty Organization: Rationale, Benefits, Costs and implications." U.S. Government. *Soviet Military Power 1987*. Washington D. C.: US Government Printing Office, 1987.

Verney, D. "Parliamentary Government and Presidential Government." in A. Lijphart (ed.). *Parliamentary versus Presidential Government*. Routledge, 1992.

Volcansek, Mary L. "Judges, Courts and Policy-Making in Western Europe." in Mary L. Volcansek (ed.). *Judicial Politics and Policy-Making in Western Europe*. London: Frank Cass, 1992.

Walker, Alan. "The Future of the British Welfare State: Privatization or Socialization?" in Adalbert Evers, et al. (eds.). *The Changing Face of Welfare*. Aldershot: Gower, 1986.

Wallace, Helen. "Negotiations, Conflict and Compromise: The Elusive Pursuit of Common Policie." in Helen Wallace, William Wallace, and C. Webb (eds.). *Policy-Making in the European Community*. 2nd ed. Chichester: John Wiley and Sons, 1983.

Wallace, William. "Introduction: The Dynamics of European Integration." in William Wallace (ed.). *The Dynamics of European Integration*. London: Pinter/RIIA, 1990.

Wallander, Celeste A. "Institutional assets and adaptability: NATO after the Cold War." *International Organization*. Vol. 54, No. 4, 2002.

Wallander, Celeste A., and Robert O. Koehane. "Risk, Threat and Security Institutions." in Helga Haftendorn, Robert O. Koehane, and Celesta A. Wallander. *Imperfect Union: Security Institutions over Space and Time*. Cambridge: Oxford University Press, 1999.

Waltz, Kenneth. "NATO Expansion: A Realist's View." in Robert W. Rauchhaus (ed.). *Explaining NATO Enlargement. special issue of Contemporary Security Policy*. Vol. 21, No. 2. August 2000.

Weiler, J. "A Quiet Revolution: The European Court of Justice and its interlocutors." *Comparative Political Studies*. Vol. 26, No. 4. 1994.

Wessels, Wolfgang. "An Ever Closer Fusion A Dynamic Macropolitical View on Intergration Processes." *Journal of Common Market Studies*. Vol. 35, No. 2. 1997.

Wightman, Gordon. "The Czechoslovak Election of 1992." *Electoral Studies*. Vol. 12, No. 1. 1993.

Wilensky, Harold L. "Leftism, Catholicism and Democratic Corporatism: The Role of Political Parties in Recent Welfare State Development." in Peter Flora, and Arnold Heidenheimer (eds.). *The Development of Welfare States in Europe and America*. London: Transaction Books, 1981.

Wilson, Gail. "The Challenge of an Ageing Electorate: Change in the Formation of Social Policy in Europe." *Journal of European Social Policy*. Vol. 3. 1993.

Winter, Lieven de. "Belgium: Insider Pressure Groups in an Outsider Parliament." in Philip Norton (ed.). *Parliaments and Pressure Groups in Western Europe*.

Winter, L. de. "Parliamentary and Party Pathways to the Cabinet." in Blondel and Thiebault (eds.). *The Profession of Government Minister in Western Europe*. London: Macmillan, 1991.

Worner, Manfred. "Shaping the Alliance for the Future." *NATO Review*. Vol. 42, No. 1. February 1994.

〈영문 신문 및 잡지〉

Eurostat.

Financial Times.

The Economist.

The Guardian.

The Times.

찾아보기

ㄴ

ㄷ

ㄹ

ㅅ

ㅇ

ㅈ

ㅊ

ㅋ

ㅌ

ㅍ

ㅎ

Modern European Politics
Integration of Politics and Politics of Integration

Gye-Dong Kim

This book is a comprehensive examination of European politics. The first section analyzes the creation of the modern European order, as well as Europe's state and political systems. This book explores the effects that the Cold War has had on the contemporary European order. It also analyzes Europe's state systems based upon the federal and unitary system. The political systems described in this book include the structure of the government which can be divided into the European parliamentary system and the American presidential system, the parliament systems' one-chamber and multi-chamber structures, and the electoral systems comprising various proportional methods.

The second section deals with European integration. Integration theory, created during the process of integration and the basic framework for future integration, encompasses functionalism, neo-functionalism, supranationalism, intergovernmentalism, federalism, and multi-level governance. Europe is explained in terms of its increasing and expanding integration. The European Union's structure is analyzed using the theoretical framework of supranationalism and intergovernmentalism, and the European Union's policies in various fields are researched to identify the nature of the integration. Finally, the study on the stateness of the European Union and the democratic deficit of integration clarifies the future of Europe's integration.

저자 소개

김계동(Gye-Dong Kim)

1977년 연세대학교 정치외교학과를 졸업하고, 1988년 영국 옥스퍼드 대학교에서 정치학 박사를 받았다. 한국국방연구원 연구위원 및 연세대, 고려대, 경희대, 숭실대, 성신여대, 국민대, 숙명여대, 통일교육원 강사로 재직하였고, 민주평통자문회의 통일정책 강사위원과 자문위원, 국제정세(국제학술원) 편집위원장을 역임하였다.
현재 국가정보대학원 교수, 국제지역연구소 수석연구위원(소장), 한국전쟁학회 회장, 체제통합연구회 회장, 한국정치학회 부회장, 한국국제정치학회 이사, 국가안보회의(NSC)와 국군기무사 자문위원을 맡고 있다.

〈단독저서〉
Foreign Intervention in Korea (Dartmouth Publishing Company)
『한반도의 분단과 전쟁: 민족분열과 국제개입 · 갈등』(서울대학교출판부)
『북한의 외교정책: 벼랑에 선 줄타기외교의 선택』(백산서당)
『남북한 체제통합론: 이론 · 역사 · 정책 · 경험』(명인문화사)

〈공동저서〉
『남북한 비교론』(체제통합연구회, 명인문화사), 『한반도의 평화와 통일』(체제통합연구회, 백산서당) 『동북아 신질서』(국가정보대학원, 백산서당), 『세계외교정책론』(을유문화사), 『유럽연합체제의 이해』(국제지역연구소, 백산서당), 『유럽질서의 이해: 구조적 질서와 변화』(국제지역연구소, 오름), 『탈냉전시대 한국전쟁의 재조명』(한국전쟁학회, 백산서당)

〈주요논문〉
「한미동맹관계의 재조명: 동맹이론을 분석틀로」(국제정치논총), 「한반도 분단 · 전쟁에 대한 주변국의 정책: 세력균형이론을 분석틀로」(한국정치학회보), 「국제평화기구로서 유엔역할의 한계」(국제정치논총), 「다자안보기구의 유형별 비교연구: 유럽통합과정에서의 논쟁을 중심으로」(한국정치학회보), 「한반도 평화체제 구상」(국방정책연구), 「한국의 안보전략구상」(국가전략), 「남북한 체제통합: 이론과 실제」(국제정치논총), 「북방정책과 남북한관계 변화」(통일문제연구), 「북한의 대미정책: 적대에서 협력관계로의 전환모색」(국제정치논총), 「북한의 대외개방정책: 여건조성과 정책방향」(국방논집), 「강대국 군사개입의 국내정치적 영향: 한국전쟁시 미국의 이대통령 제거 계획」(국제정치논총), "South Korea's Nordpolitik and its Impact on Inter-Korean Relations" (*East Asian Review*), "The Legacy of Foreign Intervention in Korea: Division and War" (*Korea and World Affairs*)

<E-Mail>
gyedkim@yahoo.com

현대유럽정치론

— 정치의 통합과 통합의 정치 —

펴낸곳 서울대학교출판문화원
펴낸이 성낙인
지은이 김계동

초판 **1**쇄 발행 2007년 10월 10일
초판 **5**쇄 발행 2017년 4월 15일
출판등록 제15-3호

주소 (08826) 서울 관악구 관악로 1
대표전화 02-880-5252 팩스 02-888-4148
출판관리팀(주문상담) 02-889-4424, 02-880-7995
이메일 snubook@snu.ac.kr
홈페이지 www.snupress.com

ISBN 978-89-521-1631-4 93340